मार्क्स और पिछड़े हुए समाज

मार्क्स और पिछड़े हुए समाज

रामविलास शर्मा

राजकमल प्रकाशन

ISBN : 978-81-267-0364-7

मूल्य : ₹1595

पहला संस्करण : 1986
छठा संस्करण : 2025

प्रकाशक : राजकमल प्रकाशन प्रा.लि.
1-बी, नेताजी सुभाष मार्ग, दरियागंज
नई दिल्ली-110 002
शाखाएँ : अशोक राजपथ, साइंस कॉलेज के सामने, पटना-800 006
पहली मंजिल, दरबारी बिल्डिंग, महात्मा गांधी मार्ग, प्रयागराज-211 001
1, अनमोल सोराबजी सन्तुक लेन, धोबी तलाव, मरीन लाइंस, मुम्बई-400 002
वेबसाइट : www.rajkamalprakashan.com
ई-मेल : info@rajkamalprakashan.com

मुद्रक : बी.के. ऑफसेट
नवीन शाहदरा, दिल्ली-110 032

MARX AUR PICHHARE HUE SAMAAJ
by Ram Bilas Sharma

क्रम

भूमिका

अठारहवीं सदी के उत्तरार्द्ध में इंग्लैंड में जो औद्योगिक क्रान्ति हुई, उससे संसार के देश मोटे तौर से दो भागों में बँट गए—आगे बढ़े हुए देश और पिछड़े हुए देश। बीसवीं सदी के उत्तरार्द्ध में विकसित और विकासशील देशों का जो भेद साफ दिखाई दे रहा है, वह उसी पुराने विभाजन की विरासत है।

औद्योगिक क्रान्ति से पहले इंग्लैंड भी आगे बढ़ा हुआ देश न था। उसे आगे बढ़ा हुआ देश बनाने में उन देशों की भूमिका निर्णायक थी जो आगे चलकर पिछड़े हुए कहलाए। पिछड़े हुए देश भी कई तरह के थे। उत्तरी दक्खिनी अमरीका में कुछ समाज सामन्ती सभ्यता की प्रारम्भिक मंजिल में थे, अन्य नगर सभ्यता की काफी आगे बढ़ी हुई मंजिलों में थे। स्पेन, पुर्तगाल, इंग्लैंड के जमींदारों और व्यापारियों ने गोली-बारूद के बल पर इन्हें परास्त किया, उनकी धरती और सम्पत्ति छीन ली, वहाँ अपने उपनिवेश बनाए, जनसंहार से जो आदिवासी बचे, उन्हें पहाड़ी, बंजर इलाकों में ठेल दिया। वहाँ से प्राप्त किया हुआ बहुत-सा सोना-चाँदी यूरोपियन सौदागर भारत पहुँचाते रहे। वे यहाँ जो माल खरीदते थे, उसके बदले भारत को देने लायक उनके पास कोई खास चीजें नहीं थीं। अमरीकी सोने-चाँदी से यूरोप के देश केवल गौण रूप में समृद्ध हुए, मुख्य रूप से समृद्ध हुआ भारत। भारत की ओर सारी दुनिया के इस सोने-चाँदी की खींच को फ्रांसीसी यात्री बर्नियर ने लक्ष्य किया था। पलासी की लड़ाई के बाद सुसंगठित लूट के द्वारा जब यह सोना-चाँदी इंग्लैंड पहुँचाया गया, तब औद्योगिक क्रान्ति के लिए वहाँ आवश्यक पूँजी संचित हुई। इस पूँजी में एक हिस्सा अमरीकी आदिवासियों का था।

दूसरी तरह के पिछड़े हुए देश अफ्रीका में थे। यहाँ यूरोपियन सौदागरों ने अपने उपनिवेश बनाए और वहाँ के निवासियों को पकड़कर दासों का व्यापार किया। दासों के जरिये उन्होंने बड़े पैमाने पर बिकाऊ उपज वाली खेती कराई; दासों की बिक्री से और इस उपज की बिक्री से उन्होंने जो धन कमाया, वह भी औद्योगिक क्रान्ति के लिए आवश्यक पूँजी के रूप में काम आया। इस पूँजी में एक हिस्सा अफ्रीकियों का था।

तीसरी तरह के देश अधिकतर एशिया के थे जिन पर अपना प्रत्यक्ष या अप्रत्यक्ष प्रभुत्व गोरे जमींदारों और व्यापारियों ने कायम किया। इनमें सबसे महत्त्वपूर्ण देश था भारत। एशिया के और किसी देश से व्यापार में यूरोप की प्रतिद्वंद्विता न थी, प्रतिद्वंद्विता थी भारत से। आर्थिक रूप से, माल बेचने की खुली होड़ में, इस प्रतिद्वंद्वी को पछाड़ना न तो इंग्लैंड के बस में था, न यूरोप के अन्य किसी देश के। भारत पर अधिकार जमा लेने के बाद भी अंग्रेज यहाँ के माल की खपत खुद अपने घर में न रोक पाए थे। इस खपत को उन्होंने रोका कानून बनाकर, हिंसक तरीके से भारत के उद्योग-धंधों और व्यापार का नाश करके।

इंग्लैंड, फ्रांस आदि यूरोप के देशों ने विश्व-बाजार कायम किया लेकिन इस बाजार में भिखारी और मुफलिस भरे हुए थे। एशिया और अफ्रीका का नया बाजार भौगोलिक रूप में बड़ा था, आर्थिक रूप में छोटा था। इन महाद्वीपों के पुराने खरीददारों की जेबें खाली हो रही थीं। विदेशी मालिकों के सहारे जीनेवाले देशी जमींदार, कुछ व्यापारी और नौकरी पेशा लोग ही विलायती माल खरीद सकते थे। भारत में लाखों किसान और कारीगर भुखमरी में आये-दिन प्राण गँवा रहे थे; विलायती माल कौन खरीदता? पराधीन देशों के वफादार धनी लोगों के अलावा अमरीका, अफ्रीका, आस्ट्रेलिया आदि में बसे हुए गोरे भी विलायती माल खरीदते थे। लेकिन इनमें हरेक की विलायत अलग-अलग थी। ब्रिटेन का माल ब्रिटिश उपनिवेशों में बिकेगा, फ्रांस का माल फ्रांसीसी उपनिवेशों में। गैर-उपनिवेशी पराधीन और नीम पराधीन देश मुख्य रूप से कच्चे माल के स्रोत थे।

विश्व-बाजार के चौधरी बनने के लिए गोरे व्यापारी और जमींदार, औद्योगिक क्रान्ति से पहले और उसके बाद, बराबर आपस में लड़ते रहे। इसके लिए उन्होंने देशी लोगों को फौज में भर्ती किया, भूमि-पुत्रों के बल पर उन्होंने उनकी भूमि जीती और विश्व-बाजार में अपने प्रतिद्वंद्वियों को पछाड़ा। ब्रिटिश साम्राज्य दुनिया का सबसे बड़ा साम्राज्य था। इस साम्राज्य को बनाने में और उसे बनाए रखने में अग्रणी भूमिका भारत की देशी सेना की थी।

पूँजीवादी देशों की आपसी लड़ाइयों के अलावा गोरे उपनिवेश भी अपनी स्वाधीनता के लिए लड़ रहे थे। इनमें सबसे महत्त्वपूर्ण थे ब्रिटेन के अमरीकी उपनिवेश। वे अपनी स्वाधीनता के लिए लड़े और सफल हुए। कुल मिलाकर विश्व-बाजार की हालत काफी अशान्तिपूर्ण थी। गोरे उपनिवेशों के अलावा पराधीन और नीम पराधीन देशों की जनता अपनी आजादी के लिए बराबर लड़ती रही। विश्व-बाजार की बहुसंख्यक जनता पिछड़े हुए देशों की है। जो दर्शन, जो विज्ञान इस जनता को अपनी आजादी के लिए लड़ना सिखाता है, अपने पिछड़ेपन से निकलकर नये जीवन का निर्माण करना सिखाता है, उसका नाम मार्क्सवाद है।

मार्क्सवाद का जितना सम्बन्ध पिछड़े हुए देशों की जनता से है, उतना आगे बढ़े हुए देशों की जनता से नहीं। पिछड़े हुए देशों की जनता में काले-पीले लोग ही नहीं, आयरलैंड जैसे देशों के गोरे लोग भी हैं। 1870 में मार्क्स ने जब मेयर और फोग्ट को लिखा था कि अंग्रेज शासक वर्गों पर निर्णायक प्रहार इंग्लैंड में नहीं, केवल आयरलैंड में किया जा सकता है, और वह सारी दुनिया के मजदूर-आन्दोलन के लिए निर्णायक होगा, तब उन्होंने विश्वक्रान्ति में पिछड़े हुए देशों की भूमिका उजागर कर दी थी। मार्क्सवाद के जिस रूप का महत्त्व पिछड़े हुए देशों के लिए है, वह क्रमशः विकसित हुआ है। मार्क्स और एंगेल्स की रचनाओं में वह सतह पर नहीं है, पर वह है वहाँ अवश्य। मार्क्सवाद के इस रूप का सर्वाधिक विकास लेनिन ने किया।

ब्रिटेन, फ्रांस और जर्मनी की तुलना में रूस पिछड़ा हुआ देश था। उसका पिछड़ापन जताने के लिए लोग उसे अर्द्ध-एशियाई देश कहते थे। किन्तु मार्क्सवाद के झंडे के नीचे पहली सफल क्रान्ति इसी पिछड़े हुए, अर्द्ध-एशियाई देश में हुई। उसके बाद एशिया, अफ्रीका, मध्य अमरीका के देशों में क्रान्तियाँ हुई हैं, ये सब पिछड़े हुए देश हैं। इनका नेतृत्व आम तौर से मार्क्सवादियों ने किया है। इन क्रान्तियों द्वारा व्यावहारिक रूप में मार्क्सवाद के सिद्धान्तों की पुष्टि हुई है। जहाँ तक नई समाज-व्यवस्था के निर्माण का सवाल है, सोवियत संघ में चाहे जितनी खामियाँ हों, यह निर्विवाद है कि हिटलर और उसके सहयोगियों को हराने में मुख्य भूमिका सोवियत संघ की थी। युद्ध में भारी हानि सहने के बाद उसने अपने अर्थतंत्र को बहाल ही नहीं किया, उसे इतना विकसित किया कि सबसे शक्तिशाली पूँजीवादी देश अमरीका के समकक्ष उसे सुपर पावर कहा जाता है। समाजवादी व्यवस्था की विकास क्षमता का यह प्रमाण है।

उद्योग-प्रधान पूँजीवादी देशों के विकास में पिछड़े हुए देशों की आर्थिक भूमिका सतह के ऊपर नहीं दिखाई देती, उसी तरह यूरोप के तकनीकी विकास में एशिया की भूमिका दिखाई नहीं देती। पिछले तीस-चालीस साल में ऐसा काफी शोधकार्य हुआ है जिससे यूरोप के वैज्ञानिक और तकनीकी विकास में एशिया के योगदान का पता चलता है।

उद्योग-प्रधान यूरोप की तुलना में पुनर्जागरण काल का यूरोप पिछड़ा हुआ था किन्तु कला और साहित्य में उसने ऐसी उन्नति की थी कि औद्योगिक क्रान्ति इस उन्नति में बाधक-सी जान पड़ती है। मार्क्स ने लिखा था : "पूँजीवादी उत्पादन की, बौद्धिक उत्पादन की कुछ शाखाओं से, यथा : कला और साहित्य से, शत्रुता है।" (On Literature and Art, पृ. 141) इसमें कोई सन्देह नहीं है कि औद्योगिक क्रान्ति से पहले की यूरोपियन संस्कृति का महत्त्व मार्क्स और एंगेल्स के चिन्तन में बराबर बढ़ता गया है, लगभग वैसे ही, जैसे विश्वक्रान्ति की सफलता के लिए पिछड़े हुए देशों के स्वाधीनता-संग्राम का महत्त्व बढ़ता गया है।

पुनर्जागरण काल के यूरोप के दर्शन और साहित्य पर, उसकी कलाओं पर, प्राचीन यूनान और रोम का गहरा असर था। जो संस्कृति मध्यकाल में सो गई थी, वह मानो नये युग में फिर जागी : इसीलिए उसे पुनर्जागरण काल कहा गया। रोम और यूनान की संस्कृति से मार्क्स और एंगेल्स का घनिष्ठ सम्पर्क जीवन पर्यन्त बना रहा। पश्चिमी यूरोप स्वयं को यूनान और रोम का उत्तराधिकारी मानता है किन्तु प्राचीनकाल में यूनान और रोम पश्चिमी यूरोप से नहीं, अफ्रीका (मिस्र) और एशिया (भारत, ईरान) से सम्बद्ध थे। यूनानी ज्ञान-विज्ञान का विकास पहले लघु एशिया और तटवर्ती द्वीपों में हुआ था और यहाँ से यह ज्ञान-विज्ञान की लहर यूनान की यूरोपियन धरती पर पहुँची थी। एक ओर यूनान और रोम की प्राचीन संस्कृति, दूसरी ओर पुनर्जागरण काल की यूरोपियन संस्कृति, इनसे एशियाई संस्कृति के सम्बन्ध पहजानने के अनेक सूत्र मार्क्स और एंगेल्स की रचनाओं में बिखरे हुए हैं। इससे भी महत्त्वपूर्ण बात यह कि औद्योगिक क्रान्ति से पहले की संस्कृति का संक्षिप्त फिर भी ठोस और सारगर्भित, विश्लेषण उन रचनाओं में विद्यमान है। मार्क्स और एंगेल्स ने सामाजिक विकास का जो रूपरेखा बनाई थी, उससे यह विश्लेषण और उसके नतीजे सदा मेल नहीं खाते। पिछड़े हुए समाजों के आर्थिक-राजनीतिक विकास की समस्याओं के विवेचन में मार्क्सवाद को लागू करते हुए अनेक सैद्धान्तिक समस्याएँ हमारे सामने आती हैं। ऐसे ही उनके सांस्कृतिक विकास के विवेचन में मार्क्सवाद को लागू करते हुए इस तरह की समस्याएँ हमारे सामने आती हैं। इस पुस्तक में ऐसी कुछ समस्याएँ प्रस्तुत की गई हैं। 'मार्क्स और पिछड़े हुए समाज' में औद्योगिक क्रान्ति से पहले के सभी समाज 'पिछड़े हुए' हैं। इनमें यूरोप के समाज हैं, एशिया के हैं, प्राचीनकाल के हैं, अपेक्षाकृत आधुनिक काल के हैं। औद्योगिक क्रान्ति से जो विकास शुरू हुआ, वह निरपेक्ष रूप में मानव जाति के लिए आगे बढ़ा हुआ कदम नहीं है। उसके साथ ह्रास वाला पक्ष जुड़ा हुआ है। औद्योगिक क्रान्ति से पहले के समाज निरपेक्ष रूप में पिछड़े हुए नहीं हैं, उनकी अनेक उपलब्धियाँ विकसित पूँजीवादी देशों के लिए आकाश-कुसुम हो गई हैं।

पिछड़े हुए समाजों की समस्याओं से मार्क्सवाद को खींचतान करके जोड़ा गया हो, यह स्थिति नहीं है। मार्क्सवाद के उद्‌भव और विकास से इनका गहरा सम्बन्ध है, मार्क्सवाद की सही जानकारी के लिए इनका अध्ययन आवश्यक है।

पहले अध्याय में मार्क्स के व्यक्तित्व के निर्माण में यूनानी काव्य और दर्शन का प्रभाव देखा जा सकता है। मार्क्स ने जिस द्वंद्वात्मक भौतिकवाद का विकास किया, वह पुराने भौतिकवाद से जुड़ा हुआ है। रोमन साम्राज्य के अवसानकाल में संगठित रूप से, ईसाई धर्म का प्रसार हुआ। मार्क्स और एंगेल्स ने जैसे ऐतिहासिक दृष्टि से प्राचीन दर्शन का मूल्यांकन किया था, वैसे ही उन्होंने धर्म की बदलती हुई भूमिका

पर विचार किया था। मार्क्सवाद के विरोधियों ने 'धर्म जनता के लिए अफीम है', इस सूत्र का खूब प्रचार किया है। धर्म की कभी कोई प्रगतिशील भूमिका रही होगी, यह बहुतों के लिए कल्पनातीत है। पहले अध्याय में आधुनिक चिन्तन के पुरातन स्रोतों पर विचार करने के साथ मार्क्स और एंगेल्स की धर्म-सम्बन्धी स्थापनाओं की ओर ध्यान आकर्षित किया गया है।

यूरोप का पुनर्जागरण काल उसका आधुनिक काल है। किन्तु वही समय भारत का मध्यकाल माना जाता है। यह पुनर्जागरण काल आर्थिक रूप से व्यापारिक पूँजीवाद का युग है। यह ऐसा पूँजीवाद है जो सामन्ती खोल के भीतर पनपता है और उसे पूरी तरह तोड़ नहीं पाता। इंग्लैंड के सन्दर्भ में लोग इस सामन्ती खोल को भूल जाते हैं और भारत के सन्दर्भ में उन्हें केवल सामन्ती खोल (या उससे भी पुराना कोई और प्राक् सामन्ती खोल) याद रहता है। इस तरह वे इंग्लैंड से समकालीन भारत का तुलनात्मक अध्ययन सही ढंग से नहीं कर पाते। किन्तु एशिया और यूरोप के इतिहास को समझने के लिए ऐसा अध्ययन अत्यन्त आवश्यक है। दूसरे अध्याय में सौदागरी पूँजी की विशेषताओं के साथ सम्पत्ति और परिवार-व्यवस्था की कुछ समस्याओं का विवेचन भी है।

रोम और यूनान में दास-प्रथा का चलन था, इस प्रथा पर ध्यान देते समय बिकाऊ माल के उत्पादन को भूल न जाना चाहिए। रोम और यूनान ने आधुनिक यूरोप को प्रभावित किया, मध्यकालीन यूरोप ने उसे प्रभावित नहीं किया। इसका कारण यह था कि व्यापारिक पूँजीवाद के जो अनेक तत्त्व पुनर्जागरण काल में सामने आए, वे यूनान और रोम में बहुत पहले अस्तित्व में आ चुके थे। उत्पादन और विनिमय में सम्पत्ति के सम्बन्धों और विधि-व्यवस्था में, मध्यकालीन यूरोप यूनान और रोम से पिछड़ा हुआ था। इस पिछड़ेपन का प्रसार खास तौर से जर्मन ग्राम-समाजों ने किया था। तीसरे अध्याय में पाठक देखेंगे कि भारतीय ग्राम-समाज इन जर्मन ग्राम-समाजों से भिन्न श्रेणी में थे और विकास की आगेवाली मंजिल में थे।

किन्तु भारत में ग्राम-समाजों के अलावा नगर भी थे, ये नगर केवल राजा के वहाँ रहने से महत्त्वपूर्ण न हो गए थे। भारत प्राचीनकाल से सारी दुनिया के लिए सूती वस्त्रों का कारखाना रहा है, यह बात 1853 में मार्क्स ने ही भारत-सम्बन्धी अपने एक लेख में कही थी। विनिमय के लिए वस्त्र-उद्योग का विकास स्वायत्त ग्राम-समाजों में नहीं हो सकता, उसके केन्द्र नगर थे। इतिहास के विश्लेषण का एक बहुत गलत तरीका यह है कि लोग रोम और यूनान की-सी दास-प्रथा भारत में खोजते हैं; न मिलने पर भारत को अपरिवर्तनशील ग्राम-समाजों का देश मान लेते हैं। रोम और यूनान में आजाद नागरिकों के लिए सैनिक सेवा अनिवार्य थी, इसलिए वहाँ बिकाऊ माल का उत्पादन दासों से कराया जाता था।

बिकाऊ माल का उत्पादन यूनान और रोम में पगारजीवी कारीगर भी करते थे। इस तथ्य का उल्लेख एंगेल्स ने किया है। वे मुख्य उत्पादक नहीं थे। रोम और यूनान में सारी दुनिया के लिए सूती वस्त्रों के कारखाने भी नहीं थे। भारत का निर्यात-व्यापार उनके मुकाबले कहीं ज्यादा बढ़ा हुआ था; रोम का सोना खिंचकर भारत आता था, भारत का सोना खिंचकर रोम न जाता था। यह निष्कर्ष अनुमान से निकालने की जरूरत नहीं है कि कारीगरों को पगार देकर श्रम कराने की प्रथा का चलन यहाँ प्राचीनकाल से था। इसके अनेक प्रमाण हैं। इनमें कुछ चौथे अध्याय में दिये गए हैं। इस प्रसंग में कौटिल्य का 'अर्थशास्त्र' विश्व महत्त्व का ग्रंथ है। कौटिल्य लोकायत दर्शन के अनुयायी थे। उन्होंने अपना ग्रंथ लोकोपकार के विचार से लिखा था। अरस्तू राजनीति और अर्थशास्त्र की समस्याओं पर विचार करते समय दास-प्रथा को नैसर्गिक, यूनानी समाज के लिए अनिवार्यतः आवश्यक, मानते थे। कौटिल्य के 'अर्थशास्त्र' में कारीगर को पगार देकर उससे श्रम कराने का विधान है। प्राचीन भारत की सामाजिक-सांस्कृतिक विशेषताओं को समझने के लिए, इस ग्रंथ के महत्त्व को ध्यान में रखकर, चौथे अध्याय में उसकी चर्चा कुछ विस्तार से की गई है।

मार्क्स और एंगेल्स के चिन्तन पर हेगेल के दर्शन का प्रभाव था। इस प्रभाव से सभी लोग परिचित हैं। हेगेल ने इतिहास पर भी लिखा था और उनकी कुछ स्थापनाएँ मार्क्स और एंगेल्स के लेखों में भी मिलती हैं। दोनों के इतिहास-सम्बन्धी दृष्टिकोणों में बड़ा अन्तर है, फिर भी भारत के प्रसंग में मार्क्स और एंगेल्स ने हेगेल की कुछ स्थापनाएँ दोहराई थीं। इन स्थापनाओं को सही परिप्रेक्ष्य में देखने के लिए हेगेल के इतिहास-सम्बन्धी विवेचन की ओर ध्यान देना आवश्यक है। हेगेल का इतिहास दर्शन यूरोप-केन्द्रित है, नस्लपंथी है। गोरी जातियों, खास तौर से जर्मनों की श्रेष्ठता का कायल है, भौगोलिक नियतिवाद का समर्थक है। हेगेल ने सामाजिक इतिहास को ही तोड़ा-मरोड़ा न था, उन्होंने दर्शनशास्त्र का इतिहास लिखते समय भी अपने दुराग्रहों का परिचय दिया था। इन दुराग्रहों पर तीखी टिप्पणी लेनिन ने की थी। इस सबकी चर्चा पाँचवें अध्याय में है। भाववादी विचारक और भी रहे हैं किन्तु समाज और दर्शन के क्षेत्र में हेगेल के-से दुराग्रह का परिचय उन्होंने नहीं दिया। हेगेल के द्वंद्ववाद पर फिर से विचार करना आवश्यक है।

यूरोप में पूँजीवाद का निर्बाध विकास होता, उद्योगपति जमींदारों से समझौता न करते, तो वहाँ सर्वहारा क्रान्ति के लिए आवश्यक परिस्थितियाँ तैयार हो सकती थीं, पर ऐसा निर्बाध विकास वहाँ हुआ नहीं, इसलिए वहाँ मजदूरों और किसानों के सहयोग से सम्पन्न होनेवाली जनवादी क्रान्ति के लिए परिस्थितियाँ थीं, सर्वहारा क्रान्ति के लिए नहीं। वे भी तब तक, जब तक पूँजीपतियों ने विश्व-बाजार की लूट

से कुछ मजदूरों को हिस्सा देना शुरू न किया था। 1848 में यूरोप का क्रान्तिकारी उभार दबा दिया गया, 1871 में पेरिस के मजदूरों का विद्रोह असफल हुआ। इस सारे घटनाक्रम को देखते हुए मार्क्स और एंगेल्स परिस्थितियों का पुनर्मूल्यांकन बराबर करते रहे थे, उसके अनुसार वे नई रणनीति निर्धारित कर रहे थे। इस रणनीति का विकास लेनिन ने किया। संक्षेप में यह नई जनवादी क्रान्ति की रणनीति थी। पूँजीवाद के व्यापक ध्वंस के बदले उसका नियंत्रण, मजदूरों के नेतृत्व में किसानों के सहयोग से सामन्ती अवशेषों का उन्मूलन, ऐसी राज्यसत्ता का निर्माण जिसका आधार किसानों और मजदूरों का सहयोग हो, समाजवाद के निर्माण में राजकीय पूँजीवाद का योगदान—ये सारे सूत्र मार्क्स, एंगेल्स और लेनिन की रचनाओं में हैं। पिछड़े हुए देशों में साम्राज्यवादी दखलअन्दाजी के कारण नई जनवादी क्रान्ति राष्ट्रीय स्वाधीनता-संग्राम बन जाती है। यह विशेषता 1917 की रूसी क्रान्ति में भी थी। जनवादी क्रान्ति दो तरह की होती है : एक पूँजीपति वर्ग के नेतृत्व में, पूँजीपतियों का प्रभुत्व कायम होता है, जमींदारों से समझौता होता है, सामन्ती अवशेष बने रहते हैं। दूसरी मजदूर वर्ग के नेतृत्व में, किसानों और मजदूरों का प्रभुत्व कायम होता है, सामन्ती अवशेष खत्म किये जाते हैं, पूँजीवाद नियंत्रित होता है, समाजवाद की ओर संक्रमण के लिए आवश्यक औद्योगिक आधार का निर्माण किया जाता है। बुर्जुआ जनवादी क्रान्ति को लेनिन ने नई जनवादी क्रान्ति बना दिया; सिद्धान्त और व्यवहार, दोनों दृष्टियों से उन्होंने मार्क्सवाद को समृद्ध किया। छठे अध्याय में जनवादी क्रान्ति से सम्बन्धित मार्क्स, एंगेल्स और लेनिन के विचारों तथा कार्यों का संक्षिप्त विवरण है।

क्रान्ति के बाद सर्वहारा अधिनायकवाद, राज्यसत्ता में सर्वहारा पार्टी की भूमिका, फासिस्ट तानाशाही से लड़ने के दाँव-पेंच, राज्यसत्ता के दो रूपों—जनतंत्र और तानाशाही—को अलग करने की आवश्यकता आदि बातों की चर्चा सातवें अध्याय में है।

सर्वहारा क्रान्ति और सर्वहारा अधिनायकवाद को लेकर लेनिन ने कौट्स्की की तीखी आलोचना की थी। यह आलोचना सर्वहारा अधिनायकवाद के विरोधियों और समर्थकों, दोनों के लिए शिक्षाप्रद है। कौट्स्की मानते थे कि बुर्जुआ जनतंत्र ने मध्यकालीन निरंकुशता के विरुद्ध प्रगतिशील भूमिका निबाही है। प्रगतिशील भूमिका निबाहने से बुर्जुआ जनतंत्र गैरबुर्जुआ, वर्गमुक्त विशुद्ध जनतंत्र नहीं हो जाता। कौट्स्की ने इजारेदार पूँजी के युग में बुर्जुआ जनतंत्र के राजनीतिक प्रतिक्रियावाद में बदलने की अनदेखी की थी। औद्योगिक पूँजीवाद के युग में भी बुर्जुआ जनतंत्र श्रमिक जनता को दबाये रखने के लिए बल-प्रयोग करने से बाज नहीं आता। कौट्स्की ने पूँजीवादी राज्यसत्ता के दमनकारी स्वरूप को विशुद्ध जनतंत्र के नाम पर अस्वीकार किया था। पूँजीवादी दमन के विरोध में जनता द्वारा

बल-प्रयोग को, पूँजीवादी तंत्र को बदलने के लिए जनता के क्रान्तिकारी प्रयास को, उन्होंने अस्वीकार किया था। इजारेदार पूँजी के प्रभुत्व काल में यूरोप के कुछ मार्क्सवादियों ने यूरो-कम्यूनिज्म का जो नारा दिया है, वह मजदूरों की क्रान्तिकारी कार्यवाही पर रोक लगाता है, स्वाधीनता-आन्दोलनों की सक्रिय सहायता करने से उन्हें रोकता है, शान्ति आन्दोलन को कमजोर करता है और साम्राज्यवाद को ताकत पहुँचाता है।

समाजवादी देशों में एक ओर सुधारवादी हैं, दूसरी ओर कट्टरपंथी रूढ़िवादी हैं, इस तरह के भेद की बात आजकल अक्सर सुनने को मिलती है। सुधार और उन्नति की गुंजाइश जरूर होगी, वर्ना विकास कैसे होगा? किन्तु पूँजीवादी अखबारों में सुधार की जो चर्चा होती है, उससे इस सुधार की दो विशेषताएँ स्पष्ट हो जाती हैं : पहली विशेषता यह कि समाजवादी व्यवस्था के भीतर पूँजीवादी सम्बन्धों का विकास होना चाहिए। दूसरी यह कि अन्तरराष्ट्रीय पूँजीवादी संघों को समाजवादी अर्थतंत्र में घुसपैठ करने की छूट मिलनी चाहिए। अमरीका आदि बड़े पूँजीवादी देशों से कर्ज लेकर समाजवादी व्यवस्था के निर्माण की योजनाएँ इसी घुसपैठ के अन्तर्गत हैं। दूसरे महायुद्ध के चालीस साल बाद ऐसी योजनाएँ चालू हैं, इसका कारण यह है कि टीटोवाद की जो वाजिब आलोचना कभी की गई थी, उसे खारिज कर दिया गया है और टीटोवाद को मार्क्सवाद का सही रूप—विकसित और सुधारा हुआ रूप!—मान लिया गया है। टीटोवाद और यूरो-कम्यूनिज्म एक दूसरे के सहायक हैं और दोनों विश्व साम्राज्यवाद के सहायक हैं।

'सर्वहारा क्रान्ति और गद्दार कौट्स्की' में लेनिन ने लिखा था : "मध्यकालीनता की तुलना में बुर्जुआ जनतंत्र ऐतिहासिक रूप से बहुत आगे बढ़ा हुआ कदम था, फिर भी पूँजीवाद के अन्तर्गत वह हमेशा सीमित, कटा-छँटा, मिथ्या और धूर्ततापूर्ण अमीरों के लिए जन्नत, गरीबों और शोषितों के लिए ठग विद्या, उन्हें फँसाने का जाल होता है। पूँजीवाद के अन्तर्गत ऐसा होना लाजमी है।" ('ग्रंथावली', खंड-28, पृ. 243) सर्वहारा अधिनायकवाद के विरोधी बुर्जुआ जनतंत्र की यह विशेषता भूल जाते हैं। बुर्जुआ जनतंत्र का विकल्प है सर्वहारा जनतंत्र। लेनिन ने उसी पुस्तक में लिखा था : "सर्वहारा जनतंत्र ने—सोवियत सरकार उसका एक रूप है—जनता के भारी बहुसंख्यक भाग के लिए, शोषित और श्रमिक जनता के लिए, जनतंत्र का ऐसा विकास और प्रसार किया है जो संसार में अभूतपूर्व है।" (उप., पृ. 246) सर्वहारा अधिनायकवाद के समर्थक जो बात अक्सर भूल जाते हैं, वह यह है कि पूँजीवादी जनतंत्र का विकल्प सर्वहारा जनतंत्र है। यह विकल्प जनतंत्र का अभूतपूर्व विकास और प्रसार है। वह शोषित और श्रमिक जनता की प्रगति के लिए है। वह किसानों पर मजदूरों की, मजदूरों पर कम्यूनिस्ट पार्टी की

डिक्टेटरशिप नहीं है। जनता का शोषण जब समाप्त हो गया हो, तब जनतंत्र का प्रसार और भी अधिक होगा; कम्यूनिस्ट पार्टी की निर्देशक भूमिका के नाम पर उसके संकुचित होते जाने का सवाल नहीं है।

इस पुस्तक के आठवें अध्याय में, दूसरे महायुद्ध के बाद की अन्तरराष्ट्रीय परिस्थिति को ध्यान में रखते हुए, मैंने एशियाई क्रान्ति के सन्दर्भ में लेनिन की स्थापनाओं पर ध्यान केन्द्रित किया है। इन स्थापनाओं का महत्त्व न समझने से साम्राज्य-विरोधी आन्दोलन में जो विघटन पैदा हुआ है, उसकी ओर संकेत किया है। मार्क्स और एंगेल्स के ही नहीं, लेनिन के विचारों को भी उनकी समग्रता और विकासमानता को ध्यान में रखकर ग्रहण करना चाहिए, इस बात पर मैंने कई जगह जोर दिया है। इसी दृष्टि से 'उपसंहार' में मार्क्सवाद के अध्ययन की कुछ समस्याओं की चर्चा की है। लेनिन ने बुर्जुआ जनतंत्र के राजनीतिक प्रतिक्रियावाद में बदलने की जो बात कही थी, यूरोप में फासिस्टवाद के अभ्युदय ने उसकी पुष्टि की। स्तालिन ने लेनिन की स्थापनाओं के आधार पर फासिस्टवाद से लड़ने की रणनीति निर्धारित की। वह रणनीति सही साबित हुई।

फासिस्ट तानाशाही की पराजय को चालीस साल हो चुके हैं। तीसरे महायुद्ध से बचने की, और शान्ति की रक्षा करने की समस्या आज संसार की मुख्य समस्या है। फासिस्ट तानाशाही उस राजनीतिक प्रतिक्रियावाद का चरम रूप थी जो लेनिन के अनुसार इजारेदार पूँजी के शासन की विशेषता था। यह प्रतिक्रियावाद बुर्जुआ जनतंत्र का निषेध था, साथ ही वह मध्यकालीनता से गठबन्धन था। सर्वसत्तावादी सम्राट का स्थान फ्यूएरर (इटली में दूचे) ने लिया था। अधिकारहीन जनता का काम फ्यूएरर की आज्ञा मानना था। फौजी अफसरों में जमींदार घरानों के आदमियों की संख्या काफी थी। जीती हुई भूमि नये जमींदारों को देना, उनकी जमींदारियों में पराजित देशों की जनता को बँधुआ मजदूर बनाकर उनसे काम कराना—यह भी फासिस्ट नीति के अन्तर्गत था। मध्यकालीनता से भी और पीछे जाकर मनुष्य की आदिम बर्बरता को सुसंगठित रूप में, बड़े पैमाने पर, अभूतपूर्व हिंसक भावों से जोड़कर, उभारना इस तानाशाही की विशेषता थी। युद्ध को मनुष्य की सहज वृत्ति माना गया, ऊँची नस्ल के लोगों का प्रभुत्व कायम करने के लिए नीची नस्ल के लोगों का सामूहिक संहार संसार में सभ्यता की रक्षा के लिए आवश्यक माना गया।

यदि नस्ल नाम की कोई चीज हो, तो भी जर्मनी के मजदूरों और पूँजीपतियों की एक ही नस्ल मानी जाएगी, किन्तु फासिस्टों ने पहला प्रहार अपने देश के मजदूरों पर ही किया। यदि जर्मन आर्य थे तो निस्सन्देह जापानी लोग आर्य नहीं थे। किन्तु यूरोप के फासिस्टों ने जापान के सैन्यवादियों से मिलकर मजबूत सामरिक गठबन्धन कायम किया था। दोनों का लक्ष्य एशिया और यूरोप के क्रान्तिकारी

आन्दोलनों को दबाना, विश्व-बाजार में कच्चे माल के स्रोतों का नये सिरे सें बँटवारा करना था।

आर्थिक संकट से जर्मनी, इटली और जापान के इजारेदार पीड़ित थे, उस संकट से अमरीका, फ्रांस और ब्रिटेन के इजारेदार भी पीड़ित थे। पिछड़े हुए देशों के स्वाधीनता-आन्दोलन जहाँ भी आगे बढ़ रहे थे, इनके लेखे वे बोल्शेविकों के षड्यंत्र का परिणाम थे। बोल्शेविकों का गढ़ था सोवियत संघ। इसका नाश किये बिना संसार में सभ्यता की रक्षा न की जा सकती थी। उसका नाश करने का बीड़ा उठाया फासिस्ट तानाशाही ने। यह उद्देश्य दूसरे गुट के इजारेदारों का भी था। इसीलिए उन्होंने फासिस्ट तानाशाही को शक्तिशाली बनाने के लिए उसकी आर्थिक और राजनीतिक सहायता की थी। इसीलिए सोवियत संघ ने उनके साथ मिलकर फासिस्टों की नाकेबन्दी की जितनी कोशिशें कीं, उन्होंने उन्हें व्यर्थ कर दिया। इनके व्यर्थ हो जाने पर सोवियत संघ ने जब फासिस्ट जर्मनी के साथ अनाक्रमण सन्धि कर ली, तब ये गला फाड़कर चिल्लाए—बोल्शेविक फासिस्टों से मिल गए हैं।

अनाक्रमण सन्धि के फलस्वरूप दूसरे गुट के इजारेदारों का यह मंसूबा पूरा न हुआ कि रूस और जर्मनी लड़कर पस्त हो जाएँ, तब ये शान्तिपूर्वक यूरोप और एशिया-अफ्रीका को आपस में बाँट लें। उस सन्धि के फलस्वरूप फासिस्टों का यह मंसूबा पूरा न हुआ कि बोल्शेविज्म को खत्म करने में ये इजारेदार उनकी मदद करते रहें, मदद न करें तो तटस्थ बने रहें। इसके विपरीत हुआ यह कि फासिस्टों के खिलाफ एक विशाल मोर्चा बन गया जिसमें एक ओर सोवियत संघ था, दूसरी ओर अमरीका आदि पूँजीवादी देश थे। इस मोर्चे का एक घटक फासिस्ट देशों का ही फासिस्ट विरोधी आन्दोलन था, दूसरा घटक पूँजीवादी राष्ट्रों की सरकारों से भिन्न वहाँ का फासिस्ट विरोधी आन्दोलन, मुख्यतः श्रमिक-आन्दोलन था। तीसरा महत्त्वपूर्ण घटक पिछड़े हुए, पराधीन देशों का मुक्ति-आन्दोलन था। चीन, वियतनाम, इंडोनेशिया, बर्मा के जापान-विरोधी संग्राम ने फासिस्ट शक्तियों की पराजय में उल्लेखनीय योगदान किया। भारतीय जनता का स्वाधीनता-आन्दोलन इस मुक्ति-संग्राम का समर्थक था, वह स्वयं एक विशद एशियाई मुक्ति-अभियान का अंग था।

फासिस्ट तानाशाही की हार से एशियाई जन-आन्दोलनों की शक्ति बढ़ी, यूरोप के श्रमिक-आन्दोलन की शक्ति बढ़ी, साथ ही अमरीकी इजारेदारों की शक्ति भी बढ़ी। फासिस्ट विरोधी मोर्चे के सभी घटकों के लक्ष्य एक-से नहीं थे। स्तालिन के अनुसार : "संयुक्त राज्य अमरीका आशा करता था कि वह अपने सबसे खतरनाक प्रतिद्वंद्वियों—जर्मनी और जापान—को निष्क्रिय बना देगा, विदेश के बाजारों और कच्चे माल के स्रोतों पर अधिकार जमाएगा और अपना विश्व-प्रभुत्व कायम कर

लेगा।" ('Economic Problems of Socialism in the U.S.S.R', पृ. 35) जापान और (पश्चिमी) जमनी फिर अमरीका के प्रतिद्वंद्वी बन गए हैं। बेशक पहले जैसे खतरनाक प्रतिद्वंद्वी इस समय वे नहीं हैं। पुराने सहयोगियों में ब्रिटेन और फ्रांस भी प्रतिद्वंद्वी हैं। साथ ही सोवियत-विरोधी मोर्चा बनाने में वे अमरीकी इजारेदारों के साथ हैं। बोल्शेविज्म से संसार की रक्षा करने का बीड़ा इस समय रीगन ने उठाया है। सारा पूँजीवादी संसार मुद्रास्फीति, बेकारों की संख्या-वृद्धि, निरन्तर संकुचित होते हुए विश्व-बाजार के कारण संकट में है। इस संकट के फलस्वरूप विकसित पूँजीवादी देशों में मजदूर-आन्दोलन जोर पकड़ रहा है। ब्रिटेन के खान मजदूरों ने साल-भर तक हड़ताल चलाई, वह मजदूर-आन्दोलन की इस नई ताकत का सबूत है। हड़ताल दबा दी गई पर ब्रिटेन का आर्थिक संकट खत्म नहीं हुआ, उल्टा और गहरा हुआ है।

ब्रिटेन का पुराना साम्राज्य समाप्त हुआ। जो प्रभाव क्षेत्र बचा, उसमें अमरीकी इजारेदारों ने घुसपैठ शुरू की। कनाडा, दक्खिनी अफ्रीका जैसे देश अब अमरीकी प्रभाव क्षेत्र में हैं। दूसरे महायुद्ध के बाद ब्रिटेन की हालत अब पराजित जर्मनी और जापान से भी बदतर है। ब्रिटेन और अर्जेंटीना में जो एक छोटा-सा युद्ध हो गया, वह साम्राज्य को बहाल करने का एक प्रयास था। किन्तु 1945 से अब तक जो युद्ध होते रहे हैं, वे मुख्यत: स्वाधीनता-संग्राम हैं। चालीस साल की अवधि में तीसरा महायुद्ध शुरू नहीं हुआ किन्तु विश्व-बाजार में शान्ति भी नहीं रही। इस अवधि में जहाँ भी युद्ध हुए, वहाँ एक पक्ष के साथ अमरीकी साम्राज्यवाद अवश्य मौजूद था। दूसरे पक्ष को सोवियत संघ से सहायता मिली है। चीनी क्रान्ति—च्याङ्-काई-शेक के साथ इस क्रान्ति में अमरीका भी पराजित हुआ। कोरियाई युद्ध—उत्तरी कोरिया के योद्धाओं ने चीनी स्वयंसेवकों के साथ मिलकर अमरीकी दखलअन्दाजों को परास्त किया। वियतनाम का स्वाधीनता-संग्राम पहले जापानी, फिर फ्रांसीसी, उनके बाद अमरीकी साम्राज्यवादियों से वियतनाम ने लम्बी लड़ाई चलाई। वियतनाम ने उन्हें ऐसा सबक सिखाया कि अमरीकी इजारेदारों को सोते-जागते सबसे ज्यादा यह दहशत सताती है कि छोटा-सा निकारागुआ कहीं दूसरा वियतनाम न बन जाए!

फासिस्ट जर्मनी के इजारेदारों को स्वाधीनता-आन्दोलन से भय नहीं था, उन्हें भय था अपने यहाँ के मजदूर-आन्दोलन से। अमरीकी इजारेदारों को अभी अपने यहाँ के मजदूर-आन्दोलन से भय नहीं है, उन्हें भय है स्वाधीनता-आन्दोलन से। एशिया, अफ्रीका, लातीनी अमरीका—सारी दुनिया में अमरीकी इजारेदार इन्हें दबाने का जी-तोड़ प्रयत्न करते हैं और हर जगह मुँह की खाते हैं। साम्राज्य-विरोधी विश्वक्रान्ति में पिछड़े हुए समाजों की भूमिका का यह प्रमाण है। हिटलर ने अपने विरुद्ध दो ही मोर्चे कायम हो जाने दिये थे—अमरीकी साम्राज्यवाद के खिलाफ सारी दुनिया में

मोर्चे ही मोर्चे कायम हैं। युद्ध चाहे छोटा हो, चाहे बड़ा, अमरीका उसमें जीत नहीं सकता, यह निश्चित है। किन्तु वह संसार का नाश अवश्य कर सकता है। उसके साथ उसका भी नाश हो जाए, यह अलग बात है, पर वह आशा यही करता है कि नाश औरों का होगा, वह स्वयं बच जाएगा। बड़े पैमाने पर, लाखों आदमियों का कुछ ही क्षणों में, एक साथ नाश करने के लिए नई तरह के जनसंहारक अस्त्र चाहिए। इन अस्त्रों के विकास, परिष्कार और निर्माण में अमरीका अरबों डालर धन खर्च कर चुका है और अब भी करता जा रहा है।

पूँजीवाद के जन्मकाल से उत्पादन की एक शाखा अपने कौशल का निरन्तर विकास करती रही है, यह है अस्त्र-शस्त्रों के निर्माण की शाखा। जिस दिन अमरीकियों ने दो जापानी शहरों पर एटम बम गिराए, उस दिन दुनिया ने जाना, इस शाखा ने कौशल की नई मंजिल में कदम रखा है। तब से अब तक उत्पादन की किसी शाखा की टेक्नोलॉजी हो, उसका उपयोग इस शाखा के कौशल के विकास के लिए भी, यदि सम्भव हो, तो जरूर किया जाता है। वास्तव में किसी शाखा के उत्पादन-कौशल को उन्नत करने की ओर इजारेदार इतना ध्यान नहीं देते जितना इस शाखा के कौशल की ओर जिसका सम्बन्ध विनाश के साधनों के उत्पादन से है! पर ये साधन दूसरों के पास भी हैं, पूँजीवादी देशों के पास हैं, समाजवादी देशों के पास भी हैं। इसलिए इजारेदारों को अपनी विजय सुनिश्चित नहीं दिखाई देती।

अब वे आकाश में उड़कर ऐसी अस्त्र-सज्जा निर्मित करना चाहते हैं जिससे शत्र के अस्त्र व्यर्थ हो जाएँ, उनके अव्यर्थ रहें। सोवियत संघ ने घोषणा की कि वह अपनी ओर से पहले किसी देश पर एटम बम न गिराएगा। अमरीका ऐसी घोषणा करने को तैयार नहीं है। अमरीकी इजारेदारों की सारी रणनीति एक ही दाँव पर टिकी हुई है, पहले हमला करो और दुश्मन को ऐसा तबाह कर दो कि वह जवाबी हमला न कर सके। किन्तु इससे अमरीका के यूरोपियन सहयोगी चिन्तित हो उठे हैं। उन्हें भय है कि अमरीका अपनी सुरक्षा के लिए यूरोप की बलि चढ़ा देगा। अन्तरिक्ष में अस्त्रों की होड़ का जो भी परिणाम हो, धरती पर चाहे जितनी बर्बादी हो जाए, समुद्र के गर्भ में विलीन एक भी पनडुब्बी ने ऊपर आकर न्यूयॉर्क अथवा वाशिंगटन पर दो-एक एटम बम गिरा दिये, तो अमरीका की हालत जापान से भी ज्यादा खराब हो जाएगी। लेकिन यह तब, जब सारी धरती विनाश की लपेट में न आ जाए। ऐसे महाविनाश की सम्भावना वास्तविक है, काल्पनिक नहीं।

ऐसी स्थिति में पिछड़े हुए देश क्या कर सकते हैं? भाग्य के भरोसे बैठने, महाशक्तियों को कोसने, उन्हें समझौता करने की सलाह देते रहने के बदले वे युद्ध को रोकने के लिए कारगर कदम उठा सकते हैं। आणविक अस्त्र-सज्जा के

लिए निरन्तर परिष्कार, निर्माण और प्रसार के लिए अपार धन चाहिए। इसमें जो पूँजी लगी है, वह उसी में फँसी पड़ी है। पूँजी लगानेवाले को मुनाफा नहीं मिल रहा। और पूँजी वह बराबर लगाता जा रहा है। यह पूँजी उसे कहाँ से मिलती है? वह मुख्यत: उसे पिछड़े हुए देशों से मिलती है। संसार की बहुसंख्यक जनता पिछड़े हुए देशों में रहती है। यह जनता कर्ज के बोझ से दबी हुई है। कर्ज लेने से उसका संकट दूर नहीं हुआ, उल्टा दिन-पर-दिन गहरा होता गया है। संसार की करोड़ों-अरबों जनता अपनी खून-पसीने की कमाई सूद के रूप में अन्तरराष्ट्रीय बैंकपतियों को सौंपती जा रही है। इनकी आमदनी का यह मुख्य रूप है। सम्पत्ति के पुनरुत्पादन का मुख्य तरीका है सूदखोरी। इसी स्रोत से उन्हें लगातार वह धन मिलता जा रहा है जिसे वे आणविक अस्त्र-सज्जा में लगाते हैं। जो कर्ज लिया है, उसे वापस न करके, भविष्य में कर्ज लेना बन्द करके, हम अस्त्र-सज्जा के आर्थिक स्रोत पर रोक लगा सकते हैं।

पूँजीवाद की आन्तरिक स्थिति इजारेदारों को युद्ध की ओर ठेल रही है, यही स्थिति उस युद्ध को रोकने के लिए करोड़ों आदमियों को गोलबन्द कर रही है। पूँजीवादी संसार दो शिविरों में बँटा हुआ है। एक शिविर में हैं थोड़े-से विकसित देशों के सूदखोर महाजन, दूसरे शिविर में हैं बहुसंख्यक अविकसित और विकासशील देशों के कर्ज के बोझ से लदे हुए करोड़ों मनुष्य। यह विशाल मानव समुदाय संगठित होकर स्वयं कर्ज के बोझ से मुक्त हो, तो वह सारी दुनिया को युद्ध के भय से मुक्त कर सकता है।

सूदखोरी आदिम पूँजीवाद की विशेषता है। साइलौक पुनर्जागरण काल की उपज था। पूँजीवाद के ह्रास काल में शाइलौकों के अन्तरराष्ट्रीय संघ बन गए हैं; उत्पादन, विनिमय और वितरण पर सूदखोरी हावी है। सूदखोरी का सहज भाईचारा औद्योगिक विकास से नहीं है, उसका भाईचारा सामन्ती निरंकुशता से है। संसार में सामन्ती अवशेषों का सबसे बड़ा रक्षक अमरीका है; यद्यपि वह जनतंत्र का दम भरता है, पर जहाँ भी जनता इन अवशेषों को खत्म करना चाहती है, वह उसे दबाने के लिए फौजी तानाशाहों की मदद करता है। पाकिस्तान के फौजी तानाशाह जिया उल हक का सबसे बड़ा समर्थक अमरीका है। भारत और अफगानिस्तान के विरुद्ध तोड़-फोड़ की कार्रवाई संगठित करने का मुख्य अड्डा पाकिस्तान है। इसके सिवा अरब देशों के सामन्त-विरोधी आन्दोलनों को दबाने के लिए पाकिस्तानी फौज से काम लिया जाता है। पाकिस्तान की तरह साम्प्रदायिक आधार पर अमरीका, ब्रिटेन, रूस आदि देशों से यहूदियों को बटोरकर इजराइल नाम के राष्ट्र का निर्माण किया गया है। अरबों के साम्राज्य-विरोधी आन्दोलनों को कुचलने के लिए अमरीकियों का मुख्य सामरिक अड्डा इजराइल है। नस्ल का सिद्धान्त सम्प्रदायवाद से भी ज्यादा घिनौना है। हिटलर के बाद इस समय

नस्लवाद को राजनीति का आधार बनानेवाले दक्खिनी अफ्रीका के गोरे शासक हैं। वे अपने यहाँ की बहुसंख्यक अश्वेत जनता को उसके जनतांत्रिक अधिकारों से वंचित किये हुए हैं। राष्ट्रसंघ को ठेंगा दिखाकर नमीबिया पर कब्जा जमाए हैं और अंगोला की सरकार के विरुद्ध सैनिक दखलअन्दाजी आयोजित करते रहे हैं। दक्खिनी अफ्रीका की आर्थिक और राजनीतिक शक्ति का स्रोत है अमरीका। यह बात भी ध्यान देने की है कि महाशक्तियों और चीन के अलावा जिन देशों के पास एटम बम होने या शीघ्र हो जाने की खबर गर्म है, वे इजराइल, दक्खिनी अफ्रीका और पाकिस्तान हैं। एटम बम सबसे पहले सोवियत संघ के विरुद्ध चाहिए, उसके बाद नवस्वाधीन देशों के विरुद्ध भी।

भारत का अर्थतंत्र मिश्रित अर्थतंत्र कहलाता है। उसका एक विभाग निजी पूँजी का है, दूसरा राजकीय पूँजी का। इस दूसरे विभाग पर उन्हीं का नियंत्रण है, जो निजी पूँजी के प्रतिनिधि हैं। दोनों विभाग पूँजीवादी हैं। सारा अर्थतंत्र पूँजीवादी है। पर वह मिश्रित अन्य अर्थ में है; उसमें देशी पूँजी लगी है, विदेशी भी लगी है। यह देशी-विदेशी पूँजी का मिश्रण बराबर बढ़ रहा है। इस मिश्रण के भयानक परिणाम होंगे। विदेशी पूँजी के दबाव से यहाँ श्रमिक-आन्दोलन दबाया जाएगा। विश्व पूँजीवाद संकटग्रस्त है; वह जो भी झटके खाएगा, उनका गहरा असर देशी अर्थतंत्र पर पड़ेगा। विदेशी पूँजी की सहज मैत्री निजी पूँजी से है; दोनों के दबाव से राजकीय पूँजी का क्षेत्र संकुचित होगा, कमजोर होगा। भारतीय पूँजीवाद के स्वच्छन्द विकास की सम्भावना कम होगी; यह विकास बहुराष्ट्रीय कम्पनियों द्वारा निर्देशित और नियंत्रित होगा। भारतीय पूँजीवाद और इजारेदार पूँजीवाद के अन्तर्विरोध कम होंगे, इसी अनुपात में भारत की घरेलू और विदेशी नीतियों के प्रगतिशील पक्ष कमजोर होंगे, उनके प्रतिक्रियावादी पक्ष मजबूत होंगे। भारत में राष्ट्रीय एकता के विघटनकारी तत्त्वों को विदेशी पूँजी के सूत्रधारों का सक्रिय सहयोग प्राप्त है। ये तत्त्व और प्रबल होंगे और राष्ट्रीय एकता का वर्तमान संकट और भी गहरा होगा। अतः विनाश से बचने के लिए इस देशी-विदेशी पूँजी के मिश्रण के विस्तार को रोकना, उसे पूरी तरह खत्म करना जरूरी है। भारत का श्रमिक वर्ग व्यापक स्तर पर स्वदेशी आन्दोलन चलाकर यह कार्य सम्पन्न कर सकता है।

सूदखोर पूँजी की लपेट में कुछ समाजवादी देश भी हैं। कर्ज के बोझ से इन देशों की जनता भी दबी हुई है। इनकी पाँति में सबसे आगे हैं पोलैंड और यूगोस्लाविया। आर्थिक रूप से अपने पैरों खड़े होना यदि भारत के लिए जरूरी है तो समाजवादी देशों के लिए वह और भी जरूरी है। उसके बिना समाजवाद की कल्पना नहीं की जा सकती। समाजवादी देशों में इजारेदार पूँजीपतियों की घुसपैठ विश्व-शान्ति के लिए निश्चित खतरा है।

इजारेदार पूँजीवाद का अन्तर्विरोध सभी देशों की जनता से है—अमरीका, ब्रिटेन, फ्रांस, जर्मनी और जापान की जनता से भी। उसका अन्तर्विरोध—स्पेन, पुर्तगाल, यूनान, स्वीडन जैसे देशों के पूँजीवाद से है, पिछड़े हुए समाजों के देशी पूँजीवाद से है। इसका मुख्य अन्तर्विरोध सोवियत संघ से है। तीसरे महायुद्ध की तैयारी सबसे पहले सोवियत संघ के विनाश के लिए है। ऐसा व्यापक अन्तर्विरोध संसार के इतिहास में पहले कभी नहीं देखा गया। इजारेदार पूँजीवाद इस अन्तर्विरोध को अपने पक्ष में हल कर ले और विनाश से बच जाए, यह असम्भव है।

अनेक अन्तर्विरोध समाजवादी देशों में हैं। साम्राज्यवाद की आक्रामक हिंसक नीति का एक स्रोत ये अन्तर्विरोध भी हैं। समाजवादी देशों की जनता को क्रान्तिकारी आन्दोलनों का दीर्घकालीन अनुभव है। वह इस अनुभव से लाभ उठाकर वर्तमान अन्तर्विरोधों को दूर कर सकती है। इन्हें दूर करने में वह अपने संचित अनुभव, मार्क्सवाद के ज्ञान, साथ ही अपने सहज बोध से कितना काम लेती है, यह समाजवादी जनतंत्र के विकास पर निर्भर है। जनतंत्र और डिक्टेटरशिप का सवाल आज समाजवादी देशों की एकता के सवाल से, विश्व-शान्ति की रक्षा के सवाल से जुड़ा हुआ है। वह इन देशों को इजारेदार पूँजी के दबाव से मुक्त रखने, वहाँ आत्मनिर्भर समाजवादी अर्थतंत्र विकसित करने के सवाल से जुड़ा हुआ है।

23 अप्रैल, 1985 को सोवियत संघ की कम्यूनिस्ट पार्टी की केन्द्रीय समिति के पूर्ण अधिवेशन में पार्टी सचिव मिखाइल गोर्बाचोव ने कहा था : जीवन से ही यह आवश्यकता पैदा हुई है कि समाज की, गुणात्मक रूप से एक नई, अवस्था प्राप्त की जाए। "इसमें उत्पादन का वैज्ञानिक और तकनीकी नवीनीकरण शामिल है। श्रम की उत्पादकता के उच्चतम विश्व-स्तर की उपलब्धि शामिल है। इसमें सामाजिक सम्बन्धों का, सबसे पहले आर्थिक सम्बन्धों का, भरपूर निखार (Perfection) शामिल है। श्रम के क्षेत्र में और जीवन की भौतिक और सांस्कृतिक परिस्थितियों में सामाजिक परिवर्तन इसमें शामिल हैं। राजनीतिक और सामाजिक संस्थाओं के समूचे तंत्र को सक्रिय बनाना, समाजवादी जनतंत्र को और गहरा करना (the deepening of Socialist democracy), जनता का स्वशासन (the Self government of the people) इसमें शामिल है।"

सोवियत संघ के अलावा अन्य समाजवादी देश, इनमें सबसे पहले चीन, जितना ही इस नीति पर चलेंगे, उतना ही उनकी आर्थिक-राजनीतिक क्षमता का विकास होगा; उतना ही उनकी आपसी एकता सुदृढ़ होगी और उतना ही विश्व-शान्ति के स्थायी होने की सम्भावना बढ़ेगी। प्राचीन सभ्यता के मुख्य केन्द्र एशिया में थे। प्राचीन मिस्र, यूनान और इटली की सभ्यता इन केन्द्रों से जुड़ी हुई थी। यह 'पिछड़े हुए' समाजों की सभ्यता है, यह इजारेदार पूँजीवाद से पहले की सभ्यता है। फासिस्टवाद मानव-सभ्यता का निषेध था। उसका उत्तराधिकारी

अमरीकी साम्राज्यवाद भी मानव-सभ्यता का निषेध है। इस सभ्यता के विकास में भारत का योगदान गौरवपूर्ण था। उसकी रक्षा में भी उसका योगदान गौरवपूर्ण होना चाहिए।

मानव समाज आगे बढ़ता है, पीछे की ओर भी छलाँग लगाता है। एक बार यूरोप ने पीछे की ओर छलाँग लगाई तो दो हजार साल के लिए अन्धकार युग आया। वह अन्धकार युग समाप्त हुआ, पुनर्जागरण काल आया; यूनान और रोम ने पुरानी मंजिल जहाँ छोड़ी थी, यूरोप ने दो हजार साल बाद वहाँ से नई मंजिल शुरू की। किन्तु इस बार? यदि यूरोप और अमरीका ने पीछे की ओर छलाँग लगाई, तो पुनर्जागरण काल कब आएगा, दो हजार साल बाद या बीस हजार साल बाद, कोई उसे लाने को बचेगा भी या नहीं, किसी को नहीं मालूम! यूरोप के मध्यकाल का अँधेरा सारी धरती पर न फैल गया था, सभ्यता के अनेक एशियाई केन्द्र सक्रिय बने रहे थे। किन्तु इस बार? धरती के किस कोने में कितना ऑक्सीजन बचा रहेगा, निश्चयपूर्वक कोई नहीं बता सकता।

अस्तु! मार्क्सवाद युद्ध को रोकने में, सभ्यता की रक्षा करने में, मानव-संस्कृति के विकास में, हमारी सहायता कर सकता है। इसके लिए आर्थिक बुनियाद और अधिरचना के सम्बन्ध को, अधिरचना की सापेक्ष स्वतंत्रता को, अधिरचना के विभागों के आपसी सम्बन्ध को समझना जरूरी है। अधिरचना केवल सापेक्ष रूप में स्वतंत्र है, निरपेक्ष रूप में नहीं। धर्म के मामले में लोग अधिक अपरिवर्तनवादी होते हैं। एंगेल्स ने आदिम ईसाइयत और सामन्तकालीन ईसाइयत में जो भेद दिखाया है, वह अन्तत: आर्थिक बुनियाद का प्रबल होना सिद्ध करता है। लेनिन ने तोल्स्तोय की भाव-शक्ति का सम्बन्ध रूसी किसानों से जोड़ा है। सामाजिक जीवन में किसानों और जमींदारों की भावात्मक प्रतिक्रिया एक-सी न थी। इसी तरह सूरदास का शृंगार-वर्णन लोक-संस्कृति का प्रतिबिम्ब है, दरबारी कवियों का शृंगार-वर्णन सामन्ती अभिरुचि का। किन्तु पतनशील वर्गों से सहानुभूति रखनेवाले कलाकार भी शक्तिशाली ढंग से यथार्थ चित्रण कर जाते हैं। इस सन्दर्भ में अनेक साहित्यकारों पर मार्क्स, एंगेल्स और लेनिन की टिप्पणियाँ अत्यन्त शिक्षाप्रद हैं। स्वयं उनकी लेखन-शैली, नये-पुराने साहित्य के प्रति उनकी गहरी अभिरुचि शिक्षाप्रद है। पहले अध्याय से लेकर उपसंहार तक मार्क्स-एंगेल्स-लेनिन के विचारों को समझने के प्रयास में बार-बार यूरोप के देशों का नाम आया है। किन्तु सर्वत्र इस प्रयास का उद्देश्य भारत के इतिहास को नये सिरे से समझना है। चौथे और आठवें अध्यायों में भारत प्रत्यक्ष रूप में भी है।

यह पुस्तक 1982 से 1985 के बीच लिखी गई है और सारे अध्याय उसी क्रम से नहीं लिखे गए जिस क्रम से वे यहीं दिये गए हैं। कहीं-कहीं तत्कालीन परिस्थिति की ओर संकेत करने के लिए किसी वर्ष विशेष का उल्लेख है। मैंने उसमें कोई

परिवर्तन नहीं किया। जिन पुस्तकों से कुछ अंश उद्धृत किये गए हैं, उनके नाम कहीं अंग्रेजी में हैं, कहीं हिन्दी रूपान्तर में हैं; कहीं अंग्रेजी नाम रोमन में हैं, कहीं देवनागरी में। इससे आपके सौन्दर्यबोध को ठेस लगेगी, पर विचारधारा को समझने में कोई कठिनाई न होगी। आपकी सुविधा के लिए मैंने अन्त में उद्धृत पुस्तकों की सूची दे दी है। अनेक मित्रों ने पुस्तक के लिए सामग्री जुटाने में सहायता की है, इसके लिए मैं उनको धन्यवाद देता हूँ।

—रामविलास शर्मा

नई दिल्ली
6 मई, 1985

पहला अध्याय

पिछड़े हुए समाजों की संस्कृति और वैज्ञानिक भौतिकवाद

पिछड़े हुए समाजों की संस्कृति ने सामान्य रूप में भौतिकवाद के विकास को, विशेष रूप में वैज्ञानिक भौतिकवाद के विकास को, प्रभावित किया। इस तथ्य का विश्लेषण प्रत्यक्ष रूप में भौतिकवाद के मूल सिद्धान्तों को समझने में सहायता देता है, अप्रत्यक्ष रूप में वह यूरोप की ज्ञान-विज्ञान-परम्परा में एशिया और भारत के योगदान को समझने में सहायता देता है। मानवता के विकास में औद्योगिक क्रान्ति एक विभाजक रेखा है। भाप की मशीनों के चलन से आधुनिक युग शुरू हुआ; उसके पहले जितने भी तरह के समाज हैं, वे सापेक्ष रूप में पिछड़े हुए हैं। इनके पिछड़ेपन की एक सामान्य विशेषता यह है कि मनुष्य प्रकृति का स्वामी नहीं है। पुराने समाजों के मनुष्य पर प्रकृति हावी है। भाप की मशीनें चलाकर मनुष्य प्रकृति का स्वामी बना, उसने स्वतंत्रता के नये युग में प्रवेश किया। स्वतंत्रता के इस नये युग की देन है वैज्ञानिक भौतिकवाद। वैज्ञानिक भौतिकवाद का विकास अभिन्न रूप में उस संस्कृति से जुड़ा हुआ है जो परतंत्रता के युग में, प्रकृति पर मनुष्य की निर्भरता के युग में, विकसित हुई थी। वह उन समाजों की देन है जो पिछड़े हुए थे। इस संस्कृति में केवल साहित्य और ललित कलाएँ नहीं हैं, दार्शनिक चिन्तन और तर्क-पद्धति भी हैं। मार्क्स और एंगेल्स पुराने समाजों की दार्शनिक परम्परा और उनका साहित्य, दोनों से प्रभावित हुए। पिछड़े हुए समाजों का दर्शन और साहित्य भी पिछड़ा हुआ होना चाहिए। वह मार्क्स और एंगेल्स जैसे क्रान्तिकारियों के चिन्तन को कैसे प्रभावित करता रहा?—इस समस्या का विवेचन पुरानी संस्कृति के मूल्यांकन के लिए ही जरूरी नहीं है, वह भौतिकवाद के आर्थिक-राजनीतिक सिद्धान्तों को समझने के लिए भी जरूरी है। मनुष्य के सामाजिक विकास में उसके आर्थिक और राजनीतिक विकास के साथ उसका सांस्कृतिक विकास भी शामिल है। विकास की समग्रता का अध्ययन सांस्कृतिक विकास को एक तरफ हटाकर रख देने से सम्भव न होगा।

मार्क्स और एंगेल्स के चिन्तन के केन्द्र में है औद्योगिक पूँजीवाद। औद्योगिक पूँजीवाद के बारे में उनकी धारणाओं में परिवर्तन हुआ। इसी के अनुरूप किसानों के प्रति और पराधीन देशों के प्रति उनकी धारणाओं में परिवर्तन हुआ।[1] तब आश्चर्य न होना चाहिए यदि पिछड़े हुए समाजों के प्रति, उनकी संस्कृति के प्रति भी मार्क्स और एंगेल्स की धारणाओं में परिवर्तन हुआ हो! उनकी धारणाओं में परिवर्तन होता है, उस संस्कृति से मार्क्स और एंगेल्स के लगाव में परिवर्तन नहीं होता। उन्होंने पुराने साहित्य और दर्शन का जो विवेचन किया, उससे भी अधिक महत्त्वपूर्ण वह प्रभाव है जो उन्होंने अपने चिन्तन में और अपने जीवन-संघर्षों में उस साहित्य और दर्शन से ग्रहण किया। किसानों के सहयोग के बिना मजदूर पूँजीवादी शोषण से मुक्त नहीं हो सकते। उद्योग-प्रधान देशों के मजदूरों का मुक्ति-संघर्ष तभी सफल होगा जब उसे पराधीन देशों के स्वाधीनता-संग्राम से सहायता मिलेगी। किसानों और पराधीन देशों की भूमिका से जुड़ी हुई है वैज्ञानिक भौतिकवाद के विकास में पिछड़े हुए समाजों की संस्कृति की भूमिका; सर्वहारा मुक्ति-संघर्ष के सन्दर्भ में किसानों, पराधीन देशों और पिछड़े समाजों की संस्कृति—इन तीनों की भूमिका का विवेचन एक साथ करना चाहिए।

1. यूनानी रोमन संस्कृति और पुनर्जागरण काल

मार्क्स के बौद्धिक विकास का गहरा सम्बन्ध उस संस्कृति से है जो मशीनी उद्योग-धन्धोंवाली आर्थिक क्रान्ति से पहले की है। इसका एक भाग वह है, जिसका सम्बन्ध प्राचीन यूनान और रोम से है; दूसरा भाग वह है, जो यूरोप के पुनर्जागरण से आरम्भ होता है और अठारहवीं सदी तक जारी रहता है। इन दोनों के बीच में एक हजार साल से ऊपर का अन्तराल है जो मध्यकाल कहलाता है। औद्योगिक क्रान्ति से पहले की संस्कृति ने मार्क्स को कैसे प्रभावित किया, इसकी जानकारी से इस बात का ज्ञान होगा कि समाजवादी विचारधारा के विकास में इस पुरानी संस्कृति की भूमिका किस प्रकार की है। इसके साथ ही आर्थिक परिस्थितियों से संस्कृति का सम्बन्ध किस तरह का होता है, इसे जानने के लिए सामग्री मिलेगी। सबसे पहले उस लम्बे अन्तराल पर ध्यान देना है जो रोमन साम्राज्य के विघटन और यूरोप के पुनर्जागरण के बीच हजार साल तक बना रहा। यह मध्यकाल सामन्ती व्यवस्था का युग है। इसे अनेक विद्वान् दास-प्रथा वाले समाज की तुलना में आगे बढ़ी हुई व्यवस्था मानते हैं। किन्तु जिसे पुनर्जागरण कहते हैं, वह इसी मध्यकाल का विरोध करता हुआ आगे बढ़ता है और प्राचीन यूनान और रोम की संस्कृति से अपना नाता जोड़ता है। होना यह चाहिए था कि पुनर्जागरण युग मध्यकाल की संस्कृति से नाता जोड़ता और यूनान और रोमवाली संस्कृति का विरोध करता। क्या इससे हम यह नतीजा निकालें कि आर्थिक परिस्थितियाँ मध्यकाल में अधिक विकसित थीं किन्तु संस्कृति इनके अनुरूप

1. इस परिवर्तन का विवेचन 'भारत में अंग्रेजी राज और मार्क्सवाद' के दूसरे खंड में है।

अपना विकास न कर सकी अथवा यह कि यूनान और रोम की आर्थिक परिस्थितियाँ पिछड़ी हुई थीं किन्तु जो संस्कृति निर्मित हुई, वह प्रगतिशील थी? इटली, इंग्लैंड, फ्रांस में जब पुनर्जागरण का प्रकाश फैला, तब एक सामान्य धारणा यह बनी कि जो प्रकाश मध्यकाल में लुप्त हो गया था, वह फिर मिल गया है। साहित्य, दर्शन, ललित कलाएँ, समाजविज्ञान, कोई ऐसा क्षेत्र नहीं है जिसे प्राचीन यूनान और रोम ने प्रभावित न किया हो।

यदि हम यह समझ लें कि यूनानी और रोमन समाज में पहले छोटे पैमाने की खेती और दस्तकारी का विकास हुआ, सामन्ती व्यवस्था कायम हुई, फिर व्यापार के विकास के साथ बड़े पैमाने पर माल तैयार करने के लिए गुलामों से काम लिया जाने लगा तो आर्थिक परिस्थितियों से संस्कृति का सम्बन्ध बहुत स्वाभाविक लगेगा और यह प्रतीत होगा कि मध्यकाल के बाद यूनान और रोम से सीखने के बदले यूरोप के बुद्धिजीवी और कुछ कर ही न सकते थे। यूरोप के मध्यकाल में छोटे पैमाने की खेती और दस्तकारीवाली वह सामन्ती व्यवस्था थी जो रोम और यूनान में दास-प्रथा के चलन से पहले कायम हो चुकी थी। रोम और यूनान की संस्कृति व्यापारिक पूँजी के युग की संस्कृति थी। यूरोप में पुनर्जागरण-युग व्यापारिक पूँजीवाद का युग है। इस युग में यूरोप के प्रमुख राष्ट्रों ने बड़े पैमाने पर गुलामों का व्यापार किया, उनके उपनिवेशों में गुलामों से बड़े पैमाने पर खेती कराई गई जिसका उद्‌देश्य बाजार के लिए बिकाऊ माल तैयार करना था। यूनान और रोम तथा पुनर्जागरण युग के यूरोप की आर्थिक परिस्थितियों में काफी समानता थी। इस नये पूँजीवादी युग की संस्कृति पुराने पूँजीवादी युग की संस्कृति से प्रभावित हो, इससे अधिक स्वाभाविक प्रक्रिया और क्या हो सकती थी?

पुनर्जागरण युग नये मानवतावाद का युग है। दासों के मालिकों की संस्कृति मानवतावाद को कैसे प्रभावित कर सकती है? नये मानवतावाद के युग में भी दासों का व्यापार होता था, यह हम क्यों भूल जाते हैं? यही नहीं, विशाल भू-खंडों में यूरोप के लुटेरों ने बड़े पैमाने पर जनसंहार किया, दूसरों की भूमि छीनकर उसके स्वामी बन गए। पुनर्जागरण युग में न जाने कितनी पुरानी बस्तियाँ उजाड़ी गईं। जैसे लोग जंगल साफ करके खेती करते थे, वैसे ही जमींदारों और व्यापारियों ने पुरानी जातियों का सफाया करके उनकी भूमि पर अपने उपनिवेश बनाए। किन्तु इस युग की मानवतावादी संस्कृति इस जन-संहारक व्यापारी वर्ग की संस्कृति नहीं है। व्यापारिक पूँजीवाद के विकास के साथ-साथ सामन्ती बन्धन ढीले हुए और बुद्धिजीवी को अपनी चेतना विकसित करने का मौका मिला, नई आर्थिक परिस्थितियों के कारण मानव चेतना को विकसित होने का अवसर मिला। यह विकसित चेतना इन परिस्थितियों का यांत्रिक प्रतिबिम्ब नहीं है और वह व्यापारी वर्ग के हितों का प्रतिनिधित्व नहीं करती। प्राचीन यूनान की संस्कृति भी मानवतावादी थी। वह रूढ़ियों और सामन्ती

संस्कारों का विरोध करनेवाली थी और कुल मिलाकर दासों के मालिकों के हितों का प्रतिनिधित्व करनेवाली नहीं थी। रोम की संस्कृति वैसी मौलिक नहीं थी, जैसी यूनान की संस्कृति थी, विशेष रूप से उत्तरकालीन रोमन संस्कृति रूढ़िबद्ध हो रही थी। यही कारण है कि यूरोप के विद्रोही कवियों और विचारकों को जितना यूनान ने प्रभावित किया, उतना रोम ने नहीं। और सामन्ती यूरोप की संस्कृति में सब कुछ अन्धकारयुगीन नहीं है। मध्यकालीन लोकगीतों ने पुनर्जागरण के कवियों को ही नहीं, औद्योगिक क्रान्ति के दौर वाले कवियों को भी प्रभावित किया। इसके साथ यह भी सही है कि रूमानी कवियों ने मध्यकाल के ऐसे मोहक चित्र बनाए जिनका यथार्थ जीवन से कोई सम्बन्ध न था।

मार्क्स के चिन्तन का जितना सम्बन्ध हेगेल से है, उतना ही हेगेल के पूर्ववर्ती प्राचीन कवियों और विचारकों से है। यह सम्बन्ध उस समय कायम हुआ जिस समय मार्क्स के क्रान्तिकारी व्यक्तित्व का निर्माण हो रहा था। यूनान और रोम ने पुनर्जागरण काल को प्रभावित किया। इस पुनर्जागरण युग की चिन्तनधारा का विकास अठारहवीं सदी तक इंग्लैंड, फ्रांस और जर्मनी में हुआ। अठारहवीं सदी की नवीन चेतना से स्वयं हेगेल जुड़े हुए थे। जर्मनी के सबसे बड़े कवि गेटे नवजागरण के कवि थे। यूनानी संस्कृति से प्रभावित होनेवाले वह श्रेष्ठ रूढ़ि-विरोधी कवि थे। एक छोर पर यूनानी कवि नाटककार ईस्खुलुस और दूसरे छोर पर जर्मन कवि (नाटककार भी) गेटे, ये दोनों मार्क्स के प्रिय कवि थे। इन दोनों के बीच में इंग्लैंड के शेक्सपियर थे जिनके नाटक मार्क्स परिवार में अत्यन्त लोकप्रिय थे। मार्क्स और एंगेल्स प्रारम्भिक दौर में कवि थे, यह बात स्मरणीय है। उनका साहित्य-प्रेम कभी नष्ट नहीं हुआ और उनके गद्य-लेखन से स्पष्ट है कि उन्हें कलात्मक सौन्दर्य का ध्यान बराबर रहता था। 'कम्यूनिस्ट घोषणा-पत्र' में जो ओज दिखाई देता है, वह दो कवियों के गद्य की विशेषता है। कविता ने मार्क्स के 'अर्थशास्त्र' को प्रभावित नहीं किया किन्तु उनके व्यक्तित्व के निर्माण में उसकी बहुत बड़ी भूमिका है, इसमें सन्देह नहीं। इसी के साथ एक छोर पर यूनानी दार्शनिक एपिकुरुस और दूसरे छोर पर जर्मन विचारक हेगेल और इनके बीच में पुनर्जागरण काल तथा अठारहवीं सदी की नवचेतना का प्रकाश है। मार्क्स इन सबसे अभिन्न रूप में जुड़े हुए हैं। यहाँ कुछ बातें केवल उदाहरणस्वरूप कही जाएँगी।

2. एपिकुरुस और मार्क्स

मार्क्स ने 1838 में डाक्टर की उपाधि के लिए यूनानी दर्शन पर अपना शोध-प्रबन्ध लिखा था। इसमें उन्होंने प्रकृति-सम्बन्धी दर्शन के बारे में एपिकुरुस और देमोक्रितुस के विचारों का भेद दिखाया, 1841 में इसकी भूमिका लिखी। इस भूमिका में मार्क्स ने मध्यकाल को अनुभूत-अविवेक का दौर (period of realised unreason) बताया

है। इस मध्यकालीन अविवेक से मानव चेतना को मुक्त करना जरूरी था। इस कार्य में यूनानी दर्शनशास्त्र सहायक था। लैटिन लेखक किकेरो (अथवा सिसेरो) और यूनानी लेखक प्लूतार्ख (अथवा प्लूटार्क) ने एपिकुरुस के बारे में जो कुछ कहा था, उसी को लोग दोहराते आए थे। इनके बाद फ्रांस के विचारक गसेन्दी ने एपिकुरुस के बारे में लिखा। मध्यकाल के विचारकों और ईसाई पादरियों ने एपिकुरुस को खूब बदनाम किया था। गसेन्दी ने यह बदनामी दूर की किन्तु वह स्वयं धार्मिक संस्कारों से मुक्त नहीं थे। इन संस्कारों के कारण उन्होंने चर्च के रूढ़िवाद और एपिकुरुस के सिद्धान्तों में सामंजस्य स्थापित करने का प्रयत्न किया। मार्क्स ने लिखा कि उनका यह प्रयत्न निष्फल हुआ।

मार्क्स ने अपने शोध-प्रबन्ध में जो कुछ लिखा, वह उनकी एक बड़ी योजना का अंग था। एपिकुरुस के बाद वह स्टोइक (वीतरागी) और स्केप्टिक (सन्देहवादी) दार्शनिक धाराओं के बारे में भी लिखना चाहते थे और यूनान के समूचे दार्शनिक चिन्तन से इनका सम्बन्ध दिखाना चाहते थे। मार्क्स से पहले हेगेल ने यूनानी दर्शन पर लिखा था। हेगेल यूनानी दर्शन के इतिहास और यूनानी चेतना के लिए इन धाराओं का महत्त्व नहीं पहचान पाए। मार्क्स के लिए यूनानी दर्शन के सही इतिहास की कुंजी इन धाराओं में थी। यूनानी दर्शन के प्रति मार्क्स ने यहाँ जिस दृष्टिकोण का परिचय दिया है, उससे स्पष्ट है कि वह समकालीन विचारधारा के विकास के लिए यूनानी दर्शन ही नहीं, यूनानी चिन्तन, यूनानी मानस का ज्ञान आवश्यक मानते थे। उन्होंने हेगेल की सीमा बताते हुए अपने मित्र कोपन का जिक्र किया। प्रुशिया के राजा फ्रेडरिक नवचेतना के अग्रदूत थे। इन पर कोपन ने निबन्ध लिखा था। इस निबन्ध के बारे में मार्क्स ने बताया कि यूनानी जीवन से उक्त धाराओं के सम्बन्ध की और गहरी जानकारी हेगेल की अपेक्षा उस निबन्ध से हो सकती थी। कोपन के जिक्र से एक बात और समझ में आ जाती है कि नवचेतना के वाहक फ्रेडरिक भी यूनानी संस्कृति से प्रभावित थे। जर्मनी में सामन्ती अवशेष अभी मजबूत थे, उनके साथ धार्मिक रूढ़िवाद और संकीर्णता का व्यापक प्रभाव था। मार्क्स ने प्लूतार्ख की आलोचना यह दिखाने के लिए की कि धार्मिक रूढ़िवाद से स्वाधीन चिन्तन में कितनी बाधा पड़ती है। परिशिष्ट में उन्होंने प्लूतार्ख के सन्दर्भ में 'धार्मिक सामन्तवाद' शब्दों का प्रयोग किया है। इससे भी स्पष्ट है कि वह धार्मिक रूढ़ियों से मुक्ति पाने के लिए यूनानी दार्शनिकों का अध्ययन जरूरी समझते थे। भूमिका में उन्होंने लिखा : दर्शन के विश्वजयी और पूर्णत: मुक्त हृदय में जब तक रक्त की एक बूँद भी रहेगी, वह एपिकुरुस की घोषणा दोहराते हुए अपने शत्रुओं को उत्तर देने में कभी नहीं थकेगा : पापी वह नहीं है जो जनसाधारण द्वारा पूजित देवताओं को अस्वीकार करता है, पापी वह है जो इन देवताओं के बारे में उन बातों की पुष्टि करता है जिन पर जनसाधारण को विश्वास है।

मार्क्स ने धार्मिक रूढ़ियों के विरुद्ध जो संघर्ष चलाया, वह सामन्त-विरोधी सामाजिक संघर्ष का ही एक अंग था। इस संघर्ष में उन्हें एपिकुरुस से प्रेरणा मिली और एपिकुरुस के दर्शन को उन्होंने अपना अस्त्र बनाया। इस यूनानी दार्शनिक का मूल्यांकन करते हुए मार्क्स ने दर्शनशास्त्र के पुराने विवेचकों की सीमाओं का ही उल्लंघन नहीं किया, उन्होंने हेगेल के विवेचन की सीमाओं को भी स्पष्ट रूप में बता दिया। एपिकुरुस का यह नया मूल्यांकन सामन्त-विरोधी संघर्ष से जुड़ा हुआ था और वह सर्वहारा वर्ग की भौतिकवादी विचारधारा के विकास के लिए अत्यन्त महत्त्वपूर्ण था। शोध-प्रबन्ध की भूमिका के एक मसौदे में उन्होंने लिखा था : "वह समय केवल अब आया है जब एपिकुरुस के अनुयायियों की, वीतरागियों और सन्देहवादियों की धाराएँ समझी जा सकती हैं। ये आत्मचेतना के दार्शनिक हैं। प्रस्तुत पंक्तियों से इतना तो पता ही चलेगा कि इस समस्या को हल करने के लिए अभी तक कितना कम काम हुआ है।" ('मार्क्स और एंगेल्स : कलेक्टेड वर्क्स', खंड-1, पृष्ठ 106) मार्क्स ने अपने युग को वह उचित समय माना जिसमें यूनानी दर्शन का सही ज्ञान सम्भव था। इसका अर्थ यह है कि मध्यकाल में धार्मिक रूढ़ियों के कारण यूनानी चिन्तन पर अज्ञान का पर्दा पड़ा हुआ था, उसके बाद भी किसी-न-किसी प्रकार के धार्मिक संस्कारों के कारण (यथा गसेन्दी) अथवा भाववादी दृष्टिकोण के कारण (यथा हेगेल) अब तक के विवेचक यूनानी दर्शन का सही मूल्यांकन प्रस्तुत न कर सके थे।

शोध-प्रबन्ध के परिशिष्ट में हेगेल पर मार्क्स की एक टिप्पणी दिलचस्प है। ईश्वर की सत्ता सिद्ध करने के लिए जो प्रमाण दिये जाते हैं, उनकी चर्चा करते हुए मार्क्स ने लिखा, हेगेल ने इन धर्मशास्त्र के प्रमाणों को उलट-पलट दिया : "अर्थात् उन्होंने उन्हें इसलिए अस्वीकार किया कि उन्हें विवेक-संगत ठहराएँ।" (उप., पृ. 103) अनेक भाववादियों के समान हेगेल धर्मशास्त्रों की अनेक बातें अस्वीकार करने पर भी किसी-न-किसी रूप में परोक्ष सत्ता के प्रति अपनी आस्था प्रकट करते थे। इसलिए मार्क्स ने लिखा कि धर्मशास्त्रियों के तर्क उलट-पलट देने के बाद भी हेगेल उन्हें विवेकसंगत मान लेते थे। जहाँ तक द्वंद्ववादी तर्क-पद्धति का सवाल है, मार्क्स ने हेगेल से बहुत कुछ ग्रहण किया किन्तु जहाँ तक भौतिकवादी दर्शन का सवाल है, वह हेगेल की अपेक्षा एपिकुरुस के निकट ज्यादा है। यह कहना असंगत न होगा कि हेगेल के भाववाद के प्रति मार्क्स की विद्रोह-भावना का एक स्रोत एपिकुरुस का दर्शन था। हेगेल और ईश्वर-सम्बन्धी प्रमाणों के सिलसिले में मार्क्स ने पूछा, ये भी कैसे मुवक्किल हैं, जिनका वकील उन्हें मारकर ही अदालत के दंड से उन्हें बचा सकता है? मार्क्स ने लिखा कि ईश्वर की सत्ता के बारे में जो भी प्रमाण दिये जाते हैं, वे सब नागनाथ को साँपनाथ कहनेवाले खोखले दावे हैं। मार्क्स ने जिसे आत्मचेतना कहा है, वह बहुत कुछ फ्रांस के क्रान्तिकारियों, इंग्लैंड के कवियों का 'शुद्ध विवेक' है। इस शुद्ध विवेक की भौतिकवादी व्याख्या मार्क्स और एंगेल्स ने

बाद में की किन्तु वे भौतिकवाद की ओर जिस प्रयाण बिन्दु से आगे बढ़े थे, वह पुराने सामन्त-विरोधियों का विशुद्ध विवेक था।

मार्क्स के जीवनी लेखक मेरिंग ने अठारहवीं सदी की पूँजीवादी नवचेतना (एनलाइटनमेंट) से पुराने आत्मचेतना वाले दर्शन का सम्बन्ध सही जोड़ा है। उन्होंने लिखा है कि उस समय के दर्शन में प्रचलित खास शब्दावली एक ओर हटा दें तो यह जानना सुगम होगा कि आत्मचेतना के यूनानी दर्शन में वह कौन-सी चीज थी जिसने बावर, कोपन और मार्क्स को अपनी ओर आकर्षित किया था। दरअसल वे यहाँ पूँजीवादी नवचेतना आन्दोलन के बिखरे हुए सूत्र समेट रहे थे। मेरिंग के विचार से पहले देमोक्रितुस और हेराक्लितुस, बाद में प्लेटो (प्लातोस) और अरस्तू यूनान के सबसे बड़े दार्शनिक थे, फिर भी वह मानते हैं कि एपिकुरुस आदि आत्मचेतनावादियों ने मानव-बुद्धि के सामने नये और विस्तृत क्षितिज उद्घाटित किये। उन्होंने यूनानी चिन्तन की राष्ट्रीय सीमाओं और दास-प्रथा वाली व्यवस्था की सामाजिक सीमाओं को तोड़ा। सीमाएँ तोड़ने का यह कार्य मेरिंग के अनुसार प्लेटो या अरस्तू के दिमाग में सपने में भी न आया था। यद्यपि हेगेल ने आत्मचेतना के दार्शनिकों पर हलके-फुलके ढंग से ही कुछ बातें कही थीं, फिर भी उन्होंने स्पष्ट रूप से व्यक्ति की आन्तरिक स्वाधीनता के विशद महत्त्व की ओर संकेत किया था। रोमन साम्राज्य ने क्रूरतापूर्वक व्यक्तित्व की जिस गरिमा और सुन्दरता को ध्वस्त कर दिया था, उसके परम विनाश के समय इन दार्शनिकों ने व्यक्ति की आन्तरिक स्वाधीनता की घोषणा की थी। सन्देहवादियों ने रूढ़ियों के प्रति सन्देह व्यक्त किया था, एपिकुरुस ने धर्म के प्रति घृणा प्रकट की थी और वीतरागियों ने प्रजातांत्रिक भाव (रोमन साम्राज्य के प्रति विरोधी भाव) प्रकट किये थे। अठारहवीं सदी के पूँजीवादी नवचेतना आन्दोलन ने यूनान के नवचेतना-दर्शन को पुनर्जीवित किया। (मेरिंग, 'कार्ल मार्क्स', पृष्ठ 24)

मेरिंग ने आगे मार्क्स के मित्र कोपन का हवाला दिया। कोपन प्रुशिया के राजा फ्रेडरिक को नवचेतना आन्दोलन का प्रमुख नायक मानते थे। फ्रेडरिक यूनानी दर्शन से किस तरह प्रभावित हुए, इसके बारे में कोपन ने लिखा था : एपिकुरुसपंथ, वीतरागवाद और सन्देहवाद प्राचीन समाज की काया का स्नायुतंत्र, उसकी आन्तरिक व्यवस्था हैं। इनकी प्रत्यक्ष और सहज एकता से ही उस काया की सुन्दरता और नैतिकता निर्धारित हुई थी। जब वह काया न रही, तब वह नैतिकता और सुन्दरता भी न रही। वे तीनों दार्शनिक धाराएँ न रहीं। महान फ्रेडरिक ने तीनों को अपनाया और आश्चर्यजनक शक्ति से उनका प्रयोग किया। उनके विश्व के प्रति दृष्टिकोण के निर्माण में, उनके चरित्र में और उनके समस्त जीवन में ये धाराएँ मुख्य उपकरण बनीं। (उप., पृ. 25)

एपिकुरुस के दर्शन के प्रति मेरिंग ने लिखा कि एक ओर किकेरो से लेकर प्लूतार्ख तक और लाइब्नित्स से लेकर कांट तक लोगों ने एपिकुरुस के अणु-सिद्धान्त (अणुओं की तिर्यक् गति) का मजाक उड़ाया, दूसरी ओर एक अन्य प्रवृत्ति थी जो

एपिकुरुस के दर्शन को प्राचीन संसार का सर्वाधिक विकसित भौतिकवादी दर्शन मानती थी। इसका एक कारण लुक्रेतिउस (अथवा लुक्रेशियस) की लैटिन कविता थी जिसमें एपिकुरुस के सिद्धान्तों को पद्यबद्ध किया गया था। उल्लेखनीय है कि इस लैटिन कवि ने इंग्लैंड के प्रसिद्ध कवि शेली को भी प्रभावित किया था। मेरिंग ने लिखा है कि मार्क्स के लिए एपिकुरुस यूनान के सबसे बड़े ज्ञान-प्रसारक थे। मार्क्स पुराने दर्शन का अध्ययन किस तरह करते थे, इसके बारे में मेरिंग ने लिखा है : अपनी प्रथम कृति में ही मार्क्स ने दिखाया कि वह रचनात्मक विचारक हैं। उनकी आलोचना करते हुए, विरोध में इतना ही कहा जा सकता है कि उन्होंने एपिकुरुस के मूल सिद्धान्त को विकसित किया और उससे एपिकुरुस से भी अधिक स्पष्ट परिणाम निकाले। ('कार्ल मार्क्स', पृ. 30)

3. पुराना और नया भौतिकवाद

1845 में मार्क्स और एंगेल्स की लिखी हुई 'पवित्र परिवार' ('द होली फैमिली') पुस्तक प्रकाशित हुई। इसमें मार्क्स ने फ्रांस और इंग्लैंड के भौतिकवाद का सीधा सम्बन्ध यूनानी दर्शन की प्रमुख धाराओं से जोड़ा। उन्होंने लिखा : सत्रहवीं सदी के अधिभूतवाद (मेटाफिजिक्स) के जन्म से ही उसकी लड़ाई भौतिकवाद से थी। अधिभूतवाद का प्रतिनिधि देकार्त और भौतिकवाद का प्रतिनिधि गसेन्दी था जिसने एपिकुरुस के भौतिकवाद को फिर प्रतिष्ठित किया था। "फ्रांस और इंग्लैंड का भौतिकवाद देमोक्रितुस और एपिकुरुस से सदा घनिष्ठ रूप में सम्बद्ध रहा।" ('कलेक्टेड वर्क्स', खंड-4, पृ. 126) इस प्रकार यूनान का पुराना भौतिकवाद अठारहवीं सदी के चर्च-विरोधी ज्ञान-प्रसारक अभियान से जुड़ गया और मार्क्स इस विकासमान दार्शनिक परम्परा को बिलकुल साफ देख रहे थे। चर्च की रूढ़ियाँ तो पुरानी थीं और भौतिकवाद उनसे संघर्ष करता आया था। नई बात जो हुई, वह सत्रहवीं सदी के अधिभूतवाद अथवा भाववाद का जन्म था। जो लोग धार्मिक रूढ़ियों के प्रभाव से अपेक्षाकृत मुक्त थे, वे भौतिकवाद की ओर बढ़ रहे थे। भौतिकवाद से उनकी रक्षा करने में चर्च असफल हो रहा था। तब दार्शनिक स्तर पर भौतिकवाद का विरोध करने के लिए भाववाद आया। भाववाद और भौतिकवाद का संघर्ष यूनान में था, भारत में भी था। भारत में भाववादी दर्शन ने शुरुआत भौतिकवाद के विरोध से की। ठीक इसी तरह सत्रहवीं सदी के इंग्लैंड और फ्रांस में भाववाद ने अपने जन्म से ही भौतिकवाद का विरोध शुरू किया। भाववाद से संघर्ष करने में नये भौतिकवाद को यूनान के पुराने भौतिकवाद से प्रेरणा मिली।

सोलहवीं सदी में जो पुनर्जागरण इंग्लैंड में शुरू हुआ, उसके एक प्रमुख विचारक बेकन थे। उसी पुस्तक में मार्क्स ने लिखा था : "अंग्रेजी भौतिकवाद और सभी आधुनिक प्रयोगमूलक विज्ञान का जन्मदाता बेकन है। उसके लिए प्राकृतिक दर्शन

एक मात्र सच्चा दर्शन है और प्राकृतिक दर्शन का मुख्यतम अंश है वह भौतिकी, जो गोचर अनुभव पर आधारित है।" ('कलेक्टेड वर्क्स', पृ. 128) वह अक्सर अनक्सागोरस और देमोक्रितुस के परमाणु-सम्बन्धी चिन्तन का हवाला देता है और उसे अधिकारी विज्ञान मानता है। उसके अनुसार : मनुष्य के ज्ञान का स्रोत उसकी इन्द्रियाँ हैं और समस्त विज्ञान का आधार अनुभव है। इन्द्रियों से जो सामग्री प्राप्त होती है, उसकी विवेकपूर्ण छानबीन से ज्ञान प्राप्त होता है। बेकन के भौतिकवाद को, मार्क्स के अनुसार, सत्रहवीं सदी के अंग्रेज विचारक हॉब्स ने व्यवस्थित किया। उसका तर्क था कि समस्त मानव-ज्ञान इन्द्रियों से प्राप्त होता है, अत: हमारे विचार, हमारी धारणाएँ वास्तविक संसार की छाया हैं जिनका गोचर रूप बहुत कुछ तिरोहित हो गया है। हॉब्स ने बेकन के चिन्तन को व्यवस्थित किया किन्तु बेकन के मूल सिद्धान्तों को प्रमाणों से सिद्ध नहीं किया। बेकन का मूल सिद्धान्त यह था कि इन्द्रियबोध के संसार से सभी मानव-ज्ञान और विचार पैदा होते हैं। प्रमाण जुटाने का काम दूसरे अंग्रेज विचारक लॉक ने किया। बेकन के भौतिकवाद में जहाँ-जहाँ धार्मिक आग्रह विद्यमान था, वहाँ हॉब्स ने उसे दूर किया। लॉक के गोचरतावाद को जहाँ धार्मिक आग्रह ने घेरा था, वहाँ उसे कॉलिन्स, हार्टले आदि अन्य अंग्रेज विद्वानों ने दूर किया। फ्रांस में लॉक का शिष्य था कोंदिल्याक। उसने लॉक की पुस्तक का अनुवाद अपनी भाषा में किया और अधिभूतवाद से संघर्ष में लॉक के गोचरतावाद का उपयोग किया। फ्रांस का भौतिकवाद वहाँ के समाजवादी चिन्तन से जुड़ गया। मार्क्स ने पहले दौर के समाजवादियों की चर्चा करते हुए फ्रांस के फूरियर के लिए लिखा कि उसके चिन्तन का विकास सीधे फ्रांसीसी भौतिकवाद से होता है। फ्रांसीसी राज्यक्रान्ति के समय बाबॅफ नाम के नेता ने साम्यवादी धारणाओं का प्रचार किया था। उसके अनुयायियों के बारे में मार्क्स ने लिखा कि वे अनगढ़ भौतिकवादी थे किन्तु विकसित साम्यवाद भी सीधे फ्रांसीसी भौतिकवाद से उत्पन्न हुआ था। फ्रांस में हेल्वेशियस ने अंग्रेजी भौतिकवाद को जो परिष्कृत रूप दिया, उसी को ग्रहण किये हुए वह पुन: इंग्लैंड आया। अंग्रेज विचारक बेन्थम ने अपना सिद्धान्त हेल्वेशियस की नैतिकता पर आधारित किया। बेन्थम के चिन्तन से आगे बढ़ते हुए ओवेन ने अंग्रेजी साम्यवाद की नींव डाली। ओवेन की तरह फ्रांस के अधिक वैज्ञानिक साम्यवादियों ने भौतिकवाद के सिद्धान्त को इस तरह विकसित किया कि वह वास्तविक मानवतावाद का सिद्धान्त बना और साम्यवाद का तर्कसंगत आधार बना। (उप., पृ. 130-31)

इस प्रकार यूनान की दार्शनिक परम्परा ने यूरोप के पुनर्जागरण को प्रेरित किया। बेकन और लॉक ने उस दार्शनिक परम्परा का विकास किया और आधुनिक विज्ञान की नींव डाली। यह दर्शन धार्मिक रूढ़ियों और भाववाद से संघर्ष करते हुए बढ़ा था। यूरोप का पुनर्जागरण जिस मानवतावाद के लिए प्रसिद्ध है, उसका आधार यह विवेकवाद, भौतिकवाद था। इसका प्रसार फ्रांस में हुआ और फ्रांस के साम्यवादी

तथा इंग्लैंड के साम्यवादी, दोनों ही भौतिकवाद से प्रभावित हुए। इंग्लैंड के साम्यवादी कल्पनाशील अधिक थे, उनकी तुलना में फ्रांस के साम्यवादी अधिक वैज्ञानिक थे। उन्होंने भौतिकवाद को वास्तविक मानवतावाद के रूप में विकसित किया और मार्क्स के अनुसार साम्यवाद का एक तर्कसंगत आधार प्रस्तुत किया। इस सारे दार्शनिक विकास की अगली कड़ी हैं मार्क्स। उन्होंने इतिहास की व्याख्या करने और नये इतिहास के निर्माण के लिए जिस भौतिकवाद की स्थापना की, वह पुनर्जागरण काल के मानवतावाद और अठारहवीं सदी के ज्ञानप्रसारक अभियान से सम्बद्ध था। लेनिन ने मार्क्स के बारे में लिखा था कि दर्शन, अर्थशास्त्र और समाजवाद के जो सबसे बड़े प्रतिनिधि थे, उनके सिद्धान्तों का प्रत्यक्ष और सीधा अगला क्रम मार्क्स के सिद्धान्त हैं। उन्नीसवीं सदी में जर्मन दर्शन, अंग्रेजी अर्थशास्त्र और फ्रांसीसी समाजवाद के रूप में मनुष्य की जो श्रेष्ठ देन थी, उसका सही वारिस है मार्क्सवाद। ('मार्क्स, एंगेल्स, लेनिन ऑन हिस्टॉरिकल मैटीरियलिज्म', पृ. 452)

जर्मनी के सबसे बड़े दार्शनिक हेगेल थे। वह भाववादी थे, इसलिए फ्रांस और इंग्लैंड के भौतिकवाद से उनका सम्बन्ध आँखों से ओझल हो जाता है। अर्थशास्त्र की आलोचना की भूमिका में मार्क्स ने लिखा था : मन के सन्देह दूर करने के लिए मैंने हेगेल के अधिकार-सम्बन्धी दर्शन की आलोचना आरम्भ की। इस अनुसन्धान से पता चला कि राज्यसत्ता के रूपों और कानूनी सम्बन्धों की जड़ जीवन की उन भौतिक परिस्थितियों में है : "जिनके समुच्चय को हेगेल ने, अठारहवीं सदी के अंग्रेजों और फ्रांसीसियों के उदाहरण का अनुसरण करते हुए, नागरिक समाज (सिविल सोसायटी) की संज्ञा के अन्तर्गत समेट लिया है। किन्तु इस नागरिक समाज का ताना-बाना अर्थशास्त्र से ही ज्ञात हो सकता था।" ('सेलेक्टेड वर्क्स', खंड-1, पृ. 503) कैसे आश्चर्य की बात है! भाववादी हेगेल अठारहवीं सदी के भौतिकवादी अंग्रेजों और फ्रांसीसियों का अनुसरण कर रहे थे। भौतिकवाद इतना शक्तिशाली था कि वह हेगेल तक को प्रभावित कर रहा था। हेगेल को जीवन की भौतिक परिस्थितियों की खबर थी। उन्होंने इन्हें नागरिक समाज की संज्ञा दी थी। मार्क्स ने भौतिक परिस्थितियों की छानबीन के लिए आर्थिक परिस्थितियों को मूल आधार बनाया। एंगेल्स ने 'लुडविग फायरबॉख' पर अपनी पुस्तक में लिखा था कि हेगेल के दर्शन का भीतरी तत्त्व अठारहवीं सदी के दर्शन और विज्ञान से प्राप्त किया गया था, उसका बाहरी रूप भाववादी था। इस प्रकार जर्मन दर्शन और फ्रांसीसी समाजवाद उसी दार्शनिक परम्परा से न्यूनाधिक जुड़े हुए सिद्ध होते हैं जिसकी शुरुआत यूनान में हुई थी। मार्क्स ने इस परम्परा का परिष्कार किया, उसे नया क्रान्तिकारी रूप दिया। मार्क्सवाद यूरोप की मानवतावादी परम्परा से अलग-थलग अचानक पैदा होनेवाली विचारधारा नहीं था, वह उसी का अगला और अनिवार्य विकास था। लेनिन ने इस बात पर उचित ही जोर दिया था कि मार्क्स के चिन्तन में वह परम्परा जारी रहती है, खंडित नहीं होती।

मार्क्स और एंगेल्स ने अपने युवाकाल में यूनान की दार्शनिक परम्परा से जो सम्पर्क कायम किया, वह अन्त तक कायम रहा और वह सम्पर्क निरन्तर घनिष्ठ होता गया। क्रान्तिकारी आन्दोलन के लिए उस परम्परा का महत्त्व उनकी दृष्टि में निरन्तर बढ़ता गया। जो क्रान्तिकारी आन्दोलन व्यापक होगा, वह समकालीन ज्ञान-विज्ञान को साथ लेकर चलेगा और यह आधुनिक ज्ञान-विज्ञान पुरानी परम्परा से बहुत कुछ सीखकर समृद्ध होगा। एंगेल्स ने 'एंटीड्यूरिंग' में लिखा था : प्राचीनकाल का दर्शन नैसर्गिक भौतिकवाद था। इस कारण वह भूत और चेतना का सम्बन्ध स्पष्ट करने में अक्षम था। इस समस्या को सुलझाने के लिए आत्मा को देह से अलग करनेवाला सिद्धान्त आया और इसके बाद आत्मा के अमर होने की बात कही गई और अन्त में एकदेवोपासना [भारत में अद्वैतवाद] की प्रतिष्ठा हुई। यह भाववाद पुराने भौतिकवाद की अस्वीकृति हुआ। दर्शन के अगले विकास से भाववाद कायम न रह सका और उसकी अस्वीकृति बनकर आया आधुनिक भौतिकवाद। वह पुराने भौतिकवाद की पुन:प्रतिष्ठा मात्र नहीं है वरन् उस पुराने भौतिकवाद की स्थायी बुनियाद में दार्शनिक विकास के दो हजार साल की समग्र विचारवस्तु और प्रकृति-विज्ञान की विचारवस्तु जोड़ लेता है, इन दो हजार वर्षों के इतिहास की विचारवस्तु भी जोड़ लेता है। (उप., पृ. 159) यहाँ एंगेल्स ने आधुनिक भौतिकवाद से पुराने भौतिकवाद को जोड़ा है, दो हजार वर्षों के समस्त अर्जित ज्ञान को उससे जोड़ा है। इस अर्जित ज्ञान में भाववाद की, विशेष रूप से अद्वैतवाद की, अपनी भूमिका है। उससे पुराने भौतिकवाद की सीमाओं को लाँघने और नये भौतिकवाद को विकसित करने की प्रेरणा मिली। दो हजार साल का इतिहास, दो हजार साल का दर्शन और प्रकृति-सम्बन्धी चिन्तन, इस सबसे निर्मित हुआ आधुनिक भौतिकवाद। यह दो हजार साल की विरासत उन समाजों की देन थी जिनमें मशीनों से उत्पादन न होता था, बड़े पैमाने के उद्योग धन्धों का चलन न था, जिनमें आधुनिक पूँजीवाद ने जन्म न लिया था।

1885 में 'एंटीड्यूरिंग' के दूसरे संस्करण की भूमिका लिखते हुए एंगेल्स ने पुरानी तर्क-पद्धति और आधुनिक प्रकृति-विज्ञान के आपसी सम्बन्ध पर विचार किया। उन्होंने लिखा : प्रकृति-विज्ञान ने अब इतनी प्रगति कर ली है कि वह द्वंद्वात्मक ढंग से सामान्य निष्कर्ष निकाले बिना रह नहीं सकता। वह अपने लिए यह काम ज्यादा आसान कर लेगा यदि वह यह न भूले कि उसके अनुभव के साररूप में जो निष्कर्ष निकलते हैं, वे धारणाएँ हैं। धारणाओं से काम करने का कौशल जन्मजात नहीं होता और न आये-दिन की साधारण चेतना से मिलता है; उसके लिए वास्तविक चिन्तन चाहिए। इस चिन्तन का लम्बा यथार्थ इतिहास है, वैसे ही, जैसे यथार्थ प्रकृति-विज्ञान का इतिहास है। पिछले ढाई हजार साल में दर्शन ने जो विकास किया है, उसके परिणामों को आत्मसात् कैसे करें, यह सीखना होगा। यह सीख लेने पर कोई प्राकृतिक दर्शन इस विज्ञान से अलग, उसके बाहर या उसके ऊपर कायम न रहेगा। साथ ही अंग्रेजी

अनुभववाद से विरासत में उसे चिन्तन की जो सीमित पद्धति मिली है, उससे वह मुक्त हो जाएगा। ('एंटीड्यूरिंग', पृ. 17-20) यह हुआ प्राचीन दार्शनिक परम्परा से आधुनिक ज्ञान-विज्ञान का सम्बन्ध। इस प्राचीन दार्शनिक परम्परा में भारत का योगदान शामिल है, इसका प्रमाण यह है कि एंगेल्स ने 'प्रकृति का द्वंद्ववाद' पुस्तक में द्वंद्वात्मक चिन्तन को पशुओं से भिन्न मनुष्य के चिन्तन की विशेषता बताते हुए जहाँ यूनानियों के द्वंद्ववाद का उल्लेख किया है, वहाँ बौद्ध द्वंद्ववाद का उल्लेख भी किया है।

4. संस्कृति और उसके भौतिक आधार

दार्शनिक परम्परा के अतिरिक्त मार्क्स को यूनान, इटली, जर्मनी और इंग्लैंड के अनेक कवियों से बड़ा प्रेम था। गेटे, शेक्सपियर, दांते, ईस्खुलुस—ये सब मशीनी उद्योग-धन्धों से पहले के कवि हैं। इनमें. ईस्खुलुस का नाम दार्शनिक एपिकुरुस से जुड़ा हुआ है। मार्क्स ने अपना शोध-ग्रंथ दर्शनशास्त्र पर लिखा था; दर्शन के प्रति आकर्षण के साथ उनका काव्य-प्रेम जुड़ा हुआ है। एपिकुरुस की देवताओं से सम्बन्धित घोषणा ईस्खुलुस के विद्रोही नायक प्रोमेथेउस की घोषणा से घुल-मिल गई है : "सीधी बात यह, मैं इन देवताओं के झुंड से घृणा करता हूँ।" प्रोमेथेउस के लिए मार्क्स ने लिखा : लोक और परलोक के जो देवता मानव की आत्मचेतना को सर्वश्रेष्ठ देवता नहीं मानते, उनके विरुद्ध यह घोषणा है। जो अज्ञ जन दर्शनशास्त्र की गिरी हुई-सी सामाजिक स्थिति पर फूले नहीं समाते, उनके प्रति दर्शनशास्त्र वही बात कहता है जो प्रोमेथेउस ने देवताओं के सन्देशवाहक से कही थी : "विश्वास रखो, मैं अपनी दुर्भाग्यपूर्ण स्थिति के बदले तुम्हारी सेवक वाली स्थिति कभी स्वीकार न करूँगा। पिता जेउस (द्यौस) की ताबेदारी करने के बदले इस चट्टान का सेवक बनना ज्यादा अच्छा है।" ईस्खुलुस के नाटक से उद्धरण देने के बाद मार्क्स ने लिखा—दर्शनशास्त्र के पंचांग में प्रोमेथेउस सबसे बड़े शहीद और संत हैं। (मार्क्स, 'कलेक्टेड वर्क्स' खंड-1, पृ. 31) जो व्यक्ति एक कवि के रचे हुए नायक को दर्शनशास्त्र से जोड़ता है, वह यूनानियों की गाथाओं और उनके काव्य से उनके दर्शन को जोड़ता है। मार्क्स के चिन्तन का सम्बन्ध एपिकुरुस के दर्शन से है, उनके जीवन को प्रेरित करनेवाली भावशक्ति का सम्बन्ध ईस्खुलुस के काव्य से है।

मेरिंग ने मार्क्स के जीवन-चरित में लिखा है : "दर्शनशास्त्र के पंचांग में प्रोमेथेउस सबसे बड़े शहीद और संत हैं", मार्क्स की चुनौती-भरी भूमिका का यह अन्तिम वाक्य पढ़कर उनका मित्र बावर भी चौंक उठा था। बावर को यह बात अनावश्यक ढिठाई मालूम हो रही थी किन्तु वह ऐसे आदमी की सहज उक्ति थी जो संघर्ष करने और दुख उठाने में दूसरा प्रोमेथेउस बननेवाला था। (मेरिंग, 'कार्ल मार्क्स', पृ. 31) प्रोमेथेउस और मार्क्स के चरित्र में बहुत-सा भेद दिखाया जा सकता है। कवि-कल्पना के और पुरानी गाथाओं के प्रोमेथेउस से ऐतिहासिक भौतिकवाद के निर्माता इतिहास-पुरुष

मार्क्स की भिन्नता दिखाना कठिन नहीं है किन्तु यह सत्य है कि मार्क्स को अपने संघर्षमय जीवन में ईस्खुलुस के काव्य से प्रेरणा मिली। प्रारम्भिक जीवन में जैसे उनकी अर्जित संस्कृति में एपिकुरुस का ऊँचा स्थान था, वैसे ही ईस्खुलुस का था। ईस्खुलुस से उनका भावात्मक सम्पर्क उनके अर्थशास्त्रीय अनुसन्धानों के बीच बराबर बना रहा। संसार में शायद ही कोई ऐसा अर्थशास्त्री हो जिसने अर्थशास्त्र की पुस्तकों में कवियों की रचनाओं से इतने उद्धरण दिये हों। मार्क्स के गद्य की एक विशेषता उसमें यूनानी गाथाओं के प्रतीकों का उपयोग है। यूरोप के पुनर्जागरण से मार्क्स के समय तक यूनान की संस्कृति यूरोप के प्रबुद्ध जनों की संस्कृति का अंग बन गई, यूनान के सांस्कृतिक सन्दर्भों से विच्छिन्न होकर मानो वे न कुछ सोच सकते हों, न कुछ कह सकते हों। कुछ-कुछ ऐसी ही स्थिति मार्क्स और एंगेल्स की है। उनका गद्य उस साहित्यिक परम्परा का विकास है जो पुनर्जागरण काल से आरम्भ होती है। एंगेल्स को इस पुनर्जागरण काल की रचनाएँ बहुत ही प्रिय थीं। प्रकृति का द्वंद्ववाद ग्रंथ में उन्होंने लिखा था कि इस काल के मनीषी अपने युग की सीमाएँ लाँघ जाते हैं। शायद एंगेल्स की यह बात प्रत्येक महान् युग के बारे में कही जा सकती है। महान् व्यक्तियों की चेतना युग की परिस्थितियों से प्रभावित होती है, युग की सीमाओं के भीतर काम करती है और निरन्तर उन्हें लाँघती है। इसी तरह मानव चेतना का विकास होता है। मार्क्स और एंगेल्स ने साहित्य और संस्कृति के बारे में जो कुछ कहा, वह महत्त्वपूर्ण है। उन्होंने इस साहित्य और संस्कृति को कैसे आत्मसात् किया, उसे अपने चिन्तन और क्रान्तिकारी जीवन से कैसे जोड़ा, इसका ज्ञान और भी शिक्षाप्रद है।

'अर्थशास्त्र की आलोचना' के परिशिष्ट में मार्क्स ने संस्कृति और उसके सामाजिक आधार पर विचार करते हुए यूनानी समाज और संस्कृति के बारे में लिखा था : लोग इस बात से अच्छी तरह परिचित हैं कि कला की कुछ बुलन्दियाँ समाज के सामान्य विकास के अनुरूप नहीं होतीं; समाज के संगठन का जो ढाँचा है, उस भौतिक उपसंरचना के अनुरूप ये बुलन्दियाँ नहीं होतीं। आधुनिक जातियों को देखते यूनानियों को लें अथवा शेक्सपियर को लें। यह भी माना जाता है कि जब कलात्मक उत्पादन शुरू हो जाता है, तब कला की कुछ शाखाएँ जैसेकि महाकाव्य अपने युगप्रवर्तक क्लासिक रूप में निर्मित नहीं की जा सकतीं। दूसरे शब्दों में कला की परिधि में आनेवाली कुछ महत्त्वपूर्ण कृतियाँ कला के विकास की प्रारम्भिक मंजिल में ही सम्भव होती हैं। यदि कला के दायरे में उसकी विभिन्न शाखाओं का यह हाल है, तो यह कोई अजीब बात न होगी कि कला के समूचे दायरे के बारे में और समाज के सामान्य विकास से कला के सम्बन्ध के बारे में भी यह बात सही हो। कठिनाई होती है इन अन्तर्विरोधों के सामान्य प्रस्तुतीकरण में। जैसे ही हम उन्हें किन्हीं निश्चित प्रश्नों का रूप दे देते हैं, वैसे ही उनकी व्याख्या हो जाती है।

साहित्य और कला से उदाहरण देते हुए मार्क्स ने आगे लिखा कि आधुनिक काल से यूनानी कला और शेक्सपियर के सम्बन्ध को लें। हम जानते हैं कि यूनानी पुराणकथाएँ यूनानी कला का स्रोत हैं। यही नहीं, वे उसका आधार भी हैं। यूनानी कल्पना, अत: यूनानी कला, की आधारभूमि प्रकृति की और सामाजिक सम्बन्धों की जो धारणा है, क्या वह रेल, तार, मशीनों के युग में सम्भव है? सभी पुराणकथाएँ प्रकृति की शक्तियों को कल्पना में, और कल्पना के द्वारा, नियंत्रित करती और ढालती हैं। यूनानी कला से पहले यूनानी पुराणकथाएँ हैं अर्थात् जनता की कल्पना ने अनचाहे ही कलात्मक ढंग से प्राकृतिक और सामाजिक प्रपंचों को आत्मसात् कर लिया है। यूनानी कला की यही [विशेष] सामग्री थी, किसी भी प्रकार की अन्य पुराणकथाएँ नहीं। प्राकृतिक और सामाजिक प्रपंचों को अनजाने कलात्मक ढंग से आत्मसात् करनेवाला हर प्रकार वैसी सामग्री न देगा जिससे यूनानी कला का निर्माण हो। मिस्र की पुराणकथाएँ यूनानी कला का आधार न बन सकती थीं और न उसे उत्पन्न कर सकती थीं। किन्तु इस कला के लिए पुराणकथाएँ होनी ही चाहिए। ऐसा सामाजिक विकास न होना चाहिए जिसमें प्रकृति की ओर पुराणकथाओं वाले दृष्टिकोण को जगह न मिले यानी वह ऐसा समाज न हो जो कलाकार से ऐसे दृष्टिकोण की माँग करता हो जो पुराणकथाओं से मुक्त हो। समस्या के दूसरे पक्ष को देखें। जिस युग में बारूद का आविष्कार हो चुका हो, क्या उसमें होमर के नायक सम्भव हैं? छापेखाने के युग में क्या होमर के महाकाव्य सम्भव हैं? कथा कहने और सुनाने का चलन बन्द हो जाए तो महाकाव्य के लिए आवश्यक परिस्थितियाँ समाप्त न हो जाएँगी? कठिनाई यह समझने की नहीं है कि यूनानी कला और महाकाव्य सामाजिक विकास के कुछ रूपों से कैसे जुड़े हुए हैं, कठिनाई यह है कि हमें अब भी इनसे कलात्मक आनन्द प्राप्त होता है और कुछ बातों में उन्हें ऐसा मानक आदर्श माना जाता है जो अब फिर प्राप्त न होगा।

समस्या को इस तरह प्रस्तुत करने के बाद मार्क्स ने समाधान रूप में कहा : बालिग आदमी फिर से बच्चा नहीं हो सकता। होने की कोशिश करेगा तो उसमें बचकानापन आएगा। किन्तु क्या बच्चे के भोलेपन से उसे आनन्द प्राप्त नहीं होता और क्या वह स्वयं बच्चे की सच्चाई को एक और ऊँचे स्तर पर फिर से प्रस्तुत करने की कोशिश नहीं करता? क्या प्रत्येक युग में बच्चा उस युग का स्वरूप नैसर्गिक सचाई से पेश नहीं करता? तब मनुष्यजाति का ऐतिहासिक बचपन, अपने सबसे सुघर रूप में, हमें सदा ही इस कारण आकर्षित क्यों न करे कि वह मंजिल दुबारा लौटकर न आएगी? कुछ बच्चे कुशाग्रबुद्धि होते हैं, कुछ ठस दिमाग के होते हैं। बहुत-से प्राचीन जन इस कोटि के थे। यूनानी लोग सही दिमागवाले बच्चे थे। हमारे लिए उनकी कला में जो आकर्षण है, वह उस समाज की अपरिपक्व मंजिल से टकराता नहीं है जिसमें वह पैदा हुआ था। इसके विपरीत उस मंजिल का परिणाम है वह आकर्षण; वह अभिन्न

रूप में इस तथ्य से जुड़ा हुआ है कि जिन अपरिपक्व सामाजिक परिस्थितियों ने उसे उत्पन्न किया था और जिन परिस्थितियों में ही उसकी उत्पत्ति हो सकती थी, वे अब दुबारा घटित न होंगी।

यहाँ तक मार्क्स की बात हुई। कला और सामाजिक आधार के सम्बन्ध में इतने विस्तार से लिखने का अवसर मार्क्स को कम ही मिलता था। वह अर्थशास्त्र पर विस्तार से लिखने की तैयारी कर रहे थे। उस समय यूनानी कला के बारे में भी सोच रहे थे, यह तथ्य अपने में अलग से भी रोचक है। जिस युग की बात उन्होंने कही है, उसमें कला बहुत कुछ सामाजिक उपचेतन की उपज है। यह सामाजिक उपचेतन कल्पना के माध्यम से व्यक्त होता है। पुराणकथाएँ कोई एक आदमी नहीं रचता, वे पूरे समाज की रचना होती हैं। यह रचना जान-बूझकर नहीं की जाती, इसलिए उसे उपचेतन की उपज कहना सही है। मनुष्य में विचारशक्ति, प्रकृति को समझने और उसका विश्लेषण करने की क्षमता सामाजिक विकास की अगली मंजिलों में सम्भव होती है। अभी जिस मंजिल की बात है, वह सामाजिक विकास की अपरिपक्व अवस्था है। यह अवस्था बच्चों के भोलेपन की तरह है। वह भोलापन हमें अच्छा लगता है। वह भोलापन लौटकर न आएगा, इसलिए यूनानी कला अच्छी लगती है। दुर्भाग्य से मनोविज्ञान ने बच्चों के 'भोलेपन' को उनके माँ-बाप की दुनियादारी से जोड़ दिया है। सब बच्चों का भोलापन एक-सा नहीं होता, वे तरह-तरह के संस्कार लेकर पैदा होते हैं और जो जन्म से इन्हें लेकर नहीं आते, वे नये संस्कार अर्जित भी कर लेते हैं। यह बात बच्चों से अधिक यूनानी देवी-देवताओं के बारे में कही जा सकती है। देवियाँ तो आम तौर से शरीफ होती थीं लेकिन देवताओं में शराफत जरा मुश्किल से मिलती थी। इन देवताओं से यूनानी दार्शनिक प्लेटो इतने परेशान हुए कि उनके कार्यकलाप का वर्णन करनेवाले कवि होमर पर उन्होंने पाबन्दी लगा दी कि वह उनके आदर्श प्रजातंत्र में न घुसे। पर मान लीजिए, इन देवताओं की दुष्टता पूँजीपतियों की दुष्टता से गुणात्मक रूप में भिन्न है, उस दुष्टता में भी ऐसा भोलापन है जो हमें आकर्षित करता है; जहाँ दुष्टता नहीं है, वहाँ तो पुराणकथाओं वाली कला आकर्षित करेगी ही। किन्तु प्रश्न होमर के महाकाव्यों का ही नहीं है, प्रश्न है ईस्खुलुस के नाटकों का। यूनानी नाटककारों ने अपनी सामग्री अधिकतर पुराणकथाओं और होमर के काव्यों से प्राप्त की। और उस समय प्राप्त की जब मनुष्य-जाति का बचपन बीत चुका था, समाज में वर्ग-भेद पैदा हो गया था और यह वर्ग-भेद नाटककारों के चिन्तन को प्रभावित कर रहा था। मनुष्य जाति का बचपन बीत जाने पर यूनान के महाकाव्यों और नाटकों ने यूरोप के पुनर्जागरण को प्रभावित किया। मार्क्स ने शेक्सपियर का नाम लिया है किन्तु उक्त प्रसंग में उनके बारे में और कुछ नहीं कहा। शेक्सपियर का युग पूँजीवाद का अभ्युदयकाल है यद्यपि मशीनी उत्पादन की मंजिल अभी दूर है। वैसे प्राचीन यूनान में व्यापार ने काफी प्रगति की थी, दासों से बिकाऊ माल पैदा कराया

जाता था, अरस्तू ने राजनीति और अर्थशास्त्र पर पुस्तकें लिखी थीं और एपिकुरुस ने देवी-देवताओं का विरोध करते हुए वह भौतिकवादी दर्शन रचा था जो मार्क्स के क्रान्तिकारी चिन्तन से जुड़ गया था।

यूनानी साहित्य के आकर्षण की यह समस्या महत्त्वपूर्ण इसलिए है कि पूँजीवादी विकास से पहले मनुष्य प्रकृति से बँधा रहता है, वह उसका स्वामी नहीं हो पाता; इसलिए प्रकृति को वश में करने का लक्ष्य अधिकतर कल्पना में ही सिद्ध होता है। पूँजीवाद की शुरुआत हो जाने के बाद भी जब तक मशीनों से उत्पादन नहीं होता, तब तक पुरानी व्यवस्था के अवशेष खत्म नहीं होते, समाज को और प्रकृति की समझने का पुराना ढंग भी पूरी तरह समाप्त नहीं होता यानी औद्योगिक क्रान्ति होने तक वह पुराना ताना-बाना बहुत कुछ कायम रहता है। समस्या यह है कि औद्योगिक क्रान्ति से पहले अपरिपक्व विकास वाले समाजों की वे सांस्कृतिक उपलब्धियाँ कैसे सम्भव हुईं जो कला और दर्शन, दोनों क्षेत्रों में महान हैं और जिन्होंने मार्क्स जैसे क्रान्तिकारी को आकर्षित ही नहीं किया वरन उनके चिन्तन को प्रभावित भी किया।

'पूँजी' के प्रथम खंड में मार्क्स ने जहाँ पूँजीवादी उत्पादन और बिकाऊ माल पर विचार किया है, वहाँ उन्होंने प्रकृति और मनुष्य के सम्बन्ध पर भी विचार किया है। पहले उन्होंने बिकाऊ माल पैदा करनेवाले समाज से ईसाई धर्म के सम्बन्ध की चर्चा की। प्रोटेस्टेंट-सम्प्रदाय को उन्होंने ईसाई धर्म का पूँजीवादी विकास कहा है। उन्होंने उसके साथ अठारहवीं सदी में प्रचलित डी-इज्म (धर्म के प्रति विवेकवादी दृष्टिकोण वाली) विचारधारा का उल्लेख किया है। पूँजीवादी समाज में बिकाऊ माल पैदा करनेवाले लोग अपने निजी श्रम को एक जैसा मानक मानव-श्रम बना देते हैं। ऐसे समाज के लिए अमूर्त मनुष्य की धारणा वाला ईसाई धर्म उपयुक्त है। मार्क्स यहाँ सामाजिक विकास-क्रम में ईसाई धर्म को यूनानी पुराणकथाओं से आगे बढ़ी हुई मंजिल मान रहे हैं। पूँजीवाद से पहले के समाजों के बारे में मार्क्स ने आगे लिखा कि उत्पादन की प्राचीन एशियाई पद्धति में तथा अन्य प्राचीन पद्धतियों में उत्पादित वस्तुएँ बिकाऊ माल का रूप लेती हैं और इस प्रकार मनुष्य बिकाऊ माल के उत्पादक बनते हैं किन्तु इस सबको गौण स्थान प्राप्त होता है। इस प्रक्रिया का महत्त्व तब अधिक होता है जब ये आदिम समाज टूटने को होते हैं। प्राचीन संसार की व्यापारिक जातियाँ एपिकुरुस के देवताओं की तरह उसके गर्भ में छिपी रहती हैं। पूँजीवादी समाज की तुलना में वे पुराने सामाजिक गठन बहुत ही सीधे-सादे होते हैं। इनका आधार मनुष्य का व्यक्तिगत अपरिपक्व विकास होता है। इस मनुष्य को आदिम कबीलाई समाज से जो नाभिनाल जोड़ता है, उसे वह अभी काट नहीं पाया। अथवा उनका आधार अधीनता वाला प्रत्यक्ष सम्बन्ध होता है। वे पुराने सामाजिक गठन वहाँ पैदा होते हैं और कायम रहते हैं जहाँ श्रम की उत्पादक शक्ति का विकास एक नीची अवस्था से आगे नहीं बढ़ा, और जब इसके फलस्वरूप भौतिक जीवन के

दायरे में प्रकृति और मनुष्य के सम्बन्ध और मनुष्यों के आपसी सामाजिक सम्बन्ध संकीर्ण होते हैं। यह संकीर्णता प्रकृति की प्राचीन उपासना में तथा लोक-धर्मों के अन्य तत्त्वों में प्रतिबिम्बित होती है। वास्तविक संसार का धर्मगत प्रतिबिम्ब तभी पूरी तरह समाप्त होता है जब दैनिक जीवन के व्यवहारगत सम्बन्ध मनुष्य के सामने प्रकृति के बारे में, और अन्य मनुष्यों के बारे में, नितान्त बोधगम्य और विवेकसम्मत सम्बन्ध प्रस्तुत करते हैं। ('पूँजी', खंड-1, पृ. 83-84)

'अर्थशास्त्र की आलोचना' वाली बात यहाँ और भी स्पष्ट कर दी गई है। जब तक बड़े पैमाने पर बिकाऊ माल का उत्पादन नहीं होता, तब तक श्रम का समाजीकरण नहीं होता, प्रकृति से मनुष्य नया सम्बन्ध कायम नहीं करता, मनुष्यों के आपसी सम्बन्ध साफ-साफ दिखाई नहीं देते। श्रम और उत्पादन की पद्धति में, प्रकृति और मनुष्यों के सम्बन्धों में युगान्तरकारी परिवर्तन तब होता है जब मशीनों द्वारा बड़े पैमाने पर बिकाऊ माल का उत्पादन होता है। प्राचीन संसार व्यापारिक जातियों का अभ्युदय हुआ, उनका गठन बहुत सीधा-सादा था। इसलिए समस्या यह है कि जब मनुष्य प्रकृति से अपना नाभि-नाल विच्छिन्न नहीं कर पाया, जब उसके समाज का गठन बहुत सीधा-सादा है, तब वह ऐसी कला और ऐसे दर्शन की सृष्टि कैसे कर पाया जो विकसित उद्योग-प्रधान समाजों के लिए प्रेरणा देनेवाला है और एक हद तक उनके लिए दुर्लभ भी है।

5. आधुनिक चिन्तन और पुरातन प्रेरणास्रोत

जिस समय एंगेल्स प्रकृति-विज्ञान का विश्लेषण करके द्वंद्ववाद की पुष्टि कर रहे थे, उस समय उनका ध्यान यूनानी संस्कृति और पुनर्जागरण काल की ओर भी था। मार्क्स और एंगेल्स चाहे अर्थशास्त्र पर लिखें, चाहे प्रकृति-विज्ञान पर, यूनान की प्राचीन संस्कृति और उससे प्रेरित यूरोप के पुनर्जागरण काल की संस्कृति उनके बौद्धिक परिवेश में बराबर बनी रहती है। इन दोनों विद्वानों के सबसे परिपक्व चिन्तन के निष्कर्ष उक्त विषय के सन्दर्भ में सम्भवत: एंगेल्स की पुस्तक 'प्रकृति का द्वंद्ववाद' में हैं। इसमें उन्होंने लिखा था : प्राचीनकाल में विद्वानों ने प्रकृति-विज्ञान और दर्शन से सम्बन्धित अपने सहज बोध से कुछ शानदार स्थापनाएँ प्रस्तुत की थीं। इनके सिवा अरबों ने जब-तब कुछ आविष्कार किये थे जो नियमित और व्यवस्थित कार्य के परिणाम नहीं थे, फिर भी अतिशय महत्त्वपूर्ण थे। इनसे भिन्न आधुनिक काल में प्रकृति को लेकर व्यवस्थित, चौमुखी और वैज्ञानिक अनुसन्धान हुआ। फ्रांस के लोग इस आधुनिककाल की शुरुआत पुनर्जागरण काल से मानते हैं यद्यपि इस युग के लिए प्रयुक्त अन्य शब्दों की तरह यह शब्द भी पूरी तरह उपयुक्त नहीं है। यह युग पन्द्रहवीं सदी के उत्तरार्द्ध में शुरू हुआ। बादशाही ने शहरी व्यवसायियों की सहायता से सामन्ती अभिजात वर्ग की शक्ति का ध्वंस किया और उन बड़ी बादशाहतों को

कायम किया जिनका मूल आधार जातीयता थी। इनके अन्तर्गत यूरोप की आधुनिक जातियाँ और आधुनिक पूँजीवादी समाज का विकास हुआ। शहरी व्यवसायी और सामन्त अभी आपस में लड़ रहे थे, तभी जर्मनी में किसान-युद्ध हुआ। उसने विद्रोही किसानों को मंच पर ला खड़ा किया। यह कोई नई बात नहीं थी। किन्तु इनके पीछे आधुनिक सर्वहारा वर्ग की शुरुआत भी खड़ी थी जिसके हाथ में लाल झंडा था और जिसके ओठों पर धन-दौलत के सामान्य स्वामित्व की माँग थी। बाइजेंटियम के पतन के बाद कुछ पांडुलिपियाँ बचा ली गईं। [जहाँ आधुनिक तुर्की है, वहाँ यूनानी राज्य था। तुर्कों ने उसका विध्वंस किया, उस समय यूनानी भाषा की कुछ पांडुलिपियाँ बचा ली गईं।] इनसे और रोम के ध्वंसावशेषों से जो प्राचीन मूर्तियाँ खोज निकाली गईं, उनसे पश्चिमी यूरोप ने अचम्भे से देखा कि उसके सामने एक नई दुनिया खड़ी है; यह दुनिया प्राचीन यूनान की है।

एंगेल्स के इस कथन में एक बात विचारणीय यह है कि पश्चिमी यूरोप के सांस्कृतिक विकास के लिए अमरीका का पता लगाना अधिक महत्त्वपूर्ण था या प्राचीन यूनान का। अमरीका से उन तमाम लोगों का गहरा सम्बन्ध था जो लूट और व्यापार से जल्दी-जल्दी धन-दौलत बटोरने में लगे थे; प्राचीन यूनान से उन तमाम बुद्धिजीवियों को लगाव था जो सामन्ती अन्धकार युग से निकलकर पुरानी दुनिया से नया प्रकाश पाकर समाज का ढाँचा बदलना चाहते थे। दूसरी बात विचारणीय यह है कि पुनर्जागरण काल केवल पुरानी संस्कृति के अनुकरण का युग नहीं है; वह उससे प्रेरित होकर नई जातीय संस्कृति रचने का युग है। जिस व्यवस्था में यूरोप की आधुनिक जातियों का विकास हुआ, वह मशीनोंवाले पूँजीवादी उत्पादन की व्यवस्था नहीं थी। तीसरी बात यह है कि सामन्ती व्यवस्था के विघटन काल में किसान विद्रोह कर रहे थे और सर्वहारा वर्ग के पूर्वज, औद्योगिक क्रान्ति से पहले, सम्पत्ति के वितरण के बारे में साम्यवादी माँगें लिये पूँजीवाद के अभ्युदय के साथ मंच पर सामने आ रहे थे। सांस्कृतिक विकास के लिए यह तथ्य भी महत्त्वपूर्ण है। आखिरी बात यह कि प्राचीन संस्कृति पर यूनानियों और रोमनों का ही इजारा न था, उसमें अरबों की देन भी थी। अरबों ने व्यवस्थित ढंग से काम न किया था किन्तु एंगेल्स के अनुसार उनकी वैज्ञानिक देन अतिशय महत्त्वपूर्ण थी। अरब लोग एशिया के रहनेवाले थे। एंगेल्स एशिया के बारे में नये सिरे से सोच रहे थे, यहाँ उसका संकेत है।

पश्चिमी यूरोप ने अचम्भे से यूनानी संस्कृति का सौन्दर्य देखा। यह सौन्दर्य ईसा के जन्म से पहले का था, यूरोप में ईसाई धर्म के प्रसार से पहले का था। यदि यूनानी देवकथाओं की तुलना में ईसाई धर्म अधिक प्रगतिशील था तो यह चमत्कार ही था कि इस धर्म में दीक्षित बुद्धिजीवी बहुदेवोपासकों की संस्कृति देखकर ठगे-से रह गए। एंगेल्स ने लिखा : उन प्रकाशमान रूपों के सामने मध्यकाल के प्रेत अन्तर्धान हो गए। यहाँ एंगेल्स ने जिसे मध्यकाल कहा है, वह पश्चिमी यूरोप का सामन्तकाल

है। सामन्तकालीन समाज यूनानी समाज से पिछड़ा हुआ था, इसीलिए उस समाज का प्रकाश देखकर मध्यकालीन प्रेत भाग खड़े हुए। इन प्रेतों का गहरा सम्बन्ध धार्मिक रूढ़िवाद से था। यूनान की संस्कृति का असर सबसे पहले इटली पर पड़ा। एंगेल्स ने आगे लिखा : इटली में कला की ऐसी उन्नति हुई, जैसी उन्नति की कल्पना सपने में भी लोगों ने न की थी; ऐसा लगा कि क्लासिकल प्राचीनता का प्रतिबिम्ब दिखाई दे रहा है, और फिर वैसी उन्नति कभी नहीं हुई। पाठक यहाँ नोट करें कि एंगेल्स पुनर्जागरण काल के इटली को कला के शिखर पर देख रहे हैं और मानते हैं कि वैसी उन्नति औद्योगिक क्रान्ति हो जाने के बाद भी फिर दिखाई नहीं दी।

यूरोप के साहित्य के बारे में एंगेल्स ने लिखा : इटली, फ्रांस और जर्मनी में नया साहित्य रचा गया, यह प्रथम आधुनिक साहित्य था। इसके कुछ ही समय बाद अंग्रेजी और स्पेनिश साहित्य के क्लासिकल युग सामने आए। पुरानी दुनिया की सीमाएँ टूट गईं, पूरी दुनिया का ठीक-ठीक पता अब लगा। आगे चलकर विश्व-व्यापार और दस्तकारी की जगह कारखानेदारी के चलन की नींव डाली गई और यहीं से बड़े पैमाने के आधुनिक उद्योग-धन्धों की शुरुआत हुई। मनुष्यों की चेतना पर चर्च ने जो तानाशाही कायम कर रखी थी, वह छिन्न-भिन्न हो गई। जर्मैनिक लोगों ने प्रोटेस्टेंट मत अंगीकार किया; लैटिन जातियों में अधिक प्रसन्न भावना और स्वाधीन चिन्तन का प्रसार हुआ। इसे उन्होंने अरबों से पाया था और यूनान के जिस नये दर्शन का अभी पता चला था, उससे उन्होंने इसे पुष्ट किया। पाठक यहाँ फिर नोट करें कि यूरोप के पुनर्जागरण में केवल यूनान का नहीं, एशिया का योगदान भी है। वैसे तो प्राचीन यूनान का जितना सम्बन्ध एशिया से था, उतना यूरोप से नहीं था। प्राचीन यूनान को यूरोप का भाग मान लें, तो भी यह कहना होगा कि फ्रांस, इटली और स्पेन ने अरबों से वह दृष्टिकोण पाया जो सुदूर उत्तर के जर्मनों और अंग्रेजों को न मिला। यह प्रसन्न रहने का अर्थात् जीवन की स्वीकृति का दर्शन था। धार्मिक कट्टरता के बावजूद बहुत-से पुराने अरब विचारक, यूरोप के अनेक ईसाई विद्वानों से भिन्न, अपने चिन्तन में रूढ़ियों और अन्धविश्वासों से मुक्त थे। अरबों के उन्नतिकाल में उनका गहरा सम्बन्ध भारत के ज्ञान-विज्ञान से था। उनका एक महान् सांस्कृतिक केन्द्र बगदाद था और यहाँ ज्योतिष और गणित की अनेक भारतीय पुस्तकों का अनुवाद हुआ था। प्राचीन भारत के अलावा प्राचीन यूनान की संस्कृति से भी जर्मनों या अंग्रेजों से पहले अरब परिचित हुए थे। यूरोप में मानव चेतना पर जमी हुई सदियों पुरानी चर्च की तानाशाही जब टूटी, तब उसे तोड़ने में यूनानियों और अरबों के साथ अप्रत्यक्ष रूप से भारतवासियों का हाथ भी था।

इस सारी प्रक्रिया का सम्बन्ध यूरोप के नये भौतिकवाद से था। एंगेल्स ने उसी सन्दर्भ में लिखा था कि स्वाधीन चिन्तन की भावना क्रमशः मजबूत होती गई और उसने अठारहवीं सदी के भौतिकवाद का मार्ग प्रशस्त किया। पुनर्जागरण काल में जो

विराट सांस्कृतिक परिवर्तन हुए, उनका मूल्यांकन एंगेल्स ने इस प्रकार किया : मानव जाति ने जो भी क्रान्तियाँ अब तक देखी थीं, उनमें यह सबसे महान और प्रगतिशील क्रान्ति थी। यह ऐसा युग था जिसमें महापुरुषों की जरूरत थी और उस युग ने महापुरुष पैदा किये। मेधा, भावना और चरित्र के विचार से, व्यापकता और विद्वत्ता के विचार से, वे महापुरुष थे। जिन लोगों ने पूँजीपति वर्ग के आधुनिक शासन की नींव डाली, वे पूँजीवादी सीमाओं से बँधे हुए बिलकुल न थे। इसके विपरीत युग की साहसिकता ने उन्हें भी बहुत कुछ प्रेरित किया। उस समय शायद ही कोई महत्त्वपूर्ण पुरुष रहा हो जिसने काफी यात्रा न की हो, जो चार-पाँच भाषाएँ न बोलता हो, जो कई क्षेत्रों में विशेष योग्यता न रखता हो। लिओनार्दो दा विंची महान् चित्रकार था, वह गणित और यांत्रिकी का विशेषज्ञ भी था, इंजीनियर था। महत्त्वपूर्ण नई जानकारी के लिए भौतिकी की परस्पर अत्यन्त भिन्न शाखाएँ उसके प्रति आभारी हैं। अल्ब्रेख्त ड्यूरर चित्रकार था, शिल्पी और स्थापत्यकार था, इसके सिवा उसने किलेबन्दी की एक नई व्यवस्था ईजाद की थी जो बाद में जर्मन विज्ञान ने विकसित की। मैकियावेली राजनीतिज्ञ, इतिहासकार, कवि और इसके साथ ही आधुनिककाल का पहला सैन्य विद्या विशेषज्ञ लेखक था। लूथर ने चर्च का कूड़ा-कर्कट ही साफ नहीं किया, उसने आधुनिक जर्मन गद्य की सष्टि की और वह विजयगीत रचा जिसमें विजय के प्रति पूर्ण आस्था है। उस समय के महापुरुष अभी श्रम-विभाजन के दास न बने थे। इस श्रम-विभाजन के संकीर्ण प्रभाव एकांगिता पैदा करनेवाले हैं और वे अक्सर उनके अनुवर्तियों में दिखाई देते हैं।

यहाँ ठहरकर इस अन्तिम वाक्य पर अच्छी तरह ध्यान देना चाहिए। जिन महापुरुषों की चर्चा की गई है, उनकी विशेषता यह है कि वे पूँजीवादी समाज के श्रम-विभाजन की दासता से मुक्त हैं। इसका अर्थ यह हुआ कि पूँजीवादी समाज अभी प्रारम्भिक अवस्था में है, वर्ग-भेद और वर्ग-संघर्ष में तेजी नहीं आई। समाज संक्रमण की दशा में है। पुरानी मानसिकता चर्च की तानाशाही टूटने से बदल रही है। सामन्ती व्यवस्था पूरी तरह समाप्त नहीं हुई, आधुनिक पूँजीवाद मशीनी उत्पादन के अपने शिकंजे में समाज को कस नहीं पाया, उस समय ये महापुरुष अपनी प्रतिभा का चमत्कार दिखा सके। एंगेल्स ने इन महापुरुषों को पूँजीवादी व्यवस्था की नींव डालनेवाला कहा है। उन्होंने जिन लोगों के नाम लिये हैं, उनमें पूँजीपति कोई नहीं था, अर्थशास्त्री कोई नहीं था। उन्होंने संसार को महान् कलाकृतियाँ दीं। पूँजीपति इन कृतियों को बेचकर मुनाफा जरूर कमा सकते थे किन्तु इन कलाकारों के जीवनकाल में अभी वे बिकाऊ माल न बनी थीं। ये लोग पूँजीवादी समाज की नींव डालनेवाले इस अर्थ में कहे जा सकते हैं कि उनकी विद्या से पूँजीपतियों ने लाभ उठाया, जैसे आइंस्टाइन की प्रतिभा से साम्राज्यवादियों ने अणु बम बनाकर लाभ उठाया। जब आधुनिक पूँजीवादी समाज कायम हुआ, तब वह जीवन में एकांगिता पैदा करने

लगा। पुराने समाज में शूद्र का धर्म था सेवा करना, द्विज का धर्म था सेवा कराना। नये समाज में शिक्षा और संस्कृति के सारे साधन पूँजीपतियों और मध्यवर्ग के हाथ में सिमट आए, मजदूरों का विशाल वर्ग इन साधनों से वंचित रहा। निष्कर्ष यह निकला कि जैसे-जैसे पूँजीवाद का विकास हुआ, वैसे-वैसे यह स्पष्ट होता गया कि प्रगतिशील बुद्धिजीवी मानवतावादी संस्कृति का विकास पूँजीवादी व्यवस्था का विरोध करके ही कर सकते हैं।

पूँजीवादी व्यवस्था के अभ्युदयकाल में चर्च की तानाशाही टूटी किन्तु पूरी तरह नहीं। रोमन कैथोलिक और प्रोटेस्टेंट, दोनों ही रूढ़ि-मुक्त वैज्ञानिक चिन्तन के विरोधी थे। ये आपस में अवसर मिलते ही एक दूसरे को जीवित आग में जलाते थे, वैज्ञानिकों को सताने में प्रोटेस्टेंट रोमन कैथोलिकों से भी बढ़कर थे। एंगेल्स ने लिखा : सामान्य क्रान्ति के दौरान जिस प्रकृति-विज्ञान का विकास हुआ, वह भी पूरी तरह क्रान्तिकारी था। उसे अपने अस्तित्व के लिए संघर्ष करना पड़ा। जिन महान् इटालियन विद्वानों से आधुनिक दर्शन आरम्भ होता है, उनके साथ प्रकृति-विज्ञान ने वे शहीद प्रस्तुत किये जो धार्मिक कट्टरता की बलिवेदी पर काम आए। प्रकृति का स्वच्छन्द अनुसन्धान करनेवालों को सताने में प्रोटेस्टेंट लोग कैथोलिकों से आगे थे। सर्वेतुस नाम का विद्वान् खून की रवानी का पता लगाने ही वाला था कि कैल्विन (प्रोटेस्टेंट धर्म-गुरु) ने उसे जलाने की आज्ञा दी; दरअसल उसे जीवित रखते हुए दो घंटे तक आग में भूना गया। एंगेल्स कहते हैं, कैथोलिकों की संस्था इन्क्वीजीशन ने जिओर्दानो ब्रूनो को जीवित जलाया ही था (यानी जीवित जलाना तो आम बात थी, खास बात थी, जीवित रखते हुए दो घंटे तक किसी को आग में भूनना। यह दूसरा कारनामा प्रोटेस्टेंटों का था जो मूर्त मनुष्य को इस प्रकार अमूर्त बना रहे थे!) प्राचीन यूनान की संस्कृति के प्रकाश ने इस धार्मिक कट्टरता के अन्धकार युग से यूरोप को बाहर निकाला।

मार्क्स ने 'अर्थशास्त्र की आलोचना' में यूनानी काव्य और कला के आकर्षण का सम्बन्ध मानवता के भोले बचपन से जोड़ा। एंगेल्स ने 'प्रकृति का द्वंद्ववाद' में बताया कि प्राचीनकाल में विद्वानों ने प्रकृति-विज्ञान और दर्शन से सम्बन्धित कुछ शानदार स्थापनाएँ प्रस्तुत कीं। ये उनके सहजबोध का परिणाम थीं। मानवता के बचपनवाली स्थापना से यह सहजबोध वाली स्थापना भिन्न है; उसका सम्बन्ध पुराणकथाओं वाली काव्यकला के आकर्षण से नहीं है, उसका सम्बन्ध प्रकृति-विज्ञान से है। पुराणकथाएँ प्रकृति पर देवत्व का रहस्यमय पर्दा डाल देती हैं. प्रकृति-विज्ञान यह पर्दा उठाता है, सहजबोध से प्रेरित होकर वह देवत्व से प्रकृति को अलग करता है, फिर प्रकृति के आन्तरिक रहस्य उद्घाटित करता है। एंगेल्स ने समकालीन प्रकृति-विज्ञान की इस कमजोरी का उल्लेख किया कि वह प्रकृति को समग्रता में न ग्रहण कर पाता था, उसके विभिन्न प्रपंचों के अन्तर्सम्बन्ध न पहचान पाता था। इसका कारण

17वीं-18वीं सदियों के विचारकों का एकान्तवाद (मेटाफिजिक्स) था। इंग्लैंड में बेकन और लॉक, जर्मनी में वुल्फ इसके प्रतिनिधि थे। प्रकृति-विज्ञान के विशेषज्ञ द्वंद्ववाद का अध्ययन करके इस एकान्तवाद के चौखटे से बाहर निकल सकते थे। एंगेल्स ने बताया कि यह द्वंद्ववाद दो ऐतिहासिक रूपों में विद्यमान है : एक यूनानी, दूसरा जर्मन। यूनानियों ने प्रकृति के विभिन्न प्रपंचों का विश्लेषण न किया था, यह उनकी सीमा थी किन्तु वे प्रकृति को उसकी समग्रता में ग्रहण करते थे। "यह पहला कारण है कि हम दर्शनशास्त्र में, जैसेकि अन्य बहुत-से क्षेत्रों में, बार-बार इस छोटे-से मानव समुदाय की ओर लौटने को बाध्य होते हैं। उसकी विश्वजनीन प्रतिभा और कार्यवाही ने मानवीय विकास में उसका जो स्थान सुनिश्चित कर दिया है, उसे पाने का दावा कोई अन्य जन-समुदाय कभी न कर सकेगा। दूसरा कारण यह है कि यूनानी दर्शन के बहुविध रूपों के भीतर—बीजरूप में, अंकुर रूप में—विश्व को देखने-परखने की प्रायः सभी बाद वाली पद्धतियाँ विद्यमान हैं। सैद्धान्तिक प्रकृति-विज्ञान भी यदि अपने आज के सामान्य सिद्धान्तों के उद्‌भव और विकास का इतिहास जानना चाहे तो वह यूनानियों की ओर लौटने को बाध्य होगा।" (मार्क्स-एंगेल्स-लेनिन, 'ऑन डायलेक्टिकल मैटीरिअलिज्म', पृ. 118-19)

मानवीय विकास में यूनानियों को जो स्थान प्राप्त है, वह एंगेल्स के अनुसार किसी अन्य जाति को सुलभ न होगा। यूनानी दर्शन के भीतर 19वीं सदी तक का समस्त मानव-ज्ञान बीजरूप में विद्यमान है। पुनर्जागरण काल के साहित्यकार, कलाकार, विचारक यूनानी संस्कृति की नई जानकारी से चकित थे; एंगेल्स समकालीन प्रकृति-विज्ञानियों से कहते हैं, तुम भी यूनानियों से सीखो, प्रकृति को समग्रता में ग्रहण करो, उसके प्रपंचों के अन्तर्‌सम्बन्धों को पहचानो। द्वंद्ववाद जिन दो ऐतिहासिक रूपों में विद्यमान है, उनमें पहला है यूनानी, दूसरा है जर्मन, चौथी सदी ई.पू. के बाद अठारहवीं सदी के अन्त और उन्नीसवीं सदी के आरम्भ का जर्मन दर्शन! बीच में दो हजार साल से ऊपर तक यूरोप के मानवीय विकास को क्या हो गया था? रोमन सभ्यता मौलिकता, विविधता और व्यापकता में यूनानी संस्कृति का मुकाबला न कर सकती थी। दास-प्रथा का चलन तो रोमन और यूनानी, दोनों समाजों में था। फिर रोमन साम्राज्य के विध्वंस के बाद यूरोप का मध्यकाल शुरू हुआ। यूरोप आगे बढ़ने के बदले पीछे हटा। मध्यकालीनता से उबरने में काफी समय लगा और वैज्ञानिक प्रगति के बावजूद यूरोप 19वीं सदी तक यूनान की दार्शनिक विरासत को आत्मसात् न कर पाया था। उसे आत्मसात् करने वालों में सर्वोपरि स्थान है मार्क्स और एंगेल्स का।

यूनानी दर्शन पर एंगेल्स की टिप्पणी से समझ में आता है, एपिकुरुस ने मार्क्स को क्यों प्रभावित किया था। मार्क्स एपिकुरुस की ओर इसलिए आकर्षित न हुए थे कि वह प्रकृति के बारे में सुन्दर पुराणकथाएँ सुना रहे थे; इसके विपरीत पुराणकथाओं की कल्पना एक तरफ हटाते हुए एपिकुरुस ने प्रकृति के रहस्यों का पता लगाया

था, प्रकृति-विज्ञान की लम्बी राह पर साहस से कदम उठाया था, इसलिए मार्क्स उनकी ओर आकर्षित हुए थे। इसी तरह ईस्खुलुस ने मनुष्य की वीरता, साहस और उसका संघर्ष अपने नाटकों में चित्रित किया था। शेली और मार्क्स, उन्नीसवीं सदी के ये दो मनीषी, ईस्खुलुस के प्रति बड़ी गहराई से आकर्षित थे। इसका कारण यह था कि ईस्खुलुस ने पुराणकथाओं का उपयोग उन कथाओं के निर्माताओं की तरह न किया था। उन्होंने उनका उपयोग उस योद्धा की तरह किया था जो अपने देश की स्वाधीनता के लिए ईरान से लड़ा था। स्वाधीनता के लिए लड़ने वाला यह योद्धा यूनान में सामाजिक अन्याय का विरोध करनेवाला प्रथम महान् नाटककार था। उसने जितना समकालीन यूनानियों को प्रभावित किया, उससे ज्यादा शेली और मार्क्स जैसे क्रान्तिकारियों को किया।

मार्क्स की मृत्यु का विवरण देते हुए एंगेल्स ने ज़ॉर्गे को लिखा : कल दोपहर को ढाई बजे मैंने पहुँचकर देखा कि घर में रोना-पीटना मचा हुआ है। बूढ़ी लेंखेन ने उनकी ऐसी देखभाल की थी, जैसे माँ बच्चे की नहीं करती। वह उनके पास ऊपर गई और फिर नीचे आई। बोली, वह तन्द्रा में हैं, आप ऊपर जा सकते हैं। जब हम कमरे में पहुँचे तब वह सो रहे थे, सदा के लिए सो रहे थे। उनकी साँस और नाड़ी बन्द हो चुकी थी। उन दो क्षणों में शान्तिपूर्वक और बिना कष्ट के वह विदा हो चुके थे।

ऐसी दारुण स्थिति में एंगेल्स को याद आया, मार्क्स किस तरह एपिकुरुस के शब्द दोहराया करते थे। उसी पत्र में एंगेल्स ने लिखा : एपिकुरुस के शब्द दोहराते हुए वह कहा करते थे : मौत उसके लिए मुसीबत नहीं है जो मरता है, वह मुसीबत है उसके लिए, जो बच रहता है। (15 मार्च, 1883 का पत्र; 'करेस्पौंडेंस', पृ. 414-15) मार्क्स की पत्नी की मृत्यु दिसम्बर, 1881 में हुई। तब से मार्च, 1883 में अपनी मृत्यु तक मार्क्स ने एपिकुरुस का वह वाक्य कई बार दोहराया होगा। और अब मार्क्स की मृत्यु के बाद एंगेल्स उसे दोहरा रहे थे अपने मन को धीरज बँधाने के लिए। उसी पत्र में उन्होंने लिखा : इसके बदले कि हम उस महान् प्रतिभा को क्षीण होकर घिसटते देखते और डॉक्टरों की विद्या का यश फैलता और दुनियादार बुद्धिमान उन्हें मुँह चिढ़ाते, इसके बदले जो कुछ हुआ, वह हजार बार अच्छा है; यह हजार बार अच्छा है कि हम दो दिन में उन्हें उसी समाधिस्थल पर ले जाएँगे जहाँ उनकी पत्नी सदा के लिए विश्राम कर रही है। (उप., पृ. 415)

एपिकुरुस के दर्शन को इस तरह मार्क्स और एंगेल्स ने अपने जीवन में आत्मसात् किया था।

6. सभ्यता और उसका अन्तर्विरोध

एपिकुरुस और ईस्खुलुस, उद्योग-प्रधान इंगलैंड की तुलना में, पिछड़े हुए समाजों के दार्शनिक और साहित्यकार थे। मार्क्स और एंगेल्स ने उनसे जो कुछ पाया, वह केवल

अमूर्त दार्शनिक सिद्धान्तों की सम्पदा नहीं थी। उनसे उन्होंने ऐसी प्रेरणाएँ ग्रहण कीं जो उनके क्रान्तिकारी व्यक्तित्व का अंग बन गईं। यदि अमूर्त दार्शनिक सिद्धान्तों के ग्रहण मात्र से क्रान्तिकारी व्यक्तित्व का निर्माण होता तो संसार में क्रान्तिकारियों की बाढ़ आ जाती। क्रान्तिकारी व्यक्तित्व के निर्माण में अमूर्त विचारशक्ति के साथ मूर्त भावशक्ति का योगदान होता है और यह योगदान अक्सर निर्णायक होता है। मार्क्स और एंगेल्स ने जिस दृढ़ इच्छाशक्ति का परिचय दिया था, उसके मूल में पीड़ित जनों के प्रति उनकी गम्भीर सहानुभूति थी, सहानुभूति के साथ अन्याय के विरुद्ध संघर्ष करने का साहस था, और उनके साहस और सहानुभूति को एपिकुरुस और ईस्खुलुस के लेखन से नई शक्ति मिली थी। मार्क्स और एंगेल्स के जीवन की प्रेरणाएँ तत्कालीन आर्थिक परिस्थितियों से असम्बद्ध नहीं थीं किन्तु वे उनका प्रतिबिम्ब नहीं थीं। वे यूरोप की संस्कृति के तानेबाने में शताब्दियाँ पार करती हुई प्राचीन यूनान के दर्शन और साहित्य से जा मिली थीं। इस स्रोत ने उन्हें कभी धोखा नहीं दिया, छात्र-जीवन से आरम्भ करके मृत्युपर्यन्त वह उनके साथ रहा, आर्थिक-राजनीतिक विवेचन की सतह के नीचे वह निरन्तर उन्हें वीरतापूर्वक, दृढ़तापूर्वक आगे बढ़ने की प्रेरणा देता रहा। अमूर्त विचार और मूर्त (बहुधा अव्यक्त) भावशक्ति परस्पर असम्बद्ध नहीं हैं किन्तु दोनों एक ही चीज नहीं है, वैसे ही जैसे मार्क्स का अर्थशास्त्र और ईस्खुलुस के नाटक एक ही चीज नहीं है। मनुष्य का व्यक्तित्व, उसकी आन्तरिक प्रेरणाएँ, उसके (सहज अथवा अर्जित) संस्कार आर्थिक परिस्थितियों से असम्बद्ध नहीं हैं किन्तु वे उनका प्रतिबिम्ब अथवा परिणाम मात्र नहीं हैं। संस्कृति और आर्थिक परिस्थितियों का ऐसा ही द्वंद्वात्मक सम्बन्ध है। यह सत्य मार्क्स और एंगेल्स के व्यक्तित्व के निर्माण और विकास में प्रत्यक्ष होता है।

वीरता, साहस, दृढ़ता, धैर्य, स्नेह (मार्क्स और जेनी का स्नेह, मार्क्स और एंगेल्स की मैत्री), सचाई, मनुष्य के ऐसे गुण हैं जो अपने प्रतिफलन के लिए मशीनी उत्पादन के मोहताज नहीं हैं। वे पिछड़े हुए समाजों में भी व्यक्त होते हैं और वर्ग-भेदवाले समाजों की अपेक्षा ज्यादा बड़े पैमाने पर व्यक्त होते हैं। क्रान्तिकारी चिन्तन से जुड़कर ये गुण मनुष्यता को विकास की नई मंजिलों तक ले जाते हैं। वृद्ध एंगेल्स ने राज्यसत्ता के उद्‌भव वाले ग्रंथ में बताया, कैसे मनुष्यता के ये गुण वर्ग-भेद वाले समाज में नष्ट होते जाते हैं और कैसे वर्गहीन प्राचीन समाजों में उनका विकास होता है। निष्कर्ष यह निकला कि प्राचीन यूनान से ही नहीं, आदिम साम्यवादी समाजों की संस्कृति से भी पूँजीवादी युग के क्रान्तिकारी बहुत कुछ सीख सकते हैं। औद्योगिक पूँजीवाद के युग की तुलना में पुनर्जागरण काल आर्थिक दृष्टि से पिछड़ा हुआ था किन्तु सामन्तकाल से अधिक विकसित था। गण-समाजों की तुलना में सामन्ती व्यवस्था अधिक विकसित थी। औद्योगिक पूँजीवाद, पुनर्जागरण काल, सामन्ती व्यवस्था—इन सबसे ज्यादा पिछड़े हुए थे गण-समाज। यह सम्भव है कि इन महा

पिछड़े हुए गण-समाजों की संस्कृति भी कुछ ऐसे मूल्यवान तत्त्व दे जो हमें बाद के युगों की संस्कृति में न मिलें। मार्क्स और एंगेल्स के चिन्तन में किसानों की भूमिका जैसे-जैसे अधिक महत्त्वपूर्ण हुई, वैसे-वैसे गण-समाजों की संस्कृति के प्रति भी उनके दृष्टिकोण में परिवर्तन हुआ। पूँजीवाद ने भाप से चलने वाली मशीनों से उत्पादन में भारी परिवर्तन किया किन्तु आदिम समाजों में जिन लोगों ने अग्नि का आविष्कार किया था, उनका वह कार्य क्या भाप की मशीनें चलाने से अधिक महत्त्वपूर्ण नहीं था? 'एंटीड्यूरिंग' में एंगेल्स ने लिखा : भाप के इंजन ने सामाजिक संसार में मुक्ति देने वाली जो भारी क्रान्ति शुरू की, वह अभी आधी भी नहीं हुई। इसके बावजूद इसमें तनिक भी सन्देह नहीं कि मनुष्य जाति की मुक्ति पर संघर्षण से अग्नि प्रकट करने के कार्य ने और भी अधिक प्रभाव डाला। संघर्षण द्वारा अग्नि पैदा करके मनुष्य ने पहली बार प्रकृति की एक शक्ति पर नियंत्रण पाया और इस प्रकार मनुष्य सदा के लिए पशु-जगत से अलग हो गया। भाप का इंजन मानव-विकास में कभी भी इतनी बड़ी छलाँग नहीं बनेगा। (पृ. 133) इस दृष्टि से विचार करें तो गण-समाजों की सभ्यता और संस्कृति के अनेक उपकरण ऐसे हैं जो पूँजीवादी जातियों की ही नहीं, समाजवादी जातियों की संस्कृति का भी अंग बनी हुई हैं। संसार में जो भाषाएँ बोली जाती हैं, उनके मूल उपकरण गण-समाजों वाले युग की देन है। शोषित वर्ग सहज ही जनतंत्र के जो रूप अपनाते हैं, वे गण-समाजों की देन है। शोषक वर्गों ने इन रूपों का नाश करने का प्रयत्न बार-बार किया है, उन्हें अपने हित में इस्तेमाल करके वे उन्हें विकृत बनाते रहे हैं; शोषित वर्गों ने उनके सहारे अपना संघर्ष चलाया है और उनमें नये प्राण प्रतिष्ठित किये हैं। मनुष्यों का भाईचारा, सचाई, ईमानदारी, नारी जाति की स्वाधीनता—ये गुण पुराने गण-समाजों की देन हैं। गण-समाजों के बाद व्यक्तिगत सम्पत्ति के चलन के साथ जिस तरह की नैतिकता का जन्म हुआ, वह मनुष्य को आगे बढ़ाने के बदले एक हद तक पीछे ठेलने वाली थी। एंगेल्स ने राजसत्ता के उद्‌भव वाली पुस्तक में लिखा था : जिस दिन से सभ्यता का जन्म हुआ, उस दिन से आज तक विशुद्ध लोभ उसकी प्रेरक शक्ति रहा है। दौलत, ज्यादा-से-ज्यादा दौलत चाहिए, पूरे समाज के लिए नहीं वरन् व्यक्ति के लिए। इस लक्ष्य की सिद्धि के साथ यदि विज्ञान का विकास हुआ, अनेक युगों में कला पुष्पित और पल्लवित हुई, तो इसका कारण यह था कि इनके बिना आज की सम्पदा का संग्रह सम्भव न होता। इसके बाद एंगेल्स ने बताया है कि विकास-क्रम में प्रगति के साथ पीछे हटने की क्रिया कैसे जुड़ी रहती है। एक वर्ग द्वारा दूसरे वर्ग का शोषण सभ्यता का आधार है; सभ्यता के सारे विकास की गति एक निरन्तर चलने वाले अन्तर्विरोध से होती है। उत्पादन में जो प्रगति होती है, वह पीड़ित वर्ग के लिए दुर्गति होती है। एक के लिए जो वरदान है, वह दूसरे के लिए अभिशाप है। मशीनों का चलन होने के बाद शोषित वर्ग का जो नया उत्पीड़न शुरू हुआ, उसे सभी लोग जानते हैं। सभ्यता से

पहले मनुष्य के लिए कर्तव्य और अधिकार में भेद नहीं है। सभ्यता इनमें भेद करती है। एक वर्ग के पास केवल अधिकार होते हैं, दूसरे वर्ग के पास केवल कर्तव्य रह जाते हैं। जितना ही सभ्यता आगे बढ़ती है, उतना ही वह अपने दोषों पर पर्दा डालती है। वह उन्हें अस्वीकार करती है या उन्हें रँग-चुनकर पेश करती है। वह धूर्तता का चलन करती है। पुराने समाज इससे अपरिचित थे। अब शोषक वर्ग कहता है, वह पीड़ित वर्ग का शोषण उसके फायदे के लिए ही करता है, और शोषित वर्ग यदि यह बात नहीं समझता, विद्रोह करता है, तो इससे साबित होता है कि पीड़ित वर्ग कितना कृतघ्न है, वह अपने शोषकों का उपकार नहीं मानता। ('दि ऑरिजिन', पृ. 174)

प्रगति इस तरह नहीं होती कि उत्पादन के नये साधन आए, समाज का ढाँचा बदला और मनुष्य-जाति का नैतिक विकास और ऊँचे स्तर पर होने लगा। 'अर्थशास्त्र की आलोचना में योगदान' पुस्तक की भूमिका में मार्क्स ने लिखा था : कोई भी समाज-व्यवस्था तब तक समाप्त नहीं होती, जब तक वे तमाम उत्पादक शक्तियाँ पूरी तरह विकसित नहीं हो जातीं जिनके लिए वह व्यवस्था पर्याप्त है। उत्पादन के नये श्रेष्ठ सम्बन्ध कभी पुराने सम्बन्धों की जगह नहीं लेते जब तक पुराने समाज के ढाँचे में उनके अस्तित्व के लिए आवश्यक भौतिक परिस्थितियाँ परिपक्व नहीं हो जातीं। यहाँ मार्क्स ने उत्पादन के नये और श्रेष्ठ सम्बन्धों की बात कही है। पुरानी व्यवस्था टूटती है, उत्पादन के पुराने सम्बन्ध टूटते हैं, उनकी जगह जो नये सम्बन्ध कायम होते हैं, वे पहले वालों से बढ़कर होते हैं। यही प्रगति का रहस्य है। यह प्रगति केवल आर्थिक स्तर पर नहीं होती। कला और विचारधारा का सारा तानाबाना इसी आर्थिक आधार पर टिका हुआ है। आधार बदलता है तो तानाबाना बदलता है, आधार पहले से श्रेष्ठ है तो तानाबाना भी पहले से श्रेष्ठ होगा; इस प्रकार समाज के आर्थिक विकास के साथ उसका नैतिक, कलात्मक, दार्शनिक आदि हर तरह का विकास जुड़ा हुआ है। यह विकास की एक कल्पना हुई। विकास की दूसरी कल्पना वह है जिसमें सभ्यता की प्रगति के साथ मानवता के विशाल भाग की दुर्गति जुड़ी हुई है; आदमी दौलत बटोरता है, दौलत बटोरने के क्रम में कला और विज्ञान की उन्नति होती है और दौलत बटोरनेवालों का नैतिक पतन होता जाता है। विकास के ये दोनों क्रम एक-से नहीं हैं।

मानव सभ्यता का अन्तर्विरोध पूँजीवादी व्यवस्था में अपने चरम, भयावह रूप में दिखाई देता है। जीवन-यापन के लिए अति साधारण वस्तुएँ दुर्लभ हो जाती हैं। पूँजीवाद की सार्थकता इतनी ही है कि वह अपने विनाश के उपकरण जुटाता है और इस प्रकार मानव समाज के विकास के लिए नया युग लाने में सहायता देता है। 'पूँजी' के प्रथम खंड में मार्क्स ने कृषि और उद्योग के सिलसिले में लिखा है, कारखानों का चलन होने के बाद मजदूर के जीवित रहने के लिए जो हवा और प्रकाश तथा खुली जगह जरूरी है, उनकी व्यवस्थित लूट होती है। ('पूँजी', खंड-1, पृ. 402) पूँजीवाद श्रम

की उत्पादकता बढ़ाता है, किन्तु इस तरह बढ़ाता है कि श्रमिक का नाश हो जाए। प्रगति के साथ जुड़ी हुई यही दुर्गति है। खेती में जब पूँजीवादी उत्पादन का चलन होता है, तब श्रमिक को ही नहीं लूटा जाता, धरती की उर्वरा शक्ति भी लूटी जाती है। धरती की उर्वरता बढ़ाने के लिए जो भी प्रगति होती है, वह धरती की उर्वरता के स्थायी स्रोतों का नाश करती जाती है। मार्क्स कहते हैं, जो देश संयुक्त राज्य अमरीका की तरह आधुनिक उद्योग-धन्धों की बुनियाद पर अपना विकास शुरू करता है, वह उतना ही इस विनाश प्रक्रिया को तेज करता है। ('पूँजी', पृ. 475)

मार्क्स ने जब यह लिखा था तब औद्योगिक पूँजीवाद विकास की पहली मंजिल में था। आज पूँजीवाद ने इतनी प्रगति कर ली है कि वातावरण के प्रदूषण से ही हजारों आदमियों की जान जाती है। विनाश के जो उपकरण उसने जुटाए हैं, उनसे धरती की उर्वरा शक्ति ही नहीं, उसकी प्राणदायिनी क्षमता के ही नष्ट हो जाने की सम्भावना है। मनुष्य प्रकृति का अंग है, लकड़ियाँ रगड़कर उसने अग्नि का आविष्कार किया था, प्रकृति का नियंत्रण करके वह पशुओं से अलग हुआ। अब सभ्यता का अन्तर्विरोध इतना बढ़ गया है कि वह मनुष्य, पशु, वनस्पति—सभी को विनाश की ओर ठेल रहा है।

सारांश यह कि मानव-समाज का विकास एक अन्तर्विरोध का विकास भी है। शोषक वर्ग के लिए जो प्रगति है, वह शोषित वर्ग के लिए दुर्गति है। संस्कृति के सबसे मूल्यवान तत्त्व वे हैं जो शोषक वर्ग के हितों का विरोध करते हैं और शोषित वर्ग के हितों की रक्षा में सहायक होते हैं। ये तत्त्व शोषित वर्ग को धरोहर के रूप में बहुधा वर्गहीन आदिम समाजों से प्राप्त होते हैं। उत्पादन पद्धति में परिवर्तन होता जाए और उसके साथ मानव संस्कृति में निरन्तर प्रगति होती जाए, विकास इस तरह नहीं होता। प्रगति के साथ दुर्गति जुड़ी होती है। यह दुर्गति आर्थिक क्षेत्र के अलावा संस्कृति में भी दिखाई देती है। सभ्यता के प्रसार के साथ यह अन्तर्विरोध और गहरा हुआ है; इसलिए उत्पादन के क्षेत्र में जितना ही पुराने उपकरण छूटते हैं, उतना ही मनुष्य संस्कृति के प्रगतिशील तत्त्वों को मजबूती से पकड़ता है। मशीनी उत्पादन चरखे और करघे को प्रगति की राह से उठाकर एक तरफ फेंक देता है; चरखे और करघे के युग की संस्कृति को वह उठाकर फेंकना तो चाहता है किन्तु ऐसा कर नहीं पाता। शोषित वर्ग और वे लोग जो शोषक वर्ग का साथ नहीं देते, उस संस्कृति की रक्षा करते हैं। दो विरोधी प्रक्रियाएँ घटित होती हैं; आर्थिक क्षेत्र में प्रगति के लिए उत्पादन की पुरानी पद्धति और उपकरणों को छोड़ना जरूरी होता है, सांस्कृतिक क्षेत्र में प्रगति के लिए पुरानी संस्कृति के मूल्यवान तत्त्वों को अपनाना जरूरी होता है। पुरानी संस्कृति में सब कुछ अच्छा और मूल्यवान नहीं होता किन्तु पुरानी संस्कृति के तत्त्व और पुराने उत्पादन के उपकरण, दोनों में बड़ा फर्क है। उत्पादन के क्षेत्र में जोर है छोड़ने पर, संस्कृति के क्षेत्र में जोर है ग्रहण करने पर। उत्पादन की पद्धति

के बदलने पर यह सोचना कि संस्कृति बदल गई है, बीते हुए युग की संस्कृति से हमारा कोई सम्बन्ध नहीं है, बहुत बड़ी भूल है।

इसी तरह यह समझना बहुत बड़ी भूल है कि इंग्लैंड में मशीनी उत्पादन शुरू हो गया, इसलिए पिछड़े हुए भारत की संस्कृति हमारे लिए व्यर्थ हो गई; अब जो कुछ सीखना है, वह पूँजीवादी इंग्लैंड से ही सीखा जा सकता है। एंगेल्स ने यूरोप के नवजागरण में अरबों के योगदान का उल्लेख किया था। इस नवजागरण ने औद्योगिक क्रान्ति के श्रेष्ठ कवियों शेली, बायरन और कीट्स को प्रभावित किया था। नवजागरण के इस प्रभाव में भारत का प्रत्यक्ष प्रभाव घुल-मिल गया था। विलियम जोन्स के माध्यम से शेली भारतीय वेदान्त से परिचित हुए। कीट्स की मृत्यु पर उन्होंने 'अडोनिस' कविता लिखी। उसमें प्लेटो की दार्शनिक मान्यताओं के साथ भारतीय वदान्त की स्थापनाएँ मौजूद हैं। अनेक जर्मन विचारक वेदान्त से प्रभावित हुए और उनके माध्यम से यह प्रभाव कोलरिज की गद्य-कृतियों में व्यक्त हुआ। जर्मनी और इंग्लैंड के साहित्यकार और विचारक भारतीय साहित्य और दर्शन से प्रभावित हुए—उस युग में प्रभावित हुए, जब इन देशों में आधुनिक पूँजीवाद का विकास तेजी से हो रहा था, जब इन देशों के श्रेष्ठ मनीषी अपने यहाँ की पुरानी संस्कृति के मूल्यवान तत्त्व समेटकर अपनी कला और चिन्तन को पुष्ट कर रहे थे। यह कला और चिन्तन उस सभ्यता का निषेध है जिसका निर्माण उत्पादन की नई पद्धति से लाभ उठाने वाला पूँजीपति वर्ग कर रहा था।

उन्नीसवीं सदी के भाषाविज्ञान ने चमत्कारी प्रगति की, नई पुरानी भाषाओं के आपसी सम्बन्धों का एक नया संसार उद्घाटित किया। यूरोपियन भाषाविज्ञान के विकास में जिस एक पुस्तक ने युगान्तरकारी भूमिका निबाही, वह पाणिनि की अष्टाध्यायी है। भाषाविज्ञान विशुद्ध कला नहीं है, वह विज्ञान है। यह बिलकुल सम्भव है कि विज्ञान की एक दिशा में प्रगति करते हुए मनुष्य विज्ञान की दूसरी दिशा भूल जाए। पिछड़े हुए समाज विज्ञान-शून्य नहीं हैं। वह विज्ञान मुनाफा कमाने का साधन न बना हो, वह अलग बात है।

प्रसिद्ध है कि पश्चिमी यूरोप के मुकाबले उन्नीसवीं सदी का रूस पिछड़ा हुआ देश था। रूसी समाज को लोग एशियाई अथवा अर्द्ध-एशियाई समाज कहते थे। भारत के जिन ग्राम-समाजों की चर्चा मार्क्स ने की थी, उनसे मिलते-जुलते ग्राम-समाज रूस में थे। इस देश ने विश्व-महत्त्व के कलाकार पैदा किये जिनमें तोल्स्तोय का स्थान सर्वोपरि है। पिछड़ा हुआ पूर्वी समाज और महान कलाकार तोल्स्तोय—नीचे सामाजिक आधार, ऊपर कला की इमारत, दोनों के सम्बन्ध पर विचार कीजिए। तोल्स्तोय उन सामाजिक परिवर्तनों के घोर विरोधी थे जो पूँजीवादी विकास के कारण रूस में घटित हो रहे थे। कला और विचारधारा के सम्बन्ध पर विचार कीजिए। और किसानों तथा ग्राम-समाजों के प्रति मार्क्स और एंगेल्स के परिवर्तित दृष्टिकोण को

ध्यान में रखते हुए इस बात पर विचार कीजिए कि किसानों का पक्ष लेकर तोल्स्तोय ने पूँजीवाद का विरोध किया तो उनका यह कार्य उचित था या अनुचित?

7. किसान-प्रतिरोध और धर्म

तोल्स्तोय पिछड़े हुए ग्राम-समाजों के देश रूस में तो रहते ही थे, वह उस देश के सबसे प्रतिक्रियावादी वर्ग—जमींदार वर्ग—के सदस्य भी थे। इस वर्ग के सदस्य होने के नाते वह यूरोप के अत्यन्त सुशिक्षित व्यक्तियों में थे, अंग्रेजी और फ्रांसीसी भाषाओं के साहित्य से अच्छी तरह परिचित थे। अपने विशद ज्ञान का उपयोग उन्होंने रूसी जाति के सांस्कृतिक अभ्युत्थान के लिए किया। उनकी तुलना अंग्रेज उपन्यासकार टॉमस हार्डी से की जा सकती है जो दक्षिणी इंग्लैंड के पुरातन कृषक समाजों में पूँजीवादी सम्बन्धों के प्रसार से क्षुब्ध थे। हार्डी ईसाई धर्म के प्रति आग्रह और श्रद्धा से मुक्त थे। उस धर्म का कोई विकल्प उनके पास नहीं था। क्रमशः वह अधिकाधिक निराशावादी होते गए और प्रकृति में एक मानवद्वेषी शक्ति की कल्पना करने लगे। यह शक्ति ईसाई धर्म-कथाओं के शैतान से बहुत मिलती-जुलती है, मानो खुदा से छुट्टी मिली हो तो हार्डी शैतान की गिरफ्त में आ गए। शेक्सपियर और हार्डी, दोनों ट्रेजेडी के रचनाकार हैं। शेक्सपियर के चार बड़े नाटकों में घोर निराशा के बावजूद कहीं भी खुदा की जगह शैतान प्रतिष्ठित नहीं होता, 'मैकबेथ' और 'किंग लिअर' में भी मानव करुणा सर्वोपरि रहती है। शेक्सपियर जिस नरक की यात्रा करते हैं, उसके आसपास कहीं जनसाधारण के मन में बसे हुए मानव-मूल्यों की आभा बराबर बनी रहती है और इन मूल्यों को इंग्लैंड की किसान जनता ने ईसाई धर्म से प्राप्त किया था। शेक्सपियर इंग्लैंड के जमींदार वर्ग को अच्छी तरह जानते-पहचानते हैं; पूँजीवादी सम्बन्धों की आलोचना वे तबाह होनेवाले जमींदारों के दृष्टिकोण से करते हैं, यथा : 'टाइमन ऑफ एथेंस' में। 'टाइमन' उनका सबसे निराशावादी, मनुष्य में आस्था से प्रायः रीता, हार्डी के उत्तरकालीन उपन्यासों से मिलता-जुलता नाटक है। धर्मकथाओं की घटनाओं और मान्यताओं के प्रति शेक्सपियर के नाटकों में आग्रह नहीं है। मिल्टन की रचनाओं में उस तरह का आग्रह बहुत स्पष्ट है।

तोल्स्तोय के लेखन में धर्म के प्रति जबर्दस्त आग्रह है। उसे देखकर मिल्टन की याद आती है, शेक्सपियर की नहीं। फिर भी यह आग्रह भिन्न कोटि का है। मिल्टन का आग्रह व्यापारिक पूँजीवाद से अधिक, इंग्लैंड के ग्राम-समाजों से कम, जुड़ा हुआ है। तोल्स्तोय का आग्रह ग्राम-समाजों से अधिक, जमींदार वर्ग से कम, जुड़ा हुआ है। पूँजीवाद से उसे कोई वास्ता नहीं है। धर्म, ग्राम-समाज, इनसे वैज्ञानिक भौतिकवाद का कोई प्रत्यक्ष सम्बन्ध नहीं है किन्तु अप्रत्यक्ष सम्बन्ध है। जर्मनी में 1848 के क्रान्तिकारी आन्दोलन को जमींदार वर्ग ने दबा दिया, चारों ओर शिथिलता दिखाई दे रही थी। समकालीन क्रान्तिकारियों की पस्ती दूर करने के लिए एंगेल्स ने

'जर्मनी में किसान-युद्ध' पुस्तक लिखी। उसमें उन्होंने 16वीं सदी के जर्मन किसान योद्धाओं का चित्रण किया। इन योद्धाओं के दिमाग में ऐसी योजनाएँ, ऐसे विचार थे कि उनसे 'अक्सर उनके वंशजों को कँपकँपी आ जाती है'; तीन सौ साल के बाद जर्मनी में मजदूरों को जिन विरोधियों का सामना करना है, "वे बुनियादी तौर से वही हैं।" (Engels, 'The Peasant War in Germany', पृ. 27) एंगेल्स ने अपनी पुस्तक 1850 में लिखी थी। जिस वर्ग ने 1848 के क्रान्तिकारी आन्दोलन का दमन किया था, उसी ने 16वीं सदी के किसान-आन्दोलन को दबाया था। 1848 के मजदूरों के विपरीत 16वीं सदी के जर्मन किसान धर्म के नाम पर लड़े थे। एंगेल्स ने उनके धर्म और संघर्ष का जो विवेचन किया है, वह तोल्स्तोय के धर्म और रूसी जनता के नेपोलियन विरोधी संघर्ष को समझने में सहायता करता है। तोल्स्तोय लेनिन के प्रिय लेखक थे और वह रूसी मजदूरों के प्रिय लेखक थे। 1910 में रूस के मजदूर नये क्रान्तिकारी उभार की शुरुआत करते हुए हड़तालें कर रहे थे; तोल्स्तोय की मृत्यु पर भी उन्होंने प्रदर्शन किये थे। सम्भव है, दुनिया के श्रमिक-आन्दोलन के इतिहास में ये अपने ढंग के पहले प्रदर्शन हों। लेनिन ने मजदूर-आन्दोलन के नये उभार के बारे में लिखा था : "क्रान्ति-विरोध के सुनहले दिनों का त्रिवर्षीय (1908-10) दौर, जाहिर है, अब समाप्त हो रहा है और उसकी जगह नया उभार जन्म ले रहा है। इस साल गर्मियों में जो हड़तालें हुईं और तोल्स्तोय की मृत्यु के अवसर पर जो प्रदर्शन हुए, वे इस बात की स्पष्ट सूचना देते हैं। रूस में पार्टी का संगठनात्मक कार्य बेहद ढीला हो गया है।" ('ग्रंथावली', खंड-16, पृ. 339-40) मजदूरों ने तोल्स्तोय सम्बन्धी प्रदर्शन उस समय किये थे जिस समय रूस में पार्टी का काम बेहद ढीला था; ऐसे प्रदर्शनों के लिए उन्हें पार्टी से निर्देश प्राप्त न हुए थे; इससे मजदूरों की स्वत:स्फूर्त कार्यवाही का महत्त्व और भी उजागर हुआ। और तोल्स्तोय मुख्यत: किसानों का क्षोभ और प्रतिरोध व्यक्त करनेवाला कलाकार थे। मजदूरों ने सहज भाव से तोल्स्तोय को अपनाया था; इस तरह उन्होंने किसानों के प्रति अपना सहज बन्धुता वाला भाव भी दर्शाया था।

रूस में सामन्ती अवशेष मजबूत थे। ये अवशेष पूँजीवाद के विकास और मजदूर वर्ग के मुक्ति-आन्दोलन में बहुत बड़ी बाधा थे। तोल्स्तोय की मृत्यु पर अपने लेख में लेनिन ने बताया था : "जो विशाल जनता मौजूदा व्यवस्था में पिस रही है, उसके मनोभाव खूब जोरदार ढंग से व्यक्त करने में, उसकी दशा चित्रित करने और उसके स्वत:स्फूर्त क्षोभ और विरोध को प्रकट करने में वह सफल हुए।" (उप., पृ. 323-24) जैसे तोल्स्तोय की मृत्यु पर मजदूरों के प्रदर्शन स्वत:स्फूर्त थे, वैसे ही सामन्ती उत्पीड़न के प्रति किसानों का क्षोभ, उनका विरोधभाव स्वत:स्फूर्त था। लेनिन आम जनता की स्वत:स्फूर्त कार्यवाही कितने ध्यान से देखते थे, यह उनके तोल्स्तोय सम्बन्धी उक्त दो उल्लेखों से स्पष्ट है। जिन किसान समुदायों में सामन्त-

विरोधी क्षोभ फूट रहा था, वे सामाजिक विकास में बहुत पिछड़े हुए थे। इन पिछड़े हुए समाजों की जनता से तोल्स्तोय का सम्बन्ध दर्शाते हुए लेनिन ने लिखा था : "राज्यसत्ता और पुलिस से गठबन्धन करनेवाले चर्च के प्रति उनका [तोल्स्तोय का] आक्रोशपूर्ण, आवेशपूर्ण, अक्सर निर्मम रूप से तीक्ष्ण विरोध आदिम किसान जनवादी समुदायों की भावना प्रकट करता है। सदियों से वे बँधुआ-प्रथा, सरकारी अत्याचार और चर्च का पादरीवाद, उसका छल-कपट, उसकी ठग-विद्या बर्दाश्त करते आए थे; इससे क्रोध और घृणा के पहाड़ खड़े हो गए थे।" ('ग्रंथावली', पृ. 324) लेनिन ने किसानों को आदिम (अविकसित) कहा है, उनके समुदायों को जनवादी कहा है। इन किसानों में पेशों के हिसाब से बिरादरियाँ न बनी थीं। प्राय: सभी किसान बँधुआ थे; वे सामुदायिक रूप से जमींदारों के सेवक थे। उनमें व्यक्तिगत सम्पत्ति का अभाव था। इनके दृष्टिकोण के अनुरूप व्यक्तिगत भू-सम्पत्ति का विरोध करने में तोल्स्तोय अडिग रहे। (उप.) तोल्स्तोय का धर्म पुलिस के सहयोगी चर्च के पादरीवाद से भिन्न था; उसका सम्बन्ध आदिम किसानों से, उनके जनवादी समुदायों से था। हैं दोनों ईसाई, पर जमींदारों और पादरियों की ईसाइयत एक तरह की थी, पिछड़े हुए किसानों की ईसाइयत दूसरी तरह की थी। यह भेद वैज्ञानिक भौतिकवाद के लिए महत्त्वपूर्ण था।

प्रारम्भिक ईसाइयत पर अपने निबन्ध में एंगेल्स ने लिखा था कि रोमन शासन से उत्पीड़ित जिन लोगों ने यह धर्म स्वीकार किया था, उनमें दास, गरीब शहरी लोग और छोटे किसान थे : "जिनकी गण-सामाजिक व्यवस्था और सामुदायिक भू-सम्पत्ति भंग कर दी गई थी।" (Marx and Engels : 'On Religion', पृ. 331) जैसे तोल्स्तोय के समय में पूँजीवादी सम्बन्धों के विकास से पुरानी ग्राम-व्यवस्था टूटी थी, वैसे ही वह बहुत पहले रोमन साम्राज्य के प्रदेशों में टूटी थी। 16वीं सदी में जर्मन किसानों ने जमींदारों के विरुद्ध संघर्ष किया, तब उन्होंने ईसाइयत के प्रारम्भिक दौर वाले किसानों की तरह मुक्ति के सपने देखे; ईसा मसीह फिर आएँगे और धरती पर स्वाधीनता और समता की व्यवस्था कायम करेंगे। जर्मन किसानों के लिए 'प्रारम्भिक ईसाइयत के सपनों से शुरुआत करना बहुत सुविधाजनक था।" (उप., पृ. 101) ये लोग भी व्यक्तिगत सम्पत्ति का विरोध करते थे, सामुदायिक स्वामित्व की माँग करते थे। "सामन्तवाद का क्रान्तिकारी विरोध पूरे मध्यकाल में होता रहा। उसने जो रहस्यवाद, खुले कूफ्र [स्वीकृत धर्म के विरोधी मत] अथवा सशस्त्र विद्रोह का रूप लिया, वह सब समय विशेष की परिस्थितियों पर निर्भर था। जहाँ तक रहस्यवाद का सम्बन्ध है, लोग जानते हैं कि सोलहवीं सदी के सुधारक उस पर कितना निर्भर थे। स्वयं मुएन्त्सर उसके बहुत कुछ ऋणी थे।" (उप., पृ. 48) जर्मन सुधारकों में सामन्तवाद के सबसे सुसंगत विरोधी मुएन्त्सर ही थे, वह सशस्त्र किसान विद्रोह के नेता थे।

एंगेल्स ने मुएन्त्सर के रहस्यवाद को पादरियों के संस्थाबद्ध मतवाद से अलगाते हुए उसका विश्लेषण किया था। लिखा था : "ईसाइयत के आवरण में उन्होंने एक

प्रकार के विश्वात्मवाद (pantheism) का प्रचार किया। इस विश्वात्मवाद और आधुनिक कल्पनाशील चिन्तन में विचित्र समानता है। कभी-कभी वह नास्तिक मत के पास भी पहुँच जाता है।" ('ऑन रिलीजन', पृ. 110) नास्तिक मत के पास पहुँचने का कारण यह था कि विश्वात्मवाद के लिए संसार से अलग उसका कोई रचयिता नहीं था; परमसत्ता एक, अद्वितीय, विश्व में व्याप्त थी। मुएन्त्सर के धर्म-सम्बन्धी चिन्तन के अनुरूप उनका सामन्त-विरोधी सामाजिक चिन्तन था। एंगेल्स ने समकालीन कम्यूनिस्टों के लिए इस सामाजिक चिन्तन का महत्त्व इस तरह प्रतिपादित किया था : "जैसे मुएन्त्सर का धार्मिक दर्शन नास्तिक मत के पास पहुँचता है, ठीक वैसे ही उनका राजनीतिक कार्यक्रम साम्यवाद (कम्यूनिज्म) के पास पहुँचता है।" (उप., पृ. 111) फिर जर्मनी में 1848 के क्रान्तिकारी उभार का स्मरण करते हुए लिखा था : "फरवरी क्रान्ति की पूर्ववेला तक भी अनेक कम्यूनिस्ट सम्प्रदायों के पास वैसा भरा-पूरा सैद्धान्तिक अस्त्रागार नहीं था, जैसा सोलहवीं सदी में मुएन्त्सर के पास था।" (उप.) रहस्यवाद की सार्थकता एक ओर धार्मिक रूढ़िवाद के विरोध में है, दूसरी ओर उसके सामन्त-विरोधी सामाजिक कार्यक्रम में है। जहाँ वह धार्मिक रूढ़िवाद को पीठ दिखाता है और सामन्त-विरोधी सामाजिक संघर्ष को विश्वात्मवाद की चादर से ढँक देता है, वहाँ वह व्यर्थ ही नहीं, प्रतिक्रियावादी भी होता है। रहस्यवाद शब्द से परहेज के कारण यदि कोई विवेचक उसे हवाई कल्पना मानकर ऐतिहासिक परिस्थितियों के, इन परिस्थितियों में जन्मी उसकी विषयवस्तु के विश्लेषण से बचता है, तो वह मार्क्सवाद-विरोधी मार्ग पर चलता है।

एंगेल्स ने उन लोगों की आलोचना की है जो 'मध्यकाल के अन्तिम दौर के संघर्षों में प्रचंड धार्मिक वितंडावाद के अतिरिक्त और कुछ नहीं देखते। देशी पढ़ाई में पारंगत हमारे इतिहासकार और मनीषी कहते हैं, उस समय के लोग यदि आध्यात्मिक विषयों को लेकर एकमत हो जाते तो लौकिक विषयों को लेकर झगड़ने का कोई कारण ही न रह जाता। ये इतने मासूम हैं कि अपने बारे में कोई युग जो भ्रम रचता है अथवा उसके बारे में अन्य युग के विचारक जो भ्रम रचते हैं, उन सभी को निःशंक भाव से स्वीकार कर लेते हैं।...उस समय के वर्ग-संघर्ष धार्मिक सूत्रों का ताना-बाना ओढ़े हुए थे और विभिन्न वर्गों के हित, उनकी आवश्यकताएँ और माँगें धर्म के पर्दे की आड़ में थीं, पर इससे कोई फर्क नहीं पड़ता और हर बात की व्याख्या उस समय की परिस्थितियों के अनुरूप आसानी से की जा सकती है।" (उप., पृ. 96-97) युग विशेष की परिस्थितियाँ महत्त्वपूर्ण हैं; जो मत प्रचारित होते हैं, उनके आवरण से अलग उनका सामाजिक अन्तस् महत्त्वपूर्ण है।

जर्मन रहस्यवादी मुएन्त्सर ने किसानों के अतिरिक्त कुछ स्थानों में शहरी जनसाधारण को भी आन्दोलन में खींच लिया। इस शहरी जनसाधारण को एंगेल्स ने 'बीजरूप में सर्वहारा तत्त्व' कहा है। ('दि पेजेंट वार', पृ. 38) इसके समानान्तर बीजरूप

में आधुनिक पूँजीपति वर्ग भी मौजूद था। इसलिए जो "आधुनिक पूँजीवादी समाज उस समय किंचित ही प्रस्फुटित हुआ था", जनसाधारण का विरोध उसकी सीमाएँ : "कम-से-कम अतिकल्पना में", लाँघ गया था; "जो गुट एकदम सम्पत्तिहीन था, वह वर्गविरोध पर आधारित सभी समाजों में प्रचलित धारणाओं, संस्थाओं और मतों को चुनौती देने लगा था।" ('दि पेजेंट वार', पृ. 46) सम्पत्तिहीन जनसाधारण और सम्पत्तिशाली पूँजीपतियों के बीच जो संयक्त मोर्चा बना और उनमें जो टक्कर हुई, वह अत्यन्त शिक्षाप्रद है। शहर के धनी लोगों की माँग थी कि "प्रारम्भिक ईसाई चर्च का सीधा-सादा संविधान फिर चालू हो और पुरोहितों का अलग समुदाय खत्म हो।" (उप., पृ. 43) किसानों और शहरी सम्पत्तिहीन जनों की माँगें भी यही थीं। इस तरह संयुक्त मोर्चे का आधार मौजूद था। किन्तु किसानों और शहरी जनसाधारण की माँगें और भी थीं। प्रारम्भिक ईसाइयत के दौर में समाज के सभी सदस्यों के बीच जो समानता थी, वह फिर बहाल होनी चाहिए और शहरों में भी कायम होनी चाहिए। ईश्वर के सभी बच्चों के अधिकार एक-से हैं, इसलिए नागरिक अधिकारों के अलावा सम्पत्ति के अधिकार भी एक-से होने चाहिए। राजा और रंक बराबर हैं, विशेषाधिकार किसी के न होंगे, बेगार कोई न करेगा, धनी-निर्धन के बीच आकाश-पाताल वाला भेद खत्म किया जाएगा। ये माँगें 'प्रारम्भिक ईसाई सिद्धान्तों का सहज परिणाम' थीं। (उप., पृ. 45) जैसे भारतीय कवि रामराज्य का सपना देखते थे, वैसे ही मुएन्त्सर ने ईश्वर के राज्य की कल्पना की थी। "मुएन्त्सर के लिए ईश्वर का राज्य ऐसा समाज था जिसमें वर्ग-भेद अथवा व्यक्तिगत सम्पत्ति नहीं थी, जिसमें ऐसी राज्यसत्ता नहीं थी जो समाज के सदस्यों के लिए विदेशी हो या उनसे स्वतंत्र हो। जो भी अधिकारी न झुकें और क्रान्ति का साथ न दें, उन्हें हटाना था। सभी कामों में, सभी सम्पत्ति में सब लोग सहभागी होंगे और पूर्ण समानता स्थापित की जाएगी। जर्मनी में ही नहीं, समस्त ईसाई जगत् में इस सबको अमल में लाने के लिए एक संघ बनेगा। राजाओं और जमींदारों से कहा जाएगा कि वे उसमें शामिल हों; यदि वे इनकार करेंगे तो संघ हथियार उठाएगा और अवसर मिलते ही उन्हें अपदस्थ करेगा या उनका वध करेगा।" (उप., पृ. 56)

एंगेल्स के एक समकालीन जर्मन लेखक ने प्रश्न किया था : रोमन साम्राज्य में भूस्वामित्व का इतना केन्द्रीकरण हुआ, श्रमिक वर्ग ने इतना कष्ट भोगा, फिर भी पश्चिमी यूरोप में रोमन साम्राज्य के विध्वंस के बाद समाजवाद क्यों स्थापित न हुआ? प्रारम्भिक ईसाइयत के इतिहासवाले निबन्ध में एंगेल्स ने उत्तर दिया है : उस समय जिस हद तक 'समाजवाद' सम्भव था, वह विद्यमान था; यही नहीं, उसकी प्रधानता भी थी—ईसाइयत में। किन्तु यह ईसाइयत सामाजिक परिवर्तन का यह कार्य इस संसार में न करना चाहती थी वरन् उससे परे, स्वर्ग में, मृत्यु के बाद अमर जीवन में, शीघ्र आनेवाले 'सतयुग' (मिलेनियम, धरती पर ईसा मसीह के सहस्रवर्षीय

राज्य) में सम्पन्न करना चाहती थी। उस समय की ऐतिहासिक परिस्थितियों में ऐसा होना अनिवार्य था। ('ऑन रिलीजन', पृ. 313-14) सामन्ती जर्मनी के किसानों के लिए दासों की तुलना में संगठित होकर युद्ध करना आसान था। एंगेल्स ने जिस बात पर जोर दिया है, वह सम्पत्तिगत भेद मिटाने की बहुजन आकांक्षा है। यह आकांक्षा स्वभावत: सम्पत्तिहीन वर्गों में पैदा होती है; रोमन साम्राज्य के दासों, शहरी गरीबों, निर्धन किसानों की यह आकांक्षा स्वर्ग में पूरी होती थी। समाजवाद के इस स्वर्गीय स्वप्न से दो धारणाएँ फूटती थीं : पहली यह कि इस लोक में सम्पत्तिगत भेद मिटाने का प्रयत्न न करना चाहिए, दूसरी यह कि ऐसा प्रयत्न इसी जीवन में, इसी लोक में करना चाहिए। पहली धारणा सम्पत्तिशाली वर्गों की थी, दूसरी सम्पत्तिहीन (अथवा हीन सम्पत्तिवाले) वर्गों की। संसार में शायद ही कोई ऐसा धर्म हो जिसकी व्याख्या इन दो धारणाओं के अनुरूप परस्पर विरोधी ढंग से न की गई हो। कारण यह है कि सम्पत्तिगत भेदवाले समाज में श्रमिक जन उस पुरानी अवस्था को भूलते नहीं हैं जिसमें ऐसा भेद नहीं था, जिसमें श्रमिक जन पापी या पतित न समझे जाते थे, और उनका श्रमफल दूसरे लोग न हड़प सकते थे। सम्पत्तिशाली वर्गों का हित इसमें था कि सम्पत्तिगत भेद बनाए रहें, दूसरों का श्रमफल हड़पते रहें, स्वर्ग के सपने दिखाकर श्रमिक जनता को इस संसार में अपना भाग्य बदलने के प्रयत्न से रोकते रहें।

सामन्ती यूरोप के किसानों और शहर के गरीबों ने सम्पत्तिगत भेद मिटाने के प्रयत्न किये और वैसे ही सपने देखे, जैसे ईसाइयत के प्रारम्भिक दौर में लोगों ने देखे थे। उनके संघर्षों के बारे में एंगेल्स ने लिखा था : "मध्यकाल के सभी जन-आन्दोलनों की तरह इन विद्रोहों पर अनिवार्यत: धर्म का आवरण था, चारों ओर फैले हुए पतन के विरोध में वे प्रारम्भिक ईसाइयत की बहाली जान पड़ते थे किन्तु धार्मिक उत्कर्ष भाव के पीछे हर बार बहुत ही गोचर सांसारिक हित होता था। यह बात बहुत शानदार ढंग से बोहीमिआ के तबोरपंथियों के संगठन में देखी गई। प्रात:स्मरणीय यान झिज़्का इनके नेता थे। जर्मन किसान-युद्ध के बाद वह क्रमश: तिरोहित हो गई, फिर 1830 के बाद श्रमिक कम्यूनिस्टों के साथ पुनर्जीवित हुई। फ्रांस के क्रान्तिकारी कम्यूनिस्टों ने, और वाइटलिंग और उनके समर्थकों ने भी रेनां से बहुत पहले प्रारम्भिक ईसाइयत का हवाला दिया था। रेनां ने कहा था : 'यदि प्रारम्भिक ईसाई समाजों के बारे में मुझे बताना हो तो मैं कहूँगा, अन्तरराष्ट्रीय श्रमिक संघ की स्थानीय शाखा देख आओ'।" (उप., पृ. 314-15) वाइलिंग जर्मन श्रमिक-आन्दोलन के नेता थे और रेनां फ्रांस के दार्शनिक और इतिहासकार थे। बोहीमिआ वर्तमान चेकोस्लोवाकिआ में है। बोहीमिआ पर जर्मन सामन्तों का अधिकार था। वहाँ पादरी-विरोधी संघर्ष ने स्वाधीनता-संग्राम का रूप लिया था। उसके प्रमुख नेता यान हुस और यान झिज़्का थे। इन्होंने 15वीं सदी में, जर्मनी से पहले, बोहीमिआ में किसानों को संगठित किया था और उनका सामन्त-विरोधी संघर्ष चलाया था। इस संघर्ष में सबसे क्रान्तिकारी

समुदाय तबोरपंथियों का था। तबोर का अर्थ है : खेमा। बोहीमिआ में अपने खेमे की प्रसिद्धि के कारण वह समुदाय तबोरपंथी कहलाया।

एंगेल्स के उपर्युक्त विश्लेषण में जन-आन्दोलनों के धार्मिक आवरण के भीतर उनकी सामाजिक विषयवस्तु की पहचान पर जोर दिया गया है। धर्म से सम्बद्ध होने के कारण एंगेल्स ने जन-आन्दोलनों का तिरस्कार नहीं किया, उनका सामाजिक महत्त्व उद्घाटित करके उन्होंने उनका सीधा सम्बन्ध 19वीं सदी के कम्यूनिस्ट आन्दोलन से जोड़ा है। मार्क्स और एंगेल्स भौतिकवादी दर्शन के विकास के लिए प्राचीन यूनान की ओर देखते हैं, औद्योगिक क्रान्ति से पहले के इंग्लैंड और फ्रांस की ओर देखते हैं परन्तु क्रान्तिकारी ऊर्जा के लिए वे मध्यकालीन यूरोप के सामन्त-विरोधी संघर्षों की ओर देखते हैं। यह ऊर्जा क्रान्तिकारी किसानों के भावावेश, उनकी स्वप्नाविष्ट कल्पना में व्यक्त होती है। उनकी आकांक्षाओं की रूपरेखा कहीं स्पष्ट होती है, कहीं अस्पष्ट। सामूहिक स्वामित्व के सपने तबोरपंथियों ने भी देखे थे। "केवल मुएन्त्सर के उपदेशों में ये साम्यवादी स्वर समाज के एक वास्तविक अंग की आकांक्षाएँ प्रकट करते हैं। वह पहले व्यक्ति थे जिन्होंने किसी हद तक उनकी (आकांक्षाओं की रूपरेखा स्पष्ट की थी। उनके बाद वे (आकांक्षाएँ) प्रत्येक महान जन-आन्दोलन में देखी गई हैं और अन्त में वे क्रमशः आधुनिक सर्वहारा आन्दोलन में वैसे ही घुल-मिल गईं, जैसे सामन्ती प्रभुत्व के जाल में निरन्तर फँसते हुए छोटे किसानों के संघर्ष सामन्ती व्यवस्था को पूर्णतः निर्मूल करने के लिए तत्पर बँधुआ और आसामी किसानों के संघर्षों में घुल-मिल गए।" ('ऑन रिलीजन', पृ. 102)

रहस्यवादी मुएन्त्सर ने किसानों की जो आकांक्षाएँ व्यक्त की थीं, वे प्रत्येक बड़े जन-आन्दोलन में उभरती रहीं। कुछ स्पष्ट और बहुत कुछ अस्पष्ट रूपरेखाओं वाली किसानों की ये आकांक्षाएं 19वीं सदी के मजदूरों की आकांक्षाओं में घुल-मिल गईं। मध्यकालीन सामन्त-विरोधी संघर्ष में छोटी मिल्कियत वाले स्वाधीन किसान थे, उनके साथ बँधुआ और आसामी किसान थे। सामन्ती व्यवस्था को छिन्न भिन्न करने में प्रमुख भूमिका इन किसानों की थी, पूँजीपतियों की नहीं।

जर्मनी में जो पूँजीपति वर्ग जन्म ले रहा था, उसके प्रतिनिधि बने मार्टिन लूथर। उनका जन्म किसान परिवार में हुआ था। प्रारम्भ में पूँजीपतियों की माँगों के दायरे से बाहर निकलकर उन्होंने चर्च के विरुद्ध हथियारबन्द लड़ाई के लिए राजाओं और जमींदारों का आह्वान किया। किसान-युद्ध के विवरण में एंगेल्स ने लिखा : "उस शुरुआती मंजिल में विरोधी तत्त्वों को एकजुट करना था, अतिशय आक्रामक ऊर्जा प्रदर्शित करनी थी और कैथोलिक रूढ़िवादिता के खिलाफ कुफ्र के जो भी रूप मौजूद थे, उन सबका नायक खोज निकालना था। बहुत कुछ उसी तरह हमारा 1847 का उदारपंथी पूँजीपति वर्ग अभी क्रान्तिकारी था, अपने को सोशलिस्ट और कम्यूनिस्ट कहता था और मजदूर वर्ग की मुक्ति के लिए हल्ला मचाता था। लूथर

की कार्यवाही के उस पहले दौर में उनकी बलिष्ठ किसान प्रकृति बड़े ही तूफानी ढंग से प्रकट हुई।...किन्तु यह क्रान्तिकारी जोश बहुत थोड़े समय तक रहा।...वह आन्दोलन के जनतत्त्वों से अलग हुए और पूँजीपतियों, अभिजातों और जमींदारों के पक्षधर बने।" ('ऑन रिलीजन', पृ.103-04) जर्मन पूँजीपतियों ने 19वीं सदी में जमींदारों से समझौता किया; 16वीं सदी में उनके पुरखों ने भी यही किया था। मार्टिन लूथर के सहयोगी पूँजीपति नरम थे, कानून माननेवाले थे, समृद्ध थे और बुद्धिमान थे। इन्होंने "सोलहवीं सदी के आन्दोलन में ठीक वही भूमिका निबाही जो उनके उत्तराधिकारियों ने 1848 और 1849 के आन्दोलन में निबाही और दोनों की भूमिका के परिणाम एक-से हुए।" ('दि पेजेंट वार', पृ. 36)

लूथर ने विद्रोही किसानों और जमींदारों में समझौता कराने का प्रयत्न किया, यह कोशिश की कि विद्रोह फैले तो कैथोलिक-जमींदारों के इलाकों में फैले, लूथर के अपने सम्प्रदाय—प्रोटेस्टेंट सम्प्रदाय—के जमींदारों के यहाँ न फैले। किन्तु विद्रोह साम्प्रदायिक सीमाएँ लाँघकर प्रोटेस्टेंट जमींदारों के यहाँ फैलने लगा। शहर भी उसकी लपेट में आ रहे थे। "मुएन्त्सर के नेतृत्व में सबसे दृढ़प्रतिज्ञ विद्रोहियों ने एकदम लूथर के निकट थुरिंगिआ जनपद में अपनी कार्यवाही का केन्द्र स्थापित किया। थोड़ी सफलता और मिलने पर सारे जर्मनी में आग फैल जाती, लूथर घिर जाता और शायद गद्दार के रूप में उसे छेद डाला जाता और किसानों, गरीब शहरियों की क्रान्ति का ज्वार पूँजीवादी सुधारों को बहा ले जाता। (तुलनीय है 1946 में भारतीय क्रान्ति का ज्वार, पूँजीपतियों और भारतीय मार्टिन लूथरों की भूमिका।) सोच-विचार के लिए ज्यादा समय नहीं था। सामने क्रान्ति थी; पुराने बैर सब भुला दिये गए। किसानों के टिड्डीदल के सामने रोमन सोदोम (पोप) के चाकर निर्दोष मेमने थे, ईश्वर की मृदु स्वभाववाली सन्तान थे। पूँजीपति और राजा, जमींदार और पादरी, लूथर और पोप, सब एकजुट हो गए—'हिंसा और लूट पर उतारू किसान टिड्डीदल के खिलाफ'। लूथर ने घोषणा की : "मारो इन्हें। जैसे पागल कुत्ते को मारते हो। जैसे भी बन पड़े, खुलकर या छिपकर, इनकी हड्डी-पसली तोड़ दो, गला घोंट दो, टुकड़े-टुकड़े कर दो। धर्म की बात ये नहीं सुनते। मूर्ख हैं। लाठी और गोली की बात जरूर सुनेंगे। इसी लायक हैं। ईश्वर से प्रार्थना करो कि वे आज्ञा मानें। न मानें तो उन पर दया न करो। उन पर तोपें गरजने दो वर्ना वे इससे हजार गुना बुरी गति करेंगे।" ठीक यही बात हमारे भूतपूर्व सोशलिस्ट और परोपकारी पूँजीपति वर्ग ने तब कही थी जब मार्च की घटनाओं के बाद सर्वहारा वर्ग ने विजय में अपना हिस्सा माँगा था।" (उप., पृ. 52)

धर्म एक ही था, धर्म-पुस्तक एक ही थी, किन्तु विभिन्न युगों में, विभिन्न जन-समुदायों और वर्गों ने इनका उपयोग अपने-अपने ढंग से किया था : स्वयं लूथर की प्रारम्भिक भूमिका उनकी बादवाली भूमिका से एकदम भिन्न थी। एंगेल्स ने लिखा था : "लूथर ने बाइबल का अनुवाद करके जनसाधारण के आन्दोलन को एक जबर्दस्त

अस्त्र दिया था। उनके समय में जिस ईसाइयत का सामन्तीकरण हो चुका था, उससे वह बाइबल के सहारे प्रारम्भिक शताब्दियों की सादी ईसाइयत का भेद बतलाते थे; उनके समय में जिस सामन्ती समाज का ह्रास हो रहा था, उसके मुकाबले वह ऐसे समाज का चित्र खींचते थे जिसमें ऊँच-नीच के भेदवाली कृत्रिम सामन्ती शाखा-प्रशाखाएँ नहीं थीं। राजाओं, जमींदारों और पादरियों के खिलाफ किसानों ने इस अस्त्र का व्यापक उपयोग किया था। अब लूथर ने यही अस्त्र किसानों पर चलाया; बाइबल से ईश्वर द्वारा अभिषिक्त अधिकारियों की ऐसी स्तुति ढूँढ़ निकाली, जैसी कोई भी निरंकुश पादशाही के तलवे चाटनेवाला अब तक उससे निकाल न पाया था। ईश्वर-कृपा से राजा बनने की बात, राजा की आज्ञा मानने की बात, बँधुआ प्रथा तक, बाइबल के सहारे सब कुछ उचित ठहराया गया। लूथर ने किसान-विद्रोह को ही नहीं, धार्मिक और नागरिक अधिकारियों के प्रति अपने विद्रोह को भी नकारा; जमींदारों के पक्ष में जन-आन्दोलन से ही नहीं, पूँजीवादी आन्दोलन से भी विश्वासघात किया।" ('दि पेजेंट वार', पृ. 52-53)

लूथर और मुएन्त्सर समाज के दो भिन्न समुदायों के प्रतिनिधि थे। "आन्दोलन गम्भीर रूप धारण कर रहा था। लूथर में भय और ढुलमुलपन था। यह पूँजीपतियों की दुरंगी और ढुलमुल नीति के पूर्णतः अनुरूप था। उधर किसानों और शहरी जनसाधारण के सबसे आगे बढ़े हुए दस्तों में मुएन्त्सर की दृढ़ता और क्रान्तिकारी ऊर्जा जाग उठी थी।" (उप., पृ. 62) मुएन्त्सर और उनके शहरी देहाती अनुयायियों की उलझी हुई विचारधारा की चिन्ता न करके एंगेल्स ने उनकी क्रान्तिकारी ऊर्जा से अपना और अपने श्रमिक संघ का सीधा सम्बन्ध जोड़ा। दर्शनशास्त्रियों ने सारा समय संसार को समझने में लगाया था, उसे बदलने का काम किसानों ने शुरू किया था। प्रारम्भिक ईसाइयत के दौर से समकालीन मजदूर-आन्दोलन की तुलना करते हुए एंगेल्स ने लिखा : "प्रारम्भिक ईसाइयत के इतिहास और आधुनिक मजदूर वर्ग के आन्दोलन में कई उल्लेखनीय समानताएँ हैं। मजदूर वर्ग के आन्दोलन की तरह ईसाइयत मूलरूप में पीड़ित जनों का आन्दोलन थी। पहले पहल वह दासों, मुक्ति पाए हुए दासों, सभी अधिकारों से वंचित निर्धन जनों, रोम द्वारा विजित अथवा मार भगाए लोगों का धर्म बनकर सामने आई। ईसाइयत और मजदूरों का समाजवाद, दोनों दासता और कष्ट से मुक्ति की बात करते हैं। ईसाइयत के लिए मुक्ति जीवन के परे, मृत्यु के उपरान्त, स्वर्ग में प्राप्त होगी; समाजवाद के लिए मुक्ति इसी संसार में मिलेगी, समाज को बदलने से मिलेगी। दोनों को मारा और सताया गया। उनके अनुयायियों से घृणा की गई। उनके खिलाफ विशेष कानून बनाए गए। ईसाइयत के अनुयायी मानव-जाति के शत्रु करार दिये गए। समाजवाद के अनुयायी राज्यसत्ता के शत्रु—धर्म, परिवार और समाज-व्यवस्था के शत्रु—घोषित किये गए। फिर भी इन तमाम उत्पीड़न के बावजूद—कहना चाहिए, उससे और प्रेरित होकर—वे

अप्रतिहत विजय-पथ पर बढ़ते रहे। अपने अभ्युदय के तीन सौ साल बाद ईसाइयत रोमन विश्व-साम्राज्य के राज्यधर्म के रूप में स्वीकृत हुई, और अभी साठ साल ही बीते हैं, समाजवाद ने अपनी ऐसी स्थिति बना ली है कि उसकी विजय एकदम निश्चित है।" ('ऑन रिलीजन', पृ. 313)

8. धर्म और वैज्ञानिक भौतिकवाद

एंगेल्स ने धार्मिक आन्दोलनों का जो विश्लेषण किया है, वह प्रसिद्ध नहीं है। उन्होंने ईसाइयत के इतिहास और मजदूर-आन्दोलन के इतिहास में जो समानताएँ दिखाई हैं, दोनों का सम्बन्ध पीड़ित जनता से जोड़ा है, इस सबकी जानकारी कम लोगों को है; धर्म जनता के लिए अफीम है, इस सूत्र का प्रचार खूब किया गया है। मार्क्स ने अफीम वाली बात 1844 में लिखी थी। उनकी भौतिकवादी धारणाओं का विकास अभी हो रहा था। लेनिन ने मार्क्स पर अपने निबन्ध में लिखा था कि 1844-45 से उनके विचार स्पष्ट रूप ग्रहण करने लगे, वह भौतिकवादी थे, विशेष रूप से लुडविग फायरबाख़ के अनुयायी थे। इसके बाद वह लुडविग फायरबाख़ से आगे बढ़े थे। मार्क्स ने अफीम वाली बात अपने चिन्तन के प्रारम्भिक दौर में कही थी, अभी उन्होंने किसी विशेष धर्म का विवेचन, युग विशेष की सामाजिक परिस्थितियों के सन्दर्भ में विस्तार से न किया था। किन्तु 1844 में भी मार्क्स धर्म विशेष के बारे में ही लिख रहे थे, और उसके सामाजिक सन्दर्भ उनकी आँखों से ओझल नहीं थे। यह बड़े मार्के की बात है कि एंगेल्स ने जो बात पीड़ित जनता से ईसाइयत के सम्बन्ध पर बाद में कही, वह मार्क्स के इस लेख में भी है और अभी उनकी मुलाकात एंगेल्स से न हुई थी। एंगेल्स से मार्क्स की भेंट सितम्बर, 1844 में हुई थी। अपना उक्त लेख वह उस साल जनवरी में पूरा कर चुके थे।

'हेगेल के विधिदर्शन की आलोचना में योगदान' निबन्ध में मार्क्स ने दो मुख्य बातें कही हैं : पहली यह कि धर्म जिस काल्पनिक संसार की रचना करता है, वह इसी वास्तविक संसार की प्रतिच्छवि है; दूसरी यह कि धर्म में जिस व्यथा का चित्रण है, वह वास्तविक है और इस व्यथा के प्रति धर्म में विरोध-प्रदर्शन भी होता है। मार्क्स ने लिखा था : "धर्म का निर्माण मनुष्य करता है, मनुष्य का निर्माण धर्म नहीं करता।" धर्म उस मनुष्य की आत्मचेतना, उसके आत्मसम्मान का भाव है जिसने स्वयं को पाया नहीं है या पाकर उसे फिर खो चुका है। किन्तु मनुष्य इस संसार से बाहर रहनेवाला कोई अमूर्त जीव नहीं है। मनुष्य समाज का, राज्यसत्ता का और मनुष्य का संसार है। यह राज्यसत्ता, यह समाज, धर्म का, 'प्रत्यावर्तित विश्वचेतना' का निर्माण करते हैं। कारण यह कि वे (राज्यसत्ता और समाज) एक 'प्रत्यावर्तित संसार' हैं। उस संसार के बारे में जो सामान्य सिद्धान्त है, वह धर्म है; वह (धर्म) उसका (संसार का) विश्वकोशीय संग्रह है, लोकसुलभ रूप में उसकी तर्कसंगति है,

उसकी आध्यात्मिक आन, उसका उत्साह, उसका नीतिशास्त्र, उसका गम्भीर पूरक, उसे न्यायसंगत ठहराने और सान्त्वना पाने का विश्वव्यापी स्रोत है। वह मानवीय तत्त्व का 'काल्पनिक साक्षात्कार' है क्योंकि मानवीय तत्त्व की कोई सच्ची वास्तविकता नहीं है। अत: धर्म के विरुद्ध संघर्ष अप्रत्यक्ष रूप से उस संसार के विरुद्ध संघर्ष है जिसकी आध्यात्मिक सुवास धर्म है।" ('ऑन रिलीजन', पृ. 41-42)

सामाजिक विकास की एक मंजिल में नीतिशास्त्र, दर्शन, राजनीति, इतिहास, काव्य आदि अलग-अलग विषय नहीं होते, वे सब एक ही लिखित अथवा मौखिक-वाङ्मय के अन्तर्गत होते हैं और उसे धर्म कहा जाता है। संसार के बारे में मनुष्य जो कुछ सोचता-समझता है, उसे वह अपने धर्म नामक विश्वकोश में एकत्र करता जाता है। यदि भाषाविज्ञान से लेकर दर्शनशास्त्र तक मानव-जाति के इतिहास को, ज्ञान के विकास को समझने की स्रोत-सामग्री विद्वानों को धर्मग्रंथों में मिली है, तो यह स्वाभाविक है। मनुष्य किसी युग विशेष में, किसी समाज विशेष में रहता है। अत: देशकाल से परे कोई अमूर्त मानवतत्त्व नहीं है। धर्म में जो अतिकल्पना (फैंटेसी) है, वह इस संसार को ही प्रतिबिम्बित करती है, किन्तु वह संसार को प्रत्यावर्तित रूप में दिखाती है, वह जैसा है, वैसा नहीं दिखाती। मनुष्य की अतिकल्पना क्यों अनिवार्य होती है और वह वास्तविक संसार को कैसे प्रतिबिम्बित करती है, इसका उदाहरण एंगेल्स ने दिया है। उसकी चर्चा आगे करेंगे। यहाँ मार्क्स की इस बात पर ध्यान दें कि धर्म मनुष्य के सान्त्वना पाने का विश्वव्यापी स्रोत है।

सान्त्वना की जरूरत उस मनुष्य को होती है जिसे कष्ट होता है। और यह कष्ट वास्तविक होता है। मार्क्स ने लिखा था : "'धर्म' की वेदना वास्तविक वेदना की 'अभिव्यक्ति' है, साथ ही वह इस वेदना के प्रति 'विरोध-प्रदर्शन' भी है। धर्म पीड़ित जीव की आह है, हृदयहीन संसार का हृदय है, ठीक वैसे ही, जैसे वह अनात्म परिस्थितियों की आत्मा है। वह जनता की 'अफीम' है।...'इतिहास' का कार्य यह है कि जो 'संसार सत्य से परे' है, उसके एक बार गायब हो जाने के बाद इस 'संसार के सत्य' का प्रतिपादन करे। इतिहास की सेवा के लिए दर्शनशास्त्र है। 'दर्शन' का तात्कालिक 'कार्य' यह है कि मनुष्य के आत्मनिर्वासन (Selfestrangement) पर जो पवित्र आवरण पड़ा हुआ है, वह एक बार उतर जाए तो 'अपवित्र आवरणों' को उतारे। इस प्रकार स्वर्ग की आलोचना धरती की आलोचना में बदल जाती है, धर्म की आलोचना 'विधि-व्यवस्था की आलोचना' में बदल जाती है, और देवतंत्र (Theology) की आलोचना 'राजनीति की आलोचना' में बदल जाती है।" (उप., पृ. 42) मार्क्स का लक्ष्य अर्द्धसामन्ती जर्मनी की राजनीति, उसकी विधि-व्यवस्था की आलोचना करना है। इसके लिए वह दर्शन और इतिहास की सहायता लेते हैं। इस प्रसंग में वह मनुष्य की वास्तविक वेदना से उसके अवास्तविक सुख-स्वप्न की भिन्नता दिखाते हैं, इस बात पर जोर देते हैं कि जब तक मनुष्य स्वर्ग में सुख पाने की कल्पना में

डूबा रहेगा, तब तक वह इस संसार में अपने जीवन को सुखी न बना सकेगा। मार्क्स ने अर्द्धसामन्ती जर्मनी में ईसाई धर्म की वास्तविक स्थिति देखकर धर्म को जनता की अफीम कहा था। किन्तु धर्म यदि स्वर्ग सुख की राह देखने को न कहे, इसी संसार में सुखी जीवन के लिए संघर्ष करने को कहे, तो यह उसकी क्रान्तिकारी भूमिका होगी, उसे अफीम कहना किसी तरह भी उचित न होगा। धर्म की क्रान्तिकारी भूमिका? क्या मार्क्सवाद में ऐसी भूमिका की कल्पना भी की जा सकती है?

सन्त जॉन के प्रसंग में एंगेल्स ने लिखा था : "हर बड़े क्रान्तिकारी आन्दोलन की तरह ईसाइयत का निर्माण आम जनता ने किया था।" ('ऑन रिलीजन', पृ. 206) प्रारम्भिक ईसाइयत वाले लेख में उन्होंने माना है कि इस धर्म का मूलरूप संत जॉन के उपदेशों में है। संत जॉन के लिए लिखा है कि "वह उस धर्म के विकास के एक नये दौर के प्रतिनिधि थे जो मानव-चेतना के विकास में एक अत्यन्त क्रान्तिकारी तत्त्व बननेवाला था।" (उप., पृ. 326) उन्होंने संत जॉन के समय की ईसाइयत को बाद की रूढ़िबद्ध ईसाइयत से भिन्न बताया है, लिखा है कि दोनों में आकाश-पाताल का अन्तर है। "वहाँ बादवाली ईसाइयत के न जड़ सिद्धान्त हैं, न उसका नीतिशास्त्र है। इनके बदले वहाँ यह भावना है कि हम सारी दुनिया से मोर्चा ले रहे हैं और इस लड़ाई में हम जीतेंगे; संघर्ष के लिए उत्साह है और विजय में दृढ़ विश्वास है। यह विश्वास, यह उत्साह आज के ईसाइयों में बिलकुल नहीं है, वह समाज के दूसरे छोर पर सोशलिस्टों में ही दिखाई देता है।" (उप.) प्रारम्भिक ईसाइयत और समाजवाद को जन-आन्दोलनों की संज्ञा देते हुए एंगेल्स ने लिखा था : "प्रारम्भिक ईसाइयों और सोशलिस्टों में यह बात सामान्य है कि जिस दुनिया से वे लड़ने चले हैं, वह शुरू में उनसे अधिक शक्तिशाली है। इसके साथ ही वह नये पंथ पर चलनेवालों के विरुद्ध भी है। इन दो महान आन्दोलनों में से कोई भी नेताओं या भविष्यवक्ताओं द्वारा निर्मित न हुआ था—यद्यपि उनमें भविष्यवक्ताओं की कमी नहीं है; वे जन-आन्दोलन थे। शुरू में जन-आन्दोलन उलझनों में फँसेंगे ही, कारण यह कि आम जनता का चिन्तन पहले अन्तर्विरोधों से होकर आगे बढ़ता है, उसमें स्पष्टता और सम्बद्धता की कमी होती है और आम जनता में अभी भविष्यवक्ताओं की भूमिका बनी रहती है।" (उप.) समाजवादी आन्दोलन अन्तरराष्ट्रीय पैमाने पर ही नहीं, राष्ट्रीय पैमाने पर भी छोटे-बड़े गुटों में विभाजित रहता है। बहुत-से सम्प्रदाय जितने उत्साह से बाहरी शत्रु से लड़ते हैं, उतने ही उत्साह से आपस में भी लड़ते हैं। "यह स्थिति प्रारम्भिक ईसाइयत के समय थी और यही स्थिति सोशलिस्ट आन्दोलन के आरम्भ में थी।" (उप.) एंगेल्स ने सोशलिस्ट और ईसाई आन्दोलनों में सकारात्मक और नकारात्मक, दोनों पक्षों पर ध्यान दिया था। पुरानी दुनिया से जिन्हें कोई आशा नहीं रह गई है, तरह-तरह के लोग "ईमानदार मूर्खों से लेकर बेईमान ठगों तक—सभी देशों में ये सब मजदूर वर्ग की पार्टियों में आकर इकट्ठे हो जाते हैं। यह स्थिति प्रारम्भिक ईसाइयों के समय थी।" (उप., पृ. 316)

एक समस्या स्त्री-पुरुष के सम्बन्धों की थी। एक ओर तपस्या और ब्रह्मचर्य का आदर्श था, दूसरी ओर अनियंत्रित भोगवाद का। एंगेल्स ने जन-आन्दोलनों के सन्दर्भ में इस समस्या की चर्चा करते हुए लिखा था : "यह विचित्र बात है कि हर बड़े क्रान्तिकारी आन्दोलन के साथ 'स्वच्छन्द प्रेम' का प्रश्न भी सामने आ जाता है। एक तरह के लोगों के लिए यह क्रान्तिकारी प्रगति का, अनावश्यक रूढ़ियों के बन्धन तोड़ने का प्रश्न है; दूसरी तरह के लोगों के लिए यह ऐसे सिद्धान्त का प्रश्न है जो स्वागत करने योग्य है, जो स्त्री-पुरुष के बीच हर तरह के स्वच्छन्द और सुगम व्यवहार को मजे से अपने भीतर समेट लेता है। लगता है, इस दूसरी तरह के लोगों की जल्दी ही चढ़ बनी। ये सब फिलिस्टिन (सुविधावादी) थे...यहाँ जिन स्वच्छन्द प्रेमियों का उल्लेख है, वे आम तौर से किसी के भी मित्र बनने को तैयार थे, शहीद बनने से इन्हें कोई वास्ता न था।" ('ऑन रिलीजन', पृ. 205-06) कोई भी क्रान्तिकारी आन्दोलन हो, उसमें भाग लेने वालों को बहुत-से कष्ट सहने पड़ते हैं, बहुत बार ऐसी यंत्रणा सहनी पड़ती है कि मृत्यु उसके मुकाबले वरदान बन जाती है। वैज्ञानिक समाजवाद स्त्री-संसर्ग को पाप नहीं मानता, वह सम्पत्ति की विरासत के आधार पर बनी पुरुष प्रभुत्ववाले समाज की रूढ़ियों को स्वीकार नहीं करता। इससे सुविधावादी सज्जन यह निष्कर्ष निकालते हैं कि उन्हें स्त्रियों से सुगम और स्वच्छन्द व्यवहार करने का अधिकार है। राजनीतिक अवसरवाद का गहरा सम्बन्ध 'क्रान्तिकारियों' के स्वच्छन्द यौन-व्यवहार से है और वह राजनीति-विशारदों तक सीमित नहीं है, साहित्यशास्त्रियों में भी उसकी शानदार मिसालें हैं।

ईसाई धर्म के लिए कहा जाता है कि वह अन्याय का सक्रिय प्रतिरोध करना नहीं सिखाता, वह कहता है : शत्रु से भी प्रेम करो, जो सताए, उसे क्षमा करो। शासक वर्ग के लिए यह सिद्धान्त बड़ा उपयोगी था किन्तु एंगेल्स ने बताया है कि संत जॉन ईश्वर से प्रार्थना करते हैं कि वह खून का बदला ले। "इसलिए यहाँ अभी 'प्रेम के धर्म' का सवाल नहीं है : "शत्रु को प्यार करो; जो गाली दे, उसे आशीष दो' आदि का सवाल नहीं है। विशुद्ध प्रतिहिंसा की बात है, साफ-साफ ईमानदारी से ईसाइयों के उत्पीड़कों से बदला लेने का उपदेश है।...ईसा को लौहदंड लेकर शासन करना है।...एकदम निष्कपट और सहज भाव है कि युद्ध जारी है और युद्ध को युद्ध की तरह ही चलाना होगा।" (उप., पृ. 334) हिंसा का प्रचार पहले मार्टिन लूथर ने भी किया था किन्तु बाद को उन्होंने हिंसा की दिशा बदल दी। जमींदारों के बदले किसानों और शहर के गरीबों को उसका लक्ष्य बनाया। इनके विपरीत मुएन्त्सर आदि से अन्त तक जमींदारों के विरुद्ध संघर्ष चलाते रहे। मुएन्त्सर की तरह अंग्रेज कवि मिल्टन ने इंग्लैंड के राजा के वध का समर्थन किया था। जब गणतंत्र कायम था, तब समर्थन किया और जब पादशाही बहाल हुई, तब उस समर्थन को वापस न लिया, उल्टे पुस्तिका लिखी कि गणतंत्र को दुबारा कैसे कायम किया जाए। संत जॉन की तरह

मिल्टन ने अपने महाकाव्य 'पैराडाइज रिगेंड' में ईसा मसीह के लिए लिखा कि वह पुनः अवतरित होकर दुष्टों का नाश करेंगे। संत जॉन की ही तरह मिल्टन ने ईश्वर से कहा : जिन्होंने सन्तों का खून बहाया है, उनसे बदला लो (Avenge, O Lord, thy slaughtered saints...) और इसी परम्परा का पालन करते हुए परम अहिंसावादी तोल्स्तोय ने रूसी किसानों की छापेमार लड़ाई के बारे में लिखा था : "जन-संग्राम की लाठी विनाश और भव्यता लिये हुए उठी। लोगों की नजाकत, नफासत, कायदे-कानून की परवाह न करके, बहुत ही भोंडी सादगी से, लगातार, बिना थमे हुए उठी और गिरी, और उसने फ्रांसीसी फौज की तब तक धुनाई की जब तक सारे हमलावर देश से बाहर नहीं खदेड़ दिये गए।" ('युद्ध और शान्ति', भाग-14, अध्याय-1)

लेनिन ने तोल्स्तोय पर अपने प्रसिद्ध लेखों में कई बातें कही हैं जो प्रारम्भिक ईसाइयत पर एंगेल्स के लेखन में मिलती हैं। लेनिन ने बताया था कि तोल्स्तोय के युग में ग्राम-समाजों का पुराना ढाँचा टूट रहा था। नये पूँजीवादी सम्बन्ध विकसित हो रहे थे। किसान इस परिवर्तन से त्रस्त थे। उनकी समझ में न आता था, यह उलट-फेर क्यों हो रहा है। तोल्स्तोय की रचनाओं में किसानों के स्वतःस्फूर्त प्रतिरोध का चित्रण है, किसानों का रहस्यवाद है, नये जीवन के प्रति उत्कंठा है। कल्पनालोकी स्वप्न हैं, एक तरह का समाजवाद भी है। रूस में पूँजीवाद के विकास ने जैसे तोल्स्तोय को झकझोरा था, कुछ-कुछ वैसे ही रोमन साम्राज्य में व्यापारिक पूँजीवाद ने ग्राम-समाजों का ढाँचा तोड़कर उन किसानों और पशु-पालकों को झकझोरा था जिनके प्रतिनिधि संत जॉन थे।

रोमन साम्राज्य के विध्वंस में ईसाइयों की भूमिका के बारे में एंगेल्स ने 1895 में लिखा था : "अब से लगभग सोलह सौ साल पहले रोमन साम्राज्य में भी एक तख्ता उलटनेवाली खतरनाक पार्टी सक्रिय थी। उसने धर्म और राज्यसत्ता की जड़ें खोद डालीं। सीजर की मर्जी सबसे बड़ा कानून है, इसे उसने साफ अस्वीकार किया। उसकी कोई पितृभूमि नहीं थी, वह अन्तरराष्ट्रीय थी। वह गौल (फ्रांस) से एशिया तक साम्राज्य के सभी देशों में, और साम्राज्य की सीमाओं से बाहर फैल गई। तख्ता उलटनेवाली यह पार्टी ईसाइयों के नाम से जानी जाती थी। उसके काफी आदमी फौज में भी थे। पल्टनें की पल्टनें ईसाई थीं। गैर-ईसाई स्थापित चर्च के यज्ञ समारोहों में उनसे उपस्थित होने को कहा जाता था तो विद्रोही सैनिक प्रदर्शन के लिए अपने शिरस्त्राण में एक विचित्र प्रतीक—सलीब—खोंस लेते थे। बारिकों में बड़े अफसरों ने डराया-धमकाया, वह सब बेकार हुआ। सम्राट दिओक्लेतिअन फौज में व्यवस्था, आज्ञाकारिता और अनुशासन भंग होते देखकर हाथ पर हाथ धरे बैठे न रह सकते थे। समय रहते उन्होंने इस मामले में पूरी ताकत से दखल दिया। उन्होंने एक सोशलिस्ट-विरोधी—क्षमा कीजिए—कहना चाहता था, ईसाई-विरोधी—कानून जारी किया।" (मार्क्स एंड एंगेल्स, 'सेलेक्टेड वर्क्स', खंड-1, पृ. 203)

ईसाई जब फौज में होंगे तब लड़ेंगे ही। अहिंसावादी बने रहकर वे फौज में काम नहीं कर सकते। संत जॉन ने ईश्वर से प्रार्थना की थी कि वह अपने भक्तों के खून का बदला ले, वह हिंसा की स्वीकृति रोमन फौज के ईसाइयों में थी। वह परम्परा मुएन्त्सर से होती हुई मिल्टन और तोल्स्तोय तक पहुँची थी। प्रारम्भिक ईसाइयत के दौर में यह परम्परा एशिया में कायम हुई थी। "जहाँ तक मालूम है, ऐसी थी वह ईसाइयत जिसका मुख्य अधिष्ठान सन् 68 के लगभग लघु एशिया था।" ('ऑन रिलीजन', पृ. 336) कोई भी धर्म, कोई भी विचारधारा अन्तरराष्ट्रीय बने, उससे पहले वह राष्ट्रीय होगी ही। उसका उद्‌भव देशकालबद्ध किसी सामाजिक गठन में होगा। यहूदियों और ईसाइयों में आगे चलकर बड़ा तनाव पैदा हुआ किन्तु मूल रूप में ईसाइयों का धर्म यहूदियों का धर्म है। उसका जन्म यहूदियों के देश इजराइल में हुआ था। एंगेल्स ने ईसाइयत के इस मूल जातीय स्वरूप की व्याख्या करते हुए लिखा है कि संत जॉन को यह कभी नहीं सूझता कि "वह स्वयं को और अपने सहर्मियों को यहूदी छोड़कर और किसी नाम से पुकारें।" (उप., पृ. 326) संत जॉन ने ऐसे लोगों की आलोचना की जो स्वयं को यहूदी कहते थे पर अनुसरण उनका करते थे जिन्होंने "इजराइल की सन्तान के मार्ग में बाधा खड़ी की थी।" (उप.) जब ईश्वर के सिंहासन के सामने संत आकर उपस्थित हुए, तब "हर कबीले से 12,000 के हिसाब से, सर्वप्रथम 1,44,000 यहूदी आए और इनके बाद ही उन विधर्मियों के अपार समूह आए जो इस नवसंस्कृत यहूदवाद में दीक्षित हुए थे।" (उप.) संत जॉन की वाणी की विशेषता यह है कि "वह किसी मिलावट के बिना यह दर्शाती है कि सिकन्दरिया का गहरा प्रभाव ग्रहण करनेवाले यहूदवाद से ईसाइयत ने क्या पाया। बाद में उसमें जो कुछ मिलता है, वह सब पश्चिमी यूनानी-रोमन योग है।" (उप., पृ. 342-43)

इस विवरण से सिद्ध हुआ कि अपने मूल क्रान्तिकारी रूप में ईसाइयत एशिया की देन है। यह देन यूरोप के दासों और शहरी गरीबों को संघर्ष की प्रेरणा देती रही। उसने 15वीं-16वीं सदियों में बोहीमिआ और जर्मनी के किसानों को सामन्त-विरोधी संग्राम के लिए प्रेरित किया। प्रारम्भिक ईसाइयत की क्रान्तिकारी भूमिका से एंगेल्स ने अन्तरराष्ट्रीय श्रमिक संघ का सीधा सम्बन्ध जोड़ा था। इतना सब होने पर भी यह मानना होगा कि रोमन साम्राज्य का विध्वंस ईसाइयों ने न किया था। एंगेल्स ने लिखा था : "अलग-थलग कबीलों या शहरों के लिए रोमन विश्वशक्ति का मुकाबला करना व्यर्थ (hopeless) था।" (उप., पृ. 331-32)

फिर भी दासों और पीड़ित जन-समुदायों के लिए मुक्ति का मार्ग ढूँढ़ निकालना था। यह मार्ग इस लोक में नहीं, परलोक में मिला। परलोक में सुख की कल्पना से दासों और पीड़ितों के धर्मगुरुओं ने उन्हें इस लोक का दुख धैर्य से, हिंसात्मक प्रतिरोध के बिना शान्ति से, सहते रहने की सीख दी। यह सीख दासों और पीड़ितों को संघर्ष से विमुख करनेवाली थी। शासक वर्गों को यह समझने में देर न लगी

कि यह सीख उनके बड़े काम की थी। ईमाई धर्म को जिस रूप में रोमन सम्राटों ने स्वीकार किया, उसका साम्राज्य-विरोध से कोई सम्बन्ध न था। संघबद्ध चर्च सामन्त व्यवस्था का प्रबल समर्थक बना। संघबद्ध चर्च के भीतर समाज के अन्तर्विरोध अनेक बार प्रतिबिम्बित हुए। छोटे पादरियों ने क्रान्तिकारी आन्दोलन का साथ दिया, बड़े पादरियों ने उसका विरोध किया। यह स्थिति दूसरे महायुद्ध के बाद बराबर बनी हुई है। एक ओर धार्मिक पुनरुत्थानवाद साम्राज्यवादी शक्तियों का मुख्य अस्त्र बना हुआ है, दूसरी ओर छोटे धर्मगुरु कहीं-कहीं बड़े धर्मगुरु भी, साम्राज्य-विरोधी आन्दोलनों में सक्रिय भाग ले रहे हैं।

जिस लेख में मार्क्स ने धर्म को जनता की अफीम कहा था, उसी में उन्होंने किसान-युद्ध को 'जर्मन इतिहास का सबसे युगान्तरकारी तथ्य' भी कहा था। ('ऑन रिलीजन', पृ. 51) किन्तु अभी वह मानते थे कि किसान-युद्ध की पराजय का कारण देवतंत्र में उसके नेताओं का विश्वास था। "आज जब स्वयं देवतंत्र ध्वस्त हो गया है, तब जर्मन इतिहास का सबसे अ-स्वतंत्र कार्य, हमारी यथास्थिति, दर्शनशास्त्र से टकराकर चूर-चूर होगी।" (उप.) विचारधारा की भूमिका पर अधिक जोर है। धार्मिक विश्वासों के कारण किसान-युद्ध असफल हुआ, अब दर्शनशास्त्र से टकराकर जर्मनी की अर्द्धसामन्ती व्यवस्था चूर होगी। एंगेल्स ने किसान-युद्ध के विवेचन में समाज के विभिन्न समुदायों की भूमिका स्पष्ट की, उसका निर्णायक महत्त्व प्रतिपादित किया। 'कम्यूनिस्ट घोषणा-पत्र' में मार्क्स और एंगेल्स ने लिखा था : "जब प्राचीन संसार आखिरी साँसें ले रहा था, तब ईसाइयत ने पुराने धर्मों का तख्ता उलट दिया। जब अठारहवीं सदी में ईसाई धारणाओं ने बुद्धिवादी विचारों के सामने घुटने टेक दिये, तब सामन्ती समाज ने उस समय के क्रान्तिकारी पूँजीपति वर्ग से अपनी मृत्यु का युद्ध किया।" (उप., पृ. 87) यहाँ सामाजिक विकास के अनुरूप सांस्कृतिक विकास होता जाता है। प्राचीन संसार—यूनानी रोमन संसार—की दास-प्रथा गई, सामन्तवाद आया; उसके साथ यूनानी रोमन धर्म गए, ईसाई धर्म आया। फिर ईसाई धर्म गया, बुद्धिवाद आया।

सबसे पहले इस बात पर ध्यान दें कि प्राचीन संसार के बहुदेवोपासक धर्म अपने विशिष्ट रूप में क्यों विकसित हुए थे। इनके उद्‌भव की व्याख्या करते हुए एंगेल्स ने ड्यूरिंग की इस स्थापना का खंडन किया है कि समाजवादी व्यवस्था में धार्मिक उपासना पर पाबन्दी लगा दी जाएगी। बहुत-से लोग धर्म को लेकर मार्क्सवाद पर जिस तरह के आक्षेप करते हैं, उनका आधार वास्तव में ड्यूरिंग की स्थापनाएँ हैं, मार्क्स और एंगेल्स की स्थापनाएँ नहीं। ड्यूरिंग ने लिखा था : "स्वाधीन समाज में धार्मिक उपासना नहीं हो सकती। कारण यह कि उस समाज का प्रत्येक सदस्य इस आदिम बचकाने अन्धविश्वास से आगे बढ़ चुका है कि प्रकृति के पीछे या उसके ऊपर देव हैं जिन्हें बलि देकर या प्रार्थना करके प्रभावित किया जा सकता है।...समाजवादपरक

व्यवस्था (Socialitarian system) की सही कल्पना के अनुसार, धार्मिक जादूगरी के सारे तामझाम को, और उसके साथ धार्मिक उपासना के सभी मूल तत्त्वों को खत्म करना होगा।" ('ऑन रिलीजन', पृ. 146) ड्यूरिंग की स्थापना उद्धृत करने के बाद एंगेल्स ने एक वाक्य अपनी ओर से लिखा है : "धर्म पर पाबन्दी लगा दी गई है।" (उप.) इसके बाद वह बताना शुरू करते हैं कि धर्म का उद्भव किस तरह होता है।

एंगेल्स ने लिखा है : "किन्तु सभी धर्म मनुष्य के मन में उन बाह्य शक्तियों के अतिकाल्पनिक (fantastic) प्रतिबिम्ब के अलावा और कुछ नहीं है जो उनके दैनिक जीवन को नियंत्रित करती हैं। इस प्रतिबिम्ब में लौकिक शक्तियाँ अलौकिक रूप धारण करती हैं। इतिहास के आरम्भ में सबसे पहले प्रकृति की शक्तियाँ इस तरह प्रतिबिम्बित हुई थीं; अगले विकास क्रम में इन शक्तियों ने विभिन्न जनों के बीच अतिशय विविधता वाले मानवीय रूप धारण किये। देवकथाओं के तुलनात्मक अध्ययन से, कम-से-कम इंडो-यूरोपियन लोगों के सिलसिले में, पता चल गया है कि इस आरम्भिक प्रक्रिया का स्रोत भारतीय वेद हैं। उसका अगला विकास भारतीयों, ईरानियों, यूनानियों, रोमनों, जर्मनों—और जहाँ तक सामग्री सुलभ है—केल्त, लिथुआनियन और स्लाव जनों में भी विस्तार से दिखाया जा चुका है।" (उप.) मनुष्य और प्रकृति का आदिम अन्तर्विरोध देवसम्बन्धी कल्पनाओं का आदि कारण है। यह अन्तर्विरोध आदिम है किन्तु आदिम समाज-व्यवस्था के साथ समाप्त नहीं हो जाता। आगे चलकर सामाजिक अन्तर्विरोध उसमें जुड़ जाते हैं। पहले प्राकृतिक शक्तियाँ मनुष्य को स्वयं से विलग (Alien) जान पड़ती हैं, फिर सामाजिक शक्तियाँ भी स्वयं से उतना ही विलग प्रतीत होती हैं। मनुष्य को लगता है कि किसी प्राकृतिक अनिवार्यता के कारण वे उस पर हावी हैं। वह उनकी व्याख्या नहीं कर पाता। प्राकृतिक शक्तियों को प्रतिबिम्बित करनेवाले देवता इतिहास की शक्तियों के प्रतिनिधि बन जाते हैं। एंगेल्स ने यहाँ पाद-टिप्पणी में उचित ध्यान दिलाया है कि देवकथाओं के तुलनात्मक अध्ययन में देवताओं को एकांगी रूप से केवल प्राकृतिक शक्तियों का प्रतिनिधि मान लिया जाता है। वे सामाजिक शक्तियों का प्रतिनिधित्व भी करते हैं, इसे भुला दिया जाता है।

प्राकृतिक शक्तियों के ज्ञान की तुलना में सामाजिक शक्तियों का ज्ञान और भी कठिन है। 'प्रकृति' को सही-सही प्रतिबिम्बित करना भी अत्यन्त कठिन है; अनुभव के लम्बे इतिहास के बाद वह सम्भव होता है। आदिम मनुष्य के लिए प्रकृति की शक्तियाँ उससे विलग, रहस्यमय, उससे श्रेष्ठ थीं। सभी सभ्य जनों को एक ऐसी निश्चित मंजिल से गुजरना होता है जिसमें पहुँचकर मनुष्य प्राकृतिक शक्तियों को मानवीकरण द्वारा आत्मसात् करता है। मानवीकरण की इस प्रेरणा से ही सर्वत्र देवताओं का उद्भव हुआ। ईश्वर है, यह सिद्ध करने के लिए जनमत बना; इससे केवल यह सिद्ध होता है कि मानवीकरण की यह अन्तर्प्रेरणा सार्वजनीन है, और संक्रमण की आवश्यक मंजिल है, फलतः धर्म सार्वजनीन भी है। प्राकृतिक शक्तियों

के वास्तविक ज्ञान द्वारा ही देवता अथवा ईश्वर एक के बाद दूसरी जगह से अपदस्थ किये जाते हैं (सेक्की और उनका सौर मंडल)। यह प्रक्रिया इतना आगे बढ़ चुकी है कि सिद्धान्त रूप में कह सकते हैं, वह पूरी हो गई है।" ('ऑन रिलीजन', पृ. 149-50) एंगेल्स यहाँ बताते हैं कि धर्म का उद्‌भव मनुष्य की इच्छा-अनिच्छा पर निर्भर नहीं है। सामाजिक विकास क्रम में उसका उद्‌भव अनिवार्य होता है। प्रकृति को समझने का आदिम रूप उसकी शक्तियों पर मानवत्व का आरोपण है। प्रकृति को समझने, उसकी शक्तियों से अपना सम्बन्ध कायम करने की इच्छा सार्वजनीन है। इस कारण धर्म—देवकथाओं और उनसे सम्बन्धित आचार-विचार वाला धर्म—सार्वजनीन है। प्राकृतिक शक्तियों के वास्तविक ज्ञान से ही यह धर्म निरस्त होता है। इस वास्तविक ज्ञान के एक सर्जक इटली के पादरी सेक्की थे।

'विकास की और अगली मंजिल में अनेकानेक देवताओं की सभी प्राकृतिक और सामाजिक विशेषताएँ एक सर्वशक्तिमान देवता में स्थानान्तरित कर दी जाती हैं। यह देवता अमूर्त मानव का प्रतिबिम्ब मात्र होता है। एकेश्वरवाद का उद्‌भव ऐसा ही था।...इस सुविधाजनक, सुगम और व्यापक स्वीकृति वाले रूप में धर्म का अस्तित्व बना रह सकता है। मनुष्य से विलग जो प्राकृतिक और सामाजिक शक्तियाँ उस पर हावी रहती हैं, उनसे मनुष्य के सम्बन्ध का निकटस्थ—अर्थात् भावनाजन्य—रूप यह धर्म है और वह तब तक बना रह सकता है जब तक मनुष्य इन शक्तियों के नियंत्रण में रहता है।" (उप., पृ. 147) धार्मिक विश्वासों के रूप बदलते रहते हैं किन्तु वे बहुत दिनों तक कायम रहते हैं प्राकृतिक और सामाजिक शक्तियों पर नियंत्रण पाना आसान नहीं होता। इनमें सामाजिक शक्तियों का सही ज्ञान विशेष कठिन होता है। एटम बम कैसे बनेगा, इस बारे में पूँजीवादी और मार्क्सवादी वैज्ञानिकों में मतभेद नहीं है; मुद्रास्फीति, बेकारी, इजारेदार पूँजीवाद, समाजवाद आदि सामाजिक प्रपंचों को लेकर तीव्र मतभेद है। एंगेल्स ने पूँजीवादी समाज और धर्म के सम्बन्ध पर लिखा है : "हमने बार-बार देखा है कि वर्तमान पूँजीवादी समाज में मनुष्यों पर वे आर्थिक परिस्थितियाँ हावी होती रहती हैं जिनका निर्माण उन्होंने स्वयं किया है। उन पर उत्पादन के वे साधन हावी रहते हैं जिनको स्वयं उन्होंने पैदा किया है, और उन्हें लगता है कि ये सब उनसे विलग शक्ति हैं। अत: प्रतिबिम्बीकरण की कार्यवाही का वास्तविक आधार बना रहता है और उसके साथ स्वयं धार्मिक प्रतिबिम्ब बना रहता है।" (उप.) पूँजीवाद—औद्योगिक क्रान्ति के बादवाला पूँजीवाद—धर्म के आधार को निरस्त नहीं कर देता। पूँजीवादी व्यवस्था में जिन सामाजिक शक्तियों को मनुष्य ने स्वयं रचा है, उन पर वह हावी नहीं हो पाता, उल्टा उस पर वे हावी हो जाती हैं। इसमें यदि यह जोड़ दें कि औद्योगिक पूँजीवाद सामन्तवाद से समझौता करता है, धर्म के संघबद्ध रूप चर्च—का उपयोग अपने हित में करता है, इजारेदार पूँजीवाद अपने आसामी देशों—पराधीन देशों, ऋणिया स्वाधीन देशों—में धार्मिक भावनाएँ

उभारकर साम्राज्य-विरोधी संघर्ष को कुंठित करता है, तो बीसवीं सदी में धर्म के सामाजिक आधार का पता चल जाएगा।

धार्मिक अन्धविश्वासों से लाभ उठानेवाले आधुनिक साम्राज्यवाद की भूमिका प्राचीनकाल के रोमन साम्राज्य की भूमिका से कहीं अधिक प्रतिक्रियावादी है। रोमन समाज के बहुदेवोपासक धर्म ने संघबद्ध होकर स्वाधीन दार्शनिक चिन्तन का गला न घोट दिया था। एंगेल्स ने यूरोप के मध्यकाल के बारे में लिखा था : "उसने पुरानी सभ्यता, पुराने दर्शन, राजनीति और विधि-व्यवस्था का सफाया कर दिया; हर चीज अब नये सिरे से शुरू करनी थी। पुराने ध्वस्त संसार से उसने एक ही चीज बचा रखी, वह थी ईसाइयत और थोड़े-से शहर, जो आधे बरबाद और सभ्यता से पूरे खारिज थे। इसके फलस्वरूप जैसाकि विकास की हर आदिम अवस्था में होता है, पादरी समुदाय ने बौद्धिक शिक्षण का इजारा अपने हाथ में किया और शिक्षा मूलतः धर्मशास्त्र (Theology) की शिक्षा बन गई। पादरी समुदाय के हाथ में अन्य विज्ञानों की तरह राजनीति और विधि-व्यवस्था धर्मशास्त्र की शाखाएँ मात्र रह गईं और उनका विवेचन धर्मशास्त्र में स्वीकृत सिद्धान्तों के अनुसार किया गया। चर्च के रूढ़ विश्वास (dogmas) राजनीति के स्वयंसिद्ध सूत्र बन गए; किसी भी न्यायालय में बाइबल के उद्धरण कानून के रूप में मान्य थे।" ('ऑन रिलीजन', पृ. 97-98)

रोमन सभ्यता का विनाश नगर सभ्यता का विनाश था। जो शहर आधे ही बरबाद हुए थे, वे सभ्यता से पूरे खारिज थे। इस सभ्यता के साथ दर्शन, राजनीति और विधि-व्यवस्था, ज्ञान की इन शाखाओं का विनाश हुआ। ये शाखाएँ धर्मशास्त्र से स्वतंत्र थीं; बहुदेवोपासक व्यवस्था ने उन्हें धर्मशास्त्र की शाखा न बना दिया था। रोमन (और यूनानी) समाज में बहुदेवोपासना का विकल्प एकेश्वरवाद हो, यह अनिवार्य नहीं था; उसका विकल्प, धर्मशास्त्र से स्वतंत्र, दर्शन, राजनीति और विधि-व्यवस्था के रूप में मौजूद था। प्राचीन यूनान के बारे में मार्क्स ने 1842 में लिखा था कि दर्शनशास्त्र के प्रत्यक्ष अवतार सुकरात ने, सोफिस्ट कहलानेवाले दार्शनिकों ने, कला और वक्तृत्वशास्त्र ने "धर्म का स्थान ले लिया था", और रोम के बारे में लिखा था कि जब वह अपने विकास के चरम शिखर पर था, तब "सुसंस्कृत रोमनों का धर्म एपिकुरुस का दर्शन था, स्तोइक अथवा सन्देहवादी दर्शन था।" (उप., पृ. 23) ईसाइयत ने इस दर्शन का स्थान लिया था। व्यक्तिगत सम्पत्ति, व्यापारिक पूँजीवाद के रोमन संसार के बाद जो सामन्तवाद कायम हुआ, उसी के अनुरूप चर्चबद्ध धर्म का प्रसार हुआ। एंगेल्स के अनुसार : "मध्यकाल में जिस हद तक सामन्तवाद का प्रसार हुआ, उस हद तक उसके धार्मिक प्रतिरूप—ईसाइयत—का विकास हुआ। तदनुरूप उसमें (ईसाइयत में) सामन्ती स्तर-भेद (Feudal hierarchy) था।" (उप., पृ. 262) पूँजीपति वर्ग ने अपने अभ्युदय काल में पुराने कैथोलिक धर्म के विरुद्ध प्रोटेस्टेंट मत चलाया किन्तु इस नये मत के गढ़ जर्मनी और इंग्लैंड थे; फ्रांस में

प्रोटेस्टेंट अल्पसंख्यक रहे। यह बात आकस्मिक नहीं है कि क्रान्तिकारी संघर्ष के लिए, अंग्रेजों के विपरीत, प्रबुद्ध फ्रांसीसियों ने दर्शनशास्त्र का सहारा लिया। फ्रांस के कट्टरपंथी भूस्वामी वर्ग ने प्रोटेस्टेंट मत का दमन किया। एंगेल्स ने लिखा है कि इससे फ्रांस के पूँजीपति वर्ग का यह काम और भी आसान हो गया कि "वह अपनी क्रान्ति धर्मेतर, नितान्त राजनीतिक रूप में सम्पन्न करे। विकसित पूँजीपति वर्ग के लिए यही रूप सर्वथा अनुकूल था।" ('ऑन रिलीजन', पृ. 264) और फ्रांस की अपेक्षा इंग्लैंड का पूँजीपति वर्ग अधिक विकसित था। इस सन्दर्भ में एंगेल्स की एक महत्त्वपूर्ण स्थापना इस प्रकार है : "श्रम-विभाजन के एक निश्चित क्षेत्र के रूप में प्रत्येक युग के दर्शन का विकास तभी होता है जब उनके पास पूर्वजों की दी हुई कोई विचार सामग्री हो। वह शुरुआत इस सामग्री से करता है। यही कारण है कि आर्थिक रूप से पिछड़े हुए देश अब भी दर्शन के क्षेत्र में सरनाम हो सकते हैं।" (उप., पृ. 282) रोमन सभ्यता से घनिष्ठ सम्बन्ध के कारण फ्रांस ने दार्शनिक रिक्थ का भरपूर उपयोग किया, इसके साथ उसने इंग्लैंड से प्राप्त भौतिकवाद को भी आत्मसात् किया। रोमन काल में धर्म का विकल्प दर्शन मौजूद था; 18वीं सदी के फ्रांस में भी यही स्थिति थी।

एंगेल्स ने लुडविग फायरबाख़ पर अपनी पुस्तक में इंडो-यूरोपियन परिवार के गण-समाजों और उनके देवताओं के बारे में लिखा है कि प्रत्येक जन [गण] ने जिन देवताओं का निर्माण किया, वे जातीय देवता [गणदेवता] थे और जिस जातीय क्षेत्र की उन्हें रक्षा करनी थी, उसके बाहर उनका प्रभुत्व नहीं था। रोमन साम्राज्य में पुरानी जातियों [गण-समाजों] का ह्रास हुआ, इसके साथ पुराने जातीय देवताओं का ह्रास हुआ। रोमन देवता केवल रोम नगर की संकुचित सीमाओं के लिए उपयुक्त थे। "विश्व-साम्राज्य के साथ उसके पूरक रूप में विश्वधर्म होना चाहिए। यह आवश्यकता स्पष्टत: तब व्यक्त हुई जब इस बात के लिए प्रयत्न हुए कि जो भी विदेशी देवता किंचित भी सम्मान्य हों, उन्हें देशी देवताओं के साथ मान्यता दी जाए, उनकी पूजा के लिए वेदियाँ रची जाएँ। किन्तु इस तरह साम्राज्य के फरमान से नये विश्वधर्म का निर्माण न हो सकता था। नया विश्वधर्म, ईसाइयत, चुपचाप अस्तित्व में आ चुका था। पूर्वी, विशेष रूप से यहूदी, धर्मशास्त्र (Theology) के साधारणीकृत रूप तथा यूनानी, विशेष रूप से स्तोइक, दर्शन के मिश्रण से यह धर्म बना था।" (उप., पृ. 262)

गण-समाज अनेक प्रकार के होते हैं, उनके विकास की अनेक मंजिलें होती हैं। घुमन्तू कबीले आखेट और पशु चारणवाले तंत्र में दूर-दूर तक धावा करते हैं। उनके देवता भी थोड़े-से भूमिखंड की सीमाओं में बँधकर नहीं रहते। देवतंत्र की रचना भूमिखंडों की रक्षा के लिए होती है, संसार को जनमानस में प्रतिबिम्बित करने के लिए भी होती है। अनेक देवता समुद्र, आकाश, वायुमंडल, अन्तरिक्ष पर आधिपत्य स्थापित करते हैं। गण-समाजों में विनिमय का जितना ही विकास होता है, उतना

ही संस्कृति के विभिन्न उपकरणों का विनिमय बढ़ता है। यही कारण है कि ईसा से लगभग दो हजार साल पहले मिस्र से लेकर भारत तक विभिन्न रूपों में सूर्योपासना का चलन था। संसार को जनमानस में प्रतिबिम्बित करने के प्रयास का एक परिणाम यह होता है कि देवता विश्वव्यापी शक्ति अथवा शक्ति विशेष के प्रतीक बन जाते हैं। ऋग्वेद में यह प्रतीकवाद विकसित रूप में विद्यमान है। अग्नि विश्वव्यापी तेजस है, वह शक्ति विशेष के रूप में वाणी का देवता भी है, इसीलिए कवि है। सामन्ती जकड़बन्दी के विरोध में दूर-दूर के प्रदेशों में, विभिन्न युगों में, द्रष्टा कवि इसी विश्वात्मवाद का सहारा लेते हैं। यह विश्वात्मवाद जितना धर्म है, उससे ज्यादा वह दर्शन है। यूरोप के पुनर्जागरण काल में, उससे भी अधिक औद्योगिक क्रान्ति वाले दौर में, यूरोप के कवियों ने उन देवताओं को साहित्य में पुन: प्रतिष्ठित किया जिन्हें चर्चबद्ध धर्म ने अपदस्थ कर दिया था। बहुदेववाद और विश्वात्मवाद की परस्पर सम्बद्धता की शानदार मिसाल शेली का काव्य है।

रोमन शासकों ने अपने देवताओं के साथ विदेशी देवताओं को मान्यता दी, उनके लिए वेदियों का निर्माण कराया। उसके बाद उद्योग-व्यापार के ह्रास के साथ छोटे पैमाने के उत्पादन वाला सामन्ती अर्थतंत्र फिर चालू हुआ, और धार्मिक अन्धविश्वासों का प्रसार हुआ। व्यापारिक पूँजीवाद के पोषक गैर-ईसाई रोमन साम्राज्य और उत्तरकालीन सामन्तवादी रोमन साम्राज्य में आकाश-पाताल का अन्तर था। पादरियों और सामन्तों के नेतत्व में अन्धविश्वासी जनसमूहों ने पुरानी सभ्यता का नाश किया। गिबन ने लिखा है : रोमन सम्राट् थॅओदोसिउस् ने आज्ञा दी कि मन्दिर बन्द कर दिये जाएँ, मूर्तिपूजा के सारे उपकरण छीन लिए जाएँ। "इनमें अनेक मन्दिर यूनानी स्थापत्य के बहुत ही सुन्दर और गौरवशाली नमूने थे।... जब तक वे बचे हुए थे, तब तक विधर्मियों के मन में यह व्यर्थ की आशा बनी रही कि शुभ युगान्तर होगा, कोई दूसरा जूलियन (उदार शासक) आएगा और मन्दिरों में उनके देवताओं की उपासना बहाल करेगा। उन्होंने जितना ही सच्चे हृदय से निरर्थक ही सम्राट् से विनती की, उतना ही ईसाई सुधारकों को जोश आया कि निर्ममतापूर्वक अन्धविश्वास की जड़ काट देनी चाहिए।...गौल (फ्रांस) में तूर के बिशॉप पुण्यात्मा मार्टिन (अथवा मार्तें) अपने क्षेत्र के मन्दिरों और मूर्तियों को ध्वस्त करने के लिए अपने अनुयायी भिक्षुओं (monks) की अगुवाई करते हुए बढ़े।...शाम (सीरिया) में धार्मिक जोश से भरे हुए बिशॉप मार्केल्लुस ने तै किया कि अपामिआ क्षेत्र के भव्य मन्दिरों को गिराकर धूल में मिला देंगे। जिस कौशल और दृढ़ता से जुपिटर का वह मन्दिर बनाया गया था, उसी कौशल और दृढ़ता से आक्रमण का मुकाबला किया गया।...सबसे तेज और मजबूत हथियार बेकार हो गए। तब जरूरी हो गया कि खम्भों की नींव का विध्वंस हो। उनमें अस्थायी सहारा देनेवाले काष्ठखंडों के भस्म होते ही खम्भे गिर गए। ...कार्थेज में वीनस देवी के मन्दिर का परिसर दो मील की परिधि का था। उसे बुद्धिमानी से ईसाई गिरजाघर में

परिवर्तित कर दिया गया। रोम के देव-मन्दिर (Pantheon) का भव्य कलश (dome) इसी प्रकार पवित्र बनाए जाने से सुरक्षित रह गया। किन्तु रोमन संसार के लगभग हर प्रदेश में धर्मान्धों की फौज ने शान्तिपूर्ण निवासियों पर हमला किया। इस फौज में न तो अनुशासन था, न उसे कोई अधिकार प्राप्त था। प्राचीनकाल के श्रेष्ठ भवनों के खँडहर उन बर्बरों की ध्वंसलीला आज भी दिखला रहे हैं। ऐसे श्रमसाध्य विध्वंस के लिए इन्हीं के पास समय था, इन्हीं के मन में चाह थी। विध्वंस के विस्तृत और विविध परिदृश्य में सिकन्दरिया के सॅरापिस मन्दिर के खँडहर दर्शक को दिखाई देंगे।...उस समय सिकन्दरिया की धर्मपीठ पर शान्ति और सदाचार का परम शत्रु थॅऑफिलुस् अधिष्ठित था। इस साहसिक दुष्ट के हाथ रक्तरंजित थे, सुवर्णरंजित थे।...थॅऑफिलुस् ने सॅरापिस का मन्दिर गिराना शुरू किया। जिस सामग्री से मन्दिर बनाया गया था, उसकी मजबूती और उसके वजन के अलावा उसे और किसी खास दिक्कत का सामना नहीं करना पड़ा। पर यह रुकावट इतनी बड़ी थी कि मन्दिर की पीठिका उसे छोड़ देनी पड़ी, भवन को गिराकर मलवे का ढेर लगा देने से उसे सन्तोष करना पड़ा। शीघ्र ही उसके एक हिस्से की सफाई करके जगह निकाली गई और वहाँ ईसाई शहीदों की स्मृति में गिरजाघर बनाया गया। सिकन्दरिया का मूल्यवान पुस्तकालय लूटा गया या नष्ट कर दिया गया। लगभग बीस साल बाद उसमें पुस्तकशून्य पट्टियाँ देखकर, जिसके भी मन को धार्मिक पूर्वग्रह के अन्धकार ने ढँक न लिया था, वह दुखी और क्षुब्ध हुआ। विजय के फलस्वरूप आर्चबिशॉप को जो लूट का माल प्राप्त हुआ था, उससे उसके जोश या लोभ को शान्त हो जाना चाहिए था। मूर्तिध्वंस से प्रतिभाशाली प्राचीन कृतियाँ अवश्य बचाई जा सकती थीं। उनमें से न जाने कितनी सदा के लिए नष्ट हो गईं।" (Edward Gibbon, 'The Decline and Fall of the Roman Empire', खंड-1, पृ. 460-62)

जर्मन कबीलों ने रोम को लूटा, तब उनकी निगाह सोने-चाँदी पर थी, मूर्तियों और मन्दिरों के नाश से उन्हें कोई दिलचस्पी न थी। "गोथ कबीलों ने रोम शहर छठे दिन और वंडल कबीलों ने पन्द्रहवें दिन खाली कर दिया था। गिराने से बनाना कहीं अधिक कठिन है। फिर भी वे जल्दी गिराने का प्रयत्न करते तो पत्थरों के उन सुदृढ़ प्राचीन अम्बारों पर बहुत कम असर डाल पाते। स्मरणीय है कि (जर्मन विजेता) अलरिक और गेन्सेरिक, दोनों ने यह दर्शाया था कि उन्होंने शहर की इमारतों को बनी रहने दिया है...। इन निर्दोष बर्बरों को छोड़कर दोष देना चाहिए रोम के कैथोलिकों (ईसाइयों) को। उनकी दृष्टि में मूर्तियाँ, वेदियाँ और दैत्यों के भवन [मन्दिर] पापदृश्य थे। नगर की पूर्ण प्रभुता हाथ में आ जाने से वे धैर्यपूर्वक और उत्साह से अपने पूर्वजों की मूर्तिपूजा का नाश कर सकते थे। पूर्व में मन्दिरों का विध्वंस उनके लिए आचरण का आदर्श प्रस्तुत करता था। यह सम्भव है कि (ऐसे विनाश का) पाप या पुण्य रोम के नवदीक्षित ईसाइयों के माथे मढ़ा जाए। फिर भी उनकी घृणा विधर्मी अन्धविश्वासों

के स्मारकों के प्रति थी। जो नागरिक भवन समाज के व्यवसाय अथवा विलास के लिए थे, वे किसी हानि या बदनामी के बिना बचाए जा सकते थे।" (उप., खंड-2, पृ. 592-93) गिबन ने इटली के बाहर मूर्तियों और मन्दिरों के विनाश के लिए जिस तरह धर्मान्ध पादरियों को दोषी ठहराया है, उस तरह इटली के भीतर उनके विनाश के लिए उन्हें दोषी नहीं ठहराया। पर वह मानते हैं कि रोमन साम्राज्य के अन्य भागों में जो मूर्तिभंजन हुआ, वह आदर्श रोम के पादरियों के सामने था। रोमन कैथोलिक चर्च केन्द्रबद्ध संस्था थी; उसका केन्द्र रोम ही में था। रोमन साम्राज्य के अन्य भागों में जो ध्वंसकार्य हो रहा था, उसकी मूलप्रेरक शक्ति रोम में थी। यह असम्भव है कि धर्मगुरु बाहर मन्दिरों का नाश करें और घर में उन्हें बनाए रखें। किन्तु रोम में सभी पुराने भवन धार्मिक नहीं थे; बहुत-से भवन व्यवसाय और विलास के लिए थे। यह अन्धकार युग में ही सम्भव था कि पुराने भवन गिराकर लोग उनके पत्थर घरों में इधर-उधर लगा दें या उन्हें पीसकर चूना बना डालें!

गिबन ने लिखा है : "लोगों ने प्राचीन स्थापत्य-रूपों की उपेक्षा की क्योंकि उनके उपयोग और सौन्दर्य का बोध उन्हें नहीं था। उनकी प्रचुर सामग्री का उपयोग उन्होंने किसी भी आवश्यकता अथवा अन्धविश्वास की पूर्ति के लिए किया। आयोनिक और कोरिन्थियन श्रेणियों के श्रेष्ठ स्तम्भ, पारोस और नुमोदिआ के बहुमूल्य संगमर्मर निकृष्ट बना दिये गए, किसी मठ या अस्तबल में सहारे के लिए लगा दिये गए। यूनान और एशिया के नगरों में आये-दिन तुर्क जो तबाही ढा रहे हैं, वह (उक्त कार्य का) दु:खद उदाहरण हो सकती है।...अधिकांश संगमर्मर को जगह से हटाकर उसका अनुपात नष्ट किया गया; यही नहीं, उसका तत्त्व भी नष्ट कर दिया गया। उसे जलाकर चूना बनाया गया जिससे कि जोड़ाई के काम आ सके।" (The Decline and Fall of the Roman Empire, पृ. 594)

रोमन काल की नगर सभ्यता के विनाश के बाद इटली में जो बड़े पैमाने पर देहातीकरण हुआ और उसके साथ जो हर तरह के अज्ञान और अन्धविश्वासों का प्रसार हुआ, वह भारतीय इतिहास-विवेचकों के लिए बहुत शिक्षाप्रद है। जैसे धर्मान्ध जनों ने संगमर्मर जलाकर चूना बनाया था, वैसे ही उन्होंने दर्शनशास्त्र के चूने से धर्मशास्त्र बनाया। दर्शनशास्त्र का उपयोग ईसाइयत के निर्माण में किया गया। एंगेल्स ने ब्रूनो बावर का हवाला देते हुए बताया है कि सिकन्दरिया के दार्शनिक फिलो ने यहूदियों की विवेक-सम्मत परम्पराओं का मिश्रण यूनानी दर्शन, विशेष रूप से स्तोइक दर्शन, से किया। बावर के शोधकार्य ने सिद्ध किया कि फिलो 'ईसाइयत का वास्तविक पिता है और रोमन स्तोइक सेनेका, कहना चाहिए, उसका चाचा है।" ('ऑन रिलीजन', पृ. 195) प्रारम्भिक ईसाइयत के इतिहासवाले लेख में एंगेल्स ने बताया है कि "सिकन्दरिया के फिलो के दर्शन ने और यूनानी रोमन संसार के लोक-प्रचलित दर्शन ने—प्लेटो के दर्शन और मुख्यत: स्तोइक दर्शन ने—ईसाइयत

पर जो गहरा प्रभाव डाला, उसका विस्तृत विवेचन अभी नहीं हुआ।" ('ऑन रिलीजन', पृ. 321) ईसाई धर्म ने प्राचीन दर्शन का जितना भी अंश आत्मसात् किया हो, पूरे धर्मतंत्र में उस अंश की कोई स्वतंत्र सत्ता न रह गई। यूरोप के पुनर्जागरण काल में इंग्लैंड और फ्रांस के विद्वानों ने प्राचीन दर्शनशास्त्र का उद्धार करके उसका स्वतंत्र विकास किया। इस विकास का सीधा सम्बन्ध द्वंद्वात्मक भौतिकवाद से है। किन वर्गों ने प्राचीन दर्शन का उद्धार और विकास किया, इस प्रश्न के उत्तर का सीधा सम्बन्ध इस धारणा से है कि हर विचारधारा किसी आर्थिक आधार के ऊपर बनी हुई इमारत है।

9. पूँजीवाद, धर्म और नैतिकता

अपनी पुस्तक 'समाजवाद : कल्पनालोकी और वैज्ञानिक' के अंग्रेजी संस्करण (1892) की भूमिका में एंगेल्स ने लिखा था कि इंग्लैंड में भौतिकवाद का विकास बेकन, हॉब्स, लॉक, हार्टले, प्रीस्टले आदि विद्वानों ने किया था और इस दर्शन के समर्थक अभिजात वर्ग में थे, पूँजीपति वर्ग धर्म का सहारा लेकर भौतिकवाद का विरोध करता था। पूँजीवादी विचारधारा से प्रभावित अंग्रेज धार्मिक कट्टरता का परिचय देते थे। 19वीं शताब्दी के मध्य भाग में 'जो भी सुसंस्कृत विदेशी इंग्लैंड में आकर बस जाता था, वह अंग्रेजों के भद्र मध्य वर्ग की कुछ बातें लक्षित किये बिना न रह सकता था। उन बातों को वह उस समय धार्मिक कट्टरता और मूढ़ता ही कह सकता था। हम सभी लोग तब भौतिकवादी थे या कम-से-कम बहुत आगे बढ़े हुए स्वतंत्र विचारक थे। हमारे लिए यह कल्पनातीत था कि इंग्लैंड में लगभग सभी शिक्षित लोग तरह-तरह के असम्भव चमत्कारों पर विश्वास करते थे। बकलैंड और मैंटॅल जैसे भूगर्भशास्त्री भी अपने विज्ञान के तथ्यों को इस कारण तोड़ते-मरोड़ते थे कि बाइबल की सृष्टि-कथाओं से वे ज्यादा न टकराएँ।" (उप., पृ. 291-92) पूँजीपति वर्ग के लिए जरूरी था कि वह श्रमिक जनता को दबाकर रखे : "इसके लिए उसने जिन साधनों से काम लिया, उनमें एक धर्म का प्रभाव था।" (उप., पृ. 301) शासक वर्ग बनने या शासन में हिस्सा बटाने के बाद पूँजीपति वर्ग धार्मिक प्रभाव का उपयोग करने लगा हो, ऐसा नहीं था। वह अपने उद्भव काल से धर्म का पक्षधर और भौतिकवाद का विरोधी था। एंगेल्स ने इस सन्दर्भ में लिखा था : "एक तथ्य और था जिसने पूँजीपति वर्ग के धार्मिक रुझान को पुष्ट किया। वह था इंग्लैंड में भौतिकवाद का उत्थान। इस नये सिद्धान्त ने मध्यवर्ग की धार्मिक भावना को चोट पहुँचाई। यही नहीं, उसने घोषित किया कि वह ऐसा दर्शन है जो केवल विद्वानों और संसार के सुसंस्कृत व्यक्तियों के योग्य है। इसके विपरीत धर्म अशिक्षित जनों के योग्य है और इन अशिक्षित जनों में पूँजीपति शामिल हैं। हॉब्स के साथ वह दर्शन शाही विशेषाधिकार और सर्वशक्तिमानता का समर्थक बनकर रंगमंच पर आया। उसने सर्वसत्तावादी पादशाही का आह्वान

किया कि वह हृष्ट-पुष्ट किन्तु दुष्ट बालक—अर्थात् जन-समुदाय—को दबाकर रखे। इसी प्रकार हॉब्स के अनुयायियों—बोलिंगब्रोक, शाफ्ट्सबरी आदि—के यहाँ भौतिकवाद का देववादी (deistic) रूप अभिजात वर्गीय, विशिष्ट लोगों का सिद्धान्त बना रहा। अतः पूँजीपति वर्ग उससे घृणा करता था, धर्म की लीक छोड़ने के कारण और उसके पूँजीपति विरोधी राजनीतिक सम्बन्धों के कारण भी। परिणाम यह कि जो प्रोटेस्टेंट सम्प्रदाय स्टुअर्ट पादशाही के खिलाफ झंडा और सैन्यदल जुटा चुके थे, वे अभिजात वर्ग के भौतिकवाद और देववाद (deism) के विरोध में प्रगतिशील मध्यवर्ग की शक्ति का मुख्य स्रोत बने हुए हैं और आज भी महान लिबरल पार्टी की रीढ़ हैं।" ('ऑन रिलीजन', पृ. 301-02)

इंग्लैंड के जमींदारों और पादरियों की मिली-भगत थी। पादरी जमींदारों के आश्रित थे। 19वीं सदी में भी चर्च पर मुख्यतः जमींदारों का अधिकार था। किन्तु जमींदार वर्ग में कुछ विद्वान् ऐसे थे जो भौतिकवाद का समर्थन करते थे और धार्मिक अन्धविश्वासों का विरोध करते थे। चमत्कारों से मुक्त धर्म को विवेकसंगत रूप देने के लिए उन्होंने देववाद चलाया। इन देववादियों की एक विशेषता यह थी कि वे अपने समय की सामाजिक स्थिति को विवेकसम्मत मानते थे, उसमें कोई परिवर्तन न करना चाहते थे। हॉब्स ने जिस शक्तिमान पादशाही का समर्थन किया था, उससे सामन्ती अलगाव को खत्म करने में सहायता मिली थी। उल्लेखनीय है कि ये जमींदार व्यापारिक पूँजीवाद के युग के जमींदार थे और उनमें अनेक व्यापार से लाभ उठाते थे। औद्योगिक पूँजीपति वर्ग आर्थिक दृष्टि से प्रगतिशील था, वह भूमि पर जमींदारों के इजारे का आर्थिक आधार खत्म कर रहा था किन्तु राजनीतिक रूप से वह जमींदारों से समझौता भी कर रहा था। फ्रांस की राज्यक्रान्ति के बाद इंग्लैंड के जमींदार और पूँजीपति, दोनों श्रमिक जनता के आन्दोलन को दबाने में जुट गए और भौतिकवाद ने इंग्लैंड से भागकर फ्रांस में शरण ली।

एंगेल्स ने लिखा है कि "पहले फ्रांस में भी वह मात्र अभिजात वर्गीय सिद्धान्त था। किन्तु शीघ्र ही उसने अपना क्रान्तिकारी स्वरूप प्रकट कर दिया। फ्रांस के भौतिकवादियों ने अपनी आलोचना धार्मिक विश्वासों तक सीमित नहीं रखी। उनके सामने जो भी वैज्ञानिक परम्परा या राजनीतिक संस्था थी, उस पर उन्होंने उसे लागू किया।...खुले भौतिकवाद के रूप मे अथवा देववाद के रूप में वह सिद्धान्त फ्रांस के सभी सुसंस्कृत युवकों का दर्शन बन गया। यहाँ तक हुआ कि जब महान क्रान्ति शुरू हुई, तब जिस सिद्धान्त को इंग्लैंड के बादशाहपंथियों (royalists) ने गढ़ा था, उसे फ्रांस के प्रजातंत्रवादियों और आतंकवादियों ने अपनी सैद्धान्तिक पताका बना लिया, उसी से मानव अधिकारों की घोषणा के लिए सामग्री प्राप्त हुई।" (उप., पृ. 302) संस्कृति और विचारधारा की सापेक्ष स्वाधीनता का यह पुष्ट प्रमाण है। जमींदारों और किसानों ने जैसे ईसाइयत का उपयोग अनेक बार अलग-अलग ढंग से किया,

वैसे ही उन्होंने—और उनके प्रतिनिधियों ने—भौतिकवाद का उपयोग अलग-अलग ढंग से किया। और एक ही वर्ग भिन्न देशों में सामाजिक समस्याएँ अलग-अलग ढंग से सुलझाता है। फ्रांस में वर्ग युद्ध इस तरह चलाया गया कि "एक दल—अभिजात वर्ग—का नाश कर दिया जाए और दूसरे दल—पूँजीपति वर्ग—की पूर्ण विजय हो। इंग्लैंड में पूँजीपतियों और जमींदारों के बीच समझौता हुआ; क्रान्ति (पूँजीवादी क्रान्ति) से पहले और बाद की संस्थाएँ बनी रहीं। इसकी व्यंजना इस बात से होती है कि पहले की अदालती नजीरें कायम रहीं और कानून के सामन्ती रूप धार्मिक आधार पर सुरक्षित रहे।" ('ऑन रिलीजन', पृ. 302)

भारत में ब्रिटिश पूँजीवाद की भूमिका समझने के लिए यह तथ्य बराबर याद रखना चाहिए कि इस पूँजीवाद के प्रतिनिधियों ने अपने देश में जमींदारों से समझौता किया था। वे भारत में आधुनिक न्याय-व्यवस्था कायम कर रहे थे किन्तु ब्रिटेन में कानून के सामन्ती रूप खत्म न कर पाए थे, अपने धार्मिक आग्रह के कारण वे उन्हें सुरक्षित किये रहे। इसके विपरीत फ्रांस में सामन्त-विरोधी संघर्ष जमकर चलाया गया और इसके फलस्वरूप कानून ने भी धार्मिक आधार वाले सामन्ती रूप खत्म करके आधुनिक रूप ग्रहण किया। और यह आधुनिक रूप रोमन कानून के अनुरूप था। फ्रांस की भिन्न स्थिति का वर्णन करते हुए एंगेल्स ने लिखा था : "फ्रांस में क्रान्ति ने अतीत की परम्पराओं (अर्थात् सामन्ती रूढ़ियों) से पूरी तरह नाता तोड़ लिया। उसने सामन्तवाद के अन्तिम अवशेष भी साफ कर दिये। उसने नागरिक विधान (code civil) की रचना की। यह विधान पुराने रोमन कानून का अत्यन्त कुशल अनुसरण (adaptation) है। जो न्यायिक सम्बन्ध आधुनिक पूँजीवादी परिस्थितियों के अनुरूप हैं, मार्क्स ने जिस आर्थिक मंजिल को पण्य वस्तुओं के उत्पादन की मंजिल कहा है, जो न्यायिक सम्बन्ध उसके अनुरूप हैं, उनकी लगभग पूर्ण व्यंजना पुराने रोमन कानून में है। फ्रांस का क्रान्तिकारी विधान, (Code) इंग्लैंड समेत सभी देशों के सम्पत्ति सम्बन्धी के कानून में सुधार के लिए अब भी आदर्श है।" (उप., पृ. 303) फ्रांस के विधिवेत्ताओं ने रोमन कानून का अनुसरण किया और ऐसा विधान तैयार किया जो पूँजीवादी परिस्थितियों के अनुरूप है। उस रोमन कानून में ऐसे न्यायिक सम्बन्ध व्यंजित थे जो आधुनिक पूँजीवाद की परिस्थितियों के अनुरूप हैं, बिकाऊ माल के उत्पादनवाली आर्थिक मंजिल के अनुरूप हैं। जब तक रोमन समाज में पूँजीवाद का विकास न हुआ हो, तब तक वहाँ न तो आधुनिक समाज के न्यायिक सम्बन्ध विकसित हो सकते थे, न उन्हें व्यंजित करनेवाला कानून बन सकता था। कानून संस्कृति का वह अंग है जिसका सीधा सम्बन्ध आर्थिक बुनियाद से है। सामन्ती सम्पत्ति का कानून पूँजीवादी सम्पत्ति पर लागू न होगा। रोमन कानून का अनुसरण करते हुए फ्रांस ने सामन्त-विरोधी कानून बनाया। यह कानून सभी पूँजीवादी देशों के सम्पत्ति सम्बन्धी कानून को सुधारने के लिए आदर्श था। यदि रोमन समाज में पूँजीवादी

सम्पत्ति का विकास न हुआ होता तो वहाँ ऐसा कानून बनता ही नहीं। फ्रांसीसी राज्य-क्रान्ति के बाद उसके अनुसरण की नौबत ही न आती। रोमन समाज के न्यायिक सम्बन्ध बिकाऊ माल पैदा करनेवाली आर्थिक मंजिल के अनुरूप थे। मुख्य बात है बिकाऊ माल की पैदावार, उसे पैदा करने वाले दास हैं या पगारजीवी श्रमिक, यह बात गौण है। बिकाऊ माल की पैदावार पुनर्जागरण काल के यूरोप को रोमन समाज से जोड़ती है, बीच में व्यवधान है सामन्ती मध्यकाल का। इंग्लैंड सामन्तवाद से पूरी तरह नाता नहीं तोड़ता, वह रोमन कानून का भरपूर अनुसरण भी नहीं करता; फ्रांस यह नाता तोड़ता है, वह रोमन कानून का अनुसरण करता है—पुनर्जागरण काल में नहीं, राज्यक्रान्ति के बाद।

इंग्लैंड में कानून के दो पहलू थे : एक पूँजीवादी, दूसरा लोक परम्परावादी। दूसरे पहलू का सबन्ध फ्रांस से नहीं, जर्मनी से था। एंगेल्स ने इस सन्दर्भ में लिखा है : "हमें यह न भूलना चाहिए कि बर्बर सामन्ती भाषा में रचा हुआ अंग्रेजी कानून पूँजीवादी समाज के आर्थिक सम्बन्धों को व्यंजित करता है। वह भाषा व्यंजित विषयवस्तु के वैसे ही अनुरूप है, जैसे अंग्रेजी वर्तनी अंग्रेजी उच्चारण के अनुरूप है। एक फ्रांसीसी ने कहा था : लिखेंगे लंदन, बोलेंगे कुस्तुन्तुनिया। उसी अंग्रेजी कानून ने, और केवल उसने पुरानी जर्मन व्यक्तिगत स्वाधीनता, स्थानीय स्वायत्त शासन और अदालतों को छोड़कर, हर तरह के हस्तक्षेप से मुक्ति के श्रेष्ठ अंश को युग-युग तक कायम रखा है और उसे अमरीका तथा उपनिवेशों में पहुँचाया है। सर्वसत्तावादी पादशाही के दौर में यूरोप के भीतर उसका लोप हो गया था और पूरी तरह वह दुबारा कहीं भी प्राप्त नहीं हुआ।" ('ऑन रिलीजन', पृ. 302) यहाँ एंगेल्स ने जिस व्यक्तिगत स्वाधीनता की बात कही है, उसका सम्बन्ध स्थानीय स्वायत्त शासन से है। इस स्वायत्त शासन के घटक ग्राम-समाज थे। इनमें सामूहिक सम्पत्ति के अवशेष कायम थे। रोमन-साम्राज्य में सामूहिक सम्पत्तिवाली ग्राम-व्यवस्था भंग कर दी गई थी; यह काम जितना फ्रांस में हुआ था, उतना जर्मनी और ब्रिटेन में नहीं। इसीलिए व्यक्तिगत स्वाधीनता, हस्तक्षेप से मुक्त स्वायत्त शासन की परम्परा जर्मनी और ब्रिटेन में कायम रही, फ्रांस में नहीं। अंग्रेजी कानून के एक स्तर पर पूँजीवादी सम्पत्ति वाले सम्बन्ध प्रतिबिम्बित थे, दूसरे स्तर पर सामूहिक सम्पत्ति के परम्परागत सम्बन्ध प्रतिबिम्बित थे।

अंग्रेज अपने साथ कानून का यह दूसरा स्तर उपनिवेशों में ले गए। जहाँ वे बस गए, वहाँ यह कानून चालू हुआ; जहाँ वे हुकूमत करने, लूटने-खसोटने गए, वहाँ की जनता अधिकारहीन, पराधीन बनी रही। उपनिवेशों और पराधीन देशों में अंग्रेजी राज अभिजात वर्ग ने कायम किया था, पूँजीपति वर्ग ने नहीं। इंग्लैंड का पूँजीपति वर्ग कितना सामन्त-विरोधी था, यह एंगेल्स के इस कथन से स्पष्ट हो जाएगा : "ब्रिटिश पूँजीपति वर्ग को अभिजात वर्ग ने रहन-सहन के तौर-तरीके, जैसे भी वे थे, सिखाए;

उसके लिए फैशन ईजाद किये। उसने फौज और जल सेना के लिए अफसर जुटाये। फौज घर में शान्ति-व्यवस्था कायम रखती थी; जल सेना ने बाहर औपनिवेशिक भूखंड और नये बाजार जीते। अपने अभिजात वर्ग के बिना ब्रिटिश पूँजीपति क्या करता?' ('ऑन रिलीजन', पृ. 302) अभिजात वर्ग की जड़ काटनेवाली फ्रांसीसी क्रान्ति से इंग्लैंड के जमींदारों को भला क्यों सहानभूति होती? वहाँ के पूँजीपतियों को भी उस सामन्त-विरोधी क्रान्ति से सहानभूति न थी। "पूँजीपति वर्ग में एक प्रगतिशील अल्पसंख्यक गुट जरूर था जिसके हितों का ध्यान समझौते में (जमींदार-पूँजीपति समझौते में) बहुत न रखा गया था। इस गुट में मुख्यतः मध्यवर्ग के कम दौलतवाले लोग थे। इन्हें क्रान्ति से सहानुभूति अवश्य थी किन्तु पार्लियामेंट में वे शक्तिहीन थे।" (उप., पृ. 303-04) भौतिकवाद और ईसाई धर्म से पूँजीपति वर्ग की उक्त स्थिति का सम्बन्ध यों बना : "भौतिकवाद फ्रांसीसी राज्य क्रान्ति का मार्गदर्शक सिद्धान्त (Creed) बना, पर खुदा से डरनेवाले अंग्रेज पूँजीपति अपने धर्म से और भी चिपक गए। पेरिस में आतंकराज ने साबित कर दिया था न कि आम जनता की धार्मिक वृत्तियाँ लुप्त हुईं तो परिणाम क्या होगा? जितना ही भौतिकवाद फ्रांस से पड़ोसी देशों में पहुँचा और वहाँ मिलती-जुलती सैद्धान्तिक प्रवृत्तियों से—उल्लेखनीय है, यथा जर्मन दर्शन से—पुष्ट हुआ, उतना ही यूरोप में भौतिकवाद, और सामान्यतः स्वच्छन्द चिन्तन, किसी भी सुसंस्कृत व्यक्ति के आवश्यक गुण बन गए। किन्तु उतना ही इंग्लैंड का मध्यवर्ग अपने विविध धार्मिक मतवादों से चिपका रहा। ये मतवाद परस्पर भिन्न हो सकते थे पर वे सभी स्पष्टतः धार्मिक, ईसाई मतवाद थे।" (उप., पृ. 304)

ब्रिटिश पूँजीपतियों का एक अन्तर्विरोध अभिजात वर्ग से था, दूसरा मजदूर वर्ग से। अभिजात वर्ग सत्ताधारी बना रहा या पूँजीपतियों के साथ सत्ता में भागीदार बना रहा, तो इसके आर्थिक कारण ही नहीं, सांस्कृतिक कारण भी थे। दोनों वर्गों की शिक्षा, संस्कृति, व्यवहार-कुशलता में बड़ा अन्तर था। वह इस प्रकार : "इंग्लैंड में कभी भी पूँजीपति वर्ग का अविभाजित प्रभुत्व नहीं रहा। 1832 की विजय (मतदान सम्बन्धी सुधार) ने भी भूस्वामी अभिजात वर्ग को प्रायः सभी मुख्य सरकारी पदों पर अपना इजारा कायम रखने दिया। भीगी बिल्ली की तरह धनी मध्यवर्ग इसे क्यों स्वीकार कर लेता था, यह बात पहले मेरी समझ में न आती थी। समझ में तब आई जब बड़े उदारपंथी उद्योगपति श्री डब्ल्यू.ए. फॉर्टर ने एक सार्वजनिक भाषण में ब्रैडफोर्ड के नौजवानों से फ्रांसीसी भाषा सीखने का आग्रह किया जिससे कि वे उसके सहारे दुनिया में आगे बढ़ सकें। उन्होंने अपने अनुभव का हवाला दिया कि वह कैबिनेट मंत्री की हैसियत से उस समाज में कैसे झेंपते थे जिसमें फ्रांसीसी कम-से-कम उतनी ही जरूरी थी जितनी अंग्रेजी। सचाई यह है कि उस समय के मध्यवर्ग में (अर्थात् पूँजीपति वर्ग में) आम तौर से नितान्त अशिक्षित रंगरूट भरे होते थे। उनमें कूप-मंडूकों की संकीर्णता थी, कूप-मंडूकों का अहंकार था; अहंकार और

संकीर्णता पर व्यावसायिक चालाकी का मुलम्मा चढ़ा हुआ था। इनके अलावा जहाँ ऊँचे सरकारी पदों के लिए अन्य गुण दरकार थे, वहाँ वे उन पदों को अभिजात वर्ग के हवाले किये बिना न रह सकते थे।...अंग्रेज पूँजीपतियों में सामाजिक हीनता की भावना आज तक इतने गहरे पैठी हुई है कि वे अपने और राष्ट्र के खर्चे से, सजावट के लिए, कर्मियों की एक बिरादरी (caste) कायम रखते हैं। इनका काम यह होता है कि सभी राज्य-समारोहों में वे योग्यतापूर्वक राष्ट्र का प्रतिनिधित्व करें। और जब इस चुने हुए, विशेषाधिकारी लोगों के गुट में किसी पूँजीपति को प्रवेश योग्य माना जाता है, तब वे (शेष सभी पूँजीपति) स्वयं को अति सम्मानित अनुभव करते हैं यद्यपि इस गुट का निर्माण उन्होंने ही किया है।" ('ऑन रिलीजन', पृ. 308)

भारत भाग्य-विधाता लॉर्ड माउंटबेटन इसी विशेषाधिकारी गुट के सम्मान्य सदस्य थे!

ब्रिटिश पूँजीपतियों को यदि फ्रांस की सामन्त-विरोधी क्रान्ति नापसन्द थी तो वहाँ का पूँजीवाद विरोधी श्रमिक-आन्दोलन और भी नापसन्द था। इंग्लैंड में चार्टिस्ट आन्दोलन का अनुभव उन्हें था; 1848-49 में यूरोप के मजदूरों का क्रान्तिकारी उभार उन्होंने देखा था। "यदि ब्रिटिश पूँजीपतियों को पहले ही विश्वास था कि सामान्य जनता की धार्मिक प्रवृत्ति को बरकरार रखना जरूरी है, तो इतने अनुभवों के बाद उन्हें इस जरूरत का कितना ज्यादा अहसास न हुआ होगा? यूरोप में अपने जोड़ीदारों के नाक-भौं सिकोड़ने की जरा भी परवाह न करके वह निम्न स्तरों (श्रमिक जनों) को धार्मिक बनाए रखने (evangelization) के लिए साल-दर-साल हजारों और लाखों खर्च करते चले जाते हैं। उन्हें अपनी देशी मजहबी मशीनरी से सन्तोष न हुआ; उन्होंने बिरादर जोनाथन (अर्थात् अंकल सैम अर्थात् संयुक्त राज्य अमरीका) से मदद माँगी। धर्म को व्यापार के रूप में संगठित करनेवाला इनसे (जोनाथन से) बड़ा और कोई नहीं है। उन्होंने (ब्रिटिश पूँजीपतियों ने) अमरीका से पुनरुत्थानवाद, मूडी, सांके आदि का आयात किया।" (उप., पृ. 306) ब्रिटिश पूँजीपतियों को धर्म की जरूरत इसलिए थी कि वे मजदूरों को अपने विरुद्ध आन्दोलन करने से रोकते रहें किन्तु उनके लिए यह सम्भव न था कि प्रारम्भिक ईसाइयत के दौरवाली बातें मजदूरों तक न पहुँचने दें। उन्होंने सैल्वेशन आर्मी (उद्धारक दल) की सहायता ली। यह संगठन "प्रारम्भिक ईसाइयत के प्रचार को पुनर्जीवित करता है, गरीबों से कहता है, तुम्हीं खुदा के असली बन्दे हो, पूँजीवाद से धार्मिक रूप में संघर्ष करता है और इस तरह प्रारम्भिक ईसाइयत वाले वर्गविरोध के एक तत्त्व का पोषण करता है। जो खाते-पीते लोग अभी इसके लिए पैसा जुटाते हैं, सम्भव है, आगे उसे अपने लिए खतरनाक पाएँ।" (उप.) इंग्लैंड में रस्किन जैसे लेखकों ने ईसाइयत के आधार पर पूँजीवाद की कड़ी आलोचना की किन्तु वे मजदूरों को क्रान्तिकारी संघर्ष चलाने से रोकते भी थे। पूँजीपति जनता की धरोहर के रक्षक (ट्रस्टी) हैं, यह सिद्धान्त महात्मा

गांधी को रस्किन से प्राप्त हुआ था। ईसाइयत के आधार पर चलाए जानेवाले श्रमिक-आन्दोलन पूँजीपतियों के लिए खतरनाक साबित नहीं हुए।

उन्नीसवीं सदी में ही संयुक्त राज्य अमरीका धार्मिक पुनरुत्थानवाद का निर्यात करने लगा था। उसके आदि ग्राहक ब्रिटिश पूँजीपति थे। अमरीका के बारे में माना जाता है कि वहाँ न सामन्तवाद था, न सामन्ती अवशेष थे। वहाँ विशुद्ध पूँजीवाद का विकास हुआ, पर उसी अमरीका में पूँजीवाद ने धार्मिक पुनरुत्थानवाद को सबसे ज्यादा प्रोत्साहन दिया, और यह दूसरे महायुद्ध के बाद बीसवीं सदी में नहीं, उन्नीसवीं सदी में, जब अमरीका विश्व-बाजार में प्रवेश कर रहा था। ब्रिटिश मजदूरों को सिखाया गया था कि पूँजीपति बड़े आदमी हैं, उनकी इज्जत करनी चाहिए। किन्तु इतना काफी नहीं था। पार्लियामेंट का पुराना स्वरूप बदल रहा था। "नैतिक साधनों से जनता को काबू में रखना था तो अब उसका समय आ गया था, और आम जनता को प्रभावित करने के लिए नैतिक साधनों में सर्वोपरि और सर्वप्रथम साधन है, और रहा है—धर्म। इसीलिए स्कूलों की प्रबन्ध समितियों में बहुलता है पादरियों की। इसीलिए कर्मकांड (ritualism) से लेकर सैल्वेशन आर्मी तक हर तरह के पुनरुत्थानवाद की सहायता के लिए पूँजीपति अपने ऊपर टैक्स लगाते हैं।" ('ऑन रिलीजन', पृ. 309-10)

फिर यूरोप के पूँजीपतियों ने अपने ब्रिटिश भाइयों का अनुसरण किया। उन्होंने अपना स्वच्छंद चिन्तनवाला बाना उतार फेंका और मजदूरों के सामने धर्म का झंडा लेकर खड़े हो गए। "फ्रांस और जर्मनी के मजदूर बागी बन गए थे।...फ्रांसीसी और जर्मन पूँजीपतियों के सामने इसके सिवा और कोई चारा न था कि आखिरी दाँव के रूप में चुपचाप अपना स्वच्छन्द चिन्तन का बाना उतार दें।...मखौल उड़ानेवाले, एक के बाद एक, ऊपरी व्यवहार में धर्मात्मा बन गए; चर्च की, उसके रूढ़ विश्वासों और कर्मकांड की चर्चा वे श्रद्धा से करने लगे, और कर्मकांड का उतना पालन भी करने लगे जितने के बिना काम न चल सकता था। फ्रांसीसी पूँजीपति शुक्रवार को निरामिष भोजन करने लगे और जर्मन पूँजीपति इतवार को चर्च में अपनी जगह बैठे लम्बे प्रोटेस्टेंट उपदेश सुनने लगे। भौतिकवाद से झटका खाया था। जनता के लिए धर्म को जिलाए रखना है—समाज को सर्वनाश से बचाने का यह एकमात्र और अन्तिम उपाय रह गया है। उनका दुर्भाग्य कि यह ज्ञान उन्हें तब हुआ जब वे सदा के लिए धर्म की कमर तोड़ने में अपनी सारी ताकत लगा चुके थे। और अब ब्रिटिश पूँजीपतियों की बारी थी कि नाक-भौं सिकोड़ें और कहें : 'अरे मूर्खो, यह तो हम तुम्हें दो सौ साल पहले बता सकते थे'।"

एंगेल्स को विश्वास था कि पूँजीपतियों द्वारा धर्म का यह उपयोग "उठते हुए सर्वहारा ज्वार को न रोक सकेगा", "धर्म पूँजीवाद की रक्षा का स्थायी साधन नहीं बन सकता", "लड़खड़ाते समाज को कोई भी धर्मसूत्र गिरने से नहीं बचा सकते।" (उप., 310-11) समस्या केवल जर्मनी-फ्रांस-ब्रिटेन के वर्ग-संघर्ष की नहीं थी, पराधीन

देशों के स्वाधीनता-संग्राम की भी थी। मार्क्स और एंगेल्स ने स्पष्ट कर दिया था कि ब्रिटिश पूँजीपति साम्राज्य की लूट का एक हिस्सा मजदूरों में बाँटते थे। आयरलैंड जैसे पराधीन देशों की मुक्ति के बिना इंग्लैंड के मजदूरों का उद्धार न हो सकता था। अत: धार्मिक पुनरुत्थानवाद की जरूरत केवल इंग्लैंड के मजदूरों के लिए नहीं थी; उन्हें तो लूट में हिस्सा देकर भी बहलाया जा सकता था। उससे ज्यादा जरूरत भारत की जनता के लिए थी जिसका स्वाधीनता-संग्राम ब्रिटिश पूँजीपतियों को अपने मजदूरों के संघर्ष से ज्यादा खतरनाक मालूम हो रहा था। बीसवीं सदी में विशेष रूप से दूसरे महायुद्ध के बाद, साम्राज्यवाद के लिए यह नितान्त आवश्यक हो गया कि वह पिछड़े हुए देशों में धार्मिक पुनरुत्थानवाद को संगठित करे। चाहे पोलैंड हो चाहे भारत, यह बात आकस्मिक नहीं है कि जितना ही ये देश सूदखोर अन्तरराष्ट्रीय पूँजी के जाल में फँसते गए हैं, उतना ही धार्मिक पुनरुत्थानवाद इनके यहाँ मुख्य प्रतिक्रियावादी राजनीतिक शक्ति बनकर सामने आया है।

भारत में अंग्रेजी राज कायम होने से पहले यहाँ व्यापारिक पूँजीवाद का इतना विकास हो गया था कि कुछ स्वार्थी लोग धर्म को भी बिकाऊ माल बना दें। "बेचहिं बेद धर्म दुहि लेहीं'—तुलसीदास ने धर्म के प्रारम्भिक व्यापार को लक्ष्य करके यह पंक्ति लिखी थी और उसके विरोध में लोकधर्म की प्रतिष्ठा की थी। इस लोकधर्म को बिक्रीवाले धर्म से अलग रखना चाहिए। आज धर्म के व्यवसाय में करोड़ों के वारे-न्यारे होते हैं और इस व्यवसाय का सीधा सम्बन्ध तीसरे विश्वयुद्ध की तैयारियों से है।

पूँजीवादी धर्मशास्त्र का एक सूत्र यह है कि धर्म के बिना नैतिकता का विकास नहीं हो सकता। जितना ही पूँजीपति धर्म का अनैतिक व्यापार चलाते हैं, उतना ही वे नैतिकता और धर्म की दुहाई देते हैं। मशीनी उत्पादन पहले इंग्लैंड में शुरू हुआ, औद्योगिक क्रान्ति पहले इंग्लैंड में हुई, धार्मिक पाखंड और पूँजीवाद का सबसे मजबूत गठबन्धन पहले इंग्लैंड में हुआ और पूँजीवादी देशों में सबसे पहले और सबसे ज्यादा नैतिक ह्रास इंग्लैंड का हुआ। एंगेल्स ने दीर्घकाल तक अंग्रेजों के जातीय चरित्र का, इंग्लैंड में विभिन्न वर्गों के चरित्र का गहराई से अध्ययन किया था। इस सम्बन्ध में उनका विवेचन भारतवासियों के लिए तो शिक्षाप्रद है ही, वह मार्क्सवाद के सैद्धान्तिक पक्ष की समझ के लिए भी महत्त्वपूर्ण है। यहाँ आर्थिक प्रगति और नैतिक प्रगति का समीकरण उलट गया है। एक ओर है आर्थिक प्रगति, दूसरी ओर है उसके समानान्तर नैतिक ह्रास। यह ह्रास पूँजीपती वर्ग से बाहर निकलकर इतना फैला कि समाज का सबसे क्रान्तिकारी वर्ग—मजदूर वर्ग भी—बहुत कुछ उसकी लपेट में आ गया। एंगेल्स के विवेचन से कुछ नमूने देखें।

1843 में प्रसिद्ध लेखक कार्लाइल की पुस्तक 'अतीत और वर्तमान' (Past and Present) प्रकाशित हुई। एंगेल्स ने इस पुस्तक की चर्चा करते हुए 1844 में लिखा था : "इंग्लैंड में उच्च वर्गों का कितना ज्यादा बौद्धिक पतन हुआ है और वे अपनी

शक्ति खो बैठे हैं, यह मार्के की बात है। अंग्रेज इन्हें 'भद्र लोक' या 'बड़े आदमी' कहते हैं। सारी ऊर्जा, सारी कर्मठता, सारा तत्त्व निकल गया है। भूस्वामी अभिजात वर्ग को शिकार से फुर्सत नहीं। भूस्वामी अभिजात वर्ग को अपने बही-खाते से फुर्सत नहीं। बहुत हुआ तो कुछ साहित्य पढ़ लिया, और वह साहित्य भी खोखला और नीरस होता है। राजनीतिक और धार्मिक पूर्वग्रह पीढ़ी-दर-पीढ़ी विरासत में प्राप्त होते जाते हैं। फिर और क्या चाहिए?...अंग्रेज, अर्थात् जिन शिक्षित अंग्रेजों को देखकर यूरोप में लोग उनके जातीय चरित्र का मूल्यांकन करते हैं, वे अंग्रेज इस धरती पर सबसे घृणित दास (the most despicable slaves under the sun) हैं। अंग्रेज जाति के जिस अंग को लोग यूरोप में जानते नहीं, केवल यह अंग, केवल इंग्लैंड के अछूत—वहाँ के मजदूर, वहाँ के गरीब, अपने तमाम अनगढ़पन के बावजूद और अपनी तमाम नैतिक अवनति (moral degradation) के बावजूद वास्तव में सम्मान्य हैं।" ('सम्पूर्ण ग्रंथावली', खंड-3, पृ. 444-46)

1845 में प्रकाशित 'इंग्लैंड में मजदूर वर्ग की दशा' (The Condition of the Working Class in England) पुस्तक में एंगेल्स ने इंग्लैंड के पूँजीपति वर्ग के बारे में लिखा : "मैंने कभी ऐसा वर्ग नहीं देखा जो नैतिकता से एकदम इतना रीता (so deeply demoralised) हो, जो स्वार्थपरता से असाध्य रूप में इतना पतित (debased) हो, जो भीतर से इतना गलित हो, जो प्रगति करने में इतना अक्षम हो, जितना अंग्रेज पूँजीपति वर्ग है। मेरा मतलब यहाँ विशेष रूप से पूँजीपति वर्ग खास (उद्योगपति वर्ग) से है—उन पूँजीपतियों से विशेष रूप में है जो उदारपंथी हैं, जो अनाजवाला कानून खत्म कर चुके हैं। इनके लिए दुनिया में जो कुछ है, पैसे के लिए है। वे स्वयं भी हैं, सिर्फ पैसे के लिए। तुरत लाभ छोड़कर उनके लिए कोई सुख नहीं है। पैसे की हानि छोड़कर उनके लिए कोई दुख नहीं है। किसी भी मानवीय भाव या विचार के लिए सम्भव नहीं है कि उसे यह छूत न लग जाए।" (खंड-4, पृ. 562-63)

1858 में लखनऊ की लूट के सिलसिले में एंगेल्स ने लिखा था : "तथ्य यह है कि यूरोप या अमरीका में कोई ऐसी फौज नहीं है जिसमें इतनी पशुता हो जितनी ब्रिटिश फौज में है। लूटमार, जनसंहार दूसरी जगह सख्ती से और पूरी तरह बहिष्कृत हैं, किन्तु वे ब्रिटिश सैनिक का समय स्वीकृत विशेषाधिकार हैं, उसका खास हक हैं।...जिस शहर पर धावा बोलकर अधिकार किया जाए, उसे लूटा जाए, यह मध्यकालीन प्रथा हर जगह वर्जित है किन्तु अंग्रेजों के लिए अभी वह नियम बनी हुई है।...बारह दिन, बारह रात तक लखनऊ में ब्रिटिश सेना जैसी कोई चीज नहीं थी, वहाँ बेकानून, शराब पिये, जानवरों की भीड़ थी जो डाक दलों में बँट गई थी। जो सिपाही वहाँ से निकल गए थे, उनसे यह भीड़ कहीं ज्यादा बेकानून, हिंसक और लोभी थी। 1858 में लखनऊ की लूटमार ब्रिटिश सैनिक सेवा पर अमिट कलंक है।" (Marx and Engels, 'The First Indian War of Independence', 1857-1859, पृ. 147)

इसी सिलसिले में कुछ दिन बाद उन्होंने फिर लिखा था : "चंगेज खाँ और तैमूर की काल्मुक सेनाएँ जिस शहर पर टिड्डीदल की तरह उतरती थीं, उसकी हर चीज का सफाया कर देती थीं। किन्तु इन ईसाई, सभ्य, आन-बानवाले, शिष्ट ब्रिटिश सैनिकों के अभियान की तुलना में वे फौजें किसी देश के लिए वरदान सिद्ध हुई होंगी। वे फौजें बवंडर की तरह आतीं और कम-से-कम जल्दी ही चली जातीं। लेकिन ये अंग्रेज सब काम कायदे से करते हैं। वे अपने साथ इनामी लूट का हिसाब रखनेवाले कारिन्दे लेकर चलते हैं। उन्होंने लूट को व्यवस्थित रूप दिया है। लूट में कितना माल बरामद हुआ, इसका हिसाब रखते हैं; उसे नीलाम करते हैं और इस बात की चौकसी रखते हैं कि कोई अंग्रेज सूरमा इनाम से वंचित न रह जाए।" (Marx and Engels, 'The First Indian War of Independence', पृ. 166)

एंगेल्स ने इसी साल, 7 अक्टूबर, 1858 के पत्र में, मार्क्स को लिखा था : "अंग्रेज सर्वहारा वर्ग अधिकाधिक पूँजीवादी होता जा रहा है। सभी जातियों में यह (अंग्रेज) जाति सबसे ज्यादा पूँजीवादी है। उसका उद्देश्य यह मालूम होता है कि पूँजीपति वर्ग के अलावा उसके पास ऐसा अभिजात वर्ग हो जो पूँजीवादी हो, और सर्वहारा वर्ग भी पूँजीवादी हो। जो जाति सारी दुनिया का शोषण करती है, उसके लिए यह रास्ता बहुत कुछ न्यायसंगत है।" (Marx and Engels, 'Selected Correspondence', पृ. 115-16) 12 सितम्बर, 1882 के पत्र में एंगेल्स ने कौट्स्की को लिखा : "यहाँ मजदूरों की पार्टी जैसी कोई चीज नहीं है। यहाँ केवल पुरानपंथी हैं और उदारपंथी परिवर्तनवादी (लिबरल रैडिकल) हैं। विश्व-बाजार और उपनिवेशों पर इंग्लैंड का जो इजारा है, उसके महाभोज में मजदूर भी प्रसन्नतापूर्वक शामिल होते हैं।" (उप., पृ. 399) और 21 मई, 1894 के पत्र में एंगेल्स ने प्लेख़ानोव को लिखा : "सचमुच इन अंग्रेज मजदूरों से तो आदमी निराश हो जाता है। इनकी कल्पना में जातीय श्रेष्ठता का भाव जमा हुआ है। इनका दृष्टिकोण और इनके विचार मूलतः पूँजीवादी हैं। इनकी 'व्यावहारिकता' बहुत ही संकीर्ण दिमाग की उपज है, पार्लियामेंटशाही के भ्रष्टाचार ने इनके नेताओं पर गहरा असर किया है।" (मार्क्स-एंगेल्स, 'ऑन ब्रिटेन', पृ. 537)

मजदूरों में भ्रष्टाचार का फैलना नैतिकता का ह्रास है। नैतिकता के इस ह्रास का गहरा सम्बन्ध अंग्रेज मजदूरों की सुधारवादी राजनीति से है। यह राजनीति ब्रिटिश पूँजीपतियों का समर्थन करती है, दूसरे देशों को गुलाम बनाए रखने की नीति का समर्थन करती है। इस राजनीति का आधार साम्राज्यवादी अर्थतंत्र है, पराधीन देशों की लूट है, लूट में अंग्रेज मजदूरों की भागीदारी है। इस प्रकार इंग्लैंड में नैतिकता का ह्रास उस देश की राजनीति और अर्थनीति से जुड़ा हुआ है। इंग्लैंड ने औद्योगिक क्रान्ति की, विश्व-बाजार का चौधरी बना। इतना बड़ा साम्राज्य कायम किया कि उसमें कभी सूर्यास्त न होता था, और इसके साथ ही उसकी नैतिकता का सूर्य पूरी तरह डूब गया। जो विद्वान भारत में अंग्रेजी राज के गुन गाते नहीं अघाते, वे इस

नैतिकता के ह्रास की बात कभी नहीं करते। किन्तु मार्क्सवाद के सैद्धान्तिक पक्ष की समझ के लिए इस ह्रास पर ध्यान देना बहुत जरूरी है।

औद्योगिक क्रान्ति से पहले के इंग्लैंड की नैतिकता इस क्रान्ति से बादवाले इंग्लैंड की नैतिकता से बढ़कर थी। जिस भारत में मशीनी उद्योग-धन्धों का चलन न हुआ था, उसकी नैतिकता औद्योगिक इंग्लैंड की नैतिकता से बढ़कर थी। जैसे प्राचीन ईसाइयत और चर्च की संघबद्ध ईसाइयत में भेद था, वैसे ही सामान्य जनों की नैतिकता और सामन्तों की नैतिकता में भेद था। उद्योग-प्रधान इंग्लैंड में नैतिकता के ह्रास का एक कारण उसके द्वारा पिछड़े हुए समाजों का शोषण था। इन पिछड़े हुए समाजों को अलग रखकर इंग्लैंड की नैतिकता, अर्थनीति और राजनीति का विश्लेषण नहीं किया जा सकता। पूँजीवाद को उसकी समग्रता में देखना जरूरी है। उसके राजनीतिक, आर्थिक और नैतिक पक्षों को देखना जरूरी है। इसके लिए पिछड़े हुए समाजों की संस्कृति का अध्ययन अनिवार्य है। इसी तरह मार्क्सवाद के विवेचन के लिए यह अध्ययन अनिवार्य है। औद्योगिक क्रान्ति से पहले के समाजों की जिस संस्कृति ने वैज्ञानिक भौतिकवाद के निर्माण में योगदान किया था, उस संस्कृति का एक मूल्यवान तत्त्व पिछड़े हुए समाजों की सामन्त-विरोधी नैतिकता है।

दूसरा अध्याय

यूरोप का पुनर्जागरण

व्यापारिक पूँजीवाद का सामन्ती खोल और दास-प्रथा

यूरोप के पुनर्जागरण के लिए एंगेल्स ने 'प्रकृति का द्वंद्ववाद' पुस्तक में लिखा था कि "वह मानव जाति के अनुभव में आनेवाली तब तक की सबसे बड़ी प्रगतिशील क्रान्ति था।" (Marx-Engels-Lenin, 'Dialectical Materialism', पृ. 65) 'कम्यूनिस्ट घोषणा-पत्र' के इटालियन अनुवाद की भूमिका में एंगेल्स ने इस युग की शुरुआत 1300 से मानी थी। उन्होंने लिखा था कि इटली पहला पूँजीवादी राष्ट्र है। मध्यकाल के अवसान और आधुनिक पूँजीवादी युग के अभ्युदय के समय एक विराट पुरुष, इटली के दांते, दिखाई देते हैं। वह मध्यकाल के अन्तिम कवि हैं और आधुनिक काल के प्रथम कवि हैं। "आज, जैसेकि 1300 में, एक नया ऐतिहासिक युग समीप आ रहा है।" पुराना युग तुरत समाप्त नहीं होता, नया युग तुरत आरम्भ नहीं होता। एंगेल्स ने 'प्रकृति का द्वंद्ववाद' में, पुनर्जागरण काल के लिए लिखा : "यह वह युग है जिसका अभ्युदय पन्द्रहवीं सदी के उत्तरार्द्ध में होता है।" ('डायलेक्टिकल मैटीरियलिज्म', पृ. 94) इस युग के अवसानकाल की विशेषता बताने के लिए एंगेल्स ने न्यूटन और लिनीअस, इन दो वैज्ञानिकों के नाम लिये हैं। (उप., पृ. 97) न्यूटन की मृत्यु 1727 में हुई, लिनीअस की 1778 में। एंगेल्स का आशय 18वीं सदी के पूर्वार्द्ध से है। "यद्यपि 18वीं सदी के पूर्वार्द्ध का प्रकृति-विज्ञान प्राचीन यूनान से ऊपर है..." (उप., पृ. 98) फिर लिखा है : "मैं इस दौर में अठारहवीं सदी के भौतिकवादियों को शामिल करता हूँ...।" (उप., पृ. 66)

यूरोप के विभिन्न देशों में पुनर्जागरण की लहर के अनेक उतार-चढ़ाव हैं। ये उतार-चढ़ाव आर्थिक, राजनीतिक, सांस्कृतिक, अनेक प्रकार के हैं। इंग्लैंड के विशेष सन्दर्भ में उल्लेखनीय है कि क्रॉमवेल द्वारा स्थापित गणतंत्र के पतन के बाद 1660 में वहाँ पादशाही फिर कायम की गई। मिल्टन पुनर्जागरण की मशाल लिये मैदान में डटे रहे किन्तु साहित्य का विकास भिन्न दिशा में होने लगा। इंग्लैंड के

पुनर्जागरण का उत्कर्षकाल लगभग सौ वर्ष का है : 16वीं सदी के मध्य से लेकर 17वीं सदी के मध्य तक।

इंग्लैंड में औद्योगिक क्रान्ति 18वीं सदी के उत्तरार्द्ध में आरम्भ होती है और 19वीं सदी के पूर्वार्द्ध तक जारी रहती है। इस क्रान्ति से पहले इंग्लैंड के सम्पत्तिशाली वर्ग में एक ओर बड़े जमींदार हैं, दूसरी ओर बड़े व्यापारी हैं। ये आपस में टकराते हैं और मेल भी किये रहते हैं। इनके अलावा छोटे-मोटे कारखानेदार हैं। या तो व्यापारी स्वयं कारखानेदार बन जाता है या कारखानेदार को अपने अधीन रखता है। ज्यादातर कताई-बुनाई का काम जुलाहे घर पर करते हैं और अक्सर इसके साथ थोड़ी-बहुत खेती भी करते हैं। पुनर्जागरण काल में न तो अभी उद्योगपतियों का कोई वर्ग है, न औद्योगिक सर्वहारा का। इस युग के साहित्य में जमींदार और उनके लगुए-भगुए दिखाई देंगे, देहाती सर्वहारा नहीं। व्यापारी दिखाई देंगे, उद्योगपति और औद्योगिक सर्वहारा नहीं। इस युग के बुद्धिजीवी स्वतंत्र मध्यवर्ग के अंग नहीं हैं, कहीं न कहीं जमींदारों-व्यापारियों की जमात से सम्बद्ध हैं या लोककवियों के स्तर पर वे किसानों से सम्बद्ध हैं, स्वयं किसान हैं। इस युग का सारा आर्थिक विकास सामन्ती चौखटे के भीतर होता है। मध्यकालीनता की छाप केवल दांते पर नहीं है, थोड़ी-बहुत वह इस युग के समूचे साहित्य पर है।

प्राचीन यूनान और रोम की संस्कृति ने इस युग को प्रभावित किया। रिनेसांस का मूल अर्थ है पुनर्जन्म। यूनान और रोम की संस्कृति का जन्म मानो फिर से हुआ। केवल संस्कृति का नहीं, मानव जीवन की भौतिक परिस्थितियों का जन्म भी मानो फिर से हुआ। यूरोप का सामाजिक, सांस्कृतिक विकास समझने के लिए यह जानना बहुत जरूरी है कि प्राचीन रोम-यूनान और पुनर्जागरण कालीन यूरोप में मानव जीवन की भौतिक परिस्थितियाँ किस हद तक सामान्य हैं। पुनर्जागरण काल की संस्कृति जिस हद तक मध्यकालीनता से पीछा छुड़ाती है, उस हद तक वह प्रगतिशील बनती है, एक नये मानवतावादी स्तर पर अपना विकास करती है। जिस हद तक वह मध्यकालीनता से पीछा छुड़ाती है, उस हद तक वह रोमन-यूनानी प्राचीनता से नाता जोड़ती है। यदि प्राचीनता के बाद मध्यकालीनता प्रगति का चिह्न होती तो पुनर्जागरण काल प्राचीनता से पिंड छुड़ाता और मध्यकालीनता से नाता जोड़ता। हुआ इससे उल्टा।

दास-प्रथा उत्पादन की पुरानी पद्धति का आधार मानी जाती है। रोमन साम्राज्य के साथ वह खत्म हो गई। उसके बाद बँधुआ किसानोंवाला सामन्तवाद, तत्पश्चात् सर्वहारा श्रमिकोंवाला पूँजीवाद; यही तो सामाजिक विकास क्रम है न? किन्तु उत्पादन की जो पद्धति पुरानी पड़ गई थी, पुनर्जागरण काल में उसका पुनर्जन्म हुआ। पूँजीवादी विकास की व्याख्या करते समय कोई भी दास-प्रथा को बगली देकर आगे नहीं बढ़ सकता। आगे बढ़ने का रास्ता स्वयं मार्क्स बन्द कर गए हैं। सामन्ती चौखटे के भीतर गैर-मशीनी पूँजीवाद का विकास, इसकी छानबीन प्राचीन यूनान और रोम में

करनी चाहिए और पुनर्जागरण काल के यूरोप में, चन्द्रगुप्त मौर्य और समुद्रगुप्त के प्राचीन भारत में तथा अकबर, शाहजहाँ के 'मध्यकालीन' भारत में करनी चाहिए। यदि भारतीय समाज के अध्ययन का यह परिप्रेक्ष्य सामने हो तो पुनर्जागरण काल के यूरोप का विवेचन हमारे लिए उपयोगी होगा।

1. यूरोप का पुनर्जागरण और दास-प्रथा

सामाजिक विकास-क्रम में रोम और यूनान की दास-प्रथा वाला समाज पहले है या सामन्ती समाज, यह कोरे शास्त्रीय महत्त्व का प्रश्न नहीं है; उससे आधुनिक पूँजीवाद के विकास का प्रश्न जड़ा हुआ है। इंग्लैंड समेत यूरोप का कौन-सा ऐसा देश है जिसने आगे बढ़कर दासों के व्यापार में हिस्सा न लिया हो? 'मध्यकाल' की समाप्ति और औद्योगिक क्रान्ति के प्रारम्भ तक यह व्यापार निरन्तर चालू रहता है। जिनके हाथ दास बेचे जाते थे, वे इनसे काम लेते थे, और यह काम बिकाऊ माल के उत्पादन के लिए होता था। दासों के श्रम पर आधारित उत्पादन का सबसे बड़ा केन्द्र था अमरीका किन्तु वैसे केन्द्र और भी थे और उनसे ब्रिटेन, फ्रांस जैसे पूँजीवादी देशों का सम्बन्ध था। दासों के श्रमवाले उत्पादन और दासों के व्यापार का अन्त तब हुआ जब इंग्लैंड और अमरीका में मशीनी उद्योग का चलन हुआ। 'मध्यकाल' और औद्योगिक क्रान्ति के बीच की अवधिवाले ब्रिटिश और अमरीकी समाजों को हम जिस व्यवस्था के भी अन्तर्गत मानें, सोचना होगा कि यूनानी और रोमन समाजों को भी उसी के अन्तर्गत मानें या नहीं।

मार्क्स ने दास-प्रथा के दो दौर बताए हैं। पहला दौर वह है जो दादापंथी व्यवस्था में चालू रहता है। कुछ दास किसी कुलपति (दादा) के कुटुम्ब के साथ, लगभग उसके अंग बनकर, काम करते हैं। समाज के सभी कुलपतियों के यहाँ दास हों, यह आवश्यक नहीं है, न यह अनिवार्य है कि सभी मालिकों के यहाँ दासों की एक-सी संख्या हो। कुछ के पास कम, कुछ के पास ज्यादा दास सम्पत्ति-भेद के कारण होते हैं; समाज में बड़ी और छोटी सम्पत्ति का भेद पैदा हो चुका होता है। दूसरा दौर वह है जब दासों का उपयोग बड़े पैमाने पर बिकाऊ माल के उत्पादन के लिए होता है। इस दौर में दासों के मालिक उनकी श्रम-शक्ति से भरसक अतिरिक्त मूल्य निचोड़ते हैं। मार्क्स ने सामाजिक विकास की मंजिलों में जिन दासों को शामिल किया है, वे इसी दूसरे दौर के दास हैं।

औद्योगिक क्रान्ति से पहले आवश्यक पूँजी का संग्रह जरूरी होता है। मार्क्स ने इसे आदिम संचय का नाम दिया है। उन्होंने दासों के व्यापार की चर्चा इसी आदिम संचय के अन्तर्गत की है। 'मध्यकाल' के बाद औद्योगिक क्रान्ति तक का युग व्यापारिक पूँजीवाद का युग है। इस युग के व्यवसाय में उत्पादन गौण है, विनिमय प्रधान है। इस युग में दासों का व्यापार बहुत लाभकारी सिद्ध होता है। दासों को

पैदा करना व्यापारी का काम नहीं है, उन्हें बेचना उसका काम है। और तरह का माल तो बेचने से पहले खरीदना पड़ता है, यह माल लगभग मुफ्त हाथ आ जाता है। मार्क्स के अनुसार 17वीं सदी में हॉलैंड पूँजीवादी देशों का सिरमौर था। पराधीन देशों में उसके शासन का इतिहास "घूस, दगाबाजी, कत्लेआम और नीचता के अभूतपूर्व सम्बन्धों का इतिहास है।" ('पूँजी', खंड-1, पृ. 704) डच व्यापारी जावा द्वीप के लिए दास जुटाने को आदमियों की चोरी करते थे। इस उद्देश्य की पूर्ति के लिए आदमियों की चोरी करनेवाले लोग प्रशिक्षित किये जाते थे। जो तरुण चुराए जाते थे, वे सेलीबीज़ द्वीप के तहखानों में तब तक के लिए डाल दिये जाते थे, जब तक वे गुलामोंवाले जहाजों में भेजे जाने को तैयार न हो जाएँ। एक सरकारी रिपोर्ट में कहा गया था कि अकेले मकासर नगर में लोभ और अत्याचार के शिकार ये अभागे अपने परिवारों से जबरन अलग करके एक-से-एक भयंकर गुप्त कारागारों में जंजीरों में बाँधकर डाल दिये जाते थे। मलाका हथियाने के उद्देश्य से वहाँ के पुर्तगाली गवर्नर को हॉलैंडवालों ने तगड़ी घूस का लालच दिया। उसने उन्हें शहर में घुस आने दिया। शहर में घुसकर वे सीधे उसके घर पहुँचे और वहाँ उन्होंने उसकी हत्या कर दी। इस तरह उन्होंने 21,875 पाउंड घूस की रकम बचा ली। जहाँ भी उन्होंने कदम रखा, आबादी का सफाया हो गया। 1750 में जावा के बांजुवांगी प्रदेश की आबादी 80,000 थी; 1811 में वह घटकर 18,000 रह गई। (उप.) 18वीं सदी के उत्तरार्द्ध में हॉलैंड वालों के दास व्यापार ने निरन्तर प्रगति करते हुए उन्नीसवीं सदी का प्रथम दशक पार किया।

ऊपर के विवरण में घूस, दगाबाजी वाला वाक्य मार्क्स ने हॉविट की पुस्तक 'उपनिवेशवाद और ईसाइयत' (1838) से उद्धृत किया था। पाद-टिप्पणी में दासों पर शार्ल कोंत की पुस्तक का हवाला देने के बाद मार्क्स ने लिखा है : "इस विषय का विस्तार से अध्ययन करना जरूरी है जिससे कि मालूम हो कि पूँजीपति वर्ग को जहाँ अपनी छवि के अनुरूप दुनिया को गढ़ने की छूट मिल जाती है, वहाँ वह अपना और श्रमिक का कैसा रूप बनाती है।" (उप.) औद्योगिक क्रान्ति से पहले के पूँजीवादी विकास में दासों के व्यापार की भूमिका का अध्ययन विस्तार से करना चाहिए, मार्क्स की टिप्पणी का यह आशय स्पष्ट है। यह अध्ययन विस्तार से नहीं किया गया, इसका परिणाम यह हुआ है कि इस विकास के बारे में अनेक प्रकार की भ्रान्तियाँ बनी हुई हैं।

बांजुवांगी प्रदेश की आबादी 80 हजार से घटकर 18 हजार रह गई, यह बताने के बाद मार्क्स ने दो शब्द लिखकर पैराग्राफ समाप्त कर दिया : "मधुर व्यापार! (स्वीट कॉमर्स!)।" बड़े उपयुक्त शब्द हैं क्योंकि 17वीं सदी में पूँजीवादी देशों का सिरमौर हॉलैंड व्यापार से ही अथाह धन कमा रहा था। 18वीं सदी में इंग्लैंड औद्योगिक क्रान्ति करके पूँजीवादी देशों का सिरमौर बना किन्तु यह स्थान पाने के पहले उसने

दासों के व्यापार में अपने सभी प्रतिद्वंद्वियों को पछाड़ दिया था। अंग्रेज अफ्रीका से दास पकड़कर वेस्टइंडीज के बड़े फार्मों के हवाले करते थे। स्पेन से संधि करके उन्होंने यह अधिकार प्राप्त किया कि स्पेन के अमरीकी उपनिवेशों में वे अफ्रीकी दास पहुँचाएँगे। "इस तरह इंग्लैंड ने स्पेनी अमरीका को 1743 तक प्रतिवर्ष 4,800 नीग्रो भेजने का अधिकार प्राप्त कर लिया।" ('उपनिवेशवाद और ईसाइयत', पृ. 710) किन्तु बहुत बड़ा व्यापार तस्करी के जरिये होता था। स्पेन से संधि करके अंग्रेजों को अपनी तस्करी छिपाने का अवसर मिला। आगे चलकर लिवरपूल ब्रिटेन का प्रसिद्ध उद्योग-केन्द्र बना। पहले वह दासों के व्यापार का प्रमुख केन्द्र था। 1730 में दासों के व्यापार के लिए लिवरपूल के सिर्फ 15 जहाज चालू थे, फिर 1751 में 53,1760 में 74,1770 में 96 और 1792 में 132 जहाज चालू हुए। 1792 तक अंग्रेजों के दास-व्यापार में वृद्धि होती रही। इसका मतलब यह है कि औद्योगिक क्रान्ति के समानान्तर यह व्यापार चलता रहा और उस क्रान्ति से इस व्यापार का गहरा सम्बन्ध है। ब्रिटेन का एक पैर व्यापारिक पूँजीवाद के युग में है, दूसरा औद्योगिक पूँजीवाद के युग में। व्यापारिक पूँजीवाद एक ओर उपनिवेशों में अफ्रीकी दास बेचता है, दूसरी ओर यूरोप में हिन्दुस्तानी कपड़ा बेचता है। धन कमाने का मुख्य साधन यह व्यापार है।

गुलामों की माँग उपनिवेशों में थी। यहाँ गन्ने के बागानों में इनसे जानलेवा श्रम कराके यूरोप के जमींदार करोड़ों की सम्पदा बटोर रहे थे। दास आसानी से मिल जाते थे, इसलिए थोड़ी और घटिया खूराक पर कुछ ही साल काम करने के बाद कितने गुलाम मर जाते हैं, उनके मालिकों को इसकी चिन्ता न थी। कैर्न्स की पुस्तक 'दास-शक्ति' से मार्क्स ने एक अंश उद्धृत किया था जिसमें कहा गया था : "वेस्टइंडीज की खेती शताब्दियों से अथाह सम्पदा का सृजन करती रही है। वही खेती अफ्रीकी नस्ल के लाखों आदमी खा गई है। क्यूबा की आमदनी आजकल करोड़ों में की जाती है। वहाँ के बागानों के मालिक राजा हैं। वहीं के सेवक वर्ग को सबसे घटिया खाना दिया जाता है, लगातार और जी-तोड़ परिश्रम कराया जाता है और प्रतिवर्ष उसके सदस्यों के एक भाग का पूर्ण विनाश भी हो जाता है।" (उप., पृ. 254) 1790 में हर आजाद आदमी के पीछे अंग्रेजी वेस्टइंडीज में 10, फ्रांसीसी वेस्टइंडीज में 14 और डच वेस्टइंडीज में 23 गुलाम थे। (मार्क्स की पाद-टिप्पणी, पृ. 711) इंग्लैंड, फ्रांस, हॉलैंड—ये तीनों देश वेस्टइंडीज के द्वीपों में गुलामों से अपनी जमींदारियों में व्यापार के लिए बिकाऊ माल पैदा करा रहे थे। 1790 में, इंग्लैंड की औद्योगिक क्रान्ति के दौरान, दास-प्रथा वाली यह उत्पादन-पद्धति चालू थी। और यह पद्धति बहुत थोड़े हेर-फेर से इंग्लैंड के भीतर चालू थी। औद्योगिक क्रान्ति के दौरान ही नहीं, वह उसके बाद भी चालू रही। जिन आदमियों को काम की तलाश थी, उनकी सूची बना ली जाती थी। कारखानेदारों के कारिन्दे उनमें से कुछ को छाँट लेते थे और "माल के बंडलों की तरह उन पर टिकट लगाकर, नहरों से या परिवहनों

से, उन्हें मैनचेस्टर भेज देते थे। और लोग पैदल चल पड़ते थे और पता चलता था कि उनमें बहुत-से रास्ते में खो गए हैं और भूख से अधमरे हो गए हैं। यह सिलसिला बढ़ते-बढ़ते बाकायदा व्यापार बन गया था।" ये बातें लन्दन की लोकसभा में उसके सदस्य फेरैंड ने कही थीं। यह व्यापार दासों के व्यापार से भिन्न नहीं था, इस बात पर जोर देते हुए फेरैंड ने कहा था : "सदन को विश्वास न होगा लेकिन मैं कहता हूँ कि इनसानी जिस्मों का यह व्यापार (This traffic in human flesh) उसी तरह बखूबी चालू रखा गया, (मैनचेस्टर के) इन कारखानेदारों के हाथ वे दरहकीकत नियमित रूप से उसी तरह बेचे गए, जिस तरह यूनाइटेड स्टेट्स में कपास उगानेवालों के हाथ गुलाम बेचे जाते थे।" (मार्क्स की पाद-टिप्पणी, पृ. 255)

उन्नीसवीं सदी में जब तक मजदूरों ने लड़कर काम के घंटे कम नहीं कराए, तब तक उनसे गुलामों की तरह ही काम कराया जाता था। कितने मरते हैं, इसकी चिन्ता पूँजीपतियों को न थी। बेकारों की फौज से नये मजदूर मिल जाते थे। सबसे खराब हालत स्त्रियों और बच्चों की थी। इस सबका विस्तार से वर्णन मार्क्स ने 'पूँजी' के प्रथम खंड में किया है। सामाजिक विकास के विवेचन के लिए बहुत ही महत्त्वपूर्ण मार्क्स की वह टिप्पणी है जिसमें उन्होंने अमरीका में नीग्रो दासों के श्रम को ब्रिटिश पूँजीवाद की आधारशिला बताया है। यह टिप्पणी एक रूसी सज्जन अनेन्कोव के नाम 1846 में लिखे मार्क्स के एक पत्र में है। मार्क्स ने लिखा था : "हम यहाँ अप्रत्यक्ष दासता की, सर्वहारा वर्ग की दासता की बात नहीं कर रहे। हम प्रत्यक्ष दासता की, सुरीनाम, ब्राजील, उत्तरी अमरीका के दक्खिनी राज्यों में काले आदमियों की दासता की बात कर रहे हैं। प्रत्यक्ष दासता हमारे उद्योगीकरण का आधार वैसे ही है, जैसे मशीनरी, उधार-व्यवस्था आदि। दासता के बिना कपास नहीं; कपास के बिना आधुनिक उद्योग नहीं। उपनिवेशों का जो महत्त्व है, वह उन्हें दासता ने प्रदान किया है। उपनिवेशों ने विश्व-व्यापार का निर्माण किया है। बड़े पैमाने के मशीनी उद्योग की जरूरी शर्त है विश्व-व्यापार। नीग्रो-व्यापार शुरू होने से पहले उपनिवेश पुरानी दुनिया को अपनी उत्पादित बहुत थोड़ी चीजें भेजते थे और पृथ्वी के रूप में कोई स्पष्ट उभरनेवाला परिवर्तन न कर पाए थे। इस प्रकार दासता अतिशय महत्त्व की आर्थिक कोटि (कैटेगरी) है। दासता के बिना सबसे प्रगतिशील देश उत्तरी अमरीका बदलकर दादापंथी देश बन जाएगा। राष्ट्रों के मानचित्र से उत्तरी अमरीका को मिटाते ही अराजकता हाथ लगेगी। व्यापार का, आधुनिक सभ्यता का सम्पूर्ण ह्रास हाथ लगेगा। दासता का लोप हो जाने देने का मतलब है राष्ट्रों के मानचित्र से उत्तरी अमरीका को मिटा देना। और दासता आर्थिक कोटि है, इसलिए दासता हर जाति में तब से है जब से इस दुनिया की शुरुआत हुई। आधुनिक जातियों ने केवल यह सीख लिया है कि स्वयं अपने देश में दासता को किस तरह पर्दे में रखें और कैसे नई दुनिया को बेपर्दा उसका निर्यात करें।" ('करेस्पौंडेंस', पृ. 14)

मार्क्स ने यहाँ सभी जातियों में जिस दासता के चलन की बात कही है, वह दादापंथी समाजों की दासता है। ऐसी दासता पहले अमरीकी उपनिवेशों में भी थी। उस समय ये उपनिवेश अपने यहाँ की बहुत थोड़ी चीजें ब्रिटेन भेजते थे। जब कपास की माँग बढ़ी, तब दासों के व्यापार में तेजी आई, तब उपनिवेशों ने बड़े पैमाने पर अपनी उपज का निर्यात शुरू किया और तब विश्व-व्यापार के निर्माण का श्रेय उन्हें मिला। मार्क्स ने दासता की दो कोटियों को यहाँ एक ही आर्थिक कोटि माना है; 'पूँजी' (खंड-1) में दोनों का भेद स्पष्ट कर दिया गया है, केवल अमरीकी उपनिवेशों के लिए नहीं, रोमन समाज के लिए भी; दूसरी कोटि की दासता वह है जो बड़े पैमाने पर बिकाऊ माल के उत्पादन का आधार होती है, जिससे दासों का मालिक अतिरिक्त मूल्य प्राप्त करता है। विश्व-व्यापार के लिए जो दासता अतिशय महत्त्व की थी, वह इसी दूसरी कोटि की थी। इसी कोटि की दासता ने उत्तरी अमरीका को सबसे प्रगतिशील देश बना दिया था, जैसे उसने प्राचीन यूनान और इटली को सबसे प्रगतिशील देश बनाया था।

मार्क्स ने दास-प्रथा वाले अमरीकी उपनिवेशों के बारे में जो कुछ अनेन्कोव को लिखा था, उसका सारतत्त्व उन्होंने 'पूँजी' (खंड-1) के दो वाक्यों में प्रस्तुत कर दिया था : "इधर कपास-उद्योग ने इंग्लैंड में बाल दासता (चाइल्ड स्लेवरी) का चलन किया, उधर यूनाइटेड स्टेट्स में उसने पहले की। बहुत कुछ दादापंथी, दासता को व्यापारिक शोषण व्यवस्था में रूपान्तरित होने की प्रेरणा दी। वास्तव में यूरोप के पगारजीवी श्रमिकों की प्रच्छन्न दासता को अपने पैर टेकने के लिए नई दुनिया की विशुद्ध, प्रत्यक्ष दासता की चौकी दरकार थी।" (उप., पृ. 711) यहाँ दासता की दो कोटियाँ स्पष्ट कर दी गई हैं। अमरीका में पुरानी दासता का नई दासता में रूपान्तरण हुआ। औद्योगिक पूँजीवाद की पादपीठिका थी यह दास-प्रथा।

मार्क्स ने रोमन दास-प्रथा और अमरीकी दास-प्रथा की कई सामान्य विशेषताएँ नोट की थीं। दोनों जगह पहले दादापंथी दास-प्रथा का चलन था। बाजार के गठन और प्रसार से जब बिकाऊ माल की माँग बढ़ी, तब उसका रूपान्तरण दूसरी कोटि की दासता में हुआ। बिकाऊ माल की माँग पूरी करने के लिए दासों का स्वामी उनकी श्रम-शक्ति से अधिकतम अतिरिक्त मूल्य अर्जित करता था। इस प्रक्रिया के दौरान कितने दास अकाल मृत्यु के शिकार होते हैं, इसकी उसे चिन्ता न थी। दास मालिक का धन हैं, यह कानूनी दृष्टि रोमन और अमरीकी, दोनों समाजों में थी। मार्क्स ने लिखा था : "पूँजी की प्रकृति उसके विकसित रूप में वही रहती है जो उसके अविकसित रूप में होती है। अमरीकी गृहयुद्ध छिड़ने से थोड़ा ही पहले गुलामों के मालिकों के असर से जो विधि-व्यवस्था नये मेक्सिको के प्रदेश पर लागू की गई थी, उसमें कहा गया था कि पूँजीपति ने दास की श्रम-शक्ति खरीद ली है, इसलिए दास 'उसका (पूँजीपति का) धन है।' रोमन पैट्रीशियनों में भी इसी धारणा का चलन

था। प्लीबियन कर्जदार को उन्होंने जो धन उधार दिया, वह उसकी आजीविका के साधनों के माध्यम से उसका रक्त और मांस बन गया था। अत: यह 'रक्त और मांस' 'उनका धन' था।" ('पूँजी', खंड-1, पाद-टिप्पणी, पृ. 272-73) कुलीन रोमन जमींदार और महाजन कर्जदार को दास बनाकर उसके हाड़-मांस के मालिक बन जाते थे। इसी तरह अफ्रीकी जनों के खरीददार उनके हाड़-मांस को अपना धन समझते थे। पूँजी के विकसित और अविकसित रूपों में उसकी मूल प्रकृति नहीं बदलती। विकसित रूप वह है जब मजदूर की श्रम-शक्ति खरीदी जाती है। अविकसित रूप वह है जब श्रम-शक्ति थोक रूप में श्रमिक के हाड़-मांस के साथ खरीदी जाती है। लेकिन पूँजी का अस्तित्व दोनों जगह है। पूँजी लगाने के बाद अतिरिक्त मूल्य की कमाई दोनों जगह है। दास-प्रथा वाला समाज पूँजीवादी समाज ही है, वह अविकसित पूँजी का समाज है क्योंकि इसमें प्रधानता विनिमय की है, उत्पादन की नहीं। उसे व्यापारिक पूँजीवाद के युग का समाज कहना उचित होगा।

रोमन और अमरीकी दास-प्रथा की एक सामान्य विशेषता दासों के श्रम की निगरानी है। मार्क्स ने बताया है कि "जहाँ भी उत्पादन के साधनों के मालिक तथा प्रत्यक्ष उत्पादक—मजदूर—में अन्तर्विरोध होगा, वहाँ इस निगरानी की आवश्यकता पैदा होगी। अत: इसकी पराकाष्ठा दास-प्रथा में दिखाई देती है।" ('पूँजी', खंड-3, पृ. 384) इस पराकाष्ठा का कारण यह है कि सामन्ती समाज का बँधुआ किसान उत्पादन के साधनों से पूरी तरह अलग नहीं किया जाता। उत्पादन के साधन पूरी तरह सामन्ती मालिक के अधिकार में नहीं हैं, इसलिए इस मालिक और बँधुआ किसान का अन्तर्विरोध भी उतना तीव्र नहीं होता जितना दासों के मालिक और दासों का। निगरानी पर जो कुछ खर्च आता है, वह भी दासों की मेहनत से वसूल किया जाता है। दास यदि कई फार्मों में बिखरे होंगे तो उनकी निगरानी पर खर्च अधिक आएगा और उनसे उसी अनुपात में ज्यादा मेहनत कराई जाएगी। मेहनताना दिये बिना निगरानी का खर्च वसूलने के लिए मजदूर से अतिरिक्त श्रम कराना पूँजीपति की निगाह में वाजिब होता है। अमरीका में दास-प्रथा को लेकर अभी गृहयुद्ध न शुरू हुआ था। 1859 में अमरीकी वकील ओ कॉनर ने दास-प्रथा का समर्थन करते हुए न्यूयॉर्क की एक सभा में, मार्क्स के विवरण के अनुसार, तुमुल हर्षध्वनि के बीच कहा था : "तो सज्जनो, नीग्रो के लिए दासता की वह अवस्था प्रकृति ने ही निर्धारित कर दी है।... उसमें बल है, मेहनत करने की शक्ति है, लेकिन जिस प्रकृति ने यह शक्ति रची, उसने या तो उसे शासन करने की बुद्धि नहीं दी या काम करने की इच्छा नहीं दी।" (पुन: करतल ध्वनि के बाद—) "दोनों में से एक भी चीज उसे न दी गई। और जिस प्रकृति ने उसे श्रम करने की इच्छा से वंचित रखा था, उसने उसे एक स्वामी दिया जो उसकी इच्छा को बलात् प्रेरित करे और ऐसे जलवायु के क्षेत्र में उसे उपयोगी सेवक बनाए जिसमें वह अपने लिए और उस पर शासन करनेवाले स्वामी के लिए

उपयोगी बनकर जी सके। मेरा दावा है कि प्रकृति ने नीग्रो को जिस अवस्था में डाला है, उसमें उसे रहने देना, उस पर शासन के लिए स्वामी देना अन्याय नहीं है, न बदले में उसे मेहनत के लिए मजबूर करना उसके किसी अधिकार से उसे वंचित करना है। उस पर शासन करने में, खुद उसके लिए और समाज के लिए उसे उपयोगी बनाने में, उसका मालिक जो बुद्धि लगाता है और परिश्रम करता है, उसका उचित मुआवजा पाने के लिए वह उसे मेहनत करने को मजबूर करता है, तो यह उसके किसी अधिकार से उसे वंचित करना नहीं है।" ('पूँजी', पृ. 385-86)

दास-प्रथा को न्यायोचित ठहराने के लिए ठीक ऐसे ही तर्क का सहारा अरस्तू ने लिया था। एशिया के लोगों में नैसर्गिक दास-भाव होता है, यह स्थापना अरस्तू की थी। दास-प्रथा के परम समर्थक अरस्तू की इसी धारणा को अफ्रीका और एशिया दोनों महाद्वीपों के सम्बन्ध में हेगेल ने पुष्पित और पल्लवित किया था। मनुष्यों में कोई प्राकृतिक भेद है, जिससे कुछ लोग केवल दास बनने के, और अन्य उनके स्वामी बनने के, योग्य होते हैं—यह तर्क दास-प्रथा को न्यायोचित ठहराने के लिए दो हजार साल पहले इस्तेमाल किया गया था, वही अमरीका में दास-प्रथा को उचित ठहराने के लिए फिर इस्तेमाल किया गया। दास-प्रथा और नस्लवाद का आपसी सम्बन्ध अटूट है। इसी नस्लवादी दृष्टिकोण के अनुरूप एशिया के देशों को गुलाम बनानेवाले यूरोप के व्यापारी स्वयं को श्रेष्ठ और एशियाइयों को घटिया नस्ल का घोषित करके अपने लूट, हत्या और डकैती के राज को न्यायोचित ठहराते थे।

आधुनिक और प्राचीन दास-प्रथा में एक समानता यह है कि दोनों युगों की दास-प्रथा का गहरा सम्बन्ध सौदागरी पूँजी से है। यह समानता मार्क्स ने लक्षित की थी और लिखा था : "जहाँ भी सौदागरी पूँजी का प्रभुत्व होगा, वह डकैती की व्यवस्था को प्रश्रय देगी। प्राचीन और आधुनिक काल की व्यापारी जातियों में सौदागरी पूँजी का विकास सीधे लूटपाट, डकैती, दासों के अपहरण और औपनिवेशिक विजय से जुड़ा रहा है; यथा : कार्थेज, रोम, और बाद को वेनीशियनों, पूर्तगालियों, डचों आदि में।" ('पूँजी', खंड-3, पृ. 331) उत्तरी अफ्रीका के कार्थेज नामक देश में सामी परिवार की भाषा बोलनेवाले लोग रहते थे। यहाँ के व्यापारी रोम के मुख्य प्रतिद्वंद्वी थे। प्राचीनकाल में सौदागरी पूँजी से डकैती का सम्बन्ध दिखाने के लिए मार्क्स ने रोम और कार्थेज का नाम लिया है, आधुनिक काल में वैसा ही सम्बन्ध दिखाने के लिए उन्होंने वेनिस, पुर्तगाल और हॉलैंड को याद किया है। दोनों युगों में सौदागरी पूँजी का बोलबाला है और दोनों युगों में दासों का अपहरण साधारण बात है।

मार्क्स ने रोम और कार्थेज का स्मरण पूँजीवादी खेती के प्रसंग में भी किया है। जैसे आधुनिक उपनिवेशों में बागानोंवाला अर्थतंत्र (plantation economy) है, वैसे ही उन प्राचीन देशों में कृषितंत्र था। "प्राचीनकाल के जो खेतिहर अर्थतंत्र पूँजीवादी खेती से सर्वाधिक मिलते-जुलते हैं, वे कार्थेज और रोम के हैं। उनकी समानता भी

बागानों के अर्थतंत्र से ज्यादा है, न कि उस रूप से, जो शोषण की वास्तविक पूँजीवादी पद्धति जैसा हो।" ('पूँजी', खंड-3, पृ. 787) पूँजीवादी खेती से मालिक मुनाफा कमाता है, बागान वाले अर्थतंत्र से भी। दोनों में फर्क यह है कि बागान की खेती से मुनाफा कमानेवाला मालिक स्वयं उस बागान का स्वामी है किन्तु पूँजीवादी खेती से मुनाफा कमानेवाला काश्तकार स्वयं खेत का मालिक नहीं होता। यह काश्तकार खेत भाड़े पर लेता है, मुनाफे का एक हिस्सा भाड़े के रूप में खेत के मालिक को देता है। उपनिवेशों में बागानों वाला अर्थतंत्र मार्क्स के समय में भी कायम था। इंग्लैंड में 'मध्यकाल' के बाद जो जमींदार अपने खेतों या चरागाहों की उपज बेचकर मुनाफा कमाते थे, वे भी शोषण की वास्तविक पूँजीवादी पद्धति से अभी दूर थे। औद्योगिक क्रान्ति से पहले और मध्यकाल के बाद कारखानेदारी युग के अंग्रेज अर्थशास्त्री ऐडम स्मिथ का हवाला देते हुए उक्त प्रसंग में मार्क्स ने पाद-टिप्पणी में लिखा था : "ऐडम स्मिथ ने इस बात पर जोर दिया था कि कैसे उनके जमाने में भाड़ा और मुनाफा अभी एक-दूसरे से जुदा न हुए थे (और यह बात हमारे समय में उष्ण और अल्प उष्ण देशों के बागानों पर भी लागू होती है, क्योंकि जो आदमी जमींदार था, वह साथ ही पूँजीपति भी था, जैसेकि मसलन अपनी रियासत में कातो [अथवा केटो] था। लेकिन उत्पादन की पूँजीवादी पद्धति की ठीक यह पूर्व शर्त है कि इनमें अलगाव हो। इसके अलावा दास-प्रथा वाला आधार उस पद्धति की अवधारणा से एकदम उल्टा है।" (उप.)

आधुनिक राष्ट्रों की सम्पदा के बारे में ऐडम स्मिथ का प्रसिद्ध ग्रंथ 1776 में प्रकाशित हुआ था। उनके जमाने में इंग्लैंड का जमींदार अभी पूँजीवादी काश्तकार से अलग न हुआ था, वह रोमन जमींदार कातो के समान था। मुनाफे का कोई हिस्सा भाड़े के रूप में न देकर सारा मुनाफा अपनी तिजोरी में रखता था। अंग्रेज जमींदार एक ओर भूमि पर इजारा कायम रखनेवाला सामन्ती मालिक था, दूसरी ओर वह खेती से मुनाफा कमानेवाला पूँजीपति भी था। ठीक इसी तरह रोमन रियासत का मालिक आधा जमींदार था, आधा पूँजीपति था। रोमन कृषितंत्र में पूँजीवाद पनप रहा था, इस बात से इनकार नहीं किया जा सकता। रोमन जमींदार गुलामों से खेती कराता था, अंग्रेज जमींदार खेत मजदूरों से खेती कराता था, इससे रोमन खेती और पुनर्जागरण काल की खेती में बहुत फर्क नहीं पड़ता क्योंकि उपनिवेशों के बागानोंवाले तंत्र में गुलामों से खेती गोरे जमींदार कराते ही थे।

औद्योगिक क्रान्ति की पूर्व वेला तक रोमन खेती एक बात में यूरोपियन खेती से आगे थी; रोमन खेती दस्तकारी उद्योग से अलग हो चुकी थी, यूरोपियन खेती उससे जुड़ी हुई थी। मार्क्स ने ऐसे गठजोड़ को प्राकृतिक अर्थतंत्र की विशेषता कहा है। यह विशेषता उन्होंने यूरोप के प्राचीन और मध्यकालीन तथा भारतीय ग्राम-समाजों में देखी थी। प्राचीन यूरोप में—यूनानी और रोमन समाजों में—खेती और दस्तकारी

का गँठजोड़ दास-प्रथा के चलन से पहले था। एंगेल्स ने बताया है कि भूमि के क्रय-विक्रय से तथा खेती और दस्तकारी के बीच श्रम-विभाजन से गणों, गोत्रों आदि के लोग आपस में घुल-मिल गए। ('दि ऑरिजिन', पृ. 108) खेती और दस्तकारी के गँठजोड़ को पूँजीवाद खत्म करता है : "यह प्रक्रिया खास तौर से इंग्लैंड में, 18वीं सदी के तृतीयांश में, बड़े पैमाने पर देखी-परखी जा सकती है।" ('पूँजी', खंड-3, पृ. 787) यूनान और रोम में जो गँठजोड़ बहुत पहले टूट चुका था, वह पुनर्जागरण काल के इंग्लैंड में कायम था। जहाँ तक भारत का सम्बन्ध है, यहाँ लुहार, कुम्हार, सुनार-जैसी बिरादरियों का निर्माण ही इस कारण हुआ था कि किसानी से जुदा होकर दस्तकारी की शाखाओं का अलग-अलग विकास हुआ था।

18वीं सदी जब समाप्त हो रही थी, तब जर्मनी में ऐसे विचारक थे जो खेती से दस्तकारी के अलगाव को खतरनाक मानते थे। इनके लिए मार्क्स ने लिखा है कि वे "बहुत कुछ अर्द्धसामन्ती समाजों में बड़े हुए थे।" (उप.) औद्योगिक क्रान्ति से पहले का यूरोप अर्द्धसामन्ती है, अर्द्धपूँजीवादी है। इसी तरह रोमन समाज भी अर्द्धपूँजीवादी है, खेती-दस्तकारी के गँठजोड़ से मुक्त होने के कारण वह 18वीं सदी तक के यूरोपियन समाज से आगे है। कोई आश्चर्य नहीं कि कुछ बातों में प्राचीन यूरोप की संस्कृति 18वीं सदी के यूरोप की संस्कृति से आगे थी। 18वीं सदी के पूर्वार्द्ध में जिस प्रकृति-विज्ञान का विकास यूरोप में हुआ, वह सामग्री की छानबीन में यूनानी ज्ञान-विज्ञान से ऊपर था किन्तु "सैद्धान्तिक रूप से इस सामग्री पर काबू पाने में वह प्राचीन यूनान से उतना ही गहरे नीचे था।" ('डायलेक्टिकल', पृ. 98) एंगेल्स ने इस भेद का कारण यह बताया है कि यूनानी दार्शनिकों के लिए संसार अराजक स्थिति (chaos) से ऊपर उभरा था, उसका विकास हुआ था, वह अस्तित्व में आया था। 18वीं सदी के प्रकृति-विज्ञानियों के लिए संसार जड़ और परिवर्तनशील था। एक बार उसकी रचना हो गई तो हो गई। उसे गतिशील बनाने के लिए बाह्य प्रेरणा दरकार थी। (उप.) जहाँ तक भारत का सम्बन्ध है, संसार, जगत आदि शब्द गतिशीलता का अर्थ देने के कारण ही प्रयोग में आए थे। असत् से सत् का जन्म हुआ है (असतः सदजायत, 'ऋग्वेद' 10-72-2) यह वैदिक धारणा विश्व की गतिशीलता और उसके विकास का मूल सूत्र है। यूरोप में धार्मिक कट्टरता के कारण विज्ञान की प्रगति में बड़ी बाधा पड़ी। एंगेल्स के शब्दों में : "विज्ञान अब भी धर्मशास्त्र (Theology) के जाल में गहरे फँसा हुआ था।" (उप.) भारत में दर्शनशास्त्र का जो विकास हुआ, वह पुरोहितों के धर्मशास्त्र से मुक्त था। इसीलिए वह अठारहवीं सदी के यूरोपियन प्रकृति-विज्ञान की जड़ता से भी मुक्त था।

अमरीका में दासों का उपयोग मुख्यत खेती के लिए किया गया था। दासों के मालिक जो बिकाऊ माल पैदा करते थे, वह कच्चा माल था। इंग्लैंड के कारखानेदार उसे दुबारा बिकाऊ माल का रूप देते थे। इस तरह दास-प्रथा पर आधारित पूँजीवाद कारखानेदारों का आश्रित खेतिहर पूँजीवाद था। वह उपनिवेशों में पनपा था और उस

पर उपनिवेशवाद की छाप थी। यूनानी और रोमन दास-प्रथा उपनिवेशों की तरह कच्चा माल पैदा करने के लिए नहीं थी, वह कारखानों में दासों से पक्का माल भी बनवाती थी। दास खेतों के अलावा औद्योगिक प्रतिष्ठानों में भी काम करते थे। एथेंस की अपेक्षा रोम में जमींदारों का प्रभुत्व अधिक था; रोम की अपेक्षा एथेंस उद्योग और व्यापार का बहुत बड़ा केन्द्र था। एथेंस में स्वाधीन नागरिक—स्त्री, पुरुष, बच्चे, सब मिलाकर—90 हजार थे, दास-स्त्री और पुरुष 3 लाख 65 हजार थे। आश्रित—आप्रवासी तथा मुक्ति पाए हुए दास—45 हजार थे। एंगेल्स ने ये आँकड़े देकर हिसाब लगाया था कि हर बालिग स्वाधीन पुरुष के पीछे कम-से-कम 18 दास और 2 से अधिक आश्रित थे। एंगेल्स ने इस अनुपात का कारण बताया था : "दासों की बड़ी संख्या की व्याख्या इस तथ्य से होती है कि उनमें बहुत-से ओवरसियरों की देखरेख में बड़े कमरोंवाले कारखानों में काम करते थे।" ('दि ऑरिजिन', पृ. 117) इन कारखानों में बाजार के लिए माल तैयार किया जाता था। इस तरह दास-प्रथा के आधार पर एथेंस उत्पादन में कारखानेदारी की मंजिल तक पहुँच गया था। दास-प्रथा वाला अमरीका इस मंजिल से बहुत पीछे था। किन्तु अमरीका के उत्तरी राज्यों में पगारजीवी श्रम के आधार पर कारखानेदारी का विकास हो रहा था। उन्नीसवीं सदी के मध्य में यह कारखानेदारी दक्षिणी राज्यों की खेतिहर दास-प्रथा से टकराई और उसका परिणाम गृह-युद्ध हुआ। इस गृह-युद्ध के फलस्वरूप दास-प्रथा खत्म हुई। जिन बड़ी-बड़ी जमींदारियों में दास काम करते थे, वे टूट गईं। रोमन जमींदारियाँ भी टूटी थीं लेकिन वहाँ दास-प्रथा वाला समाज आगे बढ़ने के बदले पीछे हटा; इधर अमरीकी समाज दास-प्रथा से आगे पगारजीवी श्रम की मंजिल तक पहुँचा। रोमन समाज पर जर्मन आक्रमणकारी हावी थे; अमरीकी समाज अंग्रेजों से लड़कर स्वाधीन हो चुका था। दोनों की स्थिति में यह बहुत बड़ा अन्तर था। रोम और एथेंस, दोनों को बर्बर कबीलों ने परास्त किया, इसलिए वहाँ उस गृहयुद्ध की नौबत न आई जो अमरीका में अनिवार्य हो गया था।

1857-59 की पांडुलिपियों में मार्क्स ने यूरोप के मध्यकाल और रोमन सभ्यता के पूर्वकाल की एक सामान्य विशेषता का उल्लेख किया है। विशेषता यह है कि इनके दस्तकारी उद्योग पर कृषितंत्र की छाप रहती है। "दस्तकारी उद्योग या तो कृषितंत्र पर पूरी तरह निर्भर होता है, जैसेकि वह रोमन-युग के पूर्व भाग में था अथवा वह शहर में और अपनी परिस्थितियों में देहात के संगठन की नकल करता है, जैसाकि मध्यकाल में हुआ।" ('प्रिकैपिटलिस्ट', पृ. 84) रोमन युग के पूर्वभाग और यूरोप के मध्यकाल की यह सामान्य विशेषता अकारण नहीं है। रोमन-युग का पूर्व भाग सामन्तवादी है, वैसे ही जैसे यूरोप का मध्यकाल सामन्तवादी है। यूरोप का पुनर्जागरण काल रोमन सभ्यता के इस पहले दौर के समीप नहीं है, वह उसके दूसरे दौर के समीप है। दोनों की सामान्य विशेषता है : दासों के श्रम द्वारा बिकाऊ माल का उत्पादन। इंग्लैंड के पूँजीपति दासों का व्यापार करते हैं, उपनिवेशों के पूँजीपति दासों के श्रम से बिकाऊ

माल तैयार करते हैं। औद्योगिक क्रान्ति से पहले इंग्लैंड के पूँजीपति अपने कारखानों में दासों से काम नहीं कराते क्योंकि इस काम के लिए स्वाधीन मुफलिस नागरिक सुलभ हैं। ये सुलभ इसलिए हैं कि यूनान और रोम की तरह इंग्लैंड के स्वाधीन नागरिकों के लिए फौजी सेवा अनिवार्य नहीं है। भारत पर विजय पाने और उसे अपने अधीन बनाए रखने के लिए वे भारतीय सैन्य-शक्ति पर ही निर्भर हैं। इंग्लैंड में स्वाधीन मुफलिस नागरिकों की इफरात थी, इसलिए वहाँ माल्थस ने यह प्रचार शुरू किया कि गरीबी का कारण बढ़ती हुई आबादी है। उन्हीं दिनों अमरीकी उपनिवेशों में अंग्रेजों के भाई-बन्धु आबादी बढ़ाने पर जोर दे रहे थे। इंग्लैंड की कारखानेदारी पर दास-प्रथा की छाप थी, इस तथ्य पर 'पूँजी' के प्रथम खंड में पूरा जोर है। रोमन गणतंत्र के अन्तिम दौर का हवाला देते हुए मार्क्स ने लिखा है : "दस्तकारी उद्योग विकास के औसत स्तर से नीचे था पर सौदागरी पूँजी के साथ सूदखोर पूँजी का विकास चरम शिखर तक पहुँच गया था।" ('प्रिकैपिटलिस्ट', पृ. 593) सूदखोर पूँजी के उल्लेख से इस रहस्य का पता चल जाता है कि दस्तकारी उद्योग के विकास का स्तर नीचा क्यों था। सूदखोर पूँजी अभिन्न रूप में छोटे पैमाने के उत्पादन से जुड़ी होती है। मार्क्स ने जिस दौर की बात लिखी है, उसमें छोटे मालिक किसानों का अर्थतंत्र समाप्त न हुआ था। जब यह अर्थतंत्र टूट गया, तब किसानों की जगह दासों से काम लिया जाने लगा, तब सूदखोरीवाला शोषण खत्म हो गया। (उप., पृ. 595) इसकी चर्चा आगे फिर करेंगे। यहाँ केवल इस तथ्य पर ध्यान देना है कि छोटे पैमाने का उत्पादन खत्म होता है तो सूदखोर पूँजी की प्रधानता खत्म होती है। बड़े पैमाने के उत्पादन का चलन होने पर व्यापारिक पूँजी के प्रसार का मार्ग और प्रशस्त होता है।

2. पुराने समाज के विघटन में सौदागरी पूँजी की भूमिका

यूनान और रोम में सौदागरी पूँजी के विकास के बावजूद औद्योगिक क्रान्ति नहीं हुई। यूरोप में ऐसे विकास के बाद हुई, इस प्रसंग में मार्क्स की तर्कयोजना और विवेचना ध्यान देने योग्य हैं। बुनियादी बात यह है कि "व्यापार और व्यापारिक पूँजी के विकास से हर जगह विनिमय मूल्यों के उत्पादन की प्रवृत्ति जन्म लेती है। ऐसे उत्पादन के परिमाण में वृद्धि होती है। उसकी शाखाओं की संख्या बढ़ती है। वह विश्वजनीन बनता है और विश्व द्रव्य के रूप में द्रव्य का विकास होता है। इसलिए जो भी उत्पादक संगठन सुलभ होता है और जिसके विभिन्न रूप मुख्यत: उपयोग मूल्य के उद्देश्य से चालू रहते हैं, उस पर सर्वत्र व्यापार का बहुत कुछ विघटनकारी प्रभाव पड़ता है।" ('पूँजी', खंड-3, पृ. 331-32) उपयोग मूल्यों का सृजन प्राकृतिक अर्थतंत्र की विशेषता है। विनिमय मूल्यों का सृजन पूँजीवादी सम्बन्धों के विकास से जुड़ा है। द्रव्य विनिमय का सामान्य माध्यम बनता है। उत्पादन के परिमाण में, उसकी शाखाओं की संख्या में वृद्धि होती है।

मार्क्स की दूसरी बात यह है कि सौदागरी पूँजी के विकास से किस हद तक उत्पादन की पुरानी पद्धति का विघटन होता है, यह उसकी—व्यापारिक पूँजी की—आन्तरिक संरचना और सुदृढ़ता पर निर्भर है। ('पूँजी', पृ. 332) व्यापारिक पूँजीवाद का भरपूर विकास न हो, पुरान अर्थतंत्र के तत्त्व उस पर हावी रहें तो उसकी भूमिका कमजोर होगी और उत्पादन की पुरानी पद्धति न टूटेगी। मार्क्स की तीसरी बात यह है कि विघटन के बाद उत्पादन की कौन-सी नई पद्धति पुरानी पद्धति का स्थान लेगी, यह स्वयं उस पुरानी पद्धति के स्वरूप पर निर्भर है। फिर प्राचीन संसार—अर्थात् यूनान और रोम—का उदाहरण देते हैं। "प्राचीन संसार में सौदागरी पूँजी के विकास और व्यापार के प्रभाव की परिणति सदा दास-प्रथा में हुई; प्रयाणबिन्दु पर निर्भर रहते हुए इसमें परिणति हुई कि जो दादापंथी दास-प्रथा जीवन-यापन के तात्कालिक साधनों के उत्पादन में लगी हुई थी, वह बदलकर ऐसी दास-प्रथा बनी जो अतिरिक्त मूल्य का उत्पादन करनेवाली थी। किन्तु आधुनिक संसार में उसकी परिणति उत्पादन की पूँजीवादी पद्धति में हुई। निष्कर्ष यह कि ऐसी परिणति उन परिस्थितियों से उत्पन्न होती है जो सौदागरी पूँजी के विकास से भिन्न होती है।" (उप.)

सौदागरी पूँजी के विकास के बिना उत्पादन की पूँजीवादी पद्धति का जन्म न होता, यह स्पष्ट है। नई पद्धति के जन्म के लिए पुरानी पद्धति का विघटन जरूरी है और यह विघटन सौदागरी पूँजी के विकास से होता है। जहाँ भी सौदागरी पूँजी का विकास होगा, पुराने सामन्ती सम्बन्ध टूटेंगे; उस विकास की यह सामन्त-विरोधी भूमिका है। यूनान और रोम में सौदागरी पूँजी ने सामन्ती सम्बन्ध तोड़े, इन सम्बन्धों में दादापंथी दास-प्रथा भी थी। यह दास-प्रथा अब बदल गई और अतिरिक्त मूल्य का सृजन करने वाली, नये ढंग की दास-प्रथा बनी। यूनान और रोम के व्यवसायी पगारजीवी श्रमिकों का उपयोग बड़े पैमाने पर न कर सके, इसका कारण यह विशेष परिस्थिति थी कि उन्हें स्वाधीन नागरिकों की जरूरत फौजी सेवा के लिए थी। इंग्लैंड में उत्पादन की पूँजीवादी पद्धति का जन्म हुआ क्योंकि साम्राज्य के प्रसार और उसकी सुरक्षा के लिए भारतीय सेना काम आ रही थी और स्वाधीन नागरिक पगारजीवी श्रमिक बने बिना जीवित न रह सकते थे। किन्तु भारत में स्वाधीन नागरिकों के लिए फौजी सेवा अनिवार्य नहीं थी। इसलिए यहाँ पुराने जमाने से पगारजीवी श्रम की प्रथा चली आ रही थी। यहाँ सौदागरी पूँजी जिस माल की खरीद-फरोख्त करती थी, उसके निर्माता पगारजीवी श्रमिक थे। जैसे यूनान और रोम में सौदागरी पूँजी के विकास से दादापंथी दास-प्रथा बदल गई थी, वैसे ही भारत में उसके विकास से शूद्र श्रम पर आधारित वर्ण-व्यवस्था भी बदली थी।

पूँजीवादी उत्पादन और दास-प्रथा वाले उत्पादन में एक बुनियादी चीज सामान्य है, वह है अतिरिक्त मूल्य का सृजन। इंग्लैंड का जो बुनकर घर में बैठकर बुनाई करता था और गौण धन्धे के रूप में खेती भी करता था, अभी पगारजीवी सर्वहारा न बना

था किन्तु सौदागर के लिए अतिरिक्त मूल्य का सृजन वह भी करता था। अमरीकी उपनिवेशों में नीग्रो दास कपास उगाते थे, वे भी अतिरिक्त मूल्य का सृजन करते थे। ये सब पूँजीवादी उत्पादन के विभिन्न रूप हैं। इस उत्पादन का पूरा विकास तब होता है जब खेती और कारीगरी का अलगाव होता है और दास की जगह पगारजीवी श्रमिक काम करता है। औद्योगिक क्रान्ति से पहले का लंदन और प्राचीनकाल के रोम और एथेंस उस पूँजीवाद के केन्द्र हैं जो अभी विकसित नहीं हुआ, पर है वह पूँजीवाद ही। वास्तव में 16वीं-17वीं सदियों का ब्रिटिश पूँजीवाद यूनानी और रोमन पूँजीवाद से पिछड़ा हुआ था। कारण यह कि ब्रिटेन में उद्योग और कृषि का वह अलगाव न हुआ था जो पुराने इटली और यूनान में हो चुका था।

मार्क्स ने बताया है कि जैसे ही खेती से शहरी उद्योग का अलगाव होता है, इस उद्योग की उपज बिकाऊ माल बन जाती है। बिक्री के लिए उसे व्यापार की मध्यस्थता दरकार होती है। व्यापार का झुकाव शहरों के विकास की ओर होता है और शहर व्यापार पर निर्भर होते हैं। इस विकास के साथ-साथ किस हद तक औद्योगिक विकास होता जाएगा, यह एकदम अन्य परिस्थितियों पर निर्भर है। मार्क्स रोम और यूनानी नगरों के भिन्न औद्योगिक विकास का उदाहरण देते हैं। रोमन गणतंत्र के अन्तिम दौर में रोम की सौदागरी पूँजी का विकास प्राचीन संसार में पहले की अपेक्षा और भी ऊँचे स्तर तक हुआ था किन्तु दस्तकारी के विकास में कोई प्रगति न दिखाई दी थी। उधर कोरिन्थ में तथा यूरोप और लघु एशिया के अन्य यूनानी नगरों में व्यापार के विकास के साथ ऊँचे दर्जे की विकसित दस्तकारी भी देखी गई। ('पूँजी', पृ. 332) मार्क्स के इस विवरण से साबित यह हुआ कि व्यापार के विकास के बिना शहरी उद्योग का विकास सम्भव नहीं है किन्तु यह अनिवार्य नहीं है कि व्यापार का विकास हो तो शहरी उद्योग का विकास भी हो। औद्योगिक विकास इस बात पर निर्भर है कि बाजार का प्रसार हो रहा है या नहीं; इस प्रसार के लिए उचित परिमाण में माल बन रहा है या नहीं?

औद्योगिक पूँजीवाद के उद्भव और विकास के लिए उससे पहले व्यापारिक पूँजीवाद का उद्भव और विकास आवश्यक है। 'पूँजी' के तीसरे खंड में मार्क्स ने लिखा था : मध्यकाल में सौदागर केवल किसानों या कारीगर संघों का माल इधर से उधर ले जाता था। सौदागर उद्योगपति बनता है या कहें कि कारीगरों से, विशेष रूप में छोटे देहाती उत्पादकों से, अपने लिए काम कराता है। इसके विपरीत उत्पादक भी सौदागर बनता है। उदाहरण के लिए उस्ताद मालिक जुलाहा स्वयं ऊन या सूत खरीदता है और अपना कपड़ा सौदागर के हाथ बेचता है, बजाय इसके कि सौदागर से थोड़ी-थोड़ी ऊन लेता रहे और अपने कारीगरों के साथ उसके लिए काम करता रहे। उत्पादन की चीजें खुद उसके द्वारा खरीदे हुए माल के रूप में उत्पादन-प्रक्रिया में पहुँच जाती हैं। किसी एक सौदागर या किन्हीं खास गाहकों के लिए माल पैदा

करने के बदले वह उसे व्यापार जगत् के लिए पैदा करता है। उत्पादक स्वयं व्यापारी बन जाता है। सौदागरी पूँजी केवल संचरण की प्रक्रिया चालू रखती है। ('पूँजी', खंड-3, पृ. 336)

यह सौदागरी पूँजी उत्पादन को कैसे प्रभावित करती है, इस बारे में मार्क्स आगे कहते हैं : "शुरू-शुरू में व्यापार इस बात के लिए जरूरी शर्त थी कि दस्तकारी, देहाती घरेलू उद्योग और सामन्ती खेती पूँजीवादी व्यवसायों में रूपान्तरित हों। वह उत्पादित वस्तु का विकास बिकाऊ माल के रूप में करती है। वह ऐसा अंशत: इस तरह करती है कि उसके लिए बाजार का निर्माण करती है और अंशत: इस तरह कि वह बराबर की नई पण्य वस्तुएँ चालू करती है और उत्पादन के लिए नया कच्चा माल और सहायक सामग्री जुटाती है। इस प्रकार वह उत्पादन की ऐसी नई शाखाओं को जन्म देती है जो शुरू से ही व्यापार पर आधारित होती हैं। व्यापार का सम्बन्ध जहाँ तक घरेलू और विश्व-बाजार से है और जहाँ तक विश्व-बाजार में पैदा होनेवाली उत्पादन की परिस्थितियों से है, दोनों ही दशाओं में वे शाखाएँ व्यापार पर आधारित होती हैं।" (उप.)

पुराने ढंग की दस्तकारी, पुराने ढंग के घरेलू उद्योग और पुराने ढंग की खेती को पूँजीवादी व्यवसायों का रूप सौदागरी पूँजी देती है। उत्पादन की पुरानी पद्धति से जो माल तैयार किया जाता है, वह उसे बिकाऊ माल बनाती है। कोई चीज बिकाऊ माल तब बनेगी जब उसकी बिक्री के लिए बाजार होगा। बाजार के निर्माण का काम सौदागरी पूँजी करती है। नई पण्य वस्तुएँ चालू करना, उत्पादन के लिए नया कच्चा माल जुटाना, व्यापार पर आधारित उत्पादन की नई शाखाओं को जन्म देना—ये सारे कार्य औद्योगिक विकास के लिए आवश्यक होते हैं और उन्हें सौदागरी पूँजी सम्पन्न करती है। इसीलिए पूँजीवादी विकास की पहली मंजिल व्यापारिक पूँजीवाद की होती है और औद्योगिक विकास की वह अनिवार्य शर्त होती है।

सौदागरी पूँजी का प्रभुत्व मशीनी उत्पादन का चलन होने पर ही खत्म होता है। मार्क्स ने उक्त प्रसंग में आगे लिखा था : "जैसे ही कारखानेदारी (मैनूफैक्चर) में पर्याप्त शक्ति आ जाती है और खास तौर से बड़े पैमाने का उद्योग चालू होता है, वह [यानी कारखानेदारी] अपनी तईं खुद अपने लिए बाजार का निर्माण करती है। बिकाऊ माल के जरिये बाजार पर कब्जा जमाकर वह ऐसा करती है। इस बिन्दु पर व्यापार औद्योगिक उत्पादन का चाकर बन जाता है। बाजार का निरन्तर प्रसार ऐसे उत्पादन के लिए जीवन की आवश्यकता बन जाता है।" (उप.) पहले कारखानेदारी व्यापारिक पूँजी के अधीन होती है, फिर वह स्वयं उसके अधीन हो जाती है।

सौदागरी पूँजी का विकास दो प्रकार से हो सकता है : पहला प्रकार यह कि उत्पादक स्वयं सौदागर और पूँजीपति बन जाए और प्राकृतिक कृषितंत्र तथा कारीगर संघों से बँधी हुई शहरी दस्तकारी की सीमाएँ तोड़ दे। मार्क्स के विचार से 'यह

वास्तविक क्रान्तिकारी मार्ग है।" ('पूँजी', पृ. 334) दूसरा प्रकार यह कि सौदागर स्वयं उत्पादन पर हावी हो जाए। इसका परिणाम यह होता है कि उत्पादन की पुरानी तकनीक बनी रहती है और जब तक मशीनी उद्योग का चलन नहीं होता, तब तक समाज का पुराना ढाँचा पूरी तरह नहीं टूटता। फ्रांस, इंग्लैंड आदि देशों के इतिहास से विदित होता है कि यह दूसरा प्रकार ही अमल में आता है। मार्क्स ने इस सन्दर्भ में जो कुछ कहा है, वह पुनर्जागरण काल समेत औद्योगिक क्रान्ति से पहले के यूरोपियन समाज की असलियत पहचानने में बड़ी मदद करता है। सौदागर उत्पादन पर हावी हो जाए, विकास के इस दूसरे मार्ग के बारे में मार्क्स ने लिखा है : "ऐतिहासिक रूप से यह चाहे जितना ऊपर चढ़ने की सीढ़ी का काम दे—17वीं सदी के अंग्रेज कपड़ा व्यापारी को देखें; जुलाहे स्वाधीन हैं, वह उनके हाथ ऊन बेचकर और उनसे कपड़ा खरीदकर उन्हें अपने नियंत्रण में ले आता है—वह बज़ात खुद उत्पादन का पुराना तरीका उखाड़ने में योगदान नहीं कर सकता वरन् उसका रुझान यह होता है कि अपने अस्तित्व की पूर्व शर्त के रूप में वह उसे सुरक्षित बनाए रहे।" (उप.) व्यापारी जुलाहे के हाथ ऊन बेचता है। यह ऊन कच्चा माल है। उससे ऊनी कपड़ा तैयार करके जुलाहा व्यापारी के हाथ बेच देता है। लेकिन इस क्रय-विक्रय से जुलाहा व्यापारी के नियंत्रण में कैसे आ जाता है? होता यह है कि व्यापारी बुनकर को पेशगी पैसे देना शुरू करता है। इस पेशगी से वह ऊन खरीदता है, कपड़ा तैयार करने की अवधि में परिवार का पेट पालता है। व्यापारी के हाथ कपड़ा सौंपने के बाद उसे फिर पेशगी चाहिए। पेशगी लेने के कारण कपड़ा तैयार होने से पहले ही बिक चुका होता है। पेशगी रकम देकर व्यापारी पहले से ही उत्पादक की श्रम-शक्ति खरीद लेता है। यह उत्पादन की पूँजीवादी पद्धति का आदिम रूप है। भारत में अंग्रेजी राज कायम होने से पहले इस ददनी-प्रथा का व्यापक चलन था।

इंग्लैंड के साथ फ्रांस से भी उदाहरण देते हुए मार्क्स ने आगे लिखा था : "उदाहरण के लिए फ्रांस के रेशम-उद्योग और इंग्लैंड के होजिअरी और लेस उद्योगों का कारखानेदार इस प्रकार 19वीं सदी के मध्य तक अधिकतर नामचार को ही कारखानेदार था। वास्तव में वह सौदागर मात्र था। वह बुनकरों को अपने पुराने असंगठित ढंग से काम करने देता था और उन पर उसका सौदागरवाला नियंत्रण रहता था क्योंकि दरअसल वे उसी के लिए काम करते थे।" (उप.) मशीनी उद्योग का चलन हो जाने पर भी इंग्लैंड और फ्रांस में ऐसे उद्योग बने रहे जिनका संचालक व्यापारी था। तकनीक तो पुरानी थी ही, वह तकनीक भी कारखानों के भीतर नहीं, बाहर, बुनकरों के घरों में काम आ रही थी। पर ये उद्योग थे पूँजीवादी उत्पादन के दायरे में। मार्क्स ने एक मिसाल जर्मनी से भी दी है। रिबन और बैस्टिंग बनानेवाले, रेशम के बुनकर र्हाइन नदी के किनारे देहात में थे। कारखानेदार शहर में था। दोनों में सम्पर्क के लिए एक रेलमार्ग भी बनाया गया था। बुनाई उद्योग में मशीनों का चलन

होने से यह व्यवस्था भंग हो गई। ('पूँजी', पाद-टिप्पणी) जिस व्यवस्था में उत्पादन पर सौदागरी पूँजी हावी हो, उसके बारे में मार्क्स का मत यह था : "यह व्यवस्था हर जगह उत्पादन की वास्तविक पूँजीवादी पद्धति के आड़े आती है और उसके विकास के साथ ध्वस्त होती है। उत्पादन की पद्धति में क्रान्तिकारी तब्दीली किये बिना वह प्रत्यक्ष उत्पादकों की हालत महज बदतर कर देती है। वह उन्हें पगारजीवी मजदूर और सर्वहारा ऐसी परिस्थितियों में बनाती है जो पूँजी के सीधे नियंत्रण वाली परिस्थितियों से बदतर होती हैं। उत्पादन के पुराने तरीके के आधार पर वह उनके अतिरिक्त श्रम का अपहरण करती है। थोड़े से हेरफेर के साथ लंदन के हस्तशिल्पवाले फर्नीचर-उद्योग के एक हिस्से में वही परिस्थितियाँ विद्यमान हैं।" (उप., पृ. 334-35) दस्तकारी की पुरानी पद्धति कायम है पर अतिरिक्त मूल्य का सृजन हो रहा है और वह व्यापारी की जेब में पहुँच रहा है।

'पूँजी' के तीसरे खंड के अन्त में एंगेल्स ने अपनी ओर से एक पूरक अध्याय जोड़ा था। इसमें उन्होंने बताया था कि औद्योगिक पूँजी के आदिम तत्त्वों का निर्माण मध्यकाल में ही हो गया था। जहाजरानी, खानें और कपड़ा-उद्योग—इन तीन क्षेत्रों में यह निर्माण हुआ था। मल्लाहों अर्थात् पगारजीवी श्रमिकों के बिना उस पैमाने की जहाजरानी सम्भव न थी। खानों में मूलत: जिन कारीगर संघों ने काम शुरू किया था, उनका स्वरूप बदलकर पूँजी लगाने वाले व्यवसायी संघों (Stock Companies) का हो गया था। वे पगारजीवी श्रमिकों द्वारा खनिज सम्पदा अर्जित करते थे। "और कपड़ा उद्योग में व्यापारी छोटे मालिक बुनकर को सीधे अपनी सेवा में ले आया था। वह उसे धागा (Yarn) देता था। एक निश्चित पगार के बदले वह उस धागे से अपने हक में कपड़ा बनवाता था। संक्षेप में यह कि वह मात्र गाहक न रहकर तथाकथित ठेकेदार बन गया था। यहाँ हम पूँजीवादी अतिरिक्त मूल्य की पहली शुरुआत देखते हैं।" ('पूँजी', खंड-3, पृ. 904) एंगेल्स ने प्रश्न किया है : कपड़े के व्यापारी को औसत मुनाफा तो मिलता ही था, उसे यह अतिरिक्त ठेकेदारी का काम उठा लेने को कौन-सी चीज प्रेरित करती थी? उत्तर दिया है : "एक ही चीज—दूसरे जिस भाव माल बेचते थे, उसी भाव से अधिक मुनाफे की सम्भावना। और यह सम्भावना उसके सामने थी। छोटे मालिक को अपनी सेवा में लेकर उसने उत्पादन की वह परम्परागत हदबन्दी तोड़ दी जिसके भीतर उत्पादक अपना तैयार माल बेचता था और उसके अलावा कुछ न बेचता था। सौदागर पूँजीपति ने श्रम-शक्ति खरीद ली। उत्पादन के उपकरण अभी श्रम-शक्ति के पास थे किन्तु कच्चा माल नहीं था। बुनकर को नियमित काम की गारंटी देकर वह उसकी पगार को इतना घटा सकता था कि जो श्रमकाल लगाया जाता था, उसके एक अंश के लिए पैसे न दिये जाएँ। इस तरह अपने व्यापारिक मुनाफे के अलावा और उससे अलग वह ठेकेदार अतिरिक्त मूल्य को हड़पनेवाला बन गया।" ('पूँजी', पृ. 904-05) उत्पादन के औजार पुराने हैं, उत्पादक अपने घर पर

काम करता है, किन्तु व्यापारी ठेकेदार बनकर—बुनकर से ठेके पर कपड़ा तैयार कराके—अतिरिक्त मूल्य हड़पने लगा है। वह अतिरिक्त मूल्य हड़पने की स्थिति में इसलिए होता है कि वह श्रम-शक्ति खरीद लेता है और उत्पादक ने जितने समय तक श्रम किया है, उतने समय का पूरा पारिश्रमिक उसे नहीं देता। पूरे श्रमकाल के एक अंश में जो माल तैयार होता है, वह उसके हाथ मुफ्त आ जाता है।। यही अतिरिक्त मूल्य है। जितना ही उत्पादक कर्ज के बोझ से दबेगा, उतना ही ठेकेदार के चंगुल में फँसेगा, उतना ही उसे अधिक अतिरिक्त मूल्य हड़पने देगा।

इसके बाद की मंजिल है कारखानेदारी। इसके जरिये कारखानेदार अपने पुरानपंथी दस्तकारीवाले प्रतिद्वंद्वी की अपेक्षा सस्ते में माल तैयार कराता है। इस कारखानेदार से पुराने व्यापारी का सम्बन्ध देखें। एंगेल्स ने लिखा है कि यह कारखानेदार '17वीं और 18वीं सदियों में—जर्मनी में आम तौर से 1850 तक, और जहाँ-तहाँ आज तक भी—अपने माल का खुद ही निर्यात-व्यापारी होता है।" ('पूँजी', पृ. 906) व्यापारी से कारखानेदार, कारखानेदार से फिर व्यापारी, यह प्रक्रिया औद्योगिक क्रान्ति तक जारी रहती है। इसीलिए पूँजीवाद के प्रारम्भिक युग को व्यापारिक पूँजीवाद का युग कहना उचित है।

व्यापारिक पूँजीवाद के युग में उत्पादन की आधुनिक पद्धति का जो विवेचन हुआ, वह सतही था क्योंकि ध्यान संचार-प्रक्रिया के सतही प्रपंच पर था। मार्क्स ने बताया है कि इसका एक कारण यह था कि पूँजी के सामान्य रूप में उसके अस्तित्व की पहली स्वतंत्र अवस्था सौदागरी पूँजी है। दूसरा कारण यह है कि सामन्ती उत्पादन में जो क्रान्तिकारी परिवर्तन होते हैं, उनके पहले दौर में वह अपना विराट प्रभाव (overwhelming influence) टालती है। आधुनिक अर्थतंत्र का वास्तविक विज्ञान तब शुरू होता है जब संचार-प्रक्रिया से आगे बढ़कर सैद्धान्तिक विवेचन उत्पादन प्रक्रिया तक पहुँचता है। (उप., पृ. 337) व्यापारिक पूँजीवाद के युग के अर्थशास्त्र की सीमाएँ उस युग के अर्थतंत्र की सीमाएँ भी हैं। यहाँ ध्यान इस बात पर देना है कि सामन्ती उत्पादन में जो क्रान्तिकारी परिवर्तन होते हैं, उनके पहले दौर में सौदागरी पूँजी का प्रभाव विराट होता है। दूसरा दौर वह है जो मशीनों के चलन से आरम्भ होता है। इससे निष्कर्ष यह निकलेगा कि पहले दौर में सामन्ती उत्पादन के तौर-तरीके बने रहते हैं। पूँजीवाद का विकास इस दौर में सामन्ती व्यवस्था के भीतर होता है। वह विकास सामन्तवाद का तानाबाना पूरी तरह तोड़ नहीं पाता। सूदखोरी और पैसा जोड़ने की प्रवृत्ति इस तानेबाने की विशेषताएँ हैं।

3. सौदागरी पूँजी और सूदखोरी

सूदखोरी और पैसा जोड़ने की प्रवृत्ति व्यापारिक पूँजीवाद के युग में कायम रहती हैं। पहले की अपेक्षा और सघन भी होती हैं। मार्क्स ने सूदखोर पूँजी को व्यापारिक

पूँजी की जुड़वाँ बहन कहा है। बताया है कि ये पूँजी के पुरातन रूप हैं जो पूँजीवादी उत्पादन से पहले समाज के बहुविध आर्थिक गठनों में पाए जाते हैं। महाजन से जो लोग ऋण लेते हैं, उनमें सौदागर भी होता है। "सौदागर इसलिए पैसा उधार लेता है कि उसके जरिये मुनाफा कमाए, उसका उपयोग पूँजी के रूप में करे अर्थात् उसे खर्च करे। अतः समाज के प्राचीन रूपों में महाजन से सौदागर का वही सम्बन्ध होता है जो आधुनिक पूँजीपति का होता है।" ('पूँजी', खंड-3, पृ. 593)

यहाँ समाज के जिन प्राचीन रूपों की बात है, वे सब मशीनी उत्पादन से पहले के हैं। इन रूपों के भीतर—सामन्ती और व्यापारिक पूँजीवादी रूपों के भीतर—सूदखोरी का खास अन्दाज यह है कि उच्च वर्गों के उड़ाऊखाऊ सदस्यों, विशेष रूप से जमींदारों को कर्ज दिया जाता है। इनके अलावा छोटे उत्पादकों को कर्ज दिया जाता है जो श्रम की अपनी परिस्थितियों के मालिक हैं। इनमें कारीगर भी हैं, पर मुख्य रूप में किसान हैं। प्राक् पूँजीवादी परिस्थितियाँ जिस हद तक स्वाधीन छोटे उत्पादकों को अपने निजी धन्धे में लगे रहने देती हैं, उस हद तक यह अनिवार्य है कि ऐसे अधिकांश लोग किसान हों। सूदखोरी के कारण धनी जमींदार बर्बाद होते हैं, छोटे उत्पादक मुफलिस बन जाते हैं। इसके फलस्वरूप भारी मात्रा में द्रव्यपूँजी का केन्द्रीकरण होता है। "लेकिन किस हद तक इस प्रक्रिया से उत्पादन की पुरानी पद्धति खत्म होती है, जैसेकि आधुनिक यूरोप में हुई, और उसकी जगह वह उत्पादन की पूँजीवादी पद्धति चालू करती है या नहीं, यह ऐतिहासिक विकास की मंजिल पर और सम्बन्धित परिस्थितियों पर पूर्णतः निर्भर है।" (उप.,पृ. 594) मार्क्स ने जो बात सौदागरी पूँजी के लिए कही थी, वही सूदखोर पूँजी के लिए कही है। सूदखोरी के कारण किसान, कारीगर और जमींदार तबाह होते हैं और द्रव्य पूँजी का केन्द्रीकरण होता है। औद्योगिक पूँजीवाद के विकास के लिए इतना काफी नहीं है। उसके विकास के लिए एक बड़ा बाजार चाहिए और इसका निर्माण सौदागरी पूँजी करती है। विनिमय से, अतः बाजार के निर्माण से, सौदागरी पूँजी का प्रत्यक्ष सम्बन्ध है। विनिमय का विकास होगा, बाजार का निर्माण होगा, तब छोटे पैमाने के उत्पादन से काम न चलेगा। दासों से यदि बड़े पैमाने का उत्पादन कराया जाए तो सौदागरी पूँजी का विकास होगा पर सूदखोर पूँजी का ह्रास होगा। दोनों में यह अन्तर है। इंग्लैंड में पुनर्जागरण काल से लेकर औद्योगिक क्रान्ति की पूर्वबेला तक सूदखोर पूँजी का बोलबाला रहता है; रोम में दास-प्रथा के व्यापक चलन के बाद उसका ह्रास हो जाता है। इस अवधि के इंग्लैंड से प्राचीन रोमन समाज आगे बढ़ा हुआ था, इसका एक प्रमाण दोनों जगह सूदखोर-पूँजी की भिन्न स्थिति है।

छोटे पैमाने के सामन्ती उत्पादन, बड़े पैमाने के मशीनी उत्पादन और रोमन समाज के दास-प्रथा वाले उत्पादन में सूदखोर पूँजी की स्थिति का विवेचन मार्क्स ने इस प्रकार किया है : "ब्याज देनेवाली पूँजी का अपना खास रूप सूदखोर-पूँजी

है। यह पूँजी उस छोटे पैमाने के उत्पादन की प्रधानता के अनुरूप है जिसमें खुद को काम में लगानेवाले किसान और छोटे मालिक कारीगर हैं। जब पूँजी की शक्ल में श्रम की परिस्थितियों तथा श्रम की उपज से श्रमिक का आमना-सामना होता है, जैसेकि उत्पादन की पूँजीवादी पद्धति में होता है, तब श्रमिक के लिए जरूरी नहीं होता कि उत्पादक की हैसियत से वह पैसा उधार ले। यदि वह पैसा उधार लेता है, मसलन माल गिरवी रखनेवाले से उधार लेता है, तो निजी आवश्यकताओं की पूर्ति के लिए वह ऐसा करता है। लेकिन जहाँ श्रमिक अपनी श्रम की परिस्थितियों का और अपनी उपज का मालिक होगा, यह मिल्कियत चाहे वास्तविक हो, चाहे नामचार की हो, वहाँ ऋणदाता की पूँजी के सामने वह उत्पादक की हैसियत से खड़ा होगा। वह पूँजी उसके सामने सूदखोर-पूँजी के रूप में होगी। न्यूमैन ने बात फीके ढंग से कही है कि बैंकपति सम्मान्य होता है और सूदखोर से लोग घिनाते और नफरत करते हैं क्योंकि बैंकपति तो धनी लोगों को, पर सूदखोर गरीबों को, कर्ज देता है। (F.W. Newman, Lectures on Political Economy, पृ. 44) "उन्होंने इस तथ्य की अनदेखी की है कि सामाजिक उत्पादन की दो पद्धतियों और उनके अनुरूप सामाजिक परिस्थितियों के बीच जो भेद है, वही बात की जड़ है, और धनी-निर्धन के भेद से स्थिति की व्याख्या नहीं की जा सकती। इसके अलावा जो सूदखोरी छोटे उत्पादक को चूस लेती है, वह बड़ी रियासत के धनी मालिक को भी चूसती है। जैसे ही रोमन पैट्रीशियनों की सूदखोरी ने रोमन प्लीबियनों, छोटे किसानों को पूरी तरह तबाह कर दिया, वैसे ही शोषण का यह रूप खत्म हो गया और छोटे किसानों के अर्थतंत्र का स्थान विशुद्ध दासों के अर्थतंत्र ने ले लिया।" (उप., पृ. 594-95)

छोटे किसानों का अर्थतंत्र छोटे पैमाने के उत्पादन का अर्थतत्र है। यह तंत्र रोमन समाज में दास-प्रथा के व्यापक चलन से पहले टूट चुका था। इंग्लैंड में बँधुआ किसान-प्रथा के विघटनकाल में वह पुष्पित और पल्लवित हो रहा था। मार्क्स के अनुसार : "इंग्लैंड में, 14वीं शताब्दी के अन्तिम चरण में, बँधुआ किसान-प्रथा व्यवहारतः समाप्त हो गई थी। सामन्ती उपाधि कुछ भी हो जिससे सम्पत्ति पर किसानों का अधिकार छिपा रहा हो, आबादी का विशाल बहुसंख्यक भाग उस समय, और उससे भी ज्यादा 15वीं सदी में स्वाधीन किसान मालिकों का था।" ('पूँजी', खंड-1, पृ. 671) छोटे मालिक किसानोंवाला तंत्र आगे भी चालू रहा। "17वीं सदी के अन्तिम दशक में भी यओमैन कहलानेवाले स्वाधीन किसानों का वर्ग, काश्तकारों के वर्ग से संख्या में बहुत ज्यादा था। यही लोग क्रॉमवेल की शक्ति का मूलाधार थे।" (उप., पृ. 676) छोटे किसानों के अर्थतंत्र की विघटन प्रक्रिया 18वीं सदी के मध्य तक जारी रही।

16वीं-17वीं सदियों में पुराना अभिजात वर्ग समाप्त न हो गया था। वह अपनी कुलीनता पर गर्व करता था, कर्ज लेकर ऐश की जिन्दगी बिताना चाहता था। मार्क्स ने बताया है कि 17वीं सदी के अन्तिम दशक में कुछ कल्पनाशील व्यक्तियों ने

योजना बनाई थी कि काश्तकारों का बैंक खोला जाए और वास्तविक भू-सम्पत्ति के आधार पर कागजी नोट जारी किये जाएँ जिससे अंग्रेज अभिजात वर्ग को सूदखोरी के चंगुल से छुटाया जाए। ('पूँजी', खंड-3, पृ. 601) मजे की बात यह है कि सूदखोरी खत्म करने और उधार की नई व्यवस्था कायम करने के जो प्रयत्न हुए, उनका प्रबल विरोध अंग्रेज जमींदारों ने ही किया। सूदखोरों के चंगुल से छुटकारा पाने के लिए वेनिस और जेनोआ के व्यापारियों ने 12वीं और 14वीं सदियों में उधार देनेवाली संस्थाएँ बनाई थीं। जब वहाँ बैंकों का चलन हुआ, तब व्यापारियों ने इनका उपयोग राज्यसत्ता पर काबू पाने के लिए किया। इंग्लैंड के जमींदार राज्यसत्ता पर हावी थे, वे इस तरह उसे व्यापारियों के हवाले करने को तैयार न थे। इसलिए जब बैंक ऑफ इंग्लैंड की स्थापना होने वाली थी, तब टोरियों ने विरोध किया : "बैंक गणतांत्रिक संस्थान हैं। वेनिस, जेनोआ, अम्स्टर्डम और हाम्बुर्ग में बैंक फले-फूले। लेकिन बैंक ऑफ फ्रांस या स्पेन का नाम किसने सुना है?' (उप., पृ. 602) यद्यपि इंग्लैंड के जमींदार ऊन के व्यापार से धन कमा रहे थे पर वे इस बैंक-व्यवस्था के विरुद्ध थे जो व्यापारिक पूँजीवाद के लिए आवश्यक थी।

17वीं सदी में, मार्क्स के अनुसार, हॉलैंड आर्थिक विकास का आदर्श नमूना माना जाता था। वहाँ व्यापार और दस्तकारी उद्योग (मैन्यूफैक्चर) के साथ-साथ व्यापारिक उधार और द्रव्य-व्यवसाय का विकास हुआ था। इस विकास के फलस्वरूप ब्याज देनेवाली पूँजी औद्योगिक और व्यापारिक पूँजी के अधीन हो गई थी। समूची 18वीं सदी में हॉलैंड की मिसाल देकर इंग्लैंड के व्यवसायी माँग कर रहे थे कि ब्याज की दर कानूनन कम की जाए। (उप.) कर्ज देने का धन्धा बहुत कुछ इंग्लैंड के सुनारों के हाथ में था। धनी सुनार बादशाह तक को कर्ज देते थे। बैंक ऑफ इंग्लैंड के खिलाफ सुनारों ने हल्ला मचाया। सोने-चाँदी का व्यापार इन लोगों के हाथ में था। बैंक-व्यवस्था को फलने-फूलने से इनका धन्धा चौपट होता। इस व्यवस्था का विरोध करनेवालों की एक जमात उन दुकानदारों की थी जो दूसरों की चीजें गिरवी रखकर उन्हें सूद पर रुपया उधार देते थे। ये पॉनब्रोकर कहलाते थे। इनकी दुकानों से इंग्लैंड के मजदूरों को अक्सर साबिका पड़ता था और मार्क्स को भी पड़ा था। सूदखोर से मजदूर चाहे उत्पादक की हैसियत से कर्ज ले, चाहे सर्वहारा होने के कारण निजी आवश्यकताएँ पूरी करने के लिए, सूदखोर का धन्धा चालू रहता है। 19वीं सदी के लंदन में ऐसी 240 दुकानें थीं जिन्हें लाइसेंस मिला हुआ था। देहात में लगभग ढाई हजार थीं। उस समय के एक लेखक ने हिसाब लगाया था कि इंग्लैंड में निम्न स्तरों के लोग साल में दस लाख पाउंड ब्याज इन सूदखोरों को देते हैं। गिरवी रखा माल न छुड़ा पाए और वह दुकानदार का हो गया, वह अलग। (उप., पृ. 601) इससे अनुमान किया जा सकता है कि औद्योगिक क्रान्ति से पहले सूदखोरी का चलन कितना व्यापक रहा होगा।

सूदखोर पूँजी और सौदागरी पूँजी का सम्बन्ध पैसा जोड़ने की प्रवृत्ति से भी है। जिस समाज में भूमि ही सम्पत्ति का सबसे महत्त्वपूर्ण रूप हो, उसमें सूदखोर पूँजी और सौदागरी पूँजी एक नई सम्पत्ति—द्रव्य सम्पत्ति—का रूप लेती हैं। वे भू-सम्पत्ति से स्वतंत्र होती हैं, इसलिए ऐतिहासिक रूप से महत्त्वपूर्ण होती हैं। मार्क्स ने लिखा है : "जितना ही उत्पादित वस्तुएँ पण्य वस्तुओं का रूप धारण करती हैं और उत्पादन पर विनिमय मूल्य की पकड़ की मजबूती और उसके प्रसार का दायरा कम होता है, उतना ही लगता है कि द्रव्य वास्तविक सम्पत्ति है; उपयोग-मूल्यों में उसका जो सीमित रूप दिखाई देता है, उसके मुकाबले वह सम्पत्ति का सामान्य रूप जान पड़ता है। पैसा जोड़ने की प्रवृत्ति (boarding) का यही आधार है।" (उप., पृ. 598) जहाँ उत्पादित वस्तुओं का परिमाण कम है, उनमें कुछ ही बाजार में बिकती हैं, वहाँ उत्पादन पर विनिमय मूल्य की पकड़ का दायरा सीमित है। एक बार माल बेचकर पैसा अंटी में करे और उस पैसे का उपयोग माल खरीदने के लिए न करे तो कहना होगा कि उत्पादन पर विनिमय मूल्य की पकड़ ढीली है। खरीदो और बेचो, बेचो और खरीदो—इस चक्र में जो धन बराबर चालू रहता है, वह द्रव्य है। लेकिन बेचने के बाद खरीदने का काम न किया गया, तो द्रव्य जड़ हो गया, धन बन गया। ('पूँजी', खंड-1, पृ. 130)

पैसा जोड़कर रखने के सिलसिले में मार्क्स ने एशिया, खास तौर से भारत, का हवाला दिया है। "पण्य वस्तुओं के संचरण की शुरुआती मंजिलों में केवल अतिरिक्त उपयोग मूल्य ही द्रव्य में परिवर्तित किये जाते हैं। इसलिए सोना-चाँदी बज़ात खुद अमीरी या दौलत की अभिव्यक्ति बन जाते हैं। संचय का यह भोला रूप उन समाजों में स्थायी बन जाता है जिनमें घरेलू आवश्यकताओं के सुनिश्चित और सीमित वृत्त की आपूर्ति के लिए ही उत्पादन की परम्परागत पद्धति चालू रखी जाती है। एशिया के, और खास तौर से भारत के लोगों के साथ यही बात है। वांडेरलिंट ने कल्पना की थी कि किसी देश में पण्य वस्तुओं की कीमत वहाँ प्राप्त सोने-चाँदी के परिमाण से निर्धारित होती है। उन्होंने प्रश्न किया है, भारतीय माल इतना सस्ता क्यों होता है? उत्तर है : इसलिए कि हिन्दू अपना धन गाड़कर रखते हैं। उन्होंने लिखा है कि 1602 से 1734 तक उन्होंने 15 करोड़ पाउंड स्टर्लिंग की चाँदी गाड़ी थी। यह चाँदी मूलरूप में अमरीका से यूरोप पहुँची थी। 1856 से 1866 तक दस साल में इंग्लैंड ने भारत और चीन को 12 करोड़ पाउंड की चाँदी निर्यात की थी। आस्ट्रेलियाई सोने के बदले यह चाँदी प्राप्त हुई थी। जो चाँदी चीन को निर्यात की जाती है, उसका अधिकांश भारत पहुँच जाता है।" (उप., पृ. 131)

जो बात 17वीं सदी में भारत के लिए बर्नियर ने कही थी, वही बात 18वीं सदी में वांडेरवेल्ट ने भारत के बारे में फिर कही। मार्क्स ने बताया है कि धन गाड़कर रखने की प्रवृत्ति उन समाजों में स्थायी बन जाती है जिनमें उत्पादन का लक्ष्य सीमित

और सुनिश्चित आवश्यकताएँ पूरी करना ही होता है। जो थोड़ी-सी अतिरिक्त उपज होगी, वही बेची जाएगी। पण्य वस्तुओं में संचरण की शुरुआती मंजिलें यूरोप के सभी देशों में आई थीं किन्तु इनमें कोई ऐसा देश नहीं था जो थोड़ी-सी अतिरिक्त उपज के सहारे बाहर का सोना-चाँदी अपने यहाँ खींच लाता। अमरीका से जो चाँदी 17वीं सदी में यूरोप पहुँची थी, वह लूट में प्राप्त हुई थी। वह चाँदी भारत में व्यापार के जरिये पहुँची थी। भारत का माल सस्ता था, इसलिए अन्य देशों की अपेक्षा इस माल के बदले और भी कम चाँदी आनी चाहिए थी। हुआ उल्टा। जहाँ माल सस्ता था, वहीं उसके लिए सबसे ज्यादा चाँदी दी जाती थी। यह तभी सम्भव था जब उस माल का परिमाण बहुत बड़ा हो। सीमित आवश्यकताओं की पूर्ति के लिए जो उत्पादन चलाया जाएगा, वह कभी इतना धन अर्जित नहीं कर सकता। भारत में बड़े पैमाने पर विनिमय मूल्यों का उत्पादन होता था, इस निष्कर्ष से बचा नहीं जा सकता।

मार्क्स ने 'पूँजी' के प्रथम खंड में शेक्सपियर के नाटक 'टाइमन ऑफ एथेंस' से एक अंश उद्धृत किया था जिसका सम्बन्ध सोने से है : Gold? yellow, glittering, precious gold? इत्यादि। टाइमन को यह सोना धरती में गड़ा हुआ मिला है। वह धरती इसलिए खोद रहा था कि खाने को कन्दमूल-जैसी कोई चीज मिल जाए किन्तु मिला उसे सोना। 16वीं से 19वीं सदी तक गड़े हुए खजाने मिलने की बहुत-सी कहानियाँ अंग्रेजी में लिखी गई थीं। औद्योगिक क्रान्ति के बाद ऐसी कहानियाँ कम लिखी गईं, कारण यह कि उत्पादन के विकास के साथ धन को गाड़कर रखने की प्रवृत्ति भी समाप्त हुई। टाइमन को जो सोना मिला है, वह मुद्रा रूप में नहीं है, वह अमुद्रित, विशुद्ध सुवर्ण है। भारतीय कवि ने बहुत पहले लिखा था : 'यस्यास्ति वित्तः स नरः कुलीनः'; वह कंचन को वित्त रूप में देख रहा था। टाइमन ने अमुद्रित, अवित्त सोने के लिए कहा था : "Thus much of this will make...base noble" (इसकी इतनी-सी मात्रा नीच को कुलीन बना देगी)। जहाँ विनिमय के लिए अमुद्रित सोने-चाँदी का व्यवहार होगा, वहाँ विनिमय सीमित होगा।

टाइमन स्वयं सुवर्णप्रेमी नहीं है, वह अभिजात वर्ग का एक तबाह सदस्य है किन्तु 'मर्चेंट ऑफ वेनिस' का शाइलॉक सुवर्णप्रेमी है, संचयी है; वह धन का एक ही उपयोग जानता है कि उसे सूद पर उठाया जाए और उसमें वृद्धि की जाए। सूद पर उठाने के लिए धन वित्त रूप में दरकार है। वह सपने में स्वर्ण-मुद्राओं से भरी हुई थैलियाँ देखता है। धन-संचय का एक रूप सोने-चाँदी के सिक्के देकर हीरे-मोती खरीदना है। "A diamond gone, cost me two thousand ducats in Frankfort!" शाइलॉक ने दो हजार स्वर्ण-मुद्राएँ देकर एक हीरा खरीदा था। सोने-चाँदी के गहने, हीरे और मोतियों के आभूषण धन-संचय का एक रूप हैं। भारत में सोना-चाँदी इस हद तक सुलभ था कि साधारण लोग भी छोटे-मोटे आभूषण गढ़वा लेते थे। यूरोप में यह सम्भव नहीं था। अधिकांश सोना-चाँदी भारत के हवाले करना पड़ता था; गहने

बनवाने और पहनने के लिए सोना-चाँदी सुलभ न था। इसका यह अर्थ नहीं कि यूरोप के लोगों को गहनों से प्रेम न था। विवाह संस्कार के अवसर पर कम-से-कम एक गहना अँगूठी—आवश्यक था। 'मर्चेंट ऑफ वेनिस' में बसानिओ ने अपनी पत्नी से अँगूठी यह प्रतिज्ञा करते हुए पाई है कि "I should neither sell, nor give, nor lose it." (वह उसे बेचेगा नहीं, किसी को देगा नहीं, उसे खोएगा नहीं।) अँगूठी-जैसे गहने के अलावा यूरोप का अभिजात वर्ग हीरे-मोती पहनकर अपने वैभव का प्रदर्शन करने से बहुत प्रसन्न होता था। जर्मन लोग जब सोने-चाँदी का मूल्य समझने लगे, तब—एंगेल्स के अनुसार—"सोने-चाँदी के प्रति घृणा का स्थान स्वयं को हीरे-जवाहरात से सजाने की आकांक्षा ने ले लिया। रोमन द्रव्य के प्रति उदासीनता के भाव का स्थान समस्त जर्मन भूमि पर उसके वितरण ने ले लिया।" ('प्रिकैपिटलिस्ट', पृ. 335) आभूषणप्रियता यूरोप और भारत, दोनों जगह थी, भिन्नता उसके परिमाण में—और एक हद तक उसके रूप में थी।

यूरोप के पुनर्जागरण काल में सोना-चाँदी बटोरने के लिए जबर्दस्त भागदौड़ शुरू हुई। व्यापारिक पूँजीवाद का यह सिद्धान्त बन गया कि जिस देश के पास जितना ही ज्यादा सोना-चाँदी होगा, वह उतना ही समृद्ध माना जाएगा। उस समय के साहित्य में भारत का उल्लेख ऐसे ही समृद्ध देश के रूप में मिलता है। सोना-चाँदी बटोरने की यह प्रक्रिया सामन्ती व्यवस्था के भीतर हो रही थी; उससे यह व्यवस्था टूट रही थी किन्तु अभी वह टूट न गई थी। एंगेल्स ने इस सम्बन्ध में लिखा था : "सोने की तलाश में साहसिक यात्राएँ करने की उत्कट अभिलाषा यद्यपि शुरू में सामन्ती अथवा अर्द्धसामन्ती रूपों में चरितार्थ हुई थीं, फिर भी बुनियादी तौर से उसकी संगति सामन्तवाद से नहीं थी। सामन्तवाद का आधार था कृषितंत्र और उसके सैनिक अभियान मूलत: 'भूमि जीतने' के लिए होते थे।" (उप., पृ. 463) सोना-चाँदी बटोरकर रखा जाएगा तो सामन्ती व्यवस्था कायम रहेगी, विनिमय के रूप में उसका व्यवहार होगा तो वह टूटेगी। पुनर्जागरण काल के इंग्लैंड में अभिजात वर्ग सत्ताधारी है। वह कुलीन है, इसलिए अभिजात है। अभिजात है, इसलिए भूस्वामी है। भूमि पर उसका इजारा औद्योगिक पूँजीवाद का विकास हो जाने पर भी—मार्क्स के जीवनकाल में—न टूटा था। पुनर्जागरण काल में सूदखोरी और धन संचय-वृत्ति का बोलबाला है और इनसे अभिजात वर्ग टकराता है। उसे व्यापार के लिए नहीं, अपने वैभव और विलास के लिए ऋण चाहिए और ऋण पर ब्याज देने में उसे कष्ट होता है। 'मर्चेंट ऑफ वेनिस' का बसानिओ जितना सौदागर है, उससे ज्यादा नवाब है। हैसियत से ज्यादा अमीरी ठाठ रचने में उसने अपनी रियासत बर्बाद कर दी है।

"...I have disabled mine estate
By something showing a more swelling port
Than my faint means would grant continuance."

इसी तरह टाइमन ने अपने अभिजात मित्रों की मीठी-मीठी बातों से खुश होकर अपनी सम्पत्ति का नाश किया। बसानिओ को अपनी प्रेयसी पोर्शिया पर धाक जमाने के लिए और कर्ज चाहिए। मुफलिसी में कोई कर्ज देगा नहीं, अत: उसका मित्र अन्तोनिओ कठिन शर्तों पर शाइलॉक से उसके लिए कर्ज लेता है। टाइमन सूदखोरों से कर्ज लेकर अपने अभिजात मित्रों का सत्कार करता है। दोनों नाटकों में सूदखोरी की आलोचना अभिजात दृष्टिकोण से की गई है।

पुनर्जागरण कालीन यूरोप के साहित्य में सौदागर अक्सर चित्रित किया जाता है किन्तु कारखानेदार पूँजीपति शायद ही किसी कृति में चित्रित हुआ हो। इसका कारण यह है कि उत्पादन पर अभी व्यापार हावी है। मुनाफा कमाने का मुख्य साधन एक जगह माल खरीदना और दूसरी जगह उसे बेचना है। शाइलॉक को पता है कि अन्तोनिओ के जहाज त्रिपोली, भारत, मेक्सिको और इंग्लैंड से माल लाते हैं। यद्यपि उधार व्यवस्था के बिना बड़े पैमाने का व्यापार सम्भव नहीं है किन्तु अन्तोनिओ सूद पर रुपया उठाने का विरोधी है। उसके और अभिजात वर्गीय टाइमन के दृष्टिकोण में सूदखोरी को लेकर कोई मौलिक भेद नहीं है। शेक्सपियर के सौदागर और गैर-सौदागर पात्र अभिजात वर्ग के ऐसे सदस्य हैं जो विकासमान पूँजीवादी सम्बन्धों की निरन्तर आलोचना करते हैं। टाइमन को आपत्ति है कि सोना ही लोगों से दूर-दूर की समुद्री यात्राएँ कराता है, जो गुलाम है, उसे सम्मान देता है :

"Tis thou that rig'st the bark and plough'st the foam,
Settlest admired reverence in a slave."

इंग्लैंड में पूँजीवाद का विकास अभिजात वर्ग के बावजूद होता रहा, पुनर्जागरण काल में यह विकास सामन्ती अथवा अर्द्धसामन्ती रूपों के अन्तर्गत हो रहा था। एंगेल्स ने 1884 में पुनर्जागरण काल का स्वरूप बहुत ही सारगर्भित ढंग से निर्धारित करते हुए लिखा था : "पुनर्जागरण—अपने यूरोपियन रूप में—सामन्तवाद के सामान्य ह्रास और नगरों के अभ्युत्थान पर आधारित।" ('प्रिकैपिटलिस्ट', पृ. 473) पुनर्जागरण काल सामन्तवाद का ह्रासकाल है, उसका पूर्ण विनाशकाल नहीं है। इसीलिए उस काल के समाज में न तो अभिजात वर्ग का नाश हुआ है, न साहित्य में उसके दृष्टिकोण का। उस काल के समाज पर सूदखोरी, धन जोड़ने की प्रवृत्ति की छाप है। किन्तु नगरों का विकास हो रहा है, पूँजीवादी सम्बन्धों का प्रसार हो रहा है और साहित्यकार अक्सर इनकी आलोचना अभिजात दृष्टिकोण से करते हैं।

पुनर्जागरण का एक गढ़ फ्रांस था। यहाँ सूदखोर पूँजी इंग्लैंड की अपेक्षा और भी मजबूती से पैर जमाए थी। 'पूँजी' के तीसरे खंड में मार्क्स ने लिखा था कि फ्रांस जैसे देश में औद्योगिक पूँजी अभी पूरी तरह विकसित नहीं हुई; वहाँ कुछ अर्थशास्त्री ब्याज देनेवाली पूँजी को पूँजी का बुनियादी रूप मानते चले जा रहे हैं। ('पूँजी', खंड-3, पृ. 609) यह स्थिति 19वीं सदी के उत्तरार्द्ध में थी; 16वीं-17वीं

सदियों के फ्रांस में सूदखोर पूँजी की स्थिति की कल्पना की जा सकती है। सूदखोर महाजनों और कंजूसों का चित्रण रोमन नाटकों में सुलभ था; स्वभावतः उस चित्रण की नकल इंग्लैंड और फ्रांस के साहित्य में भी है।

4. सम्पत्ति और परिवार-व्यवस्था

सभ्यता के विकास की यह विडंबना है कि विकास की हर मंजिल में उत्पादक का शोषण और उत्पीड़न बढ़ता जाता है। बँधुआ किसान की स्थिति यह है कि उत्पादन के साधन, जमीन के एक टुकड़े पर उसका अधिकार होता है। उसका उपयोग करने के एवज में वह उपज का एक भाग मालिक को देता है या उसके लिए श्रम करता है। उसकी आजीविका सुनिश्चित रहती है। बँधुआ किसान गाँव छोड़कर शहर भाग जाता है, कारीगर बन सकता है, मालिक को मुक्ति धन देकर बँधुआपन से छुटकारा पा सकता है, आजाद आसामी किसान बन सकता है। सामन्ती स्वामी को हटाकर वह यदाकदा खुद भी मालिक बन सकता है। गुलाम की स्थिति यह है कि वह हमेशा के लिए बिक जाता है। मालिक के हित में है कि चाहे जितना घटिया भोजन दे, पर उसे जिलाए रहे। सर्वहारा के लिए सुनिश्चित आजीविका की कोई व्यवस्था नहीं है। गुलाम एक बार बिकता है, मजदूर हर दिन हर घड़ी बिकता है। गुलाम किसी एक मालिक की सम्पत्ति होता है, मजदूर पूरे पूँजीपति वर्ग की सम्पत्ति होता है। तीन तरह के उत्पादकों की स्थिति का यह भेद एंगेल्स ने 1847 में नोट किया था। ('प्रिकैपिटलिस्ट', पृ. 48-49) मजदूर की आजीविका सुनिश्चित नहीं होती, इसलिए वह अन्य उत्पादकों से भिन्न निरन्तर बेकारी और भूखमरी का शिकार होता है। इंग्लैंड का मजदूर खुशहाल तब होता है जब पूँजीपति पराधीन देशों की लूट का एक हिस्सा उसे भी देने लगते हैं। उस समय बेकारी और भूखमरी के शिकार सबसे ज्यादा पराधीन भारत-जैसे देशों के लोग होते हैं।

जैसे तीन तरह के उत्पादक हैं, वैसे ही तीन तरह की सम्पत्ति है। सामन्ती व्यवस्था कबीलाई व्यवस्था के बाद आती है, उस पर इस पूर्वव्यवस्था की छाप रहती है। सामन्ती सम्पत्ति के लिए मार्क्स और एंगेल्स ने लिखा है : "कबीलाई और सामुदायिक सम्पत्ति की तरह वह भी किसी समुदाय पर आधारित होती है।" (उप., पृ. 40) उत्पादक वर्ग में बँधुआ किसान होते हैं, इन पर अपने हथियार-बन्द सेवकों के जरिये अभिजात स्वामी हावी रहते हैं। सम्पत्ति का मुख्य रूप जमीन होती है। व्यक्तिगत सम्पत्ति सामन्ती सम्पत्ति से भिन्न होती है। ऐसी सम्पत्ति रोमन समाज में थी और अब पूँजीवादी समाज में है। "व्यक्तिगत सम्पत्ति के विकास के साथ पहली बार हमें यहाँ वही सम्बन्ध दिखाई देते हैं जो केवल अधिक विस्तृत पैमाने पर आधुनिक व्यक्तिगत सम्पत्ति के साथ हमें फिर दिखाई देंगे। एक ओर व्यक्तिगत सम्पत्ति का केन्द्रीकरण है, जो रोम में बहुत जल्दी शुरू हो गया था

(जैसाकि लिकिनिउस [तीसरी सदी ई.पू.] के कृषि सम्बन्धी कानून से ज्ञात होता है) और गृहयुद्ध काल से, विशेष कर सम्राटों के समय में, बहुत तेजी से आगे बढ़ा; दूसरी ओर इसके साथ छोटे प्लीबियन किसान सर्वहारा बने किन्तु सम्पत्तिशाली नागरिकों और दासों के बीच में अपनी स्थिति के कारण ये सर्वहारा कभी स्वतंत्र विकास न कर सके।" ('पूँजी', पृ. 39) दास-प्रथा वाले रोमन समाज की व्यक्तिगत सम्पत्ति सामन्ती सम्पत्ति से गुणात्मक रूप में भिन्न है, कारण यह कि सामन्ती सम्पत्ति सामुदायिक है, व्यक्तिगत नहीं है। इसके विपरीत रोमन व्यक्तिगत सम्पत्ति और आधुनिक पूँजीवादी सम्पत्ति में गुणात्मक भेद नहीं है, केवल परिमाण का भेद है। रोमन सम्पत्ति के साथ जो सम्बन्ध पनपते हैं, वही आधुनिक सम्पत्ति के साथ, केवल अधिक विस्तृत पैमाने पर, फिर दिखाई देते हैं। सामन्तकाल में विकास का जो तार टूट गया था, वह आधुनिक पूँजीवादी काल में फिर जुड़ता है। व्यक्तिगत सम्पत्ति का केन्द्रीकरण रोमनकाल में शुरू हो गया था और गृह-युद्ध तथा सम्राटों के जमाने में इस केन्द्रीकरण की रफ्तार और तेज हुई। औद्योगिक क्रान्ति के बाद यह केन्द्रीकरण और भी बढ़ता है क्योंकि अतिरिक्त मूल्य का उत्पादक गुलाम केवल एक बार बिकता था। इस मूल्य का उत्पादक पगारजीवी श्रमिक हर दिन, हर घड़ी बिकता है। पहले बँधुआ किसान, फिर गुलाम, फिर पगारजीवी श्रमिक—इसी तरह पहले सामन्ती सम्पत्ति, फिर रोमन समाज की व्यक्तिगत सम्पत्ति, उसके बाद आधुनिक पूँजीवादी समाज की व्यक्तिगत सम्पत्ति। सामाजिक विकास का यही क्रम है।

यूनानी और रोमन समाजों में व्यक्तिगत सम्पत्ति उन सामन्ती प्रतिबन्धों से मुक्त थी जो ब्रिटिश भू-सम्पत्ति की विशेषता थे। रोमन कानून के चलते किसी की भूमि उससे जबरन न छीनी जा सकती थी। वहाँ सूदखोरी ही छोटे किसान तंत्र को भंग कर सकती थी। किन्तु ब्रिटेन के छोटे मालिक किसान सूदखोरी के कारण तबाह न हुए थे, उनकी भूमि उनसे जबर्दस्ती छीनी गई थी। छीननेवाले जमींदार थे। उन्हें अपने काम में आसानी इसलिए हुई थी कि अधिकांश किसानों की भू-सम्पत्ति सामन्ती प्रतिबन्धों से मुक्त नहीं थी और उसके अपहरण को रोकने के लिए रोमन कानून जैसा कोई कानून इंग्लैंड में नहीं था। मार्क्स ने जहाँ ब्रिटेन के छोटे मालिक किसानों का वृत्तान्त लिखा है, वहीं आगे बताया है कि बड़े सामन्ती स्वामियों (the great feudal lords) ने किसानों को जबरन उस भूमि से खदेड़ा था जिस पर किसानों का वैसा ही सामन्ती अधिकार (feudal right) था, जैसे स्वयं स्वामी (lord) का था, और उन्होंने सामान्य भूमि हथिया ली थी। (उप., पृ. 672) भूमि पर किसानों का अधिकार सामन्ती था। वह आधुनिक पूँजीवादी अधिकार और रोमन अधिकार से भी भिन्न था। मार्क्स ने भूमि के अपहरण के बारे में बेकन से जो अंश उद्धृत किये हैं, उनमें एक वाक्यांश व्यक्तिगत भू-सम्पत्ति की असलियत जाहिर कर देता है : "जो भूमि आसामियों के पास कुछ वर्षों के लिए, जीवन-भर के लिए या स्वेच्छित

काल के लिए थी (अधिकांश यओमैन ऐसी ही भूमि पर बसे हुए थे), वह रियासतों में परिवर्तित कर दी गई। (and tenancies for years, lives, and at will (where upon much of the yeomanry lived) were turned into demesnes.)" सामन्ती मालिकों ने अपनी भूमि किसानों को उठा रखी थी। कुछ किसान बरसों से ऐसी भूमि जोतते आए थे, कुछ को वह भूमि उनके जीवन के लिए ही उठाई गई थी और कुछ को वह स्वेच्छित काल के लिए दी गई थी अर्थात् मालिक जब चाहे, उनसे भूमि वापस ले सकता था। यओमैन कहलाने वाले किसान इसी तरह की भूमि पर बसे हुए थे। वे पहले की तरह बँधुआ किसान नहीं थे पर वे रोमन किसानों की तरह अपनी भूमि के पूर्ण स्वामी भी नहीं थे। इंग्लैंड के पुनर्जागरण काल में सामन्ती मालिकों की रियासतें भी पूँजीवादी अर्थ में उनकी व्यक्तिगत सम्पत्ति नहीं थीं। सत्रहवीं सदी में गृहयुद्ध हुआ, क्रॉमवेल ने पादशाही खत्म करके गणतंत्र कायम किया, गणतंत्र की समाप्ति के बाद फिर पादशाही कायम की गई। स्टुअर्ट वंश को राजगद्दी मिली। इसके बाद जमींदारों ने भूमि पर सामन्ती अधिकार खत्म किया (abolished the feudal tenure of land) और जिन रियासतों पर उनका मात्र सामन्ती हक (feudal title) था, उन पर आधुनिक व्यक्तिगत सम्पत्ति का अधिकार चरितार्थ किया। ('पूँजी', पृ. 676) इंग्लैंड के पुनर्जागरण काल में सामन्ती ढाँचा इस हद तक सुरक्षित था कि भूमि न तो सामन्तों की व्यक्तिगत सम्पत्ति थी, न किसानों की।

जैसे तीन तरह के उत्पादक हैं, तीन तरह की सम्पत्ति है, वैसे ही तीन तरह के परिवार हैं, तीन तरह के दाम्पत्य सम्बन्ध हैं। परिवार के उद्भववाली पुस्तक में एंगेल्स ने मार्क्स का यह कथन उद्धृत किया है : "आधुनिक परिवार आरम्भ से ही कृषितंत्रीय सेवाओं से जुड़ा रहा है। इस कारण उसमें दासता ही नहीं, बँधुआ किसान-प्रथा भी भ्रूण रूप से विद्यमान है। उसके भीतर अति लघु रूप में वे सारे विरोध मौजूद रहते हैं जो आगे चलकर समाज में और उसकी राज्यसत्ता में बड़े पैमाने पर विकसित होते हैं।" ('दि ऑरिजिन', पृ. 58) बँधुआ किसान का सम्बन्ध सीधे खेती से है। इसलिए आरम्भ से ही आधुनिक परिवार में जो विरोध विद्यमान होगा, वह जमींदार और बँधुआ किसान का विरोध होगा। एथेंस में लड़कियों को कताई, बुनाई, सिलाई का काम सिखाया जाता था, थोड़ा लिखना-पढ़ना भी सिखाया जाता था। स्त्रियों को अन्त:पुर में रखा जाता था और पुरुषों से उनके मिलने-जुलने पर पाबन्दी थी। यह उस समय की स्थिति है जब घरेलू उद्योग और कृषितंत्र परस्पर जुड़े हुए हैं। जब एथेंस के लोग "प्राचीनकाल के सर्वाधिक सभ्य और अत्यन्त विकसित जन" (उप., पृ. 65) बने, तब उद्योग और कृषितंत्र का अलगाव हो चुका था, और उद्योग की अनेक शाखाएँ स्वतंत्र रूप से विकसित हो रही थीं। एथेंस के लोग प्राचीनकाल के सर्वाधिक सभ्य जन दास-प्रथा के आधार पर बने थे। "नैसर्गिक रूप से विकसित मूल सामान्य स्वामित्व पर व्यक्तिगत सम्पत्ति ने विजय

पाई थी। परिवार का वह पहला रूप था जो नैसर्गिक नहीं, आर्थिक परिस्थितियों पर आधारित था।" ('दि ऑरिजिन', पृ. 65)

व्यक्तिगत सम्पत्ति ने जिस तरह एथेंस में गणसम्पत्ति पर विजय पाई थी, उस तरह उसने स्पार्ता में न पाई थी। स्पार्ता में जर्मनी की तरह गणसम्पत्ति के अवशेष बने हुए थे। और जब एथेंस में दासों की भरमार थी, तब स्पार्ता में दास-प्रथा का नहीं, बँधुआ किसान-प्रथा का चलन था। प्राचीन यूनान के दो भागों में एक ही समय दो प्रथाओं का चलन था, यह तथ्य बहुत ही महत्त्वपूर्ण है। "स्पार्ता में, कम-से-कम उसके वैभवकाल में, घरेलू दासता का पता न था। हेलौत बँधुआ किसान रियासतों में इकट्ठे रहते थे।" (उप., पृ. 64) हेलौत लोगों को जमीन दी जाती थी और मालिक उनसे उपज का एक अंश ले लेता था। इसलिए एंगेल्स ने उन्हें बँधुआ किसान की बहुत सही संज्ञा दी है। यह बँधुआ किसान-प्रथा दास-प्रथा के बाद नहीं आई। स्पार्ता में अतिरिक्त मूल्य देनेवाले दासों की बात दरकिनार, वहाँ घरेलू दासों का भी अभाव था अर्थात् दादापंथी दास-प्रथा भी सभी समाजों के लिए अनिवार्य नहीं है। एथेंस की तरह स्पार्ता के स्वाधीन नागरिकों के लिए फौजी सेवा अनिवार्य थी। वास्तव में एथेंस की अपेक्षा यहाँ फौजी सेवा पर कहीं अधिक जोर था। फिर भी वहाँ दास-प्रथा का चलन न हुआ। इसका कारण यह था कि उत्पादन का लक्ष्य व्यापार के लिए बिकाऊ माल जुटाना नहीं था, सीमित उपयोग मूल्यों की उपलब्धि के लिए बँधुआ किसान-प्रथा पर्याप्त थी। विनिमय मूल्यों के उत्पादन का केन्द्र एथेंस, उपयोग मूल्यों का केन्द्र स्पार्ता; व्यापारिक पूँजीवाद का प्रतिनिधि एथेंस, सामन्ती व्यवस्था का प्रतिनिधि स्पार्ता; एथेंस युगों तक मानव संस्कृति को प्रभावित करनेवाला महान् केन्द्र, स्पार्ता इस केन्द्र को नष्ट करने वाला प्रतिक्रियावाद का गढ़।

यूनानियों की एक शाखा आयोनियन (इऑन—यवन) जनों की थी। यही लोग एथेंस और अत्तिका जनपद के निवासी थे। दूसरी शाखा दोरिअन जनों की थी। ये लोग स्पार्ता में रहते थे। दोनों में भेद करते हुए एंगेल्स ने लिखा था, स्पार्ता के दोरिअन जनों में "ऐसे विवाहगत सम्बन्ध प्रचलित थे जो होमर के बताए सम्बन्धों से भी अधिक प्राचीन थे।" (उप., पृ. 63) व्यक्तिगत सम्पत्ति के विकास के कारण एथेंस का परिवार 'आधुनिक' था; स्पार्ता का परिवार 'मध्यकालीन' ही नहीं था, उस पर 'प्राचीनता' की गहरी छाप थी। दूसरे शब्दों में एथेंस का परिवार आधुनिक पूँजीवादी परिवार के समान था, स्पार्ता का परिवार गणसम्पत्ति की छापवाला सामन्ती परिवार था। गण-समाजों में—पितृसत्ताक व्यवस्था के चलन से पहले—विवाह का सामूहिक रूप (ग्रुप मैरिज) प्रचलित था। सन्तान का पिता कौन था, यह अनिश्चित था; उसकी माता कौन है, यह सभी लोग जानते थे। इसके बाद अस्थायी जोड़ेवाली विवाह-प्रथा (पॅअरिंग मैरिज) का चलन हुआ। एंगेल्स के अनुसार : यह अस्थायी युगलबन्दी वाला परिवार इतना अशक्त और अस्थिर था कि उसके लिए स्वतंत्र

कुटुम्ब न तो आवश्यक था, न वांछनीय; इसलिए वह प्राचीनकाल से चले आते साम्यवादी कुटुम्ब को भंग नहीं कर सका। ('दि ऑरिजिन', पृ. 48-49) "स्पार्ता में हमें अस्थायी जोड़ेवाले ब्याह का ऐसा रूप मिलता है जिसमें तत्कालीन प्राचीन धारणाओं के अनुसार राज्यसत्ता ने कुछ तब्दीली की थी और जिसमें सामूहिक विवाह-प्रथा के बहुत-से अवशेष बने हुए थे।" (उप., पृ. 63) यहाँ जिस 'राज्यसत्ता' का उल्लेख है, वह व्यक्तिगत सम्पत्ति के केन्द्रीकरण की संरक्षक और संवर्धक राज्यसत्ता नहीं है, वास्तव में वह कुटुम्बगत सम्पत्तिवाली व्यवस्था की पोषक सत्ता है और वह गणसत्ता के स्वरूप की छाप लिये है। यूनान में राज्यसत्ता के उद्भव का विवेचन करते हुए एंगेल्स ने एथेंस पर ध्यान केन्द्रित किया है, स्पार्ता पर नहीं।

स्पार्ता का हेलौत मालिक की व्यक्तिगत सम्पत्ति नहीं था, वह कुटुम्ब सम्पत्ति था, गण सम्पत्ति था। इसके विपरीत एथेंस का अतिरिक्त मूल्य सर्जक दास मालिक की व्यक्तिगत सम्पत्ति था। इतिहासकार व्यूरी ने लिखा है : "स्पार्टन नागरिक को यह अधिकार नहीं था कि अपनी आवंटित भूमि पर काम करनेवाले हेलौत को मुक्ति प्रदान कर सके, न वह किसी दूसरे के हाथ उसे बेच सकता था। केवल राज्यसत्ता उसे मुक्ति प्रदान कर सकती थी।" (J.B. Bury, 'A History of Greece', पृ. 124-25) मार्क्स और एंगेल्स ने जिस सामूहिक दास-प्रथा की बात कई जगह कही है, उक्त नियम उसी के अनुरूप था। अन्तर यह था कि हेलौत उपज का आधा हिस्सा मालिक को देता था, उसका दास नहीं था। स्पार्ता में अभिजात वर्ग विद्यमान था। "सरदारों की अपनी पारिवारिक रियासतें थीं, किन्तु स्पार्टन समाज के पास सामान्य भूमि भी थी। इसे वे कुछ खंडों में आवंटित कर लेते थे। हर स्पार्टन के पास आवंटित भूमिखंड होता था, बाप के बाद वह बेटे को मिलता था किन्तु न उसे बाँटा जा सकता था, न बेचा जा सकता था।" (उप, पृ. 124) अभिजात वर्ग की निजी रियासतों से भिन्न ग्राम-समाजों की अपनी सामूहिक भू-सम्पत्ति थी और इसे किसान आपस में आवंटित कर लेते थे। इसी गण सम्पत्ति के अनुरूप उनकी पारिवारिक व्यवस्था थी। कई भाइयों की एक पत्नी हो सकती थी। कोई व्यक्ति अपने मित्र की पत्नी के साथ रह सकता था। यदि कोई पति योग्य सन्तान की प्राप्ति के लिए अपनी पत्नी किसी हृष्ट-पुष्ट युवक के हवाले करे तो इसे अनुचित न माना जाता था। पुरुष किसी परस्त्री से प्रेम करता है; वह कहती है, मेरे पति से पूछ आ। "पति की पीठ पीछे बेवफाई, वास्तविक व्यभिचार की बात वहाँ सुनी न गई थी।" ('दि ऑरिजिन', पृ. 64) इसके विपरीत एथेंस में वेश्याओं की भरमार थी। इनमें जो चोटी पर थीं, केवल उनके प्रति और स्पार्ता की स्त्रियों के प्रति, प्राचीन जन सम्मान से बातें करते थे। अपनी कलात्मक अभिरुचि के आधार पर वेश्याएँ और "अपने चरित्र के बल पर स्पार्ता की स्त्रियाँ प्राचीन नारीत्व के सामान्य धरातल से बहुत ऊपर उठी हुई थीं।" (उप., पृ. 64) ठीक इसी तरह जर्मन स्त्रियाँ भी स्वाधीन थीं और अपनी स्वाधीनता से

उन्होंने, रोमन साम्राज्य के बाद, 'मध्यकालीन' दाम्पत्य जीवन को प्रभावित किया। वे ऐसा इसलिए कर सकीं कि रोमन समाज की तुलना में जर्मन समाज पिछड़े हुए थे। "यदि उन्होंने एक पति-पत्नी वाली प्राचीन विवाह-प्रथा को बदल दिया, परिवार में पुरुष के शासन को मद्धिम किया और नारी को ऐसा ऊँचा दर्जा दिया कि प्राचीन क्लासिक संसार को उसका पता न था तो उनकी बर्बरता, उनकी गण-समाज वाली रीतियों और मातृसत्ताक काल की उनकी जीवंत विरासत के अलावा वह कौन-सी चीज थी जिसने उन्हें इसके योग्य बनाया?" ('दि ऑरिजिन', पृ. 153)

गण-व्यवस्था के अवशेष उस सामन्तवाद की विशेषता थे जिसे रोमन साम्राज्य के विध्वंस के बाद जर्मनों ने यूरोप में कायम किया था। परिवार में स्त्री चाहे जितनी स्वाधीन हो, विकास की दृष्टि से जर्मन मार्का सामन्तवाद पीछे ले जानेवाला कदम था। जहाँ मातृसत्ताक व्यवस्था की विरासत जीवन्त बनी होगी, वहाँ नारी स्वाधीन होगी और उत्पादन की पद्धति भी पिछड़ी हुई होगी। एंगेल्स ने लिखा है कि जैसे-जैसे सम्पदा में वृद्धि हुई, वैसे-वैसे परिवार में पुरुष का दर्जा ऊँचा हुआ। उसे अपनी स्थिति सुदृढ़ करके पुरानी मातृसत्ताक विरासत की रीति खत्म करने की प्रेरणा मिली। यह रीति खत्म की गई और "यह क्रान्ति उन सर्वाधिक निर्णायक क्रान्तियों में थी जिनका अनुभव मनुष्य जाति को कभी भी हुआ है।" (उप., पृ. 56) जर्मन सामन्तवाद में इस क्रान्ति ने कभी निर्णायक रूप न लिया था; इसीलिए रोम और एथेंस की तुलना में जर्मनी की स्त्रियाँ स्वाधीन थीं। इस मंजिल तक पहुँचने के लिए रोमन साम्राज्य के पतन की जरूरत नहीं थी। स्पार्ता में ऐसा सामन्तवाद लगभग हजार साल पहले ही विकसित हो चुका।

दास-प्रथा का व्यापक चलन पूरे यूनान में नहीं था, यह तो स्पष्ट ही है, उसका व्यापक चलन उस पूरे जनपद में भी नहीं था जिसका मुख्य नगर एथेंस था। ब्यूरी के अनुसार एथेंस के समृद्धिकाल में उसकी आबादी लगभग ढाई लाख थी। इसमें आधे के करीब गुलाम थे। "दस्तकारी उद्योग की बढ़ती का एक परिणाम यह हुआ कि औद्योगिक नगरों में गुलाम 'दस्तकारों' की आमद बढ़ी। जिन नगरों के लोग खेती की उपज के सहारे जीते थे, वहाँ गुलामों की माँग अपेक्षाकृत कम रही।" ('ए हिस्ट्री ऑफ ग्रीस', पृ. 361) पूरे यूनान के लिए जो परिवार आदर्श नमूना बना, वह एथेंस का था, शेष जनपद अथवा स्पार्ता का नहीं। "यथासमय यह एथीनियन परिवार वह आदर्श नमूना बना जिसके अनुरूप न केवल शेष आयोनियन लोगों ने, वरन् मुख्य भूमि तथा उपनिवेशों के सभी यूनानियों ने अपने गृहस्थ सम्बन्धों को अधिकाधिक ढाला।" ('दि ऑरिजिन', पृ. 65) इसका कारण यह था कि यूनानी समाज गण सम्पत्ति की ओर न लौट रहा था, वह व्यक्तिगत सम्पत्ति की ओर बढ़ रहा था। दास-प्रथा और निजी सम्पदा के साथ जो एक पति-पत्नी विवाह-प्रथा चली, 'वह एक बड़ी ऐतिहासिक प्रगति' थी। उससे जो युग आरम्भ हुआ, वह 'अभी तक चल रहा है';

यह बात अलग है कि समाज के एक गुट की खुशहाली अन्य गुट की बदहाली के आधार पर ही सम्भव होती है। ('दि ऑरिजिन', पृ. 66) एथेंस की परिवार-व्यवस्था से आधुनिक पूँजीवादी परिवार व्यवस्था का सीधा सम्बन्ध है। एक पति-पत्नी विवाह-प्रथा और पुरुष की प्रधानता का कारण सम्पत्ति की रक्षा और उसकी विरासत है। (उप., पृ. 71) "एक पति-पत्नी विवाह-प्रथा का चलन इसलिए हुआ कि किसी एक व्यक्ति के हाथ में काफी सम्पदा सिमट आई, और यह व्यक्ति पुरुष था, और उसकी इच्छा थी कि वह किसी अन्य को नहीं, अपनी सन्तान को यह सम्पदा विरासत में दे।" (उप., पृ. 75) सामूहिक सम्पत्ति की जगह व्यक्तिगत सम्पत्ति की प्रधानता, विरासत से दिलचस्पी, पितसत्ताक अधिकार की प्रतिष्ठा और एक पति-पत्नी विवाह-प्रथा का चलन—इन सबके साथ विवाह का आधार प्रेम नहीं, वर और वधू, दोनों पक्षों की आर्थिक स्थिति है। (उप., पृ. 79) एथेंस में दाम्पत्य जीवन व्यक्तिगत प्रेम का परिणाम न था, विवाह आर्थिक-सामाजिक सुविधाओं को ध्यान में रखकर सम्पन्न किये जाते थे। (उप., पृ. 65) यूरोप में ब्याह के लिए वर-वधू की औपचारिक सहमति दरकार है। "कानून के पर्दे के पीछे जहाँ यथार्थ घटित होता है, वहाँ जो कुछ होता है, उससे कानून और न्यायवेत्ता को सरोकार नहीं।...जिन देशों में सन्तान को कानूनन पिता की सम्पत्ति मिलेगी ही और इस कारण उसे विरासत से वंचित नहीं किया जा सकता—यथा, जर्मनी में, फ्रांसीसी कानून के मातहत देशों में—वहाँ सन्तान को ब्याह के मामले में माता-पिता की सहमति प्राप्त करनी ही होगी। अंग्रेजी कानून के मातहत देशों में जहाँ ब्याह के लिए माता-पिता की सहमति कानूनन दरकार नहीं है, वहाँ सम्पत्ति की विरासत को लेकर उन्हें पूरा अधिकार है कि चाहें तो सन्तान को एक कोड़ी न दें। अत: स्पष्ट है कि इसके बावजूद, अथवा उसके कारण ही, जिन वर्गों के पास विरासत में देने को कुछ है, उनमें—फ्रांस या जर्मनी की अपेक्षा इंग्लैंड और अमरीका में—विवाह सम्बन्धी स्वतंत्रता रत्ती-भर ज्यादा नहीं है।" (उप., पृ. 73) विवाह करने में वर-वधू कितने स्वतंत्र हैं, यह इस पर निर्भर है कि विरासत में मिलनेवाली सम्पत्ति कितनी है। सम्पत्ति का परिमाण जितना ही बड़ा होगा, स्वतंत्रता की मात्रा उतनी ही कम होगी। बँधुआ किसान के पास उत्पादन के अपने उपकरण होते हैं, ये सब उसके वारिस को मिलते हैं। गुलाम के पास ऐसे उपकरण नहीं होते, इसलिए वह ब्याह के मामले में अधिक स्वतंत्र होता है। "जिन गड़रियों के प्रेम-सम्बन्धी गीत थॅओक्रितुस् और मोस्खुस् ने अथवा लोंगुस् ने 'दफ्निस्' और 'क्लोए' में गाए हैं, वे दास मात्र हैं। राज्यसत्ता स्वाधीन नागरिकों का क्षेत्र है। उसमें उनका [दासों का] कोई हिस्सा नहीं है।" (उप., पृ. 76-77) प्रेम-संगीत के प्राचीन आलम्बन उन दासों के प्रतिनिधि हैं आधुनिक श्रमिक। एंगेल्स कहते हैं : "पति-पत्नी के बीच यौन-प्रेम केवल पीड़ित वर्गों में नियम बन सकता है और बना है अर्थात् वर्तमान काल में वह सर्वहारा वर्ग में नियम है, वह सम्बन्ध सरकारी तौर पर स्वीकृत है या

नहीं, इससे कोई फर्क नहीं पड़ता। यहाँ सम्पत्ति का पूर्ण अभाव है। 'अतः पुरुष का प्रभुत्व जताने की कोई भी प्रेरणा नहीं है। और भी महत्त्वपूर्ण बात यह है कि यहाँ उसे जताने के साधन भी नहीं हैं। पूँजीवादी कानून इस प्रभुत्व की रक्षा करता है। उसका वजूद केवल सम्पत्तिशाली वर्गों के लिए और सर्वहारा सम्बन्धी उनके कामकाज के लिए है। उसके लिए पैसा चाहिए। इसलिए गरीबी के कारण पत्नी के प्रति उसके रुख में उस कानून की कोई वैधता नहीं होती। इसके अलावा बड़े पैमाने के उद्योग ने स्त्री को घर से बाहर श्रम के बाजार और कारखाने में पहुँचा दिया है और अक्सर उसे पूरे कुटुम्ब के लिए कमानेवाला बना दिया है, इसलिए सर्वहारा गृहस्थी में पुरुष-प्रभुत्व के अन्तिम अवशेषों का आधार भी खत्म हो गया है।" ('दि ऑरिजिन', पृ. 71-72)

तीन तरह के उत्पादक, तीन तरह की सम्पत्ति, तीन तरह के परिवार। इनमें दास परिवार के सर्वाधिक निकट सर्वहारा परिवार है, उसी तरह दासों के मालिक के परिवार के सर्वाधिक निकट आधुनिक पूँजीपति का परिवार है। यह स्वाभाविक है क्योंकि दासों के श्रम से उनका मालिक अतिरिक्त मूल्य अर्जित करता है, और पगारजीवी मजदूरों के श्रम से आधुनिक पूँजीपति भी यही करता है। बड़े पैमाने के उद्योग-धन्धों का चलन 18वीं सदी के उत्तरार्द्ध में होता है; उससे पहले पुनर्जागरण काल के इंग्लैंड की पारिवारिक-सामाजिक व्यवस्था प्राचीन यूनानी और रोमन व्यवस्था से और भी ज्यादा मिलती-जुलती है।

5. यूनान, रोम और एशिया

मार्क्स ने जब उत्पादन की एशियाई पद्धति की बात कही थी, तब उन्होंने उसे एशिया के अलावा यूरोप में, और पूर्वी यूरोप के अलावा पश्चिमी यूरोप में भी, एक समय लागू माना था। यह त्रोत्स्कीवाद की खूबी है कि उसने उसे एशिया तक सीमित कर दिया और पूर्वी यूरोप को अर्द्धएशियाई कहकर उसे पश्चिमी यूरोप से अलग कर दिया। सामाजिक विकास के इस ऐतिहासिक सन्दर्भ में अनेक इतिहासकारों ने यूनान को एशिया से अलग किया, फिर पूर्वी यूरोप से अलग करके उसे पश्चिमी यूरोप से जोड़ दिया। यूरोप की प्राचीन सभ्यता की शुरुआत क्लासिकी यूनान से नहीं होती, उससे पहले यूनान और पड़ोसी क्षेत्रों में मिकीनीअन और मिनोअन सभ्यताओं का विकास हो चुका था। इन्हें छोड़ दें तो क्लासिकी यूनान की सभ्यता का विकास मिस्र, फिनीशिया आदि अफ्रीकी एशियाई देशों के सम्पर्क से हुआ, यह तथ्य निर्विवाद है। यूनान की उत्तरी सीमा के छोरों से दो सीधी रेखाएँ बाल्टिक समुद्र तक खींची जाएँ तो इनके बीच बुल्गारिया और यूगोस्लाविया से लेकर पोलैंड और लिथुआनिया तक स्लाव प्रदेशों का बहुत बड़ा क्षेत्र आ जाएगा जो पूर्वी यूरोप में गिना जाता है। यूनान पश्चिमी यूरोप के—इटली, जर्मनी, फ्रांस, इंग्लैंड के—पूर्व में, अथवा दक्षिण-पूर्व में

है। पश्चिमी यूरोप से वह न भौगोलिक दृष्टि से सम्बद्ध है, न ऐतिहासिक दृष्टि से। इससे भी महत्त्वपूर्ण बात यह है कि प्राचीन यूनान का केवल एक भाग यूरोप में था, शेष भाग एशिया में था। तुर्कों ने जब उस भूमि पर अधिकार किया जिस पर वर्तमान तुर्की राष्ट्र स्थित है, तब यूनान यूरोप में सिमटकर रह गया। यूनानीजन अपनी प्राचीन एशियाई भूमि से खदेड़े गए; और प्राचीन यूनान को भी विशुद्ध यूरोपियन देश कहने में सुविधा हुई। जिन यूनानियों ने पश्चिमी यूरोप को अपनी भाषा और संस्कृति से परिचित कराया, और इस तरह पुनर्जागरण के अग्रदूत बने, वे एशिया से खदेड़े गए थे।

लघु एशिया की इस भूमि पर पहले हित्ती सभ्यता का विकास हुआ, उसके बाद यह भूमि यूनानी सभ्यता का केन्द्र बनी। यहाँ ध्यान इस बात पर देना है कि एशियाई यूनान का विकास यूरोपियन यूनान से पहले हुआ था। विनिमय के लिए सिक्कों का प्रयोग पहले लीडिया (लूदिआ) में हुआ था। "सिक्कों के आविष्कार के लिए यूरोप लीडिया का ऋणी है।" ('ब्यूरी', पृ. 105) इसकी शुरुआत सातवीं सदी ई.पू. में हुई थी। यूनान के एशियाई भाग में व्यापार का विकास पहले हुआ था, इसलिए सिक्कों का चलन भी वहाँ पहले हुआ। "ईरान पर यूनान की विजय से फिनीशियाई व्यापार को जो धक्का लगा तथा आयोनिया के सौदागर-शहरों का जो ह्रास हुआ, बहुत कुछ उसके फलस्वरूप एथेंस के व्यापार में वृद्धि हुई।...उद्योग और व्यापार, दोनों ईजीअन समुद्र का पूर्वी तट छोड़कर उसके पश्चिमी और उत्तरी तटों पर पहुँच गए। यह परिवर्तन उस समय हुआ जब एथेंस के साम्राज्य का अभ्युदय हुआ था, इसलिए मुख्यतः एथेंस को ही उस परिवर्तन से लाभ हुआ।" (उप., पृ. 360) एथेंस के साम्राज्य विस्तार के साथ-साथ दो घटनाएँ हुईं : एक ओर फिनीशिया के व्यापार का ह्रास हुआ, दूसरी ओर आयोनिया के विनिमय केन्द्रों का पतन हुआ। ये दोनों घटनाएँ एथेंस के साम्राज्य-विस्तार से सम्बद्ध थीं। यद्यपि एथेंस के लोग आयोनियन समुदाय के थे पर अब दोनों में व्यापारिक प्रतिस्पर्धा थी। फिनीशिया के लोग भिन्न समुदाय के थे, उनसे तो प्रतिस्पर्धा थी ही। उद्योग और व्यापार के केन्द्र ईजीअन समुद्र के पूर्वी—एशियाई तट—से उठकर उसके उत्तरी और पश्चिमी—यूरोपियन—तटों पर पहुँचे थे, यह तथ्य ध्यान देने योग्य है। इससे कम महत्त्वपूर्ण यह तथ्य नहीं है कि एथेंस से पहले ईरान ने अपने साम्राज्य का विस्तार किया था और उस साम्राज्य के भीतर आयोनिआ, लीडिया आदि यूनानी प्रदेशों के नगरों ने व्यापार में उन्नति की थी।

ईरान के सम्राट कुरुस् ने यूनान की एशियाई भूमि पर अधिकार किया, तब "उनके व्यापार की स्वतंत्रता पर कोई भी प्रतिबन्ध न लगाया गया था।" (उप., पृ. 219) दारिउस् ने जो वित्त सम्बन्धी सुधार किये और ईरान की सड़क व्यवस्था में जो उन्नति की, उससे व्यापार की प्रगति में सहायता मिली। ईरान की स्वर्णमुद्रा यूनान में दारिक नाम से विख्यात हुई। ईरान ने पश्चिमी एशिया को मध्य एशिया से जोड़ने वाली जो सड़क बनाई, वह डेढ़ हजार मील लम्बी थी। "यह अच्छी और सुरक्षित सड़क थी, सावधानी

से उसकी देखभाल की जाती थी। वह मध्य एशिया को ईजीअन के अधिक समीप ले आई। पश्चिम के कुतूहल के लिए उसने पूर्व के द्वार खोलने में सहायता की। भूगोल सम्बन्धी यूनानी धारणाओं को विशद बनाने में इस शाही सड़क के निर्माण का प्रभाव अकूत रहा होगा।" ('ब्यूरी', पृ. 223) भूगोल विज्ञान का विकास यूनान के यूरोपियन भाग में नहीं, एशियाई भाग में हुआ; उसके लिए आवश्यक परिस्थितियों का निर्माण एशिया के विस्तृत भूभाग में हुआ। "आयोनिया में भूगोल का यह विकास निश्चय ही शाही सड़क से आगे बढ़ा। पूर्वी यूनान पर ईरानी विजय इस हद तक यूरोपियन सभ्यता के लिए लाभकारी थी।" (उप., पृ. 224) ईरान पर विजय प्राप्त करके सिकन्दर ने जो साम्राज्य स्थापित किया, वह बहुत जल्दी छिन्न-भिन्न हो गया। उसकी तुलना में ईरानी साम्राज्य कहीं अधिक स्थायी था और उसका एक कारण यह था कि उसमें उद्योग और व्यापार की ओर समुचित ध्यान दिया गया था। इसके अलावा ईरानी शासकों ने यूनानी प्रदेशों को स्वायत्तता भी प्रदान की थी। कुछ समय तक ईरान की छत्रच्छाया में उन पर निरंकुश शासक राज करते रहे। "निरंकुश शासन भंग कर दिया गया और लोकतांत्रिक सरकारें कायम की गईं। संसार को जरूर आश्चर्य हुआ होगा कि जो सबसे बड़ी निरंकुश सत्ता थी, वह लोकतंत्रीय संस्था की हिमायत कर रही थी। यूनानियों की भावना को देखकर यह रिआयत दी गई थी और इससे दारिउस् की बुद्धिमत्ता श्रेय प्राप्त करती है।" (उप., पृ. 235) यूनानियों की जिस भावना का ध्यान दारिउस् ने रखा था, उसका ध्यान सिकन्दर ने न रखा था। सिकन्दर ने ईरानी सम्राटों की नकल करके ही अपनी निरंकुश सत्ता कायम की थी। जहाँ तक यूनानियों की भावना का सम्बन्ध है, ब्यूरी के ही शब्दों में : "निरंकुश सत्तावाद (tyranny) यूनानियों के साथ सदैव बना रहा। वह तथा अभिजात गुटों का तंत्र (oligarchy) हर दौर में उनके लोकतंत्र के लिए खतरा बना रहा।" (उप., पृ. 140) निरंकुश सत्तावादी तंत्र, अभिजात गुटों के तंत्र यूनानियों ने ही कायम किये थे। लोकतंत्र से यूनानियों का कोई आध्यात्मिक सम्बन्ध नहीं था।

यूनान के यूरोपियन भाग में अभिजात गुटों के तंत्र थे और वे उसके एशियाई भाग में थे पर दोनों में अन्तर था। एशियाई नगरों की आबादी मिश्रित थी। यहाँ इस तंत्र का आधार आम तौर से सम्पदा होती थी; यूरोपियन भाग का तंत्र कुलीनों का तंत्र था। (C.W.C. Oman, 'A History of Greece', पृ. 119) कुलीनता के तंत्र को व्यापारिक पूँजीवाद के तंत्र ने ध्वस्त कर दिया था। "यूनान में लोगों की आम राय यह थी कि हेलेनिक संसार में आयोनियन लोग और उनके पड़ोसी सबसे अच्छे सौदागर किन्तु सबसे घटिया सैनिक थे। नये स्थानों को खोजने और उपनिवेश कायम करने में कोई उनकी बराबरी न कर सकता था किन्तु वे अच्छे योद्धा न माने जाते थे। उनके यूरोपियन बन्धु कहते थे कि ये आलसी और आरामतलब हो गए हैं। एशिया की अलस और सुकुमार जलवायु ने उन्हें कमजोर और पस्त बना दिया है। जो यूनानी

लोग वहाँ प्रारम्भ में बसे, वे कारिअन विवाह सम्बन्धों के फलस्वरूप पूर्वी रक्त से मिश्रित हो गए। इससे भी पस्ती और कमजोरी फैली। सभ्यता और विलास-वैभव यूनान पहुँचें, उससे बहुत पहले उनका विकास यहाँ हो रहा था।" (C.W.C. Oman, 'A History of Greece', पृ. 119-20)

जहाँ विनिमय मूल्यों का उत्पादन होगा, व्यापार में प्रगति होगी, वहाँ कुलीनता की जगह सम्पत्तिगत सम्बन्ध प्रतिष्ठित होंगे। यही कारण है कि यूनान के यूरोपियन भाग में अभिजात गुटों के तंत्रों का आधार कुलीनता थी, एशियाई भाग में सम्पदा थी। यूरोपियन भाग के यूनानी अच्छे योद्धा रहे होंगे किन्तु सभ्यता का विकास पहले एशियाई भाग में हुआ। "संगीत और लिरिक काव्य में उनका खास दखल था। लेस्बियन कवयित्री साफो ने जो उन्मादक प्रेम के गीत गाए हैं, उनकी समता कोई दूसरा हेलेनिक कवि नहीं कर सका। यूनानियों में दर्शनशास्त्र का अभ्युदय भी पहले-पहल लघु एशिया में हुआ।" (उप., पृ. 120) यूरोपियन भाग के सबसे अच्छे योद्धा स्पार्ता के थे। वहाँ सामाजिक विषमता दूर करने के लिए जब लाइकर्गस् ने नये सिरे से भूमि का आवंटन किया, तब "उसके अलावा उन्होंने सोने-चाँदी के द्रव्य का व्यवहार निषिद्ध कर दिया। लोहे के भारी और ले चलने में असुविधाजनक टुकड़े छोड़कर संचरणशील माध्यम के रूप में वह कोई भी चीज बर्दाश्त करने को तैयार न थे। हर स्पार्टन नागरिक पर उन्होंने पाबन्दी लगा दी थी कि वह खेती समेत किसी भी तरह के औद्योगिक या पैसा कमाऊ व्यवसाय में न लगे।" (उप., खंड-3, पृ. 150) जब द्रव्य विनिमय का माध्यम न बनेगा, तब विनिमय का विकास कैसे होगा? सभ्यता का विकास विनिमय के विकास से जुड़ा हुआ है। यूनान के यूरोपियन भाग ने प्रगति तब की, जब उद्योग और व्यापार के केन्द्र पूर्व से हटकर पश्चिम पहुँचे।

लघु एशिया के नगरों की व्यापारिक परम्परा रोमन काल तक कायम रही। मार्क्स ने लिखा था : "लघु एशिया के नगर प्राचीन रोम को द्रव्य के रूप में सालाना खिराज देते थे। इस द्रव्य से रोम उनसे पण्य वस्तुएँ खरीदता था और महँगे भाव खरीदता था। प्रान्तीयजन रोमनों को ठगते थे और इस प्रकार व्यापार के दौरान अपने विजेताओं से खिराज का एक अंश वापस ले लेते थे। इस सबके बावजूद वास्तव में ठगे जाते थे विजित लोग ही। उनका माल उन्हीं के पैसों से खरीदा जाता था। धनी बनने या अतिरिक्त मूल्य रचने का यह तरीका नहीं है।" ('पूँजी', खंड-1, पृ. 160) बेशक विजित लोग ठगे जाते थे किन्तु ठगे जाने की यह मात्रा तब कम हो जाती थी जब वे रोमनों को अपना माल महँगा बेचकर खिराज का एक अंश वसूल कर लेते थे। सही भाव पर माल बेचते तो ज्यादा ठगे जाते। रोमन लोग लघु एशिया के नगरों से महँगे भाव माल इसलिए खरीदते थे कि बढ़िया माल तैयार करनेवाले केन्द्र यूरोप में नहीं थे। इसी सन्दर्भ में रोम से भारत आनेवाले सोने-चाँदी की व्याख्या करनी चाहिए। रोमन

शासक लघु एशिया के विजितजनों से जो खिराज वसूल करते थे, वह घूम-फिरकर भारत पहुँचता था। एशिया का द्रव्य एशिया में लौट आता था। लघु एशिया में न सही, बृहत्तर एशिया में सही। रोमन साम्राज्य के वैभवकाल में विनिमय मूल्यों के प्रधान उत्पादन केन्द्र अब भी एशिया में थे, यह तथ्य असन्दिग्ध है। रोम और एथेंस की समृद्धि और उनके सांस्कृतिक विकास का एक कारण इन एशियाई उत्पादन केन्द्रों से उनका व्यापार था। इस व्यापार से समृद्ध होनेवाले रोम और एथेंस ने ही पुनर्जागरण काल के यूरोप को प्रभावित किया था। इस पुनर्जागरण काल के यूरोप में पूँजीवादी विकास सबसे पहले इटली में हुआ और इसका एक कारण यह था कि पश्चिमी यूरोप से पहले एशियाई व्यापार इटली के हाथ में था। इटली पश्चिमी यूरोप में गिना जाता है। वास्तव में पश्चिमी यूरोप ने ही उसकी व्यापारिक समृद्धि का नाश किया था।

इटली की तरह व्यापार के बल पर अरबों के भी कुछ नगर समृद्ध हुए थे। इस्लाम के अभ्युदय और प्रसार से बहुत पहले अरबों ने मिस्र और भारत से घनिष्ठ सम्बन्ध कायम किये थे। 'पेरिप्लुस्' नाम की पुस्तक किसी यूनानी ने, इतिहासकार रमेशचन्द्र मजूमदार के अनुसार, पहली ईसवी शताब्दी में लिखी थी। इसमें हिन्द महासागर के तटवर्ती देशों के व्यापार का जो विवरण दिया गया है, उससे स्पष्ट हो जाता है कि अपनी भौगोलिक स्थिति के कारण अरब एक ओर मिस्र और भूमध्य सागर के तटवर्ती देशों के, दूसरी ओर भारत के, माल को इधर से उधर पहुँचाने में बिचौलियों का काम करते थे। उत्पादन-कौशल में पिछड़े रहने पर भी वे इस व्यापार के कारण समृद्ध हो सके। एंगेल्स ने लिखा था : "रोमनों के समय में दक्खिनी अरबीआ के नगर अभी फल-फूल रहे थे। सातवीं सदी में वहाँ सिर्फ तबाही और वीराना था।" ('प्रिकैपिटलिस्ट', पृ. 505) व्यापार की स्थिति से जो भी संकट पैदा हुआ हो, उसके अलावा इस तबाही का कारण, एंगेल्स के अनुसार, अरबों पर ईथिओपिआ का आक्रमण था। इस तबाही के फलस्वरूप लोग लिखना-पढ़ना भूल गए और बेदुई कबायलियों ने अपने उद्‌भव के बारे में चमत्कारी कथाएँ गढ़ डालीं। रोमन साम्राज्य के ह्रासकाल में ईसाई धर्म का प्रसार हुआ, अरबों के व्यापार-केन्द्रों के ह्रास के बाद इस्लाम का प्रसार हुआ। अरबों ने इथिओपियनों को निकाला, आक्रमणकारी ईरानियों का मुकाबला किया। एंगेल्स के अनुसार, इस प्रतिरोध के कारण अरबों में जातीय जागरण आरम्भ हुआ।

अरबों ने भूमध्यसागर के तटवर्ती देशों और भारत के बीच मध्यस्थ व्यापारी की भूमिका अपने हाथ में रखी। इस भूमिका से यूरोप के व्यापारियों की हानि होती थी, इसीलिए भारत से यातायात के नये जलमार्ग खोजने के लिए वे दक्खिनी अफ्रीका की अन्तरीप का चक्कर लगा रहे थे। भारत से अपने स्वतंत्र व्यापार सम्बन्ध कायम करके यूरोप के सौदागर औद्योगिक क्रान्ति की मंजिल तक पहुँचे, अरब पीछे रह गए। किन्तु इससे पहले वे यूरोप के पुनर्जागरण में महत्त्वपूर्ण भूमिका निबाह चुके थे।

अपनी विद्या के अलावा जो कुछ उन्होंने भारत और चीन से सीखा था, उसे भी उन्होंने यूरोप तक पहुँचाया। अरबों के शासन में स्पेन और सिसिली ने उन्नति की। मार्क्स ने इस उन्नति का कारण बताते हुए लिखा था : "अरबों के प्रभुत्व में स्पेन और सिसिली के उद्योग की समृद्ध अवस्था का रहस्य उनके सिंचाई के निर्माण-कार्य थे।" ('पूँजी', खंड-1, पृ. 481) अरबों के शासनकाल में स्पेन और सिसिली के उद्योग समृद्ध हुए किन्तु अंग्रेजों के शासनकाल में आयरलैंड के उद्योग तबाह हुए। एक तो आयरलैंड को, एंगेल्स के अनुसार, प्रकृति ने ही खेतिहर देश बना दिया था, दूसरे "आइरिश उद्योग के लगभग हर अंकुर को उसके फूटते ही कुचल डालने में अंग्रेजों ने प्रकृति की सहायता की।" (Marx-Engels, 'Ireland and the Irish Question', पृ. 266) अरबों की तरह ईरानियों ने भी पराजित यूनानियों की व्यापारिक उन्नति में सहायता की थी। इन एशियाइयों की तुलना में यूरोप के व्यापारी आयरलैंड और भारत के उद्योग की जड़ खोदने में लगे रहे। अंग्रेजों के साम्राज्य-विस्तार में तोप और बारूद की प्रमुख भूमिका थी। ये चीजें उन्हें अरबों से प्राप्त हुई थीं। एंगेल्स ने लिखा था : "इसके अलावा चौदहवीं सदी में ही अरब तोप और बारूद स्पेन के रास्ते यूरोप लाए थे।" ('प्रिकैपिटलिस्ट', पृ. 470) सामन्तों के गढ़ नष्ट करने में तो काम आईं। अमरीका, अफ्रीका, आस्ट्रेलिया में बड़े पैमाने पर नरमेध रचाकर गोरे वहाँ की भूमि के मालिक बने, फिर दूसरों की धरती के बँटवारे के लिए आपस में लड़े।

विज्ञान को भी अरबों की देन महत्त्वपूर्ण थी। पुनर्जागरण काल का विवरण देते हुए एंगेल्स अरबों की ओर देखते हैं, प्राचीन यूनान और इटली की ओर देखते हैं, मध्यकालीन यूरोप की ओर नहीं देखते। प्राचीनकाल में यूनानियों और रोमनों ने प्रकृति के बारे में बहुत-सी बातें सहज बोध से जानी थीं। अरबों ने अव्यवस्थित ढंग से कुछ बातों का पता लगाया पर ये बातें 'बहुत ही महत्त्वपूर्ण' थीं। लैटिन समुदाय की यूरोपियन जातियों ने चर्च की गुलामी त्यागकर स्वाधीन चिन्तन का प्रसन्न भाव अपनाया। इसे उन्होंने अरबों से प्राप्त किया था और वह उस यूनानी दर्शन से पुष्ट हुआ जिसकी जानकारी अभी हाल में हुई थी। (Marx-Engels-Lenin, 'On Dialectical Materialism', पृ. 94-95)

पश्चिमी यूरोप के पुनर्जागरण से बहुत पहले अरबों को यूनानी संस्कृति की जानकारी हो चुकी थी। यूनान और भारत के बीच सांस्कृतिक आदान-प्रदान की भूमिका पहले ईरान ने निबाही थी, वैसी ही भूमिका यूनान-भारत और पश्चिमी यूरोप के बीच अरबों ने निबाही। पश्चिमी यूरोप का एक धुर पश्चिमी देश स्पेन है। यहाँ अरबों की भूमिका शिक्षाप्रद है। स्पेन पर पहले रोम का अधिकार था। रोमन शासकों ने सिंचाई के निर्माण-कार्य किये, सड़कें बनाईं। स्पेन की भाषा, कानून, शिक्षा आदि पर उन्होंने स्थायी प्रभाव डाला। इसके बाद जर्मन कबीलों ने रोमन साम्राज्य का ध्वंस करने के साथ स्पेन पर अधिकार किया। स्पेन का 'मध्यकाल' आरम्भ हुआ।

नगर सभ्यता के केन्द्रों का ह्रास हुआ, ग्राम-समाजों के अर्थतंत्र का बोलबाला हुआ। धार्मिक अन्धविश्वासों ने स्पेन की जनता को शिक्षा और संस्कृति से वंचित करके उसे अन्धकारयुग में ठेल दिया। सिंचाई के निर्माण-कार्यों में बड़े-बड़े प्रस्तरखंड-एक के ऊपर एक रखे देखकर किसान कहते थे, आदमी यह सब नहीं कर सकता, यह शैतान की करामात है। (Lester B. Rogers-Fay Adams-Walker Brown, 'Story of Nations', पृ. 78) इस मध्यकालीनता में अरबों ने प्रवेश किया।

8वीं सदी में जर्मन कबीलों को परास्त करने के बाद अरबों ने स्पेन में राज्यसत्ता कायम की और यह राज्यसत्ता लगभग 8 शताब्दियों तक कायम रही। इस अवधि में स्पेन यूरोप के सबसे सभ्य देशों में था। "जिस समय शेष यूरोप अन्धकार और अज्ञान में डूबा हुआ था, स्पेन को अरबों की उत्कृष्ट विद्या का लाभ मिला। जिस समय लन्दन, पेरिस और यूरोप के अन्य नगर गाँव मात्र थे, उस समय स्पेन की राजधानी कोर्दोवा समृद्ध नगर था। उसमें दो लाख से अधिक मकान थे और उसके निवासियों की संख्या दस लाख से ज्यादा थी। एक अरब लेखक के अनुसार अँधेरा होने पर आदमी दस मील तक कोर्दोवा में चलता जाए, उसे एक भी सड़क ऐसी न मिलेगी जिसमें राज्य की ओर से बत्तियाँ न जलाई गई हों। यह उस समय की बात है जब लंदन या पेरिस में अँधेरा होने पर आदमी लालटेन लेकर घर के बाहर निकलता था क्योंकि अक्सर सड़कों में गाढ़ा कीचड़ भरा होता था। जिस समय यूरोप के अन्य लोग जानवरों की खाल या मोटा-झोंटा कपड़ा पहनते थे, उस समय अरब चटक रेशमी या सूती लिवास, नफीस वस्त्र धारण करते थे। कोर्दोवा में 900 सार्वजनिक स्नानगृह थे जहाँ वे नहाते थे। ईसाई यूरोप उस समय बहुत कुछ नहाए-धोए बिना ही रहता था।" (उप., 80)

अरबों ने शिक्षा और संस्कृति की ओर ध्यान दिया। "मध्यकाल में यूनान की अधिकांश विद्या से यूरोप अपरिचित था। अरबों ने रोमन साम्राज्य का पूर्वी भाग जीता था। वहाँ वे यूनानी सभ्यता के सम्पर्क में आए और उसे स्पेन ले आए। अरबों की अन्दालूसिया में अरब और हीब्रू, दोनों ओर के अनेक प्रख्यात विद्वान् थे। शेष यूरोप तक यूनानी संस्कृति पहुँचाने में इन्होंने सहायता की। दर्शन, औषधि विज्ञान, गणित, रसायन, खगोल और वनस्पति शास्त्रों में उनका योगदान उल्लेखनीय था। अनगिनत मदरसे खोले गए इनमें सैकड़ों नि:शुल्क शिक्षावाले थे। धनी जन निजी शिक्षण केन्द्रों में, बाद को विश्वविद्यालयों में शिक्षा प्राप्त कर सकते थे। बहुत-से शानदार पुस्तकालय थे। 10वीं सदी में कोर्दोवा के विद्वान खलीफा ने पुस्तक-संग्रह के लिए दुनिया भर में आदमी भेजे और अन्त में चार लाख ग्रंथ पुस्तकालय में एकत्र किये।" (उप., पृ. 82) ग्रानादा का विश्वविख्यात अल्हाम्बा, कोर्दोवा की हजार खम्भोंवाली मस्जिद, सेविल का अल्कजार प्रासाद अरब स्थापत्य के गौरवशाली नमूने हैं। यूरोप को चावल और कपास का ज्ञान अरबों से हुआ। अनेक फल और रेशम पैदा करने का कौशल

यूरोप को अरबों ने दिया। मखमल, जरी का काम, जवाहरात आदि वैभव सामग्री के निर्माण में अरब दक्ष थे। उनके सिंचाई के निर्माण-कार्य कहीं-कहीं अब तक काम में आते हैं। "अरब सभ्यता सचमुच भव्य थी; केवल स्पेन पर नहीं, शेष यूरोप पर भी उसका जबर्दस्त प्रभाव पड़ा है।" (Lester B. Rogers-Fay Adams-Walker Brown, 'Story of Nations', पृ. 82)

चावल और कपास का उपयोग अरबों ने भारत से सीखा था, रेशम पैदा करने की विद्या चीन से सीखी थी। अरबों के माध्यम से यूरोप ने गन्ने की खेती और शक्कर का रहस्य भी जाना था। स्पेन में सबसे पहले फिनीशिया के लोगों ने उपनिवेश कायम किये थे; इनके प्रतिद्वंद्वी यूनानियों ने स्पेन से व्यापार सम्बन्ध कायम किये। "दोनों ने स्पेनवासियों को सभ्यता का प्रकाश दिखाया और भूमध्य सागर के तटवर्ती जनों का ज्ञान और कौशल अंशतः उन तक पहुँचाया।" (उप., पृ. 77) इनके बाद रोमनों और अरबों के राज्य कायम हुए। फिनीशियन, यूनानी, रोमन, अरब—ये सब व्यापारिक पूँजीवाद और उससे सम्बद्ध नगर सभ्यता के संवाहक थे। इनके विपरीत स्पेन के मूल निवासी और जर्मन कबीले ग्राम-समाजों की व्यवस्था के संवाहक थे। इन दोनों तंत्रों का संघर्ष शताब्दियों तक चला है। व्यापारिक पूँजीवाद के साथ स्पेन में पुनर्जागरण काल कई बार आया और गया। आगे बढ़ने और पीछे हटने की यह प्रक्रिया स्पेन और इटली, दोनों के इतिहास से उजागर होती है। सामाजिक विकास की मंजिलों के प्रसंग में इतिहास की यह पेचीदा और विषम प्रक्रिया ध्यान में रखनी चाहिए। पाँचवीं सदी में रोमन साम्राज्य के विघटन के बाद 'यूरोप को अज्ञान और अन्धकार के युग ने क्रमशः अपने भीतर समेट लिया। आधुनिक यूरोपियन लोग प्राचीन संसार की अपनी विरासत पहचानें और उसका भरपूर उपयोग करें, इसमें शताब्दियाँ लग गईं। लगभग एक हजार साल बीत जाने के बाद ही इटली फिर रंगमंच के केन्द्र में प्रतिष्ठित हुआ।" (उप., पृ. 110) और प्रतिष्ठित होने के बाद वह केन्द्र से फिर पार्श्व भाग में ठेल दिया गया। स्पेन और पुर्तगाल ने नये समुद्री मार्गों पर अधिकार करके एशियाई व्यापार पर इटली का इजारा तोड़ दिया। फिर स्पेन से दासों का व्यापार छीनकर इंग्लैंड ने समुद्री मार्गों पर अपना इजारा कायम किया।

स्पेन ने लम्बे युद्ध के बाद अरबों का प्रभुत्व खत्म किया। अरबों के साथ स्पेन के शासकों ने यहूदियों को भी निकाला। हिटलर ने आर्य नस्ल के नाम पर यहूदियों को मारा और निकाला। उससे बहुत पहले यही काम ईसाई धर्म के नाम पर स्पेन के जमींदारों और पादरियों ने किया था। अरबों को निकालने के क्रम में स्पेन के भूस्वामियों ने चर्च का जो कट्टरपंथी तंत्र कायम किया, वह अद्वितीय था। "दमन संस्था स्पैनिश इन्क्वीजीशन नाम से विख्यात हुई। जिनकी रगों में यहूदी या अरब रक्त प्रवाहित था, किन्तु जिनके वफादार ईसाई होने के प्रति सन्देह था, वे इस इन्क्वीजीशन के मुख्य शिकार थे।" (उप., पृ. 84) इस प्रकार यह कट्टरपंथी अभियान नस्ल की भावना से

भी जुड़ा हुआ था। अरब और यहूदी, दोनों सामी परिवार की भाषाएँ बोलते थे। जिसे आगे चलकर 'एंटीसेमिटिज्म' कहा गया, उसकी मशाल पहले स्पेन में जलाई गई। "यहूदी काफी पहले से स्पेन में आ बसे थे। उनमें अनेक समृद्ध हो गए थे और कुछ ऊँचे सरकारी पदों तक पहुँच गए थे। अधिकांश यहूदी योग्य और उद्यमी थे। वे स्पेन के कारीगर और व्यवसायी थे। प्रायद्वीप की समृद्धि के ह्रास में यहूदियों के निष्कासन का यथेष्ट योगदान था। इसके अलावा यहूदियों में अनेक विद्वान थे जो स्पेन और पुर्तगाल छोड़ने को बाध्य हुए। विज्ञान, विशेष रूप से औषधि विज्ञान, को भारी धक्का लगा।...यहूदियों और अरबों के प्रति जो व्यवहार किया गया, उससे स्पेन और पुर्तगाल में सभ्यता पर गहरा आघात हुआ और अनेक वर्षों तक इनके विकास की गति विलम्बित रही।" (Lester B. Rogers-Fay Adams-Walker Brown, 'Story of Nations', पृ. 84-85)

16वीं सदी में स्पेन के जमींदार और व्यापारी अमरीकी आदिवासियों का संहार करके वहाँ के सोने की लूट से मालामाल हो गए। "स्पेन के सरदार, लूट से धनी होकर, सोने-चाँदी की तश्तरियों में भोजन करते थे। उनके यहाँ की महिलाएँ सोने की जरी के वस्त्र और बेशकीमती जवाहरात पहनती थीं।" (उप., पृ. 86) इस सारी समृद्धि के बावजूद स्पेन में औद्योगिक क्रान्ति न हुई। इंग्लैंड से व्यापारिक प्रतिद्वंद्विता में स्पेन हारा, यह एक कारण था। स्पेन का मजबूत सामन्ती ढाँचा दूसरा कारण था। 17वीं सदी में स्पेन और पुर्तगाल ने "घरेलू मामलों में सामन्ती नीति का अनुसरण किया। चर्च और राज्यसत्ता ने गठबन्धन करके सम्पदा बटोरी और धार्मिक तथा आर्थिक स्वतंत्रता का दमन किया। 17वीं और 18वीं सदियों के लिए वह ऐसी आर्थिक और सामाजिक व्यवस्था साबित हुई जो पुरानी पड़ चुकी थी।" (उप., पृ. 91) इस पुरानी पड़ चुकी व्यवस्था को स्पेन में फ्रांको ने, इटली में मुसोलिनी ने, फासिस्टवाद का आधार बनाया।

औद्योगिक क्रान्ति के बाद यूरोप और एशिया के बीच का फासला बराबर बढ़ता गया। इस क्रान्ति से पहले यह फासला कम था और यूरोप के विकास में एशिया के योगदान को अनेक विद्वान स्वीकार भी करते थे। उदाहरण के लिए पूर्व और पश्चिम के सम्बन्धों के बारे में गिबन ने 18वीं सदी में लिखा था : "प्राचीनकाल के सुदूर युगों में संसार विषम रूप से विभाजित था। विलास-वैभव और कलाओं पर पूर्व का अधिकार अनादिकाल से बना हुआ था। इधर पश्चिम में असभ्य और युद्धप्रिय बर्बर जनों का निवास था। ये खेती को या तो तुच्छ मानते थे या उसे बिलकुल जानते ही न थे। स्थापित शासन के संरक्षण में सुखद जलवायु वाले देशों के उत्पाद और अधिक सभ्य जातियों के उद्योग यूरोप के पश्चिमी देशों में क्रमशः चालू किये गए। देशी जनों को प्रोत्साहन दिया गया कि खुले और लाभकारी व्यापार द्वारा उत्पादों में वृद्धि करें और उद्योगों को उन्नत करें। वनस्पति अथवा पशुजगत् की जितनी चीजें एशिया और

मिस्र से क्रमश: लाई गईं, उनकी गिनती करना प्राय: असम्भव है।" (The Decline and Fall of the Roman Empire, खंड-1, पृ. 21) रोमन सौदागरों का घनिष्ठ सम्बन्ध भारत और अरबीआ से था। "भारत और अरबीआ (Arabia) के निवासी अपने देश के माल और उत्पादों से सन्तुष्ट थे, इसलिए रोमनों की ओर से व्यापार का एकमात्र नहीं, तो मुख्य उपकरण चाँदी थी। एक जिज्ञासु किन्तु छिद्रान्वेषी लेखक [प्लिनी] ने हिसाब लगाया था कि प्रतिवर्ष आठ लाख पाउंड स्टर्लिंग से ऊपर की क्षति होती है।...भारत और अरबीआ से निर्यातित सामग्री का जो भी परिमाण रहा हो, उससे रोमन संसार की सम्पदा खत्म होनेवाली नहीं थी। खानों के उत्पाद से व्यापार की आवश्यकताएँ बखूबी पूरी हो जाती थीं।" (उप., पृ. 23)

गिबन ने अधिक सभ्य जातियों के उद्योगों की बात कही थी। यूरोप ने कौशल के विकास में एशिया से क्या सीखा, यह बताते हुए डॉनैल्ड लैच ने लिखा है : "यूरोपियन जातियों के प्रसार और उसके फलस्वरूप विश्व में उनके प्रधान बनने तक उनके उत्थान का फल यह हुआ है कि पूर्व की प्राचीन और भव्य संस्कृतियाँ पश्चिम की नवीन और अधिक गतिशील सभ्यताओं द्वारा आच्छन्न हो गई हैं। इतिहासकारों ने पूर्व के इस तरह आच्छन्न होने का कारण आम तौर से पश्चिम की द्रुत औद्योगिक उन्नति को और उसके साथ आगे बढ़ने में पूर्व की अक्षमता को माना है। वे कहते हैं, एशियाई सभ्यता के बड़े केन्द्रों में कोई भी अपने से औद्योगिक क्रान्ति आरम्भ न कर सका जिसकी तुलना उस क्रान्ति से की जा सके जिसने 1800 के बाद यूरोप का रूप बदल दिया और यूरोप को निर्णायक रूप से औद्योगिक और सैनिक श्रेष्ठता प्रदान की।" (Donald F. Lach, 'Asia in the Making of Europe', खंड-1, भूमिका) केवल भारतीय बुद्धिजीवी नहीं, इस कोटि के पश्चिमी इतिहासकार भी औद्योगिक क्रान्ति से पहले के यूरोप को सामाजिक विकास में श्रेष्ठ ठहराते रहे हैं। इस श्रेष्ठता का प्रतिपादन करनेवाले पश्चिमी विचारक औद्योगिक क्रान्ति से पहले कम थे, बाद को ज्यादा हो गए। पुनर्जागरण काल के यूरोपियन लेखक, धार्मिक अन्धविश्वासों से लड़नेवाले क्रान्तिकारी विचारक, एशिया से बहुत-सी बातें सीखने पर बल देते थे। मानते थे कि कई बातों में एशिया यूरोप से आगे है। पुनर्जागरण कालीन इटली के अनेक यात्री एशिया और जापान के भव्य नगरों और स्थापत्य के श्रेष्ठ नमूनों से चमत्कृत हो उठे थे। "वे खुलकर स्वीकार करते थे कि खास तौर से चीनी लोग प्रतिभा-सम्पन्न शिल्पी हैं और यूरोपियनों को उनसे बहुत कुछ सीखना है। जर्मन दार्शनिक लाइब्नित्स चीन के सामाजिक और पारिवारिक गठन से इतना प्रभावित था कि उसने छेड़ते हुए सुझाव दिया कि स्वर्ग का पुत्र [चीनी सम्राट्] पश्चिम को उपदेशक भेजे जिससे कि वे यूरोप को सिखाएँ कि नागरिक सम्बन्धों के आधारभूत सिद्धान्त कौन-से हैं। वोल्तेअर [फ्रांस के प्रसिद्ध लेखक] ने यूरोप के बादशाहों का आह्वान किया कि दर्शन और कलाओं के मनन और संरक्षण द्वारा वे सम्राट्

चिएनलुङ का अनुकरण करें।" (उप.) इनसे भिन्न हेगेल ने अपने दार्शनिक इतिहास में एक कल्पित एशिया (a hypothetical Asia) की अवधारणा प्रस्तुत की जो गतिशील और जीवन्त पश्चिम की तुलना में स्थिर और निर्जीव था।" ('Asia in the Making of Europe') उत्पादन की एशियाई पद्धति को आधार बनाकर अनेक विचारक इसी कल्पित एशिया की जड़ता को भारत के ब्रिटिश-पूर्व इतिहास पर आरोपित करते रहे हैं। औद्योगिक क्रान्ति से पहले और बाद को यूरोप के अनेक प्रबुद्ध विचारक भारत के दर्शन, भाषाविज्ञान आदि से बहुत कुछ सीखते रहे हैं और इस सीखने पर बल देते रहे हैं। किन्तु बात है यहाँ औद्योगिक कौशल की। डॉनैल्ड एफ. लैच की बात सुनें :

"आधुनिक निगाह उल्टी दिशा में कौशल का प्रवाह देखने की आदी है। यह धारणा कि पूर्वी देश कौशल में पश्चिम से बढ़कर (technologically superior) रहे होंगे, उसे झटका-सा देगी। किन्तु जैसे-जैसे कौशल के इतिहास और उसके प्रसार में प्रगति होती है, यह अधिकाधिक स्पष्ट होता जाता है कि कई यांत्रिक तकनीकें और कई बुनियादी आविष्कार, इससे पहले कि यूरोप उन्हें अपनाए या उनका स्वतंत्र विकास करे, पूर्व को विदित थे। यह सामान्य धारणा प्रस्तुत की जा सकती है कि 1500 के पहले भूमध्य सागर के तटवर्ती देश कौशलीय और आविष्कारी प्रतिभा में यूरोप से बढ़कर थे और खास कर चीन रचनात्मक क्षमता में सम्भवत: दोनों से बढ़कर था।" (उप., पृ. 81) उत्तर-मंगोल काल के चीन में बारूद का निर्माण होता था। उसके बाद वहाँ लोहे की तोपें भी बनाई गईं। डॉनैल्ड लैच के विचार से यह अभी निश्चित नहीं है कि बारूद और तोपों का आविष्कार पहले यूरोप में हुआ या चीन में। किन्तु यूरोप के लोग बहुत-सी बातें अरबों से ग्रहण कर रहे थे। सम्भावना यही है कि ये दोनों चीजें यूरोप ने अरबों से पाई थीं। प्रौद्योगिकी का इतिहास लिखनेवाले नीडहैम का दृढ़ मत है कि बारूद पूर्व से ही पश्चिम पहुँची है। लैच ने उनके मत का उल्लेख किया है। जहाजरानी के लिए अतिशय महत्त्वपूर्ण कुतुबनुमा (magnetic compass) का पूर्ण विवरण "11वीं सदी की एक चीनी पुस्तक में मिलता है, और सम्भव है कि अरबों के माध्यम से यूरोप पहुँचा हो।" (उप., पृ. 82) कागज बनाने की तकनीकें, चीन से "इस्लामी दुनिया (अर्थात् अरब क्षेत्र) पार करती हुई यूरोप पहुँची हों, यह सम्भव है।" (उप., पृ. 83) चीन में छपाई का आविष्कार भी हुआ था। 16वीं सदी के कई यूरोपियन-यात्रियों को यह देखकर आश्चर्य हुआ था कि "चीनियों के पास छपी हुई पुस्तकों की बड़ी संख्या है।" (उप.) चीनी पुस्तकों की परीक्षा करके एक इटालियन इतिहासकार ने 1546 में कहा था कि जर्मन नगर गुटेनबर्ग की मुद्रण कला चीन से प्राप्त की गई है। (उप., पृ. 82-83)

औद्योगिक क्रान्ति से पहले यूरोप में मशीनों का प्रयोग बहुत कम हुआ था, भाप से चलनेवाली मशीनों का तो सवाल न था। मार्क्स ने पुनर्जागरण काल को दस्तकारी काल (Handicraft period) कहा है। ('पूँजी', खंड-1, पृ. 329) औद्योगिक

क्रान्ति के युग को इस काल से जो 'महान् आविष्कार' प्राप्त हुए, उनमें कुतुबनुमा, बारूद, टाइप प्रिंटिंग और स्वत:चालित घड़ी हैं। इनमें किसी का भी सम्बन्ध उत्पादन से नहीं है। मशीनों की भूमिका गौण थी, मुख्य भूमिका थी श्रम के विभाजन की। अर्थात् उत्पादन के पुराने औजारों से काम लेते हुए मुख्यत: श्रम-विभाजन के नये आधार पर यूरोप ने पूँजीवादी उत्पादन शुरू किया था। 17वीं सदी में इक्का-दुक्का मशीनों का जो उपयोग हुआ, उससे—मार्क्स के अनुसार—सर्वाधिक लाभ उठाया गणितज्ञों ने; उन्होंने यांत्रिकी का विकास किया। उल्लेखनीय है कि मशीनों के विकास पर विचार करते समय मार्क्स को रोम याद आया है : "सभी मशीनों का आदिम रूप जल चक्र (water wheel) रोमन साम्राज्य से प्राप्त हुआ था।" ('पूँजी', खंड-1) पाद-टिप्पणी में मार्क्स ने लिखा है, मशीनरी के विकास का सारा इतिहास आटे की चक्की के इतिहास से जाना जा सकता है। इंग्लैंड के कारखानों को मिल कहते हैं और जर्मनी में मशीनी उद्योग के लिए 'म्युॲलॅ' (मिल) शब्द का प्रयोग होता रहा है। (उप.) 'मिल' का अर्थ है चक्की, जो हाथ से चलाई जाती थी। मिल्टन ने अन्धे सैमसन को गाज़ा में गुलामों के साथ यही चक्की चलाते हुए बताया था : Eyeless in Gaza on the mill with slaves. भारत में यह चक्की पानी से चलती थी इसलिए हिन्दी में 'पनचक्की' शब्द का चलन हुआ। रहँट ईरानियों का पुराना यंत्र है। सम्भव है, रोमनों ने अपना जल-चक्र ईरानियों से प्राप्त किया हो और विरासत में पश्चिमी यूरोप को दे गए हों!

मशीन चलाने के लिए पानी और हवा से लेकर पशु के उपयोग तक का कौशल एशिया को ज्ञात था। कोल्हू का बैल मशीन में मानवेतर शक्ति के उपयोग का प्रतीक है। यूरोप में बैल की जगह घोड़े से काम लिया जाता था। शक्ति के मापदंड के रूप में हॉर्सपावर घोड़े की पुरानी भूमिका की यादगार है। तकनीकी प्रगति के विचार से 18वीं सदी के पूर्वार्द्ध तक इंग्लैंड और भारत में कोई विशेष अन्तर नहीं था। ब्रिटेन के सूती उद्योग का इतिहास लिखते हुए बेन्स (Baines) ने नोट किया था : "सूती उत्पादन में जो मशीनें इस्तेमाल की जाती थीं, वे 1760 तक लगभग उतनी ही सादी थी जितनी भारत की।" (रजनी पामदत्त द्वारा 'इंडिया टुडे' में उद्धृत, पृ. 115)

रोमन-साम्राज्य से लेकर पुनर्जागरण काल तक उत्पादन के औजारों में कोई उल्लेखनीय परिवर्तन नहीं हुआ किन्तु इस दौर में बँधुआ किसान, गुलाम और पगारजीवी श्रमिक—तीन तरह के उत्पादक, उत्पादन के तीन तरह के तरीके, इनके साथ तीन तरह के सामाजिक सम्बन्ध हमारे सामने आते हैं। औद्योगिक क्रान्ति के दौरान उत्पादन के औजारों में भारी परिवर्तन होता है किन्तु पगारजीवी श्रमिक का उपयोग इस क्रान्ति से शुरू नहीं होता, वह उससे पहले का है। औजारों के बिना उत्पादन नहीं होता किन्तु उत्पादन की पद्धति इन औजारों पर यांत्रिक रूप से निर्भर नहीं है। वह श्रम-विभाजन, उत्पादन के साधनों के केन्द्रीकरण आदि अन्य तत्त्वों पर निर्भर है।

6. सौदागरी पूँजी का सामन्ती खोल

पुनर्जागरण काल का यूरोप और प्राचीन रोम-यूनान मूलतः एक ही व्यवस्था के अन्तर्गत हैं। यह सामन्ती व्यवस्था है जिसके भीतर पूँजीवादी सम्बन्ध पनप रहे हैं किन्तु वे अभी इतने शक्तिशाली नहीं हुए कि उस व्यवस्था का खोल पूरी तरह तोड़ दें। नये सम्बन्ध गुलाम और पगारजीवी श्रमिक की मेहनत के बल पर पनपते हैं। गुलाम और पगारजीवी श्रमिक, दोनों ही अतिरिक्त मूल्य का सृजन करते हैं, यह उनकी सामान्य विशेषता है। पगारजीवी की श्रम-शक्ति खरीदी जाती है, गुलाम श्रम-शक्ति के अलावा खुद भी खरीदा जाता है। दोनों में वैसा ही अन्तर है, जैसा बँधुआ किसान और आसामी किसान (अथवा छोटे मालिक किसान) में है। किसान मालिक का आसामी है या स्वयं छोटा मालिक है, इससे शोषण का मूल सामन्ती रूप नहीं बदलता। बँधुआ किसान की तरह आसामी और छोटे मालिक अपनी अतिरिक्त उपज सामन्ती प्रभु के हवाले करते हैं। इस प्रभु की शक्ति अपनी रियासत में निरंकुश है या वह उसे रियासत के साथ अन्य महाप्रभु से मिली है, इससे सामन्ती उत्पादन और शोषण की मूल प्रकृति में कोई फर्क नहीं पड़ता। पूँजीपति अतिरिक्त मूल्य के सर्जक की श्रम-शक्ति एकबारगी खरीद लेता है या हफ्तावार खरीदता है, इससे उत्पादन और शोषण की मूल प्रकृति में फर्क नहीं पड़ता। गुलाम पगारजीवी श्रमिक से गुणात्मक रूप में भिन्न नहीं है किन्तु वह बँधुआ किसान, आसामी और छोटे मालिक किसान से गुणात्मक रूप में भिन्न है, गुलाम कहलानेवाले उस दास से भी भिन्न है जो कुलपति के परिवार का अंग बनकर उसके लिए श्रम करता है। दादापंथी समाज-व्यवस्था का दास, बँधुआ किसान की तरह, उपयोग मूल्यों का सृजन करता है; अभ्युदयशील पूँजीवादी व्यवस्था का दास, पगारजीवी श्रमिक की तरह, विनिमय मूल्यों का सृजन करता है। सामन्ती व्यवस्था का मूल अन्तर्विरोध छोटी भू-सम्पत्ति और बड़ी भू-सम्पत्ति के मालिकों का अन्तबिरोध है। देहाती सर्वहारा सामन्ती व्यवस्था का बहुत छोटा घटक है; बँधुआ किसान सर्वहारा नहीं है, उत्पादन के कुछ-न-कुछ साधन अंशतः या पूर्णतः उसके अपने होते हैं। पूँजीवादी व्यवस्था का मुख्य अन्तर्विरोध सम्पत्तिहीन श्रमिक और सम्पत्ति के मालिक पूँजीपति का अन्तर्विरोध है। यूरोप के पुनर्जागरण काल में पूँजीपति और सर्वहारा का अन्तर्विरोध समाज का मुख्य अन्तर्विरोध न बना था, यह बात सभी लोग जानते हैं।

खेतिहर अत्तिका जनपद में प्राचीन एथेंस एक टापू की तरह था, वैसे ही खेतिहर इंग्लैंड में 16वीं-17वीं सदियों का लंदन एक टापू की तरह था। जैसाकि रजनी पामदत्त ने लिखा है : "अठारहवीं सदी के मध्य में इंग्लैंड अब भी मुख्यतः खेतिहर देश था।" ('इंडिया टुडे', पृ. 104) उसका खेतिहरपन पूँजीवादी खेती के कारण नहीं, सामन्ती ढंग की खेती के कारण था। मार्क्स ने लिखा था कि 17वीं सदी के अन्तिम दशक में भी स्वाधीन किसानों का यओमैन वर्ग काश्तकारों के वर्ग से बहुसंख्यक

था और क्रॉमवेल की सेना का मेरुदंड था। ('पूँजी', खंड-1, पृ. 676) 17वीं सदी में इंग्लैंड में गृहयुद्ध हुआ। उसमें एक दल के नेता क्रॉमवेल थे। गृहयुद्ध इसलिए हुआ कि सत्ता बड़े-बड़े जमींदारों के हाथ में थी; क्रॉमवेल के नेतृत्व में स्वाधीन किसान जमींदारों की फौज से इसलिए लड़े थे कि वे किसानों के उत्पीड़क थे। पुनर्जागरण काल के इंग्लैंड में सामन्तवाद खत्म न हुआ था, वह अब भी इतना मजबूत था कि उभरते हुए व्यापारिक पूँजीपति वर्ग को चुनौती दे और सारे देश को गृहयुद्ध की ओर ठेल दे। इंग्लैंड में पूँजीवाद का यथेष्ठ विकास हो चुका होता तो यह गृहयुद्ध—1871 में फ्रांस के गृहयुद्ध की तरह—सर्वहारा और पूँजीपति वर्ग के युद्ध का रूप ले लेता। इसके विपरीत वह मूलत: किसान-जमींदार युद्ध था और इस तरह 1789 की फ्रांसीसी राज्यक्रान्ति के अधिक समीप था। इंग्लैंड के गृहयुद्ध में जिन पूँजीपतियों ने भाग लिया था, वे उद्योगपति नहीं थे, मुख्यत: व्यापारी थे अथवा ऐसे व्यापारी थे जो उद्योग-धन्धे भी चलाते थे। इन व्यापारियों ने इस बात का ध्यान रखा कि गृहयुद्ध से किसान लाभ न उठाने पाएँ। जमींदारों के खिलाफ किसानों के युद्ध से व्यापारियों ने लाभ उठाया। उन्होंने जमींदारों से रिआयतें हासिल करके उनसे समझौता किया और जिन स्वाधीन किसानों के खेत जमींदार अब तक न हथिया पाए थे, उनके खेत कानूनन उन्होंने खुले खजाने गृहयुद्ध के बाद हथिया लिये। ठीक ऐसा ही काम 19वीं सदी के अंग्रेज उद्योगपतियों ने किया। मजदूरों के आन्दोलन का दबाव डालकर जमींदारों से रिआयतें हासिल कीं और फिर मजदूरों के आन्दोलन को दबाने में जमींदारों की मदद की। किसान और मजदूर जब भी पूँजीपतियों के साथ संयुक्त मोर्चा बनाएँगे और उस मोर्चे की बागडोर पूँजीपतियों के हाथ में रहने देंगे, तब संघर्ष का वही नतीजा होगा जो इंग्लैंड में 17वीं सदी के गृहयुद्ध का और 19वीं सदी के चार्टिस्ट आन्दोलन का हुआ।

यूरोप का पुनर्जागरण काल व्यापारिक पूँजीवाद का युग है! यह पूँजीवाद सामन्ती व्यवस्था के भीतर पनपता है और उसके तानेबाने को तोड़ नहीं पाता। इस पूँजीवाद के प्रसार से जो नये सामाजिक सम्बन्ध बनते हैं, उन्हीं के आधार पर 'मध्यकाल' के बाद यूरोप की आधुनिक जातियों का निर्माण होता है, साहित्य में जातीय भाषाओं की प्रतिष्ठा होती है, जातीय जागरणकाल ही वास्तव में पुनर्जागरण काल है। मार्क्सवादी लेखन में, विशेष रूप से भारत में—और भारत से बाहर भारत-सम्बन्धी लेखन में—व्यापारिक पूँजीवाद-जैसी चीज की चर्चा शायद ही कभी होती हो। किन्तु अंग्रेजी राज से पहले के भारत को समझने के लिए यह जानना जरूरी है कि अंग्रेज और फ्रांसीसी जातियों का निर्माण व्यापारिक पूँजीवाद के आधार पर हुआ था।

इंग्लैंड के गृहयुद्ध पर अपनी पुस्तक में जैक लिंडसे ने उस समय के वर्गों की स्थिति का बहुत अच्छा विवरण पेश किया है। इंग्लैंड के पश्चिमी और उत्तरी भागों में 'जागीरोंवाली पुरानी सामन्ती व्यवस्था' (the old feudal system of dependencies)

अभी अधिक सुरक्षित बनी हुई थी; यहाँ आम तौर से बादशाह को समर्थन प्राप्त था। (Jack Lindsay, 'Civil War in England', पृ. 9) "स्वाधीन किसान रियासतों के आसामियों से भिन्न थे जो अपने मालिकों के पीछे चलते थे।" (उप., पृ. 10) स्वाधीन किसानों के अलावा सामन्ती रियासतों में आसामियों का एक समुदाय बना हुआ था जो अपने मालिकों का ताबेदार था। बादशाह इन्हीं मालिकों का प्रतिनिधि था। उन दिनों इस बात का प्रचार जोरों से होता था कि बादशाह को राज करने का दैवी अधिकार (divine right) है। सारा राज्य बादशाह की निजी सम्पत्ति की तरह था। ऐसी सम्पत्ति के लिए राज्यसत्ता या कॉमनवेल्थ शब्द का प्रयोग भी आपत्तिजनक था। "स्टुअर्ट संसार अब भी इतना सामन्ती था कि 'कॉमनवेल्थ' तो दरकिनार 'राज्यसत्ता' (स्टेट) शब्द भी सन्देह की निगाह से देखा जाता था।...'राज्यसत्ता' या 'कॉमनवेल्थ' का मतलब यह होता था कि राज्य बादशाह की सम्पत्ति नहीं है।" (उप., पृ. 79)

बादशाह के खिलाफ प्रतिरोध संगठित करने में "अग्रणी भूमिका व्यापारियों की थी"; उन्होंने अपने कटु अनुभव से जाना था कि "जैसे ही बादशाही मजबूत होती है, उसकी दखलअन्दाजी व्यापार और उद्योग के आड़े आती है।" (उप., पृ. 67) कहीं-कहीं माल पर इतनी चुंगी लगाई जाती थी कि वह उसके मूल्य से बढ़कर होती थी। (उप., पृ. 47) 1649 में पौंटीफ्रैक्ट कैसल नाम की गढ़ी के पतन के लिए कूपर नाम के एक आधुनिक लेखक ने कहा था : "सामन्ती दुनिया को मार्मिक आघात लगा; एक नये व्यापारिक संसार का अभ्युदय हो रहा था।" (लिंडसे द्वारा उद्धृत, पृ. 291) सामन्ती दुनिया के गढ़ गिर रहे थे, जो नई दुनिया उभर रही थी, वह व्यापारिक पूँजीवाद की थी।

इंग्लैंड ने अभी तक उद्योग-धन्धों में जो उन्नति की थी, वह देहात तक सीमित थी। शहरों में मध्यकालीन श्रेणी संघों का बोलबाला था। ये संघ बाहरवालों का धन्धा चलने न देते थे। इसलिए सूती, ऊनी कपड़ों के महत्त्वपूर्ण धन्धे देहात में चलाए जा रहे थे। उत्पादन मुख्य रूप से कारखानों में न होता था। "घरेलू उद्योग का चलन ही मुख्य था।" (उप., पृ. 39) इसीलिए अभी शहरी कारखानेदार की कोई हैसियत न थी। देहाती उपज को शहर में बेचने से जिन जमींदारों को लाभ होता था, वे व्यापारियों के साथ थे। (उप.) व्यापार से लाभ उठानेवाले जमींदार बहुत थोड़े थे, इसीलिए अधिकांश जमींदार बादशाही के समर्थक थे। व्यापारियों के समर्थन में किसान और कारीगर उठ खड़े हुए थे। इंग्लैंड में सामूहिक सम्पत्तिवाले ग्राम-समाजों की परम्परा अब भी जीवन्त बनी हुई थी। गृहयुद्ध से पहले किसानों की जो जमीन घेर ली गई थी, उसे पाने के लिए कई विद्रोह हुए थे। गृहयुद्ध के दौरान जो विद्रोह हुए, वे जमींदारों की निजी रियासतों के खिलाफ नहीं थे। किसान "केवल सामान्य भूमि पर मिलकर श्रम करना चाहते थे और मिलकर अपना श्रमफल बाँट लेना चाहते थे।" (उप., पृ. 285) मनुष्य मात्र की समानता का दावा करनेवाले, व्यापारियों की ठग-विद्या और जमींदारों के अन्याय का निरन्तर विरोध करनेवाले लेवलर और डिगर नामधारी किसान प्रजादल

के सबसे क्रान्तिकारी अंश थे। इनका प्रतिरोध "किसान साम्यवाद की उस परम्परा से जुड़ा हुआ था जो 14वीं से 17वीं सदी तक इंग्लैंड में खूब जीवन्त बनी हुई थी।" (लिंडसे द्वारा उद्धृत, पृ. 288) इन्हें जमींदारों के ही नहीं, प्रजादल के नेता क्रॉमवेल के उत्पीड़न का भी सामना करना पड़ा था। अपने वामपक्ष को कुचलकर क्रॉमवेल ने जमींदारों से व्यापारियों के समझौते का रास्ता साफ कर दिया।

जमींदारों और व्यापारियों के हित बहुत जगह परस्पर सम्बद्ध थे, खास तौर से साम्राज्य विस्तार से दोनों को गहरी दिलचस्पी थी। लेवलर सम्प्रदाय के वालविन नामक नेता ने आयरलैंड की स्वाधीनता का समर्थन किया था। "लेवलर सम्प्रदाय की पराजय ने मानो आयरलैंड पर कूच का डंका बजा दिया।" (उप., पृ. 293) आयरलैंड को गुलाम बनाकर रखना है, इस बारे में जमींदारों और व्यापारियों में कोई मतभेद न था। "इस बात पर ध्यान देना महत्त्वपूर्ण है कि शाही पक्ष और प्रजादल के बीच पहला सीधा सौदा आयरलैंड को लेकर हुआ था।" (उप., पृ. 295) क्रॉमवेल ने गणतंत्र स्थापित किया, फिर उसकी जगह बादशाही कायम हुई। व्यापारियों को रिआयतें मिलीं, उस हद तक जमींदारों के विशेषाधिकार कम हुए। घाटे में रहे किसान। जमींदारों ने इनकी जो भूमि जबरन घेर ली थी, उसे जायज करार देने के लिए 1656 में एक विधेयक पेश किया गया था किन्तु वह पारित न हो सका था; बहुमत विरोध में था। किन्तु "अब से बड़े जमींदार दो शताब्दियों तक कानूनी कार्रवाई के जरिये जनता की सामान्य भूमि लगातार हड़पते चले गए।" (उप., पृ. 329)

जहाँ तक पुनर्जागरण कालीन इंग्लैंड की समाज-व्यवस्था का प्रश्न है, ऊपर जो बातें कही गई हैं, वे यह बताने को काफी हैं कि यह व्यवस्था सामन्ती है और उसके भीतर पनपता हुआ व्यापारिक पूँजीवाद उसे तोड़ न पाया था। किन्तु औद्योगिक क्रान्ति के बाद जो सिलसिला शुरू होता है, उसे समझने के लिए भी यह नोट करना जरूरी है कि उस सामन्ती व्यवस्था के अवशेष 19वीं सदी में मजबूत थे। व्यापारियों की तरह उद्योगपतियों ने भी जमींदारों से समझौता किया था। चार्टिस्ट आन्दोलन की माँगें पूँजीवादी जनतंत्र कायम करने की माँगें थीं, सामन्ती विशेषाधिकार खत्म करने की माँगें थीं। सामन्तवाद का पुराना स्तम्भ था चर्च। रोमांटिक कवियों ने जमकर पादरी समुदाय और राजकीय चर्च का विरोध किया। शेली ने अपने गद्य लेखों में, और जहाँ-तहाँ कविताओं में, इंग्लैंड की जनता के सामने संघर्ष का जो कार्यक्रम रखा था, उसी को लेकर चार्टिस्ट नेता आगे बढ़े थे। इंग्लैंड में सामन्त-विरोधी संघर्ष के दो महत्त्वपूर्ण दौर हैं : पहला, व्यापारिक पूँजीवाद के युग में; दूसरा, औद्योगिक पूँजीवाद के युग में। पहले दौर के सांस्कृतिक प्रतिनिधि शेक्सपियर और मिल्टन हैं, दूसरे दौर के प्रतिनिधि वड्सवर्थ, कोलरिज, बायरन, शेली और कीट्स हैं। जातीय निर्माण की प्रक्रिया के दो दौर हैं, निर्माण का मूल कार्य पहले दौर में सम्पन्न होता है, दूसरे दौर में वह और पक्का होता है। इंग्लैंड ने दो बार पुनर्जागरण काल देखा।

दोनों बार उसने प्राचीन यूनान और रोम को प्रेरणा स्रोत बनाया। कारण यह कि प्राचीन यूनान और रोम की संस्कृति भी उसी सामन्ती व्यवस्था में पनपी थी जिसे व्यापारिक पूँजीवाद भीतर से तोड़ रहा था।

मार्क्स ने लिखा था : "प्राचीन क्लासिकी इतिहास शहरों का इतिहास है पर ऐसे शहरों का जो भूस्वामित्व और कृषि पर आधारित थे।" ('प्रिकैपिटलिस्ट', पृ. 94) इन शहरों में वित्त का चलन हुआ, पुराने सम्बन्ध टूटे किन्तु वित्त ने औद्योगिक पूँजी का रूप न लिया। प्राचीन रोम, बाइज़ैटिअम [लघु एशिया] आदि में "सम्पत्ति के पुराने सम्बन्धों का विघटन वित्त-सम्पदा के विकास से, व्यापार आदि के विकास से जुड़ा हुआ था। किन्तु दरअसल इस विघटन का परिणाम उद्योग नहीं था वरन् शहर पर देहात का प्रभुत्व था।" (उप., पृ. 124) सम्भव है, यहाँ देहात के प्रभुत्व पर कुछ अधिक जोर दिया गया हो। मार्क्स ने यह बात 1857-59 की पांडुलिपियों में कही थी। एंगेल्स ने 1884 में व्यक्तिगत सम्पत्ति के उद्भववाली पुस्तक में लिखा था, श्रम-विभाजन और विनिमय के विकास के फलस्वरूप जब शहर और देहात का भेद तीव्र होता जाता है, तब "या तो देहात पर शहर का आर्थिक प्रभुत्व होगा, जैसेकि प्राचीनकाल में था या शहर पर देहात का, जैसेकि मध्यकाल में था।" (पृ. 162) सम्भव है, यहाँ शहर के प्रभुत्व पर कुछ अधिक जोर दिया गया हो। यह निश्चित है कि वह प्रभुत्वपूर्ण और निरपेक्ष नहीं था, अपनी आर्थिक प्रधानता के बावजूद शहर देहाती खोल के भीतर था। यह खोल औद्योगिक पूँजीवाद के युग में भी पूरी तरह नहीं टूटता। इंग्लैंड में टोरी और व्हिग नाम के दो मुख्य राजनीतिक दल थे। इनमें टोरी तो जमींदारों का दल था ही, व्हिग दल में भी जमींदार थे पर वे व्यवसायियों का प्रतिनिधित्व भी करते थे। मार्क्स ने 1852 में इन दो दलों की स्थिति के बारे में लिखा था : "व्हिग और टोरी, दोनों ब्रिटेन की बड़ी भू-सम्पत्ति का अंश हैं। यही नहीं, अंग्रेजी भू-सम्पत्ति का सबसे पुराना, धनी और सबसे हेकड़ अंश ही व्हिग पार्टी के केन्द्र में है।" ('ऑन ब्रिटेन', पृ. 352)

सत्ताधारी जमींदार गुट ब्रिटिश मजदूरों के मुक्ति-आन्दोलन में सबसे बड़ी बाधा था। उसकी चौकियाँ इंग्लैंड में ही नहीं, आयरलैंड में भी थीं। उनकी सहायता से ब्रिटिश जमींदार इंग्लैंड में अपनी स्थिति मजबूत किये हुए थे। इसीलिए मार्क्स ने 1870 में लिखा था कि आयरलैंड में अंग्रेज अभिजात वर्ग का शासन खत्म कर दिया जाए तो इंग्लैंड में सर्वहारा क्रान्ति के लिए आवश्यक शर्तें पूरी हो जाएँगी। ('ऑन ब्रिटेन', पृ. 505) सर्वहारा और पूँजीपति में सीधी टक्कर इसलिए न हो रही थी कि सत्ता पर जमींदार वर्ग हावी था अर्थात् 1870 के इंग्लैंड में भी शहर पर देहात का प्रभुत्व पूरी तरह समाप्त न हुआ था।

फालतू शहरी आबादी कम करने का एक तरीका यह था कि उसे उपनिवेशों में भेज दिया जाए, उसके जरिये नये उपनिवेश बसाये जाएँ। उपनिवेशवाद की शुरुआत व्यापारिक पूँजीवाद के युग में होती है, औद्योगिक पूँजीवाद के युग में उसकी

भूमिका बदल जाती है। उपयोग मूल्यों का निर्माता सामन्ती समाज उपनिवेश कायम नहीं करता, इन्हें कायम करने की प्रेरणा व्यापार से मिलती है। उपनिवेशी व्यवस्था और प्रवासियों की समस्या पर विचार करते हुए मार्क्स का ध्यान 'मध्यकाल' पार करके प्राचीन यूनान और रोम की ओर जाए, यह स्वाभाविक था। उन्होंने लिखा था : "प्राचीन राज्यों में, यूनान और रोम में, प्रवासियों का बाहर जाना लाजमी था। यह क्रिया समय-समय पर उपनिवेशों की स्थापना का रूप लेती थी और सामाजिक ढाँचे की एक निश्चित कड़ी थी। जनसंख्या की किन्हीं निश्चित सीमाओं पर उन राज्यों की सारी व्यवस्था आधारित थी। उन सीमाओं के अतिक्रमण का मतलब था उस प्राचीन सभ्यता की परिस्थिति का ही संकटग्रस्त होना। लेकिन ऐसा क्यों था? ऐसा इसलिए था कि भौतिक उत्पादन में विज्ञान के उपयोग से वे लोग बिलकुल अपरिचित थे। सभ्य बने रहने के लिए जरूरी था कि उनकी संख्या अल्प हो, वर्ना उन्हें वही शारीरिक श्रम करना पड़ता जिसने स्वाधीन नागरिक को दास बनाया था। उत्पादक शक्ति के अभाव ने नागरिकता को जनसंख्या के एक निश्चित अनुपात पर निर्भर बना दिया था और इस अनुपात को भंग न किया जा सकता था। लोगों का प्रवासी बनकर बाहर जाना—यही एक समाधान था।...आधुनिक अनिवार्य आप्रवास की स्थिति एकदम उल्टी है। यहाँ उत्पादक-शक्ति के अभाव से फालतू आबादी नहीं बनती; उत्पादक शक्ति की बढ़ती की माँग होती है कि जनसंख्या में कमी हो, फालतू आबादी को भुखमरी या आप्रवास के द्वारा वह निकाल फेंकती है।" ('ऑन ब्रिटेन', पृ. 374-75)

उत्पादक-शक्ति बढ़ी औद्योगिक क्रान्ति से। पूँजीवाद की विडंबना है कि जितना ही उत्पादक-शक्ति बढ़ती है, उतना ही गरीबी और भुखमरी बढ़ती है। उत्पादक शक्ति की बढ़ती मुनाफा कमाने के लिए है, गरीब जनता को भोजनवस्त्र देने के लिए नहीं। जिनके पास माल खरीदने को पैसा नहीं है, वे आबादी का फालतू हिस्सा हैं। ब्रिटेन में गरीबी का अनुपात अंग्रेजियत और गैर-अंग्रेजियत पर निर्भर था। सबसे ज्यादा गरीबी आइरिश, वेल्श और स्कॉट लोगों में थी, सबसे कम अंग्रेजों में! इसलिए प्रवासियों में गैर-अंग्रेज ही ज्यादा थे। 19वीं सदी के मध्य में, मार्क्स ने आँकड़े देकर बताया था कि प्रवासियों में 80 फीसदी आयरलैंड और स्कॉटलैंड के केल्त जन थे। (उप., पृ. 372) किन्तु उपनिवेश औद्योगिक क्रान्ति से पहले कायम होते हैं, वे व्यापारिक पूँजीवाद की देन हैं। उस समय उत्पादन में विज्ञान का उपयोग बहुत कम होता है, उत्पादन की परिस्थितियाँ बहुत कुछ वैसी हैं, जैसी प्राचीन यूनान और रोम में थीं। प्राचीन उपनिवेश उस अन्तरराष्ट्रीय बाजार की सुदृढ़ शृंखला थे जिसके भीतर व्यापारिक पूँजीवाद का विकास होता था। इन उपनिवेशों के खूँटों से पराधीन और अर्द्ध-पराधीन देश बँधे हुए थे, उनके चारों ओर यातायात और परिवहन की व्यवस्था संगठित की गई थी। प्राचीन यूनान में व्यापारिक पूँजीवाद का गढ़ था एथेंस। प्राचीन

यूनान में सबसे बड़ा साम्राज्य भी एथेंस का था। उपनिवेशों और पराधीन देशों को एथेंस का प्रभुत्व स्वीकारने में लाभ है। इसके बारे में एथोनियन राजनीतिज्ञों के तर्क बाद में अंग्रेजों ने भी दोहराए। प्राचीन यूनान को जो और बहुत-सी चीजें पुनर्जागरण के यूरोप से जोड़ती हैं, उनमें उपनिवेश व्यवस्था भी है।

दास-प्रथा वाला समाज पहले या सामन्ती समाज पहले, यह कोरा शास्त्रीय प्रश्न नहीं है। इस प्रश्न के उत्तर पर निर्भर है कि हम प्राचीन यूरोप के अलावा आधुनिक यूरोप का इतिहास किस तरह समझते हैं, उस इतिहास से कौन-से सामान्य निष्कर्ष निकालते हैं, भारत के प्राचीन और मध्यकालीन इतिहास का विवेचन किस तरह करते हैं। सामन्ती व्यवस्था छोटे पैमाने के उत्पादन की व्यवस्था है। इसके लिए दासों से काम लिया जाए, यह अनिवार्य नहीं है। दादापंथी दास-प्रथा यूनान और रोम की क्लासिकी दास-प्रथा से भिन्न है। सामन्ती व्यवस्था के भीतर बड़े पैमाने पर विनिमय मूल्यों के उत्पादन के लिए दासों का उपयोग होता है। यही क्लासिकी दास-प्रथा है। औद्योगिक क्रान्ति से पहले यूरोप के पूँजीवादी विकास में दास-प्रथा की भूमिका अत्यन्त महत्त्वपूर्ण है। इस भूमिका का सारगर्भित विवेचन मार्क्स ने किया है। उन्होंने यह संकेत भी कर दिया है कि इस विषय का और विस्तार से अध्ययन करना जरूरी है। अपने विवेचन में मार्क्स ने प्राचीन यूनान और रोम की दास-प्रथा से इस आधुनिका दास-प्रथा की तुलना की है। दोनों की अनेक सामान्य विशेषताओं का उल्लेख किया है। दास-प्रथा के आधार पर जिन आर्थिक सम्बन्धों का विकास हुआ, जिन पारिवारिक सम्बन्धों का निर्माण हुआ, उनकी छानबीन करते हुए मार्क्स ने बार-बार आधुनिक यूरोप से प्राचीन यूनान और रोम की तुलना की है। उनकी तुलना से यह स्पष्ट हो जाता है कि पुनर्जागरण काल का यूरोप यूनान और रोम से सांस्कृतिक अभ्युत्थान के लिए प्रेरणा ही ग्रहण नहीं करता, वह उनके भौतिक जीवन की परिस्थितियों को बहुत कुछ दोहराता भी है। व्यापारिक पूँजी के विकास से लेकर उपनिवेशों की स्थापना तक परिस्थितियों की यह आवृत्ति दिखाई देती है। सामाजिक विकास की मंजिलें निर्धारित करते हुए दास-प्रथा को यूनान और रोम के प्राचीनकाल तक सीमित कर देना और उसे यूरोप के आधुनिक काल से खारिज कर देना अकाट्य तथ्यों की उपेक्षा करना है।

कोई यह दावा नहीं करता कि आधुनिक पूँजीवादी विकास के लिए दास-प्रथा का चलन अनिवार्य था किन्तु यूनान और रोम में उसका चलन अनिवार्य माना जाता है। मार्क्स और एंगेल्स के लेखन से इस बात का पता चल जाता है कि यूनान और रोम में स्वाधीन नागरिकों के लिए सैनिक सेवा अनिवार्य थी, इसलिए दासों के बिना बिकाऊ माल का उत्पादन न हो सकता था। ब्रिटेन-जैसे देश एशियाइयों की फौज से काम लेते थे, इसलिए इनके यहाँ मुफलिस स्वाधीन नागरिकों की सेना तैयार हो

गई जिससे वे सस्ते मजदूर प्राप्त कर सकें। दास-प्रथा न प्राचीन यूनान और रोम के लिए अनिवार्य थी, न आधुनिक यूरोप और अमरीका के लिए। पूँजीवादी उत्पादन की विशेषता है पगारजीवी श्रम; इस तरह के श्रम का चलन प्राचीन यूनान में था यद्यपि वह गौण रूप में था। दासों के और पगारजीवी मजदूरों के श्रम में बहुत बड़ा अन्तर नहीं है। दोनों के श्रम के आधार पर जो अर्थतंत्र विकसित होता है, वह पूँजीवादी है। यह अर्थतंत्र सामन्ती व्यवस्था के भीतर विकसित होता है, उस पर सूदखोरी, धन-संचय आदि की प्रवृत्तियों की छाप रहती है।

यूरोप में सामन्तवाद के विकास को समझने में बहुत बड़ी बाधा यह आम धारणा है कि प्राचीन यूनान में सर्वत्र दास-प्रथा का चलन था। एथेंस के समानान्तर स्पार्ता में मुख्य उत्पादक बँधुआ किसान थे, दास नहीं, इस तथ्य का स्पष्ट उल्लेख एंगेल्स ने किया है पर इस पर समुचित ध्यान नहीं दिया गया। इस तथ्य पर ध्यान देते ही 'दास-प्रथा, फिर सामन्तवाद' वाला क्रम तुरत भंग हो जाता है। मार्क्स ने 'पूँजी' के प्रथम खंड में सामन्ती उत्पादन को छोटे पैमाने का उत्पादन बताया था और इसके चलन के बाद ही दास-प्रथा का प्रसार माना था। (पृ. 316) उनकी इस टिप्पणी की उपेक्षा का परिणाम है, एथेंस के विकास के सामन्त-विरोधी पक्ष की अनदेखी करना, उसके अभ्युदयशील पूँजीवादी स्वरूप को न पहचानना, पुनर्जागरण काल के यूरोप से उसकी समानता को न पहचानना, एथेंस और रोम की तुलना में मध्यकालीन यूरोप के सामन्तवाद को सामाजिक विकास-पथ पर पीछे हटने का नहीं, आगे बढ़ने का प्रमाण मानना। भारत के लिए इस दृष्टिकोण का परिणाम यह है कि प्राचीन एथेंस और रोम से हम मौर्यकालीन अथवा गुप्तकालीन भारत की समानता नहीं देख पाते, भारत में पगारजीवी श्रम-पद्धति की भूमिका नहीं पहचान पाते जिससे बड़े पैमाने पर भारतीय माल का निर्यात सम्भव हुआ। जर्मन आक्रमणों से रोमन साम्राज्य ध्वस्त हुआ, यूरोप विकास-पथ पर पीछे ठेल दिया गया। भारत पर हूणों, तुर्कों आदि के आक्रमण हुए, इनसे यह देश भी पीछे ठेला गया, भारत और यूरोप के इतिहास की यह समानता हम नहीं देखते। आर-बार ध्वस्त होने पर भी भारत में उद्योग और व्यापार के केन्द्र फिर पनपते हैं, यहाँ यूरोप का-सा लम्बा अन्धकार युग नहीं आया, इस भिन्नता का कारण जानने का प्रयत्न हम नहीं करते।

औद्योगिक क्रान्ति से पहले और बाद के पूँजीवाद को लेकर हम भारी घपला करते हैं। इस क्रान्ति से पहलेवाला यूरोप सामन्ती कठघरे में बन्द है, यह बात हम भूल जाते हैं। इसलिए 16वीं सदी के भारत में पूँजीवाद का विकास हुआ, यह सुनकर हम चौंक उठते हैं। भारत में केवल सामन्तवाद दिखाई देता है, पूँजीवाद नहीं। यूरोप में केवल पूँजीवाद दिखाई देता है, सामन्तवाद नहीं। फ्रांस में सामन्त-विरोधी क्रान्ति पुनर्जागरण काल की समाप्ति पर होती है, यह अकेला तथ्य यह प्रमाणित करने के लिए काफी है कि पुनर्जागरण काल का पूँजीवाद सामन्ती कठघरे में बन्द था।

औद्योगिक क्रान्ति के बाद यूरोप उद्योग-कौशल में एशिया से आगे बढ़ गया। इससे हम कल्पना कर लेते हैं कि पुनर्जागरण काल का यूरोप भी इस कौशल में एशिया से आगे बढ़ा हुआ था। कौशल की जो बातें यूरोप ने एशिया से सीखीं, वे उपेक्षित रहती हैं। यूरोप के पुनर्जागरण से एशिया का नया और पुराना, प्रत्यक्ष और अप्रत्यक्ष जो भी सम्बन्ध रहा है, वह हमारी आँखों से ओझल रहता है।

औद्योगिक क्रान्ति से पहले का यूरोप इस क्रान्ति के बादवाले यूरोप से तकनीक में पिछड़ा हुआ है किन्तु यूरोप का पुनर्जागरण काल संसार के सबसे समृद्ध सांस्कृतिक युगों में है। जिन सामाजिक परिस्थितियों में इस युग की रचनात्मक क्षमता का विकास हुआ, उन्हें पहचानना बहुत जरूरी है—इस क्षमता से तकनीकी प्रगति का अनुपात निश्चित करना जरूरी है। तब हम भारत के सामाजिक-सांस्कृतिक विकास के विवेचन में मार्क्सवादी विश्लेषण-पद्धति का उपयोग ज्यादा सही ढंग से कर सकेंगे।

तीसरा अध्याय

रोम-यूनान और जर्मन ग्राम-समाज

यूरोप का सामाजिक विकास समझने के लिए पश्चिमी यूरोप को दक्षिणी यूरोप (यूनान और इटली) से अलग करना जरूरी है, इस मूल तथ्य पर ध्यान देना जरूरी है कि रोमन साम्राज्य के पतन के बाद जो युग आता है, वह अन्धकार युग है। वह रोमन समाज से आगे का कदम नहीं है, पीछे का है। जिस अन्धकार से निकलकर प्राचीन यूनान और रोम ने मानव-सभ्यता का विकास किया था, यूरोप उसी में फिर लौट जाता है। इस अन्धकार में वह एक हजार साल तक रहता है। जब उससे निकलना शुरू करता है, तब फिर वह हजार साल पहले की रोमन और उससे भी पहले की यूनानी सभ्यता के बिखरे हुए सूत्र बटोरता है, और अनेक स्तरों पर वह शुरुआत वहाँ करता है जहाँ प्राचीन यूनान और रोम पहले ही पहुँच चुके थे। अन्धकारयुगीन यूरोप के सामाजिक जीवन के विश्लेषण से जो सामान्य निष्कर्ष निकलते हैं, उन्हें हम भारत तथा अन्य देशों के विकास पर सही ढंग से लागू करते हैं या गलत ढंग से, यह उस मूल तथ्य के बारे में हमारी समझ पर निर्भर है। इस समझ पर यह भी निर्भर है कि हम मार्क्स और एंगेल्स की विचारधारा के विकास की दिशा सही-सही पहचान पाते हैं या नहीं।

1. दक्षिणी यूरोप और नगर सभ्यता

रोमन सभ्यता सामाजिक विकास की किस मंजिल में थी, यह जानने के लिए तीन सूत्र हैं : व्यक्तिगत भू-सम्पत्ति का चलन, व्यक्तिगत सम्पत्ति के बारे में रोमन कानून और व्यापारिक-औद्योगिक केन्द्रों की स्थापना। व्यक्तिगत भू-सम्पत्ति का चलन, रोमन सभ्यता से पहले यूनान में हो चुका था। "पुराना जितना भी लिखित इतिहास मिला है, उससे ज्ञात होता है कि भूमि विभाजित हो चुकी थी और व्यक्तिगत सम्पत्ति में बदल गई थी।" पुराने समाजों का अध्ययन करते हुए एंगेल्स ने यह बात अपनी प्रसिद्ध पुस्तक 'परिवार, व्यक्तिगत सम्पत्ति और राज्यसत्ता का उद्भव' में लिखी थी। (पृ. 108) इससे मिलती-जुलती स्थिति रोमन समाज की थी।

'मार्क' शीर्षक निबन्ध में एंगेल्स ने लिखा था कि अपने विजय-अभियान के दौरान जर्मन लोग रोमन भूमि पर पहुँचे। "वहाँ सदियों से भूमि व्यक्तिगत सम्पत्ति (रोमन कानून की असीमित सम्पत्ति) बनी हुई थी।" ('प्रिकैपिटलिस्ट', पृ. 278-79) व्यक्तिगत सम्पत्ति के चलन से सामाजिक विकास के लिए दूरगामी परिणाम निकले। व्यक्तिगत सम्पत्ति का यह चलन गण-समाजों की सामूहिक सम्पत्ति, उसके विविध अवशेषों के मुकाबले हुआ था। रोमन कानून का गहरा सम्बन्ध व्यक्तिगत सम्पत्ति से है, रोमन विधि-व्यवस्था की आधारशिला है व्यक्तिगत भू-सम्पत्ति। रोमन कानून की रचना सामूहिक सम्पत्ति और उसके अवशेषों की रक्षा करनेवाले पारम्परिक नियमों के मुकाबले होती है। 'सामन्तबाद का ह्रास और पूँजीपति वर्ग का अभ्युदय' निबन्ध (1884) में एंगेल्स ने लिखा था : "जिस समाज में विशुद्ध व्यक्तिगत सम्पत्ति की प्रधानता हो, उसकी जीवन परिस्थितियों और संघर्षों की ऐसी पूर्ण (क्लासिकल) कानूनी अभिव्यंजना रोमन कानून है कि बाद को जो भी कानूनी विधान रचे गए, उनमें कोई भी तात्त्विक रूप से उसमें सुधार नहीं कर सका।" (उप., पृ. 467) यह वाक्य अकेले यह सिद्ध करने के लिए काफी है कि रोमन समाज के मुकाबले मध्यकालीन यूरोप बेहद पिछड़ा हुआ था। व्यक्तिगत सम्पत्ति पूँजीवादी समाज की आधारशिला है। यह सम्पत्ति रोमन समाज में थी, मध्यकालीन यूरोप में नहीं। एंगेल्स ने आगे लिखा है : "मध्यकाल में मध्यवर्ग [पूँजीपति वर्ग] की जो सम्पत्ति थी, वह अभी सामन्ती पाबन्दियों से जकड़ी हुई थी अर्थात् वह विशेषाधिकारों के रूप में अधिक थी; इस मामले में रोमन कानून तत्कालीन नागरिक सम्बन्धों से बहुत आगे था।" (उप.)

रोमन साम्राज्य के युग में दो तरह के यूरोपियन समाज एक-दूसरे का सामना कर रहे थे : एक था व्यक्तिगत सम्पत्ति, वर्ग-भेद, वर्ग-संघर्ष का संसार; इस सम्पत्ति के अनुरूप विधि-व्यवस्था, नागरिक सभ्यता तथा उद्योग-व्यापार केन्द्रों का संसार; दूसरा था : सामूहिक सम्पत्ति और उसके अवशेषों का, लगभग वर्गविहीन आत्मनिर्भर ग्राम-समाजों का संसार, सामूहिक सम्पत्ति और उसके अवशेषों के अनुरूप पारम्परिक नियमों से बँधा हुआ, नागरिक सभ्यता से दूर, उत्पादन और विनिमय में पिछड़ा हुआ, शताब्दियों से स्थिर संसार। पहली तरह के यूरोप का केन्द्र था इटली, दूसरी तरह के यूरोप का केन्द्र था जर्मनी। व्यक्तिगत सम्पत्ति के उद्‌भववाली पुस्तक में एंगेल्स ने जहाँ लिखा था कि दस्तकारी और व्यापार लोगों के मुख्य पेशे बन गए, वहाँ उन्होंने बताया था : "ज्ञान के प्रसार (enlightenment) में प्रगति हुई।" (उप., पृ. 407) यूनान और इटली का प्राचीनकाल ज्ञान के प्रकाश का युग था। यूरोप का 'मध्यकाल' अज्ञान के अन्धकार का युग था। भारत का सामाजिक विकास समझने के लिए उसके प्राचीनकाल की तुलना यूनान और इटली के प्राचीनकाल से करनी चाहिए, यूरोप के मध्यकाल से नहीं।

रोमन साम्राज्य के प्रसारकाल में सेनापति क्विन्तिलिउस् वारुस् ने जर्मनों में रोमन कानून चलाना चाहा। 'जर्मनों के प्राचीन इतिहास में योगदान' निबन्ध (1881-82) में एंगेल्स ने लिखा : "दुर्भाग्य से वारुस् और उसका सभ्यता-प्रसार-कार्य इतिहास से लगभग डेढ़ हजार साल आगे थे क्योंकि रोमन कानून को स्वीकारने के लिए जर्मनी को तैयार करने में लगभग इतना ही समय लगा था।" ('प्रिकैपिटलिस्ट', पृ. 321) रोमन साम्राज्य को ध्वस्त करने में जर्मन लोगों की भूमिका प्रधान थी। ये जर्मन सामाजिक विकास के विचार से रोमनों से आगे नहीं थे, इसलिए साम्राज्य को ध्वस्त करने के बाद रोमन कानून के योग्य बनने में, रोमन समाज विकास की जिस अवस्था में था, उस तक पहुँचने में, उन्हें लगभग हजार साल लगे। ये हजार साल अन्धकार युगवाले हजार साल हैं।

मध्यकालीन यूरोप में मध्यवर्ग ने जो सम्पत्ति जुटाई, वह विशुद्ध व्यक्तिगत सम्पत्ति न थी। वह विशेषाधिकारों का योग थी, सामन्ती पाबन्दियों से जकड़ी हुई थी। विशुद्ध व्यक्तिगत सम्पत्ति के रूप में उसका विकास आगे हुआ। 'सामन्तवाद का ह्रास और पूँजीपति वर्ग का अभ्युदय' निबन्ध में एंगेल्स ने लिखा : "मध्यवर्गीय सम्पत्ति के अगले ऐतिहासिक विकास से विशुद्ध व्यक्तिगत सम्पत्ति का आविर्भाव अनिवार्य था और ऐसा हुआ भी। किन्तु रोमन कानून से इस विकास को तगड़ी प्रेरणा मिली होगी। उत्तर मध्यकाल के शहरी लोग जिन चीजों की तरफ अभी अनजान में बढ़ रहे थे, वे सब इस कानून में मौजूद थीं।" (पृ. 467) रोमन कानून की विशेषता यह थी कि उसने हर जगह गण-समाजों के रक्त-सम्बन्धों को निर्मूल किया; मध्यकालीन विधि-व्यवस्था की विशेषता यह थी कि उसने किसी-न-किसी रूप में इन रक्त-सम्बन्धों को—उनके साथ सामूहिक सम्पत्ति के अवशेषों को—कायम रखा। सामूहिक सम्पत्ति के अवशेष सबसे ज्यादा जर्मनी में थे, इसीलिए व्यक्तिगत सम्पत्तिवाले रोमन कानून तक पहुँचने में उसे इतना समय लगा। 'पूँजी' के तीसरे खंड में मार्क्स ने लिखा था : "स्वतंत्र व्यक्तिगत भू-स्वामित्व के प्रति यह कानूनी दृष्टि प्राचीन संसार में तभी उत्पन्न होती है जब समाज की रक्त-सम्बन्धों वाली व्यवस्था टूट जाती है (the dissolution of the organic order of society) और आधुनिक संसार में तब पैदा होती है जब पूँजीवादी उत्पादन का विकास होता है।" ('पूँजी', खंड-3, पृ. 616) व्यक्तिगत सम्पत्ति के प्रति कानूनी दृष्टि या तो प्राचीन संसार में उत्पन्न होती है या फिर आधुनिक संसार में। अन्धकार युग में वह उत्पन्न नहीं होती क्योंकि यह युग रक्त-सम्बन्धों और सामूहिक सम्पत्ति के अवशेषों का युग है। एंगेल्स ने व्यक्तिगत सम्पत्ति के उद्भव वाली पुस्तक में लिखा : "रोमन प्रशासन और रोमन कानून ने हर जगह रक्त-सम्बन्धों वाले पुराने समाजों को भंग कर दिया था (dissolved the old bodies of consanguinei)" (पृ. 144-45)

मध्यकालीन जर्मन समाजों में जो अभिजात वर्ग उभर रहा था, उसने रोमन कानून का उपयोग किसानों के उत्पीड़न के लिए किया। ग्राम-समाजों की ओर से जो भूमि

किसानों को खेती के लिए दी गई थी, वह इस वर्ग के पास पहुँचने लगी। किसानों से कहा जाता था कि लिखित प्रमाण दिखाएँ कि भूमि उनकी है। सब कुछ परम्परागत नियमों के अनुसार होता आया था, इसलिए लिखित प्रमाण थे ही नहीं। अभिजात वर्ग के सदस्य कानून के बहाने किसानों की जमीन हथियाने लगे। 'सामन्तवाद का ह्रास और पूँजीपति वर्ग का अभ्युदय' निबन्ध में एंगेल्स ने लिखा : "रोमन कानून के बिना भी ऐसे बहाने अभिजात वर्ग ढूँढ़ लेता और आये-दिन उसने ऐसे बहाने ढूँढ़े भी। फिर भी यह बहुत बड़ी प्रगति थी कि ऐसा कानूनी विधान (Code of law) स्वीकार किया गया जिसके लिए सामन्ती सम्बन्ध एकदम अजनबी थे और जिसने आधुनिक व्यक्तिगत सम्पत्ति को पूरी तरह पूर्वानुमानित किया था।" ('प्रिकैपिटलिस्ट', पृ. 467) रोमन कानून की व्यक्तिगत सम्पत्ति से जुड़ी है आधुनिक पूँजीवादी सम्पत्ति। इन दोनों के बीच एक बहुत बड़ा व्यवधान है—सामन्ती सम्पत्ति। इसीलिए रोमन कानून के लिए सामन्ती सम्बन्ध अजनबी थे। इस कानून को जब मान्यता मिलती है, तब समाज सामन्ती सम्बन्धों के घेरे से बाहर निकलने के लिए बहुत बड़ा कदम उठाता है।

रोमन कानून की जानकारी से विधिवेत्ताओं का एक नया समुदाय उत्पन्न हुआ। अभी तक न्याय-व्यवस्था पादरियों के हाथ में थी, सामन्तों के विधिविशेषज्ञ और सलाहकार पादरी होते थे। नये विधिवेत्ता चर्च के बाहर के लोग थे। एंगेल्स के अनुसार, वे आरम्भ से ही मध्यवर्गीय थे : "इसके सिवा ये वकील जिस कानून की व्याख्या करते थे और जिसे लागू करते थे, उसकी प्रकृति सामन्त-विरोधी थी और एक तरह से वह मध्यवर्गीय [अर्थात् पूँजीवादी] था।" (उप.) यूरोप के पुनर्जागरण काल में यूनानी और रोमन संस्कृति कैसे सामन्त-विरोधी भूमिका निबाह रही थी, यह उसका उदाहरण है। इस संस्कृति का एक अंश था रोमन कानून। यह कानून 'एक तरह से' मध्यवर्गीय था क्योंकि रोमन समाज भी 'एक तरह से' मध्यवर्गीय अर्थात् पूँजीवादी था। उसमें विनिमय का इतना विकास हो चुका था कि व्यापार और उद्योग के बड़े-बड़े केन्द्र कायम हों। इस समाज में उत्पादन का लक्ष्य केवल उपभोक्ताओं की सीमित जरूरतें पूरी करना न था, उसका लक्ष्य मुनाफा कमाने के लिए बिकाऊ माल तैयार करना था। माल तैयार करनेवाले उत्पादक मुख्यत: दास थे, सम्पत्तिहीन स्वतंत्र मजदूर नहीं थे। इसलिए रोमन समाज का कानून केवल 'एक तरह से' मध्यवर्गीय था, सब तरह से नहीं।

प्राचीनकाल में रोमनों और यूनानियों ने उद्योग और व्यापार के अनेक केन्द्र कायम किये। व्यक्तिगत सम्पत्ति और रोमन कानून से इन केन्द्रों के कायम होने का सीधा सम्बन्ध था। अन्धकार युग में आक्रमणकारियों ने इन केन्द्रों का नाश किया और उनके दुबारा उभरने में काफी समय लगा। श्रम-विभाजन का विकास होने पर, खेती से दस्तकारी का अलगाव होने पर, उद्योग से व्यापार का अलगाव होने पर, ऐसे केन्द्र कायम होते हैं। अन्धकारयुगीन यूरोप में ऐसे श्रम-विभाजन का अभाव था,

इसीलिए पुराने केन्द्रों के नष्ट हो जाने पर नये केन्द्रों के निर्माण में बहुत समय लगा। रोमन समाज से यूरोप के सामन्ती समाजों की तुलना करते हुए 'जर्मन विचारधारा' में मार्क्स और एंगेल्स ने लिखा था : "उद्योग और व्यापार का अलगाव पुराने शहरों में मौजूद था; नये शहरों में उसका विकास बाद को तब हुआ, जब इन शहरों ने परस्पर सम्बन्ध कायम किये।" ('प्रिकैपिटलिस्ट', पृ. 41) जैसे पुनर्जागरण काल में यूरोप ने रोमन कानून से परिचय प्राप्त किया, वैसे ही उसने नये सिरे से व्यापारिक केन्द्र कायम किये। जहाँ तक भूमि के क्रय-विक्रय का सम्बन्ध है, उस मंजिल तक पहुँचने में अभी देर थी। किन्तु प्राचीन यूनान में भूमि का क्रय-विक्रय बहुत पहले होने लगा था। एथेंस के प्रसंग में एंगेल्स ने 'व्यक्तिगत सम्पत्ति के उद्भव' वाली पुस्तक में लिखा था : "भूमि के क्रय-विक्रय, व्यापार और जहाजरानी, तथा खेती और दस्तकारी के बीच श्रम-विभाजन के निरन्तर बने रहने के फलस्वरूप गण-गोत्र-शाखाओं के सदस्य बहुत जल्दी आपस में घुल-मिल गए।" (पृ. 108) दासों के श्रम के आधार पर दस्तकारी और व्यापार की प्रगति का दायरा बराबर बढ़ता गया, यही लोगों के मुख्य पेशे बन गए। जब तक सम्पदा का प्रधान रूप भूमि थी, तब तक वर्ग-भेद तीव्र न हुआ। चल सम्पत्ति, वित्तीय सम्पदा, दास और जहाज, इनमें वृद्धि हुई; पहले वित्त का उपयोग भूमि खरीदने के लिए होता था, अब वित्त अर्जित करना अपने में लक्ष्य बन गया। "इससे नया, धनी औद्योगिक और व्यापारी वर्ग पुरानी अभिजात शक्ति से सफलतापूर्वक होड़ करने लगा, दूसरी ओर पुराने रक्त-सम्बन्धों वाले विधान के पैरों तले से रही-सही जमीन भी खिसक गई।" (उप.)

2. विनिमय का विकास और सभ्यता

सभ्यता के विकास के लिए जरूरी है कि अपनी जरूरतें पूरी करने के बाद उत्पादक अतिरिक्त उपज भी जुटाएँ। यह तभी होता है जब उत्पादन की पृथक् शाखाओं के रूप में खेती, पशुपालन और दस्तकारी का विकास होता है। 'व्यक्तिगत सम्पत्ति के उद्भव' वाली पुस्तक में एंगेल्स ने लिखा था : "सभी शाखाओं—पशुपालन, खेती, घरेलू दस्तकारी—में उत्पादन की बढ़ती से मानव श्रम इस योग्य हुआ कि जो कुछ आजीविका के लिए दरकार था, उससे अधिक पैदा करे।" (पृ. 157) सभ्यता का विकास विनिमय के विकास के साथ जुड़ा हुआ है। जहाँ लोग जीवित रहने भर के लिए उत्पादन करते हैं, वहाँ विनिमय बहुत कम, और यदाकदा होता है। पशुपालक समाज पशुओं का उपयोग विनिमय के लिए करते हैं। जब खेती और दस्तकारी में श्रम-विभाजन हो जाता है, ये दोनों उत्पादन की पृथक् शाखाएँ बन जाती हैं, तब "विनिमय के लिए विशेष रूप से उत्पादित पण्य वस्तुओं के परिमाण में निरन्तर वृद्धि होती है। व्यक्तियों के बीच विनिमय ऐसे बिन्दु तक पहुँचता है कि वह समाज की जीवन्त आवश्यकता बन जाता है।" (पृ. 162) श्रम-विभाजन और विनिमय में विकास

के फलस्वरूप शहर और देहात में भेद पैदा होता है और यह भेद तीव्र होता जाता है : "या तो देहात पर शहर का आर्थिक प्रभुत्व होगा जैसेकि प्राचीनकाल में था, या शहर पर देहात का, जैसेकि मध्यकाल में था।" ('व्यक्तिगत सम्पत्ति के उद्‌भव' पृ. 162) यूनान और इटली की प्राचीन सभ्यता तथा जर्मनी और ब्रिटेन की मध्यकालीन सभ्यता का भेद एकदम स्पष्ट है। यह भेद शहरी और देहाती सभ्यता का है। मध्यकालीन शहर छोटे-छोटे कस्बे थे जिन पर देहाती अर्थतंत्र हावी था। इसके विपरीत प्राचीन नगर विनिमय के बड़े-बड़े केन्द्र थे और इस कारण वे देहाती अर्थतंत्र पर हावी थे। सामन्ती व्यवस्था के भीतर जैसे-जैसे विनिमय का विकास हुआ, वैसे-वैसे समाज में एक ऐसा वर्ग गठित हुआ जो उत्पादन से नहीं, मुख्यतः विनिमय से सम्बन्ध था। यह वर्ग व्यापारियों का था।

इस वर्ग की भूमिका के बारे में एंगेल्स ने उसी पुस्तक में लिखा है, सभ्यता ने पुराने श्रम-विभाजनों को सदृढ़ किया : "और तीसरा श्रम-विभाजन जोड़ दिया जो अपने ढंग का एक ही था और निर्णायक महत्त्व का था। उसने एक ऐसे वर्ग का निर्माण किया जो उत्पादन में भाग न लेता था वरन केवल वस्तुओं के विनिमय का काम करता था। यह 'व्यापारी वर्ग' था। अब तक के सभी आधे-अधूरे वर्ग-निर्माण केवल उत्पादन से सम्बद्ध थे। उन्होंने उत्पादन में लगे लोगों को प्रबन्धकों और कर्मियों में बाँट दिया था या बड़े पैमाने और छोटे पैमाने के उत्पादकों में बाँटा था। अब पहली बार ऐसा वर्ग सामने आता है जो उत्पादन में कुछ भी भाग लिये बिना समग्र उत्पादन के प्रबन्ध पर हावी हो जाता है और आर्थिक रूप से उत्पादकों को अपने शासन में ले आता है; किन्हीं भी दो उत्पादकों के बीच स्वयं को अनिवार्य बिचौलिया बना लेता है और दोनों को मूड़ता है। उत्पादक स्वयं विनिमय में लगें, अपनी उपज के लिए दूर-दराज के बाजार तलाशें, और इस तरह समाज के सबसे उपयोगी वर्ग बनें, इसमें उन्हें कष्ट होगा, खतरा मोल लेना होगा। इस कष्ट और खतरे से बचाने के नाम पर एक परजीवी वर्ग पैदा होता है। असली सामाजिक चमचों का वर्ग पैदा होता है। बहुत मामूली सेवा-कार्य के लिए वह देश और विदेश में पैदावार की मलाई उड़ा जाता है। तेजी से अकुत सम्पदा बटोरता है। उसके अनुरूप उसका सामाजिक प्रभाव कायम होता है, और इसी कारण यह निश्चय हो जाता है कि उसे नित नया मान-सम्मान मिलेगा और उत्पादन पर अधिकाधिक उसका नियंत्रण होता जाएगा, यहाँ तक कि वह स्वयं भी एक चीज का उत्पादन कर डालता है—वह है समय-समय पर पड़ने वाले संकट।" (उप.)

सामाजिक विकास में विनिमय का ऐसा ही महत्त्व है। एक ऐसा वर्ग पैदा होता है जिसका काम केवल विनिमय का संचालन होता है। यह वर्ग भारी सम्पदा बटोरता है और क्रमशः उत्पादन पर हावी हो जाता है। यहीं से पूँजीवादी उत्पादन की शुरुआत होती है। व्यापारी वर्ग उत्पादकों के विरोध में खड़ा होता है क्योंकि पैदावार की सारी

मलाई खुद उड़ा जाता है। साथ ही वह चमचों का वर्ग भी है। वह चमचागीरी सामन्तों की करता है क्योंकि राज्यसत्ता उनके हाथ में है।

व्यापारी वर्ग, व्यक्तिगत स्वामित्व और वित्त—इन तीनों में परस्पर गहरा सम्बन्ध है। इन तीनों का संयोग सभ्यता को उससे पहले की बर्बरता से अलग करता है। 'व्यक्तिगत सम्पत्ति' वाली उसी पुस्तक में एंगेल्स ने लिखा है : "सभ्यता की शुरुआत बिकाऊ माल के उत्पादन की उस मंजिल से हुई जिसके आर्थिक लक्षण हैं :

1. धातु वाले वित्त, अतः वित्त पूँजी, ब्याज और सूदखोरी का चलन;
2. उत्पादकों के मध्य बिचौलियों के रूप में व्यापारी;
3. व्यक्तिगत भू-सम्पत्ति और रेहन रखने की प्रथा का चलन;
4. उत्पादन के व्यापक रूप में दासों के श्रम का चलन।" (पृ. 172)

यूरोप के मध्यकाल में वित्त का चलन घट गया, किसान मालिक के लिए श्रमदान करने लगे, टैक्स उपज के रूप में देने लगे। अतिरिक्त उपज नाममात्र को होती थी, इसलिए व्यापार अत्यन्त सीमित हो गया। व्यापारियों का वर्ग भी नगण्य हो गया। व्यक्तिगत सम्पत्ति का स्थान सामूहिक अथवा अर्द्ध-सामूहिक ग्राम सम्पत्ति ने लिया। किसान की कुटुम्ब सम्पत्ति और सामन्त की भू-सम्पत्ति यूनानी और रोमन व्यक्तिगत सम्पत्ति से भिन्न थी। उत्पादन में दासों के श्रम की जगह बँधुआ किसानों के श्रम का चलन हुआ। वित्त और व्यापार की स्थिति पर ध्यान देते ही प्राचीनकाल और मध्यकाल का भेद तुरत समझ में आ जाता है। प्राचीनकाल सामाजिक विकास की अगली मंजिल का युग है और मध्यकाल उस विकास की पिछली मंजिल का युग है। प्राचीनकाल सभ्यता का युग है और मध्यकाल बर्बरता का युग है।

'जर्मन विचारधारा' में मार्क्स और एंगेल्स ने लिखा था : "रोमन साम्राज्य के ह्रास की अन्तिम शताब्दियों ने, और साम्राज्य पर बर्बरों की विजय ने, उत्पादक शक्तियों के काफी अंश का नाश कर दिया। कृषि में ह्रास आया, बाजार के अभाव से उद्योग क्षीण हुए, व्यापार ने दम तोड़ा या जबरन उसमें रुकावट डाली गई, देहाती और शहरी आबादी में कमी आई। इन परिस्थितियों ने, और उनके द्वारा निर्धारित विजय की संगठन-पद्धति ने, जर्मन सैनिक संविधान के साथ मिलकर, सामन्ती सम्पत्ति का विकास सम्भव बनाया।" ('प्रिकैपिटलिस्ट', पृ. 39-40) सामन्ती सम्पत्ति के इस रूप पर जर्मन सैनिक संविधान—गण-व्यवस्था—की छाप थी। वह रोमन सम्पत्ति की तुलना में पिछड़ा हुआ रूप था।

रोमन साम्राज्य के ह्रासकाल में उद्योग और व्यापार में गिरावट आई थी। इन्हें तबाह जर्मनों ने किया। 'फ्रांककाल' निबन्ध में एंगेल्स ने लिखा : "उद्योग और व्यापार में, रोमन साम्राज्य के ह्रासकाल में, गिरावट आ ही चुकी थी। जर्मन आक्रमण से ये लगभग पूरी तरह तबाह हो गए।" (उप., पृ. 364) जर्मन आक्रमण एक-दो साल में समाप्त नहीं हो गया, तीन सौ साल तक चला। ('दि ऑरिजिन', पृ. 144) जर्मन आक्रमणकारियों

ने इटली के शहरों को लूटा। एंगेल्स ने लिखा : "इटली के शहरों को लूटने की इस नीति ने जर्मनी को तबाह कर दिया।" ('प्रिकैपिटलिस्ट', पृ. 473) लूटनेवाले सोने-चाँदी का महत्त्व समझने लगे होंगे क्योंकि जो लोग जर्मनी में रहते थे, वे इनके उपयोग से अपरिचित थे। एंगेल्स ने लिखा है : "भीतरी प्रदेशों के जर्मनों को सोने-चाँदी से खास दिलचस्पी नहीं थी। जर्मन राजाओं और दूतों को रोमन लोग चाँदी के बर्तन भेंट करते थे। उनका उपयोग वे वैसे ही करते थे, जैसे मिट्टी के बर्तनों का। जो थोड़ा-सा व्यापार करते थे, वह सादा विनिमय था।" (उप., पृ. 311) एंगेल्स ने 'न्यू अमरीकन साइक्लोपीडिया' के लिए इटली के नगर ब्रेस्चिया (Brescia) पर एक लेख लिखा था। उसमें उन्होंने बताया था कि रोमन साम्राज्य के पतन के बाद इस नगर को गॉथ नामक कबीलों ने लूटा। फिर उस पर फ्रांक नामक जर्मनी कबीलों का अधिकार हुआ। 1814 में इटली पर आस्ट्रिया ने कब्जा किया। आस्ट्रिया के लोग भी जर्मन भाषा बोलते हैं। 1849 में इस शहर ने आस्ट्रिया के शासन के विरुद्ध विद्रोह किया। शहर पर भारी गोलाबारी की गई। "तब उसे पूर्ण विनाश से बचने के लिए आत्मसमर्पण करना पड़ा और बारह लाख डॉलर की रकम फिरौती के रूप में देनी पड़ी।" (मार्क्स-एंगेल्स, 'सम्पूर्ण ग्रंथावली', खंड-18, पृ. 279) 1849 के जर्मन-भाषी लुटेरे बर्बर नहीं थे जो चाँदी के बर्तनों का उपयोग मिट्टी के बर्तनों की तरह करें। वे सभ्य थे। शहर को तबाही से बचाने के लिए फिरौती के बारह लाख डालर लेने को तैयार हो गए थे।

रोमन लोग पूर्ण विनाश से बच गए, रोमन साम्राज्य के बहुत-से लोग बच गए, किन्तु बहुत-से समाज पूरी तरह नष्ट भी कर दिये गए। इनमें कुछ प्रदेशों के स्लावजन थे। जर्मन तरीका यह था कि बड़े पैमाने पर नरसंहार आयोजित करके भूमि को जनविहीन कर देते थे, फिर उस पर स्वयं बस जाते थे। एल्ब और ओडॅर नदियों के बीच मध्य यूरोप में पश्चिमी स्लाव कबीले रहते थे। इस प्रदेश को जर्मनों ने जीता ही नहीं, वहाँ उन्होंने स्लावजनों का संहार भी किया। (Wars of conquest or extermination, like those waged against the Slas on the Elbe.)। ('प्रिकैपिटलिस्ट', पृ. 465) सोलहवीं सदी में अंग्रेजों ने आयरलैंड के कई इलाकों में यही किया। एंगेल्स आयरलैंड का इतिहास लिखने के लिए सामग्री बटोर रहे थे। उन्होंने इतिहासकार मर्फी की पुस्तक से कई अंश नोट किये। एक में कहा गया था कि आइरिश लोगों ने भूमि छोड़ने से इनकार किया। "सरकार ने फौज भेजी। अनवरत युद्ध के और निवासियों के संहार (extermination of the population) के बाद भूमि खाली करा ली गई।" (Marx-Engels, 'Ireland and the Irish Question', पृ. 372)

पूँजीवादी उत्पादन का विकास सबसे पहले इटली में हुआ। मार्क्स ने लिखा था : "इटली में पूँजीवादी उत्पादन सबसे पहले शुरू हुआ; वहाँ बँधुआ प्रथा का विघटन भी अन्यत्र से पहले हुआ।" ('प्रिकैपिटलिस्ट', पृ. 147) यह विकास पुरानी रोमन सभ्यता से जुड़ा हुआ था। भूमि पर अधिकार मिलने से किसान को मुक्ति मिली। इस मुक्ति

से वह स्वतंत्र सर्वहारा बन गया। "इसके अलावा उसने मालिक को शहरों में अपनी राह देखते पाया। ये शहर अधिकतर रोमनकाल की विरासत के तौर पर बने हुए थे।" ('प्रिकैपिटलिस्ट', पृ. 147) सामन्ती जर्मनी का अर्थ है देहात; सामन्ती इटली में, तमाम लुटमार के बावजूद, रोमनकाल के नगर पूरी तरह कभी बर्बाद नहीं हुए, जैसे भारत में तमाम लूटमार के बावजूद प्राचीनकाल के मथुरा और मदुरइ, पटना, काशी और उज्जैन कभी पूरी तरह बर्बाद नहीं हुए। किन्तु नवजागरण काल के सभ्य प्रतिद्वंद्वियों ने इटली को फिर तबाह किया। "पन्द्रहवीं सदी के अन्त की ओर जब विश्व-बाजार की क्रान्ति ने उत्तरी इटली के व्यापारिक प्रभुत्व को ध्वस्त कर दिया तब विरोधी दिशा में गति शुरू हुई। शहरों से झुंड-के-झुंड श्रमिक देहात में खदेड़ दिये गए और इससे बागबानी के रूप में छोटी खेती को अभूतपूर्व प्रेरणा मिली।" (उप.) विश्व-बाजार के नेता थे अंग्रेज। इटली का व्यापारिक प्रभुत्व उन्होंने नष्ट किया। इतिहास की गति विरोधी दिशा में हुई, इटली, पूँजीवाद की मंजिल से पीछे ठेल दिया गया। ठीक ऐसा ही काम अंग्रेजों ने भारत में किया। यहाँ का आयात-निर्यात-व्यापार उन्होंने सीधे राजनीतिक हस्तक्षेप द्वारा नष्ट किया, और शहरों से झंड-के झुंड कारीगर देहात में खदेड़ दिये गए। इतिहास की गति विरोधी दिशा में हुई। भारत व्यापारिक पूँजीवाद की मंजिल से पीछे ठेल दिया गया।

3. यूरोप और जर्मन ग्राम-समाज

सामूहिक स्वामित्व और उत्पादनवाले ग्राम-समाजों का गढ़ था जर्मनी। ये ग्राम-समाज रोमन साम्राज्य से लेकर ब्रिटिश साम्राज्य के युग तक कायम थे। इनका आदिम रूप ज्यों-का-त्यों नहीं बना रहा किन्तु उस रूप के अनेक अवशेष अवश्य बने रहे। एक जर्मन कबीले का नाम फ्रांक था। एंगेल्स 1881-82 में पुराने जर्मन कबीलों के इतिहास का अध्ययन कर रहे थे। उस समय उन्होंने 'फ्रांक युग' शीर्षक एक निबन्ध लिखा था। इसमें उन्होंने मार्क नाम से विख्यात जर्मन ग्राम-समाजों के लम्बे चलन के बारे में बताया है : "मार्क-व्यवस्था जर्मन जाति के लगभग समग्र जीवन का आधार मध्यकाल के अन्त तक बनी रही। अन्ततोगत्वा डेढ़ हजार साल की जिन्दगी के बाद, विशुद्ध आर्थिक कारणों से वह विघटित हुई...मार्क व्यवस्था के अवशेष आज भी बने हुए हैं।" ('प्रिकैपिटलिस्ट', पृ. 361) एंगेल्स आगे कहते हैं कि भूमि पर पहले पूरे गण-समाज का अधिकार होता था समाज के सभी सदस्य एक-दूसरे के रक्त-सम्बन्धी होते थे। गण-समाज की कोई शाखा किसी इलाके में बस गई तो उस इलाके की भूमि पर उसका अधिकार हो गया। जिस भूमि पर उसने अधिकार न जताया, वह गण के अधिकार में रही। इलाके के निवासी (उस शाखा के लोग) खेत और जंगल अलग-अलग ग्राम-समाजों को दे देते थे : "और इन ग्राम-समाजों के लोग भी एक-दूसरे के नजदीकी रक्त-सम्बन्धी होते थे।" (उप.) जिस भूमि पर ग्राम-समाजों ने

अधिकार न जताया, वह शाखा की भूमि बनी रही। संगठन का रक्त-सम्बन्ध वाला आधार बहुत धीरे-धीरे खत्म हुआ। "आबादी के बढ़ने और जन का अधिक विकास होने पर जो रक्त-सम्बन्ध यहाँ और सर्वत्र समग्र जातीय संरचना का आधार था, वह अधिकाधिक विस्मृत होता गया।" ('प्रिकैपिटलिस्ट', पृ. 362)

रक्त-सम्बन्ध के विस्मृत होने का एक कारण जर्मन लोगों का रोमन भूमि में जाकर बसना था। एंगेल्स कहते हैं कि वे गण और गोत्र के हिसाब से ही बसना चाहते थे किन्तु लम्बे अभियानों में पुराने रक्त-सम्बन्ध वाले संगठन बनाए रहना दूभर हो गया। "अलग-अलग ग्राम-समाजों के रक्त-सम्बन्ध वाले बन्धन कठिनाई से ही बचाए रखे जा सके और इस प्रकार ये ग्राम-समाज वे असली राजनीतिक घटक थे जिनका समवाय जन था।" (उप.) जो लोग रोमन भूमि में बसने न गए, उनमें पुराने रक्त-सम्बन्ध मजबूत बने रहे। नौवीं सदी तक सैक्सन लोगों का यही हाल था। (उप.)

फिर 1881 में 'मार्क' शीर्षक निबन्ध में एंगेल्स ने लिखा, सभी, अथवा लगभग सभी, जातियों के आदिम इतिहास में दो बातें सामान्य हैं : संगठन का आधार रक्त-सम्बन्ध होता है और भूमि सामूहिक सम्पत्ति होती है। सीजर (पहली सदी ई.पू.) के समय में अधिकांश जर्मन सामूहिक रूप से खेती करते थे। एंगेल्स कहते हैं कि अन्य लोगों के इतिहास की जानकारी के सहारे कल्पना की जा सकती है कि जिस गोत्र को जो भूमि दी जाती थी, उस पर वह खेती करता था अर्थात् वे कुटुम्ब खेती करते थे जो एक ही गोत्र के थे और नजदीकी सम्बन्धी थे। ये कुटुम्ब आपस में उपज बाँट लेते थे। भूमि के आवंटन में हर साल तब्दीली होती थी। सीजर के डेढ़ सौ साल बाद तकितुस (Tacitus) ने लिखा कि अलग-अलग जर्मन कुटुम्ब खेती करते हैं किन्तु खेती की भूमि उनके अधिकार में केवल साल भर को रहती है। हर साल नये सिरे से उसका विभाजन और आवंटन होता है। (उप.) यह वार्षिक विभाजन और आवंटन तभी सम्भव है जब भूमि पर कुटुम्ब का अधिकार नहीं, पूरे ग्राम-समाज का अधिकार हो। आवंटन की यह अति प्राचीन रीति एंगेल्स के समय तक कायम थी।

एंगेल्स ने लिखा है, भूमि के विभाजन और आवंटन की प्रक्रिया 'कैसे सम्पन्न होती थी, यह इस समय भी मोजेल के तट पर और हॉख़वाल्ड में, तथाकथित 'गॅहॉयफॅर-शाफ्टॅन' में देखा जा सकता है। वहाँ चरी और खेती की सारी भूमि, बेशक हर साल नहीं, लेकिन हर तीन, छह, नौ या बारह साल बाद मिलाकर एक कर दी जाती है, फिर कुछ 'गॅवान' या खंडों में, जमीन की खासियत और स्थिति के अनुसार, बाँट दी जाती है। संघ में जितने भूमि पाने के हकदार होते हैं, गॅवान के उतने ही बराबर-बराबर हिस्से कर दिये जाते हैं। ये लम्बे, तंग भूमिखंड होते हैं, फिर सदस्य नाम-पट्टिकाएँ डालकर (by lot) आपस में उन्हें बाँट लेते हैं। हर गॅवान में हर सदस्य को बराबर का भाग मिलता है।" (उप., पृ. 277) जंगल और चरागाह सबके इस्तेमाल के लिए सामान्य सम्पत्ति बने रहते हैं। [अनुवाद में एक जगह 'मेडो'

है—चरी की भूमि, इसका आवंटन होता है। दूसरी जगह है 'पाश्चर लैंड'—चरागाह, इसका आवंटन नहीं होता।] बवेरिया प्रदेश के हाइन तटवर्ती क्षेत्र में "इस शताब्दी के आरम्भ तक इसी तरह के आदिम प्रबन्ध का चलन था।" ('प्रिकैपिटलिस्ट', पृ. 362)

जिस देश के काफी बड़े क्षेत्र में कुछ वर्षों के बाद भूमि का नये सिरे से विभाजन और आवंटन होता रहा हो, वहाँ मानना चाहिए कि व्यक्तिगत भू-सम्पत्ति तो दूर की बात है, कुटुम्बगत भू-सम्पत्ति का चलन भी न हुआ था। समूचे मध्यकाल में अर्थात् सामन्ती युग में भूमि मूलतः जर्मन ग्राम-समाजों की सम्पत्ति थी, कुटुम्बों की नहीं।

विभाजित भूमि के खंडों को समेटकर पूरी भूमि को नये सिरे से विभाजित करने की प्रथा जब उठने लगी थी, तब के मार्क-शासन की छाप पाँचवीं से आठवीं सदी तक के जर्मन लोक-नियमों पर बनी रही। इसके अलावा इंग्लैंड, नॉर्वे, स्वेडन के मध्यकालीन विधि ग्रंथों पर, तेरहवीं से सत्रहवीं सदी तक जर्मनी के मार्क सम्बन्धी नियमों पर और उत्तरी फ्रांस के पारम्परिक नियमों पर उस मार्क शासन की छाप मिलती है। एंगेल्स बताते हैं कि मार्क ने खेती और चरी की भूमि का नये सिरे से विभाजन तो छोड़ दिया किन्तु इस भूमि पर उसने अपना हक रत्ती-भर न छोड़ा। "और यह हक बहुत महत्त्वपूर्ण था। मार्क ने विभिन्न लोगों को भूमि केवल हस्तान्तरित की थी जिससे कि वे उसे खेती और चरी के काम में लाएँ; इसी एक उद्देश्य से भूमि हस्तान्तरित की गई थी। इसके आगे व्यक्तिगत रूप से किसी मालिक का और कोई हक न था। हल का फाल जहाँ तक पहुँचता है, उससे नीचे खजाना मिले, तो वह मूलतः किसान का न होता था वरन् समाज का होता था। यह बात खनिज पदार्थों आदि पर भी लागू होती थी। आगे चलकर ये सारे अधिकार राजाओं और जमींदारों ने अपने उपयोग के लिए चरा लिये। लेकिन इसके अतिरिक्त यह व्यवस्था भी थी कि खेती और चरी की भूमि का उपयोग समाज के निर्देशन और उसकी निगरानी में होगा।" (उप., पृ. 280)

सामूहिक सम्पत्तिवाले ग्राम-समाज केवल जर्मनी की विशेषता न थे। जहाँ भी जर्मन गए, इन्हें अपने साथ ले गए। 'मार्क' निबन्ध में एंगेल्स ने लिखा है : "इनके कुछ अवशेष हमारे समय तक बने रहे हैं किन्तु समूचे मध्यकाल में तो वे सभी सार्वजनिक संस्थाओं का आधार और नमूना थे, और केवल जर्मनी के नहीं, नॉर्वे, स्वेडन, इंग्लैंड और उत्तरी फ्रांस के समग्र सार्वजनिक जीवन में व्यापे हुए थे।" (उप., पृ. 274) एंगल और सैक्सन कबीले जर्मनी से ही जाकर इंग्लैंड में बसे थे। ये अपने साथ सामूहिक सम्पत्ति और सामूहिक खेती वाली ग्राम-व्यवस्था वहाँ ले गए। ये खेती की जमीन को लम्बे, तंग टुकड़ों में बाँट लेते थे और उसे भारी पहियेदार हल से जोतते थे। इसमें कई जोड़ी बैल नहे जाते थे। चौकोर खेत में ऐसे हल को बार-बार घुमाने में बड़ी दिक्कत होती, इसलिए लम्बे, तंग खेतों के रूप में जमीन बाँटी जाती थी। एक सीध में हल चलाया तो दूर तक चलाते गए। और ऐसी जमीन

पर कई कुटुम्ब मिलकर ही खेती कर सकते थे। खेत और चरागाह पुस्तक में कर्वेन ने लिखा है : "छोटे हल की तुलना में बड़ा हल भारी भरकम मशीन-जैसा था। कहने को तो वह आठ बैलों का हल था पर कम-से-कम उसमें चार बैल नहे जाते थे। यह सारा तामझाम मामूली किसान के बूते का न था। फिर भी इसके सहारे जो कृषि-व्यवस्था बनी, उसका विकास कृषक समाजों में हुआ। इनके पास न तो पूँजी थी और न उनमें औद्योगिक अन्न उपजाने का कोई खास रुझान था। तब यह व्यवस्था सम्भव कैसे हुई? अंग्रेजों की खुले खेतोंवाली व्यवस्था (ओपन फील्ड सिस्टम) जैसी मध्यकाल में थी, उसका अध्ययन करने से इस प्रश्न का उत्तर मिल जाएगा, क्योंकि इसमें सन्देह न होना चाहिए कि मध्यकाल में यह व्यवस्था मूलतः वैसी ही थी, जैसी एंगल और सैक्सन लोगों ने यहाँ चलाई थी। समस्या की कुंजी यह तथ्य है कि खुले खेतों वाली व्यवस्था सहकारिता वाली व्यवस्था थी। समाज के सभी सदस्य इसमें भाग लेते थे। आज के काश्तकार की तरह हर किसान के पास अपना हल और बैल न होते थे। एक के पास हल है; दूसरे के पास एक-दो बैल हैं, इन्हें मिलाकर हल खींचने वाले बैलों की जोड़ियाँ बनती थीं। बारी-बारी से ये सब बैल हर किसान की जमीन मिलकर जोतते थे।" (E.C. Curwen, 'Plough and Pasture', पृ. 70) इससे स्पष्ट है कि मध्यकालीन जर्मनी और ब्रिटेन में सामूहिक भू-सम्पत्ति और सामूहिक उत्पादन का चलन था।

जर्मनी और इंग्लैंड के मध्यकालीन समाज में खेती और कारीगरी के काम आपस में जुड़े हुए थे। श्रम-विभाजन बहुत कम हुआ था, इसलिए विनिमय का विकास भी कम हुआ था। 'जर्मन विचारधारा' में मार्क्स और एंगेल्स ने लिखा था : सामन्तकाल में श्रम-विभाजन बहुत कम हुआ था। "कृषि में तंग खेतोंवाली व्यवस्था (स्ट्रिप सिस्टम) ने इसे कठिन बना दिया था। इसके साथ स्वयं किसानों के घरेलू उद्योग का अभ्युदय हुआ।" ('प्रिकैपिटलिस्ट', पृ. 41) ग्राम-समाजों में एक ही परिवार खेती करता था और कारीगरी का काम भी कर लेता था। इससे न कृषि में विशेषीकरण हुआ, न उद्योग में। "उद्योग के किसी एक पेशे में कोई श्रम-विभाजन नहीं था और इन पेशों के बीच आपस में कोई श्रम-विभाजन नहीं था।" (उप.) ग्राम-समाज एक-दूसरे से अलग-थलग थे और आर्थिक रूप से आत्मनिर्भर थे, अपनी सीमित आवश्यकताओं की चीज खुद पैदा कर लेते थे। 'फ्रांक-युग' में एंगेल्स ने गण-समाजों के टूटने के बाद की स्थिति का वर्णन करते हुए लिखा था : "इस प्रकार जन विघटित होकर छोटे ग्राम-समाजों का संघ बन गया। इन समाजों के बीच या तो आर्थिक सम्बन्ध था ही नहीं या था तो नहीं के बराबर था। हर मार्क आत्मनिर्भर था, अपनी जरूरतें पूरी करने भर को वह चीजें पैदा कर लेता था। इसके सिवा पड़ोसी मार्क भी लगभग वही चीजें पैदा करते थे। इसलिए उनके बीच बहुत ही कम विनिमय सम्भव था।" (उप., पृ. 362-63)

ये ग्राम-समाज क्या पैदा करते थे या कर सकते थे, उस पर ध्यान देना जरूरी है। यूरोप में कपास न होती थी, इसलिए सूती कपड़े बनाने का सवाल न था। शीतप्रधान देशों में गेहूँ न होता था, इसलिए अन्न के नाम पर गेहूँ की पैदावार नामचार को होती थी। ओट और राई नाम के धान्य सर्दी बर्दाश्त कर लेते थे। इन्हीं की उपज अधिक होती थी। जर्मनी और इंग्लैंड के ग्राम-समाज कृषक समाज कम, पशुपालक समाज अधिक थे। दस्तकारी कृषि के मातहत, कृषि पशुपालन के मातहत, ऐसा अर्थतंत्र इन ग्राम-समाजों का था। रोमन साम्राज्य के युग में जर्मनों की मुख्य सम्पदा पशु थे। जर्मनों के प्राचीन इतिहास के प्रसंग में एंगेल्स ने लिखा था : "जर्मनों की मुख्य सम्पदा पशु थे। सम्भवतः वे निर्यात की भी मुख्य चीज थे। सीमा पर रोमनों की जो फौजी चौकियाँ थीं, उनके कारण मांस की तगड़ी माँग सुनिश्चित थी।" ('फ्रांक-युग', पृ. 336) मांस के अलावा पशु-चर्म और फ़र भी बाहर भेजे जाते थे। इसी कोटि के इंग्लैंड के पशुपालक ग्राम-समाजों के बारे में कर्वेन ने लिखा है : "सबसे पुराने ब्रिटिश किसान सर्वप्रथम पशुपालक थे। जो भी सामग्री सुलभ है, उससे संकेत मिलता है कि खेती उनके अर्थतंत्र का अपेक्षाकृत अल्प अंश थी। उनकी सम्पदा पशु थे; उनके जीवन की धुरी पशुधन था। भेड़ों, बकरियों और सुअरों का महत्त्व कम था। गेहूँ और जौ महज बाग की उपज थे।" ('प्लाउ एंड पाश्चर', पृ. 78) अंग्रेज शब्द 'कैटल' में भेड़, बकरी, सुअर शामिल नहीं किये जाते! पशुधन सीमित था और उसके सीमित होने का कारण था।

कृषि का विकास होने पर मानव समुदाय गाँवों में बस जाते हैं और उनका पुराना घुमन्तू जीवन समाप्त हो जाता है। किन्तु पशुपालक समाज अधिक दिनों तक घुमन्तू जीवन बिताते हैं। खेती का धन्धा गौण होगा, पशुपालन का धन्धा मुख्य होगा, तो सामूहिक स्वामित्व की तरह घुमन्तू जीवन की पद्धति भी दीर्घजीवी होगी। शीत-प्रधान देशों में भेड़-बकरी-सुअर दूर-दूर तक घुमन्तू जीवन में मनुष्य का साथ नहीं दे सकते, इसलिए वे पशुधन का मुख्य अंश नहीं होते। कर्वेन कहते हैं : "घुमन्तू जन बहुत-से सुअर नहीं रखते क्योंकि गाय-बैल की तरह उन्हें बहुत दूर हाँककर नहीं ले जा सकते।" (उप., पृ. 84) बताया है कि यूरोप और ब्रिटेन के कुछ भागों में घुमन्तूपन के अवशेष अभी तक हैं। "गाँव के कुछ या सभी निवासी पशुओं के साथ अपने स्थायी घरों से निकल पड़ते हैं और गर्मियाँ ऊँची भूमि के चरागाहों में बिताते हैं। इस पद्धति के बने रहने के कारण भौगोलिक हैं। ये परिस्थितियाँ नॉर्वे, स्विट्जरलैंड, बाल्कन प्रदेश, इटली और स्पेन में हैं। वहाँ ग्रीष्मकालीन चरागाहों की ओर आव्रजन सुविदित है। पशुपालक पहाड़ों में लकड़ी की झोंपड़ियाँ बनाकर सादा जीवन बिताते हैं, गायों को दुहते हैं और पनीर बनाते हैं। किसी समय ब्रिटेन और आयरलैंड के पहाड़ी इलाकों में इसी प्रथा का चलन था।" (उप., पृ. 81-82) ब्रिटेन के एक द्वीप—आइल ऑफ लीविस—में यह प्रथा बीसवीं सदी में भी प्रचलित रही

है। 'आइल ऑफ लीविस' ब्रिटेन का एकमात्र भाग है जहाँ ग्रीष्मकालीन चरागाहों में आव्रजन की प्रथा का चलन आज भी है।" ('प्लाउ एंड पाश्चर', पृ. 82) घुमन्तू पशुचारण से खेती का संयोग इस प्रकार होता है। वसन्तकालीन बुवाई पूरी करने के बाद जून में सब लोग निकल पड़ते हैं और तब लौटते हैं जब फसल काटने का समय होता है। (उप., पृ. 83)

ब्रिटेन के किसानों के सामने विशेष समस्या यह थी कि जाड़े के दिनों में जानवरों को खिलाएँ क्या! किसानों के खेतों के आसपास कभी-कभी उनकी अलग-अलग चरी की भूमि निश्चित कर दी जाती थी। यहाँ किसान घास रखाते थे और जाड़े के लिए उसे काटकर रख लेते थे। "अधिकांश चराई खेत के बाहर सामूहिक भूमि पर होती थी। सही अनुपात से चराई हो, इसे निश्चित करने के लिए हर आसामी को उतने ही पशु चराने की अनुमति मिलती थी जितने उसकी कृषिभूमि के लिए उपयुक्त थे।" (उप.) एंगेल्स ने जर्मन ग्राम-समाजों के सन्दर्भ में जो चरी की भूमि और चरागाह में भेद किया है, उसका कारण यहाँ स्पष्ट हो जाता है। चरी की भूमि किसान के खेत से लगी होती है, वहाँ घास रखाई जाती है, किसान उसका उपयोग जाड़े के चारे के लिए करता है। चरागाह आम समाज की वह भूमि है जिस पर सभी लोग अपने जानवर चराते हैं। घास रखाने पर भी यदि जाड़े में चारा कम पड़ता था तो किसान पशुओं को पेड़ों की पत्तियाँ खिलाते थे। अपत कँटीली डालों से जब यह चारा भी न मिलता था, तब समस्या का समाधान इस प्रकार होता था : "शरद में किसान अधिकांश पशुओं को मार डालते थे, शिशिरकालीन उपयोग के लिए नमक लगाकर मांस रख लेते थे। बचाते थे केवल माल ढोने के लिए बैल, मारे गए पशुओं की कमी पूरी करने के लिए बछड़े वगैरह और नस्ल चालू रखने के लिए आवश्यक जानवर।" (उप., 84)

जर्मनी और ब्रिटेन में सामूहिक सम्पत्ति और उसके अवशेषों वाले ग्राम-समाज शताब्दियों तक जमे रहे। इनमें और पूर्वी यूरोप के ग्राम-समाजों में कोई मौलिक भेद न था। एक रूसी लेखक—शेदो फेरोती—का विचार था कि उसके देश में ग्राम-समाजों का चलन इसलिए हुआ था कि वहाँ कानून बना था कि किसान जमीन छोड़कर न जाएँ। मार्क्स ने इस धारणा का खंडन करते हुए रूसी ग्राम-समाजों के बारे में लिखा था : "समूचा तंत्र, ब्योरे की छोटी-से-छोटी बात तक, ठीक वैसा ही है, जैसा आदिम जर्मन ग्राम तंत्र था।" ('सेलेक्टेड करेस्पौंडेंस', पृ. 253) रूसी शहरों के गरीब और गाँवों के बँधुआ किसान भागकर सीमान्त क्षेत्रों में बस गए थे। अठारहवीं सदी में इन्हें सैनिक सेवा के लिए राज्य की ओर से जमीन दी जाती थी। इसे सामूहिक सम्पत्ति के रूप में वे उसी तरह जोतते-बोते थे जिस तरह पहले वे रूस में खेती का कारोबार होते देख आए थे। ठीक यही काम अपने प्रदेश से निकलकर रोमन साम्राज्य की भूमि पर जर्मनों ने किया था। पहले वे ऐसे प्रदेशों में आकर बसे जो जनशून्य थे

या वहाँ के जन सामाजिक विकास में जर्मनों के आसपास थे। इन प्रदेशों में उनका मूल सामाजिक ढाँचा ज्यों-का-त्यों बना रहा। फिर वे रोमन साम्राज्य के प्रदेशों में जाकर बसे जहाँ के लोग सामाजिक विकास में उनसे आगे थे। यहाँ उनके सामाजिक ढाँचे में परिवर्तन हुए। एंगल ने 'मार्क' निबन्ध में दोनों स्थितियों का ब्योरा दिया है।

जर्मन कबीले एशिया से यूरोप पहुँचे, एशिया से वे अपने साथ गणगोत्र वाली व्यवस्था ले गए। एंगेल्स कहते हैं : "गणों और गोत्रों में संगठित होने की पद्धति वे अपने साथ एशिया से लाए थे। रोमनकाल में भी वे अपनी व्यूह-रचना इस तरह करते थे कि युद्ध में परस्पर सम्बन्धी लोग कंधे से कंधा मिलाकर खड़े होते थे। र्हाइन नदी के पूर्व और दान्यूब के उत्तर में अपनी नई भूमि का बँटवारा भी उन्होंने इस संगठन के अनुरूप किया। प्रत्येक गण-समाज नई अधिकृत भूमि पर अकस्मात् या सनक में आकर नहीं जम गया वरन् जैसाकि सीजर ने स्पष्ट लिखा है, वह गणसदस्यों के आपसी गोत्र सम्बधों के हिसाब से बसा था।" ('प्रिकैपिटलिस्ट', पृ. 274-75) सौ सम्बन्धित गाँवों का एक घटक होता था। ऐसे कई घटकों से जनपद बनता था। अनेक जनपदों का योग था गण। जिस भूमि पर कोई गाँव अधिकार न करे, वह सौ गाँवोंवाले घटक के अधिकार में मानी जाती थी। जो भूमि इस ग्राम शतक की न हो, वह जनपद की होती थी। इसके बाद जो भूमि बचे, वह पूरे जन की होती थी। इस तरह सामूहिक सम्पत्ति के छोटे-बड़े रूप थे—सबसे नीचे एक ग्राम की सम्पत्ति, उस पर ग्राम शतक की सम्पत्ति, उस पर जनपदीय सम्पत्ति और सबसे ऊपर गण सम्पत्ति। एंगेल्स ने बताया है कि स्वेडेन में सामूहिक सम्पत्ति के विभिन्न रूप एक ही समय में साथ-साथ विद्यमान थे। जो गणभूमि थी, उस पर राजा का अधिकार था किन्तु वह भी सामूहिक सम्पत्ति थी क्योंकि राजा पूरे जन का प्रतिनिधि था। [यहाँ people के लिए 'जन' और tribe के लिए 'गण' शब्दों का प्रयोग किया गया है।]

अब देखिए, जर्मन लोगों ने जब रोमन इलाके जीते और वहाँ जाकर बस गए, तब उनके सामाजिक ढाँचे में किस तरह के परिवर्तन हुए। अपने विजय-अभियान में "जर्मन लोग रोमन प्रदेश में पहुँचे जहाँ सदियों से भूमि व्यक्तिगत सम्पत्ति (रोमन कानून की असीम सम्पत्ति) थी। जहाँ भू-सम्पत्ति के इस रूप की जड़ें इतनी गहरी हों, वहाँ थोड़े-से विजेता उसे निर्मूल कर देते, यह सम्भव न था। खेती और चरी की वंशगत व्यक्तिगत भू-सम्पत्ति का सम्बन्ध रोमन कानून से था, कम-से-कम भूतपूर्व रोमन प्रदेशों में तो था ही, इस बात की पुष्टि इस तथ्य से होती है कि खेती की भूमि में जिस सामान्य सम्पत्ति के रूप हमारे समय तक बने हुए हैं, वे र्हाइन नदी के बाएँ किनारे पर हैं, अर्थात् जीती हुई भूमि पर हैं किन्तु वह ऐसी भूमि है जिसका पूरी तरह जर्मनीकरण हो चुका है।" (उप., पृ. 278-79) जहाँ भूमि का जर्मनीकरण हुआ है, वहाँ सामूहिक सम्पत्ति का चलन हुआ, उसके अवशेष जर्मनी में 19वीं सदी तक बने रहे। जहाँ भूमि पर रोमन कानून लागू था, वहाँ व्यक्तिगत सम्पत्ति का चलन हुआ। जर्मन

और रोमन, ये दो शब्द सामूहिक और व्यक्तिगत, भू-सम्पत्ति के इन दो रूपों से जुड़ गए। दक्षिणी और पश्चिमी यूरोप के समाजों में इतना अन्तर था।

जर्मन विजेताओं ने रोमन भूमि का एक बार बँटवारा किया, उसके बाद दुबारा न किया। अपने देश में वह कुछ वर्षों के अन्तराल से भूमि का पुनर्विभाजन करते थे, यह काम उन्होंने रोमन भूमि पर बन्द कर दिया। इस तरह उन्होंने सम्पत्ति पर निजी स्वामित्व कायम किया। दूसरी तरफ उन्होंने "हर जगह अपनी जर्मन मार्क व्यवस्था चालू की जिसके अनुसार जंगल और चरागाहों पर सामूहिक स्वामित्व था और जो भूमि विभाजित की गई थी, उसका सर्वोपरि स्वामित्व भी मार्क के हाथ में था।" ('प्रिकैपिटलिस्ट', पृ. 279) जर्मन परपरा और रोमन कानून में जर्मन परम्परा ही ज्यादा मजबूत साबित हुई। जंगल और चरागाहों पर तो ग्राम-समाज का स्वामित्व था ही, जो भूमि किसानों में बाँटी गई थी, उस पर भी सर्वोपरि स्वामित्व उसी ग्राम-समाज का था। किसान को खेती की भूमि जोतने-बोने को दी गई थी, खेत के पास चरी की भूमि जानवर चराने को दी गई थी, दोनों पर वास्तविक स्वामित्व ग्राम-समाज का ही था। इस तरह जर्मन और रोमन व्यक्तिगत सम्पत्ति में बहुत बड़ा अन्तर था।

4. गण-समाजों का विघटन और वर्ण-व्यवस्था का अभ्युदय

सामाजिक गठन का आदिम रूप गण या कबीला है। इसकी विशेषता है : उत्पादन के साधनों पर सामूहिक स्वामित्व, सामूहिक श्रम द्वारा उत्पादन, समानता के आधार पर वितरण। मार्क्स और एंगेल्स ने जिन आदिम समाज-रूपों का विश्लेषण किया है, उनमें कहीं भी पूरा गण सामूहिक श्रम नहीं करता। गण कुछ गोत्रों (gentes) में विभाजित होता है, प्रत्येक गोत्र नजदीकी रक्त-सम्बन्धियों का समूह होता है और वह श्रम करनेवालों की इकाई भी होता है। गोत्र के लोग किसी आदि पिता से अपना सम्बन्ध जोड़ते हैं; यह तब होता है जब समाज में पितृसत्ताक व्यवस्था कायम हो। मार्क्स और एंगेल्स ने यूरोप के जिन गण-समाजों और गोत्रों का विश्लेषण किया है, उनमें मातृसत्ताक व्यवस्था के अवशेष मिले हैं। कम-से-कम इन गण-समाजों के लिए कहा जा सकता है कि इनके विकास की दो स्पष्ट मंजिलें हैं—एक मातृसत्ताक, दूसरी पितृसत्ताक।

गोत्र जब तक सामूहिक श्रम की इकाई बना रहता है, तब तक कई पितसत्ताक कुटुम्ब उसके अन्तर्गत होते हैं, गोत्र से अलग उनका अस्तित्व नहीं होता। ऐसे गोत्र को एंगेल्स ने कुटुम्ब समाज (family community) कहा है और दक्खिनी स्लावों के 'जद्रूगा' को उसका उदाहरण बनाया है। इसमें एक ही पिता (पुरखे) की कई पीढ़ियों तक की पुरुष-सन्तति अपनी पत्तियों सहित "एक ही घर में एक साथ रहती है, मिलकर खेती करती है, सामान्य भंडार से खाने-पहनने की चीजें लेती है और सभी अतिरिक्त उपज पर उसका सामुदायिक ये स्वामित्व होता है।" ('दि ऑरिजिन', पृ. 59)

ऐसे गोत्र जर्मनी में भी थे। मार्क्स ने वीरा ज़सूलिच के नाम पत्र (1881) के एक मसौदे में दो तरह के ग्राम-समाजों में भेद किया था। एक तरह के ग्राम-समाज में कई कुटुम्ब मिलकर श्रम करते थे, दूसरे में वे अलग-अलग श्रम करते थे। "सीजर के समय में खेती की भूमि प्रतिवर्ष समुदाय के कुछ भागों—गोत्रों और गणों—के बीच बाँट दी जाती थी किन्तु अभी समुदाय के अलग कुटुम्बों के बीच न बाँटी जाती थी और सम्भवतः खेती का काम भी ये भाग मिलकर करते थे।" ('प्रिकैपिटलिस्ट', पृ. 294) सामुदायिक घर में एक साथ रहने वालों को मार्क्स ने अधिक आदिम अवस्था के समाज कहा है, उन्हें पशुचारण और कृषि के अभ्युदय से पहले के समाज कहा है। गोत्र शब्द का एक अर्थ सामुदायिक घर भी रहा होगा; भारत में मध्य प्रदेश के आदिवासी अपने सामुदायिक घर को गोटुल कहते हैं।

जिस ग्राम-समाज में कुटुम्ब अलग-अलग खेती करें, उसे मार्क्स ने खेतिहर समाज (agricultural community) कहा है। छोटे पैमाने का कुटुम्बगत उत्पादन सामन्ती समाज की विशेषता है। इसलिए खेतिहर समाज को सामन्ती समाज का प्रारम्भिक रूप भी कह सकते हैं—ऐसा रूप, जिसमें भूमि का केन्द्रीकरण नहीं हुआ। सामन्तों के बिना सामन्ती समाज? यह विरोधाभास इसलिए है कि सामन्ती या अंग्रेजी का 'फ्यूडल' शब्द उस उत्पादन-पद्धति के लिए प्रयुक्त होता है जो छोटे पैमाने की होती है और जिसका उद्देश्य मुख्यतः उपभोग के लिए चीजें पैदा करना होता है। कोई अन्य अधिक सार्थक शब्द ढूँढा या गढ़ा जा सकता है पर यहाँ देखना यह है कि मार्क्स और एंगेल्स ने उत्पादन की जिस पद्धति को सामन्ती कहा है, सामन्त के अस्तित्व से उसका अभिन्न सम्बन्ध नहीं है। 'पूँजी' के प्रथम खंड में मार्क्स ने लिखा है कि भूमि पर सामूहिक स्वामित्व के आदिम रूप के लोप होने पर छोटे पैमाने की किसानी और स्वाधीन दस्तकारी उत्पादन की सामन्ती पद्धति का आधार होती हैं। (पृ. 316) एंगेल्स ने 'एंटीड्यूरिंग' में लिखा था कि मध्यकाल में आम तौर से छोटे पैमाने के उद्योग का चलन था। खेती का काम छोटा किसान करता था, वह चाहे स्वाधीन हो, चाहे बँधुआ हो। (पृ. 307) "जो लोग खेती के काम में लगे हैं, वे छोटे पैमाने की खेती से अनिवार्यतः वर्ग-भेद की लपेट में नहीं आते।" (उप., पृ. 170) मध्यकालीन खेती छोटे पैमाने की खेती है। उसमें सामन्त का अस्तित्व अनिवार्य नहीं है, इसलिए वर्ग-भेद अनिवार्य नहीं है।

जब हम ग्राम-समाजों की बात करते हैं, तब हमारा ध्यान खेतिहर समाजों की ओर जाता है किन्तु ग्राम-समाज पशुपालकों के भी हो सकते हैं। एंगेल्स ने पशुपालक और गैर-पशुपालक कबीलों में भेद किया है। पशुपालक कबीले सामाजिक विकास में आगे होते हैं : वे पशुओं को विनिमय के लिए इस्तेमाल करते हैं। ('दि ऑरिजिन', पृ. 444) पशुपालन के बाद, एंगेल्स के अनुसार, बागबानी वाली कृषि और उसके बाद खेत वाली कृषि का विकास होता है। (उप.) सामाजिक विकास के सामान्य

नियम समझने के लिए इस भेद पर ध्यान देना जरूरी है कि किन ग्राम-समाजों में खेती मुख्य है और पशुपालन गौण है, किनमें पशुपालन मुख्य है और खेती गौण है। इस भेद से श्रम-विभाजन के विकास का बहुत गहरा सम्बन्ध है। भारत के कोसल जैसे प्रदेशों में खेती मुख्य थी, व्रज जैसे प्रदेशों में पशुपालन मुख्य था। जर्मनी और ब्रिटेन के ग्राम-समाज मुख्य रूप से पशुपालक समाज थे। यूनान, इटली और फ्रांस के ग्राम-समाज मुख्य रूप से खेतिहर समाज थे।

कृषि और पशुपालन के विकास के साथ दस्तकारी का विकास होता है। दस्तकारी कृषितंत्र से जुड़ी रहती है या अलग होती है, यह इस पर निर्भर है कि ग्राम-समाज नये श्रम-विभाजन के आधार पर आगे बढ़ते हैं या पुराने तंत्र से बँधे हुए बर्बर अवस्था में पड़े रहते हैं। भारत में दस्तकारी और कृषि का अलगाव वैदिक काल में होने लगा था। कृषि से अलग होने पर दस्तकारी की शाखाओं का स्वतंत्र विकास होता है। वैदिक भाषा में कर्मार (मूलरूप कर्मकार) ठीक कारीगर का अर्थ देता है किन्तु क्रमशः यह शब्द लुहार के लिए रूढ़ हो गया। वैदिक तक्षन् लकड़ी का काम करनेवाले कारीगर के लिए ही प्रयुक्त होता था। ऋग्वेद (9.112) में स्थपति, वैद्य, सुनार आदि के पेशों का उल्लेख है। प्रारम्भ में कई पेशों के लोग एक ही कुटुम्ब में रहते हैं, फिर उनके कुटुम्ब अलग-अलग हो जाते हैं और किसी एक पेशे के कुटुम्ब मिलकर अपनी बिरादरी कायम करते हैं।

शीतप्रधान देशों के ग्राम-समाजों में दस्तकारी को खेती से अलग करना कठिन होता है। मार्क्स ने रूस के लिए लिखा है कि वहाँ किसान वर्ष में कुल 130 से 150 दिन तक खेती का काम कर सकते हैं। बाकी दिन वे क्या करेंगे? इसलिए वहाँ पीढ़ियों से ऐसे गाँव चले आ रहे हैं जिनमें किसान ही जुलाहे, मोची, लुहार आदि का काम करते हैं। ('पूँजी', खंड-2, पृ. 245) इससे मिलती-जुलती स्थिति ब्रिटेन और जर्मनी में थी। मार्क्स ने छोटे पैमाने की खेती के विनाश के जो कारण बताए हैं, उनसे जर्मन और ब्रिटिश ग्राम-समाजों का स्वरूप स्पष्ट हो जाता है। पहला कारण है बड़े पैमाने के औद्योगिक विकास से देहाती घरेलू उद्योग का विनाश। घरेलू उद्योग के विनाश का असर खेती पर इसलिए पड़ता है कि यह उद्योग 'उसका सामान्य पूरक' होता है। ('पूँजी', खंड-3, पृ. 807) खेती से पूरा नहीं पड़ता, इसलिए किसान घरेलू उद्योग में लगता है। इस उद्योग का नाश होने पर उसकी खेती का नाश होता है। दूसरा कारण है : "बड़े जमींदारों द्वारा उस सामुदायिक भूमि का हथिआया जाना जो सर्वत्र भूमिखंडों के प्रबन्ध का दूसरा पूरक है और जिसके भरोसे ही पशुपालन हो पाता है।" (उप.) जो किसान-कुटुम्ब खेती के साथ दस्तकारी का काम भी करता है, वही खेती के साथ पशुपालन भी करता है। दस्तकारी एक पूरक है, पशुपालन दूसरा पूरक है। खेती, पशुपालन और दस्तकारी—उत्पादन की ये तीनों शाखाएँ एक-दूसरे से जुड़ी हुई हैं और औद्योगिक क्रान्ति तक जुड़ी रहती हैं। जहाँ इनमें अलगाव न

होगा, श्रम-विभाजन न होगा, वहाँ विनिमय के लिए अतिरिक्त उपज न होगी, व्यापक रूप से वित्त का चलन न होगा, अलग-थलग पड़े हुए ग्राम-समाजों का पिछड़ापन दूर न होगा। इनमें व्यक्तिगत सम्पत्ति का विकास भी न होगा, सामूहिक सम्पत्ति के अवशेष बहुत दिनों तक बने रहेंगे। किसान पशुपालन के लिए सामुदायिक भूमि पर निर्भर थे, यह सामूहिक सम्पत्ति के दीर्घजीवी होने का प्रमाण है।

प्राचीन यूनान में खेती से दस्तकारी अलग हुई, दस्तकारी के भीतर पेशे एक-दूसरे से अलग हुए, वित्त का चलन हुआ और व्यक्तिगत सम्पत्ति का विकास हुआ। वित्त ऐसी वस्तु था जिससे हर पण्य वस्तु का विनिमय हो सकता था। "उद्योग और व्यापार की प्रगति के साथ उत्पादन की विभिन्न शाखाएँ—खेती, दस्तकारी, तरह-तरह की कारीगरी में बहुत तरह के कौशल, सौदागरी, जहाजरानी आदि—अधिक पूर्णता से विकसित हुई। आबादी अब पेशों के हिसाब से बहुत कुछ सुस्पष्ट गुटों में बँट गई। हर गुट के नये सामान्य हित थे जिनके लिए गोत्र या शाखा में स्थान न था। अतः इनकी सिद्धि के लिए नये पद आवश्यक हो गए।" ('प्रिकैपिटलिस्ट', पृ. 403-04)

गण गोत्र वाला समाज टूटता है श्रम-विभाजन से, खेती और दस्तकारी के अलगाव से, दस्तकारी के भीतर कौशल के स्वतंत्र रूपों के विकास से। जहाँ ऐसा विकास न होगा, वहाँ सामूहिक सम्पत्ति के साथ पुराने रक्त-सम्बन्धों के अवशेष भी बने रहेंगे। यूनान की अपेक्षा मिस्र में इस तरह का विकास और भी अधिक हुआ था। वहाँ पीढ़ी-दर-पीढ़ी किसी कुटुम्ब में एक ही पेशा होता था। प्लेटो इसे सामाजिक प्रगति के लिए आवश्यक मानते थे। उनका आदर्श प्रजातंत्र, मार्क्स के अनुसार : "मिस्री जाति-बिरादरी (castes) की व्यवस्था का एथीनियन [अथवा यूनानी] आदर्श रूप मात्र है।" ('पूँजी', खंड-1, पृ. 346) रोमन साम्राज्य के दिनों में भी मिस्र विकसित समाज का आदर्श रूप था। दिओदोरुस् सिकुलुस् ने लिखा था : मिस्र में कलाओं ने आवश्यक नफासत हासिल कर ली है। कारण यह कि यही ऐसा देश है जहाँ कारीगर नागरिकों के दूसरे वर्ग के मामलों में किसी तरह दखल नहीं दे सकते। उन्हें वही पेशा करना होगा जो उनकी बिरादरी में कानून के अनुसार वंश में होता आया है। (उप., पृ. 321)

जो बिरादरी पेशे से जुड़ी है, वह गण-व्यवस्था वाली बिरादरी से भिन्न है। गण-व्यवस्था में पेशों का अलगाव होता ही नहीं है, उनके हिसाब से बिरादरियाँ कैसे बनेंगी? पेशों का अलगाव होने पर किसी एक पेशे में एक ही गोत्र के लोग हों, यह सम्भव नहीं है। इस कारण पुराने गोत्र टूटते हैं, उनके साथ पुराने रक्त-सम्बन्ध टूटते हैं। लोग नये सिरे से पेशे वाली बिरादरी में रक्त-सम्बन्ध कायम करते हैं; रक्त-सम्बन्धी होने के लिए एक आदि पुरखे का होना बहुत जरूरी है। इससे यह मजेदार स्थिति पैदा होती है कि बिरादरी में गोत्र अनेक हैं किन्तु पुरखा एक है! अधिकतर पुरखा ही नहीं, गोत्र भी कल्पित होते हैं।

जाति-बिरादरी वाली प्रथा भारत के लिए अनोखी नहीं है। जहाँ भी दस्तकारी खेती से अलग होगी और दस्तकारी की अलग शाखाओं का विकास होगा, वहाँ यह प्रथा होगी। प्रथा का पालन शिथिलता से होता है या कट्टरता से, वह अल्पजीवी होती है या दीर्घजीवी, यह समाज की भीतरी और बाहरी परिस्थितियों पर निर्भर है। विनिमय का विकास होगा, उद्योग और व्यापार के केन्द्र कायम होंगे, बिकाऊ माल की खपत होगी, वित्त का व्यापक चलन होगा, तो कौशल के विकास को किसी एक बिरादरी से बाँधे रखना असम्भव हो जाएगा। कारीगर बाजार में स्वयं माल बेचेगा, दूसरे के लिए माल बनाएगा तो पेशगी रुपये लेगा या फिर पगार लेगा। किन्तु यदि बाहरी आक्रमण से, देश के पराजित होने से ये केन्द्र टूट जाएँ तो बिरादरियाँ बनी रहेंगी और दुबारा वैसे केन्द्र कायम होने तक वे उत्पादन के पुराने ढर्रे पर चलती रहेंगी। श्रम-विभाजन से, पेशों के अलगाव से जैसे जाति-बिरादरी का सम्बन्ध है, वैसे ही उससे वर्ण-व्यवस्था का सम्बन्ध है। गण-व्यवस्था में जब तक गोत्र—कई कुटुम्बों का समूह—उत्पादन की इकाई है, जब तक किसी एक गोत्र के अन्तर्गत अनेक कुटुम्ब मिलकर श्रम करते हैं, तब तक कुटुम्बों में सम्पत्तिगत भेद न होगा, वर्णभेद भी न होगा। कुटुम्ब जब उत्पादन की अलग इकाई बनता है, तब कुटुम्बों में सम्पत्तिगत भेद पैदा होने लगता है।

कुटुम्बों के बीच सम्पत्तिगत भेद होने के साथ-साथ भूमि का केन्द्रीकरण भी शुरू हो जाता है। कुछ कुटुम्बों के पास अधिक भूमि होगी, कुछ के पास कम होगी। गण-व्यवस्था के भीतर अधिक भूमिवाले कुटुम्बों का गुट अपने लिए विशेषाधिकार सुरक्षित करेगा। दूसरे कबीलों की भूमि जीतकर वह सब-की-सब या उसका अधिक भाग अपने अधिकार में करेगा। वित्त का चलन होने पर वह अपने ही गण या गोत्र के लोगों को कर्ज देकर उनकी भूमि हथियाएगा। अधिक भू-सम्पत्तिवाले ऐसे कुटुम्बों का एक अभिजात वर्ग बन जाता है। प्राचीन भारत के राजन्य ऐसे ही विशेषाधिकारी कुटुम्ब थे। इन्हीं से क्षत्रिय वर्ण का निर्माण हुआ। जर्मन ग्राम-समाजों के भीतर किसानों की भूमि हथियानेवाले अभिजातों के बारे में 'मार्क' निबन्ध में एंगेल्स ने लिखा है कि "आरम्भ में वे उसके अन्य सदस्यों के बराबर माने जाते थे, ये अन्य सदस्य, स्वाधीन अथवा बँधुआ किसान, भले ही उनकी रिआया (bondsmen) हों। किन्तु किसानों के जमकर प्रतिरोध करने पर भी सामन्तों ने शीघ्र ही बहुत जगह मार्क में विशेषाधिकार प्राप्त कर लिये और अक्सर रियासत के मालिक की हैसियत से ये समूचे मार्क को अपने शासन में ले आए।" ('प्रिकैपिटलिस्ट', पृ. 286) अभिजात वर्ग गण-समाज का वह अंश है जो अपने लिए कुछ विशेषाधिकार सुरक्षित कर लेता है। उसका अभ्युदय भूमि के केन्द्रीकरण से जुड़ा हुआ है। उसके अभ्युदय से छोटी-बड़ी भू-सम्पत्ति का अन्तर्विरोध बढ़ता है। यह अन्तर्विरोध दासों के कारण नहीं पैदा होता। व्यक्तिगत सम्पत्ति के उद्भववाली पुस्तक में एंगेल्स ने यूनान में अभिजात वर्ग की

उत्पत्ति का वर्णन किया है। पाँचवीं शताब्दी ई.पू. में राजा चुना जाता था। यह राजा वास्तव में गण का नेता होता था। फिर यह पद पिता के बाद पुत्र को उत्तराधिकार के रूप में मिलने लगा। यहाँ हम 'विशेष अभिजात परिवारों के', 'वंशगत सरदारी या पादशाही के' प्रारम्भिक रूप देख सकते हैं। ('दि ऑरिजिन', पृ. 105)। होमर के वीरगाथाकाल में 'सम्पदाभेद से वंशगत अभिजात और पादशाही के' प्रारम्भिक रूप निर्मित होते हैं। (उप., पृ. 106) थेसेउस् के संविधान के अनुसार : "सार्वजनिक पद ग्रहण का अधिकार केवल अभिजातों को दिया गया था।" (उप., पृ. 109)।

एंगेल्स ने बताया है कि होमर के युग में यूनानी गण आपस में मिलकर छोटे-छोटे जन का रूप ले रहे थे। इस जन के भीतर अभी गोत्रों, शाखाओं और गणों का स्वतंत्र अस्तित्व बना हुआ था। वे प्राचीरों से सुरक्षित नगरों में रहते थे। खेती और पशुपालन के अलावा दस्तकारी की शुरुआत हो चुकी थी। "इसके साथ ही सम्पत्तिगत भेद बढ़ा जिससे पुराने, नैसर्गिक रूप से विकसित, जनतंत्र में अभिजात तत्त्व का अभ्युदय हुआ।" (उप., पृ. 103)। होमर के वीरगाथाकालीन समाजतंत्र में गणगोत्र वाली व्यवस्था खूब जीवन्त थी किन्तु उसके ह्रास की शुरुआत भी हो चुकी थी। पितृसत्ताक अधिकार और सन्तान के उत्तराधिकार से कुटुम्ब के भीतर सम्पदा-संचय में सुविधा हुई और गोत्र के मुकाबले कुटुम्ब शक्तिशाली बना। सम्पदा के भेद से वंशगत अभिजात और बादशाही के आदि तत्त्व रचे गए और सामाजिक संविधान पर इनका असर पड़ा।" (उप., पृ. 106) क्रमशः गणगोत्र शाखा की सीमाएँ लाँघते हुए तीन वर्ग बने—अभिजात, किसान और कारीगर। सार्वजनिक पदों को ग्रहण करने का अधिकार केवल अभिजातों को मिला। गोत्र में कुछ कुटुम्ब ऐसे पद ग्रहण करते आए थे, यह रीति उनका विशेषाधिकार बन गई। अपनी सम्पदा के कारण ये कुटुम्ब शक्तिशाली हो गए थे। वे अपने गोत्रों से बाहर एक विशेषाधिकारी वर्ग के रूप में संगठित होने लगे। अभ्युदयशील राज्यसत्ता ने इस प्रपंच को मान्यता दी। कारीगरों और किसानों के बीच श्रम-विभाजन इतना शक्तिशाली हो गया कि वह गणगोत्रों वाले विभाजन की श्रेष्ठता को चुनौती देने लगा। (उप., पृ. 109)

यूनान से बाद को, किन्तु पश्चिमी यूरोप से बहुत पहले, रोमन लोग गणगोत्र वाली व्यवस्था से बाहर निकल चुके थे। राज्यसत्ता के उद्भव वाली पुस्तक में एंगेल्स ने बताया कि वीरगाथाकालीन रोमनों की तरह [तथाकथित राजाओं के युग में रोमन लोग भी सैनिक जनतंत्र के अन्तर्गत थे] तथाकथित इसलिए कि राजा गण का नेता था किन्तु वह सामन्ती व्यवस्था के राजा से भिन्न था। इस जनतंत्र का आधार गण, गोत्र और शाखाएँ थीं। इस जनतंत्र में एक अभिजात वर्ग बना। रोम और रोमन साम्राज्य में ऐसे लोग बहुसंख्यक थे जो रोमन गण-गोत्र शाखाओं से बाहर थे [अर्थात् वे रोमन बिरादरी के बाहर थे]। ये लोग स्वतंत्र थे, धरती के मालिक बन सकते थे, टैक्स देते थे और सैनिक सेवा के लिए बुलाए जा सकते थे, किन्तु वे प्रशासन में कोई

पदग्रहण न कर सकते थे, जनसभाओं में भाग न ले सकते थे, राज्य द्वारा जीती हुई भूमि के वितरण से उन्हें अलग रखा जाता था। ये सब प्लेब कहलाते थे। रोमन लोग पोपुलुस् (जन) थे। बहुसंख्यक होने और सैनिक शिक्षा पाने तथा सशस्त्र होने से प्लेब पोपुलुस के लिए खतरा बन गए। भूसम्पत्ति के विभाजित होने, व्यापारिक-औद्योगिक सम्पदा के संचित होने से रक्त-सम्बन्ध वाला पुराना ढाँचा टूटा। सम्पत्ति के अनुपात से पाँच श्रेणियाँ बनीं। इन श्रेणियों के लोग टैक्स देते थे और उन्हें सैनिक सेवा के लिए बुलाया जा सकता था। छठी श्रेणी में वे लोग थे जो टैक्स और सैनिक सेवा से मुक्त थे। "पुराने अभिजात बड़े भूस्वामियों और महाजनों के नये वर्ग में घुल-मिल गए। सैनिक सेवा से तबाह होनेवाले किसानों की सारी भूमि इस वर्ग ने क्रमशः हथिया ली। इस तरह जो बड़े-बड़े भूखंड-बने, उन पर उसने गुलामों से खेती कराई। इटली वीरान हो गया, और पादशाही के लिए ही नहीं, उसके उत्तराधिकारी जर्मन बर्बरों के लिए भी, दरवाजा खुल गया।" ('दि ऑरिजिन', पृ. 128)

एंगेल्स ने जिन समाजों की स्थिति का वर्णन किया है, उनमें अभिजात वर्ग महाजनी का काम भी करता है। वित्त का चलन अधिक होने पर महाजनी का पेशा अलग हो जाएगा और भूस्वामी होने का गौरव गैर-अभिजातों को भी प्राप्त होगा। रोमन समाज के अभिजात पैट्रीशियन कहलाते थे, गैर-अभिजात प्लीबियन थे। वित्त का व्यापक चलन होने पर सूदखोरी बढ़ी और बड़े भूस्वामियों तथा सेठों के नये वर्ग में पैट्रीशियन अभिजात अन्तिम रूप से विलीन हो गए। इस नये वर्ग ने सैनिक सेवा से तबाह किसानों की सारी भूमि हथिया ली। (उप., पृ. 128) इस तरह गण-समाज के सदस्य धनी और निर्धन वर्गों में विभाजित होते हैं। धनी वर्ग में एक ही कुटुम्ब जमींदारी, महाजनी और पुरोहिताई का कर्म करता है या ये काम अलग-अलग कुटुम्बों में बँट जाते हैं, यह समाज में श्रम-विभाजन की स्थिति पर निर्भर है। अरस्तू ने राजनीति पुस्तक में यह व्यवस्था दी थी कि सार्वजनिक पद ग्रहण का अधिकार केवल भूमिधरों को होना चाहिए, मन्दिरों आदि का काम भी सैनिक सेवा से निवृत्त होने के बाद उन्हीं को देखना चाहिए। भारत और मिस्र में पुरोहितों का वर्ग भूमिधरों के वर्ग से अलग था। सामन्ती यूरोप में चर्च स्वयं बड़ा भूस्वामी बना। विनिमय का विकास होने पर एक वर्ग उन लोगों का बनेगा जो केवल विनिमय का काम करते हैं। कारीगर, किसान, सौदागर, पुरोहित, भूमिधर—सामन्ती समाज के ये मुख्य विभाग हैं। पुरोहित, भूमिधर और किसान क्रमशः ब्राह्मण, क्षत्रिय, वैश्य वर्ण बने। जब वाणिज्य का विकास हुआ, तब वैश्य वर्ण में बनिये शामिल हुए। विभिन्न सेवा-कार्यों और शिल्प की शाखाओं से सम्बद्ध लोग शूद्र वर्ण में गिने गए।

इस बात पर ध्यान देना आवश्यक है कि गण-व्यवस्था के भीतर श्रम-विभाजन से जो वर्ग बनते हैं, वे दास-प्रथा के चलन से नहीं बनते, वे समान अधिकारों वाले गण सदस्यों के भीतर सम्पत्ति-भेद से बनते हैं। अभिजात वर्ग गण-समाज के अन्य

सदस्यों की भूमि हथियाकर अपने लिए विशेष अधिकारों की व्यवस्था कर लेता है। खेती और कारीगरी का अलगाव, कारीगरी के भीतर पेशों का अलगाव, यह सब प्रक्रिया गण-सदस्यों के भीतर घटित होती है। गण-व्यवस्था के बाद जो व्यवस्था कायम होती है, वह सामन्ती व्यवस्था है। इस व्यवस्था में छोटे पैमाने का उत्पादन होता है। पहली मंजिल में भूमि का केन्द्रीकरण नहीं होता, इसलिए समाज में परस्पर विरोधी वर्ग नहीं होते। दूसरी मंजिल में भूमि का केन्द्रीकरण होता है। और छोटे-बड़े भूस्वामियों के बीच वर्ग-भेद पैदा हो जाता है। वित्त का चलन होने पर साहूकार और कर्जदार के बीच वर्ग-भेद पैदा होता है। कौशल में विकास होता है, कारीगरों के पेशे अलग-अलग निर्धारित होते हैं। एंगेल्स ने अपने विवेचन में बिलकुल स्पष्ट कर दिया है कि श्रम-विभाजन, सम्पत्ति निर्माण और वर्गभेद की इस सारी प्रक्रिया के पूरा हो जाने के बाद ही दास-प्रथा का व्यापक चलन होता है। व्यापक चलन का अर्थ है, किसानों और कारीगरों का काम दास करने लगते हैं।

एंगेल्स ने अत्तिका जनपद और एथेंस नगर को लक्ष्य करके लिखा है : "श्रम-विभाजन से नये गुट बने; पहले शहर और देहात के बीच श्रम-विभाजन हुआ, फिर शहरी उद्योग की विभिन्न शाखाओं के बीच हुआ। इससे उनके हितों की रक्षा करने के लिए नई संस्थाएँ निर्मित हुई।" ('दि ऑरिजिन', पृ. 112) दास-प्रथा के व्यापक चलन के बाद जो वर्ग-भेद पैदा हुआ, वह पुराने वर्ग-भेद से भिन्न था, यह तथ्य स्पष्ट करते हुए एंगेल्स ने लिखा : "जो वर्ग-विरोध सामाजिक और राजनीतिक संस्थाओं का आधार बना, वह अब अभिजातों और सामान्य जनों के बीच न था वरन् दासों और स्वाधीन जनों, आश्रितों और नागरिकों के बीच था।" (उप., पृ. 117) इस तरह अत्तिका जनपद के समाज ने पहले गण-व्यवस्था की मंजिल पार की, उसके बाद सामन्ती व्यवस्था में अभिजात-सामान्य जन के भेदवाली मंजिल पार की। तत्पश्चात् दासों और स्वाधीन जनों के भेद की मंजिल तक पहुँचा।

यूनान में एक समय सोलन के कानून द्वारा व्यक्तिगत भू-सम्पत्ति की सीमा निर्धारित की गई, "जिससे किसानों की भूमि हथियाने की अभिजात लालसा पर कुछ तो लगाम लगाई जा सके।" (उप., पृ. 114) इसी तरह 367 ई.पू. में लिकिउस् ने रोमन भूस्वामियों के हाथ में अधिक भूमि केन्द्रित होने पर रोक लगाई थी। इस कानून का हवाला देते हुए मार्क्स और एंगेल्स ने लिखा था, भूमि का "केन्द्रीकरण रोम में बहुत पहले शुरू हो गया था।" ('प्रिकैपिटलिस्ट', पृ. 39) इस प्रकार भूमि के केन्द्रीकरण से अभिजात वर्ग का निर्माण होता है। रोमन साम्राज्य के पतन के बाद पश्चिमी यूरोप में जिस अभिजात वर्ग का अभ्युदय हुआ, बड़े पैमाने पर दास-प्रथा के चलन के पहले, उसका उदय यूनान और रोम में हो चुका था। प्रश्न यह है कि दास-प्रथा का बड़े पैमाने पर चलन न हुआ था, तब यह अभिजात वर्ग खेती किससे कराता था?

यूनानी समाज के लिए एंगेल्स ने लिखा है कि 'अभिजात वर्ग के वित्तशासन के निरन्तर प्रसार से' एक नया कानून बना जिससे "वित्त के स्वामी द्वारा छोटे किसान के शोषण को मान्यता दी जा सके।" (दि ऑरिजिन., पृ. 110) छोटे किसानों ने अपने खेत रेहन रखे और कर्ज न पटा पाने पर वे "अभिजातकुल के सूदखोरों की सम्पत्ति बन गए। किसान को यदि आसामी बने रहने की अनुमति मिले, अपने श्रम की उपज का छठा भाग उसे मिल जाए और पाँच भाग भाड़े के रूप में अपने नये मालिक को दे दे, तो वह खुश होता था।" (उप.) भारत से उल्टी स्थिति थी। यहाँ छठा भाग राजा का, शेष पाँच भाग किसान के। वहाँ छठा भाग किसान का, शेष पाँच भाग अभिजात साहूकार के। छठे भाग से उसकी जीविका चलती है या नहीं, उसके मालिक को इससे मतलब नहीं। यूनान के स्पार्ता प्रदेश में अभिजात वर्ग हेलोत लोगों से खेती कराता था। खेती के लिए उन्हें जमीन दी जाती थी और उपज का आधा भाग मालिकों को मिलता था। रोमन साम्राज्य के ह्रासकाल में बड़ी रियासतों की भूमि पार्तिअरी कहलानेवाले प्रबन्धकों में बाँट दी गई। ये लोग उपज का छठा भाग, कभी-कभी नौवाँ भाग पाते थे। अधिकतर भूमि कोलोनी कहलानेवाले किसानों को मिली, ये "साल में निश्चित राशि अदा करते थे, भूमि से बँधे हुए थे, और भूमि के साथ वे भी बेचे जा सकते थे। ये लोग दास नहीं थे पर स्वतंत्र भी नहीं थे। वे स्वाधीन नागरिकों से विवाह सम्बन्ध न कर सकते थे। आपस में जो विवाह सम्बन्ध करते थे, वे वैध न माने जाते थे। गुलामों की तरह इनके यहाँ भी इसे रखेल सम्बन्ध माना जाता था। ये मध्यकालीन बँधुआ किसानों के अग्रदूत थे।" (उप., पृ. 146)

दास-प्रथा के व्यापक चलन से पहले यूनान में अभिजात वर्ग छोटे किसानों का श्रमफल हड़पकर धनी बना था। उसके लिए खेती का काम उसके आसामी और कर्जदार करते थे। रोमन साम्राज्य को जर्मन आक्रमणकारी जब ध्वस्त कर रहे थे, तब बड़े पैमाने का उत्पादन खत्म हुआ; छोटे पैमाने के उत्पादन के लिए दासों की जरूरत न रही। उस समय फिर बड़े जमींदार छोटे किसानों का श्रमफल हड़पने लगे और क्रमशः उनकी हालत 'मध्यकालीन' यूरोप के बँधुआ किसानों की-सी हो गई। बँधुआ किसानोंवाला उत्पादन छोटे स्वाधीन किसानों के उत्पादन से बढ़कर नहीं होता। सामन्ती उत्पादन छोटे पैमाने का उत्पादन है। उसके संचालन के लिए जितना उपयोगी स्वाधीन किसान तंत्र होता है, उतना बँधुआ किसानों वाला जमींदार तंत्र नहीं।

छोटे पैमाने के उत्पादन के लिए, मुख्यतः उपयोग मूल्यों के उत्पादन के लिए, व्यक्तिगत स्वामित्ववाली व्यवस्था श्रेष्ठ है। मार्क्स ने स्पष्ट लिखा था : "स्वाधीन स्वामित्ववाले जिस तंत्र का प्रबन्ध किसान स्वयं करता है, वह स्पष्ट ही छोटे पैमाने के कारोबार के लिए भू-सम्पत्ति का सर्वाधिक सामान्य रूप (the most normal form) है। इसमें किसान को पृथक् श्रमिक के रूप में अपने परिवार के साथ सदा अपनी जीविका के साधन स्वतंत्र रूप से जुटाने पड़ते हैं; फिर वह चाहे आजाद मालिक

हो, चाहे किसी के अधीन (vassal) हो।" ('प्रिकैपिटलिस्ट', पृ. 220) यूनान और रोम में स्वाधीन स्वामित्ववाले इस रूप का चलन था; जर्मनी आदि देशों में इसका चलन तब हुआ जब सामन्ती व्यवस्था विघटित हुई। मार्क्स ने उक्त प्रसंग में लिखा था : "क्लासिकल प्राचीनता के श्रेष्ठ दौरों (periods) भूमिखंडों के कृषक स्वामित्व का वह रूप मिलता है जिसका प्रबन्ध किसान करता है। यह रूप जब व्यापक और सामान्य हो जाता है, तब वह एक ओर समाज का आर्थिक आधार बनता है, दूसरी ओर आधुनिक जातियों में वह तब पाया जाता है जब सामन्ती भूस्वामित्व (feudal land ownership) के विघटन से कई रूप पैदा होते हैं।" (उप.) इससे निष्कर्ष यह निकला कि छोटे पैमाने के उत्पादन के लिए जिस तरह की व्यक्तिगत सम्पत्ति दरकार थी, उसका विकास प्राचीनकाल में हो चुका था, पश्चिमी यूरोप की सामन्ती सम्पत्ति इससे भिन्न थी। सामन्ती व्यवस्था का उत्पादन भी छोटे पैमाने का उत्पादन था किन्तु इसके लिए सम्पत्ति का सबसे उपयुक्त रूप उसके पास न था। जर्मनी और इंग्लैंड में जिस बँधुआ प्रथा का चलन हुआ, वह रोमन समाज के विकास की नहीं, ह्रास की देन थी। रोमन जमींदार जिन बड़ी रियासतों पर दासों से काम कराते थे, वे जब टूटने लगीं, तब उनके छोटे-छोटे टकड़े पट्टे पर किसानों को दिये जाने लगे।

रोमन साम्राज्य के विध्वंस के बाद जिस सामन्तवाद का विकास हुआ, वह उस सामन्तवाद से भिन्न था जिसका विकास दास-प्रथा के व्यापक चलन से पहले यूनान में हुआ था। पहला सामन्तवाद सामूहिक स्वामित्ववाले ग्राम-समाजों के संगठन तोड़कर विकसित हुआ था, जर्मनी और ब्रिटेन में नया सामन्तवाद इन ग्राम-समाजों को अपनी आधारशिला बनाए था। पहले सामन्तवाद में खेती मुख्य थी, पशुपालन गौण था; दूसरे में पशुपालन मुख्य था, खेती गौण थी। पहले सामन्तवाद में खेती से दस्तकारी का अलगाव हो गया था, दूसरे में दोनों संयुक्त थीं। पहले सामन्तवाद में दस्तकारी की शाखाओं का अलग-अलग विकास हुआ, दूसरे में इस तरह के विकास की गुंजाइश न थी। किन्तु गण-व्यवस्था के टूटने पर दोनों तरह के सामन्तवाद में कुटुम्ब छोटे पैमाने के उत्पादन की इकाई बनता है, दोनों में सामन्तवाद की पहली मंजिल के बाद भूमि का केन्द्रीकरण होता है और दूसरी मंजिल में बड़े भूमिधर छोटे किसानों का शोषण करते हैं। दोनों में उत्पादन का मुख्य लक्ष्य उपयोग मूल्य जुटाना होता है। पहले में व्यक्तिगत सम्पत्ति के चलन और श्रम-विभाजन के विकास के कारण विनिमय में प्रगति होती है और जल्दी ही उद्योग-व्यापार-केन्द्र कायम होते हैं। दूसरे में यह प्रक्रिया विलम्ब से शुरू होती है।

5. रोम-यूनान के दास और पश्चिमी यूरोप के बँधुआ किसान

रोमन समाज की दास-प्रथा और सामन्ती समाज की बँधुआ किसान-प्रथा का भेद केवल उत्पादक की सामाजिक स्थिति का भेद नहीं है, वह दो तरह के उत्पादन

का भेद है; एक उत्पादन मुख्यतः विनिमय के लिए, दूसरा मुख्यतः उत्पादकों की प्रत्यक्ष आवश्यकताएँ पूरी करने के लिए; एक उत्पादन बड़े पैमाने का, दूसरा छोटे पैमाने का; एक में दस्तकारी और खेती का अलगाव, दूसरे में उनका संयोग; एक में दस्तकारी का अधिक विकास, अधिक महत्त्व, दूसरे में खेती का अधिक महत्त्व किन्तु विकास नहीं, और खेती से अधिक पशुपालन का महत्त्व। व्यक्तिगत सम्पत्तिवाली पुस्तक में एंगेल्स दास-प्रथा के अन्तिम दौर की स्थिति का वर्णन करते हुए कहते हैं : "न तो देहात में बड़े पैमाने की खेती में, न शहरों के कारखानों (manufactories—दस्तकारी के प्रतिष्ठानों) में उससे अब उल्लेखनीय प्राप्ति होती थी। कारण यह कि इनकी उपज की खपत जिस बाजार में होती थी, उसका लोप हो गया था। साम्राज्य के समृद्धिकाल का विराट उत्पादन घटकर छोटे पैमाने की खेती और छोटे पैमाने की दस्तकारी रह गया था। भारी संख्या में दासों की गुंजाइश इसमें नहीं थी।" (पृ. 146-47) दास-प्रथा बड़े पैमाने की खेती, बड़े पैमाने की दस्तकारी से जुड़ी हुई थी। बाजार न रह गया तब बड़े पैमाने की खेती और दस्तकारी की जरूरत भी न रह गई, उस जरूरत को पूरा करनेवाली दास-प्रथा की भी आवश्यकता न रही। बँधुआ किसान-प्रथा छोटे पैमाने की खेती के अनुरूप थी। उद्देश्य विनिमय मूल्यों का उत्पादन नहीं था, तात्कालिक आवश्यकताओं की पूर्ति के लिए उपयोग मूल्य जुटाना था। साम्राज्य के समृद्धिकाल का विराट उत्पादन (gigantic production) घटकर (was now reduced) छोटे पैमाने का उत्पादन बन गया। उत्पादन का पैमाना घटे, तब वह सामाजिक प्रगति का नहीं, सामाजिक ह्रास का लक्षण माना जाएगा।

दास-प्रथा का नाम लेते ही स्वामियों के बल-प्रयोग की ओर ध्यान जाता है। जर्मन विद्वान ड्यूरिंग का विचार था कि दास-प्रथा का आधार बल-प्रयोग है। एंगेल्स ने इनके मत का खंडन करते हुए प्राचीन यूनान में विनिमय और व्यापार की प्रगति से दास-प्रथा का सम्बन्ध स्पष्ट किया। उन्होंने 'एंटीड्यूरिंग' (1878) में लिखा : "सामूहिक भूस्वामित्ववाले प्राचीन आदिम समाजों में दास-प्रथा या तो थी ही नहीं या उसकी भूमिका बहुत ही गौण रूप में थी। रोम के मूल, किसान नगरवाले, रूप में भी यही स्थिति थी। लेकिन जब रोम 'विश्व नगर' बना और इटली का भूस्वामित्व अति समृद्ध मालिकों के अति अल्प समुदाय के हाथ आ गया, तब किसानों की आबादी का स्थान दासों की आबादी ने ले लिया। यदि ईरानी युद्धों के समय कोरिन्थ में दासों की संख्या 4 लाख 60 हजार तक, इजीना में 4 लाख 70 हजार तक पहुँच गई, और प्रति स्वाधीन नागरिक के पीछे दस दास थे तो 'बल-प्रयोग' के अलावा भी कोई चीज दरकार थी। यह चीज थी अत्यन्त विकसित कला-कौशल और दस्तकारी-उद्योग, और सुविस्तृत व्यापार।" ('एंटीड्यूरिंग', पृ. 184-85) प्राचीन यूनान के अत्यन्त विकसित कला-कौशल, दस्तकारी उद्योग और सुविस्तृत व्यापार की आधारशिला थी दास-प्रथा। एक-एक शहर में उत्पादकों का लाखों की संख्या में केन्द्रीकरण या

तो प्राचीन यूनान में हुआ था या उसके बाद फिर उन्नीसवीं सदी में यूरोप के बड़े औद्योगिक नगरों में हुआ।

मध्यकालीन जर्मनी और ब्रिटेन में खेती से दस्तकारी का अलगाव न हुआ था। प्राचीन यूनान में यह अलगाव तो हुआ ही था, अलगाव साधारण न था, बड़े पैमाने का था। दास-प्रथा के बारे में एंगेल्स ने उसी पुस्तक में आगे लिखा : "दास-प्रथा से ही पहले-पहल खेती और उद्योग के बीच ज्यादा बड़े पैमाने पर श्रम-विभाजन सम्भव हुआ और इसके फलस्वरूप प्राचीन संसार की समृद्धि, यूनान की संस्कृति सम्भव हुई। दास-प्रथा न होती तो यूनानी राज्यसत्ता, यूनानी विज्ञान और कला भी न होती; दास-प्रथा न होती तो रोमन साम्राज्य न होता। किन्तु यूनानी संस्कृति और रोमन साम्राज्य ने जो नींव डाली थी, वह न होती तो आधुनिक यूरोप भी न होता। हमें यह कभी न भूलना चाहिए कि हमारे समस्त आर्थिक, राजनीतिक और बौद्धिक विकास के पहले ऐसी व्यवस्था का होना अनिवार्य था जिसमें दास-प्रथा जितना आवश्यक थी, उतना ही सर्वमान्य भी थी। इस दृष्टि से हम यह कहने के अधिकारी हैं : प्राचीनकाल में दास-प्रथा न होती तो आधुनिक समाजवाद भी न होता।" ('एंटीड्यूरिंग', पृ. 207-08) यूनान में खेती और दस्तकारी का अलगाव पहले ही हो चुका था, किसान और कारीगर के पेशे अलग-अलग थे। दास-प्रथा से यह श्रम-विभाजन ज्यादा बड़े पैमाने पर सम्भव हुआ। इस श्रम-विभाजन के फलस्वरूप यूनान ने अभूतपूर्व उन्नति की। इस उन्नति से एंगेल्स ने सीधा सम्बन्ध आधुनिक यूरोप का जोड़ा, मध्यकालीन यूरोप का नहीं। प्राचीन रोम और यूनान की संस्कृति के बिना आधुनिक यूरोप न होता, समाजवाद न होता—यह उक्ति बहुत स्वाभाविक जान पड़ती है। इसकी जगह कोई कहे, यूरोप की आधुनिकता का आधार उसकी मध्यकालीनता है, यह मध्यकालीनता न होती तो समाजवाद न होता; सुनते ही जाहिर हो जाएगा कि यह उक्ति कितनी अस्वाभाविक है।

जैसे-जैसे विनिमय का विकास हुआ, उत्पादन का मुख्य उद्देश्य बिकाऊ माल तैयार करना हुआ, वैसे-वैसे दासों के क्रय-विक्रय का व्यापार बढ़ा। ऐसे दास किसी एक मालिक की व्यक्तिगत सम्पत्ति होते हैं। 'साम्यवाद के सिद्धान्त' निबन्ध (1847) में एंगेल्स ने आधुनिक सर्वहारा से गुलाम की तुलना करते हुए लिखा था : "गुलाम किसी एक मालिक की सम्पत्ति होता है। उसके खाने-पहनने की सामग्री चाहे जितनी घटिया हो, वह सुनिश्चित रहती है क्योंकि उसका सुनिश्चित रहना मालिक के हित में है। किन्तु सर्वहारा व्यक्ति एक तरह से पूरे पूँजीपति वर्ग की सम्पत्ति होता है। उसका श्रम तभी खरीदा जाता है जब किसी को उसकी जरूरत होती है। उसके खाने-पहनने की सामग्री सुनिश्चित नहीं होती।" ('प्रिंकैपिटलिस्ट', पृ. 48) एंगेल्स सर्वहारा की स्थिति का वर्णन करते हुए बँधुआ किसानों को नहीं, उन दासों को याद करते हैं जो किसी की व्यक्तिगत सम्पत्ति हैं। बँधुआ किसान सम्पत्तिहीन नहीं होता, वह पूँजीवादी ढंग की व्यक्तिगत सम्पत्ति नहीं होता, वह सामन्ती कुटुम्ब की

सम्पत्ति वैसे ही होता है, जैसे खेती की भूमि उस कुटुम्ब की सम्पत्ति होती है। और इस भू-सम्पत्ति से उसका इतना गहरा नाता है कि उसे छोड़कर वह कहीं जा नहीं सकता। इसके विपरीत दास गतिशील है। उसे कहीं भी, किसी भी काम में लगाया जा सकता है। दास-प्रथा वाले समाज में मनुष्य जोर-जबरदस्ती से पकड़कर बेचा जाता है पर वह स्वयं को भी बेच सकता है। इतनी स्वतंत्रता उसे है। बँधुआ किसान को इतनी स्वतंत्रता भी नहीं है। बँधुआ बाप का बेटा होकर वह जिन्दगी-भर भूमि से बँधा रहेगा, भूमि हस्तान्तरित होगी तो वह भी हस्तान्तरित होगा। मार्क्स ने 'पूँजी' के पहले खंड में दो तरह की दास-प्रथा, अथवा दास-प्रथा की दो मंजिलों की चर्चा की है। पहली तरह की दास-प्रथा का सम्बन्ध इस समाज से है जिसमें उत्पादन का लक्ष्य उपयोग मूल्यों का निर्माण है, उत्पादकों के लिए खाने-पहनने की चीजें पैदा करना है। दूसरी तरह की दास-प्रथा का सम्बन्ध उस भिन्न कोटि के समाज से है जिसमें उत्पादन का लक्ष्य विनिमय मूल्यों का निर्माण है, खाने-पहनने के अलावा व्यापार के लिए बिकाऊ माल तैयार करना है। दो तरह के समाजों में दासों के श्रम से दो तरह के परिणाम निकलेंगे। पहली तरह की दास-प्रथा से समाज अपना देहाती रूप नहीं छोड़ सकता, वह आत्मनिर्भर स्वायत्त ग्राम-समाज बना रहेगा। दूसरी तरह की दास-प्रथा से उद्योग व्यापार-केन्द्र कायम होंगे, शहर और देहात के बीच का फासला बढ़ेगा, समाज के गठन में व्यापक परिवर्तन होंगे। मार्क्स ने लिखा है : "यह स्पष्ट है कि समाज के किसी आर्थिक गठन में यदि उपज के विनिमय मूल्य की नहीं, उपयोग मूल्य की प्रधानता होगी, तो अतिरिक्त श्रम किन्हीं आवश्यकताओं द्वारा नियंत्रित होगा। ये आवश्यकताएँ ज्यादा हो सकती हैं, कम हो सकती हैं। उत्पादन के स्वरूप से ही अतिरिक्त श्रम के लिए अपार लालसा जागे, ऐसा नहीं होता। इसलिए प्राचीनकाल में अतिशय श्रम तभी भयानक होता है जब विनिमय मूल्य की, उसकी विशिष्ट वित्तरूप में, प्राप्ति उदेश्य होता है। काम कराते-कराते जान ले लेना यहाँ अति श्रम का स्वीकृत रूप है। 'दिओदोरुस् सिकुलुस्' को पढ़ना काफी है। फिर भी प्राचीनकाल में इसके अपवाद हैं। किन्तु जिन लोगों का उत्पादन अभी दासों के श्रम, किसानों के अतिरिक्त श्रम (कोर्वे) आदि के निम्न रूपों में घूमता है, वे जब उस अन्तरराष्ट्रीय बाजार की भँवर में खिंच आते हैं जिसमें पूँजीवादी उत्पादन-पद्धति की प्रधानता है, और जब उनका मुख्य उद्‌देश्य निर्यात के लिए उपज की बिक्री हो जाता है, तब दासता, बँधुआ-प्रथा आदि की बर्बर भयानकता पर अति श्रम की सभ्य भयानकता जड़ दी जाती है। इसीलिए अमरीकी संघ के दक्खिनी राज्यों में जब तक उत्पादन मुख्यत: प्रत्यक्ष स्थानीय उपभोग की ओर निर्दिष्ट था, तब तक नीग्रोश्रम कुछ-कुछ दादापंथी स्वरूप बनाए रहा। किन्तु जैसे-जैसे इन राज्यों के हित कपास के निर्यात से दृढ़तापूर्वक जुड़ते गए, वैसे-वैसे नीग्रो लोगों से अति श्रम कराना और कभी-कभी सात साल की मेहनत से उनकी जिन्दगी खत्म कर देना ऐसी व्यवस्था

का अंग बन गया जिसमें हर चीज हिसाब-किताब के अनुसार होती थी। अब सवाल उनसे उपयोगी उत्पादों की एक निश्चित मात्रा प्राप्त करना न था। अब सवाल स्वयं अतिरिक्त श्रम के उत्पादन का था। यही स्थिति कोर्वे। (जमींदार के लिए किसान के अतिरिक्त श्रम) की थी, यथा : दान्यूब की रियासतों (आज की रुमानिया) में।" ('पूँजी', खंड-1, पृ., 226)

एक है दासश्रम का निम्न रूप। इस रूप के अन्तर्गत उपयोग मूल्यों का निर्माण होता है। इससे भिन्न है वह रूप जिसके अन्तर्गत विनिमय मूल्यों का उत्पादन होता है। इसकी एक मिसाल है प्राचीन रोमन समाज में पैसा कमाने के लिए बिकाऊ माल का उत्पादन, दूसरी मिसाल है अमरीकी राज्यों में निर्माता के लिए कपास का उत्पादन। कपास के सिलसिले में साफ दिखाई देता है, एक अन्तरराष्ट्रीय बाजार है, उसमें पूँजीवादी उत्पादन की प्रधानता है। रोमन युग का अन्तरराष्ट्रीय बाजार आँखों से ओझल रहता है। किन्तु दासों से अति श्रम इस बाजार में माल बेचने और पैसा कमाने के लिए ही कराया जाता था। बिकाऊ माल के व्यापक चलन से ही मनुष्य स्वयं बिकाऊ माल बनता है। 'पूँजी' के दूसरे खंड में मार्क्स ने जोर-जबर्दस्ती से गुलाम बनाने को प्राकृतिक अर्थतंत्र का तत्त्व माना है। लिखा है : "खेती, दस्तकारी उद्योग, जहाजरानी आदि में जब तक दास-प्रथा उत्पादक श्रम का प्रधान रूप रहती है, जैसेकि यूनान और रोम के आगे बढ़े हुए राज्यों में वह थी, तब तक उसमें प्राकृतिक अर्थतंत्र का एक तत्त्व बना रहता है। दासों के बाजार में श्रम-शक्ति जैसे माल की आपूर्ति युद्ध, डकैती आदि से की जाती है और यह लूटमार का काम संचरण प्रक्रिया के जरिये नहीं होता वरन सीधे शारीरिक दबाव द्वारा, दूसरों की श्रम शक्ति को सचमुच ही अपने कब्जे में करने के द्वारा होता है।" ('पूँजी', खंड-2, पृ. 483)

वित्त को विनिमय का माध्यम न बनानेवाले, उपयोग मूल्यों का उत्पादन करनेवाले प्राकृतिक अर्थतंत्र का एक तत्त्व यूनान और रोम के समाजों में था। जैसे एक सामन्त किसानों की, या दूसरे सामन्तों की, भूमि पर जबर्दस्ती कब्जा कर लेता है, वैसे ही दासों के व्यापारी जोर-जबर्दस्ती से पकड़कर उन्हें अपने कब्जे में करते थे। विनिमय और वित्तवाले तंत्र में यह प्राकृतिक अर्थतंत्र का एक बचा हुआ तत्त्व-भर है। तंत्र के शेष तत्त्व वित्त और विनिमय से बँधे हुए हैं। 'पूँजी' के तीसरे खंड में मार्क्स ने नये तत्त्वों पर जोर देते हुए लिखा है : "जिन सभी रूपों में दासों वाला अर्थतंत्र (दादापंथी ढंग का नहीं, बाद के यूनानी और रोमन जमानेवाला अर्थतंत्र) धन बटोरने का साधन होता है—अत: जहाँ दासों, भूमि आदि की खरीद के जरिये द्रव्य दूसरों के श्रम पर कब्जा जमाने का साधन बनता है—वहाँ पूँजी के रूप में द्रव्य का प्रसार सम्भव है। (money can be expanded as capital) अर्थात् उस पर सूद मिल सकता है। कारण यही कि वह इस काम में लगाया जा सकता है।" (पृ. 594) मार्क्स ने दो तरह की दास-प्रथा में यहाँ फिर भेद किया है। यूनान और रोम जिस दास-प्रथा के लिए प्रसिद्ध हैं, वह दूसरी

तरह की है। यहाँ दासों का श्रम धन बटोरने का साधन है, द्रव्य से जमीन खरीदी जाती है, द्रव्य से दास खरीदे जाते हैं। यहाँ द्रव्य दूसरों के श्रम पर कब्जा जमाने का साधन है। दास का स्वामी उसके श्रम से अतिरिक्त मूल्य प्राप्त करे तो इसमें आश्चर्य न होना चाहिए। मार्क्स ने उसी पुस्तक में आगे लिखा है : "दास के लिए जो कीमत दी जाती है, वह उस पूर्वानुमानित और पूँजीकृत अतिरिक्त मूल्य या मुनाफे के अलावा और कुछ नहीं है। जो दास से निचोड़ा जाएगा।" ('पूँजी', खंड-3, पृ. 809) अतिरिक्त मूल्य कोई रहस्यमय वस्तु नहीं है। उसका मूर्त रूप अतिरिक्त उपज है और यह उपज अतिरिक्त श्रम की देन है। अपनी जरूरत पूरी करने के अलावा श्रमिक मालिक के लिए जो माल तैयार करता है, वह है अतिरिक्त उपज, और इसके लिए उसे जो अधिक श्रम करना पड़ता है, वह है अतिरिक्त श्रम। मार्क्स के शब्दों में : "यह अतिरिक्त श्रम अतिरिक्त मूल्य के रूप में प्रकट होता है और यह अतिरिक्त मूल्य अतिरिक्त उपज के रूप में विद्यमान होता है।" (उप., पृ. 819) दास और पूँजीवादी व्यवस्था के मजदूर में फर्क यह है कि दास की श्रमशक्ति ही नहीं बिकती, वह स्वयं भी बिक जाता है; मजदूर केवल श्रम-शक्ति बेचता है, खुद स्वतंत्र रहता है। दास और मजदूर में जो चीज सामान्य है, वह यह है कि दोनों के पास उत्पादन के अपने साधन नहीं हैं।

रोमन समाज में वर्ग-भेद केवल दासों और उनके मालिकों में न था वरन् छोटे मालिकों और बड़े मालिकों के बीच भी था। बड़े मालिक इन छोटे मालिकों की मिल्कियत बराबर हड़पते गए थे। मार्क्स ने रूसी पत्रिका 'अतेचेस्त्वेन्निए ज़पीस्की' के सम्पादक को 1877 में लिखा था : "प्राचीन रोम के प्लेबजनों पर क्या बीती, इसका उल्लेख मैंने कई जगह 'पूँजी' के प्रथम खंड में किया है। वे मूलतः स्वाधीन किसान थे, उनमें हर आदमी अपनी भूमि पर अपने लिए खेती करता था। रोमन इतिहास के दौरान इनकी सम्पत्ति हड़प ली गई। जिस प्रक्रिया ने उनके उत्पादन और जीविका के साधनों से उन्हें अलग किया था, उसी से बड़ी भू-सम्पत्ति ही नहीं, बड़ी द्रव्य पूँजी का निर्माण भी हुआ। और एक दिन यह दृश्य उपस्थित हुआ कि एक ओर स्वाधीन मनुष्य हैं जिनकी श्रमशक्ति छोड़कर हर चीज छिन गई है, दूसरी ओर वे लोग हैं जिनके पास इस श्रम का शोषण करने के लिए तमाम बटोरी हुई सम्पदा है। फिर क्या हुआ? रोमन सर्वहारा पगारजीवी मजदूर न बने वरन् निकम्मे लोगों की 'जमात' (mob) बन गए। संयुक्त राज्य अमरीका के दक्खिनी भाग के भूतपूर्व 'निर्धन श्वेतों' से भी वे गए-बीते थे। इनके समानान्तर उत्पादन की जिस पद्धति का विकास हुआ, वह पूँजीवादी नहीं थी, दास-प्रथा पर आधारित थी।" (सेलेक्टेड करेस्पौंडेंस, पृ. 354-55) छोटे किसानों की सम्पत्ति छीनी गई, उन्हें सर्वहारा बनाया गया। यह सब आगे चलकर इंग्लैंड में भी हुआ। इंग्लैंड की ही तरह बड़े रोमन जमींदारों ने खेती की भूमि को चरी की भूमि बना डाला। इटली में भूमि के केन्द्रीकरण और उसे चरागाह बनाने से स्वाधीन आबादी का प्रायः लोप हो गया। ('प्रिकैपिटलिस्ट', पृ. 45) इटली की

बड़ी रियासतों में या तो चरागाह थे—वहाँ भूतपूर्व निवासियों की जगह भेड़ें थीं, बैल थे, और उनकी देखभाल के लिए थोड़े-से दास काफी होते थे; या उन रियासतों में खेत थे जहाँ बड़े पैमाने पर दासों से बगीचोंवाली खेती कराई जाती थी। इससे अंशतः मालिकों के ऐश की जरूरतें पूरी होती थीं, अंशतः शहरी बाजार में बेचने के लिए उपज मिलती थी। ('प्रिकैपिटलिस्ट', पृ. 426) मानी बात है कि रोमन जमींदार खेती की उपज बेचते थे, तो वे चरागाहों में पलनेवाले पशुओं से प्राप्त चीजें भी बेचते होंगे। इस तरह अंशतः खेती और चरी, दोनों तरह की भूमि का उपयोग बिकाऊ माल की प्राप्ति के लिए होने लगा था। इस बिकाऊ माल के उत्पादक दास थे।

यह बड़े मार्के की बात है कि यूनान और रोम, दोनों जगह भूमि का केन्द्रीकरण हुआ। दोनों जगह छोटे मालिक तबाह हुए, और दोनों जगह बिकाऊमाल के उत्पादन में तबाह छोटे मालिकों को न लगाया गया, उसमें लगाया गया दासों को। इस तरह दासों को मिस्र, भारत या अन्य किसी देश में नहीं लगाया गया। इसका कारण यह है कि स्वाधीन नागरिकों के लिए, अन्य देशों से भिन्न, यूनान और रोम, दोनों जगह, फौजी सेवा अनिवार्य थी। एंगेल्स ने 'फौज' शीर्षक निबन्ध (1857) में लिखा था : "एथेंस में हर स्वाधीन नागरिक के लिए फौजी सेवा अनिवार्य थी। केवल कुछ सार्वजनिक पदों के अधिकारियों को, और पुराने दिनों में, चतुर्थ या निर्धनतम वर्ग के स्वाधीन नागरिकों को इससे छूट मिलती थी। यह दास-प्रथा पर आधारित सैन्य व्यवस्था थी (It was a militia system based upon slavery) (मार्क्स-एंगेल्स, 'सम्पूर्ण ग्रंथावली', खंड-38, पृ. 89) एंगेल्स ने एक वाक्य में यह रहस्य प्रकट कर दिया है कि एथेंस में दास-प्रथा क्यों अनिवार्य थी। वह अनिवार्य इसलिए थी कि वहाँ की सैन्य व्यवस्था का वह आधार थी। जब हर स्वाधीन नागरिक के लिए फौजी सेवा अनिवार्य होगी, तब उपभोग और बिक्री के लिए वस्तुओं का उत्पादन दास ही करेंगे।

यही स्थिति रोम की थी। अंग्रेज जमींदारों ने किसानों की भूमि छीनी, उससे पहले रोमन जमींदारों ने अपने किसानों की भूमि छीनी थी। दोनों की समानता उजागर करने के लिए मार्क्स ने 'पूँजी' के प्रथम खंड में रोमन लेखक अप्पिअन को उद्धृत किया था। अप्पिअन ने लिखा था कि धनी जमींदारों ने अधिकांश अविभाजित भूमि हथिया ली, अपने खेतों के पास गरीबों की कुछ जमीन खरीद ली और कुछ जमीन जोर-जबर्दस्ती से कब्ज में की। इस तरह वे अलग-थलग खेतों के बदले बड़े-बड़े चकों में खेती कराने लगे। "तब उन्होंने खेती और पशुपालन में दासों को लगाया क्योंकि स्वाधीन नागरिकों को काम छोड़कर फौजी सेवा के लिए जाना पड़ता था।" ('पूँजी', खंड-1, पृ. 680) स्वाधीन नागरिकों में बड़े मालिक ही खेती और पशुपालन का काम देखते थे, छोटे मालिक फौजी सेवा में नियुक्त थे। इसीलिए दासों को काम में लगाना जरूरी हुआ। अप्पिअन ने लिखा था कि फौजी सेवा, निर्धनता और टैक्सों के कारण स्वाधीन नागरिक तबाह हुए। जिस समय युद्ध न हो रहा हो, उस समय

भी वे निठल्ले बैठे रहने को मजबूर थे। "क्योंकि उनकी जमीन धनी लोगों के पास थी और उस पर खेती कराने के लिए वे स्वाधीन नागरिकों की जगह दासों से काम लेते थे।" ('पूँजी', खंड-1, पृ. 680) स्वाधीन, किन्तु निर्धन, नागरिक आदत से मजबूर होकर निठल्ले न बने थे, उन्हें इसके लिए मजबूर किया गया था।

यूनान और रोम के निर्धन नागरिकों की स्वाधीनता गण-व्यवस्था के समान अधिकारों वाले सदस्यों की स्वाधीनता थी। धनी और निर्धन का भेद होने से पुरानी समानता कभी की समाप्त हो गई थी किन्तु हम रोमन हैं, हमारी धमनियों में रोमन रक्त बहता है, इस भावना के सहारे स्वाधीनता बची हुई थी। स्वाधीनता और समानता की भावनाएँ गण-व्यवस्था का अवशेष थी, सामाजिक जीवन के विकास में वे बाधाएँ बनी हुई थीं। रोम और एथेंस, दोनों जगह एक बहुत बड़ी समस्या इतर जनों की थी। ये लोग इतर जन इसलिए थे कि रोमनों और एथीनियनों से उनका रक्त-सम्बन्ध न था। रक्त-सम्बन्ध की यह भावना एथीनियनों और रोमनों को इतर जनों में घुल-मिल जाने से रोकती थी। इससे श्रम-विभाजन और सम्पत्ति-भेद के अनुसार समाज को पुनर्गठित करने में बाधा पड़ती थी। प्रसिद्ध है कि प्राचीन भारत में बहुत-से देशी और विदेशी इतर जन विभिन्न वर्णों के अंग बना लिये गए! रोम और एथेंस की तरह पाटलिपुत्र और उज्जयिनी में इतर जनों की समस्या पैदा नहीं हुई क्योंकि वर्ण-व्यवस्था ने श्रम-विभाजन के आधार पर इतर जनों को 'आर्यों' में घुल-मिल जाने का रास्ता बना दिया था। आर्यों और आर्येतर जनों के एक ही समाज-व्यवस्था में सिमट आने के बाद विकास की वह मंजिल दिखाई देने लगी जहाँ नये श्रम-विभाजन के आधार पर वर्ण-व्यवस्था भी टूटे, नये वर्ग बने और समाज प्रगति की राह पर आगे बढ़े। पहले वैश्य वर्ण में कृषक थे, फिर इस वर्ण का विशेष सम्बन्ध बनियों और व्यापारियों से रह गया। पुरानी वर्ण-व्यवस्था में यह बहुत बड़ा परिवर्तन था, वाणिज्य के विकास से यह परिवर्तन सम्भव हुआ। एक वर्ण उन लोगों का बना जो उत्पादन से अलग केवल विनिमय से सम्बद्ध थे। विनिमय के और अधिक विकास से नये वर्गों का निर्माण होना अनिवार्य था। पगारजीवी श्रम के आधार पर विनिमय मूल्यों का निर्माण—यह प्रक्रिया भारत के सामाजिक विकास की दिशा निर्धारित करने वाली थी।

भूमि के केन्द्रीकरण से भारत में क्षत्रिय वर्ण बना। इसका धर्म शस्त्र धारण करना भी था। जर्मनी में सैनिक सेवा का उपयोग छोटे किसानों की जमीन हथियाने के लिए किया गया। रोम और एथेंस से यह स्थिति मिलती-जुलती थी किन्तु यहाँ दासों की जगह उपयोग-मूल्य पैदा करने वाले बँधुआ किसान थे। इसलिए जर्मनी में रोम और एथेंस की तरह उद्योग-व्यापार केन्द्र कायम न हुए।

भूमि के केन्द्रीकरण से स्वाधीन जर्मन किसान भूमिहीन बने। एंगेल्स के अनुसार, इसके कारण थे : "एक ओर गृहयुद्ध और अपहरण, और दूसरी ओर मुख्यत: परिस्थितियों के दबाव से और सुरक्षा की भावना से चर्च के पास भूमि

का हस्तान्तरण।" ('पूँजी', खंड-1, पृ. 370) भूमि के केन्द्रीकरण का मुख्य साधन था अपहरण; इसके अलावा परिस्थितियों के दबाव से स्वाधीन किसान अपने हिस्से की भूमि चर्च को सौंप देते थे। सामन्तों के निरन्तर युद्धों से ऐसी असुरक्षा की भावना पैदा होती थी कि किसी बड़े सामन्त का आसामी बने बिना किसान जीवित न रह सकता था। सबसे बड़ा सामन्त चर्च था, वह धर्म का चोगा पहने था, इसलिए उसका आसामी किसान स्वयं को अधिक सुरक्षित महसूस करता था। चर्च के साथ अन्य सामन्तों ने इसी प्रकार स्वाधीन किसानों को आसामी बनाया। "सब तरफ से उत्पीड़न का शिकार होने पर छोटे स्वाधीन जनों को संरक्षक मिल जाए तो उन्हें खुश होना था, भले ही उन्हें अपने हिस्से की जमीन से जुदा होना पड़े और वे उसे जागीर (benefice) के रूप में ही वापस पाए।" (उप., पृ. 383) जागीर वह भूमि थी जिसे राजा या महासामन्त किसी को सेवा—मुख्यतः फौजी सेवा—के लिए उसके जीवनकाल के लिए देता था। जागीरें छोटी-बड़ी, दोनों तरह की होती थीं। छोटा किसान जब छोटी जागीर के रूप में अपनी दी हुई भूमि वापस पाता था, तब उसका स्वामित्व खो देता था। उसका असली स्वामी होता था चर्च, राजा या कोई अन्य बड़ा सामन्त। नवीं सदी में जर्मन सम्राट् शार्लमेन ने शिकायत की थी कि चर्च के छोटे-बड़े पदाधिकारी, न्यायाधीश आदि छोटे किसानों को कानूनी ठग-विद्या से और सैनिक सेवा के लिए बार-बार बुलाकर उनकी ऐसी हालत कर देते थे कि वे अपने हिस्से की भूमि हस्तान्तरित करने या बेचने को तैयार हो जाते थे और "गरीब आदमी बड़े दुख से कहते थे कि उनकी सम्पत्ति लूटी जा रही है।" (उप.)

सम्राट् यदि शक्तिशाली हुआ तो वह सामन्तों को अपने अधीन बनाए रखने के लिए उन्हें भूमि केवल उनके जीवनकाल के लिए देता था और जिन शर्तों पर देता था, वे पूरी न हों तो उसे वापस ले लेता था। यदि वह कमजोर हुआ तो सामन्त अपनी जागीर के मालिक बन जाते थे। सामन्त ठीक से जागीर का प्रबन्ध न करे, अपेक्षित सैनिक सेवा न करे तो जागीर वापस ले ली जाती थी। एंगेल्स ने प्रारम्भिक जागीरदारी और बाद की जागीरदारी में यह भेद किया है कि प्रारम्भिक रूप में सैनिक-सेवा अनिवार्य न थी। "जो जागीरदारी (feudal tenure) बाद में विकसित हुई, उसमें जागीर हमेशा सेवाओं के लिए सामन्त के पास रहती थी और उसे फौजी सेवा करनी पड़ती थी। प्रारम्भिक रूप में जागीरदारी (benefice) के साथ सैनिक सेवा जुड़ी हुई न थी और अन्य सेवाएँ भी अनिवार्य नहीं थीं। किन्तु वह सेवाओं की एवजी में प्राप्त रियासत (estate) बने, यह प्रवृत्ति उस रूप (benefice) में अभी भी स्पष्ट थी। नवीं सदी में यह प्रवृत्ति जोर पकड़ती गई और जितना उसने जोर पकड़ा, उतना ही प्रारम्भिक रूप (benefice), बाद वाला रूप (feudal tenure) बनता गया।" (उप., पृ. 374-75) एंगेल्स ने जागीरदारी के दो भिन्न रूपों में भेद करते हुए दो भिन्न शब्दों का प्रयोग किया है। वास्तव में वे एक ही प्रथा के दो रूपों की ओर संकेत करते हैं।

राजा या महासामन्त जागीर के रूप में किसी को जो भूमि देता है, वह या तो गण-समाज की भूमि होगी या उस गणभूमि में किसी छोटे किसान का भाग होगी। वह उसे बलपूर्वक प्राप्त करे, चाहे कानूनी ठगविद्या से, है वह अपहृत भूमि। बड़ा अपहरणकर्ता अपने सहायक को उसकी सेवा के लिए पहले उसके जीवन भर के लिए जागीर देता था, सहायक ने सेवा-कार्य की शर्तें तोड़ीं तो वह जागीर वापस ले लेता था। जब वह कमजोर पड़ता था, तब अपनी जागीर का मालिक बन बैठता था। यह खेल भारत में कई बार हुआ है किन्तु भारत और यूरोप में भेद करने के लिए कहा यह जाता है कि वहाँ जागीर सामन्त की अपनी सम्पत्ति थी, यहाँ वह राजा की सम्पत्ति थी, जागीरदार राजा की अनुमति से उसका प्रबन्धक मात्र था। यूरोप में भी जमींदारों को भूमि किन्हीं सेवाओं के लिए राजा या महासामन्त से केवल कुछ समय के लिए और किन्हीं शर्तों पर मिली थी। जब राजा कमजोर हुआ तब जमींदार का खुद राजा बन जाना स्वाभाविक था। इस कारण मिल्कियत कानून से नहीं, लाठी से निर्धारित होती थी।

'सामन्तवाद का ह्रास और पूँजीपति वर्ग का अभ्युदय' निबन्ध (1884) में एंगेल्स ने लिखा है : "प्रत्येक मध्यकालीन राज्य में सामन्ती सोपानों की सारी व्यवस्था (the entire feudal hierarchy) के शिखर पर था राजा। उसके बिना सम्भवतः उसके अधीन सामन्तों (vassals) का काम न चल सकता था पर इसके साथ ही वे उसके विरुद्ध निरन्तर बगावत में जुटे रहते थे। समूचे सामन्ती अर्थतंत्र की बुनियाद था किन्हीं व्यक्तिगत सेवाओं और देय के एवज में भूमि का अनुदान। अपने प्रारम्भिक और सरलतम रूप में भी यह अनुदान लड़ाई-झगड़े के लिए बहुत-से अवसर जुटा देता था, खास तौर से तब जब बहुत-से लोग लड़ने पर उतारू हों। उत्तर मध्यकाल में हालत कितनी खराब थी जब सभी देशों में सामन्ती सम्बन्ध ऐसा जटिल उलझाव बन गए थे कि कर्तव्य और अधिकार दिये गए, फिर वापस लिये गए, उनका नवीकरण हुआ, वे निरस्त किये गए। परिवर्तित हुए या उनमें थोड़ी-बहुत तब्दीली हुई।" (उप., पृ. 465-66) "व्यक्तिगत सम्पत्ति वाले रोमन कानून की जगह सामन्ती सम्पत्ति का मध्यकालीन—जिसकी लाठी उसकी भैंस वाला—कानून चालू था, उसका परिणाम यही हो सकता था। इसलिए पादशाही और सामन्तों के बीच अनवरत संघर्ष चला। जिस लम्बी अवधि में स्वाधीन पुरुष के योग्य आय का एकमात्र स्रोत डकैती माना जाता था, उस दौरान अनवरत संघर्ष के कोलाहल में और सब कुछ डूब गया था। विश्वासघात, हत्या, विष-प्रयोग, धूर्तता, और हर तरह की कल्पनीय दुष्टता, इनका ताँता लग गया, और यह सब शूरता-वीरता के अलंकारों से ढँका हुआ था और निरन्तर इज्जत और वफादारी की रट लगाए हुआ था।" (उप., पृ. 466)

जर्मनी में किसान-युद्ध में एंगेल्स ने बँधुआ किसानों की दशा का वर्णन करते हुए लिखा है कि वे चाहे राजा की प्रजा हों, चाहे किसी सामन्त या महन्त की, वे पशु

से अधिक कुछ न समझे जाते थे। अधिक समय मालिक की जमीन पर काम करना पड़ता था। तरह-तरह के टैक्स देने पड़ते थे। मालिक को कुछ दिये बिना न ब्याह कर सकते थे, न मर सकते थे। जंगल में शिकार खेलने का अधिकार मालिक को था। जंगली जानवर उनकी फसल बरबाद कर दें, वे बोल न सकते थे। "किसान की सम्पत्ति की तरह वह किसान के व्यक्तित्व से, उसकी पत्नी और लड़कियों से मनमानी कर सकता था। सुहागरात का अधिकार उसे था।" ('प्रिकैपिटलिस्ट', पृ. 64) वह उसे बन्दीगृह में डाल सकता था, शारीरिक यंत्रणा दे सकता था। "वह जब चाहे उसे मार डालता था या उसका सिर कटवा देता था।" (उप.) कान काटने, नाक काटने, आँखें निकाल लेने, हाथ और उँगलियाँ काटने, सिर काटने, चक्के पर बाँधकर हड्डियाँ तोड़ने, दागने, जलाने आदि का विधान दंडसंहिता में था। (उप.) जर्मन समाज इतने हिस्सों में बँटा हुआ था कि फ्रांसीसी राज्यक्रान्ति के समय के दो परस्पर विरोधी समुदायों की तरह यहाँ लोगों का संगठित होना असम्भव था। (उप., पृ. 65)

6. ग्राम-समाज और अवरुद्ध सामन्ती विकास

जर्मनी में सामन्तवाद का विकास इस तरह हुआ कि किसानों पर अत्याचार तो खूब हुआ किन्तु सामन्त-विरोधी क्रान्ति न हुई। सामन्त-विरोधी क्रान्ति हुई फ्रांस में। जर्मन किसानों को मुक्ति की आशा इस क्रान्ति में दिखाई दी। अठारहवीं सदी के जर्मन किसानों की दशा का वर्णन करते हुए, एंगेल्स ने लिखा : "किसान इलाकों पर लाठी और चाबुक का राज था। जर्मन किसान, पूरे जर्मनी की तरह, पतन के निम्नतम स्तर पर पहुँच गए थे। जर्मन किसान, पूरे जर्मनी की तरह, इतने असमर्थ हो चुके थे कि उनके अपने सब उपाय विफल हुए और बाहर से ही उद्धार की आशा हो सकती थी। और ऐसा हुआ। फ्रांसीसी राज्यक्रान्ति से जर्मनी और जर्मन किसानों के लिए नये प्रभात का आगमन हुआ।" ('प्रिकैपिटलिस्ट', पृ. 290)। पश्चिमी यूरोप के दो देशों—फ्रांस और जर्मनी—का विकास अलग-अलग ढंग से हुआ। जर्मन ग्राम-समाजों का संविधान जिन देशों में सामन्ती राज्यसत्ता के अन्तर्गत बना रहा, वे जर्मनी, इंग्लैंड और उत्तरी फ्रांस थे। (उप., पृ. 434) एंगेल्स ने उत्तरी फ्रांस को दक्षिणी फ्रांस से अलग किया था। उत्तरी फ्रांस का परिवार-संघ मार्क समाज का अभिन्न अंग था। दक्षिणी फ्रांस में, सम्भव है, परिवार-संघ 'ग्राम-समाज के नियंत्रण के बिना ही केवल रियासत (मैनोर) के मालिक के उच्चतर स्वामित्व के अधीन भूमि पर अधिकार किये रहा हो। [परिवार-संघों का] यह विशिष्ट फ्रांसीसी रूप ही, उसके विघटन के बाद, एक ही छलाँग में भूमि के व्यक्तिगत स्वामित्व की मंजिल तक पहुँच सकता था।" (उप., पृ. 544) सामन्तवाद के विकास के लिए जरूरी है कि ग्राम-समाजों वाली व्यवस्था टूटे। उसके टूटने पर या तो भूमि पर किसान का निजी स्वामित्व होगा या सामन्त का स्वामित्व होगा; यदि ग्राम-समाज का स्वामित्व

बना रहेगा तो न किसान की व्यक्तिगत सम्पत्ति का पूर्ण विकास होगा, न सामन्त की सम्पत्ति का। एक बार रोमन-साम्राज्य ने ग्राम-समाजों की गण-सम्पत्ति के स्थान पर व्यक्तिगत सम्पत्ति का चलन किया था। दूसरी बार फ्रांसीसी राज्यक्रान्ति ने सामन्ती सम्पत्ति के स्थान पर किसान की व्यक्तिगत सम्पत्ति का चलन किया। रोमन-साम्राज्य में जिस देश ने रोमन-सभ्यता को सबसे ज्यादा आत्मसात् किया था, वह फ्रांस था। यूरोप की सबसे बड़ी सामन्त-विरोधी क्रान्ति फ्रांस में हुई थी, इसका कारण यह था कि वहाँ सामन्तवाद का विकास सबसे ज्यादा हुआ था, इसलिए उसके अन्तर्विरोधों के विस्फोट ने क्रान्ति का रूप लिया।

प्राचीन यूनान और इटली की तुलना में तो जर्मनी पिछड़ा हुआ था ही : "मध्यकालीन' फ्रांस की तुलना में भी जर्मनी पिछड़ा हुआ था। ग्राम-समाजों वाली व्यवस्था के बने रहने का मतलब था—सामन्ती व्यवस्था का पूर्ण विकास जर्मनी में नहीं हुआ। सामन्तों और सम्राट् के आपसी तनाव का उल्लेख करते हुए एंगेल्स ने सामन्तवाद के लिए लिखा था : "जर्मनी में उसका पूर्ण विकास कभी नहीं हुआ।" ('प्रिकैपिटलिस्ट', पृ. 473) पूर्ण विकास इसलिए नहीं हुआ कि ग्राम-समाजों की सामूहिक सम्पत्ति का चलन वहाँ पूरे मध्यकाल में और उसके बाद भी बना रहा। जर्मनी के इस पिछड़ेपन ने उसके आधुनिक विकास को प्रभावित किया। इंग्लैंड के कृषितंत्र में पूँजीवादी सम्बन्धों का विकास तेजी से हुआ, जर्मनी इस विकास में पिछड़ गया। अतिरिक्त मूल्य के सिद्धान्त में मार्क्स ने इसका कारण बताते हुए लिखा था : "जर्मन देखता है कि आर्थिक सम्बन्ध परम्परागत सामान्य भूमि वाले सम्बन्धों से, आर्थिक केन्द्रों की स्थिति से और आबादी के खास जमघटों से निर्धारित होते हैं। अंग्रेज देखता है कि खेती की ऐतिहासिक परिस्थितियाँ पन्द्रहवीं सदी से, लगातार आगे बढ़ते हुए, पूँजी द्वारा रची गई हैं।" (लेनिन द्वारा उद्धृत, 'ग्रंथावली', खंड-15, पृ. 141-42) सामान्य भूमि वाले, अर्थात् ग्राम-समाजों के सामूहिक सम्पत्ति वाले, सम्बन्धों ने नये आर्थिक विकास में रुकावट डाली थी। व्यापार की प्रगति के साथ नये केन्द्र आपस में सुदृढ़ सम्पर्क कायम नहीं कर पाए, इसका कारण वह सामन्ती अलगाव था जो ग्राम-समाजों की स्थानीयता से जुड़ा हुआ था।

जर्मनी के विपरीत फ्रांस के किसान सामन्त-विरोधी क्रान्ति के दौरान एक ही छलाँग में व्यक्तिगत सम्पत्ति की मंजिल तक पहुँच गए। फ्रांस और जर्मनी की तुलना करते हुए एंगेल्स ने 1893 में मेरिंग को लिखा था : "वहाँ जो कुछ होता है, वह उसका ठीक उल्टा है जो हमारे यहाँ होता है। वहाँ सामन्ती राज्य के बिखरे हुए टुकड़ों से एक जातीय राज्य ठीक उस समय कायम होता है जिस समय हम अपने सबसे बड़े ह्रास के दौर में होते हैं। प्रक्रिया के समूचे सिलसिले के दौरान वहाँ वस्तुगत तर्क की अपूर्व संगति है, हमारे यहाँ लगातार बढ़ता हुआ नीरस रूखापन है।" ('प्रिकैपिटलिस्ट', पृ. 538) इंग्लैंड ने फ्रांस में दखलअन्दाजी करके उसके एक भाग को दूसरे भाग से

अलग करने का प्रयत्न किया किन्तु प्रयत्न असफल हुआ। फ्रांस की केन्द्रीय सत्ता से बरगंडी प्रदेश का संघर्ष हुआ, उसका "अन्त केन्द्रीय सत्ता की विजय से हुआ और उसने निश्चित रूप से जातीय राज्य की स्थापना की। और ठीक इसी समय हमारे देश में जातीय राज्य पूरी तरह ढह जाता है।" (उप.) इस तरह की तुलना से "जर्मनों की बड़ी हेठी होती है पर इसी कारण वह बहुत शिक्षाप्रद है।" (उप.)

ऐसी तुलना इतिहास के और ऐतिहासिक भौतिकवाद के सभी अध्येताओं के लिए शिक्षाप्रद है। जर्मनी और फ्रांस के सामाजिक विकास में जो भिन्नता है, वह एंगेल्स के विवेचन में बिलकुल स्पष्ट कर दी गई है। इस भिन्नता का सीधा सम्बन्ध रोमन साम्राज्य में जर्मनी और फ्रांस की स्थिति से है। जर्मनी ने इस साम्राज्य को ध्वस्त किया किन्तु उसकी जगह स्थापित करने को उसके पास ग्राम-समाजों के अलावा और कुछ नहीं था। रोमन-सभ्यता से व्यक्तिगत सम्पत्ति और उस सम्पत्ति से सम्बद्ध कानून की परम्परा फ्रांस ने ग्रहण की। "फ्रांस' यह नाम इस देश को फ्रांक नामक जर्मन कबीले से मिला। नॉर्वे और स्वीडेन के लोग जर्मन समुदाय की भाषाएँ बोलते हैं। 9वीं सदी में इन देशों से हजारों आदमी आकर फ्रांस में बस गए। ये नॉर्थमेन (उत्तर के लोग) नॉर्मन कहलाए। जिस इलाके में बस गए थे, वह नॉर्मंडी कहलाया। पश्चिमी गॉथ और बरगंडियन कबीले जर्मन भूमि छोड़कर फ्रांस में बसे और फ्रांसीसी बन गए। विजित जन सामाजिक-सांस्कृतिक विकास में आगे बढ़े हुए थे, इसलिए उनका जर्मनीकरण न हुआ; उल्टा जर्मनों का फ्रांसीसीकरण हुआ। भारत में आक्रमणकारी तुर्क इसी तरह यहाँ की जातियों (भाषायी घटकों) में घुल-मिल गए। 11वीं सदी में जिन नॉर्मन लोगों ने ब्रिटेन पर अधिकार किया, वे मूलत: जर्मन परिवार की भाषाएँ बोलने वाले थे किन्तु वे अपने साथ उस परिवार की भाषा नहीं, लैटिन परिवार की भाषा ले गए। ब्रिटेन में ऐंगल, सैक्सन तथा जर्मन समुदाय के जो कबीले जाकर बसे थे, उनकी भाषाओं और संस्कृति पर नॉर्मन लोगों ने गहरी फ्रांसीसी छाप छोड़ी। पुनर्जागरण काल में अंग्रेजी का लैटिनीकरण और भी तेजी से हुआ। जर्मन समुदाय की अंग्रेजी भाषा माधुनिक जर्मन से जो इतना भिन्न दिखाई देती है, उसका मुख्य कारण उसका फ्रांसीसी लैटिनीकरण है। यूरोप की जातियों के गठन और उनकी भाषाओं के विकास के लिए रोमन प्रभाव के दूरगामी परिणाम दिखाई दिये। फ्रांस, स्पेन, इटली—जर्मन-साम्राज्य के अन्तर्गत इनकी भाषाएँ अपनी रोमन विरासत बनाए रहीं। इसके विपरीत फ्रांस के जर्मन विजेताओं ने अपनी भाषायी विरासत खो दी। जर्मन और रोमन-साम्राज्यों की भूमिकाएँ एक-दूसरे से नितान्त भिन्न थीं।

रोमन-साम्राज्य के विध्वंस के बाद 'मध्यकाल' में यूरोप आगे नहीं बढ़ा, पीछे हटा। यद्यपि सामन्ती उत्पादन की व्याख्या करते हुए मार्क्स ने स्पष्ट कर दिया था कि इस उत्पादन-पद्धति के बाद ही व्यापक रूप से दास-प्रथा का चलन हुआ था किन्तु उन्होंने 'अर्थशास्त्र की आलोचना में योगदान' लिखते समय दास-प्रथा के बाद

जो सामन्तवाद की मंजिल निर्धारित की थी, उसका स्पष्ट खंडन उन्होंने नहीं किया। उन्होंने दास-प्रथा वाले रोम-यूनान से पुनर्जागरण कालीन यूरोप की अनेक समानताएँ दिखाई थीं। पुनर्जागरण काल का यूरोप किस हद तक अपने विकास के लिए दास-प्रथा पर निर्भर था, यह उन्होंने विस्तार से समझा दिया था। बँधुआ किसान किन्हीं विशेष परिस्थितियों में अतिरिक्त मूल्य का सृजन कर सकता है किन्तु इतिहास में उसकी मुख्य भूमिका उपयोग मूल्यों के सर्जक की रही है। अतिरिक्त मूल्य के सर्जक दास की तुलना में बँधुआ किसान उत्पादन की एक पिछड़ी हुई पद्धति का प्रतिनिधि है। पूँजीवादी व्यवस्था के श्रमिक से पहले दास अतिरिक्त मूल्य का सृजन करता है, यह स्थापना मार्क्स की है। यद्यपि मार्क्स और एंगेल्स ने अनेक स्थलों पर दास-प्रथा को अनिवार्य बताया है, किन्तु रोम और यूनान में स्वाधीन नागरिकों की जरूरत फौजी सेवा के लिए थी, इसलिए दासों से काम लेना आवश्यक हुआ, यह रहस्य भी उन्होंने प्रकट किया है। एंगेल्स ने परिवार के 'उद्भव' वाली पुस्तक में सामन्तवाद को दास-प्रथा वाले समाज से आगे बढ़ा हुआ कदम बताया था, किन्तु बर्बर जर्मनों द्वारा रोम की उत्पादक शक्तियों के विनाश की बात भी उन्होंने कही थी। सामन्तवाद का आधार सामूहिक सम्पत्ति वाले जर्मन ग्राम-समाज बने, यह तथ्य उन्होंने खूब उजागर किया था। इससे जर्मनी के विकास में कितनी बाधा पड़ी, यह भी उन्होंने स्पष्ट किया था। इसलिए मार्क्स और एंगेल्स के चिन्तन की विकास-दिशा पहचानना बहुत जरूरी है। यह दिशा किसी भी समाज के उनके ठोस विश्लेषण में दिखाई देती है, समाजों के विकास की अमूर्त रूपरेखा में नहीं। अमूर्त रूपरेखा हेगेल के चिन्तन से जुड़ी हुई है, ठोस विश्लेषण में मार्क्स भौतिकवाद का नया विकास करते हैं।

18वीं सदी के यूरोप और इंग्लैंड में जो नये ज्ञान का प्रसार हुआ, वह रोमन साम्राज्य के बाद वाले अन्धकार युग को बहुत कुछ सही परिप्रेक्ष्य में देखता था। यह ज्ञान धार्मिक पाखंड को पाखंड-ही कहता था और उसे प्रगति का सूचक न मानता था। उसे प्रगति का सूचक बनाया हेगेल ने। इतिहास में जो कुछ घटित हुआ है, वह विवेकसम्मत है। ईसाइयत संसार का विवेकसम्मत धर्म है; अत: ईसाइयत का प्रसार अन्धकार युग की विशेषता हो नहीं सकता। रोमन-समाज के धर्म से ईसाइयत श्रेष्ठ है; उसी प्रकार दास-प्रथा वाले समाज से बँधुआ किसानों वाला समाज श्रेष्ठ है। हेगेल की तर्क-पद्धति में स्थापना और प्रतिस्थापना के बाद फिर स्थापना में लौट आने की गुंजाइश नहीं है; नये स्तर पर संस्थापना में ही इस विरोधजन्य गति की परिणति होगी। इस पद्धति के अनुरूप स्थापना (सामूहिक सम्पत्ति वाले ग्राम-समाज), प्रतिस्थापना (दास-प्रथा वाले यूनानी रोमन-समाज) के बाद संस्थापना (पश्चिमी यूरोप के सामन्ती समाज) की उपलब्धि अनिवार्य है। एंगेल्स ने 1882 में 'ब्रूनो बावर और प्रारम्भिक ईसाइयत' निबन्ध में लिखा था : "मध्यकाल के स्वच्छन्द विचारकों से लेकर अठारहवीं सदी तक के ज्ञान-प्रसारकों तक, और इन ज्ञान-प्रसारकों समेत, जो धारणा मुख्य रूप

से छाई रही, वह यह थी कि सभी धर्म—और उनके साथ ईसाइयत भी—धूर्तों के प्रपंच (the work of deceivers) हैं। हेगेल ने दर्शनशास्त्र के सामने यह कार्य प्रस्तुत किया कि वह विश्व-इतिहास में विवेकसम्मत विकास (a rational evolution in world history) प्रदर्शित करे। अत: हेगेल के बाद उक्त धारणा पर्याप्त न रह गई।" ('ऑन रिलीजन', पृ. 193) धूर्तों के प्रपंच का भी भौतिक आधार होता है, इस आधार की व्याख्या ज्ञान-प्रसारकों के यहाँ नहीं थी। सभी धर्म धूर्तों के प्रपंच नहीं होते, यह विवेक उनमें नहीं था। उन्होंने प्रारम्भिक और चर्चबद्ध ईसाइयत में भेद न किया था, किन्तु यह भेद हेगेल ने भी न किया था। चर्चबद्ध ईसाइयत हेगेल के विवेकसम्मत विश्व-इतिहास के अन्तर्गत है। मार्क्स और एंगेल्स ने सामाजिक विकास-क्रम में रोमन दास-प्रथा के बाद सामन्ती बँधुआ किसान-प्रथा को हेगेल की उक्त धारणा के अनुरूप रखा था। किन्तु एंगेल्स ने प्रारम्भिक ईसाइयत को चर्चबद्ध ईसाइयत से अलग किया था और मार्क्स ने यूनानी दर्शन पर अपने शोध-प्रबन्ध में यूरोप के मध्यकाल को 'अनुभत अविवेक का दौर' कहा था। मार्क्स और एंगेल्स ने प्राचीन यूनानी दर्शन के अध्ययन पर बराबर जोर दिया; इस अध्ययन में हेगेल समेत जिन विद्वानों की ईसाइयत आड़े आती थी, उनकी आलोचना की। हेगेल ने यूनानी दर्शन का विवेचन करते समय पादरियों वाले जिन हथकंडों से काम लिया, उनकी आलोचना लेनिन ने की। (इसका उल्लेख आगे पाँचवें अध्याय में है।) यूनानी दर्शन के प्रति मार्क्स और हेगेल की धारणाओं की तुलना करते ही हेगेल के विवेकसम्मत इतिहास-दर्शन की सीमाएँ स्पष्ट हो जाती हैं। इसलिए यूनानी रोमन-समाजों की विशेषताएँ समझने के लिए मार्क्स और एंगेल्स द्वारा किये हुए उनके ठोस विश्लेषण पर ध्यान देना जरूरी है, हेगेल के चिन्तन से जुड़ी हुई विकास की रूपरेखा को मार्क्सवाद का सारतत्त्व न मान लेना चाहिए।

भारत-सम्बन्धी बहुत-से मार्क्सवादी लेखन में एशियाई समाजों और पश्चिमी यूरोप के सामन्ती समाजों के भेद पर बहुत जोर रहता है। ऐसे लेखन में यूनान और रोम के विनिमय केन्द्रों, व्यक्तिगत सम्पत्ति और विधि-व्यवस्था का विकास तथा जर्मन-अंग्रेजी ग्राम-समाजों में इनका अभाव—इस भेद पर जोर नहीं रहता। किन्तु मार्क्स और एंगेल्स के विवेचन में इस भेद पर जोर है। यदि उक्त कोटि के मार्क्सवादी लेखन में इस भेद पर ध्यान दिया जाता तो यह समझते देर न लगती कि पश्चिमी यूरोप के सामन्ती समाज समकालीन भारतीय और चीनी समाजों से बहुत पीछे थे, उनके आगे बढ़े होने का तो सवाल ही न था। यूनानी रोमन समाज-व्यवस्था पुनर्जागरण वाले यूरोप की समाज-व्यवस्था से बहुत मिलती-जुलती है, यह तथ्य मार्क्स के विवेचन में जितना ही स्पष्ट है, उतना ही तथाकथित मार्क्सवादी विवेचन में अस्पष्ट है। पश्चिमी यूरोप की सामन्ती सम्पत्ति की व्याख्या यों की जाती है, मानो वह पूँजीवादी व्यवस्था की व्यक्तिगत सम्पत्ति हो! विवेचक इस सामन्ती सम्पत्ति को ग्राम-समाजों

की सामूहिक सम्पत्ति से एकदम अलग-थलग दिखाते हैं और जर्मनी तथा फ्रांस के विकास में जो भेद है, उसे मिटाकर पश्चिमी यूरोप की अनैतिहासिक कल्पित इकाई खड़ी कर देते हैं। ग्राम-समाजों की सामूहिक सम्पत्ति सामन्ती विकास में बाधक थी, उसके अवशेष मार्क्स के समय के जर्मनी में बने हुए थे, इस तथ्य के बारे में वे चुप रहते हैं। सामन्ती उत्पादन छोटे पैमाने का उत्पादन है, सामन्तवाद के सम्बध में मार्क्स और एंगेल्स की ऐसी स्थापनाओं का उल्लेख उनके यहाँ न मिलेगा। सामन्ती सम्पत्ति पूँजीवाद की ओर संक्रमण के लिए जब इतनी उपयुक्त थी, तब 17वीं सदी के इंग्लैंड में गृहयुद्ध क्यों हुआ? 18वीं सदी के फ्रांस में राज्यक्रान्ति क्यों हुई?—इन प्रश्नों का उत्तर उनके यहाँ नहीं है। इंग्लैंड की जमींदारियाँ पूँजीवादी विकास में बहुत बड़ी रुकावट थीं और औद्योगिक क्रान्ति के बाद भी वे ऐसी रुकावट बनी रहीं, यह तथ्य मार्क्स के लेखन में स्पष्ट है। ब्रिटिश साम्राज्य से—आयरलैंड जैसे पराधीन देशों से—इन जमींदारियों का जो सम्बन्ध है, वह मार्क्स के लेखन में उजागर है, तथाकथित मार्क्सवादी विवेचन में वह उपेक्षित है। मार्क्स और एंगेल्स ने जो विभिन्न समाजों का ठोस विश्लेषण किया है, उससे उक्त कोटि का विवेचन कोसों दूर है। मार्क्स और एंगेल्स का चिन्तन विकासमान था, उसके विकास की दिशा पहचानना जरूरी है, यह मान लें तो ठोस विवेचन प्रस्तुत करने की जिम्मेदारी अपने ऊपर आ जाएगी। इसलिए अच्छा है कि विकासमान चिन्तन के बारे में चुप रहा जाए, विवेचन के नाम पर उनके कुछ सूत्रों की आवृत्ति की जाए।

यूनान और रोम में स्वाधीन नागरिकों के लिए फौजी सेवा अनिवार्य थी, इसलिए वहाँ दासों से काम लेना जरूरी हुआ, मार्क्स और एंगेल्स द्वारा प्रस्तुत किये हुए इस तथ्य से सही निष्कर्ष निकालने के बदले भारतीय इतिहास के विवेचक इस बात का पता लगाने निकलते हैं कि प्राचीनकाल में यहाँ दास-प्रथा थी कि नहीं। यदि थी तो यूनानी और रोमन प्रथा जैसी क्यों नहीं थी? पहले यदि वे इस बात का पता लगाने चलते कि भारत में स्वाधीन नागरिकों के लिए फौजी सेवा अनिवार्य थी या नहीं, तो बहुत-से गोरखधन्धे से बच जाते। 17वीं सदी में भारतीय व्यापारी कपड़ा बेचते थे और यूरोप के व्यापारी गुलाम बेचते थे, इस अन्तर पर भारतीय इतिहास के विवेचक ध्यान देते तो यूरोप के पुनर्जागरण काल और भारत के 'मध्यकाल' में कहाँ का अर्थतंत्र अधिक विकसित है, यह बात आसानी से उनकी समझ में आ जाती। इसके बदले पश्चिमी यूरोप के कल्पित सामन्तवाद को आदर्श नमूना मानकर या तो वे भारत में सामन्ती विकास ही अस्वीकार करते हैं या फिर अपना कल्पित नमूना भारत पर भी आरोपित करते हैं। वह नमूना कल्पित इसलिए है कि उसमें राजा द्वारा जागीरें दिये जाने और सामूहिक सम्पत्तिवाले आधार के कायम रहने की अस्वीकृति है। यूरोप के शीतप्रधान इलाकों में सामन्ती समाजों का मुख्य धन्धा पशुपालन था, खेती नहीं; उनके यहाँ 18वीं सदी तक खेती से घरेलू उद्योग को अलग न किया गया था; भारत में उत्तर

वैदिककाल से खेती और घरेलू उद्योग का अलगाव चला आया है, इस अलगाव के फलस्वरूप यहाँ उद्योग की शाखाओं का स्वतंत्र विकास हुआ; यह स्थिति प्राचीन इटली और यूनान के अनुरूप है, मध्यकाल और पुनर्जागरण-काल के यूरोप के नहीं; यूरोपियन और भारतीय समाजों के तुलनात्मक विवेचन में इस तरह के तथ्यों पर ध्यान देने का चलन नहीं है। पगारजीवी श्रम, विनिमय केन्द्रों का निर्माण, वर्ण-व्यवस्था का विघटन, नये वर्गों का गठन, तैयार माल का निर्यात, यूरोप से लगभग डेढ़ हजार साल तक सोने-चाँदी का आयात—यह सब भी भारतीय इतिहास में है, और उसके विवेचन की क्षमता ऐतिहासिक भौतिकवाद में होनी चाहिए।

चौथा अध्याय

प्राचीन और मध्यकालीन भारत :
पगारजीवी श्रम की भूमिका

1. सम्पदा के पुनरुत्पादन की समस्या

संसार में ऐसा कौन-सा देश है जो उतनी बार लूटा गया हो, जितनी बार भारत लूटा गया है? बार-बार लूटे जाने पर भी जिसने बड़े पैमाने पर इतनी सम्पदा का सृजन किया हो कि लुटेरे फिर उसकी ओर आकर्षित हों, भारत के अलावा संसार में ऐसा दूसरा देश कौन है? भारत पर अनेक बार आक्रमण हुए, उसकी सम्पदा लूटी गई, यह बात सभी लोग जानते हैं। भारत की नियति पराजित होना थी या नहीं, इतिहास की मुख्य समस्या यह नहीं है। मुख्य समस्या यह है कि जो सम्पदा बार-बार लूटी गई, उसका सृजन कैसे हुआ? मार्क्स ने अन्य सन्दर्भ में लिखा था : "जब लोग शताब्दियों तक लूटते रहते हैं, तब उनके आसपास लूटे जाने के लिए कोई चीज जरूर होनी चाहिए। जो कुछ लूटा जाता है, उसका पुनरुत्पादन आवश्यक होगा।" ('पूँजी', खंड-1, पाद-टिप्पणी-2, पृ. 85) लूटने वाले चाहे देश के हों, चाहे विदेश के, माल के पुनरुत्पादन के बिना लूटने की क्रिया बार-बार सम्पन्न नहीं हो सकती।

जो लोग यह मानते हैं कि भारतीय अर्थतंत्र मुख्यतः कृषकतंत्र था, नीचे ग्राम-समाज थे, ऊपर राज्यसत्ता थी, वे कहेंगे, किसानों की अतिरिक्त उपज समेटकर यह राज्यसत्ता और उसके कारिन्दे खूब धन बटोरते थे, वही धन आक्रमणकारी लूट ले जाते थे; ऐसी कोई पेचीदा समस्या नहीं है जिसमें सिर खपाने की जरूरत हो। ऐसे लोग यह भी मानते हैं कि भारत का कृषितंत्र निहायत पिछड़ा हुआ था, हजारों साल से खेती के कौशल में कोई कहने-सुनने लायक परिवर्तन न हुआ था एशिया के अन्य कई देशों से फी एकड़ उपज यहाँ कम होती थी; फिर भी आश्चर्य कि पिछड़े हुए कृषितंत्र के बल पर यहाँ बार-बार अकूत सम्पदा का सृजन होता रहा। भारतीय अर्थतंत्र के प्रति यह दृष्टिकोण नितान्त एकांगी है, इसका पता इस बात से ही चल

जाएगा कि लूटी जानेवाली सम्पदा का एक महत्त्वपूर्ण अंश वह सोना-चाँदी था जो भारतीय माल के बदले विदेशी व्यापारियों से प्राप्त होता था।

रोमन लेखक प्लिनी ने पहली ईसवी शताब्दी में इस बात पर खेद प्रकट किया था कि व्यापार के कारण रोम का सोना भारत चला जा रहा है। डेढ़ हजार साल बाद यह प्रक्रिया और भी बड़े पैमाने पर घटित हो रही थी। सत्रहवीं सदी में फ्रांसीसी यात्री बर्नियर ने लिखा था : दुनिया के और सभी हिस्सों से घूम-फिरकर आखिर में सोना-चाँदी हिन्दुस्तान में आकर जमा हो जाता है। इन दो उल्लेखों से ही स्पष्ट है कि भारत की जो सम्पदा लूटी गई, उसका एक महत्त्वपूर्ण अंश यह विदेश से प्राप्त चाँदी-सोना था। यह सोना-चाँदी भारतीय माल के बदले प्राप्त होता था। यहाँ यह सिद्ध करना जरूरी नहीं है कि भारत के विभिन्न प्रदेशों के बीच भी व्यापार होता था। कोई कहे कि भारतीय व्यवसाय निर्यात-व्यापार तक सीमित था, तो भी काम चलेगा। असली समस्या यह है कि माल पैदा करने वाले गुलाम थे जिनसे मनमाना काम कराया जा सकता था या शूद्र थे जिनसे डंडे के जोर से काम कराया जाता था या माल तैयार करना, न करना श्रमिकों की इच्छा और आर्थिक परिस्थितियों पर निर्भर था और वे जितना काम करते थे, उसका मेहनताना लेते थे। यह समस्या केवल भारतीय इतिहास के लिए नहीं, विश्व-इतिहास के लिए महत्त्वपूर्ण है। कारण यह कि भारत का व्यापार दो-चार छोटे-मोटे पड़ोसी देशों तक सीमित नहीं था। मार्क्स के शब्दों में : "बहुत पुराने जमाने से भारत दुनिया के लिए सूती माल तैयार करनेवाला विशाल कारखाना था।" ('ऑन कॉलोनियलिज्म', पृ. 52) इसलिए यह जानना बहुत जरूरी है कि सूती माल तैयार करनेवालों के बीच आर्थिक सम्बन्ध किस तरह के थे।

प्राचीन यूनानी और रोमन-समाजों में उत्पादन का काम मुख्य रूप से गुलाम करते थे। इससे यह धारणा बनना स्वाभाविक है कि उद्योग और व्यापार में प्रगति के लिए गुलामी की प्रथा अनिवार्य थी। किन्तु गुलामी के साथ-साथ इन समाजों में गौण रूप से पगार देकर काम कराने की प्रथा भी विद्यमान थी। यदि स्वाधीन यूनानी और रोमन नागरिकों को फौजी सेवा के लिए बाध्य न किया जाता तो पगार देकर काम कराने की प्रथा मुख्य होती, गुलामी वाली प्रथा गौण होती। प्राचीन समाजों में पगार देकर काम कराने की प्रथा अत्यन्त महत्त्वपूर्ण है क्योंकि यह पूँजीवादी उत्पादन की प्रमुख विशेषता है। एंगेल्स ने 'एंटीड्यूरिंग' की एक पाद-टिप्पणी में लिखा है : "चलते चलाते यहाँ यह भी नोट कर लें कि पगारवाले श्रम में उत्पादन की सारी पूँजीवादी पद्धति भ्रूण रूप में विद्यमान है और इस तरह का श्रम बहुत प्राचीन है। अब तक प्राप्त, बिखरे हुए रूप में (in a sporadic, scattered form), गुलामों वाले श्रम के साथ इसका चलन शताब्दियों तक रहा। किन्तु भ्रूण, पूर्ण विकसित होकर, उत्पादन की पूँजीवादी पद्धति बने, यह तभी सम्भव था जब आवश्यक ऐतिहासिक

शर्तें पूरी हो जाएँ।" (पृ. 309-10) पगार वाला श्रम सुसंगत रूप से निरन्तर कायम नहीं रहा, फिर भी शताब्दियों तक उसका चलन बना रहा, यह तथ्य महत्त्वपूर्ण है।

पगार देकर मेहनत कराना सामन्ती समाज की विशेषता नहीं है, वह पूँजीवादी समाज की विशेषता है। यह विशेषता यूरोप के सामन्ती समाज में नहीं थी, यूनान और रोम के समाजों में थी; इससे फिर साबित हुआ कि यूरोप के 'मध्यकालीन' समाजों की अपेक्षा यूनान और रोम के 'प्राचीन' समाज अधिक विकसित थे। एंगेल्स ने मध्यकालीन उत्पादक की यह विशेषता बताई है कि आम तौर से कच्चा माल उसका अपना होता है, वह अपने औजारों से खुद या अपने परिवार के साथ मेहनत करके माल तैयार करता है। अपनी मेहनत के बल पर बनाई हुई चीज उसकी खुद की सम्पत्ति होती है। "जहाँ बाहर से मदद ली भी गई, वहाँ आम तौर से वह महत्त्वपूर्ण न होती थी। बहुत करके यह होता था कि पगार की जगह और किसी चीज से उसकी अदायगी हो जाती थी। श्रेणियों (गिल्डों) के अन्तर्गत रंगरूट-कारीगर उतना पगार और भोजन के लिए काम न करते थे जितना अपने प्रशिक्षण के लिए, जिससे कि वे खुद भी उस्ताद बन जाएँ।" ('एंटीड्यूरिंग', पृ. 308-09) एंगेल्स ने यहाँ जिस पगार की बात कही है, वह कारीगर संघों के अन्तर्गत बड़े कारीगर से छोटे नौसिखिए कारीगर को मिलनेवाली पगार है। बड़ा कारीगर गुरु है, वह चेले को अपना हुनर सिखाता है और उसे मूड़ता भी है। चेला जो काम करता है, उसके बदले गुरु उसे अपना हुनर सिखाता है। हुनर सीख गया तो उसे अपनी मेहनत का फल मिल गया; रोटी, कपड़े के अलावा कुछ जेबखर्च मिल जाए तो यह गुरु की विशेष कृपा हुई। इस तरह के श्रम से उत्पादन की पूँजीवादी पद्धति का कोई सम्बन्ध नहीं है। पूँजीवादी पद्धति से पगार वाले श्रम का सम्बन्ध तब दिखाई देता है जब कारीगर से काम करानेवाला व्यक्ति स्वयं कारीगर नहीं होता, जब यह व्यक्ति कारीगर से निजी उपभोग के लिए नहीं, विनिमय के लिए माल तैयार कराता है। पगार देकर माल तैयार कराने की यह प्रथा यूनान और रोम में थी किन्तु मुख्य उत्पादक गुलाम थे, इसलिए वह प्रथा जहाँ-तहाँ, बिखरे हुए, गौण रूप में ही थी। उद्योग और व्यापार का वह मूल आधार न थी।

भारत के विभिन्न प्रदेशों में, विभिन्न युगों में, बड़े पैमाने पर विनिमय मूल्यों का सृजन हुआ, इसे अस्वीकार नहीं किया जा सकता। विनिमय मूल्यों के इस सृजन के समानान्तर द्रव्यतंत्र का चलन हुआ, इस बात से भी इनकार नहीं किया जा सकता। विनिमय मूल्यों के सृजन से उद्योग और व्यापार के बड़े-बड़े केन्द्र कायम हुए, यह बात भी माननी होगी। ये केन्द्र बार-बार लूटे गए और फिर आबाद हुए। उनमें नये सिरे से सम्पदा का केन्द्रीकरण हुआ, यह तथ्य भी असन्दिग्ध है। सम्पदा का बार-बार सृजन और केन्द्रीकरण वर्ण-व्यवस्था के आधार पर नहीं हो सकता; यह व्यवस्था विशेषाधिकारों पर आधारित है और उपयोग मूल्यों के सृजन तक सीमित है। उससे टकरानेवाली कोई अन्य व्यवस्था होनी चाहिए जो द्रव्यतंत्र के आधार पर समाज

को पुनर्गठित करे, विनिमय मूल्यों के सृजन के लिए कुशल कारीगरों से काम ले, विशेषाधिकारों को निर्मूल करे। भारत में ऐसी व्यवस्था थी और उसका आधार पगार देकर श्रम कराने की प्रथा थी। रोम-यूनान और भारत के आर्थिक विकास में अन्तर यह है कि रोम-यूनान में पगारवाली प्रथा गौण थी, भारत में वह प्रधान थी। रोम-यूनान में दासों का श्रम प्रधान था, भारत में वह गौण था। रोम-यूनान में दास-प्रथा का फिर व्यापक चलन न हुआ, इसलिए लगभग हजार साल तक वहाँ उद्योग-व्यापार-केन्द्र भी कायम न हुए। भारत में कभी पूरी तरह पगारवाले श्रम की प्रथा का नाश नहीं हुआ, इसलिए बार-बार लूटे जाने पर भी ये उद्योग-व्यापार केन्द्र फिर विकसित हुए। इसके साथ ही इन केन्द्रों के बार-बार तबाह होने से वह सामाजिक शक्ति क्षीण हुई जो विशेषाधिकारी वर्ण-व्यवस्था की जड़ काटने वाली थी। इसी कारण भारतीय इतिहास में वर्ण-व्यवस्था बार-बार टूटती और बिखरती दिखाई देती है किन्तु पूरी तरह नष्ट नहीं होती। जब भी वह टूटती दिखाई देगी, विनिमय के केन्द्र सक्रिय होंगे, नगर-सभ्यता देहात पर हावी होगी। टूटते-टूटते जब वह फिर जुड़ती दिखाई देगी, तब नगर तबाह होंगे और देहाती कृषितंत्र की प्रधानता होगी। जितने बड़े पैमाने पर भारत की उत्पादक शक्तियों का विनाश अंग्रेजी राज में हुआ, उतने बड़े पैमाने पर पहले कभी न हुआ था। जितने बड़े पैमाने पर भारत का देहातीकरण अंग्रेजी राज में हुआ, उतने बड़े पैमाने पर पहले कभी न हुआ था। इसलिए अंग्रेजी राज में भारत जैसा खेतिहर देश मात्र बनकर रह गया, वैसा वह पहले कभी न था। इस खेतिहर देश में वर्ण-व्यवस्था को, धार्मिक अन्धविश्वासों को और हर तरह के सामाजिक रूढ़िवाद को नया जीवन मिला। अंग्रेजों के जाने के बाद यह सब कायम है, उसमें इजाफा भी हुआ है, क्योंकि अंग्रेजों के बनाए हुए आर्थिक और राजनीतिक चौखटे को पूरी तरह तोड़ने में यह देश अभी तक असमर्थ सिद्ध हुआ है।

इतिहास के साथ यह बहुत बड़ा मजाक है कि अंग्रेजी राज के इस खेतिहर भारत को बहुत-से विवेचकों ने सनातन भारत मान लिया है। जो कुछ औद्योगिक प्रगति हुई, वह अंग्रेजी राज में अंग्रेजी राज का विरोध करके नहीं, उसकी कृपा से! उसके पहले यहाँ केवल उपयोग मूल्यों का सृजन करनेवाला आत्मनिर्भर कृषितंत्र था। पूरा भारत एक विशाल देहात था। यूरोप के प्रबुद्ध व्यापारी इस देहात में बना माल खरीदने क्यों आते थे, बदले में अपना बहुमूल्य सोना-चाँदी इस देहात को क्यों दे जाते थे, इसकी कैफियत देना इन विद्वानों ने जरूरी नहीं समझा।

2. पगारजीवी श्रम और अर्थशास्त्र

पगार देकर श्रम कराने की प्रथा का विस्तृत उल्लेख कौटिल्य के 'अर्थशास्त्र' में है। इस तरह के श्रम से विनिमय-मूल्यों के उत्पादन का सम्बन्ध, उद्योग-व्यापार केन्द्रों की स्थापना, सामन्ती व्यवस्था के भीतर नये आर्थिक सम्बन्धों का विकास, इस

विकास में राज्यसत्ता की भूमिका, समाज के भीतर वर्णों की मर्यादा भंग करनेवाले नये घटकों का निर्माण, कर्मकांडी विद्या के दायरे से बाहर ज्ञान-विज्ञान की नई शाखाओं का विकास—यह सब 'अर्थशास्त्र' में है। प्राचीन भारत की सामाजिक प्रगति के विवेचन के लिए यह ग्रंथ असाधारण महत्त्व का है। उसके कुछ पक्षों पर विचार करना आवश्यक है। इससे यूरोप का इतिहास समझने में सहायता मिलेगी, ऐतिहासिक भौतिकवाद की कुछ धारणाएँ अधिक स्पष्ट होंगी।

'अर्थशास्त्र' का समाज वर्ण-व्यवस्था वाला समाज है किन्तु वर्णों के धर्म एक दूसरे से एकदम अलग नहीं हैं। अध्ययन, यजन और दान ब्राह्मण, क्षत्रिय और वैश्य—तीनों वर्गों के लिए हैं; कृषि, पशुपालन और वाणिज्य (संक्षेप में वार्ता) वैश्य और शूद्र—दोनों वर्णों के लिए हैं। 'अध्यापन', 'याजन' (यज्ञ कराना) और 'प्रतिग्रह' (दान लेना) ब्राह्मण के लिए, शस्त्रबल से जीविका कमाना और प्राणियों की रक्षा करना क्षत्रिय के लिए, 'द्विजातिशुश्रूषा' और 'कारुकुशीलव कर्म' (स्थापत्य, शिल्प आदि कौशल, नाट्य-संगीत आदि कलाएँ) शूद्र के लिए विशेष हैं। वैश्य वर्ण का अपना विशेष धर्म नहीं है। अध्ययन, यजन, दान उसके लिए ब्राह्मण, क्षत्रिय वर्णों के और कृषि, पशुपालन, वाणिज्य शूद्रों के धर्म के समान हैं। यह वर्ण-धर्म-विवेक उस युग का है जब विनिमय अत्यन्त सीमित था; इसीलिए वाणिज्य से वैश्य का विशेष सम्बन्ध इस विवेक में नहीं है। समाज का यह ऊपरी पुराना ढाँचा है जिसका उल्लेख 'अर्थशास्त्र' के आरम्भ में है। समाज की वास्तविक स्थिति बहुत भिन्न है। धर्म के नाम पर अपनी सेवा कराना और श्रम के लिए उचित वेतन देना दो भिन्न चीजें हैं। किसी काम के लिए जो निश्चित मेहनताना दिया जाए, वह वेतन है। जो मेहनताना पहले से तै हो जाए, वह 'सम्भाषित वेतन' है। जो तै किये बिना दिया जाए, वह 'असम्भाषित वेतन' है। 'यथासम्भाषितं वेतनं लभेत, कर्मकालानुरूपमसम्भाषितवेतन:' (3.13.27; आर.पी. काँगले द्वारा सम्पादित 'अर्थशास्त्र' से उद्धृत) वेतन तै हो गया है तो काम पूरा करने पर कर्मकर (श्रमिक) को उतना वेतन मिलेगा; तै नहीं हुआ है तो उसने कितनी देर काम किया है, यह देखकर उसे वेतन दिया जाएगा। खेती, पशुपालन, उद्योग, व्यापार—सर्वत्र इस वेतन प्रथा का चलन है। 'कर्षक: सस्यानां गोपालक: सर्पिषां वैदेहक: पण्यानामात्मना व्यवहृतानां दशभागमसम्भाषितवेतनो लभेत। सम्भाषितवेतनस्तु यथासम्भाषितम्'। (3.13.28-29) किसान, ग्वाले और व्यापारी को जो वेतन ठहराया गया है, वह मिलेगा। नहीं ठहराया गया तो किसान को अनाज का, ग्वाले को घी का और व्यापारी को पण्य वस्तुओं का दसवाँ भाग मिलेगा। यहाँ कर्षक धनी किसान नहीं है, वह दूसरों के लिए खेती करनेवाला हलवाहा है। गोपालक पशुओं का स्वामी नहीं है, स्वामी के लिए उनकी देखभाल करने वाला चरवाहा है। किसान और ग्वाला किसी बड़े कृषितंत्र और पशुधन के स्वामी के लिए काम कर सकते हैं, राज्यसत्ता के लिए भी। वैदेहक व्यापारी है। यदि पण्य वस्तुएँ राज्य की हैं तो उन्हें बेचने के लिए

उसे वेतन मिलेगा। किन्तु वाक्य में 'व्यवहृत' शब्द का अर्थ उत्पादित है। किसान जितना अनाज पैदा करेंगे, उसका दसवाँ भाग असंभाषित वेतन के रूप में उन्हें मिलेगा। इसी तरह ग्वाले को, जितना घी निकालेगा, उसका दसवाँ भाग मिलेगा। 'सस्यानां, सर्पिषां, पण्यानाम्'—इन तीनों का विशेषण 'व्यवहृतानां' है। तब अर्थ होगा, वैदेहक को—पण्य वस्तुओं के उत्पादक को—उसके द्वारा बनाए हुए माल का दसवाँ भाग मिलेगा। काँगले ने इस सूत्र के लिए लिखा है कि यहाँ निजी काम कराने वालों द्वारा पगार देने का प्रसंग जान पड़ता है। (R.P. Kangle, 'The Kautilya Arthashastra', दूसरा भाग, पृ. 238, पाद-टिप्पणी) कृषि, पशुपालन, पण्य-वस्तुओं का उत्पादन—तीनों में निजी स्वामित्व और राजकीय स्वामित्व का चलन है। तीनों में पगार देने की प्रथा का चलन है।

जो श्रम कराता है, वह 'भर्ता' है; जो श्रम करता है, वह 'भृतक' है। वेतन लेकर श्रम न करे तो भृतक दंडनीय होगा। (3.14.1) यहाँ वेतन काम पूरा करने से पहले ही दिया गया है। यह पेशगी पगार है। उस ददनी प्रथा की सूचक है जिसमें उत्पादक माल तैयार करने से पहले ही उसे बेच चुका होता है। यह प्रथा पूँजीवादी उत्पादन पद्धति का आदिम रूप है। यदि भूतक अशक्त हो; जो काम करना है, वह कुत्सित हो, मृतक व्याधिपीड़ित अथवा विपद्ग्रस्त हो, तो वह दूसरे श्रमिक से काम करा देगा या भर्ता से जो इकरार किया था, उसे रद्द करा लेगा। या फिर भर्ता उसके खर्चे पर किसी अन्य से काम कराएगा। (3 14.2-3) यदि शर्त यह हो कि भर्ता किसी भतक विशेष से काम कराएगा और वह भृतक कहे कि अन्यत्र काम न करेगा, फिर भर्ता काम न कराए या भृतक काम न करे, तो वे दंडनीय होंगे। (3.14.4) एक भर्ता का काम पूरा करके भृतक ने किसी और से पेशगी वेतन लिया, पर वह भर्ता उससे अतिरिक्त काम कराना चाहता है, ऐसा अतिरिक्त काम करना न करना भृतक की इच्छा पर निर्भर है। (3.14.5) पेशगी पगार लेनेवाले श्रमिक को यहाँ 'गृहीतवेतन' कहा गया है।

पुराने आचार्यों का मत था कि श्रमिक निश्चित समय पर उपस्थित हो पर भर्ता उससे काम न कराए, तो मान लेना चाहिए कि काम पूरा हो गया। कौटिल्य का मत है कि जो काम किया जाए, उसी का वेतन दिया जाएगा। थोड़ा काम कराने के बाद भर्ता आगे काम न कराए, तब मानना चाहिए कि काम पूरा हो गया। (3.14.6-9) यहाँ ऐसे काम की बात है जिसके लिए पेशगी वेतन नहीं दिया गया। सही समय और स्थान पर श्रमिक उपस्थित न हो या ठीक से काम न करे तो भर्ता काम रुकवा सकता है। इकरार से अधिक काम करे तो भृतक उसके लिए पारिश्रमिक से वंचित न होगा। (3.14.10-11) यहाँ भर्ता निजी क्षेत्र का व्यवसायी है। उससे भिन्न कुछ कारीगर अपनी पूँजी लगाकर माल बनाते हैं। ये 'स्ववित्तकारव:' हैं। (4.1.2) जो बड़े कारीगर माल तैयार कराके बेचते हैं, वे 'महाकारव:' हैं। वे छोटे कारीगरों से काम कराते हैं, यह स्पष्ट है। वे बिके हुए माल का बीसवाँ भाग राज्य को कर-रूप में देंगे। (5.2.20)

पगारजीवी श्रमिकों से काम कराने वाला सबसे बड़ा भर्ता राज्य है। वह अनेक धन्धों में, उद्योग और कृषि में, उनसे काम कराता है और सामान्यत: उन्हें द्रव्य रूप में पगार देता है। सूत्राध्यक्ष सूत, आवरण (वर्म), वस्त्र, रज्जु का उत्पादन कुशल कारीगरों से कराएगा। (2.23.1) यहाँ उत्पादन के लिए 'व्यवहार' शब्द का प्रयोग हुआ है, स्पष्ट ही आशय व्यापार से नहीं है। वह ऊन, रेशम, कपास, पटसन आदि की कताई के काम में स्त्रियों को लगाएगा, और उन्होंने कितना सूत काता है, महीन काता है या मोटा काता है, यह सब देखकर वह उनका वेतन निश्चित करेगा। (2.23.2-3) इतना काम इतने समय में करने पर इतना वेतन मिलेगा, कारीगरों से ऐसा करार करके वह उनसे काम कराएगा और उन पर निगाह रखेगा। (2.23.7)

राज्य की ओर से खेती कराने वाला अधिकारी—'सीताध्यक्ष'—जोते हुए खेतों में बोने का काम दासों, कर्मकरों और जुर्माने की जगह श्रम करनेवालों से कराएगा। (2.24.2) 'कर्मकर' स्वतंत्र और 'दास' परतंत्र श्रमिक हैं। दोनों को वेतन दिया जाता है। गोपालक आदि के साथ दासों और कर्मकरों को, उन पर निर्भर परिवारीजनों को ध्यान में रखते हुए वह उन्हें भोजन-सामग्री देगा और सवापण मासिक पगार देगा ('सपाद पणिकं च मासं दधात्')। (2.24.28) पण चाँदी का सिक्का था। भोजन सामग्री के साथ सवापण की पगार उस समय बहुत अच्छी पगार थी, विशेष रूप से इसलिए कि भोजन सामग्री केवल श्रमिक को नहीं, उस पर निर्भर सभी लोगों को ध्यान में रखकर दी जाने को थी। 'गो-अध्यक्ष' जिन्हें पशुपालन के काम में लगाएगा, उन्हें द्रव्य रूप में पगार देगा। ऐसे श्रमिक 'हिरण्यभृता:' हैं। यदि इन्हें दूध और घी के रूप में पगार देकर 'क्षीरघृतभृता:' बनाया गया तो वे बछड़ों की हानि कर सकते हैं। (2.29.2-3) आशंका यह है कि अधिक घी निकालने के फेर में सब दूध दुह लेंगे और बछड़ों के लिए कुछ न बचेगा।

राजा के काम में लगे हुए कारीगरों और शिल्पियों को एक सौ बीस पण (वार्षिक) वेतन दिया जाएगा। (5.3.16) यह कारीगरों के वेतन की आम दर न रही होगी, ऊँचे दर्जे के कारीगरों को इतना वेतन दिया जाता होगा पर इसका प्रभाव व्यापारियों के लिए काम करने वाले श्रमिकों की पगार पर जरूर पड़ता होगा। पशुपालन के विशेषज्ञों, चिकित्सकों आदि के साथ बढ़इयों को दो हजार पण वेतन मिलेगा। (5.3.12) कारीगरों में राज्य की ओर से सर्वाधिक वेतन पाने वाले ये बढ़ई रहे होंगे। पुराणवाचक, सूत, मागध, सूत्राध्यक्ष, गो-अध्यक्ष आदि उत्पादन के संचालक—सभी अध्यक्ष एक हजार पण वेतन पाएँगे। (5.3.13) आचार्यों और विद्वानों को उनकी योग्यता के अनुसार पाँच सौ से एक हजार पण तक पत्रं पुष्पं (पूजा-वेतन) के रूप में मिलेगा। (5.3.18) कौटिल्य के विधान में आचार्यों की विद्या से शिल्पियों की विद्या का आदर कम नहीं है। श्रेष्ठ आचार्य के वेतन से श्रेष्ठ कारीगर का वेतन दुगुना है।

अकुशल श्रमिकों को 'विष्टिबन्धक' काम में लगाता था। उसका वेतन साठपण है। (5.3.17) वह आधुनिक ठेकेदार से इस बात में भिन्न है कि उसका वेतन निश्चित

है। जो कुशल श्रमिक हैं, वे संघबद्ध हैं। उन्हें 'संघभृता:' कहा गया है। (3.4.12) सामन्ती समाज में एक ही पेशे के, बहुधा एक ही बिरादरी के, लोग श्रेणी में संगठित होते थे। कौटिल्य के संघ ऐसी ही श्रेणियाँ हो सकते हैं, उनसे भिन्न भी। भर्ता को सूचित किये बिना संघ न तो किसी मजदूर को हटाएगा, न किसी नये मजदूर को काम पर लगाएगा। नियम तोड़ने पर संघ दंडनीय होगा; जो श्रमिक हटाया गया हो, वह भी दंडनीय होगा। (3.4.15-17) मजदूर स्वयं काम छोड़ना चाहे, तभी संघ उसे हटाएगा; इसीलिए संघ के साथ उसके द्वारा हटाया जानेवाला मजदूर भी दंडनीय है। संघ सात रातों के लिए श्रमिक जुटाएगा, उसके बाद दूसरे श्रमिक भेजेगा और काम पूरा कराएगा। (3.14.14) 'सप्तरात्रम्' से, लगता है, रात की पारी में काम कराने की ओर संकेत है। मजदूरों की एक ही टोली सात से अधिक रातों में काम न करे, इसलिए यह नियम बनाया गया होगा। संघ के सदस्य आपस में जैसा तै हुआ हो, उस हिसाब से वेतन बाँट लेंगे या फिर बराबर-बराबर बाँटेंगे। 'संघभृता:' के अलावा संगठित होकर एक साथ काम करनेवाले अन्य कोटि के श्रमिक 'संभूय समुत्थातार:' हैं। (3.14.18) ये भागीदार बनकर किसी उद्योग में काम करते हैं। वे उद्योग में पूँजी लगानेवाले व्यवसायी नहीं हैं, पगारजीवी श्रमिक हैं जो स्वेच्छा से भागीदार बनकर कोई काम पूरा करते हैं। संघभृतों की तरह ये भी जैसा आपस में तै हुआ हो, उस हिसाब से वेतन बाँट लेंगे या फिर बराबर-बराबर बाँटेंगे। कुल पगार से किसको कितना वेतन मिलेगा, यह उनकी श्रेणी या बिरादरी का चौधरी तै नहीं करता, दोनों ही तरह के मजदूर यह स्वयं तै करते हैं।

कौटिल्य के समाज में पगार देकर श्रम कराने की प्रथा इतनी व्यापक है कि उसका प्रभाव उन लोगों के श्रम पर भी पड़ता है जिनका उत्पादन और विनिमय से कोई सम्बन्ध नहीं है। यज्ञ करानेवाले ब्राह्मण अपने विशेष कार्यों के लिए व्यक्तिगत रूप से जो कुछ पाएँगे, वह दक्षिणा है। सामूहिक रूप से उन्हें जो द्रव्य मिलेगा, वह वेतन है; याजकगण इस वेतन को, श्रमिकों की तरह, पहले जैसा तै हुआ होगा, उसके अनुसार, अथवा बराबर बराबर बाँटेंगे। (3.14.28) बीमार पड़ जाने वाले याजकों का काम शेष याजक करेंगे या अपने विश्वासी व्यक्तियों से कराएँगे। यहाँ श्रमिकों की तरह याजकों के लिए 'भृत' शब्द प्रयुक्त है—'शेषभृता: कर्म कुर्यु:'। (3.14.34) यजमान की स्थिति श्रमिकों से काम लेनेवाले भर्ता की-सी है। यज्ञ समाप्त होने से पहले यदि यजमान बीमार हो जाए तो ऋत्विज काम पूरा करके दक्षिणा प्राप्त करेंगे। किन्तु काम पूरा होने से पहले यदि कोई ऋत्विज यजमान को छोड़ दे या कोई यजमान ऋत्विज को छोड़ दे, तो वे दंडनीय होंगे। (3.14.35-36) ये ऋत्विज उन श्रमिकों की तरह हैं जो निजी व्यवसाय के क्षेत्र में किसी भर्ता के लिए काम करते हैं।

कुशल श्रमिक पहले से तै किया हुआ वेतन पाते हैं या फिर उनका काम देखकर उन्हें वेतन दिया जाता है। कुछ को स्थायी वेतन मिलता है और अत्यन्त कुशल

कारीगरों को उच्च राजकर्मचारियों के बराबर वेतन मिलता है। स्थायी—मासिक या वार्षिक—वेतन देना राज्य के लिए सम्भव है क्योंकि कृषि, पशुपालन और उद्योग में वह सक्रिय भूमिका निबाहता है। पगार के बारे में उदार नीति अपनाने से उत्पादन और विनिमय के विकास में अवश्य सहायता मिली होगी। काँगले ने कौटिल्य के समाज के बारे में लिखा है, कलाएँ और दस्तकारी बहुतों की जीविका का साधन रही होंगी पर उन्हें वार्ता में नहीं गिना गया, कारु-कर्म विशुद्ध शूद्र कर्म माना गया है। "सम्भव है, वार्ता की धारणा उस समय बनी हो जब समाज के आर्थिक जीवन में दस्तकारी और कलाओं की भूमिका उल्लेखनीय न थी। जो भी हो, यद्यपि 'कारुशिल्पिगणा:' राजकीय आय का एक स्रोत है (2.6.2), फिर भी अनुमान यह हो सकता है कि राज्य के अर्थतंत्र पर कारीगरों और कलाविदों का प्रभाव अपेक्षाकृत नगण्य था।" (भाग 3, पृ. 166) काँगले की पहली बात सही है। कारुशिल्प को वार्ता से अलग विशेष शूद्र-कर्म उस समय माना गया था जब उत्पादन का विकास न हुआ था, जब कारुशिल्पी देहात के दो-चार निर्धन कारीगर मात्र थे। उस समय नाट्यकला का विकास भी न हुआ था, इसलिए कारुशिल्पिगण के साथ कुशीलबों—अभिनेताओं—की कला को भी शूद्र-कर्म माना गया था। नगर-सभ्यता के विकास के साथ इन सबकी सामाजिक स्थिति में भारी परिवर्तन हुआ। औद्योगिक उत्पादन से राज्यकोष के सम्बन्ध पर निगाह डालते ही कारुशिल्पिगण की भूमिका समझ में आ जाती है।

3. खनिज सम्पदा की भूमिका

कौटिल्य ने राज्यकोष को 'आकर प्रभव:' कहा है। खनिज सम्पदा से कोष समृद्ध होता है, कोष से सैन्यशक्ति सुदृढ़ होती है। कोष और सैन्यशक्ति से पृथिवी प्राप्त होती है। (2.12.37) खनिज सम्पदा से पहले कोष समृद्ध हो, फिर सैन्यशक्ति सुदृढ़ हो, इसके बदले खनिज सम्पदा से सैन्यशक्ति का सीधा सम्बन्ध भी है : 'खनि: संग्रामोपकरणानां योनि:।' (7.14. 25) खानें युद्ध के उपकरणों का स्रोत हैं। सेना की शस्त्रसज्जा के अतिरिक्त दुर्ग में सुरक्षा-सम्बन्धी यंत्रों के लिए धातु चाहिए। दुर्ग के बाहर 'अतिपृष्ठ', 'तालपत्र', 'शृंगाटक' आदि यंत्र, काँगले के अनुसार, लोहे या मजबूत लकड़ी के बने होंगे। उनके विचार से 'श्वदंष्ट्र' लोहे का था। (भाग 2, पृ. 64, पाद-टिप्पणी) जैसे सामान्य घर बनानेवालों से दुर्ग-निर्माता भिन्न होंगे, वैसे ही खानों में काम करनेवाले कारीगर, खनिज-सम्पदा से अस्त्र-शस्त्र और सुरक्षा-सम्बन्धी सामग्री तैयार करनेवाले कारीगर, साधारण कारीगरों से भिन्न होंगे। जिस हद तक कोष और सैन्यशक्ति के लिए राजा खानों पर निर्भर है, उस हद तक वह उनमें काम करनेवाले कारीगरों, खनिज-पदार्थों से अस्त्र-शस्त्र और यंत्र बनानेवाले कारीगरों पर निर्भर होगा।

पुराने आचार्यों का मत था कि सोने, चाँदी, हीरों, आदि की खानों पर विशेष ध्यान देना चाहिए क्योंकि माल चाहे थोड़ा ही निकले, होगा वह कीमती। किन्तु कौटिल्य

का मत है कि बहुमूल्य वस्तुओं के गाहक बहुत देर में मिलते हैं और थोड़े होते हैं; अल्प मूल्य की वस्तुओं की माँग बराबर बनी रहती है, इसलिए उनके गाहक बहुत होते हैं। (7.12.16) सेना और कोश के अलावा खनिज सम्पदा की जरूरत बिकाऊ माल तैयार करने के लिए है। बिकाऊ माल तैयार करने के लिए खनिज सम्पदा दो तरह से काम में आएगी; एक तो खनिजों से सीधे माल तैयार किया जाएगा, दूसरे इस माल को तैयार करने के उपकरण खनिजों से बनाए जाएँगे। भले ही ये उपकरण भारी यंत्र न हों पर छोटे-बड़े औजार तो होंगे ही जिनके बिना उत्पादन की विशेष शाखाओं का विकास न होगा। खनिजों से उत्पादन के उपकरण बनेंगे, यह सोचकर कोसम्बी ने लिखा होगा कि कौटिल्य भारी उद्योग-धन्धों का मूल्य पहचानते थे, इस शताब्दी के पहले तक बहुत कम लोग उस तरह उनका मूल्य पहचान पाए हैं। इस धारणा का खंडन करते हुए काँगले ने लिखा है कि सोने-चाँदी की चीजें बनाने पर दो प्रकरण हैं, पर इस्पात या इस्पात की चीजें बनाने की प्रक्रिया पर एक सूत्र भी नहीं है। (भाग 3, पृ. 183-84) इससे यह सिद्ध नहीं होता कि कौटिल्य के समाज में ऐसी चीजों का व्यवहार न होता था। 'अर्थशास्त्र' में बताया गया है कि लोहाध्यक्ष किन-किन धातुओं के कारखाने लगाएगा। इनमें, काँगले के अनुसार : 'brass, steel, bronze' आदि हैं। (दूसरा भाग, पृ. 108)। इस्पात और इस्पात की चीजें बनाने की प्रक्रिया के ज्ञान के बिना इस्पात का कारखाना लगाना असम्भव है।

खानों में उत्पादन का संचालक 'आकराध्यक्ष' है। उसे 'शुल्बशास्त्र' (भूगर्भशास्त्र) और धातुशास्त्र के अलावा रसपाक (the art of smelting, उप., पृ. 105) से परिचित होना चाहिए, अथवा विशेषज्ञों और उपकरणों से लैस (उपकरण-सम्पन्न) उस कौशल के जानकार कारीगरों से सहायता लेनी चाहिए। (2.12.1) इस्पात और इस्पात की चीज बनाने की प्रक्रिया विशेषज्ञों को मालूम थी, आकराध्यक्ष उनसे सहायता लेगा, यह निष्कर्ष निकालना अनुचित न होगा। कौटिल्य ने लोहे को 'तीक्ष्ण धातु' कहा है (2.12.15) (काँगले के अनुवाद में तीक्ष्ण धातु iron ore है। उप., पृ. 107) अन्य धातुओं की अपेक्षा कड़ी चीजें काटने में लोहा ज्यादा कारगर होगा, तभी उसे तीक्ष्ण धातु कहा जाएगा। 'लोह' शब्द धातुमात्र के लिए प्रयुक्त होता था, लोहे के विशिष्ट अर्थ में भी। लोहाध्यक्ष ताँबा, सीसा आदि अनेक धातुओं के कारखाने लगाता है और विशिष्ट अर्थ में लोहे के कारखाने (लोहकर्मान्तान्) भी लगाता है। सूत्र के अन्त में 'लोहभांड व्यवहारं च', लोहे समेत धातुओं की चीजें बनवाना लोहाध्यक्ष का कार्य है। यहाँ भी व्यवहार का अर्थ उत्पादन है। लोहाध्यक्ष कारखानों में उत्पादन का संचालक है, उत्पादों के विनिमय का संचालक नहीं है।

खानों पर स्वामित्व राजा का है पर सभी खानों में उत्पादन का संगठन राज्यसत्ता करे, यह आवश्यक नहीं है। कौटिल्य का मत है कि जिन खानों में उत्पादन पर ज्यादा खर्च आए, राजा उन्हें साझे में या पट्टे पर ('भागेन प्रक्रयेण वा') चलाए,

जिनमें कम खर्च आए, उन्हें स्वयं चलाए। (2.12.22) इस प्रकार कौटिल्य निजी क्षेत्र के व्यवसायियों को उद्योग में राज्यसत्ता का भागीदार बनाते हैं। इन व्यवसायियों पर अर्थशास्त्र में बहुत कम लिखा गया है पर इसका यह अर्थ नहीं है कि उनका अस्तित्व न था। अधिक खर्च आने से राज्यसत्ता पूँजी न लगाए, किन्तु व्यवसायी लगाए, इससे सिद्ध होता है कि कम-से-कम कुछ व्यवसायी असाधारण रूप से समृद्ध थे। खनिज उत्पादन में राज्यसत्ता निर्णायक भूमिका अपने पास रखती है, इसका कारण यह है कि 'लोहभांडव्यवहार' से उसे आय होती है। काँगले के शब्दों में : "यह बिलकुल स्पष्ट है कि खनिजों और उन पर निर्भर उद्योगों से अपेक्षा है कि वे राज्य की आय का मूल्यवान स्रोत हों।" (भाग 3, पृ. 183)

4. उद्योग शाखाएँ और कृषि पशुपालन तंत्र

हर धातु से माल तैयार करने के लिए अलग कारखाना लगाने का विधान है। एक कारखाने में कितने मजदूर काम करते थे, कितना माल तैयार होता था, इसका विवरण नहीं है। पर ये कारखाने नगर में थे और इनमें उद्योग-धन्धों की नई और पृथक् शाखाओं का विकास हुआ, यह तथ्य असन्दिग्ध है। कारखाने के लिए उस समय का पारिभाषिक शब्द है : 'कर्मान्तक'। ताँबा, सीसा, लोहा आदि धातुओं के अलग-अलग कारखाने हैं। ताँबे और चाँदी से सिक्के बनते हैं। उनके कारखाने का प्रबन्धक 'लक्षणाध्यक्ष' है। (2.12.24) सोने-चाँदी के गहनों की माँग पूरी करने के लिए एक 'अक्षशाला' है और उसका प्रबन्धक 'सुवर्णाध्यक्ष' है। (2.13.1) एक कारखाना बाँट-बटखरे बनाने के लिए चाहिए; इसका प्रबन्धक 'पौतवाध्यक्ष' है। पण्य वस्तुओं के विचार से सबसे महत्त्वपूर्ण वस्त्र-उद्योग है। इसमें उत्पादन की एक शाखा का सम्बन्ध कताई से है, दूसरी का बुनाई से। 'सूत्रशाला' में कताई होगी, 'वानकर्मान्त' में बुनाई। कारीगरों में अत्यन्त प्रतिष्ठित समुदाय बुनकरों का है। सूत्राध्यक्ष शिल्पियों के सुगन्ध लगाकर, उन्हें माला पहनाकर तथा अन्य साधनों से उन्हें प्रसन्न रखेगा—'गंधमाल्यदानैरन्यैश्चौपग्राहिकैराराधयेत्'। (3.23.8) है न कपोलकल्पना? कहाँ यूनान और रोम के दासों का जानलेवा श्रम और कहाँ सुगन्ध और मालाएँ! कहाँ गन्दी खोलियों में स्वाधीन भारत के श्रमिकों का जीवन, कहाँ अन्य उपायों से शिल्पियों को प्रसन्न रखने की चिन्ता! रोम का सोना भारत में यों ही खिंच कर न आ जाता था। शिल्पियों का सम्मान करना भारत की श्रेष्ठ परम्पराओं में है। 'अर्थशास्त्र' की रचना के बहुत दिन बाद जब उड़ीसा में प्रसिद्ध कोणार्क का मन्दिर बन रहा था, तब एक सेवक केवल शिल्पियों को पान खिलाने के लिए नियुक्त किया गया था!

वन से प्राप्त लकड़ी, बाँस, हड्डी, चमड़े आदि की वस्तुएँ बनाने के लिए 'द्रव्यवनकर्मान्त' हैं। (2.17.1) इनका संचालक 'कुप्याध्यक्ष' है। वन में ताँबा, काँसा आदि धातुएँ मिलें तो कुप्याध्यक्ष उनसे भी वस्तुएँ तैयार कराएगा। वन से सम्बन्ध

होने के कारण वह कारखाने नगर के बाहर और भीतर, दोनों जगह लगा सकता है। यद्यपि अधिकांश राजकीय उद्योग कर्मान्तों में केन्द्रित हैं पर कताई का काम ऐसा है जिसे स्त्रियाँ घर में रहते हुए कर सकती हैं। जो स्त्रियाँ घर से नहीं निकलतीं, अकेले रहती हैं, विधवा हैं, विकलांग हैं, अविवाहित हैं या जो अपनी जीविका आप अर्जित करना चाहती हैं ('आत्मानं विभृयु:'), उन्हें सूत्राध्यक्ष दासियाँ भेजकर वह काम देगा। यदि वे स्वयं सूत्रशाला आना चाहें तो वह तड़के उनसे माल लेकर उन्हें पगार देगा ('भांडवेतन विनिमयं कारयेत्')। (2.23.11-12) यद्यपि ये स्त्रियाँ घर पर काम करती हैं किन्तु वे सूत्रशाला से सम्बद्ध हैं। उनका उद्योग कुटुम्बगत कुटीर उद्योग नहीं है, वह बड़े सामाजिक उद्योग से सम्बद्ध है। शहरी कारखानों से कितना माल देहात पहुँचता था, इसका उल्लेख नहीं है, पर देहात में धनी किसानों का एक वर्ग था जो शहर से माल खरीदता होगा। उसके सिवा राजा की वेतनभोगी सेना है, राजकर्मचारियों का बहुत बड़ा समुदाय है, वेश्याएँ, गुप्तचर, पुरोहित आदि ऐसे लोग हैं जिनका उत्पादन से सम्बन्ध नहीं है। बड़े पैमाने पर उत्पादन का संगठन किये बिना इन सबकी जरूरतें पूरी न की जा सकती थीं। उत्पादन में इतना विशेषीकरण है कि उसकी कोई भी शाखा आत्मनिर्भर नहीं है। इसलिए कारीगरों की आवश्यकताएँ भी विनियम मूल्यों के बड़े पैमाने पर उत्पादन के बिना पूरी न हो सकती थीं, और इन सबको खाने के लिए अन्न चाहिए जो देहात से ही आएगा।

कृषितंत्र का संगठनकर्ता 'सीताध्यक्ष' है। उसे कृषितंत्र, भूगर्भशास्त्र, वनस्पतिशास्त्र का ज्ञान होना चाहिए; वह 'कृषितंत्रशुल्बवृक्षायुर्वेदज्ञ' होगा। (2.24.1) जिस धान्य के लिए जो भूमि उपयुक्त होगी, उसमें वह बुवाई कराएगा। 'बहुहलपरिकृष्टायां स्वभूमौ दासकर्म करदंड प्रतिकर्तृभिर्वापयेत्।' (2.24.2) 'बहुहल परिकृष्टा' का अर्थ है—अनेक बार हल से जोती हुई; बहुत-से हलों से जोती हुई, यह अर्थ भी सम्भव है। बोने वालों में पराधीन श्रमिक दास हैं, स्वाधीन श्रमिक 'कर्मकर' हैं। जुर्माना न देकर 'श्रम' करने वाले अपराधी 'दंड प्रतिकर्ता' हैं। जिस भूमि में बहुत-से आदमी बुवाई करेंगे, उसकी जुताई भी कई हलों से होगी। छोटे किसानों के खेतों की तरह राजकीय भूमि छोटे-छोटे टुकड़ों में बँटी हुई न होगी। हल के अलावा कौटिल्य ने 'कर्षणयंत्रोपकरण' का उल्लेख किया है, (2.24.3) यह बड़ा हल होगा जिसे कई जोड़ी बैल खींचते होंगे। बुवाई से जो भूमि बचे, उसे सीताध्यक्ष बँटाई पर किसानों को उठा देगा। उपज का आधा भाग किसान का होगा, आधा राजा का। (2.14.16) इन किमानों के पास अपने हल-बैल आदि खेती के उपकरण होंगे क्योंकि उसी सूत्र में इनसे भिन्न उन 'स्ववीयोपजीविन:' अपनी श्रम-शक्ति से जीनेवाले श्रमिकों का उल्लेख है जिन्हें उपज का चौथा या पाँचवाँ भाग ही मिलेगा। अन्न उपजाने के अलावा कृषितंत्र का उद्‌देश्य उद्योग-धन्धों के लिए कच्चा माल जुटाना भी है। इसलिए सीताध्यक्ष पटसन, कपास जैसी चीजों की उपज की ओर भी ध्यान देगा। (2.24.1) राजकीय कृषितंत्र

के अलावा व्यक्तिगत कृषितंत्र था जिससे राज्य को मालगुजारी प्राप्त होती थी। जो कर देनेवाले किसान हैं, वे अपनी भूमि केवल दूसरे कर देनेवाले किसानों के यहाँ गिरवी रख सकते हैं या उनके हाथ बेच सकते हैं। (3.10.9) गाँवों में दासों, कर्मकरों के अलावा कितने कर्षक हैं, इसका हिसाब समाहर्ता रखता है। (2.35.4) उपज पर कर देने के अलावा किसान सिंचाई के लिए जल-कर भी देते हैं। (2.24.18) अपना पानी दूसरे को देकर किसान उसके बदले उसकी फसल का कुछ अंश ले सकता है। (3.9.35) ब्राह्मणों को जो भूमि दान में दी जाती है, वह करमुक्त होती है। खेत का मालिक—'क्षेत्रिक'—अपना खेत दूसरे को उठा सकता है। जिसे उठाता है, वह 'उपवास' है। यदि क्षेत्रिक खेत वापस ले ले या बुवाई के समय 'उपवास' उसे छोड़ दे, तो वे दंडनीय होंगे। (3.10.8) ब्राह्मणों के अलावा राजा विभिन्न विभागों के अध्यक्षों, चिकित्सकों, राज्य के छोटे-बड़े कर्मचारियों को भूमि दे सकता है। (2.3.7) ये लोग भी दूसरों को खेत उठा देते होंगे। ब्राह्मणों की भूमि की तरह इनकी भूमि करमुक्त नहीं थी। राजा कर देनेवाले किसानों को खेती लायक भूमि एक पीढ़ी के लिए उठाता था। (2.1.8) यहाँ राजा भूस्वामी है, किसान उसके आसामी हैं। आसामी किसान मालिक किसानों से भिन्न हैं। अर्थकष्ट होने पर राजा ऐसे जनपद से उपज का तीसरा या चौथा भाग ले सकता है जो वर्षा पर निर्भर नहीं है और जिसमें फसल खूब होती है; मध्यम या निम्न कोटि के जनपद से उपज के अनुसार उसका अंश लेगा। (5.2.2) ऐसे जनपद बड़े हो सकते हैं, छोटे भी। अर्थकष्ट के समय राजा जिन किसानों से उपज का तीसरा, चौथा या इससे कम भाग लेगा, वे राजकीय कृषितंत्र से अलग स्वाधीन किसानों के तंत्र होंगे। खेती में निजी और राजकीय दोनों तरह के तंत्र थे। निजी तंत्र में कुछ बड़े पैमाने पर दासों और कर्मकरों से खेती करानेवाले धनी किसान रहे होंगे। राज्य के उच्च अधिकारियों को काफी भूमि दी जाती होगी और सम्भव है, इसमें वे बड़े पैमाने पर खेती कराते हों!

राजकीय कृषितंत्र की तरह राजकीय पशुपालन तंत्र है। कृषितंत्र का प्रबन्धक 'सीताध्यक्ष' है, पशुपालन तंत्र का प्रबन्धक 'गो-अध्यक्ष' है। वह सौ पशुओं की देखभाल के लिए एक आदमी को नियुक्त करेगा। (2.29.4) पशुपालन का काम बड़े पैमाने पर होता था, इस बारे में सन्देह नहीं रह जाता। शत्रु के या वन जातियों के भय से लोग अपने पशु राजा के पशुयूथों में शामिल करें तो वे उसे पशुपालन के लिए उपज का दसवाँ भाग देंगे। (2.29.7) राजकीय पशुधन के समानान्तर व्यक्तिगत पशुधन था, यह तथ्य स्पष्ट है। यह पशुधन काफी बड़ा हो सकता था, इसका संकेत याजक यजमान सम्बन्धी एक नियम से मिलता है। यजमान सौ गायों का स्वामी हो किन्तु पवित्र अग्नि की रक्षा न करता हो; एक हजार गायों का स्वामी हो पर यज्ञन करता हो, तो याजक उसे छोड़ सकता है। (3.14.37) मानना होगा, राजकीय क्षेत्र के अलावा निजी क्षेत्र में भी पशुपालन बड़े पैमाने पर होता था। इससे अनुमान होता है

कि ऐसी ही स्थिति कृषितंत्र में रही होगी। राज्य को जिन चीजों से आय होती है, उनमें पशुवध ('सूना') शामिल है। (2.6.2) जो व्यक्ति पशुओं की देखभाल करता है, उसे मालूम होना चाहिए, कौन-से भैंसे भार ढोने के लिए हैं, कौन-से वध करने के लिए ('सूना महिषा:') हैं। (2.29.8) अन्य अध्यक्षों के समान पशुवध की व्यवस्था के लिए एक 'सूनाध्यक्ष' है। वह खेती की उपज की तरह मारे हुए पशुओं का छठा भाग कर रूप में वसूल करेगा। (2.26.3) इसके साथ ही जो संरक्षित पशु हैं, उन्हें कोई मारे या सताए तो उसे दंड देना भी 'सूनाध्यक्ष' का कर्तव्य है। (2.26.1)

5. विनिमय व्यवस्था

जैसे उत्पादन में निजी व्यवसाय और राज्यसत्ता भागीदार हैं, वैसे ही वे विनिमय में भागीदार हैं और दोनों में सूत्रधार की भूमिका राज्यसत्ता की है। 'पण्याध्यक्ष' का काम है कि वस्तुओं के बारे में गाहकों की माँग का ध्यान रखे, वस्तुओं की अधिकता या कमी के हिसाब से उनका मूल्य निर्धारित करे। (2.16.1-2) जो वस्तुएँ 'राजपण्य' हैं, और स्वदेशी ('स्वभूमिज') हैं, उनका 'एकमुख व्यवहार' स्थापित करे अर्थात् उनके व्यापार की व्यवस्था एक स्थान पर करे; जो विदेशी माल हो, उसके व्यापार की व्यवस्था अनेक स्थानों पर करे। दोनों तरह के माल की बिक्री इस तरह करनी चाहिए कि प्रजा का हित हो : 'उभयं च प्रजानामनुग्रहेण विक्रापयेत्'। (2.16.4-5) भारी लाभ होता हो किन्तु प्रजा का अहित हो तो ऐसा लाभ प्राप्त न करना चाहिए। (2.16.6) जिन वस्तुओं की बराबर माँग हो, उनकी आपूर्ति में कालगत बाधा ('कालावरोध') न पड़ने दे और उनके अंबार न लगने दे, 'संकुलदोष' न उत्पन्न होने दे। (2.16.7) जो राजकर्मचारी राजकीय माल बेचते हैं, वे 'पण्याधिष्ठाता' हैं; बिक्री से प्राप्त धन वे एक जगह जमा करेंगे। (2.16.14) 'वैदेहक' (व्यापारी) 'राजपण्य' को 'बहुमुख' (अनेक स्थानों पर) निर्धारित मूल्य के अनुसार बेचेंगे। (2.16.8) सूत्रधार के रूप में मूल्य निर्धारित करने का काम राज्यसत्ता ही करती है। जो व्यापारी नाविकों और सार्थवाहों के द्वारा विदेशी माल का आयात करते हों, उन्हें उचित कर-मुक्ति दी जाएगी। (2.16.12) 'पण्याध्यक्ष' को विदेश में अपनी पण्यवस्तु के, और विनिमय में प्राप्त पण्यवस्तु ('प्रतिपण्य') के, 'अर्घ' और 'मूल्य' (कीमत और मूल्य) की जानकारी होनी चाहिए, और 'शुल्क' (चुंगी), 'वर्तनी' (मार्ग कर) आदि का ध्यान रखते हुए उसे लाभ कूतना चाहिए। (2.16.18)

आयात-निर्यात-व्यापार की वस्तुओं पर शुल्क वसूलने के लिए 'शुल्काध्यक्ष' शुल्कशाला स्थापित करता है। यहाँ चार-पाँच कर्मचारी व्यापारियों और उनके माल का ब्योरा रखते हैं। (2.21.1-2) नगर में बाहर से आनेवाले और नगर से बाहर जानेवाले माल पर शुल्क देना होता है। (2.22.1-2) एक नियम यह है कि जो वस्तु जहाँ पैदा होती है, वहाँ वह न बेची जाएगी; 'जातिभूमिषु च पण्यानामविक्रय:।' (2.22.9) इस

नियम का परिणाम यह होगा कि जो वस्तु भी सीधे उत्पादक के उपयोग में नहीं आती, वह पण्यवस्तु बनेगी। नगर के उपभोक्ता इन पण्यवस्तुओं की आपूर्ति पर निर्भर हैं। अर्थतत्र उनके लिए उपयोग मूल्य नहीं, विनिमय मूल्य जुटाता है। इसके बिना राज्य को शुल्क से प्राप्त होने वाली आय सुलभ न होगी। खानों से सीधे खनिज पदार्थ नहीं खरीदे जा सकते, बाग-बगीचों से सीधे फल-फूल नहीं लिये जा सकते, वाटिका से शाकमूलकन्द नहीं लिये जा सकते, खेतों से कोई भी अनाज नहीं लिया जा सकता, वहाँ की कोई भी उपज नहीं ली जा सकती। जो इस नियम का उल्लंघन करे, उसे एक पण से लेकर छह सौ पण तक दंड देना होगा। (2.22.10-14) राज्यसत्ता राजकीय पण्यवस्तुओं पर शुल्क न लगाएगी, इसलिए मानना होगा कि उक्त नियम निजी क्षेत्र के व्यवसायियों के लिए है। विवाहादि संस्कारों, यज्ञादि धार्मिक कृत्यों के लिए आवश्यक वस्तुओं पर शुल्क न लगेगा। (2.21.18) जो 'भांड' (माल) 'राष्ट्र पीडाकर' हो, राष्ट्र के लिए हानिकारक हो, उस पर रोक लगानी चाहिए। जिस माल से 'महोपाकार' होता हो, राष्ट्र का हित होता हो, उसे और दुर्लभ बीज को, शुल्क-मुक्त रखना चाहिए। (2.21.31)

जलमार्गों वाले नगरों, पत्तनों में व्यापारी वहाँ की रीति के अनसार शुल्क देंगे; जो व्यापारी राज-नौकाओं से यात्रा करेंगे, वे इसके लिए राज्य को भाड़ा देंगे। (2.28.4) व्यापारियों की नौकाओं के अलावा राज्य का अपना बेड़ा था और भाड़े पर वह व्यापारियों के उपयोग के लिए दिया जाता था। नावाध्यक्ष बड़ी नदियों के लिए बड़ी नावें, छोटी नदियों के लिए छोटी नावें रखेगा। (2.28.13) स्थल यात्रा करने वाले सार्थवाहों से वर्तनी नाम का मार्ग-कर लिया जाएगा। यदि माल चरा लिया जाए तो राजकर्मचारी क्षतिपूर्ति करने को बाध्य होंगे। (2.21.24-25)

कौटिल्य ने जलमार्गों की अपेक्षा स्थल मार्गों को अधिक उपयोगी बताया है। (7.12.20) जलमार्गों में समुद्र तटवर्ती मार्ग और नदी मार्ग अधिक उपयोगी हैं। (7.12.21) स्थलमार्गों में हिमालय वाले मार्ग की अपेक्षा 'दक्षिणापथ' श्रेयस्कर है। (7.12.24) "यह निष्कर्ष निकालना असंगत न होगा कि पहले के आचार्यों के समय में दक्षिण से व्यापार नगण्य था, किन्तु कौटिल्य के समय में उसका चलन अधिक था और वह अधिक लाभकारी था।" ('काँगले', भाग 3, पृ. 179) कौटिल्य ने जिस अखिल भारतीय राज्य की कल्पना की है, उसका सम्बन्ध इस विकासमान व्यापार से है। 'देश: पृथिवी। तस्यां हिमवत्समुद्रान्तरमुदीचीनं योजनसहस्त्रपरिमाणं तिर्यक् चक्रवर्तिक्षेत्रम्'। (9.1.17-18) देश अर्थात् पृथिवी—उसके अन्तर्गत उत्तर में हिमालय से लेकर समुद्र तक आड़ी रेखा में सहस्त्र योजन परिमाण का चक्रवर्ति क्षेत्र है। इस समूचे क्षेत्र में एक ही राज्य स्थापित करना कौटिल्य का स्वप्न है। यह स्वप्न उस युग की देन है जिसमें विनिमय और यातायात के साधनों के विकास से भारत के विभिन्न प्रदेश परस्पर सम्बद्ध हो रहे थे। कौटिल्य के लिए उद्योग और व्यापार राज्यसत्ता

की आनुषंगिक कार्यवाही नहीं हैं, वे उसकी प्रमुख कार्यवाही हैं। काँगले कहते हैं : "यह स्पष्ट है कि निजी और राजकीय, दोनों तरह के व्यापार से राज्यसत्ता को पर्याप्त आय होती होगी।" (भाग 3, पृ. 182) व्यापार का क्षेत्र जितना ही बड़ा होगा, उतना ही राज्यसत्ता को अधिक लाभ होगा। राज्यसत्ता स्वयं व्यापार में भाग लेती है, इसलिए इस क्षेत्र के प्रसार से उसका प्रत्यक्ष हित जुड़ा हुआ है। व्यापार के मार्ग सैनिक अभियान के लिए उपयोगी होंगे। वणिक् पंथ से शत्रु तक पहुँचा जा सकता है। इस पथ से सेना जा सकती है, गुप्तचर जा सकते हैं, शस्त्र, कवच और परिवहन के साधन खरीदे जा सकते हैं, उन्हें भीतर लाया जा सकता है, बाहर ले जाया जा सकता है। (7.14.23-24) कौटिल्य के 'अर्थतंत्र' में जोर योजनाबद्ध विकास पर है, इसलिए सुरक्षा और विनिमय की सुविधा का ध्यान रखते हुए उन्होंने गाँव और नगर बसाने की बात कही है। जनपद के आठ सौ गाँवों के बीच जो 'स्थानीय' बसाया जाएगा, वह ऐसा नगर है जिसकी दोहरी भूमिका है। एक ओर वह समुदय-स्थान है जहाँ मालगुजारी वसूल करके रखी जाती है, दूसरी ओर वह व्यापार-केन्द्र है जो अन्य स्थानों से जल-स्थल मार्गों द्वारा जुड़ा हुआ है। (2.3.3) वह 'पण्यपुटभेदन' है। 'पण्य' शब्द उसके व्यापार-केन्द्र होने की ओर संकेत करता है; 'पुटभेदन' का अर्थ पण्य वस्तुओं की पोटली खोलने का स्थान हो सकता है, नदी का मोड़ भी।

कौटिल्य के समाज में व्यापारियों की स्थिति और व्यापार की प्रगति के बारे में कुछ जानकारी उन प्रस्तावित उपायों से होगी जिन्हें अर्थ-कष्ट के समय राजा काम में ला सकता है। राज्यकोष में धन की कमी हो, आर्थिक संकट आ गया हो, तो राजकर्मचारी बिकाऊ माल पर टैक्स बढ़ा सकते हैं, माल के बाजार में पहुँचने से पहले उसका निर्धारित से अधिक भाग ले सकते हैं। वे ऊनी, सूती, रेशमी वस्त्रों, मांस, फल, साग, चमड़े आदि का छठा भाग, अनाज का चौथा भाग ले सकते हैं। राजा की आज्ञा के बिना जो इन्हें बेचे, उसे दंड मिलेगा। (5.2.14) सोना, चाँदी, हाथी, घोड़े बेचनेवाले (मूल्य का) पचासवाँ भाग (5.2.17), ताँबा, काँसा, मदिरा आदि बेचने वाले चालीसवाँ भाग (5.2.18), बड़े कारीगर माल का बीसवाँ भाग (5.2.28), काठ, बाँस, मिट्टी के बासन आदि बेचनेवाले पाँचवाँ भाग (5.2.22) कर रूप में देंगे।

राज्यकोष के लिए धनसंचय का एक उपाय यह है कि कोई गुप्तचर व्यापारी बने, बहुत-सा बिकाऊ माल जुटाकर व्यापार शुरू करे। उसके बिकाऊ माल के मूल्य को देखकर जब लोग उसके यहाँ अपनी चीजें धरोहर के रूप में रखें, तब राजा उसके यहाँ रात को चोरी करा दे। (5.2.47) गुप्तचर इस तरह का अभिनय तभी कर सकता था जब तत्कालीन समाज में काफी धनी व्यापारी रहे हों। राजा व्यापारियों को सीधे भी लूट सकता था पर उसे ऐसा करने को नहीं कहा गया क्योंकि व्यापारी राजकीय नियमों द्वारा सुरक्षित हैं। इसीलिए आर्थिक संकट के समय इस गुप्तचर प्रपंच

से काम लेने की सलाह दी गई है। व्यापारी बना हुआ गुप्तचर व्यवसाय में ख्याति प्राप्त कर ले, तब प्रीतिभोज के बहाने नगर के धनी जनों से सोने-चाँदी के बर्तन माँग ले या भाड़े पर ले ले। प्रीतिभोज के समय अपना सारा बिकाऊ माल दिखाकर ('सर्वपण्यसन्दोहेन') वह बहुत-सा द्रव्य और सोना उधार ले ले, अपना माल बेचकर उसका मूल्य भी जमा करे। फिर रात में सब कुछ चोरी करा दे। (5.2.50-51) यह सब आर्थिक संकट से उबरने के लिए है। सामान्य स्थिति में व्यापारी राजकर्मचारियों की निगरानी में अपना माल बेचते थे।

'संस्थाध्यक्ष' का काम था बाजार की निगरानी करना। व्यापारी को लेख आदि से सिद्ध करना था कि जो माल वह बेचेगा, वह उसका अपना है। (4.2.1) संस्थाध्यक्ष विक्रेता के तराजू और बाँट-बटखरों की जाँच करेगा जिससे धोखाधड़ी न हो। (5.2.2) भारी बाँट से माल खरीदे और हल्के बाँट से बेचे, लकड़ी, धातु, सूत, चमड़े आदि के नकली माल को असली बताए, घटिया माल को बढ़िया कहकर बेचे, तो ऐसे व्यापारी पर जुर्माना किया जाएगा। (4.2.13-16) कारीगर आपस में सलाह करके घटिया माल बनाने लगें, अतिरिक्त लाभ प्राप्त करें, माल की बिक्री और खरीद में बाधा डालें तो उन पर भी जुर्माना होगा। व्यापारी आपस में एका करके माल रोक लें और अनुचित मूल्य पर क्रय-विक्रय करें, तो उन्हें एक हजार पण जुर्माना देना होगा। (4.2.18-19) (किस अपराध के लिए कितना जुर्माना होगा, इसका ब्योरा 'अर्थशास्त्र' में है किन्तु सर्वत्र उसका उल्लेख अनावश्यक है।) तौलते समय डंडी मारनेवाला, अन्न, घी, तेल, गुड़, नमक, औषधियों में मिलावट करनेवाला विक्रेता दंडनीय होगा। (4.2.20-22) राजकीय अनुमति के बिना व्यापारी गोदाम में माल जमा करें तो उनका माल जब्त कर लिया जाएगा। (4.2.25-26) स्वदेशी माल पर ('स्वदेशीयानां पण्यानाम्') व्यापारी 5 प्रतिशत और परदेशी माल पर 10 प्रतिशत मुनाफा ले सकते हैं। अधिक मुनाफा कमाने वाला दंडित होगा।

व्यापारियों के जिन हथकंडों से आज के उपभोक्ता परेशान होते हैं, उनका अस्तित्व 'अर्थशास्त्र' के रचनाकाल में भी था। राज्यसत्ता ने अपनी आय के लिए और उपभोक्ताओं की सुविधा के लिए निजी व्यवसाय को नियंत्रित किया है, उसे निर्मूल नहीं किया। वास्तव में ऐसे नियंत्रण की आवश्यकता तभी होगी जब उद्योग और व्यापार में काफी प्रगति हो चुकी होगी। इस प्रगति से व्यवसायियों को लाभ होते देखकर ही राज्यसत्ता के सूत्रधारों के मन में यह विचार पैदा हो सकता था कि उन्हें बड़े पैमाने पर उत्पादन और व्यापार में दखल देना चाहिए। कौटिल्य की राज्यसत्ता विशुद्ध खेतिहर राज्यसत्ता नहीं है। वह उत्पादन और वाणिज्य से लाभ उठानेवाली राज्यसत्ता भी है। वह उत्पादन और विनिमय पर नियंत्रण ही नहीं रखती, उनका संचालन भी करती है। स्वभावत: वह इस नियंत्रण और संचालन के लिए राजकर्मचारियों से काम लेती है।

6. राज्यसत्ता का स्वरूप

कोई भी केन्द्रबद्ध राज्यसत्ता प्रशिक्षित और कुशल राजकर्मचारियों के विशाल समुदाय के बिना अपना काम नहीं चला सकती। कौटिल्य की राज्यसत्ता भी कर्मचारियों के ऐसे समुदाय पर निर्भर है। इस समुदाय में मुख्यत: तीन तरह के कर्मचारी हैं : उद्योग और व्यापार के संचालक, कृषि और पशुपालन के संचालक तथा प्रशासक। इन सबको एक सूत्र में बाँधनेवाला राजा है। 'अकराध्यक्ष', 'लोहाध्यक्ष', 'पण्याध्यक्ष' आदि अनेक अध्यक्ष उद्योग और व्यापार के संचालक हैं। 'सीताध्यक्ष', 'गोअध्यक्ष', 'कुप्याध्यक्ष' आदि कृषि, पशुपालन, वनसम्पदा आदि के व्यवस्थापक हैं। 'समाहर्ता', 'प्रदेष्टा' आदि प्रशासक हैं। 'संग्रहण', 'द्रोणमुख' और 'स्थानीय 'नामक' नगरों अथवा महाग्रामों में तीन-तीन 'धर्मस्थ' (न्यायाधीश) होंगे। 'धर्मस्थों' का पद अमात्यों के पद के बराबर है। (3.1.1) 'नागरिक' नगर का अध्यक्ष है। (2.36.1) नगर से सम्बन्धित सैनिक और असैनिक, सभी तरह के कामों की वह देखभाल करता है। (2.36.43) अपराधकर्मियों की रोकथाम के लिए 'नागरिक' के अधीन राजकर्मचारी आधुनिक पुलिस का काम करते हैं। नगर में आने-जानेवालों की निगरानी का काम 'मुद्राध्यक्ष' का है। अपराधियों को बन्द रखने के लिए 'बन्धनागार' है। (3.36.44) राज्यसत्ता का महत्त्वपूर्ण अंग सेना है। 'सेनापति', 'अयुधागाराध्यक्ष', 'हस्त्यध्यक्ष', 'अश्वाध्यक्ष', 'रथाध्यक्ष' आदि सेना से सम्बद्ध प्रमुख कर्मचारी हैं। इनमें 'हस्त्यध्यक्ष' आदि सैनिक उपयोग के अतिरिक्ति सामान्य उपयोग के लिए भी हाथी, घोड़ों, रथों की व्यवस्था करते हैं। पैदल सैनिकों की अलग व्यवस्था के लिए 'पत्त्यध्यक्ष' है। राजकर्मचारी राजा और प्रजा, दोनों को हानि पहुँचा सकते हैं। आधुनिक पूँजीवादी राज्यसत्ता (और एक हद तक समाजवादी राज्यसत्ता) में भी भ्रष्टाचार की जैसी समस्याएँ उत्पन्न होती हैं, वैसी समस्याएँ कौटिल्य के युग में भी थीं।

'समाहर्ता' और 'प्रदेष्टा' का काम है कि वे विभिन्न अध्यक्षों का नियमन किये रहें। (4.9.1) राजकर्मचारी खानों और कर्मान्तकों (कारखानों) से बहुमूल्य चीजें चुरा सकते हैं। पण्यभूमि से वे राजपण्य चुरा सकते हैं। (4.9.4) गोदामों, आयुधागारों से वे अनेक प्रकार का माल तथा शस्त्र चुरा सकते हैं। (4.9.5) इसी प्रकार कोष के धन में वे हेराफेरी कर सकते हैं। (4.9.6) वे खेत-खलिहान से उपज चुरा सकते हैं। (4.9.9) वे परिवार के मुखिया के, राज्य के प्रमुख अधिकारियों के और राजा के जाली दस्तावेज और उनकी जाली मुद्राएँ बना सकते हैं। (4.9.12) 'धर्मस्थ' (न्यायाधीश) 'विवाद' (मुकदमा) उपस्थित करनेवाले पुरुष को डरा-धमकाकर भगा सकता है। (4.9.13) हो सकता है कि लेखक (क्लर्क) जो कहा जाए, वह न लिखे; जो न कहा जाए, वह लिख ले। (4.9.17) बन्धनागार का व्यवस्थापक कैदी को भाग जाने दे। (4.9.27) उसे सताए, खाने को न दे या मार डाले (4.9.23) सिक्कों का निरीक्षक ('रूपदर्शक') नकली सिक्के चलाए (4.1.48)—अध्यक्षों और ग्राम अधिकारियों ने

ऊपर की आमदनी की व्यवस्था कर ली हो, ('गूढ़ाजीवी') (4.4.5) ये सब दंडनीय हैं और दंड में साधारण जुर्माने से लेकर प्राणदंड तक शामिल है।

नौकरशाही को नियंत्रित रखने के लिए राजा गुप्तचरों पर निर्भर है। राज्य के प्रमुख अधिकारी राजा पर हावी हो सकते हैं, शत्रु से मिल सकते हैं (5.1.3) इनसे निपटने के लिए राजा गुप्तचरों का प्रयोग करेगा। गाँव में कितने लोग हैं, उनके पास खेती की कितनी भूमि है, कितना कर देते हैं (2.35.8); खानों, वनों, कारखानों से कितना माल प्राप्त होता है (2.35.11); किसान, (विभिन्न उत्पादन विनियम-शाखाओं के)। अध्यक्ष, गोरक्षक और व्यापारी ईमानदार हैं या बेईमान (2.35.13)—इन सब बातों का पता लगाना गुप्तचरों का काम है। उनका एक काम राजद्रोहियों और षड्यंत्रकारियों का पता लगाना और उनका दमन करना भी है। (9.5.13-23) गुप्तचर, सेना और कोष, राजा की शक्ति के ये तीन मुख्य साधन हैं।

राज्यसत्ता के केन्द्र में राजा है। समाज को राजा की आवश्यकता इसलिए होती है कि उसके बिना बड़ी मछली छोटी मछली को खा जाती है। 'अप्रणीतस्तु मात्स्यन्यायमुद्भावयति'। (1.4.13) राजदंड का व्यवहार न हो तो मात्स्य न्याय का चलन होगा। यह कौटिल्य का मत है। आगे गुप्तचर साधारण जनों को राजद्रोह के मार्ग से हटाने के लिए यही बात कहता है : 'मात्स्यन्यायाभिभूताः प्रजा मनुं वैवस्वतं राजानं चक्रिरे।' (1.13.5) अराजकता से त्रस्त होकर प्रजा ने वैवस्वत मनु को राजा बनाया। किसी मनुष्य को राजा बनानेवाली शक्ति देवताओं की नहीं, प्रजा की है। शासनतंत्र चलाने के लिए प्रजा धान्य का छठा भाग, पण्य वस्तुओं और धन ('हिरण्य') का दसवाँ भाग उसे देती है। इससे राजा परिपालित ('भृतः') होकर प्रजा की रक्षा करता है। 'अर्थशास्त्र' के 'भृत्यभरणीयम्' प्रकरण में कौटिल्य ने राज्य के अन्य भृत्यों के साथ राजा का वेतन भी निर्धारित किया है। राजसूय आदि यज्ञों में समान विद्या वाले विद्वानों को जो दिया जाता है, राजा का वेतन उससे तिगुना होगा। (5.3.20)

प्रजासुखे सुखं राजा प्रजानां च हिते हितम्।
नात्मप्रियं हितं राज्ञः प्रजानां तु प्रियं हितम्॥ (1.19. 34)

प्रजा के सुख में राजा का सुख है, प्रजा के हित में उसका हित है। जो राजा को प्रिय हो, उसमें उसका हित नहीं है। जो प्रजा को प्रिय हो, उसमें उसका हित है। राजा को राजनीति का ज्ञान होना चाहिए। अन्धे राजा को उसके सहयोगी रास्ता बता सकते हैं किन्तु जो राजा राजनीतिशास्त्र से अलग लक्ष्य निर्धारित करके चलता है, वह अपने अन्याय से अपना और राज्य का नाश करता है। (8.2.12) राजा में उपयुक्त गुणों का अभाव हो तो वह चाहे सारी पृथ्वी का शासक हो, वह शत्रु द्वारा पराजित होगा या प्रजा द्वारा मारा जाएगा। (6.1.17) राजद्रोह पर उतारू लोगों से गुप्तचर कह सकता है कि राजा इन्द्र और यम के स्थान पर है, उसकी अवज्ञा करने पर देवता भी

दंड देते हैं। (1.13.10-11) प्रजा को शान्त करने के लिए गुप्तचर ऐसा कहेगा पर यह कौटिल्य का अपना मत नहीं है। इसके विपरीत कौटिल्य के अनुसार राजा दंडशक्ति का अनुचित प्रयोग करे तो गृहस्थों की तो बात ही क्या, वानप्रस्थ और परिव्राजक भी कुपित हो जाते हैं। (1.4.12) अमर्यादित काम के कारण भोजराज दांडक्य, विदेहराज कराल का नाश हुआ; अमर्यादित कोप के कारण जनमेजय और तालजंघ का नाश हुआ; लोभ के कारण चारों वर्णों से धन छीनने पर ऐल और अजबिन्दु का नाश हुआ; अभिमान के कारण रावण और दुर्योधन का नाश हुआ; मद के कारण प्राणियों की अवज्ञा करनेवाले ('भूतावमानी') दम्भोद्‌भव और हैहयराज अर्जुन का विनाश हुआ; उद्धत होकर वातापि ने अगस्त्य को, वृष्णिसंघ ने द्वैपायन को दुख दिया, उनका भी नाश हुआ। (1.6.5-10) देवता इन राजाओं की रक्षा नहीं कर सके। राजा तभी तक सुरक्षित है, जब तक वह स्वयं अपने व्यवहार में मर्यादा का ध्यान रखता है।

मर्यादा का ध्यान न रखने पर राजा का नाश अनेक प्रकार से हो सकता है। कौटिल्य जिस प्रकार पर विशेष ध्यान देते हैं, वह प्रजा द्वारा राजा का विनाश है। राज्यसत्ता की विशेषता है—दंड, बल-प्रयोग। यह विशेषता शब्दजाल में छिपाई नहीं गई, उसका स्पष्ट उल्लेख है। सोच-समझकर दंडशक्ति का व्यवहार हो तो प्रजा धर्म, अर्थ, काम में नियोजित होती है। उसका अनुचित व्यवहार हो तो प्रजा कुपित होती है। (1.4.11-12)

कौटिल्य के समाज में सभी लोग समान अधिकारों वाले नहीं हैं। समाज वर्णों में विभाजित हैं, प्रत्येक वर्ण का अपना धर्म है। किन्तु राजा को जिस प्रजा के कोप से बचना है, वह किसी एक वर्ण की नहीं है। एक वर्ण को मिलाए रहना और दूसरे को दबाए रखना, यह नीति कौटिल्य की नहीं है। सभी वर्गों को मिलाकर लोक (जनता) का निर्माण हुआ है। राजा का कर्तव्य है कि भौतिक उन्नति द्वारा लोकप्रियता प्राप्त करे : 'लोकप्रियत्वमर्थसंयोगेन'। (1.7.1.) राजा की शक्ति और राज्यसत्ता लोक-निरपेक्ष नहीं हैं। लोक-समाज का बहुसंख्यक भाग है। इसे धार्मिक ढकोसलों से फुसलाने और विशुद्ध दंडमय से दबाए रखने के बदले राजा का कर्तव्य है कि 'अर्थसंयोग' से, लोक के लिए लाभकारी आर्थिक उन्नति से उसका प्रियत्व प्राप्त करे। निरंकुश राजाओं का नाश कैसे होता है, कौटिल्य ने उदाहरण देकर बता दिया है। कौटिल्य की राज्यसत्ता जहाँ अधिक से अधिक 'लोकतंत्र' के निकट पहुँचती है, वह बिन्दु यहाँ है। अनेक सामन्त मिलकर महासामन्त—राजा—को दबाए रहें, यह भी एक तरह का 'लोकतंत्र' है किन्तु उसका सम्बन्ध सामन्तों से है, लोक से नहीं। इस सामन्ती 'लोकतंत्र' का अभाव देखकर अनेक पाश्चात्य लेखक यह निष्कर्ष निकालते हैं कि भारतीय राज्यसत्ता निरंकुश थी। उसमें राजा सर्वशक्तिमान और स्वेच्छाचारी था। सामन्ती 'लोकतंत्र' के बावजूद यूरोप में लोक ने राज्यसत्ता के विरुद्ध विद्रोह किया, यह ऐतिहासिक सत्य है। इसका कारण यह था कि सामन्तों के इस तथाकथित 'लोकतंत्र' का सम्बन्ध लोक से था ही नहीं। अन्यायी राजा का

वध किया जाता है, 'अर्थशास्त्र' में इस 'लोकरीति' का स्पष्ट उल्लेख है। यह रीति अनुचित है, यह कहीं नहीं कहा गया। अप्रत्यक्ष रूप से अन्यायी राज्यसत्ता के विरुद्ध 'लोक-विद्रोह' का अधिकार स्वीकृत है।

राज्य की भूमि, वन-सम्पदा, उद्योग और खेती की पैदावार, यह सब राजा की व्यक्तिगत सम्पत्ति नहीं है। कोष में धन की कमी होने पर राजा को यह अधिकार प्राप्त नहीं है कि वह किसान की उपज हड़प ले। किसान के जीवन-यापन और बीज के लिए आवश्यक अंश छोड़कर वह उपज का चौथा हिस्सा पैसे देकर खरीद सकता है : 'चतुर्थमंशं धान्यानां बीजभक्तशुद्धं च हिरण्येन क्रीणीयात्'। (5.2.5) यदि राज्य की सारी भूमि राजा की हो तो वह किसान की उपज का खरीददार न बनेगा। राजा का कर्तव्य है कि वह दूसरों की सम्पत्ति में हाथ न लगाए। (1.7.2) राजा स्वयं विद्या द्वारा अनुशासित होगा, तभी वह प्रजा को अनुशासनबद्ध रख सकेगा; जब वह सब प्राणियों के हित का ध्यान रखेगा ('सर्वभूतहिते रतः' होगा) तब पृथ्वी पर शासन करेगा। (1.5.17) ये सब प्राणी वर्गों में विभाजित हैं, इनकी परस्पर सम्बद्धता 'लोक' शब्द से व्यंजित है। वर्ण और आश्रम की मर्यादा माननेवाला, त्रयी द्वारा रक्षित 'लोक' सुखी होता है ('लोकः प्रसीदति')। (1.3.17) चार वर्णों और आश्रमवाले 'लोक' का पालन राजा दंड द्वारा करता है। (1.4.16) इस प्रकार दंडनीति का सम्बन्ध उस 'लोक' से है जिसमें चारों वर्ण शामिल हैं।

राजा और राज्यसत्ता एक ही प्रपंच नहीं हैं। राज्यसत्ता के घटक अनेक हैं, राजा उनमें एक है। उसका महत्त्व राज्यसत्ता की सम्पूर्णता के सन्दर्भ में है, उससे अलग हटकर नहीं। स्वामी, अमात्य, जनपद, दुर्ग, कोश, दंड, मित्र—ये सात प्रकृति हैं जिनसे राज्यसत्ता का निर्माण होता है। (6.1.1) इन सात में स्वामी—राजा—एक है। अंग्रेजी में 'स्टेट' का अर्थ राज्य और राज्यसत्ता, दोनों हैं; 'अर्थशास्त्र' में 'राज्य' के भी ऐसे ही दो अर्थ हैं। सात प्रकृतियों का नाम न लेकर राजा कहा जाए तो इससे 'राज्य' का बोध होगा। 'राजा राज्यमिति प्रकृति संक्षेपः'। (8.2.1) यहाँ 'राज्य' राजा का शासन नहीं है, न उसके द्वारा शासित भूमि है। वह सात प्रकृतियों से बनी हुई सत्ता है—राज्यसत्ता, राजा उसका प्रतीक है। राजा से भिन्न राज्यसत्ता के प्रति निष्ठा सम्भव है। अनात्मवान् राजा प्रकृतियों—राज्यसत्ता के घटकों—का नाश करता है (6.1.16); ऐसे राजा के प्रति निष्ठा का प्रश्न नहीं है। अनात्मवान् राजा दुष्ट प्रकृति हो—राज्यसत्ता के घटक दोषपूर्ण हों—तो प्रजा उसका वध करती है। राजा के वध से राज्यसत्ता के प्रति ऐसी निष्ठा का भाव प्रकट होता है जिसके लिए राजा सम्पूर्ण सत्ता का घटक मात्र है और वह लोकहित की उपेक्षा करने का अधिकारी नहीं है।

राजा राज्यसत्ता का सूत्रधार है। वह शासक है, जनता का सेवक नहीं है। वह सेना और कोष के बल पर शासन करता है। वह किस नीति के अनुसार शासनतंत्र चलाए, यह नीति पहले से निर्धारित है। किन्तु वह अनीति करे, प्रजा को सताए, तो

कानून के अनुसार उसे रोकने का विधान नहीं है। फिर भी कानून से बढ़कर 'लोक रीति' है और इस 'लोकरीति' के अनुसार प्रजा विद्रोह करके अन्यायी राजा का वध कर देती है। इस प्रकार राजा के विशेषाधिकार 'लोकरीति' द्वारा नियत्रित हैं। किन्तु विद्रोह के बाद प्रजा एक राजा की जगह दूसरे राजा को गद्दी पर बिठाएगी। कौटिल्य ने राजाविहीन लोकतंत्रीय शासन का विधान क्यों नहीं किया? इसका उत्तर यह है कि कौटिल्य के समाज में उद्योगपतियों का ऐसा शक्तिशाली वर्ग अभी निर्मित न हुआ था जो भूस्वामी वर्ग—और उसके मुखिया राजा—से सत्ता छीन ले और नई लोकतांत्रिक व्यवस्था कायम करे। जो क्षुद्रक समुदाय है, वह बिखरा हुआ है। अभी संगठित नहीं हुआ कि व्यवसायियों और भूस्वामियों को किनारे करके शासनतंत्र अपने हित में चलाए। किन्तु कौटिल्य का राजतंत्र विशुद्ध सामन्ती राजतंत्र नहीं है। उसमें राजा को जो विशेषाधिकार दिये गए हैं, वे उद्योग और व्यापार की प्रगति में सहायक हैं और इसलिए अन्ततोगत्वा श्रमिक समुदाय की प्रगति में भी सहायक हैं। ये विशेषाधिकार जनसाधारण से ही नहीं, पुरोहित और सामन्तों से भी छीनकर उसे दिये गए हैं। कौटिल्य के समाज में न तो सम्पत्ति के मुख्य स्रोत ब्राह्मणों के हाथ में हैं, न राज्यशक्ति के मुख्य स्रोत उनके हाथ में हैं। इस समाज में राजा अनेक सामन्तों में एक सामन्त नहीं है, वह केन्द्रबद्ध राज्यसत्ता का सर्वप्रभुत्व-सम्पन्न संचालक है। ऐसे संचालक के बिना सामन्ती अलगाव खत्म नहीं किया जा सकता, उद्योग और व्यापार के लिए अनुकूल परिस्थितियाँ तैयार नहीं की जा सकतीं।

एंगेल्स ने सामन्ती व्यवस्था के विघटनकाल और पूँजीवादी व्यवस्था के अभ्युदय काल में सर्वसत्तावादी राजतंत्र (absolute monarchy) की भूमिका के बारे में लिखा था : "सामन्तवाद का विघटन और नगरों का विकास, दोनों का परिणाम था विकेन्द्रीकरण। इन्होंने जातियों की सम्बद्धता (integration of nationalities) के लिए सर्वसत्तावादी राजतंत्र को एकदम अनिवार्य बना दिया। उसे सर्वसत्तावादी होना ही था, ठीक इसलिए कि सभी अन्य उपकरण बहुमुखी थे। किन्तु 'सर्वसत्तावादी' का चालू अर्थ न लगाना चाहिए। राजतंत्र बराबर लड़ रहा था—कभी सामाजिक वर्णों (estates) से लड़ रहा था, कभी विद्रोही मामन्तों या नगरों से लड़ रहा था। वर्ण कहीं भी खत्म नहीं किये गए, इसलिए उसे 'सामाजिक' वर्णों पर आधारित राजतंत्र कह सकते हैं। वह ऐसा राजतंत्र है जो अब भी सामन्ती है यद्यपि उसका सामन्तीपन घटता जाता है और प्रारम्भिक दशा के विचार से वह पूँजीवादी (incipient bourgeois) है।" ('प्रिकैपिटलिस्ट', पृ. 472) जहाँ समाज के अन्य उपकरण विकेन्द्रीकरण की ओर ले जाने वाले हों, बहमुखी हों, वहाँ एकमुखी राजतंत्र सामाजिक विकास में सहायक होता है। सामन्ती व्यवस्था में वर्ण खत्म नहीं किये गए, इसलिए राजतंत्र वर्णों पर आधारित है। इसके साथ ही वह वर्णों से टकराता है, अर्थात् देहात के पुरोहितों और सामन्तों से टकराता है। इनके अलावा वह नगरों से टकराता है अर्थात् उद्योग व्यापार

में लगे हुए व्यवसायियों से टकराता है। इस प्रक्रिया में उसका सामन्तीपन घटता है और प्रारम्भिक पूँजीवादी स्वरूप निखरता है।

कौटिल्य ने एकमुखी राजतंत्र की हिमायत क्यों की, इसकी कैफियत एंगेल्स के उक्त विवरण से मिल जाएगी। कौटिल्य की राज्यसत्ता छोटे राज्यों को अपने अधीन करती है, साथ ही वह व्यवसायियों को नियंत्रित रखती है। इसलिए वह चालू अर्थ में सर्वसत्तावादी (सर्वशक्तिमान) नहीं है। प्रजा से वर्णधर्म का पालन कराना उसका कर्तव्य है, इसलिए वह सामाजिक वर्णों पर आधारित है। किन्तु यह राज्यसत्ता उत्पादन और विनिमय में प्रत्यक्ष भाग लेती है, इसलिए उसका सामन्तीपन और भी कम होगा, पूँजीवादी स्वरूप और भी निखरेगा। क्षत्रिय का धर्म अध्ययन, यजन, दान, शस्त्राजीव और भूतरक्षण है। (1.3.6) उत्पादन और विनिमय संगठित करना और इनसे धन कमाना उसका धर्म नहीं है। किन्तु राज्यसत्ता का सूत्रधार राजा यही करता है। वह जितना क्षत्रिय धर्म निबाहता है, उतना ही (या उससे कुछ अधिक) वैश्य धर्म निबाहता है; वैश्य का धर्म अध्ययन, यजन, दान, कृषि, पशुपाल्य और वाणिज्य है। राजा का कर्तव्य है कि प्रजा से वर्णधर्म का पालन कराए किन्तु वैश्य का काम करके सबसे पहले वर्णधर्म की मर्यादा का उल्लंघन वही करता है। ब्राह्मण का धर्म है अध्ययन, अध्यापन, यजन, याजन, दान और प्रतिगृह (दान लेना)। (1.2.5) किन्तु ब्राह्मण फौज में भर्ती हो रहे थे। कौटिल्य से पहले के आचार्यों का मत था कि तेज की प्रधानता के कारण सेना में शूद्रों की अपेक्षा वैश्य, वैश्यों की अपेक्षा क्षत्रिय, क्षत्रियों की अपेक्षा ब्राह्मण भर्ती किये जाने चाहिए। (9.2.21) इन आचार्यों ने ब्राह्मणों को सैनिक कार्यों के योग्य समझा था, उन्हें क्षत्रियों से भी अधिक योग्य माना था। शूद्रों और वैश्यों में तेज की कमी भले हो, इन पूर्वाचार्यों के अनुसार सेना में भर्ती की भी हो सकते थे। कौटिल्य जिस परम्परा के आचार्य हैं, उसमें वर्ण-व्यवस्था पहले ही टूट रही थी। ब्राह्मणों के बारे में वह इन आचार्यों से सहमत नहीं हैं। उनका तर्क रोचक है। 'प्रणिपातेन ब्राह्मणबलं परोऽभिहारयेत'। (9.2.23) शत्रु दंडवत् करके ब्राह्मणों को पटा लेगा। तर्क यह नहीं है कि युद्ध करना इनका धर्म नहीं है; तर्क यह है कि दंडवत् से प्रसन्न होकर ये अपना सैनिक कर्तव्य भूल जाएँगे। पूर्वाचार्यों की तरह कौटिल्य फौज में वैश्यों और शूद्रों की भर्ती के पक्ष में हैं किन्तु तेज की प्रधानता और न्यूनता की धारणा हटाकर वह शस्त्र कौशल और संख्याबल पर ध्यान देते हैं। शस्त्रविद्या में निपुण क्षत्रिय सेना श्रेय है। 'बहुलसार' (संख्याबल) होने पर वैश्य-शूद्र-सेना श्रेय है। 'प्रहरण विद्याविनीतं तु क्षत्रियबलं श्रेयः, बहुलसारं वा वैश्यशूद्रबलमिति'। (9.2.24) शस्त्रविद्या में दक्ष होने से—तेज की प्रधानता के कारण नहीं—क्षत्रिय सेना श्रेय है। वैश्य-शूद्र-सेना शस्त्रविद्या में दक्षता की कमी संख्याबल से पूरी कर लेती है। यह सेना क्षत्रिय सेना से कम श्रेय नहीं है। मुख्य बात यह कि वैश्य और शूद्र भी शस्त्र लेकर युद्ध करते थे, इस कारण वे अपनी रक्षा के लिए पूरी तरह क्षत्रियों पर निर्भर न

थे। कौटिल्य की सेना विभिन्न वर्णों को युद्धभूमि में एकत्र करके उनके अलगाव को दूर करने का साधन बनती है। कोष में धन की कमी होने पर पाषंडसंघों (सम्भवत: बौद्ध संघों) के द्रव्य को, श्रोत्रिय के उपयोग में न आनेवाले देवमन्दिर के धन को एक जगह बटोरकर किसी बहाने राजकोष के लिए हथिया लेना चाहिए। (5.2.37) 'देवताध्यक्ष' दुर्ग और राष्ट्र के देवमन्दिरों का धन एकत्रित करेगा, फिर उसका अपहरण करेगा। (5.2.38) देवताओं से सम्बन्धित अनेक चमत्कार आयोजित करके जनता से चढ़ावे का धन बटोरा जा सकता है। (5.2.39-43) आपत्तिकाल में धार्मिक विश्वासों का यह उपयोग राज्यसत्ता के प्रति कौटिल्य के दृष्टिकोण के अनुरूप है। इसी तरह युद्धकाल में गुप्तचर सुरंगों द्वारा खोखली देवमूर्तियों में घुसकर उपयुक्त घोषणा करेंगे या जल में वरुण अथवा नाग बनकर ऐसे चमत्कार दिखाएँगे कि शत्रुदल त्रस्त होगा और अपना दल उत्साहित होगा। (13.1.3) स्पष्ट है कि स्वयं कौटिल्य को दैवी चमत्करों पर विश्वास न था।

कौटिल्य जिस राज्य में थे, उसमें एक ही नगर था या अनेक थे, यह प्रश्न महत्त्वपूर्ण नहीं है; यदि एक ही नगर था तो वह पाटलिपुत्र था या कोई अन्य, यह प्रश्न भी प्रस्तुत सन्दर्भ में महत्त्वपूर्ण नहीं है। कौटिल्य चन्द्रगुप्त मौर्य के समकालीन थे या उनका आविर्भाव बाद में हुआ, यह प्रश्न भी गौण है। मुख्य बात यह कि कौटिल्य ने किसी काल्पनिक समाज का विवरण प्रस्तुत नहीं किया। उनके सामने देशकालबद्ध एक मूर्त समाज था जिसकी रीति-नीति देखकर उन्होंने यह शास्त्र रचा था। उनके पहले से अर्थशास्त्र के आचार्यों की एक परम्परा चली आ रही है, वह उससे जुड़े हुए हैं और कई जगह उससे बिलग हैं। यह परम्परा महत्त्वपूर्ण है। सेना में क्षत्रियों के अलावा शूद्र और वैश्य हों, यह सिद्धान्त कौटिल्य से पहले का है और वह उसे स्वीकार करते हैं। श्रमिकों को पगार देकर उनसे श्रम कराया जाए, यह महत्त्वपूर्ण सिद्धान्त स्पष्ट ही कौटिल्य का गढ़ा हुआ नहीं है। जैसे साहित्य के लिए यथार्थवाद (Realism) और प्रकृतवाद (Naturalism) का भेद महत्त्वपूर्ण है, वैसे ही अर्थशास्त्र के लिए। कौटिल्य यथार्थवादी हैं, गतिशील यथार्थ की दिशा पहचाननेवाले अर्थशास्त्री हैं, उसकी हूबहू नकल उतारने वाले प्रकृतवादी नहीं। उनके समय में समाज बदल रहा था और वह उसका बदलना देख रहे थे। मुद्रा के चलन और विनिमय के विकास से समाज का इस तरह बदलना अनिवार्य था। इस सारे परिवर्तनक्रम में प्रगतिशील भूमिका नगर की है, देहात की नहीं, और कौटिल्य नगर के पक्षधर विचारक हैं। उनके सामने विनिमय के नये केन्द्र कायम हो रहे थे, नये नगरों में उद्योग और व्यापार का विकास हो रहा था। यह सम्भव है कि राज्य का केन्द्रीय नगर—एथेंस या रोम की तरह—अन्य नगरों से अधिक समृद्ध रहा हो किन्तु अन्य नगरों के अभाव में उसकी ऐसी समृद्धि सम्भव न होगी। कौटिल्य ने उच्च पदाधिकारियों से लेकर राजकीय संस्थानों के श्रमिकों तक के लिए जो वेतन

निर्धारित किये हैं, उन सबको जोड़ने से बहुत बड़ी धनराशि बनेगी। इतनी धनराशि केवल एक नगर और पड़ोसी देहात से प्राप्त नहीं हो सकती, उसकी प्राप्ति के लिए और बहुत-से छोटे-बड़े विनिमय केन्द्र चाहिए। कौटिल्य ने आठ सौ गाँवों के बीच जो 'स्थानीय' बसाने की बात कही है, वह अन्य स्थानों से जल-स्थल मार्गों द्वारा जुड़ा हुआ व्यापार केन्द्र है। (2.3.3) ऐसे अनेक केन्द्रों से द्रव्य खिंचकर प्रमुख केन्द्र में संचित होता है और वहाँ से पुनः वितरित होता है।

कौटिल्य ने सारे आर्थिक विकास को राज्यसत्ता के नियंत्रण में रखकर उसकी दिशा निर्धारित की। उत्पादन की किन्हीं विशेष शाखाओं पर जोर देना, पण्य वस्तुओं के भाव निश्चित करना, उनकी आपूर्ति में घटती-बढ़ती का ध्यान रखते हुए उनकी बिक्री का नियमन करना, अर्थतंत्र की आवश्यकताओं को ध्यान में रखते हुए उद्योग-व्यापार तथा करों से प्राप्त आय का उपयोग करना, उद्योग-व्यापार संस्थानों के संचालन के लिए राजकर्मचारियों को नियुक्त करना, निजी व्यवसाय के लिए नियम निर्धारित करना—ये सारे कार्य सुनियोजित अर्थ-व्यवस्था के प्रमाण हैं। पूरे समाज की आवश्यकताओं का हिसाब लगाकर उत्पादन की योजना बनाना समाजवादी अर्थतंत्र की विशेषता है। उल्लेखनीय यह है कि कौटिल्य की सुनियोजित अर्थ-व्यवस्था की अनेक विशेषताएँ पूँजीवादी राज्यों ने अब भी नहीं अपनाईं। इनमें सबसे महत्त्वपूर्ण है निजी व्यवस्था के लिए नियम निर्धारित करनेवाली विशेषता। पूँजीवादी राज्यसत्ता पूँजीपतियों द्वारा नियंत्रित होती है, पूँजीपति उसके द्वारा नियंत्रित नहीं होते। इसलिए निरन्तर बढ़ती हुई महँगाई और मुद्रास्फीति से पार पाना पूँजीवादी राज्यसत्ता के लिए असम्भव है। कौटिल्य की राज्यसत्ता समाज को पूँजीवादी विकास की दिशा में आगे बढ़ानेवाली किन्तु पूँजीवादी विकास की अराजकता को नियंत्रित रखनेवाली राज्यसत्ता है। यह उसका बहुत बड़ा गुण है और इस सन्दर्भ में वह किसी भी आधुनिक पूँजीवादी राज्यसत्ता से बढ़कर है।

कोई भी राज्यसत्ता वर्गों से परे नहीं होती, वह वर्ग शोषण का साधन होती है। किन्तु इतिहास में ऐसे दौर आते हैं जब अनेक परस्पर विरोधी वर्गों में कोई एक वर्ग दूसरे पर हावी नहीं हो पाता और समाज में वर्ग-सन्तुलन की-सी स्थिति उत्पन्न हो जाती है। ऐसे दौर में राज्यसत्ता एक हद तक वर्गों से स्वतंत्र, उनमें सन्तुलन रखने का साधन बनती है। राज्यसत्ता के उद्‌भव की व्याख्या करते हुए एंगेल्स ने लिखा है कि उसका उद्‌भव वर्गों के आपसी विरोध को रोके रखने के लिए हुआ; यह उद्‌भव तब हुआ जब इन वर्गों में संघर्ष जारी था, इसलिए जो वर्ग ज्यादा ताकतवर था, आर्थिक रूप से जिसका पलड़ा भारी था, वही राज्यसत्ता पर हावी हो गया। राजनीतिक रूप से भी उसका पलड़ा भारी हो गया और पीड़ित वर्ग को दबाए रखने और उसका शोषण करने का साधन उसके हाथ आ गया। यूनान और रोम की राज्यसत्ता दासों को दबाये रखने का साधन थी, सामन्ती राज्यसत्ता बँधुआ किसानों और आसामियों

को दबाने का साधन थी, और पूँजीवादी राज्यसत्ता पगारजीवी श्रमिकों को दबाए रखने का साधन है। एंगेल्स आगे कहते हैं : "फिर भी इतिहास में ऐसे दौर आते हैं जिनमें संघर्षरत वर्ग परस्पर सन्तुलन की हालत में इस हद तक होते हैं कि राज्यसत्ता उनके बीच मध्यस्थ बनती जान पड़ती है और उस घड़ी, एक हद तक, दोनों से स्वतंत्र हो जाती है। सत्रहवीं-अठारहवीं सदियों की सर्वसत्तावादी पादशाही (absolute monarchy) ऐसी ही राज्यसत्ता थी, वह अभिजातों और नगर के व्यवसायी वर्ग के बीच सन्तुलन बनाए हुए थी।" ('प्रिकैपिटलिस्ट', पृ. 452) एंगेल्स के उदाहरण में सत्ता के लिए संघर्षरत दो वर्ग हैं; देहात के अभिजात भूस्वामी और नगर के व्यवसायी। राजतंत्र का नायक बादशाह इनके बीच सन्तुलन बनाए रहता है। इस सन्तुलन से अन्त में हानि अभिजात वर्ग की होती है, लाभ नगर के व्यवसायी वर्ग को होता है। कौटिल्य की राज्यसत्ता नगर के व्यवसायियों और देहात के भूस्वामियों के बीच सन्तुलन बनाए हुए है। इस सन्तुलन से लाभ उठाकर वह स्वयं शहरी और देहाती कारोबार में भागीदार बन जाती है और अपनी भूमिका निर्णायक रखती है। इस सन्तुलन और भागीदारी से हानि अभिजात वर्ग की होगी, लाभ व्यवसायी वर्ग को होगा। भरत मुनि ने लिखा था : उन्होंने शूद्रों के लिए 'नाट्यशास्त्र' नामक पाँचवाँ वेद रचा है। कौटिल्य ने ऐसी कोई घोषणा नहीं की, किन्तु वस्तुगत रूप से 'अर्थशास्त्र' शूद्र-वैश्य शक्ति को वर्णधर्म के बन्धनों से मुक्त करनेवाला शास्त्र है। वह भूस्वामी व्यवसायी वर्गों में सन्तुलन बनाए हुए है, इसके साथ वह राजा और अमात्यों के बीच भी सन्तुलन कायम करता है। राजा सर्वोपरि है किन्तु राजतंत्र की गाड़ी एक पहिये से नहीं चलती ('चक्रमेकं न विद्यते'); राजत्व सहायसाध्य है। इसलिए राजा को सचिवों की बात सुननी चाहिए। (1.7.9) यद्यपि कौटिल्य एक राजावाले तंत्र के समर्थक हैं पर वह उससे तादात्म्य स्थापित नहीं करते। राजा के निकटस्थ कर्मचारियों को सावधान करते हुए कहते हैं : बुद्धिमान को चाहिए कि आत्मरक्षा के प्रति सदैव सतर्क रहे; राजा के सेवकों ('राजोपजीविनाम्'—राजा के सहारे जीने वालों) का जीवन ऐसा है मानो वे आग के भीतर हों! आग तो कोई अंग जलाएगी या पूरा शरीर भस्म करेगी किन्तु राजा स्त्री और पुत्रों के प्राण भी ले सकता है। (5.4.16-17)

कौटिल्य ने किसी आदर्श राजा की कल्पना करके 'अर्थशास्त्र' नहीं लिखा। जैसे राजा होते थे, उन्हीं को ध्यान में रखते हुए उन्होंने राजतंत्र का विवरण प्रस्तुत किया है। कौटिल्य के पारिभाषिक शब्द अशोक के शिलालेखों में नहीं मिलते तो इससे यह सिद्ध नहीं होता कि 'अर्थशास्त्र' में वर्णित प्रशासनिक ढाँचा काल्पनिक है। जैसाकि काँगले ने लिखा है : "अधिकारियों के पदनाम भिन्न प्रदेशों और भिन्न युगों में अक्सर अलग-अलग होते हैं।" (उप., पृ. 213) 'अर्थशास्त्र' में ही पारिभाषिक शब्दों के व्यवहार में जहाँ-तहाँ भिन्नता है। यह मानते हुए कि 'अर्थशास्त्र' में जो शासन-व्यवस्था अनुमोदित है, वह यथार्थ से विलग नहीं है। काँगले कहते हैं :

"इस ग्रंथ का लक्ष्य ऐसे प्रशासन का वर्णन करना नहीं है जो किसी राज्यविशेष या कालविशेष में विद्यमान रहा हो। इसका स्वरूप सैद्धान्तिक है, इसलिए उसके अनुसार किसी भी राज्य के लिए जो आदर्श शासन-व्यवस्था हो सकती है, उसे वह प्रस्तुत करता है। राज्यसत्ता की सभी सम्भव कार्यवाही के पक्षों को उसने ध्यान में रखा है और छोटी-छोटी बातों का भी ब्योरा देकर बताया है कि राज्य-संचालन कैसे करना चाहिए।" (उप., पृ. 213) आदर्श-शासन-व्यवस्था के साथ क्या 'अर्थशास्त्र' में आदर्श वर्ण-व्यवस्था भी है? आदर्श वर्ण व्यवस्था वाले समाज और उनके प्रतिपालक आदर्श राजा पुराणकथाओं में मिलते हैं; 'अर्थशास्त्र' में ऐसे समाज और ऐसे राजा का अभाव है। यह उसके रचयिता की यथार्थपरक दृष्टि का बहुत बड़ा प्रमाण है। 'अर्थशास्त्र' में राज्य के अधिकारियों के कर्तव्य बताए गए हैं और कैसे वे कर्तव्य भूलकर भ्रष्टाचारी हो सकते हैं, यह भी बताया गया है।

भ्रष्टाचार के प्रसंग में काँगले ने लिखा है : "राजकर्मचारियों में भ्रष्टाचार का पता लगाने के लिए गुप्तचर उपयोगी हैं। कारण यह कि यह स्वीकार किया गया है कि अधिकारियों की नियुक्ति में पूरी सावधानी बरतने पर भी राजकीय निधि से गबन की घटनाएँ अक्सर हो सकती हैं। कुछ मार्के के छन्दों में बताया गया है कि जिस अधिकारी का वास्ता राजकीय निधि या माल से हो, उसके लिए उस पर हाथ साफ करने के प्रलोभन से बचना लगभग असम्भव है। वह कब गबन करता है, यह जानना वैसे ही कठिन है, जैसे यह जानना कि मछली कब पानी पीती है। जो अधिकारी गबन करने पर तुले हुए हों, उनकी गतिविधि जानना आकाशचारी पक्षियों की गतिविधि जानने के समान ही कठिन है।" (उप., पृ. 207) कर्तव्यों के ब्योरे से उनके उल्लंघन का ब्योरा अधिक विस्तृत है। केवल गबन ('अपहार') के चालीस तरीके गिनाए गए हैं। (उप.) न्यायाधीशों समेत राज्यसत्ता का कोई अंग नहीं है जिसके लिए कहा जा सके कि वह भ्रष्टाचार से मुक्त रहेगा ही। व्यक्तिगत सम्पत्ति के समाज में हर अधिकारी के लिए प्रलोभन है कि वह दूसरे की, और राज्य की, सम्पत्ति हथिया ले। इसीलिए न्यायाधीशों समेत सभी दोषी अधिकारियों को दंड देने की व्यवस्था है और उनका पता लगाने में जनता सहायता कर सकती है। पता लगाने का काम 'समाहर्ता' का है। वह अपने क्षेत्र में घोषणा करेगा, अमुक अधिकारी ने जिनकी हानि की हो, वे मुझे आकर बताए। बताने पर उनकी हानि के अनुरूप वह उन्हें मुआवजा दिलाएगा। (2.8.24-25) यह सम्भव है कि मुआवजा दिलाने की बात कौटिल्य का सुझाव हो किन्तु आधुनिक राज्यसत्ता के अधिकारी जिन हथकंडों से काम लेते हैं, उनकी अद्भुत जानकारी 'अर्थशास्त्र' में है। इसका कारण यह है कि कौटिल्य के सामने जो राज्य है, वह व्यक्तिगत सम्पत्ति के रक्षण का राज्य है और उसकी अनेक विशेषताएँ आधुनिक पूँजीवादी राज्यसत्ता की हैं। उसमें पैसे का बोलबाला है। मंत्री से लेकर कारीगर तक हर कर्मचारी और श्रमिक को वेतन देना जरूरी है। कोष की ओर

जितना ध्यान कौटिल्य का है, उतना अन्य आचार्यों का नहीं। इसीलिए प्राय: प्रत्येक अपराध के लिए सजा के बदले जुर्माना भरने का विधान है। काँगले ने कोष की समृद्धि से दंडसंहिता का सम्बन्ध जोड़ते हुए लिखा है : "सजा आम तौर से जुर्माने के रूप में दी जाती है। जहाँ मूलत: शारीरिक दंड देने का विधान है, वहाँ भी उसके बदले जुर्माना भरने की अनुमति दी गई है। सम्भव है, जुर्माने को तरजीह देने का कारण यह परिस्थिति हो कि जुर्माने राज्य की आय का महत्त्वपूर्ण स्रोत हैं।" (उप., पृ. 239)

कौटिल्य की राज्यसत्ता सार्वदेशिक और सार्वकालिक आदर्श राज्यसत्ता नहीं है। वह भारत के उस प्रदेश की राज्यसत्ता है जिसमें उत्पादन और विनिमय का विकास सामन्ती अर्थतंत्र की सीमाएँ लाँघ रहा है। यह राज्यसत्ता नये आर्थिक सम्बन्धों की रक्षा करती है और समाज के आर्थिक विकास में स्वयं सक्रिय भूमिका निबाहती है। इसके साथ ही पुरानी सामन्ती व्यवस्था अभी बनी हुई है और नये आर्थिक सम्बन्ध उसके भीतर पनप रहे हैं। इस राज्यसत्ता की प्रगतिशीलता इस बात में है कि वह उन आर्थिक सम्बन्धों को सुदृढ़ करती है जो पुरानी व्यवस्था को भीतर से छिन्न-भिन्न कर रहे हैं। ऐसी राज्यसत्ता कल्पना से नहीं रची जा सकती, उसके लिए कौटिल्य ने अपनी ओर से ढेरों पारिभाषिक शब्द गढ़े होंगे, यह और भी कल्पनातीत है।

काँगले का विचार है कि शिक्षा और ज्ञान पर ब्राह्मणों का इजारा था। इसलिए इस वर्ग के लिए "स्वयं को चर्च के रूप में संगठित करना जरूरी नहीं था, जैसेकि वह अन्यत्र जरूरी हुआ।" (भाग 3, पृ. 145) इस तर्क के अनुसार राज्यसत्ता के गठन की भी आवश्यकता न थी क्योंकि क्षत्रिय वर्ण की सदस्यता भी जन्मना थी। वास्तव में वर्ण-व्यवस्था प्रारम्भिक श्रम-विभाजन का परिणाम है जब समाज में सम्पत्तिगत भेद तीव्र नहीं हुआ क्योंकि अधिक सम्पत्ति-सृजन के साधन ही नहीं हैं। किन्तु जैसे ही श्रम-विभाजन के विकास से सम्पत्तिगत भेद विषम होते हैं, वैसे ही प्रजा के 'पालन' के लिए राज्यसत्ता दरकार होती है और प्रजा से धर्म का पालन कराने के लिए धर्मसंघों की आवश्यकता होती है। कौटिल्य से पहले बौद्ध धर्मसंघ की स्थापना हो चुकी थी और कौटिल्य से लगभग एक हजार साल बाद शंकराचार्य ने मठों की स्थापना करना आवश्यक समझा। अर्थशास्त्र में मठों का अभाव नहीं है। इन मठों के पास सम्पत्ति है और बौद्ध मन्दिरों के पास सम्पत्ति है और इन दोनों पर आचार्य कौटिल्य की निगाह है। जैसे धर्म, अर्थ, काम में अर्थ प्रधान है, वैसे ही धर्मसंघों की तुलना में राज्यसत्ता प्रधान है। मठाधीश संघबद्ध होकर राज्यसत्ता को चुनौती दे सकते हैं, इसलिए उनका संघबद्ध न होना उसके हित में है। भारद्वाज का मत था कि राजा रोगशय्या पर हो तो अमात्य को चाहिए कि राजकुमारों और मुख्य पदाधिकारियों को आपस में लड़ा दे, प्रजा से विद्रोह करा दे अथवा उन्हें गुप्त रूप से दंड देकर राज्य पर स्वयं अधिकार कर ले : 'स्वयं राज्यं गह्णीयात्'। (5.6.27) अमात्य यदि ब्राह्मण होगा तो उसके राजा बनने पर पुरोहितवर्ग संगठित होकर राज्यसत्ता को धर्मसंघ के अधीन कर सकता है।

इस सन्दर्भ में कौटिल्य की व्यवस्था कि सेना में ब्राह्मणों का बाहुल्य न हो, राज्यसत्ता को पुरोहित-शक्ति से ऊपर रखने के उद्‌देश्य से प्रेरित हो सकती है। अपराध करने पर राजा पुरोहित को दंड दे सकता है (9.3.14) किन्तु पुरोहित राजा को दंड नहीं दे सकता! काँगले के अनुसार : पुरोहित राजा को और राजा के माध्यम से शासन को प्रभावित करता रहा होगा किन्तु शासनतंत्र में उसे कोई स्थान मिला हो, ऐसा प्रतीत नहीं होता। यह भी निश्चित नहीं है कि जिन मंत्रियों के साथ राजा गुप्त मंत्रणा करता है, उनकी परिषद् में वह शामिल था। उसके कार्य "धार्मिक एवं सम्बद्ध कर्मकांड के दायरे में सीमित जान पड़ते हैं।" (भाग 3, पृ. 132-33) यह स्थिति धर्मसंघों और पुरोहित को राज्यसत्ता के अधीन रखने की नीति के अनुरूप है। काँगले का यह कहना सही है कि 'मनुस्मृति' आदि की तरह 'अर्थशास्त्र' में बार-बार ब्राह्मणों का गुणगान नहीं किया गया : "न उसमें यह स्पष्ट कहा गया है कि वे कानून से परे हैं या राज्यसत्ता और उसके अधिकार से वे स्वतंत्र हैं।" (उप., पृ. 144) कौटिल्य के समाज में उच्च वर्णों के विशेषाधिकार समाप्त नहीं कर दिये गए किन्तु इन विशेषाधिकारों की सीमाएँ निर्धारित करना पुरोहितों का नहीं, राज्यसत्ता का काम है।

7. कौटिल्य का समाज और रोम

रोमन-साम्राज्य अपने समय का बहुत बड़ा साम्राज्य था। अन्य साम्राज्यों से उसमें अन्तर यह था कि वह बड़े-बड़े विनिमय केन्द्रों को स्थापित करनेवाला साम्राज्य था। अन्य साम्राज्य बहुत-से छोटे राज्यों की जमात-भर थे जहाँ छोटे सामन्त किसी महासामन्त को खिराज देते थे। सिकन्दर, चंगेज़ खाँ आदि के साम्राज्य लुटेरों को खिराज देनेवाले ऐसे ही राज्यों की जमात थे। रोमन-साम्राज्य के लिए एंगेल्स ने लिखा था कि उसने रक्त-सम्बन्धों वाले गण-समाजों को समाप्त कर दिया था। ('प्रिकैपिटलिस्ट', पृ. 484-85) मौर्यकाल में ऐसे गणराज्य भारत में भी थे; मौर्य-साम्राज्य की यह ऐतिहासिक भूमिका है कि उसने इन गणगज्यों को लगभग समाप्त किया। 'अर्थशास्त्र' में लिच्छिवि, वृजि, मल्ल, मद्र आदि गणराज्यों का उल्लेख है। (11.1-5) काँगले ने लिखा है : "पुस्तक में जिन संघों का उल्लेख है, उनमें अधिकांश का लोप काफी पहले हो गया, ऐसा प्रतीत होता है। मौर्य-युग के बाद उनमें अधिकांश कायम रहे, इसका प्रमाण नहीं है, और इससे उसके 'अर्थशास्त्र' के रचनाकाल की प्राचीनता का आभास मिलता दिखाई देता है।" (भाग-3, पृ. 126)

गणराज्य या संघ रक्त-सम्बन्धों पर आधारित ऐसे समाज हैं जिनमें सामूहिक स्वामित्व की प्रधानता है, उत्पादन बहुत पिछड़ा हुआ है और श्रम-विभाजन का विकास नहीं हुआ, और हुआ तो बहुत कम हुआ। श्रम-विभाजन का विकास होने पर, कुटुम्बगत उत्पादन का चलन होने पर, गण-व्यवस्था टूटती है, गण-व्यवस्था का स्थान वर्ण-व्यवस्था लेती है। कौटिल्य जिस राज्य में 'अर्थशास्त्र' रच रहे हैं, उसके

एक ओर गणराज्य (संघ) हैं, दूसरी ओर वर्ण-व्यवस्था वाले छोटेछोटे राज्य हैं जिनमें विनिमय का विकास बहुत कम हुआ है, जिनमें गाँव मुख्य हैं, शहर गौण हैं। इन दो तरह के राज्यों के बीच कौटिल्य के 'अर्थशास्त्र' का राज्य है जिसमें विनिमय केन्द्रों की प्रधानता है और अर्थतंत्र में नगर की प्रधानता है। कौटिल्य ने जिस चक्रवर्ति क्षेत्र की बात लिखी है, उसका महत्त्व तभी समझ में आएगा जब हम उक्त दोनों तरह के राज्यों से कौटिल्य के राज्य की भिन्नता पहचानेंगे।

राजा को सेना मिले, मित्र मिले, इनसे बढ़कर है, उसे सहायक संघ मिलें। संघ के सदस्यों में मेल होता है, इसलिए दूसरे उन पर विजय नहीं पा सकते। इनमें जो राजा के अनुकूल हों, उन्हें वह साम और दाम से वश में करे; जो प्रतिकल हों, उन्हें भेद और दंड से वश में करे। (11.1.1-3) उद्देश्य सभी संघों को एक ही राज्यतंत्र में शामिल करना है। जहाँ मीठी बातों और भेंट देने से काम चले, वहाँ इनसे काम लेना चाहिए; जहाँ न चले, वहाँ भेदनीति और बल-प्रयोग से काम लेना चाहिए। काम्बोज, सुराष्ट्र आदि 'वार्ताशस्त्रोपजीवी' हैं। वे खेती करते हैं और शस्त्र लेकर लड़ते भी हैं। (11.1.4) यहाँ समाज के सदस्यों से अलग सेना नहीं है, राज्यसत्ता नहीं है। सारा गण-समाज सशस्त्र सेना है। ऐसे संघ को परास्त करना आसान काम नहीं है। वह मित्र के रूप में रहे तो अच्छा है। उसका उपयोग उन संघों से युद्ध करने में होगा जो राजा के प्रतिकूल हैं। वर्ण-व्यवस्था वाले छोटे राज्यों को जीतने में भी वे काम आ सकते हैं। कौटिल्य के समाज में शस्त्र आयुधागार में रखे जाएँगे और राजा की अनुमति से ही कोई शस्त्र लेकर चलेगा। सामान्य रूप से लोग शस्त्रहीन रहेंगे। 'अशस्त्राश्चरेयुः'। (5.3.38) राज्यसत्ता वाले इस समाज से भिन्न 'वार्ताशस्त्रोपजीवी' संघों के सभी सदस्य सशस्त्र हैं। ऐसे संघों से भिन्न वे संघ हैं जिनमें एक विशेषाधिकारी वर्ग पैदा हो गया है। उनमें भेदनीति से काम लेना आसान है। लिच्छिवि, मल्ल आदि 'राजशब्दोपजीवी' हैं। (11.1.5) इनमें एक राजन्यवर्ग निर्मित हो गया है। इस वर्ग के सभी सदस्य परस्पर रक्त-सम्बन्धी हैं, समाज के मुखिया आदि इसी वर्ग के होते हैं। सभी संघों में गुप्तचर विभिन्न उपायों से भेद और कलह के बीज बोएँगे। (11.1.6) कलह अपने-आप हो चाहे उत्पन्न की जाए, राजा को उससे लाभ उठाकर कमजोर की मदद करके शहजोर को पीट लेना चाहिए। (11.1.53) पूरे अध्याय का उद्देश्य राजा को ऐसे उपाय बताना है जिनसे वह संघों को अपने राज्य में शामिल कर ले। संघों से कहा गया है कि वे राजा के हथकंडों से अपनी रक्षा करें। (11.1.55) इससे यह साबित नहीं होता कि कौटिल्य संघों की रक्षा करना चाहते थे। उससे इतना ही साबित होता है कि कौटिल्य संघों से बचने को कहते हैं और जानते हैं कि वे बच न पाएँगे।

संघों से भिन्न अन्य राज्यों को वश में करने के लिए वैसे ही उपाय काम में लाने चाहिए, जैसे संघों के सन्दर्भ में बताए गए हैं। (12.2.8) किसी शत्रु राजा के विरुद्ध प्रजा का विद्रोह करा देना, यह भी एक उपाय है। (12.2.31) संघों को और अन्य

छोटे-बड़े राज्यों को जीतने के लिए कौटिल्य ने जो उपाय बताए हैं, उनमें गुप्तचरों की भूमिका प्रधान है। दीवाल की नींव पहले ये खोद डालते हैं, उसे धक्का देकर गिराने का काम सेना करती है। संघों से भिन्न छोटे-बड़े राज्यों को जीतने के उपाय ही सर्वाधिक विस्तार से बताए गए हैं। इनमें शायद ही कोई ऐसा उपाय हो जिससे आधुनिक पूँजीवादी राज्यों ने काम न लिया हो। कौटिल्य की नैतिकता सामन्तयुगीन सूरमाओं की नैतिकता नहीं है। व्यक्तिगत शूरता और धर्मयुद्ध के नाम पर वह पराजित होना स्वीकार नहीं करती। आधुनिक पूँजीवादी नैतिकता पर विश्वशक्ति, लोक कल्याण, सत्य, अहिंसा, आदि के अनेक बहुरंगी आवरण पड़े हुए हैं। कौटिल्य की नैतिकता निरावृत है, इसलिए वह सत्य और लोककल्याण के अधिक निकट है। प्रश्न यह नहीं है कि कौटिल्य राज्य-विस्तार से किस परिणाम की अपेक्षा करते थे; प्रश्न यह है कि उससे क्या परिणाम निकल सकता था और वैसा परिणाम निकला या नहीं?

रोमन समाज उस व्यापारिक पूँजीवाद के युग का समाज है जो सामन्ती व्यवस्था को पूरी तरह तोड़ नहीं पाया। वह ऐसा प्राचीन समाज है जो 'आधुनिक' पूँजीवादी समाज के सर्वाधिक निकट है। यहाँ मार्क्स के समकालीन समाज को 'आधुनिक' मानें। सामूहिक स्वामित्ववाले जिन ग्राम-समाजों के आधार पर जर्मनी और ब्रिटेन की सामन्ती व्यवस्था का तानाबाना रचा गया था, रोमन समाज उनसे मुक्त हो चुका था। रोमन समाज में व्यक्तिगत सम्पत्ति का चलन बहुत पहले हो चुका था। ब्रिटिश और जर्मन समाज पूँजीवादी युग में उसे धीरे-धीरे प्रतिष्ठित कर रहे थे। रोमन समाज में उत्पादन बड़े पैमाने पर दासों द्वारा होता था, ब्रिटेन और जर्मनी में पगारजीवी मजदूरों द्वारा होता था। मार्क्स के जीवनकाल में भूमि के एकाधिकारी ब्रिटिश और जर्मन स्वामी राज्यसत्ता पर हावी थे और पूँजीपति वर्ग उनका एकाधिकार तोड़कर अपने विकास का रास्ता साफ न कर सका था। रोमन समाज में यदि आर्थिक और राजनीतिक रूप से भूस्वामी वर्ग प्रभावशाली था तो यह आश्चर्य की बात नहीं है। रोमन समाज ने यातायात के साधनों का विकास किया, विनिमय केन्द्र स्थापित किये, मुद्रा का चलन किया और विधि-व्यवस्था का निर्माण किया। ब्रिटेन और जर्मनी ने सामन्ती विशेषाधिकारों और लोकप्रचलित रीतियों से उबरकर रोमन आचार्यों से कानून बनाना सीखा। न तो रोमन कानून विशेषाधिकारों से पूरी तरह मुक्त था, न ब्रिटिश कानून। ब्रिटेन का हाउस ऑफ लॉर्ड्स इन विशेषाधिकारों की याद दिलाने के लिए काफी है।

कौटिल्य का समाज उस व्यापारिक पूँजीवाद के युग का समाज है जो सामन्ती व्यवस्था को तोड़ नहीं पाया। एक बात में वह रोमन समाज की अपेक्षा आधुनिक पूँजीवादी समाज के अधिक निकट है। वह बात है पगार देकर श्रमिकों से श्रम कराना। सामन्ती समाज की विशेषता है रूढ़ियों के प्रभाव से और बल-प्रयोग द्वारा सेवकों से अभिजात वर्ग के लिए श्रम कराना। रोमन व्यवसायी और जमींदार दासों से बलपूर्वक काम कराते थे, अत: काम कराने के ढंग पर सामन्ती छाप गहरी थी।

कौटिल्य के समाज में श्रमिक स्वेच्छा से काम करते हैं और जो पगार तै होती है, वह उन्हें दी जाती है। पगार देकर श्रम कराना उत्पादन की पूँजीवादी पद्धति की प्रमुख विशेषता है, वह कौटिल्य के समाज में विद्यमान है। क्रीतदासों की तुलना में पगारजीवियों का श्रम अधिक विकसित समाज-व्यवस्था का लक्षण है, इसलिए यह स्वाभाविक था कि विनिमय मूल्यों के उत्पादन में रोमन समाज भारतीय समाज का मुकाबला न कर सके। उत्पादन की पद्धति में इस भिन्नता के कारण यह परिणाम अनिवार्य था कि रोमन-साम्राज्य का सोना-चाँदी खिंचकर भारत आए, रोमन साम्राज्य के विनिमय केन्द्रों की अपेक्षा भारतीय विनिमय केन्द्र अधिक विशाल और समृद्ध हों। रोमन-साम्राज्य के विनिमय केन्द्र एक बार ध्वस्त हो गए तो वे दासों के श्रम के आधार पर फिर न पनपे। भारत के विनिमय केन्द्र बार-बार ध्वस्त हुए और बार-बार पनपे क्योंकि अंग्रेजी राज कायम होने से पहले यहाँ पगार देने की श्रम की प्रथा का नाश कोई भी आक्रमणकारी न कर सका था।

दास-प्रथा का व्यापक चलन होने से पहले यूनान और रोम में जो सामन्ती व्यवस्था कायम हुई, उसकी एक विशेषता यह थी कि खेती और दस्तकारी के पेशे अलग हुए। ब्रिटेन और जर्मनी की सामन्ती व्यवस्था में एक ही कुटुम्ब खेती और दस्तकारी, दोनों तरह के काम सँभालता था। यूनानी और रोमन समाजों से बहुत पहले भारत में खेती और दस्तकारी के धन्धे अलग हो चुके थे। यूनान और रोम में दस्तकारी की अलग शाखाओं का विकारा हुआ; यूनान और रोम से पहले, और भी बड़े पैमाने पर, दस्तकारी की अलग शाखाओं का विकास भारत में हुआ। यूनान और रोम में बिकाऊ माल तैयार करने के लिए दासों के रूप में एक बहुत बड़ा अधिकारहीन जन-समुदाय सामने आया। ऐसा अधिकारहीन जन-समुदाय कौटिल्य के समाज में नहीं है। पुनर्जागरण काल में यूरोप के सौदागरों ने बड़े पैमाने पर दासों का व्यापार किया; ऐसा व्यापार कौटिल्य के अर्थतंत्र में नहीं है। ब्रिटेन के जमींदारों ने औद्योगिक क्रान्ति शुरू होने तक हजारों किसानों को बेदखल करके खेती की जमीन को चरागाह बना डाला था। मुफलिस, तबाह, भुखमरी के शिकार ऐसे किसान कौटिल्य के समाज में न थे। यूनान और रोम में दास-प्रथा का चलन इसीलिए हुआ कि वहाँ के भूस्वामी और व्यवसायी राज्य-विस्तार में लगे थे और उन्होंने सभी स्वाधीन नागरिकों के लिए सैनिक सेवा अनिवार्य कर दी थी। कौटिल्य भी राज्य विस्तार में लगे थे किन्तु उन्होंने स्वाधीन या पराधीन नागरिकों के लिए सैनिक सेवा अनिवार्य न की थी। दासों के कारण यूनान और रोम में स्वाधीन नागरिकों के बीच बड़ी सम्पत्ति और छोटी सम्पत्ति के मालिकों तथा सम्पत्तिहीनों का भेद धुँधला हो गया था। यह भेद कौटिल्य के समाज में अधिक स्पष्ट है। ब्रिटेन में किसानों की बेदखली और मुफलिसी पूँजीवादी विकास के लिए उस हद तक जरूरी थी जिस हद तक ये किसान कारीगर भी थे। कारीगर अपना छोटा धन्धा बन्द न करे तो बड़े

पैमाने का धन्धा शुरू कैसे होगा? किन्तु ब्रिटेन में दो तरह के किसान थे : एक तरह के किसान वे थे जिनके लिए खेती का धन्धा मुख्य था, दस्तकारी गौण थी। दूसरी तरह के किसान वे थे जिनके लिए दस्तकारी का धन्धा मुख्य था, खेती गौण थी। इस दूसरी तरह के किसानों की तबाही काफी थी। जिनका मुख्य धन्धा खेती था, उनकी जमीन को चरागाह बनाने से खेती का पूँजीवादी विकास न हो सकता था। हजारों बेकार किसानों के शहरों में सिमट आने से पगारजीवी श्रमिक पूँजीपतियों के हाथ श्रम-शक्ति बेचते समय उनसे भाव-तौल न कर सकते थे। जिन्हें काम मिल गया, उन्होंने अपना भाग्य सराहा। कितने घंटे काम करते हैं, किन परिस्थितियों में करते हैं, कितनी पगार पाते हैं, यह सब पूँजीपति निर्धारित करते थे। कौटिल्य के समाज में खेती और पशुपालन की दो अलग शाखाएँ हैं। खेती की भूमि को चरागाह बनाना जरूरी न था। इसलिए नगरों में भूमिहीन बेकार किसानों की वह जमात नहीं है जो पगारजीवियों के लिए श्रम की शर्तें तै करना असम्भव बना दे। ब्रिटिश श्रमजीवियों की तुलना में 'अर्थशास्त्र' के श्रमजीवी भाव-तौल करके सम्भाषित वेतन पाने में कहीं अधिक समर्थ हैं।

8. वर्ण-व्यवस्था और सामाजिक पुनर्गठन

वर्ण-व्यवस्था श्रम-विभाजन का परिणाम है। श्रम-विभाजन के प्रारम्भिक दौर में दो, तीन या चार वर्णों से काम चल जाता है किन्तु जैसे-जैसे दस्तकारी की शाखाओं का विकास होता है और कुछ कुटुम्ब किसी एक शाखा से पीढ़ी-दर-पीढ़ी जुड़े रहते हैं, वैसे-वैसे 'जातियों' (Castes) का निर्माण होता है और वे रूढ़िबद्ध होती हैं। ब्राह्मण और क्षत्रिय वर्ण उत्पादन में भाग नहीं लेते, उनमें 'जातियाँ' नहीं हैं। सभी ब्राह्मणों की एक 'जाति' ब्राह्मण है, सभी ठाकुरों की एक 'जाति' ठाकुर है। विनिमय से सम्बद्ध एक 'जाति' बनी 'बनिया'; बाकी सभी जातियों का सम्बन्ध उत्पादन और संस्कृति की शाखाओं अथवा सेवाकार्यों से है। पेशे से अलग जो 'जाति' है, वह वास्तव में 'जाति' है ही नहीं, वह किसी पुराने कबीले, उसकी शाखा या गोत्र का नाम है। उत्पादन और संस्कृति की विभिन्न शाखाओं के विकास के साथ पेशेवाली 'जातियों' का निर्माण स्वाभाविक है।

काँगले का यह कहना सही है कि 'अर्थशास्त्र' में 'तन्तुवाय' (जुलाहा) आदि 'जातियों' के नाम हैं : "और इनका उद्‌भव—पेशे के भेद से हुआ था।" (उप., पृ. 148) श्रम-विभाजन से पेशे का भेद जुड़ा हुआ है। वर्ण-व्यवस्था भी इसी तरह श्रम-विभाजन का परिणाम थी। कहीं यह वर्ण-व्यवस्था अपने सरलतम रूप में होगी, कहीं अधिक विकसित रूप में। पुरोहित भूस्वामी भी होंगे, तो समाज ब्राह्मणों और अब्राह्मणों में विभाजित दिखाई देगा। तिब्बत इसका उदाहरण है। भूस्वामी पुरोहिताई भी करेंगे तो समाज क्षत्रियों और अक्षत्रियों (भूस्वामियों और शेष इतर जनों) में विभाजित दिखाई

देगा। अरस्तू की राजनीति में समाज की यही स्थिति है। भूस्वामी पुरोहितों से अलग होंगे तो क्षत्रिय ब्राह्मणों से अलग दिखाई देंगे। इनसे भिन्न खेती और दस्तकारी में लगे हुए लोग वैश्य और शूद्र होंगे। जितना ही दस्तकारी की शाखाओं का विकास होगा, उतना ही इन शाखाओं से सम्बद्ध 'जातियों' की संख्या बढ़ेगी। वर्ण-व्यवस्था समाज में श्रम-विभाजन का परिणाम है, इसलिए उसकी रचना के लिए अनार्यों पर आर्यों की विजय की कल्पना आवश्यक नहीं है। जिस समाज के सदस्य स्वयं को आर्य कहते थे, उसमें द्विज आर्य थे, शूद्र भी आर्य थे। कौटिल्य के 'अर्थशास्त्र' में सामाजिक विकास की ठीक यही ऐतिहासिक स्थिति प्रतिबिम्बित है। पेट के लिए जो दास बने, उसे छोड़कर कोई अपने नाबालिग सम्बन्धी को बेचे या गिरवी रखे तो उसे दंड दिया जाएगा। शूद्र को बारह पण और उच्चतर वर्णों को क्रमशः इसका दुगुना, तिगुना, चौगुना दंड देना होगा। (1.13.1) सूत्र में 'आर्यप्राणम्' पर टिप्पणी करते हुए काँगले ने लिखा है : "स्पष्ट ही शूद्र को आर्यों में गिना गया है।" (भाग 2, पृ. 144) काँगले को दृढ़ विश्वास है कि शूद्र आर्य नहीं थे, वे आर्येतर जन थे जिन्हें आर्यों ने जीता था। कौटिल्य ने उन्हें किसी विशेष उद्‌देश्य से आर्यों में गिन लिया था। लिखा है : "आर्यों में शूद्रों का गिना जाना वैदिक ग्रंथों की सामान्य धारणा के अनुरूप नहीं है। सम्भव है, बसे हुए जनसमुदायों को आर्य संघ (Aryan fold) में लाने के लिए अर्थशास्त्र का यह प्रयास हो। लगता है, धर्मशास्त्रों में इस प्रयास की उपेक्षा की गई है क्योंकि सामान्यतः जो कुछ भी आर्य विश्वासों और व्यवहार से एकदम मेल न खाता हो, उसके प्रति वे असहिष्णु हैं।" (भाग 3, पृ. 144) धर्मशास्त्रों में जिसे वैदिक परस्परा माना गया है, कौटिल्य ने अवश्य उसकी उपेक्षा की है। उनका यह कार्य 'लोकायत' परम्परा के अनुरूप है और उदारता के अतिरिक्त उनके साहस का परिचायक है किन्तु वैदिक परम्परा की धर्मशास्त्रीय व्याख्या को काँगले ने ऐतिहासिक व्याख्या मान लिया है, इसलिए उनके विचार से द्विज ही आर्य थे, शूद्र नहीं।

शूद्रों को आर्यत्व से खारिज करनेवाली यह रूढ़िवादी धारणा पूँजीवादी इतिहासकारों के नस्लपंथी दृष्टिकोण से कैसे मेल खाती है, इसका प्रमाण काँगले ने आगे इस प्रकार दिया है : "प्रत्येक युग में वैदिक यज्ञधर्म के अनुयायी उच्च वर्णों तक सीमित रहे होंगे और वे पूरी आबादी का अल्प अंश ही रहे होंगे। आम जनता अधिकतर आर्येतर उद्‌भव की थी और सामान्यतः उसे वैदिक क्रियाओं से बहिष्कृत रखा गया था।" (उप., पृ. 158) कुछ लोग आर्य उद्‌भव के, कुछ आर्येतर उद्‌भव के। यह 'उद्‌भव' नस्ल के अलावा और क्या है? यज्ञधर्म के अनुयायी थोड़े-से थे, उन्होंने बहुतों को शूद्र बनाया। यह अनार्यों पर आर्यों की दिग्विजय कथा के अलावा और क्या है? प्रश्न यह है कि आर्य लोग आर्येतर जनता के सम्पर्क में आने के बाद यज्ञधर्म के अनुयायी बने या उससे पहले से थे? यदि पहले से थे तो हल कौन जोतता था, रथ कौन बनाता था, सूत कौन कातता था, कपड़े कौन बुनता था? शूद्र

के बिना द्विज का अस्तित्व सम्भव नहीं है, इसलिए या तो मानना चाहिए कि आर्येतर जनता से सम्पर्क में आने के पहले आर्यों में न तो कोई ब्राह्मण था, न कोई क्षत्रिय, न वैश्य, न शूद्र, या फिर यह मानना चाहिए कि इस सम्पर्क के बाद आर्य द्विज बने और आर्येतर जन शूद्र बने। दोनों ही स्थितियों में वर्ण-व्यवस्था आर्यजनों की मूल परम्परा सिद्ध न होगी।

वैदिक समाज में वर्ण-व्यवस्था के अभ्युदय का विवेचन करते हुए वी.एम्. आप्टे ने मुइर के मत का हवाला देकर लिखा है कि ब्राह्मण अभी अलग वर्ण न बने थे। क्षत्रियों और वैश्यों के वर्ण तो और भी न बने थे। (आप्टे ने 'caste or race' लिखा है, आशय वर्ण से है।) "ऋग्वेद काल में सूक्त रचने और यज्ञ कराने का अधिकार पुरोहित परिवारों तक पूरी तरह सीमित नहीं था।" ('The Vedic Age', पृ. 388) अलग-अलग जातियों का निर्माण और भी न हुआ था। आप्टे कहते हैं : "अतः पेशा वंशगत हो, यह सिद्धान्त अभी स्वीकार न किया गया था। अधिक-से-अधिक यह कहा जा सकता है कि कुछ पेशों को, जैसे पुरोहित के पेशे को, या अभिजात भेद को मान्यता प्राप्त थी और बहुधा इनके वंशगत बनने की प्रवृत्ति पाई जाती थी किन्तु अन्य देशों या समाजों की तरह इनमें समाज के सभी अंगों से लोग शामिल होते रहे होंगे।" (उप.) समाज के भीतर वर्ण इस तरह उभरते हैं। ऋग्वेद काल में ब्राह्मण:-क्षत्रिय वर्ण उभर रहे थे, पुरोहित ब्राह्मण हुए, अभिजात क्षत्रिय हुए; प्रश्न यह है कि उस समय वैदिक समाज में वैश्य और शूद्र वर्ण भी उभर रहे थे या नहीं? कृषि और पशुपालन वैश्य-शूद्र वर्गों के लिए हैं, पुरोहितों और अभिजातों के लिए नहीं; इस भेद का उल्लेख ऋग्वेद में नहीं है। वैदिक जन खेती करते थे और पशु-पालन का काम भी करते थे, यह तथ्य सर्वमान्य है। ऋग्वेद में काव्य की गरिमा का एक महत्त्वपूर्ण कारण यह है कि उत्पादन-सम्बन्धी श्रम को निकृष्ट नहीं माना गया। लोग हल चलाते हैं, गायें चराते हैं, बढ़ई का काम करते हैं, रथ बनाते हैं, कर्मार (लुहार) का काम करते हैं, चमड़े से धनुष की डोरी बनाते हैं, कताई-बुनाई करते हैं और नाचते गाते हैं। ऐसे सारे काम बाद में शूद्रों के लिए निर्धारित किये गए। आप्टे के अनुसार यह उल्लेखनीय है कि ऋग्वेद काल में इन पेशों के लोग अभी निम्न कोटि के न माने जाते थे। (उप., पृ. 398) इससे सिद्ध यह हुआ कि इस काल में समाज द्विजों और शूद्रों में विभाजित न हुआ था, अभी अवकाशभोगी वर्ग न बना था, इसलिए सेवकों का अलग वर्ग भी न था।

ऋग्वेद के दसवें मंडल में पुरुषसूक्त है जिसमें वर्णभेद स्पष्ट है। यह सूक्त बाद की रचना माना जाता है; उसमें ऋग्वेदकालीन समाज का यथार्थ चित्र नहीं है, वह उत्तर वैदिक काला की रचना है। किन्तु आर्येतर जातियों के बनाए जाने की कथा की तुलना में वर्णों का उत्पत्ति का यह पुरुषसूक्त वाला विवरण कहीं अधिक वैज्ञानिक और यथार्थपरक है। जिस पुरुष को देवता विभाजित करते हैं, उसका मुख

ब्राह्मण है, उसकी बाँहें राजन्य हैं, जाँघें वैश्य हैं और उसके पैरों से शूद्र उत्पन्न हुए। (10.90) ऋग्वेद में शूद्रवर्ण का यह एकमात्र उल्लेख है। यह अनार्यों को शूद्र बनाने की कथा से अधिक वैज्ञानिक इसलिए है कि जिस पुरुष के अंग तीन उच्च वर्ण बने, उसी के एक अंग से शूद्र भी उत्पन्न हुए, भले ही वह अंग पैर हो। चारों वर्ण एक ही 'पुरुष'—एक ही समाज—से सम्बद्ध हैं, वे किसी 'अन्य पुरुष'—राक्षस या दैत्य-समाज—से लाकर तीन वर्णों वाले समाज में जोड़े नहीं गए। और आरम्भ में वर्ण-भेद नहीं है। पुरुष के पास सिर-पैर आदि सभी अंग हैं, वे विभाजित नहीं हैं। वर्ण तब बनते हैं जब एक ही पुरुष—समाज—विभाजित होता है।

जो लोग यूनानी और रोमन समाजों में दास-प्रथा के प्रसार के कारणों पर ध्यान नहीं देते, वे उसे सामाजिक विकास के लिए अनिवार्य मान लेते हैं, फिर उसे रूस, चीन या भारत, किसी भी देश के इतिहास में ढूँढ़ निकालने का प्रयत्न करते हैं। जब तथ्य नहीं मिलते तब अटकल से काम लेते हैं। ऐसा अटकलपंथी विवेचन ऐतिहासिक भौतिकवाद से बहुत दूर है, वह कठसिद्धान्ती दृष्टिकोण का नतीजा है। मार्क्स और एंगेल्स की विचारधारा के विकास की मुख्य दिशा न पहचानने का परिणाम है। जो चीज अनिवार्य है, वह है गण-व्यवस्था का टूटना। समानता की जगह विषमता, स्वाधीन और पराधीन नागरिकों में भेद, कुछ के पास विशेषाधिकार और कुछ अधिकारों से वंचित, सामाजिक विकास का यही सामान्य मार्ग है। शूद्रों का काम द्विजों की सेवा करना है, द्विजों का काम दूसरों के श्रमफल को हड़पना है, भारत की वर्ण-व्यवस्था गण-समाजों के टूटने के बाद की मंजिल का सही चित्र उपस्थित करती है। सामन्ती व्यवस्था "कुछ व्यक्तियों को विशेषाधिकार देती है। समाज की पूरी श्रेणियों (ranks) और स्थानीय संघों को विशेषाधिकार देती है। उसके सामाजिक संगठन का ढाँचा ऐसा है कि अधीनता के बन्धन वंशगत (the hereditary ties of subordination) होते हैं।" ('एंटीड्यूरिंग', पाद-टिप्पणी 2, पृ. 306) भारतीय वर्ण-व्यवस्था के विवेचकों को यूरोप के सामन्ती समाज की यह विशेषता बराबर ध्यान में रखनी चाहिए।

काँगले ने कौटिल्य के समाज को वर्णों में इस कट्टरता से विभाजित माना है, कि उसमें केवल वर्णगत एकता सम्भव थी, पूरे समाज की एकता का भाव अथवा वर्णों से परे किसी नये वर्ग की एकता का भाव पैदा ही न हो सकता था। "दरअसल विभिन्न सामाजिक गुटों में अलगाव की भावना के कारण उनमें ऐसा कोई मिश्रण हुआ ही न होगा जो बहुत विलम्बित गति से सम्पन्न होने पर भी राजनीतिक एकता का भाव पैदा कर सकता था। इसके सिवा धर्मशास्त्रीय धारणाओं को सभी ने सिर झुकाकर मान लिया था; ये धारणाएँ समाज में विभिन्न गुटों को ऊँचा-नीचा स्थान देकर उसकी सन्तोषजनक व्याख्या करने के साथ उसे न्यायोचित भी ठहराती थीं; इस कारण यह सम्भव हुआ कि निष्ठा मूलतः अपने समुदाय के प्रति सीमित रही। जो भी निष्ठा का भाव था, वह राजा या उसके वंश के प्रति था, राज्यसत्ता (State) जैसी

किसी इकाई के प्रति नहीं।" (उप., पृ. 150-51) सामाजिक गुटों में जब तक मिश्रण (fusion) न होगा, तब तक राजनीतिक एकता का भाव पैदा न होगा, यह बात सही हो तो पूँजीवादी समाज में जब तक पूँजीपति वर्ग और मजदूर वर्ग का मिश्रण न होगा, तब तक इस समाज में भी एकता का भाव पैदा न होगा। आधुनिक 'जाति' (नेशन) इसी पूँजीवादी व्यवस्था की देन है। वर्ग-भेदवाले समाज में एकता की भावना का आधार वर्गों का मिश्रण नहीं है, उनकी परस्पर निर्भरता है। उन्हें परस्पर निर्भर बनाने वाले आर्थिक सम्बन्ध हैं। पगारजीवी श्रमिक का सर्वहारापन और उसकी श्रम-शक्ति के खरीददार का पूँजीपतिपन, दोनों एक दूसरे पर निर्भर हैं। इसी प्रकार द्विजों का द्विजत्व तभी तक है जब तक शूद्रों का शूद्रत्व है; सेवक वर्ग के बिना अवकाशभोगी वर्ग का अस्तित्व असम्भव है। धर्मशास्त्रीय धारणाओं को सभी लोग सिर झुकाकर मान लें तो राजदंड की जरूरत ही न पड़े।

कौटिल्य के समाज में वंशगत अधीनता के सामन्ती बन्धन टूट रहे थे। 'अर्थशास्त्र' में हर काम के लिए जोर मनुष्य की योग्यता पर है, उसके वर्ण और वंश पर नहीं। राजा के बाद राज्यसत्ता के सूत्रधारों में अमात्य सबसे शक्तिशाली हैं। वे क्षत्रिय होंगे या ब्राह्मण, यह स्पष्ट नहीं किया गया। 'कार्यसामर्थ्याद्धि पुरुषसामर्थ्य कल्प्यते।' (1.8.28) कौन पुरुष योग्य है, यह उसके कार्य करने की क्षमता से विदित होगा। योग्यता की कसौटी व्यवहार है, यह सिद्धान्त वर्णगत, वंशगत श्रेष्ठता की धारणा के प्रतिकूल है। प्रशासन से लेकर कृषि-उद्योग-व्यापार के संचालन तक, राजकर्मचारियों की निगरानी से लेकर युद्ध और राज्यप्रसार तक, राजा जिस समुदाय पर सर्वाधिक निर्भर है, वह गुप्तचरों का विशद संगठन है। कौटिल्य की राज्यसत्ता की आधुनिकता का श्रेष्ठ प्रमाण इस संगठन के महत्त्व का विवेचन है। आज के युग में जो राज्यसत्ता जितना ही समर्थ है, उसका गुप्तचर संगठन उतना ही शक्तिशाली है। सिद्धान्त यह है कि राज्यसत्ता के प्रतिनिधि गुप्तचरों के बारे में चुप रहें। 'नेति कौटिल्यः'! वह खुलकर इनके बारे में लिखते हैं। वर्ण और वंश के आधार पर गुप्तचर नियुक्त हों तो राज्यसत्ता की नाव बहुत जल्दी मझधार में डूब जाए। सेना के लिए कौटिल्य ने लिखा है कि उसमें शस्त्रविद्या के जानकार क्षत्रिय होने चाहिए, ब्राह्मणों की बहुलता न होनी चाहिए, बहुलता वैश्यों और शूद्रों की हो सकती है किन्तु सेना के भीतर और बाहर गुप्तचरों का जाल फैला हुआ है, उसके लिए कौटिल्य ने कहीं वर्णों का उल्लेख नहीं किया। राज्यतंत्र को चलाने वाली यह संस्था वर्ण-व्यवस्था को भीतर से ध्वस्त करने का महत्त्वपूर्ण साधन भी थी। उल्लेखनीय है कि गुप्तचर संगठन में स्त्रियाँ भी थीं और अन्य कर्मचारियों की तरह उन्हें भी वेतन दिया जाता था। ब्राह्मणों के अध्ययन अध्यापन के विषय सीमित थे। कौटिल्य के समाज में विज्ञान की जिन शाखाओं का विकास हो रहा था, वे परम्परागत विषयों की परिधि से बाहर थीं। 'आकराध्यक्ष' खानों में उत्पादन का संगठन करेगा; उसे स्वयं भूगर्भशास्त्र, धातुविज्ञान आदि का

विशेषज्ञ होना चाहिए अथवा उसे इन विषयों के विशेषज्ञों की सहायता लेनी चाहिए। (2.12.1) खानों से लेकर कर्मान्तकों तक, कपड़े-लत्ते से लेकर युद्ध-सामग्री तक, उत्पादन की इतनी शाखाएँ हो गई हैं और उनमें इतने कौशल विशेषज्ञ दरकार हैं कि सामन्ती समाज की वर्ण-व्यवस्था उन्हें पुरानी मर्यादाओं में बाँधकर रख नहीं सकती। बुद्धिजीवियों का एक नया वर्ग तैयार हो रहा है।

सामन्ती समाज में उत्पादन का लक्ष्य होता है स्थानीय आवश्यकताओं की पूर्ति के लिए उपयोग मूल्य जुटाना। कौटिल्य के समाज का प्रमुख लक्ष्य है विनिमय के लिए वस्तुओं का उत्पादन करना, देश-विदेश में व्यापार के लिए बिकाऊ माल तैयार करना। सामन्ती व्यवस्था छोटे पैमाने के उत्पादन की व्यवस्था है, कौटिल्य की समाज-व्यवस्था में बड़े पैमाने के उत्पादन की भूमिका महत्त्वपूर्ण है। सामन्ती-व्यवस्था में उत्पादक अलग-थलग और बिखरे हुए होते हैं। यहाँ उत्पादक कर्मान्तकों में एकत्र होते हैं, खेती और पशुपालन के अनेक बड़े संस्थानों में देहात के श्रमिक सिमट आते हैं। सामन्ती व्यवस्था में श्रम अभिजात वर्ग के हित में बलपूर्वक अथवा रूढ़ियों के आधार पर कराया जाता है, यहाँ सामान्य नियम है पगार देकर श्रम कराना। सामन्ती व्यवस्था में विनिमय अत्यन्त सीमित होता है, इसलिए गाँव शहर पर हावी होते हैं। यहाँ शहर गाँवों पर हावी हैं। इसीलिए उद्योग और व्यापार राज्यसत्ता द्वारा नियंत्रित हैं। सामन्ती व्यवस्था में उत्पादन की मुख्य शाखा खेती होती है (पशुपालन उसी में शामिल है)। यहाँ खेती के अलावा उत्पादन की अनेक शाखाएँ हैं और उत्पादकों के अलावा काफी संख्या ऐसे लोगों की है जो केवल विनिमय में लगे हुए हैं। सामन्ती व्यवस्था में मुद्रा का व्यवहार अत्यन्त सीमित होता है। यहाँ हर कर्मचारी को मुद्रा के रूप में वेतन देने पर जोर है। सामन्ती व्यवस्था में राजा अपने अधीन सामन्तों की वफादारी के बल पर शासन करता है, युद्ध में वह उनके द्वारा जुटाए हुए सैन्यबल पर निर्भर रहता है। यहाँ एक राजतंत्र है, सर्वोपरि राजा है, उसके बाद शेष सभी लोग प्रजा हैं। छोटे-बड़े सामन्तों के ऊपर महासामन्त के समान राजा प्रतिष्ठित नहीं है। कौटिल्य ने राजा के सभी सहायकों का वेतन निर्धारित किया है, इसी तरह उन्होंने स्थायी और वेतनमोगी सेना का विधान किया है। नागरिक प्रशासन चलाने के लिए एक पूरा नौकरशाही तंत्र है। गाँवों का प्रशासक 'समाहर्ता' है (2.35.1), नगर का प्रशासक 'नागरिक' है। (2.36.1) उल्लेखनीय है कि 'धर्मस्थ' (न्यायाधीश) का पद इनसे भिन्न है। (3.1.1) सामन्ती व्यवस्था में श्रम-विभाजन बहुत सीधा-सादा और अविकसित होता है। चार वर्णों (और उनके अन्तर्गत बिरादरियों) वाली व्यवस्था इसी श्रम-विभाजन के अनुरूप होती है। कौटिल्य के समाज में श्रम-विभाजन विकसित है। उत्पादन और विनिमय की नई शाखाएँ कायम हुई हैं। इनके संचालन के लिए नये-नये पेशे बने हैं। स्पष्ट ही पुराने श्रम-विभाजन के आधार पर जो वर्ण-व्यवस्था बनी थी, उसकी जगह अब नये श्रम-विभाजन के आधार पर नई वर्ण-व्यवस्था का गठन हो

रहा है। सामन्ती राज्यसत्ता से भिन्न स्थायी सेना, वेतनभोगी राजकर्मचारी दल और बहुकार्यरत गुप्तचर विभाग वाला कौटिल्य का एकराजतंत्र देश और समाज की बदली हुई परिस्थितियों के अनुरूप है। सामन्ती समाज विशेषाधिकारों का समाज है। यहाँ जोर कार्य-सामर्थ्य पर है। सामन्ती राज्यतंत्र में देवताओं और धार्मिक विश्वासों की भूमिका महत्त्वपूर्ण होती है; उत्पादकों की अतिरिक्त उपज आसानी से बड़े भूस्वामियों के पास पहुँचती रहे, इसके लिए धर्म का उपयोग किया जाता है। कौटिल्य के समाज में चर्च जैसा कोई धार्मिक संगठन नहीं है।

समाज में अनेक वर्गों के सदस्य मिलकर नये घटक रच रहे हैं, वे ऐसा जान-बूझकर किसी योजना के अनुसार नहीं, परिस्थितियों के प्रभाव से कर रहे हैं, और यह स्थिति 'अर्थशास्त्र' में प्रतिबिम्बित है। राज्य में जनपद और दुर्ग, ये दो महत्त्वपूर्ण घटक हैं। जनपद में देहात के, दुर्ग में नगर के लोग आ गए। दुर्ग किला है और किलेवाला नगर भी (पुर की तरह)। 'दुर्गेषु वणिजः संस्था'। (1.12.22) किलेबन्दी वाले नगरों में व्यापारियों से गुप्तचर का काम लेना चाहिए। जनपद में रहनेवाले सभी लोगों को एक घटक माना गया है। उसी तरह शहर में रहनेवालों को दूसरा घटक माना गया है। काँगले ने जायसवाल की आलोचना करते हुए 'पौर' और 'जानपद' शब्दों के व्यवहार के जो उदाहरण दिये हैं, उनसे उक्त तथ्य की पुष्टि होती है। 'सौवर्णिक' नाम का राजकर्मचारी 'पौरों' और 'जानपदों' के लिए सोने-चाँदी की चीजें गढ़वाता है (2.14.1); कोष खाली होने पर 'समाहर्ता' नाम का राजकर्मचारी पौरों और जानपदों से धन बटोरेगा (5.2.33); शक्तिशाली राजा के आक्रमण का भय होने पर निर्बल राजा उसके नगर में अफवाहें फैलाएगा और अपने आदमियों से पौरों के यहाँ रात में चोरी करा देगा (12.2.26); राजा पौरों और जानपदों के मामले निपटाएगा। (1.19.10) पौर और जानपद—ये समाज के दो बड़े भाग हैं। पुरे या नगर से भिन्न जनपद देहात का सूचक है किन्तु सर्वत्र नहीं। राजा को ऐसा मंत्री नियुक्त करना चाहिए जो जानपद हो। (1.9.1) नियुक्ति के समय उसके जनपद के बारे में पूछताछ करनी चाहिए (1.9.3) यहाँ जनपद वह प्रदेश है जिसमें गाँव और शहर, दोनों शामिल हैं। उसमें रहनेवाले, शहरी और देहाती, सभी लोग जनपदवासी हैं, जानपद हैं। हम सब एक ही जनपद के हैं, इनमें यह भाव कैसे पैदा हुआ? ऐसे पैदा हुआ कि शहर और देहात एक-दूसरे से कटे हुए नहीं हैं, विनिमय द्वारा गाँव परस्पर जुड़े हुए हैं और गाँवों से शहर जुड़े हुए हैं। विनिमय का जितना ही विकास होगा, उतना ही यह परस्पर जुड़ने का भाव बढ़ेगा। जनपद के निवासी रक्त-सम्बन्धों वाले गण-समाज के सदस्य नहीं हैं। मंत्रियों की नियुक्तिवाले उक्त सन्दर्भ में काँगले ने जानपद का अनुवाद किया है : native of the country। वह 'कंट्री' शब्द का व्यवहार देहात के लिए करते हैं। राजा देहात से ही अपने मंत्री ढूँढ़कर लाए, स्पष्ट ही यह आशय नहीं है। आगे जनपद के लिए nationality लिखा है जो कौटिल्य के

आशय के अनुरूप है। राजा को पता करना चाहिए कि भावी मंत्री किस जनपद का रहनेवाला है, कौन-सी भाषा बोलता है, इत्यादि।

काँगले ने 'राष्ट्र' और 'जनपद' शब्दों के व्यवहार के बारे में लिखा है : "सात प्रकृतियों में जिसका सम्बन्ध राज्य की भूमि से है, वह 'जनपद' है। 'मनुस्मृति' जैसे बाद के ग्रंथों में इसके लिए 'राष्ट्र' शब्द का व्यवहार हुआ है, वैसा व्यवहार यहाँ नहीं है।" (उप., पृ. 120) जैसे 'जनपद' शहर से भिन्न देहात है, साथ ही ऐसा प्रदेश है जिसमें शहर और देहात, दोनों हैं। वैसे ही 'राष्ट्र' देहात है और वह शहर-देहात की सम्मिलित इकाई भी है। गुप्तचर प्रसंग में राष्ट्र शहर से भिन्न है (1.12.22); काँगले की पाद-टिप्पणी है : "दुर्ग या पुर से भिन्न 'राष्ट्र' वही है जो जनपद है।" (भाग 2, पृ. 27)दुर्गुणों के कारण उनके राज्यों (राष्ट्रों) सहित अनेक राजाओं का नाश हुआ (1.6.11)। काँगले के अनुवाद में 'राष्ट्र' kingdoms हैं। राजा को चाहिए कि वह पुर में बाहर के ऐसे लोगों को न आने दे जो 'राष्ट्र' को क्षति पहुँचाने वाले हों ('राष्ट्रोपघातकाम्')। (2.4.32) स्पष्ट ही यह आशय नहीं है कि ऐसे लोग पुर में घुसकर देहात को क्षति पहुँचाएँगे और पुर को छोड़ देंगे। जो माल 'राष्ट्र' के लिए हानिकारक हो, 'शुल्काध्यक्ष' को उसे रोक देना चाहिए ('राष्ट्रपीडाकरं भांडम्') (2.21.31) यहाँ उस माल की बात है जो सारे राष्ट्र के लिए पीड़ाकर है, केवल गाँववालों के लिए नहीं। जो व्यक्ति सारे 'राष्ट्र' की पीड़ा का ध्यान करके माल पर रोक लगाने की बात कहता है, वह वर्णों से परे 'राष्ट्र' के प्रति निष्ठा व्यक्त करता है। जिस माल से लोगों का उपकार होता हो, उसे शुल्कमुक्त कर देना चाहिए। ('महोपकारम्') (उप.) कौटिल्य की राज्यसत्ता राष्ट्रीय है और लोकोपकारी भी है।

काँगले ने कोसाम्बी की इस धारणा का सही खंडन किया है कि 'पौर' और 'जानपद' विशेषाधिकारी वर्ग थे। 'अर्थशास्त्र' के आधार पर यह नहीं कहा जा सकता कि "उन्हें विशेषाधिकार प्राप्त थे क्योंकि 'पौर' या 'जानपद' कहलाने वाला उनका कोई विशिष्ट वर्ग था। 'क्षुद्रक' उतने ही 'पौर' या 'जानपद' थे, जितने 'प्रधान'।" (उप., पृ. 136)

वर्णों से अलग हटकर, वर्णों में दरार डालता हुआ, नया भेद पैदा हुआ है। कुछ लोग शहर के हैं, कुछ देहात के। जो शहर के हैं, वे 'पौर' हैं, जो देहात के हैं, वे 'जानपद' हैं। यह भेद इसलिए पैदा हुआ है कि शहर उद्योग-प्रधान है और देहात कृषिप्रधान। यह नया श्रम-विभाजन है जिससे शहर और देहात के बीच बड़े पैमाने पर उत्पादों का विनिमय सम्भव होता है। पुराना श्रम-विभाजन मूलत: देहात के लोगों की सीमित आवश्यकताएँ पूरी करने के लिए था; वर्ण-व्यवस्था का आधार यह पुराना श्रम-विभाजन था। इसमें सम्पत्ति का मुख्य रूप थी भू-सम्पत्ति, आय का मुख्य स्रोत थी खेती। अब उद्योग और विनिमय के विकास से सम्पत्ति के नये रूप उत्पन्न हुए, इसलिए शहरियों में 'क्षुद्रक' और 'प्रधान' का भेद पैदा हुआ, और ऐसा

ही भेद देहातियों में पैदा हुआ। 'क्षुद्रक' "सामान्य जन या आम जनता थे" और प्रधान "प्रमुख नागरिक और देहात के लोग थे और इनमें खास तौर से राज्य के उच्च अधिकारी शामिल थे।" (उप.) सम्पत्ति शहर में और देहात में, दोनों जगह है; इसलिए सम्पत्तिगत भेद भी दोनों जगह है। "निस्सन्देह पितृसत्ताक परिवारों के कुलपति धनाढ्य और सम्पत्तिशाली नागरिक थे, इसे अस्वीकार नहीं किया जा सकता।" (उप., पृ. 138-39) ऐसे धनाढ्य कुलपति शहर में थे, देहात में थे; इसलिए जनसाधारण और विशिष्ट जनों में भेद पैदा हुआ। "जिन्हें प्रधान या मुख्य कहा जाता था, वे निस्सन्देह सामान्यजनों से भिन्न हैं।" (उप., पृ. 139) समाज में सम्पत्तिगत भेद जब तीव्र होगा, तब वर्णगत भेद मन्द होगा। वर्णगत भेद वंशगत भेद कायम रखता है, सम्पत्तिगत भेद उसे तोड़ता है, वर्णों की जगह नये वर्गों के निर्माण के लिए रास्ता साफ करता है।

'प्रधान' और 'क्षुद्रक' वाले भेद के सन्दर्भ में काँगले की सारगर्भित टिप्पणी इतिहासकारों के लिए शिक्षाप्रद है। कहते हैं : "और जहाँ तक 'प्रधानों' और 'मुख्यों' का सम्बन्ध है, सोचा जा सकता है कि वे उच्च विशेषाधिकारी वर्ग के होंगे परन्तु यह सुनिश्चित नहीं है कि उनका कोई वंशगत वर्ग (hereditary class) था। दरअसल इस पुस्तक में राजधानी या देहात में रहनेवाले किसी वंशगत अभिजात (hereditary nobility) के अस्तित्व का प्रमाण नहीं है।" (उप.) कौटिल्य के समाज में एक उच्च वर्ग है किन्तु वह विशेषाधिकारी नहीं है, विशेषाधिकार वंशगत होते हैं, इसलिए यह विशेषाधिकारविहीन किन्तु सम्पत्तिशाली वर्ग वंशगत अभिजात नहीं है। वह उस अर्थतंत्र की देन है जिसमें द्रव्य का व्यापक चलन है और द्रग विशेषाधिकारों की जड़ काटनेवाला उपकरण है। 'अर्थशास्त्र' की एक विशेषता यह है कि उसमें वर्ण की जगह पेशे का नाम अधिक आता है। 'वार्ता' 'वैश्य' और 'शूद्र', दोनों का धर्म है किन्तु उत्पादन की शाखाओं के प्रसंग में 'वैश्य' और 'शूद्र' कहने के बदले कौटिल्य 'कर्षक', 'गोपालक', 'वैदेहक' शब्दों का व्यवहार करते हैं। कृषि, पशुपालन और वाणिज्य से धान्य, पशु और धन के अतिरिक्त एक और चीज प्राप्त होती है—विष्टि। (1.4.1) विष्टि समाज का वह घटक है जिसमें सफाई कर्मचारी ('मार्जक'), पहरेदार ('रक्षक'), तौलनेवाले ('धरक'), नापनेवाले ('मायक'), नापनेवालों के निरीक्षक ('मापक'), 'दायक' (काँगले के अनुसार giver, देनेवाला, उसका कार्य स्पष्ट नहीं है), गणक ('शलाका परिआहक'), 'दास', 'कर्मकर'—ये सब शामिल हैं। (2.15.63) समाज में एक ऐसा वर्ग बन गया है जिसमें स्वाधीन कर्मकर और पराधीन दास, दोनों हैं। उसमें नापतौल-हिसाब से सम्बद्ध अन्य कर्मचारी हैं। सफाई कर्मचारियों का काफी बड़ा दल होगा, इसलिए उनका अलग से उल्लेख है। इस वर्ग में शहर और देहात, दोनों जगह के श्रमिक हैं। राजा का कर्तव्य है कि दंड (जुर्माने), विष्टि और करों की पीड़ा से कृषि की रक्षा करे : 'दंडविष्टिकराबाधैरक्षेदुपहतां कृषिम्'। (2.1.37) दंड और कर के बीच में विष्टि का उल्लेख है। यह विष्टि देहात में काम

करनेवाला श्रमिक समुदाय है जो राजकर और राजदंड के साथ धनी किसानों को परेशान करता होगा। राजा कर और दंड से 'राजकीय' कृषि की रक्षा करे, यह स्थिति नहीं है। इनसे उसे निजी स्वामित्ववाले कृषितंत्र की रक्षा करनी है। धनी किसान काफी बड़े पैमाने पर बहुत-से मजदूर लगाकर खेती कराते होंगे वर्ना राजकर और राजदंड के साथ विष्टि द्वारा उनके पीड़ित होने की सम्भावना उत्पन्न न होती। विष्टि में केवल शूद्र वर्ण के श्रमिक होंगे, यह नहीं कहा गया। दास और कर्मकर, ये दो भिन्न सामाजिक स्थितियों के आदमी हैं, यह तो स्पष्ट है ही। यद्यपि भूस्वामी-विष्टि संघर्ष में राज्यसत्ता भूस्वामियों का पक्ष लेगी, किन्तु विष्टि से भूस्वामी पीड़ित हो सकते हैं, यह सम्भावना देहाती सर्वहारा के संगठित होने और संघर्ष करने की क्षमता की परिचायक है।

विष्टि में जो श्रमिक गिने जाते थे, वे सेना के साथ जाते थे और आवश्यक श्रम करते थे। मित्रसेना जैसे घटकों के साथ उनका पड़ाव होगा। (10.1.9) सेना के आगे चलकर सुरक्षा और पीने के पानी की व्यवस्था करना उनका काम है। यहाँ विष्टि के साथ इन्हीं कामों के लिए 'वर्धकि' (बढ़ई अथवा कारीगर मात्र) का उल्लेख है। (10.1.17) शिविर मार्ग, जलाशय (सेतु), कुएँ, नदी पार करने के स्थान (तीर्थ) के 'शोधन' का काम विष्टि का है। (10.4.17) 'शोधन' से सफाई के अलावा तीर्थ आदि को खोजने से भी आशय हो सकता है। यंत्र, आयुध, कवच ('आवरण'), औजार ('उपकरण'), और भोजन-सामग्री ढोना भी विष्टि का काम है। युद्धभूमि से शस्त्र, आवरण, और आहत जनों को उठाना भी उसका काम है। (10.4.17) शहर और देहात से युद्धभूमि तक सैनिक असैनिक कार्यों में लगा हुआ एक बड़ा श्रमिक समुदाय है जो विष्टि कहलाता है। इस समुदाय से श्रम का ऐसा गहरा सम्बन्ध था कि 'विष्टि' शब्द ही श्रमवाचक हो गया। श्रम के पर्याय के रूप में इसका प्रयोग 'अर्थशास्त्र' में ही है। जिस सेना में अनेक स्थानों के अनेक दल हों, भोजन और वेतन के बिना भी लूट के लालच से लोग आ जाते हों, बुलाए-बिना बुलाए लूटमार, 'विष्टि' और साहसी कार्य करते हों, ऐसी 'औत्साहिक' सेना शत्रु द्वारा विभाजित की जा सकती है। (9.2.9) यहाँ ('विलोपविष्टि प्रतापकरम्') 'विष्टि' का अर्थ श्रम है।

9. व्यक्तिगत सम्पत्ति, विवाह और विधि-व्यवस्था

कौटिल्य के समाज में सामूहिक सम्पत्ति नहीं है, या तो राजकीय सम्पत्ति है या व्यक्तिगत (अथवा कुटुम्बगत) सम्पत्ति। व्यक्तिगत सम्पत्ति में भू-सम्पत्ति शामिल है। काँगले ने लिखा है कि 'अर्थशास्त्र' "निजी भूस्वामित्व को मान्यता देता है यद्यपि इसके साथ ही राजकीय भूमि का अस्तित्व पहले ही स्वीकृत है।" (भाग 3, पृ. 169) जो दूसरे की भूमि लेकर जोतता-बोता है, वह 'उपवास' है। जिसकी अपनी भूमि है, वह क्षेत्रिक है। (3.10.8) खेत के बारे में विवाद हो तो उसे पड़ोसी वृद्धजन निपटाएँगे।

वादी-प्रतिवादी, दोनों में किसी का स्वामित्व सिद्ध न हो या जिसका स्वामी मिले नहीं ('प्रनष्टस्वामिकम्') वह खेत राजा का हो जाएगा। (3.9.15-17) राज्य को खेती से जो कर रूप में आय होती है, वह इन व्यक्तिगत भूस्वामित्व वाले कृषकों से होती है। कर देनेवाला भूस्वामी दूसरे करद भूस्वामी के यहाँ अपनी जमीन बन्धक रख सकता है, उसके हाथ अपनी जमीन बेच सकता है : "करदाः करदेष्वाधानं विक्रयं वा कुर्युः।" (3.10.9) दूसरा करद भू-स्वामी ही जमीन बन्धक रखे या खरीदे, यह पाबन्दी शायद इसलिए है कि खेती की जमीन साहूकारों के हाथ में न चली जाए। किन्तु एक करद किसान दूसरे किसान की भूमि बन्धक रखता है या खरीदता है, तो इसका अर्थ यह है कि स्वयं किसानों में साहूकारी पनप रही है। करद किसानों से भिन्न ब्राह्मणों की भूमि है जो उन्हें दान में दी गई है। ऐसी भूमि के स्वामी 'ब्रह्मदेयिक' हैं। एक ब्रह्मदेयिक दूसरे ब्रह्मदेयिक के यहाँ अपनी भूमि बन्धक रख सकता है और उसके हाथ उसे बेच सकता है। ब्राह्मण यदि दूसरे ब्राह्मण की भूमि बन्धक रखे या उसे खरीदे तो इससे सिद्ध होगा कि साहूकारी ब्राह्मणों में भी पनप रही है। बिरादरी के लोग, पड़ोसी और धनिक (साहूकार),ये तीनों भूमि खरीद सकते हैं। इनमें पहले अधिकार बिरादरी के लोगों का है, फिर पड़ोसियों का, अन्त में साहूकारों का। किसान की भूमि उसकी बिरादरी के लोगों के हाथ में जाए, यह अनिवार्य नहीं है। जिन पड़ोसियों का उल्लेख है, वे किसान हैं किन्तु बिरादरी के बाहर के लोग हैं। अन्त में धनिक हैं, वे भी जमीन खरीद सकते हैं। सम्भवतः ये शहरी महाजन नहीं हैं वरन् धनी किसान हैं जो लेन-देन का काम भी करते हैं। इसीलिए इनके बाद बाहरी लोग हैं; बिरादरी के लोग, पड़ोसी और धनिक जब भूमि न खरीदें तब बाहर वालों का नंबर आएगा। 'ज्ञातिसामन्तधनिकाः क्रमेण भूमिपरिग्रहान् क्रेतुमभ्यामवेयुः ततोऽन्ये बाह्याः'। (3.9.1-2) भूमि को बन्धक रखने और बेचने का अनिवार्य परिणाम होगा—भूमि का केन्द्रीकरण और धनी-निर्धन किसानों में भेद। इससे बिरादरियाँ टूटेंगी और वर्ण-व्यवस्या छिन्न-भिन्न होगी।

काँगले ने ठीक लिखा है कि भूमि का विक्रय (alienation) स्वामित्व का सुपरिचित लक्षण है। (भाग 3, पृ. 170) उन्होंने ध्यान दिलाया है कि किसान को जो जमीन दी गई है, वह उसे न जोते तो वह उससे ले ली जाएगी और दूसरे को दे दी जाएगी (2.1.10); यहाँ उस जमीन की बात कही गई है जो नये बन्दोबस्त के समय राजा की ओर से किसान को दी गई है। (उप., पृ. 371) स्वाधीन नागरिकों के पास तो व्यक्तिगत सम्पत्ति थी ही, जो दास थे, वे भी सम्पत्ति के स्वामी हो सकते थे। 'दास द्रव्यस्य ज्ञातयो दायदाः, तेषामभावे स्वामी'। (3.13.22) दास की सम्पत्ति के उत्तराधिकारी उसकी बिरादरी के लोग होंगे, उनके अभाव में वह सम्पत्ति मालिक की हो जाएगी। उत्तराधिकार का नियम दासों की सम्पत्ति पर लागू होता है। स्वभावतः वह स्वतंत्र नागरिकों की सम्पत्ति पर भी लागू होगा। वैसे दास स्वयं सम्पत्ति है; वह

खरीदा जा सकता है ('लब्धक्रीत'), उत्तराधिकार में प्राप्त हो सकता है ('दायागत'), और घर में पैदा होने पर (अर्थात् घर में काम करनेवाले दास की सन्तान होने पर) दास बनने को बाध्य हो सकता है ('गृहेजात')। (3.13.20) किन्तु दास नामक सम्पत्ति पर स्वामी का निरपेक्ष अधिकार नहीं है। अनुचित ढंग से काम कराने पर दंड की व्यवस्था है। यदि कोई आर्य (स्वाधीन नागरिक) दास बना है, तो वह निष्क्रय मूल्य देकर स्वाधीन हो सकता है। यदि उसका स्वामी निष्क्रय मूल्य लेकर उसे मुक्त करने को राजी न हो तो उसे दंड दिया जाएगा। (3.13.21)

सम्पत्ति की तरह ऋण चुकाने का दायित्व भी उत्तराधिकार में मिलता है। कर्जदार की मृत्यु हो जाने पर उसके पुत्र या उत्तराधिकारी ब्याज समेत ऋण चकाएँगे। (3.11.14) व्यापारियों, खेती करनेवालों, वन में या समुद्र से यात्रा करनेवालों के लिए ब्याज की अलग-अलग दरें हैं और उनका उल्लंघन करने वालों को दंड देने की व्यवस्था है। (3.11.1-2) सूदखोरी अनियंत्रित नहीं है। महाजन और कर्जदार, दोनों को किन्हीं नियमों का पालन करना होता है। किन्तु सूदखोरी के बारे में नियम बनाने की जरूरत तभी पड़ेगी जब धनी-निर्धन में भेद बढ़ेगा और निर्धन व्यक्ति अपनी सामान्य आय से काम न चला सकेगा। आदमी जब कर्ज लेकर भी काम चलाने की स्थिति में न होगा, तब वह 'उदरदास' बनेगा, पेट के लिए दूसरे की गुलामी करेगा। (3.13.1)। सामान्य नियम है कि आर्य दास न बनेगा। (3.13.4) किन्तु विपत्ति पड़ने पर वह भी दास बनता है। (3.13.5) जिस आर्य ने स्वयं को बेचा है, उसकी सन्तान आर्य ही होगी : 'आत्मविक्रयिण: प्रजामार्यां विद्यात्'। (3.13.13.)

आर्य स्वामी हो सकता है, दास भी हो सकता है। व्यक्तिगत सम्पत्ति के चलन से धनी-निर्धन का भेद बढ़ रहा है। राजा किसानों की व्यक्तिगत आय पर तो कर लगाता ही है, जो उनकी परम्परागत सम्पत्ति है, उसे भी वह राजकीय सम्पत्ति बना रहा है। चरागाहों का अध्यक्ष ('विवीताध्यक्ष') गाँवों के बीच में चरी की भूमि स्थापित करेगा। 'ग्रामांतरेषु च विवीतं स्थापयेत्'। (2.34.6) गाँवों के आसपास चरी की भूमि ग्रामवासियों की सामान्य सम्पत्ति न होगी, वह राजकीय सम्पत्ति होगी। वनों पर और वन-सम्पदा पर राजा का अधिकार है।

उत्तराधिकार सम्बन्धी नियमों से प्रतीत होता है कि उच्चवर्ण के पुरुषों के लिए निम्नवर्ण की स्त्रियों से विवाह करना असाधारण बात न थी। ब्राह्मण पिता की सम्पत्ति से ब्राह्मणी माता के पुत्र को चार अंश, क्षत्रिय माता के पुत्र को तीन अंश, वैश्य माता के पुत्र को दो अंश और शूद्र माता के पुत्र को एक अंश मिलेगा। इसी प्रकार क्षत्रिय पिता की सम्पत्ति से क्षत्रिय-वैश्य-शूद्र माताओं के पुत्रों को, वैश्य पिता की सम्पत्ति से वैश्य-शूद्र माताओं के पुत्रों को अंश मिलेंगे। (3.6.17) पति की एक पत्नी उसी के वर्ण की हो, दूसरी भिन्न वर्ण की, और दोनों के बीच एक ही पुत्र हो, तो उसे पिता की सारी सम्पत्ति मिलेगी। (3.6.21) किन्तु पति ब्राह्मण हो, पुत्र की जननी शूद्र हो

तो इस पुत्र को सम्पत्ति का एक-तिहाई भाग ही मिलेगा, दो-तिहाई भाग अन्त्येष्टि सम्बन्धी कर्म ('स्वधादान') के लिए ब्राह्मण पिता के कुल में निकट सम्बन्धी को मिलेगा। (3.6.22) इन नियमों से ज्ञात होता है कि वर्गों में असमानता रहने पर भी निम्न वर्ण की पत्नी का पुत्र सम्पत्ति में भागीदार होता है और भागीदार होने से वह उसी समाज का अंग रहेगा, उससे बाहर किसी अन्य समाज का निर्माण न करेगा।

स्त्री पति की व्यक्तिगत सम्पत्ति नहीं है। वह उसे छोड़कर चला जाए तो एक निश्चित अवधि तक वह उसकी राह देखने के बाद पुनर्विवाह कर सकती है। छोड़कर जाने के बाद पति का समाचार मिल जाए तो वह एक वर्ष तक प्रतीक्षा करेगी, समाचार न मिले तो सात ऋतुकाल तक प्रतीक्षा करेगी। बताकर गया हो और उसका समाचार मिले तो दस ऋतुकाल तक राह देखेगी; बताकर गया हो और समाचार न मिले तो पाँच ऋतुकाल की परीक्षा काफी है। विवाह के समय पति ने शुल्क आंशिक रूप में दिया हो और उसका समाचार मिले तो सात ऋतुकाल तक प्रतीक्षा करे; ऐसे पति का समाचार न मिले तो तीन ऋतुकाल तक राह देखे। यदि उसने पूरा शुल्क दिया है और उसका समाचार मिले तो दस ऋतुकाल तक, समाचार न मिले तो पाँच ऋतुकाल तक वह उसकी प्रतीक्षा करे। इसके बाद वह धर्मस्थों ('न्यायाधीशों') की अनुमति से पुनर्विवाह कर सकती है। (3.4.31-35) एक बार ब्याह हो जाने पर पत्नी दासी हो गई, पति उसे छोड़कर चला जाए, तो वह घुटती रहने के सिवा और कुछ नहीं कर सकती, यह स्थिति यहाँ नहीं है। स्त्री की अपनी सम्पत्ति है; पति विवाह के समय उसे शुल्क देता है; यदि उसने पूरा शुल्क दिया है तो अधिक समय तक, आंशिक रूप से ही दिया है तो कम समय तक, वह उसकी प्रतीक्षा करेगी। प्रतीक्षाकाल अनन्त नहीं है। कारण यह है कि नारी गृहस्थ जीवन में अपना नारीत्व सार्थक न कर सके तो यह धर्म की हानि—'धर्मवध'—है : 'तीर्थोपरोधो ही धर्मवध इति कौटिल्य:'। (3.4.36) तीर्थ का उपरोध ऋतुमती के धर्म का उल्लंघन है। तीन वर्ष से कुमारी ऋतुमती हो और विवाह न हुआ हो तो वह अपने वर्ण के पुरुष के पास जा सकती है। उसके बाद वह भिन्न वर्ण के पुरुष 'अतुल्य' के पास भी जा सकती है। (4.12.10) पति के बिना इस धर्म का पालन सम्भव नहीं है। एक व्यवस्था कुमारी पत्नी के लिए है जिसे पति 'ह्रस्वप्रवास' के दौरान छोड़ गया हो। दीर्घप्रवास की स्थिति में पत्नी के लिए अन्य विधान है।

पति दीर्घप्रवासी हो, परिव्राजक हो जाए, या उसकी मृत्यु हो गई हो तो वह सात ऋतुकाल ('तीर्थानि') तक उसकी प्रतीक्षा करेगी। यदि उसके सन्तान है, तो एक वर्ष तक प्रतीक्षा करेगी। उसके बाद वह पति के सहोदर के पास जा सकती है। यदि कई सहोदर हों, तो उनमें जो पति के निकटतम हो, धार्मिक हो, उसका भरण करने में समर्थ हो अथवा जो सबसे छोटा हो और भार्याहीन हो, उसके पास जा सकती है। यदि ऐसे सहोदर न हों, तो वह पति के निकटतम सम्बन्धी ('सपिंड') अथवा

कुल में निकट सम्बधी ('कुल्य') के पास जा सकती है (अर्थात् उससे विवाह कर सकती है)। (3.4, 35-40)

स्त्री को सम्पत्ति मानकर कुछ आचार्यों ने उसके लिए 'परिग्रह' (सम्पत्ति, घिरी हुई भूमि) के उपमान का प्रयोग किया था। इन आचार्यों के मत से एक के परिग्रह (क्षेत्र) में कोई दूसरा बीज डाले, तो उपज पर (पुत्र पर) अधिकार क्षेत्र के स्वामी का होगा। (3.7.1) खेत में बीज दूसरे का है किन्तु उपज पर अधिकार खेत के मालिक का होगा। अन्य आचार्यों का मत है कि माता तो थैले ('भस्त्रा') के समान है; जिसका बीज होगा, उसीका पुत्र होगा। (3.7.2) 'विद्यमानमुभयमिति कौटिल्यः'। (3.7.3) इसका एक अर्थ यह किया गया है कि सन्तान की उत्पत्ति के लिए क्षेत्र और बीज, दोनों आवश्यक हैं। इसलिए सन्तान पर माता और पिता, दोनों का अधिकार है। काँगले के अनुसार कौटिल्य का आशय यह है कि "किन्हीं परिस्थितियों में उस पर क्षेत्र के स्वामी का अधिकार होगा, अन्य में बीज डालनेवाले का। आपस में समझौता हो जाए तो उस पर दोनों का अधिकार होगा।" (भाग 2, पृ. 213)

पति के साथ, अथवा उससे स्वतंत्र, पत्नी का अधिकार सन्तान पर हो सकता है, यह स्थिति स्त्री के अधिकारों की आंशिक स्वीकृति है। पति से भिन्न किस पति के गोत्र का अथवा भिन्न गोत्र का जो व्यक्ति नियुक्त होता है, उसके द्वारा उत्पन्न किया हुआ पुत्र 'क्षेत्रज' कहलाता है। यदि उत्पन्न करनेवाले के कोई पुत्र न हो, तो 'क्षेत्रज' पर दोनों पिताओं अथवा गोत्रों का अधिकार होगा और दोनों की सम्पत्ति उसे मिलेगी। (3.7. 6-7) यदि क्षेत्र से कन्या उत्पन्न हुई तो उसका क्या होगा, इसके बारे में कुछ नहीं कहा गया। सपत्ति भाइयों में बँटेगी, बहनों में नहीं; उन्हें माता की निजी सम्पत्ति से इस्तेमाल की हुई काँसे की थालियाँ और गहने मिलेंगे। (3.6.8) 'आढ्य विधवाद्रव्यं' (1.18.9), धनी विधवा के द्रव्य के उल्लेख से प्रतीत होता है कि स्त्रियों के पास सम्पत्ति होती थी और पति की मृत्यु के बाद वह उनके पास बनी रहती थी। यद्यपि उत्तराधिकार में बल पितृवंश पर है किन्तु पुत्री के पुत्र को इस मामले में विवाहिता पत्नी के पुत्र के समान कहा गया है : 'तेन तुल्यः पुत्रिकापुत्रः'। (3.7.5) उत्तराधिकार के विषय से अधिक महत्त्वपूर्ण यह है कि पति न चाहे तो असन्तुष्ट पत्नी उसे छोड़ नहीं सकती और पत्नी न चाहे तो पति उसे छोड़ नहीं सकता; दोनों असन्तुष्ट हों तो एक-दूसरे को छोड़ सकते हैं। (3.3.15-16) तलाक के लिए पारिभाषिक शब्द है 'मोक्ष' किन्तु पत्नी को छोड़ने पर पति पूर्ण मोक्ष को प्राप्त नहीं होता। उसे पत्नी के भरण-पोषण के लिए पैसा देना होगा। यह पैसा निर्दिष्ट समय पर दिया जा सकता है, अनिर्दिष्ट समय पर भी। समय अनिर्दिष्ट हो तो पत्नी पर निर्भर व्यक्तियों को ध्यान में रखकर उनके भरण-पोषण की व्यवस्था की जाएगी। यदि समय निर्दिष्ट है तो उसके अनुसार दिया जाएगा। यदि पत्नी को दहेज (शुल्क) नहीं मिला, अपनी सम्पत्ति (स्त्रीधन) नहीं मिली तो उसी प्रकार व्यवस्था की जाएगी। (3.3.3-5) पति घर

से निकाल दे, पत्नी भीख माँगे या डूब मरे, यह स्थिति नहीं है। उससे अलग होकर पति उसके भरण-पोषण से मुक्त नहीं होता। ब्याह के समय जो दहेज दिया जाता है, वह कन्यापक्ष की ओर से वर और उसके बाप को नहीं दिया जाता, वह वरपक्ष की ओर से कन्या को दिया जाता है। उसके पास यह धन सुरक्षित रहे, इसकी निगरानी का भार राज्यसत्ता पर है। शुल्क से अलग स्त्रीधन है; वह वधू की व्यक्तिगत सम्पत्ति है।

विवाह के कई रूप हैं : 'ब्राह्म', 'प्राजापत्य', 'आर्ष', 'दैव', 'गान्धर्व', 'आसुर', 'राक्षस' और 'पैशाच'। (3.2. 2-9) 'ब्राह्म' में ही कन्यादान किया जाता है, शेष में नहीं। 'प्राजापत्य' की विशेषता है 'सहधर्मचर्या'। धर्माचरण तो ब्राह्मविधि से विवाहित पति-पत्नी भी करते होंगे, 'प्राजापत्य' में पत्नी दान की हुई कन्या नहीं है, सहधर्मिणी है। जब वह धर्मचर्या में पति के साथ है और उसके समान है, तब अन्य क्षेत्रों में उसे बहुत निम्न स्थान न मिलेगा। पुराना 'आर्ष' तरीका यह है कि वर ने दो गायें दीं और वधू को साथ लिवा ले गया। कन्या-शुल्क का यही मूल रूप रहा होगा। ऋत्विज को कन्या दी जाए तो वह दैव-विवाह है। गुप्त रूप से मिलकर भावी वर-वधू अपना सम्बन्ध पक्का कर लें, वह गान्धर्व-विवाह है : 'मिथः समवायाद् गान्धर्वः।' (3.2.6) शुल्क देकर लाए तो 'आसुर', बलपूर्वक लाए तो 'राक्षस' और 'सोती' को उठा लाए तो 'पैशाच' विवाह सम्पन्न होते हैं। यहाँ 'असुर', 'राक्षस', 'पिशाच' और 'गन्धर्व' मनुष्यों से भिन्न कोटि के प्राणी नहीं हैं। वे मनुष्य हैं और उनमें प्रचलित रीतियाँ देखकर विवाह के भिन्न रूपों को ये नाम दिये गए हैं। इनमें 'असुर', 'पिशाच' और 'गन्धर्व' भारत के उत्तर-पश्चिमी भागों के गण-समाज हैं, 'राक्षस' (ताड़का, सुबाहु वाले) पूर्वी क्षेत्र के। शुल्क देकर कन्या लाने को 'आसुर' शायद इसीलिए कहा गया है कि कन्या कुछ देकर मानो खरीदी जाती है। काँगले के अनुसार : शुल्क देने की प्रथा 'आसुर' विवाह तक सीमित नहीं थी। 'ब्राह्म', 'प्राजापत्य', 'आर्य' और 'दैव विवाहों' में शुल्क देने का उल्लेख है। (3.4, 31-34), (उप., पृ. 152) यदि स्त्री राजद्रोही हो, दुष्ट व्यवहार करे तो स्त्रीधन और शुल्क पर उसका स्वामित्व न रहेगा! (3.3.32) इससे शुल्क और स्त्रीधन की व्यापकता सिद्ध होती है। पति के दुर्व्यवहार के कारण स्त्री अपने पति के भैयाचारों में किसी के यहाँ जा सकती है? उस व्यक्ति के यहाँ जा सकती है जो पति की अनुपस्थिति में उसकी सुख-सुविधा के लिए उत्तरदायी ('सुखावस्थ') है, गाँव के राजकीय अधिकारी 'ग्रामिक' के यहाँ जा सकती है; संरक्षक, भिक्षुकी या अपने कुल के किसी व्यक्ति के यहाँ जा सकती है, यह आचार्यों का मत था। कौटिल्य कहते हैं, साध्वी स्त्री छल नहीं करती; अतः जाति और कुल वाले घर में पुरुष हों, तो वह वहाँ जा सकती है, यह बात आसानी से समझ में आ जाती है। (3.4.9-12) घर में बन्द रहकर स्त्री पति का दुर्व्यवहार सहने को बाध्य नहीं है। उसके अधिकार पुरुष की अपेक्षा सीमित हैं पर वह उपेक्षित नहीं है। राज्यसत्ता द्वारा उसके सीमित अधिकार सुरक्षित हैं।

स्मृतिग्रंथों में स्त्री की स्थिति बदल गई है। काँगले कहते हैं कि स्मृतियों की अपेक्षा विवाह और पति-पत्नी सम्बन्धों का विवरण यहाँ अधिक विस्तृत और व्यवस्थित है। "विवाह-सम्बन्ध भंग करने और स्त्रियों के पुनर्विवाह करने का विधान कुल मिलाकर उन ग्रंथों की भावना के विपरीत है। इसके अतिरिक्त इन प्रकरणों में जो नियम बताए गए हैं, उनमें दृष्टिकोण सम्बन्धी ऐसी उदारता है कि स्मृतियों में आम तौर से उसका अभाव है। विशेष रूप से इस ग्रंथ में स्त्रियों की जैसी स्थिति उद्घाटित है, वह स्मतियों में निर्दिष्ट उनकी स्थिति से बहुत भिन्न है। पति-पत्नी सम्बन्धों के बारे में जो नियम हैं, उनमें उनके लिए अधिक स्वतंत्रता की व्यवस्था निहित है।" (उप., पृ. 153) कुछ स्त्रियाँ 'अनिष्कासिनी' थीं; वे घर से बाहर न जाती थीं; कुछ विधवाएँ 'छन्दवासिनी' थीं; वे स्वच्छंद (स्वेच्छानुसार) जीवन बिताती थीं; कुछ विधवाएँ धनी थीं और कुछ अन्य परिव्राजिका हो जाती थी। 'अर्थशास्त्र' और स्मृतियों में भेद का कारण बताते हुए काँगले कहते हैं कि स्मृतियों का सम्बन्ध मुख्यत: उच्च वर्णों, विशेषत: ब्राह्मणों से है किन्तु 'अर्थशास्त्र' में निम्नवर्णों समेत सभी वर्णों के लिए व्यवस्था दी गई है। इसके साथ ही इस ग्रंथ में लेखक की यह प्रवृत्ति दिखाई देती है कि वह चरमपंथी विचार अथवा संकीर्ण दृष्टि त्यागता है। ग्रंथ में जो अधिक उदार दृष्टि है, उसका स्रोत यह प्रवृत्ति मानी जा सकती है।" (उप.)

निस्सन्देह कौटिल्य उदार विचारक हैं किन्तु उदारता कई तरह की होती है। राजनीति और धर्मशास्त्र को मिला दो, यह भी उदारता है। ऐसी उदारता 'अर्थशास्त्र' में नहीं है। 'आन्वीक्षिकी' सब विद्याओं के ऊपर है। उसमें केवल सांख्य, योग और लोकायत के लिए स्थान है, अन्य किसी दर्शन के लिए नहीं, यह चरमपंथी विचार है। ऐसा विचार 'अर्थशास्त्र' में है। नारी के प्रति कौटिल्य के दृष्टिकोण की उदारता लोकायतवादी विचारक की उदारता है। उच्चवर्णों में स्त्रियों की स्वाधीनता पर ज्यादा रोक लगाई जाती होगी पर आढय विधवाएँ यदि शूद्रों में अधिक थीं, तो मानना होगा कि निम्नवर्ण के पास काफी सम्पत्ति इकट्ठा हो गई थी।

राज्यसत्ता, उत्पादन आदि के बारे में कौटिल्य मनगढ़न्त बातें नहीं लिखते; क्या हो रहा है, देखकर वह निर्धारित करते हैं कि क्या हो सकता है और होना चाहिए। इसी प्रकार उन्होंने विवाह, पति-पत्नी सम्बन्धों, स्त्री के अधिकारों का विवेचन किया है। इसी कारण 'अर्थशास्त्र' के लिए "नियोग पुरातन काल का अवशेष मात्र नहीं है, न मनु की तरह उसमें उसे निंद्य ठहराया गया है।" (उप.)

लोकायतवादी के लिए गृहस्य जीवन श्रेष्ठ है। अत: "आश्रमों के प्रसंग में गृहस्थ का उल्लेख सबसे पहले है। निस्सन्देह इसका कारण यह है कि सामाजिक जीवन के पोषण के लिए जीवन की यह पद्धति सर्वाधिक महत्त्वपूर्ण है।" (उप, पृ. 151) काँगले के अनुसार ब्रह्मचारी, गृहस्थ, वानप्रस्थ और परिव्राजक—ये चार तरह के, भिन्न जीवन पद्धतियों वाले लोग हैं। चारों आश्रम किसी एक के लिए

अनिवार्य नहीं हैं। "वास्तव में प्रतीत यह होता है कि चार आश्रम एक ही व्यक्ति के जीवन की क्रमशः चार अवस्थाएँ होने की अपेक्षा जीवन की चार पद्धतियाँ हैं जिन्हें मनुष्य अपनी मनोवृत्ति और रुचि के अनुसार अपनाएगा।" (उप.)

लोकायत दर्शन यह नहीं मानता कि शरीर को कष्ट देने, तपस्या करने, गृह त्यागने से मनुष्य को पुण्य-लाभ होता है और वह दूसरों से श्रेष्ठ होता है। 'अर्थशास्त्र' में गृहस्थ जीवन की प्रतिष्ठा स्वाभाविक है। विवाह और पति-पत्नी सम्बन्धों का सारा विवेचन गृहस्थ जीवन के महत्त्व को ध्यान में रखकर किया गया है। गृहस्थ जीवन त्यागकर संन्यास ले लेना आसान नहीं है। पुत्र और स्त्री के भरण-पोषण की व्यवस्था किये बिना कोई परिव्राजक बन जाए अथवा स्त्री को परिव्राजिका बनाए तो वह दंडनीय है। जो आदमी काम करने योग्य नहीं रह गया, वह भी 'धर्मस्थों' (न्यायाधीश) की अनुमति से ही प्रव्रज्या ले सकता है। 'अन्यथा नियम्येत'—उसे नियंत्रित रखा जाएगा। (2.1.29-31)

पति-पत्नी सम्बन्धों की तरह गुरु-शिष्य और पिता-पुत्र के सम्बन्ध भी कानून की परिधि से बाहर नहीं हैं। किन नियमों का उल्लंघन करने से ये दंडनीय होंगे, इसका उल्लेख नहीं है किन्तु वे एक-दूसरे पर अभियोग लगा सकते हैं, और जो अपराधी होगा, उसे दंड मिलेगा, यह स्पष्ट है। पहले लिखा है कि स्वामी और भृत्य, आचार्य और शिष्य, माता-पिता और पुत्र एक दूसरे की ओर से गवाही दे सकते हैं। स्वामी की ओर से भृत्य, भृत्य की ओर से स्वामी गवाह बन सकता है। इसके लिए उन्हें बाध्य नहीं किया जा सकता। (3.11.32) फिर लिखा है : "परस्पराभियोगे चैषाम् उत्तमाः परोक्ता दशबन्धं दद्युः अवराः पञ्चबन्धम्।" (3.11.33) एक-दूसरे पर अभियोग लगाएँ तो हारने पर बड़े दसवाँ भाग और छोटे पाँचवाँ भाग दंड रूप में देंगे। ये अभियोग सम्पत्ति सम्बन्धी ही हो सकते हैं। जो सम्पत्ति विवाद का विषय है, उसका दसवाँ या पाँचवाँ भाग दंडरूप में दिया जाएगा। व्यक्तिगत सम्पत्ति के चलन से वर्ण-सम्बन्ध ही नहीं, स्वामी और सेवक, गुरु और शिष्य, माता-पिता और पुत्र के सम्बन्ध भी बदल रहे हैं।

सामन्ती समाज में व्यक्तिगत सम्पत्ति की भूमिका प्रगतिशील है। कानून व्यक्तिगत सम्पत्ति की रक्षा करता है, इसके साथ वह व्यक्ति के अधिकारों की भी रक्षा करता है। व्यक्ति के अधिकार वर्णगत विशेषाधिकारों से टकराते हैं। वे विशेषाधिकारों का कठघरा तोड़ नहीं पाए पर वे उसके भीतर पनप रहे हैं, और पुष्ट हो रहे हैं। इसी कारण पिता-पुत्र, गुरु-शिष्य आदि के लिए यह सम्भव हुआ है कि वे एक-दूसरे पर अभियोग लगाएँ और जो दोषी हो, वह दंडित हो। सेवक, शिष्य, पुत्र, पत्नी पर स्वामी, गुरु, पिता, पति का निरंकुश शासन नहीं है। कौटिल्य की दंडसंहिता इस भावना से प्रेरित है कि किसी को भी अकारण सताया न जाए।

'संविधाता' का काम कोषगृह, पण्यगृह, कोष्ठागार, आयुधागार आदि के साथ बन्धनागार बनवाना भी है। (2.5.1) इसमें अपराधी पुरुषों और स्त्रियों के स्थान अलग-

अलग होंगे। (2.5.5) जिन शालाओं में उन्हें रखा जाएगा, उनमें पीने के पानी की व्यवस्था होगी, शौचालय होगा, स्नानगृह और पूजा स्थान भी होगा। (2.5.6) गिरमिट प्रथा में अंग्रेजों ने कुलियों को जिस दशा में रखा था और स्वाधीन भारत की झुग्गी-झोंपड़ी-बस्तियों और मजदूरों की खोलियों में मनुष्य को जिस दशा में रहना पड़ता है—फुटपाथवालों की जिन्दगी का जिक्र ही क्या—उससे कौटिल्य के बन्धनागारों में अपराधियों के निवास की व्यवस्था कहीं अधिक मानवीय है। पूछताछ के लिए किसी को अभियुक्तगृह ('धर्मस्थीये चारके') में रखा गया हो या अपराधी बन्धनागार में हो तो जो अधिकारी उसे सोने न दे, बैठने न दे, खाने को न दे, मलमूत्र त्यागने न दे, चलने-फिरने न दे, या उसे बाँधकर रखे, वह दंडनीय होगा। जो उससे यह काम कराएगा, वह भी दंडित होगा। (4.1.21) 'चारक' को अभियुक्तगृह कहा जा सकता है। वह धर्मस्थ के अधिकार क्षेत्र में है, इसलिए आजकल की कोतवाली से भिन्न है। अभियुक्त और अपराधी, दोनों को ही सताने की मनाही है। हथकड़ियों, बेड़ियों की बात दूर है, रस्सियों से भी बाँधने का निषेध है। छोटा अधिकारी यह कहकर बच नहीं सकता कि बड़े अधिकारी की आज्ञा से उसने ऐसा किया था। दोनों दंडित होंगे। बन्धनानागार का अध्यक्ष कैदी को शारीरिक यंत्रणा दे, मार डाले, तो दंडित होगा। (4.9.23) कैदी विवाहिता दासी हो, बन्धक रखी हुई नारी ('आहितिका') हो, आर्या हो, तो इनका शीलभंग करनेवाला दंडित होगा। (4.9.24) शीलभंग करनेवाला बन्दीगह का अधिकारी हो सकता है, कैदी हो सकता है। अधिकारी पर जुर्माना होगा, कैदी को मृत्युदंड मिलेगा। (4.9.25) यद्यपि दासी का शीलभंग करनेवाले को कम और आर्या का शीलभंग करनेवाले को जुर्माना अधिक देना होगा, किन्तु दासी सर्वथा अरक्षित नहीं है, यह बात महत्त्वपूर्ण है।

पशुओं को रस्सी या बाधी से हाँकना चाहिए, अन्य प्रकार से उन्हें पीड़ित करना दंडनीय है। (3.17.32-33) भोजन के लिए पशुवध दंडनीय नहीं है, अनावश्यक हिंसा दंडनीय है। छोटे पशुओं को मार-पीटकर सताए तो एक या दो पण दंड देना होगा, उनके खून बहने लगे तो दंड की राशि दुगुनी होगी। बड़े पशुओं के साथ ऐसा ही व्यवहार करने पर दंड दुगुना हो जाएगा (3.19.26-27) वृक्षों-वनस्पतियों का नाश करने पर भी दंड की व्यवस्था है। जो फूलों के, फलों के या छाया देने वाले वृक्षों के पौधे काटता है, जो छोटी या बड़ी शाखाएँ काटता है, तना कारता है या वृक्ष को जड़ से काटता है, वह दंडित होगा। (3.19.28) अपराध की गुरुता के अनुसार दंडराशि बढ़ती जाती है। तपोवनों और पुण्यस्थानों के साथ श्मशान के पेड़ काटने पर भी प्रतिबन्ध है। पुष्पों, फलोंवाली या छायादार झाड़ियाँ और लताएँ काटना भी अपराध है। इसके लिए जितना दंड देना होगा, उससे दुगुना दंड सीमावर्ती क्षेत्रों, चैत्यों, राजवनों के पेड़ तथा प्रसिद्ध वृक्ष काटने पर देना होगा। (3.19.29-30) मनुष्यों से लेकर पशुओं और वनस्पतियों तक के जीवन के प्रति 'अर्थशास्त्र' में

जैसी संवेदनशीलता है, वैसी अन्य देशों की विधि-व्यवस्था में दुर्लभ है। अपराध कबुलवाने के लिए शारीरिक यंत्रणा देना, दंडरूप में शरीर का कोई अंग काटना, कुछ अपराधों के लिए अपराधी को तड़पा-तड़पाकर मारना, यह सब 'अर्थशास्त्र' की दंड-सम्बन्धी मूल भावना के विपरीत है। इस सम्बन्ध में जो भी उल्लेख उसमें हैं, वे विश्वसनीय नहीं हैं। अपराध कबुलवाने के लिए शारीरिक यंत्रणा देना बर्बर शासकों का काम है। भारत में यह 'कर्म' कौटिल्य के बाद शुरू हुआ होगा, इसका कारण यह है कि "आपस्तम्ब, बौधायन, वसिष्ठ और गौतम के लिए माना जाता है कि उन्होंने धर्मशास्त्र रचे थे। इनमें किसी ने भी शारीरिक यंत्रणा देकर अपराध कबुलवाने की बात कहीं एक बार भी नहीं लिखी। मनु ने चलते-चलते उल्लेख भर कर दिया है। (8.114-16) केवल याज्ञवल्क्य से यह क्रम शुरू होता है कि धर्मशास्त्रों में अपराध प्रमाणित करने के लिए ऐसी यंत्रणा का विवेचन है।" (उप., पृ. 224-25) 'याज्ञवल्क्य स्मृति अर्थशास्त्र' से बहुत बाद की है, इसलिए शारीरिक यंत्रणा सम्बन्धी व्यवस्था प्रक्षिप्त माननी चाहिए।

कौटिल्य को विधि-व्यवस्था का गहरा सम्बन्ध व्यक्तिगत सम्पत्ति से है। विवाह और उससे सम्बद्ध विषयों की चर्चा के बाद 'दायविभाग'—उत्तराधिकार में प्राप्त सम्पत्ति के बँटवारे—का विवेचन है। 'वास्तुक' के अन्तर्गत सम्पत्ति और उससे सम्बन्धित विवाद हैं। 'ऋणादान' का प्रसंग ऋण लेकर उसे न चुकानेवालों का है। धरोहर रखने की चर्चा 'औपनिधिक' के अन्तर्गत है। सम्पत्ति पैदा करनेवाले दास और कर्मकार हैं, उनके श्रम से सम्बन्धित नियम 'दासकर्मकरकल्प' प्रकरण में हैं। 'संभूयसमुत्थान' में साझेदारी वाले कामों की चर्चा है। 'विक्रीतक्रीतानुशय' का अर्थ है, माल की बिक्री या खरीद को रद्द करना। स्वामित्व के अभाव में विक्री 'अस्वामिविक्रय' है। 'स्वस्वामिसम्बन्ध' में स्वामित्व का कानून बताया गया है। वस्तु पर जबरन कब्जा करना साहस है। 'अर्थशास्त्र' के तीसरे अधिकरण का विवेचन करते हुए काँगले ने विधि-व्यवस्था के सत्रह विषय बताए हैं। इनमें आधे से अधिक का प्रत्यक्ष सम्बन्ध सम्पत्ति के सृजन, उसकी रक्षा, बँटवारे आदि से है। केवल एक का सम्बन्ध पूरे समाज के जीवन से है। सामाजिक उत्सवों आदि में भाग न लेने पर दंड की व्यवस्था है ('समयस्य अनपाकर्म')। बात केवल उत्सवों की नहीं है। जहाँ से पहले पानी की निकासी न होती थी, वहाँ कोई नाली खोदे, दूसरे की भूमि में कुआँ खोदे या मन्दिर बनाए, जिस बाँध से पानी का सार्वजनिक उपयोग होता हो, उस 'धर्मसेतु' को कोई बेचे या गिरवी रखे, छोटे-बड़े मार्गों पर दखल जमाए, उन्हें जोत ले, कोई अपने जानवर किसी के खेत में चरने को छोड़ दे, तो दंड की व्यवस्था है। (3.10) इन नियमों से पता यह चलता है कि व्यक्तिगत सम्पत्ति के मालिकों के लिए सार्वजनिक सम्पत्ति हथियाना काफी आकर्षक कार्य रहा होगा। धर्म के बहाने दूसरे की भूमि पर मन्दिर बनवाकर उस पर अधिकार जमाना आधुनिक भारत का सुपरिचित

व्यापार है। कहने को धर्मनिरपेक्ष, वास्तव में साम्प्रदायिकता से डरने वाली, राज्यसत्ता आम तौर से भूमि पर ऐसे गैरकानूनी अधिकार को मंजूर कर लेती है। कौटिल्य की राज्यसत्ता ऐसा अपराध करनेवालों को दंड देती है।

कोई किसी को कुछ देने का वादा करे, फिर न दे, इससे सम्बन्धित नियम 'दत्तस्यानपाकर्म' प्रकरण में नहीं है। यहाँ साधारण भेंट देने या न देने का प्रसंग नहीं है, प्रसंग है सम्पत्ति के दान का। एक की सम्पत्ति अनुचित रूप से दूसरे के हाथ में न पहुँचे अथवा सम्पत्ति का दुरुपयोग करनेवालों के हाथ में न पहुँचे, इस दृष्टि से नियम बनाए गए हैं। सम्पत्ति पर व्यक्तिगत स्वामित्व निरपेक्ष नहीं है, वह लोकहित के अधीन है। एक आदमी अपनी सारी सम्पत्ति अपने पुत्रों और पत्नी को, स्वयं को भी, दान रूप में देने का वादा करता है, फिर वादा वापस ले लेता है, तो उसे ऐसा करने का अधिकार है। (3.16.3) जिसे यह सब मिलनेवाला था, वह उस व्यक्ति को वादा तोड़ने के लिए दंडित नहीं करा सकता। स्वप्न में विश्वामित्र को सारा राज्य दान करके दास बनने वाले राजा हरिश्चन्द्र कौटिल्य की दुनिया के आदमी नहीं हैं। असाधु को, दुष्ट को, धर्म के नाम पर सम्पत्ति दी जाए तो न्यायकर्ता उस दान को निरस्त करेगा; जो अनुपकारी हैं, अपकारी हैं, उन्हें सम्पत्ति दी जाए, तो वह दान भी निरस्त किया जाएगा; अयोग्य को प्रेम के कारण कोई सम्पत्ति दे तो उसकी भी यही गति होगी। (3.16.4) भय से कोई किसी को सम्पत्ति दे तो देने और पानेवाले, दोनों दंडित होंगे। दूसरे को सताने के उद्‌देश्य से कोई क्रोध में आकर सम्पत्ति दे या राजाओं को मात करनेवाले घमंड में चूर होकर उसका दान करे तो उसे दंड मिलेगा। (3.16.6-8) यदि कोई जामिन बना पर जमानत की रकम अदा न कर सका, पूरा ज़ुर्माना या विवाह का शुल्क जमा न कर पाया; जुआ खेलते, दारू पीते समय का कर्ज न पटा सका, काम-वासना से प्रेरित होकर जो देने को कहा था, वह न दे पाया, तो उसका उत्तराधिकारी यह सब देने को बाध्य नहीं है। कुछ देता है या नहीं, यह उसकी इच्छा पर निर्भर है। (3.16.3) ऐसे नियम व्यक्तिगत सम्पत्ति की रक्षा और उसके उचित उपयोग के लिए हैं।

व्यक्तिगत सम्पत्ति की रक्षा और व्यक्तित्व की सुरक्षा परस्पर सम्बद्ध हैं। मारपीट के अलावा कटु वचनों से भी व्यक्ति को चोट लगती है। 'वाक्पारुष्य' प्रकरण का सम्बन्ध कटु वचनों से है। किसी को बदनाम करना, गाली देना, धमकाना 'वाक्पारुष्य' है। शरीर, चरित्र, विद्या और पेशे के अलावा किसी के जनपद को लेकर भी कटु वचन कहे जा सकते हैं। (3.18.2) यहाँ जनपद में स्पष्ट ही गाँव और नगर, दोनों हैं। काने को काना, लँगड़े को लँगड़ा कहना दंडनीय है। झूठमूठ कहा जाए तो दुगुना जुर्माना होगा (उप.) काने को सुन्दर आँखोंवाला कहकर चिढ़ाए तो चार गुना दंड देना होगा। (3.18.3) कोढ़ी, पागल, नपुंसक आदि के प्रति भी इन शब्दों का व्यवहार अपराध है। किसी को झूठमूठ कोढ़ी आदि कहना और बड़ा अपराध है। कोढ़ी आदि

की प्रशंसा करके उन्हें चिढ़ाना उससे भी बड़ा अपराध है। (3.18.4) अपराध की गुरुता के अनुसार दंड की मात्रा बढ़ती जाती है। किन्तु काने को एक आँख के न रहने से जितना कष्ट है, कोढ़ी को उसकी तुलना में कोढ़ से बहुत ज्यादा कष्ट है। काने को काना कहने पर तीन पण जुर्माना होगा, कोढ़ी को कोढ़ी कहने पर जुर्माना बारह पण होगा। इस सहृदयता का जवाब नहीं है।

चरित्र को लेकर किसी को बदनाम करना अपराध है। नीचे वर्णवाला ऊपर के वर्णवाले को बदनाम करे तो दंड की मात्रा अधिक होगी। ऊपरवाला नीचे वर्णवाले को बदनाम करे तो दंड की मात्रा कम होगी। किन्तु शूद्रों और उनसे भी निम्न चांडालों आदि को बदनाम करके कोई भी दंड से बचेगा नहीं। (3.18.7) कथावाचकों की विद्वत्ता को लेकर; कारीगरों, गायकों, वादकों आदि के पेशे को लेकर; प्राज्जूण, गान्धार आदि जनपदों को लेकर कटु वचन कहना दंडनीय है। (3.18.8) इसी तरह धमकाने के बारे में दंड की व्यवस्था है। शायद जुआ खेलने की प्रवृत्ति व्यक्तिगत सम्पत्ति के चलन से जुड़ी हुई है। परिश्रम न करके धोखाधड़ी से या पासा फेंककर भाग्य के सहारे दूसरे की सम्पत्ति हथियाना इस खेल की विशेषता है। विकसित पूँजीवादी देशों में घड़दौड़ से लेकर सट्टेबाजी तक जुए का व्यापक प्रसार है। कौटिल्य की राज्यसत्ता में एक 'द्यूताध्यक्ष' भी है। उसका काम जुए के बहुत-से अड्डों की जगह एक बड़ा अड्डा कायम करना है जहाँ उसकी निगरानी में कम-से-कम बेईमानी हो। कौटिल्य के विचार से जुआड़ी ज्यादातर बेईमान होते हैं। (3.20.7) बेईमानी करने पर वे दंडनीय हैं। (3.20.9)

इस प्रकार दंडसंहिता की सभी धाराएँ किसी-न-किसी रूप में सम्पत्ति से जुड़ी हैं और अधिकतर यह व्यक्तिगत सम्पत्ति है। काँगले ने 'अर्थशास्त्र' में दी हुई विधि-व्यवस्था के बारे में लिखा है : "शायद यह खेद की बात है कि कौटिल्य में जो पूर्ण विधि-व्यवस्था मिलती है और जो कई विषयों में आधुनिक कानूनसाजी का आधार भी मजे में बन सकती थी, वह उपेक्षित छोड़ दी गई; आपस्तम्ब, मनु आदि के बहुत कुछ एकांगी और संकीर्ण निर्देशों को तरजीह दी गई और, वर्ण-व्यवस्था को स्वीकारने पर भी, कौटिल्य की विधि-व्यवस्था में जो दृष्टिकोण की उदारता है, सहृदय मानवतावाद है और वास्तविक जीवन की यथार्थता की पहचान है, उसे उठाकर एक तरफ रख दिया गया।" (उप., पृ. 231) यह कार्य अकारण और आकस्मिक रूप से नहीं हुआ। 'मनुस्मृति' और उस तरह के ग्रंथों में शूद्रों को दबाए रखने और ब्राह्मणों के विशेषाधिकारों की रक्षा करने पर बड़ा जोर है। ऐसे धर्मशास्त्र को भारत की एकमात्र अथवा मुख्य विधि-व्यवस्था कहकर पेश करने में उन वर्गों को लाभ था जो शूद्रों की बेगार के भरोसे आराम की जिन्दगी बिताना चाहते थे। इनका सम्बन्ध औद्योगिक विकास से नहीं, पिछड़े हुए कृषितंत्र से था। ये वर्ग उस विदेशी शक्ति के मुख्य सहायक थे जो भारत को खेतिहर देश बनाए हुए अपना औद्योगिक

विकास कर रही थी और यहाँ के औद्योगिक विकास में हर तरह की बाधा डालती थी। कौटिल्य के 'अर्थशास्त्र' में जोर पगार देकर श्रम कराने पर है, बलपूर्वक धर्म या रूढ़ि के नाम पर बेगार कराने पर नहीं। इसके सिवा उसमें तरह-तरह का माल पैदा करनेवाले कारखानों—कर्मान्तकों—के प्रबन्ध और संचालन की व्यवस्था है। इन पर ध्यान केन्द्रित करते ही अंग्रेजी राज की प्रगतिशील भूमिका हवा हो जाती है। कौटिल्य की विधि-व्यवस्था का ठोस, भौतिक आधार है व्यक्तिगत सम्पत्ति। अंग्रेज यह साबित करने पर तुले थे कि जाति-बिरादरी में बँटे हुए, उत्पादन में निहायत पिछड़े हुए, ग्राम-समाजों का भारत वास्तविक और सनातन भारत है। व्यक्तिगत सम्पत्ति की प्रतिष्ठा का श्रेय उन्हें है और उसकी यह प्रतिष्ठा जमींदारी या रैयतवारी प्रथाओं के माध्यम से हुई!

कौटिल्य के 'अर्थशास्त्र' में उत्पादन और विनिमय का विकास, व्यक्तिगत सम्पत्ति का चलन, राज्यसत्ता की भूमिका और विधि-व्यवस्था की प्रतिष्ठा एक ही तंत्र में परस्पर सम्बद्ध हैं। यह सारा विकास भारत में हुआ है, वह 'विकास' है, गण-समाजों की परम्पराओं की आवृत्ति नहीं है। पहली मंजिल गण-समाजों की है, दूसरी इनके विघटन और वर्ण-व्यवस्था की है, तीसरी इस व्यवस्था के विघटन तथा उत्पादन और विनिमय के विकास के परिणामस्वरूप नये वर्गों की रचना की है। इन तीनों मंजिलों को मिला देने से बहुत बड़ा घपला होगा। काँगले ने ठीक लिखा है कि "कर्मकरों के सम्बन्ध में जिस प्रश्न पर मुख्यत: विचार किया गया है, वह पगार और उसकी अदायगी" का है किन्तु 'स्मृतियों में इन विषयों को लेकर दो-चार चलतू नियम लिख दिये गए हैं।" (उप., पृ. 228) यह भेद आकस्मिक नहीं है। पगारजीवी श्रम से उत्पादन का विकास जुड़ा हुआ है और इस विकास से ग्राम-समाजों का पुनर्गठन जुड़ा हुआ है। काँगले ने गाँवों के बारे में फिर ठीक लिखा है कि ग्राम सभा या ग्राम पंचायत का अस्तित्व मान भी लिया जाए तो 'अर्थशास्त्र' में जो केन्द्रबद्ध शासनतंत्र है, "उसके चलते इनसे किसी उल्लेखनीय भूमिका की आशा न की जा सकती थी। देहात में सत्ता 'समाहर्ता' के हाथ में है। उसके अधीन समूचे देहात में फैली हुई कर्मचारियों की सेना है। इससे ग्रामस्तर पर जनता की पहल के लिए बहुत कम गुंजाइश रह जाती है।" (उप., पृ. 198) आर्थिक स्तर पर देहात शहर से जुड़ा है, उसी के अनुरूप प्रशासनिक स्तर पर वह केन्द्रबद्ध राज्यसत्ता से जुड़ा है। कौटिल्य की विधि-व्यवस्था में शहर और देहात, दोनों हैं किन्तु ग्राम-समाजों के अलगाव को खत्म होने में समय लगा है; राजकर्मचारियों की सेना 'समाहर्ता' के पास अनादिकाल से नहीं थी। इसीलिए कौटिल्य की व्यवस्था सुदीर्घ सामाजिक विकास का परिणाम है।

किन्तु इस सारे विकास को नकारते हुए काँगले ने लिखा है : "न्यायालयों में जो कानून लागू किया जाता था, वह अनादि और सदा के लिए सत्य माना जाता था।

इसका कारण यह था कि उद्भव के विचार से वह रीति-रिवाज का ऐसा समुदाय था जो आर्यों के समाजों के लिए सामान्य था और जिसे पीढ़ी-दर-पीढ़ी वे निष्ठा से मानते आए थे। एच.एस. मेन ने बताया है कि यह अधिकांश परम्परागत कानून सम्भवत: इंडो-यूरोपियन युग से चला आ रहा था यद्यपि विभिन्न जनों ने यदाकदा उन्हीं धारणाओं को भिन्न रूप में विकसित किया था। पी. विनोग्रादोव ने इस सिलसिले में लिखा है : "खास बात यह है कि परिणामों में गम्भीर अन्तर होने पर भी हमें—विशेष रूप से परिवार, उत्तराधिकार और यथार्थ सम्पत्ति के कानूनों में—ऐसे नियम और सिद्धान्त दिखाई पड़ते हैं जो एक-सी मूल धारणाओं के भिन्न रूप हैं"; ये धारणाएँ भारतीयों, जर्मनों, केल्तों और अन्य इंडो-जर्मैनिक (अर्थात् इंडो-यूरोपियन) जनों में प्रचलित थीं। दंडनीति के प्रारम्भिक सम्प्रदायों ने उचित शीर्षक देकर इस परम्परागत कानून को विवेचित और व्यवस्थित किया। इन सम्प्रदायों में मतभेद है, जैसाकि 'अर्थशास्त्र' से प्रकट है, तो इसका कारण इन सम्प्रदायों के आचार्यों की व्यक्तिगत अभिरुचि है। एक हद तक उसका कारण प्रदेशगत भिन्नता हो सकती है अथवा वे परिवर्तन हो सकते हैं जो बदली हुई परिस्थितियों के कारण अनिवार्य हो गए थे। किन्तु सारा विधिसमवाय अखंड बना रहा और धर्म की मूलभूत एकता के प्रति किसी ने शंका प्रकट नहीं की, उस समय भी नहीं जब देशधर्म, जातिधर्म, कुलधर्म आदि का पालन नितान्त उचित माना जाता था। और यह कानून या धर्म राज्यसत्ता को दिया गया था; उसके निर्माण से राज्यसत्ता को सरोकार न था।" (उप., पृ. 225)

माननना चाहिए कि इस धारणा के अनुसार राज्यसत्ता के अभ्युदय से गण-समाजों की विधि-व्यवस्था में कोई फर्क न पड़ा था। गण-समाजों में वर्ग नहीं होते और वर्गों के बिना राज्यसत्ता का उद्भव नहीं होता। वर्गहीन समाजों और वर्गयुक्त समाजों के कानून में कोई मौलिक अन्तर नहीं है। यह कानून सचमुच धर्म है और धर्म सनातन और शाश्वत है। उसमें जो परिवर्तन दिखाई देता है, वह छोटा-मोटा परिस्थितिजन्य, प्रदेशगत परिवर्तन है अथवा आचार्यों की व्यक्तिगत अभिरुचि का फल है। गण-समाजों का परम्परागत कानून किस तरह का होता है, इसका ज्ञान एंगेल्स द्वारा प्रस्तुत जर्मन ग्राम-समाजों के विवरण से हो जाएगा। व्यक्तिगत सम्पत्तिवाले रोमन समाज का कानून इससे कितना भिन्न था, यह भी एंगेल्स के विवरण से विदित होगा। रोमन लोग अपना कानून जर्मनी में चलाना चाहते थे किन्तु उनका वह काम इतिहास से डेढ़ हजार साल आगे था क्योंकि रोमन कानून को स्वीकारने के लिए जर्मनी को तैयार कराने में लगभग इतना ही समय लगा था। 'अर्थशास्त्र' में व्यक्तिगत सम्पत्ति और राज्यसत्ता परस्पर सम्बद्ध है, यह बात काँगले जानते हैं। इंडो-यूरोपियन समुदाय की एक शाखा भारत आई, कुछ तो इस धारणा के कारण, कुछ राज्यसत्ता और व्यक्तिगत सम्पत्ति के आपसी सम्बन्ध न समझने के कारण। काँगले ने विधिसमवाय के मूलत: अखंड बने रहने की बात लिखी है।

राजा का धर्म प्रजा का पालन करना है। काँगले कहते हैं : "इस रक्षण या पालन का अर्थ मूलतः प्रजाजनों की सम्पत्ति और व्यक्तित्व का रक्षण या पालन है। 'कंटकशोधन' नाम के चौथे अधिकरण में धूर्त कारीगरों और व्यापारियों, चोर-डाकुओं और हत्यारों से प्रजा के ऐसे ही रक्षण की—आग, बाढ़ आदि प्राकृतिक विपदाओं से भी रक्षण की—चर्चा है।" (उप., पृ. 117) प्रजा की सम्पत्ति यहाँ व्यक्तिगत सम्पत्ति ही है क्योंकि ऐसी सम्पत्ति के चलन के बारे में काँगले को कोई भ्रान्ति नहीं है, उसका अस्तित्व वह स्वीकार करते हैं। (उप.,प.170) प्रजापालन का अर्थ मूलतः इस सम्पत्ति का रक्षण है, उसके स्वामी के व्यक्तित्व का रक्षण है। गण-समाजों को इस मंजिल तक पहुँचने में शताब्दियाँ लग जाती हैं। कौटिल्य के 'अर्थशास्त्र' की विशेषता यह है कि इसमें व्यक्तिगत सम्पत्ति, राज्यसत्ता और विधि-व्यवस्था का सम्बन्ध बहुत ही स्पष्ट है और इस सम्बन्ध को स्पष्ट करनेवाले उस अर्थतंत्र का विस्तृत विवरण है जिसमें राज्यसत्ता उत्पादन और विनिमय का संचालन करती है और उत्पादकों की पगार व्यवस्थित करती है। समाज की ये विशेषताएँ ऐतिहासिक विकास का परिणाम हैं, किसी आचार्य की व्यक्तिगत अभिरुचि का नहीं।

10. अर्थशास्त्र और धर्मशास्त्र

काँगले ने भारत में अर्थशास्त्र के विकास के बारे में जो बातें कही हैं, उनसे इस शास्त्र की प्राचीनता सिद्ध होती है। एक अन्य निष्कर्ष यह निकलता है कि स्वतंत्र सामाजिक विज्ञान के रूप में यह शास्त्र जितना पुराना है, उसे धर्मशास्त्र से मिलाने की परम्परा भी उतनी ही पुरानी है। 'महाभारत' में अर्जुन अर्थशास्त्र के विशेषज्ञ माने गए हैं। अर्थशास्त्र का पुराना नाम दंडनीति है। (काँगले, भाग 3, पृ. 3) देवताओं की प्रार्थना पर मनुष्यों के समाज की अँधेरगर्दी दूर करने के लिए ब्रह्मा ने एक लाख अध्यायोंवाला जो महाग्रंथ रचा, उसमें त्रयी, आन्वीक्षिकी, वार्ता और दंडनीति—ये चार विद्याएँ भी निदर्शित थीं। "इसके बाद विषयों की विस्तृत सूची है। इस सूची में उन विषयों का उल्लेख बिलकुल नहीं है जिनका सम्बन्ध त्रयी, आन्वीक्षिकी और वार्ता से है, उल्लेख उन्हीं विषयों का है जो दंडनीति से सम्बद्ध हैं।" (उप., पृ. 5)

जिस समय 'महाभारत' की रचना हुई, उस समय राजनीतिशास्त्र एक स्वतंत्र विज्ञान के रूप में स्वीकृत हो चुका था। वह 'नीतिशास्त्र' और 'दंडनीति' नामों से विख्यात था। वाद को किसी धर्मशास्त्र-प्रेमी ने 'महाभारत' का सम्पादन किया। उसने राजनीति के साथ वेदविद्या का मेल करना जरूरी समझा। ऋग्वेद, सामवेद और यजुर्वेद—इनकी विद्या हुई त्रयी। उसी से सम्बद्ध आन्वीक्षिकी यहाँ अध्यात्म विद्या हुई। इन दोनों विद्याओं को उसने 'दंडनीति' से जोड़ा। इस तरह उसने 'दंडनीति' को धर्मशास्त्र से मिलाया किन्तु सौभाग्य से 'दंडनीति' का जो वर्णन मूल पाठ में था,

उसमें उसने वेदविद्या का वर्णन नहीं जोड़ा। इसलिए प्रारम्भिक घोषणा के विपरीत अन्त में 'दंडनीति' ही विषय सूची में बच रही।

'महाभारत' के अनुसार चार विद्याओं वाला महाग्रंथ ब्रह्मा ने बनाया। इन चार विद्याओं में विवरण केवल 'दंडनीति का दिया गया। 'महाभारत' के रचनाकाल में जैसे स्वतंत्र राजनीतिविज्ञान के रूप में 'दंडनीति' का अस्तित्व था, वैसे ही ब्रह्मदेव से भिन्न इस विज्ञान के मानव रचनाकारों का अस्तित्व था और 'महाभारत' के कवि (अथवा कवियों) को उनके इस अस्तित्व का ज्ञान था। उसके एक रचनाकार बृहस्पति थे, दूसरे थे कवि उशनस् अथवा शुक्र। बृहस्पति के रचे श्लोकों का उल्लेख है, उनमें से कुछ 'महाभारत' में उद्धृत भी हैं। (उप., पृ. 6) बृहस्पति ने कोसलों के राजा वसुमनस् को राजा का महत्त्व समझाया। बृहस्पति इह लोक में मनुष्यों के गुरु हैं और राजधर्म के ज्ञाता हैं। उशनस् ने प्रह्लाद को दो गाथाएँ सुनाईं, वह असुरों के आचार्य शुक्र देवता हुए। 'अर्थशास्त्र' में बृहस्पति और उशनस् का उल्लेख मनुष्य रूप में है। 'महाभारत' में प्राचेतस मनु, भारद्वाज आदि अन्य आचार्यों का उल्लेख है और कौटिल्य ने भी उनका हवाला दिया है। राजनीति विज्ञान की रचना मनुष्यों ने की, इस तथ्य की पुष्टि 'महाभारत' के उक्त उल्लेख से होती है। कौटिल्य ने उन आचार्यों का हवाला दिया है, इससे उस विज्ञान की दीर्घ परम्परा का बोध होता है। यह कहना तर्कसंगत है कि आपस्तंब और बौधायन के धर्मशास्त्रों में जो राजनीति की बातें हैं : "वे नीतिशास्त्र के ग्रंथों से ली गई होंगी।" (काँगले, भाग 3, पृ. 15) आपस्तम्ब और बौधायन के युग में राजनीति के थोड़े-से ही अंश को धर्मशास्त्र में मिलाया गया था, कौटिल्य के बाद यह काम और बड़े पैमाने पर हुआ। 'मनुस्मृति' और 'याज्ञवल्क्य स्मृति' में विधि और प्रशासन-सम्बन्धी विवेचन को एक-तिहाई जगह दी गई है और ये स्मृतियाँ धर्मशास्त्रों के विकास के दूसरे दौर की कृतियाँ हैं। (उप., पृ. 14) ये स्मृतियाँ मौलिक कृतियाँ नहीं हैं, उन्हें पूर्व ग्रंथों के आधार पर संकलित किया गया है। (उप., पृ. 15) इनमें एक ओर पुराने धर्मशास्त्रों से सामग्री ली गई है, दूसरी ओर विधि और प्रशासन से सम्बन्धित सामग्री राजनीति के ग्रंथों से ली गई है। "उदाहरण के लिए यह कल्पनातीत है कि सातवें अध्याय में राजा के जो कर्तव्य विस्तार से बताए गए हैं अथवा आठवें, नवें अध्यायों के अठारह विभागों में जो विधि का वर्गीकरण और विस्तृत विवेचन है, वह मनु की मौलिक उद्भावना है। मानना चाहिए कि इन विभागों का संकलन उन्होंने किन्हीं अन्य ग्रंथों के आधार पर किया होगा।" (उप., पृ. 15) पुनश्च: "वास्तविकता यह है कि स्मृतियाँ ऐसी विधि-व्यवस्था का अस्तित्व स्वीकार करती हैं जिसके प्रति वे ऋणी हैं। उदाहरण के लिए 'मनुस्मृति' कहती है कि राजा को वादियों का विवाद शास्त्र में बताई हुई पद्धति के अनुसार (शास्त्रदृष्टैः हेतुभिः, 8.3) निपटाना चाहिए। फिर वह झूठी गवाही देने के लिए मनीषियों द्वारा बताए हुए दंड (प्रोक्तान दंडान

मनीषिभि:, 8.122) का उल्लेख करते हैं। उस विधि-व्यवस्था के ग्रंथ अब अप्राप्य हैं, इस आधार पर यह कहना तर्कसंगत न होगा कि स्पष्ट रूप में कानून को भाषाबद्ध करनेवाली वैसी व्यवस्था थी ही नहीं। दरअसल इन स्मृतियों ने उन ग्रंयों से इस विधि-व्यवस्था को आत्मसात् किया, उनके लोप होने के लिए सबसे पहले वे ही जिम्मेदार हैं।" (उप., पृ. 18)

विधि-व्यवस्था स्वतंत्र व्यवस्था न रहकर राजनीति के समान धर्मशास्त्र का अंग बन जाती है। यह प्रक्रिया उस युग में घटित होती है जब धर्म, अर्थ, काम में अर्थ सर्वोपरि नहीं है, धर्म सर्वोपरि है और इस धर्म का सारतत्त्व है वर्णधर्म। वर्णधर्म उस समाज की विशेषता है जिसमें उत्पादन का लक्ष्य उपयोग मूल्यों का सृजन है और पगार देकर श्रम कराने के बदले शूद्रों से द्विजों की सेवा कराना धर्म है।

'अर्थशास्त्र' में कहा गया है, जिस अंग से शूद्र ब्राह्मण को मारे, उस अंग को काट देना चाहिए। (3.19.8) पाश्चात्य विद्वान् मेयर ने इसे और साथ के दो अन्य सूत्रों को सन्दर्भ से असम्बद्ध बताया था। मेयर का हवाला देते हुए काँगले ने लिखा है : "यहाँ शूद्र के विरुद्ध जो विशेष द्वेष-भाव दिखाई देता है, वह इस कृति की मूल भावधारा के लिए अपरिचित वस्तु है।" (उप., पृ. 28) यह सूत्र 'अर्थशास्त्र' में आया कैसे? "प्रतीत होता है कि यह अंश बाद में याज्ञवल्क्य (2.215) और मनु (8.279-84) के आधार पर जोड़ा गया था।" (उप.) ऐसी कारीगरी बहुत बार और बहुत-से ग्रंथों में की गई है। जो लोग वर्णधर्म नहीं मानते, उनके बारे में कुछ परस्पर विरोधी बातें 'अर्थशास्त्र' में कही गई हैं। वर्णधर्म न माननेवाले पाषंड जनों को श्मशान के छोर पर रहना चाहिए। (2.4.23) काँगले ने इस सूत्र को उचित ही प्रक्षिप्त माना है क्योंकि आगे कहा गया है कि यथेष्ट स्थान सुलभ हो तो वैदिक मतावलम्बी आश्रमी तथा पाषंड जन एक ही जगह रहें और इसमें थोड़ी असुविधा भी हो तो उसे सहन करें। (उप., पृ. 155) 'आश्रमिण: पाषंडा वा महत्यवकाशे परस्परमवाधमाना वसेयु: अल्पां बाधां सहेरन्।' (3.16. 33-34) कहाँ यह धार्मिक सहिष्णुता की भावना कि थोड़ी असुविधा हो, तो भी विभिन्न मतावलबी एक साथ रहें, कहाँ पाषंडों के लिए श्मशान के छोर पर रहने की व्यवस्था!

वर्णसंकर जातियों के लिए नियम बताने के बाद 'अर्थशास्त्र' ने राजा के लिए आचरण की व्यवस्था दी है : इस तरह कार्य करने पर ही राजा को स्वर्ग मिलेगा, वर्ना वह नरक जाएगा। (3.7.38) काँगले का तर्क है, इससे पहले के सूत्रों में राजा के लिए किसी विशेष आचरण की व्यवस्था नहीं है। यहाँ ऐसे वक्तव्य के लिए कोई अवसर न था। (उप., पृ. 28) आचरण की व्यवस्था न मानने पर स्वर्ग-प्राप्ति के पुरस्कार और नरकवास के दंड का विधान 'अर्थशास्त्र' के लौकिकता प्रधान दृष्टिकोण के प्रतिकूल है। जो लोग देवताओं के बिना धर्मशास्त्र की कल्पना नहीं कर सकते, वे स्वर्ग-नरक के बिना पुरस्कार और दंड की कल्पना भी नहीं कर

सकते। युद्धभूमि में प्राण देने वालों के लिए इसी तरह स्वर्ग-प्राप्ति का विधान है। इस विधान की चर्चा से पहले राजा, कौटिल्य की सलाह के अनुसार, सैनिकों को एकत्र करके उनसे कहेगा, हम और आप समान वेतनभोगी हैं, यह राज्य हम आपके साथ भोगेंगे। हमारे कहने पर अब शत्रु को मारो। "संहत्य दंड ब्रूयात्, तुल्यवेतनोऽस्मि, भवद्भिः सह भोग्यमिदं राज्यम्, मयाऽभिहितैः परोऽभिहन्तव्यः इति।" (10.3.27) राजा यहाँ सेना के साथ स्वयं को समान वेतनभोगी कहता है, राज्य के भोग में सैनिकों को भागीदार मानता है, उन्हें समानता और भागीदारी की भावना से प्रेरित करके शत्रु पर आक्रमण करने को कहता है। सारी बातें सामन्ती विचारधारा के प्रतिकल हैं। 'इति' से बात खत्म हो गई थी पर राजा से आगे कहलाया गया है—वेदों के अनुसार पूरी दक्षिणा देकर सम्पन्न किये यज्ञ से जो फल मिलता है, वही फल शूरों को युद्ध में प्राण देने से मिलता है। इस सम्बन्ध में दो श्लोक भी दिये हैं। बहुत-से यज्ञ, तपस्या और दान से ब्राह्मण जहाँ पहुँचते हैं, युद्ध में प्राण देकर वीरक्षण में उससे भी आगे पहुँच जाते हैं। जो मालिक के अन्न के बदले युद्ध न करे, वह नरक जाए। उसे दर्भनिर्मित वस्त्र से ढँका हुआ पवित्र नया जलपात्र कभी न मिले। इसके बाद दूसरी बार 'इति'! (10.3.28-32) यहाँ राजा और सैनिकों का सम्बन्ध उलट गया है। वे दोनों समान वेतनभोगी नहीं हैं; राजा मालिक है, सैनिक उसका दिया अन्न खाने वाले चाकर हैं। इस सम्बन्ध के कारण स्वर्ग-प्राप्ति के पुरस्कार का लालच देना और नरकवास के दंड का भय दिखाना आवश्यक हुआ। दोनों सम्बन्ध एक-दूसरे से भिन्न, परस्पर विरोधी हैं। इस भिन्नता से मूल पाठ में इजाफा करने वालों को कोई वास्ता नहीं। यह उनकी कृपा है कि राजा की पहली उक्ति उन्होंने मूलपाठ में रहने दी। 'अर्थशास्त्र' के अन्त में मौलिक कल्पना यह है कि भाष्यकारों में मतभेद होता है, इसलिए विष्णुगुप्त ने सूत्रों के साथ भाष्य रचना भी की। जिस समय यह अंश जोड़ा गया था, उस समय ऐसी सूत्रशैली का प्रचलन हो गया था कि भाष्य के बिना सूत्र समझ में न आए। किन्तु कौटिल्य के सूत्र सुन्दर वाक्य-रचना के नमूने हैं। 'सूत्रशैली' में तिङन्त क्रियापदों का व्यवहार बहुत कम होता है, 'अर्थशास्त्र' में इनका व्यवहार स्वच्छंद रूप से होता है। काँगले ने ठीक लिखा है कि 'अर्थशास्त्र' की शैली प्राचीन गृह्यसूत्रों और धर्मसूत्रों की शैली से मिलती है; उत्तरकालीन दर्शनसूत्रों की न्यूनाधिक कूटशैली से उसका मेल नहीं है। (उप., पृ. 33) 'अर्थशास्त्र' के किसी विद्वान् पाठक ने हाशिये पर टिप्पणी लिखी, प्रतिलिपिकार ने मूल पाठ में उसे भी शामिल कर लिया। प्रतिलिपिकारों के प्रमाद से ऐसे प्रक्षिप्त अंश भी 'अर्थशास्त्र' में आ गए होंगे पर इसमें सन्देह नहीं कि कुछ विद्वानों ने विधिवत् 'अर्थशास्त्र' का सम्पादन किया था और इस सम्पादन-क्रम में जो कुछ जोड़ा। वह भिन्न सामाजिक दृष्टिकोण, भिन्न चिन्तन-पद्धति के अनुरूप था।

पुराणकथा, धर्मशास्त्र और वर्णधर्म, इनका आपस में घनिष्ठ सम्बन्ध है। वर्णधर्म का पालन कराने के लिए जरूरी था कि उसे दैवी विधान बना दिया जाए; वर्णधर्म के उल्लंघन को धर्म का उल्लंघन करार दिया जाए। जो वर्णधर्म की अखंड-पवित्रता के लिए वेदों को प्रमाण न माने, उसे नास्तिक घोषित किया जाए। काँगले ने 'अर्थशास्त्र' को धर्मशास्त्र और स्मृतिग्रंथों की परम्परा से अलग करने के साथ-साथ वर्णधर्म के मामले में उसे धर्मशास्त्र से मिला भी दिया है। राजा का कर्तव्य है कि वर्ण और आश्रमवाली समाज-व्यवस्था की रक्षा करे। माना जाता था कि यह व्यवस्था वेदविहित थी और इसलिए दैवी विधान थी, अचल थी। न तो उसके निर्माण में राज्यसत्ता का हाथ था, न उसमें फेर-बदल करने का उसे अधिकार था। "राज्यसत्ता का कर्तव्य इतना ही है कि वह इस व्यवस्था की रक्षा करे और उसमें किसी तरह की गड़बड़ न होने दे। इस मामले में धर्मशास्त्र से 'अर्थशास्त्र' का दृष्टिकोण किसी तरह भिन्न नहीं है।" (उप., पृ. 143) बहुत बड़ी विभिन्नता इस बात में है कि धर्मशास्त्र के लिए 'त्रयीविद्या' सर्वोपरि है किन्तु 'अर्थशास्त्र' के लिए 'आन्वीक्षिकी' सर्वोपरि है। 'आन्वीक्षिकी' में तीन दर्शन हैं : सांख्य, योग और लोकायत। इनमें कोई भी 'त्रयी' के आधार पर नहीं रचा गया और लोकायत 'त्रयी' को अन्य विद्याओं का सँवरण मात्र मानता है (काँगले के अनुवाद के अनुसार : "Economics and the science of politics are the only sciences," say the followers of Brihaspati. "For, the vedic lore is only a cloak for one conversant with the ways of the world", भाग-2, पृ. 6) जो सँवरण (cloak) है, वह किसी शास्त्र का मूल तत्त्व कैसे हो सकता है?

'अर्थशास्त्र' के आरम्भ में कौटिल्य ने चार विद्याएँ स्वीकार की हैं : 'आन्वीक्षिकी', 'त्रयी', 'वार्ता' और 'दंडनीति'। इनमें सामवेद, ऋग्वेद और यजुर्वेद त्रयी हैं। इनके आधार पर धर्माधर्म का निरूपण किया जाता है। (1. 2.11) चारों वर्णों और चारों आश्रमों के धर्म का ज्ञान 'त्रयी' विद्या से होता है। (1.3.4) जिसे धर्मशास्त्र कहा जाता है, उसका सम्बन्ध इसी विद्या से है। कौटिल्य उसका महत्त्व स्वीकार करते हैं पर वह 'अर्थशास्त्र' का विषय नहीं है। बृहस्पति के अनुयायी 'वार्ता' और 'दंडनीति', यही दो विद्याएँ मानते थे, 'त्रयी' को वे इनका 'सँवरण' (अथवा आवरण) मात्र मानते थे। उशनस् के अनुयायी दंडनीति को ही एकमात्र विद्या मानते थे, उनके लिए अन्य विद्याएँ उससे सम्बद्ध थीं। कौटिल्य 'वार्ता' और 'दंडनीति' का भेद बतलाते हुए कहते हैं, अर्थ-अनर्थ, लाभ-हानि का ज्ञान 'वार्ता' से होता है, 'नयअपनय' (सही नीति और गलत नीति) का ज्ञान दंडनीति से होता है। इनमें कौन मुख्य है, कौन गौण, इसका निर्णय मनुष्य तर्कबुद्धि से करता है। कौटिल्य के लिए धर्म, अर्थ, काम में अर्थ प्रधान है! अपने ग्रंथ में उन्होंने पहले 'वार्ता' का विवेचन किया है, फिर 'दंडनीति' का। 'वार्ता' ही 'अर्थशास्त्र' है।

ग्रंथ के अन्त में 'मनुष्याणां वृत्तिरर्थः' लिखकर उन्होंने 'वार्ता' से अर्थविद्या का सम्बन्ध स्पष्ट कर दिया है। 'दंडनीति' अर्थविद्या के अधीन है, इसलिए पुस्तक का नाम 'अर्थशास्त्र' है। 'दंडनीति' का विवेचन इस शास्त्र के अन्तर्गत है। सभी विद्याएँ समकक्ष नहीं हैं, इनके बल और अबल को पहचानना जरूरी है। 'बलाबले चैतासाम्' (1.2.11) से स्पष्ट है कि कौटिल्य के लिए सभी विद्याएँ समान महत्त्व की नहीं हैं, इनमें प्रधान भूमिका 'वार्ता' की है; अप्रत्यक्ष रूप से 'अर्थशास्त्र' में यह मान्यता विद्यमान है कि राजनीतिक सम्बन्धों की तुलना में निर्णायक भूमिका आर्थिक सम्बन्धों की है।

एक विद्या है 'आन्वीक्षिकी'। 'आन्वीक्षिकी' अर्थात् दर्शनशास्त्र। सभी विद्याओं में इसका स्थान सर्वोपरि है।

> *प्रदीपः सर्वविद्यानामुपायः सर्वकर्मणाम्।*
> *आश्रयः सर्वधर्माणां शश्वदान्वीक्षिकी मता॥* (1.2.12)

यह 'आन्वीक्षिकी' सभी विद्याओं का प्रदीप है, सभी कर्मों का उपाय है और सभी धर्मों (वर्णधर्मों) का आधार है। दार्शनिक दृष्टि के बिना मनुष्य प्राप्त जानकारी के आधार पर सही निष्कर्ष नहीं निकाल पाता। एंगेल्स ने 'एंटीड्यूरिंग' में इस बात पर बहुत जोर दिया था कि उन्नीसवीं सदी के वैज्ञानिकों को प्रकृति सम्बन्धी नई जानकारी से सही नतीजे निकालने के लिए दर्शनशास्त्र से अच्छी तरह परिचित होना चाहिए। कौटिल्य 'आन्वीक्षिकी' को सभी कर्मों का उपाय मानते हैं, इससे सिद्ध है कि उनके लिए यथार्थ जगत से, मनुष्य के व्यवहार से, दर्शनशास्त्र का गहरा सम्बन्ध है। किस तरह के दर्शन को 'आन्वीक्षिकी' कहेंगे, यह उन्होंने स्पष्ट कर दिया है : 'साल्यं योगो लोकायतं चेत्यान्वीक्षिकी।' (1.2.10) सांख्य को बहुत-से लोग अनीश्वरवादी दर्शन मानते हैं; 'ईश्वरासिद्धेः' सांख्य के इस सूत्र को महावीर प्रसाद दिवेदी ने अनीश्वरवाद का पोषक माना था। योग का सम्बन्ध चित्तवृत्तियों के निरोध से है, देवपूजा और यज्ञादि कर्मकांड से नहीं। लोकायत भारत का प्राचीन भौतिकवादी दर्शन है। इस प्रकार 'आन्वीक्षिकी' का सम्बन्ध अध्यात्मवाद से नहीं, लोक-व्यवहार से है; भाववाद से नहीं, भौतिकवाद से है; किसी देवता या ऋषि को प्रमाण मानने से नहीं, मनुष्य के विवेक से है। सभी विद्याओं में 'आन्वीक्षिकी' सर्वोपरि है। 'वार्ता' और 'दंडनीति' ही नहीं, 'त्रयी' विद्या भी उसके विवेचन की परिधि में है।

सांख्य, योग, लोकायत—इन तीनों का सार्थक नाम है 'आन्वीक्षिकी'। यह विद्या कैसे अन्य सभी विद्याओं का अन्वीक्षण करती है और इसमे क्या लाभ होता है, इस बारे में कौटिल्य कहते हैं : 'धर्माधर्मौ त्रय्यामर्थानिर्थौ वार्तायां नयापनयौ दंडनीत्यां बलाबले चैतासां हेतुभिरन्वीक्षमाणा लोकस्योपकरोति व्यसनेऽभ्युदये च बुद्धिमवस्थापयति प्रज्ञावाक्यक्रियावैशारद्यं च करोति' (1.2.11) यहाँ 'अन्वीक्षमाणा' से

'आन्वीक्षिकी' नाम की सार्थकता का बोध होता है। अन्वीक्षण तर्क अथवा विवेचन द्वारा सम्पन्न होता है। 'त्रयी' से धर्म-अधर्म का ज्ञान, वार्ता से अर्थ-अनर्थ का ज्ञान, 'दंडनीति' से नय-अपनय का ज्ञान इसी विवेचन द्वारा होता है। 'आन्वीक्षिकी' से ही इन विद्याओं के बलाबल की जानकारी होगी। 'आन्वीक्षिकी' एक तरह का ज्ञानशास्त्र है जो ज्ञान की सभी शाखाओं को अपने भीतर समेटे हुए है। धर्मशास्त्र, अर्थशास्त्र, राजनीतिशास्त्र, इन सबके ऊपर है दर्शनशास्त्र। दर्शनशास्त्र मनुष्य और प्रकृति के यथार्थ ज्ञान से सम्बद्ध होगा तो वह लोक-व्यवहार से भी सम्बद्ध होगा, लोकहितकारी होगा। 'लोकस्य उपकरोति' : 'आन्वीक्षिकी' से 'लोक' का उपकार होता है, किसी वर्ण विशेष का ही उपकार नहीं होता। 'बुद्धिम् अवस्थापयति' : व्यसन (विपत्ति) और अभ्युदय में उससे बुद्धि अविचलित बनी रहती है, प्रज्ञा प्रतिष्ठित रहती है। मन, वचन, कर्म में; सोचने, बोलने और काम करने में; मनुष्य अधिक समर्थ होता है। यह फल इसी जीवन में, इसी संसार में मिलता है, अगले जीवन में और स्वर्ग-नरक में नहीं।

काँगले ने बताया है कि 'महाभारत' में 'आन्वीक्षिकी' को तर्कविद्या का समानार्थी कहा गया है, बाद में उसे न्यायशास्त्र का पर्याय माना गया। (भाग 3, पृ. 99) धर्मशास्त्र से दर्शनशास्त्र अलग है, दर्शनशास्त्र से तर्कविद्या अलग है। ज्ञान की शाखाओं की यह पृथक्ता सामाजिक विकास की काफी आगे वाली मंजिलों का परिणाम है। काँगले ने 'अर्थशास्त्र' में इसी पृथक्ता को ध्यान में रखते हुए लिखा है कि अन्वीक्षण का उद्‌देश्य है : सही-गलत की पहचान; इसमें 'हेतु' अन्वीक्षण का साधन मात्र है। तर्कविद्या का काम इस 'हेतु' की प्रामाणिकता निर्धारित करना है। इसलिए आन्वीक्षिकी तर्कविद्या नहीं है, दर्शनशास्त्र है। (उप., पृ. 100) काँगले ने इसी सन्दर्भ में लिखा है कि सांख्य, योग और लोकायत भारत के प्राचीनतम दर्शन हैं और इन तीनों को मिलाकर 'आन्वीक्षिकी' बनी। "यह बात उल्लेखनीय है कि इन दर्शनों को, विशेष रूप से लोकायत को, जो ऊँचा स्थान दिया गया था, उसे स्वीकारना मनु ने असम्भव पाया। अतः उन्होंने 'आन्वीक्षिकी' को आत्मविद्या अर्थात् वेदान्त माना (7.43) 'बृहत्संहिता' (19.11) और 'कामन्दक' के नीतिसार (2.11) ने भी उसे इसी रूप में ग्रहण किया। 'आन्वीक्षिकी' के अर्थ का यह चलन स्पष्ट ही बाद का है।" (उप., पृ. 99) इस तरह भारतीय चिन्तन को विवेकसम्मत, वैज्ञानिक परम्परा को जानबूझकर आध्यात्मिक और पौराणिक रूप दिया गया और अनेक आधुनिक विवेचक इस विकृति को भारतीय चिन्तन की मौलिक और प्रधान परम्परा मान बैठे।

लोकायत को खूब बदनाम किया गया। काँगले कहते हैं : "सांख्य और योग दर्शन के साथ, उन्हीं के स्तर पर, लोकायत दर्शन के उल्लेख से यह विदित होता है कि विशुद्ध भौतिकवादी और सुखभोगवादी विचारतंत्र के प्रति अभी वह मखौल और घृणा का रुख न अपनाया गया था जो बाद में अपनाया गया। भाष्यकारों के

अनुसार इस दर्शन के संस्थापक बृहस्पति थे। यह निश्चित नहीं है कि यह बृहस्पति और 'अर्थशास्त्र' के बार्हस्पत्य मत के कल्पित संस्थापक एक ही व्यक्ति थे।" (उप., पृ. 130) जो बात निश्चित है, वह यह कि कौटिल्य के समय में 'वार्ता' और 'दंडनीति' को मूल विद्या मानने वाले बृहस्पति के अनुयायी कहलाते थे और आचार्य कौटिल्य 'आन्वीक्षिकी' को विद्याओं में सर्वोपरि मानते थे तथा 'आन्वीक्षिकी' में सांख्य, योग और लोकायत के अलावा चौथा और कोई दर्शन नहीं था। मानना चाहिए कि 'अर्थशास्त्र' लोकायत दृष्टि से रचा हुआ ग्रंथ है। काँगले के अनुसार कौटिल्य गोत्र नाम है और कुटिलतासूचक कुटिल से उसका कोई सम्बन्ध नहीं है। किन्तु कौटिल्य नाम कुटिलतासूचक कुटिल से जुड़ गया और किसी भी कुकर्म से स्वार्थ सिद्ध करना 'अर्थशास्त्र' का सारतत्त्व वैसे ही प्रचारित किया गया, जैसे चार्वाक-दर्शन का सारतत्त्व 'ऋणं कृत्वा घृतं पिबेत्' रह गया। 'अर्थशास्त्र' में जहाँ कुटिल नीति का विधान है, वहाँ बहुत सतर्क रहने की जरूरत है। कौटिल्य के लिए लोकहित सर्वोपरि है—ब्राह्मण का हित सर्वोपरि नहीं है, यह बात स्मरणीय है।

'आन्वीक्षिकी'—दर्शनशास्त्र—की सार्थकता यह है कि वह लोक का उपकार करती है। 'लोकस्योपकरोति'—किसी वर्ण विशेष का उपकार नहीं करती।

11. वर्ण-व्यवस्था का विघटन और स्मृतिग्रंथ

महर्षि लोग मनु से वर्णों और जातियों का धर्म पूछने गए। मनु ने बताया कि यह संसार पहले अन्धकार में विलीन, सोए हुए के समान था। फिर अव्यक्त भगवान् व्यक्त हुए। उन्होंने जल की सृष्टि की। उसमें उन्होंने बीज डाला जो सहस्र सूर्यों के समान प्रकाशमान था और सोने का अंडा बन गया। उससे सभी लोकों के पितामह ब्रह्मा उत्पन्न हुए। और बहुत-सी चीजें उत्पन्न करने के अलावा ब्रह्मा ने मुख, बाहुओं, जाँघों और पैरों से ब्राह्मण, क्षत्रिय, वैश्य, शूद्र—इन चार वर्णों की सृष्टि की। "पृथ्वी पर जो कुछ भी है, वह सब ब्राह्मण का है अर्थात् ब्राह्मण उसे अपने धन के समान मानता है। ब्रह्मा के मुख से उत्पन्न तथा कुलीन होने के कारण यह सब धन ग्रहण करने का अधिकारी होता है।" (1.100) कौटिल्य के विज्ञान से दूर यह पुराणकथाओं का संसार है, वर्णधर्म की पुनःप्रतिष्ठा स्मृतिकार का मूल लक्ष्य है, वर्ण और जाति से बाहर वह किसी मानव समुदाय की कल्पना नहीं कर सकता। 'ऋग्वेद' के दसवें मंडल में चारों वर्णों की उत्पत्ति की जो बात कही गई है, वह उत्तर वैदिककाल की है, यह अनेक विद्वानों का मत है। 'मनुस्मृति' में वह उत्पत्ति-कथा तो दोहराई ही गई है—द्रविड़, खस, लिच्छिवि आदि जन-समुदायों को व्रात्यों की सन्तान कहा गया है। (10.22) ये व्रात्य भी द्विजों की सन्तान हैं, केवल संस्कारहीन हैं। (10.20) 'मनुस्मृति' की रचना उस समाज में नहीं हुई जिसमें वर्ण-व्यवस्था उभर रही है। उसकी रचना ऐसे समाज में हुई है जिसमें यह व्यवस्था लड़खड़ा रही है और उसे सँभालने और

सुदृढ़ करने के लिए पुरानी देवकथाओं और नई कल्पनाओं का सहारा लेना बहुत जरूरी हो गया है। वर्ण-व्यवस्था के लड़खड़ाने का कारण प्रत्येक वर्ण में धनी-निर्धन का भेद है। ऐसा भेद सबसे ऊपरवाले वर्ण में है। कुछ ब्राह्मण धनी हैं; कुछ निर्धन हैं। धनी ब्राह्मण संस्कारी द्विजों से लोभवश दासों का काम उनकी इच्छा के विरुद्ध कराए तो राजा उस पर 600 पण जुर्माना करे। (8.412) समाज में ऐसे ब्राह्मण हैं जो सम्पत्तिशाली होने के कारण निर्धन द्विजों को अपना दास बनाएँ। द्विजों में ब्राह्मण शामिल हैं। जुर्माना तब किया जाएगा जब द्विज इच्छा के विरुद्ध दासकर्म करेगा। पेट भरने के लिए स्वेच्छा से दासकर्म करे तो जुर्माना न होगा। सबसे नीचे है शूद्रवर्ण। शूद्र को सलाह दी गई है कि वह समर्थ हो तो भी उसे धनसंचय न करना चाहिए क्योंकि धन प्राप्त करके वह ब्राह्मणों को ही पीड़ित करता है। 'शुद्रोहि धनमासाद्य ब्राह्मणानेव बाधते'। (10.126) यह नहीं कहा गया कि धनी होने पर शूद्र ब्राह्मण को पीड़ित कर सकता है, कहा यह गया है कि धनी होने पर शूद्र ब्राह्मण को पीड़ित करता है। यदि शूद्र के लिए धन-संचय की सम्भावना न होती तो ब्राह्मण के पीड़ित होने की बात पैदा न होती। व्यक्तिगत सम्पत्ति और द्रव्य के चलन को रोकना स्मृतिकार के वश में नहीं है; इस चलन के फलस्वरूप वर्ण-व्यवस्था में जो विघटन पैदा हुआ है, उसे रोकना भी स्मृतिकार के वश में नहीं है।

कल्पना यह है कि विश्व की सारी सम्पदा ब्राह्मणों की है; यथार्थ यह है कि सम्पत्तिहीन ब्राह्मणों का एक बड़ा समुदाय है जो जीवित रहने के लिए अन्य वर्णों के कर्म करने को बाध्य हो रहा है। आपत्काल में ब्राह्मण क्या करें, क्या न करें, इसके बारे में विचार करना बहुत जरूरी हो गया है। अपने वर्ण के अनुसार कर्म करने से ब्राह्मण जीविका न कमा सके तो उसे क्षत्रियधर्म अपनाना चाहिए क्योंकि ब्राह्मण के बाद क्षत्रिय वर्ण ही है। (10.81) अध्ययन, अध्यापन, यजन, याजन, दान देना और लेना—ये सब ब्राह्मण के कर्म हैं। (1.88) इन कर्मों से ब्राह्मण की जीविका तभी न चलेगी जब अन्य द्विजों के लिए ये कर्म निरर्थक हो गए हों या वे द्विज स्वयं ही ये काम करने लगे हों। यदि वर्ण-व्यवस्था के विघटन का कारण धन-संचय है तो स्पष्ट है कि उसका सम्बन्ध उत्पादन और विनिमय की प्रगति से था, वेद-पाठ और यज्ञों से नहीं। स्वयं क्षत्रियों का प्रभुत्व सुरक्षित नहीं, इसलिए ब्राह्मण क्षत्रिय कर्म से जीविका न चला सके तो आश्चर्य नहीं। वैसी हालत में वह वैश्यकर्म करे। (10.82) वैश्यकर्म में वाणिज्य शामिल है। ब्राह्मण (और उसके साथ क्षत्रिय) को माल बेचते समय ध्यान रखना चाहिए कि कुछ चीजें न बेचे। ऐसी चीजों में पशु और मनुष्य हैं। (10.86) वैश्यकर्म में मनुष्य का विक्रय शामिल है। ये मनुष्य किन वर्णों के हैं, यह नहीं बताया गया। वैश्यकर्म में खेती है। ब्राह्मण-क्षत्रिय को खेती करने (अर्थात् स्वयं खेत जोतने-बोने आदि) की अनुमति दी गई है (10.82); फिर कहा गया है कि हल चलाने से जीव मारे जाते हैं, इसलिए यह काम छोड़ देना चाहिए। (10.83) आगे

फिर व्यवस्था है कि ब्राह्मण-क्षत्रिय खेत में स्वयं तिल पैदा करके उन्हें धर्मार्थ बेच दें। (10.90) गोपालन के सिलसिले में कोई प्रतिबन्ध नहीं है।

शूद्र वेद पढ़ें तो उनके लिए कठोर दंड की व्यवस्था है किन्तु आपत्तिकाल में ब्राह्मण गर्हितजनों को—जिन्हें वेद पढ़ने का अधिकार नहीं है, उन्हें पढ़ाएँ, उनसे यज्ञ कराएँ और दान लें तो उन्हें (ब्राह्मणों को) दोष नहीं है क्योंकि वे जल और अग्नि के समान पवित्र हैं। (10.103) गर्हितजनों को पढ़ाने और यज्ञ कराने से भी घटिया काम है, उनसे दान लेना। जब उन्हें पढ़ाने और यज्ञ कराने से काम न चले तब उनसे दान लेना चाहिए। (10.109) धर्मविरुद्ध ये सारे काम करने पर भी पेट न भरे और प्राणों पर आ बने, तब यदि ब्राह्मण जहाँ भी जो अन्न मिले, उसे खा ले, तो उसे पाप न होगा। (10.104) उसे याद रखना चाहिए कि भूख से पीड़ित अजीगर्त ऋषि अपने पुत्र का वध करने को तैयार हो गए थे। (10.105) भूख से पीड़ित वामदेव ऋषि कुत्ते का मांस खाने को तैयार थे। (10.106) भारद्वाज ने बढ़ई से दान में गायें ली थीं (10.107) और धर्म-अधर्म जानने वाले विश्वामित्र चांडाल के हाथ से कुत्ते की जाँघ का मांस लेकर खाने को तत्पर हुए थे। (10.108) क्षुधा से पीड़ित द्विजों की परम्परा काफी पुरानी थी। 'मनुस्मृति' के रचनाकाल में उसने विकराल रूप धारण कर लिया था। इसी कारण प्राणरक्षा के निमित्त, वर्णधर्म के विपरीत भी, बहुत-से काम करने की अनुमति दी गई है। शूद्रों को अनेक प्रकार के कठोर दंड देने के विधान में स्मृतिकार की इच्छापूर्ति अधिक है, यथार्थ का चित्रण कम। यह दंडविधान वे लोग बना रहे हैं जो धनी-निर्धन के भेद से स्वयं पीड़ित हैं, जिनमें काफी संख्या ऐसे लोगों की है जो जीविकाविहीन हैं और कहीं से भी अन्न ग्रहण करने को तैयार हैं। उनके अन्नदाताओं में शूद्र भी हैं। दंड देने की शक्ति ब्राह्मणों में नहीं है; वे केवल व्यवस्था दे सकते हैं। दंडशक्ति राजा के पास है। वह ब्राह्मणों की बात सुनता है कि नहीं, यह उसकी इच्छा पर निर्भर है। किन्तु एक बात दिलचस्प है। 'मनुस्मृति' की व्यवस्था में वह दंड से परे नहीं है।

कार्षापणं भवेद्दंड्यो यत्रान्यः प्राकृतो जनः।
तत्र राजा भवेद्दंड्यः सहस्रमिति धारणा॥ (8.336)

जिस अपराध के लिए सामान्य जन को एक कार्षापण दंड देना होगा, उसके लिए राजा को एक सहस्र कार्षापण दंड रूप में देने होंगे। 'इति धारणा' से यह संकेत मिलता है कि राजा भी दंडनीय है। यह धारणा परम्परा से चली आ रही थी। 'मनुस्मृति' में निरंकुश राज्यसत्ता का अनुमोदन नहीं है, भले ही व्यवहार में राजशक्ति निरंकुश रही हो। ब्राह्मण भी दंडनीय हैं और वर्ण के अनुसार दंड की मात्रा निर्धारित होती है। चोरी के अपराध की गुरुता शूद्र के लिए आठ गुनी, वैश्य के लिए सोलह गुनी, क्षत्रिय के लिए बत्तीस गुनी, ब्राह्मण के लिए चौंसठ गुनी, सौगुनी या एक सौ अट्ठाइस गुनी

है और इसी क्रम से उन्हें दंड मिलेगा। (8.37-38) कुछ अपराधों के लिए ब्राह्मण को देश से निकाल देने का विधान है। (7.241)

'मनुस्मृति' के रचनाकार के सामने जो समाज-व्यवस्था है, उसमें वित्त की प्रधानता है, इसलिए दंड का प्रमुख रूप जुर्माना है। जघन्य अपराध करने वालों को गरम लोहे से दागने, उनके माथे में चिह्नविशेष बना देने का विधान है। किन्तु यदि वे प्रायश्चित्त कर लें तो उनसे एक हजार कार्षापण लेकर उन्हें छोड़ देना चाहिए। (9.240) राजा के मंत्री या न्यायाधीश कोई काम न्याय के अनुसार न करें तो राजा उन्हें एक हजार कार्षापण दंड देगा। (9.234) इसी प्रकार और बहुत-से अपराधों के लिए द्रव्यदंड विधान है। अर्थतंत्र में वित्त की प्रधानता होने पर वर्ण-व्यवस्था टूटे, यह स्वाभाविक है; जिस सीमा तक परिवार-व्यवस्था पुराने अर्थतंत्र से जुड़ी हुई थी, उस सीमा तक उसका टूटना भी अनिवार्य था। बड़ा भाई पिता के समान पूज्य है। यदि वह छोटे भाइयों से ऐसे व्यवहार करे मानो वह उनका पिता है, तो छोटे भाई उसके साथ रह सकते हैं। ऐसा व्यवहार न करे तो छोटे भाई उसे सामान्य नातेदार मानकर उसके साथ रह सकते हैं, और चाहें तो अलग भी रह सकते हैं। और अलग रहने में अधिक लाभ है, आर्थिक नहीं—धार्मिक लाभ है! जिस अलगौझे को लेकर प्रेमचन्द इतना परेशान थे, उसका समर्थन 'मनुस्मृति' में है :

पृथग्विवर्धते धर्मस्तस्माद्धर्म्या पृथक् क्रिया। (9.111)

अलग रहने से धर्म में वृद्धि होती है, इसलिए अलग रहना धर्म के अनुरूप क्रिया है। पूँजीवादी आर्थिक सम्बन्ध जब तक काफी मजबूत न हो गए हों, तब तक कोई शास्त्रकार भाइयों के अलगाव से धर्मवृद्धि की बात कहे, यह कल्पनातीत है।

पुरानी परिवार-व्यवस्था के टूटने का मतलब है, पुरानी कुटुम्ब-सम्पत्ति का स्थान नई व्यक्तिगत सम्पत्ति ले रही है। सीमित मात्रा में उपयोग मूल्य पैदा करने वाले कृषितंत्र के लिए बड़ा कुटुम्ब उपयोगी होता है। जितना ही विनिमय मूल्यों का उत्पादन बढ़ेगा, उतना ही बड़े कुटुम्ब का महत्त्व कम होगा। ब्याज पर पैसा उठाना, दूसरों की सम्पत्ति रेहन रखना, आयात-निर्यात-व्यापार में पूँजी लगाना—ये सब काम बहुत दिनों से होते आ रहे थे। जो नई बात है, वह यह कि एक पूरा जनपद वाणिज्य के लिए इतना विख्यात हो रहा है कि उसमें वैश्य वर्णधर्म के भीतर और सभी वर्णधर्म मानो विलीन हो गए हैं।

सूतानामश्वसारथ्यमम्बष्ठानां चिकित्सनम्।
वैदेहकानां स्त्रीकार्यं मागधानां वणिक्पथः॥ (10.47)

सूत, अम्बष्ठ और वैदेहक जनों के कार्य बताने के बाद मागधों के लिए कहते हैं, उनका कर्म व्यापार है। कौटिल्य की राज्यसत्ता मगध की राज्यसत्ता है और

व्यापार के विकास में इस सत्ता की विशेष भूमिका है, इस ऐतिहासिक तथ्य की पुष्टि 'मागधानां वणिक्पथः' से होती है। शहर या देहात के दो-चार बनिये नहीं, सारा मगध जनपद व्यापार के लिए विख्यात है। विदेह भी एक जनपद का नाम है। इसका मुख्य नगर मिथिला था, फिर मिथिला पूरे जनपद का नाम हो गया। किसी समय विदेह जनपद भी व्यापार के लिए प्रसिद्ध था, तभी 'वैदेहक' शब्द व्यापारी के अर्थ में प्रयुक्त होने लगा था। व्यापार में अवनति होने के बाद वैदेहक जन राजाओं के यहाँ अन्त:पुर के रक्षक बने और मागध शब्द इसी प्रकार चारणों के लिए प्रयुक्त हुआ। अम्बष्ठ एक जनपद का नाम है ही; वहाँ के लोग चिकित्सा-कौशल के लिए प्रसिद्ध थे। सूत भी किसी जनपद का नाम रहा होगा और वहाँ के निवासियों की ख्याति समय और परिस्थितियों के साथ बदलती रही। सूत सारथी हैं, कथावाचक हैं, चारण हैं। सूत और मागध शब्दों का व्यवहार अक्सर एक साथ होता है। उससे प्रतीत होता है कि वे पड़ोसी रहे होंगे। जनपदों के बीच श्रम-विभाजन और गण-समाजों के बीच श्रम-विभाजन दो भिन्न युगों के प्रपंच हैं। गण-समाजों में श्रम-विभाजन उस समय होता है जब उत्पादन और विनिमय बहुत सीमित होते हैं। यह वर्ण-व्यवस्था का अभ्युदयकाल होता है। वर्ण किसी गण-समाज के भीतर बनते हैं, किन्हीं गण-समाजों के परस्पर सम्पर्क से बनते हैं। वर्ण ही नहीं, पेशेवाली बिरादरियाँ भी इस तरह बन सकती हैं। मान लीजिए, आभीरगण पशुपालक है, कृषितंत्रवाले समाजों को वह दूध देता है, बदले में खेती की उपज लेता है। तब अहीर का अर्थ हुआ—गोपालक, ग्वाला। अहीर एक बिरादरी (Caste) का नाम हो गया। गण-व्यवस्था टूटने पर अनेक गणों के मिलकर पुनर्गठित होने पर, वर्ण-व्यवस्था वाले जनपद बनते हैं। इनके अर्थतंत्र में वित्त का चलन होने पर वर्ण-व्यवस्था टूटती है और तब मगध जैसा जनपद व्यापार के लिए विख्यात होता है। यह नई तरह का श्रम-विभाजन है।

मनुस्मृति में पुरानी समाज-व्यवस्था टूटती हुई दिखाई देती है और इसके टूटने का कारण व्यक्तिगत सम्पत्ति का विकास है। सम्पत्ति का क्रय-विक्रय सामान्य बात है, इसलिए नियम है कि सम्पत्ति बेचने या खरीदने से पछतावा हो तो सम्बद्ध व्यक्ति दस दिन में सम्पत्ति या उसका मूल्य वापस कर सकता है। (8.222) सम्पत्ति का मूल रूप जब तक भूमि है, तब तक वर्ण-व्यवस्था न टूटेगी; जहाँ द्रव्यसम्पत्ति का चलन हुआ, वह वर्ण की सीमाएँ लाँघकर धनी-निर्धन का भेद पैदा करने लगेगी। इसीलिए विधान है कि शूद्र को धन संचय न करना चाहिए। (10.129) किन्तु शूद्र सम्पत्तिहीन नहीं है। विरासत में वह अपनी शूद्र सहधर्मिणी के पुत्र के समान दासी से उत्पन्न पुत्र को भी सम्पत्ति का अंश देगा। (9.179) इसी प्रकार स्त्री सम्पत्तिहीन नहीं है। उसे पिता, पति, भाई, माता आदि से जो धन मिले, वह उसका है। (6.194) माता की मृत्यु के बाद उसका धन पुत्रों को ही नहीं, उसकी पुत्रियों

को भी मिलेगा। (9.192) मुख्य वारिस पुत्र ही है। विरासत की आवश्यकता पूरी करने के लिए नियोग का विधान है। सन्तानहीन विधवा अपने गोत्र के किसी पुरुष से पुत्र उत्पन्न कराए और उसे पति की सम्पत्ति दे दे। (9.190) पति की सम्पत्ति उसकी पत्नी को मिले, समाज के व्यवस्थापकों को यह पसन्द नहीं है। किन्तु वह पुनर्विवाह कर सकती है। विधवा ही नहीं, जिसका पति जीवित हो किन्तु जिसे उसने छोड़ दिया हो, वह स्त्री भी पुनर्विवाह कर सकती है। (9.175) 'मनुस्मृति' का रचनाकार नारी की सम्पत्ति पर प्रतिबन्ध लगाता है किन्तु पारिवारिक जीवन में उसकी परम्परागत प्रतिष्ठा की रक्षा भी करता है। नारी पूज्य है और उसके बिना पुरुष की सारी क्रियाएँ विफल हैं।

यत्र नार्यस्तु पूज्यन्ते रमन्ते तत्र देवता: ।
यत्रैतास्तु न पूज्यन्ते सर्वास्तत्राफला: क्रिया: ॥ (3.56)

12. स्मृतिग्रंथ, जातक कथाएँ और पगार-प्रथा

'मनुस्मृति' में श्रमिक और उसकी पगार का उल्लेख वैश्य धर्म के प्रसंग में है। कृषि और पशुपालन वैश्य के परम्परागत कार्य हैं। इनके साथ वाणिज्य-व्यापार का उल्लेख भी आवश्यक हो गया है। उसका विनिमय कार्य गाँव और जनपद तक सीमित नहीं है। विभिन्न जनपदों में पण्य वस्तुओं के मूल्य की स्थिति उसे ज्ञात होनी चाहिए। यदि विनिमय कार्य किसी एक जनपद तक सीमित हो तो मूल्यों की अन्तर्‌जनपदीय स्थिति का ज्ञान आवश्यक होगा; व्यापार अन्तर्‌जनपदीय है, इसका प्रमाण यह है कि वैश्य को जनपदों के गुणों-अवगुणों का ज्ञान तो होना ही चाहिए, विभिन्न मानव-समुदायों की भाषाओं की जानकारी भी उसे होनी चाहिए।

भृत्यानां च भृतिं विद्याद्‌भाषाश्च विविधा नृणाम्।
द्रव्यानां स्नानयोगांश्च क्रयविक्रयमेव च ॥ (9.332)

भृत्यों—भाड़े के श्रमिकों—की भृति, उनकी पगार का ज्ञान उसे होना चाहिए; विविध मनुष्यों—मानव-समुदायों—की भाषाओं का परिचय उसे होना चाहिए। कुल्लक भट्ट ने अपनी टीका में ठीक लिखा है : 'गौडदाक्षिणात्यादीनां च मनुष्याणां नानाप्रकारा भाषा विक्रयाद्यर्थं विधात्।' गौड, दाक्षिणात्यादि प्रदेशों के मनुष्यों की नाना प्रकार की भाषाएँ विक्रय आदि कार्यों के लिए उसे जाननी चाहिए। विनिमय का विकास मनुष्य को भाषायी स्थिति पहचानने के लिए विवश करता है। केवल यह पहचान नहीं, भाषा का व्यवहार-क्षेत्र, उसका मानक रूप, मानक और गैर-मानक रूपों का सम्बन्ध, यह सब भी विनिमय के विकास पर निर्भर है। प्राचीन यूनान में विनिमय का विकास हुआ; अत्तिका जनपद की भाषा यूनान की मानक भाषा बनी और यूनान के

पराधीन हो जाने के बाद भी भूमध्यसागर के तटवर्ती देशों में शताब्दियों तक प्रयुक्त होती रही। प्राचीन इटली में लातिउम् जनपद की भाषा रोमन समाज की मानक भाषा बनी और रोमन साम्राज्य के विध्वंस के बाद शताब्दियों तक यूरोप में प्रयुक्त होती रही। प्राचीन भारत में इसी तरह संस्कृत का विकास हुआ। उसका मानक रूप स्थिर करने में पाणिनि का योगदान विशेष था। वह विभिन्न जनपदों में संस्कृत के वैकल्पिक रूपों से बहुत अच्छी तरह परिचित थे। इसीलिए मानक रूपों के साथ वे लगातार वैकल्पिक रूप भी देते हैं। उनके समय में पूर्वी और उत्तरी जनपदों की अपनी व्याकरण परम्पराएँ विकसित हो चुकी थीं और पाणिनि आवश्यकतानुसार इनका उल्लेख करते हैं। उत्तरी और पूर्वी जनपदों के बीच विनिमय का यथेष्ट विकास हुए बिना यह भाषायी स्थिति उत्पन्न हुई हो, यह सम्भव नहीं है। पगारजीवी श्रमिक के लिए 'वैतनिक' शब्द 'अष्टाध्यायी' में है (4.4.12) कात्यायन के वार्तिक के अनुसार पगार द्रव्य और भोजन-सामग्री, दोनों रूपों में दी जाती थी। पतंजलि ने अपने भाष्य में 'पंचक', 'दशक' जैसे शब्द दिये हैं जो पाँच या दस कार्षापण मासिक पानेवाले श्रमिकों के लिए प्रयुक्त होते थे। दैनिक या मासिक पगार पर मजदूर को काम में लगाने के लिए 'परिक्रयण' शब्द था; मजदूर 'प्रक्रीत' था, उसे काम में लगानेवाला व्यक्ति 'प्रक्रेता' था। (पुरुषोत्तमचन्द्र जैन, 'Labour in Ancient India', पृ. 230) दाक्षिणात्य भाषाओं में तमिल सबसे पहले साहित्य का माध्यम बनती है। इसका कारण प्राचीन तमिल नगरों, विशेष कर मदुरई, का व्यापारिक महत्त्व है। 'मनुस्मृति' का वैश्य मणिमुक्ताप्रवाल जैसी वैभव प्रदर्शन की वस्तुओं का व्यापार करता है, दूसरी ओर वह कपड़े और नमक जैसी सामान्य उपयोग की वस्तुओं का व्यापार भी करता है। (9.329) सामान्य उपयोग की वस्तुओं का व्यापार जितना ही बढ़ेगा, उतना ही व्यापारी के लिए इनका व्यवहार करने वाले साधारण जनों की भाषाएँ जानना आवश्यक होगा।

सारासारं च भांडानां देशानां च गुणागुणम्।
लाभालाभं च पण्यानां पशूनां परिवर्धनम्॥ (9.331)

कौन-सा माल बढ़िया है, कौन-सा घटिया है, व्यापारी को यह जानना चाहिए। देशों के गुण-अगुण जानने का मतलब यह है कि पूर्व और पश्चिम के प्रदेशों में कौन-सी चीज कहाँ अल्पमूल्य है, कौन-सी कहाँ बहुमूल्य, यह उसे मालूम होना चाहिए। 'देशानां प्राक्पश्चिमादीनां क्व किमल्पमूल्यं किं बहुमूल्यं चेत्यादि देशगुणदोषौ बुध्येत।'

व्यापारी केवल बिचौलिया नहीं है, वह स्वयं उत्पादन का प्रबन्ध करता है। इसलिए उसे मजदूरों और उनकी पगार की दर का ज्ञान होना चाहिए। भृत्य और भृति के सन्दर्भ में कुल्लक भट्ट ने लिखा है : 'गोपालमहिषपालानामितीदमस्य देयमिति देशकालकर्मानुरूपं वेतनं जानीयात्।' गायों-भैंसों के रखवालों को देशकाल और कर्म

के अनुरूप कितना वेतन देना चाहिए, व्यापारी को इसका पता होना चाहिए। यहाँ बड़े पैमाने के पशुपालन की ओर संकेत है। इस पशुपालन का उद्‌देश्य विनिमय मूल्यों की उपलब्धि है। माल कहाँ रखा जाए जिससे वह अधिक समय तक बना रहे, इसकी—स्थानयोग की—जानकारी आवश्यक है। श्लोक के अन्त में 'क्रय विक्रयमेव च' (9.332) लिखकर स्मृतिकार ने बता दिया कि मजदूरों की पगार, मानव-समुदायों की भाषाओं, वस्तुओं को उचित स्थान पर रखने का सम्बन्ध क्रय-विक्रय से है। यदि घी-दूध के उत्पादन के लिए पगारजीवी श्रमिक दरकार हैं तो निश्चित है, वे कपड़े के उत्पादन के लिए भी दरकार रहे होंगे।

शूद्रों और दासों का काम द्विजों की सेवा करना है किन्तु यह सेवाकार्य सर्वत्र अवैतनिक नहीं है। राजा निकृष्ट स्तर के दास-दासियों-कर्मकरों को प्रतिदिन एक पण वेतन देगा, उत्कृष्ट स्तर वालों को प्रतिदिन छह पण देगा। इसके अतिरिक्त छह महीने में एक जोड़ा वस्त्र और हर महीने एक द्रोण धान्य देगा। (7.126) यह विधान राजा के लिए है। ब्राह्मणों के लिए कहा गया है कि शूद्र सेवक की क्षमता और उसके परिवार के भरण-पोषण की आवश्यकता को ध्यान में रखकर वे उसकी जीविका निश्चित करें। (10.124) निस्सन्देह यह सामन्ती ढंग का सेवा-कार्य है जिसे ब्राह्मण इच्छानुसार जीविका निश्चित करके शूद्र से कराना चाहते हैं। किन्तु ग्वाले के लिए कहा गया है, वह गायों की रखवाली के लिए वेतन रूप में दूध लेता हो तो दस गायों में सबसे अच्छी गाय चुनकर उसका दूध लिया करेगा। (8.231) यहाँ वेतन देना आवश्यक है और उसे निश्चित भी कर दिया गया है। वेतन द्रव्य और उपज, दोनों रूपों में दिया जा सकता है। जो श्रमिक स्वस्थ रहते हुए काम पूरा न करे, वह वेतन न पाएगा, उल्टा राजा उसे दंड देगा। (8.215) किन्तु बीमार होने के बाद स्वस्थ होकर श्रमिक काम पूरा कर दे तो दीर्घकाल के बाद भी उसे पूरा वेतन मिलेगा। (8.216) यह वेतन ऐसा होगा जिसे श्रमिक और स्वामी ने बातचीत करके पहले तै किया होगा।

'याज्ञवल्क्य-स्मृति' में वेतन-सम्बन्धी एक छोटा-सा प्रकरण है। सामान्य नियम है, वेतन पहले से ठहराकर काम कराना। जो स्वामी वाणिज्य, पशुपालन और कृषितंत्र में वेतन ठहराए बिना श्रमिक से काम कराएगा, वह इनसे जो उपलब्धि होगी, उसका दसवाँ भाग वेतन रूप में देगा। (16.194)। इसी प्रकार बृहस्पति, नारद, शुक्राचार्य आदि अन्य शास्त्रकारों ने वेतन का विधान किया है। बृहस्पति ने आठ और छह बैलोंवाले हल को श्रेष्ठ और मध्यम बताया है और चार बैलोंवाले हल को जघन्य कहा है। इससे बड़े पैमाने की खेती का अनुमान होता है।

अष्टवाहं हलं धर्म्यं षड्‌गवं मध्यमं स्मृतम्।
चतुर्गवं जघन्यं च शास्त्रविद्‌भिरुदाहृतम॥ (5.8)

(पुरुषोत्तमचन्द्र जैन द्वारा 'Labour in Ancient India' में उद्धृत; पृ. 60)

जातक कथाओं में बहुत जगह पगार देकर काम कराने का उल्लेख है। स्वयं बोधिसत्व ने मजदूरी में डेढ़ कहापन (कार्षापण) पाया और उनकी मृत्यु के बाद उनकी पत्नी और पुत्रियों ने मजदूरी की और उसके लिए पारिश्रमिक पाया। (उप., पृ. 229) पूरा काम करने के लिए मजदूर का वेतन तै किया जा सकता था। उसे प्रतिदिन के हिसाब से वेतन दिया जा सकता था। (उप., पृ. 230) 'सुत्तनिपात' के अनुसार विदेह जनपद का एक सेठ 30,000 पशुओं का स्वामी था और एक गृहपति के यहाँ 1,250 ग्वाले काम करते थे। (उप., पृ. 4) बड़े पैमाने का पशुपालन तंत्र इसलिए आवश्यक था कि वह विनिमय मूल्यों का उत्पादन करनेवाले बड़े नगरों के लिए घी, दूध आदि वस्तुओं की आपूर्ति कर सके।

जिसे बौद्धकाल कहा जाता है, उसमें भारत का अन्तर् जनपदीय व्यापार बढ़ा। इस अन्तर् जनपदीय व्यापार की बढ़ती के बिना भारत का विदेश व्यापार प्रगति न कर सकता था। पुरुषोत्तमचन्द्र जैन ने भारत से बाहर की जातियों से सम्पर्क पर अधिक बल देते हुए लिखा है : "सम्भवत: इस सम्पर्क का ही परिणाम था कि अनेक उद्योगों का अभ्युदय हुआ और उससे नगर बढ़े तथा नागरिक जीवन का विकास हुआ।" (उप., पृ. 44) जब नगर बढ़ेंगे, नागरिक जीवन का विकास होगा, तब नगरवासियों की आवश्यकताएँ पूरी करने के लिए गाँवों के अर्थतंत्र में भी परिवर्तन होगा, उपयोग मूल्यों के बदले विनिमय मूल्यों का उत्सादन वहाँ भी होगा। धनी लोगों के हाथ बड़े-बड़े फार्म आ गए और इनमें अधिकतर बिक्री के लिए फसलें उगाई जाती थीं।" (उप.) पुरुषोत्तमचन्द्र ने बिलकुल ठीक लिखा है कि छोटे किसान इन बड़े मालिकों से होड़ में ठहर न सकते थे, उन्हें अपने खेत रेहन रखने पड़े, कर्ज के बोझ से वे तबाह हुए, उनकी जमीन उनके हाथ से निकल गई, मुफलिस बेजमीन मजदूरों की संख्या बढ़ी।(उप.) वर्ण-व्यवस्था के टूटने पर अनेक जातियों के व्यापारी अपने संघ बनाने लगे। 'पूग' विभिन्न जातियों के उन व्यवसायियों का संघ था जिनका कोई निश्चित धन्धा नहीं था किन्तु जो धन कमाने के उद्देश्य से संगठित हुए थे। (उप., पृ. 186) 'श्रेणी' विभिन्न जातियों के उन शिल्पियों और व्यापारियों का संघ था जो एक ही माल बेचकर जीविका कमाते थे। 'श्रेणयो नानाजातीनामेकजातीयकर्मोपजीविनां संघात:' ('मिताक्षरा', 2.30) (उप., पृ. 185)—कर्म एकजातीय है, एक प्रकार का है, उसे करनेवाले लोग नानाजातीय हैं। उद्योग की शाखाओं के विकास का अनिवार्य परिणाम यह होगा कि जिस धन्धे से ज्यादा कमाई होगी, आदमी उसी को अपनाएगा, वंशगत धन्धे से बँधा न रहेगा। बड़े पैमाने के कृषि-पशुपालन तंत्र से ज्यादा कमाई होगी तो इस तंत्र पर वैश्य वर्ण का इजारा न रहेगा। राजगृह से थोड़ी दूर पर एक गाँव में 70 ब्राह्मण परिवार पशुपालनतंत्र में लगे थे, तो इसमें आश्चर्य की बात नहीं है। (उप., पृ. 45) केवल धन कमाने के उद्देश्य से अनेक जातियों के लोग 'पूग' में संगठित होते थे तो यह स्वाभाविक था।

13. कोणार्क और उसके बाद

1972 ई. में कोणार्क के सूर्य मन्दिर पर एक पुस्तक प्रकाशित हुई : 'New Light on the Sun Temple of Konarka' by Alice Boner, Sadashiva Rath Sharma and Rajendra Prasad Das (चौखम्भा, वाराणसी)। सदाशिव रथ शर्मा ने कोणार्क से सम्बन्धित चार हस्तलिखित पोथियों का पता लगाया। एक में मन्दिर के स्थापत्य का विस्तृत विवरण है, दूसरी में महागायत्री मन्दिर का माहात्म्य समझाया गया है, तीसरी में मन्दिर के निर्माण से सम्बन्धित खर्च का हिसाब है, चौथी में पद्मकेशर मन्दिर से सम्बन्धित कर्मकांड का विवरण है। उड़ीसा के राजा नरसिंहदेव ने यह मन्दिर 13वीं सदी में बनवाया था। जिन शिल्पियों ने यह मन्दिर बनाया, उनके वंशज आसपास के गाँवों में रहते थे। सौ साल बीतने पर ये लोग पोथियों की नई प्रतिलिपियाँ तैयार करते थे और पुरानी प्रतियाँ नदी में विसर्जित कर देते थे। दूसरी पोथी की भाषा संस्कृत, लिपि उड़िया है; शेष तीन की भाषा पुरानी उड़िया, लिपि करणि है। (ये सूचनाएँ पुस्तक की प्रस्तावना में हैं।) पगारजीवी श्रम की प्रथा के अध्ययन के लिए तीसरी 'बय चकड़ा' नाम की पोथी बहुत महत्त्वपूर्ण है। जिस प्रति से उसका अनुवाद किया गया है, वह 19वीं सदी की है। अनेक बार प्रतिलिपि करते समय, यह सम्भव है, मूल प्रति की कुछ बातें छूट गई हों और कुछ नई जोड़ दी गई हों, किन्तु पगारजीवी श्रम-प्रथा की सुदृढ़ परम्परा देखते हुए विवरण के मूलभूत सत्य पर सन्देह करने का कोई कारण नहीं है। मूलभूत सत्य यह है कि कोणार्क का मन्दिर गुलामों से या बेगार के लिए बटोरे हुए मजदूरों से न बनवाया गया था।

एलिस बोनर ने भूमिका में लिखा है कि इतिहासवेत्ता फर्गुसन को विश्वास न था कि यह मन्दिर 13वीं सदी में बना होगा। उनका विचार था कि 7वीं सदी में जब पश्चिमी भारत के प्रसिद्ध गुहा मन्दिर निर्मित हुए थे, तभी कोणार्क के मन्दिर का निर्माण भी हुआ होगा। फर्गुसन के अविश्वास का आधार यह मान्यता होगी कि 13वीं सदी भारत का 'मध्यकाल' है, ग्राम-समाजों के तंत्र में ऐसे निर्माण-कार्य के लिए जो कौशल और संगठन क्षमता चाहिए, वह सुलभ न होगी। 7वीं सदी के 'प्राचीनकाल' में कोई भी चमत्कार सम्भव था; प्राचीनता के धुन्ध में संगठन क्षमता और कौशल के विकास के प्रश्न आँखों से ओझल हो जाते हैं। इतिहास में आगे बढ़ने और पीछे हटने की प्रक्रिया के साथ यदि प्रादेशिक विकास की भिन्नता पर ध्यान दें तो यह सम्भव प्रतीत होगा कि कौशल का जो उभार भारत के एक प्रदेश में 7वीं सदी में दिखाई देता है, वह अन्य प्रदेश में 13वीं सदी में दिखाई दे।

एलिस बोनर का कहना है कि 13वीं सदी के मध्य में जो नया कलात्मक उभार दिखाई देता है, उसकी व्याख्या करना सरल नहीं है। निर्माण-सम्बन्धी महान कल्पना, परम्परा, कला की नई विशेषताएँ, उत्कृष्ट कलाकारों का जमघट, हर चीज में मानो जीवन का उल्लास स्पंदित हो!

यह कलात्मक उभार स्थापत्य तक सीमित नहीं है। उड़ीसा, मिथिला आदि पूर्वी अंचल के साहित्य की ओर ध्यान दें तो वहाँ भी युगान्तरकारी परिवर्तन दिखाई देंगे। कोणार्क का मन्दिर उस अखिल भारतीय कलात्मक उभार का अंश है जो 13वीं सदी से पुनः आरम्भ होकर साहित्य तथा अनेक कलाओं को अपने भीतर समेटता हुआ भारत के एक प्रदेश से दूसरे प्रदेश तक फैलता चला जाता है। उल्लेखनीय है कि मन्दिर के निर्माण के लिए लोग विभिन्न क्षेत्रों से जुटाए गए थे। (पृ. 51) एक स्थपति दक्षिण भारत का था जिसे राजा के ससुर ने भेजा था; उसे अलंकरण का काम सौंपा गया था (भूमिका, पृ. 44) मन्दिर सम्बन्धी योजना बनाने में 6 वर्ष लगे थे। (भूमिका, पृ. 42) निर्माण के लिए पत्थर चाहिए; आसपास न कोई पहाड़ था, न खोदकर पत्थर निकालने का स्थान था। लेकिन ये पत्थर ढोकर लाए गए। लोहे की भारी-भारी शहतीरें ढाली गईं; ये कुतुबमीनार से भी बड़ी थीं। (भूमिका, पृ. 32)

एलिस बोनर ने लिखा है कि यूरोप में जब मध्यकालीन विशाल गिरजाघर बनाए गए थे, तब वहाँ के कारीगर बिरादरियों और संघों में संगठित थे। इन बिरादरियों और संघों में लोग धर्म के आधार पर संगठित होते थे, कौशल सम्बन्धी ज्ञान को नितान्त गुप्त रखा जाता था, सभी को प्रशिक्षण और अनुशासन के सामान्य नियमों का पालन करना होता था। ऐसा ही संगठन भारतीय कारीगरों का था या नहीं, एलिस बोनर के अनुसार इसका खुलासा पांडुलिपियों में नहीं है। (भूमिका, पृ. 43)

एलिस बोनर ने उड़ीसा के अलेख (निर्गुण) सम्प्रदाय के लिए लिखा है कि यह सूर्योपासकों का सम्प्रदाय था। सूर्य देवता का नाम 'धर्म ठाकुर' था। 'धर्म ठाकुर' पर एलिस बोनर की टिप्पणी रोचक है : "स्पष्ट है कि धर्म की उपासना प्राचीनकाल से अब तक चली आई है और यह भी कि 'धर्म' शब्द ने सूर्य देवता का सुनिश्चित अर्थ ग्रहण किया।" (भूमिका, पृ. 27)

'धर्म' दो हैं : एक सामान्य अर्थवाला, दूसरा सूर्य के अर्थवाला। दोनों का ध्वनिरूप एक है किन्तु वे वस्तुतः भिन्न शब्द हैं। सूर्य-वाचक धर्म का यूनानी प्रतिरूप ऊष्मा-सूचक 'थॅर् मॉस' है (जो सुपरिचित थर्मामीटर में विद्यमान है)। उड़ीसा के 'धर्म ठाकुर' में सूर्यवाचक शब्द का पुराना अर्थ सुरक्षित है। सूर्य का मन्दिर बन रहा था, उसे सूर्योपासक बना रहे थे, सारे निर्माण-कार्य से उनका भावात्मक लगाव होना स्वाभाविक था। एलिस बोनर ने ठीक लिखा है कि कारीगर पैसाकमाऊ लोग नहीं थे, गुलाम तो और भी नहीं थे। मन्दिर के निर्माण से उनका व्यक्तिगत और भावात्मक लगाव था। प्रमुख स्थपति मूल योजना में जो कुछ घटाते-बढ़ाते थे, उसे डंका बजाकर शिविरों में सभी कारीगरों को सुना देते थे। बड़ा मन्दिर बन गया, तब सूत्रधार ने सभी स्थपतियों की सभा बुलाई जिससे कि अन्य मन्दिरों की निर्माण-योजनाओं को पक्का कर लिया जाए। (भूमिका, पृ. 42-43)

जहाँ निर्माण-योजनाएँ परस्पर विचार-विमर्श से बनेंगी और उनमें जो भी परिवर्तन होगा, उसकी सूचना सभी कारीगरों को दी जाएगी, वहाँ कौशल का ज्ञान थोड़े-से आदमियों तक सीमित रखना सम्भव न होगा। इसके अलावा मूर्तियाँ गढ़ने से लेकर दीवारें उठाने तक का सारा काम सैकड़ों श्रमिकों की आँखों के सामने होता था। उनकी आँखों से कौशल के गुर छिपाना कठिन होगा। कारीगर अनेक प्रकार के थे। वे संघबद्ध अवश्य रहे होंगे किन्तु संघ में एक ही बिरादरी के लोग रहे हों, यह आवश्यक न था। जो भी हो, सैकड़ों कारीगरों का कौशल के अनेक स्तरों पर एक ही योजना के अन्तर्गत बारह-तेरह साल तक एक साथ काम करना सहकारी श्रम की बहुत बड़ी उपलब्धि है। सामन्ती व्यवस्था की विशेषता है उत्पादकों का अलगाव; पूँजीवादी व्यवस्था की विशेषता है : उत्पादकों का सहकारी श्रम। जहाँ यह श्रम जोर-जबर्दस्ती से कराया जाता है, वहाँ भी सहकारी श्रम का संगठन विनिमय के यथेष्ट विकास के बिना सम्भव नहीं होता। यूनानी और रोमन स्थापत्य के भव्य अवशेष इसका प्रमाण हैं। फ्रांस के सम्राट् चौदहवें लुई ने वार्साइ में अपना विशाल प्रासाद बनवाया जिसके सैकड़ों कमरों में दस हजार आदमी रह सकें, जिसकी घुड़सालों में ढाई हजार घोड़े बाँधे जा सकें। उसके विशाल उद्यानों में सैकड़ों संगमर्मर की मूतियाँ सजाई गई थीं। "यद्यपि वार्साइ चौदहवें लुई और उसके दरबारियों के लिए स्वप्नलोक था, पर वह साधारण जनों के लिए मुसीबतों और टैक्सों वाला दुःस्वप्न था। हजारों किसान और सैनिक पगार के बिना काम करने को बाध्य किये गए। निर्माण-कार्य के दौरान काफी लोगों की जानें गईं। कहते हैं कि खर्चीले बादशाह ने वह सारा हिसाब-किताब नष्ट कर दिया जिससे पता चलता, उसने कुल कितना धन व्यय किया है।" (रोजर्स-एडम्स-ब्राउन, 'द स्टोरी ऑफ नेशंस', पृ. 19-20) यह सत्रहवीं सदी का उत्तरार्द्ध, फ्रांस और यूरोप का पुनर्जागरण काल था।

'बय चकड़ा' पोथी में व्यय का लेखा सुरक्षित है। श्रमिकों और कारीगरों को धन राजकोष से दिया गया था और यह धन प्रजा से वसूल किया गया था किन्तु उसका एक अंश प्रजा के पास लौट भी आया। 1702 हाथ लम्बी नहर खोदी गई जिससे पत्थर ढोकर लाए जा सकें। नहर खोदने के लिए तेलंगा (आन्ध्र) के धर्म शर्मा को 3,000 माढ़ दिये गए। (पृ. 52) माढ़ स्वर्ण-मुद्रा थी और आधा तोला, पौन तोला आदि कई परिमाण की होती थी। (पृ. 270) भूमि पर पीठ की रूपरेखा बनाने के लिए सूत्रधार को 50 माढ़, पीठ के निर्माण के लिए 70, शिल्पियों को 3011 माढ़ दिये गए। (पृ. 53) 5 माढ़ प्रति मूर्ति की दर से 6 बन्ध मूतियाँ (श्रृंगार व्यंजक मूर्तियाँ) बनाने के लिए चार शिल्पियों को सामुदायिक रूप से ठेका दिया गया। जो कारीगर बारीक काम करते थे, उन्हें पान खिलाने के लिए एक आदमी नियुक्त किया गया था। उसे 24 गोणी (एक गोणी साढ़े तीन सेर के बराबर) धान दिये गए। (पृ. 64) पगार द्रव्य और खाद्य-सामग्री, दोनों रूपों में दी जाती थी। श्रमिकों में स्त्रियाँ भी थीं। पिसे हुए

गोंद में तेल मिलाने के लिए 5 स्त्रियों को 3 गोणी धान दिये गए (पृ. 79); मूर्ति बनाने के लिए सुना नाम की 'पथुरिआनी' को 3 माढ़ दिये गए (पृ. 52) मन्दिर सम्बन्धी कुछ कार्य मुसलमानों को सौंपे गए थे; लोहे की ढलाई का काम शुजा मुहम्मद को दिया गया और इसके लिए उन्हें 40 माढ़ मिले। (पृ. 57)

कारीगरों से भिन्न जो अकुशल मजदूर भारी शारीरिक श्रमवाले काम करते थे, उनका पारिश्रमिक विशेष उल्लेखनीय है। 54 हाथ गहरी नींव खोदने में रेत (या मिट्टी) हटाने के लिए 18 श्रमिक दल काम करते थे; इनके नायक को 208 माढ़ दिये गए, नींव में भारी पत्थर जमानेवाले मजदूरों को 304 माढ़ दिये गए। (पृ. 52) मचान से सूर्य की मूर्ति को उठाने के लिए 17 मजदूरों को 27 गोणी धान दिये गए। (पृ. 71) मूर्ति उठाते समय दामजेना नाम का श्रमिक सिर के बल नीचे गिरा और उसकी मृत्यु हो गई। उसके पुत्र रघुआ को आजीवन भरण-पोषण के लिए 30 माढ़ के साथ 10 गुंठ भूमि दी गई। (पृ. 71) निर्माण-कार्य के दौरान जान गँवानेवाले मजदूरों के प्रति चौदहवें लुई के उपेक्षा-भाव से राजा नरसिंहदेव के सहानुभूतिपूर्ण व्यवहार की भिन्नता देखी जा सकती है।

सदाशिव रथ शर्मा और उनके सहयोगियों ने कोणार्क पर जो पुस्तक प्रकाशित की है, वह असाधारण महत्त्व की है। पगारसम्बन्धी विवरण के अलावा इसमें पत्थर उठाने के 'उठालिफांस' (पृ. 74), नींव में पत्थर उतारने के 'झपक' जैसे यंत्रों का (पृ. 263) उल्लेख है। 'झपक' में गरारी लगी होती थी, रस्से में डला बाँधा जाता था, डले में पत्थर रखकर उसे नीचे उतारा जाता था। अंग्रेजी में इसे pulley crane कहा गया है। 'कल गयल' यंत्र में एक ओर हाथी लगता था,दूसरी ओर बहुत-से आदमी। ढेकुली जैसे इस यंत्र से नीचे नींव में खम्भा उतारा जाता था। (पृ. 121)

इन यंत्रों के अलावा पुस्तक में बहुत-से पारिभाषिक शब्द हैं जो वर्तमान हिन्दी निदेशालयों के ध्यान देने योग्य हैं। मचान के लिए चारु शब्द था; जो मचान बनाए, वह 'चारुआ'। पत्थर की जिसे पहचान हो, वह 'पाथर चिन्हरा'; जो पत्थर तराशे, वह 'पथुरिआ'। जाली के काम में जो माहिर हो, वह 'जालीकार'। स्थापत्य और शिल्प के विशेषज्ञ 'महापात्र' हैं (उस समय 'महापात्र' शब्द किसी बिरादरी के लिए प्रयुक्त न होता था)। रक्षक 'पाइक' हैं, द्वारपाल 'पढ़िआरि' (प्रतिहारी) हैं। (पृ. 84)

ताजमहल के निर्माण में किसको क्या दिया गया, नहीं मालूम। किन्तु जिन कारीगरों ने उसके निर्माण में भाग लिया था, उनमें कुछ के वंशज आगरे के गोकुलपुरा मोहल्ले में कंस दरवाजे के आसपास अब भी रहते हैं। इनके पुरखों को ताजमहल के निर्माण-कार्य में भाग लेने के लिए प्रमाणस्वरूप ताम्रपत्र भेंट किये गए थे।

'आईने-अकबरी' से बहुत सीमित पगार-सम्बन्धी सूचना मिलती है किन्तु उससे इतना स्पष्ट हो जाता है कि पगार देने का चलन बना हुआ था। पहाड़ से पत्थर काटने पर प्रति मन के हिसाब से जलाल नाम के 22 सिक्के दिये जाते थे।

('Ain-i- Akbari', Translated by H. Blochmann, पृ. 235) जलाल चाँदी का सिक्का था जो रुपये के बराबर था। ताँबे के 40 दामों का रुपया होता था। (पृ. 32) महीन काम करनेवाले संगतराश को फी गज 6 दाम, सादा काम करनेवाले 'संगतराश' को [फी गज] 5 दाम दिये जाते थे। (पृ. 235)। चूने के पहले, दूसरे और तीसरे दर्जे के कारीगरों—'गिलकारों'—को क्रमशः 7, 6 और 5 दाम [सम्भवतः प्रतिदिन के काम के लिए] दिये जाते थे। इसी तरह पहले, दूसरे, तीसरे, चौथे और पाँचवें दर्जे के बढ़इयों को क्रमशः 7, 6, 4, 3 और 2 दाम दिये जाते थे। जाली का काम करनेवाले 'पिंजरासाजों', लकड़ी चीरनेवाले 'आराकशों', ईंटों की चुनाई करनेवाले 'बेलदारों', कुआँ खोदनेवाले 'चाहकनों' (खनिकों), 'गोताखोरों', खपड़े बनानेवाले 'खिश्ततराशों', पानी ढोनेवाले, 'आबकशों' आदि के पारिश्रमिक का उल्लेख है। पारिश्रमिक काम के परिमाण अथवा दैनिक श्रम के हिसाब से दिया जाता था। छप्पर बनानेवाले 'छप्परबन्दों' को प्रतिदिन 3 दाम अथवा 100 गज पर 24 दाम के हिसाब से पगार दी जा सकती थी। बाँस काटने वालों को 2 दाम प्रति दिन और काँच काटनेवालों को 100 दाम प्रति गज से पारिश्रमिक दिया जाता था। (पृ. 235)

कुशल और अकुशल, दोनों तरह के श्रमिकों को मेहनताना देने का उल्लेख है।

मोरलैंड के अनुसार अकबरी दरबार के सबसे नीचे दर्जे वाले गुलामों को प्रतिदिन 1 दाम मिलता था। भरण-पोषण के लिए आवश्यक यह अल्पतम पारिश्रमिक रहा होगा। (W.H. Moreland, 'India at the death ot Akbari', पृ. 179) यदि बादशाह गुलामों तक से पगार देकर काम कराता था, तो मानी बात है, बड़े पैमाने पर निर्यात अथवा घरेलू बाजार के लिए व्यापारी जुलाहों को पगार दिये बिना माल तैयार न करा सकते थे। सत्रहवीं सदी के फ्रांसीसी यात्री बर्नियर को यह बात बिलकुल पसन्द न थी कि भारत अपने निर्यात-व्यापार द्वारा यूरोप का सोना-चाँदी अपने यहाँ खींचे ले रहा था। मुगल राज्यसत्ता को उसने ऐसी निरंकुश संस्था माना था जिसके रहते उद्योग और व्यापार में उन्नति सम्भव ही न थी। किन्तु उसने आगरे में देखा था कि बागों से घिरे हुए बनियों या हिन्दू व्यापारियों के ऊँचे-ऊँचे पत्थर के मकान हैं जो जंगल में छिपे हुए पुराने किलों जैसे प्रतीत होते हैं।" (Bernier, 'Travels in the Mogul Empire', पृ. 285) निरंकुश राज्यसत्ता के अधीन व्यापारीवर्ग खूब फल-फूल रहा था। राजधानी दिल्ली के अमीर तक कारीगरों को वेतन देते थे; इससे निष्कर्ष निकालना चाहिए कि आगरे के व्यापारी भी अपने कारीगरों को वेतन देते रहे होंगे। बर्नियर ने रईसों के बारे में लिखा है : "हिन्दुस्तान में बहुत पहले कला-कौशल की खूबसूरती और नफासत का लोप हो जाता, यदि बादशाह और मुख्य अमीर अपने यहाँ कुछ ऐसे वेतनभोगी कलाकार न रखते जो उनके मकानों में काम करते हैं, बच्चों को सिखाते हैं और इनाम की उम्मीद से तथा कोड़े के डर से मेहनत करने के लिए प्रेरित होते हैं।" (उप., पृ. 228)

ये कलाकार 'वेतनभोगी' हैं, यह तथ्य महत्त्वपूर्ण है। कारीगरों की पगार नाकाफी थी, उन्हें 'राजदंड' का भय था, ये बातें जिस हद तक भी सच हों, वे पगारजीवी श्रम की प्रथा के चलन को असिद्ध नहीं करतीं।

चाणक्य के समय से लेकर औरंगजेब के राज्यकाल तक भारत के विभिन्न प्रदेशों में, विभिन्न युगों में, अनेक व्यवधानों और अन्तरालों के बावजूद पगारजीवी श्रम की प्रथा कायम रही है, यह तथ्य असन्दिग्ध है। इसी तथ्य से पता चलता है कि बार-बार आक्रमण और लूटमार होने पर भी भारत में सम्पदा का सृजन कैसे होता रहा। इस प्रथा के आधार पर यहाँ व्यापारिक पूँजीवाद का विकास हुआ। इस विकास में अनेक बार बाधाएँ पड़ीं किन्तु बाधाओं के बाद विकास की प्रक्रिया फिर आरम्भ हुई। भारत के सभी प्रदेशों में एक ही समय ठहराव या पीछे हटने की स्थिति आ गई हो, ऐसा नहीं हुआ। भारत के पिछड़ेपन पर जिन देशी-विदेशी विद्वानों ने लिखा है, उन्होंने पगारजीवी श्रम की परम्परा पर विचार नहीं किया। इस परम्परा से भारत के सामाजिक-सांस्कृतिक इतिहास के लिए जो निष्कर्ष निकलते हैं, उनकी वे कल्पना नहीं कर सकते। कोई आश्चर्य नहीं, वे अंग्रेजी राज के खेतिहर भारत को सनातन भारत मान बैठे हैं।

पाँचवाँ अध्याय

यूरोप केन्द्रित इतिहास-दर्शन : भौगोलिक नियतिवाद और द्वंद्ववाद

हेगेल ने 'इतिहास-दर्शन' नाम से एक पुस्तक लिखी थी जिसमें विश्व इतिहास का विहंगावलोकन करने के अलावा उन्होंने भारत पर काफी विस्तार से लिखा था। एशिया और भारत से सम्बन्धित उनकी कुछ स्थापनाएँ मार्क्स और एंगेल्स की रचनाओं में दोहराई गई हैं। मार्क्सवाद के विकास को समझने के लिए हेगेल के इतिहास-सम्बन्धी विवेचन की जानकारी आवश्यक है। मार्क्स का इतिहास-विवेचन यदि ऐतिहासिक भौतिकवाद है तो हेगेल का इतिहास विवेचन ऐतिहासिक भाववाद है; मार्क्स का विवेचन यदि अनेकान्तवादी (अथवा द्वंद्ववादी) है तो हेगेल का विवेचन एकान्तवादी (अथवा मेटाफिजिकल) है। कुछ स्थापनाओं में समानता के बावजूद दोनों के विवेचन में जमीन-आसमान का अन्तर है।

1. नस्लपंथी, साम्प्रदायिक दुराग्रह और भौगोलिक नियतिवाद

'इतिहास-दर्शन', (The Philosophy of History) की भूमिका में हेगेल ने तीन तरह के इतिहास-लेखन की चर्चा की है। मौलिक, तथ्यपरक इतिहास घटनाओं का विवरण प्रस्तुत करता है। चिन्तनप्रधान इतिहास तथ्यों और घटनाओं की व्याख्या करता है। दार्शनिक इतिहास यह सिद्ध करता है कि मानव इतिहास निरपेक्ष विवेक का प्रतिफलन है। हेगेल अपना सम्बन्ध इस तीसरी तरह के इतिहास से जोड़ते हैं। उनके लिए विवेक (रीजन) निरपेक्ष और अनन्त ज्ञान है, असीम शक्ति है। मानव इतिहास द्वारा ईश्वर स्वयं को व्यक्त करता है; वह गुप्त रहस्य न बना रहे, इसलिए इतिहास द्वारा मनुष्य को यह समझने का अवसर देता है कि वह क्या है। वस्तु (मैटर) और चेतना (स्पिरिट) दो एकदम भिन्न प्रपंच हैं। वस्तु का सारतत्त्व गुरुत्वाकर्षण है, चेतना का सारतत्त्व स्वतंत्रता है। दर्शनशास्त्र मनुष्य को स्वतंत्रता की ओर ले जाता है। विश्व इतिहास स्वतंत्रता की पहचान में प्रगति के अलावा और कुछ नहीं है। चेतना जब जाग्रत होती है, तब वह केवल प्राकृतिक प्रभावों से घिरी होती है। प्रकृति वह प्रथम बिन्दु है

जिससे अलग हटकर मनुष्य स्वयं के भीतर मुक्ति पा सकता है। जो अति शीत और अति उष्ण कटिबन्ध हैं, उनमें मनुष्य अपनी गति को स्वतंत्र नहीं बना सकता। बहुत ज्यादा गर्म और बहुत ज्यादा ठंडे प्रदेशों में तात्कालिक आवश्यकताओं का दबाव बना रहता है, आदमी को मजबूर होकर प्रकृति की ओर ध्यान देना पड़ता है। यह धारणा अरस्तू की है जिसे हेगेल ने दोहराया है पर आगे कहते हैं कि पृथ्वी का उत्तरी भाग विश्व इतिहास का सही रंगमंच है। यहाँ धरती महाद्वीपों के रूप में दिखाई देती है। यहाँ ऐसे पशु और वनस्पतियाँ हैं जिनमें सामान्य विशेषताएँ हैं। इसके विपरीत पृथ्वी के दक्षिणी भाग में भूमि छोटे-छोटे खंडों में बँट गई है। पशुओं और पौधों की अपनी अलग-अलग विशेषताएँ हैं।

पृथ्वी के उत्तरी और दक्षिणी भागों के भेद की तरह हेगेल के लिए पुरानी और नई दुनिया में भेद है। दक्षिणी अमरीका और एशिया के बीच जो द्वीप समूह हैं, वे भौतिक अपरिपक्वता जाहिर करते हैं। अधिकांश द्वीपों की संरचना ऐसी है कि वे अगाध सागर में उठी हुई चट्टानों जैसे हैं जिन पर हलके-फुलके ढंग से मिट्टी जमा हो गई है। न्यू हॉलैंड में अंग्रेज बस गए हैं, उससे आगे बड़ी-बड़ी नदियाँ हैं। इनका विकास इतना नहीं हुआ कि उन्होंने अपने लिए गहरे मार्ग बना लिये हों; वे दलदल में पहुँचकर खो जाती हैं। अमरीका की मूल संस्कृति, विशेष रूप से मेक्सिको और पेरू की संस्कृति, एकदम जातीय थी (अर्थात् उसमें व्यापकता का पूर्ण अभाव था)। जैसे ही चेतना (स्पिरिट) उसके निकट पहुँची, उसका अवसान अनिवार्य हो गया। हेगेल का भाववाद यांत्रिक भौतिकवाद का दोस्त है। भौगोलिक परिस्थितियाँ मानव-चरित्र की निर्माता हैं, यह हुआ भौगोलिक नियतिवाद। हेगेल इसकी नींव पर अपने ऐतिहासिक नियतिवाद की इमारत खड़ी करते हैं। अमरीकी आदिवासियों की नियति थी कि वे यूरोप के गोरों से पराजित हों। उनमें साहस की कमी थी। उनमें इतनी विनम्रता थी कि वे घुटने टेकने को तैयार रहते थे। गोरा, अधगोरा उनके लिए मालिक की तरह था। "इन लोगों में हर तरह की हीनता है; वह उनके शरीर के आकार में भी है। यह हीनता बहुत स्पष्ट है। केवल पतगोनिया में जो एकदम दक्खिनी नस्लें हैं, वे ज्यादा दमदार हैं लेकिन वे भी बर्बर और वन्य जीवन की अपनी प्राकृतिक अवस्था में हैं।" (पृ. 81) ईसाई पादरियों ने उन्हें यूरोप की संस्कृति और रहन-सहन की शिक्षा देनी चाही। आदिवासी स्वभाव से आलसी थे। डर के मारे पादरियों की आज्ञा मानने लगे। पादरियों ने इनके भीतर नई आवश्यकताएँ पैदा कीं जिनके बिना मनुष्य कर्मठ हो नहीं सकता। हेगेल नस्ल का सिद्धान्त लागू कर रहे हैं। सबसे नीचे हैं अमरीकी आदिवासी, उनके ऊपर हैं अफ्रीकी हब्शी और इन सबके ऊपर हैं यूरोप के गोरे। अमरीकी आदिवासी अपनी नस्ल के कारण काम करते ही न थे, इसलिए गोरे लोग अमरीका में हब्शियों को ले गए। लिखा है : "अमरीकियों का शारीरिक गठन वह मुख्य कारण था जिससे अमरीका में नीग्रो लोगों को ले जाना पड़ा। नई दुनिया में

जो काम करना ही था, उसके लिए नीग्रो लोगों से श्रम कराया गया। कारण यह है कि इंडियनों अर्थात् आदिवासियों की तुलना में नीग्रो लोग यूरोप की संस्कृति जल्दी ग्रहण करते हैं। एक अंग्रेज यात्री ने इस बात के उदाहरण दिये हैं कि नीग्रो लोग योग्य पादरी, डॉक्टर आदि बन सके हैं।" (पृ. 82)

प्रकृति और जलवायु के सारे प्रभाव आदिवासियों को ही कमजोर बनाते हैं। यूरोप के गोरे वहाँ जाकर रहते हैं तो वे अपने यूरोपियन चरित्र की विशेषताएँ सुरक्षित किये रहते हैं। जो लोग यूरोप छोड़कर अमरीका पहुँचे, वे हेगेल के अनुसार अपनी बुराइयाँ पीछे छोड़ आए और जो अच्छाइयाँ थीं, केवल उन्हें अपने साथ ले गए। हर समय काम करने का हुनर और स्वाधीन चेतना उन्होंने यूरोप से अमरीका पहुँचा दी। अमरीका में यूरोप के लोगों ने समृद्ध समाज गठित किया और उसमें स्वाधीनता की रक्षा की। किन्तु गोरे दो तरह के थे। एक तरह के गोरे स्पेन और पुर्तगाल के थे। इन्होंने फौज के बल पर प्रदेश जीते और फौजी तानाशाही के ढंग से अपना शासन चलाया। दूसरी तरह के गोरे इंग्लैंड के थे। इन्होंने उपनिवेश बनाए, व्यक्ति की स्वाधीनता के आधार पर राज्यसत्ता का गठन किया, सम्पत्ति की रक्षा के लिए कानून बनाए। हेगेल ने सैनिक विजय और उपनिवेश कायम करने में इस तरह भेद किया है मानो उपनिवेशों के लिए जमीन खाली पड़ी थी और अंग्रेज वहाँ जाकर शान्तिपूर्वक बस गए थे। जिन प्रदेशों को स्पेन के लोगों ने जीता था, उन्हें फिर अंग्रेजों ने स्पेन से जीता या खरीदा; अंग्रेजों ने स्वयं भी नये इलाके जीते, वहाँ से आदिवासियों को खदेड़कर बाहर किया। स्पेन और इंग्लैंड के उपनिवेशवादियों में कोई मौलिक भेद नहीं था, फौजी शक्ति के बिना कोई भी वहाँ टिका न रह सकता था। धर्म के मामले में दोनों में साम्प्रदायिक भेद अवश्य था। हेगेल ने नस्लवाद से अपना धर्म-सम्बन्धी साम्प्रदायिक दृष्टिकोण मिला दिया है।

उन्होंने लिखा है कि इंग्लैंड के लोग स्वयं छोटे-छोटे सम्प्रदायों में बँटे हुए थे। इनमें बहुत-से धार्मिक स्वतंत्रता पाने के लिए अमरीका पहुँचे थे। कुल मिलाकर ये सब लोग एक बड़े प्रोटेस्टेंट सम्प्रदाय के अन्तर्गत थे। "प्रोटेस्टेंट धर्म से व्यक्तियों में परस्पर विश्वास के सिद्धान्त का जन्म हुआ; दूसरे लोग ईमानदार हैं और उनका भरोसा करना चाहिए, इस सिद्धान्त का जन्म हुआ। कारण यह है कि प्रोटेस्टेंट चर्च में समग्र जीवन को, उसकी सभी सामान्य क्रियाओं को धार्मिक क्रियाओं के अन्तर्गत गिना जाता है। इसके विपरीत कैथोलिक लोगों में इस तरह के विश्वास का कोई आधार हो ही नहीं सकता क्योंकि वहाँ सांसारिक मामलों में जोर-जबर्दस्ती और स्वेच्छित अधीनता ही कर्म-सिद्धान्त हैं। जिन रूपों को संविधान कहा जाता है, वे वहाँ मजबूरी की चीजें हैं और वे [पारस्परिक] अविश्वास से रक्षा नहीं कर सकते।" (पृ. 84) हेगेल ने पहले तो मनुष्य जाति को श्वेत और अश्वेत में बाँटा। फिर श्वेत जनों में उन्होंने कैथोलिक ईसाई और प्रोटेस्टेंट ईसाई का भेद किया। कैथोलिक ईसाइयों को सामूहिक

रूप से उन्होंने बेईमान बताया और इसी तरह सामूहिक रूप से उन्होंने प्रोटेस्टेंट ईसाइयों को ईमानदार माना। जो ईमानदार हैं, वे स्वाधीनता प्रेमी हैं; जो बेईमान हैं, वे जल्दी ही पराधीनता स्वीकार कर लेते हैं। अमरीकी आदिवासी गोरों की अधीनता स्वीकार करते हैं; गोरे कैथोलिक अपने ही भीतर के अत्याचारियों का शासन स्वीकार करते हैं। आदिवासियों और गोरे कैथोलिकों, दोनों में ही पराधीनतावृत्ति विद्यमान है; आदिवासियों में उसकी मात्रा कुछ अधिक है, कैथोलिकों में जरा कम है। निष्कर्ष यह निकलेगा कि प्रोटेस्टेंट गोरे अमरीकी आदिवासियों पर ही नहीं, गोरे कैथोलिकों पर भी शासन करने के योग्य हैं। दक्षिणी अमरीका में अधिकांश गोरे कैथोलिक थे, इसलिए हेगेल ने यह भविष्यवाणी की कि आगे चलकर इनसे उत्तरी अमरीका की टक्कर होगी। यह विशुद्ध साम्प्रदायिक टक्कर है। उसमें प्रोटेस्टेंट ईसाइयों की विजय और कैथोलिक ईसाइयों की पराजय अनिवार्य है। किन्तु भेद प्रोटेस्टेंटों में भी है। अमरीका में बसे हुए अंग्रेज तेजी से विकास कर रहे हैं पर जर्मन प्रोटेस्टेंटों से पीछे हैं। कारण यह है कि अंग्रेज व्यवसाय में बेईमानी करते हैं और इसके लिए कानूनी संरक्षण प्राप्त कर लेते हैं। उनमें धर्म-सम्बन्धी अराजकता भी है। वे अपने पादरी चुनते हैं और जब चाहते हैं, तब उनके पद से उन्हें हटा देते हैं। "यूरोप के राज्यों में [यथा जर्मनी में] जो धार्मिक एकता कायम रखी गई है, उसका यहाँ अभाव है।" (पृ. 85)

निष्कर्ष यह कि भौगोलिक कारणों से यूरोप शेष भूखंडों से श्रेष्ठ है, नस्ल के कारण यूरोप के गोरे अमरीकी आदिवासियों और अफ्रीकी हब्शियों से श्रेष्ठ हैं और साम्प्रदायिक कारणों से प्रोटेस्टेंट ईसाई कैथोलिक ईसाइयों से श्रेष्ठ हैं तथा जर्मन प्रोटेस्टेंट अंग्रेज प्रोटेस्टेंटों से श्रेष्ठ हैं!

अब एशिया की भौगोलिक स्थिति पर विचार कीजिए और यूरोप की भौगोलिक स्थिति से उसकी भिन्नता पहचानिए। इस महाद्वीप के तीन भाग हैं। पहले में पठार और शुष्क इलाके हैं। इस भाग में मंगोल और अरब रहते हैं। मंगोल शान्त जीवन बिताते थे पर यदाकदा किसी आन्तरिक प्रेरणा के वशीभूत होकर विध्वंसक अभियान चला देते थे। इनकी तुलना में अरब अधिक सभ्य थे। दूसरा इलाका नदियोंवाला है जहाँ पुरानी सभ्यताओं का विकास हुआ। चीन, भारत, बाबुल और मिस्र इस भूखंड में हैं। तीसरा खंड वह है जिसके पास लम्बे-लम्बे समुद्र तट हैं। इसमें यूरोप मुख्य है। यूरोप के लोग समुद्र के किनारे रहते थे और इस समुद्री परिवेश ने उनके चरित्र का निर्माण किया। हेगेल ने समुद्र के बारे में जो कुछ लिखा है, वह उनके भौगोलिक नियतिवाद की अच्छी मिसाल है।

उन्होंने लिखा है : "समुद्र को देखकर हमारे मन में असीम, अनन्त, अपरिमित का विचार पैदा होता है। उस अनन्त के भीतर स्वयं अपने अनन्त का बोध करके मनुष्य को उस साहस और प्रेरणा की प्राप्ति होती है जिससे वह सीमाओं के पार आगे बढ़े। समुद्र मनुष्य को विजय के लिए आमंत्रित करता है। वह लूटपाट के लिए किन्तु

उसके साथ ईमानदारी से मुनाफा कमाने और व्यापार करने के लिए भी, आमंत्रित करता है। स्थल, घाटियोंवाले विशुद्ध मैदानी इलाके, आदमी को धरती से जोड़ देते हैं—वह पराधीनता की असंख्य कोटियों में फँस जाता है किन्तु समुद्र विचार और कर्म के इन सीमित दायरों से उसे बाहर ले जाता है।" (पृ. 90) यूरोप की अधिकांश आबादी समुद्रतट से दूर थी। इंग्लैंड के लोग भी समुद्र का निमंत्रण स्वीकार करनेवाले प्रथम वीर नहीं थे, वे स्पेन, पुर्तगाल और हॉलैंड का अनुसरण करनेवालों में थे। जहाँ तक जर्मनी का सम्बन्ध है, वह इन सबसे पिछड़ गया था। हेगेल ने समुद्र तटवाली सभ्यता और मैदानी सभ्यता में इस तरह भेद किया है कि पराधीनता की असंख्य कोटियाँ एशिया के लिए स्वाभाविक जान पड़ें और यूरोप स्वाधीनता का गढ़ प्रतीत हो। चीन, भारत, अरब आदि देशों ने व्यापार में जहाजरानी और समुद्री जलमार्गों का पता लगाने में जो प्रगति की थी, वह उनकी आँखों से ओझल रहती है। वैसे जितने लम्बे समुद्र-तट दक्षिण-पूर्वी एशिया और अफ्रीका के पास हैं, उतने उत्तरी और दक्खिनी यूरोप को मिलाकर भी वहाँ नहीं हैं। इसलिए समुद्र तट के होने न होने से इतिहास की कोई समस्या सुलझती नहीं है।

हेगेल ने अफ्रीका को तीन हिस्सों में बाँटा है। एक हिस्सा वह है जो सहारा नाम के रेगिस्तान के दक्खिन में है। दूसरा हिस्सा इसके ऊपर है जिसे उन्होंने यूरोपियन अफ्रीका कहा है। तीसरा हिस्सा नील नदी की घाटीवाला है जो एशिया से जुड़ा हुआ है। इस तरह अफ्रीका से वे दो हिस्से तो निकल गए जो यूरोप और एशिया से जुड़े हुए हैं। जो हिस्सा बचा, वह असली अफ्रीका है। हेगेल के अनुसार यह मानवता के बचपन का देश है : "आत्मचेतन इतिहास के दिवस के उस पार है। इस पर रात्रि के अन्धकार का पर्दा पड़ा हुआ है। उसकी अलगाव की विशेषता का कारण उसका उष्ण कटिबन्ध में होना ही नहीं है बल्कि मूलरूप से उसकी भौगोलिक स्थिति है।" (पृ. 91) अफ्रीकी मानवता का विकास किस तरह भौगोलिक कारणों से हुआ, यह बताने के बाद हेगेल धर्म, नीति, कानून आदि के बारे में नीग्रो जनों की धारणाओं का विवेचन करते हैं। विश्वजनीनता जैसी व्यापक चीज उनके जीवन में नहीं है। उनके यहाँ ईश्वर, कानून जैसी धारणाओं का विकास नहीं हुआ। अपने से उच्चतर किसी सत्ता का बोध उन्हें नहीं है। जो वन्य प्राकृतिक जन हैं, वे नीग्रो हैं। उनके सन्दर्भ में 'श्रद्धा और नैतिकता के सारे विचार हमें एक तरफ कर देने चाहिए। जिसे हम भावना कहते हैं, उसे दूर रखना चाहिए। तभी हम उन्हें सही रूप में समझ सकते हैं। इस तरह के चरित्र में कोई ऐसी चीज है ही नहीं जिसका सामंजस्य मानवता से हो।" (पृ. 93) जिन लोगों ने अफ्रीकियों के बारे में विवरण पेश किये थे, वे एक तरफ तो उन्हें गुलाम बनाकर बेचते थे, दूसरी तरफ उनमें ईसाई धर्म का प्रचार करते थे। हेगेल ने नीग्रो जनों को मानवता से ही खारिज कर दिया था। अपने विवेचन की पुष्टि के लिए उन्होंने ईसाई मिशनरियों का हवाला दिया था।

हेगेल के इतिहास-सम्बन्धी विवेचन में धार्मिक आग्रह हर जगह दिखाई देता है। यह व्यापक रूप में 'धार्मिक' आग्रह न होकर साम्प्रदायिक आग्रह है जो और भी संकीर्ण है और वस्तुगत स्थिति को समझने में बाधक होता है। हेगेल कहते हैं कि धर्म की शुरुआत तब होती है जब आदमी समझता है कि 'उससे भी और ऊँची कोई सत्ता है'। नीग्रो लोगों में 'जादू-टोना' चलता है। वे मृतजनों की पूजा करते हैं। उनमें ईश्वर-सम्बन्धी धारणा का अभाव है, इसलिए उनमें मनुष्य के व्यक्तित्व के प्रति सम्मान का अभाव है। "जहाँ तक न्याय और नैतिकता का सम्बन्ध है, नीग्रो लोग मानवता की पूर्ण उपेक्षा करते हैं और उनकी नस्ल की यही बुनियादी विशेषता है। यद्यपि वे मानते हैं कि प्रेत प्रकट होते हैं किन्तु उन्हें आत्मा की अमरता का ज्ञान नहीं है। मानवता का अवमूल्यन इस हद तक होता है कि उस पर विश्वास नहीं होता। अत्याचार उनके लिए कोई बुरी बात नहीं है और नरमांस-भक्षण का उनके यहाँ खूब चलन है और वे उसे उचित समझते हैं। हम लोगों में जो सहज बोध है, वह हमें उससे [नरमांस-भक्षण] से दूर रखता है—यदि हम मनुष्यों में जो सहज बोध की बात कर सकें। किन्तु नीग्रो लोगों के साथ ऐसा नहीं है। अफ्रीकी नस्ल के लोग जिन सामान्य सिद्धांतों को मानते हैं, उनसे नरमांस-भक्षण का पूर्ण सामंजस्य है। भोगवादी नीग्रो के लिए नरमांस मात्र गोचर वस्तु है, केवल मांस है। राजा की मृत्यु पर सैकड़ों लोगों को मारा और खाया जाता है। कैदियों का वध किया जाता है और उनका मांस बाजार में बेचा जाता है। वे रीति के अनुसार विजेता शत्रु का वध करने पर उसका हृदय खाते हैं। जब जादू के कृत्य होते हैं, तब अक्सर ऐसा होता है कि उधर से जो पहला आदमी निकला, उसे जादूगर मार डालता है और उपस्थित लोगों में उसके शरीर के टुकड़े बाँट दिये जाते हैं।" (पृ. 95)

यह सारा विवरण इसलिए है कि नीग्रो लोगों को दास बनाने की प्रथा न्यायपूर्ण जान पड़े। दास-प्रथा हेगेल के दिमाग में है। उक्त वाक्यों के तुरन्त बाद वह लिखते हैं : "यूरोप के लोग उन्हें गुलाम बनाते हैं और अमरीका में बेचते हैं। यह काम चाहे बुरा हो लेकिन अपने देश में नीग्रो जनों की नियति इससे भी बदतर है क्योंकि वहाँ ऐसी ही पूर्ण गुलामी का चलन है। गुलामी का बुनियादी सिद्धान्त यह है कि मनुष्य ने अपनी स्वाधीनता की चेतना प्राप्त नहीं की; इसलिए वह मात्र वस्तु बन जाता है जिसका कोई मूल्य नहीं होता। नीग्रो लोगों में नैतिक भावना बहुत कमजोर होती है। सही बात यह है कि वह उनमें होती ही नहीं। माता-पिता अपने बच्चों को बेच देते हैं और इसी तरह बच्चे माता-पिता को बेच देते हैं। जिसे जब जैसा अवसर मिल जाए। दासता के व्यापक प्रभाव के कारण नैतिक भावना के बल पर एक-दूसरे के प्रति हम लोग जिन सम्बन्धों को उचित मानते हैं, वे यहाँ लुप्त हो जाते हैं। नीग्रोजनों के दिमाग में यह बात आती नहीं है कि दूसरों से वे उस बात की अपेक्षा करें जिसकी हम यूरोप के लोग अपेक्षा कर सकते हैं। नीग्रोजनों में बहुपत्नी प्रथा का चलन है।

अक्सर इसका उद्देश्य यह होता है कि जो बच्चे हों, उनमें हर एक को दास के रूप में बेच दिया जाए। कभी-कभी इस बारे में बड़ी भोली शिकायतें सुनने को मिलती हैं। मिसाल के लिए लंदन में एक नीग्रो ने कहा कि वह बिलकुल गरीब हो गया है क्योंकि वह अपने सभी सम्बन्धियों को बेच चुका है। नीग्रो लोग मानवता की जो उपेक्षा दिखलाते हैं, उसमें मृत्यु के प्रति घृणा का भाव उतना नहीं है जितना जीवन के प्रति उपेक्षा का भाव है। उनके दृष्टिकोण की यही विशेषता है। जीवन के प्रति इसी उपेक्षा भाव के कारण नीग्रो लोग बाहरी साहस प्रदर्शित करते हैं जिसके साथ उनकी बाहरी शारीरिक शक्ति भी होती है। यूरोप के लोगों से लड़ते हुए हजारों की संख्या में वे स्वयं को गोलियों का निशाना बन जाने देते हैं। जीवन तभी मूल्यवान होता है जब उसका कोई ऐसा उद्देश्य हो जो मूल्यवान हो।" (पृ. 96)

व्यापारिक पूँजीवाद का सामन्ती खोल और दास-प्रथा—विश्वव्यापी लूटमार के इस दौर के एक प्रतिनिधि विचारक हैं हेगेल। किन्तु वह जर्मन जाति का इतिहास भूल गए हैं। जिन बातों के लिए वे नीग्रोजनों को मानवता की परिधि से बाहर रखते हैं, उन्हीं के लिए जर्मनों को भी उस परिधि से बाहर रखा जा सकता था। 'जर्मनों के प्राचीन इतिहास में योगदान' निबन्ध में एंगेल्स ने लिखा था : जर्मनों का मुख्य धन पशुधन था। सम्भवत: निर्यात की मुख्य वस्तु पशु थे। "पशुओं के अलावा दास ही ऐसी चीज थे जिसे रोम के साथ अपने व्यापारिक कारोबार में भुगतान-स्वरूप जर्मन यथेष्ट परिमाण में बाहर भेज सकते थे।" रोमन लोगों के विजय-अभियान समाप्त हो गए थे। दास बनाने के लिए उन्हें अब युद्धबन्दी मिलते न थे। इसलिए वे उन्हें बर्बर जर्मनों से खरीदते थे। तकितुस (अथवा टैसिटस) के अनुसार : "जर्मन अब गुलाम बेचने लगे थे। (गेर्मानिआ, 24) जर्मन लोग एक दूसरे से बराबर युद्ध करते रहते थे। फ्रिसिया के लोगों के पास टैक्स देने को जब पैसे न होते थे, तब वे अपनी स्त्रियाँ और बच्चे रोमनों के हवाले कर देते थे कि वे उन्हें गुलाम बना लें।" (Marx-Engels, 'Precapitalist Socio Economic Formations', पृ. 336-37) यह उस समय की बात है जब जर्मन लोग अलग-अलग कबीलों में बँटे हुए थे और रोमन साम्राज्य वैभव के शिखर पर था। ये कबीले आपस में लड़ते थे, अपने ही साथी कबीले के जर्मनों को पकड़कर रोमनों के हाथ बेच देते थे। टैक्स देने को पैसे न रहें तो अपनी सन्तान और स्त्रियों को गुलाम बनने के लिए रोमनों को सौंप देते थे। नीग्रोजनों की नैतिकता इससे निम्नस्तर की न थी। जहाँ तक नरमांस-भक्षण का प्रश्न है, यह प्रथा किसी समय जर्मनी में भी प्रचलित थी। एंगेल्स ने जर्मन लेखक नॉट्कॅर का हवाला देते हुए बताया है कि व्हॅलॅटबी नाम के जर्मन कबीले के लोग यह तर्क देते थे कि कीड़ों की अपेक्षा अपने माता-पिता के शव खाने का अधिकार उन्हें अधिक है। (Marx-Engels, 'Ireland and the Irish Question', पृ. 291)

नीग्रो लोग वीरता से लड़े; पराधीन होने के बदले वे मैदान में गोली खाकर मर जाना ज्यादा अच्छा समझते थे। अमरीकी आदिवासी भी इसी तरह लड़े थे और भारत

के पूर्वी सीमान्त प्रदेशों में जंगलों और पहाड़ों में रहने वाली जातियाँ भी अंग्रेजों से इसी तरह लड़ी थीं। यूरोप के लुटेरों ने बारूद के बल पर उन्हें परास्त किया, उनके साहस को मानव-जीवन की उपेक्षा बताया। हेगेल ने उसे दार्शनिक रूप दिया। जहाँ भी यूरोप के जमींदारों और व्यापारियों ने दूसरों का नाश किया या उन्हें गुलाम बनाया, हेगेल वहाँ एक ही तर्क देते हैं : उनमें स्वाधीन आत्मचेतना का भाव पैदा नहीं हुआ, वे प्रकृति से ही बँधे हुए हैं। अपने से ऊपर की सत्ता का ज्ञान उन्हें नहीं है, इसलिए उनमें वास्तविक धर्म, नैतिकता, राजनीतिक संस्थाओं आदि का अभाव है। हेगेल ने इतिहास पर अपनी कोई विशेष आत्मगत भावना आरोपित की हो, ऐसी बात नहीं है। उनकी भावना वही है जो वस्तुगत रूप से यूरोप के व्यापारियों और जमींदारों की थी। इस वर्गदृष्टि को उन्होंने आत्मचेतना का आवरण पहनाया, उसके नीचे साम्राज्यवादी वर्ग बहुत स्पष्ट दिखाई देते हैं।

हेगेल के 'इतिहास-दर्शन' में राजनीतिक संविधान जैसी चीज नीग्रो लोगों के यहाँ नहीं है क्योंकि "इस नस्ल की पूरी खासियत यह है कि ऐसी कोई व्यवस्था उनके यहाँ सम्भव नहीं है।" (पृ. 96) वहाँ कोई सार्वजनीन नियम नहीं है, परिवार-सम्बन्धी नैतिकता नहीं है, केवल मनुष्य की निरंकुश इच्छा काम करती है। उस इच्छा पर किसी तरह का नियंत्रण नहीं है। बाहरी ताकत ही नीग्रो लोगों को नियंत्रित रख सकती है। उनका शासक निरंकुश होता है। कुछ स्थानों में सभी कुमारियों पर राजा का अधिकार होता है। जिसे पत्नी की जरूरत हो, वह राजा के पास जाकर उसे मोल लेता है। प्रजा भी हिंसक होती है। अत: वह शासक को एक दायरे के भीतर रखती है। लोग असन्तुष्ट हुए तो राजा को हटा देते हैं और मार देते हैं। कभी राजा स्वयं रंगमहल में जाता है और स्त्रियों से अपना गला घोंट देने को कहता है। कहा जाता है, किसी जमाने में वहाँ स्त्रियों का राज था। एक स्त्री ने अपने ही लड़के को पीस डाला और अपने शरीर पर उसका रक्त लगा लिया। उसने सभी पुरुषों को मार दिया या भगा दिया। युद्ध में पुरुष बन्दी बनाए जाएँ तो वह उन्हें अपना पति बना लेती थी। यदि लड़का पैदा हो तो उसे छावनी के बाहर मार डाला जाता था। हेगेल ने इस तरह की और बहुत-सी बातें कही हैं और उनका आधार अधिकतर अंग्रेजों के लिखे वृत्तान्त हैं। परिणाम यह है कि नीग्रो लोग मानवता से बाहर हैं और अफ्रीका का इतिहास मनुष्यता के इतिहास से बाहर है।

नीग्रो लोगों के बारे में हेगेल ने निरंकुश इच्छा की बात कही। यही बात उन्होंने एशिया की घुमंतू जातियों, मंगोलों आदि के बारे में कही। अच्छे-भले बैठे हैं, मन में तरंग उठी, विनाशकारी अभियानों पर चल पड़े। अरब देश में रेगिस्तान है, वहाँ कट्टरता का होना स्वाभाविक है। जहाँ मैदानों में सभ्यता का विकास हुआ है, वहाँ लोग अपने घरौंदों में बन्द हैं। समुद्र ने उनकी सभ्यता को प्रभावित नहीं किया। यहाँ के लोग अपना इतिहास नहीं लिखते, बाहर से आकर लोग उन्हें देखते और उनका

इतिहास लिखते हैं। एशिया का वह भाग जो यूरोप के निकट है, वह यूरोप को बहुत कुछ देता रहा है परन्तु उसने जो कुछ दिया, उसका विकास यूरोप ने किया। सिकन्दर ने पूर्वी देशों को जीता। वह चाहता था कि इन देशों को ऊँचा उठाया जाए जिससे कि वे यूनानी जीवन में भाग ले सकें। उसका काम बहुत ही गौरवपूर्ण था किन्तु वह आदर्शमात्र बनकर रह गया। यूरोप के केन्द्रीय भाग में तीन मुख्य देश हैं—फ्रांस, जर्मनी और इंग्लैंड। जहाँ तक उत्तर पूर्वी राज्यों का सम्बन्ध है, पोलैंड, रूस और अन्य स्लाव देश ऐतिहासिक राज्यों की शृंखला में बहुत देर से जुड़ते हैं, वे एशिया से सम्बन्ध का निर्माण करते हैं और उसे बनाए रखते हैं। (पृ. 102) एशिया तो गया-बीता है ही, पूर्वी यूरोप भी एशियाई सम्बन्ध के कारण वास्तविक इतिहास से खारिज हो गया। बचे फ्रांस, जर्मनी और इंग्लैंड—विश्व मानवता के, आत्मचेतन इतिहास के, यही तीन केन्द्र हैं।

पूर्वी देशों के इतिहास के प्रसंग में हेगेल कहते हैं कि सूर्योदय पूर्व में होता है। इतिहास पूर्व से पश्चिम को चलता है। इतिहास के अन्त में है यूरोप, उसकी शुरुआत होती है एशिया से। सूर्य एशिया में उगता है, पश्चिम में डूबता है, किन्तु वहाँ और भी गरिमामय प्रकाशवाले आत्मचेतना के सूर्य का उदय होता है। पूर्व के देश केवल 'एक' को जानते थे और अब भी जानते हैं। वह एक ही स्वतंत्र है, बाकी सब पराधीन हैं। पूर्वी संसार निरंकुशता का संसार है। यूनानी और रोमन संसार में कुछ लोग स्वाधीन थे, कुछ लोग नहीं थे। इसीलिए इस संसार में लोकतंत्र और अभिजात तंत्र, दोनों थे। इन दोनों से अलग जर्मन संसार है। उसमें सभी स्वाधीन हैं और राज्यसत्ता का रूप है—पादशाही। (पृ. 104) हेगेल का जर्मन राष्ट्रवाद उन्हें बाध्य करता है कि यूरोप के केन्द्रीय भाग से वह इंग्लैंड और फ्रांस को बाहर रखें। यूरोप के इतिहास में जो महत्त्व जर्मनी का है, वह इन देशों का नहीं है। यद्यपि जर्मनी में पादशाही है और जमींदार वर्ग सत्ता पर हावी है, फिर भी हेगेल के अनुसार जर्मनी में सभी लोग स्वतंत्र हैं।

हेगेल कहते हैं : पूर्व के देशों में जो चेतना है, वह चिन्तनविहीन है। वहाँ श्रद्धा है, विश्वास है, आज्ञापालन है। वहाँ के राजनीतिक जीवन में जो बुद्धिसंगत स्वाधीनता चरितार्थ होती है, वह आत्मचेतन नहीं बन पाती। यहाँ मानव इतिहास का बचपन देखने को मिलता है। पूर्व के साम्राज्यों में व्यक्ति आकस्मिक घटना मात्र है। केन्द्र में प्रभु की सत्ता है, सभी व्यक्ति उसके चारों ओर घूमते हैं। जो नियम पहले से कायम हो चुके हैं, प्रभु उनका पालन कराता है। यूरोप के लोगों में जो वस्तु आत्मचेतन स्वाधीनता की देन है, वह यहाँ राज्यसत्ता से उत्पन्न होती है। राज्य में सर्वोपरि मालिक की शक्ति के बाहर स्वाधीन कुछ नहीं है। उस शक्ति के दायरे के बाहर निरुद्देश्य इच्छाशक्ति का संचरण होता है। परिणाम यह कि वन्य जनसमूह हमला करते हैं, चारों तरफ तबाही फैलाते हैं, उन देशों में बस जाते हैं, लेकिन वहाँ कोई परिवर्तन नहीं होता, आने वाले भी उसी पुराने जीवन में गर्क हो जाते हैं। यहाँ के साम्राज्य केवल देशगत

हैं, उनमें कालगत प्रगति नहीं होती। उनका इतिहास वास्तविक इतिहास से बाहर की चीज है। चीन में इतिहास की पुनरावृत्ति होती है, प्रगति नहीं होती। मध्य एशिया में बहुत हलचल दिखाई देती है। यह मानवता का लड़कपन है। यूनानी संसार में मानवता की किशोर अवस्था दिखाई देती है। विचारतत्त्व मूर्त भौतिक रूप से जुड़ा रहता है। सही नैतिकता का यहाँ जन्म नहीं होता। रोमन राज्य का इतिहास वयस्क मानवता का इतिहास है। जर्मन संसार मानव इतिहास की वृद्ध अवस्था है और यह वृद्ध अवस्था कमजोरी नहीं है, परिपक्वता है। चेतना पूर्ण रूप से विकसित होकर स्वयं से जुड़ जाती है। (इस मेल का सीधा सम्बन्ध ईसाई धर्म से है।) राज्यसत्ता और चर्च में विरोध उत्पन्न होता है। आगे चलकर दोनों में समन्वय होता है। राज्यसत्ता चर्च के आगे हेठी नहीं रहती और चर्च विशेषाधिकार का दावा नहीं करता। जो कुछ आध्यात्मिक है, वह राज्यसत्ता के लिए गैर नहीं है। "स्वतंत्रता ने वह साधन ढूँढ़ लिया है जिससे उसका आदर्श, उसका सच्चा अस्तित्व चरितार्थ हो। यही वह अन्तिम परिणाम है जिसे इतिहास की प्रक्रिया द्वारा सम्पन्न होना है।" (पृ. 109-10) हेगेल का आशय यह है कि बहुत चक्कर लगाकर मानवता जिस मंजिल तक पहुँचेगी, उस तक जर्मनी की अर्द्ध-सामन्ती अर्द्ध-पूँजीवादी राज्यसत्ता पहले ही पहुँच चुकी है।

2. आत्मचेतन इतिहास और भारत

एशिया के दो बड़े देश भारत और चीन हैं। कुछ बातों में समानता है, कुछ में भिन्नता है। हेगेल कहते हैं : चीन में सम्राट् की निरंकुश प्रभुसत्ता है। उसके शासन में चीन ने एक प्रकार की अचल एकता प्राप्त की। चीनी-साम्राज्य को हेगेल ने सबसे पुराना साम्राज्य कहा है। उनके विचार से चीन का सम्राट कुलपति के समान है और सारी प्रजा उसके बच्चों की तरह है। हर चीज की देखभाल ऊपर से होती है। चीन में स्वतंत्र वर्ग या स्तर नहीं हैं जिन्हें अपने हितों की रक्षा करनी हो। इस दृष्टि से वह भारत को चीन से भिन्न मानते हैं। चीनियों ने इतिहास लिखने की परम्परा डाली। चीन में विज्ञान के प्रति शासन ने उदार रुख अपनाया था। किन्तु हेगेल के अनुसार वहाँ इतिहास और विज्ञान, दोनों में आत्मगत चेतना का अभाव है। इस कारण विज्ञान प्रगति नहीं कर सका। हेगेल ने यह नहीं बताया कि इतिहास और विज्ञान में चीनियों ने कहाँ गलती की है; उन्होंने सारे विवेचन को ही विज्ञान से बाहर इसलिए कर दिया है कि विवेचकों में आत्मचेतना का अभाव था।

हेगेल ने अंग्रेजों का लिखा भारत-सम्बन्धी विवरण पढ़ा था और जो कुछ पढ़ा था, उसके आधार पर इस देश के बारे में काफी विस्तार से लिखा। अंग्रेजों ने भारत के ज्ञान-विज्ञान की प्रशंसा में भी बहुत-सी बातें कहीं थीं और जर्मन कवि गेटे ने कालिदास के 'अभिज्ञान शाकुन्तलम्' की प्रशंसा की थी। हेगेल के समकालीन अनेक जर्मन कवि और विद्वान् संस्कृति साहित्य और व्याकरण से प्रभावित हुए थे।

ये सब लोग उस मानववादी चिन्तनधारा में शामिल थे जो पूँजीवादी विकास होने पर, सामन्ती व्यवस्था के टूटने के साथ-साथ, जर्मनी तथा यूरोप के अन्य देशों में प्रवाहित हुई थी। किन्तु हेगेल प्रचीन अथवा समकालीन भारत में प्रशंसा के योग्य कुछ भी नहीं पाते। भारतवासियों के बारे में लिखते समय उन्होंने जिस तरह की घृणा का परिचय दिया है, उस तरह की घृणा केवल अफ्रीकी हब्शियों के विवरण में उन्होंने दिखाई है।

हेगेल कहते हैं कि चीन के समान भारत प्राचीन और आधुनिक, दोनों है। चीनी राज्य से भिन्नता इस बात में है कि भारत कल्पना और संवेदनशीलता का देश है, चीन में गद्यात्मक विवेक है। चीन में प्रजा बचपन की अवस्था में है। नैतिक निर्णय स्वयं करने के बदले लोग सम्राट की ओर देखते हैं कि वह नैतिक नियम बनाएगा। मानव चेतना का हित इस बात में है कि बाह्य परिस्थितियाँ आन्तरिक परिस्थितियाँ बन जाएँ, प्राकृतिक और आध्यात्मिक संसार विवेक के आत्मगत पक्ष द्वारा पहचाने जाएँ। हेगेल की धारणा है कि भारतवासी स्वप्नलोक में रहते हैं, संसार को फैंटेसी के माध्यम से ही ग्रहण करते हैं। स्वयं हेगेल ने भारत को फैंटेसी के माध्यम से देखा है और इस फैंटेसी के दो पक्ष हैं : एक पक्ष में यहाँ की चीजें सुन्दर, सुकोमल किन्तु लगभग निर्जीव दिखाई देती हैं, दूसरे पक्ष में चीजें सजीव हैं किन्तु बहुत ही निर्दयी हैं और दूसरों के प्रति निष्करुण होने के साथ-साथ स्वयं भी आत्महत्या की ओर बढ़ती हैं।

पहले पक्ष की मिसाल यह है। "भारत की स्त्रियों में एक विशेष प्रकार का सौन्दर्य है। इनके चेहरे पर पारदर्शी त्वचा है, उस पर हल्का गुलाबीपन है। यह सहज स्वास्थ्य की लालिमा नहीं है, यह ऐसी लालिमा है जिसका संस्कार किया गया है मानो भीतर से आत्मा ने उसमें प्राण फूँक दिये हों! नेत्रों की ज्योति, मुँह की रेखाएँ सुकुमार, शिथिल और रागर्पणकारी प्रतीत होती हैं। यह लगभग अपार्थिव सौन्दर्य स्त्रियों में उन दिनों देखा जाता है जब वे प्रसव के बाद की अवस्था में होती हैं। गर्भावस्था के भार और प्रसव की वेदना से मुक्ति के भाव के साथ उस आत्मा का उल्लास जुड़ जाता है जो प्रिय सन्तान के वरदान का स्वागत करती है। सौन्दर्य का ऐसा ही स्वरूप स्त्रियों में तब दिखाई देता है जब जादू के प्रभाव से उन्हें स्वप्नावस्था में कर दिया जाता है। उस समय वे एक अपार्थिव सौन्दर्य के संसार से जुड़ जाती हैं। शोरेल नाम के एक महान् कलाकार ने मृत्युशय्या पर पड़ी हुई मरियम के ऐसे ही रूप को चित्रित किया है। मरियम की आत्मा स्वर्ग की ओर उठ चली है लेकिन मानो एक बार और विदाई के चुम्बन के लिए मरणशील मुख को फिर उद्‌भासित करती है। ऐसा सौन्दर्य अपने मधुरतम रूप में भारतीय संसार में दिखाई देता है। यह ऐसी शिथिलता का सौन्दर्य है कि जो कुछ भी जड़, कठोर और अन्तर्विरोधमय है, वह अन्तर्धान हो जाता है और हमें केवल भाव-प्रवण अवस्था में आत्मा दिखाई देती है। किन्तु इस आत्मा में स्वतंत्र, आत्मनिर्भर चेतना की मृत्यु का आभास भी मिलता है।" (पृ. 140)

हेगेल इस बात पर बहुत जोर देते हैं कि मनुष्य को विवेकशील होना चाहिए, आत्मचेतन होकर, अर्थात् विवेकशील होकर ही मनुष्य इतिहास का निर्माण करता है, किन्तु हेगेल स्वयं कितने विवेकशील थे, यह ऊपर के विवरण से समझ में आ जाएगा। उन्होंने भारत को, आत्मचेतन विवेक के अभाव में, वास्तविक इतिहास से बाहर रखा है, किन्तु वे स्वयं अपनी आत्मगत भावनाओं के अनुरूप भारत पर एक विशेष रूप आरोपित करते हैं, यह प्रत्यक्ष है। उन्होंने एक कलाकार का उल्लेख करके बता दिया है कि यह सौन्दर्य-भावना कब, कहाँ पैदा हुई थी। अपने तमाम दार्शनिक ऊहापोह के बावजद हेगेल यूरोप के उस कला-आन्दोलन से प्रभावित थे जो कहीं धर्म से जुड़ा था। इसीलिए मृत्युशय्या पर पड़ी हुई मरियम का चित्र उन्हें याद आया है। मृत्यु और सौन्दर्य के समन्वय की इस भावना को भारतव्यापी मानकर हेगेल ने लिखा है कि हिन्दू-स्वभाव की मूल विशेषता है—चेतना का स्वप्नाविष्ट स्वरूप। स्वप्न में आदमी बाहरी वस्तुओं से अलग अपने अस्तित्व के प्रति सचेत नहीं रह जाता। जागता है तब वह अपना अस्तित्व पहचानता है; तब बाहरी दुनिया स्थिर और वस्तुगत दिखाई देती है। यह दायरा समझ का है। इसके विपरीत स्वप्नावस्था में अलगाव का यह बोध स्थगित हो जाता है। भारतीय दृष्टि सर्वात्मवादी दृष्टि है किन्तु वह विचारजन्य नहीं, कल्पनाजन्य है। चेतना गोचर संसार से मुक्त नहीं होती, उसे अपने अधीन नहीं करती। गोचर वस्तु ही विस्तारित होकर अनन्त हो जाती है। जो आध्यात्मिक है, वह उलझा हुआ, विचित्र और हास्यास्पद बन जाता है। (पृ. 140-41)

हेगेल मानते हैं कि विश्व इतिहास से भारत का सम्बन्ध रहा है। उन्हें इस धारणा का पता है कि यूरोप में ग्रीक, लैटिन, जर्मन आदि जिन भाषाओं का विकास हुआ, उनकी आधारभूमि संस्कृत है। जो लोग पश्चिमी संसार में आकर बस गए, उनके प्रसार का केन्द्र भारत था। उनके अनुसार यह सम्बन्ध केवल भौतिक है। भारत में कुछ तत्त्वों का विकास भले हुआ हो और इनमें कुछ तत्त्व पश्चिम में भी पहुँचे हों, किन्तु पश्चिम में जो कुछ हमारा ध्यान आकर्षित करता है, वह हेगेल के अनुसार ऐसा नहीं है जिसका उद्‌भव भारत में हुआ हो। वह सब कुछ ऐसा है जिसका निर्माण पश्चिम के लोगों ने स्वयं किया और संस्कृति के भारतीय तत्त्वों को भुला देने का भरसक प्रयत्न भी किया। भारतीय संस्कृति का प्रसार इतिहास से पहले की घटना है। वास्तविक इतिहास केवल उस युग का होगा जो चेतना के विकास के लिए महत्त्वपूर्ण है। कुल मिलाकर भारतीय संस्कृति का प्रसार मूक, क्रियाहीन प्रसार है अर्थात् उसमें कोई राजनीतिक कर्म दिखाई नहीं देता। भारत के लोगों ने विदेश में कहीं विजय प्राप्त नहीं की वरन् हर अवसर पर स्वयं विजित हुए हैं। इस मौन रूप में उत्तरी भारत आप्रवास का केन्द्र रहा है। अत्यन्त प्राचीनकाल से सभी जातियों की भावना और आकांक्षा यह रही है कि इस चमत्कारी देश के खजानों तक पहुँचें। इन खजानों में धरती की सबसे कीमती चीजें हैं। यहाँ प्रकृति के खजाने हैं; हीरे, मोती,

इत्र, हाथी, शेर वगैरह, और ज्ञान के भंडार भी हैं। ये खजाने किस तरह पश्चिम में पहुँचे, यह बात हमेशा विश्व इतिहास के महत्त्व की रही है जिससे जातियों का भाग्य जुड़ा रहा है। वे आकांक्षाएँ पूरी हुई हैं। पूर्व की कोई भी ऐसी बड़ी जाति नहीं है, न कोई आधुनिक पश्चिमी यूरोपियन जाति है, जिसने भारत के खजाने का छोटा-बड़ा भाग प्राप्त न किया हो। पुरानी दुनिया में धरती के मार्ग से सिकन्दर महान ने सबसे पहले भारत में प्रवेश किया लेकिन उसने भी उसे छुआ भर था। आधुनिक संसार के यूरोपियन दूसरी ओर से चक्कर लगाकर चमत्कारों के इस देश से सीधा सम्बन्ध कायम कर सके हैं। अंग्रेज इसकी धरती के मालिक हैं। एशियाई साम्राज्यों की यह अनिवार्य नियति है कि वे यूरोपियन लोगों के अधीन हों और चीन को किसी-न-किसी दिन इस नियति के सामने झुकना पड़ेगा। (पृ. 142-43)

इस प्रकार हेगेल फैंटेसी की दुनिया से यथार्थ संसार की ओर संक्रमण करते हैं। उन्होंने जिस स्वप्निल सौन्दर्य के समर्पणकारी स्वरूप की चर्चा की थी, वह स्त्रियों तक सीमित न रहकर समस्त भारतीय मानवता की विशेषता बन जाता है। पूर्व और पश्चिम की जातियों को भारत आकर्षित करता है और उसकी नियति है—विदेशी आक्रमणकारियों के सामने प्रणत होना। इस प्रक्रिया की शुरुआत सिकन्दर से हुई और वह महान् इसलिए है कि उसने यह प्रक्रिया शुरू की थी। किन्तु वह केवल भारत को छूकर लौट गया। क्यों लौट गया, हेगेल ने नहीं बताया। फिर यूरोप के लोग आए और उन्होंने भारत के खजानों पर हाथ साफ किया। हेगेल जिस राज्यसत्ता को आदर्श मानते हैं, वह विवेक और नैतिकता का मूर्त रूप है। भारत के खजाने लूटना सबसे बड़ा नैतिक कार्य है। लूट को नैतिक कार्य सिद्ध करने के लिए हेगेल फैंटेसी का दूसरा पक्ष उपस्थित करते हैं।

भारत में सभी जन बँधुआ मजदूरों की तरह हैं। यह एक तरह की आध्यात्मिक बँधुआ प्रथा है। समाज जातियों और वर्णों में बँटा हुआ है, लेकिन यह विभाजन मनुष्य ने सचेत रूप में नहीं किया। सब कुछ नैसर्गिक है। समाज में कहीं भी स्वतंत्रता नहीं है। यहाँ हर चीज बँटी हुई है, इस कारण इस देश का अपना कोई नाम नहीं है। हर जाति के अपने गुण हैं किन्तु व्यापक मानवीय गुण जैसी कोई चीज वहाँ नहीं है। भारतीय चिन्तकों का ब्रह्म जीवन की उपेक्षा करना सिखाता है। अंग्रेजों ने बड़ा प्रयत्न किया कि पता लगाएँ कि यह ब्रह्म क्या है। ब्रह्म वास्तव में अस्तित्वहीनता का नाम है, इसीलिए ब्रह्म का कोई मन्दिर नहीं है। चेतना और प्रकृति में भेद न करने से एक ओर अतिशय भोगवाद है, दूसरी ओर तपस्या है जिसकी परिणति आत्महत्या में होती है। यहाँ किसी भी तरह की नैतिकता नहीं है क्योंकि ईश्वर की व्यक्ति रूप में कल्पना नहीं है। "हम लोगों के लिए धर्म उस सत्ता का ज्ञान है जो हमारी सत्ता ही है और इसलिए हमारे ज्ञान और इच्छाशक्ति का सारतत्त्व है। इस ज्ञान और इच्छाशक्ति का कार्य यह है कि उस मूल तत्त्व को प्रतिबिम्बित करें। किन्तु इसके लिए उस

परम सत्ता को स्वयं एक व्यक्तित्व होना चाहिए जो अपने दिव्य लक्ष्य पूरे करने की ओर बढ़े—ऐसे लक्ष्य, जो मानवीय कर्म का सारतत्त्व हो सकते हों।" (पृ. 157-58)

सारा दार्शनिक ऊहापोह इसलिए है कि भारत में जो खजाने भरे थे, उन्हें खाली करके धन यूरोप ले जाया जाए। ज्ञानकोष से अधिक सोने, चाँदी के भौतिक खजाने महत्त्वपूर्ण थे। ज्ञानकोष लूटने के लिए भारत पर अधिकार करना जरूरी न था; किन्तु सोना-चाँदी लूटने के लिए यह सिद्ध करना जरूरी था कि भारत की नियति है कि वह पराजित हो, खास तौर से यूरोप के लोगों द्वारा विजित और शासित हो। फैंटेसी का एक पक्ष यह है कि भारत में सुकुमार सौन्दर्य है जो आकर्षक और समर्पणकारी है और इस तरह के रूप में भारत की आत्मा के दर्शन होते हैं। दूसरा पक्ष यह है कि भारत अर्द्धचेतन, अर्द्धसभ्य, अन्धविश्वासी और क्रूर रूढ़ियों का देश है; जब तक पश्चिम के ज्ञानी उस पर अधिकार न करेंगे, तब तक उसे अन्धकार से निकलने का अवसर न मिलेगा। फैंटेसी के दोनों पक्ष एक-दूसरे से जुड़े हुए हैं। हेगेल कहते हैं कि हिन्दुओं की नैतिक अवस्था निहायत गिरी हुई है, इस बारे में सभी अंग्रेज एकमत हैं। उनकी विनम्रता, सुकुमारता, सुन्दर और भावुक कल्पना के वृत्तान्त पढ़कर उनकी नैतिकता के बारे में हमारी धारणा भ्रम में पड़ सकती है। हमें इस बात पर विचार करना चाहिए कि एकदम भ्रष्ट जातियों में भी चरित्र के ऐसे पक्ष दिखाई देते हैं जो सुकुमार और भव्य होते हैं। चीनी काव्य में प्रेम के बहुत ही सुकुमार सम्बन्ध चित्रित किये जाते हैं। विनम्रता, लज्जा, औचित्य और गम्भीर भावों का चित्रण होता है और इनकी तुलना यूरोप के श्रेष्ठ साहित्य से की जा सकती है। यही विशेषताएँ बहुत-से हिन्दू काव्य में भी मिलती है। किन्तु नैतिकता, आत्मा की स्वाधीनता, व्यक्तिगत अधिकार की चेतना, न्याय—ये सब अलग बातें हैं। आध्यात्मिक और शारीरिक अस्तित्व के विनाश में कुछ भी मूर्त या वास्तविक नहीं है। जो अमूर्त विश्वजनीनता है, उसमें विलीन होने का कुछ भी सम्बन्ध वास्तविकता से नहीं है। "हिन्दू के चरित्र की बुनियादी विशेषता है—चालाकी और धोखेबाजी; ठगना, चुराना, लूटना, हत्या करना उसके लिए आए-दिन की बातें हैं। विजेता और स्वामी के सामने वह घुटने टेकता है और नाक रगड़ता है; जिसे हरा देता है और जो उसके अधीन है, उसके प्रति उसकी बर्बरता की सीमा नहीं होती। हिन्दू-मानव की विशेषता यह है कि वह जानवर नहीं मारता, जानवरों के समृद्ध अस्पताल कायम करता और चलाता है, खास तौर से बूढ़ी गायों और बन्दरों के लिए, लेकिन बूढ़े आदमियों या बीमारों के लिए एक भी संस्था नहीं है। हिन्दू चींटियों पर पैर न रखेगा लेकिन कोई गरीब घुमन्तू भूख से प्राण दे दे तो उसे इसकी बिलकुल चिन्ता नहीं होती। ब्राह्मण खास तौर से भ्रष्ट होते हैं। अंग्रेजी रिपोर्टों के अनुसार वे खाने और सोने के अलावा कुछ नहीं करते। जहाँ उनके व्यवहार पर उनके वर्ण के नियम लागू नहीं होते, वहाँ वे पूरी तरह मनमानी करते हैं। जब वे सार्वजनिक जीवन में भाग लेते हैं, तब वे धूर्त और विलासी के रूप

में प्रकट होते हैं। जिनसे उन्हें भय होता है, उनके सामने काफी नम्र बने रहने हैं पर इसका बदला वे अपने आश्रितों से लेते हैं। एक अंग्रेज अधिकारी का कहना है कि इनमें उसे एक भी ईमानदार आदमी नहीं मिला। माता-पिता के प्रति सन्तान में आदर का भाव नहीं होता; पुत्र अपनी माताओं के साथ दुर्व्यवहार करते हैं।" (पृ. 158-59)

हेगेल का विचार है कि जो लोग ब्राह्मण नहीं हैं, वे योगी बनकर ब्राह्मणत्व प्राप्त करने की कोशिश करते हैं। जीवन और जीवित मनुष्यता की उपेक्षा इनकी साधना की मुख्य विशेषता है। "ब्राह्मणेतर आबादी का बहुत बड़ा हिस्सा पुनर्जीवन के लिए प्रयत्न करता है। इन्हें योगी कहा जाता है। एक अंग्रेज दलाई लामा से मिलने तिब्बत गया था। वहाँ उसे ऐसा ही एक योगी मिला था। उसके बारे में उसने लिखा है कि वह ब्राह्मणत्व प्राप्त करने की दूसरी मंजिल में पहुँच गया था। बारह साल तक लेटे या बैठे बिना वह पैरों पर खड़ा रहा था और इस तरह उसने पहली मंजिल पार की थी। पहले उसने अपने को एक पेड़ से रस्से से कसकर बाँधा। वह तब तक बँधा रहा जब तक खड़े-खड़े सोने का आदी न हो गया। दूसरी मंजिल में उसे बारह साल तक सिर के ऊपर हाथ बाँधे रहना था। उसके नाखून खूब बढ़ गए थे। तीसरी मंजिल हमेशा एक ही तरह की नहीं होती। आम तौर से योगी पाँच अग्नियों के बीच में बैठता है। चार दिशाओं के लिए चार अग्नियाँ और सूर्य। फिर उसे आग के ऊपर पौने चार घंटे तक आगे-पीछे झूमना होता है। अंग्रेजों ने इस तरह की क्रिया देखी थी। उनका कहना है कि शरीर के हर भाग से आध घंटे में खून बहने लगा। उसे उतार लिया गया और वह शीघ्र ही मर गया। यदि इस परीक्षा से बच जाए तो फिर साधक को जीवित गाड़ दिया जाता है यानी उसे सीधा खड़ा करके मिट्टी से तोप देते हैं। पौने चार घंटे के बाद उसे गड्ढे से निकालते हैं। यदि वह अभी भी जीवित रहा तो लोग समझते हैं कि आखिर उसे ब्राह्मण की दिव्य शक्ति प्राप्त हो गई।" (पृ. 149)

निष्कर्ष यह निकला कि हिन्दू चाहे जितने सुकुमार दिखाई देते हों, वे परमावस्था अर्थात् विनाश के लिए अपना बलिदान करने में नहीं हिचकते। इसी का दूसरा उदाहरण यह है कि पति की मृत्यु के बाद स्त्रियाँ आग में जल मरती हैं। कोई स्त्री यह रीति न माने तो वह समाज से अलग कर दी जाएगी और अकेलेपन में मरेगी। एक अंग्रेज ने लिखा है : एक लड़की का बच्चा न रहा; इसलिए उसने स्वयं को भस्म कर दिया। पति उदासीन था क्योंकि घर में और पत्नियाँ मौजूद थीं। कभी-कभी बीस-बीस स्त्रियाँ गंगा में जान देकर डूबती देखी गई हैं। उड़ीसा में जगन्नाथ के मन्दिर के सामने लाखों हिन्दू एकत्र होते हैं। वहाँ रथ खींचा जाता है और बहुत-से आदमी पहियों के नीचे गिरकर स्वयं को कुचल जाने देते हैं। "सारा समुद्र तट उन व्यक्तियों की लाशों से पटा पड़ा है जिन्होंने इस तरह आत्मघात किया है। भारत में बालहत्या भी बहुत सामान्य है। माताएँ अपने बच्चों को गंगा में फेंक देती हैं या सूरज की धूप में मरने को छोड़ देती हैं। मानव-जीवन को आदर से देखने के लिए जो नैतिकता जरूरी है, वह

हिन्दुओं में नहीं है।" (पृ.150) ये सारी विशेषताएँ भारत की और हिन्दुओं की बताई गई हैं किन्तु एक बात ऐसी है जिसके प्रसंग में हेगेल को यूरोप याद आया है। बिना किसी काम-धन्धे के नंगे भारतीय फकीर कैथोलिक चर्च के साधुओं की तरह चारों तरफ घूमा करते हैं। कैथोलिक अन्धकार में डूबे हैं। वैसे ही हिन्दू डूबे हैं। हिन्दुओं में ब्राह्मणों की दशा सबसे खराब है। इनके लिए सूर्यास्त और सूर्योदय देखना वर्जित है। पत्नी भोजन कर रही हो, छींकती हो, जम्हाई लेती हो या चुपचाप बैठी हो, तब उसे देखना वर्जित है। दिन में मुँह उत्तर की तरफ रखना चाहिए, रात में दक्षिण की तरफ। केवल छाया में वे किसी भी दिशा में मुँह घुमा सकते हैं। अंग्रेजों ने न्याय के लिए जूरी की व्यस्वथा की लेकिन हिन्दुओं ने कहा, वे ब्राह्मणों को मृत्युदंड देने के विरुद्ध हैं। ब्राह्मण को कर्ज दिया जाए तो ब्याज की दर कम होनी चाहिए। ब्राह्मण को निर्दोष साबित करने के लिए अदालत में झूठी गवाही देना वाजिब माना जाता है। ब्राह्मण दूसरे वर्णों से मनचाही स्त्रियाँ ले लेते हैं। "बड़े धार्मिक उत्सवों में वे जनता के बीच पहुँचते हैं और जो स्त्रियाँ उन्हें अच्छी लगती हैं, उन्हें अपने लिए चुन लेते हैं लेकिन जब मन चाहा, तब छोड़ भी देते हैं।" (पृ. 153) ब्राह्मण में ऐसी शक्ति मानी गई है कि राजा उसके या उसकी सम्पत्ति से हाथ लगाए तो आकाश से वज्र गिरेगा और राजा का नाश हो जाएगा। (पृ. 152)

हेगेल ने लिखा है : सम्पत्ति के मामले में ब्राह्मण बड़े फायदे में रहते हैं। उन्हें टैक्स नहीं देना पड़ता। दूसरों की जमीन से राजा को आधी आय मिलती है। आय का दूसरा भाग श्रमिकों की जीविका और खेती के खर्च के लिए होता है। भारत में भूस्वामित्व की समस्या बहुत महत्त्वपूर्ण है, हेगेल यह जानते हैं। इसलिए कहते हैं, भारत में खेती की जमीन किसान की है या तथाकथित जमींदार की, यह प्रश्न अत्यन्त महत्त्वपूर्ण है। स्वयं अंग्रेजों को इस बारे में सही स्थिति जानने में बड़ी कठिनाई हुई। गाँव की आय के दो हिस्से किये जाते हैं। एक राजा को मिलता है, दूसरा किसानों को। लेकिन अपने-अपने अनुपात से इसके अंश दूसरों को भी मिलते हैं। थानेदार, मुंशी, सिंचाई निरीक्षक, धार्मिक कर्मकांड की देखभाल करनेवाला ब्राह्मण, ज्योतिषी (वह भी ब्राह्मण होता है और शुभ तथा अशुभ दिन बनाता है), लुहार, बढ़ई, कुम्हार, धोबी, वैद्य, नाई, नर्तकी, गायक, कवि—इन सबको भी उससे अपने-अपने अंश प्राप्त होते हैं। "यह व्यवस्था अचल और अपरिवर्तनशील है और किसी की इच्छा के अधीन नहीं है। सामान्य हिन्दू के लिए सभी 'राजनीतिक' क्रान्तियाँ उपेक्षा की चीज हैं क्योंकि उसका भाग्य बदलता नहीं है।" (पृ. 154; शब्दों पर जोर हेगेल का है।) भारत की अपरिवर्तनशीलता का आधार यहाँ बता दिया गया है। यह आधार वह सनातन ग्राम-व्यवस्था है जिसे कोई बदल नहीं सका। इस अपरिवर्तनशीलता का खूब प्रचार किया गया। भारत में अंग्रेजी राज कायम करने के लिए एक नैतिक कारण की जरूरत थी। वह यहाँ के भ्रष्ट जीवन में मिला। एक आर्थिक कारण भी

जरूरी था। वह सनातन ग्राम-व्यवस्था में मिला। ग्राम-व्यवस्था की समानता से भारत को कौन मुक्त कर सकता था? केवल यूरोप के लोग, जैसे अंग्रेज! पर यहाँ एक अन्तर्विरोध सामने आता है। यदि ये ग्राम-समाज अपरिवर्तनशील थे तो ब्राह्मणों के पास सम्पत्ति कैसे केन्द्रित होती जाती थी? सारे ब्राह्मण गाँव में न रहते थे, शहरों में भी रहते थे। सम्पत्ति केवल ब्राह्मणों के पास नहीं थी, राजाओं के पास भी थी और ये राजा अधिकतर क्षत्रिय होते थे। ब्राह्मण और क्षत्रिय आम तौर से स्वयं हल न चलाते थे, न खेती का कोई और काम करते थे। किसान बड़ी मात्रा में अतिरिक्त उपज इन्हें न दें, तो ये जीवित न रह सकते थे—सम्पत्ति का केन्द्रीकरण तो दूर की बात थी। किन्तु सम्पत्ति का केन्द्रीकरण तो हुआ था। राज्यसत्ता इसी सम्पत्ति की रक्षा करने के लिए दरकार थी।

यद्यपि हेगेल ने गण-समाजों को अपने इतिहास-चिन्तन की परिधि से बाहर रखा है और आरम्भ में ही कह चुके हैं कि वह इतिहास का विवेचन वहाँ से शुरू करते हैं जहाँ राज्यसत्ता का जन्म हो चुका है किन्तु भारत में वह राज्यसत्ता का अभाव मानते हैं। चीन और भारत में भेद करते हुए कहते हैं : "यदि चीन के लिए कहा जाए कि वह राज्यसत्ता के अलावा कुछ नहीं है, तो हिन्दुओं के राजनीतिक जीवन में केवल 'जन' हैं, 'राज्यसत्ता' नहीं है।" (पृ. 161) फिर कहते हैं : "चीन में नैतिक निरंकुशता है, भारत में राजनीतिक जीवन के अवशेष को जो भी नाम दिया जाए, वह 'सिद्धान्तहीन' निरंकुशता है। नैतिकता और धर्म का कोई नियम उस पर लागू नहीं होता। कारण यह कि नैतिकता और धर्म (जहाँ तक धर्म का सम्बन्ध मानव-कर्म से है) के लिए अनिवार्य शर्त इच्छाशक्ति की स्वाधीनता है और वही उसका आधार है। अतः भारत में ऐसी निरंकुशता का पूर्ण साम्राज्य है जो अत्यन्त स्वेच्छाचारी, दुष्ट और पतित है। चीन, ईरान, तुर्की, —दरअसल आम तौर से एशिया मात्र निरंकुशता का मंच है। वहाँ बुरे अर्थ में (टिरैनी) अत्याचारी शासन है।" (उप.) हेगेल का आशय यह है कि निरंकुश शासक भले भी हो सकते हैं किन्तु भारत में निरंकुशता अत्याचार मात्र रह गई है।

अपरिवर्तनशील ग्राम-समाजों के देश में विज्ञान और साहित्य की उन्नति क्या हो सकती थी? हेगेल ने लॉर्ड मैकाले के चिन्तन का पूर्वाभास देते हुए भारतीय विज्ञान और साहित्य के बारे में लिखा है : इसकी बड़ी शोहरत थी लेकिन उसकी जानकारी होने पर उसका मूल्य काफी कम हो गया है। इनके व्याकरण में ऊँचे दर्जे की नियमबद्धता है किन्तु इनके विज्ञान और कला में तत्त्व की बात खोजना बेकार है। अंग्रेजों ने जब भारत पर अधिकार किया तब प्रारम्भिक उत्साह में उन्होंने हिन्दू संस्कृति को खूब बढ़ा-चढ़ाकर दिखाया। हिन्दू काव्य और दर्शन को यूनानी काव्य और दर्शन से भी ऊँचा दिखाया। हिन्दुओं ने ज्यामिति, बीजगणित, खगोलशास्त्र में प्रसिद्धि पाई थी। उन्होंने दर्शन में बड़ी प्रगति की थी। व्याकरणशास्त्र को ऐसा पुष्ट

किया था कि संस्कृत से अधिक पूर्ण किसी दूसरी भाषा को नहीं माना जा सकता। किन्तु उन्होंने इतिहास की बिलकुल उपेक्षा की। इतिहास के लिए विवेक चाहिए; किसी वस्तु को स्वतंत्र वस्तुगत प्रकाश में देखने की, अन्य वस्तुओं से उसकी बुद्धिसंगत सम्बद्धता को समझने की क्षमता चाहिए। (पृ. 162) हेगेल को आधे मन से स्वीकार करना पड़ा है कि गणित, दर्शन, व्याकरण आदि में भारत ने खूब उन्नति की थी और इस सम्बन्ध में भारत की ख्याति को चुटकी बजाकर उड़ाया नहीं जा सकता। यदि यह मान लें कि भारत के लोग किसी भी चीज को वस्तुगत रूप में नहीं देख सकते तो यह कैसे हुआ कि वे शब्दविज्ञान और खगोलविज्ञान में इतनी उन्नति कर सके? आकाश के ग्रह भी वस्तु हैं, कान से सुने हुए शब्द भी वस्तु हैं। शब्दों या ग्रहों के आपसी सम्बन्ध को समझे बिना व्याकरण या खगोलशास्त्र की रचना नहीं हो सकती।

हेगेल को मालूम है कि भारत में सामाजिक जीवन की विविधता है। वह कहते हैं : यहाँ कुछ राज्यों में तो शक्ति और सामर्थ्य के दर्शन होते हैं, अन्य राज्यों में नजाकत और सुकुमारता है। इस विविधता के बावजूद हेगेल सभी भारतवासियों को आत्मसमर्पणकारी और शून्यवादी बना देते हैं। वह समाज में विभिन्न वर्गों की स्थिति का विवेचन नहीं करते; वर्ण, धर्म के आधार पर भारतवासियों के चरित्र का विश्लेषण करते हैं और इन धर्मों में केवल हिन्दू धर्म पर ध्यान केन्द्रित करते हैं। जब मंगोलों के जीवन का विवेचन करना होता है, तब वह बौद्ध धर्म पर ध्यान केन्द्रित करते हैं; ईरानी समाज का विवेचन करना होता है, तब जरथुस्त्र के धर्म का विश्लेषण करते हैं। इसी तरह यूनान के प्रसंग में उनके गैर-ईसाई धर्म की चर्चा करते हैं। फ्रांस और जर्मनी के इतिहास का विश्लेषण करते हुए जर्मनी में प्रोटेस्टेंट मत और फ्रांस में कैथोलिक मत की भिन्नता पर जोर देते हैं। इस्लाम की चर्चा अरबों के सन्दर्भ में है। भारतीय इतिहास में वे मुसलमानों की भूमिका की समीक्षा नहीं करते। वे जानते हैं कि मुगलकालीन भारत समृद्धि के लिए विख्यात था; इसके प्रति पाठक को सावधान करते हैं। कहते हैं, यह एकता और समृद्धि ऊपरी है, नीचे सब कुछ कटा और बँटा हुआ है। भारत में जाति-बिरादरी की अराजकता, नैतिक स्वेच्छाचारिता, मानसिक गुलामी के अलावा उन्हें और कुछ नहीं दिखाई देता।

3. निकटपूर्व, सुदूरपूर्व और यूरोप

हेगेल का नस्लवाद ऐसा विचित्र है कि वह सभी तरह के चीनियों और सभी तरह के हिन्दुओं को एक ही नस्ल का मानते हैं और यह नस्ल मंगोल है। एशिया का एक हिस्सा वह है जो यूरोप के नजदीक है जिसे बाद को लोगों ने निकटपूर्व कहना शुरू किया। दूसरा हिस्सा वह है जो दूर है जिसे लोग सुदूरपूर्व कहते हैं। हेगेल ने इनमें मौलिक भेद किया। चीनी और हिन्दू एशियाई हैं, मंगोल नस्ल के हैं और इसीलिए उनका चरित्र यूरोप के लोगों के चरित्र से बिलकुल भिन्न है। जो यूरोप के पास वाला

एशिया है, वहाँ के लोग कोहकाफ की पहाड़ी नस्ल के हैं और यही यूरोपवालों की नस्ल है। इस निकट एशिया के लोग पश्चिम के लोगों के सम्बन्धी हैं; सुदूर एशिया के लोग इनसे अलग-थलग हैं। हेगेल कहते हैं, यूरोप का जो आदमी भारत से ईरान जाता है, वह वहाँ बहुत बड़ी भिन्नता देखता है। ईरान में उसे बहुत कुछ अपनापन महसूस होता है। वहाँ यूरोपियन भावनाओं, मानवीय गुणों के दर्शन होते हैं। जैसे ही वह सिन्ध नदी को पार करता है, उसे गन्दी विशेषताएँ समाज के हर रूप में दिखाई देती हैं।

ईरान के लोग ऐतिहासिक जन हैं। बाकी एशिया में ठहराव है; ईरान गतिशील है। ईरानी-साम्राज्य में पहाड़, मैदान और समुद्र, मानव चरित्र के निर्माता—ये तीनों तत्त्व मौजूद हैं। ईरान में चीन की तरह केवल 'एक' का शासन नहीं है, भारत की तरह अनेकतावाली अराजकता नहीं है। ईरानी-साम्राज्य में अलग-अलग राज्यों की अपनी अस्मिता है। पुराने ईरानी साम्राज्य की चर्चा करते हुए हेगेल को पुराने जर्मन-साम्राज्य की याद आती है। ईरानी-साम्राज्य की कुछ जातियों में, श्रम-विभाजन की तरह, सांस्कृतिक विभाजन हो गया था। जेन्दावेस्ता को माननेवाले जन आध्यात्मिक थे। असुर (असीरिया) और बाबुल (बैबिलोन) के लोग बाहरी सम्पदा और व्यापार से उलझे हुए थे। मीद (मध्यदेशीय) जन पहाड़ों पर रहते थे, इसलिए साहसी थे। जेन्द मतवादी परमसत्ता के साथ शैतान का अस्तित्व भी मानते थे, हेगेल इस द्वैतवाद को आवश्यक समझते हैं। शैतान न होगा तो ईश्वर को अपनी गरिमा प्रकट करने का अवसर कैसे मिलेगा? ईरान में जाति-बिरादरी नहीं है, केवल वर्ग हैं : पुरोहित, योद्धा, किसान और कारीगर। हेगेल कहते हैं, ईरान के सिलसिले में व्यापार का उल्लेख नहीं है। इससे लगता है कि लोग अभी अलगाव की हालत में थे। (पृ. 177) इस वाक्य से पता चलता है कि व्यापार में जो प्रगति की, हेगेल विनिमय का महत्त्व जानते थे। किन्तु भारत में भी और बड़े पैमाने के विनिमय से भारतीय इतिहास के लिए जो नतीजे निकलते थे, उनकी तरफ उन्होंने ध्यान नहीं दिया। जिन वर्णों का उल्लेख उन्होंने किया है, वे भारत के वर्णों के समान हैं, इसकी चर्चा भी उन्होंने नहीं की।

ईरानी-साम्राज्य की एक विशेषता यह है कि उसका सम्पर्क यूनान से था। बहुत-से यूनानी उपनिवेश इस साम्राज्य में थे। यूनानियों से भिन्न सामी-परिवार की भाषाएँ बोलने वाले अनेक देश इस राज्य में थे और इन लोगों की संस्कृति का सीधा प्रभाव यूनानी संस्कृति पर पड़ा। हेगेल के बाद, ब्रिटिश-साम्राज्य के विस्तार के प्रसार के साथ-साथ, यूरोप के लोग यूनान को एशिया से अलग करने लगे, अफ्रीका को उससे और भी ज्यादा दूर रखने लगे, और स्वयं को यूनान से जोड़ने लगे। किन्तु हेगेल के समय में अभी विद्वान यूनान और एशिया का सम्बन्ध देख सकते थे। इसीलिए हेगेल के लिए दूर और निकट के एशिया में भेद करना जरूरी हो गया था।

फिनीशिया नामक देश के लोगों ने यूनान से नजदीकी सम्बन्ध कायम किया। उनके बारे में हेगेल ने लिखा है : फिनीशिया के लोगों ने सबसे पहले अटलांटिक

सागर का पता लगाया और फिर वहाँ जहाजरानी की। साइप्रस (किब्रुस) और क्रीट के द्वीपों में उनकी बस्तियाँ थीं। स्पेन के दक्खिनी-पच्छिमी भागों में वे खानों से चाँदी निकालते थे। खगोस द्वीप में उनकी सोने की खानें थीं। अफ्रीका में उन्होंने उतिका और कार्थेज के उपनिवेश बसाए। कुछ लोगों के अनुसार उन्होंने अफ्रीका का भी चक्कर लगाया था। ब्रिटेन, बाल्टिक प्रदेश और प्रशिया से वे व्यापार करते थे। (पृ. 191)

यहूदियों के लिए हेगेल ने कहा है : यहाँ पूर्व पश्चिम से जुदा हो गया है। यहाँ आत्मा सर्वोपरि है। पूर्व के लोग प्रकृति से बँधे हुए हैं और ऊपर उठ नहीं पाते। यह एक मजेदार बात है कि जैसे बीसवीं सदी में कुछ भारतवासियों ने यूरोप को भौतिकवादी और स्वयं को अध्यात्मवादी कहना शुरू किया, ठीक वैसे ही हेगेल सारे पूर्व को और भारत को विशेष रूप से भौतिकवादी कह चुके थे और यहूदी उनके लिए परम अध्यात्मवादी थे। इस तरह के दृष्टिकोण के पीछे स्पष्ट ही साम्प्रदायिक आग्रह रहता है। यूनानी संस्कृति के बारे में हेगेल ने बहुत-सी अच्छी बातें कहीं किन्तु प्राचीन यूनान के लोग ईसाई नहीं थे और न वे यहूदी मत ही मानते थे; इसलिए विकास की मंजिलों में वे यहूदियों से नीचे ठहरते हैं। हेगेल के लिए मूल द्वंद्व आत्मा और प्रकृति का है। जो मानव समुदाय इस प्रकृति से अपने को अलग मानता है, वह उतना ही प्रगतिशील है। मिस्र के लोग पशुपूजक थे, किन्तु मनुष्य सभी प्राणियों में श्रेष्ठ है, इसलिए वे सभ्यता में बहुत आगे बढ़े हुए नहीं माने जा सकते। हेगेल ने जैसी बातें भारतवासियों के लिए कही हैं, वैसी बातें मिस्र के लोगों के बारे में भी कही हैं। लिखा है : कोई आदमी जान-बूझकर पशु का वध करे, तो उसे मृत्युदंड दिया जाता था, अनजाने में भी मार दे तो उसे दंड मिलता था। सिकन्दरिया में एक रोमन ने एक बिल्ली मार दी। इस पर विरोध हो गया और मिस्रियों ने उसे मार डाला। वे दुर्भिक्ष में मनुष्यों को मरने देंगे किन्तु पवित्र पशुओं का वध न होने देंगे। (पृ. 212)

यह उल्लेखनीय है कि जाति-बिरादरी की प्रथा प्राचीन मिस्र में भी थी। "हिन्दुओं की तरह मिस्र के लोग भी जातियों में विभाजित हैं। बच्चे हमेशा अपने माता-पिता का पेशा अपनाते हैं। इस कारण भी यहाँ कला-कौशल में यांत्रिक और तकनीकी प्रगति इतनी अधिक हुई। साथ ही वंशगत पेशे के अनुसरण से मिस्रियों के चरित्र के लिए वैसे हानिकारक परिणाम नहीं निकले, जैसे भारत में निकले।" (पृ. 204) यहाँ हेगेल ने माना है कि वंशानुगत पेशे का अनुसरण करने से, सामाजिक विकास की एक मंजिल में, यांत्रिक और तकनीकी प्रगति होती है। किन्तु उन्होंने यह नहीं बताया कि हानिकर परिणाम भारत में क्यों निकले और मिस्र उनसे क्यों बच गया।

यूनान पराजित क्यों हुआ? हेगेल ने यह तो नहीं कहा कि पराजित होना उसकी नियति थी किन्तु यह माना कि भौगोलिक कारणों से यूनान छोटे-छोटे राज्यों में बँटा रहा। बाहरी कारणों से बँटे होने से यूनानी लोगों ने आत्मगत भावना पर ज्यादा जोर दिया और इस कारण भ्रष्टाचार फैला। यूनान में धनी-निर्धन का भेद था, यह बात

हेगेल जानते थे। "पुराने धनी परिवारों और निर्धन परिवारों में काफी पहले विरोध पैदा हो गया था।" (पृ. 218) वहाँ सम्पत्ति की असमानता थी, दास-प्रथा का चलन था, यह सब जानते हुए हेगेल नैतिकता को ही सामाजिक विकास और ह्रास का नियामक कारण मानते हैं। "यूनानी नैतिकता ने यूनान को सामान्य राज्यसत्ता के निर्माण के अयोग्य बना दिया था।" (पृ. 265) यद्यपि सिकन्दर स्वयं यूनानी नहीं था और उसने यूनान से युद्ध किया था, उस पर विजय प्राप्त की थी, फिर भी हेगेल ने उसे यूनान का प्रतिनिधि बना दिया। उसकी ऐतिहासिक भूमिका यह मानी कि उसने एशिया के विरुद्ध यूनान का नेतृत्व किया। एशिया ने इतने दिनों तक यूनान पर जो अत्याचार किया था, उसका बदला लेना था। पूर्व और पश्चिम में जो पुराना संघर्ष चला आ रहा था, उसे अब निपटाना था। (पृ. 272) यहाँ हेगेल ने निकट और सुदूर-पूर्व का भेद भुला दिया है। सारा एशिया एक है। सिकन्दर ने ईरान पर आक्रमण किया, यह पूर्व पर पश्चिम का जवाबी हमला था।

हेगेल भारत के लिए जाति-प्रथा को अनैतिक, यूनान के लिए दास-प्रथा को आवश्यक मानते हैं। यूनानी जनतंत्र को उन्होंने सौंदर्यवादी जनतंत्र कहा है। वहाँ जनसभा में राज्य-व्यवस्था से सम्बन्धित व्याख्यान देना और सुनना हर नागरिक का कर्तव्य था। ऐसे कामों के लिए जरूरी था कि सभी नागरिक दस्तकारी वाले काम-काज से मुक्त रखे जाएँ। (पृ. 254-55) सभ्यता के विकास के लिए किसी समय अवकाशभोगी वर्ग आवश्यक होता है। उसे अवकाश तभी मिलेगा जब दूसरा वर्ग सारे काम करता रहेगा। यह स्थिति यूनान के लिए सही है, भारत के लिए नहीं!

हेगेल ने कुछ बातें रोम के बारे में कहीं हैं जो दिलचस्प हैं। रोमन लोगों के सम्पत्तिगत अधिकार में समानता थी। यह व्यक्तिगत अधिकार निर्जीव था और उसने रोमन लोगों के राजनीतिक जीवन का विनाश किया। "जब भौतिक शरीर विघटित होता है, तब उसके हर अंश का अपना जीवन हो जाता है और यह केवल कीड़ों का क्षुद्र जीवन होता है। इसी तरह रोमन शरीर अणुओं में विघटित हुआ अर्थात् निजत्ववाले व्यक्तियों में बँट गया।" (पृ. 317) जैसे हेगेल ने भारत में अतिशय अराजकता देखी थी, वैसे ही रोम में देखी। उनका जर्मनी क्यों अनेक राज्यों में बँटा हुआ था, यह उन्होंने नहीं बताया। हेगेल के अनुसार रोम में ऐसी स्थिति पैदा हो गई कि वहाँ के लोग "भाग्य के आगे आत्मसमर्पण करने लगे और कोशिश करने लगे कि जीवन के प्रति पूर्णरूप से उदासीन हो जाएँ। यह उदासीनता वे या तो स्वाधीन चिन्तन में खोजते थे या सीधे भोग-विलास में। इस प्रकार मनुष्य या तो जीवन से संघर्ष करने लगा या भोग-विलास में फँस गया।" (उप.)

हेगेल ने रोम के विभिन्न दार्शनिक मतों को जीवन का शत्रु मान लिया है। वे सब गैर-ईसाई दर्शन हैं। "इन्होंने आत्मा में ऐसी पूर्ण उपेक्षा भर दी कि वास्तविक संसार जो कुछ भी पेश करे, उसकी ओर आदमी ध्यान न दे।" (पृ. 318) रोमन संसार ने

भारत की तरह वास्तविक जीवन से नाता तोड़ लिया, किन्तु इसी क्रम में उसने नये आध्यात्मिक संसार का द्वार भी खोल दिया। रोम का पतन प्रसवकाल के समान था। जो नई चीज पैदा हुई, वह ईसाई धर्म था। यहीं भारत पीछे रह गया। हेगेल ने शून्यवाद के समर्थन में जो बातें कही हैं, वे बहुत रोचक हैं। "वैराग्य से, पारम्परिक जीवन के त्याग से मनुष्य अस्तित्व के सम्पूर्ण आधार की ओर पहुँचता है। जिस अन्तर्विरोध से रोमन संसार पीड़ित था, वह ऐसा सांस्कृतिक अनुशासन था जो व्यक्ति को अपनी शून्यता प्रदर्शित करने के लिए बाध्य करता था। वह एक प्रशिक्षण था, यह तो हम बाद के लोग ही समझ सकते थे। उस समय जो मनुष्य बलात् प्रशिक्षित हो रहे थे, वे उसे नियति का खेल समझते थे और उसके सामने वेदना की जड़ता के कारण घुटने टेकते थे। वहाँ अभी वह ऊँची अवस्था नहीं थी जहाँ आत्मा को वेदना की अनुमति हो, उसमें चाह जागे। आदमी समझे, उसे जबरन घसीटा नहीं जा रहा बल्कि वह स्वयं अपने भीतर पैठ रहा है। आदमी के अन्दर यह चेतना पैदा होनी चाहिए कि वह अपने में क्षुद्र और दुखी है। जैसाकि पहले कह चुके हैं, जो बाहर का दुख है, उसे भीतर के दुख में डूब जाना चाहिए। मनुष्य को अनुभव करना चाहिए कि वह स्वयं की अस्वीकृति है। उसे समझना चाहिए कि उसकी वेदना उसकी प्रकृति से उत्पन्न हुई है। उसे जानना चाहिए कि वह स्वयं में विभाजित और सामंजस्यहीन है। मन की इस दशा को, इस आत्म-प्रताड़ना को, अपनी व्यक्तिगत शून्यता से पैदा होने वाले इस दर्द को, अलगाव में पड़े हुए अपने अस्तित्व की क्षुद्रता को, और आत्मा की इस अवस्था से उबरने की आकांक्षा को हमें कहीं और खोजना होगा—उस संसार में नहीं, जो सही अर्थ में रोमन संसार है। यही वह वस्तु है जिसने 'यहू दीजन' को विश्व इतिहास वाली महत्ता और गरिमा प्रदान की। मन की इसी अवस्था से वह ऊँची दशा पैदा हुई जिसमें आत्मा पूर्णरूप से आत्मचेतन बनी। जो असामंजस्य और वेदना का अस्तित्व है, उस अजनबी जीवन से उबरकर वह स्वयं अपने तत्त्व में उद्भासित होती है।" (पृ. 320-21)

हिन्दी साहित्य के बहुत-से भोले-भाले पाठक जिसे आधुनिकता समझते हैं, वह वास्तव में मध्यकालीनता है, सामन्तवादी यूरोप की धर्मभावना का प्रसार है। वह मनुष्य को बाहर की दुनिया से मुँह फेर लेने का मंत्र देती है; बाहर की दुनिया में जो दुख मिलता है, उसे आत्मा की वेदना में डुबो देने को कहती है। इस प्रकार अपनी शून्यता के अनुभव से मनुष्य स्वयं को निखारेगा, आँसुओं से अपने सारे कल्मष धो डालेगा, प्रभु की शरण में जाकर पूर्ण मनुष्य बनेगा। इस बीच बाहर का संसार ज्यों-का-त्यों बना रहेगा, वर्गशोषण और सम्पत्तिशाली वर्गों का अत्याचार कायम रहेगा। आत्म प्रक्षालन के लिए जितनी भी पीड़ा दरकार हो, उसकी आपूर्ति में कमी न होगी। हेगेल एक ओर जमींदारों की निरंकुश राज्यसत्ता के सामने जर्मन नागरिकों को आत्मसमर्पण का उपदेश देते हैं, दूसरी ओर वेदना के अन्तर्जगत् में प्रभु के

सामने आत्मसमर्पण करके पूर्ण आत्मचेतन बनने (आत्मसाक्षात्कार का फल पाने) की सलाह देते हैं। दोनों तरह के आत्मसमर्पण में, बहिर्जगत और अन्तर्जगत के आत्मसर्पण में, द्वंद्वात्मक सम्बन्ध है। कोई आश्चर्य नहीं कि हेगेल जर्मन राज्यसत्ता को प्रोटेस्टेंट मत की श्रेष्ठ अभिव्यक्ति मानते थे। बाह्य जगत् का मालिक है जर्मन सम्राट, अन्तर्जगत् का मालिक है ईश्वर; दोनों के सामने आत्मसर्पण जरूरी है। मनुष्य की स्वतंत्रता इसी तरह चरितार्थ होती है। किन्तु हेगेल आत्मसमर्पणकारी भावना के लिए आलोचना करते हैं भारत की!

बीसवीं सदी में सम्राट को बाह्य जगत् का मालिक बनाना जरूरी नहीं है। उसकी जगह पूँजीवादी राज्यसत्ता है। अन्तर्जगत् में इसी तरह ईश्वर को प्रभु मानना जरूरी नहीं है। उसकी जगह है मनुष्य का परम स्वतंत्र, निरपेक्ष व्यक्तित्व। मुख्य बात है, बाहर के दुख को भीतर के दुख में डुबो देना, अपनी शून्यता का अनुभव करके आत्मप्रक्षालन में लीन होना और बाहर की दुनिया के वर्ग सम्बन्धों को छोड़े बिना उन्हें यथावत् बने रहने देना। यह दृष्टिकोण कलात्मक सौन्दर्य का विरोधी है, यह हेगेल ने साबित कर दिया था। यूरोप के पुनर्जागरण काल में इटली के लोगों ने ललित कलाओं में अभूतपूर्व उन्नति की। इटली के महान चित्रकारों की कलाकृतियाँ मानव-संस्कृति की श्रेष्ठ उपलब्धि मानी जाती हैं किन्तु हेगेल का विचार है कि वे लोग भी प्रकृति से बँधे हुए थे। इसलिए वे आत्मचेतन पूर्ण स्वतंत्रता के दर्शन न कर सके। मजे की बात है कि पराजित होना, भारत के समान, इटली की नियति भी थी। "दरअसल सम्पूर्ण विघटन और अलगाव प्राचीनकाल से आधुनिक काल तक इटली के निवासियों के राष्ट्रीय चरित्र की मूल विशेषता रहा है।" (पृ. 431) इस मूल विशेषता का मूल कारण यह था कि अधिकांश इटली निवासी प्रोटेस्टेंट नहीं थे, रोमन कैथोलिक थे। रूसियों का दर्जा इनसे भी नीचे था। वे प्रोटेस्टेंट नहीं थे, इसके अलावा पूरे यूरोपियन नहीं थे, अर्द्ध-एशियाई थे! रूस, बुल्गारिया, पोलैंड आदि पूर्वी देशों के लोग एक हद तक पाश्चात्य विवेक के दायरे के भीतर खींच लिये गए हैं। किन्तु ये सभी जन-समुदाय हमारे विवेचन से बाहर रहेंगे क्योंकि अभी तक संसार में विवेक के जितने दौर सामने आए हैं, उनमें वे कभी स्वतंत्र तत्त्व के रूप में प्रकट नहीं हुए।" (पृ. 350) हेगेल का 'विवेक' संकीर्ण मतवाद है और जर्मन पूँजीपतियों-जमींदारों की आकांक्षा व्यक्त करता है, इस कारण वह उसके दायरे से एशिया के साथ पूर्वी यूरोप के लोगों को भी निकाल बाहर करते हैं।

किन्तु एशिया के योगदान के बिना यूरोप में पुनर्जागरण अथवा नवजागरण सम्भव न था। "ज्ञान और विज्ञान, विशेष रूप से दर्शनशास्त्र का ज्ञान, पश्चिम में अरबों के माध्यम से आया। पूर्व ने जर्मन लोगों में श्रेष्ठ काव्य और स्वच्छन्द कल्पना को जाग्रत किया।" (पृ. 360) इस जागृति से पहले लोग अरक्षित थे। "वे शक्तिशाली का आश्रय ढूँढ़ते थे और जो शक्तिशाली था, वह उत्पीड़क बन गया। इस प्रकार

एक व्यापक परनिर्भरता की अवस्था पैदा हुई और फिर इस संरक्षण वाले सम्बन्ध को सामन्ती व्यवस्था में बाँध दिया गया।" (पृ. 366) फ्रांसीसी राज्यक्रान्ति से मानव चिन्तन में बहुत बड़ी प्रगति हुई किन्तु हेगेल के अनुसार कैथोलिक मत के खिलाफ संघर्ष न करने से फ्रांस यथेष्ट उन्नति न कर सका। इंग्लैंड में प्रोटेस्टेंट मत था और वहाँ लोगों ने बहुत उन्नति की। किन्तु इनके राज्यतंत्र की एक विशेषता यह है : "लोग पार्लियामेंट के लिए घूस के आधार पर चुने जाते हैं। अपना वोट बेचना और पार्लियामेंट में सीट खरीदना ये लोग आजादी समझते हैं।" (पृ. 555) जमींदारों का जनतंत्र ऐसा ही होता है। हेगेल ने उसकी कमजोरी की ओर ठीक संकेत किया है। किन्तु जर्मनी में भी राज्यसत्ता पर जमींदार हावी थे। वहाँ राजकर्मचारियों के ऊपर जो अन्तिम निर्णय होता है, वह बादशाह का होता है। हेगेल के लिए व्यक्ति की स्वाधीनता जर्मन पादशाही में चरितार्थ होती है और यही इतिहास की अन्तिम परिणति है।

4. भाववादी धुन्ध और इतिहास-दर्शन

हेगेल का भाववाद उनके इतिहास-दर्शन को निरन्तर प्रभावित करता है। भाववादी धुन्ध के कारण वह वस्तुओं का सही सम्बन्ध पहचान नहीं पाते। इस सम्बन्ध में मार्क्स और एंगेल्स ने अपनी पुस्तक 'पवित्र परिवार' (1895) में लिखा था : "मनुष्य और प्रकृति के बीच जो वास्तविक सम्बन्ध है, 'उसकी जगह' हेगेल एक निरपेक्ष चिन्तक और वस्तु का सम्बन्ध स्थापित करते हैं। यह वस्तु हो जाती है समग्र प्रकृति और चिन्तक हो जाती है समग्र मानवता, 'निरपेक्ष चेतना' (Absolute spirit)।" ('सम्पूर्ण ग्रंथावली', खंड-4, पृ. 167) मनुष्य के आत्मचेतन बनने, मानव-चेतना के प्रकृति से मुक्ति पाने का इतिहास ही हेगेल के लिए वास्तविक इतिहास है। यह सारा इतिहास-दर्शन मनुष्य और प्रकृति को दो भिन्न निरपेक्ष इकाइयाँ मानकर रचा गया है। मनुष्य प्रकृति का अभिन्न अंग है, उसके अंग रूप में वह निरन्तर विकास करता है और क्रमशः प्रकृति का ज्ञान प्राप्त करते हुए उससे अपने सम्बन्धों में परिवर्तन करता जाता है। इसके विपरीत 'हेगेल के प्रकृति-दर्शन के समान उनके इतिहास-दर्शन में बेटा माँ को जन्म देता है, चेतना प्रकृति को, ईसाई धर्म गैर-ईसाई धर्मों (Paganism) को, कार्य कारण को जन्म देता है।" (उप.) प्रकृति और मनुष्य का वास्तविक सम्बन्ध, मानव-चेतना के विकास की वास्तविक प्रक्रिया यह है : "श्रम सर्वप्रथम ऐसी प्रक्रिया है जिसमें मनुष्य और प्रकृति, दोनों भाग लेते हैं। प्रकृति और स्वयं के बीच जो प्रतिक्रियाएँ होती हैं, उन्हें मनुष्य स्वेच्छा से आरम्भ करता है, नियमित और नियंत्रित करता है। वह प्रकृति की ही शक्तियों में एक है और इस रूप में वह प्रकृति के मुकाबले खड़ा होता है। अपनी आवश्यकताओं के अनुरूप प्रकृति के उत्पादों पर अधिकार करने के लिए वह अपनी भुजाओं और पैरों, सिर और हाथों को संचालित करता है। इस प्रकार बाह्य जगत् पर क्रियाशील होकर वह इसके साथ ही अपनी प्रकृति भी बदलता है।

वह अपनी सुषुप्त शक्तियों का विकास करता है और उन्हें अपने आदेश के अनुसार काम करने को बाध्य करता है।" ('पूँजी', खंड-1, पृ. 173)

हेगेल का इतिहास भौतिक जगत के यथार्थ मानव सम्बन्धों का इतिहास नहीं है। हेगेल ने राज्यसत्ता को अपने परम तत्त्व का मूर्तरूप बनाया और जमींदारों को उस परम-तत्त्व की सन्तान बताया। हेगेल के विधिदर्शन की आलोचना करते हुए मार्क्स ने 1844 में लिखा था : "हेगेल ने पैदायशी अभिजातों, वंशगत भू-सम्पत्ति आदि-आदि को—'राज सिंहासन और समाज, दोनों के स्तम्भ को'—निरपेक्ष विचार से उत्पन्न करने की करामात दिखाई है।" ('सम्पूर्ण ग्रंथावली', खंड-3, पृ. 75) जहाँ तक नागरिकों की बराबरी का सवाल है, मार्क्स ने उसी आलोचना में लिखा था : "जैसे ईसाई परलोक में बराबर हैं किन्तु इस लोक में उनमें बड़े-छोटे का भेद है, वैसे ही जाति के अलग-अलग सदस्य अपनी राजनीतिक दुनिया के स्वर्ग में समान हैं किन्तु समाज के वास्तविक अस्तित्व में असमान हैं।" (उप., पृ. 79) जहाँ तक जर्मनी में इतिहास की विश्वात्मा के आविर्भाव का प्रश्न था, जर्मनी के केन्द्र में था प्रुशिया का प्रदेश। 1848 के एक लेख में मार्क्स ने लिखा था : "प्रुशिया का पुराना अहंकार हमेशा विश्व इतिहास के केन्द्र में प्रुशिया को देखता है। हकीकत यह है कि विश्व इतिहास 'विवेकमय राज्यसत्ता' (स्टेट ऑफ रीजन) को अपने पीछे कीचड़ में घसीटता रहा है। इस पुराने प्रुशिया के अहंकार को इस बात की अनदेखी करनी ही थी कि जब तक प्रुशिया ने फ्रांसीसियों की ठोकरें नहीं खाईं, तब तक वह शान्तिपूर्वक 1807-14 की अविकसित बुनियादों पर स्थिर बना रहा और जरा भी हिला-डुला नहीं।" (उप., खंड-8, पृ. 274) मार्क्स ने यहाँ बताया है कि प्रुशिया (अथवा जर्मनी) विश्व इतिहास का केन्द्र नहीं था। उसे विश्व इतिहास का केन्द्र बनाने की भावना राष्ट्रवादी अहंकार की उपज है। वास्तविकता यह थी कि जब तक फ्रांसीसियों ने जर्मनों को पराजित न किया तब तक उनका विवेक जाग्रत न हुआ।

हेगेल ने एशियाइयों की आम तौर से, और भारतवासियों की खास तौर से, इस बात के लिए आलोचना की है कि उन्होंने इतिहास नहीं लिखा। इतिहास-लेखन में जर्मन भी बहुत आगे नहीं थे। 'जर्मन विचारधारा' में मार्क्स और एंगेल्स ने लिखा था : मानव जीवन की पहली शर्त यह है कि इतिहास रचने के लिए वे जीवित रहें। जीवित रहने के लिए आदमी को सबसे पहले खाने, पीने, रहने, पहनने आदि के लिए चीजों की जरूरत होती है। इस प्रकार पहला ऐतिहासिक कार्य उन साधनों का उत्पादन है जिनसे ये जरूरतें पूरी हों; स्वयं भौतिक जीवन का उत्पादन जरूरी होता है। और दरअसल यह एक ऐतिहासिक कार्य है, सभी इतिहास की बुनियादी शर्त है। हजारों साल पहले, और उसी तरह आज भी, इस शर्त को प्रतिदिन और प्रतिघड़ी केवल इसलिए पूरा करना होगा कि मानव जीवन कायम रहे। इसलिए इतिहास की धारणा में इस बुनियादी तथ्य को उसकी सम्पूर्ण महत्ता और अर्थवत्ता के साथ स्वीकार

करना होगा। "यह तथ्य सुविदित है कि जर्मनों ने यह काम कभी नहीं किया और इस कारण उनके पास कभी भी इतिहास का 'पार्थिव' आधार नहीं रहा और फलत: कोई इतिहासकार नहीं रहा। फ्रांसीसियों और अंग्रेजों ने तथाकथित इतिहास से इस तथ्य के सम्बन्ध को अतिशय एकांगी रूप में भले ग्रहण किया हो—खास तौर से इसलिए कि वे राजनीतिक विचारधारा के ऊहापोह में पड़े रहे थे—फिर भी उन्होंने नागरिक समाज का इतिहास, उद्योग और व्यापार का इतिहास सबसे पहले लिखकर इतिहास लेखन को भौतिकवादी आधार देने का प्रथम प्रयत्न किया था।" (उप., खंड-5, पृ. 42) सही भौतिकवादी ढंग से इतिहास-लेखन की शुरुआत मार्क्स और एंगेल्स ने की किन्तु जैसे समाजविज्ञान में उन्होंने जर्मन लेखकों से नहीं, अंग्रेज और फ्रांसीसी लेखकों से कई बातें ग्रहण की थीं, वैसे ही उन्होंने इस बात पर ध्यान दिया था कि वैज्ञानिक इतिहास लेखन की शुरुआत इंग्लैंड और फ्रांस में हुई थी। हेगेल की 'इतिहास-दर्शन' पुस्तक सम्प्रदायवाद और भाववाद को सामाजिक इतिहास से इस तरह मिला देती है कि न तो दर्शन की सही तसवीर दिखाई देती है और न सामाजिक इतिहास की।

दर्शन-सम्बन्धी अपनी नोटबुकों में लेनिन ने 'इतिहास-दर्शन' के बारे में लिखा था कि समस्या के प्रस्तुतीकरण के विचार से उसकी भूमिका में कई बातें सुन्दर हैं। पूरी पुस्तक के बारे में लिखा था : "आम तौर से इतिहास दर्शन से बहुत ही कम प्राप्ति होती है। यह बात समझ में आती है क्योंकि यही वह क्षेत्र है, वह विज्ञान है, जिसमें मार्क्स और एंगेल्स ने सबसे बड़ा कदम उठाया था। सर्वाधिक यहीं हेगेल पुराने पड़ गए हैं, व्यर्थ हो गए हैं।" ('ग्रंथावली', खंड, 38, पृ. 314) हेगेल ने जहाँ ईसाई धर्म के गुण गाए हैं, वहाँ के लिए लेनिन ने लिखा था : "ईसाइयत की महत्ता के बारे में (बाइबल से उद्धरण दे-देकर!!) नीरस, भाववादी पादरियोंवाली बकवास। घिन छूटती है, बदबू आती है!" (उप., पृ. 312)

मतवादी दुराग्रह के साथ इतिहास की व्याख्या करने का कारण यह था कि हेगेल अपने भौतिक जीवन में जर्मनी के शासकवर्ग से मजबूत भौतिक सम्बन्ध कायम किये हुए थे। मार्क्स की पुस्तक 'ग्रुंडरिस' (रूपरेखा) (पेलीकन, मार्क्स लाइब्रेरी संस्करण) की भूमिका में मार्टिन निकोलॉस ने हेगेल के बारे में लिखा है : वह अपने समय के बहुत बड़े विद्वान् और विचारक थे। जर्मन नाटककार ब्रेख्त के एक नाटक का पात्र हेगेल के बारे में कहता है : सुकरात की तरह दार्शनिकों में वह भी हास्य रस के सिद्ध लेखक हो सकते थे। लेकिन उनका दुर्भाग्य यह था कि वह 'प्रुशिया में सरकारी नौकर थे और इस तरह उन्होंने राज्यसत्ता के हाथ अपने को बेच दिया था।" निकोलॉस के अनुसार मनुष्य इन्द्रियों से जो कुछ बोध करता है, उसकी वास्तविकता हेगेल अस्वीकार करते थे। वह मानते थे कि उन्हें वस्तु का बोध जरूर होता है, किन्तु जो बोध होता है, उससे तर्क द्वारा ही मनुष्य सत्य को पहचानता है। इससे हेगेल ने परिणाम यह निकाला कि मनुष्य अपने मन में तर्क की जिन धारणाओं

को जन्म देता है, वही सत्य हैं। उनके चिन्तन की तर्कसंगत परिणति यह हुई कि वह पोप की तरह सम्राट् को आशीर्वाद देने वाले पुरोहित बन गए। "केवल प्रुशिया की फौजी नौकरशाही में, जमींदारी स्वेच्छाचारिता में, निरपेक्ष चेतना ने स्वयं को पूरी तरह व्यक्त किया था; केवल दर्शनशास्त्र के सामने नहीं, इन्द्रियों के सामने भी व्यक्त किया था। उनकी भक्ति-भावना के बारे में कोई सन्देह न रहे, इसके लिए हेगेल ने अपने धर्मग्रंथों में सैकड़ों वाक्य जोड़ दिये थे जिनमें निहायत घटिया किस्म की चिकनाई थी। इसीके अनुरूप उनका व्यवहार था। उनकी अन्त्येष्टि क्रिया राज्यसत्ता ने सम्मानपूर्वक की।" (पृ. 27)

हेगेल ने द्वंद्वात्मक तर्क-पद्धति का विकास किया। इसके सभी तत्त्व जर्मनी के न थे। मार्टिन निकोलॉस ने लिखा है : "संसार की अनेक सभ्यताओं से द्वंद्ववाद के पूर्व इतिहास को हेगेल ने व्यवस्थित रूप में समेटा, उसकी समीक्षा की; एशिया, मध्यपूर्व, इनके साथ यूनान और शेष यूरोप की सभ्यताओं से इसके इतिहास को समेटा। यह उनका बहुत बड़ा काम है।" (पृ. 28) हेगेल ने जिस एशिया की इतनी निन्दा की थी, उससे भी द्वंद्ववाद के इतिहास के लिए कुछ तत्त्व उन्होंने प्राप्त किये थे।

5. डायलेक्टिक्स, द्वंदवाद, अनेकान्तवाद

अंग्रेजी में दर्शन और तर्कशास्त्र का एक प्रचलित शब्द है डायलेक्टिक्स। इसके लिए हम द्वंदवाद या द्वंदवाद शब्द का प्रयोग करते हैं। द्वंद शब्द में 'व' की आवृत्ति से बचने के लिए बहुत पहले उसे 'द्वंद' का रूप दे दिया गया था। द्वंदात्मक कहने में अटपटा लगता है। उसे द्वंदात्मक लिखने और बोलने में हिचकिचाना न चाहिए। बहुत-से-बहुत द्वंद को आप द्वंद्व का तद्भव रूप मान सकते हैं, संस्कृत में ऐसे सैकड़ों 'तद्भव' हैं—जैसे प्रश्न के प्रश्न का क्रियारूप 'प्रच्छ'। डायलेक्टिक्स का 'डाय' ग्रीक 'दि' का अंग्रेजी रूपान्तर है, मोनियर विलियम्स के अनुसार 'दि' संस्कृत 'द्वि' का ग्रीक प्रतिरूप है। किसी प्रपंच को दो भागों में बाँटना और उनके परस्पर विरोध और एकता को पहचानना डायलेक्टिक्स का महत्त्वपूर्ण लक्षण है। डायलेक्टिक्स की अपेक्षा द्वंदवाद शब्द अधिक सार्थक है, कारण यह कि दो का भाव तो दोनों शब्दों में है किन्तु 'दो' के परस्पर विरोध का भाव द्वंद में है, डायलेक्टिक्स में नहीं। द्वंद (अथवा द्वंद्व) का एक अर्थ है जोड़ा; यह तो दो का भाव हुआ। दूसरा अर्थ है संघर्ष, टक्कर; यह परस्पर विरोध का भाव हुआ। तीसरा अर्थ है विरोधी तत्त्वों का जोड़ा। दूसरे और तीसरे अर्थ एक दूसरे के पूरक हैं। द्वंद ऐसे दो विरोधी तत्त्वों का जोड़ा है जो एक-दूसरे से संघर्ष की स्थिति में हैं। डायलेक्टिक्स में 'लेक्टिक्स' का सम्बन्ध ग्रीक लॉगो से है जिसका अर्थ है बताना, बोलना। इस क्रिया का सम्बन्ध दो तत्त्वों के विरोध और संघर्ष से नहीं है। दूसरे की बात काटने के लिए तर्कशास्त्री उसमें अन्तर्विरोध दिखाते थे, इसलिए यह अर्थ उसमें जुड़ गया। ग्रीक 'लोगोस' (शब्द,

वचन), 'लोगिकोस' (शब्द-सम्बन्धी, विवेक-सम्बन्धी) 'लेगो' के जोड़ीदार हैं और अंग्रेजी 'लॉजिक' (तर्कशास्त्र) के जनक हैं। द्वंदवाद को हम किस रूप में समझते हैं, उसकी किस विशेषता को सबसे महत्त्वपूर्ण मानते हैं, इस पर निर्भर है कि हम इतिहास का विश्लेषण किस ढंग से करते हैं। समाज के भीतर जो वर्ग, स्तर या गुट हैं, उनके आपसी सम्बन्धों की छान-बीन किस ढंग से करते हैं। प्लेटो से लेकर हेगेल तक तर्कशास्त्र में जोर किसी एक प्रपंच के भीतर उसके दो भागों पर रहा है। इन दो भागों का आपसी सम्बन्ध किस प्रकार का है, इस बारे में समझ बदलती रही है किन्तु मुख्य बात किसी प्रपंच का दो भागों में बाँटा जाना है; इस धारणा में कोई परिवर्तन नहीं हुआ। लेनिन ने 1915 में 'द्वंदवाद का प्रश्न' नाम का लेख लिखा था। इसके आरम्भ में उन्होंने बताया था, किसी एक समूचे प्रपंच को विभाजित करना और उसके विरोधी भागों को पहचानना द्वंदवाद का सारतत्त्व है। लेनिन के अनुसार यदि यह द्वंदवाद की एकमात्र मुख्य विशेषता नहीं है तो उसकी मुख्य विशेषताओं में एक जरूर है। यह धारणा अरस्तू के यहाँ मौजूद थी। इसलिए लेनिन कहते हैं, अपनी पुस्तक 'मेटाफिजिक्स' (अधिभूतिवाद) अथवा 'एकान्तवाद' में अरस्तू निरन्तर इससे जूझते हैं और हेराक्लिनुस की धारणाओं का खंडन करते हैं। यह धारणा हेगेल के यहाँ भी थी। इसलिए लेनिन कहते हैं : "ठीक इसी ढंग से हेगेल ने भी इस बात को पेश किया है।" ('ग्रंथावली', खंड-38, पृ. 359)

इन दो भागों की एक विशेषता यह है कि वे एक-दूसरे से अलगाव की स्थिति में, फिर भी एक-दूसरे से जुड़े, होते हैं। लेनिन ने उसी लेख में बताया है कि इनका अलगाव निरपेक्ष होता है, इनका जुड़ा होना सापेक्ष होता है। किसी प्रपंच के दो भाग निरपेक्ष रूप में एक-दूसरे के विरोधी होंगे, तब उनकी टक्कर से एक का नाश अनिवार्य होगा। जब एक का नाश होगा, तब अगली प्रगति ऐसे स्तर पर होगी जो पहले स्तर का एकदम विरोधी होगा। इस तरह सामाजिक प्रगति में निरन्तरता का क्रम टूटेगा, समाज छलाँग मारकर पुराने स्तर से नये स्तर पर पहुँचेगा। इस प्रकार द्वंदवाद के बारे में तीन बातें ध्यान देने योग्य हैं। पहली यह कि हर प्रपंच विभाजित है और उसके दो भाग परस्पर विरोधी हैं। दूसरी यह कि किसी प्रपंच के दो भागों का अलगाव निरपेक्ष है, उनका जुड़ा होना सापेक्ष है। तीसरा यह कि विकास उस नये स्तर पर होता है जो पुराने स्तर का नितान्त विरोधी है, निरन्तरता का क्रम टूटता है और प्रगति छलाँग मारकर होती है।

द्वंदवाद का यह ढाँचा हेगेल के यहाँ विद्यमान है। मार्क्स और एंगेल्स ने इसका उपयोग भौतिकवादी ढंग से इतिहास की व्याख्या के लिए किया। 'कम्यूनिस्ट घोषणा-पत्र' के आरम्भ में ही उन्होंने लिखा : "अब तक के विद्यमान समाज का इतिहास वर्ग-सघर्षों का इतिहास है।" इस धारणा के अनुसार जिन समाजों में वर्गों का जन्म नहीं हुआ, वे इतिहास से बाहर कर दिये जाते हैं। 1847-48 में मार्क्स और एंगेल्स को

यह मालूम था कि ऐसे बहुत-से समाज हैं जिनमें वर्ग नहीं हैं। उनके विचार से एशियाई समाज इसी तरह के समाज थे। इसलिए उन्होंने 'घोषणा-पत्र' में लिखा था कि पूर्व की किसान जातियों को पश्चिम की पूँजीवादी जातियों ने अपने अधीन कर लिया है। इस अधीनता का यह अर्थ भी हुआ कि "एशिया की जातियों में वर्ग-संघर्ष नहीं था, इसलिए वे इतिहास से बाहर थीं; अब वे इतिहास में दाखिल कर ली गई हैं। वर्गहीन समाजों का इतिहास बहुत महत्त्वपूर्ण है और वर्गयुक्त समाजों के इतिहास को समझने के लिए उनका ज्ञान बहुत जरूरी है, यह धारणा दिन-पर-दिन मार्क्स और एंगेल्स के मन में दृढ़ होती गई। इसलिए 1888 में एंगेल्स ने 'कम्यूनिस्ट घोषणा-पत्र' के अंग्रेजी संस्करण में टिप्पणी लिखी कि समाज का इतिहास वर्ग-संघर्षों का इतिहास है, इससे आशय यह है कि लिखित इतिहास वर्ग-संघर्षों का इतिहास है। उन्होंने यह सूचना भी दी कि 1847 में, अर्थात् 'घोषणा-पत्र' लिखने के समय, समाज के प्रागितिहास (प्रिहिस्ट्री) की, लिखित इतिहास से पहले जो सामाजिक संगठन था, उसकी जानकारी नहीं के बराबर थी। उसके बाद रूस में सामान्य भू-सम्पत्ति का पता चला, फिर जर्मनी में ऐसा ही सम्पत्ति के चलन का ज्ञान हुआ : "फिर क्रमश: पता चला कि भारत से आयरलैंड तक ग्राम-समाज हर जगह समाज का आदिम रूप हैं या कभी थे।" एंगेल्स ने बताया कि मॉर्गन ने अमरीकी आदिवासी समाजों का अध्ययन करके गण और गोत्र के सही सम्बन्ध की व्याख्या की। इन आदिम समाजों के विघटन के बाद समाज अलग-अलग वर्गों में और अन्तत: विरोधी वर्गों में बँट जाता है। एंगेल्स ने अपनी पुस्तक 'परिवार व्यक्तिगत सम्पत्ति' और 'राज्यसत्ता का उद्‌भव' का हवाला दिया जिसमें उन्होंने इस विघटन की प्रक्रिया की रूप-रेखा प्रस्तुत की थी।

एंगेल्स की इस टिप्पणी से पहला निष्कर्ष यह निकला कि प्राचीन वर्गहीन समाजों का लिखित इतिहास नहीं है, तो इसका यह अर्थ नहीं है कि उनका इतिहास नहीं है। दूसरा निष्कर्ष यह कि 1848 में 'कम्यूनिस्ट घोषणा-पत्र' के प्रकाशन से लेकर 1888 में उसके अंग्रेजी संस्करण तक इन प्राचीन समाजों के इतिहास के अध्ययन में बराबर प्रगति हुई थी। तीसरा निष्कर्ष यह कि द्वंदवाद में किसी प्रपंच के दो परस्पर विरोधी भागों की टक्कर को मुख्य बात मानें तो इन गण-समाजों के विकास की व्याख्या करने में बड़ी कठिनाई होगी। एंगेल्स ने यह भी स्पष्ट कर दिया है कि सामूहिक भू-सम्पत्ति वाले समाज केवल एशिया की विशेषता नहीं हैं, वे सर्वत्र पाए जाते हैं और जहाँ अब नहीं हैं, वहाँ पहले थे। गण-समाजों में वर्गों का अभाव था, फिर भी प्रगति हुई। इस प्रगति के विवेचन की समस्या कुछ-कुछ वैसी है, जैसी वर्गहीन साम्यवादी समाज की प्रगति के विवेचन की समस्या। कुछ विद्वान कहते हैं, समाज में वर्ग न होंगे, अन्तर्विरोध न होगा, तब प्रगति कैसे होगी? जहाँ तक सामन्ती व्यवस्था का सम्बन्ध है, उसमें वर्ग होते हैं, फिर भी समाज दो स्पष्ट वर्गों में विभाजित नहीं होता। इसलिए 'कम्यूनिस्ट घोषणा-पत्र' में कहा गया है

कि इतिहास के पूर्व युगों में, अर्थात् पूँजीवादी से पहले के युगों में, समाज के भीतर पेचीदा व्यवस्था थी। इस व्यवस्था में अनेक स्तर (ऑर्डर्स) थे। समाज में ऊँच-नीच के हिसाब से बहुत-से स्तर थे। जमीन के मालिक के अलावा उसके मातहत छोटे सामन्त बँधुआ मजदूर थे, मामूली कारीगर और कारीगर-संघों के मुखिया आदि थे। इन सभी विभागों के अन्दर छोटे-बड़े का भेद था। 'घोषणा-पत्र' में सामन्ती व्यवस्था के अन्दर वर्गों की जो स्थिति बताई गई है, उसमें स्पष्ट है कि समाज बहुत-से भागों में बँटा हुआ है। मोटे तौर से कुछ लोगों के पास बहुत ज्यादा सम्पत्ति है, कुछ के पास कम है और कुछ सम्पत्तिहीन हैं। यदि द्वंदवाद का मतलब केवल यह लिया जाए कि समाज परस्पर दो विरोधी वर्गों में बँटा हुआ था, तो सामन्ती व्यवस्था में वैसे दो वर्ग साफ-साफ दिखाई न देंगे। द्वंद सिद्धान्त व्यर्थ सिद्ध होगा।

पूँजीवाद में वर्गों के विरोध का रूप सरल हो जाता है। मार्क्स और एंगेल्स 'घोषणा-पत्र' में कहते हैं : "किन्तु हमारे युग की, पूँजीपति वर्ग के युग की यह स्पष्ट विशेषता है कि उसने वर्ग विरोधों को सरल बना दिया है। पूरा समाज अधिकाधिक दो बड़े परस्पर विरोधी शिविरों में विभक्त होता जाता है, एक-दूसरे के मुकाबले में खड़े हुए पूँजीपतियों और सर्वहारा के दो बड़े वर्गों में विभक्त होता जाता है।" पूँजीवादी युग में, लगता है, द्वंदवाद का सिद्धान्त इतिहास पर साफ-सुथरे ढंग से लागू होने लगेगा। जिन समाजों में वर्ग-भेद और वर्ग-संघर्ष स्पष्ट नहीं था, वे पिछड़े हुए थे। पूँजीवाद ने इस पिछड़ेपन को दूर किया और वर्गों को एक-दूसरे के आमने-सामने खड़ा कर दिया। अब दो ही मुख्य वर्ग हैं : पूँजीपति और सर्वहारा।

द्वंदवाद को इसी रूप में लागू करते हुए मार्क्स ने 'पूँजी' के प्रथम खंड में लिखा था कि एक पूँजीपति अनेक पूँजीपतियों का नाश करता है। इस तरह पूँजी का केन्द्रीकरण होता है। संसार के सभी लोग विश्व-बाजार के जाल में फँस जाते हैं। इस तरह पूँजीवादी व्यवस्था का अन्तरराष्ट्रीय स्वरूप निश्चित होता है। एक तरफ बड़े-बड़े पूँजीपतियों की संख्या कम होती जाती है, दूसरी तरफ गरीब और मुफलिस आदमियों की संख्या बराबर बढ़ती जाती है। इसके साथ ही मजदूर वर्ग का विद्रोह तीव्र होता जाता है। यह वर्ग बराबर बढ़ता है; पूँजीवादी उत्पादन का तंत्र ही उसे एकताबद्ध, संगठित और अनुशासित करता है। पूँजी का एकाधिकारी स्वामित्व उत्पादन की पद्धति के लिए बेड़ी बन जाता है। श्रम का समाजीकरण और उत्पादन के साधनों का केन्द्रीकरण ऐसे बिन्दु तक पहुँचते हैं जहाँ पूँजीवादी खोल के भीतर उनका अस्तित्व असम्भव हो जाता है। वह खोल टूट जाता है। पूँजीवादी व्यक्तिगत सम्पत्ति की अन्तिम घड़ी आ पहुँचती है। जो दूसरों की सम्पत्ति का अपहरण करते थे, अब उनकी सम्पत्ति का अपहरण होता है।

यहाँ मार्क्स ने सामाजिक विकास पर द्वंदवाद का वह रूप लागू किया है जिसमें द्वंद का अर्थ है : दो का निरपेक्ष विरोध, निरन्तरता के क्रम का टूटना और छलाँग

मारकर नये स्तर पर विकास। विश्व पैमाने पर पूँजी का ऐसा केन्द्रीकरण हुआ है कि एक ओर मुट्ठीभर एकाधिकारी पूँजीपति रह गए हैं, दूसरी ओर करोड़ों सम्पत्तिहीन मजदूर हैं। एक ओर थोड़े-से लोगों के हाथों में उत्पादन के साधन केन्द्रित हो जाते हैं, दूसरी ओर इन साधनों से काम करने वाले करोड़ों मजदूर हैं। श्रम का समाजीकरण स्वामित्व के इजारे से टकराता है। सामाजिक श्रम में लगे हुए करोड़ों आदमी पूँजीपति वर्ग को हटाकर उत्पादन के साधनों का स्वामित्व अपने हाथों में ले लेते हैं। यह सारी प्रक्रिया द्वंदवाद को चरितार्थ करने का श्रेष्ठ प्रमाण जान पड़ती है। किन्तु इतिहास में अब तक ऐसा हुआ नहीं। प्रश्न है, क्यों नहीं हुआ?

पूँजीवादी समाज के निर्माण और विकास के जो नियम मार्क्स ने निर्धारित किये थे, वे सब सही थे। पूँजीवादी व्यवस्था का विश्लेषण मानव ज्ञान को मार्क्स की युगान्तरकारी देन है। किन्तु पूँजीवादी व्यवस्था इस ढंग से कायम नहीं हुई कि निरन्तरता का क्रम पूरी तरह टूट गया हो; सामन्ती व्यवस्था के प्रपंच में सामन्तों और पूँजीपतियों की टक्कर इस ढंग से नहीं हुई कि सामन्तवाद का पूर्ण विनाश हो गया हो और समाज छलाँग मारकर नितान्त नये स्तर पर पहुँच गया हो। सामन्ती व्यवस्था के भीतर जितना विरोध सामन्तों और पूँजीपतियों के बीच था, उससे ज्यादा विरोध किसानों-कारीगरों और पूँजीपतियों के बीच था। सामन्त और पूँजीपति, दोनों ही सम्पत्तिशाली वर्ग थे। उनका आपसी विरोध निरपेक्ष नहीं था, सापेक्ष था। सम्पत्तिहीन अथवा कम सम्पत्ति वाले वर्गों से विरोध बढ़ने पर सामन्तों और पूँजीपतियों के दो विरोधी वर्ग आपस में मिल जाते थे। 'घोषणा-पत्र' लिखते समय मार्क्स और एंगेल्स इंग्लैंड में जमींदारों के अस्तित्व से परिचित थे। किन्तु उन्होंने 'घोषणा-पत्र' में लिखा था कि पूँजीपति वर्ग को जहाँ भी मौका मिला है, उसने सामन्ती सम्बन्धों को समाप्त कर दिया है। किन्तु इंग्लैंड में राज्यसत्ता पर जमींदारों का अधिकार था और वे सुधार कानूनों के जरिये पूँजीपतियों को थोड़ी-थोड़ी रियायतें भर देते रहे। पहले मार्क्स और एंगेल्स का विचार था कि इंग्लैंड के जमींदार भी पूँजीपति हो गए हैं। क्रमश: उन्होंने यह धारणा बदली और इस बात पर जोर दिया कि इंग्लैंड में पूँजीवादी विकास के मार्ग में वे बहुत बड़ी रुकावट हैं। फौज, चर्च, और राज्यसत्ता पर उनका अधिकार है, जमीन पर उनका इजारा है। जितना ही वे पूँजीवादी विकास रोकते हैं, उतना ही सर्वहारा क्रान्ति दूर होती जाती है। जमींदारों की शक्ति का स्रोत आयरलैंड जैसे पराधीन देश थे। इसलिए मार्क्स ने इस बात पर बहुत जोर दिया कि जब तक आयरलैंड स्वाधीन न होगा, तब तक ब्रिटिश मजदूर भी पूँजीवादी दासता से मुक्त न होंगे। इस तरह पराधीन देशों का स्वाधीनता-संग्राम सर्वहारा क्रान्ति के लिए महत्त्वपूर्ण बन गया। पराधीन देशों की लूट से इंग्लैंड के पूँजीपतियों ने एक और काम किया। उन्होंने उसका एक हिस्सा मजदूरों में बाँटना शुरू किया और इस प्रकार उनमें भ्रष्टाचार फैलाकर उन्हें क्रान्तिविमुख किया। मानी बात है कि

जब तक लूट का स्रोत बन्द न किया जाएगा, तब तक इंग्लैंड के मजदूर क्रान्ति की ओर कदम न उठाएँगे।

इस तरह इंग्लैंड के सामाजिक विकास के बारे में मार्क्स और एंगेल्स की दो भिन्न स्थापनाएँ हमारे सामने आती हैं। इंग्लैंड के जमींदार पूँजीपति बन गए हैं; वे पूँजीपति नहीं हैं, वे पूँजीवाद के विकास में बहुत बड़ी रुकावट हैं। आयरलैंड जैसे पराधीन देश विश्व पूँजीवाद की लपेट में आकर अपना पुराना सामाजिक ढाँचा तोड़ेंगे और उन्हें आगे बढ़ने का अवसर मिलेगा; इंग्लैंड के जमींदार और पूँजीपति आयरलैंड को तबाह कर रहे हैं और उसकी प्रगति का रास्ता बन्द कर रहे हैं। ऐसे देशों को सबसे पहले राष्ट्रीय स्वाधीनता की जरूरत है। मजदूर वर्ग को पूँजीवादी उत्पादन की प्रक्रिया क्रान्तिकारी बनाती है, यह प्रक्रिया उसे अनुशासित और संगठित करती है और विद्रोह करने को बाध्य करती है। मजदूर वर्ग हर परिस्थिति में क्रान्तिकारी नहीं होता, साम्राज्य की लूट में हिस्सा पाकर वह पूँजीपतियों का पिछलगुआ बन जाता है। किसान अपनी जमीन से चिपके रहना चाहते हैं, इसलिए उनका दृष्टिकोण प्रतिक्रियावादी होता है, वे क्रान्ति में सहायक नहीं होते। सर्वहारा क्रान्ति अकेले सर्वहारा वर्ग अपने बलबूते पर सम्पन्न कर सकता है। पूँजीवाद किसानों का निरन्तर उत्पीड़न करता है, उनकी स्थिति सर्वहारा वर्ग जैसी होती जाती है, किसानों के सहयोग के बिना सर्वहारा क्रान्ति सफल नहीं हो सकती; जहाँ सामन्त-विरोधी क्रान्ति के काम बाकी हैं, वहाँ तो उनका सहयोग अपेक्षित होगा ही।

इस प्रकार जमींदार वर्ग, पराधीन जातियों, मजदूर वर्ग और किसानों की भूमिका के बारे में दो भिन्न प्रकार की स्थापनाएँ मार्क्स और एंगेल्स की रचनाओं में मिलेंगी। त्रोत्स्कीवाद की विशेषता यह है कि वह पहली प्रकार की स्थापनाओं को ही मार्क्सवाद का सार तत्त्व मानता है, दूसरी प्रकार की स्थापनाओं की अनदेखी करता है या उन्हें गलत मानता है। उसके लिए मार्क्सवाद में कोई विकास नहीं हुआ, इधर-उधर कुछ स्थापनाओं का परिष्कार हो गया है, बस, इतना ही। उसके लिए इंग्लैंड में सामन्तवाद का नाश हो चुका था, राज्यसत्ता पर जमींदारों का अधिकार नहीं था, भूमि पर जमींदारों का इजारा नहीं था। जो बड़े-बड़े जमींदार थे, वे पूँजीपति बन गए थे। त्रोत्स्कीवाद यह नहीं बताता कि यह सब हो जाने पर इंग्लैंड में सर्वहारा क्रान्ति क्यों न हुई। वह पराधीन जातियों में साम्राज्यवाद की क्रान्तिकारी भूमिका पर जोर देता है; साम्राज्यवाद उनकी प्रगति में बहुत बड़ी बाधा है, आगे बढ़ने के बदले वे देश पीछे जा रहे हैं, यह बात वह नहीं मानता। एशिया और विशेष रूप से भारत में साम्राज्यवाद की भूमिका को प्रगतिशील बताने के लिए वह इतिहास लेखन में ऐसी हाथ की सफाई दिखाता है कि लगता है, ये देश गुलाम न बनते तो प्रगति ही न कर पाते। मजदूर वर्ग को वह हर स्थिति में क्रान्तिकारी मानता है। साम्राज्यवादी लूट में हिस्सा मिलने से मजदूर वर्ग भ्रष्ट होता है, इस तथ्य की अनदेखी करता है। विश्व पैमाने पर पूँजीवाद के द्रुत

विकास की कल्पना करके वह उद्योग-प्रधान देशों में ही नहीं, पिछड़े हुए पराधीन देशों में भी सर्वहारा क्रान्ति की कल्पना करता है। उद्योग-प्रधान देशों में भी किसानों की भूमिका को नगण्य मानता है। सर्वहारा अन्तरराष्ट्रीयता का अर्थ उसके लिए यह है कि सभी देशों में विशुद्ध सर्वहारा क्रान्ति ही होगी। ऐसी क्रान्ति जिसमें सामन्त-विरोधी कार्य प्रधान हों, उसके लिए कल्पनातीत है क्योंकि यह कार्य तो पूँजीवाद पहले ही कर चुका है। इस तरह त्रोत्स्कीवाद एक तरह का भाववाद बन जाता है जो अपनी इच्छा के आधार पर संसार का ऐसा मानचित्र बनाता है जिसका यथार्थ जगत् से कोई सम्बन्ध नहीं होता। जैसे त्रोत्स्कीवादी विचारक समकालीन संसार की यथार्थ स्थिति पहचानने में असमर्थ हैं, वैसे ही पुराने इतिहास का विवेचन करते समय वे पहल के समाजों की यथार्थ स्थिति भी पहचानने में असमर्थ हुए हैं।

समाज में अनेक द्वंद होते हैं। 'कम्यूनिस्ट घोषणा-पत्र' के प्रकाशन के समय जर्मन समाज के भीतर एक द्वंद जमींदारों और पूँजीपतियों के बीच था, दूसरा जमींदारों और किसानों के बीच था, तीसरा पूँजीपतियों और मजदूरों के बीच था। ये सारे द्वंद एक-दूसरे से जुड़े हुए थे, एक-दूसरे को प्रभावित करते थे। इसी तरह इंग्लैंड में एक द्वंद पूँजीपतियों और मजदूरों के बीच था, दूसरा पूँजीपतियों और जमींदारों के बीच था, तीसरा जमींदारों-पूँजीपतियों और पराधीन देशों के बीच था। ये सारे द्वंद एक-दूसरे को प्रभावित करते थे। मार्क्स ने इन सारे द्वंदों पर ध्यान दिया, उनकी बदलती हुई स्थिति को पहचाना और इस तरह अपनी रणनीति में परिवर्तन किया। त्रोत्स्कीवादियों की विशेषता यह है कि वे एक ही द्वंद पर ध्यान केन्द्रित रखते हैं, अन्य द्वंदों से उसका सम्बन्ध नहीं पहचानते, उसकी बदलती हुई स्थिति नहीं देखते। साम्राज्य की लूट में हिस्सा पाकर काफी ब्रिटिश मजदूर जब पूँजीपतियों के अनुयायी बन गए, तब इस सहयोग को न पहचानकर वे उनके क्रान्तिकारीपन पर ही जोर देते रहे। हर प्रपंच के भीतर दो ही अंश नहीं होते, उसके दो ही पक्ष नहीं होते- अनेक अंश, अनेक पक्ष हो सकते हैं, और परस्पर विरोधी होने के अलावा वे एक-दूसरे के पूरक भी हो सकते हैं। जैसे साम्राज्यवाद का प्रपंच। इसका एक पक्ष है साम्राज्यवादी देश के पूँजीपतियों से वहाँ के मजदूरों का संघर्ष। दूसरा पक्ष है साम्राज्यवादी देश से पराधीन देशों का संघर्ष। ये दोनों संघर्ष परस्पर विरोधी नहीं हैं, एक-दूसरे के पूरक हैं। साम्राज्यवादी देश के पूँजीपति पराधीन देशों को लूटते हैं। लूट में हिस्सा पाकर वहाँ के मजदूर पूँजीपतियों का विरोध त्याग देते हैं, पूरक पक्ष बन जाते हैं। द्वंदवाद शब्द में द्वंद पर, दो के अस्तित्व पर, उनके परस्पर विरोध पर ही एकान्त जोर दिया जाए तो भ्रम पैदा हो सकता है।

अंग्रेजी में डायलेक्टिक्स का विरोधी अर्थ देने वाला शब्द है : 'मेटाफिजिक्स'। उसकी विशेषता यह है कि वह किसी प्रपंच के एक पक्ष पर जोर देता है। यह उस शब्द से प्रकट नहीं होता। 'मेटाफिजिक्स' मूलत: अटकलपंथी दर्शनशास्त्र के लिए

प्रयुक्त होता था, इसलिए भी वह तर्कशास्त्र में एकांगी विवेचन का अर्थ नहीं व्यक्त करता। यदि उसकी जगह एकान्तवाद शब्द का प्रयोग किया जाए तो अर्थ तुरन्त स्पष्ट हो जाएगा। इसी तरह एकान्तवाद का विलोम अनेकान्तवाद होगा और उसका प्रयोग हम डायलेक्टिक्स की जगह भी कर सकते हैं। डायलेक्टिक्स में जो दो के अर्थ पर जोर है, वह अनेकान्तवाद में नहीं है। अनेकान्तवाद भारत की पुरानी तर्क-पद्धति है। वह विरोधी पक्षों का अस्तित्व, उनकी एकता स्वीकार करती है। द्वंदवाद शब्द को छोड़ देना उचित न होगा किन्तु द्वंदवाद के साथ अनेकान्तवाद का व्यवहार करने में लाभ है। मेटाफिजिक्स और डायलेक्टिक्स का भेद एक और दो का भेद नहीं है, वह एक और अनेक का है, एकांगी और सर्वांगीण का है। डायलेक्टिक्स की व्याख्या करते हुए किसी प्रपंच की सर्वांगीणता पर ध्यान देना बहुत जरूरी है। द्वंदवाद पर अपने जिस लेख में लेनिन ने विरोधी भागों की पहचान को द्वंदवाद का सारतत्त्व बताया है, उसी में उन्होंने आगे कहा है : "द्वंदवाद जीवंत, बहुपक्षीय ज्ञान (मेनीसाइडेड नॉलेज) है। (इन पक्षों की संख्या में अनन्त वृद्धि होती रहती है।) यथार्थ के निकट पहुँचने और हर तरफ से पहुँचने की अनन्त उपसरणियाँ हैं। (प्रत्येक उपसरणि से एक पूरी दार्शनिक व्यवस्था सम्पूर्ण बनकर विकसित होती है। 'मेटाफिजिकल' मैटीरियलिज़्म ('एकान्तवादी' भौतिकवाद) की तुलना में यहाँ विषयवस्तु अतिशय समृद्ध है। इस 'एकान्तवादी' भौतिकवाद का मूल 'दुर्भाग्य' यह है कि वह द्वंदवाद को चिन्तन-सिद्धान्त पर, ज्ञान की प्रक्रिया और उसके विकास पर लागू नहीं कर पाता।" (उप., पृ. 362)

हिन्दी में द्वंदवाद पर बहुत कम चर्चा हुई है। द्वंदात्मक भौतिकवाद का उल्टा एक ओर भौतिकवाद है जो मेटाफिजिकल है। इन दो भौतिकवादों में तर्क-पद्धति वाला कौन-सा भेद है, इस पर विचार नहीं के बराबर किया गया है। इसलिए हिन्दी में मेटाफिजिकल के लिए भी कोई प्रचलित पर्याय नहीं है। लेनिन की टिप्पणी में मेटाफिजिकल की जगह एकान्तवादी कहने से उस शब्द का अर्थ आसानी से समझ में आ जाता है। जो बहुपक्षीय ज्ञान है, वह अनेकान्तवादी है। उसकी विषयवस्तु समृद्ध है। जो भौतिकवाद एकान्तवादी है, वह ज्ञान के विकास को समझ नहीं पाता। बात केवल शब्द विशेष की नहीं है, विषयवस्तु की है। द्वंदवाद केवल तर्क-पद्धति नहीं है, वह स्वयं एक दर्शन है। अनेकान्तवाद भी एक दर्शन है, वह स्याद्वाद का पर्याय है। अनेकान्तवादी तर्क-पद्धति का व्यवहार भारत में सन्देहवादियों ने किया, यूनान में डायलेक्टिक्स का व्यवहार वहाँ के सन्देहवादियों ने किया, भौतिकवादियों ने भी डायलेक्टिक्स का व्यवहार किया। दोनों में अन्तर है। मार्क्स और हेगेल के द्वंदवाद में अन्तर है। तर्क-पद्धति को पूरी तरह दर्शन से अलग नहीं किया जा सकता। हेगेल के द्वंदवाद को पूरी तरह उनके भाववाद से अलग नहीं किया जा सकता। लेनिन कहते हैं कि द्वंदवाद बहुपक्षीय ज्ञान है। वह ज्ञान की ऐसी प्रक्रिया है जो नित नये पक्ष उद्घाटित करती रहती है। यहाँ जोर द्वंद पर नहीं है, बहुपक्षीयता पर है, सर्वांगीणता पर

है। यहाँ पक्ष अनन्त हैं, 'भावभेद रसभेद अपारा' की याद दिलाने वाले हैं। तुलसीदास के काव्य-सिद्धान्त और रीतिवादियों के काव्य-सिद्धान्त में वही अन्तर है जो बहुपक्षीय ज्ञानवाले भौतिकवाद और एकपक्षीय भौतिकवाद में है। यह एकपक्षीय, एकांगी, एकांतवादी भौतिकवाद चिन्तन-प्रक्रिया को, ज्ञान की विकास-प्रक्रिया को, समझ नहीं पाता, और इसलिए नहीं समझ पाता कि यह प्रक्रिया बहुपक्षीय है। उसके अनेक पहलू हैं। केवल एक पहलू पर ध्यान केन्द्रित करना काफी नहीं होता।

6. भाववाद, भौतिकवाद, एकान्तवाद

भाववाद और भौतिकवाद दो विरोधी विचारधाराएँ हैं। इनके विरोध पर ध्यान कन्द्रित करना सही है किन्तु ध्यान केन्द्रित करने की यह प्रक्रिया एकान्तवादी हो सकती है। लेनिन ने उसी लेख में भाववाद की चर्चा करते हुए लिखा है : "सीधे-सादे भोंडे, एकान्तवादी भौतिकवाद के दृष्टिकोण से दार्शनिक भाववाद महज बकवास है। किन्तु 'द्वंद्वात्मक' भौतिकवाद के दृष्टिकोण से दार्शनिक भाववाद ज्ञान के एक पक्ष को उसकी एक विशेषता, एक अंग को एकांगी ढंग से, अतिशयता से विकसित करके (बढ़ा-चढ़ाकर, अतिरंजित करके) निरपेक्ष तत्त्व बना देता है; उसे प्रकृति से, भूत से जुदा कर देता है, उसे दिव्य रूप दे देता है। भाववाद पादरियों का अन्ध रूढ़िवाद है। सच है। किन्तु ('ज्यादा सही' और 'इसके अलावा' यह कहना होगा कि) दार्शनिक भाववाद पादरियों वाले अन्ध रूढ़िवाद की ओर जानेवाला ऐसा 'मार्ग' है जो मनुष्य के अनन्त रूप में पेचीदा (द्वंद्वात्मक) 'ज्ञान' की 'एक उपसरणि से गुजरता' है।" (उप., पृ. 363)

लेनिन की यह टिप्पणी भौतिकवाद और भाववाद, दोनों के उस एकान्तवादी रूप पर (दोनों के निरपेक्ष विरोध पर) चोट करती है जो ज्ञान की पेचीदा विकास-प्रक्रिया को पहचानने में असमर्थ है। एकान्तवादी भौतिकवाद दार्शनिक भाववाद को बकवास के अलावा और कुछ नहीं मानता। यह प्रवृत्ति यूरोप में ही नहीं रही। पिछले तीस साल में कुछ मार्क्सवादियों ने भारतीय भौतिकवाद की चर्चा की है और इस चर्चा में उन्होंने भारतीय भाववाद को विशुद्ध बकवास मानकर एक तरफ उठाकर फेंक दिया है। इस एकान्तवादी दृष्टिकोण के विपरीत द्वंद्वात्मक भौतिकवाद यह मानेगा कि भाववाद एकांगी है, वह ज्ञान के एक पक्ष को अतिरंजित करके निरपेक्ष रूप में प्रस्तुत करता है। भाववाद मनुष्य को मजहबी रूढ़िवाद की ओर ले जाता है किन्तु जिस रास्ते से वह गुजरता है, वह द्वंद्वात्मक ज्ञान की एक पगडंडी है। वह ज्ञान से नितान्त असम्बद्ध नहीं है। हेगेल ने इसी तरह विचार को निरपेक्ष सत्ता बना दिया था। हेगेल के चिन्तन की सबसे बड़ी कमजोरी यह थी कि उन्होंने विचार को प्रकृति से, भूत से, जुदा कर दिया था। इसका यह अर्थ नहीं कि हेगेल के भाववादी दर्शन का उपयोग ज्ञान की प्रक्रिया को विकसित करने के लिए नहीं हो सकता।

हेगेल अनेकान्तवादी दृष्टिकोण से, किसी प्रपंच की बहुपक्षीयता से परिचित थे। लेनिन ने लिखा था : "किसी भी वस्तु की अनेक व्याख्याएँ हो सकती हैं क्योंकि उसके अनेक पक्ष होते हैं।" फिर हेगेल के 'तर्कविज्ञान' पुस्तक से यह अंश उद्धृत किया था : "व्याख्या के लिए जो वस्तु सामने है, वह जितना ही समृद्ध होगी, अर्थात् हमारे ध्यान देने के लिए उसके पक्षों की संख्या जितना ही अधिक होगी, उतना ही विविधतापूर्ण उसकी व्याख्याएँ होंगी।" (उप., पृ 235) स्वयं हेगेल के भौतिकवाद-सम्बन्धी विवेचन में यह बहुपक्षीयता न हो, वह अलग बात है। भाववाद और भौतिकवाद के विरोध को एकान्तवादी दृष्टि से नहीं, अनेकान्तवादी दृष्टि से देखना उचित है।

द्वंद्ववाद वाले लेख के अन्त में लेनिन कहते हैं : "मानव-ज्ञान सीधी रेखा नहीं है अथवा वह सीधी रेखा में नहीं चलता, वह वक्र रेखा है। वृत्तों की ऊर्ध्वगामी अनन्त शृखंला-सी बनती जाती है। इस वक्र रेखा का कोई अंश, कोई भाग, कोई टुकड़ा (एकांगी ढंग से) एक स्वतंत्र, पूर्ण, सीधी रेखा में रूपान्तरित किया जा सकता है। (उस समय आदमी यदि पेड़ गिनता रहे और उसे जंगल न दिखाई दे तो) यह रेखा उसे दलदल में, पादरियोंवाले अन्धरूढ़िवाद में ले जाती है (और वहाँ उसे शासक वर्गों के वर्गहितों का 'सहारा मिल जाता है'।) सीधी रेखा वाला पंथ और एकांगीपन, जड़ता और जड़ीभूत होने की प्रक्रिया, आत्मगतपंथ और आत्मगत नेत्रहीनता—ज्ञान के विकास से सम्बन्धित यही भाववाद की जड़ें हैं। और पादरियों वाले अन्धरूढ़िवाद (दार्शनिक भाववाद) की भी 'ज्ञान' के विकास से सम्बन्धित जड़ें होती हैं, वह बेजमीन नहीं है। वह निस्सन्देह 'बाँझ पुष्प' है किन्तु ऐसा बाँझ पुष्प है जो जीवंत, उर्वर, वास्तविक, समर्थ, सर्वशक्तिमान, वस्तुगत, निरपेक्ष मानव-ज्ञान के जीवन-वृक्ष पर उगता है।" (उप.)

यहाँ लेनिन ने फिर एकांगिता और सर्वांगीणता में भेद किया है। उन्होंने भाववाद को 'बाँझ पुष्प' बताया है लेकिन यह फूल धरती से एकदम जुदा नहीं है। जो वस्तुगत मानव-ज्ञान है, उसी के वृक्ष पर यह बाँझ पुष्प खिलता है। हेगेल ने दर्शनशास्त्र का जो इतिहास लिखा, वह उन लोगों के दर्शन का इतिहास था जिन्होंने शताब्दियों तक ज्ञान अर्जित किया था। हेगेल ने जो इतिहास का दर्शन लिखा, उपके लिए उन्होंने बहुत-से उन इतिहासकारों के लिखे वृत्तान्त पढ़े जिन्होंने मानव समाजों के वास्तविक जीवन के बारे में जानकारी प्राप्त करने की कोशिश की थी। हेगेल के भाववाद के पीछे भौतिकवादी ज्ञान की परम्परा है जिससे हेगेल ने नाता जोड़ा और उससे बचने का प्रयत्न भी किया।

मार्क्स की पुस्तक 'अर्थशास्त्र की आलोचना में योगदान' पर 1859 में एंगेल्स ने एक लेख लिखा था। उसमें उन्होंने हेगेल के इतिहास-ज्ञान के बारे में कहा था : "अन्य सभी दार्शनिकों से हेगेल की चिन्तन-पद्धति इस बारे में भिन्न है कि उसके पीछे एक अपूर्व इतिहासबोध काम करता है। उन्होंने जो रूप अपनाया, वह चाहे जितना

अमूर्त और भाववादी हो, उनके विचारों का विकास हमेशा विश्व इतिहास के विकास के समानान्तर चलता है, और दरअसल विश्व इतिहास को विचारों का प्रमाण मात्र माना गया है। यद्यपि इस प्रक्रिया ने वास्तविक सम्बन्ध को उलट दिया था, और उसे सिर के बल खड़ा किया था, फिर भी जो वास्तविक विषयवस्तु थी, वह हमेशा ही उनके दर्शन में समेट ली जाती थी, खास तौर से इसलिए कि हेगेल—अपने शिष्यों के विपरीत—अज्ञान का भरोसा न करते थे वरन् वह सभी युगों के अत्यन्त विद्वान् विचारकों में से थे। वह पहले व्यक्ति थे जिन्होंने दिखाया था कि इतिहास में विकास है, उसमें तारतम्य निहित है। उनके 'इतिहास-दर्शन' में कुछ चीजें आज हमें चाहे जितनी विचित्र लगें, उनकी मूल धारणा की भव्यता आज भी सराहनीय है—फिर चाहे उनके पूर्ववर्तियों से तुलना की जाए, चाहे उनके अनुवर्तियों से जिन्होंने इतिहास पर सामान्य टिप्पणियाँ करने का साहस जुटाया है।" ('सम्पूर्ण ग्रंथावली', खंड-16, पृ. 474)

एंगेल्स ने हेगेल के भाववाद से उनके 'इतिहास-दर्शन' को वैसे ही अलग किया है, जैसे उनके द्वंद्ववाद को। हेगेल ने इतिहास की बहुत-सी पुस्तकें पढ़ी थीं और उनमें दिये गए तथ्यों पर विचार किया था। मार्क्स और एंगेल्स उनकी विद्वत्ता स्वीकार करते थे। हेगेल के वैचारिक वृत्त में तीन रेखाएँ थीं। पहली रेखा दार्शनिक थी। मार्क्स और एंगेल्स ने सबसे पहले यह रेखा पार की। दूसरी रेखा तर्कशास्त्र की थी : मार्क्स और एंगेल्स ने हेगेल के द्वंद्ववाद को भाववाद से ही मुक्त नहीं किया, उसे एकान्तवाद से भी मुक्त किया। अपने समग्र द्वंद्ववाद के बावजूद हेगेल विचार और भूत को निरपेक्ष भाव से पृथक् मानते रहे और यह रास्ता पादरियों वाले अन्धरूढ़िवाद का था। हेगेल से भिन्न वास्तविक अनेकान्तवादी तर्क-पद्धति का विकास मार्क्स और एंगेल्स ने किया। इस तरह हेगेल के वैचारिक वृत्त की दूसरी रेखा उन्होंने पार की। तीसरी रेखा इतिहास की थी। आरम्भ से ही उनके और हेगेल के दृष्टिकोण में मौलिक अन्तर था। इस मौलिक भेद का कारण यह था कि हेगेल जर्मन शासक वर्ग के संकीर्ण हितों से बँधे हुए थे; उतनी ही मजबूती से मार्क्स और एंगेल्स सर्वहारा वर्ग के विशद हितों से बँधे हुए थे। मौलिक भेद होना ही था। मार्क्स और एंगेल्स सामाजिक विकास की अनेक समस्याएँ पहली बार सुलझा रहे थे। भिन्न कारणों से वे अनेक स्थापनाएँ ऐसी प्रस्तुत करते हैं, जैसी हेगेल के यहाँ भी विद्यमान हैं। भारत क्यों पराजित हुआ? यहाँ अंग्रेजी राज क्यों कायम हुआ? अंग्रेज देशी सेना के सहारे ही भारत पर राज किये हुए थे; भारतवासी इस सेना से मिलकर अंग्रेजी राज का जुआं क्यों नहीं उतार फेंकते? भारत में कोई पुराना सामाजिक ढाँचा होना चाहिए जो उन्हें संघर्ष करने से, विकास मार्ग पर आगे बढ़ने से रोकता है। मार्क्स और हेगेल, दोनों ही इन प्रश्नों के उत्तर न्यूनाधिक भौतिक परिस्थितियों में खोजते हैं और ये उत्तर कई जगह एक-से या मिलते-जुलते दिखाई देते हैं। हेगेल ने स्वाधीन ग्राम-समाजों को एशियाई निरंकुशता का आधार बताया था। मार्क्स और एंगेल्स ने यह स्थापना दोहराई। निरंकुश राज्यसत्ता के लिए

कैफियत यह दी कि सिंचाई आदि की व्यवस्था राज्यसत्ता ही कर सकती थी। हेगेल ने इतिहास के निर्माण में भौगोलिक परिस्थितियों पर बहुत जोर दिया था। मार्क्स और एंगेल्स ने इसे अंशत: स्वीकार किया। 6 जून, 1853 के पत्र में एंगेल्स ने मार्क्स को लिखा था : "यह कैसे हुआ कि पूर्वी देशों के लोग भू-सम्पत्ति तक उसके सामन्ती रूप में भी, नहीं पहुँचे? मेरा विचार है कि इसका मुख्य कारण जलवायु है। धरती का स्वरूप जैसा हो, उसके साथ जलवायु को मिलाकर देखना चाहिए, खास तौर से उन बड़े रेगिस्तानों पर ध्यान देना चाहिए जो सहारा से लेकर अरब, ईरान, भारत और तातार प्रदेश होते हुए सबसे ऊँचे एशियाई पठारों तक पहुँचते हैं। यहाँ कृत्रिम सिंचाई व्यवस्था खेती की पहली शर्त है और इसकी व्यवस्था करना ग्राम-समुदायों का काम है, प्रान्तों का है या केन्द्रीय सरकार का है।" मार्क्स और एंगेल्स ने हेगेल की यह स्थापना स्वीकार की कि भारत में जाति-बिरादरी वाला विभाजन अतिशयता की सीमा छूता है और इसीलिए चारों तरफ बिखराव है। हेगेल की तरह मार्क्स ने भी लिखा कि भारतवासी गाय और बन्दर पूजते हैं; यह पशु-पूजा उन्हें मनुष्यता के स्तर से गिराती है। उन्होंने माना कि ऊपर से विनम्र होते हुए भी भारतवासी धार्मिक कृत्यों में क्रूरता का परिचय देते हैं और हत्या को भी धार्मिक कृत्य मानते हैं। हेगेल की तरह मार्क्स ने माना कि भारतवासियों की नियति है कि वे पराजित हों।

ये सारी बातें मार्क्स के चिन्तन के उस दौर से जुड़ी हुई हैं जिसमें उन्होंने 'कम्यूनिस्ट घोषणा-पत्र' लिखा था। इस दौर में वह विश्व पैमाने पर पूँजीवाद के प्रसार को आवश्यक मानते थे, उसके प्रसार को पिछड़े हुए देशों के प्रसार के लिए अनिवार्य समझते थे। इसके बाद अपने चिन्तन के दूसरे दौर में उन्होंने ब्रिटिश मजदूरों में फैले हुए भ्रष्टाचार परे जोर दिया, उसके स्रोत का पता लगाया, आयरलैंड की स्वाधीनता को ब्रिटिश मजदूरों की मुक्ति के लिए आवश्यक माना। ये दो अलग-अलग दौर हैं और इन दौरों में ब्रिटिश पूँजीपतियों, ब्रिटिश मजदूरों और पराधीन देशों की भूमिका के बारे में मार्क्स और एंगेल्स के विचार बदले हैं, यह बात हमेशा ध्यान में रखनी चाहिए। त्रोत्स्कीवादी इन दोनों दौरों में भेद नहीं करते, वे पहले दौर की स्थापनाओं को खूब रंग चुनकर, मार्क्सवाद का सारतत्त्व कहकर, पेश करते हैं। यह उनके एकान्तवादी दृष्टिकोण का परिचायक है जो मार्क्स और एंगेल्स के चिन्तन की आन्तरिक गतिशीलता को पहचानने में असमर्थ है। किन्तु उस पहले दौर में भी मार्क्स और हेगेल की स्थापनाओं में समानता सतही है, असमानता मौलिक और गम्भीर है। मार्क्स भारत के उद्धार, उसके पुनर्जीवन के लिए आतुर हैं। वे पराजय की नियति को शाश्वत बनाने के पक्ष में नहीं हैं। इसीलिए उस दौर में भी उन्होंने लिखा था कि ब्रिटिश ड्रिल सार्जेंट ने जिस देशी सेना को संगठित और प्रशिक्षित किया है, वह भारत के उद्धार की पहली शर्त है। इसी तरह आयरलैंड पर अंग्रेजी शासन को अनिवार्य सिद्ध करने के लिए भूगोल के सहारे जो तर्क दिये जाते थे, उनका खंडन करते हुए एंगेल्स ने लिखा था : नॉर्मन

शासन में ब्रिटेन को एकताबद्ध राज्यसत्ता प्राप्त हुई और तब से (11वीं सदी से) ब्रिटेन ने आयरलैंड को आत्मसात् करना (assimilate, आयरिश जातीयता का नाश, अंग्रेज जातीयता का प्रसार) आरम्भ किया। "आत्मसात करने की यह प्रक्रिया सफल हो जाती तो वह इतिहास का एक तथ्य बन जाती। इतिहास उस पर अपना फैसला सुनाता लेकिन वह प्रक्रिया मेटी न जा सकती थी। किन्तु यदि 700 साल के युद्ध के बाद आत्मसात् करने की यह प्रक्रिया सफल नहीं हुई; यदि इसके बदले हमलावरों की हर नई लहर को आइरिश लोगों ने ही आत्मसात् कर लिया; यदि आज भी आइरिश लोग अंग्रेज नहीं बने, अथवा जैसाकि कहते हैं, पच्छिमी ब्रिटेन नहीं बने, वैसे ही जैसेकि 100 साल के उत्पीड़न के बाद पोलैंड के लोग पच्छिमी रूसी नहीं बने; यदि युद्ध अभी तक समाप्त नहीं हुआ और इसकी कोई सम्भावना नहीं है कि उत्पीड़ित जाति के पूर्ण संहार के बिना वह किसी और तरह समाप्त किया जा सकता है—तो दुनिया भर के भौगोलिक बहाने यह सिद्ध करने को पर्याप्त नहीं हैं कि इंग्लैंड का ऐतिहासिक कर्तव्य (mission) है, आयरलैंड को जीतना।" (Marx-Engels, 'Ireland and the Trish Question', पृ. 264) भौगोलिक बहाने बदलते रहते थे। "आज इंग्लैंड को निश्चित रूप से और शीघ्र ही अनाज मिलना चाहिए—तो गेहूँ उगाने के लिए आयरलैंड एकदम उपयुक्त है। कल इंग्लैंड को मांस चाहिए—तो आयरलैंड केवल गोचर भूमि के लिए उपयुक्त है।" (उप., पृ. 283) वस्तुगत विवेचन का दिखावा करते हुए अंग्रेज प्रोफेसर पूँजीवाद की अपनी हिमायत पर पर्दा डालते थे। गोल्डविन स्मिथ के अनुसार : "भौगोलिक दृष्टिकोण से भी आयरलैंड की नियति है कि वह इंग्लैंड द्वारा विजित हो।" (उप., पृ. 356) आइरिश प्रतिरोध के गीत जनकवियों ने गाए। अंग्रेजों ने इनका नाश किया। एंगेल्स कहते हैं : "उनके नाम लुप्त हो गए। उनके काव्य के कुछ अंश ही बचे हैं। उनका संगीत वह सबसे खूबसूरत विरासत है जो वे अपनी पराधीन किन्तु अपराजेय जनता के लिए छोड़ गए हैं।" (उप., पृ. 383) पराधीन किन्तु अपराजेय—आयरलैंड, भारत!

1857 में जब देशी सेना ने विद्रोह किया, तब मार्क्स ने उसे राष्ट्रीय विद्रोह कहा और जो भारतवासी अंग्रेजों की सहायता कर रहे थे, उन्हें अंग्रेजों का कुत्ता कहा। सबसे बड़ी बात यह कि अंग्रेजों के शोषण और अत्याचार की जो तसवीर मार्क्स और एंगेल्स ने खींची है, वह हेगेल के 'इतिहास-दर्शन' से गायब है। यह तसवीर 1853 के लेखों में है, 1857-58 के लेखों में हैं और 1880 के आसपास भारतीय इतिहास पर लिखी हुई उनकी टिप्पणियों, उनके पत्रों में है। भारत और इंग्लैंड के सम्बन्धों के बारे में मार्क्स ने 1853 में यह भी लिखा था : "भारत दुनिया के लिए सूती माल के उत्पादन का विशाल करखाना अतिप्राचीनकाल से बना हुआ था, उसे अब इंग्लैंड के सूती माल से तोप दिया गया है।" ('ऑन कॉलोनियलिज्म', पृ. 52) हेगेल ने विश्व-बाजार में भारत की औद्योगिक प्रधानता के बारे में एक शब्द भी नहीं लिखा।

फैंटेसी में यथार्थ की झलक होती ही है। कैसा भी सपना हो, वह यथार्थ को ही विकृत या अति विकृत रूप में प्रस्तुत करता है। हेगेल ने भारत के बारे में जो फैंटेसी रची है, उसमें भी यथार्थ की झलक है। किन्तु यह झलक अति विकृत है। हेगेल की कला इस बात में है कि कुछ चीजों को अतिरंजित रूप में पेश करते हैं, जैसेकि जाति-बिरादरी और ऊँच-नीच के भेद-भाव को। दूसरी तरफ वह कुछ बातों के बारे में चुप्पी साध लेते हैं और सत्य को छिपाते हैं। यदि शताब्दियों से सभ्य संसार के लिए भारत सूती माल जुटानेवाला विशाल कारखाना बना हुआ था, तो इस बात से हेगेल अपरिचित न हो सकते थे। किन्तु इस महत्त्वपूर्ण ऐतिहासिक तथ्य के बारे में वह चुप रहते हैं। भारतीय संस्कृति के प्रसंग में जहाँ वह अन्धविश्वासों और रूढ़ियों पर इतना जोर देते हैं, वहाँ दार्शनिक उपलब्धियों के बारे में या तो मौन रहते हैं या अपने साम्प्रदायिक दुराग्रह के कारण उनका मूल्य आँकने में असमर्थ सिद्ध होते हैं। 'इतिहास-लेखन' में हेगेल का कौशल 'यूरोपियन दर्शन के इतिहास' में देखने को अच्छी तरह मिल जाता है। उनकी पुस्तक 'दर्शनशास्त्र का इतिहास' पर लेनिन की कुछ टिप्पणियाँ बहुत ही महत्त्वपूर्ण हैं। दार्शनिक विवेचना में हेगेल की सीमाएँ समझने में तो उनसे सहायता मिलती ही है, सामाजिक इतिहास के विवेचन को और विवेचक हेगेल के व्यक्तित्व को समझने में भी बहुत सहायता मिलती है।

7. दर्शनशास्त्र का इतिहास और भाववादी दाँवपेंच

हेगेल की सबसे बड़ी देन उनका द्वंद्ववाद है किन्तु दर्शन के क्षेत्र में ही वह इस द्वंद्ववाद को सुसंगत रूप से लागू नहीं कर पाए, दर्शन से बाहर सामाजिक क्षेत्र की तो बात ही अलग है। लेनिन ने लिखा है : "द्वंद्ववाद के समर्थक हेगेल भूत से गति की ओर, भूत से चेतना की ओर द्वंद्वात्मक संक्रमण, खास तौर से दूसरा वाला संक्रमण, समझ नहीं पाए। मार्क्स ने रहस्यवादी की यह भूल (अथवा कमजोरी?) सुधारी।" ('ग्रंथावली', खंड-38, पृ. 283) किसी एक बिन्दु तक पहुँचकर हेगेल का द्वंद्ववाद उनका साथ छोड़ देता है। यह बिन्दु वह था जहाँ से आगे भौतिकवाद की जमीन पर कदम रखना था। भूत से गति की ओर, और भूत से चेतना की ओर, जो संक्रमण होता है, वह द्वंद्वात्मक ही होता है। द्वंद्ववाद का, निरन्तरता के भंग होने और छलाँग मारकर नये स्तर पर पहुँचने का, इससे अच्छा दूसरा उदाहरण और क्या होगा? किन्तु हेगेल द्वंद्ववाद की इस परिणति से बचते हैं। यह उनके ज्ञान की सीमा नहीं है, यह उनके व्यक्तित्व की वह सीमा है जो उन्हें वर्गस्वार्थ से ऊपर उठने नहीं देती। भौतिकवाद का काफी विकास प्राचीनकाल में ही हो चुका था। जहाँ भी यह विकास दर्शनशास्त्र के इतिहासकार हेगेल के सामने आता है, वहाँ वह भाववाद के प्रति पक्षपात से काम लेते हैं। प्लेटो के भाववाद की आलोचना करते हुए अरस्तू ने भौतिकवादी रुझान का परिचय दिया था। हेगेल ने इस आलोचना के महत्त्व को कम करके दिखाया; अरस्तू

के भाववाद पर जोर तो दिया ही, उनके भाववाद को अपने समय के भाववाद का रूप देकर प्रस्तुत किया। अरस्तू के विचारों के इस प्रस्तुतीकरण के बारे में लेनिन ने लिखा : "किसी भाववादी को कैसे गलत भाववादी ढंग से पेश करना चाहिए, इसका यह श्रेष्ठ उदाहरण है! अरस्त को तोड़-मरोड़कर 18वीं-19वीं सदी का भाववादी बना दिया!" (उप., पृ. 290) इस टिप्पणी से पता चलेगा कि किसी की विचारधारा को अपने पक्ष-समर्थन के लिए अतिरंजित करके पेश करने में हेगेल को संकोच नहीं था। समकालीन भाववादी का चोला उन्होंने अरस्तू को पहना दिया, ठीक इसी तरह भारत का इतिहास लिखते समय उन्होंने स्वयं साम्राज्यवादी इतिहासकारों का चोला धारण किया था।

भाववाद के प्रति हेगेल के पक्षपात के बारे में लेनिन ने लिखा है : "हेगेल ने प्लेटो के 'प्रकृतिदर्शन', विचारों से सम्बन्धित उनके अतिशय मूर्खतापूर्ण रहस्यवाद, जैसेकि "गोचर वस्तुओं का सारतत्त्व त्रिकोण होते हैं, और इसी तरह की बे-सिर-पैर की रहस्यवादी बातों पर बहुत विस्तार से लिखा है। यह उनकी परम विशेषता है। रहस्यवादी-भाववादी-अध्यात्मवादी हेगेल (आज के सभी सरकारी, पादरीपंथी-भाववादी दर्शन की तरह) दर्शनशास्त्र के इतिहास में रहस्यवाद, भाववाद के गुन गाते अघाते नहीं हैं किन्तु भौतिकवाद की अनदेखी करते हैं और उसकी हेठी करते हैं। तुलनीय हैं हेगेल देमोक्रितुस पर—शून्य!! प्लेटो पर रहस्यवादी गोबर का खूब बड़ा ढेर।" (उप., पृ. 281-82) देमोक्रितुस भौतिकवादी थे। हेगेल उन्हें बगली देकर निकल जाते हैं। प्लेटो भाववादी थे। हेगेल उन पर पन्ने के पन्ने रँगते चले जाते हैं। 'दर्शनशास्त्र का इतिहास' लिखने में वह ऐसी करामात दिखाते चलते हैं।

अरस्तू ने प्लेटो के भाववाद की जो आलोचना की, उसे सही रूप में पेश करने से स्वयं हेगेल के भाववाद का खंडन होता। यहाँ लेनिन ने हेगेल पर कायरता का दोष लगाते हुए कहा है : "भाववादी हेगेल (प्लेटो के विचारों की अपनी आलोचना में) कायरतापूर्ण ढंग से हिचकिचाए कि अरस्तू के द्वारा भाववाद की नींव कहीं खोखली न कर दी जाए।" (उप., पृ. 283) अरस्तू ने भौतिकवादी लेउकिप्पुस की आलोचना इस बात के लिए की थी कि उनके अनुसार गति का अस्तित्व सदा से था। इस पर लेनिन ने लिखा था : "इस प्रकार दयनीय ढंग से भौतिकवादी लेउकिप्पुस और भाववादी प्लेटो के विरुद्ध अरस्तू ईश्वर को ला खड़ा करते हैं। अरस्तू ने यहाँ 'मीठा-मीठा गप्प, कड़वा-कड़वा थू' की नीति अपनाई है। किन्तु हेगेल ने यह कमजोरी, रहस्यवाद की हिमायत करने के लिए, छिपाई है।" (उप.) जैसे दर्शन के इतिहास में हेगेल अपने मतलब की चीजें चुन लेते हैं और जिस चीज से उनके पक्ष का खंडन होता है, उसे छिपाते हैं, वैसे ही सामाजिक इतिहास में मतलब की चीजें बढ़ा-चढ़ाकर पेश करते हैं। जिन तथ्यों से उनकी धारणाओं का खंडन होता हो, उन्हें छिपाते हैं। लेनिन को दर्शनशास्त्र के इतिहास का यह दाँव-पेंच वाला विवेचन बहुत बुरा लगा था। उन्होंने

लिखा था : "हेगेल ने अरस्तू की 'सच्ची कल्पनाशील धारणाओं' की ('आत्मा' के बारे में, और बहुत-सी चीजों के बारे में, उनकी धारणाओं की) जो तारीफें की हैं, भाववाद (रहस्यवाद) को लेकर जो साफ मनगढ़न्त की है, वह सब पढ़कर घिन छूटती है। भाववाद और भौतिकवाद के बीच में जहाँ-जहाँ अरस्तू 'झकोले खाते हैं', वहाँ के सब नुक्ते छिपा दिये गए हैं!!" (उप., पृ. 286) अपनी नोटबुक में हेगेल की पुस्तक से अरस्तू सम्बन्धी अंश उद्धृत करते हुए लेनिन इस तरह की टिप्पणियाँ करते हैं : "'भौतिकवाद' से बच निकले", "भौतिकवाद से कायर बनकर बच निकले", "हेगेल भाववाद की कमजोरियाँ छिपा रहे हैं", "हा-हा! डर गए हैं!!" (उप., पृ. 288-89) हेगेल जब अरस्तू पर लिखते हैं, तब लेनिन को हँसी आती है लेकिन जब वह एपिकुरुस के भौतिकवाद पर लिखते हैं, तब लेनिन को क्रोध भी आता है। एपिकुरुस के विचार प्रस्तुत करने से तुरन्त पहले हेगेल ने "भौतिकवाद के प्रति शत्रुभाव अपनाया।" (उप., पृ. 291) हेगेल ने लिखा था कि मनुष्य गोचर सत्ता को सत्य माने तो विचार की आवश्यकता नहीं रहती; चिन्तन के अभाव में जनसाधारण के दृष्टिकोण का बोलबाला हो जाता है। हेगेल गोचर संसार को असत्य सिद्ध करने का प्रयत्न नहीं करते, वे उसे असत्य मान लेते हैं मानो यह स्वयंसिद्ध सत्य है कि गोचर सत्ता सत्य न होगी। जो गोचर संसार को सत्य माने, वह साधारण जन है, उसकी समझ मामूली समझ है। इस पर लेनिन की टिप्पणियाँ हैं : "यह भौतिकवाद पर कीचड़ उछालना है!! बोध और धारणा के स्रोत के बारे में जो सिद्धान्त है, उससे विचार की आवश्यकता को बिलकुल भी 'नकारा नहीं जाता'! "साधारण समझ' से असहमति भाववादियों का घटिया दाँव है।" (उप., पृ. 291)

एपिकुरुस ने, लेनिन के अनुसार, हेगेल से दो हजार साल पहले प्रकाश और उसकी गति के बारे में जो धारणा प्रस्तुत की थी, हेगेल ने उसके बारे में चुप्पी साधी। "मुख्य बात यह कि वस्तुएँ मनुष्य की चेतना से बाहर और उससे स्वतंत्र विद्यमान होती हैं। हेगेल ने इस बात को पूरी तरह छिपाया।" (उप., पृ. 293) एपिकुरुस ने जिस तरह गोचर अनुभव को ज्ञान का आधार बनाया, उस पर हेगेल की टिप्पणी उद्धृत करते हुए लेनिन ने लिखा : "कोई भाववादी किस तरह भौतिकवाद को विकृत करता है और उस पर कीचड़ उछालता है, उसका यह आदर्श नमूना है।" (उप.)

एपिकुरुस ने आत्मा के बारे में यह विचार प्रकट किया था कि वह अणुओं की एक व्यवस्था है। हेगेल ने लिखा : "यह तो [अंग्रेज दार्शनिक] लॉक ने भी कहा था; ये खोखले शब्द हैं।" लेनिन ने हेगेल के 'भी' के आगे तीन आश्चर्य चिह्न लगाए। हाशिये में लिखा : "यह 'भी' अद्‌भुत है!!!!" अपने 'अद्‌भुत' के बाद चार आश्चर्यचिह्न लगाए! लॉक भौतिकवादी विचारक थे। भौतिकवादी जो कहेगा, हेगेल के अनुसार वह गलत होगा ही। इसीलिए उन्होंने लॉक का हवाला देना काफी समझा। यदि वही बात एपिकुरुस ने कही है तो वह गलत होगी ही। लेनिन ने आगे

लिखा : "नहीं, वे खोखले शब्द नहीं हैं, प्रतिभा की उड़ान हैं और 'विज्ञान के लिए मार्गचिन्ह हैं', पादरियों के रूढ़िवाद के लिए नहीं।" (उप., पृ. 294) एपिकुरुस ने अणुओं की गति को वक्र बताया था। हेगेल को यह अवधारणा निहायत मनमानी जान पड़ी। लेनिन ने पूछा : "और भाववादियों का ईश्वर???" (उप.) एपिकुरुस विचार, व्यापक धारणा आदि को अस्वीकार करते हैं। हेगेल के इस तरह के दावों के बारे में लेनिन ने लिखा : "बकवास! झूठ! कीचड़ उछाल!" (उप.) हेगेल को इस बात से कष्ट था कि एपिकुरुस इस संसार को कोई परम बुद्धिमान स्रष्टा नहीं मानते। लेनिन ने लिखा : "इन्हें खुदा पर रहम आ रहा है!! भाववादी बदमाश कहीं का!!" (उप., पृ. 395) (अंग्रेजी में : "The idealistic scoundrel!!") यह काफी सख्त गाली है और लेनिन जब बहुत नाराज होते थे, तभी इस तरह की शब्दावली का प्रयोग करते थे। बेशक उन्होंने यह सब प्रकाशन के लिए न लिखा था, ठीक वैसे ही जैसे मार्क्स ने भारतीय इतिहास पर अपनी टिप्पणियाँ प्रकाशन के लिए न लिखी थीं। उन टिप्पणियों में मार्क्स अंग्रेजों को ऐसी गालियाँ सुनाते हैं, जैसी आम तौर से राजनीतिक बहस में वर्जित होती हैं। उनसे अंग्रेजी राज के प्रति जैसे मार्क्स के आक्रोश का पता चलता है, वैसे ही दर्शनशास्त्र की कॉपियों में लेनिन के कटु शब्दों से हेगेल के प्रति उनके क्षोभ का ज्ञान होता है। हेगेल ने एपिकुरुस के बारे में जो कुछ लिखा था, वह लेनिन को गालियों जैसा लगता था : "हेगेल ने एपिकुरुस को केवल गालियाँ दी हैं।" (उप.)

एपिकुरुस ने प्रकृति के बारे में जो बातें कही थीं, उनसे आधुनिक प्रकृति-विज्ञान का सीधा सम्बन्ध था। लेनिन ने लिखा कि प्रकृति सम्बन्धी एपिकुरुस की धारणाओं को कमजोर बताने के तुरन्त बाद हेगेल ने "आधुनिक प्रकृति-विज्ञान के विरोध में 'विवाद' किया है।" (उप.) उन्होंने एपिकुरुस का खंडन करते हुए समकालीन प्रकृति-विज्ञान का भी खंडन किया। हेगेल के अनुसार एपिकुरुस के यहाँ भूत का सारतत्त्व, उसका सिद्धान्त हमारे सामान्य प्रकृति-विज्ञान के सिद्धान्त के अलावा और कुछ नहीं है। इस तरह जहाँ भी मानव-ज्ञान भाववाद की सीमाएँ लाँघने को होता था, हेगेल उसका विरोध करते थे। उन्होंने अपने समय के प्रकृति-विज्ञान का विरोध किया और दो हजार साल पहले एपिकुरुस की प्रकृति-सम्बन्धी स्थापनाओं का विरोध किया। लेनिन के शब्दों में : "'आधुनिक प्रकृति-विज्ञान' बनाम एपिकुरुस—हेगेल के खिलाफ।" (उप.) आशय यह कि एपिकुरुस से लेकर 19वीं सदी के प्रकृति-विज्ञान तक भौतिकवादी चिन्तन की जो धारा चली, हेगेल उसके विरोध में खड़े हुए। यह असम्भव है कि प्रकृति-विज्ञान के ऐसे विरोधी होकर हेगेल समाज-विज्ञान के बहुत बड़े समर्थक होते। इसलिए भारत के बारे में उन्होंने जो स्थापनाएँ प्रस्तुत की हैं, उन्हें बहुत सोच-समझकर ग्रहण करना चाहिए। आम तौर से वे स्थापनाएँ एकांगी हैं। भारतीय इतिहास के वस्तुगत विवेचन से उनका कोई सम्बन्ध नहीं है।

हेगेल का द्वंद्ववाद जैसे 'दर्शनशास्त्र' के विवेचन में एकांगी सिद्ध होता है, वैसे ही वह सामाजिक इतिहास के विवेचन में एकांगी है। हेगेल दर्शनशास्त्र के इतिहास में पग-पग पर भाववाद का पक्षपात करते हैं। इस तरह के विवेचन में वह भाववाद के साथ अपने द्वंद्ववाद की सीमाएँ भी स्पष्ट कर देते हैं। उनका दार्शनिक दृष्टिकोण ही एकांगी नहीं है, उनकी तर्क-पद्धति भी एकांगी है। वह कई जगह ऐसी बातें कहते हैं जो भौतिकवाद के नजदीक हैं पर वह भाववाद की सीमारेखा कभी पार नहीं करते। उनकी तर्क-पद्धति की मूल विशेषता है—अनचाहे तथ्यों को छिपाना, अपने पक्ष का समर्थन करने के लिए मनचाहे ढंग से तथ्यों को अतिरंजित करना, कालक्रम का ध्यान न रखकर पुराने भाववाद को आधुनिक भाववाद बना देना, पुराने भौतिकवाद को समकालीन प्रकृति-विज्ञान से मिला देना। हेगेल के द्वंद्ववाद को तर्क-पद्धति की इन सीमाओं से बाहर मार्क्स और एंगेल्स ने निकाला। उनके दार्शनिक दृष्टिकोण, तर्क-पद्धति और सामाजिक विवेचन में आन्तरिक संगति है जो निरन्तर पुष्ट होती गई है। उन्होंने हेगेल के चिन्तन की सीमाएँ पार कीं और भौतिकवाद का निरन्तर विकास किया। इस विकास को अनेकान्तवादी दृष्टि से समझना चाहिए।

3. द्वंद्ववाद और त्रैत सिद्धान्त

हेगेल के द्वंद्ववाद का एक पक्ष उसका त्रैत सिद्धान्त है। 'लेनिन ग्रंथावली' के सम्पादकों ने इसका परिचय देते हुए बताया है : "यह तीन मंजिलों वाले विकास का सूत्र है। सबसे पहले यूनान के नव्य प्लेटोवादियों ने यह सूत्र रचा था। जर्मनी में हेगेल से पहले इसका उपयोग फिश्टे और शेलिंग नाम के भाववादी विचारकों ने किया था। हेगेल ने इस सूत्र को पल्लवित किया। उनकी धारणा थी कि विकास की हर प्रक्रिया तीन मंजिलों से गुजरती है—स्थापना, प्रतिस्थापना, और संस्थापना (थीसिस, एंटीथीसिस, और सिन्थेसिस)। दूसरी मंजिल पहली का निषेध होती है। पहली मंजिल दूसरी में पहुँचकर विपरीत रूप ग्रहण करती है। तीसरी मंजिल दूसरी का निषेध होती है अर्थात् निषेध का निषेध होती है। प्रारम्भ में जो रूप था, उसकी ओर लौटना होता है किन्तु यह रूप अब नई विषयवस्तु से समृद्ध होता है और उसका स्तर पहले से ऊँचा होता है। हेगेल का त्रैत ऐसा साँचा है जिसमें यथार्थ को कृत्रिम ढंग से फिट किया गया था। त्रैत सिद्धान्त की स्वेच्छाचारी रचना ने प्रकृति और समाज के वास्तविक विकास को विकृत रूप में प्रस्तुत किया।" ('ग्रंथावली', खंड-1, पृ. 523)

त्रैत सिद्धान्त का उपयोग मार्क्स ने भी किया था। रूस में लोकवादियों ने मार्क्सवाद का विरोध करने के लिए, इस सिद्धान्त की आलोचना की, उसे मार्क्स के चिन्तन की सीमा बताया। 'जनता के दोस्त कौन हैं' (1894) पुस्तिका में लेनिन ने मिखाइलोव्स्की नाम के लोकवादी की आलोचना का जवाब इस तरह दिया : "इनके हिसाब से भौतिकवादी विचारकों ने हेगेल के त्रैत को अपने समाजशास्त्र का

आधार बनाया है। हेगेल के द्वंद्ववाद का दोष मार्क्सवाद पर मढ़ना मार्क्स के पूँजीवादी आलोचकों की घिसी-पिटी चाल है। मार्क्सवाद के खिलाफ कोई बुनियादी तर्क न पेश कर पाने पर इन सज्जनों ने मार्क्स की अभिव्यंजना पद्धति पर हल्ला बोला और समझे कि इस तरह वे उसके सारतत्त्व का खंडन कर देंगे। ऐसे दाँव-पेंच अपनाने में श्रीयुत् मिखाइलोव्स्की को जरा भी तकल्लुफ नहीं है।" (उप., पृ. 163) मार्क्स ने शुरुआत हेगेल के द्वंद्ववाद से की थी। इसीलिए लेनिन ने मार्क्सवाद के उद्‌भव और सारतत्त्व में भेद किया। इसके अलावा किसी बात को प्रस्तुत करने में मार्क्स ने त्रैत का सहारा लिया तो यह अभिव्यंजना की पद्धति मात्र हुई, विवेचन का सारतत्त्व नहीं।

एंगेल्स ने 'एंटीड्यूरिंग में मार्क्स की विवेचना-पद्धति के जिस पक्ष पर जोर दिया था, उसका सारांश देकर लेनिन ने लिखा : "सभी को स्पष्ट दिखाई देगा कि एंगेल्स के तर्क का मुख्य जोर इस बात पर है कि भौतिकवादियों को इतिहास की वास्तविक प्रक्रिया ठीक-ठीक और सही ढंग से प्रस्तुत करनी चाहिए। द्वंद्ववाद के लिए आग्रह, त्रैत को सही साबित करने के लिए उदाहरणों का चयन, हेगेलवाद के अवशेष के अलावा और कुछ नहीं है; जिस हेगेलवाद से निकलकर वैज्ञानिक भौतिकवाद विकसित हुआ, उसकी अभिव्यंजना पद्धति के अवशेष के अलावा वह और कुछ नहीं है। दरअसल एक बार जब यह साफ-साफ कह दिया गया कि त्रैत द्वारा कोई चीज 'साबित करना, बेसिर-पैर की बात है', और किसी ने ऐसा करने की कोशिश भी नहीं की, तब 'द्वंद्वात्मक' प्रक्रियाओं के उदाहरणों का क्या महत्त्व रह गया? क्या यह स्पष्ट नहीं है कि इससे केवल सिद्धान्त के उद्‌भव का पता चलता है, और किसी बात का नहीं?" (उप., पृ. 164)

स्वयं मिखाइलोव्स्की ने स्वीकार किया था कि मार्क्स ने द्वंद्ववाद के साँचे में इतनी तथ्यपूर्ण सामग्री भर दी थी कि उस साँचे को हटा लिया जाए तो उस सामग्री का कुछ भी न बिगड़ेगा, वैसे ही जैसे पतीली का ढक्कन हटा लें तो पतीली के भीतर की सामग्री का कुछ न बिगड़ेगा। इसलिए, लेनिन के अनुसार, एकान्तवादी पद्धति के मुकाबले में, मार्क्स और एंगेल्स ने जिसे द्वंद्वात्मक पद्धति कहा था, वह समाजशास्त्र की वैज्ञानिक पद्धति के अलावा और कुछ नहीं है। (उप., पृ. 165) लेनिन ने बताया कि बहुत जगह द्वंद्ववाद की व्याख्या करते हुए मार्क्स और एंगेल्स ने त्रैत का नाम भी नहीं लिया। मार्क्स ने 'पूँजी' (खंड-1) के दूसरे जर्मन संस्करण की प्रस्तावना में भी लिखा था कि उन्होंने जहाँ-तहाँ हेगेल की "विशेष व्यंजना-पद्धतियों की नकल की थी" ("coquetted with the modes of expressein peculiar to him"), लेनिन ने इस वाक्यांश का हवाला दिया था और इस तरह त्रैत को व्यंजना-पद्धति की एक विशेषता मात्र मानने की पुष्टि की थी।

जर्मनी में जिस दार्शनिक क्रान्ति की परिणति हेगेल का चिन्तन थी, उसकी शुरुआत कांट ने की थी। कुछ बातों में यह शुरुआत उस क्रान्ति की परिणति से

महान् है। हेगेल के लिए विकास केवल चेतना में होता था; प्रकृति विकास-प्रक्रिया से बाहर थी। इसके विपरीत कांट ने प्रकृति के बारे में महत्त्वपूर्ण स्थापनाएँ प्रस्तुत की थीं। न्यूटन मानते थे कि आदिम दैवी प्रेरणा से सौरमंडल गतिशील हुआ, फिर उसकी गतिशीलता स्थायी और शाश्वत बन गई। कांट ने सौरमंडल को ऐतिहासिक प्रक्रिया का परिणाम बताया। 1755 में उन्होंने देवी प्रेरणा की धारणा निरस्त की, सौरमंडल के विकास के लिए नेबुला की कल्पना की। एंगेल्स ने लिखा था कि "यहाँ हेगेल कांट के बहुत पीछे रह गए थे।" ('ऑन डायलेक्टिकल मैटीरिलिज्म', पृ. 60) प्रकृति-सम्बन्धी विकास के बारे में हेगेल यदि कांट के पीछे थे तो वह सामाजिक विकास के बारे में विशेष रूप से यूरोप और एशिया के सम्बन्धों के बारे में और भी पीछे थे। यूरोपियन जातियों के साम्राज्य-विस्तार और युद्धों की नीति से कांट चिन्तित थे। मानवता के विकास के लिए वह इस नीति को घातक मानते थे। वह स्थायी शान्ति की आवश्यकता पर जोर देनेवाले आदि लेखकों में हैं। 1795 में उन्होंने 'स्थायी शान्ति' पर निबन्ध लिखा था। इसमें उन्होंने जो सिद्धान्त प्रतिपादित किये, वे आज सर्वमान्य हैं, भले ही राष्ट्र उनके अनुसार आचरण न करते हों। यदि किसी शान्तिसंधि में भावी युद्ध की तैयारी के लिए गुप्त सामग्री होगी, तो वह वास्तविक शान्तिसंधि न मानी जाएगी। छोटा हो या बड़ा, कोई भी स्वाधीन राज्य खरीदा न जाएगा; विरासत, दान या विनिमय में प्राप्त न किया जाएगा। विदेशी मामलों के लिए कोई भी राज्य कर्ज न लेगा। कोई भी राज्य किसी अन्य राज्य के शासन और विधान में बलपूर्वक हस्तक्षेप न करेगा। युद्धकाल में कोई भी राज्य विरोधी राज्य में हत्यारों, विष देनेवालों, विश्वासघातकों से काम न लेगा। (Immanuel Kant's 'Moral and Political Writings', Newyork, पृ. 431-34)

इन सामान्य सिद्धान्तों के अलावा उन्होंने विभिन्न महाद्वीपों में यूरोप की व्यापारी जातियों की भूमिका के बारे में लिखा, राष्ट्रों में आपसी शान्तिपूर्ण सम्बन्धों की आवश्यकता से "यदि हम अपने महाद्वीप की सभ्य, विशेष रूप से व्यापारी, जातियों के शत्रुतापूर्ण व्यवहार की तुलना करें तो विदेशी जनों और देशों के प्रति—जहाँ वे पहुँचते हैं—उनके अन्याय का पलड़ा बहुत भारी साबित होगा। किसी जगह पहुँचने का सीधा मतलब उनके लिए उसे जीतना होता है। अमरीका (उत्तरी दक्षिणी अमरीका), हब्शियों के देश, गरम मसाले के देश, दक्षिणी अफ्रीका का अन्तरीप आदि देश ऐसे थे जिनका धनीधोरी कोई नहीं था क्योंकि वहाँ के निवासी किसी गिनती में न थे। ईस्ट इंडिया (हिन्दुस्तान) में मात्र व्यापारी अड्डे कायम करने के बहाने वे भाड़े के विदेशी सैनिक ले गए। भाड़े के इस सैनिकों ने भारत के विभिन्न राज्यों के बीच युद्ध प्रसार के लिए उकसावा पैदा करके वहाँ के निवासियों का दमन किया। वहाँ वे मनुष्य जाति को गिराने वाली अकाल, देशद्रोह, विश्वासघात जैसी तमाम बुराइयाँ ले आए।" (उपर्युक्त, पृ. 447)

कांट उन दृढ़ मानवतावादियों में हैं जो साम्राज्य-विस्तार के प्रारम्भिक दौर में ही उसका विरोध करने लगे थे। वह शेली, बाइरन जैसे क्रान्तिकारी कवियों, भारतीय स्वाधीनता के समर्थक अर्नेस्ट जोन्स जैसे श्रमिक नेताओं के अग्रदूत हैं। हेगेल इन सबकी पंक्ति से बाहर हैं।

हेगेल के द्वंद्ववाद की सीमाएँ पार करके मार्क्स और एंगेल्स ने इतिहास-विज्ञान का विकास किया। उनके इतिहास-सम्बन्धी विवेचन में जहाँ-तहाँ हेगेल की मान्यताएँ मिलती हैं तो उन्हें उनके विवेचन का सारतत्त्व न मानना चाहिए। लेनिन ने रूसी मार्क्सवादियों के कर्तव्य बताते हुए लिखा था : "रूस की वर्तमान स्थिति और इतिहास की मार्क्सवादी धारणा उन्हें और अधिक ब्योरे के साथ प्रस्तुत करनी चाहिए। रूस में वर्ग-संघर्ष और वर्ग-शोषण के रूप विशेष रूप से पेचीदा और प्रच्छन्न हैं। उन्हें इन सभी रूपों की और ज्यादा ठोस जाँच-पड़ताल करनी चाहिए।" ('ग्रंथावली', खंड-1, पृ., 320)

भारत में जो शोषण सबसे ज्यादा प्रच्छन्न है, वह साम्राज्यवादी है। इसकी ठोस जाँच-पड़ताल करना बहुत जरूरी है। भारतीय इतिहास के विवेचन का सीधा सम्बन्ध इस पेचीदा और प्रच्छन्न साम्राज्यवादी शोषण से है। हमारे लिए इतिहास की मार्क्सवादी धारणा और अधिक ब्योरे के साथ प्रस्तुत करने का अर्थ है—भारत में साम्राज्यवाद की पुरानी भूमिका को और तथ्यपूर्ण ढंग से प्रस्तुत करना, इस भूमिका की पृष्ठभूमि में भारत की वर्तमान स्थिति को पहचानना, इस वर्तमान स्थिति में सामन्ती और पूँजीवादी हितों की भूमिका पहचानना। भारत की वर्तमान स्थिति को बदलने के लिए यह कार्य पूरा करना जरूरी है।

छठा अध्याय

मजदूर, किसान और जनवादी क्रान्ति

1. सर्वहारा वर्ग और नई जनवादी क्रान्ति

क्रान्तियाँ मुख्य रूप से दो तरह की मानी गई हैं : पूँजीवादी और सर्वहारा। पूँजीवादी क्रान्ति वह है जिसके द्वारा पूँजीपति वर्ग सामन्त वर्ग का प्रभुत्व खत्म करके अपनी राज्यसत्ता स्थापित करता है; सर्वहारा क्रान्ति वह है जिसके द्वारा सर्वहारा वर्ग पूँजीपति वर्ग का प्रभुत्व खत्म करके अपनी राज्यसत्ता स्थापित करता है। पूँजीवादी क्रान्ति को पूँजीवादी जनवादी क्रान्ति अथवा केवल जनवादी क्रान्ति भी कहते हैं। सामन्ती निरंकुशता की जगह यह क्रान्ति जनतंत्र कायम करती है, इसलिए उसे जनवादी क्रान्ति कहते हैं। सर्वहारा क्रान्ति का उद्देश्य समाजवादी व्यवस्था कायम करना होता है, इसलिए उसे समाजवादी क्रान्ति भी कहते हैं। पूँजीवाद के सहज विकास के लिए पूँजीवादी जनतंत्र उपयुक्त है। समाजवाद के सहज विकास के लिए समाजवादी जनतंत्र उपयुक्त है। किन्तु इतिहास में कोई विशुद्ध पूँजीवादी क्रान्ति नहीं हुई, इसलिए स्वभावत: इतिहास में कोई विशुद्ध समाजवादी क्रान्ति भी नहीं हुई।

एक पूँजीवादी क्रान्ति सत्रहवीं सदी के इंग्लैंड में हुई। एक ओर मुख्य रूप से किसान और व्यापारी थे, दूसरी ओर मुख्य रूप से जमींदार थे। गृहयुद्ध में पहले पक्ष की विजय हुई। उसने पादशाही की जगह प्रजातंत्र स्थापित किया किन्तु जमींदार वर्ग की आर्थिक और राजनीतिक शक्ति कायम रही। प्रजातंत्र के शीघ्र खत्म होने और पादशाही के बहाल होने का यह मुख्य कारण था। यह क्रान्ति व्यापारिक पूँजीवाद के दौर में हुई थी। एक पूँजीवादी क्रान्ति अठारहवीं सदी के फ्रांस में हुई। यह भी व्यापारिक पूँजीवाद के दौर में हुई। इसने जमींदार वर्ग को काफी क्षति पहुँचाई किन्तु उसकी आर्थिक, राजनीतिक शक्ति को ध्वस्त न कर सकी। कुछ पुरानी जमींदारियाँ बनी रहीं और कुछ नई जमींदारियाँ शीघ्र ही फिर कायम की गईं। फ्रांस में प्रजातंत्र की जगह पादशाही के बहाल होने का यह मुख्य कारण था। ये दोनों पूँजीवादी क्रान्तियाँ अपने सामन्त-विरोधी कार्य पूरे नहीं कर पाईं। जिस हद तक नहीं कर पाईं, उस हद तक वे पूँजीवाद के विकास का मार्ग प्रशस्त नहीं कर पाईं; उस हद तक वे समाजवादी

क्रान्ति के लिए भी आगे आवश्यक परिस्थितियाँ तैयार न कर सकीं। वे अपूर्ण पूँजीवादी क्रान्तियाँ थीं। उनका जनवादी तत्त्व सामन्ती अवशेषों से समझौता कर रहा था, उनकी रक्षा कर रहा था अथवा स्वयं उनकी छत्रच्छाया में सुरक्षित रहना चाहता था।

सत्रहवीं सदी के इंग्लैंड में एक दूसरी पूँजीवादी क्रान्ति हुई। 1688 में इंग्लैंड के कुछ प्रमुख व्यक्तियों ने अपने राजा को हटाने के लिए विदेशी राजकुमार विलियम ऑफ ऑरेंज को आमंत्रित किया। इंग्लैंड का राजा जेम्स भाग खड़ा हुआ और विलियम गद्दी पर बैठा। इंग्लैंड के व्यापारियों को भय था कि उनका व्यवसाय फ्रांस के अधिकार में पहुँच जाएगा; यह खतरा टल गया। केवल इस खतरे के टलने के कारण इसे पूँजीवादी 'क्रान्ति' कहा जा सकता है। किन्तु जमींदार वर्ग को भी खतरा था कि उसकी भूमि चर्च को वापस कर दी जाएगी। इस खतरे के टलने से उसे भी लाभ हुआ। रोमन कैथोलिक सम्प्रदाय के प्रभुत्व के दिनों में कभी चर्च के पास बहुत-सी जमीन थी; यह जमीन चर्च से छीनकर जमींदारों ने आपस में बाँट ली थी। 1688 की 'पूँजीवादी' क्रान्ति का मुख्य उद्देश्य चर्च से छीनी हुई भूमि को जमींदारों के पास सुरक्षित बनाए रखना था। फ्रांस की राज्यक्रान्ति की तुलना में यह क्रान्ति पुरानपंथी मानी गई थी। मार्क्स ने इसका कारण बताया था : "रिफार्मेशन [धार्मिक सुधार आन्दोलन] से नये बड़े जमींदारों का वर्ग बना। इन्हें भय था कि कैथोलिक मत बहाल किया जाएगा। वैसा होता तो उन्हें चर्च को लूटने से जो भूमि मिली थी, वह स्वभावत: वापस करनी पड़ती। वैसा होने पर इंग्लैंड की सारी भूमि के 70 फीसदी भाग का हस्तान्तरण हो जाता। व्यापारिक और औद्योगिक पूँजीपति वर्ग को भय था कि कैथोलिक मत बहाल होगा। यह मन उसके अनुकूल नहीं था। स्टूआर्ट राजाओं ने अपने और दरबारी अभिजात वर्ग के लाभ के लिए समस्त अंग्रेजी उद्योग को, उसके साथ व्यापार को भी, निर्बंद्ध भाव से फ्रांस की सरकार के हाथ बेचा था। उस समय फ्रांस एकमात्र देश था जो खतरनाक ढंग से, बहुत कुछ सफलतापूर्वक भी, इंग्लैंड से होड़ कर रहा था।" (मार्क्स-एंगेल्स, 'ऑन ब्रिटेन', पृ. 346) फ्रांस की राज्यक्रान्ति से बड़ी रियासतों की भूमि किसानों में बाँटी गई थी; 1688 की अंग्रेजी क्रान्ति से बड़े जमींदारों की भूमि उनके पास सुरक्षित रही। सत्रहवीं सदी के गृहयुद्ध की तरह 1688 की क्रान्ति का पूँजीवादी तत्त्व, उसका जनवादी तत्त्व, अधूरा था।

ये सब राज्यक्रान्तियाँ थीं—राजनीतिक क्रान्तियाँ थीं। आर्थिक क्रान्ति—व्यापारिक क्रान्ति—इनसे पहले हुई थी। उन्नीसवीं सदी के इंग्लैंड में कोई पूँजीवादी राज्यक्रान्ति नहीं हुई किन्तु औद्योगिक क्रान्ति हुई। यह औद्योगिक क्रान्ति भी अधूरी थी, कारण यह कि जमींदारों के पास भूमि का वंशगत इजारा था। वे उद्योगपतियों और पूँजीवादी काश्तकारों को भाड़े पर जमीन देते थे, औद्योगिक सर्वहारा और खेत-मजदूरों के श्रम फल—उनके द्वारा निर्मित अतिरिक्त मूल्य—में हिस्सा बँटाते थे, भूमि को बिकाऊ माल न बनने देते थे। औद्योगिक क्रान्ति के फलस्वरूप राज्यसत्ता पर उद्योगपतियों

का अधिकार हो गया। पूँजीपति वर्ग ने जमींदारों से रिआयतें प्राप्त कीं, राज्यसत्ता की बागडोर जमींदारों के हाथ में रहने दी, बहुत-सी बातों में वह उनका अनुवर्ती बना। चार्टिस्ट-आन्दोलन से लाभ उठाकर उसने पार्लियामेंट में अपने कुछ प्रतिनिधि भेजने का अधिकार प्राप्त किया; कई सुधार कानून बन जाने के बाद, औद्योगिक पूँजीवाद के अन्तिम चरण में वह राज्यसत्ता पर अधिकार करने के योग्य हुआ। पूँजीपतियों और जमींदारों की साँठ-गाँठ के कारण चार्टिस्ट-आन्दोलन समाप्त हो गया किन्तु फ्रांस में मजदूरों के आन्दोलन ने क्रान्ति का रूप लिया। 1871 में पेरिस के मजदूरों ने क्रान्ति की। यह विशुद्ध समाजवादी क्रान्ति नहीं थी क्योंकि बहुत-से सामन्त-विरोधी कार्य उसे अभी पूरे करने थे।

मार्क्स ने कम्यून से पहले के सत्ताधारी दल में पूँजीपतियों के साथ बड़े जमींदारों का उल्लेख किया था। फ्रांस जर्मन आक्रमणकारियों का सामना कर रहा था। "पेरिस के आत्मसमर्पण के बाद जब शान्ति कायम हो चुकी थी, तब शासन का नया उच्चतम अधिष्ठाता थियेर यह समझने को बाध्य हुआ कि सम्पत्तिशाली वर्गों का—बड़े जमींदारों और पूँजीपतियों का—शासन तब तक निरन्तर खतरे में है जब तक पेरिस के मजदूरों के हाथ में हथियार हैं।" (Marx-Engels, 'Selected Works', खंड-2, पृ. 182) जमींदारों ने अपनी पार्टी बना रखी थी और यह पार्टी दावा करती थी कि वह किसानों की प्रतिनिधि है। उसके इस पाखंड-का मजाक उड़ाते हुए मार्क्स ने लिखा था : "1789 में फ्रांसीसी किसान ने जो विजय पाई थी, उसमें उसे बड़े जमींदारों का अस्तित्व मात्र दखलअन्दाजी जैसा लगता था।" (उप., पृ. 225) पेरिस कम्यून की सफलता इस पर निर्भर थी कि किसान जमींदारों के और राज्यसत्ता के विरुद्ध विद्रोह करके मजदूरों की सहायता करते हैं या नहीं। जमींदार दल इस बारे में बहुत सतर्क था; वह प्रयत्नशील था कि पेरिस कम्यून की हवा किसानों को न लगने पाए। मार्क्स के अनुसार : "जमींदार दल जानता था—और सबसे बड़ी आशंका उसे इसी बात की थी—कि कम्यून-शासित पेरिस और प्रान्तों के बीच तीन महीनों तक निर्बाध संचार बना रहा तो किसानों की आम बगावत शुरू हो जाएगी। इसलिए उसे बड़ी चिन्ता थी कि पुलिस द्वारा पेरिस की नाकेबन्दी कराई जाए जिससे यह छूत बाहर न फैले।" (उप., पृ. 226) मजदूर वर्ग को बचे हुए सामन्त-विरोधी काम अकेले न पूरे करने थे, उन्हें पूरा करने में किसान सहायता कर सकते थे। किसानों को मजदूरों की सहायता की जरूरत थी। इसके साथ ही मजदूरों को नई राज्यसत्ता की रक्षा के लिए, पूरे देश में क्रान्ति को सफल बनाने के लिए, किसानों की सहायता की जरूरत थी।

सामन्ती अवशेषों का एक रूप चर्च के साथ पुरानी राज्यसत्ता का गठबन्धन था। वह राज्यसत्ता विशुद्ध रूप में पूँजीवादी नहीं थी। मार्क्स ने पुरोहित समुदाय को उस राज्यसत्ता का अंग माना था। फौज और पुलिस दमन का भौतिक उपकरण थीं; पुरोहित वर्ग दमन का आध्यात्मिक उपकरण था। "कम्यून उत्सुक था कि मिल्कियतवाली

संस्थानों के रूप में सभी गिरजाघरों को अस्थापित कर दिया जाए, गैर-मिल्कियत वाला बना दिया जाए, इस तरह दमन की आध्यात्मिक शक्ति 'पादरी सत्ता'—को तोड़ दिया जाए। पुरोहित अपने निजी जीवन के भीतरी प्रकोष्ठों में पहुँचा दिये गए कि वहाँ अपने पूर्वजों, मसीह के शिष्यों की तरह, उपासकों से जो भिक्षा मिले, उस पर निर्वाह करें। समस्त शिक्षा-संस्थाओं के द्वार जनता के लिए मुफ्त खोल दिये गए, साथ ही उन्हें चर्च और राज्यसत्ता की सभी दखलअन्दाजी से मुक्त कर दिया गया।" (उप., पृ. 220) जमींदारों और पादरियों की मिली-भगत थी। "जमींदार दल को सचमुच इस बात से परेशानी हुई कि जिस समय वह घोषणा कर रहा था कि फ्रांस का उद्धार केवल चर्च द्वारा सम्भव है, उसी समय काफिर कम्यून ने पिक्पुस भिक्षुणी गृह तथा सैं लौरां गिरजाघर के रहस्य उद्घाटित कर दिये।" (उप., पृ. 228) 'सेलेक्टेड वर्क्स' के सम्पादकों के अनुसार पिक्पुस में भिक्षुणियों को कोठरियों में कैद कर दिया जाता था; वहाँ उन्हें शारीरिक यंत्रणा देने के औजार बरामद हुए थे। सैं लौरां के गिरजाघर में गुप्त कब्रिस्तान पाया गया था जिससे पता चला कि कुछ लोगों की गुप्त हत्या की गई थी। (उप., पृ. 457) इस सम्बन्ध की सूचनाएँ कम्यून ने प्रकाशित कर दी थीं।

मार्क्स ने लिखा था कि फ्रांसीसी किसान बड़ा हिसाबी होता है। उससे टैक्स वसूल करके पादरी की तनखाह दी जाती थी। अब लोग अपनी आस्था के अनुसार पादरी को कुछ दें या न दें, तो इसमें किसान को लाभ था। इसी तरह कर्ज लेने पर उसकी जो जमीन गिरवी रखी गई थी, उसे कर्ज रद्द करके कम्यून छुड़ा सकता था। किसानों की तात्कालिक और आवश्यक माँगें कम्यून द्वारा पूरी की जा सकती थीं। (उप., पृ. 226) देहात में सूदखोरी सामन्ती समाज का अवशेष थी।

ऐसे अवशेषों को खत्म करना उद्योगपतियों के हित में था पर उन्होंने यह सब किया नहीं। एंगेल्स ने लिखा था कि कम्यून ने ऐसे सुधार किये "जिन्हें गणतंत्रवादी पूँजीपति वर्ग केवल कायरतावश सम्पन्न न कर सका था किन्तु जिनसे मजदूर वर्ग को स्वच्छन्द कार्यवाही के लिए आवश्यक आधार मिलता था—जैसेकि इस सिद्धान्त को अमल में लाना कि 'राज्यसत्ता के प्रसंग' में धर्म विशुद्ध रूप से निजी मामला है।" (उप., पृ. 184) एंगेल्स के कथन से स्पष्ट है कि चर्च को राज्यसत्ता से अलग करने का काम पूँजीपति वर्ग का था किन्तु डर के मारे उसने यह काम न किया था। उसे पूरा किया श्रमिक वर्ग के कम्यून ने।

सर्वहारा नेतृत्व में होनेवाली 1871 की फ्रांसीसी राज्यक्रान्ति की एक जनवादी विशेषता यह थी कि उसने देश के समस्त व्यवसाय में पूँजीवाद को समाप्त करने के बदले बड़े पूँजीपतियों से छोटे व्यवसायियों की रक्षा की। श्रमिक जनों के गणतंत्र का प्रतीक लाल झंडा ओतेल द विल पर फहराते देखकर पुरानी दुनिया क्रोध से बावली हो उठी। "फिर भी यह पहली क्रान्ति थी जिसमें खुलेआम स्वीकार किया

गया था कि मजदूर वर्ग एकमात्र वर्ग है जिसमें सामाजिक पहल की क्षमता है। पेरिस के अधिकांश मध्यवर्ग तक ने—व्यापारियों, दुकानदारों, व्यवसायियों ने इसे स्वीकार किया था। महाजन और कर्जदार के बीच का हिसाब-किताब स्वयं मध्यवर्ग के भीतर बार-बार के फसाद की जड़ था। कम्यून ने बुद्धिमानी से बन्दोबस्त करके उसे इस फसाद से बचा लिया था। ['सेलेक्टेड वर्क्स' के सम्पादकों के अनुसार बन्दोबस्त यह था कि मूलधन किस्तों में तीन साल के भीतर देना था और उस पर ब्याज रद्द कर दिया गया था।] (पृ. 457) जून, 1848 में मध्यवर्ग के एक हिस्से ने श्रमिक जनों के विद्रोह को दबाने में सहायता की थी; विद्रोह के दमन के बाद, उसके ऋणदाता महाजनों के आगे, किसी औपचारिकता के बिना, उस समय की संविधान सभा द्वारा इसी हिस्से की बलि दे दी गई थी। [संविधान सभा ने विलम्बित भुगतान का बिल नामंजूर किया। इससे निम्न पूँजीपति वर्ग का काफी हिस्सा तबाह हो गया; धनी पूँजीपतियों में जो महाजन थे, वह उनका मोहताज हो गया।] (उप., पृ. 457) किन्तु यही एक कारण नहीं था जिससे ये लोग मजदूर वर्ग के साथ एकजुट हो रहे थे। वे महसूस करते थे कि एक ही विकल्प रहेगा—कम्यून अथवा साम्राज्य [पादशाही], वह जिस नाम से भी फिर प्रकट हो। सार्वजनिक सम्पत्ति का बँटाढार करके, रुपये-पैसे के मामले में थोक पैमाने पर ठगविद्या को पाल-पोसकर, पूँजी के केन्द्रीकरण की गति को कृत्रिम रूप से तेज करने में जोड़तोड़ करके, तदनुसार अपनी ही श्रेणी के लोगों का सर्वस्वहरण करके साम्राज्य ने उन्हें तबाह कर दिया था। राजनीतिक रूप से उसने उनका दमन किया था, नैतिक रूप से अपने व्यभिचार के कारण उन्हें सदमा पहुँचाया था। उनके बच्चों की शिक्षा का भार अज्ञानी पादरियों की एक संस्था को सौंपकर उनकी वोल्तेयर-प्रियता का अपमान किया था [अन्धविश्वासों के विरुद्ध लड़नेवाले फ्रांसीसी लेखक वोल्तेयर बहुत लोकप्रिय थे], युद्ध में उन्हें झोंककर उसने फ्रांसीसी होने की उनकी राष्ट्रीय भावना को झकझोरा था—युद्ध ने जो तबाही ढाई, उसके जोड़ की एक ही चीज रह गई, साम्राज्य का लोप। वास्तव में पेरिस से बड़े बोनापार्ट-पंथियों और पूँजीवादी खानाबदोशों के निर्गमन के बाद 'गणतांत्रिक संघ' के रूप में वास्तविक मध्यवर्ग की व्यवस्था-पार्टी सामने आई, वह कम्यून के झंडे के नीचे पंक्तिबद्ध हुई और थियेर की मनमानी दुष्ट व्याख्या के विरुद्ध उसकी [कम्यून की] रक्षा की। मध्यवर्ग के इस विशाल समुदाय की कृतज्ञता वर्तमान कठिन परीक्षा में खरी उतरेगी या नहीं, यह तो समय ही बतलाएगा।" (उप., पृ. 224-25)

पेरिस कम्यून ने बड़े पूँजीपतियों के उत्पीड़न से छोटे पूँजीपतियों की रक्षा की थी। मध्यवर्ग के फालतू हिस्से छँट गए, तब वह मजदूरों के साथ एकजुट हुआ। मार्क्स ने बताया है कि आर्थिक उत्पीड़न के अलावा यह वर्ग राजनीतिक रूप से पीड़ित था। वह पूँजीपतियों के अनैतिक व्यवहार से क्षुब्ध था। उसकी बुद्धि और विवेक को लांछित किया गया, उसकी राष्ट्रीय आत्मसम्मान की भावना को कुचला गया था। मार्क्स ने

उसके उत्पीड़न और अपमान के विभिन्न रूप गिनाकर मानो श्रमिक वर्ग के नेताओं को बता दिया है कि मध्यवर्ग के लोगों के साथ क्रान्ति की सफलता के लिए किस तरह संयुक्त मोर्चा बनाना चाहिए। कम्यून "फ्रांसीसी समाज के सभी स्वस्थ तत्त्वों का सच्चा प्रतिनिधि था और इसलिए सच्ची राष्ट्रीय सरकार थी।" (उप., पृ. 228) कम्यून केवल एक वर्ग का प्रतिनिधित्व करनेवाली सरकार न था, वह फ्रांसीसी समाज के सभी स्वस्थ तत्त्वों का प्रतिनिधि था। मध्यवर्ग कितने दिन तक मजदूरों का साथ देता है, वह अलग बात है। पेरिस कम्यून थोड़े ही दिन में खत्म हो गया, इसलिए मजदूरों के मध्यवर्गीय सहयोगियों की परीक्षा न हो सकी, किन्तु क्रान्ति के लिए अस्थायी सहयोग भी लाभकारी हो सकता है, इसमें सन्देह नहीं।

अक्टूबर, 1870 में मध्यवर्ग के प्रति अपनी आशंका व्यक्त करते हुए मार्क्स ने लिखा था कि "सोशलिस्ट रुझानोंवाले गणतंत्र की विजय की तुलना में वह प्रुशियन जीत को पसन्द करेगा।" ('करेस्पौंडेंस', पृ. 306) मार्क्स ने यहाँ सोशलिस्ट गणतंत्र की बात न कही थी, सोशलिस्ट रुझानोंवाले गणतंत्र (A Republic with Socialist Tendencies) की बात कही थी। फ्रांस में उस समय ऐसे ही गणतंत्र की स्थापना सम्भव थी। यह गणतंत्र जमींदारों और सूदखोरों से किसानों की रक्षा करता, बड़े पूँजीपतियों से छोटे पूँजीपतियों की रक्षा करता, इसके साथ ही समाजवाद की दिशा में वह प्रारम्भिक कदम उठाता। इसलिए सोशलिस्ट रुझानोंवाले गणतंत्र की बात सही थी। यह गणतंत्र न पूँजीवादी था, न समाजवादी—श्रमिक वर्ग के नेतृत्व में स्थापित वह नया जनतंत्र था। वह नई जनवादी क्रान्ति का परिणाम था।

मार्क्स और एंगेल्स ने 'कम्यूनिस्ट घोषणा-पत्र' में लिखा था कि "सर्वहारा आन्दोलन विराट बहुसंख्यकों (immense majority) का सचेत, स्वाधीन आन्दोलन है, इन विराट बहुसंख्यकों के हित में है।" ('सेलेक्टेड वर्क्स', खंड-1, पृ. 118) पश्चिमी यूरोप के देशों में ऐसा सर्वहारा आन्दोलन अभी सम्भव न था क्योंकि इनमें मजदूरों की अपेक्षा किसान बहुसंख्यक थे। अल्पसंख्यक मजदूरों का आन्दोलन बहुसंख्यक किसानों की सहायता से ही सफल हो सकता था; यह तथ्य क्रान्ति का स्वरूप निर्धारित करनेवाला था। मार्क्स ने 1875 में बाकुनिन की पुस्तक 'राज्यसत्ता और अराजकता' की आलोचना लिखी थी। इसमें उन्होंने बाकुनिन का यह वाक्य उद्धृत किया था : "उदाहरण के लिए भोंदू किसान, 'कॅस्त्यान्स्काया चॅर्न', किसानों का भेड़ियाधसान हैं। सभी लोग जानते हैं कि इनके प्रति मार्क्सवादियों का रुख सहानुभूतिपूर्ण नहीं है। वे संस्कृति की सबसे निचली सतह पर हैं। सम्भावना यह है कि शहरी, कारखानेवाले सर्वहारा द्वारा वे शासित होंगे।" इस पर टिप्पणी करते हुए मार्क्स ने लिखा था : "इसका अर्थ यह है कि जहाँ आम किसान अपनी जमीन के मालिक हैं, जहाँ वे बहुत कुछ तत्त्वत: बहुसंख्यक हैं (a more or less substantial majority)—पश्चिमी

यूरोपियन महाद्वीप के सभी देशों में यही हाल है—जहाँ उनका लोप नहीं हुआ और उनका स्थान खेत-मजदूरों ने नहीं लिया, जैसेकि इंग्लैंड में, वहाँ निम्नलिखित बातें हो सकती हैं : या तो वे हर मजदूर क्रान्ति को रोकें और उसे भंग कर दें, जैसाकि अब तक वे फ्रांस में करते आए हैं, या फिर शासन करते समय सर्वहारा वर्ग को (मालिक किसान सर्वहारा वर्ग का अंग नहीं है। जहाँ अपनी परिस्थिति के कारण वह उसका अंग बन भी जाता है, वह समझता है कि वह उसका अंग नहीं है।) ऐसे कदम उठाने होंगे जिनसे किसानों की हालत में प्रत्यक्ष सुधार हो और जिनके फलस्वरूप उन्हें क्रान्ति के पक्ष में किया जा सके।" (उप., पृ. 411) न केवल 1848 में, वरन् 1875 में भी मजदूरों के क्रान्तिकारी आन्दोलन की सफलता किसानों के सहयोग पर निर्भर थी और यह सहयोग उन्हें तभी प्राप्त हो सकता था जब क्रान्ति से उनकी हालत में प्रत्यक्ष सुधार की सम्भावना हो। ऐसे सुधार के लिए जो कदम उठाए जाएँगे, वे तुरत समाजवाद की ओर किसानों को न ले जाएँगे किन्तु उसके लिए मार्ग प्रशस्त करेंगे।

1871 में फ्रांसीसी मजदूर न तो जनता का विराट बहुसंख्यक भाग थे, न वे सचेत क्रान्तिकारी थे। फरवरी, 1881 में मार्क्स ने एक डच सोशलिस्ट को लिखा था कि "कम्यून में बहुमत उन लोगों का था जो न तो सोशलिस्ट थे और न हो सकते थे।" ('करेस्पौंडेंस', पृ. 387) इसका कारण यह था कि फ्रांस में अभी उतना पूँजीवादी विकास न हुआ था जितना मजदूरों को सचेत क्रान्तिकारी बनाने के लिए, पूँजीवाद की कब्र खोदनेवालों को संगठित करने के लिए दरकार था। 1911 में पेरिस कम्यून पर अपने निबन्ध में लेनिन ने लिखा था : "विजयी सामाजिक क्रान्ति के लिए कम-से-कम दो चीजें आवश्यक हैं—उत्पादक शक्तियाँ खूब विकसित हों और उसके लिए [क्रान्ति के लिए] सर्वहारा वर्ग की पर्याप्त तैयारी हो। लेकिन 1871 में ये दोनों चीजें नहीं थीं। फ्रांसीसी पूँजीवाद अभी मामूली-सा विकसित हुआ था (poorly developed)। उस समय फ्रांस प्रधान रूप से निम्न पूँजीवादी देश (a petty bourgeois country) था (किसान, कारीगर, दुकानदार, इत्यादि)। दूसरी ओर वहाँ मजदूरों की कोई पार्टी न थी। मजदूर वर्ग ने संघर्ष की पाठशाला में लम्बा सत्र न गुजारा था और वह तैयार न था। अधिकतर अपने कार्यों की, और उन्हें पूरा करने के तरीकों की, स्पष्ट रूपरेखा भी उसके सामने न थी। सर्वहारा वर्ग का कोई गम्भीर राजनीतिक संगठन नहीं था, न मजदूर संघ थे, न सहकार सभाएँ थीं।" ('ग्रंथावली', खंड-17, पृ. 141)

स्पष्ट है कि फ्रांस की वस्तुगत परिस्थिति समाजवादी क्रान्ति के अनुरूप नहीं थी। पूँजीपति वर्ग ने सामन्त-विरोधी क्रान्ति के काम पूरे न किये थे, इसलिए परिस्थिति जनवादी क्रान्ति के अनुरूप थी। इस क्रान्ति की सफलता किसानों के सहयोग पर निर्भर थी; किसानों के सिवा मजदूरों को निम्न पूँजीवादियों का सहयोग भी मिल सकता था। 1905 में लेनिन ने कम्यून के बारे में लिखा था : "निम्न पूँजीवादियों के साथ क्रान्तिकारी सरकार में समाजवादी सर्वहारा के प्रतिनिधियों का शामिल होना

सिद्धान्त रूप में उचित है और किन्हीं परिस्थितियों में वे उसमें शामिल होने को बाध्य भी हैं।" (उप., खंड-9, पृ. 141) फिर 'कम्यून की सीख' शीर्षक निबन्ध में लेनिन ने 1908 में लिखा था : "यद्यपि समाजवादी सर्वहारा वर्ग अनगिनत सम्प्रदायों में बँटा हुआ था, फिर भी कम्यून इस बात की शानदार मिसाल है कि सर्वहारा वर्ग ने एकमत होकर वे जनवादी कार्य पूरे किये, पूँजीपति वर्ग जिनकी मात्र घोषणा करके रह गया था। किसी खास पेचीदा कानूनसाजी के बिना, ठेठ सीधे-सादे ढंग से, सत्ता पर अधिकार करनेवाले सर्वहारा वर्ग ने समाजतंत्र का जनवादीकरण सम्पन्न किया, नौकरशाही को समाप्त किया और सभी सरकारी अफसरों के चुनाव द्वारा नियुक्त होने की व्यवस्था की।" (उप., खंड-13 पृ. 476) 1911 में 'कम्यून की स्मृति' शीर्षक निबन्ध में लेनिन ने लिखा कि 18 मार्च की क्रान्ति ने "अप्रत्याशित रूप से सत्ता राष्ट्रीय रक्षादल के हाथों में, श्रमिक वर्ग के और उसका साथ देनेवाले निम्न पूँजीवादियों के हाथों में सौंप दी।" (उप., खंड-17) किन्तु श्रमिक वर्ग और उसके सहयोगी इस सत्ता की रक्षा न कर सके।

श्रमिक वर्ग ने जो आवश्यक तैयारी न की थी, उसमें मुख्य बात थी किसानों का सहयोग प्राप्त करने की पूँजीवादी सरकार ने किसानों को मजदूरों के विरुद्ध इस्तेमाल किया। पेरिस की मजदूर सरकार क्या है, उसका उद्देश्य क्या है, इसके बारे में "फ्रांसीसी किसानों का बहुसंख्यक भाग कुछ भी न जानता था।" (उप., खंड-26, पृ. 456)

1913 में 'मार्क्स के सिद्धान्त की ऐतिहासिक नियति' शीर्षक निबन्ध में लेनिन ने मार्क्सवाद के प्रसार और श्रमिक-आन्दोलन की प्रगति के तीन काल खंड-निर्धारित किये : (1) 1848 से 1871 तक; (2) 1872 से 1904 तक; और (3) 1905 के बाद। यूरोप में 1848 के क्रान्तिकारी उभार से लेकर 1871 के पेरिस कम्यून तक समाज में जो परिवर्तन हुए, वे लेनिन के अनुसार सामन्ती अवशेषों को खत्म करके पूँजीवादी समाजतंत्र स्थापित करनेवाले थे। इस सिलसिले में पेरिस कम्यून के बारे में लिखा था : "पेरिस कम्यून (1871) ने पूँजीवादी परिवर्तनों का विकास-क्रम पूरा किया; गणतंत्र राजनीतिक संगठन का वह रूप जिसमें वर्ग-सम्बन्ध अपने निहायत बेपर्दा रूप में दिखाई देते हैं केवल सर्वहारा वर्ग की वीरता के कारण सुदृढ़ हो सका। यूरोप के अन्य सभी देशों में इससे ज्यादा उलझे और कम पूर्ण विकास का नतीजा भी यही हुआ—पूँजीवादी समाज; उसने स्पष्ट आकार ग्रहण कर लिया था।" (उप., खंड-18, पृ. 583)

1848 से 1871 तक यूरोप के समाज सामन्ती अवशेष खत्म करके स्पष्ट पूँजीवादी आकार ग्रहण करते रहे थे। जहाँ मजदूर वर्ग ने संघर्ष करके इस प्रक्रिया को तेज न किया था, वहाँ विकास उलझा हुआ और पेचीदा बना रहा। वास्तव में पूँजीवादी यूरोप अपने सामन्ती अवशेष पूरी तरह न तो 1871 तक खत्म कर सका था, न 1871 के बाद। जैसाकि लेनिन ने 1921 में कहा था : "इंग्लैंड, फ्रांस और जर्मनी जैसे सबसे आगे बढ़े हुए देश भी आज तक उस व्यवस्था के [मध्यकालीन

वर्ग-व्यवस्था—social estate system—के] अवशेषों को पूरी तरह खत्म नहीं कर सके!" (उप., खंड-33, पृ. 52-53) मानना चाहिए कि 1848 से 1871 तक यूरोप की सामाजिक परिस्थितियाँ ऐसी जनवादी क्रान्ति के लिए ही परिपक्व थी जो किसानों के सहयोग से, मजदूरों के नेतृत्व में, सम्पन्न हो; जो पूँजीवाद को नियंत्रित करे और समाजवादी विकास के लिए रास्ता साफ करे।

पूँजीवादी क्रान्ति या नई जनवादी क्रान्ति, नई जनवादी क्रान्ति या सर्वहारा क्रान्ति—यह केवल शब्दों के व्यवहार की बात नहीं है, यह वस्तुगत परिस्थितियों, क्रान्ति के उद्‌देश्य और उसमें विभिन्न वर्गों की भूमिका की बात है। 1871 तक यूरोप में पूँजीवादी समाज की रूपरेखा स्पष्ट हो गई। इसके बाद समाजवादी क्रान्ति होनी चाहिए थी पर नहीं हुई। 'कार्ल मार्क्स के सिद्धान्त की ऐतिहासिक' नियति में लेनिन ने बताया कि 1872 से 1904 तक का समय पहले कालखंड से अपनी 'शान्तिपूर्ण' विशेषता के कारण, क्रान्तियों के न होने के कारण, भिन्न है"; इसके बाद यह वाक्य लिखा : "पश्चिम ने पूँजीवादी क्रान्तियों से छुट्टी पा ली थी; पूर्व उठकर अभी उन तक पहुँचा न था।" (उप., खंड-18, पृ. 583) मार्क्सवाद का प्रसार हुआ, मजदूर वर्ग संगठित हुआ किन्तु क्रान्ति रूस में हुई, पश्चिमी यूरोप में नहीं। 1905 में रूस की पहली असफल क्रान्ति हुई, 1917 में दूसरी सफल क्रान्ति हुई। ये क्रान्तियाँ औद्योगिक रूप से पूर्ण विकसित देशों की समाजवादी क्रान्तियाँ नहीं थीं; वे जनवादी क्रान्तियाँ थीं। उनके सामने मुख्य कार्य वही थे जो पेरिस कम्यून के सामने थे। सोवियत सत्ता स्थापित हो जाने के बाद अप्रैल, 1918 में लेनिन ने लिखा था : "यदि हम पश्चिमी यूरोपियन क्रान्तियों के पैमाने से अपनी क्रान्ति नापें तो मालूम होगा कि हम इस समय लगभग उस स्तर पर हैं जिस पर 1793 और 1871 में वहाँ के लोग थे।" (उप., खंड-27, पृ. 245) फ्रांस में जो राज्यक्रान्ति 1789 में शुरू हुई, वह 1793 में पूरी हुई। उस पूँजीवादी क्रान्ति के शेष कार्य 1871 की जनवादी क्रान्ति ने पूरे किये—असफल होने पर भी बहुत कुछ पूरे किये। रूस 1917 में जितना पिछड़ा हुआ था, उतना पिछड़ा हुआ 1871 में फ्रांस भी था। यदि मजदूर वर्ग के नेतृत्व में नई जनवादी क्रान्ति रूस में सफल हो सकती थी तो वह 1871 में फ्रांस में भी सफल हो सकती थी। और जितना पिछड़ा हुआ फ्रांस 1871 में था, लगभग उतना ही पिछड़ा हुआ इंग्लैंड 1835-45 में चार्टिस्ट आन्दोलन के समय था। लेनिन ने क्रान्तिकारी आन्दोलन का जो कालखंड निर्धारित किया था, वह 1848 से शुरू होता है। तब तक चार्टिस्ट आन्दोलन ठंडा पड़ चुका था और अधिकांश ब्रिटिश मजदूरों को क्रान्ति से दिलचस्पी न रह गई थी। पश्चिमी यूरोप ने 1871 के बाद जो क्रान्तिविहीन शान्तिमयता प्राप्त की थी, वह इंग्लैंड के पास 1848 में विद्यमान थी। इस शान्तिमयता का स्रोत था पराधीन देशों की लूट में मजदूरों का हिस्सा। यह सिलसिला पहले इंग्लैंड में शुरू हुआ, उसके बाद यूरोप में। क्रान्तिकारी आन्दोलनों का सिलसिला भी ब्रिटेन में शुरू हुआ, फिर यूरोप

में आगे बढ़ा। इस सिलसिले की पहली कड़ी था चार्टिस्ट-आन्दोलन, दूसरी कड़ी था पेरिस कम्यून और तीसरी कड़ी थी 1905 की रूसी क्रान्ति। ये क्रान्तियाँ और क्रान्तिकारी आन्दोलन असफल हुए। इनकी असफलता का मुख्य कारण किसानों से मजदूरों की एकता का कायम न होना था।

पेरिस कम्यून के समय मजदूरों से किसानों का जो सम्बन्ध था, वह 1917 की रूसी क्रान्ति के समय बदल गया था। लेनिन ने इस बारे में लिखा था : "हम स्वयं को कहीं ज्यादा अनुकूल परिस्थितियों में पाते हैं। कारण यह है कि रूसी सैनिक, मजदूर और किसान, सोवियत सरकार का निर्माण कर सके। यह ऐसा यंत्र था जो सारी दुनिया को बता रहा था कि उनके संघर्ष के तरीके कौन-से हैं। इस यंत्र ने रूसी मजदूरों और किसानों को ऐसी जगह प्रतिष्ठित किया जो पेरिस सर्वहारा की सत्ता से भिन्न है। उसके [पेरिस के सर्वहारा वर्ग के] पास कोई यंत्र नहीं था; देश उसे [सर्वहारा वर्ग को] समझता न था। हम तुरत सोवियत सत्ता पर निर्भर हो सके। इसी कारण हमें जरा भी दुविधा न थी कि सोवियत सत्ता के प्रति जनता के भारी बहुसंख्यक भाग की सहानुभूति है और उसका पूर्ण निष्ठायुक्त, हार्दिक समर्थन उसे प्राप्त है और इस कारण सोवियत सत्ता अजेय है।" (उप., खंड-26, पृ. 456) यद्यपि पेरिस कम्यून किसानों और मजदूरों का सुदृढ़ सहयोग स्थापित नहीं कर सका किन्तु उसके विकास की दिशा यही थी। लेनिन के शब्दों में : "जैसाकि सुविदित है, पेरिस कम्यून ऐसे गठबन्धन की ओर अग्रसर हो रहा था यद्यपि अनेक आन्तरिक और बाह्य कारणों से वह अपने लक्ष्य तक नहीं पहुँच सका।" (उप., खंड-25, पृ. 417) इस प्रकार रूसी क्रान्ति उस नई जनवादी क्रान्ति की परिणति थी जिसका प्रारम्भिक असफल रूप पेरिस कम्यून था।

पूँजीवादी क्रान्ति और इस जनवादी क्रान्ति में अन्तर स्पष्ट है। पूँजीपति वर्ग क्रान्ति के सामन्त-विरोधी कार्य पूरे नहीं करता, वह जमींदारों से समझौता करता है। नई जनवादी क्रान्ति यह कार्य पूरे करती है और सामन्ती अवशेषों का जड़ से सफाया करती है। पूँजीपति वर्ग संघर्ष में स्वयं पीछे रहता है, मजदूरों और किसानों को आगे रखता है; संघर्ष से जो लाभ होता है, उसे अकेले हथियाता है, सत्ता में किसानों और मजदूरों को भागीदार नहीं बनने देता, उल्टा जमींदारों से मिलकर उनका दमन करता है अथवा मजदूरों के विरुद्ध किसानों को इस्तेमाल करता है। इसके विपरीत नई जनवादी क्रान्ति में किसान और मजदूर आगे रहते हैं। वे संघर्ष से होनेवाले लाभ हाथ से जाने नहीं देते, जमींदार वर्ग के अधिकार छीनकर उसे अशक्त कर देते हैं और पूँजीपति वर्ग को नियंत्रित रखते हैं। पूँजीपति जमींदारों से समझौता करें, इसके बदले यहाँ क्रान्ति का आधार मजदूरों और किसानों की सुदृढ़ एकता होती है। 'पूँजीवादी क्रान्ति' के बाद समाजवाद की ओर बढ़ने के लिए एक बार फिर क्रान्ति की जरूरत होती है पूँजीपति वर्ग से सत्ता छीनने की जरूरत होती है। 'नई जनवादी क्रान्ति' के

बाद—सामन्ती अवशेषों को खत्म करने के बाद समाजवाद की ओर बढ़ने के लिए दूसरी क्रान्ति की जरूरत नहीं होती। मजदूरों और गरीब किसानों का—समाज के भारी बहुसंख्यक भाग का—हित समाजवाद की ओर बढ़ने में होता है। सत्ता पर अधिकार इस बहुसंख्यक भाग का होता है, इसीलिए विरोधी वर्ग से सत्ता छीनने का सवाल पैदा नहीं होता।

नई जनवादी क्रान्ति से भिन्न सर्वहारा क्रान्ति उस देश में होगी जिसमें पूँजीवादी क्रान्ति ने सारे सामन्त-विरोधी कार्य पूरे कर लिये हैं, जिसमें पूँजीवादी विकास इतना हो गया है कि शहरी और देहाती सर्वहारा वर्ग समाज का भारी बहुसंख्यक भाग बन गया है। 19वीं सदी के यूरोप में ऐसा देश कोई भी नहीं था। इसलिए सर्वहारा क्रान्ति और पूँजीवादी क्रान्ति से भिन्न मजदूर वर्ग के नेतृत्व में होनेवाली क्रान्ति को इनसे अलग कोई नाम देना जरूरी था। 1835 में लन्दन के मजदूर संघ (General Workingmen's Association) ने जनता का माँगपत्र (People's Charter) तैयार किया। इसमें छह माँगें थीं और इनका उद्देश्य ब्रिटेन की लोकसभा (हाउस ऑफ कॉमन्स) को पुनर्गठित करना था। पूँजीपतियों का गरमदली अंश इन माँगों का समर्थन करता था। एंगेल्स ने इस माँग-पत्र को लेकर पूँजीवादी जनतंत्र और चार्टिस्ट जनतंत्र में भेद किया था। "गरमदली पूँजीपतियों के लिए सारा मामला 'छह मुद्दों' को लेकर शुरू होता था और वहीं खत्म हो जाता था। बहुत हुआ तो संविधान में इनसे कुछ सुधार और हो जाएँगे। किन्तु सर्वहारा वर्ग के लिए वे आगे अन्य उद्देश्यों तक पहुँचने के साधन मात्र हैं।" ('ऑन ब्रिटेन', पृ. 270) जनता के माँगपत्र का समर्थन सभी पूँजीपति न करते थे, केवल गरमदली पूँजीपति करते थे। उनका उद्देश्य इस माँगपत्र से आगे बढ़ना न था। मजदूर वर्ग उससे आगे बढ़कर अन्य उद्देश्य सिद्ध करना चाहता था। ब्रिटेन में जमींदार वर्ग सत्ताधारी था। जमींदारों से भरे हाउस ऑफ कामन्स के बदले एक नये सदन का गठन करना था। फिर भी मजदूर वर्ग का संघर्ष पुराने ढंग के पूँजीवादी जनतंत्र के लिए नहीं था, नये ढंग के जनतंत्र के लिए था जो आगे चलकर उसे वर्ग-शोषण से मुक्त कर सके। ("therein lies the difference between Chartist democracy and all previous political bourgeois democracy." उप.) जैसे माँगपत्र को पीपुल्स चार्टर कहा गया था, वैसे ही चार्टिस्ट डिमॉक्रेसी को पीपुल्स डिमॉक्रेसी कहा जा सकता है। एंगेल्स ने 'पुरानी राजनीतिक बुर्जुआ डिमॉक्रेसी' से 'चार्टिस्ट डिमॉक्रेसी' का यह भेद 1845 में किया था।

1871 में पेरिस कम्यून का विवेचन करते हुए मार्क्स ने लिखा था : "कम्यून ने जो बड़ा सामाजिक कदम उठाया, वह उसका क्रियाशील अस्तित्व था। उसके खास कदम यही रुझान दिखा सकते थे कि वह जनता की सरकार है, जनता द्वारा चलाई जाती है (a government of the people by the people) ।" ('सेलेक्टेड वर्क्स', खंड-2, पृ. 237) कम्यून जनता की सरकार थी। पूँजीवादी जनतंत्र से कम्यून के जनतंत्र में यह

फर्क था : "यह तै करने के बदले कि तीन या छह साल में शासक दल का कौन सदस्य पार्लियामेंट में जनता का गलत प्रतिनिधित्व करेगा, सार्वजनिक मताधिकार अब कम्यूनों में गठित जनता के काम आएगा।" (उप., पृ. 221) मार्क्स ने पूँजीवादी जनतंत्र और जनता के इस नये जनतंत्र का भेद स्पष्ट कर दिया है। अप्रैल, 1871 में मार्क्स ने कुगेलमन के नाम एक पत्र लिखा था जो राज्यसत्ता और क्रान्ति के सन्दर्भ में बहुत प्रसिद्ध हुआ। मार्क्स ने अपनी पुस्तिका 'अठारहवीं ब्रुमेयर' का हवाला दिया था कि फ्रांसीसी क्रान्ति का काम अगली बार नौकरशाही-फौजी मशीन को एक हाथ से दूसरे में पहुँचा देना न होगा वरन् उसे ध्वस्त करना होगा "और यह महाद्वीप [यूरोप] में हर वास्तविक जनक्रान्ति (people's revolution) की प्रारम्भिक शर्त है।" (उप., पृ. 420) न पूँजीवादी क्रान्ति, न सर्वहारा क्रान्ति, वरन् जनक्रान्ति।

लेनिन नवम्बर, 1917 की रूसी क्रान्ति से लगभग एक महीना पहले 'राज्यसत्ता और क्रान्ति' पुस्तक पूरी कर रहे थे। इसमें उन्होंने जनक्रान्ति की मार्क्सवादी धारणा की व्याख्या करते हुए कुछ बहुत महत्त्वपूर्ण बातें कही हैं। अपने 'मार्क्सवादी' विरोधियों को लक्ष्य करके उन्होंने लिखा : "मार्क्स द्वारा कही 'जनता की' क्रान्ति की बात अजीब-सी लगती है। रूस के प्लेख़ानोव-पंथी और मेनशेविक, स्त्रूवे के वे अनुयायी जो चाहते हैं कि लोग उन्हें मार्क्सवादी समझें, सम्भवतः कहेंगे कि मार्क्स गफलत में ऐसा लिख गए हैं। इन लोगों ने मार्क्सवाद का ऐसा लिजलिजा उदारपंथी मुरब्बा तैयार किया है कि उनके लिए पूँजीवादी क्रान्ति और सर्वहारा क्रान्ति के विलोम के अतिरिक्त और किसी चीज का अस्तित्व है ही नहीं। और इस विलोम की व्याख्या भी वे निहायत निर्जीव ढंग से करते हैं।" ('ग्रंथावली', खंड-25, पृ. 416) रूस में जो कठसिद्धान्ती थे, वे केवल दो क्रान्तियाँ जानते थे : एक पूँजीवादी क्रान्ति, दूसरी उससे उल्टी सर्वहारा क्रान्ति। वे ऐसी क्रान्ति की कल्पना न कर सकते थे जो किसानों के सहयोग से मजदूर वर्ग द्वारा सम्पन्न की जाने को थी, जो पूँजीवादी क्रान्ति के शेष कार्य पूरे करके समाजवाद की ओर बढ़ने के लिए मार्ग प्रशस्त करनेवाली थी। पूँजीवादी क्रान्ति और सर्वहारा क्रान्ति से भिन्न जनक्रान्ति की धारणा का प्रश्न रूस के सामाजिक जीवन ने उपस्थित कर दिया था।

2. जनवादी क्रान्ति और किसान

पुर्तगाल और तुर्की में पूँजीवादी क्रान्तियाँ हुई थीं और 1905-07 में पूँजीवादी क्रान्ति रूस में भी हुई। वे पूँजीवादी क्रान्तियाँ जनक्रान्तियाँ नहीं थीं पर रूस की पूँजीवादी क्रान्ति जनक्रान्ति थी। लेनिन ने इनमें भेद करते हुए लिखा था : "हम उदाहरणस्वरूप बीसवीं सदी की क्रान्तियों को लें तो बेशक हमें मानना होगा कि पुर्तगाली और तुर्की क्रान्तियाँ, दोनों पूँजीवादी क्रान्तियाँ हैं। किन्तु इनमें कोई भी 'जन'-क्रान्ति नहीं है। कारण यह कि इनमें से एक में भी आम जनता, उसका विशाल बहुसंख्यक भाग,

सक्रिय रूप में, स्वतंत्र रूप में, खुद अपनी आर्थिक और राजनीतिक माँगें लेकर, किसी उल्लेखनीय सीमा तक, सामने नहीं आता। इसके विपरीत 1905-07 की रूसी पूँजीवादी क्रान्ति को यद्यपि वैसी चमक-दमक वाली सफलता नहीं मिली, जैसी यदा-कदा पुर्तगाली और तुर्की क्रान्तियों के हाथ लगी, फिर भी निस्सन्देह वह 'वास्तविक जनक्रान्ति' थी। कारण यह कि आम जनता, उसका बहुसंख्यक भाग, समाज में सबसे नीचे पड़े हुए, उत्पीड़न और शोषण से कुचले हुए लोग, स्वतंत्र रूप से उठ खड़े हुए थे। उन्होंने क्रान्ति के पूरे सिलसिले पर खुद अपनी माँगों की, ध्वस्त होते हुए पुराने समाज की जगह नया समाज बनाने की अपनी कोशिशों की, छाप लगा दी थी।" (उप.) जब आम जनता अपनी खास माँगें लेकर स्वतंत्र रूप से आगे आएगी, तब पूँजीपति वर्ग और उसके प्रतिनिधियों का नेतृत्व एक तरफ धरा रह जाएगा; जब वह नये समाज का निर्माण अपने ढंग से करेगी, तब इस समाज पर प्रभुत्व सम्पत्तिशाली वर्गों का न रहेगा।

यूरोप के किसी भी देश में मजदूर समाज का बहुसंख्यक भाग नहीं थे, इसलिए जनक्रान्ति का स्वरूप मजदूरों के साथ उसमें किसानों के भाग लेने से ही निर्धारित हो सकता था। इस ऐतिहासिक तथ्य को उजागर करते हुए लेनिन ने लिखा : "यूरोप में, 1871 में, सर्वहारा वर्ग महाद्वीप के किसी भी देश में जनता का बहुसंख्यक भाग न था। कोई क्रान्ति 'जन'-क्रान्ति तभी हो सकती थी—ऐसी क्रान्ति जो बहुसंख्यक भाग को सचमुच अपनी धारा में बहा ले जाए, जब उसकी लपेट में मजदूर और किसान दोनों हों। तो इन दो वर्गों से मिलकर 'जनता' बनी। इन दोनों वर्गों में एकता इस बात से कायम होती है कि "राज्यसत्ता की 'नौकरशाही-फौजी मशीन' उनका उत्पीड़न, शोषण और दमन करती है। इस मशीन को 'ध्वस्त करना', उसे तोड़ देना सचमुच 'जनता' के, उसके बहुसंख्यक भाग के, मजदूरों और अधिकांश किसानों के हित में है, गरीब किसानों और सर्वहारा के स्वतंत्र गठबन्धन की प्रारम्भिक शर्त है। और ऐसे गठबन्धन के बिना जनतंत्र अस्थिर होगा और समाजवादी रूपान्तरण असम्भव होगा।" (उप., पृ. 416-17) नौकरशाही फौजी मशीन को ध्वस्त करके ऐसा जनतंत्र कायम करना है जिसमें समाजवादी रूपान्तरण सम्भव हो। इस जनतंत्र का आधार किसानों और मजदूरों का गठबन्धन है। अपनी संरचना में वह पूँजीवादी जनतंत्र से भिन्न है। वह जनक्रान्ति के फलस्वरूप निर्मित होनेवाला नया जनतंत्र है।

रूस में ऐसे मार्क्सवादी काफी संख्या में थे जो मानते थे कि जनवादी क्रान्ति एक ही ढंग की होती है—पूँजीवादी; उसके फलस्वरूप पूँजीपतियों के हाथ में सत्ता आना लाजमी है। उनके सत्ताधारी बनने के बाद पूँजीवाद को विकसित और परिपक्व होने में काफी समय लगेगा। शहर का औद्योगिक सर्वहारा बहुत दिनों तक समाज का अल्पसंख्यक अंश रहेगा। देहात में पूँजीवाद छोटे किसानों को तबाह करके उन्हें खेत मजदूर बना देगा, उसके बाद समाजवादी क्रान्ति की नौबत आएगी। मार्क्स और

एंगेल्स की जनक्रान्ति-सम्बन्धी स्थापनाओं को मार्क्सवाद से निकाल देने के कारण वे ऐसी नीति निर्धारित कर रहे थे कि उससे किसानों का अर्द्ध-सामन्ती शोषण बहुत दिनों तक कायम रहता—क्योंकि पूँजीपति जमींदारों से समझौता करते; और श्रमिकों का पूँजीवादी शोषण बहुत दिनों तक कायम रहता क्योंकि समाज का बहुसंख्यक भाग बनने में श्रमिकों को देर लगती—इस बीच उनकी कमाई में पूँजीपति ही नहीं, जमींदार भी हिस्सा बँटाते, वह अलग से। बोल्शेविज्म के जन्म से पहले ही लेनिन ने तै कर लिया था कि रूस में जनवादी क्रान्ति पूँजीवादी ढंग से न होगी, बहुसंख्यक जनता का नेतृत्व पूँजीपति वर्ग नहीं, मजदूर वर्ग करेगा। इस तरह समाजवाद की ओर संक्रमण के लिए बहुत दिन तक रुके न रहना पड़ेगा।

मार्क्सवाद की सुधारवादी व्याख्या से भिन्न बोल्शेविक मत का जन्म 1903 में माना जाता है। उससे पहले फरवरी, 1901 में लेनिन जनक्रान्ति-सम्बन्धी कई मुख्य बातें लिख चुके थे। 'मजदूरों की पार्टी और किसान' लेख में उन्होंने देहात में दो तरह के वर्ग विरोध का विवेचन किया। एक वर्ग-विरोध किसान मालिकों और खेत मजदूरों के बीच था; खेत मजदूर अभी पूरे किसान समुदाय की मुसीबतों में फँसे हुए थे, इस कारण "देहाती श्रमिकों का आन्दोलन न तो अभी या तुरत बाद के भविष्य में राष्ट्रीय महत्त्व (national significance) अर्जित कर सकता था।" (उप., खंड-4, पृ. 424) दूसरा वर्ग-विरोध पूरे किसान समुदाय और पूरे जमींदार वर्ग के बीच था; "रूसी सामाजिक-जनवादियों [मार्क्सवादियों] के लिए इस दूसरे विरोध का सबसे जीवन्त और सबसे व्यावहारिक महत्त्व है।...बँधुआ किसान-प्रथा के अवशेषों की जड़ से सफाई का प्रश्न, कोटि-कोटि जनसाधारण की दलित अवस्था और सामाजिक-वर्ण वैषम्य (social-estate inequality) की भावना को रूसी राज्यसत्ता के समूचे तंत्र से निकाल फेंकने का प्रश्न अभी भी राष्ट्रीय महत्त्व का विषय बन चुका है, और जो पार्टी स्वाधीनता के लिए संघर्ष में अग्रदल होने का दावा करती है, वह उसकी अनदेखी नहीं कर सकती। (उप., पृ. 423-24)

जनवादी क्रान्ति के लिए देहात में मालिक-मजदूर का विरोध अभी मुख्य विरोध न बना था, मुख्य विरोध था सभी किसानों और सभी जमींदारों के बीच। इस विरोध के निपटारे का भार पूँजीपतियों पर न छोड़कर लेनिन ने मजदूरों की पार्टी से उसमें सक्रिय भूमिका निबाहने को कहा। किसानों की माँगों को स्पष्ट रूप देने के बाद लेनिन ने किसान-समितियाँ बनाने की बात कही। ज़ार सरकार ने जमींदारों की समितियाँ बनाई थीं; इन समितियों ने जो अन्धेरगर्दी मचा रखी थी, उसे दूर करने के लिए "हम किसान समितियाँ कायम करने की माँग पेश करेंगे।" (उप., पृ. 425) सरकार और उसके कर्मचारियों से मुक्ति की आशा नहीं करना; किसानों को अपनी मुक्ति की व्यवस्था खुद करनी होगी—अपनी समितियों द्वारा। किसानों को सरकार का भरोसा नहीं करना, उसे सरकार और उसके कर्मचारियों से मुक्त होना है—इस विशेष सन्दर्भ में किसान समितियाँ

बनाने की बात कही गई है। यहाँ सोवियतों की भूमिका से सम्बन्धित बोल्शेविक धारणा बीज रूप में विद्यमान है। किसान समितियाँ संघर्ष चलाएँगी; राजकर्मचारियों से मुक्ति पानी होगी तो शासन-कार्य भी चलाएँगी। किसान समितियों की यह भूमिका जनवादी क्रान्ति को उसके पूँजीवादी साँचे से अलग करती थी।

मार्क्सवादियों का काम यह था कि वे अपना प्रचार-कार्य किसानों की ठोस, स्थानीय और बहुत जरूरी माँगों के बल पर करें किन्तु उन तक उसे सीमित न करें। उनके प्रचार-कार्य का उद्‌देश्य किसानों की राजनीतिक चेतना को विकसित करना होगा। "राज्यतंत्र में जमींदारों का विशेष स्थान कहाँ है और किसानों का कहाँ है, यह उन्हें समझाना होगा, उन्हें यह सिखाना होगा कि अत्याचारी उत्पीड़न से देहात को मुक्त करने का एक ही रास्ता है कि जनता के प्रतिनिधियों की सभा की जाए और हाकिमों के निरंकुश शासन का तख्ता उलट दिया जाए।" (उप.) 1861 के सुधारों से जनवादी माँगें पूरी न हुई थीं, किसानों में इन माँगों का प्रचार मजदूर-आन्दोलन को करना था। "यदि हमारी पार्टी को निरंकुश सत्ता के विरुद्ध संघर्ष में समस्त जनता की अगुवाई करनी है तो ऐसी माँगें उसे अपने कार्यक्रम में शामिल करनी होंगी।" (उप., पृ. 426) मजदूर वर्ग और उसकी पार्टी का काम किसानों की राजनीतिक चेतना को निखारना, उनमें वर्ग-संघर्ष के बीज बोना है। यह काम हो सकता है और अभी भी हो रहा है। "जब हम शर्मनाक बँधुआ-प्रथा के सभी अवशेषों से रूसी किसानों की मुक्ति का झंडा उठाएँगे, जब हम ऐसा नारा देंगे कि हमारा असर पड़ने लगे, तब यह प्रक्रिया ज्यादा तेजी से और व्यापक रूप से विकसित होगी। आज भी देहात के लोग शहर आते हैं तो मजदूरों के संघर्ष को कुतूहल और दिलचस्पी से देखते हैं और उसकी खबर देश में दूर-दूर तक ले जाते हैं। वह उनकी समझ में नहीं आता। हमें ऐसी परिस्थिति पैदा करनी चाहिए—और हम यह कर सकते हैं—कि दर्शकों के कुतूहल का स्थान यदि पूरी समझदारी नहीं, तो कम-से-कम यह अस्पष्ट चेतना ले ले कि मजदूर समस्त जनता के हितों के लिए संघर्ष कर रहे हैं; उसका स्थान उनके संघर्ष के प्रति बढ़ती हुई सहानुभूति ले ले। यह काम जब हो जाएगा, तब पुलिस सरकार पर क्रान्तिकारी मजदूरों की पार्टी की जीत का दिन इतनी शीघ्रता से आएगा कि हमने भी उसका पूर्वानुमान न किया होगा।" (उप., पृ. 428)

जनवादी क्रान्ति में क्रान्तिकारी मजदूरों और उनकी मार्क्सवादी पार्टी की भूमिका उसके पूँजीवादी साँचे को नष्ट कर देनेवाली थी। 'जनवादी क्रान्ति में सामाजिक जनवाद की दो कार्यनीतियाँ' पुस्तक की भूमिका में लेनिन ने पूँजीपति वर्ग और मजदूर वर्ग के नेतृत्व की भिन्नता, उस नेतृत्व के अलग-अलग तरह के नतीजों के बारे में लिखा; प्रश्न यह है : "क्या हम अपने सामाजिक जनवाद के सिद्धान्त [मार्क्सवाद] की सचाई का, एक मात्र भरपूर क्रान्तिकारी वर्ग—सर्वहारा—से अपने घनिष्ठ सम्बन्ध का, उपयोग कर सकेंगे जिससे कि क्रान्ति पर सर्वहारा की छाप लगे? हम क्रान्ति

को वास्तविक और निर्णायक विजय तक ले जा सकें—केवल शब्दों में नहीं वरन् कार्य रूप में—और जनवादी पूँजीपति वर्ग की अस्थिरता को, उसके शिथिल साहस और विश्वासघात को निरस्त किया जा सके?" (उप., खंड-9, पृ. 18) पूँजीपति वर्ग जनवादी था क्योंकि वह सामन्ती अवशेषों को खत्म करना चाहता था पर वह ढुलमुल था, आधे मन से क्रान्ति में हिस्सा लेनेवाला था और जमींदारों से समझौते के कारण विश्वासघाती भी था। इंग्लैंड की पूँजीवादी क्रान्ति में, यथा—चार्टिस्ट-आन्दोलन के समय, पूँजीपति वर्ग अपने इन गुणों का परिचय दे चुका था। इंग्लैंड से भिन्न रूस में किसानों का सामन्त-विरोधी आन्दोलन शक्तिशाली था, इसलिए यहाँ पूरी सम्भावना थी कि जनवादी क्रान्ति का परिणाम दूसरे ढंग का हो। लेनिन ने उसी भूमिका में लिखा : "क्रान्ति का परिणाम इस बात पर निर्भर है कि मजदूर वर्ग पूँजीपतियों के मातहत की भूमिका निबाहता है—ऐसा मातहत जो निरंकुश सत्ता पर आक्रमण की बाढ़ में शक्तिशाली है किन्तु राजनीतिक रूप से अशक्त है—या वह जनक्रान्ति (people's revolution) के नेता की भूमिका निबाहता है।" (उप., पृ. 19) यदि मजदूर वर्ग जनक्रान्ति में नेता की भूमिका निबाहता है तो इस क्रान्ति का परिणाम पूँजीवादी क्राति से भिन्न होगा। परिणाम भिन्न इसलिए होगा कि जनक्रान्ति का स्वरूप पूँजीवादी क्रान्ति के स्वरूप से भिन्न होगा।

जनवादी क्रान्ति में पूँजीपति वर्ग का नेतृत्व होगा तो क्रान्ति के फलस्वरूप पूँजीवादी जनतंत्र कायम होगा और इसमें सामन्ती अवशेष बने रहेंगे। इससे मजदूर वर्ग के अपने मुक्ति-संघर्ष में बाधा पड़ेगी। यदि सत्ता किसानों और मजदूरों के हाथ में रहती है तो पूँजीपति वर्ग के विरुद्ध मजदूरों को अपना संघर्ष चलाने में सुविधा होगी। उस पुस्तक में लेनिन ने लिखा : "यदि पूँजीपति वर्ग ज़ारशाही से समझौता करके क्रान्ति को पंगु बना देता है तो सामाजिक जनवाद [मजदूर-आन्दोलन] देखेगा कि असंगतियों से ग्रस्त पूँजीपति वर्ग के खिलाफ संघर्ष में उसके हाथ दरअसल बँधे हुए हैं, सामाजिक जनवाद पूँजीवादी जनतंत्र में 'घुल' गया है, इस अर्थ में कि सर्वहारा वर्ग क्रान्ति पर अपनी छाप लगाने में सफल नहीं हुआ है, ज़ारशाही से अपना हिसाब सर्वहारा ढंग से, या जैसाकि मार्क्स ने एक बार कहा था, 'देहाती ढंग से' साफ करने में सफल नहीं हुआ है।" (उप., पृ. 58) यदि निरंकुश सत्ता पूरी तरह ध्वस्त होती है तो असंगतियों से ग्रस्त पूँजीपति वर्ग को रास्ते से हटा दिया जाएगा और 'सर्वहारा वर्ग तथा किसानों की क्रान्तिकारी जनवादी डिक्टेटरशिप' कायम होगी। (उप., पृ. 177) पूँजीवादी सत्ता से भिन्न इस जनसत्ता के कायम होने का परिणाम यह होगा कि समाजवाद की ओर संक्रमण के लिए मजदूर वर्ग को दुबारा सत्ता के लिए संघर्ष न करना पड़ेगा, पूँजीवादी क्रान्ति के बाद दूसरी क्रान्ति—समाजवादी क्रान्ति—न करनी पड़ेगी; वह नई जनवादी क्रान्ति की एक मंजिल से दूसरी मंजिल की ओर, सामन्त-विरोधी मंजिल से पूँजीवाद-विरोधी मंजिल की ओर, संक्रमण कर सकेगा।

रूस में यह सम्भावना थी कि मजदूर वर्ग निरंकुश सत्ता के खिलाफ पूँजीपतियों के साथ संयुक्त मोर्चा बनाए। किन्तु पूँजीपतियों को यह बात पसन्द नहीं थी कि मजदूर और किसान क्रान्ति की प्रमुख शक्ति बनें, किसान अपने देहाती ढंग से जमींदारों की सत्ता का सफाया करने लगें। यदि किसानों के साथ मजबूत संयुक्त मोर्चा बनाने से पूँजीपतियों के साथ मजदूर वर्ग का संयुक्त मोर्चा टूटता हो तो उसे टूट जाने देना चाहिए। सामन्त-विरोधी क्रान्ति में पूँजीपतियों के मुकाबले किसानों की भूमिका जितना ही अधिक शक्तिशाली होगी, उतना ही क्रान्ति का जनवादी स्वरूप पुष्ट होगा, उतना ही दूसरी मंजिल की ओर मजदूर वर्ग का संक्रमण आसान होगा। 1899 में पार्टी कार्यक्रम के मसौदे के बारे में लेनिन ने लिखा था : "क्या हम सभी सामाजिक जनवादी यह घोषित नहीं करते कि हम उस हद तक बड़े पूँजीपतियों का भी समर्थन करने को तैयार हैं जिस हद तक वे उक्त प्रपंच [सामन्ती अवशेषों और निरंकुश सत्ता] के खिलाफ क्रान्तिकारी संघर्ष चलाने में समर्थ होंगे? तब हम निम्न पूँजीवादी वर्ग को, लाखों आदमियों के इस वर्ग को, जो क्रमश:, कदम-ब-कदम, सर्वहारा में घुल-मिल रहा है, समर्थन देने से कैसे इनकार कर सकते हैं?" (उप., खंड-4, पृ. 242)

लेनिन ने यह सवाल उन लोगों को ध्यान में रखकर किया है जो पूँजीपतियों के साथ संयुक्त मोर्चा बनाने को बहुत स्वाभाविक कार्य समझते थे किन्तु किसानों के साथ संयुक्त मोर्चा बनाने में झिझकते थे। लेनिन ने किसानों को निम्न पूँजीवादी वर्ग कहा था क्योंकि उनके पास निजी खेती के साधन थे। अधिकांश छोटे मालिक किसान सामन्ती अवशेषों से पीड़ित थे, साथ ही वे व्यापारियों, उद्योगपतियों, राजकर्मचारियों आदि-आदि से भी पीड़ित थे। इसीलिए उनकी हालत सर्वहारा वर्ग से मिलती-जुलती थी, अक्सर उससे बदतर भी होती थी। इनमें कुछ धनी किसान थे जो खेत-मजदूरों से काम लेते थे, उनकी खेती मुनाफे के लिए होती थी। वे देहात का नया पूँजीपति वर्ग थे। किसानों का बहुसंख्यक निर्धन भाग न केवल सामन्ती अवशेषों, राजकर्मचारियों आदि के विरुद्ध मजदूरों का साथ देने के योग्य था वरन् वह पूँजीपति वर्ग के विरुद्ध भी उनका साथ देने के योग्य था।

तिफलिस नगर के एक मार्क्सवादी ने लिखा था : "समूचा रूसी सर्वहारा अभी पर्याप्त वर्गचेतन और संगठित नहीं है कि अकेले क्रान्ति सम्पन्न कर ले। और यदि वह इसके योग्य होता भी तो वह सर्वहारा (समाजवादी) क्रान्ति सम्पन्न करता, न कि पूँजीवादी क्रान्ति। इसलिए यह हमारे हित में है कि सरकार के कोई साथी न रह जाए, कि वह विरोध पक्ष को विभाजित न कर सके जिससे पूँजीपति वर्ग को साथ ले ले और सर्वहारा को अकेला छोड़ दे।" (उप., खंड-9, पृ. 62) इस मार्क्सवादी के लिए क्रन्तियाँ दो तरह की होती हैं—पूँजीवादी और सर्वहारा। पूँजीवादी क्रान्ति करना पूँजीपति वर्ग का काम है और सर्वहारा क्रन्ति करना सर्वहारा वर्ग का। सर्वहारा वर्ग

को ऐसा कुछ न करना चाहिए जिससे पूँजीपति बिदक जाएँ और निरंकुश सत्ता का साथ देने लगे। लेनिन ने टिप्पणी की : "क्या यह स्पष्ट नहीं है कि यह बेचारा तिफलिसवासी 'पूँजीवादी क्रान्ति' की धारणा की पिछलगुआपंथी पंडिताऊ व्याख्या से बुरी तरह उलझन में पड़ गया है? जनवादी क्रान्ति में वह सर्वहारा के अकेले पड़ जाने की समस्या पर विचार करता है और भूल जाता है...एक छोटी-सी चीज भूल जाता है...किसान!" (उप., पृ. 62-63) लेनिन के अनुसार पूँजीवादी क्रान्ति की व्याख्या दो प्रकार से की जा सकती है। एक प्रकार वह है जिसके अनुसार क्रान्ति की अगुवाई पूँजीपति वर्ग करता है, मजदूर उसके पीछे चलते हैं; यह क्रान्ति की पंडिताऊ पिछलगुआपंथी व्याख्या है। दूसरा प्रकार वह है जिसके अनुसार क्रान्ति की अगुवाई मजदूर वर्ग करता है, किसान उसमें आगे बढ़कर हिस्सा लेते हैं, पूँजीपतियों को जमींदारों से समझौता करने का अवसर नहीं मिलता; यह क्रान्ति की सही मार्क्सवादी व्याख्या है। यह दो प्रकार का भेद वास्तव में पूँजीवादी क्रान्ति और जनक्रान्ति का भेद है, यह क्रान्ति के वर्ग-तत्त्व और परिणामों का भेद है।

रूस के अधिकांश प्रगतिशील बुद्धिजीवी इस बात के खिलाफ थे कि उदारपंथी पूँजीपतियों की आलोचना की जाए। वे कहते थे कि इससे पूँजीपति—और उनके अनुयायी—बिदक जाएँगे और मजदूर वर्ग अकेला पड़ जाएगा। ऐसे बुद्धिजीवियों के बारे में लेनिन ने 1905 में लिखा था : "रूस में जनता और बुद्धिजीवियों का राजनीतिक शिक्षण नाममात्र को है। हमारे देश में स्पष्ट राजनीतिक विश्वास और दृढ़ पार्टीभक्त अभी विकसित नहीं हुए। निरंकुश सत्ता का विरोध कोई भी करे, रूस के लोग झट उस पर भरोसा करने को तैयार हो जाते हैं। उस विरोध के भीतरी तत्त्व और उसके स्वरूप की आलोचना से नाराज हो जाते हैं। समझते हैं कि ऐसी आलोचना दुष्टतापूर्वक मुक्ति-आन्दोलन में फूट डालती है...। क्रान्ति जितना ही आगे बढ़ती है, उतना ही उदारपंथ बेपर्द होता है, उतना ही सचाई से भरपूर निगाह मिलाने का, उदारपंथ के वास्तविक तत्त्व को समझने का भय अक्षम्य होता जाता है।" (उप., खंड-9, पृ. 240) उदारपंथी पूँजीपति सतर्क थे कि ज़ारशाही का विरोध क्रान्तिकारी रूप न ले, किसानों की सामन्त-विरोधी क्रान्ति पूँजीपतियों की स्थिति को कमजोर न कर दे। विनोग्रादोव नाम के पूँजीवादी बुद्धिजीवी ने लिखा था : "मैं नहीं जानता कि 1848 में जर्मनी ने जो रास्ता पकड़ा था, उस पर चलकर रूस नई व्यवस्था तक पहुँचने में सफल होगा या नहीं लेकिन मुझे इसमें सन्देह नहीं है कि उस राह पर चलने की भरसक कोशिश करनी चाहिए, न कि उस राह पर जिसे फ्रांस ने 1789 में चुना था।" (उप., पृ. 241) लेनिन ने दोनों राहों का भेद बताया। 1789 की पूँजीवादी जनवादी क्रान्ति पूरी हुई थी, 1848 की क्रान्ति पूरी न हुई थी। फ्रांस में गणराज्य कायम हुआ, लोगों को पूरी आजादी मिली। जर्मनी में क्रान्ति रुक गई, पादशाही और प्रतिक्रियावाद को ध्वस्त न किया गया। जर्मन क्रान्ति मुख्यतः उदारपंथी पूँजीपतियों के नेतृत्व में हुई; मजदूर

वर्ग अपरिपक्व था, उसे वे अपने पीछे खींच ले गए। फ्रांस में क्रान्ति "कम-से-कम एक हद तक क्रान्तिकारी, सक्रिय जन-समुदाय ने, मजदूरों और किसानों ने की थी। उन्होंने कम-से-कम कुछ समय के लिए प्रतिष्ठित नरमदली पूँजीपति वर्ग को एक तरफ ठेल दिया।" (उप.) स्मरणीय है कि फ्रांस में अभी बड़े पैमाने के मशीनी उद्योग का चलन न हुआ था। फिर भी वहाँ के मजदूरों और किसानों ने 'एक हद तक' क्रान्ति का पूँजीवादी स्वरूप बदलकर उसे जनक्रान्ति का रूप दे दिया था। 'कुछ समय के लिए' पूँजीपति वर्ग एक तरफ ठेल दिया गया था। किन्तु जर्मनी में बहुत जल्दी शान्ति कायम कर दी गई : "क्रान्तिकारी जनता का दमन हुआ, "कोतवाल और हवलदार' की जीत हुई।" उधर फ्रांस में "कुछ समय के लिए सत्ता क्रान्तिकारी जनता के हाथ में आई और इस सत्ता ने 'कोतवाल और हवलदार' के प्रतिरोध का दमन किया।" (उप., पृ. 241-42) एक राह 1789 में फ्रांस की, दूसरी राह 1848 में जर्मनी की। लेनिन ने प्रश्न किया : "इन दो राहों में मौलिक भेद (radical difference) क्या है?" (उप., पृ. 241) जो भेद उन्होंने बताया, वह रूपगत भेद नहीं था, वह क्रान्ति की विषयवस्तु का भेद था। 1789 की फ्रांसीसी क्रान्ति एक हद तक, कुछ समय के लिए, जनक्रान्ति थी। 1848 की जर्मन क्रान्ति पूँजीवादी, अधूरी, निरंकुश सत्ता से समझौता करने वाली क्रान्ति थी।

लेनिन ने जिस पूँजीवादी बुद्धिजीवी का हवाला दिया था और जिस तिफलिसवासी मार्क्सवादी की आलोचना की थी, वे दोनों एक ही बात कह रहे थे—पूँजीवादी क्रान्ति जनक्रान्ति न बनने पाए। लेनिन ने तै किया था कि मजूदर और किसान एक हद तक नहीं, पूरी हद तक जनवादी क्रान्ति करेंगे, सत्ता क्रान्तिकारी जनता के हाथ में कुछ समय के लिए नहीं, सदा के लिए रहेगी। किसान केवल सामन्ती अवशेषों के खात्मे में मजदूरों का साथ दें, ऐसी बात नहीं थी; वे पूँजीवाद के खात्मे में भी उनका साथ दे सकते थे। कारण यह था कि "सभी पूँजीवादी देशों की आबादी का 90 फीसदी भाग गरीब था, इसमें मजदूर थे जिन्हें बहुत ही कम पगार मिलती थी और इसमें किसान थे जो कुल मिलाकर मजदूरों से भी बदतर जिन्दगी बसर करते थे।" (उप., खंड-5, पृ. 92) रूस में सामन्ती अवशेष किसानों और मजदूरों, दोनों की प्रगति में बाधक थे। पूँजीवाद मजदूरों का शोषण करता था तो वह किसानों का जीवन तबाह कर रहा था। इसलिए मजदूरों और किसानों के लिए जनवादी क्रान्ति की एक मंजिल से दूसरी मंजिल तक बढ़ना आसान था। 1905 के एक लेख में लेनिन ने जनवादी क्रान्ति की दोनों मंजिलों की रूपरेखा तैयार कर दी थी। वह इस प्रकार : "सर्वहारा वर्ग विजय की ओर बढ़ रहा है, वह किसानों को जगा रहा है कि वे उसके नेतृत्व का अनुसरण करें। किसानों का सहारा लेकर वह पूँजीपति वर्ग की अस्थिरता और उसके विश्वासघात को निरस्त कर देगा, सत्ता के पूँजीवादी उम्मीदवारों को एक तरफ ठेल देगा, बलपूर्वक निरंकुश सत्ता का दमन करेगा और रूसी जीवन से बँधुआ-स्वामित्व

की दुष्ट प्रथा को जड़ समेत उखाड़ फेंकेगा। जब वह समय आएगा, तब हम जनता के लिए पादशाही वाला वह संविधान प्राप्त न करेंगे—जिससे पूँजीपति वर्ग के विशेषाधिकार सुरक्षित रहते हैं। नहीं, हम रूस के लिए गणराज्य प्राप्त करेंगे जिसमें सभी पीड़ित जातियों के लिए, किसानों और मजदूरों के लिए पूर्ण स्वाधीनता होगी। तब हम सर्वहारा वर्ग की समस्त क्रान्तिकारी ऊर्जा का उपयोग करेंगे—समाजवाद के लिए सबसे साहसी, सबसे दूरगामी संघर्ष के लिए, हर तरह के शोषण से श्रमजीवियों की पूर्ण मुक्ति के लिए।" (उप., खंड-9, पृ. 177-78) समाजवाद के लिए इस संघर्ष को नई जनवादी क्रान्ति की दूसरी मंजिल कहना उचित होगा। पहली मंजिल में मजदूरी और निर्धन किसानों की जो क्रान्तिकारी सत्ता कायम होगी, वह दूसरी मंजिल में किसी भारी परिवर्तन के बिना कायम रहेगी। जनवादी क्रान्ति का उद्देश्य है जनतंत्र कायम करना। लेनिन के अनुसार : "सुसंगत जनतंत्र एक ओर समाजवाद में बदल जाता है, दूसरी ओर वह समाजवाद की माँग करता है।" (उप., खंड-25, पृ. 452)

3. नया जनतंत्र और राजकीय पूँजीवाद

मजदूर और किसान सामन्त-विरोधी क्रान्ति करें तो उसे पूँजीवादी क्रान्ति तो कहा गया है किन्तु वे जो जनतंत्र स्थापित करेंगे, उसे पूँजीवादी जनतंत्र नहीं कहा गया। यह जनतंत्र गुणात्मक रूप में पूँजीवादी जनतंत्र से भिन्न होता है। यदि हम इसे नया जनतंत्र कहें, इसे जन्म देने वाली क्रान्ति को नई जनवादी क्रान्ति कहें तो उचित होगा। दो तरह की जनवादी क्रान्तियाँ, उनके परिणामस्वरूप दो तरह के जनतंत्र : फरवरी, 1917 में लेनिन ने 'युद्ध से सबक' शीर्षक निबन्ध लिखने के लिए रूपरेखा बनाई थी। इसमें एक मुद्दा था : ''नये' जनतंत्र की भूमिका और उसका अवसान' (उप., खंड-41, पृ. 393) 'नये' शब्द पर जोर लेनिन का है। लेनिन ने यह निबन्ध लिखा नहीं किन्तु उन्होंने इस नये जनतंत्र की व्याख्या कई जगह की है। मार्च, 1918 में उन्होंने लिखा था : "हम जिस कोटि (type) के जनतंत्र तक पहुँचे हैं, वह पश्चिमी यूरोप में कहीं, कभी नहीं रहा। उसकी आदि कोटि पेरिस कम्यून है।...श्रमिक जनता ने स्वयं राज्यसत्ता के संचालन, और इस राज्यतंत्र की समर्थक सैन्य शक्ति के संचालन, का भार ले लिया है।...हम जनतंत्र के पुराने रूप में उसका समर्थन नहीं कर सकते।" (उप., खंड-27 पृ. 126) पुराना जनतंत्र जनता से अलग, उसके ऊपर है। फौज, पुलिस और नौकरशाही के जरिये उस जनतंत्र में पूँजीपति और जमींदार जनता पर शासन करते हैं। नये जनतंत्र में जनता शासन में प्रत्यक्ष भाग लेती है, उसकी समर्थक सैन्यशक्ति का संचालन करती है। 1871 में मार्क्सले पेरिस कम्यून के बारे में लिखा था : "उसने गणतंत्र को वास्तविक जनवादी संस्थाओं का आधार प्रदान किया।" ('सेलेक्टेड वर्क्स', खंड-2, पृ. 223) कम्यून को बीसवीं सालगिरह के अवसर पर एंगेल्स ने मार्क्स की पुस्तक की भूमिका लिखते हुए कहा था : "पहले

की राज्यसत्ता का ध्वंस और उसकी जगह नई और वास्तविक जनवादी राज्यसत्ता की स्थापना का विस्तार से वर्णन मार्क्स ने गृहयुद्ध के तीसरे अनुभाग में किया है।" (उप., पृ. 188) चाहे नया जनतंत्र कहो, चाहे वास्तविक जनतंत्र कहो, है वह जनतंत्र। उसकी जनतांत्रिकता इतनी व्यापक और गहरी है कि पूँजीवादी जनतंत्र उसका मुकाबला नहीं कर सकता। 'फ्रांस का गृहयुद्ध' के तीसरे अनुभाग में मार्क्स ने कम्यून के जनवादी रूप की व्याख्या इस प्रकार की है :

1. कम्यून का पहला हुक्मनामा यह था कि स्थायी सेना खत्म की जाती है। उसका स्थान हथियारबन्द जनता लेगी। (उप., पृ. 220)
2. शहर के विभिन्न वार्डों से जो म्यूनिसिपल कांउसलर सार्वजनिक मताधिकार द्वारा चुने गए थे, वे सब कम्यून के सदस्य बने। वे सब मतदाताओं के प्रति उत्तरदायी थे और थोड़े समय के बाद वापस बुलाए जा सकते थे। (उप.)
3. कम्यून के बहुसंख्यक सदस्य स्वभावत: श्रमिक जन थे अथवा मजदूर वर्ग के जाने-माने प्रतिनिधि थे। (उप.)
4. कम्यून पार्लियामेंटरी संस्था नहीं, कार्यकारी संस्था थी। वह विधायक और कार्यकारी (executive and legislative) एक साथ थी। (उप.)
5. पुलिस केन्द्रीय सरकार के कारिन्दा का काम करती रहे, इसके बदले उसे कम्यून का उत्तरदायी कारिन्दा बनाया गया, उसे किसी भी समय वापस बुलाया जा सकता था और उसका राजनीतिक तामझाम तुरत खत्म कर दिया गया। (उप.)
6. यही बात प्रशासन की सभी शाखाओं के अधिकारियों के साथ हुई। (उप.)
7. कम्यून के सदस्यों से लेकर नीचे तक सार्वजनिक सेवाएँ श्रमिकों की पगार की दर पर सम्पन्न करनी थीं। (उप.)
8. राज्य के उच्च पदाधिकारी गायब हो गए, उनके साथ उनके निहित स्वार्थ और प्रतिनिधियोंवाले भत्ते भी गायब हो गए। (उप.)
9. सार्वजनिक समारोह केन्द्रीय सरकार के पिट्ठुओं का निजी कारोबार न रह गए। (उप.)
10. केवल म्यूनिसिपल प्रशासन नहीं, वरन् जो पहल अब तक राज्यसत्ता के हाथ में थी, वह कम्यून के हाथ में आ गई।
11. शिक्षा संस्थाओं के द्वार जनता के लिए मुफ्त खोल दिये गए और उनमें चर्च तथा राज्यसत्ता की सारी दखलअन्दाजी खत्म कर दी गई। शिक्षा सबको सुलभ हुई। विज्ञान को जो बेड़ियाँ वर्गीय संकीर्ण भावना और शासन-सत्ता ने पहनाई थीं, वे खोल दी गईं। (उप.)
12. अन्य सार्वजनिक सेवकों की तरह जज और मजिस्ट्रेट निर्वाचित और उत्तरदायी थे और उन्हें वापस बुलाया जा सकता था। (उप., पृ. 225)

विधायकों से लेकर शासन के सभी छोटे-बड़े पदाधिकारी श्रमिक जनता के प्रति उत्तरदायी थे। स्थायी नौकरशाही से भिन्न ये अधिकारी अपने पद पर तभी तक रह सकते थे जब तक वे जनता के प्रति अपना दायित्व निबाहें। दायित्व न निबाहें तो उन्हें वापस बुलाया जा सकता था। श्रमिक जन सशस्त्र थे, इसलिए राज्यसत्ता का कोई अंग उनका दमन न कर सकता था। यह जनसत्ता पेरिस तक सीमित थी। वह देशव्यापी होती तो यूरोप के सारे प्रतिक्रियावादी मिलकर भी उसे उखाड़ न पाते। फ्रांस की पूँजीवादी राज्यक्रान्ति के बाद, गणतंत्र की रक्षा के दौर में, नेपोलियन ने प्रतिक्रियावादियों के ऐसे ही गठबन्धन को पछाड़ दिया था। पेरिस कम्यून को किसानों के लिए कुछ करने का मौका न मिला। मौका मिलता तो, मार्क्स के अनुसार, वह किसानों को उनके रक्तशोषक टैक्स से मुक्त कर देता; शासनतंत्र की जोंकों के बदले कम्यून के वेतनभोगी कारिन्दे होते जिन्हें किसान चुनते और जो किसानों के प्रति उत्तरदायी होते। (उप.) नया जनतंत्र शहरी मजदूरों तक सीमित न होता; उसके संचालन में किसान भी भागीदार होते।

इस बात की क्या गारंटी थी कि जनता के सेवक पदाधिकारी, उसके प्रतिनिधि, जनता के प्रति अपना दायित्व निबाहते रहेंगे? कम्यून की अल्पायु के कारण यह समस्या उसके लिए काल्पनिक सम्भावना मात्र थी किन्तु आज के दीर्घायु समाजवादी तंत्रों के लिए वह वास्तविक है। इस समस्या के समाधान के प्रसंग में 'गृहयुद्ध' की भूमिका में जो बातें एंगेल्स ने कही हैं, वह खूब ध्यान से पढ़ने योग्य हैं। लिखा है : "प्रारम्भ से ही कम्यून यह मानने को बाध्य हुआ कि मजदूर वर्ग सत्ताधारी बन जाने के बाद पुरानी राज्यसत्ता की मशीन से काम चलाते न रह सकता था; जो प्रधानता (supremacy) उसने अभी हाल जीत कर पाई है, उसे वह फिर खो न दे, इसके लिए एक ओर इस मजदूर वर्ग को उस सारी पुरानी दमनकारी मशीनरी को खत्म करना होगा जो पहले स्वयं उसके खिलाफ इस्तेमाल की गई थी; दूसरी ओर उसे अपने ही प्रतिनिधियों और पदाधिकारियों से अपनी सुरक्षा के उपाय करने थे (safeguard itself against its own deputies and officials), और वह इस तरह कि वह घोषित कर दे कि वे, सब-के-सब, किसी भी अपवाद के बिना, किसी भी समय वापस बुलाए जा सकते हैं।" (उप., पृ. 187) समाजवादी तंत्र में जो नौकरशाही विकृतियाँ पैदा होती हैं, उनकी जड़ यह है कि जानता के प्रतिनिधि और सेवक उसके द्वारा किसी भी समय वापस नहीं बुलाए जा सकते।

राज्यसत्ता समाज के एक हिस्से द्वारा दूसरे हिस्से को दबाए रखने का साधन है किन्तु ऐसा साधन बनने के पहले उसके पदाधिकारी जनता के सेवक रूप में ही प्रतिष्ठित होते हैं। एंगेल्स ने प्रश्न किया : "पहलेवाली राज्यसत्ता के स्वरूप की विशेषता क्या थी?" फिर उत्तर दिया : "समाज ने अपने सामान्य हितों की देखभाल के लिए, प्रथमतः सादे श्रम-विभाजन द्वारा, खुद अपनी संस्थाएँ बनाई थीं। किन्तु

ये संस्थाएँ जिनके सिरे पर राज्यशक्ति थी, समय बीतने पर, खुद अपने विशेष हित साधने के लिए, स्वयं को समाज के सेवकों से समाज के स्वामियों में रूपान्तरित कर बैठीं। उदाहरण के लिए यह बात वंशगत पादशाही में ही नहीं, वरन् उतना ही जनवादी गणतंत्र में देखी जा सकती है।...यह बात सबसे ज्यादा साफ अमरीका में देखी जा सकती है कि जो राज्यशक्ति पहले समाज के उपकरण रूप में कल्पित थी, वह किस तरह उससे अपने को स्वतंत्र कर सकी।" (उप., पृ. 187-88) समाज अपने सामान्य हितों की देखभाल के लिए कुछ संस्थाएँ बनाता है, इन संस्थाओं को चलाने के लिए पदाधिकारी नियुक्त करता है। ये पदाधिकारी समाज के सेवक होते हैं। कुछ समय बाद वे उसके स्वामी बन बैठते हैं। निरंकुश पादशाही वाले समाजों में ऐसा होता है, और जनवादी गणतंत्र वाले समाजों में भी यह होता है। पूँजीवादी जनतंत्र से भिन्न नये जनतंत्र में किसान-मजदूर शासन कार्यों में प्रत्यक्ष भाग लेते हैं पर उनके इस भाग लेने की सीमाएँ हैं। शासन तंत्र और उत्पादन तंत्र में सापेक्ष भेद करना जरूरी होता है, श्रम-विभाजन द्वारा कुछ विशेष व्यक्तियों को शासनतंत्र में लगाना जरूरी होता है। ये विशेष व्यक्ति जनता के सेवक होते हैं।

मुख्य समस्या जन-सेवकों को जनता के नियंत्रण में रखने की है। अतः एंगेल्स ने लिखा : "राज्यसत्ता और उसकी संस्थाएँ समाज के सेवकों से समाज के स्वामियों में रूपान्तरित हो जाएँ—पहले की हर राज्यसत्ता में ऐसा रूपान्तरण अनिवार्य रूप से हुआ—इसके लिए कम्यून ने दो अचूक उपाय किये। सबसे पहले तो यह कि उसने सभी पदों पर—प्रशासनिक, न्यायिक और शैक्षिक पदों पर—नियुक्तियाँ निर्वाचन (election) द्वारा कीं। निर्वाचन का आधार सभी सम्बद्ध व्यक्तियों का सार्वजनिक मताधिकार था। यही निर्वाचक किसी भी समय नियुक्त जन को वापस बुला सकें, इस अधिकार के अन्तर्गत नियुक्ति होती थी। दूसरी बात यह कि छोटे और बड़े, सभी पदाधिकारियों को केवल मजदूरों को पगार दी जाती थी। कम्यून ने किसी को जो सबसे ऊँची तनख्वाह दी थी, 6000 फ्रांक थी। इस तरह पद-प्राप्ति के लिए जोड़- तोड़ और कमाऊ-खाऊपन के विरुद्ध कारगर रुकावट खड़ी कर दी गई। इसके अलावा प्रतिनिधि संस्थाओं में जानेवाले डेलीगेटों को आदेशपत्रों (mandates) से जो बाँध दिया जाता था, वह अलग से।" (उप., पृ. 188)

रूसी मजदूरों ने 1905 को क्रान्ति के दौरान सोवियतें कायम की थीं; 1917 में ऐसी सोवियतें उन्होंने फिर कायम कीं। मार्च, 1917 में लेनिन ने लिखा : "अपने वर्गीय सहज बोध के सहारे राह पहचानते हुए मजदूरों ने समझ लिया है कि क्रान्तिकारी समय में उन्हें केवल साधारण संगठन नहीं, वरन् एकदम भिन्न प्रकार का संगठन दरकार है। उन्होंने उचित ही वह रास्ता अपनाया जिसकी ओर हमारी 1905 की क्रान्ति का अनुभव तथा 1871 के परिस कम्यून का अनुभव संकेत कर रहा था। उन्होंने 'मजदूरों के प्रतिनिधियों को सोवियत' कायम की है। वे उसका विकास और प्रसार कर रहे

हैं और उसे सुदृढ़ कर रहे हैं, वह इस तरह कि उसमें 'सैनिकों' के प्रतिनिधियों को, और निस्सन्देह देहात के 'पगारजीवी' श्रमिकों के, फिर (किसी न किसी रूप में तमाम गरीब किसानों के प्रतिनिधियों को उसमें खींचकर ला रहे हैं।" (उप., खंड-23, पृ. 324) पुराने पूँजीवादी तंत्र का विनाश और नये जनवादी तंत्र का निर्माण एक ही प्रक्रिया के दो पहलू हैं। पुरानी राज्यसत्ता का नाश नई जनसत्ता द्वारा ही सम्भव होता है। यह नई सत्ता समाज के हथियारबन्द बहुसंख्यक भाग द्वारा निर्मित होती है—इस तरह निर्मित होती है कि "पुलिस दल, सेना और नौकरशाही समस्त हथियारबन्द जनता में अन्तर्भुक्त हो जाएँ। 1871 के पेरिस कम्यून ने और 1905 की रूसी क्रान्ति ने जिस रास्ते की ओर संकेत किया है, उस पर चलते हुए सर्वहारा वर्ग का काम है कि वह आबादी के सभी गरीबों, शोषित जनों को संगठित करे, उन्हें हथियारबन्द करे जिससे कि वे स्वयं राज्यशक्ति की संस्थाओं को सीधे अपने हाथ में ले सकें, जिससे कि वे स्वयं को राज्यशक्ति को ऐसी संस्थाएँ बना लें।" (उप., पृ. 325-26) जनशक्ति और राज्यशक्ति, जनसत्ता और राज्यसत्ता, दोनों घुल-मिलकर एक हो जाती हैं। इनका घुल-मिलकर एक होना ही जनक्रान्ति की विशेषता है।

फरवरी, 1917 की क्रान्ति के बाद रूस में पूँजीवादी सरकार कायम हुई। मार्च में लेनिन ने लिखा : "लेकिन उसके समानान्तर पेत्रोग्राद में एक अन्य सरकार क्रमशः आकार ग्रहण कर रही है। मजदूरों और सैनिकों ने अपनी सोवियत कायम की है। एक हजार मजदूरों या सैनिकों का एक निर्वाचित प्रतिनिधि होता है। उसकी बैठक तौरीदा भवन में होती है और अब उसके एक हजार से अधिक सदस्य हैं। और वह सचमुच जनता का प्रतिनिधित्व करती है।" (उप., खंड-23, पृ. 347) पूँजीवादी राज्यसत्ता और जनसत्ता आमने-सामने थीं। जनसत्ता ने राज्यसत्ता का रूप लिया, दोनों के बीच का फासला मिट गया। पुराने जनतंत्र का जन-आधार संकुचित था; जनसत्ता ने उसे व्यापक आधार प्रदान किया। अप्रैल, 1917 में लेनिन ने पेरिस कम्यून से सोवियतों की तुलना करते हुए लिखा : "यह सत्ता उसी साँचे की है जिस साँचे की 1871 के पेरिस कम्यून की सत्ता था।" (उप., खंड-24, पृ. 38) फिर इस सत्ता की व्याख्या करते हुए उन्होंने लिखा : "इस साँचे की मूलभूत विशेषताएँ ये हैं : (1) सत्ता का स्रोत कोई कानून नहीं है जिसे पहले बहस-मुबाहसे के बाद पार्लियामेंट ने पास कर दिया हो वरन् उसका स्रोत नीचे से जनता द्वारा उसके स्थानीय क्षेत्रों में की हुई सीधी पहल, आजकल के प्रचलित मुहावरे में, सीधे 'दखल' है; (2) पुलिस और फौज जनता से अलग, उसके विरुद्ध खड़ी की गई संस्थाएँ हैं, समस्त जनता को सीधे हथियारबन्द करके इनका प्रतिस्थापन; ऐसी सत्ता के अन्तर्गत राज्य में शान्ति-व्यवस्था की रक्षा स्वयं हथियारबन्द मजदूरों और किसानों द्वारा की जाती है, स्वयं हथियारबन्द जनता द्वारा की जाती है; (3) अफसरशाही, नौकरशाही का या तो इसी तरह स्वयं जनता के सीधे शासन द्वारा प्रतिस्थापन होता है या कम-से-

कम उन्हें विशेष नियंत्रण में रखा जाता है; वे सब निर्वाचित पदाधिकारी होते हैं। यही नहीं, वे जनता की माँग पर तुरत 'वापस बुलाए जा सकते हैं'; उनकी स्थिति साधारण कारिन्दों की हो जाती है; पूँजीवादी पैमाने पर भारी तनखाहों वाले 'पदों' पर जमे हुए विशेषाधिकारी गुट के बदले वे 'सेवा के विभाग' विशेष के कर्मचारी बन जाते हैं और एक योग्य श्रमिक के वेतन से अधिक पारिश्रमिक उन्हें नहीं मिलता।" (उप., खंड 24, पृ. 39)

मार्च, 1919 में पूँजीवादी जनतंत्र से सोवियत जनतंत्र का भेद बताते हुए लेनिन ने लिखा था कि सोवियत गणतंत्र का काम पूँजीवाद द्वारा उत्पीड़ित सर्वहारा और अर्द्ध-सर्वहारा वर्गों के जनसंगठनों का निर्माण और विकास है। पूँजीवादी जनवादी गणतंत्र में शोषित जनता को बहुत-से-बहुत संगठन बनाने की अनुमति होती है लेकिन वास्तव में वह इस तरह के संगठन में अनगिनत बाधाएँ डालता है। "सोवियत सत्ता ने इतिहास में पहली बार पूँजीवाद द्वारा उत्पीड़ित जनता के संगठन बनाने में भारी सहूलियत दी है। यही नहीं, उसने इस संगठन को राज्यसत्ता के समूचे यंत्र का स्थानीय और केन्द्रीय स्तरों पर, धुर नीचे से लेकर ऊपर चोटी तक—आवश्यक और स्थायी आधार बना दिया है। केवल इस तरह यह सम्भव है कि जनता के बड़े बहुसंख्यक भाग (श्रमिक जनता) के लिए जनतंत्र सुनिश्चित हो जाए अर्थात् वह राज्य के शासन में सचमुच भाग ले, जबकि इसके विपरीत सबसे जनवादी बुर्जुआ गणतंत्रों में बुर्जुआ वर्गों के सदस्य ही मुख्यतः राज्य का शासन वास्तव में चलाते हैं।" (उप., खंड-29, पृ. 106-07) पूँजीवादी जनतंत्र शोषकों और शोषितों की समानता की घोषणा करके आम जनता को धोखा देता है। सोवियत सत्ता शोषकों को समाज के उन नागरिकों से भिन्न कोटि में रखती है जिन्हें पूर्ण अधिकार प्राप्त हैं। इस तरह वह "वास्तविक जनतंत्र को अर्थात् समस्त श्रमिक जनता की वास्तविक समानता को अमल में लाती है।" (उप., पृ. 107) सोवियत सत्ता में चुनाव का महत्त्व इस प्रकार है : "सोवियत साँचे की राज्यसत्ता के अन्तर्गत सत्ता की संरचना और प्रशासन पर आम श्रमिक जनता का अधिक प्रत्यक्ष प्रभाव—अर्थात् जनतंत्र का एक उच्चतर रूप—चुनाव प्रक्रिया द्वारा, अधिक बार चुनाव कराने की सम्भावना द्वारा, चरितार्थ होता है। इसके साथ ही प्रतिनिधियों को वापस बुलाने और फिर चुनाव कराने की शर्तें होती हैं; पूँजीवादी प्रजातंत्रों के सर्वश्रेष्ठ रूपों की तुलना में भी यहाँ ये शर्तें ज्यादा सीधी-सादी, और शहरी तथा देहाती श्रमिकों की ज्यादा आसानी से समझ में आनेवाली होती हैं।" (उप.)

सोवियत सत्ता ने आर्थिक, औद्योगिक इकाई को प्राथमिक निर्वाचन इकाई बनाया। राज्यतंत्र से सर्वहारा के इस निकटतर सम्पर्क के कारण 'जनतंत्र का अधिक ऊँचा स्तर' अमल में आया। (उप.) मध्यकालीन समाज की तुलना में जनता को मताधिकार देकर पूँजीवादी जनतंत्र ने एक प्रगतिशील कदम उठाया। सोवियत जनतंत्र

ने मताधिकार का प्रसार किया, पूँजीवादी जनतंत्र के नकारात्मक पहलू उसने छोड़ दिये। लेनिन ने लिखा है : "सोवियत संगठन ने पूँजीवादी जनतंत्र की उस विशेषता को कहीं ज्यादा दूर तक और गहराई से विकसित किया है जो ऐतिहासिक रूप से मध्यकाल की तुलना में पूँजीवादी जनतंत्र के महान प्रगतिशील स्वरूप का द्योतक है अर्थात् पदों के लिए व्यक्तियों के निर्वाचन में जनता का भाग लेना। सबसे जनवादी बर्जुआ राज्यों में, किसी एक में भी, आम श्रमिक जनता पूँजीपति वर्ग द्वारा प्रदत्त मताधिकारों को उतने विस्तार से, उतनी अधिक बार, उतने व्यापक रूप से, उतनी सादगी और आसानी से कभी भी भोग नहीं पाई (पूँजीपति वर्ग यथार्थ में इसमें बाधा डालता है) जैसेकि सोवियत सत्ता के अन्तर्गत उनका भोग होता है। इसके साथ ही सोवियत सत्ता ने पूँजीवादी जनतंत्र के वे नकारात्मक पहलू दूर उठा फेंके हैं जिन्हें खत्म करने की शुरुआत पेरिस कम्यून ने की थी अर्थात् पार्लियामेंटशाही, अथवा विधायक और कार्यकारी शक्तियों का अलगाव; उसके संकीर्ण और सीमित स्वरूप की बात मार्क्सवाद ने बहुत पहले कह दी थी। शासन के दोनों पक्षों को एक करके सोवियतें राज्यसत्ता के यंत्र को श्रमिक जनता के निकट ले आती हैं। वे उस बुर्जुआ पार्लियामेंट की बाड़ हटा देती हैं जिसने धूर्ततापूर्ण साइनबोर्ड लगाकर जनता को बेवकूफ बनाया था, पार्लियामेंटरी व्यवसायियों के वित्तीय और सट्टा बाजार वाले सौदे छिपाए थे और राज्य के पूँजीवादी शासन यंत्र का अक्षुण्ण बना रहना सुनिश्चित कर दिया था।" (उप., पृ. 108-09) सोवियत जनतंत्र ने चुनाव-प्रक्रिया खत्म नहीं की, उसका प्रसार किया। मताधिकार के उपयोग में श्रमिक जनता के सामने जो रुकावटें थीं, उन्हें दूर किया। उसने विधायक और कार्यकारी संस्थाओं का अलगाव दूर करके शासनतंत्र को जनता के निकट ला रखा।

लेनिन ने बताया कि पूँजीवादी जनतंत्र स्वाधीनता और अधिकारों की लम्बी-चौड़ी घोषणाएँ करता है, सोवियत जनतंत्र में जोर श्रमिक जनता के वास्तव में शासन में भाग लेने पर होता है। वह "संस्कृति, सभ्यता और जनतंत्र के लाभ श्रमिक और शोषित जनता को वास्तव में सुलभ कराता है। सोवियत सत्ता इसे अपना सबसे महत्त्वपूर्ण कार्य समझती है और भविष्य में अविचल भाव से उसे यह कार्य करते रहना चाहिए।" (उप., पृ. 110)

जनक्रान्ति जनतंत्र का विकास करती है और यह काम वही कर सकती है। वह पुरानी राज्यसत्ता को ध्वस्त इसलिए करती है कि उसकी जगह वह व्यापक जनतंत्र को प्रतिष्ठित कर सके। "इसलिए ऐसा प्रतीत होता है कि पुरानी राज्यसत्ता के यंत्र को ध्वस्त करके कम्यून ने उसके स्थान पर 'केवल' अधिक भरे-पूरे जनतंत्र की प्रतिष्ठा की।" (उप., खंड-25, पृ. 419) सोवियत सत्ता ने पुरानी राज्यसत्ता का नाश किया क्योंकि वह जनता के शोषण का साधन थी; स्वभावत: सोवियत सत्ता के प्रति तमाम शोषित जनता की सहानुभूति थी। "उसने नये और उच्चतर रूप की राज्यसत्ता

की नींव डाली। इसका आदि रूप कम्यून था। कम्यून ने पुरानी राज्यसत्ता की मशीन का नाश किया, उसकी जगह स्वयं जनसाधारण की सैन्यशक्ति स्थापित की, पूँजीवादी पार्लियामेंटशाही जनतंत्र की जगह श्रमिक लोगों का जनतंत्र स्थापित किया, उससे शोषकों को बाहर रखा और व्यवस्थित ढंग से उनके प्रतिरोध का दमन किया।" (उप., खंड-27, पृ. 174) इस नये जनतंत्र के कारण पेरिस कम्यून पूँजीवादी प्रजातंत्रों से बढ़कर था। लेनिन ने कौट्स्की को याद दिलाया था कि 1917 की क्रान्ति के बाद से रूसी मार्क्सवादी "इस बात पर बराबर जोर देते रहे हैं कि संविधान सभा वाले सामान्य पूँजीवादी गणराज्य की तुलना में सोवियतों वाला गणराज्य जनतंत्र का उच्चतर रूप है।" (उप., खंड-28, पृ. 266)

नया जनतंत्र पूँजीवादी जनतंत्र से भिन्न है, यह स्पष्ट है। इस नये जनतंत्र की एक विशेषता यह है कि इसमें मजदूरों की संख्या से किसानों की संख्या ज्यादा है, स्वभावतः मजदूरों को सोवियतों की तुलना में किसानों की सोवियतें ज्यादा होंगी। दूसरी विशेषता यह है कि इस जनतंत्र का उद्देश्य समस्त पूँजीवाद को निर्मूल करना नहीं होता; पूँजीवाद के एक अंश को निर्मूल करना और दूसरे अंश को नियंत्रित रखना उसका उद्देश्य होता है। समाजवादी व्यवस्था कायम करने के लिए वह संक्रमणकाल का तंत्र है। समाजवादी व्यवस्था से जब स्वाधीन श्रमिक जनता साम्यवाद की ओर बढ़ती है, तब दूसरा संक्रमणकाल आरम्भ होता है। लेनिन ने इन दोनों संक्रमणकालों को मिलाकर, पूँजीवाद से साम्यवाद तक की यात्रा को ध्यान रखकर, लिखा था : "बहुसंख्यक जनता का जनतंत्र, जनता के शोषकों और उत्पीड़कों का बलपूर्वक दमन, अर्थात् जनतंत्र से उनका निष्कासन, पूँजीवाद से साम्यवाद तक संक्रमण के दौरान जनतंत्र में यह परिवर्तन होता है।" (उप., खंड-25, पृ. 462) साम्यवाद में राज्यसत्ता निर्वाण को प्राप्त होने लगती है; समाजवाद में वह सजीव और सक्रिय रहती है। साम्यवाद में जनतंत्र भी—अपने विशिष्ट राज्यसत्ता वाले अर्थ में—नहीं रहता। पहले पूँजीवाद से समाजवाद की ओर संक्रमण, फिर समाजवाद से साम्यवाद की ओर संक्रमण, दो तरह के संक्रमण होते हैं। चाहे एक ही संक्रमण के दो चरण मानें, चाहे दो संक्रमणकाल मानें, दोनों में भेद करना जरूरी है।

1918 में रूसी अर्थतंत्र के संक्रमणकालीन स्वरूप की व्याख्या करते हुए लेनिन ने इस तंत्र के पाँच सामाजिक-आर्थिक साँचे बताए : (1) दादापंथी अर्थात् किसानी का प्राकृतिक अर्थतंत्र [इसमें खेती और दस्तकारी का विभाजन न हुआ था; कुटुम्बगत उत्पादन का लक्ष्य था तात्कालिक आवश्यकताएँ पूरी करना]; (2) छोटे पैमाने पर बिकाऊ माल का उत्पादन [इसमें उन किसानों का बहुसंख्यक भाग शामिल था जो अपना गल्ला बेचते थे]; (3) निजी पूँजीवाद; (4) राजकीय पूँजीवाद (State Capitalism); और (5) समाजवाद। रूस में कुछ वामपंथी कम्यूनिस्ट थे, वे अपने को सर्वहारा कम्यूनिस्ट भी कहते थे। इनकी माँग थी कि हर स्तर पर पूँजीवाद

को तुरत खत्म कर दिया जाए। लेनिन ने इनके प्रचार का जवाब देते हुए लिखा : "कल मुख्य कार्य यह था कि जितनी दृढ़ता से हो सके, पूँजीपति वर्ग की सम्पत्ति का राष्ट्रीकरण करें, उसका अपहरण करें, इस वर्ग को पछाड़ें, उसका दमन करें। आज केवल अन्धे को यह न दिखाई देगा कि इतनी चीजों का राष्ट्रीयकरण किया है, अपहरण किया है, इतनों को पछाड़ा और दबा दिया है कि सबकी गिनती करने का हमें समय नहीं मिला। इन लोगों के दिमाग में यह बात नहीं आई कि हमारे सोवियत गणराज्य में इस समय जो हालात हैं, उन्हें देखते राजकीय पूँजीवाद एक आगे बढ़ा हुआ कदम होगा। यदि लगभग छह महीने में हमारे गणराज्य में राजकीय पूँजीवाद कायम हो जाए, तो यह बहुत बड़ी सफलता होगी और इस बात की पक्की गारंटी होगी कि साल भर में समाजवाद के पैर यहाँ स्थायी रूप से जम जाएँगे और हमारे देश में वह अजेय हो जाएगा।" (उप., खंड-27, पृ. 333-34)

जो लोग यह समझते थे कि सोवियत गणराज्य समाजवादी गणराज्य है, इसलिए उसमें किसी तरह के पूँजीवाद के लिए गुंजाइश नहीं है, उन पर व्यंग्य करते हुए लेनिन ने लिखा : "मैं कल्पना कर सकता हूँ कि "वामपंथी कम्यूनिस्ट किस आनबान से इन शब्दों पर ताव खाएँगे और मजदूरों के सामने किस तरह 'बोल्शेविकों के दक्षिणपंथी भटकाव' का पर्दाफाश करेंगे। क्या कहा? सोवियत समाजवादी गणराज्य में राजकीय पूँजीवाद की ओर संक्रमण आगे बढ़ा हुआ कदम होगा? क्या यह समाजवाद से गद्दारी नहीं है?" (उप., पृ. 335)

वामपंथी कम्यूनिस्ट रूस की वास्तविक परिस्थिति की अनदेखी करके एक छलाँग में समाजवाद तक पहुँच जाना चाहते। वे समाजवादी क्रान्ति के नाम पर जनवादी क्रान्ति के कार्य करने को बाध्य थे, यह बात उनकी समझ में न आती थी। रूस में क्रान्ति उस समय न हुई थी जब पूँजीवाद का पूर्ण विकास हो चुका हो और समाजवादी क्रान्ति अनिवार्य हो गई हो। रूस में निम्न पूँजीवादी तत्त्वों की प्रधानता थी। लेनिन ने बताया कि प्राकृतिक किसान-तंत्र से लेकर समाजवाद तक पाँचों तरह के तंत्र एक दूसरे में गुँथे हुए थे। प्रश्न यह था कि इनमें प्रधानता किसकी थी? लेनिन ने उत्तर दिया : "स्पष्ट ही छोटे किसानों के देश में निम्न पूँजीवादी तंत्र की प्रधानता है और उसकी प्रधानता होगी ही क्योंकि जो लोग किसानी में लगे हुए हैं, उनका बड़ा बहुसंख्यक भाग बिकाऊ माल के छोटे उत्पादकों का है। हमारे राजकीय पूँजीवाद (गल्ले पर इजारा, राज्य द्वारा नियंत्रित पूँजीनिवेशक और व्यापारी, पूँजीवादी सहकारी) के कवच को कभी यहाँ तो कभी वहाँ मुनाफाखोर बेधते हैं, मुनाफाखोरी का प्रमुख लक्ष्य होता है गल्ला।" (उप., पृ. 339) मुनाफाखोरों की लड़ाई राजकीय पूँजीवाद से थी, उधर वामपंथी भी राजकीय पूँजीवाद के खिलाफ थे। इस तरह वे उस निम्न पूँजीवादी तंत्र की हिमायत कर रहे थे जिसके बल पर मुनाफाखोरी चलती थी। लेनिन ने कहा कि मुख्य संघर्ष समाजवाद और राजकीय पूँजीवाद के बीच नहीं

है। "समाजवाद से लड़ाई राजकीय पूँजीवाद नहीं कर रहा, निम्न पूँजीवादी समुदाय तथा निजी पूँजीवाद मिलकर समाजवाद और राजकीय पूँजीवाद, दोनों से लड़ रहे हैं।" (उप.) निम्न पूँजीवादी समुदाय हर तरह के नियंत्रण, राज्य द्वारा हर तरह की दखलअन्दाजी के खिलाफ था। वामपंथी कम्यूनिस्ट निम्न पूँजीवादी समुदाय का जबानी विरोध करते थे किन्तु "अपने काम से वे केवल निम्न पूँजीवादियों की सहायता करते हैं, आबादी के केवल इस भाग की सेवा करते हैं और केवल उसका दृष्टिकोण प्रकट करते हैं—'राजकीय पूँजीवाद' के खिलाफ युद्ध करके, अप्रैल, 1918 में!!" (उप., पृ. 339)

राजकीय पूँजीवाद कम्यूनिस्टों का आविष्कार न था, उसका गठन पूँजीवादी देशों में हुआ था। लेनिन ने कहा कि राजकीय पूँजीवाद की सबसे अच्छी मिसाल जर्मनी में है। बड़े पैमाने का आधुनिक पूँजीवादी इंजीनियरी उद्योग और योजनाबद्ध संगठन—इनका श्रेष्ठ रूप जर्मनी में है। वह जमींदारों पूँजीपतियों की राज्यसत्ता के अधीन है। इस तरह के राजकीय पूँजीवाद का विकास सोवियत सत्ता के अधीन करना है। समाजवाद की रचना के लिए पहले यह आधार तैयार करना है। "बड़े पैमाने का पूँजीवादी इंजीनियरी उद्योग जो आधुनिक विज्ञान के नवीनतम आविष्कारों पर आधारित हो—इसके बिना समाजवाद कल्पनातीत है। योजनाबद्ध राजकीय संगठन जो उत्पादन और वितरण में लाखों आदमियों को एकीकृत मानदंड का सख्ती से पालन करने को बाध्य करे—इसके बिना समाजवाद कल्पनातीत है।" (उप.) यह सब जर्मनी में था, यानी वहाँ समाजवाद की ओर बढ़ने के लिए आर्थिक आधार मौजूद था किन्तु राजनीतिक परिस्थितियाँ समाजवाद के प्रतिकूल थीं। रूस में राजनीतिक परिस्थितियाँ समाजवाद के अनुकूल थीं किन्तु उसके लिए आवश्यक आर्थिक आधार मौजूद नहीं था। जर्मनी में समाजवादी क्रान्ति अभी हो न रही थी, तब तक रूस में "हमारा काम यह है कि हम जर्मन राजकीय पूँजीवाद का अध्ययन करें और उसकी नकल करने में कुछ भी उठा न रखें।" (उप., पृ. 340) लेकिन रूस में ऐसे लोग काफी थे जो कहते थे कि "जर्मन साम्राज्यवाद से 'पाठ पढ़ना' हम क्रान्तिकारियों को शोभा नहीं देता।" लेनिन ने जवाब दिया : "जो क्रान्ति ऐसे लोगों को गम्भीरता से लेगी, वह अनिवार्य रूप से (और उचित ही) नष्ट हो जाएगी।" (उप.)

लेनिन ने रूस की वास्तविक स्थिति पर ध्यान केन्द्रित करते हुए कहा : "रूसी सर्वहारा वर्ग राजनीतिक व्यवस्था में ब्रिटेन और जर्मनी से आगे है लेकिन अच्छे राजकीय पूँजीवाद को संगठित करने में पश्चिमी यूरोप के सबसे पिछड़े हुए देश से पीछे है, समाजवाद के 'अभिनिवेश' के लिए भौतिक और उत्पादक तैयारी की आवश्यक मात्रा में और अपनी संस्कृति के स्तर में 'पीछे' है।" (उप., पृ. 345) मार्क्स ने कहा था कि मजदूरों के लिए बड़े पैमाने का उत्पादन-संगठन सुरक्षित रखना आवश्यक है, इससे समाजवाद की ओर संक्रमण में आसानी होगी। ब्रिटेन में यह सोचा जा सकता था

कि पूँजीपति समाजवाद की ओर सभ्यतापूर्वक आने को तैयार हों तो अच्छी तनखाहें देकर उन्हें खरीद लिया जाए। लेनिन ने रूस के सन्दर्भ में कहा : "क्या यह स्पष्ट नहीं है कि वर्तमान परिस्थिति के विशिष्ट स्वरूप से यह आवश्यकता पैदा होती है कि मजदूर एक विशिष्ट प्रकार की खरीददारी की बात ऐसे पूँजीपतियों से करें जो सबसे सुसंस्कृत, सबसे कुशल, सबसे योग्य संगठनकर्ता हों, जो सोवियत सत्ता की सेवा स्वीकार करने और यथासम्भव बड़े-से-बड़े पैमाने पर 'राजकीय' उत्पादन के संगठन में ईमानदारी से सहायता करने को तैयार हों?" (उप., पृ. 345)

लेनिन ने स्पष्ट किया कि मजदूर समितियाँ पूँजीपतियों के प्रबन्धकार्य पर निगाह रखेंगी—पूँजीपतियों को पूँजीपति होने के नाते नहीं, वरन् तकनीक विशेषज्ञ या संगठनकर्ता के नाते तनखाह देकर रखा जा रहा था। "और मजदूर बहुत अच्छी तरह जानते हैं कि जो सचमुच बड़े पैमाने के और विराट औद्योगिक कारोबार हैं, उनके 99 फीसदी संगठनकर्ता और प्रथम श्रेणी के तकनीक विशेषज्ञ पूँजीपति वर्ग के हैं। और यही लोग हैं जिन्हें श्रम-प्रक्रिया और उत्पादन के संगठन का "प्रबन्ध करने के लिए नियुक्त करने को हम, सर्वहारा पार्टी, बाध्य हैं क्योंकि और कोई ऐसे लोग हैं नहीं जिन्हें इसका व्यावहारिक अनुभव हो।" (उप., पृ. 349)

राजकीय पूँजीवाद का यह एक पक्ष था, उसका औद्योगिक विकासवाला पक्ष था। दूसरे पक्ष का सम्बन्ध किसानों से, उनकी अतिरिक्त उपज के विनिमय से था। यह उसका व्यापारवाला पक्ष था। 1921 के आरम्भ में गृहयुद्ध और अकाल के कारण किसानों में असन्तोष बढ़ रहा था। लेनिन ने कहा, मजदूरों के हाथ में मिलें और कारखाने हैं; किसान यह बात व्यवहार में देखना चाहते हैं कि मजदूर वर्ग किसानों से विनिमय का संगठन कर सकता है या नहीं। यह तो बड़े पैमाने के विनिमय की बात हुई। छोटे पैमाने पर स्थानीय बाजार में कृषि और उद्योग के बीचं विनिमय अनिवार्य था। लेनिन ने कहा : "हमारे कृषितंत्रीय देश की विशालता, उसकी पिछड़ी हुई परिवहन व्यवस्था, दूर-दूर तक फैले हुए प्रदेश, जलवायु की भिन्नता, किसानी की विभिन्न परिस्थितियाँ आदि, इन सबने स्थानीय पैमाने पर, स्थानीय कृषि और स्थानीय उद्योग के बीच किसी हद तक विनिमय की स्वतंत्रता को अनिवार्य बना दिया था। इस मामले में हमारा यह बहुत बड़ा दोष था जो हम बहुत आगे बढ़ते चले गए थे। हमने उद्योग और व्यापार के राष्ट्रीयकरण में अति कर दी थी, बिकाऊ माल के स्थानीय विनिमय पर भी रोक लगा दी थी। यह गलती थी या नहीं? निश्चय ही थी।" (उप., खंड-32, पृ. 219) अर्थात् रूस में क्रान्ति उसी ढंग से न हो सकती थी जिस ढंग से वह जर्मनी या ब्रिटेन में होती। लेनिन ने रूस के पिछड़ेपन की ओर ध्यान आकर्षित करते हुए कहा : "इसमें सन्देह नहीं कि जिस देश में छोटे कृषि-उत्पादक आबादी का भारी बहुसंख्यक भाग हों, उसमें संक्रमणकाल के विशेष उपायों की पूरी शृंखला अमल में लाने पर ही समाजवादी क्रान्ति सम्पन्न की जा सकती है। अत्यन्त

विकसित पूँजीवादी देशों में कृषि और उद्योग के पगारजीवी श्रमिक आबादी का विशाल बहुसंख्यक भाग होते हैं।" (उप., पृ. 214) इसके विपरीत रूस में औद्योगिक मजदूर अल्पसंख्यक हैं, छोटे किसान बहुसंख्यक हैं। (उप., पृ. 215) आगे हम देखेंगे कि अत्यन्त विकसित देशों में भी पगारजीवी श्रमिक आबादी का विशाल बहुसंख्यक भाग नहीं होते। लेनिन ने उनके बारे में अपनी स्थापना बदली। समाजवादी क्रान्ति सम्पन्न करने के लिए अनेक संक्रमणकालीन उपाय करने थे। इनमें एक था राजकीय पूँजीवाद। लोग उद्योग और व्यापार के राष्ट्रीयकरण में बहुत आगे बढ़ आए थे, उन्हें पीछे हटना था, बिकाऊ माल के व्यापार को छूट देनी थी; उद्योग-धन्धों की बहाली के लिए एक हद तक देशी ही नहीं, विदेशी पूँजीपतियों का भी सहयोग प्राप्त करना था। यह नई आर्थिक नीति थी।

किसानों को अपनी उपज के रूप में टैक्स अदा करने की सुविधा दी गई। टैक्स की अदायगी के बाद जो उपज बचे, उसे वे अपनी इच्छानुसार बेच सकते थे। लेनिन के अनुसार : "किसानों की सारी अतिरिक्त उपज के विनिमय के लिए राज्यसत्ता समाजवादी कारखानों से माल नहीं जुटा सकती, अत: इस अतिरिक्त उपज से व्यापार करने की स्वतंत्रता का अनिवार्य अर्थ होता है पूँजीवाद के विकास की स्वतंत्रता।" (उप., प, 457) यह विकास सर्वहारा सत्ता द्वारा नियंत्रित हो तो वह पिछड़े हुए देश के लिए लाभकारी हो सकता है। उससे कृषितंत्र तत्काल पुनर्जीवित होगा। यह बात देशी-विदेशी पूँजीपतियों को दी हुई रिआयतों के लिए भी सही है। "किसी चीज का राष्ट्रीयकरण खत्म किये बिना श्रमिकों की राज्यसत्ता कुछ खानों, जंगलों, तेल क्षेत्रों आदि को पट्टे पर विदेशी पूँजीपतियों को उठा देती है जिससे कि उनसे अतिरिक्त साज-सामान और मशीनरी प्राप्त कर सके। बड़े पैमाने के सोवियत उद्योग-धन्धों की बहाली इस साज-सामान और मशीनरी के कारण हम तेजी से कर सकेंगे।" (उप., पृ. 458) खिराज के रूप में बहुमूल्य उपज का एक हिस्सा विदेशी पूँजीपतियों को देना पड़ेगा। लेनिन ने कहा, "खिराज देने पर भी बड़े पैमाने के उद्योग-धन्धे तेजी से बहाल हो सकें और मजदूरों-किसानों की हालत में सुधार उल्लेखनीय हो सके, तो यह घाटे का सौदा नहीं है।" (उप.)

लेनिन ने ये बातें जून-जुलाई, 1921 में होने वाली कम्यूनिस्ट इंटरनेशनल की तीसरी कांग्रेस में कहीं। अगले साल नवम्बर, 1922 में उन्होंने कम्यूनिस्ट इंटरनेशनल की चौथी कांग्रेस में उन्हें दोहराया। वे मानते थे कि राजकीय पूँजीवाद के बारे में रूसी अनुभव का महत्त्व अन्तरराष्ट्रीय है। किसानों के असन्तोष का उल्लेख करते हुए उन्होंने कहा, अपने आर्थिक आक्रमण में हम बहुत आगे बढ़ आए थे। हमने अपने लिए पर्याप्त साधनों की व्यवस्था न की थी। आम जनता को जिस बात का आभास हुआ, उसे हम सचेत होकर अभी शब्दों में स्थापना का रूप न दे पाए थे लेकिन जल्दी ही, कुछ हफ्तों बाद, हमने उसे स्वीकार किया, कि विशुद्ध सोशलिस्ट

रूपों की ओर, विशुद्ध सोशलिस्ट वितरण की ओर सीधा संक्रमण हमारी मौजूदा शक्ति के बाहर है। "यदि हम पीछे न हटे जिससे कि ज्यादा आसान कार्यों तक अपने को सीमित रख सकें तो हमें सर्वनाश का सामना करना पड़ेगा।" (उप., खंड-33, पृ. 422) न केवल पहले विश्वयुद्ध के बाद वरन् दूसरे विश्वयुद्ध के बाद भी, जब तक साम्राज्यवाद विश्व-व्यवस्था के रूप में मौजूद है, समाजवादी अभियान में पर्याप्त आर्थिक आधार से बहुत आगे बढ़ जाने पर सर्वनाश की सम्भावना बराबर बनी रहती है, विशेष रूप से पिछड़े हुए देशों में।

लेनिन ने कहा कि राजकीय पूँजीवाद के बारे में नीति निर्धारित करते समय "हमने समाजवादी अर्थतंत्र के प्रारम्भिक तत्त्वों (the rudiments) अथवा सिद्धान्तों का मूल्यांकन बढ़ा-चढ़ाकर नहीं किया यद्यपि हम सामाजिक क्रान्ति (social revolution) तब तक पूरी कर चुके थे। इसके विपरीत हम उस समय भी एक हद तक यह महसूस कर चुके थे कि यदि हम पहले राजकीय पूँजीवाद तक पहुँच जाएँ, और उसके बाद ही समाजवाद तक पहुँचें तो बेहतर होगा।" (उप, पृ. 420) नई जनवादी क्रान्ति की उपलब्धि अर्थतंत्र में यह थी कि समाजवाद के प्रारम्भिक तत्त्व विद्यमान थे किन्तु इनके भरोसे पूरे मोर्चे पर समाजवादी अभियान जारी न किया जा सकता था। पर्याप्त आर्थिक आधार की रचना के लिए—संक्रमण काल में—यह आवश्यक था कि पहले राजकीय पूँजीवाद का निर्माण हो जाए, उसके बाद समाजवाद की मंजिल तक पहुँचें। राजकीय पूँजीवाद के निर्माण को, समाजवादी अर्थतंत्र से भिन्न, नये जनवादी अर्थतंत्र की विशेषता मानना चाहिए।

जो चीज राजकीय पूँजीवाद को अनिवार्य बना रही थी, वह छोटी मिल्कियत वाले बहुसंख्यक किसानों का तंत्र थी। लेनिन ने कहा था कि "इस बारे में किसी को शंका नहीं है कि हमारे देश में किसान निर्णायक तत्त्व हैं।" (उप., पृ. 424) किसान अपनी अतिरिक्त उपज बाजार में उचित मूल्य पर बेचना चाहते थे। "सबसे महत्त्वपूर्ण चीज है व्यापार, बिकाऊ माल का संचरण; हमारे लिए बुनियादी महत्त्व की यह चीज है।" (उप., पृ. 423) रूबल की हालत डाँवाँडोल थी। व्यापार की सफलता के लिए, 'बिकाऊ माल के स्वच्छंद संचरण के लिए, किसानों के लिए और छोटे उत्पादकों के विशाल समुदायों के लिए' रूबल का स्थिरीकरण अतिशय महत्त्व का था। (उप., पृ. 424) बाहर से उधार मिलने की सम्भावना न थी। भारी उद्योग-धन्धों के विकास के लिए व्यापार से धन प्राप्त होने लगा था। किसान जानते थे कि बोल्शेविकों ने सत्ता पर अधिकार समाजवाद के निर्माण के लिए किया है। "अत: हमारे लिए सबसे महत्त्वपूर्ण चीज यह है कि समाजवादी अर्थतंत्र के लिए हम आर्थिक नींव डालें। इसे हम सीधे न कर सकते थे। हमें यह काम चक्करदार रास्ते से करना था। अपने देश में हमने जो राजकीय पूँजीवाद चलाया है, वह खास तरह का है।" (उप., पृ. 427) खास तरह का इसलिए है कि राज्यसत्ता पूँजीपतियों और जमींदारों की

नहीं है वरन् श्रमिक जनता की है, अर्थतंत्र के मर्मस्थलों पर उसका अधिकार है, भूमि का राष्ट्रीयकरण हो चुका है। राज्यसत्ता ने कुछ छोटे और मझोले कारोबार पूँजीपतियों को पट्टे पर उठाए, बाकी सब अपने हाथ में रखे। "जहाँ तक व्यापार का सम्बन्ध है, मैं इस बात पर फिर जोर देना चाहता हूँ कि हम मिश्रित कम्पनियाँ बनाने के लिए प्रयत्न कर रहे हैं। हम अभी भी ऐसी कम्पनियाँ बना रहे हैं, अर्थात् ऐसी कम्पनियाँ जिनमें पूँजी का एक हिस्सा निजी पूँजीपतियों का—और वह भी विदेशी पूँजीपतियों का—होता है और दूसरा हिस्सा राज्यसत्ता का होता है। पहली बात यह कि इस तरह हम व्यापार करना सीखते हैं और हमें इसकी जरूरत है। दूसरी बात यह कि हम सदा इस स्थिति में होते हैं कि चाहें तो कम्पनियाँ भंग कर सकते हैं और इसलिए, कहना चाहिए, हम कोई जोखिम नहीं उठाते। हम निजी पूँजीपतियों से सीख रहे हैं और चारों तरफ देखते हैं कि हम कैसे प्रगति कर सकते हैं और कौन-सी गलतियाँ करते हैं।" (उप., पृ. 428)

रूस पहले विश्वयुद्ध में, फिर गृहयुद्ध में तबाह हुआ। आर्थिक विकास पश्चिमी यूरोप से पिछड़ा हुआ था, इसलिए समाजवादी अर्थतंत्र के निर्माण में वहाँ असाधारण कठिनाइयाँ थीं। लेनिन मानते थे कि निम्न पूँजीवादी जन-समुदाय को लेकर रूस ने जो अनुभव प्राप्त किया था, वह पश्चिमी यूरोप के लिए भी महत्त्वपूर्ण था। इस बात पर उन्होंने कम्यूनिस्ट इंटरनेशनल की तीसरी और चौथी, दोनों कांग्रेसों में जोर दिया। तीसरी कांग्रेस में उन्होंने कहा कि रूसी मजदूर वर्ग के सामने मुख्य कार्य यह है कि वह क्रमशः कई मंजिलें पार करते हुए बड़े पैमाने के समाजीकृत, यंत्रचालित कृषितंत्र की ओर किसानों को, उनसे मजबूत गठबन्धन करते हुए, ले चले। पिछड़ेपन और युद्ध की तबाही के कारण रूस में यह कार्य विशेष रूप से कठिन है। "लेकिन इन विशेष परिस्थितियों के अलावा यह समाजवादी निर्माण के उन सबसे कठिन कार्यों में है जिनका सामना, शायद एक ब्रिटेन का अपवाद छोड़कर सभी पूँजीवादी देशों को करना पड़ेगा। फिर ब्रिटेन के बारे में भी यह न भूल जाना चाहिए कि वहाँ छोटे आसामी काश्तकारों का वर्ग बहुत छोटा है, ऐसे श्रमिकों और दफ्तरों के कर्मचारियों का प्रतिशत असाधारण ऊँचा है जिनकी हैसियत, ब्रिटेन के उपनिवेशी राज्यों में करोड़ों की गुलामी के फलस्वरूप, निम्न पूँजीवादियों की है।" (उप., पृ. 456) छोटे आसामी काश्तकार अर्थात् जमींदारों से भाड़े पर जमीन लेकर खेती कराने वाले पूँजीवादी काश्तकार; कुल आबादी में जनसंख्या के विचार से इनका वर्ग बहुत छोटा था! पगारजीवी खेत मजदूरों से यही लोग काम कराते थे; खेत-मजदूरों का वर्ग, जर्मनी या फ्रांस की अपेक्षा ब्रिटेन में, छोटा था। इस वर्ग के छोटे होने का कारण यह भी था कि ब्रिटेन विश्व-बाजार में अपनी स्थिति के कारण खाद्य-सामग्री के लिए अपने साधनों पर निर्भर न था; वह ऐसी काफी सामग्री बाहर से मँगाता था, अपने साधनों का उपयोग अधिक लाभकारी औद्योगिक उत्पादन में लगाता था। पराधीन देशों की

लूट से पूँजीपति एक हिस्सा मजदूरों और दफ्तरों के कर्मचारियों को देते थे। इसलिए ऐसा शहरी-देहाती सर्वहारा वर्ग, जिसकी हैसियत निम्न पूँजीवादी न हो, ब्रिटेन में अल्पसंख्यक था। इसी कारण ब्रिटेन में निम्न पूँजीवादी समुदाय की समस्या मुख्य थी। इस समस्या के समाधान की कुंजी उन पराधीन देशों के पास थी जिनकी लूट से ब्रिटेन के पूँजीपति दुनिया के मालिक बने हुए थे।

रूसी कम्यूनिस्ट पार्टी की ग्यारहवीं कांग्रेस (1922) में लेनिन ने बताया कि पूँजीवादी देशों से यहाँ का राजकीय पूँजीवाद इस बात में भिन्न है कि वहाँ सत्ता पर अधिकार पूँजीपति वर्ग का है, यहाँ मजदूर वर्ग का। उन्होंने कहा : "राजकीय पूँजीवाद वह पूँजीवाद है जिसे हम नियंत्रित रख सकेंगे, जिसकी सीमाएँ हम निर्धारित कर सकेंगे।" राजकीय पूँजीवाद वह पूँजीवाद है जिसे हमें किन्हीं निश्चित सीमाओं के भीतर बाँध रखना होगा लेकिन हमने अभी उसे इन सीमाओं में बाँध रखना सीखा नहीं है।...सारी समस्या इस बात को समझने की है कि यह वह पूँजीवाद है जिसकी अनुमति हम दे सकते हैं और हमें देनी चाहिए, कि इस पूँजीवाद को हम किन्हीं निश्चित सीमाओं में बाँधकर रख सकते हैं और हमें उसे बाँधकर रखना चाहिए। कारण यह कि आम किसान समुदाय के लिए यह पूँजीवाद बहुत जरूरी है। उस निजी पूँजी के लिए बहुत जरूरी है जिसे इस तरह व्यापार करना है कि किसानों की आवश्यकताएँ पूरी हो सकें। हमें सब कुछ इस तरह संगठित करना है कि पूँजीवादी अर्थतंत्र और पूँजीवादी विनिमय की यथारीति कार्यवाही सम्भव हो जाए। कारण यह कि जनता के लिए यह बहुत जरूरी है।" (उप., खंड-33, पृ. 278-79)

पीछे हटना किसी को अच्छा नहीं लगता, कम्यूनिस्टों को खास तौर से अच्छा नहीं लगता। लेनिन ने कहा : "पीछे हटने का काम मुश्किल होता है, खास तौर से क्रान्तिकारियों के लिए जो आगे बढ़ने के आदी होते हैं। खास तौर से जब कई साल से जबर्दस्त कामयाबी के साथ वे आगे बढ़ने के आदी हो चुके हों। खास तौर से जब दूसरे देशों में आक्रमण शुरू करने की घड़ी की राह देखने वाले क्रान्तिकारियों से वे घिरे हों। यह देखकर कि हम पीछे हट रहे हैं, उनमें विदेशी कम्यूनिस्टों में कई शर्मनाक, बचकाने ढंग से रो पड़े, जैसाकि कम्यूनिस्ट इंटरनेशनल की कार्यकारिणी के विस्तृत पूर्ण अधिवेशन में हुआ था। श्रेष्ठ कम्यूनिस्ट भावनाओं और कम्यूनिस्ट आकांक्षाओं से द्रवित होकर कई कामरेड रो पड़े क्योंकि—महासर्वनाश!—ये अच्छे रूसी कम्यूनिस्ट पीछे हट रहे हैं! खैर, हमारे पास भावुकता के लिए समय नहीं था। हमारे लिए यह स्पष्ट था कि हम कई साल तक इतनी सफलता से बढ़ते आए हैं और इतनी बार अभूतपूर्व विजय प्राप्त की है (और यह सब ऐसे देश में जो भयानक तबाही का सामना कर रहा था और जिसमें भौतिक साधनों का अभाव था!), हमारे लिए एकदम जरूरी था कि इतनी उपलब्धि के बाद, आगे बढ़ आने की स्थिति को सुदृढ़ बनाने के लिए, पीछे हटें।" (उप., पृ. 280-81)

कम्यूनिस्ट इंटरनेशनल की चौथी कांग्रेस में उन्होंने कहा कि 1918 की बहस से महत्त्वपूर्ण व्यावहारिक नतीजे निकाले जा सकते हैं। "उस बहस के दौरान जो थोड़ी-सी पंक्तियाँ लिखी गई थीं, उनमें पीछे हटने की योजना बना ली गई हो, ऐसा कदापि नहीं था। उदाहरण के लिए उनमें उस बहुत महत्त्वपूर्ण मुद्दे-व्यापार की स्वतंत्रता का उल्लेख ही न था, जिसका राजकीय पूँजीवाद के लिए बुनियादी महत्त्व है। फिर भी उनमें पीछे हटने की अनिश्चित-सी, फिर भी सामान्य, धारणा मौजूद थी। मेरी समझ में हमें वह बात नोट कर लेनी चाहिए, न केवल ऐसे देश के दृष्टिकोण से जिसकी आर्थिक व्यवस्था बहुत पिछड़ी हुई थी और आज तक भी है, वरन् कम्यूनिस्ट इंटरनेशनल और पश्चिमी यूरोप के आगे बढ़े हुए देशों के दृष्टिकोण से भी।" (उप., खंड-33, पृ. 420) 1918 की स्थापना में भारी उद्योग-धन्धों के विकास के सन्दर्भ में राजकीय पूँजीवाद की बात कही गई थी। किन्तु मुख्य समस्या उन बहुसंख्यक किसानों की थी जिनके—भूमि के राष्ट्रीयकरण के बावजूद—अपने-अपने अर्थतंत्र थे और जो अपनी अतिरिक्त उपज लाभकारी मूल्य पर बेचना चाहते थे। समाजवादी क्रान्ति के कार्यक्रम में यह न लिखा गया था कि संक्रमण के दौर में कुछ समय तक किसानों को बाजार में अपनी उपज बेचने की सुविधा दी जाएगी। 1918 में राजकीय पूँजीवाद की चर्चा करते हुए लेनिन ने व्यापार की इस स्वतंत्रता का उल्लेख न किया था। बहुसंख्यक छोटे मालिक किसानों के देश में नई जनवादी क्रान्ति के बाद जनसत्ता द्वारा नियंत्रित राजकीय पूँजीवाद का महत्त्वपूर्ण अंग है व्यापार की स्वाधीनता। लेनिन की स्थापना का जितना महत्त्व चीन, वियतनाम जैसे देशों के लिए है, उतना जर्मनी और फ्रांस के लिए नहीं। ब्रिटेन की तरह इनके पास भी उपनिवेश थे, पराधीन देशों को लूटने के साधन थे, इसलिए निम्न पूँजीवादी हैसियत वाले श्रमिक और दफ्तरों के कर्मचारी भी बहुसंख्यक थे। ब्रिटेन की तरह अपने अधीन बहुत-से देश खो देने के बाद इनके पास सूदखोरी के अमित साधन हैं और अधिकांश सूद उन्हें नवस्वाधीन देशों से मिलता है। अतः क्या ब्रिटेन, और क्या फ्रांस तथा पश्चिमी जर्मनी, इनके बहुसंख्यक जनसमुदाय की निम्न पूँजीवादी हैसियत में कोई बुनियादी अन्तर नहीं आया। इसी कारण किसानों से सम्बन्धित व्यापार की स्वच्छंदता का महत्त्व जितना पिछड़े हुए देशों के लिए है, उतना आगे बढ़े हुए पूँजीवादी देशों के लिए नहीं।

रूस में राजकीय पूँजीवाद, व्यापार की स्वच्छंदता, को पीछे हटने की क्रिया माना गया। इस क्रिया की आवश्यकता पैदा हुई थी, समाजवादी अभियान में बहुत आगे बढ़ जाने से। यदि आगे बढ़ने के समय आवश्यकता पड़ने पर पीछे हटने के लिए गुंजाइश रख ली जाए तो मानीबात है, नुकसान कम होगा। लेनिन ने इस प्रसंग में कहा था : "हमें इस बात का ज्ञान होना चाहिए कि जब हमने सीधे आक्रमण शुरू कर दिया हो और विजय प्राप्त कर ली हो तब हमें कैसे काम करना चाहिए? पर

इतना ही नहीं। क्रान्तिकारी समय में न तो यह ऐसा कठिन काम है, न वैसा महत्त्वपूर्ण है। कम-से-कम वह सर्वाधिक निर्णायक चीज तो नहीं ही है। क्रान्ति के दौरान हमेशा ऐसा समय आता है जब शत्रु बदहवास हो जाता है; ऐसे समय हम उस पर हमला करें तो सम्भव है, आसानी से विजय प्राप्त हो जाए। लेकिन इससे कुछ नहीं बनता। यदि हमारे शत्रु में काफी दृढ़ता हुई तो वह पहले से अपने दलबल को एकजुट कर सकता है, इत्यादि। वह आक्रमण के लिए हमें आसानी से भड़का सकता है, फिर बरसों तक के लिए हमें पीछे धकेल सकता है। इस कारण हम पीछे हटने की सम्भावना के लिए स्वयं को तैयार रखें, मेरी समझ में यह धारणा बहुत महत्त्वपूर्ण है। और केवल सैद्धान्तिक दृष्टि से नहीं, व्यावहारिक दृष्टि से भी जो पार्टियाँ निकट भविष्य में पूँजीवाद के खिलाफ सीधे आक्रमण के लिए तैयारी कर रही हैं, इस समय उन्हें इस समस्या की ओर ध्यान देना चाहिए कि पीछे हटने की सम्भावना पैदा हो तो वे उसके लिए तैयार रहें।" (उप., पृ. 421)

पीछे हटने की इस रणनीति का सारतत्त्व है कुछ समय के लिए जनसत्ता की देखरेख में पूँजीवाद को अर्थतंत्र के कुछ मोर्चों पर जीवित रहने देना। लेनिन पीछे हटने की सम्भावना की बात पश्चिमी यूरोप के आगे बढ़े हुए देशों के लिए कह रहे थे। उनकी तुलना में पिछड़े हुए रूस में यह सम्भावना साकार हो चुकी थी। अर्थात् पश्चिमी यूरोप के आगे बढ़े हुए देशों में समाजवादी अभियान अर्थतंत्र के सभी मोर्चों पर एकबारगी विजयी हो जाए और उसकी विजय टिकाऊ हो, यह अनिवार्य नहीं था। रूस में जनवादी क्रान्ति के कार्य पूरे करने थे, समाजवाद के लिए आवश्यक आर्थिक आधार का निर्माण करना था। इसके लिए राजकीय पूँजीवाद का दौर जरूरी था। जो देश रूस से भी पिछड़े हुए थे, उनमें जनवादी क्रान्ति के बाद राजकीय पूँजीवाद की भूमिका और भी महत्त्वपूर्ण थी। इसलिए निष्कर्ष यह निकलेगा कि राजकीय पूँजीवाद नये जनतंत्र की ऐसी विशेषता है जो उसे विशुद्ध समाजवादी जनतंत्र से अलग कोटि में रखती है।

राजकीय पूँजीवाद मजदूरों और किसानों की सत्ता के अधीन कायम किया गया था। इस सत्ता में कुछ समय के लिए पूँजीपति भी साझेदार थे। रूसी और चीनी क्रान्तियों की कुछ मूल विशेषताएँ मिलती-जुलती थीं क्योंकि औद्योगिक विकास की दृष्टि से रूस की स्थिति पश्चिमी यूरोप और चीन के बीच में थी। स्वभावतः नई जनवादी क्रान्ति का समाजवादी तत्त्व चीन की अपेक्षा रूस में ज्यादा था, मजदूर वर्ग की भूमिका चीन की अपेक्षा रूस में अधिक महत्त्वपूर्ण थी। राज्यसत्ता में पूँजीवादी भागीदारी रूस की अपेक्षा चीन में अधिक होनी थी।

जनवरी, 1923 में लेनिन ने लिखा था : "बेशक हमारे सोवियत गणतंत्र में समाज-व्यवस्था का आधार दो वर्गों—मजदूरों और किसानों—का सहयोग है। इसमें 'नई आर्थिक नीति वालों, अर्थात् पूँजीपतियों को इस समय किन्हीं शर्तों पर भाग

लेने की अनुमति है।" ('ग्रंथावली', खंड-33, पृ. 485) इस सहयोग में निर्देशक भूमिका मजदूर वर्ग की है, समाज-व्यवस्था—नई जनवादी व्यवस्था—का आधार मजदूरों और किसानों का सहयोग है। लेनिन ने नई आर्थिक नीति के माध्यम से इस सहयोग में जो पूँजीपतियों की भागीदारी निश्चित की थी, उसका मूल उद्देश्य इस सहयोग को मजबूत करना ही था। छोटे मालिक किसान बाजार में माल बेच सकें, अपने अनुभव से निजी कृषितंत्र छोड़कर सहकारी कृषितंत्र में शामिल हों, इसके लिए व्यापारी को कुछ समय के लिए छूट देना जरूरी था। सहकारी कृषितंत्र को सफल बनाने के लिए खेती के मशीनी उपकरण तैयार करना जरूरी था; ऐसे उपकरण बनाने के साधन मौजूद नहीं थे, इसलिए राजकीय पूँजीवाद के तंत्र में भारी उद्योग-धन्धों का विकास जरूरी था।

नये जनतंत्र में पूँजीवादी तत्त्व कहाँ कितना रहता है, यह विभिन्न देशों के औद्योगिक विकास पर निर्भर है। नये जनतंत्र में निर्णायक भूमिका इस तत्त्व की नहीं है, निर्णायक भूमिका है किसानों और मजदूरों के सहयोग की। यह सहयोग विश्वक्रान्ति के लिए आवश्यक हो तो उसे समाजवादी क्रान्ति नहीं, नई जनवादी क्रान्ति कहा जाएगा अथवा उसे समाजवादी क्रान्ति की पहली मंजिल कहा जाएगा। मजदूर किसान सहयोग के विश्व महत्त्व के बारे में लेनिन की स्थापना मार्क्सवाद का रचनात्मक विकास है, इस विकास का नया चरण है। सोवियतों की नवीं अखिल रूसी कांग्रेस में लेनिन ने कहा था : "साथियो, अन्त में मुझे यह कहना है कि जिस समस्या से हम अब तक इतने खराब ढंग से निपटते रहे हैं, इस साल उससे निपटते हुए हमने उसे सही आधार प्रदान किया है। यह समस्या घोर गरीबी और तबाही की हालत में भी मजदूरों और किसानों के सुदृढ़ आर्थिक सहयोग की है। हमने सही लाइन पकड़ी है और इसके बारे में थोड़ा भी सन्देह नहीं है। और यह कार्य अकेले रूस के लिए ही नहीं है, वह विश्व के लिए है।

"इस कार्य में फिलहाल हम अपनी ओर से लगे हुए हैं। लगता है, यह विशुद्ध रूसी कार्य है। वास्तव में यह ऐसा कार्य है जिसका सामना सभी सोशलिस्टों को करना होगा। पूँजीवाद मर रहा है। दम तोड़ते हुए भी वह करोड़ों, अरबों आदमियों को भयानक यंत्रणा सहने को बाध्य करता है लेकिन ऐसी कोई ताकत नहीं है जो उसे ध्वस्त होने से बचा सके। जो नया समाज मजदूरों और किसानों के सहयोग पर आधारित होगा, वह अनिवार्य है। आगे-पीछे वह आएगा—बीस साल पहले या बीस साल बाद को; और जब हम अपनी नई आर्थिक नीति को अमल में लाने के लिए काम करते हैं, तब हम इस समाज के लिए मजदूर किसान सहयोग के रूपों का आकार-प्रकार निर्धारित करने में सहायता करते हैं। हम यह काम करके रहेंगे और मजदूरों-किसानों का इतना सुदृढ़ सहयोग बनाएँगे कि संसार की कोई भी शक्ति उसे भंग न कर सकेगी।" (उप., पृ. 177)

अमरीका और पश्चिमी यूरोप के विकसित देशों का सर्वहारा वर्ग समाजवादी क्रान्ति कर रहा हो और पिछड़े हुए देश उस क्रान्ति की लपेट में आकर आगे बढ़ रहे हों, यह स्थिति नहीं है। मजदूरों और किसानों का सहयोग क्रान्ति के लिए, क्रान्ति के बाद नये समाज के निर्माण के लिए, विश्व पैमाने पर आवश्यक है। दूसरे महायुद्ध के बाद जिन देशों में क्रान्ति हुई है और नये समाज का निर्माण हुआ है, उन सब में लेनिन की स्थापना कार्यरूप में परिणत होती दिखाई देती है। रूस के सामने जो कार्य था, उसका सामना दुनिया के सभी सोशलिस्टों को करना था। इन सोशलिस्टों में निस्सन्देह विकसित देशों के मजदूर नेता शामिल थे। नवम्बर, 1917 की क्रान्ति समाजवादी क्रान्ति नहीं थी, वह नई जनवादी क्रान्ति थी, समाजवादी क्रान्ति की पहली मंजिल थी—यह कहने से उस क्रान्ति का महत्त्व कम नहीं हो जाता, उल्टा उसका विश्व महत्त्व बढ़ जाता है। पिछड़े हुए देशों के लिए उसका उतार-चढ़ाव निहायत शिक्षाप्रद सिद्ध होता है। लेनिन के नेतृत्व में बोल्शेविक पार्टी मजदूर किसान सहयोग की समस्या से पहले बहुत खराब ढंग से निपटती रही, फिर उसने इस सहयोग को सुदृढ़ करने के सही रूप निर्धारित कर लिये, यह कहने से लेनिन का महत्त्व कम नहीं होता, उल्टा उनके क्रान्तिकारी साहस के प्रति श्रद्धा बढ़ जाती है कि उन्होंने रूसी क्रान्ति को एक जबर्दस्त भटकाव से बचा लिया। सोवियत सत्ता को अन्तर्विरोधों में फँसकर नष्ट होने से बचा लिया। सोवियत संघ के अस्तित्व के बिना विश्वक्रान्ति का वर्तमान विकास न होता, यह निश्चित है। इस विकास में लेनिन का योगदान अविस्मरणीय है।

4. नई जनवादी क्रान्ति और राष्ट्रीय स्वाधीनता

इजारेदार पूँजीपति पिछड़े हुए देशों में अपनी पूँजी लगाते हैं। जहाँ से पूँजी आती है, वहाँ क्रान्ति का एक रूप होगा; जहाँ पूँजी लगाई जाती है, वहाँ क्रान्ति का दूसरा रूप होगा। रूसी जनता जिस हद तक विदेशी पूँजी के दबाव में थी, उस हद तक उसकी क्रान्ति राष्ट्रीय स्वाधीनता-संग्राम का रूप लिये बिना न रह सकती थी। अपनी डूबती पूँजी को बचाने के लिए जब विदेशी ताकतों ने रूस में हस्तक्षेप किया, तब सोवियत जनता के संघर्ष का राष्ट्रीय स्वाधीनतावाला स्वरूप और भी स्पष्ट हो गया। रूस का गृहयुद्ध एक हद तक चीन, वियतनाम, क्यूबा, निकारागुआ आदि के गृहयुद्ध से मिलता-जुलता था। गृहशत्रु विदेशी ताकतों के इशारे पर, उनकी सहायता से, गृहयुद्ध चला रहे थे।

1896 में सोशल डेमोक्रेटिक [मार्क्सवादी] पार्टी के प्रस्तावित कार्यक्रम की व्याख्या करते हुए लेनिन ने लिखा था : "पिछले दिनों विदेशी पूँजीपति बड़े उत्साह से अपनी पूँजी रूस में स्थानान्तरित करते रहे हैं। यहाँ वे अपने कारखानों की शाखाएँ लगा रहे हैं और नये कारोबार चलाने के लिए कम्पनियाँ बना रहे हैं। वे इस तरुण

देश पर, लोभ से, टूटे पड़ रहे हैं। यहाँ की सरकार अन्य किसी भी देश की अपेक्षा पूँजी के अधिक अनुकूल है, उसकी फर्माबरदार है। पश्चिम को देखते उन्हें यहाँ ऐसे मजदूर मिलते हैं जो कम संगठित हैं, जिनमें उलटकर लड़ने की क्षमता कम है। यहाँ मजदूरों के रहन-सहन का स्तर ज्यादा नीचा है, इसलिए उनकी पगार भी कम है। इसलिए जिस पैमाने पर विदेशी पूँजीपति यहाँ भारी मुनाफा कमाते हैं, वह उनके अपने देशों में असम्भव है।" (उप., खंड-2, पृ. 109) यह पूँजी के निर्यात का युग है। इसके एक छोर पर उन्नीसवीं सदी के अन्तिम चरण में रूस था, दूसरे छोर पर बीसवीं सदी के अन्तिम चरण में नवस्वाधीन देश हैं।

विदेशी पूँजीपति रूसी पूँजीपतियों के साथ मिलकर काम करते थे। वे अपने कारोबार को देशी कारोबार के रूप में विज्ञापित करते थे। 1912 में ज़ारशाही रूस की लोकसभा—दूमा—ने फैसला किया कि मशीनरी तैयार करनेवाले देशी उद्योगपतियों को पुरस्कार (बोनस) दिया जाएगा। लेनिन ने पूछा : "ये देशी उद्योगपति कौन हैं?" फिर बताया : "जाँच में पता चला है कि वे विदेशी पूँजीपति हैं। उन्होंने रूस में अपने प्रतिष्ठान स्थानान्तरित किये हैं। चुंगी की दरें ऊँची हैं, मुनाफा तगड़ा है, इसलिए विदेशी पूँजी रूस में आती जा रही है। उदाहरण के लिए एक अमरीकी ट्रस्ट ने—पूँजीवादी करोड़पतियों के एक संघ ने—मॉस्को के पास ल्यूबेर्त्सी में खेती की मशीन बनाने का बड़ा कारखाना लगाया है। ख़ारकोव में पूँजीपति मेलहोज और बर्दियान्स्क में पूँजीपति जॉन ग्रीव्ज खेती की मशीनें बनाते हैं। ये कारखानेदार एकदम 'सच्चे रूसी', 'देशी' कोटि के हैं। हैं न?" (उप., खंड-18, पृ. 129)

देशी पूँजीपतियों से इन विदेशी पूँजीपतियों की साँठगाँठ थी : "क्योंकि यदि रूसी पूँजीपति हर तरह से उनकी मदद न करते तो वे रूस में कारोबार चला ही न सकते थे। चोर-चोर मौसेरे भाई! रूसी पूँजीपतियों की मदद से अमरीकी, ब्रिटिश और जर्मन पूँजीपति दोनों हाथों से मुनाफा बटोर रहे हैं और इसमें काफी बड़ा हिस्सा रूसी पूँजीपतियों का होता है। मिसाल के लिए लीना में सोने की खदानें या यूराल में खानों का कारोबार। विदेशी और रूसी पूँजीपतियों ने कितने करोड़ आपस में नहीं बाँटे!" (उप., पृ. 130) विदेशी पूँजी की आमद का एक पक्ष यह था कि रूस में भ्रष्टाचार बराबर बढ़ता जा रहा था। विदेशी पूँजीपति रूस में अपने कारोबार के लिए रिआयतें पाने के लिए पत्रकारों, राजकर्मचारियों आदि को पटाते थे। इससे इन्हें ऊपर की आमदनी होती थी। जितनी लम्बी चादर थी, उससे ज्यादा लम्बे पैर फैलाने में सुविधा होती थी। पत्रकार स्नेस्सरोव का 'नवोये व्रेम्या' पत्र से झगड़ा हो गया। उसने विदेशी पूँजीपतियों से इस पत्र की साँठ-गाँठ का भंडाफोड़ कर दिया। लेनिन ने टिप्पणी की : "लंदन के पूँजीपति रूसियों को नोंच रहे हैं (London capitalists—fleecing the Russians) [लुंचन कर रहे हैं = नोंच रहे हैं = fleecing], रूसी सरकार से रिआयतें पा रहे हैं, प्रेस इसमें

शामिल है, हजारों रूबल की कीमत पर हर आदमी खरीदा जा रहा है, बिक रहा है—वास्तविकता की जो तसवीर असन्तुष्ट ठग स्नेस्सरोव ने खींची है, वह ऐसी ही है।" (उप., खंड-20, पृ. 163) यह बात मार्च, 1914 की है, प्रथम विश्वयुद्ध छिड़ने से तीन माह पहले की।

विदेशी पूँजी की एक भूमिका यह थी कि वह रूस में अर्द्धसामन्ती राज्यसत्ता—ज़ारशाही—का समर्थन करती थी। दूसरे महायुद्ध के बाद एशिया, अफ्रीका और मध्य तथा दक्षिण अमरीका में इजारेदार पूँजीवाद—विशेष रूप से अमरीकी पूँजीवाद—की भूमिका तुलनीय है। रूसी जनता विदेशी पूँजी द्वारा समर्थित सामन्ती अवशेषों के खिलाफ लड़ी, यह तथ्य क्रान्ति के राष्ट्रीय और जनवादी पक्ष को उजागर करता है। 1905 की रूसी क्रान्ति में विदेशी पूँजी की प्रतिक्रियावादी भूमिका स्पष्ट हो गई थी। क्रान्ति से पहले—अप्रैल, 1905 में—लेनिन ने लिखा था : "सोशल डेमोक्रेटिक प्रेस ने [मार्क्सवादी पत्रों ने] बार-बार कहा है कि यूरोपियन पूँजी रूसी निरंकुशता की संरक्षक है। उधार दी हुई विदेशी रकमों के बिना रूसी निरंकुशता जीवित न रह सकेगी। फ्रांसीसी पूँजीपतियों को अपने फौजी सहयोगी की मदद करने में लाभ था, तब तक खास तौर से था जब तक उधार ली हुई रकमों की अदायगी निश्चित समय पर होती जाती थी।" (उप., खंड-8, पृ. 267) किन्तु जापान से रूस की लड़ाई ने ज़ारशाही की निर्बलता प्रकट कर दी। इसके सिवा यूरोप के पूँजीपतियों को भय था कि रूस में क्रान्ति हुई तो इसका असर सारे यूरोप पर पड़ेगा। इसलिए विदेशी पूँजीपति और ज्यादा उधार देने में आनाकानी कर रहे थे। लेनिन ने बताया कि ज़ार सरकार अधिकाधिक ऋणग्रस्त होती जा रही थी। उधार में जो सोना प्राप्त होता था, उसे वह रूसी सम्पत्ति कहकर दूसरों को दिखाती थी। लंदन के 'टाइम्स' अखबार ने लिखा था कि यूरोप के मुद्रा-बाजार में ज़ार सरकार जो अक्सर कर्ज लेने पहुँचती है, वह इसलिए नहीं कि उसे विकास के लिए पूँजी चाहिए, वरन् 'प्रायः इसी एक कारण से कि उसे राष्ट्रीय आय का सामान्य खामियाजा' पूरा करना होता है। (उप., पृ. 270) लंदन के 'इकोनॉमिस्ट' ने लिखा : "हम बार-बार कह चुके हैं कि रूस उधारखाते पर जीवन-यापन कर रहा है"। (उप., पृ. 272) इस पर भी विदेशी पूँजीपति यह न चाहते थे कि ज़ारशाही का ध्वंस क्रान्ति के द्वारा हो। वे चाहते थे कि उदारपंथी पूँजीपतियों को कुछ रिआयतें देकर ज़ार उनसे समझौता कर ले, तब उन्हें उधार देने में कोई अड़चन न होगी। लेनिन ने इस स्थिति का वर्णन यों किया : "जो चीज हम देख रहे हैं, वह यह है कि रूस को क्रान्ति से और ज़ारशाही को भरपूर तबाही से बचाने के लिए अन्तरराष्ट्रीय पूँजीपति वर्ग वस्तुतः सट्टा खेल रहा है।" (उप.) 1905 की क्रान्ति को दबाने में विदेशी पूँजी की भूमिका को याद करते हुए बारह साल बाद लेनिन ने फिर लिखा था : "ब्रिटेन और फ्रांस की महाजनी पूँजी, अन्य देशों की पूँजी की अपेक्षा, सारी दुनिया पर हावी है और उसे लूटती है। उसने

1905 की क्रान्ति का विरोध किया था और उसका दमन करने में ज़ार की मदद की थी।" (उप., खंड-23, पृ. 355)

लेनिन ने साम्राज्यवाद पर अपनी प्रसिद्ध पुस्तक में जिस इजारेदार पूँजीवाद का विश्लेषण किया था, उसका विकास पश्चिमी यूरोप में हुआ था; रूस पूँजी का निर्यात करनेवाला देश नहीं, अभी उसका आयात करनेवाला देश था। इजारेदार पूँजीवाद का विकास हो जाने पर जिस तरह की क्रान्ति पश्चिमी यूरोप में अनिवार्य हो रही थी, उस तरह की क्रान्ति रूस में अनिवार्य न हो सकती थी। रूस साम्राज्यवादी देश था पर उसका साम्राज्यवाद व्यापारिक और औद्योगिक पूँजीवाद के युगों का था, इजारेदार पूँजीवाद के युग का नहीं। रूस में बैंक-पूँजी का विकास कैसे हो रहा था, इसकी एक दिलचस्प मिसाल साम्राज्यवाद पर लेनिन की पुस्तक में है। रूस के दो सबसे बड़े बैंकों ने 1906 से 1912 तक अपनी पूँजी 4 करोड़ 40 लाख रूबल से बढ़ाकर 8 करोड़ 80 लाख कर ली थी, अपनी सुरक्षित निधि (reserves) डेढ़ करोड़ से बढ़ाकर 3 करोड़ 60 लाख कर ली थी। इस सबमें तीन-चौथाई पूँजी जर्मन बैंकों की थी! सेंट पीटर्सबर्ग के बैंकों की कुल हैसियत आठ अरब रूबल से कुछ ऊपर थी; इसमें फ्रांसीसी, जर्मन और ब्रिटिश बैंकों का हिस्सा क्रमशः लगभग 55, 35 और 10 फीसदी था। (उप., खंड-22, पृ. 232) ब्रिटेन पूँजी का निर्यात मुख्यत: अपने उपनिवेशों को करता था, फ्रांस की पूँजी यूरोप के देशों में—सबसे ज्यादा रूस में—पहुँचती थी। यह पूँजी उद्योग-धन्धों में लगाई जानेवाली पूँजी नहीं थी, यह सरकार द्वारा दी हुई उधार रकमों के रूप में होती थी। लेनिन ने ब्रिटेन और फ्रांस के साम्राज्यवाद का भेद बताते हुए लिखा : "ब्रिटेन के औपनिवेशिक पूँजीवाद से भिन्न इसे सूदखोर साम्राज्यवाद कहा जा सकता है।" (उप., पृ. 243) फ्रांस उधार देते समय अपनी महाजनवाली स्थिति से पूरा लाभ उठाता था। "फ्रांस ने जब रूस को उधार रकम दी थी, तब 16 सितम्बर, 1905 की व्यापारिक संधि के जरिये उसने रूस को 'निचोड़ा' ('squeezed') था; कुछ रिआयतें देना तै हुआ था और वे 1917 तक चालू रहनेवाली थीं।" (उप., पृ. 244)

ज़ार को हटाकर जब रूस में नई सरकार कायम की गई, तब लेनिन ने इसके बारे में लिखा : "यह ऐसी सरकार है जिसके हाथ-पाँव ब्रिटेन और फ्रांस की साम्राज्यवादी पूँजी ने बाँध रखे हैं। रूसी पूँजी उस विश्व-'फर्म' की एक शाखा है जो अरबों-खरबों रूबल का वारा-न्यारा करती है। उसका नाम है 'इंग्लैंड और फ्रांस'।" (उप., खंड-23, पृ. 306) ब्रिटेन और फ्रांस के महाजनों ने देखा कि ज़ार सरकार युद्ध का संचालन सन्तोषजनक ढंग से नहीं करती, तब उन्होंने उसे हटाने और नई सरकार को जमाने में अपनी भूमिका निबाही। ब्रिटेन और फ्रांस की महाजनी पूँजी ने 'वर्तमान क्रान्ति में बहुत सक्रिय और सीधे भाग लिया। उसने गुच्कोव, मिल्यूकोव आदि, तथा अंशत: फौजी हाई कमान, को मिलाकर षड्यंत्र किया कि वे

निकोलस द्वितीय को गद्दी से उत्तार दें या उसे रिआयतें देने को बाध्य करें। विश्व राजनीति और अन्तरराष्ट्रीय महाजनी पूँजी के दृष्टिकोण से गुच्कोव-मिल्यूकोव सरकार 'इंग्लैंड और फ्रांस' की बैंक-फर्म के कारिन्दे से ज्यादा कुछ नहीं है।" (उप., पृ. 355) रूसी पूँजीपतियों के पास युद्ध के संचालन के लिए न तो पर्याप्त धन था, न वे केवल अपने हित में उसका संचालन करने की स्थिति में थे। लेनिन ने क्रान्तिकारियों को सावधान किया : "रूस विदेशी धन से लड़ाई चला रहा है। रूसी पूँजी ब्रिटिश-फ्रांसीसी पूँजी की साझेदार (पार्टनर) है। गुच्कोव-मिल्यूकोव मंडली के लोग ब्रिटिश-फ्रांसीसी पूँजी के फन्दे में हैं। उन्होंने विदेशी धन से युद्ध चलाया है, और अब भी उसे चला रहे हैं। वे अरबों रकम उधार ले चुके हैं, करोड़ों सालाना ब्याज के रूप में देने का वादा कर चुके हैं और यह 'खिराज' वे रूसी मजदूरों और रूसी किसानों से निचोड़ेंगे।" (उप., पृ. 335) रूसी पूँजीपतियों ने अपने देश के मजदूरों और किसानों के गले में जो फन्दा डाला था, उसे नई जनवादी क्रान्ति ने काटा, उसने रूसी जनता को विदेशी पूँजी की आर्थिक दासता से मुक्त किया, इसलिए वह राष्ट्रीय क्रान्ति भी थी।

प्रश्न यह है कि नवम्बर, 1917 की क्रान्ति के दौरान पूँजीपति वर्ग के भीतर किसी तरह का भेद करना सम्भव था या नहीं? उत्तर है, ऐसा भेद सम्भव था, ऐसा भेद करना आवश्यक था और व्यवहार में ऐसा भेद किया गया था। 1918 में लेनिन ने रूसी अर्थतंत्र के जो पाँच विभाग गिनाए थे, उनमें तीसरा विभाग निजी पूँजीवाद का था। 1918 में ही राजकीय पूँजीवाद की आवश्यकता पर बल देते हुए लेनिन ने मजदूरों से कहा था कि वे ऐसे पूँजीपतियों को ज्यादा पैसे देकर अपने पक्ष में करें जो 'सबसे सुसंस्कृत, सबसे कुशल, सबसे योग्य संगठनकर्ता हों, जो सोवियत सत्ता की सेवा करने और यथासम्भव बड़े पैमाने पर राजकीय उत्पादन के संगठन में ईमानदारी से सहायता करने को तैयार हों।" ये कुशल और योग्य संगठनकर्ता उन पूँजीपतियों की श्रेणी में सुलभ थे जिन्हें 'बड़े पैमाने के विराट औद्योगिक कारोबार' का प्रत्यक्ष अनुभव था। लेनिन ने कहा कि राजकीय पूँजीवाद के गठन और संचालन के लिए सर्वहारा वर्ग को ऐसे लोगों की नियुक्ति करनी ही होगी। लेनिन ने ये बातें जिस लेख में कही थीं, उसका शीर्षक था : ''वामपंथी' बचकानापन'। 1918 में पूँजीपति वर्ग के भीतर भेद न करना वामपंथी बचकानापन था।

पीछे हटने की नीति निर्धारित करने के पहले, 1918 में ही, लेनिन ने कहा था : "हमने इतनी चीजों का राष्ट्रीयकरण, अपहरण किया है, इतनों को पछाड़ा और दबा दिया है कि सबकी गिनती करने का हमें समय नहीं मिला।" (उप., खंड-27, पृ. 334) इन शब्दों की ध्वनि स्पष्ट है। पूँजीपति वर्ग के भीतर भेद करना आवश्यक था। जिस हद तक आवश्यक भेद न किया गया था, उस हद तक क्रान्ति को धक्का लगा। 1921 में लेनिन ने साफ-साफ कह दिया : "हमारा यह बहुत दोष था जो

हम बहुत आगे बढ़ते चले गए थे। हमने उद्योग और व्यापार के राष्ट्रीयकरण में अति कर दी थी। बिकाऊ माल के स्थानीय विनिमय पर भी रोक लगा दी थी।" (उप., खंड-32, पृ. 219) रूसी क्रान्ति के विवेचन में यदि इस बात पर जोर न दिया जाए कि पूँजीपति वर्ग में आन्तरिक भेद करना आवश्यक था, तो पिछड़े हुए देशों के लिए—पराधीन, नव स्वाधीन, न्यूनाधिक विकसित और विकासशील देशों के लिए—उसका ऐतिहासिक महत्त्व आँखों से ओझल रहेगा। कठसिद्धान्ती लोग ही कह सकते हैं कि रूसी क्रान्ति में पहले बहुत आगे बढ़ जाना, फिर पीछे लौटना अनिवार्य था। ऐसी समझ पिछड़े हुए देशों के क्रान्तिकारी आन्दोलन के लिए बहुत ही हानिकारक हो सकती है।

राजकीय पूँजीवाद का सवाल देश की स्वाधीनता के सवाल से जुड़ा हुआ था—सीधे नहीं, चक्करदार रास्ते से। किसानों को अपनी अतिरिक्त उपज बेचने की जो सुविधा दी गई थी, उससे व्यापारियों के अलावा राज्यसत्ता को लाभ हो रहा था। इस लाभ का धन वह भारी उद्योग-धन्धों के विकास में लगा सकती थी। कम्यूनिस्ट इंटरनेशनल की चौथी कांग्रेस में लेनिन ने कहा : "पूँजीवादी देशों का आर्थिक इतिहास बतलाता है कि पिछड़े हुए देशों में भारी उद्योग-धन्धों का विकास लम्बी अवधि के लिए उधार में प्राप्त करोड़ों डालरों या सुवर्ण रूबलों की सहायता से ही सम्भव है।" (उप., खंड-33; पृ. 425) ऐसी उधार सहायता रूस को मिली न थी। ऐसी स्थिति में व्यापार से जो धन कमाया जाए, उसे भारी उद्योग के विकास में लगाना था। इस विकास के लिए हर तरफ किफायतशारी की जा रही थी "क्योंकि हम जानते हैं कि यदि हम भारी उद्योग को बचा न पाएँगे, उसे बहाल न कर पाएँगे, तो हम उद्योग-धन्धों का विकास कर ही न पाएँगे। उद्योग-धन्धों के बिना स्वतंत्र देश के रूप में हमारा अस्तित्व न रह जाएगा। यह बात हम खूब अच्छी तरह समझते हैं।" (उप., पृ. 426) स्वतंत्र देश के रूप में बने रहने के लिए उद्योग-धन्धे चाहिए, सामान्य उद्योग-धन्धों के निर्माण के लिए भारी उद्योग चाहिए। भारी उद्योग के विकास के लिए पूँजी चाहिए। यह पूँजी उधार से मिल न रही थी, इसलिए उसे व्यापार से प्राप्त करना था। इस व्यापार के लिए राजकीय पूँजीवाद दरकार था। इस तरह देश की स्वाधीनता का प्रश्न राजकीय पूँजीवाद के प्रश्न से जुड़ गया था।

पूँजीवादी परिवेश में कम्यूनिस्टों को सावधानी से काम करना था। नवम्बर, 1922 में मॉस्को सोवियत के विस्तृत अधिवेशन में लेनिन ने कहा : "हमें यह हिसाब लगाना चाहिए कि पूँजीवादी परिवेश में हम अपने अस्तित्व को कैसे सुनिश्चित बनाए रहें, हम अपने दुश्मनों से कैसे लाभ उठाएँ। और ये लोग मोलभाव करेंगे ही, मोलभाव करना वे रत्ती भर नहीं भूले और मोलभाव करेंगे यों कि घाटे में हम रहें। हम भी नहीं भूले, न सपने में इसकी कल्पना भी करते हैं, कि व्यापारी लोग गऊ [शब्दश: भेड़] बन गए हैं, और गऊ बन जाने के बाद कुछ लिये बिना ही हर तरह का वर देने को

तैयार हैं। यह सब नहीं होता, न हम आस लगाए हैं कि यह सब होगा, लेकिन हमें इस बात का भरोसा है कि हम लड़ने के आदी हैं, हम रास्ता निकाल ही लेंगे। हम व्यापार करने, लाभ कमाने और कठिन आर्थिक परिस्थिति से सकुशल उबर आने के योग्य सिद्ध होंगे।" (उप., पृ. 440-41) राष्ट्रीय अस्तित्व की सुरक्षा के लिए व्यापारियों को सीमित छूट दी गई—बड़ी सतर्कता के साथ।

राजकीय पूँजीवाद का एक पक्ष यह था कि पूँजीवादी देश रूस से आर्थिक सम्बन्ध कायम करें और उसके विकास में मदद करें। उसी भाषण में लेनिन ने कहा : "मेरी समझ में हमें एक दूसरे से फिर यह दृढ़ प्रतिज्ञा करनी चाहिए कि हम पीछे लौटे हैं पर इस तरह लौटे हैं कि जो कुछ नया है, उसका कोई भी अंश दूसरों को सौंप नहीं दिया, फिर भी पूँजीपतियों को ऐसी सुविधा दें कि कोई भी राज्य, हमसे कितनी भी दुश्मनी मानता हो, इस बात के लिए बाध्य हो कि हमसे सम्पर्क कायम करे और हमसे व्यवहार चलाए।" (उप.) इस व्यवहार चलाने में फिर राष्ट्रीय स्वाधीनता का सवाल सामने आता था। यूराल और साइबेरिया में ब्रिटिश उद्योगपति अर्कहार्ट (Urquhart) को खानों के काम का पट्टा देने की बात थी। उसकी कोशिश यह थी कि "जैसे भी हो, पुरानी व्यवस्था हम पर फिर लाद दी जाए।" (उप.) आर्थिक दखलअन्दाजी के इस प्रयत्न के अलावा ब्रिटेन ने मध्यपूर्व से सम्बन्धित राष्ट्र सम्मेलन में रूस को भाग लेने से रोका था। ब्रिटिश पत्रकार फार्बमैन ने लेनिन से पूछा था, अर्कहार्ट से समझौता नहीं हुआ, क्या इसे वामपंथी कम्यूनिस्टों की जीत माना जाए? लेनिन ने उत्तर दिया था : "बात दरअसल यह है कि ब्रिटेन ने हमें सम्मेलन में भाग न लेने दिया, यह अन्याय ऐसा अप्रत्याशित था, उससे रूस में क्रोध की ऐसी लहर उठी कि उसने दक्षिण और वाम कम्यूनिस्टों को ही दृढ़ता से मिलाकर एक न कर दिया वरन् उसने रूस की गैरपार्टी जनता को, मजदूरों और किसानों को यों एकताबद्ध कर दिया कि मामला दक्षिण और वाम कम्यूनिस्टों के मतभेद की मंजिल तक पहुँचा ही नहीं। हमने अर्कहार्ट से समझौता रद्द किया, इसके लिए जो कारण बताया गया है, वह, यों कहें कि, आम पार्टी-भावना ही व्यक्त नहीं करता वरन् समस्त जनता की, अर्थात् मजदूरों और किसानों के पूरे समुदाय की भावना प्रकट करता है।" (उप., पृ 387-88) बड़े पूँजीवादी देशों के विरुद्ध रूसी क्रान्ति का यह राष्ट्रीय, साम्राज्य-विरोधी पक्ष था। उनसे आर्थिक सम्बन्ध कायम करने थे और उनकी दखलअन्दाजी को रोकना भी था।

7 नवम्बर, 1917 को रूस में क्रान्ति हुई, 21 फरवरी, 1918 को लेनिन ने एक प्रसिद्ध लेख लिखा : 'समाजवादी मातृभूमि [शब्दशः पितृभूमि] संकट में है'! अन्तरराष्ट्रीय परिस्थिति ने यह बात निर्धारित कर दी थी कि अपने जन्मकाल से सोवियत संघ राष्ट्रीय अस्तित्व के लिए सुरक्षात्मक संघर्ष करे। जर्मनी अभी युद्ध में फँसा हुआ था किन्तु उसने सोवियत सरकार द्वारा भेजे हुए शान्ति-प्रस्ताव का उत्तर

न देकर हमला कर दिया। इस हमले को उन पूँजीवादी देशों का समर्थन भी प्राप्त था जो अभी जर्मनी से लड़ रहे थे। इसलिए लेनिन ने लिखा था : "सभी देशों के पूँजीपतियों ने उसे जो काम सौंपा है, उसे पूरा करते हुए जर्मन सैन्यवाद चाहता है कि 'रूसी और उक्रेनी मजदूरों-किसानों का गला घोंट दे, भूमि जमींदारों को मिले और कारखाने साहूकारों को और सत्ता पादशाही को लौटा दे।' जर्मन सेनानायक पेत्रोग्राद और किएव पर अपनी 'व्यवस्था' लादना चाहते हैं। सोवियतों का समाजवादी गणतंत्र भारी संकट में है। जब तक जर्मनी का सर्वहारा वर्ग उठे और विजयी न हो जाए, तब तक रूस के मजदूरों और किसानों का यह पवित्र कर्तव्य है कि वे बुर्जुआ-साम्राज्यवादी जर्मनी के टिड्डीदल से सोवियतों के समाजवादी गणतंत्र की निष्ठापूर्वक रक्षा करें।" (उप., खंड-27, पृ. 30)

यह सारा इतिहास, भिन्न स्तर पर, 1941 में दोहराया गया। साम्राज्यवादी देशों के पूँजीपतियों ने जर्मनी में सैन्यवाद को बढ़ावा दिया जिससे कि वह सोवियत संघ का अस्तित्व मिटा दे। सोवियत संघ के लोगों ने अपने सुरक्षात्मक संग्राम को 'महान देशभक्तिपूर्ण संग्राम' (अथवा महान् राष्ट्रीय संग्राम) की संज्ञा दी। (रूसी 'पात्रिओतिचेस्की', अंग्रेजी 'पेट्रिऑटिक' के समतुल्य हमारा 'राष्ट्रीय' है।) इस नामकरण में कोई नई बात नहीं थी, समाजवादी मातृभूमि की रक्षा के लिए युद्ध करने की बात लेनिन बहुत पहले कह गए थे।

नई जनवादी क्रान्ति की तरह यह राष्ट्रीयता की भावना भी नई तरह की थी। सोवियत संघ के लिए वह आवश्यक थी या नहीं? और उसे राष्ट्रीयता की भावना कहना उचित है या नहीं? रूस ने मजबूरी में जर्मन साम्राज्यवाद से सन्धि की; सोवियत सत्ता को सुदृढ़ करने के लिए शान्ति जरूरी थी। सन्धि की शर्तें अपमानजनक थीं किन्तु उन्हें स्वीकार न करने का मतलब था—सोवियत सत्ता का विनाश। लेनिन ने रूसी जनता के सामने जर्मनी की मिसाल रखी। नेपोलियन ने जर्मन फौज को ध्वस्त कर दिया, जर्मनी के बड़े नगरों पर अधिकार कर लिया, जर्मनी का विभाजन किया, उसे टिल्सिट की अपमानजनक संधि करने को बाध्य किया : "फिर भी जर्मनी जनता ऐसी शान्ति के बाद भी जीवित रही, अपनी शक्ति को बटोरने के योग्य साबित हुई, स्वतंत्रता और स्वाधीनता के अधिकार को प्राप्त करने के योग्य साबित हुई।...टिल्सिट की संधि जर्मनी के लिए घोर अपमानजनक थी लेकिन इसके साथ ही उसके बाद एक महान राष्ट्रीय अभ्युत्थान की शुरुआत हुई। उस समय ऐतिहासिक परिस्थितियाँ ऐसी थीं कि यह अभ्युत्थान केवल पूँजीवादी राज्यसत्ता की ओर संचालित हो सकता था।...अब यदि रूस 'टिल्सिट' की संधि से राष्ट्रीय अभ्युत्थान की ओर, एक महान् देशभक्तिपूर्ण युद्ध की ओर बढ़ रहा है—और वह निस्सन्देह बढ़ रहा है, तो उसकी निकासी पूँजीवादी राज्यसत्ता की ओर नहीं है वरन् विश्व समाजवादी क्रान्ति की दिशा में है।" (उप., खंड-27, पृ. 162) लेनिन ने जर्मनी

के राष्ट्रीय अभ्युत्थान (national resurgence) का हवाला दिया, फिर रूसी जनता के राष्ट्रीय अभ्युत्थान की बात कही। दोनों अभ्युत्थान राष्ट्रीय थे और दोनों की राष्ट्रीयता में फर्क था। जर्मनी की राष्ट्रीयता पूँजीवादी थी, रूस की राष्ट्रीयता नई तरह की थी, उसकी गति विश्व समाजवादी क्रान्ति की ओर थी। रूस एक महान देशभक्तिपूर्ण संग्राम (a great patriotic war) की ओर बढ़ रहा है, यह बात 1918 के लिए सही थी और 1941 के लिए भी।

विश्व पूँजीवाद का विकास इस तरह हुआ था कि किसी भी देश की क्रान्ति साम्राज्य-विरोधी सुरक्षात्मक संग्राम का रूप लिये बिना न रह सकती थी। फ्रांसीसी राज्यक्रान्ति से ही साबित हो गया था कि यूरोप के सारे पूँजीवादी-सामन्ती प्रतिक्रियावादी क्रान्ति का विरोध करने में एक हो जाएँगे। फ्रांसीसी पूँजीपतियों ने पेरिस कम्यून का दमन करने के लिए जर्मन फौज की सहायता ली। रूसी क्रान्ति के विरुद्ध ब्रिटेन, यूरोप, अमरीका, जापान के सारे प्रतिक्रियावादियों ने जोर लगाया।

1918 में लेनिन ने मजदूरों, किसानों और लाल फौज के प्रतिनिधियों की मॉस्को सोवियत के सामने भाषण करते हुए कहा : "हमें भारी पराजय और उत्पीड़न में दिन काटने पड़ रहे हैं। क्रान्ति का शीश प्रुशिया के जमींदारों और साम्राज्यवादियों के बूट के नीचे है।" (उप., पृ. 167) यह पराजय और उत्पीड़न मजदूरों और गरीब किसानों तक सीमित नहीं था, राष्ट्र के सभी लोगों के लिए वह अपमानजनक था। क्रान्ति की रक्षा करना इस समय राष्ट्रीय कर्तव्य बन गया था। पराजय को विजय में कैसे बदलना चाहिए, यह जर्मन जनता से सीखना चाहिए, फिर जर्मन साम्राज्यवाद का विरोध करना चाहिए। सोवियतों की चौथी अखिल रूसी कांग्रेस में लेनिन ने टिल्सिट की संधि के लिए कहा : "वह संधि जर्मनी के पतन की सूचक नहीं थी, इसके विपरीत वह नया मोड़ थी—राष्ट्रीय सुरक्षा, नवीकरण की ओर। हमारे लिए यह ठीक ऐसे ही मोड़ की पूर्ववेला है। हम मिलती-जुलती परिस्थितियों का अनुभव कर रहे हैं।" (उप., पृ. 186) क्रान्तिकारी रूस किस तरह युद्ध चलाएगा, इस बारे में लेनिन ने कहा : "मुक्ति-संग्राम, वर्ग युद्ध, जनता का युद्ध नेपोलियन की लड़ाइयों का स्थान लेगा।" (उप., पृ. 187) जो वर्गयुद्ध है, वह सारी जनता का युद्ध है, वह सारे देश की मुक्ति का युद्ध भी है। क्रान्ति से राष्ट्रीय स्वाभिमान की भावना को जोड़ते हुए लेनिन ने कहा : "हमारे लोग जर्मनों की तुलना में महज पिछड़े हुए और कमजोर नहीं हैं। ये वो लोग हैं जिन्होंने क्रान्ति का झंडा उठाया है।" (उप., पृ. 188)

लेनिन ने रूसी जनता को सावधान किया : यह सम्भव है कि जर्मनी तुरत हमला करे और जापान के साथ—लिखित या अलिखित समझौते के आधार पर—'हमारा विभाजन कर दे और हमारा गला घोंट दे।" (उप., पृ. 331) लेनिन ने यह बात मई, 1918 में कही थी। क्रान्ति ने राष्ट्रीय एकता की सुरक्षा को मुक्ति-संग्राम की विजय के लिए अनिवार्य बना दिया था। लेनिन ने विश्वास प्रकट किया : "हम साम्राज्यवादियों

से अपने देश की रक्षा कर रहे हैं। हम उसकी रक्षा करेंगे और जीतेंगे।" (उप., पृ. 378) सोवियत जनता का सुरक्षात्मक संग्राम उसे बरबस यूरोप की सर्वहारा क्रान्ति की परिधि से निकालकर पराधीन देशों के व्यापक साम्राज्य-विरोधी संग्राम के दायरे में ठेल रहा था। विश्वमंच पर मुख्य अन्तर्विरोध अब साम्राज्यवादी देशों के पूँजीपतियों और मजदूरों के बीच न रह गया था, वरन् वह अब साम्राज्यवादी जातियों और पराधीन जातियों में था। 1920 में कम्यूनिस्ट इंटरनेशनल की दूसरी कांग्रेस में लेनिन ने कहा : "साम्राज्यवाद के स्वरूप की विशेषता यह है कि सारी दुनिया, जैसाकि हम अब देख रहे हैं, बहुत-सी उत्पीड़ित जातियों और मुट्ठी-भर उत्पीड़क जातियों के बीच बँटी हुई है। इन मुट्ठी-भर जातियों के पास औपनिवेशिक सम्पदा है और जबर्दस्त सैन्यशक्ति है।" (उप., पृ. 240) दुनिया की बहुसंख्यक पराधीन (अथवा अंशतः स्वाधीन) जनता के उत्पीड़क साम्राज्यवादी देश सोवियत रूस के सबसे बड़े दुश्मन थे। यह स्वाभाविक था कि सोवियत जनता का स्वाधीनता-संग्राम सारी दुनिया के साम्राज्य-विरोधी आन्दोलन में निर्णायक भूमिका निबाहे। यूरोप और अमरीका में सर्वहारा क्रान्ति जब होगी, तब होगी; अभी तो सोवियत रूस विश्व साम्राज्य-विरोधी क्रान्ति का गढ़ बना हुआ था।

लेनिन ने उसी भाषण में आगे बताया कि "साम्राज्यवादी युद्ध के बाद वर्तमान विश्व-परिस्थिति में लोगों के और समूची विश्व राजनीतिक व्यवस्था के आपसी सम्बन्ध उस संघर्ष द्वारा निर्धारित होते हैं जिसे साम्राज्यवादी जातियों का एक छोटा-सा गुट सोवियत आन्दोलन के और उन सोवियत राज्यों के विरुद्ध चला रहा है, जिनके सिरे पर सोवियत रूस है।" (उप., पृ. 241) रूसी क्रान्ति की उपलब्धियों की रक्षा के लिए यह आवश्यक था कि सोवियत जनता हर तरह के साम्राज्यवादी दबाव और दखलअन्दाजी से अपनी राष्ट्रीय स्वाधीनता की रक्षा करे। दिसम्बर, 1920 में लेनिन ने मॉस्को के कम्यूनिस्टों से बिलकुल ठीक कहा था : "हम अब सभी देशों के सर्वहारा के ही प्रतिनिधि नहीं हैं, हम उत्पीड़ित लोगों [पराधीन जातियों] के प्रतिनिधि भी हैं।" (उप., पृ. 453) संसार की जनता के साम्राज्य-विरोधी संग्राम में सोवियत रूस सबसे आगे था, इसलिए वह पराधीन जातियों का भी प्रतिनिधि था। जर्मन साम्राज्यवादियों ने उन पर अधिकार किया, काकेशस प्रदेश को सोवियत रूस से अलग किया। ब्रिटेन और फ्रांस से जर्मनी पराजित हुआ, उसे रूस से अपनी फौजें हटानी पड़ीं; उनका स्थान ब्रिटेन और फ्रांस की फौजों ने लिया। रूस के उत्तर में उन्होंने अपनी फौजें उतारीं, काले सागर में अपने जहाज भेजकर ओदेसा और काकेशस प्रदेश में सेनाएँ जमा कीं। तुर्किस्तान पर उन्होंने कब्जा किया और सारे रूस की नाकेबन्दी की। जापान ने ब्लादीवस्तोक में फौजें उतारीं और समुद्रतटवर्ती क्षेत्र पर अधिकार कर लिया। जर्मन साम्राज्यवादियों ने दोन क्षेत्र के सोवियत-विरोधी सेनापतियों की गुप्त रूप से सहायता की। लेनिन के अनुसार, अमरीकी करोड़पतियों ने ब्रिटिश-जापानी

सैनिक अभियान को अपनी स्वीकृति दी कि "वह प्रथम समाजवादी गणतंत्र का गला घोंट दें।" (उप., खंड-28, पृ. 62) "अमरीका ने कोल्चक के साथ इकरारनामे पर हस्ताक्षर किये, उसे मान्यता दी, उसका समर्थन किया।" (उप., खंड-31, पृ. 449) और भी : "अमरीका और जापान ने कोल्चक का समर्थन करने के लिए इकरारनामे पर हस्ताक्षर किये।" (उप., खंड-33, पृ. 390) दूसरे देशों के आन्तरिक मामलों में हस्तक्षेप करो, वहाँ के क्रान्ति-विरोधियों की सहायता करो, अमरीकी साम्राज्यवाद इस नीति पर पिछले 65 साल से चलता आ रहा है। साम्राज्यवादी हस्तक्षेप के खिलाफ लड़ाई में किसानों और मजदूरों की एकता सुदृढ़ हुई, सोवियत जनता की बहुजातीय राष्ट्रीय एकता सुदृढ़ हुई।

सातवाँ अध्याय

जनतंत्र और डिक्टेटरशिप

1. जनवादी डिक्टेटरशिप और किसान

क्रान्ति के दौरान और उसके बाद पुरानी राज्यसत्ता को ध्वस्त करने और वर्ग शत्रुओं के प्रतिरोध का दमन करने के लिए बहुसंख्यक जनता और उसकी राज्यसत्ता बल-प्रयोग करती है। बल-प्रयोग के कारण राज्यसत्ता को किसी वर्ग या किन्हीं वर्गों की डिक्टेटरशिप कहा जाता है। पूँजीवादी राज्यसत्ता के समानान्तर विद्यमान सोवियत सत्ता के बारे में लेनिन ने अप्रैल, 1917 में लिखा था : "इसमें सर्वहारा और (सैनिक पोशाक में) किसान हैं। यह क्रान्तिकारी डिक्टेटरशिप है अर्थात् ऐसी सत्ता है जिसका आधार सीधा क्रान्तिकारी अधिग्रहण है, नीचे से जनता की सीधी पहल है, किसी केन्द्रबद्ध राज्यसत्ता द्वारा पास किया हुआ कानून नहीं है।" ('ग्रंथावली', खंड-24, पृ. 38) जिस राज्यसत्ता में छोटी मिल्कियत वाले किसान भागीदार हों, जिसे जमींदारों की सम्पत्ति का अधिग्रहण करना हो, उनके प्रतिरोध का दमन करना हो, वह विशुद्ध सर्वहारा डिक्टेटरशिप न होगी वरन मजदूरों और किसानों की जनवादी डिक्टेटरशिप होगी।

पेरिस कम्यून के बारे में लेनिन ने 1905 में लिखा था कि उसे "जो कार्य वास्तव में सम्पन्न करना था, वह प्रथमतः जनवादी डिक्टेटरशिप की स्थापना थी, न कि समाजवादी डिक्टेटरशिप की स्थापना।" (उप., खंड-9, पृ. 141) उन्होंने इस बात पर जोर दिया कि कम्यून के हर नारे को अन्धे होकर न दोहराना चाहिए। करना यह चाहिए कि "हम ऐसे व्यावहारिक और कार्यक्रम-सम्बन्धी नारे छाँट लें जो रूस की परिस्थितियों पर लागू होते हों और जिन्हें 'सर्वहारा वर्ग और किसानों की क्रान्तिकारी जनवादी डिक्टेटरशिप' के सूत्र में पेश किया जा सके।" (उप.) नई जनवादी क्रान्ति के कार्य सम्पन्न करने वाली राज्यसत्ता को मजदूरों और किसानों की क्रान्तिकारी जनवादी डिक्टेटरशिप कहना मार्क्सवाद-लेनिनवाद के अनुरूप है, यह लेनिन के उक्त विवेचन से स्पष्ट है।

मेनशेविक मानते थे कि पूँजीवादी क्रान्ति पूँजीपति वर्ग के नेतृत्व में होगी, इसलिए सत्ता पर मजदूरों-किसानों के अधिकार का सवाल न था। उनकी आलोचना करते

हुए लेनिन ने 1906 में लिखा : "बोल्शेविकों का दावा कि निर्णायक विजय का एक ही अर्थ हो सकता है—सर्वहारा वर्ग और किसानों की डिक्टेटरशिप—उन्हें नापसन्द है, पर वे न तो उसे गलत साबित कर पाए हैं, न उसमें कोई सुधार और परिवर्तन कर पाए हैं।" (उप., खंड-10, पृ. 462) मेनशेविकों की समझ यह थी कि बुर्जुआ जनवादी क्रान्ति का नेतृत्व सर्वहारा वर्ग नहीं कर सकता, वह केवल विरोधी दल की भूमिका निबाह सकता है। उनकी इस समझ का खंडन करते हुए लेनिन ने 1907 में लिखा : "मेनशेविकों ने सर्वहारा वर्ग और किसानों की क्रान्तिकारी जनवादी डिक्टेटरशिप की धारणा को बड़ी दृढ़ता से ठुकरा दिया।" (उप., खंड-12, पृ. 491) बोल्शेविक दावे को ठुकराने का कारण यह था कि मेनशेविक बड़ी दृढ़ता से विश्वास करते थे कि किसान क्रान्तिकारी नहीं होते। क्रान्तिकारी दो ही वर्ग होते हैं : पूँजीपति वर्ग और सर्वहारा। इसलिए क्रान्तियाँ दो ही होती हैं : पूँजीवादी और सर्वहारा। अतः राज्यसत्ता या तो पूँजीवादी डिक्टेटरशिप होगी या सर्वहारा डिक्टेटरशिप! चिन्तन के इस चौखटे में मजदूरों-किसानों की जनवादी डिक्टेटरशिप जैसी धारणा के लिए गुंजाइश नहीं थी।

लेनिन ने पूँजीवादी क्रान्ति के अलावा सीधे किसान-क्रान्ति, कृषि-क्रान्ति अथवा खेतिहर-क्रान्ति की बात भी कही है। किसान-क्रान्ति किसान ही करेंगे, मजूदर वर्ग और बोल्शेविक पार्टी के नेतृत्व में करेंगे पर उसमें प्रमुख भूमिका किसानों की होगी, इसलिए लेनिन ने उसे किसान-क्रान्ति कहा था। बोल्शविकों और मेनशेविकों की एकता कांग्रेस (1906) में 'प्लेख़ानोव' ने भूमि के राष्ट्रीयकरण का विरोध किया। इस पर लेनिन ने कहा : "यदि रूस में सचमुच किसान-क्रान्ति घटित होती है, और उसके साथ जो राजनीतिक क्रान्ति होगी, वह वास्तविक जनवादी गणतंत्र की मंजिल तक पहुँचती है तो कामरेड प्लेख़ानोव समझेंगे कि [भूमि के] राष्ट्रीयकरण का समर्थन करना सम्भव है।" (उप., खंड-10, पृ. 279) किसानों ने जमींदारों से भूमि छीन ली, उसे आपस में बाँट लिया, यह किसान-क्रान्ति हुई। वे जमींदारों की राज्यसत्ता खत्म करके जनसत्ता स्थापित करें, तो यह राजनीतिक क्रान्ति होगी। लेनिन मानते थे कि किसान संघर्ष के लिए अपनी समितियाँ बनाएँगे और संघर्ष के दौरान सत्ता पर अधिकार भी करेंगे। किसान समितियों की भूमिका के बारे में लेनिन ने कहा : "मेरे मसौदे में ऐसी किसान समितियाँ बनाने का प्रस्ताव है जो क्रान्तिकारी किसान-आन्दोलन को चलाने का सीधा उपकरण हों, और उस आन्दोलन का सबसे वांछनीय रूप हों। सरल भाषा में यों कहें कि किसान समितियों का मतलब है, किसानों का आह्वान करना कि वे हाकिमों और जमींदारों से, सीधे और तुरत, जड़मूल से अपना हिसाब साफ करने लगें।" (उप., पृ. 281)

किसान जमींदारों के साथ हाकिमों से भी निपटेंगे तो शासनतंत्र कौन चलाएगा? लेनिन का कहना था कि सरकारी कर्मचारियों की नियुक्ति किसान करेंगे—निर्वाचन

द्वारा। प्लेख़ानोव की राय थी कि इससे चारों ओर अराजकता फैल जाएगी। लेनिन ने किसानों द्वारा राजकर्मचारियों के चुने जाने को क्रान्ति के जनवादी होने का सबूत माना। उन्होंने आश्चर्य प्रकट किया कि "जनता हाकिमों का निर्वाचन करे तो इससे किसी को अराजकतावाद की याद आए।" (उप.) उन्होंने जोर देकर कहा : "आज के जमाने में ही जनता द्वारा हाकिमों के निर्वाचन का यह नारा प्रत्यक्ष और विशद व्यावहारिक महत्त्व प्राप्त करता है। आम किसान जनता में हमारी सारी कार्यवाही को, सारे प्रचार और आन्दोलन को अधिकतर इस नारे की व्याख्या करनी चाहिए, उसका प्रचार-प्रसार करना चाहिए।" (उप., पृ. 281-82) उन्होंने अपने विरोधियों की भर्त्सना करते हुए कहा कि किसान-क्रान्ति का समर्थन करना : "इसके साथ ही वास्तविक जनतंत्र के बारे में कुछ न कहना—जिस जनतंत्र में अन्य बातों के अलावा सरकारी कर्मचारियों का चुनाव भी शामिल है—घोर अन्तर्विरोध है।" (उप., पृ. 282)

हर क्रान्ति में सत्ता का सवाल मुख्य होता है। किसान क्रान्ति करें किन्तु सत्ता पर अधिकार न करें, यह लाइन प्लेख़ानोव की थी। इस लाइन पर चलने का मतलब था—किसान क्रान्ति तो करें पर सत्ता पूँजीपतियों को सौंप दें या फिर वे क्रान्ति ही न करें। लेनिन ने प्लेख़ानोव की आलोचना करते हुए कहा : "उन्हें लगता है कि मेरे कृषि-सम्बन्धी कार्यक्रम के मसौदे में सत्ता पर अधिकार करने की बात है। मैं मानता हूँ कि मेरे मसौदे में क्रान्तिकारी किसानों द्वारा सत्ता पर अधिकार करने की बात है।...प्लेख़ानोव ने कहा था, हमें कृषि-क्रान्ति से डरना न चाहिए। लेकिन यह भय कि क्रान्तिकारी किसान सत्ता पर हावी होंगे, कृषि-क्रान्ति से डरना ही है। यदि कृषि-क्रान्ति का यह अर्थ नहीं है कि उसकी विजय से क्रान्तिकारी जनता सत्ता पर अधिकार करेगी तो वह कोरा शब्दजाल है।" (उप., पृ. 283)

किसान क्रान्ति कर सकते हैं, वे सत्ता पर अधिकार कर सकते हैं—यह लेनिन की मनगढ़न्त धारणा नहीं थी, न वह मार्क्सवाद के प्रतिकूल थी। जैसे एंगेल्स ने जर्मन किसानों के क्रान्तिकारी संघर्षों का अध्ययन किया था, वैसे ही लेनिन ने रूसी किसानों के संघर्षों का अध्ययन किया था। इसीलिए वह प्लेख़ानोव से कह सके थे कि किसानों द्वारा सत्ता पर अधिकार की बात की तुलना लोकवादी आतंकवादियों (नरोद्नाया बोल्या) के कल्पनालोकी कार्यक्रम से करना "रूसी इतिहास के एक समूचे विशद कालखंड—को निरस्त कर देना है।" (उप.) रूसी किसानों के सामन्त-विरोधी संघर्षों की गौरवशाली परम्परा थी। 1917 की क्रान्ति इस परम्परा की अगली कड़ी थी। क्रान्ति के बाद किसान सत्ता में भागीदार होंगे या नहीं, इस प्रश्न का उत्तर देने के लिए किसान मानसिकता का अमूर्त विवेचन करने के बदले उनके क्रान्तिकारी संघर्षों के ठोस इतिहास पर ध्यान केन्द्रित करना चाहिए। रूस में औद्योगिक विकास 1861 के बाद हुआ। इससे पहले बँधुआ किसान-प्रथा को उठा देने के लिए रूस में एक व्यापक जन-आन्दोलन का प्रसार हुआ। लेनिन के अनुसार हर संजीदा राजनीतिज्ञ

समझ गया था कि 'क्रान्तिकारी विस्फोट की है।' सम्भावना है, और किसान-विद्रोह का खतरा। (उप., खंड-5, पृ. 39) अत: ज़ार ने अभिजात वर्ग से कहा : "बेहतर है कि उद्धार का काम ऊपर से हो, बजाय इसकी राह देखने के वे अपने उद्धार का काम नीचे से शुरू कर दें।" (उप., पृ. 87)

पुराने जमाने के किसान-संघर्षों को याद करते हुए लेनिन ने 1903 में लिखा था : "बँधुआ-प्रथा के युग में समूचा किसान समुदाय अपने उत्पीड़कों, जमींदारों, के खिलाफ लड़ा था। जमींदारों की रक्षा ज़ार सरकार करती थी, उसे अपना संरक्षण और समर्थन देती थी। उस समय किसान अपनी एकता कायम कर पाने में अक्षम थे और अज्ञान के बोझ से एकदम दबे हुए थे। शहरी मजदूरों के रूप में उनके भाई और मददगार नहीं थे। फिर भी जैसे बन पड़ा, वे भरसक लड़े। वे सरकार के पाशविक दमन से विचलित नहीं हुए, सजा और गोलियों से वे डरे नहीं। उन्होंने पुरोहितों का विश्वास नहीं किया जो यह सिद्ध करने में एड़ी-चोटी का जोर लगा रहे थे कि बँधुआ-प्रथा शास्त्रसम्मत है। उसका चलन ईश्वर की आज्ञा से हुआ है (बड़े पादरी फिलारेत ने ठीक यही बात कही थी!)। किसानों ने विद्रोह कर दिया—कभी एक जगह किया, कभी दूसरी जगह किया। अन्त में सरकार झुकी, वह डरी कि सारे किसान एक साथ विद्रोह न कर दें।" (उप., खंड-6, पृ. 424)

1789 की फ्रांसीसी-क्रान्ति और 1861 की रूसी क्रान्ति में एक समानता यह थी कि दोनों में किसानों ने आगे बढ़कर हिस्सा लिया किन्तु उनके संघर्षों से मुख्यत: लाभ उठाया पूँजीपति वर्ग ने। जो फ्रांसीसी किसान जनक्रान्ति के फलस्वरूप मुक्त हुए थे, उन्हें पैसे की ताकत ने कुचल डाला; लेनिन के शब्दों में : "पैसे की इस ताकत ने अपने पूरे भार से हमारे नीम बँधुआ किसानों को धराशायी कर दिया।" (उप., खंड-4, पृ. 422) फ्रांसीसी और रूसी क्रान्तियों में दूसरी समानता यह थी कि दोनों के समानान्तर, उनके आगे और पीछे, एक विराट बौद्धिक नवजागरण सम्पन्न हुआ। फ्रांस की जिस संस्कृति ने सारे यूरोप को प्रभावित किया, वह 1789 की क्रान्ति से जुड़ी हुई थी। इसी तरह रूस की जिस संस्कृति ने विश्वख्याति अर्जित की, वह किसी न किसी रूप में 1861 की क्रान्ति से सम्बद्ध थी। इस संस्कृति के सर्वश्रेष्ठ प्रतिनिधि तोल्स्तोय थे। लेनिन ने उनके लेखन-कार्य की जो अवधि निर्धारित की थी, वह 1861 से 1905 तक के बीच थी। 1861 में किसानों के असन्तोष ने जमींदारों को बाध्य किया था कि वे बँधुआ किसान-प्रथा को समाप्त करें; 1905 में किसानों के सामने प्रश्न था कि वे सत्ता पर अधिकार करें। तोल्स्तोय ने जिस रूस को अपनी महान कलाकृतियों में चित्रित किया था, वह किसानों की सामन्त-विरोधी कार्यवाही वाला यही रूस है। लेनिन के शब्दों में : "तोल्स्तोय को ग्रामीण रूस की, जमींदारों और किसानों की जीवन-पद्धति की असाधारण जानकारी थी। अपनी कलात्मक रचनाओं में उन्होंने इस जीवन के विवरण दिये हैं जो विश्व साहित्य की सर्वश्रेष्ठ कृतियों में

गिने जाते हैं।" (उप., पृ. 16, पृ. 331) और तोल्स्तोय अकेले नहीं थे, उनके साथ कवियों, कथाकारों, क्रान्तिकारी विचारकों का पूरा दल था और इस दल का गहरा सम्बन्ध किसानों से था। वास्तव में इन बुद्धिजीवियों का किसान जीवन से घनिष्ठ सम्पर्क रूसी संस्कृति की अपूर्व विशेषता है।

1861 की क्रान्ति की चालीसवीं वर्षी के अवसर पर लेनिन ने लिखा था : "किसानों का उद्धार हुए चालीस साल बीत गए। यह बहुत स्वाभाविक है कि जनता 16 फरवरी का दिन, पुराने सामन्ती रूस के पतन की वर्षगाँठ, जनता से स्वाधीनता और समृद्धि का वादा करनेवाले नये युग की शुरुआत, आज विशेष उत्साह से मनाती है।" (उप., खंड-4, पृ. 420) नये युग की शुरुआत पूँजीपतियों के दबाव से नहीं, किसानों के दबाव से सम्भव हुई थी। लेनिन का विश्लेषण इस प्रकार था : "सैनिक पराभव, भयानक वित्तीय कठिनाइयों और किसानों के खतरनाक असन्तोष के दबाव से सरकार को बाध्य होकर किसानों का उद्धार करना पड़ा। स्वयं ज़ार ने स्वीकार किया था कि किसान नीचे से अपना उद्धार करने लगें, इससे पहले ही ऊपर से उनका उद्धार कर देना जरूरी था।" (उप., पृ. 421) चालीस साल में परिस्थितियाँ काफी बदल गईं। रूस का औद्योगिक विकास हुआ, शहरी सर्वहारा वर्ग का गठन हुआ, किसानों के संघर्ष की परिस्थितियाँ बदल गईं।

किसान मुक्त हुए और मुक्त होकर उन्होंने बहुत मार खाई। "अन्त में किसानों का भी धीरज टूट गया। पिछले साल, 1902 के वसन्त में पोल्ताना, खारकोव और अन्य इलाकों के किसान जमींदारों के खिलाफ उठ खड़े हुए, उनकी बखारों में घुस गए। जो सामग्री मिली, वह आपस में बाँट ली; जो अनाज किसानों ने बोया और काटा था, लेकिन जिसे जमींदारों ने हथिया लिया था, उसे भूखों में बाँट दिया। उन्होंने जमीन के नये बँटवारे की माँग की। किसान वह अन्तहीन अत्याचार अब सह न पा रहे थे, वे बेहतर जिन्दगी खोजने लगे। उन्होंने तै किया—और बिलकुल ठीक तय किया—कि लड़े बिना ही भूख से मरने के बदले लड़कर मरना ज्यादा अच्छा है। पर उन्हें बेहतर जिन्दगी नसीब न हुई।" (उप., पृ. 424-25)

किसानों की मदद के बिना पेरिस कम्यून के मजदूर मारे गए थे, मजदूरों की मदद के बिना 1902 के विद्रोह में रूसी किसान मारे गए। "ज़ार सरकार ने उन्हें सामान्य दंगाई और डाकू घोषित कर दिया (क्योंकि उन्होंने डाकू जमींदारों से वह अनाज ले लिया था जिसे स्वयं किसानों ने बोया और काटा था!)। ज़ार सरकार ने उनके खिलाफ फौज भेजी, जैसे शत्रु के खिलाफ भेजी जा रही हो! और किसान पराजित हुए। उन पर गोलियाँ चलीं, बहुत-से मारे गए। उन्हें बुरी तरह कोड़े लगाए गए। बहुतों को इतना मारा गया कि वे मर गए। तुर्क अपने शत्रु ईसाइयों को जितनी यंत्रणा देते हैं, उससे ज्यादा यंत्रणा इन्हें दी गई। ज़ार के दूत, गवर्नर यंत्रणा देने में सबसे बड़े दुष्ट थे, पक्के जल्लाद थे। सैनिकों ने किसानों की पुत्रियों और पत्नियों

से बलात्कार किया। इस सबके बाद हाकिमों की अदालत में किसानों पर मुकदमा चलाया गया। उन्हें जमींदारों को आठ लाख रूबल देने को बाध्य किया गया। उन मुकदमों में, बदनाम गुप्त मुकदमों में, यंत्रणा देने के कोठों के भीतर उन मुकदमों में, सुरक्षा के वकीलों को यह बताने की अनुमति भी नहीं थी कि ज़ार के दूतों ने, गवर्नर ऑबॉलेन्स्की तथा ज़ार के दूसरे चाकरों ने, किसानों से कैसा दुर्व्यवहार किया था, उन्हें कितनी यंत्रणा दी थी।" (उप., खंड-6, पृ. 425)

मार्क्स ने जिस आवेश से पेरिस कम्यून के बारे में लिखा था, लगभग वैसे ही आवेश से लेनिन ने 1902 के असफल किसान विद्रोह के बारे में लिखा : "किसान इंसाफ के लिए लड़े थे। रूसी मजदूर वर्ग उन शहीदों की याद का हमेशा सम्मान करेगा जो ज़ार के चाकरों की गोली खाकर शहीद हुए, कोड़ों की मार से जिनके प्राण गए। ये शहीद श्रमिक जनता के सुख और स्वाधीनता के लिए लड़े थे। किसान पराजित हुए लेकिन वे फिर उठ खड़े होंगे, बार-बार उठ खड़े होंगे। इस पहली पराजय से वे हिम्मत न हार बैठेंगे। वर्गचेतन मजदूर शहर और देहात की ज्यादा-से-ज्यादा श्रमिक जनता को किसानों के संघर्ष की जानकारी देने में अपनी पूरी ताकत लगा देंगे। वे एक और संघर्ष, अधिक सफल संघर्ष, के लिए तैयारी करने में उनकी सहायता करेंगे।" (उप.) लेनिन ने जैसे पेरिस कम्यून की असफलता के कारण बताए थे, वैसे ही उन्होंने किसान विद्रोह की असफलता के कारण बताए। राजनीतिक व्यवस्था को बदलने का कार्यक्रम, आवश्यक तैयारी और शहरी-देहाती सर्वहारा का गठबन्धन—इन तीन चीजों की कमी थी। ये तीन चीजें विद्रोह की असफलता का कारण थीं।

1902 के असफल विद्रोह के तीन साल बाद लेनिन कह रहे थे : "अब वह समय आ गया है जब किसान रूस में नई जीवन-पद्धति के सचेत निर्माता के रूप में आगे आ रहे हैं। महान् रूसी क्रान्ति का विकास पथ और उसका परिणाम भारी मात्रा में किसानों की राजनीतिक चेतना की वृद्धि पर निर्भर है।...किसानों को जमीन चाहिए, आजादी चाहिए। इस बारे में दो मत सम्भव नहीं हैं। सभी वर्गचेतन मजदूर अपनी पूरी ताकत से क्रान्तिकारी किसानों का समर्थन करते हैं। सभी वर्गचेतन मजदूर चाहते हैं और इसके लिए वे लड़ रहे हैं कि सारी जमीन किसानों को मिले, उन्हें पूरी आजादी मिले।...बँधुआ-प्रथा के हर आकार-प्रकार के अवशेष समूचे किसान समुदाय की छाती पर भार स्वरूप हैं। लाल झंडे के नीचे मजदूरों ने इस भार के खिलाफ युद्ध की घोषणा कर दी है।...किसान संघ ने तै किया है कि एकजुट होकर, जमकर, निःस्वार्थ और अडिग भाव से किसान पूरी आजादी और सारी जमीन के लिए लड़ेंगे। आइए, हम उन्हें अपना हार्दिक अभिनन्दन भेजें। ये किसान सच्चे जनवादी हैं। हमें उन्हें लगातार और धीरज से समझाना चाहिए कि जनतंत्र और समाजवाद के कार्यों के बारे में उनके विचार कहाँ गलत हैं। उन्हें अपने सहयोगी के रूप में देखना चाहिए जिनसे महान सामान्य संघर्ष के कारण हमारी एकता कायम हुई है। ये किसान

सच्चे क्रान्तिकारी जनवादी हैं। इनके साथ मिलकर मौजूदा क्रान्ति की पूर्ण विजय के लिए हमें लड़ाई चलानी चाहिए और हम उसे चलाएँगे।" (उप., खंड-10, पृ. 40-43)

1905 की क्रान्ति में मजदूर और किसान दोनों हारे, 1917 में दोनों मिलकर लड़ने के लिए फिर उठ खड़े हुए। इस बार मजदूरों की सोवियतों के साथ सैनिकों की सोवियतें भी बनीं। लेनिन ने सैनिकों से कहा कि जमीन पर कब्जा करने में वे किसानों की मदद करें। लेनिन ने इस बात पर बहुत जोर दिया कि जमीन का बँटवारा स्वयं किसानों को करना है। "मजदूर-सैनिक प्रतिनिधियों की जैसी सोवियतें शहरों में हैं, वैसी ही किसानों और खेत-मजदूरों के प्रतिनिधियों की सोवियत हमें सारे रूस में, बिना किसी अपवाद के हर गाँव में कायम करनी चाहिए। जब तक किसान और खेत-मजदूर स्वयं एकताबद्ध न होंगे, जब तक वे स्वयं अपने भाग्य की बागडोर अपने हाथ में न लेंगे, तब तक दुनिया में कोई भी उनकी मदद न करेगा, जमींदारों की गुलामी से कोई भी उन्हें छुटकारा न दिलाएगा। अपने इलाकों में किसान जमींदारों की सारी जमीन ले लें और उचित ढंग से उसका निपटारा करें। सब काम कायदे से हो और सम्पत्ति का नुकसान न हो, इसके लिए जरूरी है कि सैनिक उनका समर्थन करें।" (उप., खंड-24, पृ. 137) लेनिन ने यह बात अप्रैल, 1917 में लिखी थी। इसी के अनुसार नवम्बर, 1917 में और उसके बाद गाँवों में जमीन का निपटारा हुआ। इस निपटारे में मजदूरों ने किसानों की सहायता की; किसानों ने पूँजीपतियों के खिलाफ मजदूरों की सहायता की। मार्च, 1918 में लेनिन ने नोट किया : "किसानों ने केवल बातों से नहीं वरन् अपने काम से दिखा दिया है कि समाजवाद को अमल में लाने के लिए जिस सर्वहारा वर्ग ने सत्ता पर अधिकार किया है, उसकी वे मदद करना चाहते हैं और कर रहे हैं...किसानों ने कहा है, हम बैंकों और कारखानों के अधिग्रहण का समर्थन करते हैं।" (उप., खंड-27, पृ. 138)

मजदूरों ने किसानों की मदद की कि वे जमीन पर अधिकार करें, किसानों ने मजदूरों की मदद की कि वे कारखानों पर अधिकार करें। पहला काम सामन्त-विरोधी, दूसरा काम पूँजी-विरोधी; किसानों और मजदूरों के सहयोग से नई जनवादी क्रान्ति के ये दो कार्य सम्पन्न हुए। सत्ता में किसानों के भागीदार हुए बिना ये कार्य सम्पन्न न हो सकते थे। यह सत्ता मजदूरों और किसानों की क्रान्तिकारी जनवादी डिक्टेटरशिप है।

7 नवम्बर, 1917 को पेत्रोग्राद के मजदूरों और सैनिकों के प्रतिनिधियों की सोवियत ने अपने प्रस्ताव में कहा : "सोवियत का दृढ़ विश्वास है कि क्रान्ति द्वारा मजदूरों और किसानों की जो सरकार सोवियत सरकार के रूप में गठित होगी, जो शहरी सर्वहारा के लिए समस्त निर्धन किसान समुदाय का समर्थन सुनिश्चित करेगी, वह समाजवाद की ओर दृढ़तापूर्वक बढ़ेगी।" (उप., खंड-26, पृ. 241) 8 नवम्बर, 1917 को किसानों के प्रश्नों का उत्तर देते हुए लेनिन ने लिखा था : "देश में सारी सत्ता अब से पूरी तरह मजदूरों, सैनिकों और किसानों के प्रतिनिधियों की सोवियतों

के हाथ में है। मजदूरों की क्रान्ति पेत्रोग्राद और मॉस्को में विजयी हुई है तथा रूस में और सब कहीं भी विजयी हो रही है। मजदूरों और किसानों की सरकार जमींदारों के खिलाफ, पूँजीपतियों के खिलाफ, आम किसानों का, गरीब किसानों का, किसानों के बहुसंख्यक भाग का गठबन्धन सुनिश्चित करती है।" (उप., पृ. 299) सोवियत सरकार पूँजीपतियों और जमींदारों के प्रतिरोध का दमन करेगी, इसलिए उसे मजदूरों और किसानों की क्रान्तिकारी जनवादी डिक्टेटरशिप कहना उचित है।

सोवियत सत्ता की स्थापना में, देशी-विदेशी शत्रुओं से उसकी रक्षा करने में, उसे सुदृढ़ करने में किसानों की भूमिका अत्यन्त महत्त्वपूर्ण थी। पेत्रोग्राद सोवियत ने 7 नवम्बर, 1917 को जो घोषणा की थी, वह केवल मजदूरों की ओर से नहीं, किसानों की ओर से भी थी। उस सोवियत में सैनिकों के प्रतिनिधि थे; फौजी वर्दी में ये किसान थे जो एक ही संगठन के भीतर मजदूरों से अपनी एकता स्थापित कर चुके थे। पूँजीवादी राज्यसत्ता के पास दमन का सबसे प्रभावशाली साधन फौज थी। इस फौज के प्रतिनिधि अपनी सोवियतें बनाकर मजदूरों का साथ दे रहे थे। यदि ये सैनिक-सोवियतें पूँजीवादी राज्यसत्ता का साथ देतीं तो क्रान्ति को अपने प्रारम्भिक दौर में इतनी आसानी से सफलता न मिलती। बेशक इन सैनिकों को क्रान्तिकारी बनाने में बोल्शेविक पार्टी का हाथ था। 1905 की क्रान्ति के अनुभव का विश्लेषण करते हुए लेनिन ने 1906 में लिखा था : "हम यह आशा नहीं छोड़ सकते और हमें यह आशा छोड़नी न चाहिए कि अन्ततः विद्रोह की तीन अलग-अलग धाराएँ—किसानों, मजदूरों और सैनिकों की—एक ही विजयी विद्रोह में मिल जाएँगी।" (उप., खंड-10, पृ. 117) ये धाराएँ मिल जाएँ, राज्यसत्ता क्रान्ति के दमन के लिए फौज का उपयोग न कर सके, इसके लिए बोल्शेविक पार्टी ने सचेत प्रयास किया था।

नवम्बर, 1905 में लेनिन ने लिखा था : "सैनिकों और नाविकों की राजनीतिक चेतना अब भी बहुत निम्नस्तर की है। लेकिन महत्त्वपूर्ण बात यह है कि वह जाग्रत हो चुकी है, कि सैनिकों ने स्वयं अपना आन्दोलन शुरू कर दिया है, कि आजादी की हवा बारिकों में हर जगह पहुँच गई है। रूस की फौजी बारिकें आम तौर से जेलखानों से बदतर होती हैं; व्यक्ति-सत्ता को कहीं भी इतना कुचला और सताया नहीं जाता जितना बारिकों में; मनुष्य को यंत्रणा देने, मारने-पीटने और नीचे गिराने का काम यहाँ से ज्यादा और कहीं नहीं होता। और ये बारिकें अब क्रान्ति के सरगर्म अड्डे बन रही हैं।" (उप., खंड-10, पृ. 54-55)

सेना बाहर के क्रान्तिकारी आन्दोलन से अछूती न थी; इसके सिवा बहुत-से सैनिकों ने अपनी माँगें पेश करके उनकी पूर्ति के लिए आन्दोलन आरम्भ कर दिया था। पेत्रोग्राद के सैनिकों ने खुराक, कपड़ों, निवास-स्थान और वेतन में सुधार की माँग की। उन्होंने कहा, हमारा सेवाकाल कम किया जाए, दैनिक कवायद का समय कम किया जाए। उनकी माँगें नागरिक आन्दोलन से भी सम्बन्धित थीं : वे सभाओं

में अपनी फौजी वर्दी में जाएँ, सभी अखबार पढ़ने और उन्हें बारिकों में रखने की सुविधा हो, सभी जातियों के सैनिकों के अधिकार एक से हों, फौजी अदालतें खत्म हों, अपनी शिकायतें सामूहिक रूप से पेश करने का अधिकार हो, इत्यादि। लेनिन ने माँगों का ब्योरा देने के बाद निष्कर्ष निकाला कि सेना तटस्थ नहीं रह गई, उसे राजनीति से अलग रखने के प्रयत्न व्यर्थ हैं। (उप., पृ. 55) सेना के बारे में ज़ार सरकार की नीति की आलोचना करते हुए लेनिन ने मार्च, 1906 में लिखा : "निरंकुश सत्ता फौज को उन्हीं लोगों का बलपूर्वक दमन करने को भेजती है जिनका वह हिस्सा है। इस तरह वह उसे कमजोर और पस्त करती है। फौज के सभी ईमानदार लोग जिन अति आवश्यक सुधारों की माँग करते हैं, उन्हें वह लागू नहीं करती; रिजर्व सैनिकों की असहनीय अवस्था से उन्हें मुक्ति देने के लिए कोई कदम नहीं उठाती; सैनिकों और नाविकों की माँगों का जवाब वह केवल पुलिस की, बारिकों के भीतर की, सख्तियों को और भी तेज करके देती है। इस तरह वह अपनी फौज को कमजोर और पस्त करती है।" (उप., पृ. 152) सैनिकों के स्वत:स्फूर्त आन्दोलन ने इस बात को अनिवार्य बना दिया था कि बोल्शेविक पार्टी के सदस्य सेना में व्यवस्थित ढंग से काम करें। बोल्शेविकों और मेनशेविकों की मिली-जुली कांग्रेस के लिए लेनिन ने कार्यक्रम के मसौदे में सेना के भीतर काम करने पर जोर दिया : "यह ध्यान में रखते हुए कि आन्दोलन की सफलता के लिए सैनिकों का असन्तोष मात्र काफी नहीं है, उनमें काम को और बढ़ाना चाहिए। सरकार के विरुद्ध दृढ़तापूर्वक आक्रामक कार्रवाई शुरू करने के लिए फौज के संगठित क्रान्तिकारी-जनवादी तत्त्वों से सीधा इकरार जरूरी है।" (उप., पृ. 153) मजदूरों, किसानों और सैनिकों के विद्रोह की तीन धाराओं के मिलने से ज़ारशाही का विध्वंस अनिवार्य था। 1906 में स्पष्ट हो गया था : "अखिल रूसी विद्रोह की सफलता सम्भवत: सबसे ज्यादा इन तीनों धाराओं के संगम पर निर्भर है।" (उप., पृ. 122)

1905 की क्रान्ति के अनुभव का विवेचन करते हुए लेनिन ने लिखा था कि ज़ार की फौज से लड़ना जरूरी है और उसे अपनी ओर मिलाना भी जरूरी है। "जब तक क्रान्ति व्यापक रूप से जनसाधारण को समेट नहीं लेती, और फौज को प्रभावित नहीं करती, तब तक गम्भीर संघर्ष का सवाल नहीं पैदा होता।" (उप., पृ. 174) व्यापक जन-आन्दोलन से प्रभावित होकर फौज डगमगाती है, उस समय क्रान्तिकारी चाहते हैं कि फौज को अपनी ओर करें; सरकार चाहती है, उसे अपनी ओर किये रहे। लेनिन ने कहा : "हममें यह खुलेआम, बिना किसी हीले-हवाले के स्वीकार करने का साहस होना चाहिए कि इस मामले में हम सरकार से पीछे रह गए।" (उप.) मॉस्को के मजदूरों ने दिसम्बर, 1905 में किस तरह सैनिकों को अपने पक्ष में किया, लेनिन ने इसकी दो मिसालें दीं। एक चौराहे पर भीड़ ने कजाक सैनिकों को घेर लिया, लोगों ने उनसे मेल-मिलाप की बातें कीं, और उनके समझाने से सैनिक लौट गए। एक

जगह दस हजार आदमियों की भीड़ में से दो मजदूर लड़कियाँ लाल झंडा लिये हुए निकलीं और कजाक सैनिकों की ओर यह कहते हुए दौड़ीं : "हमें भार डालो! हम जीते-जी लाल झंडा न छोड़ेंगी!" कजाक असमंजस में पड़ गए और घोड़े दौड़ाते लौट गए। भीड़ ने 'कजाक, जिन्दाबाद' के नारे लगाए। (उप., पृ. 175)

1917 की फरवरी क्रान्ति में सैनिकों ने जनता के साथ आगे बढ़कर हिस्सा लिया। "पेत्रोग्राद और मॉस्को छावनियों के अधिकांश सैनिक विद्रोही सैनिकों से आ मिले थे। सैनिक वर्दी पहनने वाले मजदूरों और किसानों ने अपना भाईचारे का हाथ बिन वर्दी वाले मजदूरों और किसानों की ओर बढ़ाया। अफसरों में जो ईमानदार थे, वे क्रान्ति में शामिल हो गए; जिन्होंने जनता का विरोध किया, उन्हें सैनिकों ने गोली मार दी।" (उप., खंड-23, पृ. 343)

गाँव से बाहर निकलकर, प्रथम विश्वयुद्ध में तरह-तरह के अनुभव प्राप्त करके सेना के जवान पुराने ढंग के किसान न रह गए थे। लेनिन ने उन्हें 'किसानों का अधिक प्रबुद्ध अंश' कहा था। (उप., खंड-27 पृ. 164) इस प्रबुद्ध अंश ने किसानों में क्रान्तिकारी चेतना फैलाई। "जो सैनिक मोर्चा छोड़कर लौटे, वे जहाँ भी गए, अपने साथ जबर्दस्त क्रान्तिकारी दृढ़ता ले गए कि [पूँजीपतियों से] सहयोग को खत्म करेंगे। सहयोगवादियों ने, श्वेत सेनावालों और जमींदार-पुत्रों ने देखा कि जनता में कोई उनका समर्थक नहीं है। उनके विरुद्ध लड़ाई क्रमश: जीत के शानदार कूच में बदल गई; हमारे खिलाफ भेजे हुए सैनिक दस्ते और जनसाधारण के समुदाय बोल्शेविक पक्ष की ओर आ गए। हमने यह पेत्रोग्राद में देखा; हमने गचीना मोर्चे पर देखा, करेन्स्की और क्रास्तोव ने कोशिश की कि कजाक लाल राजधानी पर चढ़ाई कर दें पर कजाक डगमगाए; बाद में हमने मॉस्को में, ओरेनबुर्ग में और उक्रेन में यही देखा।" (उप., पृ. 89) सैनिक वर्दी पहने हुए किसानों के इस सहयोग के बिना क्रान्ति अपने प्रारम्भिक दौर में विजयी न हो सकती थी।

मई, 1918 में विदेश नीति पर अपनी रिपोर्ट में लेनिन ने कहा था : "अब एक किसान-मजदूर फौज बनाई जा चुकी है। उसने जिलों और इलाकों में किसानों को एकजुट किया है। ये किसान अपनी जमीन के पास लौट आए हैं। यह जमीन जमींदारों से छीनी गई थी। अब उनके पास कुछ है जिसकी रक्षा के लिए वे लड़ेंगे। एक फौज बना ली गई है, उसने सोवियत सत्ता का निर्माण शुरू कर दिया है। यदि रूस पर हमला होता है तो यह फौज अग्रदल का काम करेगी। शत्रु का मुकाबला करने के लिए हम सब एक साथ उठ खड़े होंगे।" (उप., खंड-27, पृ. 380) किसान डिक्टेटरशिप में कैसे भाग लेते हैं, उसकी यह ठोस मिसाल है। जमींदारों से छीनी हुई जमीन उनके पास है। उसके लिए वे लड़ेंगे, मजदूरों के साथ मिलकर देश की रक्षा करेंगे। दूसरे विश्वयुद्ध के दौरान यूरोप के यूगोस्लाविया जैसे देशों में, युद्ध के बाद चीन और वियतनाम जैसे देशों में क्रान्ति का यही अनुभव है। बड़े भूस्वामियों

की जमीन का बँटवारा होने पर छोटा मालिक किसान अपनी जमीन के लिए लड़ता है। पिछड़े हुए देशों में मजदूर वर्ग की क्रान्तिकारी भूमिका इस पर निर्भर करती है कि वह किस हद तक जनसत्ता की रक्षा के लिए छोटे मालिक किसानों को एकजुट कर सकता है।

क्रान्ति के दौरान जैसे फौजों के हजारों जवान बोल्शेविक पक्ष से आ मिले थे, वैसे ही गृहयुद्ध के दौरान क्रान्ति-विरोधी सेनाओं के हजारों जवान बोल्शेविकों की ओर आ गए थे। लेनिन ने 1920 में इन सैनिकों के बारे में कहा था : "और जब कोल्चक को अपनी सेना का विस्तार करना पड़ा, तब इस विस्तार के फलस्वरूप लाखों आदमी हमारी ओर आ गए। श्वेत सेना के अफसरों और कजाकों ने हमारी ओर भाग आने पर कहा, कोल्चक दोनों हाथों रूस को बेच रहा है। यद्यपि वे बोल्शेविकों के विचारों से सहमत नहीं थे, फिर भी वे लाल फौज की ओर आ गए। इस तरह कोल्चक का खात्मा हुआ और इसी तरह देनिकिन का खात्मा भी हो गया।" (उप., खंड-30, पृ. 81) साम्राज्यवादियों द्वारा समर्थित देनिकिन और कोल्चक नाम के दो बड़े क्रान्ति-विरोधी सेनापतियों की शक्ति को ध्वस्त करने में फौज के भीतर और बाहर किसानों ने ऐतिहासिक भूमिका निबाही। गृहयुद्ध कई साल तक चला। बोल्शेविकों ने किसानों को आधार बनाकर यह लम्बा गृहयुद्ध चलाया और विजयी हुए। संगठित सेना के अलावा छापेमार टुकड़ियों ने शत्रुदल को भारी क्षति पहुँचाई। साम्राज्यवादी हस्तक्षेप, देशी प्रतिक्रियावादियों से साम्राज्यवादियों की साँठ-गाँठ, लम्बा गृहयुद्ध, संगठित सेना के अलावा छापेमार दलों की कार्यवाही, किसानों को आधार बनाकर युद्ध का संचालन—रूसी गृहयुद्ध की ये विशेषताएँ चीनी क्रान्ति में ही नहीं दोहराई गईं, वरन् दूसरे महायुद्ध के दौरान यूगोस्लाविया जैसे देशों में और बाद को वियतनाम, क्यूबा, निकारागुआ आदि देशों में न्यूनाधिक मात्रा में दोहराई गईं। स्वभावतः पिछड़े हुए देशों के लिए रूसी गृहयुद्ध का अनुभव अत्यन्त महत्त्वपूर्ण है।

गृहयुद्ध में किसानों की भूमिका का मूल्यांकन करते हुए नवम्बर, 1922 में लेनिन ने कहा था : "हम पाँच साल से सत्तारूढ़ हैं। इन पाँच वर्षों में हम युद्ध की स्थिति में रहे हैं। इसलिए हम सफल हुए हैं। यह बात समझ में आने वाली है क्योंकि किसान हमारी ओर थे। उन्होंने हमारा जितना समर्थन किया, उतना शायद और कोई कर न सकता था। वे जानते थे कि श्वेत सेना [क्रान्ति-विरोधी सेना] के पीछे जमींदार थे। दुनिया में सबसे ज्यादा नफरत उन्हें जमींदारों से है। इसीलिए किसानों ने पूरे उत्साह और वफादारी से हमारा समर्थन किया। श्वेत सेना के खिलाफ हम अपनी रक्षा के लिए किसानों को जुटाएँ, यह काम कठिन नहीं था। किसानों को युद्ध से हमेशा घृणा थी, इसलिए श्वेत सेना के खिलाफ युद्ध में, जमींदारों के खिलाफ गृहयुद्ध में, उनसे जितना बन पड़ा, उन्होंने किया।" (उप., खंड-33, पृ. 427) अपने से अधिक शक्तिशाली शत्रु से लम्बे युद्ध में पीछे हटना पड़ सकता है, छापेमार लड़ाई

चलानी पड़ सकती है, किसानों के मजबूत समर्थन के बिना ऐसे युद्ध में मजदूर वर्ग को सफलता नहीं मिल सकती।

क्रान्ति की सफलता के लिए किसानों को मजदूरों की सहायता की जरूरत थी तो मजदूरों को किसानों की सहायता की जरूरत और भी ज्यादा थी। रूस में मजदूरों और किसानों का राज कायम हुआ या केवल मजदूरों का राज कायम हुआ, यह प्रश्न पिछड़े हुए देशों के लिए बहुत महत्त्वपूर्ण है। यह प्रश्न बोल्शेविक नेताओं के लिए भी महत्त्वपूर्ण था, इसका एक उदाहरण शिक्षाप्रद है।

दिसम्बर, 1920 में मजदूर सभाओं तथा त्रोत्स्की की गलतियों पर अपने भाषण में लेनिन ने मजदूर-किसान राज के बारे में जो कुछ कहा, उसका प्रतिवाद तुरत वहीं बुख़ारिन ने किया। लेनिन ने कहा : "एक बात है, हमारी राज्यसत्ता वास्तव में मजदूरों की राज्यसत्ता नहीं है वरन् मजदूरों और किसानों की राज्यसत्ता है (For one thing, ours is not actully a workers' state but a workers' and peasants' state.) । इस बात पर और बहुत कुछ निर्भर है। (बुख़ारिन : 'किस तरह की राज्यसत्ता? मजदूरों और किसानों की राज्यसत्ता?') कामरेड बुख़ारिन वहाँ पीछे जरूर चिल्लाकर कह सकते हैं : 'किस तरह की राज्यसत्ता? मजदूरों और किसानों की राज्यसत्ता?' उन्हें जवाब देने को मैं रुकूँगा नहीं। जिसका मन चाहे, वह सोवियतों की अभी हाल की कांग्रेस याद कर ले और वह जवाब काफी होगा।" (उप., खंड-32, पृ. 24) बात यहाँ खत्म हो जानी चाहिए थी पर हुई नहीं। लेनिन ने सोवियतों की कांग्रेस का विवरण देखा तो पता चला कि उसमें मजदूरों और किसानों की राज्यसत्ता की बात न कही गई थी। 21 जनवरी, 1921 के 'प्राब्दा' में पार्टी-संकट पर उनका लेख छपा। इसमें उक्त घटना का विवरण देने के बाद लेनिन ने लिखा : "उस बहस की रिपोर्ट जाकर देखी [अर्थात् सोवियतों की कांग्रेस में जो बहस हुई थी, उसकी रिपोर्ट देखी] और मालूम हुआ कि मैं गलत था, कामरेड बुख़ारिन सही थे। मुझे कहना चाहिए था : 'मजदूरों की राज्यसत्ता अमूर्त प्रपंच नहीं है। हमारे यहाँ वास्तव में जो है, वह मजदूरों की ऐसी राज्यसत्ता है जिसकी एक विशेषता है : प्रथमतः देश में बड़ी संख्या मजदूर वर्ग की नहीं, किसानों की है। द्वितीयतः यह मजदूरों की ऐसी राज्यसत्ता है जिसमें नौकरशाहियत की विकृतियाँ हैं।' जो भी मेरा पूरा भाषण पढ़ेगा, वह देखेगा कि इस सुधार से मेरी तर्क-योजना या निष्कर्षों में कोई फर्क न पड़ेगा।" (उप., पृ. 48)

लेनिन ने सोवियत राज्यसत्ता की बात प्रसंगवश कही थी, भाषण के मुख्य विषय का सम्बन्ध मजदूर सभाओं के प्रति त्रोत्स्की की धारणाओं से था। अपनी 'भूल' सुधारते हुए लेनिन ने मजदूरों की राज्यसत्ता का उल्लेख करने के बाद यह जोड़ना उचित समझा कि देश में बड़ी संख्या किसानों की है। जहाँ तक नौकरशाही विकृति का सम्बन्ध है, लेनिन ने उसी भाषण में कहा था : "हमारा पार्टी प्रोग्राम... कहता है, हमारी राज्यसत्ता मजदूरों की राज्यसत्ता है जिसमें 'नौकरशाहियत' फाँस

है (ours is a workers' state with a bureaucratic twist to it)।" (उप., पृ. 24) बुख़ारिन के टोकने का आशय यह था कि सत्ता पर मजदूर वर्ग का एकाधिकार है, उसमें किसान भागीदार नहीं हैं।

अपने भाषण के अन्त में लेनिन ने कहा था : "कामरेड त्रोत्स्की की स्थापनाएँ राजनीतिक रूप से हानिकारक हैं। उनकी नीति का सारतत्त्व है—मजदूर सभाओं को नौकरशाही ढंग से परेशान करना।" (उप., पृ. 42) लेनिन ने नौकरशाही विकृति की बात भाषण में कही, 'प्राब्दा' के लेख में दोहराई। उसकी पृष्ठभूमि में मजदूर सभाओं से सम्बन्धित प्रोत्स्की की स्थापनाएँ हैं। सोवियत सत्ता में किसान भागीदार नहीं हैं तो ग्राम सोवियतों का संचालन कैसे होगा? जाहिर है, संचालन ऊपर के नेताओं द्वारा नौकरशाही ढंग से होगा। नौकरशाही ढंग से काम शुरू हुआ तो ग्राम सोवियतों तक क्यों सीमित रहे? वह मजदूर सभाओं में फैलेगा और पार्टी के भीतर भी उसकी जड़ जमेगी। केवल मजदूरों का राज—यह स्थापना त्रोत्स्की और बुख़ारिन की थी; मजदूरों और किसानों का राज जिसमें नेतृत्व की भूमिका मजदूर वर्ग की है—यह स्थापना लेनिन की थी।

बुख़ारिन के टोकने पर अपनी भूल सुधार लेने के बावजूद लेनिन ने मार्च, 1921 में सोवियत सत्ता के विरोधियों को लक्ष्य करके कहा : "वे नहीं समझ सकते कि यहाँ मजदूरों और किसानों की सरकार है और यदि वह गल्ला जब्त करती है तो वह मजदूरों और किसानों को राहत पहुँचाने के लिए ऐसा करती है।" (उप., पृ. 157) अगले साल—मार्च, 1922 में, गृहयुद्ध की याद दिलाते हुए उन्होंने लिखा : "हमारे मजदूरों में एक भी मजदूर, हमारे किसानों में एक भी किसान यह नहीं भूला, न भूल सकता है, न कभी भूलेगा कि हस्तक्षेप का समर्थन करने वाले उन बड़े शक्तिशाली राज्यों के खिलाफ वह मजदूरों और किसानों की सरकार की सुरक्षा के लिए लड़ा है।" (उप., खंड-33, पृ. 216) इसी प्रकार जनवरी, 1923 में समाजवाद के लिए एक निश्चित सांस्कृतिक स्तर आवश्यक बतलाते हुए लेनिन ने लिखा : "संस्कृति के उस निश्चित स्तर तक पहुँचने के लिए जो चीजें जरूरी हैं, पहले उन्हें पाने से हम शुरुआत क्यों नहीं कर सकते, और तब मजदूरों और किसानों की सरकार तथा सोवियत व्यवस्था की सहायता से दूसरी जातियों के बराबर पहुँच जाने के काम में क्यों नहीं जुट सकते?" (उप., पृ. 478-79) यदि किसान सत्ता में भागीदार न हों तो लेनिन की रचनाओं में ऐसे उल्लेख व्यर्थ होंगे—विशेष रूप से बुख़ारिन के टोकने की उस घटना के बाद।

जब तक निजी मिल्कियत वाले किसान देश की आबादी का बहुसंख्यक भाग रहते हैं, तब तक मानना चाहिए कि नई जनवादी क्रान्ति का दौर समाप्त नहीं हुआ, देश में राज्यसत्ता पर केवल सर्वहारा वर्ग का अधिकार नहीं है, उसमें छोटी मिल्कियत वाले किसान भी भागीदार हैं। ऐसी राज्यसत्ता को मजदूरों और किसानों

की क्रान्तिकारी जनवादी डिक्टेटरशिप कहा जाएगा। सोवियत राज्यसत्ता का विवेचन करते हुए इस बात का पता लगाना चाहिए कि रूस में निजी मिल्कियत वाले किसान आबादी का बहुसंख्यक भाग कब तक बने रहते हैं। दिसम्बर, 1925 में कम्यूनिस्ट पार्टी की चौदहवीं कांग्रेस में स्तालिन ने बताया कि देहात में अब गरीब किसानों की अपेक्षा मझोले किसान बहुसंख्यक हैं। लेनिन की सहकारिता योजना को चलाने के लिए उसमें किसानों के बहुसंख्यक भाग को समेटना जरूरी है। इसलिए "नई आर्थिक नीति की परिस्थितियों में मझोले किसानों के साथ सहयोग की नीति एकमात्र सही नीति है।" ('Works', खंड-7, पृ. 337) पहले गरीब किसान ज्यादा थे, अब मझोले किसान ज्यादा हैं। निजी मिल्कियत वाला तंत्र और मजबूत हुआ था। नई आर्थिक नीति अभी जारी थी। देहात के पूँजीवादी किसानों की सम्पत्ति जब्त करने का सवाल नहीं था। जो लोग उनकी सम्पत्ति को जब्त करने की नीति का समर्थन करते थे, वे "देहात में गृहयुद्ध की घोषणा कर रहे हैं और इस तरह हमारे समस्त निर्माण-कार्य को छिन्न-भिन्न कर रहे हैं।" (उप., पृ. 345) पूँजीवादी किसानों की सम्पत्ति को जब्त करने का काम लेनिन के समय में शुरू किया गया था, फिर उसे बन्द करना पड़ा था। स्तालिन देहात में गृहयुद्ध छेड़ने का विरोध कर रहे थे। पूँजीवादी किसानों को राजनीतिक रूप से अलग-थलग करना था, इसके लिए गरीब किसानों के साथ मझोले किसानों की एकता को सुदृढ़ करना था।

दिसम्बर, 1927 में पार्टी की पन्द्रहवीं कांग्रेस में स्तालिन ने बताया कि उद्योग-धन्धों में प्रगति तेजी से हो रही थी, कृषितंत्र की गति धीमी थी। कारण यह था कि उद्योग-धंधों का राष्ट्रीयकरण हो चुका था पर कृषितंत्र में अभी छोटे पैमाने के उत्पादन का बोलबाला था। "कृषि-उत्पादन का राष्ट्रीयकरण नहीं हुआ, वह एकताबद्ध नहीं है, वरन बिखरा हुआ और छिन्न-भिन्न है। उसका योजनाबद्ध संचालन नहीं होता। फिलहाल उसका भारी हिस्सा छोटे उत्पादन की अराजकता की चपेट में है।" (उप., खंड-10, पृ. 312) 1927 का रूस मानो नये जनतंत्र का आदर्श नमूना बना हुआ था। एक ओर बड़े पैमाने के औद्योगिक विकास द्वारा समाजवाद के लिए व्यापक आर्थिक आधार प्रस्तुत किया जा रहा था, दूसरी ओर बहुसंख्यक किसान अभी छोटी मिल्कियत वाले तंत्र की परिधि में काम कर रहे थे। सामूहिक और राजकीय खेतों से अभी खेती की कुल उपज का 2 फीसदी अंश ही प्राप्त होता था। (उप., पृ. 314)

स्तालिन के नेतृत्व में बोल्शेविक पार्टी सामूहिक खेती की ओर बहुत ही सावधानी से, आवश्यक तैयारी के बाद बढ़ी थी। 1929 के उत्तरार्द्ध में सामूहिक खेती का आन्दोलन शुरू हुआ। जनवरी, 1933 में पहली पंचवर्षीय योजना के परिणामों का विवेचन करते हुए स्तालिन ने कहा कि 60 फीसदी कृषक फार्म सामूहिक फार्मों के रूप में संगठित हो गए हैं। इनके पास खेती की कुल भूमि का 60 फीसदी भाग था। ('Problems of Leninism', पृ. 409-10) जनवरी, 1934 में पार्टी की सत्रहवीं कांग्रेस

में स्तालिन ने कहा कि सामूहिक खेती की ओर बढ़ने की तूफानी गति 1932 में समाप्त हो गई थी। आगे से बचे हुए किसान कुटुम्बों को सामूहिक खेती में समेटने की प्रक्रिया धीरे-धीरे सम्पन्न होगी। (उप., 481-82) 1938 में पार्टी की अठारहवीं कांग्रेस में स्तालिन ने कहा कि इस समय 93.5 फीसदी किसान कुटुम्ब सामूहिक खेतों में एकताबद्ध हो चुके हैं। (उप., पृ. 612)

खेती का समूहीकरण लम्बी अवधि में सम्पन्न हुआ। दस साल के बाद 3.5 फीसदी किसान कुटुम्ब अब भी निजी मिल्कियत के क्षेत्र में थे। दस वर्षों की अवधि में चार साल समूहीकरण तेजी से हुआ, बाकी छह साल उसकी गति धीमी रही। इस लम्बी अवधि का कारण यह था कि देहात में सत्ता का माध्यम किसानों की सोवियतें थीं। इन सोवियतों में किसानों का बहुमत जब तक समूहीकरण के पक्ष में न हो तब तक समूहीकरण की ओर बढ़ना सम्भव न था। निजी मिल्कियत से सामूहिक तंत्र की ओर बढ़ने में किसानों को दस साल लगे। यह संक्रमण काल है जब सोवियत संघ की बहुसंख्यक किसान जनता नये जनतंत्र की भूमि से क्रमशः समाजवाद की ओर बढ़ती है। 1929 के पूर्वार्द्ध तक किसानों की निजी मिल्कियत वाला तंत्र कायम है। 1917 से 1929 तक का समय नये जनतंत्र का समय है। इस अवधि में राज्यसत्ता मजदूरों और किसानों की क्रान्तिकारी जनवादी डिक्टेटरशिप है।

इस जनवादी डिक्टेटरशिप का एक पक्ष और था। रूस में ऐसे समाज काफी थे जिनमें पूँजीवादी विकास हुआ ही न था या बहुत कम हुआ था। यहाँ मजदूर वर्ग था ही नहीं, सर्वहारा डिक्टेटरशिप कौन कायम करता? यहाँ बोल्शेविकों का काम था कि किसान सोवियतें कायम करने में जनता की मदद करें, उन्हें स्वतंत्र राजनीतिक कार्यवाही के लिए प्रोत्साहित करें। 1920 में कम्यूनिस्ट इंटरनेशनल की दूसरी कांग्रेस में लेनिन ने कहा कि तुर्किस्तान जैसे पिछड़े हुए इलाकों में 'प्राक् पूँजीवादी परिस्थितियाँ' हैं : "उनमें विशुद्ध सर्वहारा आन्दोलन का प्रश्न ही नहीं है। इन देशों में औद्योगिक सर्वहारा का प्रायः अभाव है।" ('ग्रंथावली', खंड-31, पृ. 242-43) यहाँ कम्यूनिस्टों को अपनी कार्यनीति निर्धारित करनी थी। काम में भारी कठिनाइयाँ सामने आईं। लेकिन अनुभव ने यह भी सिद्ध कर दिया है कि "जहाँ सर्वहारा का प्रायः अस्तित्व नहीं है, वहाँ भी हम इस स्थिति में हैं कि आम जनता में स्वतंत्र राजनीतिक चिन्तन और स्वतंत्र राजनीतिक कार्यवाही के लिए प्रेरणा जगा सकें। यह बात आसानी से समझ में आ जाएगी कि जो किसान अर्द्ध-सामन्ती अधीनता की हालत में हैं, वे सोवियत संगठन की धारणा को सरलतापूर्वक आत्मसात् कर सकते हैं और उसे अमल में ला सकते हैं। यह भी स्पष्ट है कि जिन लोगों का शोषण केवल सौदागरी पूँजी नहीं करती वरन् सामन्तवादी भी करते हैं, जिनका शोषण सामन्तवाद पर आधारित राज्यसत्ता द्वारा होता है, ये उत्पीड़ित जनसाधारण भी अपनी परिस्थितियों में इस हथियार का, इस तरह के संगठन का, उपयोग कर सकते हैं!" (उप., पृ. 243) जहाँ औद्योगिक सर्वहारा

का अभाव है, वहाँ किसानों की सोवियतें जनवादी डिक्टेटरशिप होंगी, मजदूरों और किसानों की क्रान्तिकारी जनवादी डिक्टेटरशिप नहीं।

किन्तु रूस में प्राक्-पूँजीवादी ही नहीं, प्राक्-सामन्ती समाज भी थे। 1921 में रूसी कम्यूनिस्ट पार्टी की दसवीं कांग्रेस में स्तालिन ने गैर-रूसी जातियों के बारे में कहा कि उक्रेन, बेलोरूसिया, अज़रबैजान के एक छोटे भाग तथा आमीनिया में औद्योगिक पूँजीवाद का थोड़ा-बहुत विकास हुआ है। तुर्किस्तान, अधिकांश अज़रबैजान, दागिस्तान आदि क्षेत्रों में तीन करोड़ आदमी रहते हैं। यहाँ पूँजीवाद का विकास नहीं हुआ। "यहाँ अधिकतर लोग जीवन का पशुचारण वाला, दादापंथी कबीलाई रूप सुरक्षित किये हैं (किर्गिजिया, बश्किरिया, उत्तरी कोहकाफ), अथवा ऐसे लोग हैं जो अभी जीवन के आदिम अर्द्ध-दादापंथी, अर्द्ध-सामन्ती रूप से आगे नहीं बढ़े (अज़रबैजान, क्रीमिया इत्यादि) लेकिन वे सोवियत विकास की सामान्य धारा में अभी भी खींच लिये गए हैं।" ('Stalin, Marxism and the National and Colonial Question', पृ. 65) ऐसे इलाकों में जो सोवियतें कायम हुईं, वे साधारण जनवादी डिक्टेटरशिप भी नहीं हैं। जहाँ वर्ग नहीं हैं, वहाँ वर्ग उत्पीड़न का माध्यम राज्यसत्ता भी नहीं है। किसे तोड़ना है? किसके प्रतिरोध का दमन करना है? यहाँ सोवियत सत्ता कायम होगी तो उसकी भूमिका दमनकारी न होकर विशुद्ध रचनात्मक होगी; सोवियतें नये सहकारिता के स्तर पर जनजीवन को संगठित करने का साधन होंगी।

जिस देश में जनता का बहुत बड़ा भाग सामाजिक विकास की विभिन्न मंजिलों में हो, वहाँ राज्यसत्ता भी एकरूप नहीं हो सकती। जनसत्ता सर्वत्र डिक्टेटरशिप हो, यह अनिवार्य नहीं। बहुजातीय, बहुस्तरीय देश की राज्यसत्ता की व्याख्या किसान-मजदूर राज कहने से बहुत अच्छी तरह हो जाती है। कम्यूनिस्ट पार्टी की दसवीं कांग्रेस में स्तालिन ने कम्युनिस्टों को सावधान किया था कि केन्द्रीय रूस में आर्थिक विकास का स्तर ऊँचा है। वहाँ जो आर्थिक कार्य किये गए हैं, उन्हें यांत्रिक ढंग से गैर-रूसी इलाकों में न करें। (उप.) गैर-रूसी जातियों के बारे में सोवियत सरकार की नीति की व्याख्या करते हुए स्तालिन ने 1920 में इस बात पर जोर दिया था कि उनके यहाँ "उनके अपने देशी स्कूल और न्यायालय होने चाहिए, प्रशासनिक और सरकारी संस्थाएँ होनी चाहिए जिनमें काम करने के लिए मुख्यत: वहीं के लोग नियुक्त हों।" (उप., पृ. 84) सोवियत सत्ता वास्तव में जनसत्ता तभी हो सकती थी जब पिछड़े हुए इलाकों के लोग भी अपना राजकाज अपनी ही भाषा में करें। वास्तविक किसान-मजदूर राज में यही स्थिति होगी।

किसान मजदूर राज की संज्ञा सामूहिक खेती के चलन से पहले सही थी और उसके बाद भी वह सही थी। 1936 में, सोवियत संविधान के मसौदे में, सोवियत राज्यसत्ता को 'मजदूरों और किसानों की राज्यसत्ता' कहा गया था। कुछ लोग इसे बदलकर 'श्रमिक जनता की राज्यसत्ता' करना चाहते थे। स्तालिन ने कहा : "सोवियत

समाज में मजदूरों और किसानों के दो वर्ग हैं। संविधान के मसौदे की पहली धारा में इसी का उल्लेख है।" (उप., पृ. 559) इस संविधान के अनुसार : "सभी नागरिकों के समान अधिकार हैं।" (उप., पृ. 551) स्वभावतः मजदूरों और किसानों के अधिकार भी समान थे। अतः मजदूर-किसान राज की संज्ञा इस समय और भी सही थी।

मार्क्स और एंगेल्स ने सर्वहारा क्रान्ति और सर्वहारा डिक्टेटरशिप की बात पश्चिमी यूरोप के विकसित पूँजीवादी देशों को ध्यान में रखकर कही थी, रूस जैसे न्यून विकसित देशों को लक्ष्य करके नहीं कही थी। उनकी धारणा के अनुसार समाजवादी क्रान्ति के लिए आवश्यक परिस्थितियाँ पूँजीवाद के पूर्ण विकास से ही उत्पन्न होती हैं। 1852 में मार्क्स ने एक पत्र में सर्वहारा डिक्टेटरशिप के साथ उत्पादन के विकास और वर्ग-संघर्ष की परिणति का सम्बन्ध इस तरह जोड़ा था : "1. वर्गों का अस्तित्व उत्पादन के विकास के विशेष ऐतिहासिक चरणों से ही सम्बद्ध है; 2. वर्ग संघ की परिणति अनिवार्यतः सर्वहारा वर्ग की डिक्टेटरशिप में होती है; 3. यह डिक्टेटरशिप स्वयं वर्गों के खात्मे की ओर, वर्गहीन समाज की ओर संक्रमण मात्र है।" लेनिन ने यह पत्र अपनी पुस्तक 'राज्यसत्ता और क्रान्ति' में उद्धृत किया था। ('ग्रंथावली', खंड-25, पृ. 411) एंगेल्स ने पेरिस कम्यून को सर्वहारा डिक्टेटरशिप कहा था। किन्तु फ्रांस में अभी उत्पादन का इतना विकास न हुआ था कि समाजवादी क्रान्ति अनिवार्य हो जाती, वर्ग-संघर्ष की परिणति सर्वहारा डिक्टेटरशिप में होती। इसीलिए फरवरी, 1881 में मार्क्स ने एक डच सोशलिस्ट को लिखा था कि "कम्यून का बहुसंख्यक भाग न तो सोशलिस्ट था, न हो सकता था।" ('करेस्पौंडेंस', पृ. 386-87) बोल्शेविक-नेतृत्व के बावजूद 1917 में सोवियतों का बहुसंख्यक भाग न तो सोशलिस्ट था, न हो सकता था। लेनिन ने 1922 में परिस्थिति की सही तसवीर खींचते हुए कहा था : "जनता के समुद्र में हम आखिर एक बूँद ही तो हैं।" ('ग्रंथावली', खंड-33, पृ. 304) हम अर्थात् सोशलिस्ट। पेरिस कम्यून सर्वहारा डिक्टेटरशिप का आदर्श नमूना नहीं थी। यदि पश्चिमी यूरोप के देशों में निम्न पूँजीवादी तत्त्वों की बहुतायत पर ध्यान दें तो वहाँ विशुद्ध समाजवादी क्रान्ति की सम्भावना नहीं थी, इसलिए वहाँ विशुद्ध सर्वहारा डिक्टेटरशिप की सम्भावना भी नहीं थी।

उत्पादन के विकास के फलस्वरूप वर्ग-संघर्ष की परिणति जिस सर्वहारा डिक्टेटरशिप में होती है, उससे रूस में कायम की जानेवाली डिक्टेटरशिप एकदम भिन्न थी। स्तालिन ने बिलकुल ठीक लिखा था : "लेनिनवाद की बुनियादी समस्या, उसके अलगाव का मुद्दा (its point of departure) किसान समस्या नहीं है वरन् सर्वहारा डिक्टेटरशिप की समस्या है। जिन परिस्थितियों में वह उपलब्ध हो, जिन परिस्थितियों में उसे सुदृढ़ किया जाए, उनकी समस्या है।" ('Problems', पृ. 48-49) यह बात लेनिन भी बहुत अच्छी तरह जानते थे कि रूस की सर्वहारा डिक्टेटरशिप का स्वरूप मार्क्स की धारणा से भिन्न था। 1919 में रूस की डिक्टेटरशिप की व्याख्या

करते हुए, उन्होंने लिखा था : "सर्वहारा डिक्टेटरशिप वर्गीय गठबन्धन का एक विशेष रूप है। यह गठबन्धन श्रमिक जनता के अग्रदल—सर्वहारा वर्ग—तथा श्रमिक जनता के अनेकानेक स्तरों (निम्न पूँजीवादियों, छोटे मालिकों, किसानों, बुद्धिजीवियों आदि) का, अथवा इन स्तरों के बहुसंख्यक भाग का गठबन्धन है।...यह ऐसे वर्गों का गठबन्धन है जो आर्थिक, राजनीतिक, सामाजिक और सांस्कृतिक रूपों में एक दूसरे से भिन्न हैं।" ('ग्रंथावली', खंड-29, पृ. 381) सर्वहारा वर्ग के पास निजी सम्पत्ति नहीं है, छोटे मालिकों के पास निजी सम्पत्ति है। इन दो भिन्न वर्गों का गठबन्धन क्रान्तिकारी जनवादी डिक्टेटरशिप का सारतत्त्व है। लेनिन जब सर्वहारा डिक्टेटरशिप की बात करते हैं तब यह गठबन्धन उनके ध्यान में रहता है लेकिन त्रोत्स्की, बुख़ारिन आदि सर्वहारा डिक्टेटरशिप से गठबन्धन को निकालकर उसे किसानों पर मजदूरों की डिक्टेटरशिप बना देते थे।

लेनिन ने पेरिस कम्यून के लिए लिखा था कि उसे "वास्तव में जो कार्य पूरा करना था, वह प्रथमतः जनवादी डिक्टेटरशिप की स्थापना थी, न कि समाजवादी डिक्टेटरशिप की स्थापना।" (उप., खंड-9, पृ. 141) यह जानते हुए कि कम्यून को जनवादी डिक्टेटरशिप के कार्य पूरे करने हैं, लेनिन ने लिखा था : "कम्यून सर्वहारा वर्ग की डिक्टेटरशिप था।" (उप., खंड-26, पृ. 401) इसी तरह उन्होंने रूस की जनवादी क्रान्ति को सर्वहारा क्रान्ति और मजदूरों-किसानों की जनवादी डिक्टेटरशिप को सर्वहारा डिक्टेटरशिप कहा था। इस तरह की शब्दावली का प्रयोग उन्होंने दूरगामी उद्देश्य को ध्यान में रखकर किया था। उनके अनेक साथी और भविष्य के अनेक अनुयायी रूस के सन्दर्भ में भी सर्वहारा क्रान्ति और सर्वहारा डिक्टेटरशिप का वही अर्थ करते थे जो भिन्न सन्दर्भ में मार्क्स और एंगेल्स को अभीष्ट था। रूस के सन्दर्भ में एक बात और याद रखने योग्य है—ब्रिटेन या जर्मनी के मजदूर की तुलना में रूसी मजदूर शहरी कम, देहाती ज्यादा था। 1919 में लेनिन ने सोवियत सत्ता के बारे में कहा था कि वह "इतने दिनों केवल इसलिए टिकी रही कि उसे श्रमिक जनता के बहुसंख्यक भाग का हार्दिक समर्थन मिलता रहा था। यह समर्थन हमें इसलिए मिलता रहा कि शहरी मजदूरों ने देहात के गरीबों से सम्पर्क कायम करने के ऐसे हजारों तरीके अपनाए हैं जिनका हमें गुमान भी नहीं है।" (उप., खंड-29, पृ. 76) ये तरीके किसी थ्योरी के अनुसार न अपनाए गए थे, वे आधे देहाती मजदूरों और पूरे देहाती किसानों के सहज सम्पर्क का अनिवार्य परिणाम थे।

शहर में भूखों मरने की नौबत आए तो मजदूर शहर छोड़कर गाँव की ओर भागता था। यह नौबत समाजवादी क्रान्ति के बाद रूस में भी आई। कम्यूनिस्ट पार्टी की दसवीं कांग्रेस (1921) में लेनिन ने कहा था : "हमारा सर्वहारा अधिकतर अपनी वर्गीयता छोड़ चुका है (our proletariat has been largely declassed); भयानक संकट और कारखानों के बन्द हो जाने से लोग बाध्य होकर भुखमरी से बचने के लिए

भागे। मजदूरों ने अपने कारखानों को बस छोड़ दिया है; उन्हें देहात में बसना पड़ा है और वे मजदूर नहीं रह गए।" (उप., खंड-32, पृ. 199) जब मजदूर मजदूर न रह जाएँगे तब सर्वहारा डिक्टेटरशिप भी सर्वहारा डिक्टेटरशिप न रह जाएगी। बोल्शेविक पार्टी के नेतृत्व में आधे देहाती मजदूरों ने और पूरे देहाती किसानों ने क्रान्ति की; डिक्टेटरशिप भी उन्हीं की थी।

अभी तक डिक्टेटरशिप शब्द का व्यवहार मैंने यह मानकर किया है कि जहाँ भी राज्यसत्ता बल-प्रयोग करेगी, वहाँ उसका स्वरूप डिक्टेटरशिप का होगा। किन्तु हर तरह का बल-प्रयोग डिक्टेटरशिप का लक्षण नहीं होता। डिक्टेटरशिप अनियंत्रित, गैर-कानूनी बल-प्रयोग है। नियंत्रित कानूनी बल-प्रयोग डिक्टेटरशिप नहीं है। दो तरह के बल-प्रयोग में भेद करना जरूरी है।

2. राज्यसत्ता के दो रूप—जनतंत्र और डिक्टेटरशिप

जनतंत्र (जनवाद, डेमोक्रेसी) और तानाशाही (अधिनायकवाद, डिक्टेटरशिप) दो भिन्न धारणाएँ हैं। ये परस्पर विरोधी हैं किन्तु विरोधी होते हुए भी अक्सर सम्बद्ध दिखाई देती हैं। प्रकृति और मानव-जीवन में और भी ऐसे अनेक प्रपंच हैं जिनमें विरोधी तत्त्व परस्पर सम्बद्ध दिखाई देते हैं।

जनतंत्र एक तरह की राज्यसत्ता है। राज्यसत्ता और क्रान्ति में लेनिन ने जनतंत्र की यह व्याख्या की है : "जनतंत्र ऐसी राज्यसत्ता है जो अल्पमत का बहुमत के अधीन रहना स्वीकार करती है अर्थात् वह ऐसा संगठन है जो एक वर्ग द्वारा दूसरे वर्ग के विरुद्ध, जनता के एक भाग द्वारा दूसरे भाग के विरुद्ध व्यवस्थित बल-प्रयोग के लिए है।" (उप., खंड-25, पृ. 456) पूँजीवादी जनतंत्र में यह बल-प्रयोग पूँजीपति वर्ग द्वारा श्रमिक जनता के विरुद्ध होता है। समाजवादी जनतंत्र में बल-प्रयोग श्रमिक जनता द्वारा पूँजीपति वर्ग के विरुद्ध होता है।

इसी तरह तानाशाही एक तरह की राज्यसत्ता है जो अल्पमत का बहुमत के अधीन रहना स्वीकार नहीं करती, वह बलपूर्वक बहुमत को अल्पमत के अधीन रखती है। वह एक वर्ग द्वारा शेष जनता के विरुद्ध बल-प्रयोग है; यही नहीं, वह किसी वर्ग के एक अंश द्वारा उसके शेष भाग—उसके बहुसंख्यक भाग—के विरुद्ध बल-प्रयोग है। यह बल-प्रयोग अव्यवस्थित—अनियमित, गैरकानूनी—होता है। तानाशाही सामन्ती समाज की विशेषता है। महाराज, राजाधिराज, चक्रवर्ती सम्राट, बादशाह, शहंशाह आदि किसानों और कारीगरों के विरुद्ध बल-प्रयोग करने के अलावा बाकी राजाओं और सामन्तों के विरुद्ध भी बल-प्रयोग करते हैं। पूँजीवाद के पतनकाल में फासिस्ट तानाशाही श्रमिक जनता के विरुद्ध तो बल-प्रयोग करती ही है, वह पूँजीपति वर्ग के सबसे प्रतिक्रियावादी गुट के हित में शेष वर्ग को—खास तौर से गैर-इजारेदार छोटे पूँजीपतियों को—बलपूर्वक दबाती है। सामन्त अपनी सभा द्वारा राजा का चुनाव कर

सकते हैं, सभा द्वारा उसके कार्यों पर नियंत्रण रख सकते हैं। ऐसा सामन्ती जनतंत्र भारत में था, ब्रिटेन में था। निरंकुश पादशाही इस सामन्ती जनतंत्र का नाश करती है। उसी तरह फासिस्ट तानाशाही पूँजीवादी जनतंत्र का नाश करती है।

पूँजीवादी जनतंत्र और समाजवादी जनतंत्र, दोनों में एक सिद्धान्त सामान्य है—अल्पमत का बहुमत के अधीन रहना। इसीलिए दोनों में जनतंत्र शब्द का व्यवहार होता है। पूँजीवादी जनतंत्र धोखाधड़ी से काम लेता है, आर्थिक शक्ति और प्रचार के साधन अपने हाथ में केन्द्रित करके वह जनता में यह भ्रम पैदा करता है कि शासन पूँजीपति वर्ग के नहीं, बहुसंख्यक जनता के प्रतिनिधि करते हैं। समाजवादी जनतंत्र वास्तविक जनतंत्र है, वह जनता का सुसंगत रूप है क्योंकि वह पूँजीवादी धोखाधड़ी से मुक्त है। वह जनता के द्वारा जनता के हित में चलाया जानेवाला शासन है। लेनिन ने लिखा है : "अल्पमत का बहुमत के अधीन रहना और जनतंत्र—ये दोनों एक ही चीज नहीं हैं।" (उप.) आशय यह है कि जनतंत्र राज्यसत्ता है, जहाँ यह नियम लागू होता है। किन्तु जनतंत्र शब्द का व्यवहार सदा राज्यसत्ता के लिए नहीं होता। यह सम्भव है कि किसी समाज में या उसके किसी अंश में यह सिद्धान्त अमल में लाया जाता हो और वहाँ राज्यसत्ता न हो जैसे पार्टी।

गण-समाजों में राज्यसत्ता का अभाव होता है, फिर भी वे अपना सार्वजनिक काम जनतांत्रिक ढंग से चलाते हैं। अमरीकी आदिवासियों के इरोकवा गण के बारे में एंगेल्स ने लिखा है : "सार्वजनिक कार्यों के लिए गण-समिति। इसमें विभिन्न गोत्रों के सभी मुखिया और सेनापति होते थे। ये उन गोत्रों के वास्तविक प्रतिनिधि होते थे क्योंकि वे कभी भी हटाए जा सकते थे। समिति की बैठक सबके सामने होती थी। उसके चारों ओर गण के और सब सदस्य बैठे होते थे। उन्हें यह अधिकार था कि विचार-विमर्श में भाग लें और दूसरे उनका मत सुनें। निर्णय समिति करती थी। सामान्यत: समिति को सम्बोधित करने का अधिकार वहाँ उपस्थित हर व्यक्ति को था। स्त्रियाँ भी अपनी पसन्द के प्रवक्ता द्वारा अपनी राय जाहिर कर सकती थीं। इरोकवा जनों में आखिरी फैसले सबको एकराय से करने होते थे। जर्मन मार्क समाजों के बहुत-से फैसलों के बारे में भी यह बात सही थी।" (एंगेल्स, 'दि ऑरिजिन', पृ. 91-92) आदिम साम्यवाद की तरह आदिम जनतंत्र है। इसमें अल्पमत का बहुमत के अधीन रहना भी आवश्यक नहीं है। फैसले एकमत से जनता के प्रतिनिधियों द्वारा विचार-विमर्श के बाद किये जाते हैं।

लेनिन ने समाजवाद के सन्दर्भ में इस आदिम जनतंत्र की चर्चा की थी। "समाजवाद के अन्तर्गत 'आदिम' जनतंत्र का बहुत-सा अंश अनिवार्यत: फिर से जीवित होगा। कारण यह कि सभ्य समाज के इतिहास में पहली बार साधारण जन-समुदाय केवल वोट देने और चुनाव में भाग लेने के लिए नहीं, वरन् 'राज्यसत्ता के दैनिक प्रशासन में स्वतंत्र रूप से' भाग लेने के लिए उठ खड़े होंगे। समाजवाद के

अन्तर्गत सभी बारी-बारी से शासन करेंगे और शीघ्र ही किसी के भी द्वारा शासित न होने के आदी हो जाएँगे।" ('ग्रंथावली', खंड-25, पृ. 487-88) आदिम साम्यवादी समाज में शासक और शासित का भेद न होगा, राज्यसत्ता न होगी पर जनतंत्र होगा। कम्यूनिस्ट पार्टी जनता के एक अंश का संगठन है, वह राज्यसत्ता नहीं है पर उसमें आन्तरिक पार्टी जनतंत्र आवश्यक होता है। वह जनवादी केन्द्रीयता के आधार पर गठित होती है।

जैसे जनतंत्र राज्यसत्ता तक सीमित नहीं है, वैसे ही तानाशाही राज्यसत्ता तक सीमित नहीं है। परिवार से लेकर पार्टी तक तानाशाही रुझान के दर्शन हो सकते हैं। फासिस्ट दल इसी तानाशाही सिद्धान्त के आधार पर गठित होता है। नये जनतंत्र में मजदूर वर्ग के नेतृत्ववाली भूमिका के बावजूद किसानों से उस वर्ग का सम्बन्ध जनवादी ढंग का होगा; इसी तरह किसी बड़ी जाति की खास ऐतिहासिक भूमिका के बावजूद अन्य छोटी जातियों से उसके सम्बन्ध जनवादी ढंग के होंगे। समाजवादी व्यवस्था में जब तक भिन्न वर्ग, वर्गों के भिन्न स्तर कायम रहते हैं, तब तक उनके आपसी सम्बन्धों में जनवादी व्यवहार आवश्यक होगा। संसार में एक से अधिक समाजवादी राज्य हैं, इनके आपसी सम्बन्धों में जनतंत्र का व्यवहार और भी आवश्यक है।

लेनिन ने डिक्टेटरशिप की व्याख्या करते हुए लिखा है : "अधिकार-अपरिमित, कानून के बाहर, बल पर आधारित ('बल' शब्द के सबसे सीधे अर्थ में)—डिक्टेटरशिप है। (Authority—unlimited, outside the law, and based on force in the most direct sense of the word is dictatorship.)" (उप., खंड-90, पृ. 244) यहाँ अधिकार को, शत्रु को दबाने के अधिकार को, अपरिमित कहा गया है। यह अधिकार कानून के बाहर है; स्पष्ट ही यहाँ पूँजीवादी कानून से आशय है। क्रान्तिकारी श्रमिक वर्ग शत्रु के खिलाफ किस हद तक अपने दमन के अधिकार को अमल में लाता है, यह इस पर निर्भर है कि शत्रु कितना प्रतिरोध करता है या कर सकता है। आन्तरिक और बाह्य परिस्थितियाँ कितना उसके अनुकूल या प्रतिकूल हैं। बल-प्रयोग के अधिकार का आधार बहुसंख्यक जनता है। वह जिस नियम के अनुसार अपने प्रतिनिधियों को इस अधिकार का प्रयोग करने देती है, वे लिखित कानून भले न बने हों, फिर भी वे कानून हैं क्योंकि उन्हें बहुसंख्यक जनता का समर्थन प्राप्त है।

डिक्टेटरशिप की उक्त व्याख्या के बाद पुरानी और नई सत्ता का भेद बताते हुए लेनिन ने लिखा है : "पुरानी सत्ता (authority) लगातार आम जनता पर अविश्वास करती थी, प्रकाश से डरती थी, खुद को धोखाधड़ी से कायम किये थी। जनता के भारी बहुसंख्यक भाग की डिक्टेटरशिप के रूप में नई सत्ता स्वयं को सिर्फ इसलिए कायम किये थी और कर सकती थी कि उसे विशाल जनसमुदाय का विश्वास प्राप्त था, सिर्फ इसलिए कि उसने भरपूर आजादी से, खूब व्यापक रूप से, निहायत दृढ़ता से समस्त जनसमुदाय को शासन-कार्य में समेट लिया था।" (उप. 244-45) जनतंत्र

के भरपूर प्रसार के बिना अपरिमित बल-प्रयोग का अधिकार अमल में नहीं लाया जा सकता। जनतंत्र ऐसी राज्यसत्ता है, ऐसा संगठन है : "जो एक वर्ग द्वारा दूसरे वर्ग के विरुद्ध, जनता के एक भाग द्वारा दूसरे भाग के विरुद्ध व्यवस्थित बल-प्रयोग के लिए है।" (उप., खंड-25, पृ. 456) जनतंत्र की धारणा में व्यवस्थित बल-प्रयोग का विधान मौजूद है। ऊपर से देखने में जो बल-प्रयोग अपरिमित है, वास्तव में वह जनता द्वारा परिमित और व्यवस्थित है। जनतंत्र के बिना शत्रु के विरुद्ध व्यवस्थित बल-प्रयोग असम्भव है, इसका एक उदाहरण मई, 1917 में रूस की परिस्थिति से मिलता है। रूसी कम्यूनिस्टों के सम्मेलन में लेनिन ने कहा था : "हम सभी सहमत हैं कि मजदूर-सैनिक-प्रतिनिधियों की सोवियतों को सत्ता अमल में लानी चाहिए। मजदूर-सैनिक-प्रतिनिधियों की सोवियतों का जाल सारे रूस में बिछा हुआ है, वे अब क्रान्ति के केन्द्र में हैं। यह पेरिस कम्यून के साँचे (type) की राज्यसत्ता होगी अर्थात् वह कानून पर, बहुमत की औपचारिक इच्छा पर नहीं, वरन् प्रत्यक्ष, खुले बल पर आधारित है।" (उप., खंड-24, पृ. 239) जनतंत्र के उपकरण मौजूद हैं। जिन उपकरणों से क्रान्ति होगी, उन्हीं से राज्यसत्ता का निर्माण होगा। राज्यसत्ता होने के नाते व्यवस्थित बल-प्रयोग उससे अपेक्षित है, उसके लिए स्वाभाविक है। इसका आधार बहुमत की इच्छा है, भले वह औपचारिक रूप में व्यक्त न हुई हो।

पूँजीवादी जनतंत्र मजदूर वर्ग के विरुद्ध बल-प्रयोग करता है, फासिस्ट तानाशाही भी उसके विरुद्ध बल-प्रयोग करती है। पूँजीवादी जनतंत्र किन्हीं कानूनों की सीमाओं के भीतर बल-प्रयोग करता है। फासिस्ट तानाशाही इन कानूनों की सीमाएँ तोड़कर नग्न बल-प्रयोग करती है। मजदूर वर्ग के लिए दोनों का अन्तर महत्त्वपूर्ण है। पूँजीवादी जनतंत्र में उसे संगठित होने, वर्ग-संघर्ष चलाने की कुछ सुविधाएँ सुलभ होती हैं, अपने संघर्ष द्वारा वह सुविधाएँ अर्जित करता है और उनमें बढ़ती करता है। फासिस्ट तानाशाही ऐसी सुविधाएँ नष्ट कर देती है, मजदूर वर्ग को संगठित होने से रोकती है और उसके आन्दोलन का बलपूर्वक दमन करती है। 'कम्यूनिस्ट घोषणा-पत्र' में मार्क्स और एंगेल्स ने लिखा था कि आधुनिक उद्योग की स्थापना के बाद पूँजीपति वर्ग ने अपने लिए आधुनिक प्रतिनिधित्वमूलक राज्यसत्ता प्राप्त कर ली है। ऐसी राज्यसत्ता ब्रिटेन में थी, जर्मनी में नहीं। यूरोप के अनेक देशों में अर्द्ध-सामन्ती पादशाही से मिलकर पूँजीपति वर्ग तानाशाही ढंग से नग्न बल-प्रयोग द्वारा मजदूर-आन्दोलन का दमन करता था। इसीलिए यूरोप के कम्यूनिस्ट सबसे पहले पादशाही और उसके पुलिस राज को खत्म करना चाहते थे जिससे उन्हें संगठित होकर काम करने की थोड़ी-बहुत सुविधा मिले।

1903 में लेनिन ने ज़ारशाही के बारे में लिखा था : "निरंकुश सत्ता अब मजदूरों की सभाओं की बातें करने लगी है। सभाएँ और मीटिंग करने की पूरी आजादी की सोशल डेमोक्रेटिक [कम्यूनिस्ट] माँगों के समर्थन के लिए बड़े-से-बड़े पैमाने पर

प्रचार और आन्दोलन के वास्ते हमें इससे लाभ उठाना चाहिए।...राजनीतिक स्वाधीनता के बिना मजदूर प्रतिनिधित्व के सभी रूप घटिया ठग-विद्या रहेंगे। सर्वहारा वर्ग जैसे अब तक रहा है, जेलखाने में रहेगा। वहाँ रोशनी नहीं है, हवा नहीं है, हाथ-पैर हिलाने को जगह नहीं है जो अपनी पूर्ण मुक्ति का संघर्ष चलाने के लिए उसे दरकार है। वह सत्ता इस जेलखाने में खिड़की के बदले छोटा-सा रौशनदान बना रही है और इस ढंग से बना रही है कि वह कैदियों की तुलना में उनकी निगरानी करनेवाले सिपाहियों और भेदियों के ज्यादा काम आए। यह है वह सुधार जिसे रूसी जनता के हत्यारे ज़ार सरकार द्वारा किया हुआ उपकार बताना चाहते हैं। लेकिन रूसी मजदूर वर्ग लड़ाई के लिए, नई शक्ति सँजोने के लिए इस रौशनदान का उपयोग करेगा। वह इस दुष्ट अखिल रूसी जेलखाने की दीवालें गिराकर धूल में मिला देगा और अपने लिए बुर्जुआ-जनवादी राज्य में स्वाधीन वर्ग प्रतिनिधित्व प्राप्त करेगा।" (उप., खंड-6, पृ. 516-17)

एक जेलखाने में रौशनदान है, दूसरे में नहीं है, दोनों में भेद करना जरूरी है। पादशाही बल-प्रयोग करती है और जनवादी गणतंत्र भी बल-प्रयोग करता है किन्तु दोनों के तरीके अलग अलग हैं, उनका भेद मजदूर वर्ग के लिए महत्त्वपूर्ण है। पादशाही और गणतंत्र, दोनों में राज्यसत्ता उत्पीड़न का यंत्र है, एंगेल्स का यह कथन उद्धृत करने के बाद लेनिन ने लिखा था : "इसका यह कतई मतलब नहीं है कि उत्पीड़न के रूप से सर्वहारा के लिए कुछ भी फर्क नहीं पड़ता, जैसाकि कुछ अराजकतावादी 'सिखाते' हैं। वर्ग-संघर्ष और वर्ग-उत्पीड़न का ज्यादा खुला और मुक्त 'रूप' वर्ग मात्र को निरस्त करने के संघर्ष में सर्वहारा की भारी सहायता करता है।" (उप., खंड-25, पृ. 454) पूँजीवादी जनतंत्र और फासिस्ट तानाशाही में भेद न करना अराजकतावाद है। जनता को संगठित करने के लिए पूँजीवादी जनतंत्र—उसकी लोकसभाओं आदि—का उपयोग न करना अराजकतावाद है। पूँजीवादी जनतंत्र का नाश करनेवाले साम्राज्यवाद के साम्प्रदायिक कारिन्दों से गठबन्धन करना अराजकतावाद है।

पूँजीवादी जनतंत्र मुख्य रूप से पूँजीपतियों के लिए है। पूँजीपति अपना कामकाज आर्थिक और राजनीतिक जनवादी ढंग से चलाते हैं या तानाशाही ढंग से, यह प्रश्न मजदूर वर्ग के लिए महत्त्वपूर्ण है। 19वीं सदी की पादशाही का विरोध अनेक पूँजीपति भी करते थे क्योंकि उन्हें अपना कामकाज करने की पूरी छूट नहीं थी। उनका विरोध ढुलमुल था, मजदूर वर्ग का विरोध सुसंगत था। इसी तरह फासिस्ट तानाशाही से अनेक पूँजीपतियों के कारोबार में रुकावट पड़ती है। वे ढुलमुल ढंग से उसका विरोध करते हैं। डिक्टेटरशिप शब्द का व्यापक अर्थ में व्यवहार करते हुए लेनिन ने प्राचीन रोम और यूनान को लक्ष्य करके लिखा था : "प्राचीन राज्यसत्ता बुनियादी तौर से 'गुलामों के मालिकों की डिक्टेटरशिप' थी। क्या इस डिक्टेटरशिप ने गुलामों के मालिकों के लिए, उनके बीच में जनतंत्र को निरस्त कर दिया? हर आदमी जानता

है कि उसने ऐसा नहीं किया।" (उप., खंड-28, पृ. 235) व्यापारिक पूँजीवाद का सर्वाधिक विकास एथेंस में हुआ था; गुलामों के मालिकों के लिए, उनके बीच में, जनतंत्र का विकास भी सबसे ज्यादा वहीं हुआ था। गुलामी का विरोध करनेवाले यूरेपिदेस के नाटक भी वहीं लिखे और खेले गए थे। उन्नीसवीं सदी के पूर्वार्द्ध में इंग्लैंड के मजदूर अधिकारहीन थे; चुनाव में भाग लेने, पार्लियामेंट को प्रतिनिधि भेजने का अधिकार केवल जमींदारों और पूँजीपतियों को था। मजदूरों को सत्ता अपने हाथ में लेनी चाहिए—यह घोषणा विश्व साहित्य में पहली बार उसी इंग्लैंड के कवि शेली ने की थी। इसलिए यह कहना सही है कि "पूँजीपति यदि अपने वर्ग के भीतर जनतंत्र का आचरण करते हैं, तो मजदूरों के लिए यह एक हद तक लाभकारी है।"

लेनिन ने गुलामों के मालिकों के बीच जनतंत्र का उल्लेख करने के बाद लिखा था : "यह आवश्यक नहीं कि डिक्टेटरशिप का अर्थ उस वर्ग के लिए जनतंत्र को निरस्त करना हो जो दूसरे वर्गों पर डिक्टेटरशिप को अमल में लाता हो (...dictatorship does not necessarily mean the abolition of democracy for the class that exercises the dictatorship over other classes)।" (उप.) आवश्यक नहीं कि उत्पीड़क वर्ग के लिए जनतंत्र निरस्त हो, किन्तु हो भी सकता है। यूनान के अनेक राज्यों में निरंकुश शासन था। ये तुरन्नॉस (Tyrants) कहलाते थे। प्राचीन निरंकुश शासकों के आधुनिक संस्करण हैं फासिस्ट डिक्टेटर।

तानाशाही की प्रवृत्ति इजारेदार पूँजीवाद में निहित है। इजारा खुली होड़ को खत्म करता है। इसी के अनुरूप इजारेदार पूँजीवाद जनतंत्र को खत्म करता है। पूँजीवादी जनतंत्र खत्म होगा, तब पूँजीवादी तानाशाही कायम होगी। 1916 में इजारेदार पूँजीवाद की विशेषताएँ बताते हुए लेनिन ने राजनीतिक प्रतिक्रियावाद को जनतंत्र का विलोम माना था। लिखा था : "इस नये अर्थतंत्र की, इजारेदार पूँजीवाद (साम्राज्यवाद इजारेदार पूँजीवाद है) की राजनीतिक अधिरचना जनतंत्र का राजनीतिक प्रतिक्रियावाद में परिवर्तन (the change from democracy to political reaction) है।" (उप., खंड-23, पृ. 43) इससे इतना तो स्पष्ट है कि पूँजीवादी जनतंत्र की तुलना में पूँजीवादी शासन के कुछ अन्य रूप अधिक प्रतिक्रियावादी हैं। इसके लिए डिक्टेटरशिप, तानाशाही—ये शब्द प्रचलित हैं। स्वयं लेनिन ने जनतंत्र के विलोम के रूप में डिक्टेटरशिप शब्द का प्रयोग किया है। जनवरी, 1919 में जर्मन मजदूरों पर गोलीबार का उल्लेख करते हुए उन्होंने कहा था : "अब सारी दुनिया के सामने एक ही मुख्य कार्य है; इसलिए मसला यह है : या तो चरम प्रतिक्रियावाद, फौजी डिक्टेटरशिप और गोलीबार—इसकी तीखी मिसालें बर्लिन से मिली हैं, या तो पूँजीवादी पशुओं का यह दुष्ट प्रतिक्रियावाद—वे जानते हैं कि युद्ध के इन चार वर्षों के लिए उन्हें सजा मिले बिना न रहेगी, इसलिए वे कुछ भी कर गुजरने को तैयार हैं। श्रमिक जनता के खून से जमीन को तर करते जाने को तैयार हैं—या फिर समाजवादी क्रान्ति

में श्रमिक जनता की पूर्ण विजय। अब और कोई मध्य मार्ग नहीं है।" (उप., खंड-28, पृ. 409) जनतंत्र का विलोम है राजनीतिक प्रतिक्रियावाद; चरम प्रतिक्रियावाद का पर्याय है फौजी डिक्टेटरशिप; अत: जनतंत्र का विलोम है डिक्टेटरशिप।

एंगेल्स ने राज्यसत्ता के विकसित और अविकसित रूपों की बात कही है। जिस पूँजीवादी राज्य में लोगों का मताधिकार उनकी सम्पत्ति के परिमाण द्वारा निर्धारित होता है, उसमें 'राज्यसत्ता अपने विकास की निचली मंजिल' में है। ('दि ऑरिजन', पृ. 169) "राज्यसत्ता का सर्वोच्च रूप जनवादी गणतंत्र (democratic republic) है। हमारी वर्तमान सामाजिक परिस्थितियों में वह अधिकाधिक अनिवार्य आवश्यकता बनता जाता है। वह राज्यसत्ता का एक मात्र ऐसा रूप है जिसमें सर्वहारा और पूँजीपति वर्ग की आखिरी निर्णायक लड़ाई लड़ी जा सकती है। औपचारिक रूप से जनवादी गणतंत्र में सम्पत्तिगत भेद [निर्वाचन के सन्दर्भ में] नहीं रह गया। उसमें दौलत अपनी ताकत अमल में लाती है अप्रत्यक्ष रूप में—किन्तु उतना ही अधिक निश्चित रूप में।" (पृ. 169) सार्वजनिक मताधिकार के कारण मजदूर अपने प्रतिनिधि चुन सकते हैं। "इस प्रकार मजदूर वर्ग के परिपक्व होने की कसौटी है सार्वजनिक मताधिकार।" (उप. 170) मजदूर वर्ग इस कसौटी पर खरा क्यों नहीं उतरता? इसलिए कि इजारेदार पूँजीवाद पिछड़े हुए देशों को बराबर लूटता है और इस लूट का एक हिस्सा मजदूरों में बाँटकर उसे भ्रष्ट करता है। (सार्वजनिक मताधिकार का भरपूर उपयोग समाजवादी व्यवस्था में होना चाहिए।) किन्तु इजारेदार पूँजीवाद संकटग्रस्त होने पर जनतंत्र को भंग करके सहज भाव से तानाशाही की ओर बढ़ता है। यह फौजी तानाशाही होती है। राज्यसत्ता का एक अंग—सेना—उसके अन्य सभी अंगों पर हावी हो जाता है। यह प्रवृत्ति एंगेल्स के समय में ही उभरने लगी थी।

एंथीनियन जनतंत्र में सार्वजनिक शक्ति (public power)—सेना का विवरण देने के बाद उन्होंने लिखा : "राज्य में वर्ग-विरोध जितना ही तीव्र होता है, उतना ही वह [सार्वजनिक शक्ति—सेना] और मजबूत होती है। अपने वर्तमान यूरोप की ओर देख लेना काफी है। वहाँ वर्ग-संघर्ष और इलाके जीतने की होड़ ने सार्वजनिक शक्ति को वहाँ तक चढ़ा दिया है जहाँ वह पूरे समाज को, राज्यसत्ता को भी निगल जाने को तत्पर जान पड़ती है।" (उप., पृ. 167) जैसे पेरिस कम्यून राज्यसत्ता शब्द के अपने खास अर्थ ('किसी विशेष वर्ग के दमन के लिए विशेष शक्ति'—लेनिन, 'ग्रंथावली', खंड-25, पृ. 419) में राज्यसत्ता नहीं है, वैसे ही फौजी तानाशाही राज्यसत्ता नहीं है क्योंकि वह पूरे समाज को, राज्यसत्ता को भी निगल जाती है। दूसरों के इलाके जीतने में होड़, तीव्र होते हुए वर्ग-संघर्ष को दबाने की आवश्यकता, ये दो चीजें एंगेल्स के विवेचन में, फौजी तानाशाही को जन्म देती हैं। महाजनी पूँजी के युग में इजारेदार गुटों की अन्तरराष्ट्रीय होड़ और तेज होती है, वर्ग-संघर्ष के दमन की आवश्यकता और बढ़ती है। इसलिए फौजी तानाशाही की प्रवृत्ति भी और जोर पकड़ती है।

पूँजीवादी जनतंत्र पूँजीपति वर्ग के लिए ही संकट का कारण बन जाता है। 'लुई बोनापार्ट अठारहवीं ब्रुमेयर' में मार्क्स ने लिखा था : "पार्लियामेंटी व्यवस्था बहस के जरिये जीवित रहती है। वह बहस पर कैसे पाबन्दी लगाए?...पार्लियामेंटी व्यवस्था सब कुछ बहुमत के फैसले पर छोड़ती है, पार्लियामेंट के बाहर का विशाल बहुमत खुद फैसला करना क्यों न चाहेगा?...पूँजीपति वर्ग जिसे 'उदार' कहकर पहले प्रशंसा करता था, उसे अब 'समाजवादपंथी' (socialistic) कहकर निन्दा करता है। इस तरह वह स्वीकार करता है कि अब उसके हितों की माँग है कि अपने ही शासन के जोखिम से उसे उबारा जाए; देश में फिर शान्ति स्थापित करने के लिए पूँजीवादी पार्लियामेंट को निर्वाण प्राप्त करा देना चाहिए; उसकी सामाजिक शक्ति को बरकरार रखने के लिए उसकी राजनीतिक शक्ति को भंग करना चाहिए; हर पूँजीपति व्यक्तिगत रूप से दूसरे वर्गों का शोषण करता रहे; चैन से सम्पत्ति, परिवार, धर्म और व्यवस्था का सुख भोगता रहे—केवल इस शर्त पर कि अन्य वर्गों के साथ उसके वर्ग को भी राजनीतिक अनस्तित्व की ओर ठेल दिया जाए; अपनी तिजोरी की रक्षा के लिए उसे राजमुकुट से हाथ धोना चाहिए। जो तलवार उसकी रक्षा करेगी, वह अब दमोक्लेस के खड्ग के समान उसके सिर पर लटकती रहेगी।" ('सेलेक्टेड वर्क्स', खंड-1, पृ. 436)

ऐतिहासिक रूप से पूँजीपति वर्ग ने कभी भी पूँजीवादी जनतंत्र कायम करने के लिए बहुत उत्सुकता नहीं दिखाई। पार्लियामेंटशाही की 'जन्मभूमि' इंग्लैंड में पूँजीपति वर्ग जमींदारों से समझौता करता आया था; शेष जनता दरकिनार, स्वयं पूँजीपति वर्ग राजमुकुट धारण करने को जरा भी उत्सुक न था। उसकी तिजोरी सलामत रहे, वह अपने से बड़ों—अभिजातों—से कुछ रिआयतें पाकर सन्तोष करने को तैयार था। चार्टिस्ट-आन्दोलन के दबाव से, बहुत धीमी गति से, मताधिकार का प्रसार हुआ। फ्रांस में किसानों, मजदूरों, कारीगरों, क्रान्तिकारी बुद्धिजीवियों के प्रभाव से जनतंत्र कायम हुआ किन्तु क्रान्ति के बाद बहुत जल्दी जनतंत्र एकतंत्र में बदल गया, एकाधिक बार फिर जनतंत्र स्थापित हुआ और पुनः एकतंत्र ने उसका स्थान लिया। दूसरे महायुद्ध के बाद द गोल ने जो नया विधान बनाया, वह एकतंत्र और जनतंत्र के बीच सन्तुलन कायम करने का प्रयास था। 1861 से 1917 तक आधी शताब्दी के अपने इतिहास में रूसी पूँजीपति निरन्तर जमींदार वर्ग से समझौता करते रहे। प्रथम विश्वयुद्ध के दौरान पुराने सरकारी तंत्र के निहायत निकम्मा साबित होने पर किसानों-सैनिकों-मजदूरों के शक्तिशाली आन्दोलन के कारण ज़ारशाही की जगह पूँजीवादी जनतंत्र कायम हुआ। निरंकश शासन में पूँजीपति वर्ग मजदूरों से सीधे नहीं टकराता; दमन का काम नीम सामन्ती राज्यसत्ता करती है। इसीलिए पूँजीवादी जनतंत्र कायम हो जाने पर वह बार-बार पुरानी निरंकुश पद्धति की ओर लौट जाना चाहता है। लेकिन निरंकुश सत्ता की जो तलवार उसकी रक्षा करती है, वह उसके पूरे वर्ग

के ऊपर लटकती रहती है। फासिस्ट तानाशाही में यह बात और भी साफ दिखाई देती है। पूँजीपति वर्ग का एक गुट—उसका एक राजनीतिक दल—शेष वर्गों के साथ पूँजीपति वर्ग पर भी फौजी हुकूमत कायम करता है, शेष वर्गों के साथ पूँजीपति वर्ग को भी राजनीतिक अनस्तित्व की ओर ठेल देता है।

लेनिन ने इटली के फासिस्टों की तुलना ज़ार के काले पुलिस जत्थों से की थी। 1922 में उन्होंने कहा था : फासिस्टों ने इटालियन लोगों को जता दिया है कि "उनका देश काले पुलिस जत्थों के विरुद्ध अभी सुरक्षित नहीं हुआ।" (उप., खंड-33, पृ. 431) रूस काले पुलिस जत्थों का दौर पार करके उस पूँजीवादी जनतंत्र तक आ गया था जिसमें मजदूरों और किसानों की सोवियतों का निर्माण हुआ था। उसके आगे समाजवादी जनतंत्र की ओर ले जाने वाला मार्ग था। इटली के फासिस्ट, पूँजीवादी जनतंत्र से आगे बढ़ने के बदले, ज़ारशाही के काले जत्थों के युग में पहुँच गए थे 'लेनिन ग्रंथावली' के सम्पादकों के अनुसार काले जत्थों का परिचय इस प्रकार है : "क्रान्तिकारी आन्दोलन के दमन के लिए ज़ारशाही पुलिस ने पादशाही के समर्थक जत्थे बनाए थे। ये काले पुलिस जत्थे कहलाते थे। वे क्रान्तिकारियों की हत्या करते थे, प्रगतिशील बुद्धिजीवियों पर हमला करते थे, और यहूदियों के कत्लेआम संगठित करते थे।" (उप., पृ. 533)

यूनान के निरंकुश शासकों, ज़ारशाही रूस के काले पुलिस जत्थों और इटली के फासिस्टों में एक चीज सामान्य है कि वे उत्पीड़क वर्ग के भीतर जनतंत्र को खत्म कर देते हैं या उसे पनपने नहीं देते। वे उत्पीड़ितों के विरुद्ध गैरकानूनी अपरिमित बल-प्रयोग करते हैं। इसे एक विशेष प्रकार की राज्यसत्ता कहना उचित होगा; उसे तानाशाही नाम देना उचित होगा। "जब पूँजीपति अपने वर्ग के अन्दर जनतंत्र खत्म कर देते हैं और निरंकुश राज्यसत्ता कायम करते हैं, तो यह मजदूर वर्ग के लिए हानिकर होता है। इसीलिए हर मार्क्सवादी फासिस्टवाद के मुकाबले में पूँजीवादी जनतंत्र का समर्थन करता है। इस समर्थन का सैद्धान्तिक आधार यही कि पूँजीवादी राज्यसत्ता के फासिस्ट और गैर-फासिस्ट रूपों में बड़ा भेद है और दोनों ही समान रूप से डिक्टेटरशिप नहीं हैं।"

नवम्बर, 1922 में फासिस्टों के एक जत्थे ने इटली में रूसी मिशन के व्यापार विभाग पर बमों और पिस्तौलों से हमला किया था। विभाग में घुसकर वे लोग एक कार्यकर्ता को पिस्तौल दिखाकर बाहर ले आए और वहाँ उसे गोली मार दी। (सम्पादकों की टिप्पणी, उप., खंड-45, पृ. 752) इस सम्बन्ध में लेनिन ने सोवियत विदेश कमीसार (मंत्री) को लिखा था : "शायद हमें मुसोलिनी को लात मारनी चाहिए और इटली के फासिस्टों को लेकर उस पर हल्ला बोलने की शुरुआत करते हुए हर एक से (वरोव्स्की तथा समूचे प्रतिनिधिमंडल से) इटली छोड़ने को कहना चाहिए?

"हमें एक अन्तरराष्ट्रीय विरोध प्रदर्शन आयोजित करना चाहिए।

"इससे हमें बहुत सुविधाजनक बहाना मिला : तुमने हमारे आदमियों को मारा है, तुम लोग बर्बर हो, 1905 के 'रूस के घोर प्रतिक्रियावादियों (Diehards) से बदतर हो', इत्यादि, इत्यादि।

"मेरी समझ में हमें यह करना चाहिए।

"हमें इटली की जनता की कुछ गम्भीर सहायता करनी चाहिए।"

लेनिन ने फासिस्टों को रूस के घोर प्रतिक्रियावादियों से भी बदतर कहा था। जाहिर है, इनकी हिंसा पूँजीवादी जनतंत्र की हिंसा से भिन्न प्रकार की थी। इस फासिस्ट तानाशाही के विरुद्ध कम्यूनिस्ट और गैर-कम्यूनिस्ट मजदूर मिलकर संघर्ष चलाने के लिए एकजुट होने लगे थे। लेनिन ने नोट किया था : "फासिस्टों के खिलाफ संघर्ष संगठित करने के लिए रोम में एक सभा हुई। इसमें 50,000 मजदूरों ने भाग लिया। ये सभी पार्टियों के थे—कम्यूनिस्ट, सोशलिस्ट और गणतंत्रवादी। अपनी वर्दी पहने हुए पाँच हजार भूतपूर्व सैनिक भी सभा में आए। किसी फासिस्ट की हिम्मत न हुई कि वह सड़क पर दिखाई दे। इससे पता चलता है कि यूरोप में, जितनी हम समझते थे, उससे ज्यादा तुरत जल उठने वाली सामग्री मौजूद है।" (उप., खंड-42, पृ. 326) स्तालिन ने हिटलर के सत्तारूढ़ होने के बाद फासिस्ट-विरोधी संयुक्त मोर्चे की जो नीति अपनाई थी, उसका पूर्वाभास लेनिन की उक्त टिप्पणी में है।

जर्मनी में फासिस्ट तानाशाही की विजय के बारे में स्तालिन ने सोवियत संघ की कम्यूनिस्ट पार्टी की सत्रहवीं कांग्रेस (1934) में जो कहा था, इससे मजदूर वर्ग की ही नहीं, पूँजीपति वर्ग की कमजोरी भी साबित होती है : "पूँजीपति वर्ग अब पार्लियामेंटशाही और बुर्जुआ जनतंत्र के पुराने तरीकों से शासन नहीं कर सकता। आम तौर से अपनी घरेलू नीति में उसे शासन के आतंकवादी तरीके अपनाने पड़ते हैं।" ('Problems', पृ. 460) पूँजीवादी जनतंत्र के नियंत्रित—कानूनी—बल-प्रयोग के बदले प्रतिक्रियावादी गुट अनियंत्रित बल-प्रयोग—आतंकवाद का सहारा लेता है। ऐसी स्थिति में पूँजीवादी जनतंत्र का कायम रहना मजदूर वर्ग के हित में होता है। कम्यूनिस्ट इंटरनेशनल की सातवीं कांग्रेस (1935) में दिमित्रोव ने कहा था : "हम सोवियत जनतंत्र के समर्थक हैं। यह श्रमिक जनता का जनतंत्र है, संसार का सबसे सुसंगत जनतंत्र है। किन्तु पूँजीवादी देशों में फासिस्टवाद और बुर्जुआ प्रतिक्रियावाद पूँजीवादी जनतांत्रिक अधिकारों (bourgeois-democratic liberties) पर हमला करता है। हम इन अधिकारों की रत्ती-रत्ती रक्षा करते आए हैं और करते रहेंगे क्योंकि सर्वहारा वर्ग-संघर्ष के हितों की यही माँग है।" (G. Dimitrov, 'Selected Articles and Speeches', पृ. 61)

'सर्वहारा डिक्टेटरशिप' के सम्बन्ध में सारी तर्क-योजना का आधार यह है कि वह पुरानी राज्यसत्ता की मशीनरी को ध्वस्त करने के लिए जरूरी है। वह नई सर्वहारा सत्ता है जो पूँजीवादी सत्ता का स्थान लेती है। सिद्धान्त रूप में, अमूर्त कल्पना के

रूप में, एक मशीनरी टूटी, उसकी जगह दूसरी लगा दी गई। व्यवहार में होता यह है कि पुरानी मशीनरी पूरी की पूरी ध्वस्त नहीं होती, उसका काफी हिस्सा सत्ता की नई मशीनरी में मिला लिया जाता है। रूस की पूँजीवादी फौज इसकी मिसाल है। इसके सैनिकों की सोवियतों ने नई जनसत्ता का निर्माण किया। बोल्शेविक पार्टी ने बहुत-से पुराने राजकर्मचारियों, तकनीकी विशेषज्ञों आदि को नई सत्ता की सेवा में लगाया।

पुरानी राज्यसत्ता की मशीनरी का ध्वंस एकबारगी नहीं होता, नई सत्ता की मशीनरी के निर्माण में काफी समय लगता है, इस स्थिति का सजीव वर्णन लेनिन ने कम्यूनिस्ट इंटरनेशनल की चौथी कांग्रेस में किया था : "हमने राज्यसत्ता की पुरानी मशीनरी ग्रहण की। यह हमारा दुर्भाग्य था। अक्सर यह मशीनरी हमारे खिलाफ काम करती है। 1917 में हमारे सत्ता के अधिग्रहण के बाद सरकारी कर्मचारियों ने हमारे काम में रुकावट डाली। इससे हम बहुत डर गए और हमने विनती की : "कृपा करके लौट आइए। वे सब लौट आए पर यह हमारा दुर्भाग्य था। अब हमारे पास सरकारी कर्मचारियों की विशाल सेना है लेकिन हमारे पास ऐसे पर्याप्त शिक्षित लोग नहीं हैं जो उन पर वास्तविक नियंत्रण रख सकें। व्यवहार में अक्सर होता यह है कि यहाँ सबसे ऊपर, जहाँ हम राजनीतिक सत्ता को अमल में लाते हैं, मशीन किसी तरह चालू रहती है। लेकिन नीचे सरकारी कर्मचारी मनमानी करते हैं और इस तरह करते हैं कि हमारे किये पर पानी फेर देते हैं। ऊपर हमारे अपने आदमी ठीक-ठीक कितने हैं, मुझे नहीं मालूम; बहरहाल कुछ हजार से ज्यादा न होंगे। बाहर बीसियों हजार हैं। लेकिन नीचे वहाँ पुराने कर्मचारी लाखों हैं। इन्हें हमने ज़ार और पूँजीवादी समाज से पाया था। ये लोग कुछ तो जान में, कुछ अनजान में, हमारे खिलाफ काम करते हैं। जाहिर है, इस सिलसिले में आनन-फानन कुछ नहीं किया जा सकता। मशीनरी को सुधारने, उसे नया रूप देने और नये आदमियों को भर्ती करने में कई साल तक कड़ी मेहनत करनी पड़ेगी। हम यह काम काफी जल्दी कर रहे हैं, शायद बहुत जल्दी कर रहे हैं। यदि हम बहुत जल्दबाजी न करेंगे तो कुछ साल में हमारे पास ऐसे नौजवानों की बड़ी जमात तैयार हो जाएगी जो हमारी राज्यसत्ता की मशीनरी की पूरी ओवरहॉलिंग कर सकेगी।" (उप., पृ. 429) यदि राज्यसत्ता की मशीनरी एकबारगी ध्वस्त नहीं होती तो डिक्टेटरशिप की सार्थकता क्या है?

3. राज्यसत्ता और समाजवाद

एंगेल्स ने परिवार और व्यक्तिगत सम्पत्ति के उद्‌भव पर जो पुस्तक लिखी है, उसके आधार पर राज्यसत्ता के बारे में कुछ बातें वर्तमान प्रसंग के लिए नोट कर लेनी चाहिए। सामाजिक विकास क्रम में किसी खास बिन्दु पर पहुँचकर अचानक, झटके से, राज्यसत्ता का जन्म हो जाए, ऐसा नहीं होता। एथेंस नगर और उसके आसपास के गाँवों में सामाजिक सम्बन्ध बदल रहे थे। पुराना गण-संविधान टूट रहा था। "इस

बीच राज्यसत्ता चुपचाप विकसित हो चुकी थी।" ('दि ऑरिजिन', पृ. 112)। चुपचाप इसलिए कि उसके जन्म के समय कोई विस्फोट न हुआ था; सामाजिक सम्बन्ध धीरे-धीरे बदल रहे थे, लोगों को पता न था कि सम्बन्धों के बदलने का क्या परिणाम होने वाला है। राज्यसत्ता का निर्माण इस तरह हुआ कि "गण-संविधान की कुछ संस्थाओं का रूपान्तरण हुआ (some of the organs of the gentile constitution being transformed); नई संस्थाओं के अभिनिवेश से कुछ का विस्थापन हुआ और अन्त में सबका स्थान वास्तविक शासनिक अधिकारी तंत्र ने ले लिया।" (उप., पृ. 107) राज्यसत्ता के निर्माण की ये सामान्य विशेषताएँ ऊपर उद्धृत, सोवियत सत्ता से सम्बन्धित, लेनिन के विवरण से तुलनीय हैं। जिस क्रमिक निर्माण की बात एंगेल्स ने कही है, उससे मिलती-जुलती बात लेनिन ने सोवियत सत्ता के बारे में कही है।

एंगेल्स ने बताया है कि जो संस्थाएँ पहले गण-व्यवस्था के संचालन के लिए बनी थीं, वे सम्पत्ति भेद पैदा होने पर जनता के उत्पीड़न का साधन बन जाती हैं। "उसकी संस्थाएँ जनता की इच्छा को पूरा करने का साधन थीं; अब वे अपनी ही जनता पर हुकूमत करने और उसे सताने के स्वतंत्र साधनों में बदल गईं।" (उप., पृ. 161) गण-व्यवस्था के स्वाधीन नागरिक अपनी संस्थानों को नियंत्रण में नहीं रख पाते। सम्पत्ति-भेद से इन संस्थाओं का रूपान्तरण सम्भव होता है। नई जनवादी क्रान्ति के बाद सम्पत्ति-भेद, अधिकार-भेद तुरन्त समाप्त नहीं हो जाता। जनता के लिए सतर्क रहना जरूरी होता है कि उसकी बनाई संस्थाएँ उसका उत्पीड़न न करने लगें।

पूँजीवादी राज्यसत्ता जनता से अलग, उससे ऊपर होती है। लेनिन के अनुसार नई सत्ता में "पुलिस, सेना और नौकरशाही समूची सशस्त्र जनता में घुल-मिल जाती हैं।" ('ग्रंथावली', खंड-23, पृ. 325) क्रान्ति के प्रारम्भिक दौर में ऐसा ही होता है लेकिन बहुत जल्दी राज्यसत्ता जनता से, सर्वहारा वर्ग से, अलग हटकर अपनी सापेक्ष स्वाधीनता दिखाने लगती है। यह बात सबसे ज्यादा नौकरशाही के सिलसिले में देखने को मिलती है। जनवरी, 1921 में लेनिन ने कहा था : "हम आने वाले कई वर्षों तक नौकरशाही की बुराइयों से लड़ते रहेंगे। जो इससे भिन्न बात सोचता है, वह जनता को बहकाता है, उसे धोखा देता है। कारण यह कि नौकरशाही की बुराइयों को दूर करने के लिए सैकड़ों चीजें दरकार हैं—सौ फीसदी साक्षरता, संस्कृति और मजदूरों-किसानों द्वारा निरीक्षण कार्य में भागीदारी।" (उप., खंड-32, पृ. 68) जनता से नौकरशाही के अलग अस्तित्व का यह प्रमाण है। दिसम्बर, 1925 में स्तालिन ने कम्यूनिस्ट पार्टी की चौदहवीं कांग्रेस में कहा था : "राज्यसत्ता की मशीनरी बढ़ रही है और पार्टी के निर्देशन से बच निकलने की कोशिश कर रही है। बेशक इसमें वह सफल न होगी।" ('Works', खंड-7, पृ. 347) राज्यसत्ता, शासन की मशीनरी जनता से थोड़ा अलग हुए बिना नहीं रह सकती। यह बात नौकरशाही के बारे में स्पष्ट थी।

फौज और पुलिस के बारे में भी यह बात सही है। असली समस्या सारी जनता को फौज में बदलने की नहीं है—समस्या फौज, पुलिस तथा नौकरशाही को जनता के नियंत्रण में रखने की है। शासन की मशीनरी में जनता से अलग स्वतंत्र शक्ति बन जाने का रुझान सबसे ज्यादा पुलिस के गुप्तचर दल में देखा जाता है। इस दल के प्रमुख बेरिआ के विरुद्ध मलेंकोव, मोलोतोव, ख्रुश्चेव आदि सभी सोवियत नेता एक हो गए थे। बेरिआ को प्राणदंड दिया गया। राज्यसत्ता जनता से कैसे अलग हो जाती है, उसका यह उदाहरण है। राज्यसत्ता के मुख्य संचालक पार्टी के सदस्य हैं। राज्यसत्ता जनता से अलग होती है तो इसका अर्थ है कि जनता से पार्टी का घनिष्ठ सम्पर्क टूट रहा है। इसलिए महत्त्वपूर्ण बात यह है कि सर्वहारा वर्ग के भीतर जनतंत्र कायम है या नहीं, उस पर वर्ग का एक गुट हुकुम चलाता है या वह वर्ग उस गुट को—पार्टी को—काबू में रख सकता है।

क्रान्ति हो जाने के बाद—समाजवादी राज्यसत्ता कायम हो जाने के बाद—उस सत्ता को डिक्टेटरशिप की धारणा से अलग रखना इसलिए जरूरी है कि जनतंत्र के प्रसार के बदले जनतंत्र का नियंत्रण न होने लगे। मजदूर-किसान राज को लोग मजदूर राज और मजदूर राज को पार्टी का राज न समझने लगें। खतरा यह है : "पहले मजदूर वर्ग की डिक्टेटरशिप, फिर मजदूर वर्ग के क्रान्तिकारी हिस्से की डिक्टेटरशिप, फिर कम्यूनिस्ट पार्टी की डिक्टेटरशिप और अन्त में पार्टी की केन्द्रीय समिति और उसके नेताओं की डिक्टेटरशिप।" इस खतरे का स्पष्ट उल्लेख स्तालिन ने किया था; इस वामपंथी अवसरवादी रुझान के खिलाफ सबसे ज्यादा संघर्ष स्तालिन ने किया था। यह वामपंथी अवसरवादी रुझान है, इसका प्रमाण यह है कि लेनिन ने 'वामपंथी साम्यवाद—एक बालरोग' में ऐसे ही लोगों को लक्ष्य करके लिखा था : "आपको चाहिए कि समूचे वर्ग की (न कि सिर्फ उसके कम्यूनिस्ट अग्रदल की), समस्त श्रमिक जनता की (न कि सिर्फ उसके आगे बढ़े हुए तत्त्वों की) वर्गचेतना और तैयारी की वास्तविक स्थिति का गम्भीरतापूर्वक ध्यान रखें।" (उप., खंड-31, पृ. 58) जैसे क्रान्ति से पहले समूचे मजदूर वर्ग की, समस्त श्रमिक जनता की वर्गचेतना और तैयारी की वास्तविक स्थिति का ध्यान रखना जरूरी है, वैसे ही क्रान्ति के बाद भी गम्भीरतापूर्वक उस सबका ध्यान रखना जरूरी होगा।

अनियंत्रित बल-प्रयोग के बिना डिक्टेटरशिप की धारणा अर्थहीन है। किसानों और मजदूरों के सहयोग के बदले, त्रोत्स्की के अनुसार, सर्वहारा डिक्टेटरशिप ऐसी सत्ता है, "जो शत्रुभाव से आम किसान समुदायों से टकराती है।" वह अपने 'अन्तर्विरोधों' का समाधान केवल 'विश्व सर्वहारा क्रान्ति के मैदान में' खोजती है। (J. Stalin, 'Problems of Leninism', पृ. 101) विश्व सर्वहारा क्रान्ति में जितना ही विलम्ब होता जाता था, उतना ही त्रोत्स्की के लिए अनिवार्य होता जाता था कि वह सर्वहारा डिक्टेटरशिप के अन्तर्विरोधों का समाधान किसानों के विरुद्ध बल-प्रयोग द्वारा

करें। बात किसानों से खत्म होने वाली न थी। "त्रोत्स्की ने माँग की कि श्रमिक संघों (ट्रेड यूनियनों) का तुरत 'सरकारीकरण' हो। मजदूर वर्ग से सम्बन्धों में वह समझाने-बुझाने की नीति के खिलाफ थे, श्रमिक संघों में वह फौजी तरीके लागू करने के पक्ष में थे। त्रोत्स्की श्रमिक संघों में जनतंत्र के कुछ भी प्रसार के विरुद्ध थे। श्रमिक संघों की समितियाँ चुनी जाएँ—इस सिद्धान्त के विरुद्ध थे।" ('History of the Communist Party of the Soviet Union', Bolsheviks, पृ. 388) इस तरह त्रोत्स्कीवादियों के लिए मजदूरों के विरुद्ध भी दमन की नीति अपनाना उचित हो गया। इस नीति को लागू करने वाले होंगे कम्यूनिस्ट। उससे डिक्टेटरशिप के अन्तर्विरोध और भी बढ़ेंगे। "समझाने-बुझाने के तरीकों के बिना मजदूर वर्ग के संगठनों की कार्रवाई की कल्पना नहीं की जा सकती। इन तरीकों के बदले त्रोत्स्कीवादी विशुद्ध दबाव के, हुकुमशाही के, तरीके पेश कर रहे थे। श्रमिक संघों में जहाँ भी वे प्रमुख स्थानों पर थे, उन्होंने यह नीति लागू की; संघों में उन्होंने फसाद, फूट और पस्ती को जन्म दिया। त्रोत्स्कीवादी अपनी नीति के द्वारा पार्टी से आम गैर-पार्टी श्रमिक समुदाय की मुठभेड़ करा रहे थे, मजदूर वर्ग को विभाजित कर रहे थे।" (उप., पृ. 388-89)

मजदूर वर्ग की डिक्टेटरशिप कम्यूनिस्ट पार्टी की डिक्टेटरशिप है, यह स्थापना कुछ लोग नवम्बर, 1917 से पहले ही प्रस्तुत करने लगे थे। जुलाई, 1917 के कम्यूनिस्ट सम्मेलन में स्तालिन ने प्रॉखोरोव नाम के कम्यूनिस्ट के बारे में कहा था : "प्रॉखोरोव सर्वहारा वर्ग की डिक्टेटरशिप का यह अर्थ लगाते हैं कि वह हमारी पार्टी की डिक्टेटरशिप है। लेकिन हम उस वर्ग की डिक्टेटरशिप की बात करते हैं जो किसानों के ज्यादा गरीब स्तरों की अगुवाई करता है।" ('Works', खंड-3, पृ. 131) सोवियतों और बोल्शेविक पार्टी का सम्बन्ध कैसा हो, इस प्रश्न के सन्दर्भ में स्तालिन ने वह बात कही थी। सोवियतें बोल्शेविक पार्टी की आज्ञा मानने को बाध्य नहीं हैं, इसके विपरीत सोवियतों के बोल्शेविक सदस्य उनका बहुमत से किया गया निर्णय मानने को बाध्य हैं। वे एक स्वतंत्र पार्टी के सदस्य हैं, इसलिए वे स्वतंत्र रूप से भी कार्य कर सकते हैं।

सोवियतों में बोल्शेविक बहुमत हो जाने पर भी वे जनसंगठन बनी रहीं, वे पार्टी-संगठन नहीं हो गईं, यह बात अनेक बार स्तालिन को पार्टी सदस्यों के सामने स्पष्ट करनी पड़ी। यह उल्लेखनीय है कि सर्वहारा डिक्टेटरशिप पार्टी डिक्टेटरशिप है, इस धारणा का खंडन स्तालिन ने लेनिन के जीवनकाल में किया था।

उक्त धारणा पार्टी के भीतर व्यापक रूप से प्रचलित थी। पार्टी की बारहवीं कांग्रेस के एक प्रस्ताव में उसका समावेश भी हो गया था। तेरहवीं कांग्रेस के फैसलों के प्रसंग में स्तालिन ने कहा : "लोग अक्सर कहते हैं कि हमारे यहाँ 'पार्टी की डिक्टेटरशिप' है। कोई कहेगा, मैं पार्टी की डिक्टेटरशिप का समर्थक हूँ। याद आता है कि यह बात कांग्रेस के एक प्रस्ताव में भी आई थी; मेरा विचार है, वह दरअसल

बारहवीं कांग्रेस के एक प्रस्ताव में थी। निस्सन्देह निगाह चूकने से ऐसा हुआ था। लगता है, कुछ कामरेड सोचते हैं कि हमारे यहाँ डिक्टेटरशिप पार्टी की है, मजदूर वर्ग की नहीं। लेकिन साथियो, यह एकदम बेसिर-पैर की बात है।...यदि 'पार्टी डिक्टेटरशिप' सबन्धी दावा सही होता तो ग्यारहवीं कांग्रेस में लेनिन के यह कहने में कोई तुक न थी कि 'पार्टी की और सोवियतों की संस्थाओं में भेद' आवश्यक है। लेकिन किस तरफ से और कैसे यह बेसिर-पैर की बात पार्टी के भीतर आ गई है? यह 'पार्टी-सिद्धान्त' के लिए जोश का नतीजा है और इससे पार्टी-सिद्धान्त की ही हानि होती है।" (उप., खंड-6, पृ. 270-71)

उक्त बेसिर-पैर की बात के पार्टी में फैलने का एक कारण डिक्टेटरशिप शब्द का व्यवहार है। सर्वहारा डिक्टेटरशिप है, इसलिए पार्टी डिक्टेटरशिप है। बात भले गलत हो, सुनकर समझ में आ जाती है। इसकी जगह कहिए, सर्वहारा जनतंत्र है, इसलिए पार्टी जनतंत्र है। बात निरर्थक मालूम होगी। पार्टी डिक्टेटरशिप की धारणा के प्रसार का अन्य कारण बहुसंख्यक किसानों के देश में 'सर्वहारा क्रान्ति' से उत्पन्न कठिनाइयों को हुकुमशाही ढंग से दूर करने का प्रयास था। पार्टी की भूमिका नेतृत्व की है, नेतृत्व का अर्थ कुछ लोगों ने किया डिक्टेटरशिप। 1926 में स्तालिन ने अपनी पुस्तक 'लेनिनवाद की समस्याएँ' में स्पष्ट किया कि सर्वहारा डिक्टेटरशिप और पार्टी की नेतृत्ववाली भूमिका एक ही चीज नहीं हैं। "जो भी पार्टी की नेतृत्व वाली भूमिका को सर्वहारा डिक्टेटरशिप मान बैठता है, वह सर्वहारा डिक्टेटरशिप की जगह पार्टी की डिक्टेटरशिप स्थापित कर देता है।" ('Problems of Leninism', पृ. 141) सर्वहारा डिक्टेडरशिप में पार्टी का नेतृत्व है, अतः सर्वहारा डिक्टेटरशिप हो गई पार्टी की डिक्टेटरशिप—स्तालिन ने इस तर्क-योजना का खंडन किया है। जो भी पार्टी के नेतृत्व वाली भूमिका को सर्वहारा डिक्टेटरशिप मानता है, "वह वर्ग की इच्छा और कार्यों की जगह पार्टी के निर्देशों को स्थापित करता है। वह वर्ग की जगह पार्टी को स्थापित करता है। वह सोवियतों की जगह, राज्यशक्ति की जगह, पार्टी को स्थापित करता है।" (उप., पृ. 142-46)

डिक्टेटरशिप शब्द में बल-प्रयोग की धारणा मौजूद है। इसलिए पार्टी डिक्टेटरशिप का अर्थ होगा—पार्टी द्वारा मजदूर वर्ग के विरुद्ध बल-प्रयोग। स्तालिन ने यह बात यों समझाई थी : "सर्वहारा डिक्टेटरशिप की धारणा राज्यसत्ता से सम्बन्धित धारणा है। सर्वहारा डिक्टेटरशिप में लाजमी तौर पर बल-प्रयोग की धारणा का समावेश है। यदि शब्द को उसके नपे-तुले अर्थ में लें तो बल-प्रयोग के बिना कोई डिक्टेटरशिप नहीं होती। लेनिन ने सर्वहारा डिक्टेटरशिप की व्याख्या की है कि वह प्रत्यक्ष बल-प्रयोग पर आधारित राजशक्ति है। इसलिए सर्वहारा वर्ग के सन्दर्भ में पार्टी डिक्टेटरशिंप की बात करना, उसे सर्वहारा डिक्टेटरशिप मान बैठना, यह कहने के बराबर है कि स्वयं अपने वर्ग के सन्दर्भ में पार्टी को उसका मार्गदर्शक, उसका नेता और शिक्षक ही

नहीं, वरन् उसके विरुद्ध बल-प्रयोग करनेवाली एक तरह की राज्यशक्ति भी होना है। इसलिए जो भी 'पार्टी की डिक्टेटरशिप' को सर्वहारा डिक्टेटरशिप मान बैठता है, वह गूढ़ भाव से यह बात मानकर चलता है कि पार्टी की प्रतिष्ठा बल-प्रयोग के आधार पर निर्मित की जा सकती है। यह बात बेसिर-पैर की है; लेनिनवाद से वह कतई मेल नहीं खाती। पार्टी की प्रतिष्ठा को मजदूर वर्ग का विश्वास बनाए रखता है। और मजदूर वर्ग का विश्वास बल-प्रयोग द्वारा प्राप्त नहीं किया जाता, 'बल-प्रयोग केवल उसका नाश करता है—वरन् पार्टी की सही थ्योरी द्वारा, पार्टी की सही नीति द्वारा, मजदूर वर्ग के प्रति पार्टी की निष्ठा द्वारा, आम मजदूर जनता से उसके सम्पर्क द्वारा, इस जनता को यह समझा लेने की तत्परता और क्षमता द्वारा प्राप्त होता है कि पार्टी के नारे सही हैं।" (उप., पृ. 143-44) मजदूर-जनता से सम्पर्क बनाए रखना, उसकी समझ को ध्यान में रखकर नारे देना, उन नारों के बारे में उसे आश्वस्त करना—यह सब कष्टकारक है, उसमें समय बहुत लगता है; सीधा रास्ता है, मजदूर वर्ग की पार्टी द्वारा मजदूर वर्ग के खिलाफ बल-प्रयोग!

सर्वहारा डिक्टेटरशिप बनी पार्टी डिक्टेटरशिप, इसका लाजमी नतीजा यह होगा कि पार्टी डिक्टेटरशिप बनेगी कुछ नेताओं की डिक्टेटरशिप। सोरिन नाम के कम्यूनिस्ट ने सर्वहारा डिक्टेटरशिप को पार्टी डिक्टेटरशिप बनाया था। स्तालिन ने इनकी आलोचना करते हुए लिखा : "इस आधार पर कि पार्टी की 'डिक्टेटरशिप' को सर्वहारा डिक्टेटरशिप से अलग नहीं खड़ा किया जा सकता, सोरिन इस गलत निष्कर्ष पर पहुँचे कि 'सर्वहारा डिक्टेटरशिप हमारी पार्टी की डिक्टेटरशिप है।' किन्तु लेनिन ने इस तरह के भेद को ही अनुचित नहीं बताया, उन्होंने 'आम जनता की डिक्टेटरशिप' को 'नेताओं की डिक्टेटरशिप' से अलग खड़ा करने को भी अनुचित बताया है। क्या इस आधार पर आप कहेंगे कि हम सर्वहारा वर्ग की डिक्टेटरशिप को 'नेताओं की डिक्टेटरशिप' मान लें? सही बात है कि सर्वहारा डिक्टेटरशिप को पार्टी डिक्टेटरशिप मान लेने की नीति पर चलते हुए हम ठीक इसी बेहूदगी तक पहुँचेंगे।" (उप., पृ. 152)

सर्वहारा डिक्टेटरशिप पार्टी की डिक्टेटरशिप है, यह सिद्ध करने के लिए लेनिन का हवाला दिया जाता था। स्तालिन ने स्पष्ट किया : "लेनिन ने पार्टी की डिक्टेटरशिप में इस शब्द का व्यवहार उसके नपे-तुले ('बल-प्रयोग पर आधारित शक्ति') अर्थ में नहीं, वरन् उसके आलंकारिक अर्थ में, नेतृत्व के अर्थ में किया है।" (उप., पृ. 144) कम्यूनिस्ट इंटरनेशनल की दूसरी कांग्रेस में राजनीतिक पार्टी की भूमिका से सम्बन्धित स्थापनाएँ लेनिन की देखरेख में निश्चित की गई थीं। स्तालिन ने कहा : "उनमें पार्टी की डिक्टेटरशिप के बारे में एक भी शब्द नहीं है। यह धारणा राजनीतिक रूप से अदूरदर्शी है क्योंकि वह वर्ग और उसके अग्रदल के सही आपसी सम्बन्धों का उल्लंघन करती है।" (उप., पृ. 155) इस धारणा से जो खतरे पैदा होते थे, उनके

बारे में स्तालिन ने लिखा : "किसी शर्त के बिना इस सूत्र को ज्यों का त्यों लें तो मानो वह कहेगा :

"(क) *गैर-पार्टी जन-समुदाय से :* बात काटने की जुर्रत न करना, बहस करने की हिम्मत न करना क्योंकि पार्टी सब कुछ कर सकती है, क्योंकि हमारे यहाँ पार्टी की डिक्टेटरशिप है।

(ख) *पार्टी कार्यकर्ताओं से :* और साहसपूर्वक काम करो, और दबाए जाओ। गैर-पार्टी जन-समुदाय क्या कहते हैं, उस पर ध्यान देने की जरूरत नहीं है। हमारे यहाँ पार्टी की डिक्टेटरशिप है।

(ग) *पार्टी के ऊपरवाले नेताओं से :* आप थोड़ी-सी आत्मतुष्टि का सुख भोगिए, चाहें तो बड़प्पन के भाव से थोड़ा फूल जाइए, क्योंकि हमारे यहाँ पार्टी की डिक्टेटरशिप है और 'इसके फलस्वरूप' नेताओं की डिक्टेटरशिप है।" (उप.)

स्तालिन ने सर्वहारा डिक्टेटरशिप को पार्टी की डिक्टेटरशिप समझने के जो खतरे बताए थे, वे सौ गुना भयानक रूप में सारी दुनिया के कम्यूनिस्टों के सामने आ चुके हैं। इसलिए स्तालिन ने इन खतरों के बारे में जो कुछ कहा था, उसका अध्ययन आज और भी आवश्यक है।

'लेनिनवाद की समस्याएँ' में स्तालिन ने सोरिन के साथ ज़िनोविएव का नाम लिया था; कहा था : सोरिन की तरह ज़िनोविएव भी सर्वहारा डिक्टेटरशिप को पार्टी डिक्टेटरशिप मान बैठते हैं; फर्क यह है कि सोरिन अपनी बात साफ-साफ कहते हैं, ज़िनोविएव फिर घुमाकर कहते हैं। 1927 में कम्यूनिस्ट पार्टी की केन्द्रीय समिति के विस्तृत अधिवेशन में इसी धारणा को लेकर स्तालिन ने फिर ज़िनोविएव की आलोचना की : "हमारे पार्टी-प्रकाशनों में यह बात कई बार कही जा चुकी है कि ज़िनोविएव सर्वहारा डिक्टेटरशिप को पार्टी डिक्टेटरशिप मानकर, लेनिन की पार्टी 'डिक्टेटरशिप' सम्बन्धी धारणा को विकृत करते हैं।...लेनिन की पार्टी 'डिक्टेटरशिप' सम्बन्धी धारणा को विकृत करके ज़िनोविएव, शायद बिना जाने हुए, पार्टी के भीतर 'अराक्चेएव' वाले तरीकों के प्रवेश के लिए रास्ता साफ कर रहे हैं, कौट्स्की के इस कीचड़-उछाल आरोप को सही साबित करने के लिए रास्ता साफ कर रहे हैं कि लेनिन 'मजदूर वर्ग पर पार्टी की डिक्टेटरशिप' कायम कर रहे थे। यह कोई अच्छी बात हुई? स्पष्ट ही नहीं। किन्तु ज़िनोविएव यदि ऐसी सीधी बातें नहीं समझते तो इसमें दोष किसका है?" ('Works', खंड-10, पृ. 71) ज़ारशाही रूस में अराक्चेएव ने निरंकुश पुलिस राज के सिलसिले में ख्याति कमाई थी। स्तालिन ने आगाह किया था कि ज़िनोविएव की नीति पार्टी के भीतर पुलिस राज की निरंकुशता के लिए मार्ग प्रशस्त करने वाली थी। पार्टी और मजदूर वर्ग के बीच जनतांत्रिक सम्बन्ध होंगे तो पार्टी के नेताओं और सदस्यों के बीच भी ऐसे सम्बन्ध होंगे; यदि मजदूर वर्ग के प्रति पार्टी का रवैया तानाशाही

का होगा तो आम सदस्यों के प्रति नेताओं का रवैया भी वैसा होगा। ये सब तार आपस में जुड़े हुए हैं।

स्तालिन ने लेनिन द्वारा डिक्टेटरशिप शब्द के आलंकारिक व्यवहार की ओर ध्यान दिलाया। पार्टी की डिक्टेटरशिप का अर्थ होगा—पार्टी का नेतत्त्व। स्तालिन ने लेनिन से तीन मिसालें और दी हैं यह बताने के लिए कि बल-प्रयोग से डिक्टेटरशिप का सम्बन्ध अनिवार्य नहीं है। लेनिन ने कहा था : "डिक्टेटरशिप का अर्थ केवल बल-प्रयोग नहीं है यद्यपि बल-प्रयोग के बिना वह असम्भव है। श्रम के पूर्व संगठन के मुकाबले उसका और ऊँचे स्तर पर संगठन—उसका यह अर्थ भी है।" ('Problemes', पृ. 135) इससे सिद्ध हुआ कि डिक्टेटरशिप के मूल अर्थ को ही जब तक न बदला जाए, तब तक समाजवादी जनतंत्र की एक महत्त्वपूर्ण विशेषता—ज्यादा ऊँचे स्तर पर श्रम का संगठन—उस शब्द द्वारा व्यंजित नहीं होती।

दूसरी मिसाल। लेनिन ने कहा था : "सर्वहारा डिक्टेटरशिप शोषकों के खिलाफ केवल बल-प्रयोग नहीं है, और वह मुख्यत: भी बल-प्रयोग नहीं है। इस क्रान्तिकारी बल का आर्थिक आधार, उसकी शक्तिमत्ता और सफलता की गारंटी इस बात में है कि पूँजीवाद के मुकाबले सर्वहारा वर्ग श्रम के सामाजिक संगठन के और ऊँचे प्रकार (टाइप) का प्रतिनिधि है और उसे अमल में लाता है। सारतत्त्व यह है।" (उप.) क्रान्ति का ध्वंसात्मक पक्ष, रचना के लिए ध्वंसात्मक कार्य कुछ समय के लिए है, रचना का कार्य बहुत समय के लिए है और उसका ध्वंस से कोई सम्बन्ध नहीं है। तीसरी मिसाल में यही बात फिर कही गई है। "[डिक्टेटरशिप का] सारतत्त्व श्रमिक जनता के आगे बढ़े हुए दस्ते का, उसके अग्रदल, उसके एकमात्र नेता, सर्वहारा वर्ग का संगठन और अनुशासन है जिसका उद्देश्य है समाजवाद का निर्माण करना, वर्गों में समाज के विभाजित होने को खत्म करना, समाज के सभी सदस्यों को श्रमिकजन बनाना, मनुष्य द्वारा मनुष्य के किसी प्रकार के भी शोषण का अन्त करना।" (उप.) यहाँ सर्वहारा वर्ग के संगठन पर, इस वर्ग द्वारा समस्त श्रमिक जनता के नेतृत्व पर, वर्गहीन समाज-रचना पर जोर है। इस सबको डिक्टेटरशिप का सारतत्त्व कहा गया है किन्तु बल-प्रयोग से इस सारतत्त्व का कोई भी सम्बन्ध नहीं है।

1926 में स्तालिन ने उन कम्यूनिस्टों की आलोचना की थी जो सर्वहारा डिक्टेटरशिप को पार्टी की डिक्टेटरशिप, पार्टी की डिक्टेटरशिप को कुछ नेताओं की डिक्टेटरशिप बना देते थे। अड़तीस साल बाद—1964 में—वैसी ही आलोचना चीनी कम्यूनिस्टों की ऑत्तों कूसिनेन ने की थी। सोवियत संघ की कम्यूनिस्ट पार्टी की केन्द्रीय समिति के विस्तृत अधिवेशन में कूसिनेन ने कहा था : "माओ ज़ दुंग ने लिखा था, 'मजदूर वर्ग जनता की जनवादी डिक्टेटरशिप का नेतृत्व करता है।' चीन में यह डिक्टेटरशिप कम्यूनिस्ट पार्टी के माध्यम से कायम हुई है। चीनी कम्यूनिस्ट पार्टी की आठवीं कांग्रेस में ल्यू शाओ ची ने भी कहा था कि चीन में जनता के

गणराज्य की स्थापना के साथ 'चीन की कम्यूनिस्ट पार्टी राजनीतिक सत्ता को अमल में लाने वाली पार्टी हो गई है और जनता की जनवादी डिक्टेटरशिप वास्तव में सर्वहारा डिक्टेटरशिप का एक रूप बन गई है।' इस प्रकार सर्वहारा वर्ग के नेतृत्व और उसकी डिक्टेटरशिप को कम्यूनिस्ट पार्टी की प्रमुखता (leading position) से मिलाकर एक कर दिया गया है। क्या यह सही है?

"नहीं, यह सही नहीं है। दरअसल चीन में जनता की डिक्टेटरशिप नहीं है, सर्वहारा वर्ग की डिक्टेटरशिप नहीं है, सर्वहारा वर्ग का मार्गदर्शक स्थान नहीं है और कम्यूनिस्ट पार्टी की अग्रदल की भूमिका भी नहीं है। जो डिक्टेटरशिप वास्तव में वहाँ है, चीनी नेता की सारी नीम-मार्क्सवादी शब्दावली उसे छिपाने का आवरणमात्र है। यह नेताओं की डिक्टेटरशिप है, 'एक व्यक्ति की डिक्टेटरशिप है'। चीन में या तो जनतंत्र की बात ही नहीं होती, और अगर होती है तो महज रस्मी तौर पर।" (Speech by late Otto Kuusinen, पृ. 7-8)

ऑत्तो कूसिनेन का अन्तिम वाक्य बहुत जोरदार है। चीन में जनतंत्र की बात क्यों नहीं होती? होती है तो रस्मी तौर पर ही क्यों होती है? इसलिए कि जनतंत्र और तानाशाही में फर्क है; तानाशाही को जनतंत्र कहने से बात किसी के गले से न उतरेगी। मजदूर वर्ग की तानाशाही, फिर पार्टी की तानाशाही, फिर पार्टी के कई नेताओं अथवा एक नेता की तानाशाही—यह संक्रमण आसान है, उसे गले के नीचे उतारा जा सकता है। मान लीजिए, ऑत्तो कूसिनेन की बात गलत थी। ख्रुश्चेव के हाथ में सत्ता की बागडोर कैसे आ गई? व्यक्ति-पूजा के परम विरोधी, सामूहिक नेतृत्व के प्रबल समर्थक ख्रुश्चेव अचानक रंगमंच से गायब कैसे हो गए? ऐसे गायब हुए कि नेपथ्य से एक बार भी उनकी आवाज न सुनाई दी! क्या यह स्पष्ट नहीं है कि सर्वहारा डिक्टेटरशिप को पार्टी की डिक्टेटरशिप बना देना आसान है, फिर नेताओं की डिक्टेटरशिप के भीतर गुटबन्दी और षड्यंत्र के लिए भारी गुंजाइश पैदा हो जाती है? इसके बदले सर्वहारा वर्ग में जनतंत्र हो, पार्टी में जनतंत्र हो—तमाम गैर-सर्वहारा जनता को आप जनतंत्र से बाहर रखें तो भी—षड्यंत्र की नौबत न आएगी। हर चीज पूरी पार्टी, पूरे मजदूर वर्ग के सामने, खुलेआम, सबकी निगरानी में होगी। पोलपोत जैसे हत्यारे कम्पूचिया में ही पैदा नहीं हुए, छोटे-से ग्रेनाडा में मौरिस विशप के हत्यारों ने भी—छोटे पैमाने पर—वही काम किया।

एंगेल्स ने जर्मन लोगों के 'जनतांत्रिक सहजबोध (democratic instinct)' की बात कही है। ('दि ऑरिजिन', पृ. 153) इस तरह का सहजबोध अनेक देशों की श्रमिक जनता में गण-समाजों के युग से लेकर पूँजीवादी युग तक किसी न किसी रूप में बना रहता है। गण-व्यवस्था की विशेषता उसका "सहज जनतांत्रिक स्वरूप (the natural democratic character) है।" (उप., पृ. 148) यह विशेषता एकबारगी नष्ट नहीं हो जाती। जर्मनी, उत्तरी फ्रांस और ब्रिटेन के ग्राम-समाजों ने अपने जनतांत्रिक संगठन के बल पर सामन्ती उत्पीड़न का मुकाबला किया। (उप., पृ. 153) ग्राम-समाज

के रूप में प्रतिरोध का साधन किसानों के पास आधुनिक काल तक बना रहा। (उप., पृ. 149) फ्रांस में कम्यून बना, रूस में सोवियतें बनीं। ऊपर का बोझ जरा भी हल्का हुआ, जनता तुरत अपने पुराने जनतंत्र के साँचे बाहर निकाल लाती है, नये जीवन के गठन के लिए उनका उपयोग करती है। समाजवाद के लिए इन साँचों का महत्त्व अपरिमित है। लेनिन ने एंगेल्स का हवाला देते हुए बिलकुल ठीक कहा था कि सुसंगत रूप से जनतंत्र लागू किया जाए तो वह समाजवाद में बदल जाता है, उसकी माँग है समाजवाद। ('ग्रंथावली', खंड-25, पृ. 452) श्रमिकों के जनतंत्र पर पाबन्दी लगाने का अर्थ होगा—समाजवाद के विकास पर पाबन्दी लगाना।

कुछ लोग मानते हैं कि राज्यसत्ता का अर्थ ही है—मनुष्य की स्वाधीनता पर पाबन्दी लगाना। उसकी मूल भूमिका दमनकारी है। मानव इतिहास में समस्त शोषण और उत्पीड़न की जड़ है यह राज्यसत्ता। समाजवादी व्यवस्था में राज्यसत्ता बनी रहेगी तो श्रमिकों के जनतंत्र पर पाबन्दी भी लगाई जाएगी। राज्यसत्ता के प्रति यह अराजकतावादियों का एकांगी दृष्टिकोण है।

सामाजिक विकास की हर मंजिल में राज्यसत्ता की सीमित सकारात्मक भूमिका होती है। पहले-पहल जब उसका निर्माण होता है, तब वह गण-व्यवस्था को ध्वस्त करने में सहायक होती है। गण-व्यवस्था को सामन्ती राज्यसत्ता ध्वस्त करती है। पूँजीवाद का विकास होने पर सामन्ती व्यवस्था को ध्वस्त करने में पूँजीवादी राज्यसत्ता सहायक होती है। 'लुई बोनापार्ट की अठारहवीं ब्रुमेयर' में मार्क्स ने लिखा था कि कार्यकारिणी सत्ता, अपने विशाल नौकरशाही और फौजी संगठन के साथ, अपनी राज्यसत्ता की मशीनरी के साथ "निरंकुश पादशाही के जमाने में प्रकट हुई थी। वह सामन्ती व्यवस्था का ह्रासकाल था। उसके ह्रास को तेज करने में उसने सहायता की।" ('सेलेक्टेड वर्क्स', खंड-1, पृ. 477) फ्रांस की राज्यक्रान्ति के सामने कार्य यह था कि अलग-अलग शहरी और प्रान्तीय सत्ताकेन्द्रों को खत्म करके जातीय एकता स्थापित करे, इस तरह 'निरंकुश पादशाही ने जो काम शुरू किया था, उसे आगे बढ़ाना' क्रान्ति के लिए अनिवार्य था। (उप., पृ. 7) फ्रांस में पूँजीवाद का विकास 1789 की क्रान्ति से पहले शुरू हो गया था। निरंकुश पादशाही इस विकास में एक हद तक सहायक थी, इसीलिए उसके काम को राज्यक्रान्ति ने आगे बढ़ाया। 'फ्रांस में गृहयुद्ध' पुस्तक में मार्क्स ने इस राज्यसत्ता की सामन्त-विरोधी भूमिका को और भी स्पष्ट करते हुए लिखा था कि केन्द्रबद्ध राज्यसत्ता का उद्भव "निरंकुश राज्यसत्ता के जमाने में हुआ था। सामन्तवाद के खिलाफ उदीयमान मध्यवर्गीय पूँजीवादी समाज के संघर्ष में वह जबर्दस्त हथियार के रूप में काम आई।" (उप., खंड-2, पृ. 217) इसी तरह वह पूँजीवादी व्यवस्था को ध्वस्त करने में सर्वहारा वर्ग के काम आ सकती है। यह बात अराजकतावादियों को पसन्द नहीं है। सामाजिक विकास में राज्यसत्ता की भूमिका न पहचानकर वे उसे सारे पाप की जड़ मानते हैं।

अप्रैल, 1883 के एक पत्र में एंगेल्स ने राज्यसत्ता को लेकर अराजकतावादियों से अपने मतभेद के बारे में लिखा था : "1845 से मार्क्स का और मेरा यह मत रहा है कि भावी सर्वहारा क्रान्ति का अन्ततः एक परिणाम यह होगा कि राज्यसत्ता नाम का राजनीतिक संगठन क्रमशः विघटित हो जाएगा। (इस संगठन का मुख्य उद्देश्य हमेशा यह रहा है कि जो अल्पसंख्यक जमात सम्पदा की एकमात्र स्वामी है, वह सशस्त्र शक्ति द्वारा श्रम करनेवाली बहुसंख्यक जमात का आर्थिक उत्पीड़न कायम किये रहे। सम्पदा की एकमात्र स्वामी अल्पसंख्यक जमात का लोप हो जाने पर सशस्त्र उत्पीड़न की शक्ति की, या राज्यसत्ता की शक्ति की, भी आवश्यकता का लोप हो जाता है।) किन्तु इसके साथ ही हमेशा हमारा यह मत रहा है कि इस लक्ष्य की, और भावी सामाजिक क्रान्ति के कहीं अधिक महत्त्वपूर्ण लक्ष्यों की, सिद्धि के लिए मजदूर वर्ग को पहले राज्यसत्ता की संगठित राजनीतिक शक्ति पर अधिकार करना होगा और उसकी सहायता से पूँजीपति वर्ग के प्रतिरोध का दमन करना और समाज को पुनर्गठित करना होगा।

"अराजकतावादी इस मसले को उल्टा पेश करते हैं। वे कहते हैं कि सर्वहारा क्रान्ति की शुरुआत राज्यसत्ता के राजनीतिक संगठन के खात्मे से करनी चाहिए। किन्तु अपनी विजय के बाद सर्वहारा वर्ग को पहले से ही विद्यमान जो एकमात्र संगठन सुलभ होता है, वह राज्यसत्ता ही है। यह राज्यसत्ता अपने नये कार्य पूरे करे, इसके पहले उसमें बहुत काफी परिवर्तन करने पड़ सकते हैं। लेकिन ऐसे अवसर पर उसे नष्ट करने का मतलब होगा—उस एक मात्र संस्थान (organism) का नाश करना, जिसके द्वारा विजयी सर्वहारा अपनी नई अधिकृत शक्ति को अमल में ला सकता है, पूँजीवादी शत्रुओं को दबा सकता है और समाज में वह आर्थिक परिवर्तन कर सकता है जिसके बिना सारी विजय का अन्त नई पराजय में होगा, मजदूरों के वैसे ही कत्लेआम में होगा जैसा पेरिस कम्यून के बाद हुआ था।" ('करेस्पौंडेंस', पृ. 416-17)

पूँजीपति वर्ग के पास केन्द्रबद्ध सशस्त्र शक्ति है। श्रमिक वर्ग इस शक्ति का मुकाबला अपनी केन्द्रबद्ध शक्ति से नहीं करता तो हारेगा, उसकी भारी क्षति होगी। आगे बढ़ने के बजाय वह पीछे ठेल दिया जाएगा। इस तरह अराजकतावाद मजदूर वर्ग को पूँजीवादी प्रत्याक्रमण के सामने निहत्था कर देता है। मार्च, 1917 में लेनिन ने बड़े पैमाने के केन्द्रबद्ध उत्पादन से राज्यसत्ता का सम्बन्ध जोड़ते हुए कहा था : "हमें क्रान्तिकारी सरकार की जरूरत है (एक निश्चित संक्रमणकाल के लिए)। हमें राज्यसत्ता की जरूरत है। यह बात अराजकतावादियों से हमें अलग करती है। क्रान्तिकारी मार्क्सवादियों और अराजकतावादियों में केवल यह फर्क नहीं है कि मार्क्सवादी बड़े पैमाने के केन्द्रबद्ध साम्यवादी उत्पादन के समर्थक हैं और अराजकतावादी छोटे पैमाने के असम्बद्ध उत्पादन के समर्थक हैं। उनमें और हममें भेद ठीक इसी सरकार के, राज्यसत्ता के, प्रश्न को लेकर यह है कि हम समाजवाद

के लिए संघर्ष में राज्यसत्ता के क्रान्तिकारी रूपों का उपयोग क्रान्तिकारी ढंग से करने के पक्ष में हैं और अराजकतावादी इसके विरुद्ध हैं।" ('ग्रंथावली', खंड-23, पृ. 325)

सर्वहारा क्रान्ति के बाद पूँजीपतियों के विरुद्ध राज्यसत्ता का उपयोग उचित है। क्रान्ति से पहले भी, क्रान्तिकारी आन्दोलन को आगे बढ़ाने के लिए, राज्यसत्ता का उपयोग किया जा सकता है और ऐसा उपयोग उचित होगा। अराजकतावादी राज्यसत्ता को सारे उत्पीड़न का मूल कारण मानते हैं, इसलिए क्रान्ति के बाद और उससे पहले, किसी मंजिल में उसका उपयोग अनुचित मानते हैं। 1916 में लेनिन ने लिखा था : "मजदूरों के मुक्ति-संघर्ष में सोशलिस्ट राज्यसत्ता और उसकी संस्थाओं का उपयोग करने के पक्ष में है। उनका यह मत भी है कि पूँजीवाद से समाजवाद की ओर संक्रमण के एक निश्चित रूप के तौर पर राज्यसत्ता का उपयोग किया जाना चाहिए।" (उप., पृ. 165) अराजकतावाद का राज्यसत्ता-सम्बन्धी सिद्धान्त पिछड़े हुए देशों के लिए खास तौर से खतरनाक है। जहाँ साम्राज्यवाद का सीधा शासन है, वहाँ राज्यसत्ता को उत्पीड़न का सार्वकालिक, सार्वदेशिक स्रोत बताकर वह साम्राज्यवादी शोषण को अमूर्त बना देता है। वह जनता की इस आकांक्षा का विरोध करता है कि साम्राज्यवाद से मुक्त होकर वह अपनी स्वाधीन राज्यसत्ता का निर्माण करे। इस तरह वह साम्राज्य-विरोधी आन्दोलन को कमजोर करता है। राज्यसत्ता की जरूरत सर्वहारा क्रान्ति के बाद ही नहीं, साम्राज्य-विरोधी क्रान्ति के बाद भी होती है। जहाँ मजदूरों और किसानों ने जनवादी क्रान्ति के बाद अपनी राज्यसत्ता कायम की है, वहाँ साम्राज्यवाद हर सम्भव उपाय से उसको उलट देने की कोशिश करता है। ऐसी राज्यसत्ता की साम्राज्य-विरोधी प्रगतिशील भूमिका निर्विवाद है। 1914 में एशिया के राष्ट्रीय आन्दोलनों के बारे में लेनिन ने लिखा था : "इन आन्दोलनों की प्रवृत्ति एशिया में जातीय राज्यों (national states) के निर्माण की ओर है; ऐसे राज्यों में ही पूँजीवाद के विकास के लिए सबसे अच्छी परिस्थितियाँ सुनिश्चित होती हैं।" (उप., खंड-20, पृ. 398) साम्राज्यवाद पिछड़े हुए देशों में पूँजीवाद के विकास को रोकता है। जहाँ रोकना सम्भव नहीं होता, वहाँ उसे नियंत्रित रखता है। उसके विकास को इस तरह निर्धारित करता है कि वह साम्राज्यवाद का आश्रित बना रहे, उसका प्रतिद्वंद्वी न बन जाए। इसी नीति के अनुसार वह या तो स्वाधीन पूँजीवादी राज्यसत्ता बनने नहीं देता और यदि बन गई तो उसे बराबर झुकाने का प्रयत्न करता है।

मार्क्सवाद समाजवादी व्यवस्था में राज्यसत्ता के अवसान की बात करता है, अराजकतावादी भी उसका अवसान आवश्यक मानते हैं। ऊपर से देखने में दोनों का लक्ष्य एक है, केवल उस तक आगे-पीछे पहुँचने में अन्तर है। राज्यसत्ता का दमनकारी पक्ष उसका एक पक्ष है, उसका एकमात्र पक्ष नहीं। राज्यसत्ता के सिलसिले में बजट और टैक्सों का स्मरण मात्र उसकी आर्थिक भूमिका को स्पष्ट करने के लिए काफी होगा। राजकीय ऋण, राजकीय बैंक-व्यवस्था, राजकीय पूँजीवाद, रेल-डाक-तार

व्यवस्था का राजकीय संचालन, आदि-आदि उसकी आर्थिक भूमिका के प्रमाण हैं। सामन्ती व्यवस्था में छोटे-छोटे जनपदों के लिए अर्थतंत्र का संचालन होता है, वहाँ राज्यसत्ता की आर्थिक भूमिका नगण्य है। बिकाऊ माल के उत्पादन और व्यापार की प्रगति के साथ राज्यसत्ता की आर्थिक भूमिका महत्त्वपूर्ण होने लगती है। मानक मुद्रा, मानक बाँट-बटखरों, यातायात के साधनों आदि की व्यवस्था राज्यसत्ता अपने हाथ में ले लेती है। पूँजीवादी बाजार की माँग है पूँजीवादी राज्यसत्ता। बड़े पैमाने के उद्योग-धन्धों के चलन के बाद राज्यसत्ता की आर्थिक भूमिका निरन्तर अधिकाधिक व्यापक बनती जाती है। पूँजीपतियों को रिआयातें देने के सिलसिले में लेनिन ने एक बहस के दौरान 1922 में कहा था : पूँजीवादी राज्यसत्ता "सम्पत्तिशाली स्वामी वर्ग के कामकाज की एक कमेटी है।" (उप., खंड-42, पृ. 293)

सर्वहारा वर्ग राज्यसत्ता का उपयोग किस तरह करेगा, इसके बारे में एंगेल्स ने 1847 में लिखा था : "एक बार व्यक्तिगत स्वामित्व में आमूल परिवर्तन के लिए धावा बोल दिया गया, तो सर्वहारा वर्ग इससे आगे जाने को बाध्य होगा; वह राज्यसत्ता के हाथ में सारी पूँजी, सारी कृषि, सारा उद्योग, सारा यातायात और विनिमय के सारे साधन अधिकाधिक केन्द्रित करने को बाध्य होगा।" ('सेलेक्टेड वर्क्स', खंड-1, पृ. 91) अर्थतंत्र का ऐसा केन्द्रबद्ध संचालन राज्यसत्ता के बिना असम्भव है। इसलिए समाजवादी व्यवस्था में उसका अस्तित्व अनिवार्य है। 'कम्यूनिस्ट घोषणा-पत्र' में सर्वहारा क्रान्ति के बाद राज्यसत्ता की आर्थिक भूमिका स्पष्ट कर दी गई है : "सर्वहारा वर्ग अपने राजनीतिक प्रभुत्व का उपयोग यों करेगा कि पूँजीपति वर्ग से क्रमशः सारी पूँजी छीन ले, उत्पादन के सारे उपकरण राज्यसत्ता—अर्थात् शासक वर्ग के रूप में संगठित सर्वहारा वर्ग—के हाथ में केन्द्रित करे, और यथासम्भव शीघ्रता से उत्पादक शक्तियों के योग में वृद्धि करे।" (उप., पृ. 126) समाजवादी निर्माण में राज्यसत्ता की आर्थिक भूमिका स्पष्ट है।

सोवियत राज्यसत्ता के बारे में 1918 के एक भाषण में लेनिन ने कहा था : "हमें राष्ट्रीय अर्थतंत्र को व्यवस्थित करना है। यह विराट कार्य सबसे कठिन है। कारण यह कि हमारी क्रान्ति सामाजिक परिवर्तन के मार्ग पर इतनी दूर तक बढ़ आने वाली पहली क्रान्ति है। इस कठिन कार्य को आसान बनाने के लिए हमें सीखना है—किताबों से नहीं, कर्म से, अनुभव से सीखना है। राष्ट्रीय अर्थतंत्र के निर्माण के लिए केवल सोवियत सत्ता से काम हो सकता है। इसलिए मेरा प्रस्ताव है कि देश भर में हमारे हजारों साथियों को आप सोवियतों में ले आएँ। इसके सिवा हमें साथियों वाले अनुशासन का विकास करना है। मजदूरों और किसानों को महसूस करना चाहिए कि जमीन और कारखाने उनके हैं और उन्हें उनके बारे में वैसे ही सावधान रहना चाहिए, जैसे अपनी खुद की सम्पत्ति के बारे में।" ('ग्रंथावली', खंड-27, पृ. 224-25) जनसत्ता—नये ढंग की राज्यसत्ता—अर्थतंत्र के निर्माण का कार्य इस तरह करती

है। यहाँ हम केन्द्रित और विकेन्द्रित, सत्ता के दो रूपों का आपसी सम्बन्ध भी देख सकते हैं। राष्ट्रीय पैमाने पर आर्थिक संसाधनों के उचित, योजनाबद्ध उपयोग के लिए केन्द्रबद्ध संचालन आवश्यक है। साथ ही देशव्यापी योजना के अन्तर्गत प्रादेशिक स्तर पर उसमें यथावश्यक परिवर्तन करते हुए उसे अमल में लाने के लिए, स्वतंत्र पहल के लिए काफी गुंजाइश होनी चाहिए। केन्द्रित सत्ता और विकेन्द्रित सत्ता—ये दो परस्पर सम्बद्ध प्रपंच हैं। इनमें कोई भी निरपेक्ष रूप में स्वतंत्र नहीं है। अराजकतावाद के लिए विकेन्द्रित सत्ता निरपेक्ष रूप में स्वतंत्र है। जब तक सर्वोदयवादी स्वप्न के अनुरूप प्रत्येक गाँव एक स्वतंत्र गणतंत्र न बन जाए, तब तक यह सिद्धान्त कार्य रूप में परिणत नहीं किया जा सकता। प्रूदों के अनुयायी बड़े पैमाने के उत्पादन के, मजदूरों के केन्द्रबद्ध संगठन के सामूहिक स्वामित्व के विरोधी थे। जहाँ सामूहिक श्रम होगा, वहाँ केन्द्रबद्ध सामूहिक संगठन भी होगा। पेरिस कम्यून में परिस्थितियों से बाध्य होकर उन्हें हर कारखाने में एक मजदूर संघ और इन मजदूर संघों को मिलाकर एक महासंघ बनाना पड़ा था।

औद्योगिक विकास के प्रति प्रूदों के दृष्टिकोण का विवेचन करते हुए एंगेल्स ने लिखा था : "प्रूदों के लिए पिछले सौ वर्षों की समूची औद्योगिक क्रान्ति, भाप की शक्ति का चलन, कारखानों में बड़े पैमाने का उत्पादन, जिसने हाथ के श्रम की जगह मशीनरी को दी, और जो श्रम की उत्पादकता को हजार गुना बढ़ा देता है, यह सब निहायत बीभत्स व्यापार है—ऐसा व्यापार, जो कभी होना ही न चाहिए था। निम्न पूँजीवादी प्रूदों के मन में उस दुनिया के लिए ललक है जिसमें हर व्यक्ति एक अलग और स्वतंत्र वस्तु का निर्माण करता है और वह वस्तु तुरन्त उपभोग्य होती है, बाजार में तुरन्त उसका विनिमय हो सकता है।" ('सेलेक्टेड वर्क्स', खंड-2, पृ. 312) प्रूदों के लिए मजदूर की मुक्ति का अर्थ यह था कि वह व्यक्तिगत रूप से श्रम के उपकरणों का मालिक हो जाता है। मार्क्सवाद के अनुसार : मजदूर सामूहिक रूप से श्रम के उपकरणों के मालिक होंगे। सामूहिक स्वामित्व का विरोध करने के कारण एंगेल्स ने प्रूदों को निम्न पूँजीवादी कहा था। उनका दृष्टिकोण अलग-थलग काम करने वाले छोटे मालिक-उत्पादकों का दृष्टिकोण था। स्वभावतः संघबद्धता ऐसे दृष्टिकोण से मेल नहीं खाती। एंगेल्स के शब्दों में : "छोटे किसानों और मालिक कारीगरों के समाजवादी प्रूदों संघबद्धता को पक्की नफरत की निगाह से देखते थे। उसके बारे में उनका कहना था कि उसमें अच्छाई से ज्यादा बुराई है। वह स्वभावतः बंजर है, हानिकारक भी है। कारण यह कि वह मजदूर की स्वाधीनता के लिए बन्धन है। वह विशुद्ध रूप में रूढ़ मतवाद (dogma) है। वह जितना मजदूर की स्वतंत्रता से टकराता है, उतना ही श्रम की किफायत से। उससे जो लाभ होता है, उसकी अपेक्षा हानि में वृद्धि तेजी से होती है। उसकी तुलना में होड़, श्रम-विभाजन और व्यक्तिगत सम्पत्ति आर्थिक शक्तियाँ हैं। केवल बड़े पैमाने के उद्योग-धन्धों और रेलवे जैसे बड़े

प्रतिष्ठिानों के कुछ अपवाद रूप मामलों में—जैसेकि प्रूदोंपंथी उन्हें अभिहित करते हैं—मजदूरों की संघबद्धता उचित थी।" (उप., पृ. 186)

अराजकतावाद के लिए बड़े पैमाने का उत्पादन अपवाद रूप में है। मार्क्सवाद के लिए सामाजिक विकास की मूल दिशा है बड़े पैमाने का उत्पादन, छोटे पैमाने का उत्पादन अपवाद है। छोटे पमाने का उत्पादन यूरोप में खत्म होता गया, अराजकतावाद का आर्थिक आधार भी खत्म होता गया। राज्यसत्ता के बारे में अराजकतावाद और मार्क्सवाद का दृष्टिभेद वास्तव में छोटे पैमाने के मालिक उत्पादक और बड़े पैमाने के सर्वहारा उत्पादक का दृष्टिभेद है।

लेनिन ने प्रूदों को 'अराजकतावाद का संस्थापक' कहा था और केन्द्रीयता के बारे में प्रश्न किया था : "अब यदि सर्वहारा वर्ग और गरीब किसान राज्यसत्ता की शक्ति अपने हाथ में ले लें, पूरी आजादी से स्वयं को कम्यूनों में संगठित करें, और पूँजी पर प्रहार करने के लिए, पूँजीपतियों के प्रतिरोध के दमन के लिए, निजी स्वामित्व वाली रेलों, फैक्टरियों, जमीन वगैरह को पूरे राष्ट्र के, पूरे समाज के पास हस्तान्तरित करने के लिए, सभी कम्यूनों की कार्यवाही को एकताबद्ध करें, तो क्या यह केन्द्रीयता न होगी? क्या यह सबसे सुसंगत जनवादी केन्द्रीयता, इससे भी अधिक यह कि सर्वहारा केन्द्रीयता, न होगी?" ('ग्रंथावली', खंड-25, पृ. 429-30) मजदूरों की आजादी कम्यूनों में संगठित होने से चरितार्थ होती है, अलग-थलग पड़े रहकर पूँजीपतियों द्वारा निरन्तर शोषित होने में नहीं। कम्यूनों में संगठित मजदूरों की शक्ति ही राज्यसत्ता है; यह सत्ता पूँजीपतियों के प्रतिरोध के दमन के लिए है, यह उसका एक काम है। वह रेलों, कारखानों, जमीन वगैरह को राष्ट्र के नाम हस्तान्तरित करने के लिए है। जाहिर है, हस्तान्तरण के साथ-साथ उसका संचालन भी राज्यसत्ता द्वारा होगा, यह उसका दूसरा काम है। जब पहला काम खत्म हो जाएगा, तब भी यह दूसरा काम चालू रहेगा। लेनिन ने यहाँ जनवादी केन्द्रीयता की बात कही है। यही केन्द्रीकरण और विकेन्द्रीकरण की द्वंद्वात्मक एकता है।

कम्यूनिस्ट पार्टी की अठारहवीं कांग्रेस में स्तालिन ने समाजवादी क्रान्ति के बाद और समाजवादी व्यवस्था के अन्तर्गत सोवियत राज्यसत्ता की आर्थिक भूमिका स्पष्ट कर दी थी। क्रान्ति से लेकर शोषक वर्गों के उन्मूलन तक सोवियत राज्यसत्ता ने पराजित वर्गों के प्रतिरोध का दमन किया, बाहरी आक्रमण से देश को सुरक्षित रखने की व्यवस्था की। इन दो कामों के अलावा "हमारी राज्यसत्ता का एक तीसरा कार्य भी था : यह आर्थिक संगठन और सांस्कृतिक प्रशिक्षण का कार्य था। नई समाजवादी आर्थिक व्यवस्था के अंकुरों को विकसित करने के लिए और समाजवादी भावना के अनुरूप जनता को पुन: शिक्षित करने के लिए हमारी राज्यसत्ता की संस्थाओं ने वह कार्य पूरा किया। किन्तु उस दौर में यह कार्य विकास की उल्लेखनीय मंजिल तक नहीं पहुँचा।" ('Problems', पृ. 637) शोषक वर्गों के उन्मूलन से लेकर समाजवादी

आर्थिक व्यवस्था की पूर्ण विजय तक दूसरे दौर का समय था। "इस दौर में मुख्य कार्य [राज्यसत्ता का मुख्य कार्य] पूरे देश में समाजवादी आर्थिक व्यवस्था कायम करना और पूँजीवादी तत्त्वों के अन्तिम अवशेषों को निर्मूल करना था, सांस्कृतिक क्रान्ति सम्पन्न करनी थी और देश की सुरक्षा के लिए एक पूर्णतः आधुनिक फौज का निर्माण करना था।" (उप., पृ. 637) शोषक वर्गों के उन्मूलन के बाद राज्यसत्ता की दमनकारी भूमिका समाप्त हो जाती है। सेना की आवश्यकता देश की सुरक्षा के लिए होती है। पूँजीवादी राष्ट्रों ने सोवियत संघ की घेराबन्दी कर रखी थी। दूसरे महायुद्ध में भरपूर आक्रमण करने के पहले वे बराबर तोड़-फोड़ के लिए अपने भेदिये और जासूस भेज रहे थे। इनके विरुद्ध राज्यसत्ता की कार्यवाही वास्तव में सुरक्षा-सम्बन्धी कार्यवाही का एक अंग थी। राज्यसत्ता का मुख्य कार्य अब आर्थिक व्यवस्था का निर्माण था।

यह कल्पना करना कठिन है कि समाजवादी विकास की किसी भी मंजिल में केन्द्रीय सत्ता की आर्थिक भूमिका समाप्त हो जाएगी। समाजवादी राज्यों का हित अलग-अलग अपना अर्थतंत्र चलाने में नहीं है वरन् संघबद्ध होकर जनवादी केन्द्रीयता के अनुरूप अपनी संयुक्त अर्थ-व्यवस्था चलाने में है। यह कार्य अभी असम्भव जान पड़ता है। राष्ट्रीय अलगाव और संघर्ष का मुख्य कारण साम्राज्यवाद से समाजवादी राज्यों के असमाजवादी सम्बन्ध हैं। साम्राज्यवाद का नाश होने पर विश्व समाजवाद का हित इस बात में होगा कि सारी दुनिया के भौतिक संसाधनों का उपयोग विश्व-मानवता के सुखी-समृद्ध जीवन के लिए हो। संसाधनों का ऐसा उपयोग किसी केन्द्रीय सत्ता के बिना हो, यह सम्भव नहीं है। समाजवादी व्यवस्था में राज्यसत्ता के अवसान की बात उसकी दमनकारी भूमिका को ध्यान में रखकर कही गई है। उसकी आर्थिक भूमिका को ध्यान में रखें तो उसके अवसान का सवाल पैदा नहीं होता।

4. मार्गदर्शक पार्टी और जनता का सहजबोध

कम्यूनिस्ट पार्टी मजदूर वर्ग की शिक्षक है, इसके साथ ही वह उसके द्वारा शिक्षित भी होती है। दोनों में यह द्वंद्वात्मक सम्बन्ध है। उसकी मार्गदर्शक भूमिका के प्रसंग में इस द्वंद्वात्मक सम्बन्ध को याद रखना चाहिए। गलत नीति पर चलते हुए पार्टी के नेता जब समाज के अन्तर्विरोधों को हल नहीं कर पाते, तब वे पार्टी की निर्देशक भूमिका पर एकान्तवादी ढंग से जोर देते हैं, हुकुमशाही को बढ़ावा देते हैं; सर्वहारा डिक्टेटरशिप के नाम पर सत्ता की दमनकारी शक्ति का उपयोग सर्वहारा वर्ग के खिलाफ करते हैं। 1903 में, बोल्शेविक मत के उद्भव काल में, लेनिन ने कहा था कि पार्टी के कार्यकर्ताओं को, और मजदूरों को अपने नेताओं पर निगाह रखनी चाहिए। इनके लड़ाई-झगड़े, इनकी कमजोरियाँ और शहजोरियाँ, सबको देखना-समझना चाहिए। प्लेख़ानोव के लेख 'क्या न करना चाहिए' का हवाला देते हुए लेनिन ने लिखा

था : "लेखक का कहना है, छोटे-मोटे मतभेद पर हमारी पाँति में विभाजन होगा तो मजदूर हमारी बात समझने से बाज आएँगे, बिना फौज के हाई कमान की तरह हमें वे छोड़कर चले जाएँगे। और यह बिलकुल सही है। और मजदूर हमारी बात समझने से बाज न आएँ। हम नेताओं को भी उनका जुझारू अनुभव और सर्वहारा सहजबोध कुछ सिखा सके, इसके लिए जरूरी है कि संगठित मजदूर विभाजन के निगूढ़ कारणों पर निगाह रखना सीखें (जन-समुदाय वाली किसी भी पार्टी में ऐसे कारण हमेशा पैदा हुए हैं और हमेशा पैदा होंगे)। इन कारणों को वे सही-सही जाँचना सीखें। रूस में या विदेश में किसी 'दूरदराज इलाके' में क्या होता है, उसे समूची पार्टी के, समूचे आन्दोलन के दृष्टिकोण से परखना सीखें।...जरूरी है कि समूची पार्टी अपने 'नेताओं' में इसकी या उसकी 'पराजय' आंशिक भी हो तो, देखें। कोई राजनीतिक नेता ऐसा नहीं है जिसने जीवन में पराजय न देखी हो। जनता को प्रभावित करने, उसके 'दिल' को जीतने की अपनी बात के प्रति हम अगर संजीदा हैं तो हमें पूरी ताकत से कोशिश करनी चाहिए कि गुटों और टुकड़ियों के धुँधभरे वातावरण में इन पराजयों को गुप्त न रखा जाए, वरन् उन्हें सबके सामने फैसले के लिए पेश किया जाए। ऐसी अनेक खुली बहसों के जरिये ही हम नेताओं की वास्तविक सामंजस्य वाली जमात पा सकेंगे; इस शर्त के पूरा होने पर ही यह असम्भव हो जाएगा कि मजदूर हमारी बात समझने से बाज आएँ, तभी हमारे 'हाईकमान' को पीछे चलने वाली फौज की 'भली और सचेत' इच्छाशक्ति का समर्थन प्राप्त होगा—जो फौज इसके साथ ही हाईकमान का निर्देशन भी करती है!" ('ग्रंथावली', खंड-7, पृ. 116-17) निर्देशन का काम दुतरफा है, सर्वहारा वर्ग पार्टी नेतृत्व से निर्देशन प्राप्त करता है, उसे देता भी है। नेतृत्व के हर काम पर निगाह रखना उसका काम है। इसी तरह वह उसे परख सकता है, धोखा खाने से बच सकता है।

लेनिन ने मजदूर वर्ग के जुझारू अनुभव, उसके सहजबोध की बात कही है। मजूदर वर्ग की पार्टी के पास क्रान्तिकारी सिद्धान्त होता है; क्रान्ति की सफलता के लिए इस सिद्धान्त (थ्योरी) के साथ मजदूर वर्ग के सहजबोध का मेल जरूरी है। साहित्य की तरह क्रान्ति एक रचनात्मक प्रक्रिया है, अपने ध्वंसात्मक पक्ष में भी रचनात्मक है। साहित्य की तरह क्रान्ति के लिए सचेत विवेक और अर्द्धचेतन सहजबोध का संयोग आवश्यक है। साहित्यशास्त्रियों की तरह क्रान्ति के सिद्धान्तकार कभी-कभी यह बात भूल जाते हैं। फरवरी, 1917 में सोवियतों के निर्माण का श्रेय लेनिन ने 'रूसी क्रान्ति की लोक रचनात्मक शक्ति' (the popular creative spirit of the Russian Revolution)' को दिया था। (उप., खंड-27, पृ. 89-90) रूसी गणतंत्र का जन्म आनन-फानन हो गया क्योंकि "फरवरी, 1917 में आम जनता ने सोवियतों का निर्माण तब कर डाला था जब कोई पार्टी इसके लिए नारा न दे पाई थी। जनता की महान रचनात्मक शक्ति ने सर्वहारा सत्ता के इस रूप को जन्म दिया। वह शक्ति 1905

का कटु अनुभव प्राप्त कर चुकी थी और उस अनुभव से वह बुद्धिमान बनी थी।" (उप., पृ. 90) पार्टी निर्देशन के बिना भी जनता की रचनात्मक शक्ति सोवियतों जैसी संस्था का निर्माण कर सकी। क्रान्ति की सफलता के लिए सोवियतों का अस्तित्व निर्णायक साबित हुआ।

इसी तरह कम्यून की रचना फ्रांस के मजदूरों ने किसी पार्टी के निर्देश के बिना अपने-आप की थी। लेनिन के अनुसार : "कम्यून स्वतःस्फूर्त ढंग से उत्पन्न हो गया था। किसी ने सचेत रूप में संगठित ढंग से उसे तैयार न किया था।" (उप., खंड-17, पृ. 139) कम्यून में ब्लांकी के अनुयायी बहुसंख्यक थे। एंगेल्स के अनुसार : "ब्लांकी के अनुयायी केवल अपने क्रान्तिकारी, सर्वहारा सहजबोध के कारण सोशलिस्ट थे।" ('सेलेक्टेड वर्क्स', खंड-2, पृ. 186) ब्लांकीपंथी विश्वास करते थे कि थोड़े-से दृढ़प्रतिज्ञ आदमी क्रान्ति करेंगे, सत्ता पर अधिकार किये रहेंगे, तब क्रमशः जनता क्रान्ति में खिंच आएगी। ऐसी क्रान्ति के लिए नई सरकार के हाथ में सत्ता का कठोर तानाशाही केन्द्रीकरण जरूरी था। लेकिन ब्लांकीपंथियों ने उलटी बात की। उन्होंने अपनी घोषणाओं में कहा कि फ्रांस के सभी कम्यूनों को पेरिस कम्यून के साथ स्वतंत्र संघ (free federation) बनाना चाहिए। (उप., पृ. 187) प्रूदों के अनुयायी अल्पमत में थे। वे मजदूर संघों के विरुद्ध थे किन्तु कम्यून ने घोषणा की कि हर कारखाने में उद्योग के संगठन का आधार मजदूर सभा होगी और इन सभाओं को मिलाकर महासंघ बनेगा। (उप., पृ. 186) इस तरह ब्लांकी और प्रूदों, दोनों के अनुयायी अपने मार्गदर्शकों की विचारधारा से ठीक उल्टी दिशा में अपने सहजबोध के कारण राज्यतंत्र और उद्योग के संगठन की ओर बढ़ रहे थे। पेरिस कम्यून पर अपने भाषण की रूपरेखा में लेनिन ने नोट किया था : "भ्रान्तिपूर्ण सिद्धान्तों के बावजूद मजदूर वर्ग के क्रान्तिकारी सहजबोध ने अपना काम किया।" ('ग्रंथावली', खंड-8, पृ. 207)

पेरिस कम्यून से पहले यूरोप और अमरीका के श्रमिक-आन्दोलनों के बारे में मार्क्स ने लिखा था : "अटलांटिक महासागर के दोनों ओर मजदूर वर्ग का आन्दोलन उत्पादन की परिस्थितियों के ही भीतर से सहजबोध द्वारा विकसित हुआ था।" ('पूँजी', खंड-1, पृ. 285) 1888 में 'कम्यूनिस्ट घोषणा-पत्र' की वैचारिक पृष्ठभूमि का विवरण देते हुए अंग्रेजी संस्करण की भूमिका में एंगेल्स ने लिखा था : "मजदूर वर्ग का जो भी हिस्सा यह समझ चुका था कि मात्र राजनीतिक क्रान्तियाँ काफी नहीं हैं और जो पूर्ण सामाजिक परिवर्तन की आवश्यकता की घोषणा करता था, वह हिस्सा स्वयं को उस समय कम्यूनिस्ट कहता था। यह अनगढ़, खुरदुरा विशुद्ध सहजिया ढंग का साम्यवाद (purely instinctive sort of communism) था, फिर भी बुनियादी बात उसमें आ गई थी, और वह मजदूर वर्ग में इतना शक्तिशाली हो गया था कि उसने फ्रांस में काबे (cabet) के कल्पनालोकी और जर्मनी में वाइटलिंग के साम्यवाद को जन्म दिया।" मजदूर वर्ग के इस सहज साम्यवाद की मंजिल के बाद ही मार्क्स और

एंगेल्स का वैज्ञानिक समाजवाद विकसित हुआ था। और इस वैज्ञानिक समाजवाद के विकास के बाद मजदूर-आन्दोलन में श्रमिक जनता के सहजबोध की भूमिका समाप्त नहीं हो गई।

1902 में जनता के राजनीतिक जागरण और नेताओं की चेतना में भेद करते हुए लेनिन ने लिखा था : "हमारी समझ में किसी को अभी तक इस बारे में शक नहीं हुआ कि वर्तमान आन्दोलन का सबल पक्ष है आम जनता (मुख्यत: औद्योगिक सर्वहारा) का जागरण, और उसका निर्बल पक्ष है क्रान्तिकारी नेताओं में चेतना और पहल का अभाव।" ('ग्रंथावली', खंड-5, पृ. 373) यूरोप और अमरीका में श्रमिक-आन्दोलन जैसे अपने-आप आगे बढ़ा था, वैसे ही वह रूस में बढ़ा। लेनिन ने स्पष्ट रूप से घोषित किया कि 'चेतना और स्वत:स्फूर्ति के सम्बन्ध का प्रश्न' (The question of the relation between consciousness and spontaneity) भारी दिलचस्पी का प्रश्न है। (उप., पृ. 374) लेनिन ने यह प्रश्न मजदूर-आन्दोलन के सन्दर्भ में पेश किया था। अंग्रेज कवि कोलरिज ने चेतना और स्वत:स्फूर्ति के संयोग की बात कविता के सन्दर्भ में कही थी। लेनिन ने व्यावहारिक राजनीति के सन्दर्भ में दोनों के सम्बन्ध पर विचार किया। "जो 'स्वत:स्फूर्ति तत्त्व' है, वह बुनियादी तौर से चेतना का भ्रूण-रूप में प्रतिनिधि होने के अलावा और कुछ नहीं है (...The 'spontaneous element' in essence, represents nothing more not less than consciousness in an embryonic form)"। (उप.) जो स्वत:स्फूर्ति है, वह अचेतन नहीं है, वह चेतना का भ्रूण-रूप है,अविकसित चेतना है। उसे उपचेतन कहना युक्तिसंगत है। व्यक्ति का उपचेतन होता है, वर्ग और समाज का उपचेतन होता है। उसके विश्लेषण के बिना क्या साधारण मनुष्य और क्या असाधारण प्रतिभाशाली मनुष्य, उसके व्यक्तित्व का भरा-पूरा विश्लेषण नहीं हो सकता। इसी तरह वर्ग या समाज की चेतना का विश्लेषण उसके उपचेतन अंश को छोड़कर नहीं हो सकता। लेनिन ने 'चेतना' और 'स्वत:स्फूर्ति' के समानान्तर 'समझने' और 'आभास होने' में भेद किया है। "आदिम विद्रोह (primitive revolts) भी एक हद तक चेतना की जागृति दर्शाते थे। जो व्यवस्था मजदूरों को सताती थी, उसके स्थायित्व में उनकी एक युग से चली आती आस्था टूटने लगी थी। सामूहिक प्रतिरोध की जरूरत वे समझने (understand) लगे थे—यह मैं न कहूँगा, पर उसका आभास (sense) उन्हें होने लगा था। वे अधिकारियों के प्रति अपना गुलामों जैसा आत्मसमर्पण निश्चित रूप से छोड़ने लगे थे।" (उप., पृ. 374-75)

इंग्लैंड की तरह रूस के मजदूरों ने अपने आदिम विद्रोह काल में मशीनें तोड़ीं। फिर वे इससे आगे बढ़े। "1890 के दशक की हड़तालों में चेतना की कहीं ज्यादा बड़ी कौंधें (flashes) दिखाई दीं; निश्चित माँगें पेश की गईं, सावधानी से हड़ताल का समय निश्चित किया गया, दूसरे स्थानों के ज्ञात मामलों और उदाहरणों पर विचार किया गया, इत्यादि।" (उप., पृ. 375) ये व्यवसायी हड़तालें अभी 'भ्रूण-रूप में' वर्ग-

संघर्ष थीं; मजदूर अपने और मालिकों के पारस्परिक विरोध के प्रति सजग हो रहे थे किन्तु वे समूची राजनीतिक-सामाजिक व्यवस्था से अपने हितों के अमिट विरोध के प्रति सजग न हुए थे, इस कारण ये हड़तालें अब भी "विशुद्ध स्वत:स्फूर्ति आन्दोलन बनी रहीं।" (उप.) इस तरह वर्गचेतना एक निरन्तर विकासमान प्रक्रिया सिद्ध होती है।

लेनिन ने जैसे रूसी मजदूर-आन्दोलन के प्रसंग में 'समझने' और 'आभास होने' में भेद किया, कुछ-कुछ वैसे ही उन्होंने पेरिस कम्यून के सन्दर्भ में 'समझ' और 'सहजबोध' में किया। उन्होंने कम्यूनिस्ट पार्टी की सातवीं कांग्रेस में कहा था : "जिन्होंने कम्यून का निर्माण किया था, वे उसे समझते न थे; जाग्रत जनता के अचूक सहजबोध का अनुसरण करते हुए उन्होंने कम्यून की स्थापना की। फ्रांसीसी सोशलिस्टों के दोनों गुटों में कोई भी व्यक्ति जो कुछ कर रहा था, उसके प्रति सचेत न था।" (उप., खंड-27, पृ. 132) लेनिन के नेतृत्व की विशेषता यह है कि वह मजदूरों के सहजबोध के प्रति बराबर सचेत रहे। उनके स्वत:स्फूर्ति कार्यों को ध्यान से देखकर अपने सिद्धान्त को जाँचते-परखते रहे। "समाजवाद का सन्देश लेकर जब सामाजिक जनतंत्र [मार्क्सवाद] सर्वहारा के पास पहुँचता है, तब उसे वहाँ कौन-सी चीज दिखाई देती है? उसे समाजवाद की ओर बढ़ने की सहज प्रेरणा (instinctive urge) दिखाई देती है।" (उप., खंड-9, पृ. 388) कोई भी विवेचक यदि क्रान्ति और साहित्य पर अपनी विचारधारा आरोपित न करेगा, तो वह सचेत विचारों के साथ, उनके समानान्तर या उनसे पहले, इस सहजबोध वाली प्रेरणा की ओर अवश्य ध्यान देगा।

1905 में मॉस्को के मजदूरों ने हड़तालें कीं। "अपने नेताओं की तुलना में सर्वहारा को जल्दी आभास हो गया (sensed) कि संघर्ष की वस्तुगत परिस्थितियों में तब्दीली हुई है और हड़ताल से सशस्त्र विद्रोह की ओर संक्रमण जरूरी है। जैसाकि हमेशा होता है, व्यवहार (practice) सिद्धान्त (theory) से आगे चल रहा था।" (उप., खंड-11, पृ. 173) 1905 की क्रान्ति के सन्दर्भ में लेनिन ने पेरिस कम्यून सम्बन्धी मार्क्स की स्थापनाएँ याद करते हुए आम जनता की पहलकदमी पर जोर दिया। "मार्क्स के लिए जो चीज सबसे ज्यादा मूल्यवान थी, वह आम जनता की 'ऐतिहासिक पहलकदमी' थी। काश, हमारे रूसी सोशल डेमोक्रेट [मार्क्सवादी] मार्क्स से यह सीख लेते कि अक्टूबर और दिसम्बर, 1905 में रूस के मजदूरों और किसानों की 'ऐतिहासिक पहलकदमी' का मूल्य कैसे आँकना चाहिए!" (उप., खंड-12, पृ. 109) सितम्बर, 1870 में मार्क्स ने फ्रांसीसी मजदूरों के सम्भावित सशस्त्र विद्रोह को महामूर्खता कहा था : "किन्तु जब 'आम जनता' ने बगावत कर दी, तब मार्क्स उसके साथ चलना चाहते थे। उसे नौकरशाही ढंग से फटकारना नहीं, संघर्ष की प्रक्रिया में उसके साथ-साथ सीखना चाहते थे।" (उप., पृ. 111) वैज्ञानिक समाजवाद के संस्थापक मार्क्स पेरिस के मजदूरों के साथ, उनके संघर्ष के दौरान, कुछ सीख रहे थे। किसी भी मार्क्सवादी नेता के लिए आम जनता की पहलकदमी से, उसके क्रान्तिकारी संघर्ष

से, कुछ सीखने की प्रक्रिया कभी समाप्त नहीं होती। लेनिन ने जो बात मार्क्स के लिए कही थी, वह उन पर भी लागू होती थी।

मार्क्सवाद से खूब परिचय प्राप्त कर लेने के बाद, मार्क्सवाद के अनुसार सारी रणनीति और कार्यनीति निश्चित कर लेने के बाद, बोल्शेविक पार्टी को बहुत बार अपना रास्ता टटोलकर आगे बढ़ना पड़ा। पेरिस कम्यून के सदस्यों ने यथार्थ से बाध्य होकर अपने सिद्धान्तों के विपरीत कार्य किया था। "किन्तु हमने मार्क्सवाद के सिद्धान्तों के अनुरूप कार्य किया था। इसके साथ ही हर ठोस मामले में केन्द्रीय समिति की राजनीतिक कार्रवाई पूर्णतः उस चीज से निर्धारित होती थी जो कतई तौर पर जरूरी थी। अक्सर हमें अपना रास्ता टटोलते हुए आगे बढ़ना पड़ा। (we were often obliged to feel our way) कोई भी इतिहासकार इस तथ्य पर खूब जोर देगा—जिसमें यह क्षमता होगी कि पिछले साल की पार्टी की केन्द्रीय समिति और सोवियत सरकार की कार्रवाई का सम्बद्ध चित्र खींचे। यह तथ्य तब और भी उजागर होता है जब हम अपने पिछले अनुभव को एक ही नजर में समेट लेने की कोशिश करते हैं।" (उप., खंड-29, पृ. 152) बड़े-से-बड़ा सिद्धान्तकार क्रान्ति के दौरान, यथार्थ को बदलते समय, स्वयं को बदले बिना नहीं रह सकता। आधा रास्ता वह पहले से जानता है, आधा रास्ता टटोलकर पहचानता है। इसलिए मजदूर वर्ग पर हुकुमशाही चलाने के लिए कोई नेतृत्व हमेशा सही मार्गदर्शक होने का दावा नहीं कर सकता। उसकी हुकूमशाही पर वर्गचेतन मजदूरों का जनतंत्र ही रोक लगा सकता है।

1921 में मजदूर संघों वाली बहस में भाग लेते हुए लेनिन ने कहा था कि मजदूरों के भारी बहुसंख्यक भाग से सम्पर्क ही इन संघों की कार्यवाही को सफल बना सकता है। इनमें ऐसे साथी होने चाहिए : "वे सब कम्यूनिस्ट हों, जो सीधे मजदूरों में रहें, उनके जीवन की हर छोटी-बड़ी बात का अध्ययन करें और किसी भी सवाल पर, किसी भी समय, भूल-चूक के बिना, आम मजदूरों के मन की दशा, वास्तविक आकांक्षाओं, आवश्यकताओं और विचारों को आँक सकें। जरा भी झूठमूठ का मुलम्मा चढ़ाए बिना वे ठीक-ठीक बता सकें कि उनमें वर्गचेतना की मात्रा कितनी है और वे पुराने जमाने के विभिन्न पूर्वग्रहों और अवशेषों से किस हद तक प्रभावित हैं। वे साथियों की तरह उनकी जरूरतों का ध्यान रखकर उनका असीम विश्वास प्राप्त कर सकें।" (उप., खंड-33, पृ. 192) कम्यूनिस्ट और गैर-कम्यूनिस्ट, दोनों तरह के साथी मजदूरों के बीच रहेंगे, उनके साथ जीवन बिताएँगे, उनकी जरूरतों का ध्यान रखेंगे, उनकी वर्गचेतना का अध्ययन करते समय उनके पिछड़ेपन की ओर आँखें न मूँद लेंगे। उनकी मनोदशा, आशा, आकांक्षा और विचारों का ज्ञान होने से वे पार्टी को उनसे खूब दृढ़तापूर्वक जोड़े रहेंगे। पार्टी उनका नेतृत्व करे, इसके लिए यह जरूरी शर्त है। इस शर्त के पूरी न होने से बहुत बड़ा संकट पैदा हो सकता है।

इस संकट के प्रति सचेत करते हुए लेनिन ने कहा था : "संख्या की दृष्टि से

कम्यूनिस्ट पार्टी छोटी है। मजदूर वर्ग के अग्रदल की हैसियत से (फिलहाल ज्यादा आगे बढ़े हुए देशों की सीधी मदद के बिना) वह समाजवाद की ओर संक्रमण की प्रक्रिया में एक विशाल देश का मार्गदर्शन कर रही है। ऐसी पार्टी के लिए सबसे बड़ा और सबसे गम्भीर एक खतरा यह है कि आम जनता से उसका अलगाव हो जाए, यह खतरा है कि अग्रदल बहुत आगे बढ़ जाए और 'पंक्ति को दुरुस्त न कर सके', पूरी श्रमसेना से, अर्थात् मजदूरों और किसानों के भारी बहुसंख्यक भाग से, दृढ़ सम्पर्क बनाए न रह सके।" (उप.) मजदूर वर्ग के लिए जनतंत्र इसलिए आवश्यक होता है कि पार्टी बहुत आगे बढ़ जाए (या पीछे रह जाए) तो वह उसे पंक्ति दुरुस्त करने में सहायता दे, हुकुमशाही रवैये के कारण पार्टी उसकी बात न सुने तो वह उसे नियंत्रित करे। लेनिन ने जिस सम्भावित खतरे की बात कही थी, वह जीवन में प्रत्यक्ष हुआ था। साल भर बाद कम्यूनिस्ट इंटरनेशनल की चौथी कांग्रेस में लेनिन ने कहा कि हम अपने अभियान में बहुत आगे बढ़ आए थे। जिस बात को हम 'सचेत रूप से' तब व्यक्त न कर पाए थे, उसका 'आभास' आम जनता को हो गया था। (उप., पृ. 421) आम जनता हर बात सचेत रूप से नहीं समझती पर उसे बहुत-सी बातों का आभास हो जाता है और पार्टी के नेताओं से पहले हो जाता है। स्पष्ट है कि पार्टी तभी नेतृत्व की भूमिका निबाह सकती है जब वह आम जनता से इस काम में बराबर सहायता लेती रहे।

ऐसे ही अनुभव के बारे में स्तालिन ने कहा था : "हमारे यहाँ अक्सर ऐसा हुआ है कि आम जनता अपने (कुछ) कम्यूनिस्ट नेताओं की अपेक्षा ज्यादा क्रान्तिकारी साबित हुई है। सभी रूसी बोल्शेविक इस बात से परिचित हैं। लेनिन के मन में यही बात थी जब उन्होंने कहा था, हमें आम जनता को सिखाना ही नहीं है, उससे सीखना भी है।" ('Works', खंड-11, पृ. 313)

अप्रैल, 1917 में ब्लांकीपंथ की व्याख्या करते हुए लेनिन ने कहा था : "अल्प-संख्यक जमात के समर्थन से सत्ता हथियाने का प्रयास ब्लांकीपंथ है। हमारी स्थिति बिलकुल भिन्न है। हम अल्पमत में हैं, और बहुमत प्राप्त करने की आवश्यकता महसूस करते हैं।" ('ग्रंथावली', खंड-24, पृ. 145) बहुमत की प्राप्ति क्रान्ति के लिए जरूरी है, शासनतंत्र चलाने के लिए भी जरूरी है। बहुमत का समर्थन न मिले, मार्गदर्शक होने का दावा करके नेतृत्व बहुमत को अल्पमत के सामने झुकाए, तो यह ब्लांकीपंथ है, मार्क्सवाद नहीं। सर्वहारा डिक्टेटरशिप मजदूर वर्ग पर पार्टी की डिक्टेटरशिप नहीं है। 1926 में स्तालिन ने लिखा था कि सर्वहारा डिक्टेटरशिप चलाने के लिए पार्टी की जिस प्रतिष्ठा और मजदूर वर्ग के जिस फौलादी अनुशासन की जरूरत है, उसका आधार "पार्टी का भय नहीं है, उसके 'अनियंत्रित' अधिकार नहीं हैं, उसका आधार पार्टी में मजदूर वर्ग का विश्वास है, पार्टी को मजदूर वर्ग से प्राप्त होनेवाला समर्थन है।" ('Problems', पृ. 146) यह समर्थन "आम जनता में पार्टी के दीर्घकाल तक काम करने

से प्राप्त होता है।" (उप.) पार्टी की नीति सही होनी चाहिए। उसमें यह योग्यता होनी चाहिए कि जनता के अपने अनुभव के आधार पर वह उसे समझा सके कि नीति सही है। पार्टी और उसका नेतृत्व सर्वहारा डिक्टेटरशिप का संचालन तभी कर सकते हैं जब 'पार्टी को वर्ग का विश्वास प्राप्त हो, उसका नेतृत्व वास्तविक नेतृत्व हो।" (उप., पृ. 147)

यह असम्भव नहीं है कि कम्यूनिस्ट पार्टी मजदूर वर्ग के मार्गदर्शक बनने का दावा करे किन्तु उस वर्ग का विश्वास उसे प्राप्त न हो, पार्टी का नेतृत्व ऐसे लोगों के हाथ में हो जो नेतृत्व के अयोग्य हों। स्तालिन ने प्रश्न किया था : यदि अग्रदल (पार्टी) और (मजदूर वर्ग) के सम्बन्ध आपसी विश्वास के न रहें, पार्टी अपने को वर्ग से अलग करके देखने लगे तो क्या हो? "क्या ऐसी बातें सम्भव हैं? हाँ, हैं। ऐसी बातें सम्भव हैं।" (उप., पृ. 147) यदि पार्टी अपनी प्रतिष्ठा आम जनता के विश्वास के बदले 'अपने 'अनियंत्रित' अधिकारों' के बल पर निर्मित करती है, पार्टी की नीति स्पष्ट ही गलत है लेकिन "पार्टी उस पर फिर से विचार करने और उसे सुधारने को तैयार नहीं है", पार्टी नीति आम तौर से सही है लेकिन आम जनता उसे मानने को तैयार नहीं है और पार्टी रुक नहीं पाती या रुकना नहीं चाहती कि "आम जनता को स्वयं अपने अनुभव से पार्टी नीति के सही होने के बारे में आश्वस्त होने का अवसर मिले", तो उस तरह की बातें होंगी। (उप., पृ. 147-48) पार्टी के नेतृत्व का मतलब पार्टी की डिक्टेटरशिप (बल-प्रयोग) नहीं है; नेतृत्व का मतलब है : "पूरे वर्ग के खिलाफ, उसके बहुसंख्यक भाग के खिलाफ, बल-प्रयोग न किया जाएगा (precludes the use of force against the class as a whole, against its majority)।" (उप., पृ. 148) पुन: और भी स्पष्ट रूप में : "क्या [मजदूर] वर्ग पर पार्टी का नेतृत्व बलपूर्वक लादा जा सकता है? नहीं, वह नहीं लादा जा सकता। जो भी हो, ऐसा नेतृत्व किसी कदर टिकाऊ नहीं हो सकता। यदि पार्टी सर्वहारा वर्ग की पार्टी बनी रहना चाहती है तो उसे मालूम होना चाहिए कि वह प्रथमत: और मुख्यत: मजदूर वर्ग की मार्गदर्शक, नेता, शिक्षक है।...क्या हम पार्टी को वर्ग का वास्तविक नेता मान सकते हैं यदि उसकी नीति गलत हो? यदि उसकी नीति वर्ग के हिस्सों से टकराती हो? बेशक नहीं।" (उप., पृ. 148-49) सवाल यह है कि इसका फैसला कौन करेगा कि पार्टी की नीति मजदूर वर्ग के हितों से टकराती है या नहीं? नीति पार्टी की है, वह तो उसके सही होने के बारे में पहले ही फैसला कर चुकी है; फैसला मजदूर वर्ग को करना होगा। सम्भव है, अपने हितों के बारे में उसकी समझ गलत हो! तब मजदूर वर्ग को इतना समय देना होगा कि वह अपने अनुभव से अपनी गलती समझे; पार्टी की नीति सही है, यह तथ्य पहचान सके। पर यह भी सम्भव है कि पार्टी की नीति गलत हो, मजदूर वर्ग को अपने हितों की ज्यादा अच्छी पहचान हो, तब पार्टी को, उसके नेतृत्व को यह अधिकार नहीं है कि वह बलपूर्वक अपनी नीति मजदूर वर्ग पर लादे।

स्तालिन ने मजदूर संघों से सम्बन्धित बहस याद करते हुए लिखा था : "विरोधी गुट ने यह गलती की है कि अपनी बात के सही होने के बारे में बहुमत को आश्वस्त न कर पाने पर भी, बहुमत का विश्वास खो देने पर भी, वह बल-प्रयोग करने लगा। जिन्हें बहुमत का विश्वास प्राप्त था, उन्हें झकझोरने की जिद करने लगा।" (उप., पृ. 151) इस सन्दर्भ में स्तालिन ने लेनिन के भाषण का एक अंश उद्धृत किया। इसमें लेनिन ने कुतुज़ोव नामक मजदूर का हवाला देते हुए कहा था : "यहाँ कुतुज़ोव ने जो मनोदशाएँ व्यक्त की हैं, उनकी ओर ध्यान देने के लिए, जनततंत्र के तौर पर सब कुछ भरसक न किया गया होता, तो हमें राजनीतिक दिवालियापन का सामना करना पड़ता।" (उप.) पार्टी के नेतृत्व को राजनीतिक दिवालियापन से किसने बचाया? मजदूर वर्ग के भीतर अमल में लाए जानेवाले जनतंत्र ने। इस जनतंत्र के कारण पार्टी के नेताओं ने गैर-पार्टी मजदूर की बात सुनी, मजदूरों के मनोभाव पहचाने, अपनी गलती सुधारी। इस जनतंत्र का स्थान पार्टी की डिक्टेटरशिप ले ले तो परिणाम होगा—राजनीतिक दिवालियापन।*

नये जनतंत्र अथवा समाजवादी जनतंत्र का संचालन एक ही पार्टी करे, यह अनिवार्य नहीं है। पेरिस कम्यून में ब्लांकी और प्रूदों के अनुयायियों के दो दल थे; मार्क्स के अनुयायियों की संख्या नगण्य थी। नवम्बर, 1917 की क्रान्ति के समय लेनिन ने राज्यसत्ता में अन्य पार्टियों को शामिल करने की बड़ी कोशिश की थी। उसका इतिहास शिक्षाप्रद है। 11 नवम्बर, 1917 को लेनिन ने कहा था : "यह हमारा दोष नहीं है कि सामाजिक क्रान्तिकारी [दल विशेष] और मेनशेविक चले गए हैं। राजनीतिक सत्ता में भागीदारी के लिए उन्हें आमंत्रित किया गया था लेकिन उन्होंने सोचा, ज्यादा अच्छा है, अभी अलग रहो; पहले करेन्स्की से लड़ाई खत्म हो जाने दो। हमने हर एक से कहा कि सरकार में शामिल हो। वामपंथी सामाजिक क्रान्तिकारियों ने कहा कि वे सोवियत सरकार की नीति का समर्थन करना चाहते हैं। नई सरकार के कार्यक्रम से उन्होंने असहमति जाहिर करने की हिम्मत भी नहीं की। सूबों में लोग 'द्येलो नरोदा' जैसे पत्रों की बातें सही मान बैठते

* स्तालिन द्वारा उद्धृत अंश में वह वाक्य अंग्रेजी अनुवाद में इस प्रकार है : Had not the utmost possible been done in the way of democracy in heeding the moods expressed here by Kutuzov, we would have met with political bankruptcy. 'लेनिन ग्रंथावली', खंड-32, पृ. 212 में यह वाक्य थोड़ा भिन्न रूप में है : We would have been faced with political bankruptcy if we had not done everything we could to turn the attitudes expressed here by Kutuzov to the service of democracy. मूल अभिप्राय वही है किन्तु दूसरे रूपान्तर में जनतंत्र पर जोर कुछ ज्यादा है। राजनीतिक दिवालियापन से इस कारण बचे कि कुतुजोव ने जो मनोदशाएँ प्रकट कीं, उन्हें भरसक 'जनतंत्र की सेवा' में लगाने को सब कुछ किया गया, अर्थात् जनतांत्रिक ढंग से नेतृत्व का तानाशाही रवैया बदल दिया गया।

हैं। यहाँ सभी को मालूम है कि सामाजिक क्रान्तिकारी और मेनशेविक इसलिए चले गए थे कि वे अब अल्पमत में रह गए थे। प्रेत्रोग्राद छावनी के आदमी यह बात जानते हैं। उन्हें पता है कि हम मिली-जुली सोवियत सरकार (a coalition Soviet Government) चाहते थे। हमने किसी को भी सोवियत से बाहर न रखा था।" (उप., खंड-270, पृ. 26-71)

17 नवम्बर, 1917 के 'प्राब्दा' में बोल्शेविक पार्टी का प्रस्ताव प्रकाशित हुआ। इसमें अन्य दलों से सरकार में शामिल होने के लिए अपील करते हुए कहा गया था : "केन्द्रीय समिति घोषित करती है कि सोवियतों की दूसरी अखिल रूसी कांग्रेस से उसने किसी को बाहर नहीं रखा, अत: वह अब भी बहिर्गमन करनेवालों को लौट आने की अनुमति देने को पूरी तरह तैयार है और सोवियतों के भीतर उन लोगों के साथ संयुक्त रूप में काम करने (coalition) को अब भी पूरी तरह तैयार है जो बहिर्गमन कर गए थे। इसलिए जो लोग कहते हैं कि बोल्शेविक किसी से सत्ता में साझा नहीं करते, वह सब उनकी बकवास है।

"केन्द्रीय समिति घोषित करती है कि जिस दिन वर्तमान सरकार बनी थी, उस दिन सरकार बनने से कुछ घंटे पहले, केन्द्रीय समिति ने वामपंथी सामाजिक क्रान्तिकारियों के तीन प्रतिनिधियों को उसकी बैठक में भाग लेने के लिए आमंत्रित किया था और औपचारिक रूप से प्रस्ताव किया था कि वे सरकार में शामिल हों। यद्यपि वामपंथी सामाजिक क्रान्तिकारियों की नामंजूरी अस्थायी और कुछ शर्तों के साथ थी, फिर भी उनसे समझौता न हो सका, इसकी सारी जिम्मेदारी इन वामपंथी सामाजिक क्रान्तिकारियों पर है।" (उप., पृ. 278)

सामाजिक क्रान्तिकारियों ने किसानों की ओर से एक निर्देश-पत्र तैयार किया था। लेनिन ने उसे भूमि-सम्बन्धी कानून का आधार बनाया। सोवियतों में अपने आलोचकों को उत्तर देते हुए लेनिन ने कहा : "यहाँ ऐसी आवाजें सुनाई दी हैं कि निर्देश-पत्र और स्वयं कानूनी आदेश (decree) सामाजिक क्रान्तिकारियों द्वारा तैयार किये गए थे। तो क्या हुआ? इससे क्या आता-जाता है कि उन्हें किसने तैयार किया था? लोकतांत्रिक सरकार की हैसियत से आम जनता के फैसले की हम अनदेखी नहीं कर सकते, भले ही हम उससे असहमत हों। अनुभव के ताप से, आदेश-पत्र को अमल में लाने से, स्थानीय तौर पर उसे लागू करने से, किसान खुद समझेंगे, सच्चाई किधर है। और यदि किसान सामाजिक क्रान्तिकारियों का अनुसरण करते ही रहें, यदि वे संविधान सभा में इस पार्टी को बहुमत देते हैं, तो हम तब भी कहेंगे—तो इससे क्या?...अनुभव हमारा मार्गदर्शन करेगा; आम जनता की रचनात्मक शक्ति को हमें पूरी छूट देनी चाहिए।" (उप., पृ. 260-61)

किन्तु यह प्रचार जारी रहा कि बोल्शेविकों ने सत्ता अपने लिए ग्रहण की है, वे किसी को उसमें साझेदार नहीं बनाना चाहते। लेनिन ने पार्टी की केन्द्रीय समिति

की ओर से सभी बोल्शेविकों और श्रमिक वर्गों के नाम एक पत्र जारी किया और उसे 20 नवम्बर, 1917 के 'प्राब्दा' में प्रकाशित किया। इसमें उन्होंने इस तथ्य की ओर ध्यान दिलाया कि मजदूरों और सैनिकों के प्रतिनिधियों की सोवियतों की दूसरी अखिल रूसी कांग्रेस में बहुसंख्यक प्रतिनिधि बोल्शेविक पार्टी के सदस्य थे। सत्ता सोवियतों के हाथ में हो, यह नई क्रान्ति का बुनियादी सिद्धान्त है। "सोवियत सरकार छोड़कर रूस में और कोई सरकार न होनी चाहिए। रूस में सोवियत सत्ता कायम कर ली गई है। इस बात की गारंटी दे दी गई है कि केवल सोवियतों के निर्णय से, सोवियतों के लिए केवल प्रतिनिधियों के चुनाव से, किसी क्रान्ति के बिना, सरकार एक पार्टी से दूसरी को हस्तान्तरित की जा सकती है (Soviet power has been won in Russia, and the transfer of government from one Soviet party to another is guaranteed without any revolution, simply by a decision of the Soviets, simply by new elections of deputies to the Soviets)।" (उप., पृ. 303) सोवियत सत्ता की स्थापना के समय यह घोषणा बोल्शेविक पार्टी की केन्द्रीय समिति ने की थी। घोषणा स्वयं लेनिन की लिखी हुई थी।

वामपंथी समाजवादी क्रान्तिकारियों के साथ संयुक्त मोर्चा बनाने की नीति के बारे में स्तालिन ने 1927 में लिखा था : "अक्टूबर में और अक्टूबर के बाद 1918 के वसन्त तक, वामपंथी समाजवादी क्रातिकारियों के साथ क्रान्तिकारी मोर्चा (bloc) बनाने की बोल्शेविक नीति क्या सही थी? मेरी समझ में अभी तक किसी ने यह कहने का साहस नहीं किया कि वह मोर्चा गलत था। मोर्चे की समाप्ति कैसे हुई? सोवियत सरकार के खिलाफ वामपंथी समाजवादी क्रान्तिकारियों की बगावत से। क्या इस आधार पर यह कहा जा सकता है कि समाजवादी क्रान्तिकारियों के साथ मोर्चा बनाने की नीति गलत थी? स्पष्ट ही नहीं।" ('Works', खंड-9, पृ. 353-54)

माओ ज़े दुंग ने क्रान्ति की सफलता के सात साल बाद लिखा था : "ज्यादा अच्छा क्या होगा—एक ही पार्टी हो या कई पार्टियाँ हों? अभी हमें जैसा दिखाई देता है, शायद कई पार्टियों का होना ज्यादा अच्छा है। यह बात पिछले समय में सही साबित हुई है और बहुत सम्भव है, आगे भी सही साबित हो। इसका मतलब है, दीर्घकालीन सहअस्तित्व और एक-दूसरे की आपसी निगरानी।

"हमारे देश में जापान के प्रतिरोध और च्यांग काई शेक के खिलाफ संघर्ष के दौरान अनेक जनवादी पार्टियाँ उभर आईं। इनमें मुख्यत: राष्ट्रीय पूँजीपति और उनके बुद्धिजीवी थे। ये पार्टियाँ अभी तक बनी हुई हैं। इस मामले में चीन सोवियत संघ से भिन्न है। हमने जान-बूझकर इन्हें बने रहने दिया, उन्हें अपना मत प्रकट करने का अवसर दिया और उनके प्रति एकता और संघर्ष, दोनों की नीति अपनाई। हम उन सभी जनवादी लोगों से एकता कायम करते हैं जो नेक इरादों से हमारी आलोचना करते हैं। हमें कुओमिन्तांग की फौज और सरकार से आए हुए पेइली हुआंग और

वांग वेनहाओ जैसे लोगों को बराबर उत्साहित करते रहना चाहिए। हमें लुंग युन, लिआंग शूमिंग और पेंग योहू जैसे गाली देने वाले लोगों के लिए भी प्रावधान करना चाहिए, खरी-खोटी सुनाने का मौका देना चाहिए। जो बेसिर-पैर की बातें हों, उनका खंडन करना चाहिए। उनकी फटकार में जो काम की बातें हों, उन्हें स्वीकार करना चाहिए। यह पार्टी के लिए अच्छा है। जनता के लिए और समाजवाद के लिए अच्छा है।" ('Selected works', खंड-5, पृ. 266)

नये जनतंत्र में एक से अधिक पार्टियों का होना लगभग अनिवार्य है। एक से अधिक वर्गों, स्तरों, गुटों, पार्टियों के सहयोग के बिना संयुक्त मोर्चा कायम नहीं हो सकता, उस मोर्चे की सरकार कायम नहीं हो सकती। वर्ग-भेद घटने और विचारधारा में अधिक सामंजस्य उत्पन्न होने से यहाँ सम्भव है कि पार्टियों की संख्या घटे, एक ही पार्टी रहे और आगे चलकर वर्गहीन समाज की प्रबुद्ध जनता में कम्यूनिस्ट पार्टी का अस्तित्व न रहे या उसके स्वरूप में मौलिक परिवर्तन हो। किन्तु वर्गों और स्तरों से भिन्न विचारधारा का सापेक्ष रूप में अपना स्वतंत्र अस्तित्व है। एक ही वर्ग, एक ही स्तर के लोगों की विचारधारा सदा एकरूप नहीं होती। द्वंद्व के बिना प्रगति नहीं। विचारधारा के विकास के लिए भिन्न मतों, प्रवृत्तियों की खुली टक्कर लाभकारी हो सकती है। पूँजीवादी व्यवस्था में सत्ताधारी और विरोधी दल टकराव की हालत में रहते हैं; पराधीन देशों की जनता के अथवा अपनी ही श्रमिक जनता के शोषण के बारे में दोनों की मिली-भगत रहती है। समाजवादी व्यवस्था में सामाजिक विकास के बुनियादी मुद्दों को लेकर विभिन्न पार्टियों में बराबर एकता कायम रह सकती है; गैरबुनियादी मुद्दों को लेकर मतभेद बना रह सकता है। जहाँ चुनाव में प्राप्त मतों के अनुपात से निर्वाचित संस्थाओं में दलों के प्रतिनिधि भेजे जाएँगे, वहाँ अल्पमत वालों के लिए यह खतरा न होगा कि विचार-विमर्श की प्रक्रिया से उन्हें बाहर रखा जाएगा। खुला विचार-विमर्श और सहयोग—समाजवादी व्यवस्था की यह सामान्य स्थिति होगी। विचार-विमर्श की प्रक्रिया चाहे अनेक पार्टियों के बीच हो, चाहे एक पार्टी के भीतर हो, श्रमिक जनता जितना ही उस प्रक्रिया से सम्बद्ध होगी, उसमें भाग लेगी, उतना ही उसकी जागरूकता बढ़ेगी। उतना ही वह अपने नेताओं की निगरानी करने की स्थिति में होगी। पार्टियों और उनके नेताओं को इस प्रक्रिया से लाभ होगा। लेनिन ने जो बात मजदूरों के सामने सोशल डेमोक्रेटों के खुले विचार-विमर्श के बारे में क्रान्ति से पहले कही थी, वह क्रान्ति के बाद, समाजवाद के निर्माणकाल के लिए भी सही है।

जब तक शासन की बागडोर कम्यूनिस्ट पार्टी के हाथ में एक ही देश के भीतर थी, तब तक यह सिद्धान्त प्रतिपादित करना आसान था कि मजदूर वर्ग की एक ही पार्टी हो सकती है। किन्तु जब अनेक देशों में शासन की बागडोर कम्यूनिस्ट पार्टियों के हाथ में आ गई, तब विश्व पैमाने पर मजदूर वर्ग की अनेक पार्टियों का

विचारधारात्मक अलगाव स्पष्ट होने लगा। यह अलगाव विशुद्ध विचारधारात्मक नहीं है; उसमें आर्थिक और राजनीतिक हितों की तगड़ी भूमिका है, यह बात सशस्त्र टक्करों से, और भी जोरदार टक्करों की तैयारी से, स्पष्ट हो गई है। जैसे आम तौर से किसी देश की विदेशी और घरेलू नीतियों में सामंजस्य होता है, वैसे ही किसी पार्टी के आन्तरिक तंत्र से अन्य पार्टियों के साथ उसके व्यवहार का गहरा सम्बन्ध होता है। पार्टी के भीतर किसी गुट की तानाशाही होगी तो बाहर की पार्टियों के साथ व्यवहार में यह तानाशाही रवैया खुले या छिपे रूप में अपनी झलक दिखाएगा। यदि पार्टी के भीतर जनतंत्र का चलन होगा तो अन्य पार्टियों के साथ व्यवहार जनतांत्रिक ढंग का होगा। पार्टी के भीतर जनतंत्र का चलन होगा तो आशा की जा सकती है कि मजदूर वर्ग के साथ भी पार्टी का व्यवहार जनतांत्रिक होगा। पार्टी के भीतर जनतंत्र होगा, मजदूर वर्ग से उसका जनतांत्रिक सम्बन्ध होगा, तो देश की जातियों का आपसी व्यवहार भी जनतांत्रिक होगा। किसी बड़े देश की जातियों में जनतांत्रिक सम्बन्ध हों, तो उसके लिए अन्य देशों से जनतांत्रिक सम्बन्ध कायम करना स्वाभाविक होगा। यह बात निश्चित है कि देश में किसी महाजाति के कम्यूनिस्टों की तानाशाही कायम है, तो उस देश की पार्टी अन्य देशों की पार्टियों के प्रति भी तानाशाही रवैया अपनाती है। तानाशाही या जनतंत्र—यह प्रश्न सैद्धान्तिक और व्यावहारिक रूप में, पार्टियों के भीतर-बाहर की अन्य पार्टियों से सम्बन्धों को लेकर, समाजवादी राज्यों के आपसी सम्बन्धों को लेकर, दुनिया के कम्यूनिस्टों के सामने मौजूद है।

दुनिया के मजदूरो, सबसे पहले समाजवादी देशों के मजदूरों की एकता कायम करने के लिए जरूरी है कि उनकी पार्टियाँ उनके सामने खुलकर विचार-विमर्श करें। खुले विचार-विमर्श पर पाबन्दी लगाने में डिक्टेटरशिप का सिद्धान्त मदद करता है। हर राष्ट्र की कम्यूनिस्ट पार्टी स्वाधीन है। किसी राष्ट्र की पार्टी को दूसरे राष्ट्र की पार्टी के मामलों में दखल देने का अधिकार नहीं है, यह सिद्धान्त डिक्टेटरशिप को राष्ट्रवाद से जोड़ देता है। पूँजीवादी जनतंत्र से सर्वहारा जनतंत्र भिन्न है। पूँजीवादी जनतंत्र के दो छोर हैं; उत्पादन और वितरण में अराजकता उसका एक छोर है; उत्पादन और वितरण में इजारेदारी उसका दूसरा छोर है। पूँजीवाद में दोनों प्रवृत्तियाँ उसके जन्मकाल से रही हैं—आर्थिक स्तर पर, और बहुत कुछ उसी के अनुरूप राजनीतिक स्तर पर ये प्रवृत्तियाँ रही हैं। सर्वहारा जनतंत्र की विशेषता है जनवादी केन्द्रीयता। जनवादी केन्द्रीयता के बिना मजदूर किसी एक कारखाने में भी हड़ताल नहीं चला सकते, अनेक कारखानों में हड़ताल चलाना तो दूर की बात है। दुनिया के मजदूरो, एक हो! जनवादी केन्द्रीयता के बिना यह नारा व्यर्थ है। औद्योगिक पूँजीवाद के जमाने से अधिक इजारेदार पूँजी के युग में दुनिया के मजदूरों की एकता आवश्यक है। आणविक अस्त्रों वाले महाविनाशकारी युद्ध से मानवता को बचाने के लिए विश्व-राजनीति में अन्तरराष्ट्रीय मजदूर वर्ग का सक्रिय हस्तक्षेप जरूरी है।

समाजवादी देशों के मजदूर एकताबद्ध होकर बाकी सभी देशों के मजदूरों को एकता के लिए प्रेरित कर सकते हैं। मजे की बात है कि जो कम्यूनिस्ट लेनिन की विरासत की रक्षा करने की बात जोर-शोर से करते हैं, वे कम्यूनिस्ट इंटरनेशनल के बारे में, लेनिन के काम के बारे में चुप रहते हैं; लेनिन ने जो कुछ इस सिलसिले में कहा था, अक्सर वे उससे उलटी बातें कहते हैं।

विभिन्न देशों की अलग-अलग परिस्थितियाँ हैं, उनकी पार्टियाँ उन परिस्थितियों के अनुसार अलग-अलग नीति निर्धारित करेंगी—मूल समस्या यह नहीं है। मूल समस्या यह है कि अमरीकी साम्राज्यवाद के बारे में सभी कम्यूनिस्ट पार्टियों की एक-सी समझ है या नहीं? समाजवादी देश अमरीकी साम्राज्यवाद से जो आर्थिक, राजनीतिक और सांस्कृतिक सम्बन्ध कायम करते हैं, उनके बारे में उनकी एक-सी समझ है या नहीं? घरेलू नीति में भी विशेष परिस्थितियों को लेकर जो भेद दिखाई देते हैं, उनकी जड़ में अक्सर साम्राज्यवाद से इन देशों के सम्बन्ध होते हैं। इन सम्बन्धों के बारे में खुले विचार-विमर्श के द्वारा सामान्य राय कायम करना जरूरी है।

5. फासिस्ट तानाशाही और नई जनवादी क्रान्ति

मार्क्स और लेनिन की विचारधारा की विकासमानता पर क्यों जोर देना जरूरी है, यह जर्मनी में फासिस्ट तानाशाही कायम होने के बाद बहुत स्पष्ट हो गया। जर्मनी में प्रथम विश्वयुद्ध के बाद बर्लिन में मजदूरों पर जब गोलियाँ चलाई गई थीं, तभी लेनिन ने पूँजीवादी जनतंत्र से फौजी डिक्टेटरशिप का मुकाबला होते देखा था। अब स्पष्ट था कि यह फौजी डिक्टेटरशिप और पूँजीवादी जनतंत्र की डिक्टेटरशिप एक चीज नहीं हैं। अनियंत्रित गैरकानूनी बल-प्रयोग डिक्टेटरशिप की विशेषता है। यह विशेषता फासिस्ट तानाशाही ने पूँजीवादी जनतंत्र का नाश करके प्रदर्शित कर दी थी। दिमित्रोव ने ठीक लेनिन की तरह पूँजीवादी जनतंत्र से फासिस्ट तानाशाही का मुकाबला होते देखा। उन्होंने कहा : "फासिस्टवाद का सत्ताधारी बनना एक पूँजीवादी सरकार की जगह दूसरी पूँजीवादी सरकार का साधारण अनुगमन नहीं है, यह पूँजीपतियों के वर्ग-प्रभुत्व वाली राज्यसत्ता के एक रूप—पूँजीवादी जनतंत्र—की जगह उसके दूसरे रूप—खुली आतंकवादी डिक्टेटरशिप—का 'प्रतिस्थापन' (substitution) है। इस भेद को भुला देना भारी गलती होगी। यह गलती क्रान्तिकारी सर्वहारा वर्ग को फासिस्टों द्वारा सत्ता हथियाने के खतरे के खिलाफ संघर्ष करने के लिए शहर और देहात की श्रमिक जनता के बड़े-से-बड़े समुदायों को एकजुट करने से रोकेगा, स्वयं पूँजीपति वर्ग के शिविर में जो अन्तर्विरोध हैं, उनसे लाभ उठाने से उन्हें रोकेगा। लेकिन 'बुर्जुआ जनवादी देशों में पूँजीपति वर्ग जो प्रतिक्रियावादी कदम अधिकाधिक उठाता जा रहा है'—ऐसे कदम जो श्रमिक जनता के जनवादी अधिकारों का दमन करते हैं, पार्लियामेंट के अधिकारों को झुठलाने और क्रान्तिकारी आन्दोलन के दमन

को और तेज करते हैं—फासिस्ट डिक्टेटरशिप की स्थापना के लिए ऐसे कदमों के महत्त्व को कम करके आँकना कम गम्भीर और खतरनाक गलती नहीं है।" ('Selected Articles', पृ. 42)

एक पूँजीवादी सरकार गई, दूसरी आ गई, राज्यसत्ता के रूप में कोई तब्दीली न हुई। किन्तु पूँजीवादी पार्टियों का—सबसे पहले मजदूर वर्ग की पार्टियों का—दमन करके जो फासिस्ट तानाशाही कायम होती है, वह राज्यसत्ता का भिन्न रूप है। नियंत्रित और कानूनी बल-प्रयोग की जगह यह अनियंत्रित और गैरकानूनी बल-प्रयोग की सत्ता है, खुला आतंकवाद उसकी विशेषता है। पूँजीपतियों का वर्ग प्रभुत्व, दोनों में है पर एक महत्त्वपूर्ण भेद है : पूँजीवादी जनतंत्र में पूँजीपतियों का वर्ग प्रभुत्व है, फासिस्ट तानाशाही में इस वर्ग के एक अंश का प्रभुत्व है। कम्यूनिस्ट इंटरनेशनल की कार्यकारिणी (तेरहवाँ पूर्ण अधिवेशन) के अनुसार सत्ताधारी फासिस्टवाद "महाजनी पूँजी के सबसे प्रतिक्रियावादी, सबसे अन्धराष्ट्रवादी और सबसे साम्राज्यवादी तत्त्वों की खुली आतंकवादी डिक्टेक्टरशिप है।" (उप., पृ. 40) पूँजीपतियों के पूरे वर्ग में तो स्तर-भेद है ही, इजारेदार पूँजीपति गुट में भी स्तरभेद है। इनमें जो सबसे प्रतिक्रियावादी हैं, वे खुली आतंकवादी तानाशाही कायम करते हैं। पूँजीपतियों के वर्ग-प्रभुत्व और इस वर्ग के एक अंश के प्रभुत्व में बड़ा फर्क है। यह अंश अन्य वर्गों के अलावा स्वयं पूँजीपति वर्ग पर अपना आतंकवादी शासन कायम करता है, इसीलिए वह अन्य पूँजीवादी पार्टियों का दमन करता है। पूरे वर्ग के प्रभुत्व में और उसके एक अंश के प्रभुत्व में भेद न करने से जनतंत्र और डिक्टेटरशिप का भेद समझ में न आएगा, पूँजीवादी जनतंत्र और फासिस्ट डिक्टेटरशिप में कोई भेद नजर न आएगा, सर्वहारा जनतंत्र और कम्यूनिस्ट पार्टी की डिक्टेटरशिप में कोई फर्क दिखाई न देगा।

बुर्जुआ जनवादी देशों में पूँजीपति वर्ग श्रमिक जनता के अधिकारों का दमन करके फासिस्ट तानाशाही का मार्ग प्रशस्त करता है। यही नहीं, अपनी पूँजीवादी नीति के कारण वह श्रमिक जनता की समस्याएँ हल नहीं करता, मुनाफाखोरी कायम रखने के कारण वह उन्हें हल कर भी नहीं सकता। इसलिए श्रमिक जनता को अपना क्रान्तिकारी आन्दोलन चलाने का पूरा अधिकार है। पूँजीवादी जनतंत्र की जगह उससे अधिक व्यापक, अधिक सार्थक जनतंत्र कायम करना सामाजिक न्याय के श्रेष्ठ सिद्धान्त के अनुसार है। श्रमिक जनता के लिए पूँजीवादी जनतंत्र की उपयोगिता इतनी ही है कि उसे संगठित होने, पूँजीवादी शोषण के खिलाफ संघर्ष चलाने की सुविधा मिलती है। किन्तु जब फासिस्ट तानाशाही इस सुविधा को खत्म कर रही हो, साथ ही अन्य पूँजीवादी, निम्न पूँजीवादी, पार्टियों को खत्म कर रही हो, तब इनके साथ मिलकर तानाशाही का विरोध करना कम्यूनिस्टों का कर्तव्य है। पूँजीवादी जनतंत्र के दायरे में कोई भी पार्टी काम करे, वह जनता की मूल समस्याएँ हल नहीं कर सकती क्योंकि पूँजीवादी व्यवस्था में कोई बुनियादी परिवर्तन नहीं होता और वे मूल समस्याएँ इसी

व्यवस्था की उपज हैं। समस्याएँ हल नहीं होतीं, बेकारी बढ़ती है। आम जनता का असन्तोष विस्फोटक रूप लेता दिखाई देता है। ऐसी स्थिति में जनता दाएँ जा सकती है, बाएँ जा सकती है। यदि क्रान्तिकारी पार्टियाँ गलतियाँ करेंगी तो प्रतिक्रियावादी उनसे लाभ उठाएँगे, जनता को राष्ट्रवाद और समाजवाद दोनों के नाम पर भुलावा देकर उसे अपना समर्थक बनाएँगे और लाखों की तादाद में उसे इजारेदार गुट के हित में महायुद्ध की भट्ठी में झोंक देंगे।

श्रमिक जनता दाएँ जाएँ या बाएँ, यह समस्या हिटलर की हार से खत्म नहीं हो गई। आज भी वह अनेक देशों की जनता के सामने है। इसीलिए दिमित्रोव ने 1935 में कम्यूनिस्टों की जिन गलतियों की ओर ध्यान दिलाया था, विश्व राजनीति के वर्तमान सन्दर्भ में वे महत्त्वपूर्ण हैं। दिमित्रोव ने कहा था : "जर्मनी में हमारे साथी बहुत समय तक वार्साइ संधि के खिलाफ आम जनता के आक्रोश और आहत राष्ट्रीय भावना को पूरी तरह समझ नहीं पाए। उनकी निगाह में किसानों और निम्न पूँजीवादियों के ढुलमुलपन का कोई खास महत्त्व न था। उन्होंने सामाजिक और राष्ट्रीय उद्धार का अपना कार्यक्रम देर से बनाया और आखिर उन्होंने जब पेश किया, तब आम जनता की ठोस माँगों और उसके स्तर [उसकी चेतना के स्तर] के अनुरूप नहीं बना सके। आम जनता में वे उसे व्यापक रूप से लोकप्रिय भी न बना सके।

कई देशों में फासिस्टवाद के खिलाफ जनसंघर्ष के आवश्यक विकास का स्थान सामान्य रूप में फासिस्टवाद के स्वरूप पर व्यर्थ की बहस ने लिया। पार्टी के तात्कालिक राजनीतिक कार्यों को सूत्रबद्ध करने, उनका समाधान करने के सिलसिले में 'तंग संकीर्णतावादी' रुख ने लिया।" (उप., पृ. 52-53)

विशुद्ध सर्वहारा क्रान्ति केवल सर्वहारा वर्ग करता है, उसमें निम्न पूँजीवादियों के लिए स्थान नहीं है। मार्क्सवाद की पारिभाषिक शब्दावली में 'निम्न पूँजीवादी' एक आर्थिक कोटि के अलावा गाली भी है। दाएँ-बाएँ जो भटकाव होते हैं, उनके विश्लेषण में असंख्य बार निम्न पूँजीवादी वर्ग-आधार का उल्लेख किया गया है। जिस देश में निम्न पूँजीवादी जितने ही ज्यादा हैं, उसमें पेटी बुर्जुआ उतनी ही बड़ी गाली है। दरअसल बुर्जुआ शब्द का प्रयोग गाली के रूप में कम होता है। अब ये पेटी बुर्जुआ लोग न केवल पिछड़े हुए देशों में बहुसंख्यक हैं, वरन् जर्मनी जैसे विकसित देशों में भी बहुसंख्यक रहे हैं। सर्वहारा क्रान्ति की तैयारी करने वाले लोग इन्हें अपने साथ कैसे ले सकते हैं? 1930-35 के जर्मनी के सन्दर्भ में आप देखें, सर्वहारा क्रान्ति और नई जनवादी क्रान्ति का भेद क्यों महत्त्वपूर्ण था। ऐसा भेद किये बिना कम्यूनिस्ट पार्टी मजदूरों और निम्न पूँजीवादियों के लिए एक सुसंगत राजनीतिक कार्यक्रम बना ही न सकती थी, बना लेने पर भी उसके लिए व्यापक समर्थन प्राप्त न कर सकती थी क्योंकि निम्न पूँजीवादी लोग कम्यूनिस्ट पार्टी की ओर से शंकित थे। शंका यह थी, क्रान्ति के बाद सत्ता में उनका हिस्सा होगा या नहीं!

इसी तरह राष्ट्रीय भावना की बात संकीर्ण वर्ग-दृष्टि से मेल नहीं खाती। राष्ट्रीय जनवादी क्रान्ति की बात हो तो राष्ट्रीय भावना की बात प्रासंगिक जान पड़े, सर्वहारा क्रान्ति की बात है तो राष्ट्रीय भावना उस क्रान्ति में बाधक ही हो सकती है। नेपोलियन ने जर्मनी पर आक्रमण किया, उसे अपमानजनक टिल्सिट की संधि मंजर करने को विवश किया। जर्मन जनता ने इस सन्धि के खिलाफ राष्ट्रीय अभ्युत्थान की ओर कदम उठाया, साम्राज्यवादी जर्मनी ने क्रान्तिकारी रूस को बेस्ट लिटोव्स्क को अपमानजनक संधि मंजूर करने को विवश किया। लेनिन ने जर्मनी के राष्ट्रीय अभ्युत्थान की मिसाल रूसी जनता के सामने रखी। ब्रिटेन, फ्रांस और अमरीका ने जर्मनी को वार्साइ की अपमानजनक संधि मंजूर करने को विवश किया। आहत राष्ट्रीय आत्मसम्मान की भावना से कम्यूनिस्टों ने नहीं, फासिस्टों ने लाभ उठाया।

कम्यूनिस्ट इंटरनेशनल की दूसरी कांग्रेस में लेनिन ने कहा था कि पराजित जर्मनी की हालत उपनिवेशों की-सी हो गई है। उस हालत में किसी सभ्य देश का जीवन बिताना असम्भव था। "युद्ध ने एक ही झटके से दुनिया की आबादी में से लगभग 25,00,00,000 आदमियों को उस हालत में ला पटका जो औपनिवेशिक दर्जे के बराबर है। इनमें रूस के करीब 13,00,00,000 लोग हैं; आस्ट्रिया-हंगरी, जर्मनी और बुल्गारिया के लोग हैं जिनकी कुल संख्या 12,00,00,000 से कम न होगी। इन देशों में कुल रहने वाले 25,00,00,000 हुए। इनमें कुछ देश जर्मनी जैसे हैं जो सबसे आगे बढ़े हुए, सबसे प्रबुद्ध, सबसे सुसंस्कृत देशों में हैं। आधुनिक तकनीकी प्रगति की बराबरी पर हैं। वार्साइ संधि के द्वारा युद्ध ने इन देशों पर ऐसी शर्तें लादी हैं कि आगे बढ़े हुए लोग (peoples) औपनिवेशिक पराधीनता, गरीबी, भुखमरी, तबाही, अधिकारहीनता के स्तर पर उतार दिये गए हैं। इस संधि ने कई पीढ़ियों तक के लिए उनके हाथ-पैर बाँध दिये हैं, उन्हें उन परिस्थितियों में ला पटका है जिनमें कोई सभ्य जाति आज तक रही नहीं है।" ('ग्रंथावली', खंड-31, पृ. 217) लेनिन ने यहाँ जर्मनी के किसी एक वर्ग की बात नहीं कही, उन्होंने समस्त जर्मन जनता की बात कही है। जर्मनी—संसार के सबसे प्रबुद्ध और सुसंस्कृत देशों में है। उसे अब औपनिवेशिक पराधीनता की हालत में जीवन बिताना पड़ रहा है। आधुनिक तकनीकी प्रगति में बड़े-बड़े देशों के बराबर होते हुए भी उसे भुखमरी और तबाही का सामना कर पड़ रहा है। ऐसे देश में राष्ट्रीय आत्म-सम्मान की भावना क्रान्ति में महत्त्वपूर्ण भूमिका निबाहेगी। किन्तु यह सर्वहारा क्रान्ति नहीं, राष्ट्रीय जनवादी क्रान्ति होगी। औपनिवेशिक पराधीनता की हालत से उबरना उसका एक लक्ष्य होगा।

1918-35 के जर्मनी में क्रान्ति हो सकती थी या नहीं, यह एक महत्त्वपूर्ण सैद्धान्तिक प्रश्न है। साम्राज्यवादी देशों के पूँजीपति पराधीन देशों की लूट का एक हिस्सा मजदूरों में बाँटते हैं, मजदूर वर्ग में एक विशेषाधिकारी अभिजात गुट निर्मित करते हैं, इसके प्रभाव से अधिकांश मजदूरों को वे पूँजीवादी राह पर चलाते हैं।

जब तक यह लूट बन्द नहीं होती, तब तक बड़े पूँजीवादी देशों में क्रान्ति नहीं हो सकती, इस दृष्टि से यह कहना सही है कि इन देशों के मजदूरों का उद्धार पिछड़े हुए देशों के स्वाधीनता-संग्राम की सफलता पर निर्भर है। मार्क्स ने ब्रिटिश मजदूरों की मुक्ति का सम्बन्ध इसी तरह आयरलैंड के स्वाधीनता-संग्राम से जोड़ा था। जर्मनी भी साम्राज्यवादी देश था। पिछड़े हुए इलाकों का नये सिरे से बँटवारा करने के लिए ही वह प्रथम विश्वयुद्ध में शामिल हुआ था। किन्तु युद्ध के बाद उसकी हालत—पराधीनता और गरीबी के विचार से—उपनिवेशों जैसी हो गई। मजदूर वर्ग में बड़े पैमाने पर लूट का पैसा बाँटने और भ्रष्टाचार फैलाने की गुंजाइश न रह गई। इसके विपरीत जर्मनी की लूट से मजदूरों में पैसा बाँटने की सुविधा विजेता देशों को मिली। लेनिन ने 1923 में लिखा था : "अन्तरराष्ट्रीय सम्बन्धों की जिस व्यवस्था ने अब आकार ग्रहण किया है, उसमें यूरोप के एक राज्य जर्मनी को विजेता देशों ने गुलाम बना लिया है। और यह भी कि अपनी विजय के कारण कुछ राज्य, पश्चिम के सबसे पुराने राज्य, इस स्थिति में हैं कि अपने उत्पीड़ित वर्गों को कुछ मामूली-सी रिआयतें दे सकें। यद्यपि ये रिआयतें मामूली-सी हैं, फिर भी वे इन देशों के क्रान्तिकारी आन्दोलन को विलम्बित करती हैं और 'वर्गसुलह' से मिलती-जुलती-सी चीज पैदा करती हैं।" (उप., खंड-33, पृ. 498-99)

इस तरह जर्मनी उपनिवेशों की भूमिका का एक महत्त्वपूर्ण पक्ष उजागर कर रहा था; पराजित होकर वह अपनी सम्पदा विजेता देशों को सौंप रहा था। इस सम्पदा का एक अंश ब्रिटेन और फ्रांस के मजदूरों में बाँटा जा रहा था। इससे इन देशों में वर्गसुलह की-सी स्थिति पैदा हुई थी, क्रान्तिकारी आन्दोलन धीमा पड़ गया था किन्तु उसी अनुपात में जर्मनी में क्रान्ति के लिए वस्तुगत परिस्थितियाँ तैयार हुई थीं। मानवेन्द्र नाथ राय को जर्मनी की तबाही का ज्ञान था किन्तु उन्होंने वहाँ की और पश्चिमी यूरोप के अन्य देशों की परिस्थितियों में भेद न करके समूचे यूरोप की क्रान्ति को पूरब की क्रान्ति पर निर्भर बताया। पूरब में वह किस तरह की क्रान्ति की कल्पना कर रहे थे, वह अलग प्रश्न है। कम्यूनिस्ट इंटरनेशनल की दूसरी कांग्रेस के अवसर पर गठित उपनिवेशों से सम्बन्धित आयोग में, कार्य विवरण के अनुसार : "कामरेड राय इस धारणा का समर्थन करते हैं कि यूरोप में क्रान्तिकारी आन्दोलन का भविष्य पूरी तरह पूरब में क्रान्ति की गति पर निर्भर है। पूर्वी देशों में क्रान्ति की विजय के बिना पश्चिम में कम्यूनिस्ट-आन्दोलन खलास हो सकता है। विश्व पूँजीवाद अपने मुख्य संसाधन और मुनाफे उपनिवेशों से, मुख्यतः एशिया से, प्राप्त करता है। जब कुछ न बन पड़े तो यूरोप के पूँजीपति सारा अतिरिक्त मूल्य मजदूरों को सौंप सकते हैं, इस तरह उन्हें अपनी ओर कर सकते हैं और उनकी क्रान्तिकारी महत्त्वाकांक्षाओं की जड़ काट सकते हैं। पूँजीपति अपनी ओर से, सर्वहारा वर्ग की सहायता से, एशिया का शोषण जारी रखेंगे। पूँजीपतियों के लिए यह परिणाम बहुत ही लाभकारी

होगा। इसलिए सारी कोशिश पूर्व में क्रान्तिकारी आन्दोलन को प्रेरित और विकसित करने में लगा देनी चाहिए और यह मूल स्थापना स्वीकार करनी चाहिए कि विश्व साम्यवाद का भविष्य पूरब में साम्यवाद की विजय पर निर्भर है।" ('The Comintern and the East', edited by R. A. Ulyanovsky, पृ. 147-48)

पूँजीपति आगे क्या करेंगे, यह सवाल न था। वह काफी समय से पराधीन देशों की लूट का एक हिस्सा मजदूरों की ऊपर वाली जमात—अभिजात श्रमिकों की जमात—में बाँटते आए थे। यह काम सबसे पहले और सबसे बड़े पैमाने पर ब्रिटेन ने किया। उसके पास दुनिया का सबसे बड़ा साम्राज्य भी था। किन्तु अन्य देशों के पास लूट के वैसे ही साधन न थे। इसलिए मजदूर-आन्दोलन की स्थिति भी उनके यहाँ ब्रिटेन जैसी न थी। फ्रांस में पेरिस कम्यून स्थिति की यह भिन्नता दिखाने के लिए काफी है। साम्राज्य रूस के पास भी था और उसकी लूट का एक हिस्सा वहाँ भी मजदूरों में बाँटा जाता था किन्तु रूसी अभिजात श्रमिक कभी बहुत प्रभावशाली न हो सके थे। रूसी मजदूरों ने 1905 में क्रान्ति की, असफल हुए, 1917 में किसानों के सहयोग से सफल हुए। यूरोप के देशों की साम्राज्यवादी स्थिति में अन्तर था और यह अन्तर मजदूर-आन्दोलन की प्रगति के लिए महत्त्वपूर्ण था। प्रथम विश्वयुद्ध के फलस्वरूप यह अन्तर और गहरा हुआ। परिणामस्वरूप जर्मनी तथा मध्य यूरोप के अन्य देशों में जबर्दस्त क्रान्तिकारी उभार आया। यह उभार विनय की मंजिल तक नहीं पहुँचा, इसका मुख्य कारण यह था कि मजदूरों और किसानों की एकता कायम न हो सकी थी। जो कारण 1871 में पेरिस कम्यून की, 1905 में रूसी क्रान्ति की, असफलता का था, वही 1919 में जर्मनी और हंगरी की क्रान्तियों की असफलता का था। रूसी क्रान्ति से यूरोप के कम्यूनिस्ट जो सबसे महत्त्वपूर्ण सबक सीख सकते थे, वह यह था कि किसानों और शहरी निम्न पूँजीवादियों को साथ लिये बिना यूरोप में कोई क्रान्ति सफल नहीं हो सकती।

रूस साम्राज्यवादी देश था। उसमें क्रान्ति की सफलता का एक कारण रूसी मजदूरों के क्रान्तिकारी आन्दोलन से गैर-रूसी जातियों के स्वाधीनता-संग्राम का गठजोड़ था। ये दोनों प्रतिद्वंद्वी नहीं, एक-दूसरे के सहायक थे। इसलिए सही रणनीति यह थी कि दोनों का साम्राज्य-विरोधी संयुक्त मोर्चा बनाया जाए। यूरोप के देशों में सर्वत्र क्रान्तिकारी मजदूर-आन्दोलन का अभाव हो, यह बात नहीं थी; एशिया में स्वाधीनता-आन्दोलन सर्वत्र क्रान्तिकारी हो, यह बात भी नहीं थी। वास्तव में इस स्वाधीनता-आन्दोलन को क्रान्तिकारी बनाने के लिए मानवेन्द्र नाथ राय यूरोप के मजदूर नेताओं का ही मुँह जोह रहे थे। "सारी कोशिशें पूरब में क्रान्तिकारी आन्दोलन को प्रेरित और विकसित करने में लगा देनी चाहिए।" किसे लगा देनी चाहिए? कम्यूनिस्ट इंटरनेशनल को, सोवियत रूस और पश्चिमी यूरोप के कम्यूनिस्टों को। "विश्व साम्यवाद का भविष्य पूरब में साम्यवाद की विजय पर निर्भर है।" पूरब

में साम्यवाद की विजय पर निर्भर है, राष्ट्रीय स्वाधीनता-आन्दोलन की विजय पर नहीं, राष्ट्रीय जनवादी क्रान्ति की विजय पर नहीं। एशिया में सर्वत्र देशी पूँजीवाद साम्राज्यवाद का दलाल है, इस त्रोत्स्कीवादी धारणा के अनुरूप मानवेन्द्र नाथ राय एक ही बार में साम्राज्यवाद और देशी पूँजीवाद, दोनों को धराशायी कर देना चाहते थे।

उपनिवेशों से सम्बन्धित आयोग में, कार्य विवरण के अनुसार : "कामरेड लेनिन ने कामरेड राय के मत के सही होने के बारे में सवाल उठाया। रूस में ज़ारशाही के खिलाफ कार्यवाही के दौरान हमने उदारपंथी मुक्ति-आन्दोलन का समर्थन किया था। भारतीय कम्यूनिस्ट बुर्जुआ जनवादी आन्दोलन का—उसमें विलीन हुए बिना—समर्थन करने को बाध्य हैं। कामरेड राय जब कहते हैं कि पश्चिम का भविष्य पूर्वी देशों के क्रान्तिकारी आन्दोलन की शक्ति और उसके विकास के स्तर पर एकान्ततः निर्भर है, तब वे बात को बहुत दूर खींच ले जाते हैं। यद्यपि भारत में पचास लाख सर्वहारा हैं और तीन करोड़ सत्तर लाख भूमिहीन किसान हैं, फिर भी भारतीय कम्यूनिस्ट अभी तक देश में कम्यूनिस्ट पार्टी बनाने में असफल हुए हैं। अकेले यही तथ्य कामरेड राय के मत को काफी हद तक अप्रमाणित बना देता है।" (उप., पृ. 148) बुर्जुआ जनवादी आन्दोलन का समर्थन करना पर उसमें विलीन न हो जाना, अपनी स्वतंत्र भूमिका के लिए निरन्तर प्रयत्नशील रहना—पिछड़े हुए देशों के कम्यूनिस्टों के लिए लेनिन द्वारा निर्धारित कार्यनीति का यह सारतत्त्व है। वामपंथी अवसरवाद की विशेषता है, बुर्जुआ जनवादी आन्दोलन का समर्थन न करना, अपनी स्वतंत्र भूमिका के बल पर साम्राज्यवाद-सामन्तवाद-पूँजीवाद, सबको एक साथ परास्त करने के लिए प्रयत्नशील रहना। दक्षिणपंथी अवसरवाद की विशेषता है—अपनी स्वतंत्र भूमिका को भुला देना, बुर्जुआ जनवादी आन्दोलन में विलीन हो जाना, मजदूर वर्ग को पूँजीवादी नेतृत्व का पिछलगुआ बना देना। राय की कल्पना का स्वाधीनता-आन्दोलन पूर्व के देशों में ही विजयी न हो सकता था, पश्चिम के देशों में वह साम्यवाद की विजय का आधार बनता, यह तो बहुत दूर की बात थी।

क्रान्तिकारी आन्दोलन का नेतृत्व कर सकने योग्य कम्यूनिस्ट पार्टी का निर्माण काफी कठिन काम है। यह काम पूर्व के पिछड़े हुए देशों के लिए ही कठिन नहीं है, यूरोप के आगे बढ़े हुए देशों के लिए भी कठिन है। अगस्त, 1921 में लेनिन ने जर्मन कम्यूनिस्टों के नाम पत्र में लिखा था : "जर्मन सर्वहारा वर्ग को जो चीज करनी चाहिए और जिसे वह करेगा, वह यह है कि अपने होश-हवास दुरुस्त रखे—जीत की यह गारंटी है; पिछली गलतियों को व्यवस्थित ढंग से ठीक करे; जो मजदूर ट्रेड यूनियनों के भीतर हैं और जो बाहर हैं, उन सबको लगातार धैर्यपूर्वक प्रयत्न से अपनी ओर करे; एक मजबूत और बुद्धिमान कम्यूनिस्ट पार्टी का निर्माण करे जो घटनाक्रम के प्रत्येक मोड़ पर आम जनता का वास्तविक नेतृत्व करने के योग्य हो; और वह ऐसी रणनीति निर्धारित करे जो उस पूँजीपति वर्ग की श्रेष्ठ अन्तरराष्ट्रीय रणनीति के स्तर

की हो जो सबसे आगे बढ़ा हुआ है, जो सामान्यत: एक युग के अनुभव से और विशेषत: 'रूसी अनुभव' से 'प्रबुद्ध' हो चुका है।" ('ग्रंथावली', खंड-32, पृ. 513-14)

लेनिन की बताई हुई रणनीति की जरूरत 1921 में थी और 1935 तक बनी हुई थी। कम्यूनिस्ट इंटरनेशनल की सातवीं कांग्रेस ने फासिस्ट-विरोधी जनमोर्चे की नीति निर्धारित की। इससे पहले जर्मनी में नात्सी पार्टी सत्तारूढ़ हो चुकी थी। उसका सत्तारूढ़ होना अनिवार्य नहीं था। उसने आहत राष्ट्रीय भावना से प्रतिक्रियावाद के हित में लाभ उठाया; क्रान्ति के हित में उससे कम्यूनिस्ट पार्टी भी लाभ उठा सकती थी। नात्सियों ने पूँजीवाद का मौखिक विरोध करके निम्न पूँजीवादियों को अपनी ओर किया, पूँजीवाद का वास्तविक विरोध करके कम्यूनिस्ट भी उन्हें अपनी ओर कर सकते थे। जिस समय सुधारवादी मजदूर पार्टियों और गैर-नात्सी पूँजीवादी पार्टियों का दमन किया जा रहा था, उस समय उनसे मिलकर कम्यूनिस्ट भी फासिस्टों का दमन कर सकते थे। यह सारा काम आसान नहीं था। सबसे बड़ी कठिनाई सोवियत-विरोधी प्रचार का मुकाबला करने में थी।

मार्च, 1919 में लोनिन ने रूसी कम्यूनिस्ट पार्टी की आठवीं कांग्रेस में कहा था : "शॉड्मन की पार्टी अभी भी कह रही है कि हम जर्मनी को जीतना चाहते हैं। बेशक बात हास्यास्पद है, बेसिर-पैर की। लेकिन पूँजीपतियों के अपने हित हैं, उनके अपने अखबार हैं, लाखों प्रतियाँ छापकर सारी दुनिया को यही बात वे पुकार-पुकारकर सुनाते हैं। अपने हित में विलसन [अमरीकी राष्ट्रपति] भी इसका समर्थन कर रहा है। वे घोषित करते हैं, बोल्शेविकों के पास बड़ी फौज है और वे जर्मनी को जीतकर वहाँ अपना बोल्शेविज्म जमाना चाहते हैं। जर्मनी में स्पार्टाकस-पंथी बहुत अच्छे लोग हैं। उन्होंने हमें बताया कि जर्मन मजदूरों को कम्यूनिस्टों के खिलाफ भड़काया जा रहा है। उनमें कहा जाता है—देखो, बोल्शेविकों के यहाँ कितनी बुरी हालत है! और हम यह नहीं कह सकते कि हमारे यहाँ हालत बहुत अच्छी है। और इस तरह जर्मनी में हमारे शत्रु जनता को इस तर्क से प्रभावित करते हैं कि जर्मनी में सर्वहारा क्रान्ति हुई तो यहाँ भी वैसी ही गड़बड़ होगी, जैसी रूस में हुई है।" (उप., खंड-29, पृ. 173-74)

1919 में विश्वव्यापी पूँजीवादी प्रचार, रूस जर्मनी पर हमला करेगा! 1941 में हमला किया जर्मनी ने रूस पर। 1984 में यही प्रचार—रूस पश्चिमी यूरोप पर हमला करेगा। विलसन की जगह रेगन इस प्रचार का समर्थन ही नहीं करते, वह अब उसके सूत्रधार हैं। पूँजीवादी रणनीति में इतना कम परिवर्तन हुआ है। कम्यूनिस्ट इंटरनेशनल की सातवीं कांग्रेस ने कम्यूनिस्ट पार्टियों की रणनीति और कार्यनीति में महत्त्वपूर्ण परिवर्तन किये। "कम्यूनिस्ट तो डिक्टेटरों की तरह हैं। वे चाहते हैं कि सब कुछ वही निर्धारित करें और हमसे वैसा ही करवाएँ।" कम्यूनिस्ट-विरोधी मजदूर नेताओं के इस आरोप का जवाब दिमित्रोव ने यह कहकर दिया : "नहीं। हम

न कुछ निर्धारित करते हैं, न आपसे उसे करवाते हैं। हम केवल अपने प्रस्ताव इस विश्वास के साथ प्रस्तुत करते हैं कि यदि वे अमल में लाए गए तो वे श्रमिक जनता के हितों के अनुरूप होंगे। आप कम्यूनिस्टों की 'डिक्टेटरशिप' से डरते हैं? आइए, हम मिलकर आपके और अपने सभी प्रस्ताव मजदूरों के सामने रखें, मिलकर सभी मजदूरों के साथ उन पर विचार करें और जो प्रस्ताव मजदूर वर्ग के उद्देश्य के लिए सर्वाधिक उपयोगी हों, उन्हें चुन लें।" ('Selected Articles', पृ. 62) यह है सर्वहारा जनतंत्र का व्यावहारिक रूप। कम्यूनिस्ट पार्टी संयुक्त मोर्चे के भीतर मजदूरों की अन्य पार्टियों को 'डिक्टेट' न करेगी, उन पर अपने फैसले लादेगी नहीं; अपने और उनके प्रस्ताव सभी मजदूरों के सामने रखेगी। कौन-से प्रस्ताव मजदूरों के हित में हैं, कौन-से नहीं हैं, इसका आखिरी फैसला मजदूरों को ही करना है। कम्यूनिस्ट पार्टी अपनी निर्देशक भूमिका मजदूर वर्ग पर, उसके बहुसंख्यक भाग की इच्छा के विपरीत, उस पर लाद नहीं सकती।

मजदूर वर्ग की एकता यूरोप के फासिस्ट विरोधी मोर्चे का मूलाधार थी। मजदूर वर्ग का बहुसंख्यक भाग असंगठित था। फ्रांस के एक करोड़ दस लाख श्रमिकों में केवल दस लाख संघों में संगठित थे; ब्रिटेन के एक करोड़ चालीस लाख श्रमिकों में केवल पचास लाख संघों में संगठित थे। (उप., पृ. 65) जो संगठित थे, उनमें कम्यूनिस्ट पार्टी के समर्थक अल्पसंख्यक थे। समूचा मजदूर वर्ग भी पूरी आबादी में अल्पसंख्यक था। जनमोर्चे की सफलता किसानों और शहरी मध्यवर्ग के सहयोग के बिना असम्भव थी। वास्तव में पूँजीवाद के इजारेदार अंश ने जिस फासिस्टवाद को प्रेरित किया था, उसे सामाजिक समर्थन इस निम्न पूँजीवादी जमात से ही मिला था। इस जमात को मजदूर वर्ग अपनी ओर भी कर सकता था, किन्तु सर्वहारा क्रान्ति के नाम पर नहीं, फासिस्ट-विरोधी जनतंत्र के नाम पर।

एंगेल्स ने 'जर्मनी में किसान-युद्ध' की 1870 वाली भूमिका में नोट किया था कि पगारजीवी वर्ग जर्मन जनता का बहुसंख्यक भाग नहीं बना। यह स्थिति जर्मनी समेत पश्चिमी यूरोप की 1935 में भी थी। पूँजीवाद का विकास इतना रुक-रुककर होता है। दिमित्रोव ने कहा कि सर्वहारा वर्ग के समस्त संघर्ष की सफलता उस जुझारू गठबन्धन से घनिष्ठ रूप में सम्बद्ध है जिसमें एक ओर सर्वहारा वर्ग होगा और दूसरी ओर श्रमिक किसान होंगे और शहरी निम्न पूँजीवादियों का बुनियादी जन-समुदाय होगा। औद्योगिक रूप से विकसित देशों में भी ये दोनों किसान और शहरी निम्न पूँजीवादी मिलकर आबादी का बहुसंख्यक भाग होते हैं। ('Selected Articles', पृ. 66) ऐसी स्थिति में लेनिन ने सर्वहारा वर्ग के निम्न पूँजीवादी परिवेश के बारे में जो कुछ कहा था, वह 1935 में पश्चिमी यूरोप के लिए भी प्रासंगिक था। सवाल यह है कि जर्मनी में फासिस्ट तानाशाही के कायम होने को रोका जा सकता था या नहीं। दिमित्रोव ने जब इस सवाल पर कम्यूनिस्टों से सोचने को कहा, तब यह

तानाशाही कायम हो चुकी थी। गड़े मुर्दे उखाड़ने से लाभ? [भारत का विभाजन हो गया। सन् 1945-47 का क्रान्तिकारी उभार विजय की मंजिल तक न पहुँचा। जैसी आजादी मिलनी थी, मिल गई। पुरानी बातों की छानबीन से लाभ?] दिमित्रोव ने कहा : "साथियो, हम फासिस्टवाद की जीत के कारणों की चर्चा करते हैं, मजदूर वर्ग की हार के लिए सोशल डेमोक्रेटों की जिम्मेदारी का उल्लेख करते हैं, और फासिस्टवाद के खिलाफ संघर्ष में हम अपनी गलतियों के बारे में भी बोलते हैं, यह सब इसलिए नहीं कि हम गड़े मुर्दे उखाड़ना चाहते हैं। जीवन्त यथार्थ से सम्बन्ध-विच्छेद कर लेनेवाले इतिहासकार हम नहीं हैं। हम मजदूर वर्ग के सक्रिय लड़ाके हैं! जो प्रश्न लाखों मजदूरों को बेचैन किये है, उसका उत्तर देने को हम बाध्य हैं; क्या फासिस्टवाद की विजय को रोका जा सकता है, और कैसे? [क्या भारत के विघटन को रोका जा सकता है, और कैसे?] और हम इन लाखों मजदूरों को उत्तर देते हैं—हाँ, साथियो, फासिस्टवाद की राह रोकी जा सकती है। यह बिलकुल सम्भव है। यह हम पर निर्भर है; मजदूरों, किसानों और तमाम श्रमिक जनता पर निर्भर है!" (उप., पृ. 53)

वह इस तरह : मजदूर वर्ग अपने बिखरे हुए हिस्सों को एकजुट करे, उनकी जझारू एकता कायम करे और फासिस्टवाद के हमले का मुकाबला करे। इस तरह वह किसानों, शहरी निम्न पूँजीवादियों पर, नौजवानों और बुद्धिजीवियों पर फासिस्टवाद के प्रभाव को निरस्त कर सकेगा। इनके एक हिस्से को वह तटस्थ बना देगा और दूसरे हिस्से को अपनी ओर कर लेगा। फासिस्टवाद का रोका जाना मजबूत क्रान्तिकारी पार्टी के अस्तित्व पर निर्भर है। "जो पार्टी फासिस्टवाद से मुकाबला होने पर पीछे हटने के लिए मजदूर वर्ग का बाकायदा आह्वान करती रहती है और फासिस्ट पूँजीपति गुट को अपनी स्थिति मजबूत करने देती है, वह लाजमी तौर पर मजदूरों को पराजय का मुँह दिखाएगी।" (उप.) फासिस्टवाद का रोका जाना किसानों और शहरी निम्न पूँजीवादियों के प्रति मजदूर वर्ग की सही नीति पर निर्भर है। "ये जन-समुदाय जैसे हैं, वैसे ही ग्रहण किये जाने चाहिए; हमारे मन मुताबिक वे जैसे होने चाहिए, वैसे नहीं। केवल संघर्ष की प्रक्रिया में वे अपना सन्देह और ढुलमुलपन दूर कर सकेंगे।" (उप., पृ. 53-54) फासिस्टवाद की विजय को रोकने के लिए जरूरी है कि क्रान्तिकारी सर्वहारा वर्ग चौकन्ना रहे, गफलत की हालत में उसे अपने ऊपर हावी न हो जाने दे, उसे अपनी शक्ति संगठित करने का मौका न दे। जहाँ भी वह सिर उठाये, उसे खदेड़ दे, उसे अपनी स्थिति मजबूत न करने दे। (उप., पृ. 54) ये सारी बातें मजदूर वर्ग को पूँजीवादी जनतंत्र की सीमाओं के भीतर करनी थीं। मुख्य बात थी फासिस्टवाद [भारत में सम्प्रदायवाद] के खिलाफ सक्रिय संघर्ष चलाना; जनतंत्र [राष्ट्रीय एकता, साम्प्रदायिक सद्भावना] को कायम रखने के लिए अपीलें करना काफी नहीं था।

सोशल डेमोक्रेटिक नेताओं ने फासिस्टवाद के सही वर्ग-स्वरूप को आम जनता से छिपाया और पूँजीपति वर्ग के अधिकाधिक प्रतिक्रियावादी कार्यों के खिलाफ संघर्ष करने को नहीं कहा। फासिस्ट हमले की एक निर्णायक घड़ी में जर्मनी की श्रमिक जनता का बड़ा हिस्सा फासिस्टवाद में महाजनी पूँजी का खूनी रूप नहीं पहचान पाया, इसकी बड़ी ऐतिहासिक जिम्मेदारी सोशल डेमोक्रेटिक नेताओं पर है। (उप., पृ. 43) जहाँ तक कम्यूनिस्ट पार्टियों का सवाल है, उन्होंने फासिस्टवाद के खतरे को कम करके आँका। कुछ लोग कहते थे, जर्मनी इटली नहीं है। क्लासिकल पूँजीवादी जनतंत्र के देशों में फासिस्टवाद नहीं कायम हो सकता। कुछ लोग गाफिल थे; फासिस्ट तानाशाही कायम हो रही है, उन्हें इसका ज्ञान न था। "जिस समय जर्मनी में नात्सीवाद जन-समुदायों का भयावह आन्दोलन बन चुका था, तब ऐसे कामरेड भी थे जो समझते थे कि ब्रुएनिंग सरकार [बुर्जुआ जनवादी सरकार] के रूप में फासिस्ट तानाशाही की सरकार पहले ही कायम हो चुकी है! वे डींग हाँकते थे : "हिटलर की तीसरी राइश कभी कायम हुई तो वह जमीन में छह फीट गहरे कायम होगी, ऊपर विजयी मजदूर सत्ता होगी'।" (उप., पृ. 52)

इस तरह के कम्यूनिस्ट अपनी ताकत बहुत बढ़ा-चढ़ाकर आँक रहे थे। मजदूर वर्ग विभाजित था; एक हिस्सा कम्यूनिस्टों के साथ था, दूसरा सोशल डेमोक्रेटों के। किसानों के साथ मजदूर वर्ग की एकता कायम न हुई थी। शहरी निम्न पूँजीवादी समुदाय को कम्यूनिस्ट पार्टी संगठित न कर सकी थी। पूँजीवादी जनतंत्र पूँजीपति वर्ग की 'डिक्टेटरशिप' है, इस सिद्धान्त की जकड़बन्दी के कारण कम्यूनिस्ट सोशल डेमोक्रेटों के साथ संयुक्त मोर्चा कायम न कर पाए थे। पूँजीवादी जनतंत्र और फासिस्ट तानाशाही—दोनों जगह 'डिक्टेटरशिप है, तो एक डिक्टेटरशिप का पक्ष लेकर दूसरी से क्यों लड़ा जाए? फासिस्टवाद की एक विशेषता यह रही है कि वह बलपूर्वक दूसरी पार्टियों का दमन करता है। दिमित्रोव ने इस विशेषता के बारे में कहा था : "दूसरी राजनीतिक पार्टियों को बलपूर्वक दबाकर फासिस्टवाद अपना राजनीतिक इजारा कायम करने की कोशिश करता है।...वह पूँजीवादी पार्टियों के कानूनी अस्तित्व को खत्म कर देता है। लेकिन उनमें से कुछ अपना गैरकानूनी अस्तित्व बनाए रहती हैं।" (उप., पृ. 54) कम्यूनिस्टों के लिए जरूरी हुआ कि नात्सी पार्टी के राजनीतिक इजारे के खिलाफ पूँजीवादी पार्टियों के साथ संयुक्त मोर्चा बनाएँ। दिमित्रोव ने इन पार्टियों के बारे में कहा कि इनमें धनी किसानों के साथ बेजमीन किसान हैं, बड़े व्यवसायियों के साथ छोटे दुकानदार हैं, पार्टियों की बागडोर बड़ी पूँजी के कारिन्दों के हाथ में रहती है। अधिकांश सदस्य अपने नेताओं के वास्तविक राजनीतिक स्वरूप के बारे में कुछ नहीं जानते। "किन्हीं परिस्थितियों में हम इन पार्टियों और संगठनों को अथवा उनके कुछ हिस्सों को, उनके पूँजीवादी नेतृत्व के बावजूद, फासिस्ट-विरोधी जनमोर्चे की ओर खींच सकते हैं और उन्हें खींचने की कोशिश हमें अवश्य करनी चाहिए। (उप., पृ. 67)

जनमोर्चे की सरकार में सोशल डेमोक्रेटों के साथ कम्यूनिस्ट शामिल हो सकते हैं या नहीं, यह दिलचस्प सवाल यूरोप की कम्यूनिस्ट पार्टियों के सामने था। फासिस्ट-विरोधी मोर्चा पूँजीवाद के एक अंश के खिलाफ था, समूचे पूँजीवाद के नहीं। संयुक्त मोर्चे की सरकार उसी एक अंश का दमन करने वाली सरकार होगी, समस्त पूँजीवादी को ध्वस्त करने वाली सरकार नहीं। किन्तु यह सरकार कुछ पार्टियों के नेताओं में समझौता हो जाने से न बन जाएगी, वह श्रमिक जनता की व्यापक कार्यवाही के फलस्वरूप बनेगी। विकसित पूँजीवादी देशों में समाजवादी सरकार से घटकर कोई सरकार बने और उसमें कम्यूनिस्ट शामिल हों, यह धारणा मार्क्सवाद के लिए नई थी। इस धारणा का प्रतिपादन दिमित्रोव ने कम्यूनिस्ट इंटरनेशनल की सातवीं कांग्रेस में किया। मानना चाहिए कि लेनिन के बाद मार्क्सवादी रणनीति और कार्यनीति में यह विकास का नया कदम था।

दिमित्रोव ने कहा : "साथियो, मजदूर वर्ग के संयुक्त मोर्चे की ओर हमने साहस और दृढ़ता से एक रास्ता अपनाया है। हम पूरे सुसंगत रूप से उस पर चलने को तैयार हैं। यदि हम कम्यूनिस्टों से पूछा जाए कि हम सिर्फ आंशिक माँगों की पूर्ति के लिए संयुक्त मोर्चे की हिमायत करते हैं, या संयुक्त मोर्चे के आधार पर सरकार बनाने का सवाल हो, तब जिम्मेदारी में भी हिस्सा बँटाने को तैयार होंगे, तो हम पूरे दायित्वबोध के साथ कहेंगे : हाँ, हम मानते हैं, ऐसी परिस्थिति उत्पन्न हो सकती है जिसमें 'सर्वहारा संयुक्त मोर्चे की सरकार, अथवा 'फासिस्ट विरोधी जनमोर्चे की सरकार' न केवल सम्भव होगी वरन् सर्वहारा वर्ग के हित में आवश्यक भी होगी। और उस हालत में जरा भी झिझके बिना हम ऐसी सरकार बनाने के पक्ष में घोषणा करेंगे।" (उप., पृ. 93) यदि लेनिन की विचारधारा की विकासमानता को ध्यान में रखा जाए, तो कहना होगा, दिमित्रोव की स्थापना इस विचारधारा के अनुरूप थी।

फासिस्टवाद के विरुद्ध अभियान चलाते हुए संयुक्त मोर्चे की सरकार किन परिस्थितियों में बनाई जा सकती है, इस बारे में दिमित्रोव ने कुछ दिलचस्प बातें कही थीं। जब 'राजनीतिक संकट' की परिस्थितियाँ हों, जब शासकवर्ग फासिस्ट विरोधी जन-आन्दोलन के शक्तिशाली उभार से निपट पाने में असमर्थ हों।" ('Selected Articles', पृ. 94) जिन बातों पर विशेष ध्यान देना है, वे तीन हैं : "पहली, पूँजीपति वर्ग की राज्यसत्ता का यंत्र (apparatus) पर्याप्त रूप से विसंगठित और पंगु (disorganized and paralysed) हो चुका हो जिससे कि पूँजीपति वर्ग फासिस्टवाद और प्रतिक्रियावाद के खिलाफ संघर्ष की सरकार का बनाया जाना रोक न सके।" (उप.) पूँजीवादी जनतंत्र भीतर से टूट रहा हो, प्रतिक्रियावाद उसकी जगह फासिस्ट तानाशाही कायम करने को प्रयत्नशील हो, उसके विरुद्ध फासिस्ट-विरोधी अभियान शक्तिशाली जन उभार बन गया हो। सत्ता के तीन केन्द्र हुए : पूँजीवादी जनतंत्र जो टूट रहा है, फासिस्ट तानाशाही जो सत्ताधारी बनने को प्रयत्नशील है, फासिस्ट विरोधी

जन-आन्दोलन जो संयुक्त मोर्चे की सरकार बना सकता है। राजनीतिक संकट के समय, पूँजीवादी जनतंत्र के विघटन की हालत में कम्यूनिस्ट यदि फासिस्टवाद के दमन के लिए पूँजीवादी राज्यसत्ता की मशीनरी का भरोसा करते हैं, तो वे मारे जाएँगे, तानाशाही की स्थापना को न रोक सकेंगे। राज्यसत्ता की मशीनरी जहाँ और जितना भी फासिस्टवाद का मुकाबला करती है, उससे लाभ उठाते हुए वे उससे संघर्ष करने के लिए स्वतंत्र रूप से जन-आन्दोलन संगठित करेंगे। पूँजीवादी जनतंत्र के विरुद्ध फासिस्टों के साथ संयुक्त मोर्चा बनाना वामपंथी अवसरवाद है; फासिस्टवाद की पराजय के लिए पूँजीवादी जनतंत्र के भरोसे बैठे रहना दक्षिणपंथी अवसरवाद है। पूँजीवादी नीति के फलस्वरूप जनता में असन्तोष बढ़ता है। इससे लाभ उठाकर शहरी मध्यवर्ग के, किसानों और मजदूरों के भी, बहुत-से हिस्से साम्राज्यवाद के उस सामाजिक आधार की ओर खिंच आते हैं जिसके मुख्य घटक सामन्ती अवशेष और व्यापारी हैं। पूँजीवादी सरकार की जनविरोधी नीतियों के खिलाफ आन्दोलन न चलाया जाएगा तो फासिस्टवाद को अपनी स्थिति को मजबूत करने में मदद मिलेगी।

दिमित्रोव ने विशेष ध्यान देने के लिए जो तीन बातें कही थीं; उनमें दूसरी यह थी : "खूब व्यापक स्तर पर श्रमिक जनता के समुदाय, खास तौर से आम मजदूरों के संघ, फासिस्टवाद और प्रतिक्रियावाद के खिलाफ जबर्दस्त बगावत की अवस्था में होने चाहिए, यद्यपि वे कम्यूनिस्ट पार्टी के नेतृत्व में सोवियत सत्ता की उपलब्धि के लिए सशस्त्र विद्रोह करके लड़ने को तैयार न होंगे।" (उप.) कम्यूनिस्ट पार्टी के नेतृत्व में सर्वहारा सत्ता कायम करने का सवाल नहीं है, फासिस्टवाद को परास्त करके जनवादी सत्ता कायम करने का सवाल है—ऐसी सत्ता, जो फासिस्टवाद (साम्राज्यवाद के देशी आधार) को खत्म कर सके। दिमित्रोव की तीसरी बात : "सोशल डेमोक्रेसी तथा अन्य संयुक्त मोर्चे में शामिल होने वाली पार्टियों की सफों में विभेद और क्रान्तिकारीपन इस हद तक फैल चुका हो कि वे काफी अनुपात में फासिस्टों और दूसरे प्रतिक्रियावादियों के खिलाफ कठोर कदम उठाने की माँग कर रहे हों, फासिस्टवाद के खिलाफ कम्यूनिस्टों के साथ मिलकर संघर्ष कर रहे हों और उनके ही दल में साम्यवाद के प्रति जिस प्रतिक्रियावादी अंश का शत्रुभाव है, उसका खुलकर विरोध करने लगे हों।" (उप.) फासिस्ट-विरोधी संघर्ष, राष्ट्रीय स्वाधीनता-संग्राम, नई जनवादी क्रान्ति—इन सबके कार्यक्रम मिलते-जुलते हैं। बुल्गारिया का फासिस्ट-विरोधी संघर्ष उसका राष्ट्रीय मुक्ति-संग्राम भी था; चीन का स्वाधीनता-संग्राम नई जनवादी क्रान्ति भी था। साम्राज्यवादी हस्तक्षेप के विरुद्ध सोवियत रूस का गृहयुद्ध भी स्वाधीनता-संग्राम था। वार्साइ संधि के बाद औपनिवेशिक अवस्था से उबरने के लिए परास्त जर्मनी का संघर्ष राष्ट्रीय जनवादी क्रान्ति का रूप ले सकता था। यूरोप, एशिया, अफ्रीका के देशों में जो क्रान्तियाँ हुई हैं, हो रही हैं और जिनके होने की सम्भावना कभी थी, वे सब एक ही संज्ञा—नई जनवादी क्रान्ति—के अन्तर्गत आती

हैं। नई जनवादी क्रान्ति अनेक वर्गों, वर्गों के अनेक स्तरों, वर्गों और स्तरों की अनेक पार्टियों के सहयोग से ही सम्पन्न होती है। नये जनतंत्र में इन वर्गों, स्तरों और उनकी पार्टियों की भूमिका तुरत समाप्त नहीं हो जाती; सत्ता में उनका हिस्सा भी होता है। दिमित्रोव ने संयुक्त मोर्चे की जिस सरकार की बात कही थी, उसमें अनेक पार्टियों का शामिल होना अनिवार्य था। बुल्गारिया जैसे देशों में दूसरे महायुद्ध के बाद जो सरकारें बचीं, वे अनेक पार्टियों की सरकारें थीं।

मजदूरों और निम्न पूँजीवादी समुदायों के विशाल मोर्चे में जनतांत्रिक ढंग से काम किये बिना कम्यूनिस्ट पार्टी कोई प्रभावशाली भूमिका न निबाह सकती थी। तुम डिक्टेट करोगे या जनतांत्रिक ढंग से काम करोगे—यह प्रश्न गैर-कम्यूनिस्ट नेता कम्यूनिस्ट पार्टी के सामने पेश कर रहे थे। इसका बिलकुल सही जवाब दिमित्रोव ने दिया था—कौन-सा प्रस्ताव मानना है, कौन-सा नहीं, इसका फैसला मजदूरों का समुदाय करेगा। जाहिर है, इसी तरह मजदूरों और गैर-मजदूरों के मोर्चे के भीतर फैसला उसके बहुसंख्यक भाग के मतानुसार होगा।

फासिस्टवाद इजारेदार पूँजी के सबसे प्रतिक्रियावादी गुट की आतंकवादी तानाशाही है—इस स्थापना के बावजूद फासिस्ट तानाशाही उन देशों में भी कायम हो रही थी जिनमें इजारेदार पूँजी का विकास बहुत कम हुआ था या जो सामान्य औद्योगिक विकास में भी काफी पिछड़े हुए थे। यहाँ सामन्त-विरोधी क्रान्ति के अधूरे कार्य और भी महत्त्वपूर्ण थे और इन कार्यों का विरोध करनेवाले सामन्ती या अर्द्ध-सामन्ती जमींदार थे। स्पेन की जनवादी क्रान्ति के बाद वहाँ की सरकार में सोशलिस्ट भागीदार थे किन्तु रूस में जैसे करेन्स्की ने ये कार्य पूरे न किये थे, वैसे ही स्पेन में इन सोशलिस्टों ने वे कार्य पूरे न किये। दिमित्रोव ने उनके बारे में प्रश्न किया था : "किसानों को क्रान्ति के पक्ष में करने के उद्देश्य से क्या उनके लिए जमींदारों, गिरजाघरों और मठों की भूमि के अधिग्रहण की माँग उन्होंने की थी?" (उप., पृ. 50) स्पेन के ये जमींदार जर्मनी के नात्सियों के परम समर्थक थे। फासिस्टों के सत्ता हथियाते समय जिन देशों में दिमित्रोव के अनुसार कम्यूनिस्ट गाफिल पाए गए, उनमें स्वयं उनका देश बुल्गारिया था, उसके साथ पोलैंड और फिनलैंड थे। इन सब देशों में नई जनवादी क्रान्ति के लिए परिस्थितियाँ अनुकूल थीं, सर्वहारा क्रान्ति के लिए नहीं। फासिस्ट-विरोधी संग्राम में सफल होने के बाद यहाँ नया जनतंत्र कायम हो सकता था, सर्वहारा जनतंत्र नहीं। फासिस्ट विरोधी मोर्चे में कम्यूनिस्ट पार्टी को जिस तरह बहुमत का ध्यान रखना था, उसी तरह नई जनवादी सरकार में उसका ध्यान रखना था। बहुसंख्यक किसान आबादीवाले इन देशों में समाजवाद का निर्माण बहुत धीरे-धीरे ही सम्भव था। बुल्गारिया, यूगोस्लाविया आदि देशों में व्यापक आधार पर जनमोर्चे संगठित किये गए और इन्होंने फासिस्ट-विरोधी मुक्ति-संग्राम में सोवियत सेना की सहायता से विजय प्राप्त की। सितम्बर, 1944 में बुल्गारिया में जनमोर्चे

की विजय हुई। "एक नई तरह की जनता की लोकतांत्रिक सरकार रची गई और उसे सँवारा गया। यद्यपि उसके तात्कालिक कार्यों का स्वरूप जनवादी था, फिर भी 9 सितम्बर का सशस्त्र विद्रोह हमारे देश में पूँजीवादी व्यवस्था की नींव तक हिलाए बिना न रहा, इस तरह पूँजीवादी जनतंत्र की सीमाएँ लाँघे बिना न रहा।" (उप., पृ. 221) जनमोर्चे में मजदूर, किसान, कारीगर और बुद्धिजीवी संगठित थे : "मंत्रिमंडल में कम्यूनिस्ट अभी अल्पसंख्यक थे।" (उप., पृ. 220-21) जनमोर्चे ने चुनाव में विजय प्राप्त की। राष्ट्रीय महासभा के चुनाव में जनमोर्चे (अथवा पितृभूमि के मोर्चे) को 70 फीसदी वोट मिले। नये जनतंत्र को पूँजीवादी क्रान्ति के अधूरे काम पूरे करने थे, साथ ही वह पूँजीवादी व्यवस्था की नींव तक हिला रहा था। यही जनता के लोकतंत्र की विशेषता थी। कम्यूनिस्ट इंटरनेशनल की सातवीं कांग्रेस में जनमोर्चे की जो अवधारणा की गई थी, जनता का लोकतंत्र (People's democracy) उसकी तर्कसंगत परिणति थी।

आठवाँ अध्याय

विश्व साम्राज्य-विरोधी क्रान्ति और एशिया

1. रूस और पूरब की क्रान्तियाँ

पिछड़े हुए देशों में रूसी क्रान्ति के अनुभव से लाभ उठाने के लिए जरूरी है कि हम याद रखें कि रूस 1917 में जर्मनी, ब्रिटेन और फ्रांस से पिछड़ा हुआ था और भारत, चीन, ईरान आदि से आगे बढ़ा हुआ था। पश्चिमी यूरोप के देश इजारेदार पूँजी के युग में प्रवेश कर चुके थे; रूस औद्योगिक पूँजीवाद के युग में था। औद्योगिक पूँजीवाद के युग में सामन्ती अवशेष पश्चिमी यूरोप में उतने मजबूत न थे जितने 1917 के रूस में थे। भारत, चीन, ईरान पराधीन अथवा अर्द्धपराधीन देश थे। इनसे भिन्न रूस साम्राज्यवादी देश था। इसलिए रूस पश्चिमी यूरोप से पिछड़ा हुआ था, एशियाई देशों से आगे बढ़ा हुआ था। जनवरी, 1923 में 'हमारी क्रान्ति' शीर्षक लेख में लेनिन ने बताया था कि "रूस उस सीमान्त रेखा पर है जिसके एक ओर सभ्य देश हैं, दूसरी ओर वे देश हैं, जिन्हें यह युद्ध पहली बार सभ्यता की कक्षा में खींच लाया है, सारे पूर्वी, गैर-यूरोपियन देश हैं।" ('ग्रंथावली', खंड-33, पृ. 477) पश्चिमी यूरोप—इजारेदार पूँजीवाद का केन्द्र साम्राज्यवादी यूरोप—एक ओर, मानव संस्कृति में ऐतिहासिक योगदान करने वाले एशिया के आक्रान्त देश दूसरी ओर; इनके बीच में था रूस।

स्तालिन ने इसी प्रकार 1928 में तीन प्रकार के देशों में भेद करते हुए कहा था : "कुछ देश (अमरीका, जर्मनी, ब्रिटेन) ऐसे हैं जिनमें भारी पूँजीवादी विकास हुआ है; कुछ (पोलैंड, फरवरी क्रान्ति से पहले का रूस) ऐसे हैं जिनमें औसत पूँजीवादी विकास हुआ है; अन्य औपनिवेशिक देश हैं।" ('Works', खंड-11, पृ. 162) भारी विकसित और औसत विकसित पूँजीवादी देशों की क्रान्ति में फर्क था। "विकसित पूँजीवादी देशों में क्रान्ति की विजय के तुरन्त बाद सर्वहारा डिक्टेटरशिप कायम होगी। इनके अलावा कम विकसित पूँजीवादी देश हैं। वहाँ (पोलैंड, रूमानिया आदि) सामन्ती अवशेष हैं; वहाँ सामन्त-विरोधी ढंग की विशेष कृषितंत्रीय समस्या है। वहाँ निम्न पूँजीवादी, खास तौर से किसान, क्रान्तिकारी उथल-पुथल के समय, लाजमी तौर से महत्त्वपूर्ण भूमिका निबाहेंगे। वहाँ क्रान्ति की विजय के बाद सर्वहारा

डिक्टेटरशिप तक पहुँचने के लिए कुछ बीच की मंजिलों की जरूरत हो सकती है और निश्चय ही होगी, यथा : सर्वहारा और किसानों की डिक्टेटरशिप के रूप में।" (उप.) रूसी क्रान्ति में किसानों की भूमिका पर बल देते हुए स्तालिन ने कहा : "हमारे देश में भी ऐसे लोग थे, जैसेकि त्रोत्स्की, जो फरवरी क्रान्ति से पहले कहते थे, कि किसानों का कोई महत्त्व नहीं है, तात्कालिक नारा है—'ज़ारशाही खतम हो, मजदूरों की सरकार कायम हो'! आप जानते हैं; लेनिन ने जोरदार ढंग से खुद को इस नारे से अलग किया था। निम्न पूँजीवादियों, खास तौर से किसानों, की भूमिका और उनके महत्त्व को कम करके आँकने पर आपत्ति की थी।" (उप., पृ. 162-63) किसानों की यह भूमिका रूसी क्रान्ति को कम विकसित पूँजीवादी देशों की क्रान्ति से जोड़ती है। निश्चित है, देश जितना ही पिछड़ा होगा, क्रान्ति में किसानों की भूमिका उतना ही अधिक महत्त्वपूर्ण होगी।

'हमारी क्रान्ति' लेख में लेनिन ने अपनी क्रान्ति का सम्बन्ध पश्चिमी यूरोप के बदले एशियाई क्रान्तियों से जोड़ा। उन्होंने कहा कि रूस अपनी विशेष स्थिति के कारण पश्चिमी यूरोप के साथ साम्राज्यवादी युद्ध में खिंच आया; रूस की विशेष स्थिति "उसके विकास को उन क्रान्तियों की सीमारेखा तक खींच लाई जो पूर्व में परिपक्व हो रही थीं और अंशतः शुरू भी हो गई थीं। यह उस समय हुआ जब परिस्थितियों ने हमें मजदूर-आन्दोलन से 'किसान-युद्ध' को संयुक्त कर लेने दिया।" ('ग्रंथावली', खंड-33, पृ. 478) रूस अपनी विशेष स्थिति के कारण प्रथम विश्वयुद्ध में खिंच आया। उसके अपने साम्राज्यवादी हित इस युद्ध से जुड़े हुए थे। यह स्थिति एशियाई देशों की नहीं थी। इसलिए रूसी क्रान्ति पूर्वी देशों की सीमारेखा तक पहुँची, उसे उसका तादात्म्य नहीं हुआ। किन्तु पश्चिमी यूरोप की सम्भावित क्रान्तियों से वह अपने सामन्त-विरोधी कार्यों, किसानों की भूमिका, के कारण काफी दूर थी। पूर्वी देशों में क्रान्तियों का प्रमुख पक्ष राष्ट्रीय स्वाधीनता का था, पश्चिमी यूरोप में क्रान्ति के इस पक्ष का अभाव था। रूसी क्रान्ति में यह पक्ष अंशतः विद्यमान था। रूस में ब्रिटिश और फ्रांसीसी पूँजी ने वहाँ की नई पूँजीवादी सरकार को अपनी कठपुतली बना लिया था। गृहयुद्ध में साम्राज्यवादी देशों ने हथियारबन्द दखलअंदाजी करके रूस की प्रभुसत्ता पर आक्रमण किया था।

रूसी क्रान्ति ने जितना पिछड़े हुए देशों को प्रभावित किया, उतना पश्चिमी यूरोप के देशों को नहीं किया। रूसी क्रान्ति के बाद विश्व पूँजीवाद की कड़ियाँ पिछड़े हुए देशों में टूटीं, विकसित पूँजीवादी देशों में नहीं। मजदूर वर्ग समाज का सबसे क्रान्तिकारी वर्ग है, इस सूत्र की रट लगाने वाले यह भूल गए कि अपने जीवन की परिस्थितियों के कारण ही मजदूर वर्ग समाज का सबसे क्रान्तिकारी वर्ग होता है, ये परिस्थितियाँ अचल और अपरिवर्तनशील नहीं हैं। पराधीन देशों और उपनिवेशों की लूट का एक हिस्सा मजदूरों में बाँटकर पूँजीपतियों ने अवसरवाद का आर्थिक आधार

निर्मित किया, मजदूरों में भ्रष्टाचार फैलाया। इन देशों में क्रान्ति की सम्भावना जितना ही कम हुई, उतना ही वह पिछड़े हुए देशों में बढ़ी; यही नहीं, वह विकसित देशों के मजदूरों की मुक्ति के लिए आवश्यक हो गई।

मजदूर वर्ग का निर्माण और विकास पूँजीवाद के विकास के साथ जुड़ा हुआ है। पूँजीवाद अपनी कब्र खोदनेवाले खुद ही पैदा करता है। पश्चिमी यूरोप के देशों में पूँजीवाद सर्वाधिक विकसित है, इसलिए वहाँ का मजदूर वर्ग सर्वाधिक क्रान्तिकारी है, इसलिए सर्वहारा क्रान्ति वहीं होगी, और सब क्रान्तियों में मिलावट होती है। जो क्रान्ति सर्वाधिक सुसंगत रूप में क्रान्तिकारी होती है, वह सर्वहारा क्रान्ति है—यह सारा क्रान्तिवाद वास्तव में अवसरवाद था! स्तालिन ने इस क्रान्तिवाद का अवसरवादी स्वरूप स्पष्ट करते हुए लिखा था : "सभी देशों के अवसरवादी दावा करते हैं कि सर्वहारा क्रान्ति केवल औद्योगिक रूप से विकसित देशों में शुरू हो सकती है—यदि उनके सिद्धान्त के अनुसार उसे कहीं भी शुरू होना है। और ये देश औद्योगिक रूप से जितना ही अधिक विकसित होंगे, उतना ही वहाँ समाजवाद की विजय की सम्भावना अधिक होगी।" ('Problems', पृ. 103) इस असरवाद के विपरीत क्रान्तिकारी यथार्थवाद यह था कि मुट्ठी भर देशों के पूँजीपति संसार की बहुसंख्यक जनता का शोषण कर रहे थे, इसलिए विश्व-साम्राज्यवाद के मोर्चे में "दरार पड़ने की सम्भावना अधिक है उन बिन्दुओं पर, उन देशों में, जहाँ साम्रज्यवादी मोर्चे की जंजीर सबसे कमजोर है, जहाँ साम्राज्यवाद सबसे कम सुरक्षित है, जहाँ क्रान्ति का प्रसार सबसे आसान है।" (उप., पृ. 102)

मजदूर-आन्दोलन में वामपंथी अवसरवाद एक ओर केवल साम्राज्यवादी देशों में सर्वहारा क्रान्ति की सम्भावना स्वीकार करता था, दूसरी ओर उसकी माँग थी कि पराधीन देशों में क्रान्ति हो तो सर्वहारा क्रान्ति ही हो क्योंकि यहाँ सारा पूँजीपति वर्ग साम्राज्यवाद का दलाल था और किसान अपने अन्धविश्वासों के कारण सामाजिक क्रान्ति कर न सकते थे। उधर यूरोप के सभी दक्षिणपंथी अवसरवादी मजदूर नेताओं के लिए पिछड़े हुए देशों को गुलाम बनाए रखना न्यायपूर्ण था; वे उनके स्वाधीनता-संग्राम का विरोध करते थे। इन दोनों तरह के अवसरवादों के विपरीत लेनिन ने पिछड़े हुए देशों के स्वाधीनता-संग्राम का निरन्तर समर्थन किया। उन्होंने सर्वहारा क्रान्ति से इस संग्राम के स्वरूप की भिन्नता को हमेशा ध्यान में रखा। 1908 में उन्होंने भारत के सन्दर्भ में लिखा था कि ब्रिटेन के उदारपंथी पूँजीपति "भारत के बढ़ते हुए क्रान्तिकारी संघर्ष से डर गए हैं।" ('ग्रंथावली', खंड-15, पृ. 182) ब्रिटेन के उदारपंथी विचारक भारत का शासन करते समय "बाकायदा चंगेज खाँ हो जाते हैं" और "राजनीतिक विरोधियों को कोड़े लगाने से भी नहीं हिचकते।" (उप., पृ. 184) भारतीय नेता तिलक को 'अंग्रेज गीदड़ों ने' काले पानी की सजा दी है। इसके विरुद्ध प्रदर्शन हुए हैं और 'बम्बई में हड़ताल' हुई है। "भारत में भी सर्वहारा वर्ग ने अभी भी सचेत राजनीतिक

संघर्ष विकसित कर लिया है। ऐसी स्थिति में भारत में रूसी ढंग की ब्रिटिश हुकूमत के दिन गिने हुए हैं।" (उप.)..."अधिकांश एशियाई देशों में आग की लपटें स्पष्ट फैल रही हैं। ये अभी कल तक गहरी नींद में थे। यह एकदम अनिवार्य है कि पूँजीपतियों का अन्तरराष्ट्रीय प्रतिक्रियावाद और सघन होगा और प्रत्येक राष्ट्रीय क्रान्ति में तेजी आएगी।" (उप., पृ. 188) विश्व पैमाने पर अन्तरराष्ट्रीय प्रतिक्रियावाद से राष्ट्रीय क्रान्तियों की टक्कर हो रही है, यह स्थिति लेनिन के सामने 1908 में स्पष्ट थी।

यूरोप के उदारपंथी विचारक तुर्की में क्रान्ति की विजय के लिए, उसे सुदृढ़ करने के लिए, कुछ भी न कर रहे थे। लेनिन ने लिखा कि उन्हें डर है कि बाल्कन प्रदेश में वास्तविक जनतंत्र की माँग जोर पकड़ेगी, तो उसके प्रभाव से "ईरानी क्रान्ति की विजय निश्चित हो जाएगी, एशिया के जनवादी आन्दोलन को नई प्रेरणा मिलेगी, भारत में स्वाधीनता-आन्दोलन तेज होगा।" (उप., पृ. 221) यूरोप की ताकतें 'एशिया में जनवाद के बढ़ते हुए ज्वार के खिलाफ' क्रान्ति-विरोधी मोर्चा कायम कर रही थीं। (उप.) 1915 में पराधीन देशों के राष्ट्रीय मुक्ति-संग्राम से दूसरों को गुलाम बनाने वाले युद्धों का भेद बताते हुए लेनिन ने लिखा : "चीन, ईरान, भारत और अन्य पराधीन देशों में हमने पिछले दशकों में राष्ट्रीय जीवन के प्रति करोड़ों आदमियों को जाग्रत करने की नीति देखी है। प्रतिक्रियावादी 'बड़ी ताकतों' के उत्पीड़न से उनके मुक्त होने की नीति देखी है। इस तरह के ऐतिहासिक आधार पर जो युद्ध चलाया जाएगा, वह आज भी राष्ट्रीय मुक्ति का पूँजीवादी-प्रगतिशील युद्ध हो सकता है।" (उप., खंड-21, पृ. 304) पराधीन देशों का स्वाधीनता-संग्राम सर्वहारा क्रान्ति नहीं था। वह पूँजीवादी-प्रगतिशील युद्ध था क्योंकि वह पराधीन देशों के पूँजीपति वर्ग के भी हित में था। वह विश्व-साम्राज्यवाद को कमजोर करनेवाला था, इसलिए प्रगतिशील था।

1916 में लेनिन ने यूरोप के समाजवादियों से कहा कि एशियाई देशों में पूँजीवादी-जनवादी आन्दोलन के क्रान्तिकारी तत्त्वों का समर्थन करना चाहिए और "उन्हें उत्पीड़ित करनेवाली साम्राज्यवादी ताकतों के 'खिलाफ' उनके विद्रोह की—अथवा क्रान्तिकारी युद्ध हो तो उसकी—सहायता करनी चाहिए।" (उप., खंड-22, पृ. 152) इस तरह प्रथम विश्वयुद्ध के दौरान यूरोप के मजदूर-आन्दोलन तथा एशिया के मुक्ति-संग्राम का विराट साम्राज्य-विरोधी मोर्चा बन रहा था। भारत, चीन और ईरान साम्राज्यवादी ताकतों के खिलाफ मिलकर 'राष्ट्रीय मुक्ति युद्ध' चलाएँ, इसकी निश्चित सम्भावना विद्यमान थी। 1919 में लेनिन ने राष्ट्रीय मुक्ति-संग्राम और यूरोप के समाजवादी आन्दोलन की एकता पर जोर दिया। विश्वक्रान्ति में पराधीन देशों की भूमिका स्पष्ट करते हुए पूरब की जनता के कम्यूनिस्ट संगठनों की दूसरी अखिल रूसी कांग्रेस (1919) में उन्होंने कहा : "समाजवादी क्रन्ति, केवल अथवा मुख्यत:, प्रत्येक देश के क्रान्तिकारी सर्वहारा का अपने पूँजीपति वर्ग के खिलाफ संघर्ष न होगी; नहीं, वह अन्तरराष्ट्रीय साम्राज्यवाद के खिलाफ सभी पराधीन देशों का, साम्राज्यवाद

द्वारा पीड़ित सभी उपनिवेशों और देशों का संघर्ष होगी।...1905 के बाद तुर्की, ईरान और चीन में क्रान्तियाँ हुईं और भारत में क्रान्तिकारी आन्दोलन विकसित हुआ।... समकालीन क्रान्ति में पूरब के जागरण के दौर के बाद वह दौर आया है जब कि पूरब के सभी लोग सारी दुनिया के भाग्य का निपटारा करने में हाथ बँटाएँगे जिससे कि वे केवल दूसरों की समृद्धि के उपकरण न बने रहें।...पूरब के अधिकांश लोगों की हालत यूरोप के सबसे पिछड़े हुए देश—रूस—से बदतर हैं। लेकिन सामन्ती अवशेषों और पूँजीवाद के खिलाफ अपने संघर्ष में हम रूस के मजदूरों और किसानों की एकता कायम करने में सफल हुए; और पूँजीवाद तथा सामन्तवाद के खिलाफ किसान और मजदूर एक हो सके, इसलिए हमारी जीत इतनी आसानी से हो गई।" (उप., खंड-30, पृ. 160-61)

लेनिन ने यूरोप के औद्योगिक सर्वहारा से पूरब की श्रमिक जनता का भेद करते हुए लिखा था : "पूरब के लोगों से सम्पर्क विशेष रूप से महत्त्वपूर्ण इसलिए है कि पूरब के अधिकांश लोग श्रमिक जनता के खास नमूने (typical representatives of the working people) हैं। वे ऐसे मजदूर नहीं हैं जो पूँजीवादी कारखानों की पाठशाला से गुजर चुके हैं वरन् उस श्रमिक और शोषित किसान जन-समुदाय के खास नमूने हैं जो मध्यकालीन उत्पीड़न का शिकार हैं। रूसी क्रान्ति ने दिखा दिया, किस तरह सर्वहारा वर्ग ने पूँजीवाद को परास्त करने के बाद, श्रमिक किसानों के विशाल विशृंखल समुदाय के साथ एकता कायम करके, मध्यकालीन उत्पीड़न के खिलाफ विजयी अभियान शुरू कर दिया।" (उप., पृ. 161)

पूरब के देशों की जनता मुख्य रूप से मध्यकालीन उत्पीड़न का शिकार थी। इसलिए रूस को सामन्त-विरोधी क्रान्ति उसके लिए विशेष शिक्षाप्रद थी। मध्यकालीन उत्पीड़न का प्रधान संरक्षक साम्राज्यवाद था। अन्तरराष्ट्रीय साम्राज्यवाद के खिलाफ सोवियत संघ और पूरब के देशों की एकता जरूरी थी। इसलिए लेनिन का कहना था : "हमारे सोवियत गणतंत्र को चाहिए कि अब वह पूरब की समस्त जाग्रत जनता को एकजुट करे और उसके साथ मिलकर अन्तरराष्ट्रीय साम्राज्यवाद के खिलाफ संघर्ष चलाए।" (उप.) लेनिन यहाँ मार्क्सवाद का विकास कर रहे थे। वह कम्यूनिस्टों के सामने ऐसे कार्य पेश कर रहे थे जिनकी अब से पहले किसी ने कल्पना न की थी। वह रूसी किसान-मजदूर राज के साथ पूरब के करोड़ों किसानों, संयुक्त मोर्चा बनाने का, अन्तरराष्ट्रीय साम्राज्यवाद के खिलाफ पूरब के देशों के साथ मिलकर संघर्ष चलाने की बात कह रहे थे। रूस के वामपंथी अवसरवादी नेतागण किसानों-मजदूरों की एकता से अपने ही देश में परेशान थे, अब लेनिन ने उसे विश्व-पैमाने पर चलाने की बात कही थी। एशियाई देशों की क्रान्तियों के बारे में लेनिन बहुत पहले से जो कुछ कहते आए थे, यह उसी की तर्कसंगत परिणति थी। किन्तु पहले से एक बहुत बड़ा परिवर्तन हो गया था। परिवर्तन यह था कि विश्व-साम्राज्यवाद के

खिलाफ संघर्ष में सोवियत संघ का मुख्य सहायक पश्चिमी यूरोप का सर्वहारा वर्ग नहीं, पूरब का विशाल किसान जन-समुदाय था। मार्क्सवाद के विकास में यह नई और महत्त्वपूर्ण मंजिल थी। विश्व-साम्यवाद एक नई मंजिल की ओर बढ़ रहा था, लेनिन इस तथ्य के प्रति खूब सचेत थे—यह बात उनके शब्दों से स्पष्ट हो जाती है। पूरब में काम करनेवाले कम्यूनिस्टों से उन्होंने कहा :

"इस सिलसिले में आपके सामने ऐसा कार्य है, जैसा इससे पहले दुनिया के कम्यूनिस्टों के सामने नहीं था। कम्यूनिज्म के सामान्य सिद्धान्त और व्यवहार को अपना आधार बनाकर आपको ऐसी विशिष्ट परिस्थितियों के अनुरूप स्वयं को ढालना है, जैसी यूरोप के देशों में नहीं है। आपको वह सिद्धान्त और व्यवहार उन परिस्थितियों पर लागू करना है जहाँ अधिकांश आबादी किसानों की है। वहाँ कार्य सामन्ती अवशेषों के खिलाफ संघर्ष चलाना है, पूँजीवाद के खिलाफ नहीं। यह कार्य एक खास ढंग का है, और कठिन है किन्तु खूब धन्यवाद अर्जित करनेवाला कार्य है। कारण यह कि आम जनता ने अब तक संघर्ष में भाग न लिया था; वह अब उसमें खिंची आ रही है। और इसलिए भी कि पूरब में कम्यूनिस्ट इकाइयों (cells) के गठन से आपको यह अवसर मिलता है कि आप तीसरी इंटरनेशनल से निकटतम सम्पर्क बनाए रहें। पूरब की आम शोषित और श्रमिक जनता की परिस्थितियाँ बहुत बार मध्यकालीन होती हैं। संसार में सबसे आगे बढ़े हुए सर्वहारा से इस जनता के गठबन्धन के लिए आपको कुछ खास ढंग के रूप खोजने होंगे। हमने अपने देश में छोटे पैमाने पर जो काम पूरा किया है, उसे आप बड़े पैमाने पर और बड़े देशों में पूरा करेंगे। और मुझे आशा है, आप यह काम सफलतापूर्वक सम्पन्न करेंगे। पूरब में कम्यूनिस्ट संगठनों की बदौलत—आप यहाँ उनके प्रतिनिधि हैं—आप आगे बढ़े हुए क्रान्तिकारी सर्वहारा के सम्पर्क में हैं। आपका काम इस बात को सुनिश्चित बनाए रखना है कि प्रत्येक देश में कम्यूनिस्ट प्रचार ऐसी भाषा में हो जिसे जनता समझती हो।" (उप., पृ. 161)

पूरब के देशों में कम्यूनिस्टों के लिए लेनिन ने जो कार्यक्रम निर्धारित किया था, वह एशिया, अफ्रीका और लैटिन अमरीका के अधिकांश देशों के लिए बहुत कुछ आज भी सही है। पिछड़े हुए देशों में मुख्य कार्य पूँजीवाद को नहीं, सामन्ती अवशेषों को खत्म करना है। यह कार्य अन्तरराष्ट्रीय साम्राज्यवाद के खिलाफ संघर्ष के दौरान पूरा करना है। साम्राज्यवाद—प्रत्यक्ष और अप्रत्यक्ष, दोनों रूपों में—सामन्ती अवशेषों का मुख्य सहायक बना हुआ है। लेनिन का कार्यक्रम पिछड़े हुए देशों के लिए त्रोत्स्की के सर्वहारा क्रान्तिवादी कार्यक्रम से ठीक उलटा है। लेनिन ने महान् व्यक्तियों की सहज विनम्रता से कहा था, हमने अपने देश में छोटे पैमाने पर जो काम किया है, उसे आप बड़े देशों में बड़े पैमाने पर पूरा करेंगे। भाषा के बारे में उनका निर्देश—प्रत्येक देश में कम्यूनिस्ट प्रचार ऐसी भाषा में हो जिसे जनता समझती हो—भारत के लिए विशेष महत्त्वपूर्ण है। विश्व सर्वहारा क्रान्ति पश्चिमी यूरोप के आगे बढ़े हुए

मजदूर करेंगे लेकिन "सभी उत्पीड़ित औपनिवेशिक जातियों की श्रमिक जनता की सहायता के बिना वे विजयी न होंगे।" (उप., पृ. 162) क्रमश: पश्चिमी यूरोप में सर्वहारा क्रान्ति की यह सम्भावना क्षीण होती गई। 1920 में कम्यूनिस्ट इंटरनेशनल की दूसरी कांग्रेस के लिए अपनी स्थापनाओं में उन्होंने लिखा था : "विकसित पूँजीवादी देशों में क्रान्तिकारी मजदूर-आन्दोलन में रुकावट डालने वाला एक मुख्य कारण यह तथ्य है कि इन देशों के पूँजीपति अपने उपनिवेशी इलाकों तथा महाजनी पूँजी द्वारा प्राप्त महालाभ (super profits) के कारण अपेक्षाकृत ज्यादा बड़ा और ज्यादा स्थायी श्रमिक अभिजात गुट बना सके हैं। यह मजदूर वर्ग का छोटा अल्पसंख्यक अंश है। इस अल्पसंख्यक अंश को बेहतर शर्तों पर काम करने की सुविधा होती है। संकीर्ण कारीगरी वाली भावना से, निम्न पूँजीवादी और साम्राज्यवादी पूर्वग्रहों से, यही अंश सर्वाधिक ग्रस्त होता है।" (उप., खंड-31, पृ. 193) इस अंश के प्रभाव को खत्म किये बिना पश्चिमी यूरोप में सर्वहारा क्रान्ति न हो सकती थी।

कम्यूनिस्ट इंटरनेशनल की दूसरी कांग्रेस में लेनिन ने साम्राज्यवाद की यह विशेषता बताई कि संसार मुट्ठी भर उत्पीड़क जातियों और बहुसंख्यक उत्पीड़ित जातियों में बँटा हुआ है। (उप., पृ. 240) उत्पीड़क जातियों के पूँजीपति ही नहीं, श्रमिक अभिजात भी पराधीन देशों की जनता को लूट रहे थे, इसलिए उत्पीड़क वर्ग की जगह उत्पीड़क जाति की धारणा सही थी। उधर उत्पीड़ित जातियों का पूँजीपति वर्ग भी साम्राज्यवाद द्वारा दबाया जाता था। जहाँ उसका एक अंश साम्राज्यवाद से मिल जाए, वहाँ भी उसका शेष भाग पीड़ित था। इसलिए केवल किसान-मजदूर नहीं, पूरी उत्पीड़ित जाति की धारणा सही थी। साम्राज्यवाद की दूसरी विशेषता उन्होंने यह बताई कि विश्व की राजनीतिक व्यवस्था से विभिन्न देशों की जनता के सम्बन्ध उस संघर्ष द्वारा निर्धारित हो रहे थे जिसे साम्राज्यवादी राष्ट्रों का छोटा-सा गुट सोवियत रूस के विरुद्ध चला रहा था। (उप., पृ. 241) इस तरह उन्होंने विश्वक्रान्ति के केन्द्र में सोवियत जनता के साम्राज्य-विरोधी संघर्ष का स्थान निर्दिष्ट किया। स्वभावत: पराधीन देशों का मुक्ति-संग्राम इस संघर्ष से जुड़ा हुआ था। सोवियत रूस एक ओर यूरोप के क्रान्तिकारी मजदूरों का प्रतिनिधि था, दूसरी ओर वह उत्पीड़ित, स्वाधीनता के लिए संघर्षरत, जनता का प्रतिनिधि भी बना। 1920 में मॉस्को के कम्यूनिस्टों की एक सभा में लेनिन ने कहा : "हम अब सभी देशों के सर्वहारा के ही प्रतिनिधि नहीं हैं, वरन् उत्पीड़ित देशों की जनता के प्रतिनिधि भी हैं।" (उप., पृ. 453) 'दुनिया के मजदूरो, एक हो!'—यह नारा यूरोप के मजदूरों को लक्ष्य करके दिया गया था। उसमें परिवर्तन आवश्यक था। कम्यूनिस्ट इंटरनेशनल ने 'पूरब के लोग' ('नरोदीवस्तोका') नाम से एक पत्रिका निकाली। उसमें नारा छापा : 'सभी देशों के मजदूर और उत्पीड़ित जनो, एक हो!' एक साथी ने सवाल किया, नारे को बदलने की अनुमति कार्यकारिणी ने कब दी थी? लेनिन ने जो उत्तर दिया, वह

मार्क्सवाद का विकास समझने में मदद करता है। उन्होंने कहा : "दरअसल मुझे याद नहीं, उसने कभी अनुमति दी थी। निस्सन्देह 'कम्यूनिस्ट घोषणा-पत्र' के दृष्टिकोण से यह तब्दीली गलत है किन्तु 'कम्यूनिस्ट घोषणा-पत्र' नितान्त भिन्न परिस्थितियों में लिखा गया था। वर्तमान राजनीति के दृष्टिकोण से तो परिवर्तन सही है।" (उप., पृ. 453) 'कम्यूनिस्ट घोषणा-पत्र' के बाद स्वयं मार्क्स और एंगेल्स ने अनेक बार विश्व मजदूर-आन्दोलन की सफलता के लिए पराधीन देशों के मुक्ति-संग्राम के महत्त्व पर जोर दिया था। लेनिन ने पुराने नारे में जो परिवर्तन किया, वह इस मुक्ति-संग्राम की निर्णायक भूमिका की स्वीकृति थी। लेनिन ने 1921 में कम्यूनिस्ट इंटरनेशनल की तीसरी कांग्रेस में कहा : "औपनिवेशिक देशों का आन्दोलन अब भी मामूली राष्ट्रीय आन्दोलन, एकदम शान्तिपूर्ण आन्दोलन माना जाता है। पर ऐसा है नहीं। बीसवीं सदी के आरम्भ से उसमें भारी परिवर्तन हुआ है। लाखों-करोड़ों लोग, दरअसल दुनिया की आबादी का भारी बहुसंख्यक भाग, अब स्वतंत्र, सक्रिय और क्रान्तिकारी उपकरणों के रूप में आगे आ रहे हैं। यह बात बिलकुल साफ है कि विश्वक्रान्ति के आसन्न निर्णायक युद्धों में दुनिया की बहुसंख्यक आबादी का आन्दोलन शुरू-शुरू में राष्ट्रीय स्वाधीनता की ओर प्रेरित होगा, फिर पूँजीवाद और साम्राज्यवाद के विरुद्ध आगे बढ़ेगा, और शायद जितनी हमें आशा है, उससे ज्यादा क्रान्तिकारी भूमिका निबाहेगा। इस बात पर जोर देना महत्त्वपूर्ण है कि अपनी इंटरनेशनल में हमने पहली बार इस संघर्ष की तैयारी का सवाल हाथ में लिया है। अन्य क्षेत्रों की तुलना में निस्सन्देह इस विशाल क्षेत्र में बहुत ज्यादा कठिनाइयाँ हैं। पर कुछ भी हो, आन्दोलन आगे बढ़ रहा है। मेहनतकश अवाम—औपनिवेशिक देशों के किसान—अब भी पिछड़े हैं; इसके बावजूद विश्वक्रान्ति के आगामी दौर में वे बहुत महत्त्वपूर्ण क्रान्तिकारी भूमिका निबाहेंगे।" (उप., खंड-32, पृ. 481-82) लेनिन के ऐसे उल्लेखों में बार-बार किसानों की भूमिका पर जोर है। यदि हम इस बात पर ध्यान दें कि दूसरे महायुद्ध की समाप्ति से पहले किसी भी पिछड़े हुए देश का स्वाधीनता-आन्दोलन विजयी नहीं हुआ, तो विश्वक्रान्ति में सोवियत संघ की भूमिका, राष्ट्रीय स्वाधीनता-आन्दोलनों के लिए नात्सी-विरोधी सोवियत जनता के विजयी संग्राम की भूमिका, स्पष्ट हो जाएगी। इसके साथ ही यदि हम इस बात पर ध्यान दें कि दूसरे महायुद्ध के बाद किन पिछड़े हुए देशों में क्रान्तिकारी स्वाधीनता-आन्दोलन विजयी हुआ, किनमें नहीं हुआ, तो पता चलेगा कि जहाँ संगठित किसान इस आन्दोलन की प्रमुख शक्ति थे, वहाँ वह विजयी हुआ। जहाँ वे ऐसी शक्ति नहीं बन पाए, वहाँ वह विजयी नहीं हुआ। लेनिन ने किसानों की जिस बहुत महत्त्वपूर्ण क्रान्तिकारी भूमिका की बात कही थी, उसका आधार कम्यूनिस्टों द्वारा संगठित आन्दोलन था, स्वत:स्फूर्त आन्दोलन नहीं। लेनिन ने अन्तरराष्ट्रीय परिस्थितियों का जो विश्लेषण किया था, वह सही था; विश्वक्रान्ति में पिछड़े हुए देशों की जो

भूमिका उन्होंने निर्धारित की थी, वह सही थी। उनकी भविष्यवाणी देर से, बहुत-सी रुकावटों के साथ, चरितार्थ हो रही है। और उन दिनों की मात्र यही भविष्यवाणी है जो चरितार्थ हो रही है।

1922 में जापान, भारत और चीन का स्पष्ट उल्लेख करते हुए लेनिन ने कहा कि पूरब के जनजागरण से मार्क्सवाद की पुष्टि होती है। यूरोप का पूँजीवाद किसी-न-किसी रूप में सोते हुए पूरब को जगा रहा है, यह बात अनेक बार कही गई थी। लेनिन ने नई बात कही, पूरब की काहिली ने यूरोप को काहिल बना दिया था। दुनिया की आबादी का बहुसंख्यक भाग पूरब में है। "उसकी ऐतिहासिक निष्क्रियता और ऐतिहासिक तन्द्रा ने बहुत-से आगे बढ़े हुए यूरोपियन देशों में अब तक ठहराव और ह्रास की स्थिति निर्धारित कर दी थी।" (उप., खंड-33, पृ. 233) इस स्थापना से निष्कर्ष यह निकलेगा कि यूरोप के मजदूरों का जागरण एशियाई किसानों के जागरण पर निर्भर है। 1922 में 'प्राब्दा' की दसवीं वर्षगाँठ के अवसर पर उन्होंने यूरोप के लिए कहा कि वह स्वयं को ब्रह्मांड का केन्द्र समझता आया था; प्रथम विश्वयुद्ध में यह बुर्जुआ साम्राज्यवादी यूरोप मवाद से भरे हुए फोड़े की तरह फूट गया। (उप., पृ. 350) हेगेल के समय से चली आती यूरोप केन्द्रित इतिहास दृष्टि को लेनिन ने उलट दिया। वह मवाद एक दिन में न जमा हो गया था।

1923 में उन्होंने इस प्रश्न पर विचार किया कि जब तक पश्चिमी यूरोप के पूँजीवादी देश समाजवाद की ओर अपना विकास पूरा न कर लें, तब तक क्या छोटी किसानी के उत्पादन वाला रूस अपने निर्माण-कार्य में लगा रह सकेगा? उन्होंने कहा : "लेकिन जैसे हम पहले आशा करते थे, वैसे वे [पश्चिमी यूरोप के पूँजीवादी देश] उसे सम्पन्न नहीं कर रहे। समाजवाद क्रमशः 'परिपक्व' होता जाए, इस तरह वे उसे सम्पन्न नहीं कर रहे। कुछ देश दूसरे देशों का शोषण करें, साम्राज्यवादी युद्ध में परास्त देशों के शोषण को समूचे पूरब के शोषण से मिला दें—इस तरह वे उसे सम्पन्न कर रहे हैं।" (उप., पृ. 499) जैसे हम पहले आशा करते थे—इन शब्दों से लेनिन के विचारों में जो परिवर्तन हुआ था, वह स्पष्ट हो जाता है। साम्राज्यवादी शोषण का अन्त करके नहीं, उसे कायम रखते हुए पश्चिमी देश समाजवाद की ओर अपना विकास सम्पन्न कर रहे हैं। निष्कर्ष यह कि साम्राज्य-विरोधी संघर्ष में सोवियत संघ के मजदूरों को अपने देश के किसानों तथा पराधीन देशों के मुक्ति-आन्दोलन का भरोसा करना होगा। रूसी कम्यूनिस्टों को तै करना था कि 'पश्चिमी यूरोप के क्रान्ति विरोधी राज्य' उन्हें कुचल न सकें, इसके लिए उन्हें कौन-सी कार्यनीति अपनानी चाहिए। (उप., पृ. 500) 'क्रान्ति-विरोधी साम्राज्यवादी पश्चिम और क्रान्तिकारी, राष्ट्रवादी पूर्व की अगली फौजी टक्कर तक' सोवियत संघ को अपना अस्तित्व बनाए रखना था, देश में छोटे किसान तंत्र की जगह बड़े पैमाने का औद्योगिक विकास-कार्य पूरा करना था। (उप., पृ. 500-01) सोवियत संघ के मुख्य सहायक के रूप में विकसित देशों की

सर्वहारा क्रान्ति का स्थान पूरब के क्रान्तिकारी राष्ट्रीय आन्दोलन ने ले लिया है। इससे पहले लेनिन को यूरोप के सर्वहारा आन्दोलन का बड़ा भरोसा था।

कम्यूनिस्ट इंटरनेशनल की पहली कांग्रेस (1919) में लेनिन ने कहा था : "केवल पूर्वी यूरोप के देशों में नहीं, वरन् पश्चिमी यूरोप के देशों में भी, केवल परास्त देशों में नहीं वरन् विजेता देशों में भी, यथा : ब्रिटेन में, सोवियतों के पक्ष में आन्दोलन का अधिकाधिक प्रसार होता जाता है। यह आन्दोलन, नितान्त असन्दिग्ध रूप से, ऐसा आन्दोलन है जिसका उद्‌देश्य नया, सर्वहारा जनतंत्र कायम करना है। वह सर्वहारा डिक्टेटरशिप की ओर, कम्यूनिज़्म की पूर्ण विजय की ओर, सबसे महत्त्वपूर्ण कदम है।

"सारी दुनिया के पूँजीपति चाहे जितना चीखें-चिल्लाएँ, स्पार्टाकस-पंथियों [जर्मन कम्यूनिस्टों] और बोल्शेविकों को चाहे जितना देश निकाला दें या जेल में डालें या जान से ही मारें—इस सबसे काम चलने वाला नहीं है। उससे आम जनता की आँखें ही खुलेंगी, पुराने बुर्जुआ जनवादी पूर्वग्रह दूर करने में उसे [जनता को] मदद मिलेगी और संघर्ष में वह पुख्ता होगी। विश्व पैमाने पर सर्वहारा क्रान्ति की विजय सुनिश्चित है। अन्तरराष्ट्रीय सोवियत गणतंत्र की स्थापना का समय आने ही वाला है। (The founding of an international Soviet Republic is on the way)।" (उप., खंड-28, पृ. 476-77)

मार्क्स और एंगेल्स की तरह लेनिन की विचारधारा भी विकासमान थी। इनकी विचारधारा का अध्ययन करते समय उसकी विकासमानता का ध्यान रखना बराबर जरूरी है। पराधीन देशों की जनता के साम्राज्य-विरोधी आन्दोलन के प्रति मार्क्स और एंगेल्स के दृष्टिकोण में परिवर्तन हुआ था, लेनिन के दृष्टिकोण में भी परिवर्तन हुआ था। यह बात नहीं है कि इस परिवर्तन के बाद उनके लिए विकसित देशों के मजदूर-आन्दोलन का कोई महत्त्व न रह गया था—बात है पराधीन देशों के राष्ट्रीय स्वाधीनता-आन्दोलन की तुलना में मजदूर-आन्दोलन के सापेक्ष महत्त्व की। विकसित देशों के मजदूर-आन्दोलन का महत्त्व कम होता गया, उसी अनुपात में अविकसित देशों के राष्ट्रीय स्वाधीनता-आन्दोलन का महत्त्व बढ़ता गया। क्रान्ति-विरोधी साम्राज्यवादी पश्चिम से क्रान्तिकारी, राष्ट्रवादी पूर्व की फौजी टक्कर होगी, यह सम्भावना उसी बढ़ते हुए महत्त्व की स्वीकृति है।

1913 में 'कार्ल मार्क्स के सिद्धान्त की ऐतिहासिक नियति' लेख में लेनिन ने विश्व इतिहास का पहला दौर 1848 से 1871 तक निर्धारित किया। इस दौर में पूँजीवादी समाज ने स्पष्ट आकार ग्रहण किया। दूसरे दौर (1872-1904) की विशेषता थी 'क्रान्तियों का अभाव'। (उप., खंड-18, पृ. 583) विकसित देशों में जितनी भी क्रान्तियाँ हुईं, वे बुर्जुआ जनवादी क्रान्ति की सीमाओं से आगे न बढ़ीं। पेरिस कम्यून ने भी "पूँजीवादी परिवर्तनों के इस विकास को पूरा किया।" (उप.) उसके बाद पश्चिमी यूरोप में क्रान्तियों का सिलसिला बन्द हो गया। अब जरा देखिए, यहाँ लेनिन ने पूर्व और पश्चिम को एक साथ किस तरह याद किया है : "पश्चिम ने पूँजीवादी क्रान्तियों

से छुट्टी पा ली थी। पूरब उन तक अभी उठा न था।" (उप.) अर्थात् क्रान्तियों का नया सिलसिला अब पूरब में शुरू होगा। तीसरा दौर 1905 की रूसी क्रान्ति से शुरू हुआ। पश्चिमी यूरोप के अवसरवादी 'सामाजिक शान्ति' का राग अलाप रहे थे। घोषित कर रहे थे कि 'जनतंत्र' के कायम रहते तूफान अनावश्यक हो गए हैं : "तभी एशिया में तूफानों का एक नया केन्द्र खुल गया। रूसी क्रान्ति के बाद तुर्की, ईरान और चीन में क्रान्तियाँ हुईं। यह तूफानों का, यूरोप में उनकी 'प्रतिक्रिया' का युग है; ऐसे युग में हम रह रहे हैं। महान् चीनी गणतंत्र के खिलाफ 'सभ्य' भेड़िये अपने दाँत पैने कर रहे हैं। इस गणतंत्र की नियति जो भी हो, दुनिया की कोई ताकत एशिया में बँधुआ-प्रथा बहाल नहीं कर सकती, एशिया और अर्द्ध-एशियाई देशों में आम जनता के वीरतापूर्ण जनतंत्र का नाश नहीं कर सकती।" (उप., पृ. 584) लेनिन ने जिन अर्द्ध-एशियाई देशों की बात कही है, उनमें रूस अवश्य है। इसी धारणा के अनुरूप उन्होंने 1923 में कहा था कि महायुद्ध के दौरान रूस की विशेष परिस्थिति उसके विकास को उन क्रान्तियों की सीमारेखा तक खींच लाई जो पूरब में परिपक्व हो रही थी और अंशतः आरम्भ भी हो गई थीं। (उप., खंड-33, पृ. 478) 1913 में कही हुई बात से 1923 की बात की तुलना करने पर विकासमान विचारधारा की दिशा पहचानने में कठिनाई न होगी। निष्कर्ष यह निकला :

"अन्ततः संघर्ष का परिणाम इस तथ्य से निर्धारित होगा कि रूस, भारत, चीन, आदि में संसार की आबादी का भारी बहुसंख्यक भाग बसा हुआ है। पिछले कुछ वर्षों में यह बहुसंख्यक भाग असाधारण तेजी से मुक्ति-संघर्ष में खिंच आया है। अतः इस सिलसिले में जरा भी सन्देह नहीं है कि संघर्ष का अन्तिम परिणाम क्या होगा। इस दृष्टि से समाजवाद की पूर्ण विजय कतई तौर पर, पूरे तौर पर, सुनिश्चित है।" (उप., 500)

जो चीज संघर्ष के अन्तिम परिणाम को सुनिश्चित कर रही है, वह बहुसंख्यक एशियाई जनता का संघर्ष में खिंच आना है। यह जनता संघर्ष में अकेली नहीं है, सोवियत रूस उसके साथ है। साम्राज्यवाद का मुकाबला करने में सोवियत रूस अकेले नहीं है, स्वाधीनता-प्रेमी एशियाई जनता उसके साथ है। विश्व पूँजीवाद का मुख्य अन्तर्विरोध विकसित देशों के पूँजीपतियों और मजदूरों के बीच नहीं है वरन् उत्पीड़क और उत्पीड़ित जातियों के बीच है, मार्क्सवाद के विकास में यह 'स्थापन' लेनिन का सबसे बड़ा योगदान है।

2. नई जनवादी क्रान्ति और पूँजीपति वर्ग

पिछड़े हुए देशों के लिए जनवादी क्रान्ति से सम्बन्धित लेनिन की स्थापनाएँ विशेष महत्त्वपूर्ण हैं। रूस में क्रान्ति का उद्देश्य जमींदारों की निरंकुश सत्ता को खत्म करना था, पूँजीपतियों को सत्ता सौंपने के बदले मजदूरों और किसानों की क्रान्तिकारी डिक्टेटरशिप कायम करना था और उसके बाद समाजवादी क्रान्ति की मंजिल की

ओर बढ़ना था। फरवरी, 1917 की क्रान्ति पुराने ढंग की पूँजीवादी क्रान्ति थी। किसान-मजदूर ज़ारशाही से लड़े, सत्ताधारी बने पूँजीपतियों के प्रतिनिधि। नये ढंग की जनवादी क्रान्ति शुरू हुई नवम्बर, 1917 में। देहात में जमींदारों की सत्ता खत्म की गई, इस सामन्त-विरोधी कार्य के साथ शहरों में उद्योग-धन्धे अपने हाथ में लेकर मजदूर वर्ग ने अंशत: समाजवादी क्रान्ति के कार्य पूरे किये। इस क्रान्ति ने पूँजीवादी जनतंत्र की जगह नया जनतंत्र कायम किया। मार्च, 1918 में लेनिन ने कहा : "सोवियत सत्ता नये ढंग की राज्यसत्ता है। इसमें नौकरशाही नहीं है, पुलिस नहीं है, नियमित फौज नहीं है। यह ऐसी राज्यसत्ता है जिसमें पूँजीवादी जनतंत्र का स्थान नये जनतंत्र ने लिया है (a state in which bourgeios democracy has been replaced by a new democracy)। यह ऐसा जनतंत्र है जो श्रमिक जनों के अग्रदल को आगे लाता है, उन्हें कार्यकारी और कानूनसाज अधिकार देता है, सैनिक प्रतिरक्षा के लिए उन्हें जिम्मेदार बनाता है और राज्यसत्ता की ऐसी मशीनरी का निर्माण करता है जो आम जनता को नये सिरे से शिक्षित कर सके।" (उप., खंड-27, पृ. 133) दूसरे महायुद्ध के बाद यूरोप और एशिया में, फिर अफ्रीकी और अमरीकी देशों में जो नये जनतंत्र, जनता के लोकतंत्र कायम हुए, उनकी मोटी रूपरेखा यहाँ मौजूद है।

पिछड़े हुए देशों का पूँजीपति वर्ग पूरा-का-पूरा जनवादी क्रान्ति में शामिल होता है या उसका कोई अंश साम्राज्यवाद से मिल जाता है, इस प्रश्न पर लेनिन और उनके सहयोगियों ने कम्यूनिस्ट इंटरनेशनल की दूसरी कांग्रेस में विचार किया था। सबने एकमत होकर तै किया कि 'बुर्जुआ जनवादी आन्दोलन' की जगह 'राष्ट्रीय क्रान्तिकारी आन्दोलन'—इस शब्दावली का प्रयोग किया जाए। लेनिन ने इस प्रसंग में कहा : "इसमें जरा भी सन्देह नहीं कि कोई भी राष्ट्रीय आन्दोलन बुर्जुआ जनवादी आन्दोलन ही हो सकता है। कारण यह कि पिछड़े हुए देशों की आबादी का भारी बहुसंख्यक भाग किसान हैं। ये किसान बुर्जुआ-पूँजीवादी सम्बन्ध प्रदर्शित करते हैं (represent bourgeois-Capitalist relationships)। यह समझना कल्पनालोकी बात होगी कि इन पिछड़े हुए देशों में सर्वहारा पार्टियाँ किसान-आन्दोलन से निश्चित सम्बन्ध कायम किये बिना, और उसे कारगर समर्थन दिये बिना, कम्यूनिस्ट कार्यनीति और पॉलिसी से काम ले सकती हैं—यदि सचमुच इन देशों में ऐसी पार्टियाँ उभरती हैं तो। फिर भी इस बात पर आपत्ति की गई है कि हम यदि बुर्जुआ जनवादी आन्दोलन की बात करते हैं तो हम सुधारवादी और क्रान्तिकारी आन्दोलनों का सारा भेद खत्म कर देते हैं। किन्तु पिछले दिनों पिछड़े हुए और औपनिवेशिक देशों में यह भेद बहुत साफ जाहिर हो चुका है। कारण यह कि साम्राज्यवादी पूँजीपति वर्ग उत्पीड़ित जातियों में भी सुधारवादी आन्दोलन जमा देने की भरपूर कोशिश कर रहा है। शोषक देशों और उपनिवेशों के पूँजीपति वर्गों के बीच कुछ साँठगाँठ (rapprochement) हुई है। नतीजा यह कि यद्यपि उत्पीड़ित देशों का पूँजीपति वर्ग राष्ट्रीय आन्दोलन का समर्थन

करता है, फिर भी अनेक बार—शायद अधिकांश बार—वह साम्राज्यवादी पूँजीपति वर्ग से पूरी तरह एकमत होता है, अर्थात् उससे मिलकर सभी क्रान्तिकारी आन्दोलनों और क्रान्तिक्रारी वर्गों से लड़ता है। आयोग में यह बात निर्विवाद रूप से प्रमाणित हो गई थी, और हमने तै किया कि एकमात्र सही रवैया यह होगा कि इस भेद को ध्यान में रखें और प्राय: सर्वत्र 'बुर्जुआ जनवादी' की जगह 'राष्ट्रीय क्रान्तिकारी'—इस शब्दावली का व्यवहार किया जाए। इस तब्दीली की अहमियत यह है कि हमें, कम्यूनिस्टों की हैसियत से, पूँजीवादी-स्वाधीनता-आन्दोलनों का समर्थन करना चाहिए और हम उनका समर्थन करेंगे, लेकिन तभी जब वे वास्तव में क्रान्तिकारी होंगे, जब उनके संयोजक किसानों और शोषित जनसमुदायों को क्रान्तिकारी भावना के अनुरूप शिक्षित और संगठित करने के हमारे काम में बाधा न डालेंगे। यदि ये शर्तें पूरी न होती हों तो इन देशों में कम्यूनिस्टों को सुधारवादी पूँजीपति वर्ग से जरूर संघर्ष करना चाहिए। दूसरी इंटरनेशनल के वीर लोग इसी [सुधारवादी] जमात के हैं। औपनिवेशिक देशों में सुधारवादी पाटियाँ अभी भी अस्तित्व में आ चुकी हैं और कहीं-कहीं उनके प्रवक्ता स्वयं को सोशल डेमोक्रेट और सोशलिस्ट कहते हैं। मैंने जिस भेद का उल्लेख किया है, वह सभी स्थापनाओं में दर्ज कर लिया गया है। मेरी समझ में इससे हमारा मत ज्यादा नपे-तुले ढंग से सूत्रबद्ध कर दिया गया है।" (उप., खंड-31, पृ. 242)

लेनिन की विचारधारा का अध्ययन उसकी विकासमानता और समग्रता को ध्यान में रखते हुए क्यों करना चाहिए, इसका एक और प्रमाण ऊपर दी हुई स्थापना है। इन स्थापना में यह शर्त लगाई गई है कि कम्यूनिस्ट तभी स्वाधीनता-आन्दोलनों का समर्थन करेंगे जब वे क्रान्तिकारी होंगे। पिछड़े हुए देशों के सुधारवादी नेताओं को यहाँ विकसित देशों के अवसरवादी मजदूर नेताओं के समकक्ष माना गया है। किन्तु 'वामपंथी साम्यवाद—एक बालरोग' (1920) में लेनिन ने इन्हीं अवसरवादी नेताओं के मजदूर संघों में कम्यूनिस्टों से काम करने को कहा था। उन्होंने वामपंथी अवसरवादियों की आलोचना करते हुए लिखा था : "हम 'श्रमिक अभिजात गुट' के खिलाफ, आम मजदूरों के नाम पर और उन्हें अपनी ओर कर लेने के उद्देश्य से, संघर्ष चला रहे हैं। हम अवसरवादी और सामाजिक-अन्धराष्ट्रवादी नेताओं के खिलाफ मजदूर वर्ग को अपने पक्ष में करने के लिए संघर्ष चला रहे हैं। इस निहायत सीधी-सी और निहायत स्वत: स्पष्ट सच्चाई को भूल जाना बेहूदगी होगी। लेकिन 'वामपंथी' जर्मन कम्यूनिस्ट यही बेहूदगी करते हैं जब मजदूर संघों के ऊपर वाले नेतत्व के प्रतिक्रियावादी और क्रान्ति-विरोधी स्वरूप के कारण वे कूदकर इस नतीजे पर पहुँच जाते हैं कि...हमें मजदूर संघों से निकल आना चाहिए, वे उनमें काम करने से इनकार करते हैं और श्रमिक संगठन के नये और कृत्रिम रूपों की रचना करते हैं।" (उप., पृ. 52) पूँजीवादी स्वाधीनता-आन्दोलन क्रान्तिकारी होगा, हम तभी उसका

समर्थन करेंगे, यह शर्त मानी जाए तो पराधीन भारत में वही कार्यनीति निर्धारित होगी जिसे सन् 1929-30 में कम्यूनिस्ट पार्टी ने कांग्रेस के प्रति अपनाया था। यदि लेनिन की विचारधारा को उसकी विकासमानता में देखा जाए तो नतीजा यह निकलेगा कि सुधारवादी नेतृत्व के खिलाफ संघर्ष करना चाहिए, साथ ही उसके द्वारा संचालित स्वाधीनता-आन्दोलन का समर्थन भी करना चाहिए क्योंकि हमारा उद्देश्य उस जनता को अपनी ओर करना है जो उसके नेतृत्व के प्रभाव में है। सन् 1935 के बाद भारतीय कम्यूनिस्ट पार्टी बहुत कुछ इसी नीति पर चली।

कम्यूनिस्ट इंटरनेशनल की दूसरी कांग्रेस में लेनिन ने कहा था कि शोषक देशों और उपनिवेशों के पूँजीपति वर्गों में कुछ साँठगाँठ हुई है। इससे बहुत बार—शायद अधिकांश बार—उत्पीड़ित जातियों का पूँजीपति वर्ग, स्वाधीनता-आन्दोलन का समर्थन करते हुए भी, साम्राज्यवाद से मिलकर क्रान्तिकारी आन्दोलनों और क्रान्तिकारी वर्गों से लड़ता है। (उप., खंड-31, पृ. 242) मार्क्सवाद का विकास समझने के लिए यहाँ तीन बातें नोट करनी चाहिए : (1) लेनिन ने साम्राज्यवाद से सभी उपनिवेशों [पराधीन, पिछड़े हुए देशों] के पूँजीपति वर्ग की साँठगाँठ की बात कही है; (2) उन्होंने साँठगाँठ में शामिल होने की बात समूचे पूँजीपति वर्ग के लिए कही है; (3) और उन्होंने कहा है कि उत्पीड़ित जातियों का पूँजीपति वर्ग अधिकतर साम्राज्यवाद से मिलकर क्रान्तिकारी वर्गों से लड़ता है। इन तीनों बातों को सुसंगत रूप से लागू किया जाए तो पूँजीपति वर्ग से—या उसके किसी अंश से—स्वाधीनता-आन्दोलन में मजदूर वर्ग का सहयोग अपवाद रूप में ही सम्भव होगा। स्तालिन ने मार्क्सवाद का विकास किस तरह किया, यह समझने के लिए इन तीन बातों को याद रखना उपयोगी होगा।

मई, 1925 में पूरब की श्रमिक जनता के बीच काम करने वाले कम्यूनिस्टों के कार्य बताते हुए स्तालिन ने कहा था : "उपनिवेशों और पराधीन देशों की विशेषता इस समय यह है कि औपनिवेशिक पूरब व्यापक और अखंड इकाई नहीं रह गया है। पहले औपनिवेशिक पूरब की तसवीर सामंजस्यपूर्ण अखंड इकाई के रूप में खींची जाती थी। यह तसवीर अब यथार्थ से मेल नहीं खाती। अब हमारे सामने तीन तरह के उपनिवेश और पराधीन देश हैं। पहली तरह के वे देश हैं जिनके यहाँ सर्वहारा वर्ग है ही नहीं या लगभग नहीं है और जो औद्योगिक रूप से एकदम अविकसित हैं, यथा : मोरक्को। दूसरी तरह के देश वे हैं जो औद्योगिक रूप से थोड़ा विकसित हैं और जिनके यहाँ अपेक्षाकृत छोटा सर्वहारा वर्ग है, यथा : चीन और मिस्र। तीसरी तरह के वे देश हैं जो पूँजीवादी रूप में बहुत कुछ विकसित हैं और जिनके यहाँ बहुत-कुछ बड़ा राष्ट्रीय सर्वहारा वर्ग है, यथा : भारत। स्पष्ट है कि इन सब देशों को एक ही कोटि में रखना एकदम असम्भव है।" (Marxism and the National and Colonial Question, पृ. 216) देशों के जो तीन प्रकार थे, उन्हीं के अनुसार वहाँ कम्यूनिस्टों के

कार्य निर्धारित होने थे। पहली तरह के देशों में कम्यूनिस्टों को राष्ट्रीय संयुक्त मोर्चा बनाने की पूरी कोशिश करनी चाहिए। एक पार्टी के रूप में उनका अलग संगठन साम्राज्यवाद से संघर्ष के दौरान, खास तौर से उसके खिलाफ सफल क्रान्तिकारी युद्ध के बाद, सम्भव होगा। (उप.) जिन देशों में पूँजीवाद का विकास लगभग नहीं हुआ है, वहाँ तुरन्त कम्यूनिस्टों के अलग संगठन की सम्भावना नहीं है। दूसरी तरह के देशों में पूँजीपति वर्ग, क्रान्तिकारी और समझौतावादी पार्टियों में, विभाजित हो चुका है, लेकिन समझौतावादी अंश अभी साम्राज्यवाद से एकताबद्ध नहीं हुआ। यह संयुक्त मोर्चे की नीति छोड़कर मजदूरों और निम्न पूँजीवादियों का क्रान्तिकारी मोर्चा (bloc) बनाना होगा। इस मोर्चे का काम राष्ट्रीय पूँजीपति वर्ग की असंगतियों का पर्दाफाश करना और साम्राज्यवाद के खिलाफ दृढ़तापूर्वक संघर्ष चलाना होगा। कम्यूनिस्ट पार्टी इस मोर्चे में शामिल होते हुए भी अपने प्रचारादि कार्यों में स्वतंत्र होगी; वह पूँजीपति वर्ग में घुल न जाए, यह आवश्यक है। (उप., पृ. 216-17)

भारत जैसे तीसरी तरह के देशों में पूँजीपति वर्ग क्रान्तिकारी और समझौतावादी पार्टियों में विभाजित तो हो ही चुका है, नई विशेषता यह है कि "इस पूँजीपति वर्ग का समझौतावादी अंश अभी भी मुख्य बातों को लेकर साम्राज्यवाद से साँठ-गाँठ कर चुका है। उसे साम्राज्यवाद से अधिक क्रान्ति से भय है, अपने ही देश के हितों की अपेक्षा उसे अपनी थैलियों की अधिक चिन्ता है। पूँजीपति वर्ग का यह अंश सबसे ज्यादा धनी और प्रभावशाली है। अपने ही देश के मजदूरों और किसानों के खिलाफ वह साम्राज्यवाद के साथ मोर्चा (bloc) बना चुका है। वह क्रान्ति के कट्टर दुश्मनों के खेमे में पूरी तरह प्रवेश कर रहा है। इस मोर्चे को तोड़े बिना क्रान्ति में विजय नहीं प्राप्त की जा सकती। इस मोर्चे को तोड़ने के लिए समझौतावादी राष्ट्रीय पूँजीपति वर्ग पर प्रहार करना आवश्यक है। उसकी दगाबाजी का पर्दाफाश करना चाहिए, आम श्रमिक जनता को उसके प्रभाव से मुक्त करना चाहिए और व्यवस्थित ढंग से सर्वहारा वर्ग की नेतृत्व वाली भूमिका के लिए आवश्यक परिस्थितियाँ तैयार करनी चाहिए। दूसरे शब्दों में भारत जैसे उपनिवेशों में प्रश्न सर्वहारा वर्ग को स्वाधीनता-आन्दोलन में नेता की भूमिका के लिए तैयार करने और पूँजीपति वर्ग को उस सम्मानजनक स्थान से, कदम-ब-कदम, हटाने का है। कार्य है : साम्राज्य-विरोधी मोर्चा (bloc) बनाना और उसमें सर्वहारा वर्ग के नेतृत्व को सुनिश्चित करना।" (उप., पृ. 217) यहाँ स्तालिन ने लेनिन की उसी स्थापना को विस्तार दिया है जिसमें पूँजीपति वर्ग के साम्राज्यवाद से साँठगाँठ करने और क्रान्तिकारी वर्गों का विरोध करने की बात कही गई थी। विस्तार में यह स्पष्ट किया गया है कि सभी पराधीन देशों का पूँजीपति वर्ग एक-सा नहीं है। कई जगह उसके साथ संयुक्त मोर्चा बनाया जा सकता है। अन्यत्र इस वर्ग के एक हिस्से ने साम्राज्यवाद से साँठ-गाँठ की है, पूरे पूँजीपति वर्ग ने नहीं। कुछ देश ऐसे भी हैं जहाँ पूँजीवाद का विकास हुआ ही नहीं है। वहाँ तुरन्त कम्यूनिस्ट पार्टी बनाना सम्भव न होगा।

भारत के पूँजीपति वर्ग का सबसे धनी और प्रभावशाली वर्ग साम्राज्यवाद से जा मिला है, यह बात सही नहीं थी। किन्तु उसका नेतृत्व समझौतावादी था, यह बात सही थी। स्वाधीनता-आन्दोलन के नेतृत्व से उसे हटाने का एक तरीका उसके साथ संयुक्त मोर्चा बनाना था। संयुक्त मोर्चा बनाकर, जनता को उसके अनुभव से समझौतावाद के खतरों का ज्ञान कराते हुए, मुख्यत: किसान-आन्दोलन को दृढ़तापूर्वक चलाकर, मजदूर-वर्ग स्वाधीनता-आन्दोलन में क्रमश: अपना नेतृत्व कायम कर सकता था। विकल्प यह नहीं था कि संयुक्त मोर्चा बनाओ तो समझौतावादियों के पीछे चलो, या फिर उनके साथ संयुक्त मोर्चा न बनाओ और अकेले ही आगे चलो। इससे भिन्न स्थिति, एकता और संघर्ष की नीति, सम्भव थी; भारतीय कम्यूनिस्ट पार्टी कई बार इस पर चली भी, किन्तु सुसंगत रूप से नहीं और मुख्य कमजोरी किसान-आन्दोलन वाली थी। भारतीय पूँजीपति वर्ग के सबसे धनी और प्रभावशाली अंश ने साम्राज्यवाद से मिलकर प्रत्यक्ष रूप से 1945-47 में क्रान्तिकारी आन्दोलन का विरोध नहीं किया किन्तु अप्रत्यक्ष रूप से उसने किया। उसके प्रतिनिधि अंग्रेज अधिकारियों को बराबर आश्वासन दे रहे थे कि वे आन्दोलन के पक्ष में नहीं हैं, वे उसे रोकने के लिए प्रयत्नशील हैं। अंग्रेजों ने जल्दी समझौता न किया तो वे कुछ न कर सकेंगे। यदि यह क्रान्तिकारी-आन्दोलन अपनी पूरी शक्ति से आगे चलाया जाता तो यह सम्भव था कि वे साम्राज्यवाद से मिलकर उसका प्रत्यक्ष विरोध करते किन्तु इसकी जरूरत न थी क्योंकि आन्दोलन को रोकने वाले तत्त्व उस आन्दोलन के भीतर मौजूद थे। कांग्रेस और लीग में जैसे ही समझौता हुआ, इन तत्त्वों ने उसका समर्थन किया। साम्राज्यवाद से साँठगाँठ करने वाले पूँजीवादी नेताओं को एक तरफ हटाकर क्रान्ति को और आगे ले चलने का कार्यक्रम उनके पास न था। स्तालिन की स्थापना पूरी तरह गलत तभी प्रतीत होगी जब भारतीय पूँजीपति वर्ग के सबसे प्रभावशाली अंश की समझौतावादी नीति को क्रान्तिकारी मान लिया जाएगा।

1928 में कम्यूनिस्ट इंटरनेशनल की छठी कांग्रेस ने औपनिवेशिक पूँजीपति वर्ग के दो हिस्सों में ज्यादा साफ-सुथरा भेद किया। पूँजीपति वर्ग का एक हिस्सा : 'खास तौर से व्यापारी पूँजीपति वर्ग', साम्राज्यवादी पूँजी के हित साधता है; साम्राज्यवाद के सामन्ती सहायकों से मिलकर राष्ट्रीय आन्दोलन का विरोध करता है। "देशी पूँजीपति वर्ग का बाकी हिस्सा, खास तौर से वह हिस्सा जो देशी उद्योग-धन्धों के हितों का प्रतिनिधि है, राष्ट्रीय आन्दोलन का समर्थन करता है। वह एक विशेष, ढुलमुल, समझौतावादी प्रवृत्ति दर्शाता है। इसे राष्ट्रीय सुधारवाद कह सकते हैं।" ('The Revolutionary Movement in the Colonies and Semi-Colonies', बम्बई, 1948, पृ. 25) व्यापारिक और औद्योगिक पूँजीपतियों में भेद महत्त्वपूर्ण है। पराधीन देशों का औद्योगिक विकास साम्राज्यवाद के हित में नहीं है किन्तु यदि देशी व्यापारी विलायती माल बेचने तक अपने को सीमित रखें तो उसे लाभ है। कुछ उद्योगपति

विदेशी पूँजी की छत्रच्छाया में धन्धा कर सकते हैं और कुछ व्यापारी देशी माल की बिक्री को अपना मुख्य कार्य बना सकते हैं। किन्तु मोटे तौर से औद्योगिक और व्यापारिक पूँजीपतियों वाला भेद सही है।

भारतीय पूँजीपति वर्ग का एक हिस्सा साम्राज्यवाद से मिल गया है, स्तालिन की यह स्थापना यहाँ बदल दी गई है। भारत और मिस्र का बुर्जुआ राष्ट्रवादी आन्दोलन "अवसरवादी आन्दोलन है। वह भारी झकोले खाता है, साम्राज्यवाद और क्रान्ति के बीच अपने-आपको सन्तुलित रखने की कोशिश करता है।" (उप.) भारतीय पूँजीपति वर्ग का सबसे धनी और प्रभावशाली हिस्सा ढुलमुल है पर वह साम्राज्यवाद के शिविर में नहीं पहुँच गया—यह धारणा यहाँ मौजूद है। आगे कहा गया है कि राष्ट्रीय स्वाधीनता समस्त औपनिवेशिक जनता के हित में है और वह राष्ट्रीय पूँजीपति वर्ग के हितों के अनुरूप भी है। अनेक देशी पूँजीपतियों के हित साम्राज्यवादी पूँजी से सम्बद्ध हैं। साम्राज्यवाद उन्हें खरीद लेता है और उन्हें बिचौलिया व्यापारी, उपशोषक या ओवरसियर बना लेता है। "लेकिन गुलामों के मालिक का स्थान, इजारेदार शोषक महाप्रभु का स्थान, साम्राज्यवाद केवल अपने लिए सुरक्षित रखता है। स्वाधीन शासन, 'स्वच्छंद' स्वतंत्र पूँजीवादी विकासवाला भविष्य, 'स्वाधीन' जनता के नायक का स्थान—साम्राज्यवाद यह सब स्वेच्छा से राष्ट्रीय पूँजीपति वर्ग को कभी न सौंपेगा। इस दृष्टि से औपनिवेशिक देश के राष्ट्रीय पूँजीपति वर्ग और साम्राज्यवाद के हितों का अन्तर्विरोध वस्तुगत रूप से मूलभूत कोटि (radical character) का है।" (उप., पृ. 26)

स्पष्ट ही यहाँ साम्राज्यवाद और देशी पूँजीवाद के मूलभूत अन्तर्विरोध पर जोर है। साम्राज्यवाद को जब तक बाध्य न किया जाए, तब तक वह देशी पूँजीवाद को स्वतंत्र विकास की सुविधा प्रदान न करेगा। इसलिए स्वाधीनता-आन्दोलन से देशी पूँजीवाद के जुड़े रहने की वस्तुगत सम्भावना बनी रहती है। आगे बताया गया है कि साम्राज्यवाद के मुकाबले देशी पूँजीपति वर्ग कमजोर पड़ता है, इसलिए बार-बार आत्मसमर्पण करता है। "किन्तु यह तब तक अन्तिम बार वाला आत्मसमर्पण नहीं होता जब तक आम जनता की ओर से वर्ग क्रान्ति का खतरा तीव्र, आसन्न और भयावह नहीं हो जाता।" (उप.) पूँजीपति वर्ग के अन्तिम आत्मसमर्पण को यहाँ क्रान्तिकारी आन्दोलन के विकास की एक खास मंजिल से जोड़ा गया है। यह मंजिल राष्ट्रीय क्रान्ति से भिन्न वर्ग-क्रान्ति की है। उस समय पूँजीपति वर्ग के लिए श्रमिक जनता की ओर से खतरा पैदा हो जाता है। जब तक वर्ग-क्रान्ति की मंजिल नजदीक न आ जाए, तब तक राष्ट्रीय पूँजीपति वर्ग के लिए स्वाधीनता-आन्दोलन से जुड़े रहने की सम्भावना बनी रहती है। किन्तु पूँजीपति वर्ग मजदूरों की समाजवादी क्रान्ति से ही नहीं, किसानों की सामन्त-विरोधी क्रान्ति से भी डरता है। "चीन, भारत और मिस्र का पूँजीपति वर्ग अपने तात्कालिक हितों के कारण जमींदारी प्रथा और सूदखोर पूँजी से, किसान जनता के आम शोषण से, इतना घनिष्ठ रूप में सम्बद्ध है कि उसका रुख

कृषि-सम्बम्धी क्रान्ति के खिलाफ ही नहीं, कृषि-सम्बन्धी हर निर्णायक सुधार के खिलाफ भी होता है।" (उप.) सामन्तवाद के खिलाफ किसानों के क्रान्तिकारी संघर्ष के बिना साम्राज्यवाद को निर्णायक रूप से परास्त नहीं किया जा सकता। इसलिए हर राष्ट्रीय जनवादी क्रान्ति में यह देखा गया है कि पूँजीपति वर्ग उससे अलग रहता है या उसके निम्न अंश ही उसमें शामिल होते हैं। पूँजीपति वर्ग का सबसे धनी और प्रभावशाली हिस्सा पराधीन देशों के किसानों की जनवादी क्रान्ति में शामिल हुआ हो, इसकी मिसाल इतिहास में नहीं है। भारत में कांग्रेसी नेताओं की भूमिका तभी तक युगान्तरकारी है जब तक स्वाधीनता-आन्दोलन में किसानों की जनवादी क्रान्ति का महत्त्व आँखों से ओझल रहता है।

कम्यूनिस्ट इंटरनेशनल की छठी कांग्रेस की एक स्थापना में यह स्पष्ट किया गया है कि भारत और मिस्त्र जैसे देशों में राष्ट्रीय पूँजीपति वर्ग सुधारवादी है, क्रान्तिकारी नहीं है, "पर इसका यह मतलब बिलकुल नहीं है कि उसका विशेष महत्त्व नहीं है।" (उप., पृ. 33) साम्राज्यवाद के बुर्जुआ सुधारवादी विरोध की दोहरी भूमिका है। एक ओर वह क्रान्तिकारी आन्दोलन के विकास को रोकता है, उसकी गति को मद्धिम करता है, दूसरी ओर "साम्राज्यवादी-सामन्ती शासक मोर्चे के खिलाफ पूँजीवादी विरोध-पक्ष का प्रदर्शन, गहरी बुनियाद न होने पर भी, आम श्रमिक जनता के राजनीतिक जागरण की प्रक्रिया पर उसकी गति को तेज करनेवाला प्रभाव डाल सकता है। साम्राज्यवाद से राष्ट्रीय-सुधारवादी पूँजीपति वर्ग की ठोस, खुली टक्कर—खुद अपने में उसका थोड़ा-सा ही महत्त्व हो, तो भी—किन्हीं परिस्थितियों में और भी बड़ी क्रान्तिकारी जन-कार्यवाही के मुक्त प्रसार का अप्रत्यक्ष कारण बन सकती है।" (उप., पृ. 33) इस तरह सुधारवादी नेतृत्व में चलनेवाले आन्दोलन के नकारात्मक और सकारात्मक, दोनों पक्षों का ध्यान रखना उचित है। यदि उसके नकारात्मक पक्ष की आलोचना न की जाए तो वह क्रान्तिकारी आन्दोलन को रोकने, उसकी गति को मद्धिम करने में सफल होगा।। यदि उसके सकारात्मक पक्ष का ध्यान न रखा जाए तो उसके चलाए हुए आन्दोलन को आगे बढ़ाकर उसे क्रान्तिकारी रूप देना सम्भव न होगा।

भारत के लिए कहा गया था : "कम्यूनिस्टों को इंडियन नेशनल कांग्रेस के राष्ट्रीय सुधारवाद का पर्दाफाश करना चाहिए। स्वराजिस्टों, गांधीवादियों आदि की निष्क्रिय प्रतिरोध वाली शब्दावली के मुकाबले साम्राज्यवादियों को निकालने और देश के मुक्ति संघर्ष को चलाने का समझौताविहीन नारा देना चाहिए।" (उप., पृ. 55-56) कम्यूनिस्ट इंटरनेशनल के प्रस्ताव में राष्ट्रीय सुधारवाद का पर्दाफाश करने पर जितना जोर है, उतना उससे सहयोग करने पर नहीं। इसलिए नकारात्मक-सकारात्मक, दोनों पक्षों पर उचित ध्यान देने के बदले यह बिलकुल सम्भव था कि केवल नकारात्मक पक्ष पर ध्यान केन्द्रित किया जाए। क्रान्तिकारी आन्दोलन की प्रगति के लिए यदि प्रतिक्रियावादी मजदूर संघों में कम्यूनिस्टों का काम करना जरूरी हो सकता था, तो

निस्सन्देह पिछड़े हुए देशों में उनके लिए राष्ट्रीय सुधारवाद से सहयोग करना जरूरी हो सकता था। आगे चलकर ये सारी बातें कम्यूनिस्ट इंटरनेशनल की सातवीं कांग्रेस में स्पष्ट कर दी गईं।

अगस्त, 1935 में दिमित्रोव ने उस कांग्रेस में कहा : "भारत में कम्यूनिस्टों को आम जनता की सभी साम्राज्य-विरोधी कार्यवाही में—राष्ट्रीय सुधारवादी नेतृत्व में चलनेवाली ऐसी कार्यवाही में भी—शामिल होना चाहिए, उसका समर्थन और प्रसार करना चाहिए। अपनी राजनीतिक और संगठनात्मक स्वतंत्रता बनाए रखते हुए उन्हें उन संगठनों में सक्रिय रूप से काम करना चाहिए जो इंडियन नेशनल कांग्रेस में भाग लेते हैं। उनके भीतर एक राष्ट्रीय क्रान्तिकारी पक्ष के आकार ग्रहण की प्रक्रिया के सम्पन्न होने में सहायता करनी चाहिए। उद्देश्य यह कि ब्रिटिश साम्राज्यवाद के विरुद्ध भारतीय जनता का राष्ट्रीय स्वाधीनता-आन्दोलन और आगे विकसित हो।" (उप. 91) स्वाधीनता-आन्दोलन की दो मंजिलें हो सकती हैं : पहली वह, जिसमें नेतृत्व सुधारवादी पूँजीपति वर्ग के हाथ में है; दूसरी वह, जिसमें नेतृत्व राष्ट्रीय क्रान्तिकारी पक्ष के प्रतिनिधियों के हाथ में है। जनता के जो संगठन कांग्रेसी नेतृत्व में साम्राज्य-विरोधी कार्यवाही चलाते हैं, उनमें कम्यूनिस्टों को शामिल होना चाहिए। उद्देश्य यह होगा कि राष्ट्रीय आन्दोलन के भीतर सुधारवादी पक्ष के समानान्तर क्रान्तिकारी पक्ष गठित हो जिससे वह आन्दोलन और आगे विकसित हो। यदि कम्यूनिस्ट अपनी राजनीतिक और संगठनात्मक स्वतंत्रता का ध्यान न रखकर सुधारवादी नेताओं के पिछलगुए बन जाते हैं तो वे पहली मंजिल की सीमाएँ लाँघकर दूसरी मंजिल में प्रवेश न कर सकेंगे, फलतः स्वाधीनता-आन्दोलन के विकास में आवश्यक योगदान न कर सकेंगे।

विकसित पूँजीवादी देशों के सुधारवादी मजदूर नेताओं के साथ संयुक्त मोर्चा बनाने के सिलसिले में भी दिमित्रोव ने दो मंजिलों की बात स्पष्ट की थी। कुछ लोग कहते थे कि संयुक्त मोर्चा कम्यूनिस्टों की चाल है। दिमित्रोव ने ऐसे लोगों से कहा : "हम साफ-साफ घोषित करते हैं—हम मजदूर वर्ग की कर्मगत एकता चाहते हैं जिससे कि पूँजीपति वर्ग के खिलाफ अपने संघर्ष में मजदूर वर्ग शक्तिशाली हो सके, जिससे कि हमलावर पूँजी के खिलाफ आज अपने वर्तमान हितों की रक्षा करते हुए सर्वहारा वर्ग कल उस जगह पहुँच जाए जहाँ अपनी अन्तिम मुक्ति के लिए वह प्रारम्भिक परिस्थितियों का निर्माण कर सके।" (उप., पृ. 60) दूरगामी लक्ष्य है पूँजीवाद से मुक्ति। यदि मजदूर वर्ग फासिस्टवाद के हमले का मुकाबला करते हुए अपने तात्कालिक हितों की रक्षा करता है तो उसे आगे चलकर मुक्ति के लिए आवश्यक परिस्थितियों का निर्माण करने में सुविधा होगी। ब्रिटेन के सिलसिले में दिमित्रोव ने कहा कि मजदूरों को पूँजीवादी शासन का तख्ता पलटने की जरूरत समझाते हुए, "कम्यूनिस्ट जब अपने तात्कालिक राजनीतिक उद्देश्य प्रस्तुत करेंगे, तब उन्हें जन-आन्दोलन की उन आवश्यक मंजिलों को छलाँग लगाकर पार न कर

जाना चाहिए जिनके दौरान मजदूर वर्ग अपने ही अनुभव से अपने भ्रम दूर करता है और साम्यवाद तक पहुँचता है।" (उप., 71) इसी तरह पिछड़े हुए देशों में राष्ट्रीय सुधारवाद के साथ संयुक्त मोर्चा बनाना कम्यूनिस्टों के लिए आवश्यक मंजिल था और उसके बाद वे राष्ट्रीय जनवादी क्रान्ति की विजय की मंजिल की ओर बढ़ सकते थे।

दिमित्रोव ने यह भी बहुत स्पष्ट कर दिया था कि सुधारवादियों के साथ संयुक्त मोर्चा बनाने का मतलब उनकी आलोचना बन्द कर देना नहीं है। दिमित्रोव ने कहा कि वर्गशत्रु के खिलाफ जो भी मजदूर वर्ग के संयुक्त मोर्चे का हामी होगा, उस पर हम आक्रमण न करेंगे। लेकिन इसके साथ ही सर्वहारा वर्ग के हितों के लिए, उसके उद्देश्य के लिए, हमारा कर्तव्य है कि हम उन व्यक्तियों, संगठनों और पार्टियों की आलोचना करें जो मजदूर वर्ग की कर्मगत एकता में बाधा डालते हैं।" (उप., 60)

दिमित्रोव ने कहा कि सोशल डेमोक्रेटिक पार्टियों के साथ अल्पकालीन और दीर्घकालीन, दो तरह के समझौते हो सकते हैं। इन समझौतों का आधार होगी मजदूरों की संयुक्त कार्यवाही। यह कार्यवाही स्थानीय स्तर पर हो, इस पर दिमित्रोव ने जोर दिया। आशय यह कि ऊपरवाले नेताओं का संयुक्त मोर्चा कारगर न होगा; लक्ष्य होना चाहिए सोशल डेमोक्रेटिक नेताओं के अनुयायी मजदूरों को कम्यूनिस्टों के साथ फासिस्ट-विरोधी कार्यवाही में शामिल करना। सुधारवादी नेताओं को यह बात पसन्द न होगी कि उनके अनुयायी कम्यूनिस्टों के साथ मिलकर काम करें, इसलिए ऐसे नेताओं का विरोध करना जरूरी होगा। दिमित्रोव ने कहा : "उनके साथ जो भी समझौते होंगे, उनके अनुसार हम वफादारी से काम करेंगे। इसके साथ ही संयुक्त मोर्चे में शामिल होनेवाले व्यक्ति और संगठन यदि संयुक्त कार्यवाही में विघटन पैदा करेंगे, तो उसका हम निर्ममता से पर्दाफाश करेंगे। समझौते तोड़ने की जो भी कोशिश होगी—और ऐसी कोशिश की जाए, यह सम्भव है—उसका जवाब आम जनता से अपील करके हम देंगे। इसके साथ ही जो संयुक्त कार्यवाही विघटित हो गई है, उसकी बहाली के लिए अथक संघर्ष करते रहेंगे।" (उप., पृ. 64) ये बातें पिछड़े हुए देशों के साम्राज्य-विरोधी मोर्चे के लिए भी सही थीं। भारत में कांग्रेसी नेताओं के साथ संयुक्त मोर्चा बनाना जरूरी था; मुख्य उद्देश्य होना चाहिए था उनके अनुयायी किसानों-मजदूरों को संयुक्त कार्यवाही में खींच लाना; इस संयुक्त कार्यवाही को जो विघटित करे, उसकी कठोर आलोचना करना। किसी जनपद या प्रदेश में संघर्ष तब तक न चलाया जाए, जब तक कांग्रेसी नेता उसकी स्वीकृति न दे दें, यह शर्त न लगाई जा सकती थी।

"कम्यूनिस्ट इंटरनेशनल की सातवीं कांग्रेस की तैयारी के समय, कांग्रेस के दौरान और उसके बाद, यूरोप के फासिस्ट-विरोधी आन्दोलन में (मुख्यतः फ्रांस में) और एशिया के साम्राज्य-विरोधी आन्दोलन में (मुख्यतः चीन में) महत्त्वपूर्ण परिवर्तन हुए। उदाहरण के लिए दिसम्बर, 1935 में लिखा हुआ माओ-त्से तुंग का

निबन्ध 'जापानी साम्राज्यवाद के विरुद्ध कार्यनीति के बारे में ले सकते हैं। च्याङ काई शेक के शासन से मुक्त इलाकों की सरकार के बारे में लिखा था : "हमारी सरकार अभी तक यदि मजदूरों, किसानों और शहरी निम्न पूँजीवादियों के गठबन्धन पर आधारित रही है तो अब से उसमें यों रूपान्तर करना होगा कि उसमें उन सभी वर्गों के लोगों को शामिल किया जा सके जो राष्ट्रीय क्रान्ति में भाग लेने को राजी हैं।" ('Selected Works of Mao Tse-Tung', खंड-1, पृ. 165) और भी : "जापानी आक्रमण ने चीन में वर्ग-सम्बन्ध बदल दिये हैं और अब यह सम्भव है कि केवल निम्न पूँजीवादी नहीं वरन् राष्ट्रीय पूँजीपति वर्ग भी जापान-विरोधी संघर्ष में शामिल हो सके।" (उप., पृ. 167-68)

भारत की तरह चीन पर किसी एक साम्राज्यवादी देश का सीधा प्रभुत्व नहीं था। ब्रिटेन और रूस पीछे छूट गए थे, चीन पर प्रभुत्व कायम करने में जापान और अमरीका आगे थे। च्याङ काई शेक ने 1927 में कम्यूनिस्टों का जो कत्लेआम किया था, वह स्वतंत्र पूँजीपति वर्ग—या उसके एक हिस्से—की प्रतिक्रियावादी कार्यवाही न था। अमरीकी साम्राज्यवाद रूस के गृहयुद्ध में दखलअन्दाजी कर चुका था; वहाँ से धक्का खाने के बाद वह अब चीन में घुसपैठ कर रहा था। च्याङ काई शेक को उसने अपनी कठपुतली की तरह इस्तेमाल किया। जापान ने जब चीन पर फौजी आक्रमण के जरिये अपने साम्राज्य का विस्तार आरम्भ किया, तब अमरीका के लिए आवश्यक हुआ कि वह च्याङ काई शेक को अपने प्रतिद्वंद्वी जापान का विरोध करने के लिए प्रेरित करे। इस तरह चीनी पूँजीपति वर्ग के ऊपरवाले गुट दो परस्पर विरोधी साम्राज्यवादों से मिले हुए थे। एक गुट जापान के साथ था, दूसरा अमरीका के साथ था। पिछड़े हुए देशों के पूँजीपति वर्ग का एक हिस्सा साम्राज्यवाद के शिविर में प्रवेश कर सकता है, यह बात चीन के इतिहास से प्रमाणित हो गई। माओ ज़े दुंग के अनुसार चीन के आजाद इलाकों की सरकार का मुख्य काम जापानी साम्राज्यवाद के आक्रमण से चीन को बचाना था। अब वे लोग भी आजाद इलाकों की सरकार में शामिल हो सकते थे जो "जापानी साम्राज्यवाद और उसके पालतू कुत्तों का विरोध तो करते हों पर यूरोपियन और अमरीकी साम्राज्यवादियों का विरोध—उनसे अपने घनिष्ठ सम्बन्धों के कारण—न करते हों।" (उप., पृ. 166) जापानी साम्राज्यवाद से संघर्ष के दौरान पूँजीपति वर्ग का एक हिस्सा राष्ट्रीय रंगमंच से खदेड़ा गया; अमरीकी साम्राज्यवाद से संघर्ष के दौरान दूसरा हिस्सा खदेड़ा गया। जो बचा, वह छुटभैयों का राष्ट्रीय पूँजीपति वर्ग था। यह वर्ग नये जनवादी चीन में कुछ दिन तक बना रह सकता था; यही नहीं, वह चीन के नवनिर्माण में हाथ भी बँटा सकता था।

भारत में साम्राज्यवाद के सीधे प्रभुत्व के कारण उसका विरोध करके ही यहाँ औद्योगिक विकास किया जा सकता था। औद्योगिक पूँजीपति वर्ग के कुछ हिस्सों का घनिष्ठ सम्बन्ध यहाँ भी साम्राज्यवाद से था पर कुल मिलाकर विदेशी प्रभुत्व से इस

वर्ग का अन्तर्विरोध गहरा और दीर्घकालीन था। साथ ही इस वर्ग को सामन्त-विरोधी क्रान्ति बिलकुल पसन्द न थी; उसके राजनीतिक प्रतिनिधि किसानों के लगानबन्दी आन्दोलन, जमींदारी प्रथा के खात्मे के लिए संघर्ष को हर दाँव-पेंच से नियंत्रित और निर्जीव बनाए रखने की कोशिश करते थे। उधर अंग्रेजी राज का मुख्य सामाजिक आधार यहाँ के नये-पुराने राजा, नवाब-जमींदार और ताल्लुकेदार थे। इसलिए मुख्य रूप से साम्राज्यवाद के खिलाफ संघर्ष चलाते हुए, उस संघर्ष को सफल बनाने के लिए, गौण रूप से पूँजीपति वर्ग के ढुलमुलपन के खिलाफ संघर्ष चलाना भी जरूरी था। यह ढुलमूलपन खत्म नहीं किया गया, नतीजा यह कि भारत में सामन्ती अवशेष भी—कृषितंत्रीय सुधारों के बावजूद—पूरी तरह समाप्त नहीं किये गए। ये सामन्ती अवशेष बहुत-से व्यापारियों के साथ मिलकर साम्राज्यवाद के लिए नया सामाजिक आधार प्रस्तुत कर चुके हैं। इस आधार पर सम्प्रदायवाद पनपता है; सन् '47 से पहले की तरह सन् '47 के बाद भी भारतीय जनता के विरुद्ध वह आक्रामक साम्राज्यवाद का मुख्य अस्त्र है।

पिछड़े हुए देशों की जनवादी क्रान्ति पुरानी पूँजीवादी क्रान्तियों की सीमाएँ लाँघ जाएगी, उसके बाद जो जनतंत्र कायम होगा, वह पूँजीवादी जनतंत्र से भिन्न होगा, यह धारणा चीन में काफी पहले प्रवेश कर चुकी थी। 1924 में कुओमिन्तांग की पहली राष्ट्रीय कांग्रेस में कम्यूनिस्टों ने भाग लिया था; उस कांग्रेस का संचालन सुन यात सेन ने किया था। कांग्रेस के घोषणा-पत्र में कहा गया था :

"आधुनिक राज्यों में तथाकथित जनतांत्रिक व्यवस्था पर आम तौर से पूँजीपति वर्ग इजारा कायम कर लेता है और वह व्यवस्था आम जनता को सताने का उपकरण भर रह गई है। दूसरी ओर कुओमिन्तांग के जनतंत्र का सिद्धान्त ऐसी जनवादी व्यवस्था व्यंजित करता है जिसमें आम जनता भागीदार होती है और उस पर थोड़े-से लोगों का स्वामित्व नहीं होता।" (माओ-त्से तुंग द्वारा उद्धृत, 'Selected Works', खंड-4, पृ. 420)। सुन यात सेन 1911 में चीन की पूँजीवादी क्रान्ति का नेतृत्व कर चुके थे।

1911 में ही चीनी किसान आगे बढ़कर जनवादी क्रान्ति में हिस्सा ले रहे थे। इस सम्बन्ध में लेनिन ने 1912 में लिखा था कि चीन में जो नये विचार पनप रहे थे, वे उन "करोड़ों आदमियों के गहरे क्रान्तिकारी आन्दोलन से उत्पन्न हुए थे जो आखिर अब विश्व पूँजीवादी सभ्यता की धारा में खींचे जा रहे हैं।" ('ग्रंथावली', खंड-18, पृ. 164) चीन के करोड़ों आदमी पूँजीवादी सभ्यता की धारा में खींचे जा रहे थे, इस कथन का आशय यह है कि चीन की सामन्त-विरोधी क्रान्ति में करोड़ों किसान भाग ले रहे थे। लेनिन के अनुसार : सुन यात सेन का विचारमंच 'जुझारू और ईमानदार जनतंत्र की भावना' से प्रेरित था। वह सीधे-सीधे आम जनता की हालत का, जनसंघर्ष का सवाल पेश करता है। वह शोषित श्रमिक जनता के प्रति गहरी सहानुभूति प्रकट करता है। उनकी शक्ति के प्रति, उनके उद्देश्य के न्यायपूर्ण होने के प्रति आस्था प्रकट

करता है।" (उप.) चीन के जनवादियों को "यूरोप के समाजवाद से सच्ची सहानुभूति थी।" (उप., पृ. 167) लेनिन ने 1912 में चीनी पूँजीपति वर्ग के एक दगाबाज गुट का उल्लेख भी किया था। इस गुट के नेता "युआन शि काई जैसे लोग जिस काम के सर्वथा योग्य हैं, वह गद्दारी है।" (उप., पृ. 165) 1913 में लेनिन ने युआन शि काई के लिए लिखा कि उसने "सभी नरम (अर्थात् प्रतिक्रियावादी) पार्टियों की एकता कायम कर ली है : "राष्ट्रवादियों के एक अंश को फोड़ लिया है।" (उप., खंड-41, पृ. 282) निष्कर्ष यह निकला कि पूँजीपति वर्ग के एक गुट का विरोध किये बिना चीन में जनवादी क्रान्ति विजयी न हो सकती थी।

लेनिन ने नोट किया कि चीन में सर्वहारा वर्ग कमजोर है, चीनी किसानों को सर्वहारा वर्ग में अपना नेता अभी नहीं मिला। सुन यात सेन बड़े पैमाने पर आम चीनी जनता को क्रान्ति में शामिल नहीं कर सके। फिर भी "चीन में क्रान्तिकारी जनवाद ने जनता को जगाने में तथा स्वतंत्रता और सुसंगत जनवादी संस्थाएँ प्राप्त करने में बहुत कुछ किया है। आन्दोलन में और राजनीति में अधिकाधिक किसान समुदायों को खींचकर (जिस हद तक यह प्रक्रिया घटित हो रही है) सुन यात सेन की पार्टी एशिया की और मानव-जाति की प्रगति के लिए बहुत बड़ा उपकरण बन रही है।" (उप., पृ. 283) जुलाई, 1921 में चीनी कम्यूनिस्ट पार्टी की पहली कांग्रेस हुई। अगस्त, 1921 में सुन यात सेन ने रूसी विदेश विभाग के कमीसार चिचेरिन को लिखा : "मुझे आपके उद्देश्य से, खास तौर से सोवियतों के, आपकी फौज और शिक्षा के, संगठन से गहरी दिलचस्पी है। इनके बारे में, खास तौर से शिक्षा के बारे में, आप और अन्य लोग जो भी मुझे बता सकें, मैं जानना चाहूँगा। मॉस्को की तरह मैं चीनी गणतंत्र की नींव नौजवान पीढ़ी—आगामी कल के परिश्रमीजनों—के मानस में गहरे डालना चाहूँगा।" (उप., खंड-45, पृ. 713, टिप्पणी-संख्या 546) जून, 1923 में सुन यात सेन की सहायता के लिए पाँच सोवियत सैनिक सलाहकार चीन पहुँचे। जिन देशों में अंग्रेजी राज था, उनमें सोवियत संघ से इस तरह का सम्पर्क कल्पनातीत था। लेनिन की विचारधारा के चीन पहुँचने में कोई विशेष कठिनाई न थी। पर उससे आवश्यक सीख लेकर उसे लागू करना आसान काम न था। 1924 में कुओमिन्तांग की राष्ट्रीय कांग्रेस हुई जिसके प्रस्ताव का उल्लेख माओ ज़े दुंग ने अपने लेख में किया था। इसके बाद पूँजीवादी जनतंत्र का मार्ग छोड़कर चीन की कम्यूनिस्ट पार्टी नये जनतंत्र के मार्ग पर आगे बढ़ी।

3. नया जनतंत्र और समाजवाद की ओर संक्रमण

जनवरी, 1940 में माओ-त्से तुंग ने 'नये जनतंत्र के बारे में' नाम की पुस्तिका लिखी। रूस की समाजवादी क्रान्ति के बाद दुनिया में नया युग शुरू हुआ। इस युग में "जो भी क्रान्ति किसी उपनिवेश या अर्द्ध-उपनिवेश में साम्राज्यवाद के विरुद्ध, अर्थात्

अन्तरराष्ट्रीय पूँजीपति वर्ग अथवा अन्तरराष्ट्रीय पूँजीवाद के विरुद्ध, की जाएगी, वह बुर्जुआ जनवादी विश्वक्रान्ति की कोटि में न होगी वरन् नई कोटि में होगी। वह अब पुरानी बुर्जुआ या पूँजीवादी विश्वक्रान्ति का अंश नहीं है वरन् नई विश्वक्रान्ति का, सर्वहारा-समाजवादी क्रान्ति का, अंश है। ऐसे क्रान्तिकारी उपनिवेश और अर्द्ध-उपनिवेश अब विश्व पूँजीवाद के क्रान्ति-विरोधी मोर्चे के सहयोगी नहीं माने जा सकते; वे विश्व समाजवाद के क्रान्तिकारी मोर्चे के सहयोगी हैं।

"यद्यपि किसी उपनिवेश या अर्द्ध-उपनिवेश में ऐसी क्रान्ति अपनी पहली मंजिल या पहले कदम में, सामाजिक स्वरूप को देखते, अब भी मूलतः बुर्जुआ जनवादी होगी, और यद्यपि वस्तुगत रूप से उसका उद्‌देश्य पूँजीवाद के विकास के लिए रास्ता साफ करना होगा, फिर भी पूँजीपति वर्ग के नेतृत्व में चलने वाली यह पुराने ढंग की क्रान्ति नहीं है जिसका ध्येय पूँजीवादी समाज तथा पूँजीवादी डिक्टेटरी में राज्यसत्ता कायम करना होता है। यह नये ढंग की क्रान्ति है। इसका नेतृत्व सर्वहारा वर्ग करता है। इसका उद्‌देश्य पहली मंजिल में नये जनवादी समाज की स्थापना है। समाज के सभी क्रान्तिकारी वर्गों की संयुक्त डिक्टेटरी में राज्यसत्ता की स्थापना है। इस प्रकार इस क्रान्ति ने वास्तव में समाजवाद के लिए और भी चौड़ा रास्ता साफ करने का काम किया।" ('Selected Works', खंड-2, पृ, 343-44)

माओ ने चीनी क्रान्ति को विश्व-समाजवादी क्रान्ति का अंश कहा है; उसकी पहली मंजिल में सोशलिस्ट समाज की नहीं, नये जनवादी समाज की स्थापना होगी। उसका उद्‌देश्य पूँजीवादी विकास के लिए रास्ता साफ करना है किन्तु उसे पूँजीवादी समाज की स्थापना नहीं करना। इससे स्पष्ट है कि पूँजीवाद नियंत्रित रहेगा।

नया जनतंत्र कायम होने पर समाजवाद की ओर संक्रमण में कितना समय लगेगा, यह परिस्थितियों पर निर्भर होगा। दिसम्बर, 1935 में माओ ने लिखा था कि जनवादी क्रान्ति समाजवादी क्रान्ति में परिवर्तित होगी, यह निश्चित है किन्तु इसमें काफी समय लगेगा। कुछ साथी मानते थे कि "जैसे ही मुख्य सूबों में जनवादी क्रान्ति की जीत होने लगेगी, क्रान्ति में संक्रमण आरम्भ हो जाएगा। वे ऐसा इसलिए मानते थे कि वे समझ न पाए थे कि राजनीतिक और आर्थिक रूप से चीन किस तरह का देश है। वे यह महसूस नहीं कर पाए कि रूस की तुलना में चीन के लिए आर्थिक और राजनीतिक रूप से अपनी जनवादी क्रान्ति पूरा करना ज्यादा कठिन होगा, इसके लिए अधिक समय और प्रयत्न की आवश्यकता होगी।" ('Selected Works', खंड-1, पृ. 170) नये जनतंत्र वाले निबन्ध में माओ-त्से तुंग ने यह बात दोहराई। चीनी क्रान्ति दो चरणों के बिना पूरी नहीं हो सकती : पहला चरण नये जनतंत्र का, दूसरा समाजवाद का। इसके अलावा पहले चरण में बहुत काफी समय लगेगा और वह आनन-फानन पूरा नहीं हो सकता। हम कल्पनालोकवादी नहीं हैं और हमारे सामने जो वास्तविक परिस्थितियाँ हैं, उनसे अपने को हम विलग नहीं

कर सकते।" (उप., खंड-2, पृ., 358) चीनी कम्यूनिस्ट पार्टी की 28वीं सालगिरह पर माओ ने जनता की लोकतांत्रिक डिक्टेटरशिप के प्रसंग में लिखा : "गम्भीर समस्या है किसानों के शिक्षण की। किसान अर्थतंत्र बिखरा हुआ है और सोवियत संघ के अनुभव को ध्यान में रखें तो कृषि के समाजवादीकरण में दीर्घकाल और कठोर परिश्रम आवश्यक होंगे। कृषि के समाजवादीकरण के बिना पूर्ण और सुदृढ़ समाजवाद असम्भव है। कृषि के समाजवादीकरण के लिए जो कदम उठाए जाएँगे, उनका तालमेल शक्तिशाली उद्योग-धन्धों के साथ बिठाना होगा। इन उद्योग-धन्धों का मेरुदंड होगा राजकीय व्यवसाय। जनता की लोकतांत्रिक डिक्टेटरशिप को व्यवस्थित ढंग से उद्योगीकरण की समस्याएँ हल करनी होंगी।" (उपर्युक्त, खंड-4, पृ. 419)

नये चीन में राष्ट्रीय पूँजीपति वर्ग की भूमिका के बारे में माओ ने लिखा : "वर्तमान मंजिल में राष्ट्रीय पूँजीपति वर्ग बड़े महत्त्व का है। साम्राज्यवाद बहुत ही खूंखार दुश्मन है। वह अब भी हमारे बराबर खड़ा है।...साम्राज्यवादी उत्पीड़न का मुकाबला करने के लिए और अपने पिछड़े हुए अर्थतंत्र को ऊँचे स्तर तक ले जाने के लिए चीन को शहरी और देहाती पूँजीवाद के उन तमाम उपकरणों को इस्तेमाल करना चाहिए जो राष्ट्रीय अर्थतंत्र और जनता की रोटी-रोजी के लिए लाभकारी हैं, हानिकार नहीं हैं। अपने सामान्य संघर्ष में राष्ट्रीय पूँजीपति वर्ग से हमें अवश्य एकता कायम करनी चाहिए। हमारी मौजूदा नीति पूँजीवाद को नियमित (regulate) करने की है, उसका नाश करने की नहीं।" (उप., पृ. 421) 1950 में माओ ने कम्यूनिस्ट पार्टी के नेतृत्व में 'नई जनवादी क्रान्ति' की राष्ट्रव्यापी विजय के महत्त्व की घोषणा की। (उप., खंड-5, पृ. 33) उन्होंने बताया कि उत्तरी चीन के 16 करोड़ आबादीवाले इलाके में कृषि-सम्बन्धी सुधार पूरे कर दिये गए हैं अर्थात् जमींदारी प्रथा समाप्त कर दी गई है। 'समूचे जमींदार वर्ग को धराशायी करने के लिए' बाकी 31 करोड़ वाले विशाल क्षेत्र में कृषि-सुधार का काम 1950 के उत्तरार्द्ध में शुरू किया जाएगा। (उप.) उद्योग और व्यापार में युद्ध के कारण कुछ अव्यवस्था फैल गई थी। राष्ट्रीय पूँजीपति वर्ग से कम्यूनिस्ट पार्टी के सम्बन्धों में तनाव पैदा हो गया था। "बेरोजगार बुद्धिजीवी और मजदूर हमसे असन्तुष्ट हैं और यही हाल कुछ छोटे कारीगरों का है। अधिकांश देहाती इलाकों में किसान भी कुड़कुड़ा रहे हैं क्योंकि वहाँ कृषि-सुधार का काम अभी किया नहीं गया। इसके अलावा उन्हें राज्यसत्ता को अनाज भी देना पड़ता है।" (उप., पृ. 34) लगभग वैसी स्थिति थी, जैसी 1920-21 के रूस में थी।

माओ-त्से तुंग ने उसी लेख—'सब पर हाथ मत उठाओ'—में संयुक्त मोर्चे की नीति पर अमल करने की हिदायत देते हुए कहा : "हमें मजदूर वर्ग के नेतृत्व में और मजदूर-किसान सहयोग के आधार पर निम्न पूँजीवादियों और राष्ट्रीय पूँजीपतियों

को एकजुट करना चाहिए। राष्ट्रीय पूँजीपति वर्ग अन्ततः समाप्त हो जाएगा लेकिन इस मंजिल में हमें उसे अपने साथ एकजुट करना चाहिए, उसे ठेल न देना चाहिए। एक ओर हमें उससे संघर्ष करना चाहिए, दूसरी ओर उससे एकता कायम करनी चाहिए।" (उप., पृ. 35) मार्च, 1953 में माओ-त्से तुंग ने चीनी कृषितंत्र के बारे में लिखा : "हमारा वर्तमान कृषितंत्र बुनियादी तौर से छोटे किसानों का बिखरा हुआ अर्थतंत्र है। उसमें पुराने ढंग के औजारों से काम लिया जाता है। सोवियत संघ को मशीनी सामूहिक खेती से यह बहुत ज्यादा भिन्न है। इसलिए मौजदा संक्रमण के दौर में हम खेती में एकताबद्ध, योजनाबद्ध उत्पादन का चलन नहीं कर सकते।" (उप., 91) किन्तु अचानक जून, 1953 में नये जनतंत्र की लाइन पुरानी पड़ गई। 'माओ ग्रंथावली' की सम्पादकीय टिप्पणी के अनुसार ल्यू शाओ ची तथा अन्य लोग यह कहते थे कि नई जनवादी समाज-व्यवस्था को दृढ़ता से कायम किया जाए। माओ ने 'दक्षिणपंथी अवसरवादियों' के लिए कहा : "वे यह नहीं समझ पाते कि क्रान्ति के स्वरूप में परिवर्तन हो गया है और वे समाजवादी रूपान्तरण के बदले अपना 'नया जनतंत्र' बराबर आगे ठेलते रहते हैं।" (उप., खंड-5, पृ. 93) यदि क्रान्ति का स्वरूप इतनी जल्दी बदल गया तो मानना चाहिए कि नये जनतंत्र की मंजिल बहुत थोड़े समय के लिए थी। पूँजीवादी मंजिल के खत्म होते ही क्रान्ति समाजवादी मंजिल में पहुँच गई। इन दोनों से भिन्न नई जनवादी क्रान्ति जैसी चीज की जरूरत न थी। जनता का लोकतंत्र—पीपुल्स डेमोक्रेसी—भी बेकार की शब्दावली थी; उसकी जगह 'समाजवादी जनतंत्र' कहना ज्यादा उचित था। इस जनतंत्र का सारतत्त्व होगा मजदूर वर्ग का अधिनायकवाद।

1956 में चीनी कम्यूनिस्ट पार्टी की आठवीं कांग्रेस का उद्घाटन करते हुए माओ-त्से तुंग ने कहा : "सातवीं कांग्रेस के बाद ग्यारह वर्षों में विशाल भूमि, भारी जनसंख्या और बहुविध परिस्थितियों के इस महान् देश में हमने बुर्जुआ जनवादी क्रान्ति पूरी कर ली है और समाजवादी क्रान्ति में भी निर्णायक विजय प्राप्त कर ली है।" ('Eighth National Congress of the Communist Party of China', खंड-1, पृ. 5) यहाँ दो क्रान्तियों की बात है—एक बुर्जुआ जनवादी और दूसरी समाजवादी। एक पूरी हुई, दूसरी शुरू हुई। नई जनवादी क्रान्ति की धारणा निरस्त हुई। सत्ता ग्रहण के बाद सात साल के भीतर दूसरी क्रान्ति में निर्णायक विजय प्राप्त हो गई। यदि यह माना जाए कि जनता की लोकतांत्रिक डिक्टेटरशिप पार्टी के माध्यम से चरितार्थ होती है—और कम्यूनिस्ट पार्टी मजदूर वर्ग की पार्टी है तो इस डिक्टेटरशिप को सर्वहारा डिक्टेटरशिप मानने में कठिनाई न होगी। 1949 में माओ ने लिखा था : "हमारे अनुभव का सारांश एक सूत्र में कहा जाए तो यह है—(कम्यूनिस्ट पार्टी के माध्यम से) मजदूर वर्ग के नेतृत्व में, और मजदूरों तथा किसानों के गठबन्धन पर आधारित, जनता की लोकतांत्रिक डिक्टेटरशिप।" ('Selected Works', खंड-4, पृ. 422)

मानो इस सूत्र की व्याख्या करते हुए चीनी कम्यूनिस्ट पार्टी की आठवीं कांग्रेस में ल्यू शाओ ची ने कहा : "हमारे देश में जनता की लोकतांत्रिक डिक्टेटरशिप बुर्जुआ जनवादी क्रान्ति के दौर से गुजर चुकी है और अब समाजवादी क्रान्ति के दौर से गुजर रही है। चीनी जनता, गणतंत्र की स्थापना के बाद, पूँजीवाद से समाजवाद की ओर संक्रमण सम्पन्न करने का कार्यभार उठाने लगी। दूसरे शब्दों में उसे उत्पादन के साधनों पर पूँजीपतियों और छोटे उत्पादकों के निजी स्वामित्व को समाजवादी सार्वजनिक स्वामित्व में बदलना था, और मनुष्य द्वारा मनुष्य के उत्पीड़न को जड़ से खत्म करना था। ऐसी राज्यसत्ता, सारतत्त्व के विचार से, केवल सर्वहारा वर्ग की डिक्टेटरशिप हो सकती है। केवल सर्वहारा वर्ग, अपने अग्रदल—चीनी कम्यूनिस्ट पार्टी—द्वारा जब राज्यसत्ता की शक्ति के इस अस्त्र को, जरा भी रुकावट के बिना, इस्तेमाल करता है और अपने चारों तरफ तमाम श्रमिक जनता को और उन सभी दूसरी ताकतों को एकजुट करता है जो समाजवाद को स्वीकार करने के लिए तैयार हैं, मिलकर सर्वहारा वर्ग की पालिसी की लाइन को अमल में लाने के लिए तैयार हैं—एक ओर समाजवाद के मार्ग पर आर्थिक और सांस्कृतिक जीवन का निर्माण करने को तैयार हैं, दूसरी ओर प्रतिक्रियावादी वर्गों और गुटों के प्रतिरोध का दमन करने और विदेशी साम्राज्यवाद के हस्तक्षेप के खिलाफ चौकसी रखने को तैयार हैं—तभी इस गम्भीर और पेचीदा कार्य को पूरा करना सम्भव होगा।" ('Eighth National Congress', खंड-1, पृ. 67-68)

चीन में मजदूर वर्ग, 1917 के रूस की तुलना में, और भी अल्पसंख्यक था। चीन को भारी उद्योग-धन्धों का निर्माण अभी करना था। 1949 से 1956 तक सर्वहारा वर्ग की संख्या में अचानक आशातीत वृद्धि न हो गई थी। इसलिए सारतत्त्व के विचार से चीनी राज्यसत्ता यदि सर्वहारा वर्ग की डिक्टेटरशिप थी, तो वह वास्तव में बहुसंख्यक गैर-सर्वहारा जनता पर अति अल्पसंख्यक मजदूर जमात का शासन थी। फिर यह डिक्टेटरशिप अमल में आ रही थी सर्वहारा वर्ग के अग्रदल—चीनी कम्यूनिस्ट पार्टी—के माध्यम से। इस तरह जनता की लोकतांत्रिक डिक्टेटरशिप पहले सर्वहारा डिक्टेटरशिप बनी। फिर प्रत्यक्ष व्यवहार में वह कम्यूनिस्ट पार्टी की डिक्टेटरशिप बनी। औद्योगिक रूप से अल्प-विकसित देश में, बहुसंख्यक छोटे मालिक किसानों-कारीगरों-कारोबारियों के देश में, राज्यसत्ता—इन सभी के प्रतिरोध का दमन करने को तैयार की जा रही थी। चीनी कम्यूनिस्ट पार्टी देश की बहुसंख्यक जनता के विरोध में खड़ी हो रही थी।

जो संसार में आता है, वह एक दिन यहाँ से जाता है; कम्यूनिस्ट पार्टी का जन्म हुआ है तो एक दिन वह निर्वाण को भी प्राप्त होगी। इस दार्शनिक सत्य की व्याख्या करते हुए माओ-त्से तुंग ने 1956 में लिखा था : "कम्यूनिस्ट पार्टी और जनवादी पार्टियाँ सब इतिहास की उपज हैं। इतिहास में जिसका अभ्युदय होता है, उसका

अवसान भी होता है। अतएव एक दिन कम्यूनिस्ट पार्टी का अवसान होगा, और वैसे ही जनवादी पार्टियों का होगा। क्या यह अवसान बहुत अप्रिय है? मेरी राय में वह बहुत प्रिय होगा। मेरी समझ में यह बढ़िया बात है कि एक दिन हम कम्यूनिस्ट पार्टी और सर्वहारा डिक्टेटरशिप से छुट्टी पा जाएँगे। हमारा काम इस अवसान के दिन को शीघ्र ले आना है। हम इस मुद्दे के बारे में कई बार कह चुके हैं। लेकिन अभी तो सर्वहारा पार्टी और सर्वहारा डिक्टेटरशिप के बिना हमारा काम नहीं चल सकता। और भी यह कि उन्हें इससे भी अधिक शक्तिशाली बनाना एकदम जरूरी है, वर्ना हम क्रान्ति-विरोधियों का दमन न कर सकेंगे, साम्राज्यवाद का मुकाबला न कर सकेंगे और समाजवाद का निर्माण न कर सकेंगे अथवा जब वह निर्मित हो जाएगा, तब उसे सुदृढ़ न कर सकेंगे।" ('Selected Works', खंड-5, पृ. 297) समाजवाद का निर्माण उत्पादन के साधनों पर निजी मिल्कियत खत्म नहीं हो सकता। समाजवादी क्रान्ति के दौर में जो निजी मिल्कियत की रक्षा करना चाहेगा, वह कान्ति-विरोधी होगा अर्थात् भूमिसुधार से जिन करोड़ों किसानों को अभी कल खेती के लिए जमीन मिली थी, वे आज क्रान्ति-विरोधी हो गए। इनके दमन के लिए राज्यसत्ता की ताकत का उपयोग होगा। सर्वहारा वर्ग की ओर से डिक्टेटरशिप को अमल में लाती है कम्यूनिस्ट पार्टी। यदि कम्यूनिस्ट पार्टी जनता को प्रिय न लगे तो उसे राहत देने के लिए यह खयाल अच्छा है कि एक दिन उसका वजूद न होगा। लेकिन फिलहाल तो उसे और उसकी डिक्टेटरशिप को मजबूत करना ही होगा।

सोवियत संघ की कम्यूनिस्ट पार्टी ने उस समय चीनी कम्यूनिस्ट पार्टी की नीति को पूर्ण समर्थन दिया था। चीनी पार्टी की आठवीं कांग्रेस में सोवियत पार्टी के प्रतिनिधि मंडल के नेता मिकोयान ने कहा था : "हिटलरी जर्मनी और सैन्यवादी जापान की पराजय के बाद की नई ऐतिहासिक परिस्थिति में चीनी कम्यूनिस्ट पार्टी, मार्क्सवाद लेनिनवाद के सिद्धान्त (थ्योरी) से मार्ग पहचानती हुई, साम्राज्य-विरोधी, सामन्त-विरोधी क्रान्ति के कार्यों को पूँजीवाद का तख्ता उलटने के सर्वहारा समाजवादी आन्दोलन से मिलाते हुए, चीनी जनक्रान्ति की विजय तक पहुँची है। उसने जनता की लोकतांत्रिक डिक्टेटरशिप की स्थापना की है, जो सर्वहारा डिक्टेटरशिप के रूपों में एक है, और अब वह चीन में समाजवाद की विजय के लिए लड़ रही है।" ('Eighth National Congress', खंड-3, पृ.11) मिकोयान के अनुसार सर्वहारा डिक्टेटरशिप के अनेक रूप हैं। उनमें एक है : जनता की लोकतांत्रिक डिक्टेटरशिप। इस लोकतांत्रिक डिक्टेटरशिप और सर्वहारा डिक्टेटरशिप में विशेष अन्तर नहीं है; दोनों एक ही प्रपंच के दो रूप हैं। कारण यह कि दोनों तरह की डिक्टेटरशिप में वर्ग का स्थान पार्टी ले लेती है। 1926 में स्तालिन ने इस भटकाव की आलोचना की थी।

पूँजीवादी विकास की दृष्टि से रूस जर्मनी से पिछड़ा हुआ था और 1947-49 के भारत और चीन 1917 के रूस से पिछड़े हुए थे। सर्वहारा डिक्टेटरशिप की बात

करते समय उसके तीन भिन्न सामाजिक सन्दर्भों का उल्लेख अवश्य करना चाहिए। नाइजेल हैरिस ने भारत-चीन पर अपनी पुस्तक में लिखा है : "पिछड़े हुए देशों में क्रान्तिकारियों का कर्तव्य स्पष्ट है—सर्वहारा डिक्टेटरशिप का नारा देना और उसके गिर्द [स्वयं को] संगठित करना।" (Nigel Harris, 'India-China : Underdevelopment and Revolution', पृ. 326) इनके चिन्तन की दिशा पहचान लीजिए। वियतनाम में अमरीकी साम्राज्यवाद पराजित हुआ, तो क्या हुआ? इससे साम्राज्यवाद तो खत्म नहीं हो गया। "उसका विनाश विश्व पैमाने पर वियतनाम में नहीं हो सकता, न विश्व के किसान उसका नाश कर सकते हैं। उसका नाश केवल आगे बढ़े हुए देशों में हो सकता है और केवल सर्वहारा वर्ग द्वारा हो सकता है। इसलिए किसान या सर्वहारा—यह प्रश्न इस बात को लेकर नहीं है कि किसी एक देश में 'समाजवाद' की उपलब्धि किसे हुई है वरन् समस्त मानव-जाति के उद्धार को लेकर है।" (उप., पृ. 154) एक देश—सोवियत संघ—में समाजवाद का निर्माण नहीं हो सकता। सर्वहारा क्रान्ति विकसित पूँजीवादी देशों में ही होगी। जब तक यह क्रान्ति नहीं होती, तब तक पिछड़े हुए देशों के क्रान्तिकारी सर्वहारा डिक्टेटरशिप का नारा लगाएँ, उसके गिर्द अपना संगठन बनाएँ।

पिछड़े हुए देशों में सर्वहारा डिक्टेटरशिप का नारा त्रोत्स्कीवादियों का क्रान्ति-विरोधी नारा है।

यद्यपि अप्रैल, 1917 में लेनिन ने सावधान किया था कि समाजवाद की ओर तुरन्त बढ़ना सम्भव न होगा : "हमारा तात्कालिक कार्य समाजवाद लागू करना नहीं है" (उप., खंड-24, पृ. 52)—फिर भी सामान्य धारणा यह थी कि इसके लिए ज्यादा देर तक रुकना न पड़ेगा। इस धारणा के बारे में लेनिन ने अक्टूबर, 1921 में कहा था : "हमारी पार्टी ने 1917 के अन्तिम चरण और 1918 के प्रथम चरण में जो घोषणाएँ औपचारिक और अनौपचारिक तौर पर की थीं, उन्हें आग याद करें तो देखेंगे कि उस समय भी हम यह जानते थे कि क्रान्ति की, संघर्ष की, राह अपेक्षाकृत छोटी हो सकती है, अथवा वह बहुत लम्बी और कठिन हो सकती है। किन्तु विकास के परिप्रेक्ष्य को आँकने में हम अधिकतर—इसका एक भी अपवाद मुझे याद नहीं आ रहा—यह मानकर चले थे कि हम सीधे समाजवादी रचना के काम में लग सकेंगे।" ('लेनिन ग्रंथावली', खंड-33, पृ. 87) किन्तु यह धारणा सही साबित न हुई। नवम्बर, 1922 में उन्होंने कहा : सोवियत रूस के गम्भीर आन्तरिक संकट से काफी किसानों में ही नहीं, मजदूरों में भी असन्तोष प्रकट हुआ। आम जनता को जिस चीज का आभास पहले हुआ, उसे कुछ दिन बाद हमने माना और वह यह कि "विशुद्ध समाजवादी रूपों की ओर; विशुद्ध समाजवादी वितरण की ओर, सीधा संक्रमण हमारी वर्तमान शक्ति के बाहर है। यदि हम पीछे न हटे जिससे कि ज्यादा आसान कार्यों के दायरे में रहें तो हमें सर्वनाश का सामना करना पड़ेगा।" (उप.,

पृ. 421-22) अब यदि कोई 1917-18 वाली, समाजवाद की ओर सीधे संक्रमण से सम्बन्धित, लेनिन की धारणा के अनुसार, पिछड़े हुए देशों में शीघ्रता से यह संक्रमण आरम्भ कर दे तो परिणाम सर्वनाश होगा, और इसके लिए लेनिन जिम्मेदार न होंगे। जिम्मेदार होंगे वे हठवादी जो लेनिन की कुछ धारणाओं को विचारधारा की समग्रता से अलग काटकर उन्हें जड़ सूत्रों का रूप देते हैं। रूस की तुलना में एशिया के देश और भी पिछड़े हुए हैं। इसलिए सीधे संक्रमण वाली नीति यहाँ लागू की गई तो सर्वनाश और भी भयानक होगा।

चीनी कम्यूनिस्ट पार्टी की आठवीं कांग्रेस में मिकोयान ने सामन्त-विरोधी क्रान्ति को पूँजीवाद का तख्ता उलटने वाले समाजवादी आन्दोलन से मिला दिया था। छोटे मालिक किसानों को समाजवाद की ओर ले चलने के लिए जिन वस्तुगत परिस्थितियों की आवश्यकता होती है, उनके निर्माण में काफी समय लगता है—यह रूस और चीन, दोनों देशों के कम्यूनिस्ट नेता बहुत अच्छी तरह जानते थे। फिर भी मिकोयान सामन्त-विरोधी कार्यों से पूँजीवाद का तख्ता उलटनेवाले समाजवादी आन्दोलन के घालमेल की बात कर रहे थे। यह घालमेल वाली धारणा यूगोस्लावियों के कम्यूनिस्टों की देन थी।

दूसरे विश्वयुद्ध के बाद, नौ कम्यूनिस्ट पार्टियों के सम्मेलन में, यूगोस्लाव नेता एद्वर्द कार्देल ने कहा था : "यह स्पष्ट है कि सरकार केवल विभिन्न सामन्ती अवशेषों और पूँजीवादी इजारों के खात्मे तक खुद को सीमित न कर सकती थी; उसे यूगोस्लाविया में पूँजीवाद के आम खात्मे और समाजवाद के निर्माण की दिशा में स्पष्ट मार्ग स्वीकार करना था। जनता की जनवादी क्रान्ति समाजवादी रूपों से मिश्रित हो गई है, और अब इन रूपों की प्रधानता है।" (कम्यूनिस्ट, जनवरी, 1948, बम्बई, पृ. 340) यदि सामन्ती अवशेषों के साथ पूँजीवादी इजारे खत्म किये जाएँ, तो यह नई जनवादी क्रान्ति होगी। जब इजारों के अलावा पूँजीवाद के आम खात्मे का प्रयत्न हो, तो यह नई जनवादी क्रान्ति की सीमाएँ लाँघकर उसे समाजवादी क्रान्ति बना देना होगा। यह दो क्रान्तियों का घालमेल नई जनवादी क्रान्ति की धारणा से एकदम भिन्न था। पूर्वी यूरोप में यूगोस्लाविया और बुल्गारिया दो ऐसे देश थे जिनमें पूँजीवाद का विकास सबसे कम हुआ था। (देखें, वार्गा का लेख : 'नये साँचे का जनतंत्र', कम्यूनिस्ट, सितम्बर, 1947, पृ. 134) खेतिहर देश में पूँजीवाद के आम खात्मे का मतलब था : किसानों की निजी मिल्कियत को समाप्त करना। इससे किसानों में तो असन्तोष बढ़ता ही, समूचा अर्थतंत्र ही संकटग्रस्त हो जाता। इस स्थिति से उबरने के लिए अमरीकी सहायता अनिवार्य प्रतीत होती।

यूगोस्लाविया में जो थोड़े-बहुत उद्योग-धंधे थे, वे भी युद्ध में तबाह हो गए थे। क्रान्ति के बाद उद्योग-धंधों को बहाल करने के बदले, राजकीय पूँजीवाद के आधार पर औद्योगिक विकास करने के बदले, यूगोस्लाविया के कम्यूनिस्टों ने पूँजीवाद पर

आम धावा बोल दिया। चीन भी यूगोस्लाविया की तरह खेतिहर देश था। यहाँ भी युद्ध में उद्योग-धंधे तबाह हुए थे। और यहाँ भी नई जनवादी क्रान्ति का दौर बहुत जल्दी समाप्त करके समाजवादी रूपों की प्रधानता कायम कर दी गई। यूगोस्लाविया और चीन, इन दोनों देशों में वामपंथी अवसरवाद ने अर्थतंत्र को भारी हानि पहुँचाकर ऐसी वस्तुगत परिस्थितियाँ उत्पन्न कर दीं जिनमें अमरीकी इजारेदारों से सहायता लेना अनिवार्य प्रतीत हो।

जनवादी और समाजवादी क्रान्तियाँ एक साथ सम्पन्न होंगी तो सरकार जनवादी डिक्टेटरशिप होने के साथ सर्वहारा डिक्टेटरशिप भी होगी। मिकोयान ने चीनी जनता की लोकतांत्रिक डिक्टेटरशिप को, सारतत्त्व के विचार से, सर्वहारा डिक्टेटरशिप माना था। इस सन्दर्भ में सोवियत अर्थशास्त्री वार्गा ने पूर्वी यूरोप की नई राज्यसत्ता की जो विशेषताएँ बताई थीं, वे ध्यान देने योग्य हैं। 1947 में उन्होंने लिखा था : " 'नये साँचे के जनतंत्र' से हमारा आशय किसी देश की ऐसी अवस्था से है जिसमें सामन्ती अवशेषों—बड़े पैमाने के भू-स्वामित्व—को समाप्त कर दिया गया हो, जिसमें उत्पादन के साधनों के निजी स्वामित्व वाली व्यवस्था अभी बनी हुई हो, पर उद्योग, यातायात और उधार-क्षेत्रों के बड़े प्रतिष्ठान राज्यसत्ता के हाथ में हों; स्वयं राज्यसत्ता और उसका दमनकारी तंत्र इजारेदार पूँजीपतियों के हित में काम नहीं करते वरन् शहर और देहात की श्रमिक जनता के हित में काम करते हैं।...यह [राज्यसत्ता] न पूँजीवादी डिक्टेटरशिप है, न जनवादी डिक्टेटरशिप है।...शब्द के सामान्य अर्थ में ये पूँजीवादी राज्य नहीं हैं। किन्तु वे समाजवादी राज्य भी नहीं हैं।" (उप., पृ. 132)जनता के लोकतंत्र पूँजीवादी लोकतंत्र से भिन्न थे क्योंकि सत्ता पूँजीपति वर्ग के हाथ में नहीं थी। पूँजीवादी अर्थतंत्र के कुछ प्रमुख विभागों का राष्ट्रीयकरण हुआ था किन्तु अन्य विभागों में उत्पादन के साधनों पर निजी स्वामित्व वाली व्यवस्था बनी हुई थी, इसलिए जनता का लोकतंत्र सर्वहारा लोकतंत्र से भिन्न था। किन्तु यूगोस्लाविया के नेता अपनी राज्यसत्ता की वामपंथी अवसरवादी व्याख्या कर रहे थे।

यूगोस्लाविया के फासिस्ट-विरोधी संग्राम के दौरान वहाँ जनमुक्ति समितियाँ कायम की गई थीं। इनके द्वारा जनता का लोकतंत्र प्रत्यक्ष हुआ। टीटो के अनुसार : "मूलत: इस तथ्य ने हमारी क्रान्ति के समूचे मार्ग का समाजवादी होना पूर्व निर्धारित कर दिया था।" ('Socialist Thought and Practice', बेओग्राद, संख्या 32, 1968, पृ. 7) इस मार्ग पर चलने का मतलब था, विभिन्न क्षेत्रों के मझोले पूँजीपतियों और निम्न पूँजीवादियों—किसानों और कारीगरों—की निजी मिल्कियत को बलपूर्वक समाप्त करना। यह काम राज्यसत्ता की दमनकारी भूमिका के बिना सम्भव नहीं था। लेकिन टीटो का कहना था कि उन्होंने मजदूरों की प्रबन्ध समितियाँ बनाकर नये ढंग का समाजवाद कायम किया है। उसमें राज्यसत्ता की भूमिका नगण्य हो गई है।

टीटो ने कहा था : "अपनी क्रान्ति की विशेषताओं के आधार पर...खास तौर से हमारी इस इच्छा के आधार पर कि हम स्वतंत्र समाजवादी विकास के ऐसे तरीके और रूप ढूँढ़ निकालें जो हमारे सर्वथा अनुकूल हों, हमारे देश में यह बोध बढ़ा कि मार्क्स की इस धारणा को अमल में लाना जरूरी है कि कारखाने मजदूरों को सौंप दिये जाएँ जिससे वे उनका प्रबन्ध करें और ऐसी सामाजिक-आर्थिक व्यवस्था रची जाए जिसमें खुद प्रबन्ध करने का काम सीधे-सीधे लाखों आदमी कर सकें। इस सिलसिले में हमारे अलगाव का स्थान (point of departure) यह मुद्दा था कि समाजवादी विकास का मुख्य उपकरण राज्यसत्ता का यंत्र न होगा वरन मजदूर वर्ग और सभी श्रमिक जन होंगे जो समाजीकृत उत्पादन-साधनों के अपने प्रबन्ध कार्य से सम्बद्ध होंगे।...राजनीतिक संरचना में 1950 से बराबर परिवर्तन होते रहे हैं, इन सबसे राज्यसत्तावाद (Statism) के निर्मूलन और जनवादीकरण की प्रक्रियाएँ आगे बढ़ीं।" (उप., पृ. 12-13) कारखानों का प्रबन्ध मजदूरों के हाथ में हो—इस बारे में मार्क्स ने क्या कहा था—यूगोस्लाविया के नेता क्या समाजवाद के निर्माण में कोई नया प्रयोग कर रहे थे? वह प्रयोग सफल हुआ या असफल, इन सवालों पर यहाँ विचार करना आवश्यक नहीं है। मुख्य प्रश्न यह है कि यूगोस्लाविया में समाजवाद का निर्माण अमरीकी सहायता के बिना हो सकता था या नहीं?

नवम्बर, 1949 में यूरोप की कम्यूनिस्ट पार्टियों ने टीटो गुट के खिलाफ अपने प्रस्ताव में कहा था : "टीटो-रांकोविच गुट ने देश के अर्थतंत्र में विदेशी पूँजी के प्रवेश के लिए भारी सम्भावनाएँ पैदा कर दी हैं और अर्थतंत्र को पूँजीवादी इजारों के नियंत्रण में छोड़ दिया है। ब्रिटेन और अमरीका के उद्योगपति और महाजन यूगोस्लाविया के अर्थतंत्र में अपनी पूँजी लगा रहे हैं और उस देश को विदेशी पूँजी के लिए कच्चे माल का सहायक खेतिहर भंडार बना रहे हैं। साम्राज्यवाद पर यूगोस्लाविया की निरन्तर बढ़ती हुई दासों जैसी निर्भरता से मजदूर वर्ग का शोषण तीव्र होता है और उसकी हालत तेजी से बदतर होती जाती है।" ('The struggle for peace, National Independence Workingclass Unity, बम्बई, पृ. 56) जुलाई, 1958 में पश्चिमी जर्मनी की समाजवादी एकता पार्टी (कम्यूनिस्ट पार्टी) की पाँचवीं कांग्रेस में ख्रुश्चेव ने कहा था, यूगोस्लाविया के नेता चाहें या न चाहें : "वे श्रमिक जनता के वर्ग शत्रुओं की मदद कर रहे हैं। इसके एवज में उन्हें उधार पैसा (loans) दिया जाता है, इसके एवज में साम्राज्यवादी उनकी 'स्वाधीन' 'निर्गुट' नीति की तारीफ करते हैं। प्रतिक्रियावादी ताकतें उनकी इस नीति का उपयोग हमारे समाजवादी शिविर को उखाड़ने के प्रयत्न के लिए करती हैं।" ('Questions of Ideology in the International Communist Movement', बम्बई, संख्या 3, पृ. 9) 1949 में, स्तालिन के रहते, विदेशी पूँजी को लेकर कम्यूनिस्ट पार्टियों ने टीटो और उनके सहयोगियों की जो आलोचना की थी, उसे 1958 में स्तालिन के आलोचक ख्रुश्चेव स्वीकार कर रहे थे।

युद्ध से तबाह यूरोप को बहाल करने के नाम पर अमरीकी इजारेदारों ने मार्शल योजना चलाई। फिर कर्जदार राष्ट्रों को मिलाकर उन्होंने नाटो नाम का सैनिक-गठबन्धन खड़ा किया। जापान और जर्मनी की पराजय के बाद अमरीकी इजारेदारों की आर्थिक-राजनीतिक शक्ति में भारी इजाफा हुआ। वे जापान में दो एटम बम गिरा चुके थे और कुछ समय के लिए इस बम पर उन्हीं का इजारा था। दूसरे महायुद्ध में सबसे ज्यादा क्षति सोवियत संघ की हुई थी, सबसे कम संयुक्त राज्य अमरीका की। अमरीकी इजारेदार अब विश्व-प्रभुत्व का स्वप्न देख रहे थे। उनकी राह में सबसे बड़ी रुकावट सोवियत संघ था। उसके खिलाफ वे यूरोप के नये जनवादी देशों में जासूसों और तोड़फोड़ करनेवालों को संगठित कर रहे थे। टीटो और उनके साथियों के खिलाफ अभियोग यह था कि वे इन तोड़फोड़ करनेवालों और जासूसों के गिरोह में शामिल हो गए हैं। 1949 के प्रस्ताव में कहा गया था कि उन्होंने नये जनवादी देशों में प्रतिक्रियावादियों के ऐसे दल संगठित किये हैं जिनका लक्ष्य इन देशों को सोवियत संघ से विलग करना, सत्ता हथियाकर उन्हें साम्राज्यवाद के मातहत बना देना है। 1960 में मॉस्को में अनेक देशों के कम्यूनिस्ट नेताओं की बड़ी बैठक हुई। उसने अपने बयान में यूगोस्लाविया के नेताओं के बारे में कहा : "उन्होंने अपनी यूगोस्लाव कम्यूनिस्ट लीग को समूचे अन्तरराष्ट्रीय कम्यूनिस्ट आन्दोलन के विरुद्ध खड़ा किया है, उसे समाजवादी शिविर से अलग कर लिया है। अमरीकी तथा अन्य साम्राज्यवादियों की तथाकथित 'सहायता' पर स्वयं को निर्भर बना लिया है और इस तरह यूगोस्लाव जनता को इस जोखिम में छोड़ दिया है कि वीरतापूर्ण संघर्ष से जो क्रान्तिकारी उपलब्धि हुई थी, वह उसके हाथ से निकल जाए। यूगोस्लाव संशोधनवादी समाजवादी शिविर के खिलाफ, और विश्व कम्यूनिस्ट आन्दोलन के खिलाफ, तोड़फोड़ की कार्यवाही (subversive work) करते हैं।" ('Questions of Ideology', संख्या 3, पृ. 6) टीटो गुट को अमरीका से पैसा मिला—उधार मिला या सहायता के रूप में मिला—और यूगोस्लाविया के नेताओं ने समूचे समाजवादी शिविर के खिलाफ तोड़फोड़ की कार्यवाही संगठित की। इन दो बातों को लेकर 1949 से 1960 तक विश्व कम्यूनिस्ट आन्दोलन में कोई मतभेद पैदा न हुआ था।

इस बीच यूरोप के नये जनवादी देशों में भारी उपद्रव हुए। इनमें सबसे गम्भीर हंगरी का उपद्रव था। इसमें कम्यूनिस्ट पार्टी के कुछ नेता शामिल थे। सोवियत फौज ने इन उपद्रवों का दमन किया। उपद्रवियों का लक्ष्य जनसत्ता को उलटकर क्रान्ति-विरोधी सत्ता कायम करना था और ये सारे उपद्रव अमरीकी साम्राज्यवादियों के सहयोग और सहायता से संगठित किये गए थे। स्तालिन के समय में कई जनवादी देशों के कम्यूनिस्ट नेताओं को क्रान्ति-विरोधी षड्यंत्र के अपराध में प्राणदंड दिया गया था। यह सब स्तालिन की क्रूरता का सबूत माना गया था; यूगोस्लाविया के प्रति

उनका व्यवहार भी आगे चलकर जोर-जबर्दस्ती का प्रमाण बन गया। लेकिन टीटो गुट के विरुद्ध शक्तिशाली अभियान चलाने के बावजूद स्तालिन ने यूगोस्लाविया में सोवियत फौजें नहीं भेजीं। स्तालिन की मृत्यु के बाद अनेक बार यदि उपद्रवों के दमन के लिए पड़ोसी देशों में सोवियत फौजों की कार्रवाई सही थी, तो मानना चाहिए कि इसकी पूर्ण सम्भावना है कि स्तालिन के समय में जिन्हें प्राणदंड मिला, वे सचमुच षड्यंत्रकारी थे।

उधर यूगोस्लाविया के नेता समाजवादी शिविर में अपनी साख बढ़ाने के लिए निरन्तर प्रयत्नशील थे। 1956 में चीनी कम्यूनिस्ट पार्टी की आठवीं कांग्रेस में यूगोस्लाविया की कम्यूनिस्ट लीग का प्रतिनिधिमंडल शामिल हुआ। उसके नेता वसेलिनोव ने चीनी कम्यूनिस्टों का अभिनन्दन करते हुए कहा : "मैं इस बात पर जोर देना चाहता हूँ कि हमारी केन्द्रीय समिति ने इस कांग्रेस में अपना प्रतिनिधिमंडल भेजने का—चीनी कम्यूनिस्ट पार्टी की केन्द्रीय समिति द्वारा प्रेषित—निमंत्रण बड़े हर्ष से स्वीकार किया।" ('Eighth National Congress', खंड-3. पृ. 109) 1957 में यूगोस्लाविया का एक प्रतिनिधिमंडल फिर चीन आया। उस समय चीनी पार्टी के मुख पत्र 'जन दैनिक' (People's Daily) ने लिखा : "हमारे देशों के लोग अब समाजवाद के निर्माण की राह पर आगे बढ़ रहे हैं। अनेक अन्तरराष्ट्रीय समस्याओं के प्रति हमारा रवैया एक-सा है।" ('Questions of Ideology', संख्या 3, पृ. 31) 1962 में टीटो ने सोवियत संघ की यात्रा की। 1963 में 'प्राब्दा' ने (10 फरवरी के अंक में) लिखा : "पिछले दिनों यूगोस्लाविया की कम्यूनिस्ट लीग के नेताओं ने पार्टी के जीवन, अर्थतंत्र और विदेशी नीति में जो कदम उठाए हैं, उनसे वे बातें बहुत कुछ दुरुस्त हो गई हैं जिन्हें अन्तरराष्ट्रीय कम्यूनिस्ट आन्दोलन यूगोस्लाविया में समाजवाद के निर्माण के लिए हानिकारक और गलत मानता था।" (उप., पृ. 28-29) यूगोस्लाविया में अमरीकी सहायता से समाजवाद का निर्माण हो रहा है, इस बारे में 'प्राब्दा' ने कुछ नहीं लिखा।

ख्रुश्चेव ने स्तालिन की गलतियाँ सुधारीं। टीटो उन्हें पहले ही सुधार चुके थे। उन्हें गर्व था कि वह पुरानी लीक से हटकर नये ढंग से समाजवाद का निर्माण कर रहे थे। 1949 में माओ-त्से तुंग ने लिखा था : "लेनिन और स्तालिन के नेतृत्व में कम्यूनिस्ट पार्टी ने क्रान्ति करना ही नहीं, निर्माण करना भी सीखा। उसने एक महान और भव्य समाजवादी राज्य का निर्माण किया है। सोवियत संघ की कम्यूनिस्ट पार्टी हमारी श्रेष्ठ शिक्षक है और उससे हमें सीखना चाहिए।" ('Selected Works', खंड-4, पृ. 423) फिर वह भी स्तालिन की गलतियाँ सुधारने लगे। 1956 में उन्होंने भारी उद्योग और दैनिक आवश्यकताएँ पूरी करने वाले उद्योग, इन दोनों के सम्बन्ध के बारे में लिखा : "इस सम्बन्ध को लेकर हमने सैद्धान्तिक गलतियाँ नहीं कीं। हमने सोवियत संघ और पूर्वी यूरोप के कई देशों से बेहतर काम किया है। अनाज की

पैदावार में अक्टूबर क्रान्ति के पहले के सर्वोच्च स्तर तक पहुँचने में सोवियत संघ की दीर्घकालीन असफलता, पूर्वी यूरोप के कुछ देशों में भारी उद्योग के विकास और हल्के उद्योग के विकास में ज्वलन्त वैषम्य से उत्पन्न होने वाली गम्भीर समस्याएँ—हमारे देश में ऐसी समस्याएँ नहीं हैं।" (उप., खंड-5, पृ. 285) यह तो हुई भारी और हल्के उद्योगों के तालमेल की बात। जहाँ तक अलग-अलग कारखानों की बात है, चीन में प्रबन्ध-व्यवस्था सोवियत संघ से बेहतर होगी। "यहाँ मैं एकताबद्ध नेतृत्व के अधीन कारखानों की स्वाधीनता के बारे में कुछ कहना चाहूँगा। सब कुछ केन्द्रीय या प्रान्तीय और म्यूनिसिपल अधिकारियों के हाथ में थमा देना, कारखानों के पास उनकी कोई अपनी ताकत न छोड़ना, स्वाधीन कार्यवाही के लिए कोई गुंजाइश न छोड़ना, उनके लिए कोई लाभ न छोड़ना, मेरी समझ में ठीक नहीं है।" (उप., पृ. 290) इस तरह का प्रयोग यूगोस्लाविया में हो रहा था, यह स्पष्ट ही है।

मुख्य सवाल किसानों का है। "सोवियत संघ ने ऐसे कदम उठाए जिनसे किसानों को एकदम निचोड़ लिया गया। (squeeze the peasants very hard) तथाकथित अनिवार्य बिक्री तथा अन्य उपायों से राज्यसत्ता किसानों से बहुत कम दामों पर बहुत ज्यादा ले लेती है। किसानों के प्रति हमारी नीति सोवियत संघ से भिन्न है और उसमें राज्यसत्ता तथा किसानों, दोनों के हितों का ध्यान रखा जाता है।" (उप., पृ. 291) फिर अल्पसंख्यक जातियों का सवाल है। "अल्पसंख्यक जातियों के अर्थतंत्र और उनकी संस्कृति के विकास में हमें ईमानदारी से और सक्रिय रूप में सहायता करनी चाहिए! सोवियत संघ में रूसी जाति और गैर-रूसी जातियों के सम्बन्ध असामान्य (abnormal) हैं। हमें उससे सबक लेना चाहिए।" (उप., पृ. 296) औद्योगिक विकास से लेकर जातीय समस्या तक माओ ज़े दुंग ने स्तालिन की गलतियाँ दुरुस्त कीं। रूस में जातीय समस्या के समाधान में बुनियादी बात थी—सभी जातियों के मजदूरों का एक ही संगठन, सभी जातियों के किसानों का एक ही संगठन, सभी जातियों के कम्यूनिस्टों का एक ही संगठन; सभी जातियों के किसानों और मजदूरों का एक ही जनवादी क्रान्ति में मिलकर भाग लेना। इस क्रान्तिकारी सहयोग के कारण और उसके फलस्वरूप स्वेच्छा से इन जातियों ने महासंघ का निर्माण किया। यदि इस बात पर ध्यान दें कि तिब्बत के कितने किसानों ने चीन की जनवादी क्रान्ति में भाग लिया तो पता चलेगा कि चीनी-तिब्बती जनता के बीच ऐसी क्रान्तिकारी एकता की नौबत कभी आई नहीं। तिब्बत के साथ चीन की एकता फौजी ताकत से कायम की जा रही थी।

सिङ् किआंग क्षेत्र से तिब्बत का भेद बताते हुए माओ-त्से तुंग ने 1952 में लिखा था : "सिङ् किआंग में कई लाख हान [चीनी] लोग रहते हैं पर तिब्बत में उनका प्राय: अभाव है।...वहाँ हमारी फौज स्वयं को एक नितान्त भिन्न अल्पसंख्यक जातीय इलाके में पाती है।...हमें भरसक प्रयत्न करना चाहिए और आवश्यक कदम

उठाने चाहिए कि दलाई लामा को, और उनकी जमात के उच्चस्तर वाले बहुसंख्यक भाग को, अपनी ओर कर लें, और थोड़े-से बुरे तत्त्वों का अलगाव कर दें जिससे कि कई वर्षों में तिब्बत की आर्थिक और राजनीतिक व्यवस्था में क्रमश: रक्तहीन परिवर्तन कर सकें। इसके साथ ही हमें इस स्थिति के लिए तैयार रहना चाहिए कि यदि बुरे तत्त्व तिब्बती सेना से विद्रोह करा दें और वे हम पर आक्रमण करें, तो हमारी सेना अपना काम चलाती रहे और तिब्बत में पैर जमाए रहे।" (उप., पृ. 73-74) यहाँ वर्गों का सवाल नहीं है, भले-बुरे लोगों का सवाल है। भले वे हैं जो चीनी फौज का स्वागत करते हैं, बुरे वे हैं जो उसका विरोध करते हैं। आम जनता का सवाल नहीं है, सवाल है दलाई लामा और उनकी जमात के उच्चस्तरीय भाग को अपनी ओर करने का। इसमें सफलता न मिली तो फौज है ही; तिब्बती सेना के विद्रोह से वह निपट लेगी। इस तरह चीन में हान और गैर-हान जातियों के बीच 'सामान्य सम्बन्ध' कायम हो रहे थे।

चीन के उत्तर-पश्चिम में जो मुसलमान बसे हुए थे, उनसे 1936 में माओ ज़े दुंग ने आजाद सरकार बनाने का आग्रह कैसे किया था, उसका विवरण शिक्षाप्रद है। एडगर स्नो ने इन मुसलमानों की ऐतिहासिक पृष्ठभूमि के बारे में लिखा है; छठी शताब्दी में चीन के उत्तर-पश्चिम में तुर्कों ने अपना राज्य कायम किया। दो सौ साल में उनका साम्राज्य पूर्वी साइबेरिया से मध्य एशिया तक फैल गया। सातवीं सदी में उनके शासक से चीनी सम्राट यांग ती के दरबार में 'लगभग बराबरी के स्तर पर' भेंट की गई। (Edgar Snow, 'Red Star Over China Penguin', पृ. 349) इसी तुर्क शासक की सहायता से अर्द्ध-तुर्की सेनापति ली युआन ने सम्राट् यांग ती को अपदस्थ करके तांग वंश की नींव डाली। नवीं सदी में तांग सम्राट् ने विद्रोह के दमन के लिए ऑईगुर तुर्कों से मदद माँगी। उस समय "चीन में इस्लाम दृढ़ता से प्रतिष्ठित हुआ।" (उप.) अनेक तुर्क सरदारों को ज़ेचुआन, यून्नान तथा उत्तर-पश्चिम क्षेत्रों में बड़ी-बड़ी रियासतें दी गईं। "शताब्दियों तक मुसलमानों [तुर्कों] ने चीनीकरण का विरोध किया पर धीरे-धीरे उन्होंने अपनी तुर्क संस्कृति खो दी और बहुत-सी चीनी बातें अंगीकार कीं और वे बहुत कुछ चीनी कानून मानने लगे।" (उप.) 19वीं सदी में उन्होंने दो बार सत्ता कायम करने की कोशिश की पर सफल न हुए। मांचू सत्ता के पतनकाल में चीनी सेनापति त्सो त्सुंग तांग अपनी फौज को "तुर्किस्तान के रेगिस्तानी मार्गों से उस पार ले गया जहाँ उसने मध्य एशिया के सुदूर सीमान्त पर चीनी सत्ता पुन: स्थापित की।" (उप.) इसके बाद स्वाधीनता के लिए कोई एकताबद्ध सफल संघर्ष नहीं हुआ किन्तु "चीनी शासन के खिलाफ जब-तब विद्रोह होते रहे जिनमें दोनों ओर से बर्बर और क्रूर कत्लेआम हुए।" (उप., पृ. 350) 1928 में फिर विद्रोह हुआ और इस बार मा हुंग कुएइ और उनके तीन भाइयों ने काफी सम्पत्ति और शक्ति अपने हाथ में केन्द्रित कर ली। कुओमिन् तांग की नीति थी—मंगोलों और तुर्कों का चीनीकरण

हो। सरकारी अफसर उन्हें चीनियों से भिन्न जाति का न मानते थे। "किन्तु जो भी उत्तर-पश्चिम में उनकी अपनी आवासभूमि में उन्हें देखता, वह बिलकुल स्पष्ट समझ लेता कि उनका नस्ली एकता और जातीयता के अधिकार का दावा, यथार्थ में और इतिहास में, यथेष्ट आधार से खारिज नहीं है।" (उप.)

भारतीय राष्ट्र के निर्माण में जो संस्कृति की भूमिका है, उसे आँख मूँदकर दूसरे राष्ट्रों के इतिहास पर लागू न कर देना चाहिए। यहाँ शताब्दियों से अनेक भाषाओं में साहित्य रचना होती रही है, और इन भाषाओं के साहित्य में अनेक सामान्य धाराएँ प्रवाहित रही हैं। चीन में अन्य जातियों के चीनीकरण के प्रति इतना आग्रह रहा है कि उनकी भाषाओं में कोई उल्लेखनीय साहित्य नहीं रचा गया। यहाँ की अनेक भाषाएँ अपने समृद्ध साहित्य के लिए विख्यात हैं। भारत में अंग्रेजी राज के विरुद्ध विभिन्न जातियों ने मिलकर संघर्ष चलाया, उससे राष्ट्रीय एकता पुष्ट हुई। इस साम्राज्य-विरोधी इतिहास को भी दूसरे राष्ट्रों के विकास पर आरोपित न करना चाहिए।

1936 में माओ-त्से तुंग और उनके साथी उत्तर-पश्चिमी क्षेत्र में पहुँचे। वहाँ के शासक मा हुंग कुएइ के बारे में उन्हें सन्देह था कि वह कम्यूनिस्टों के खिलाफ जापानियों से मदद लेने की कोशिश कर रहा है। कम्यूनिस्ट प्रचारकों ने मा हुंग कुएइ के खिलाफ अभियान चलाया कि वह 'कुओ मिन्तांग का पालतू कुत्ता' है और 'इस्लाम के प्रति गद्दार' (traitor to Mohemmadanism) है। (उप., पृ. 354) उन्होंने वादा किया कि वे एक स्वायत्त मुस्लिम सरकार के निर्माण में सहायता करेंगे, मुस्लिम संस्कृति की रक्षा करेंगे, जापान-विरोधी मुस्लिम सेना की रचना और शस्त्र-सज्जा में सहायता करेंगे। आखिरी वादा सबसे दिलचस्प है : "चीन, बाहरी मंगोलिया, सिङ् किआंग और सोवियत रूस के मुसलमानों को एकताबद्ध करने में मदद देंगे (To help unite the Mohemmadans of China, Outer Mongolia, Sinkiang and Soviet Russia)।" (उप., पृ. 354) सोवियत सत्ता के विरुद्ध मध्य एशिया की जातियों को भड़काने के लिए अंग्रेजों के भेदिये बहुत दिनों से विश्व इस्लामवाद का प्रचार करते रहे थे। एडगर स्नो ने उत्तर-पश्चिमी क्षेत्र के मुसलमानों के लिए लिखा था : "अखिल हानवाद की तुलना में विश्व इस्लामवाद बहुतों को आदर्श रूप प्रतीत होता था।" (उप., पृ. 350) चीनी कम्यूनिस्ट पार्टी के नेतृत्व ने 1936 में इस विश्व इस्लामवाद से समझौता किया था। चीन के मुसलमानों को जातीयता के आधार पर पुनर्गठित करने के बदले उसने उन्हें धर्म के आधार पर एकताबद्ध करने का वादा किया। इस सिलसिले में उसने उन मुसलमानों से भी एकता कायम करा देने का वचन दिया जो चीन के बाहर थे। सोवियत रूस के मुस्लिम इलाके चीन में शामिल किये जाएँगे या ऐसा स्वतंत्र मुस्लिम राज्य कायम होगा जिसमें रूस, चीन, बाहरी मंगोलिया, तीनों के इलाके मिला लिये जाएँगे, यह स्पष्ट नहीं था। अपने प्रचार अभियान में इश्तहारों के अलावा कम्यूनिस्टों ने नक्शे भी बनाए थे।

सम्भव है, किसी नक्शे में उस एकताबद्ध मुस्लिम क्षेत्र की तसवीर रही हो! उनके नारे थे : "खुद अपनी जापान-विरोधी मुस्लिम लाल फौज का निर्माण करो", "मुस्लिम लोगों की आजाद सरकार हासिल करो (Realize the independent Government of the Mohammedan People)।" (उप., पृ. 356) इस न्याय से तिब्बत के बौद्ध अपनी आजाद सरकार और फौज बनाए रखना चाहते थे तो इसमें आपत्ति की गुंजाइश कहाँ थी?

विश्व कम्यूनिस्ट-आन्दोलन में स्तालिन की भूमिका—इस महत्त्वपूर्ण सवाल पर भी चीनी पार्टी ने सोवियत पार्टी से बाजी मार ली। सोवियत संघ में लोग पहले स्तालिन की जय बोलकर आसमान सिर पर उठा लेते थे; उसके बाद यहाँ उन्हें एकबारगी विस्मृति के गर्भ में ठेल दिया गया। चीनी पार्टी ने कहा, स्तालिन के काम 30 फीसदी गलत हैं, 70 फीसदी सही हैं। माओ ने एक दिलचस्प बात यह कही है कि स्तालिन को उन पर टीटोपंथी होने का शक था। माओ के अनुसार स्तालिन च्याङ् विरोधी संग्राम चलाने के खिलाफ थे। जब संग्राम शुरू हो गया, तब उन्हें कम्यूनिस्ट पक्ष की विजय का पूरा भरोसा न था। "जब हमने लड़ाई जीत ली, तब स्तालिन को शक था कि हमारी जीत टीटो के ढंग की होगी, और 1949 और 1950 में हम पर सचमुच बहुत ज्यादा दबाव डाला गया।" (उप., पृ. 304) जहाँ तक टीटो का सम्बन्ध है, सोवियत और चीनी नेताओं ने टीटो पर कम्यूनिस्ट आन्दोलन में तोड़-फोड़ करने का आरोप लगाया और उनसे दोस्ती भी की। टीटोवाद का सारतत्त्व है अमरीका से सहायता लेकर 'समाजवाद' का निर्माण करना और विश्व कम्यूनिस्ट आन्दोलन को विघटित करना। विघटन कार्य में सफलता के लिए यदि सोवियत नेताओं को 30 फीसदी श्रेय है तो 70 फीसदी श्रेय चीनी नेताओं को है। सबसे पहले सोवियत संघ से दूर हटने और अमरीका के पास खिसकने का काम यूगोस्लाविया के नेताओं ने किया। उसके बाद जब चीनी नेताओं ने यह काम शुरू किया तो उन्होंने यूगोस्लाविया, रूमानिया आदि सभी को पीछे छोड़ दिया। सोवियत संघ और अमरीका में कुछ रिश्ता ही ऐसा है कि जो देश एक से दूर हटता है, वह दूसरे के पास पहुँचता है। विश्व राजनीति का मुख्य अन्तर्विरोध सोवियत संघ और अमरीका के बीच है। इनमें कौन सही है, कौन गलत है, इसकी कसौटी यह है कि पिछड़े हुए देशों की जनवादी क्रान्ति में कौन क्रान्ति-विरोधियों का साथ देता है, कौन क्रान्तिकारियों का। निस्सन्देह अमरीका क्रान्ति-विरोधियों का साथ देता है और क्रान्तिकारी आन्दोलनों के दमन में भी कुछ उठा नहीं रखता। सोवियत संघ इन आन्दोलनों की सहायता करता रहा है।

1949 में, 'जनता की लोकतांत्रिक डिक्टेटरशिप' वाले निबन्ध में, माओ-त्से तुंग ने, सोवियत संघ और विभिन्न देशों के साम्राज्य-विरोधी आन्दोलनों के बारे में बहुत जोरदार ढंग से लिखा था : "'अन्तरराष्ट्रीय सहायता के बिना भी विजय पाना

सम्भव है'—यह भ्रान्त धारणा है। जिस युग में साम्राज्यवाद विद्यमान है, उसमें अन्तरराष्ट्रीय क्रान्तिकारी शक्तियों से, विभिन्न रूपों में, सहायता पाए बिना किसी भी देश की वास्तविक जनक्रान्ति का विजयी होना असम्भव है, और विजयी हो भी जाए तो उस विजय को सुदृढ़ करना असम्भव होगा। यही हाल महान अक्टूबर क्रान्ति की विजय और उसके सुदृढ़ होने का था, जैसाकि लेनिन और स्तालिन हमें बहुत पहले बता चुके हैं। यही हाल दूसरे विश्वयुद्ध में तीन साम्राज्यवादी शक्तियों की पराजय और जनता के लोकतंत्रों की स्थापना का था, और यही हाल जनता के चीन के वर्तमान और भविष्य का है। जरा कल्पना कीजिए। यदि सोवियत संघ का अस्तित्व न होता, यदि फासिस्ट-विरोधी दूसरे विश्वयुद्ध में विजय प्राप्त न होती, यदि जनता के लोकतंत्रों का आविर्भाव न होता, यदि पूरब की उत्पीड़ित जातियाँ संघर्ष के लिए न उठ खड़ी होतीं और यदि संयुक्त राज्य अमरीका, ब्रिटेन, फ्रांस, जर्मनी, इटली, जापान और अन्य पूँजीवादी देशों के प्रतिक्रियावादी शासकों के खिलाफ वहाँ की आम जनता ने संघर्ष न किया होता, यदि इन सबका मिलकर एक समवाय न बनता, तो जो प्रतिक्रियावादी अन्तरराष्ट्रीय शक्तियाँ हम पर टूटी पड़ रही हैं, वे निस्सन्देह आज की अपेक्षा कई गुना और बड़ी होतीं। उस हालत में क्या हम विजय प्राप्त कर सकते थे? निश्चय ही नहीं। विजय प्राप्त हो जाती तो वह सुदृढ़ न की जा सकती थी। चीन के लोगों को इस तरह का काफी अनुभव हो चुका है। सुन यात सेन ने अपनी मृत्युशैया से अन्तरराष्ट्रीय क्रान्तिकारी शक्तियों के साथ एकता कायम करने की आवश्यकता पर जो बयान दिया था, उसमें वह अनुभव बहुत पहले प्रतिबिम्बित हो चुका था।" (उप., खंड-4, पृ. 416)

माओ ज़े दुंग ने यहाँ चीनी क्रान्ति को विश्व साम्राज्य-विरोधी क्रान्ति की एक कड़ी के रूप में देखा है। इस विश्वक्रान्ति के एक छोर पर सोवियत संघ और जनता के लोकतंत्र हैं, दूसरे छोर पर खुद साम्राज्यवादी देशों के जन-आन्दोलन हैं। इनके बीच में पूरब के देशों के स्वाधीनता-आन्दोलन हैं। ये सब मिलकर बहुत बड़ी शक्ति हैं। इनके मेल के टूटने से साम्राज्यवाद मजबूत होता है और हर साम्राज्य-विरोधी देश न्यूनाधिक मात्रा में कमजोर होता है। साम्राज्यवाद का सबसे बड़ा अस्त्र है सूदखोरी। सूदखोरी के जाल में वह बड़े-बड़े राष्ट्रों को फँसाता है और फिर उनका सत निचोड़ लेता है। पूँजीवाद के आदिकाल में बिगड़े हुए नवाब या कंगाल किसान और कारीगर सूदखोरों के जाल में फँसते थे। किन्तु पूँजीवाद के अन्तकाल में अब समूचे राष्ट्र उसके जाल में फँसते हैं। लेनिन ने बताया था कि साहूकार जातियाँ और कर्जदार जातियाँ—दुनिया में दो तरह की जातियाँ बन गई हैं। चीन के युआन शि काई ने यूरोप के धन्नासेठों से 'लोन' लिया था। 1913 में इसके बारे में लेनिन ने कहा था : "यह लोन यूरोप के सबसे प्रतिक्रियावादी और लुटेरे पूँजीपतियों के यहाँ चीन को गिरवी रख देगा। एक बार मुनाफे की बात बनने लगे तो ये पूँजीपति किसी भी

जाति की स्वाधीनता का नाश करने को तैयार हो जाएँगे। लगभग 25 करोड़ रूबल की इस रकम पर यूरोप के पूँजीपति भारी मुनाफा कमाएँगे।" ('ग्रंथावली', खंड-41, पृ. 282) अब सबसे ज्यादा मुनाफा कमाते हैं अमरीकी पूँजीपति और इस कमाई का एक हिस्सा आणविक अस्त्रों के निर्माण में लगाते हैं।

साम्राज्यवादी देशों की सहायता के बारे में माओ-त्से तुंग ने 1949 में लिखा था : "ब्रिटेन और संयुक्त राज्य अमरीका के वर्तमान शासक साम्राज्यवादी हैं। क्या वे जनता के राज्य की सहायता करेंगे? ये देश हमारे साथ व्यवसाय क्यों करते हैं? और मान लीजिए, भविष्य में परस्पर लाभकारी शर्तों पर हमें उधार पैसा देने को राजी हो सकते हैं, तो वे किस कारण राजी होंगे? इस कारण होंगे कि उनके पूँजीपति और उनके बैंकपति अपने ही संकट से बचने के लिए पैसा कमाना चाहते हैं, सूद पाना चाहते हैं। बात चीनी जनता की मदद करने की नहीं है।...अन्तरराष्ट्रीय स्तर पर हम उस साम्राज्य-विरोधी मोर्चे की तरफ हैं जिसके सिरे पर सोवियत संघ है। इसलिए वास्तविक और दोस्ताना मदद के लिए हम इसी पक्ष की ओर बढ़ सकते हैं, साम्राज्यवादी मोर्चे वाले पक्ष की ओर नहीं।" (उप., पृ. 417)

सोवियत संघ से सीखने के बारे में माओ ने लिखा था : "चीन को औद्योगिक देश में बदलने के लिए हमें निष्ठापूर्वक सोवियत संघ के उन्नत अनुभव से सीखना चाहिए। सोवियत संघ समाजवाद का निर्माण चालीस साल से कर रहा है और उसका अनुभव हमारे लिए बहुत मूल्यवान है। पूछिए कि किसने हमारे लिए इतने महत्त्वपूर्ण कारखानों की रूपरेखा बनाई थी और उन्हें कल-पुर्जों से लैस किया था? क्या संयुक्त राज्य अमरीका ने? या ब्रिटेन ने? नहीं, न अमरीका ने, न ब्रिटेन ने। केवल सोवियत संघ यह सब करने को तैयार था क्योंकि वह समाजवादी देश है और हमारा सहयोगी है। सोवियत संघ के अलावा पूर्वी यूरोप के भाईचारे वाले देशों ने भी हमारी कुछ सहायता की है।...सोवियत संघ के साथ और भी दृढ़तापूर्वक एकजुट होना यह हमारी बुनियादी नीति है, हमारा मूल हित इसी में है। फिर एशिया और अफ्रीका के देश हैं और तमाम शान्तिप्रिय देश और लोग हैं। हमें इनके साथ और भी दृढ़ता से एकजुट होना चाहिए, इस दिशा में और आगे बढ़ना चाहिए। इन दो शक्तियों के साथ एकताबद्ध होने पर हम अकेले न पड़ेंगे। जहाँ तक साम्राज्यवादी देशों का सम्बन्ध है, हमें उनकी जनता से एकता कायम करनी चाहिए, प्रयत्न करना चाहिए कि उन देशों के साथ शान्तिपूर्ण सहअस्तित्व बना रहे, उनके साथ धन्धा करें और सम्भावित युद्ध को रोकें लेकिन किसी भी हालत में उनके बारे में कोई अवास्तविक खयाल दिमाग में न पालने चाहिए।" (उप., खंड-5, पृ. 420-21)

फिर क्या हुआ? सोवियत संघ परम शत्रु हो गया। अमरीका से अन्तर्विरोध गौण हो गया; ताइवान की समस्या तो शान्तिपूर्ण ढंग से हल की जाएगी लेकिन

वियतनाम को फौजी कार्रवाई के जरिये सबक सिखाया जाएगा क्योंकि सोवियत संघ उसे शह दे रहा है अर्थात् सोवियत संघ से अन्तर्विरोध प्रमुख हो गया है। गैर-समाजवादी शान्ति समर्थक देशों में भारत सबसे आगे है। उससे सीमा-सम्बन्धी झगड़ा निपटाने के लिए सैनिक टक्कर जरूरी हुई। एक सैनिक झड़प सोवियत संघ से हो गई। समाजवादी देश और भी हैं पर साम्राज्य-विरोधी विश्वक्रान्ति सर्वाधिक सोवियत संघ पर निर्भर है। जनता के मोर्चे को तोड़ने के लिए सबसे पहले उससे बैर मोल लेना जरूरी था। अमरीका से अन्य देश भी लड़े हैं पर जिस तरह दीर्घकाल तक छोटा-सा वियतनाम इस पूँजीवादी सुपर पावर से लड़ा है, उस तरह कोई और देश नहीं लड़ा। साम्राज्य-विरोधी जनमोर्चे को तोड़ने के लिए उससे शत्रु जैसा व्यवहार करना जरूरी था। गैर-समाजवादी शान्तिप्रेमी देशों में भारत आगे है। एक धौल उसके भी जमाना जरूरी था। इससे चीनी जनता का अलग-थलग पड़ जाना स्वाभाविक था। कुछ समय तक—सांस्कृतिक क्रान्ति के दौरान—ऐसा लगता था कि अकेले होने पर भी चीन अमरीका और सोवियत संघ, दोनों का मुकाबला कर रहा है। किसिंजर-निक्सन की चीन-यात्रा से असलियत का पता चल गया। तब से चीन बराबर साम्राज्य-विरोधी मोर्चे से दूर और साम्राज्यवादी मोर्चे के पास बढ़ता चला गया है। अंग्रेजों ने भारत का विभाजन जिस उद्देश्य से किया था, वह पूरा हुआ। अफगानिस्तान और भारत के विरुद्ध अमरीकी दुरभिसंधि का मुख्य अड्डा पाकिस्तान है। वह चीन का परम मित्र है। उधर वियतनाम और कम्पूचिया के खिलाफ अमरीकी दुरभिसंधि का मुख्य अड्डा थाईलैंड है। वियतनाम, कम्पूचिया और सोवियत संघ की एक नीति है; थाईलैंड, चीन और अमरीका की दूसरी नीति है। यह दूसरी नीति तेजी से सारी दुनिया को आणविक युद्ध की ओर ठेल रही है। इस स्थिति के लिए मुख्य रूप से अमरीका जिम्मेदार है, गौण रूप से चीन। जहाँ तक भारत का सम्बन्ध है, उसे विश्व साम्राज्य-विरोधी मोर्चे के साथ अपनी एकता को और मजबूत करना चाहिए। इसके साथ ही उसे अपनी आन्तरिक एकता को भी सुदृढ़ करना है। विदेशी इजारेदार पूँजी से सम्बन्ध-विच्छेद करके, सामन्ती अवशेष खत्म करके, पूँजीवाद को नियंत्रित करके, नई जनवादी क्रान्ति के कार्य पूरे करके ही भारतीय जनता राष्ट्रीय एकता को सुदृढ़ कर सकती है और साम्राज्य-विरोधी विश्व-अभियान में सही योगदान कर सकती है।

4. रूसी क्रान्ति और भारत

नवम्बर, 1947 की रूसी क्रान्ति तीन क्रान्तियों का समन्वय थी—मजदूरों की समाजवादी क्रान्ति, किसानों की जनवादी क्रान्ति और गैर-रूसी जातियों की साम्राज्य-विरोधी क्रान्ति। रूसी क्रान्ति के युगांतरकारी स्वरूप का मूल कारण यह तीन क्रान्तियों का समन्वय था।

इस तरह की क्रान्ति ब्रिटेन, फ्रांस और जर्मनी में भी हो सकती थी, पर नहीं हुई। इसका एक कारण यह था कि तीनों क्रान्तियों के आपसी सम्बन्ध को पहचानकर किसी ने उनके एक साथ संचालन का प्रयत्न नहीं किया था। ब्रिटेन का उदाहरण लें। 1835 से लेकर 1847 तक वहाँ मजदूरों ने अपना शक्तिशाली चार्टिस्ट-आन्दोलन चलाया। इस आन्दोलन से किसान बाहर रहे। ब्रिटेन में राज्यसत्ता जमींदारों के हाथ में थी, इसलिए व्यापक जनवादी क्रान्ति में किसानों को ही नहीं, शहरी मध्यवर्ग को भी खींच लेने के लिए परिस्थिति अनुकूल थी। मार्क्स ने 1869 में ब्रिटिश मजदूरों के सम्बन्ध में लिखा था : "यहाँ उद्धार की पहली शर्त है अंग्रेज जमींदार गुट को सत्ता से हटाना।" (कुगेलमन को पत्र, 'सेलेक्टेड करेस्पौंडेंस', पृ. 279) जमींदार गुट को सत्ता से हटाने का काम जो क्रान्ति करती है, उसे जनवादी ही कहेंगे।

ब्रिटिश पूँजीपतियों ने चार्टिस्ट-आन्दोलन से लाभ उठाया, जमींदार गुट से अपने लिए कुछ रियायतें हासिल कीं और उससे समझौता कर लिया। जमींदार गुट की शक्ति का स्रोत केवल ब्रिटेन में नहीं था, ब्रिटेन से ज्यादा वह पराधीन देश आयरलैंड में था। इसलिए मजदूरों की मुक्ति के उसी सन्दर्भ में मार्क्स ने आगे लिखा था : "यहाँ उस पर [अर्थात् जमींदार गुट पर] तब तक हल्ला नहीं बोला जा सकता जब तक वह आयरलैंड में अपनी चौकियाँ मजबूती से कायम किये हुए हैं।" (उप.) इससे साबित यह हुआ कि ब्रिटेन में जनवादी क्रान्ति तभी सफल हो सकती थी जब आयरलैंड में साम्राज्य-विरोधी क्रान्ति हो।

ब्रिटिश जमींदारों की चौकियाँ आयरलैंड में थीं, भारत में थीं। मई, 1853 में मार्क्स ने 'इंडिया' शीर्षक लेख में अंग्रेज जमींदार गुट के बारे में लिखा था, वह ईस्ट-इंडिया कम्पनी के बारे में जल्दी से नया कानून बना लेना चाहता है जिससे "यदि उसके कमजोर और लोभी हाथों से इंग्लैंड जल्दी निकल भी जाए तो उसे और उसके साथियों को यह विशेष अधिकार रहे कि वे बीस साल की अवधि तक भारत को लूटते रहें।" ('ऑन कोलोनियलिज्म', पृ. 29)

भारत को लूटने वाले मुख्य लोग ब्रिटेन के जमींदार थे। वे हिसाब लगा रहे थे कि इंग्लैंड भले हाथ से निकल जाए, भारत हाथ से न निकलने पाए क्योंकि जितना लाभ उन्हें भारत की जमींदारी से था, उतना इंग्लैंड की जमींदारी से नहीं था। ब्रिटिश मजदूरों की मुक्ति के लिए आयरलैंड की तुलना में भारत का स्वाधीनता-संग्राम और भी महत्त्वपूर्ण था। यदि 1857 का भारतीय संग्राम और ब्रिटेन का चार्टिस्ट-आन्दोलन एक साथ चलाए गए होते, तो स्पष्ट है, अंग्रेज जमींदार गुट के लिए सत्ता हथियाए रहना असम्भव हो जाता। ब्रिटेन की जनवादी क्रान्ति पूरी होती और समाजवादी क्रान्ति का रास्ता साफ हो जाता। किन्तु 1857 तक चार्टिस्ट-आन्दोलन ठंडा हो चुका था। उससे और पहले 1848 में जब जर्मनी और फ्रांस में क्रान्तिकारी उभार आया था, तब ब्रिटिश मजदूर वर्ग शान्ति से निष्क्रिय बैठा रहा था। इसका कारण क्या था?

कारण यह था कि पराधीन भारत और आयरलैंड को लूटने वाले केवल ब्रिटिश जमींदार नहीं थे। उनके साथ ब्रिटिश पूँजीपति भी थे। चाटिस्ट-आन्दोलन से जमींदारों पर जो दबाव पड़ा, उससे पूँजीपतियों ने लाभ उठाकर ब्रिटिश शासनतंत्र में ही नहीं, ब्रिटिश-साम्राज्य में भी हिस्सा बँटाना शुरू किया। इस हिस्से की कुछ रकम वे थोड़े-से मजदूरों में बाँटने लगे, इस तरह वे मजदूरों को क्रान्ति के रास्ते से दूर हटा ले जाने में सफल हुए। मार्क्स ने जिस साल से मजदूरों में इस भ्रष्टाचार की शुरुआत मानी, वह साल महत्त्वपूर्ण है। वह 1848 का साल था। मार्क्स ने 'कम्यूनिस्ट घोषणा-पत्र' इसी साल लिखा था, फ्रांस और जर्मनी में क्रान्तिकारी उभार इसी साल आया था और इसी साल चार्टिस्ट-आन्दोलन की समाप्ति के बाद ब्रिटिश मजदूर क्रान्ति से उदासीन, निष्क्रिय बैठे रहे थे।

मार्क्स ने 1878 में लिखा था : "भ्रष्टाचार का जो दौर 1848 में शुरू हुआ, उससे अंग्रेज मजदूर वर्ग अधिकाधिक पस्त होता गया और आखिरकार उस जगह पहुँच गया जहाँ वह महान् लिबरल पार्टी की दुम के अलावा कुछ नहीं रह गया। अर्थात् वह पूँजीपतियों का चमचा बन गया है।" (लीब्क्नेख्ट के नाम पत्र, 'सेलेक्टेड करेस्पौंडेंस', पृ. 355-56) भ्रष्टाचार का स्रोत था ब्रिटिश साम्राज्य। इस साम्राज्य की लूट में अंग्रेज मजदूरों ने हिस्सा बँटाना शुरू किया 1848 में जब औद्योगिक पूँजीवाद उठान पर था। लूट में यह हिस्सेदारी 1878 में कायम थी जब ब्रिटेन ने महाजनी पूँजी के युग में प्रवेश किया था। 1881 में एंगेल्स ने लिखा था : "विश्व-बाजार और उपनिवेशों पर इंग्लैंड.का जो इजारा है, उसके महाभोज में मजदूर भी प्रसन्नतापूर्वक शामिल होते हैं।" (उप., पृ. 355)

औद्योगिक पूँजीवाद के बाद जब महाजनी पूँजी का युग आया, तब साम्राज्य की लूट खत्म नहीं हुई, और बढ़ी। नतीजा यह कि ब्रिटिश मजदूरों में चमचागीरी कम न हुई, और बढ़ी। इसलिए ब्रिटिश मजदूरों की मुक्ति के लिए पराधीन देशों की साम्राज्य-विरोधी क्रान्ति का जो महत्त्व औद्योगिक क्रान्ति के युग में था, वह महाजनी पूँजी के युग में और बढ़ गया। ब्रिटिश पूँजीवाद पर निर्णायक चोट इग्लैंड में नहीं, ब्रिटिश साम्राज्य के पराधीन देशों में की जा सकती थी। इंग्लैंड विश्व पूँजीवाद का गढ़ था, इसलिए पराधीन देशों में की जाने वाली चोट विश्व श्रमिक-आन्दोलन के लिए निर्णायक महत्त्व की होती। मार्क्स ने यह बात बहुत साफ शब्दों में आयरलैंड की चर्चा करते हुए 1870 में कही थी : "अंग्रेज शासक वर्गों पर निर्णायक चोट इंग्लैंड में नहीं, आयरलैंड में ही की जा सकती है (और वह सारी दुनिया में मजदूर-आन्दोलन के लिए निर्णायक होगी)।" ('ऑन ब्रिटेन', पृ. 504)

मार्क्स ने ब्रिटेन के बारे में जो कुछ लिखा है, उससे सिद्ध हुआ कि वहाँ व्यापक जनवादी क्रान्ति के लिए वस्तुगत परिस्थितियाँ विद्यमान थीं; इस जनवादी क्रान्ति की सफलता पराधीन देशों की साम्राज्य-विरोधी क्रान्ति पर निर्भर थी और इस क्रान्ति के लिए आवश्यक वस्तुगत परिस्थितियाँ मौजूद हैं, यह 1857 की लड़ाई से साबित

हो गया। ब्रिटिश मजदूर पूँजीवादी शोषण से मुक्त होने के लिए पहली कोशिश कर चुके थे, इसका प्रमाण चार्टिस्ट आन्दोलन है। जनवादी क्रान्ति की सफलता के बाद ब्रिटिश मजदूर समाजवादी क्रान्ति के दौर में प्रवेश करते।

उन्नीसवीं सदी के उत्तरार्द्ध में जब मशीनी उत्पादन का चलन रूस में शुरू हुआ, तब राज्यसत्ता पर जमींदार गुट हावी था। ज़ारशाही का मतलब था जमींदार गुट का शासन। ज़ारशाही को खत्म किये बिना, अर्थात् जनवादी क्रान्ति के बिना, रूस का मजदूर-आन्दोलन प्रगति न कर सकता था। लेनिन ने मजदूरों से कहा कि वे इस क्रान्ति में आगे बढ़कर हिस्सा लें और पूँजीपतियों को एक बगल करके उसकी बागडोर अपने हाथ में ले लें। रूसी जमींदार गुट पर करारी चोट की जाए तो वह विश्व श्रमिक-आन्दोलन के लिए निर्णायक महत्त्व की होगी। 1902 में अपनी पुस्तक 'क्या करें' में उन्होंने लिखा : "इतिहास ने हमारे सामने एक तात्कालिक कार्य पेश किया। किसी भी देश के सर्वहारा के सामने जो तात्कालिक कार्य हैं, उनकी तुलना में यह सबसे क्रान्तिकारी कार्य है। इस कार्य का पूरा होना, यूरोपियन ही नहीं, (अब हम कह सकते हैं) एशियाई प्रतिक्रियावाद के भी सबसे शक्तिशाली गढ़ का ध्वस्त होना रूसी सर्वहारा को अन्तरराष्ट्रीय क्रान्तिकारी सर्वहारा का अग्रदल बना देगा।" ('ग्रंथावली', खंड-5, पृ. 373)

फरवरी, 1917 में पूँजीपति वर्ग ने ज़ार को गद्दी से उतार दिया, पर उसने जमींदारियाँ कायम रहने दीं। उसने जनवादी क्रान्ति के आवश्यक कार्य पूरे न किये। उन्हें मजदूर वर्ग के नेतृत्व में रूसी किसानों ने पूरा किया। रूसी और गैर-रूसी, सभी किसानों का हित जमींदारियाँ खत्म करने में था। किसानों के इस व्यापक जनवादी क्रान्ति के आधार पर ही रूसी मजदूरों की समाजवादी क्रान्ति सफल हो सकी।

जैसे ब्रिटिश जमींदारों की चौकियाँ पराधीन देशों में थीं, वैसे ही रूसी जमींदारों की चौकियाँ गैर-रूसी इलाकों में थीं। इन इलाकों की जनता के सहयोग के बिना रूसी किसानों की जनवादी क्रान्ति सफल न हो सकती थी। जैसे ब्रिटिश पूँजीपति साम्राज्य की लूट से मजदूरों में भ्रष्टाचार फैलाते थे, वैसे ही रूसी पूँजीपति रूसी मजदूरों में भ्रष्टाचार फैलाते थे। इस दृष्टि से यूरोपियन मजदूर-आन्दोलन के अवसरवाद और रूसी मजदूर-आन्दोलन के अवसरवाद में कोई विशेष अन्तर न था। इस प्रसंग में लेनिन ने 1915 में लिखा था : "'यूरोपियन' टाइप का विकास वह है जिसमें निम्न पूँजीपति वर्ग के कुछ स्तर और श्रमिक अभिजातों का एक तुच्छ भाग 'अपनी' जाति के 'महाशक्ति' वाले विशेषाधिकारों में हिस्सा बँटाते हैं। इस यूरोपियन टाइप का रूसी प्रतिरूप सुलभ होना ही था।" (उप., खंड-21, पृ. 258)

इससे साबित यह हुआ कि रूसी मजदूर-आन्दोलन अपनी पूरी ताकत से तभी विकसित हो सकता था जब उसमें फैलाने वाले अवसरवाद के स्रोत को, साम्राज्य की लूट में रूसी मजदूरों के एक स्तर की भागीदारी को, बन्द कर दिया जाए।

रूसी क्रान्ति की सफलता के लिए मई, 1917 में लेनिन ने साम्राज्यवाद पर कई मोर्चों पर एक साथ हमला करने का जो कार्यक्रम बनाया था, उसमें उन्होंने गैर-रूसी जातियों के विद्रोह को महत्त्वपूर्ण स्थान दिया था। उन्होंने कहा था : "हमें न केवल अपने अल्पतम कार्यक्रम को अमल में लाना होगा वरन् व्यवस्थित ढंग से उन सभी लोगों में विद्रोह संगठित करना होगा जो अभी रूसी महाजाति से पीड़ित हैं।" (उप., खंड-24, पृ. 394) लेनिन ने इन गैर-रूसी लोगों में विद्रोह संगठित किया, उस विद्रोह को रूसी मजदूरों की लड़ाई से मिला दिया। समाजवादी क्रान्ति को साम्राज्य-विरोधी क्रान्ति के सहयोग ने अजेय बना दिया।

ब्रिटेन का चार्टिस्ट आन्दोलन क्रान्ति की मंजिल तक पहुँचे बिना शान्त हो गया था, फ्रांस का मजदूर-आन्दोलन क्रान्ति की मंजिल तक पहुँचा किन्तु वह सत्ता पर अपना अधिकार बनाए न रह सका। रूसी मजदूरों की समाजवादी क्रान्ति अजेय हो गई दो अन्य क्रान्तियों के सहयोग से। तीनों क्रान्तियों का संचालन एक ही पार्टी कर रही थी, यह उनकी सफलता का बहुत बड़ा कारण था। मान लीजिए, बोल्शेविक पार्टी केवल रूसी मजदूरों की पार्टी होती, गैर-रूसी इलाकों के मजदूर क्या करते हैं, इससे कोई सरोकार न रखती, तो व्यापक पैमाने पर क्रान्ति का संचालन असम्भव होता। यदि गैर-रूसी इलाकों के किसान और मजदूर रूसी इलाकों के किसानों और मजदूरों से अलग हो जाते, रूस से अलग अपने छोटे-छोटे राज्य बनाते, तो साम्राज्यवादी हस्तक्षेप के दौरान कई साल तक चलने वाले गृहयुद्ध में रूसी मजदूर विजय प्राप्त न कर सकते थे। रूस में तीनों क्रान्तियों की सफलता इस बात से सम्भव हुई थी कि उन्हें रूसी और गैर-रूसी, सभी जातियों के किसानों और मजदूरों ने मिलकर चलाया था।

रूसी-साम्राज्य में गैर-रूसी जातियों के उत्पीड़न को खत्म करना जरूरी था और यह तभी हो सकता था जब रूसी और गैर-रूसी, सभी जातियों के मजदूर और किसान मिलकर इस उत्पीड़न के खिलाफ लड़ें। इसलिए, लेनिन ने कहा, हम जातियों के आत्मनिर्णय का अधिकार मानते हैं, किन्तु इस अधिकार को वर्ग-संघर्ष की आवश्यकताओं के मातहत मानते हैं। 1903 में पोलैंड की सोशलिस्ट पार्टी की आलोचना का जवाब देते हुए उन्होंने कहा था : "जातीय आत्मनिर्णय की माँग को हमें सर्वहारा वर्ग-संघर्ष के मातहत रखना चाहिए।" (उप., खंड-6, पृ. 456) लेनिन ने रूसी महाजाति के राष्ट्रवाद का ही विरोध नहीं किया, उन्होंने पीड़ित जातियों के राष्ट्रवाद का भी विरोध किया। पीड़ित जातियों का राष्ट्रवाद अलगाववाद के रूप में प्रकट होता था। लेनिन का कहना था, पीड़ित जाति के मजदूरों और किसानों को मुक्ति रूसियों से अलग हो जाने पर न मिलेगी, वह रूसियों के साथ मिलकर जातीय उत्पीड़न के सामाजिक आधार को नष्ट करने से मिलेगी।

रूसी मार्क्सवादियों की पार्टी के बारे में लेनिन ने 1913 में लिखा था : "पार्टी की स्थापना 1898 में हुई। यह समूचे रूस की पार्टी थी अर्थात् रूस के सभी जातियों

के सर्वहारा की पार्टी थी।" (उप., खंड-19, पृ. 249) इसी आधार पर उन्होंने बड़ी जाति के राष्ट्रवाद के साथ छोटी जातियों के राष्ट्रवाद का भी विरोध किया। उन्होंने लिखा : ज़ारशाही के आतंकवादी दस्तों का राष्ट्रवाद भोंडे तौर पर लड़ाकू है। इसके साथ बड़ी रूसी जाति वाला पूँजीवादी राष्ट्रवाद और उक्रेन, पोलैंड, जार्जिया, आर्मीनिया आदि की जातियों का पूँजीवादी राष्ट्रवाद उभर रहा है। इसलिए रूस के सभी सोशल डेमोक्रेट [अर्थात् मार्क्सवादी] संगठनों को चाहिए कि जातीय समस्या की ओर और भी ज्यादा ध्यान दें। इस विषय में सुसंगत मार्क्सवादी फैसले करें जो सुसंगत अन्तरराष्ट्रीयता और सभी जातियों के सर्वहारा की एकता की भावना के अनुरूप हों। (उप., खंड-19, पृ. 250)

उक्रेन, पोलैंड, जार्जिया, आर्मीनिया—सभी पीड़ित जातियों के देश थे। लेनिन ने इन देशों के क्रान्तिकारियों से कहा, समस्या अलगाव से हल न होगी; वह रूसियों के साथ मिलकर पूँजीपतियों और जमींदारों से लड़ने से हल होगी।

लेनिन ने बोल्शेविक पार्टी को विभिन्न जातियों के क्रान्तिकारियों का संघ न बनने दिया। संघ में शामिल होने वाली इकाइयाँ मूलत: स्वतंत्र होती हैं, वे स्वेच्छा से संघ में शामिल होती हैं। लेनिन ने इस स्वतंत्र इकाइयों वाली मनोवृत्ति का जमकर विरोध किया। उन्होंने मजदूरों की वर्ग एकता को सबसे ऊपर स्थान दिया। मजदूरों की पार्टी केन्द्रबद्ध, अनुशासित पार्टी होगी। इसी तरह मजदूरों का वर्ग संगठन जातीय संगठनों का संघ न होगा, वरन् केन्द्रबद्ध संगठन होगा। इसी सिद्धान्त के अनुसार लेनिन ने किसानों का संगठन किया। 1907 में उन्होंने लिखा, सोशल डेमोक्रेटिक [अर्थात् मार्क्सवादी] सर्वहारा अपने कार्यक्रम में फेरबदल इसलिए न करेगा कि इस-उस जाति की सहमति मिल जाए। हमारा काम यह है कि पूँजीवादी समाज में जो सबसे अच्छा मार्ग, जो सबसे अच्छा कृषितंत्र सुलभ हो सके, उसका समर्थन करते हुए आन्दोलन को एकताबद्ध और घनीभूत करें और इसके लिए रूढ़ियों, पूर्वग्रहों और दकियानूसी प्रान्तीयता से संघर्ष करें। (उप., खंड-13, पृ. 413)

मजदूरों की एक पार्टी, मजदूरों का एक वर्ग-संगठन, सभी जातियों के किसानों का एक संगठन, इस नीति पर चलकर लेनिन ने क्रान्ति को ही सफल न बनाया, उन्होंने बहुजातीय सोवियत राष्ट्र की नींव भी डाली। यह नींव कितनी मजबूत थी, यह दूसरे महायुद्ध में हिटलर-जर्मनी को परास्त करके सोवियत जनता ने दिखा दिया।

ज़ारशाही रूस में कई सम्प्रदायों के लोग रहते थे। ईसाइयों के अलावा वहाँ यहूदी और मुसलमान थे। यहूदी सताए जाते थे, मुसलमान पिछड़ी हुई एशियाई जातियों में थे। इनमें अलगाववाद का फैलना बहुत स्वाभाविक था। लेनिन ने इस अलगाववाद का विरोध किया। यहूदियों के नेताओं ने 'बुंद' नाम से यहूदी मजदूरों का अलग संघ बनाया। यही नहीं, वे धर्म के आधार पर अपनी अलग जाति मानते थे। जिस देश में भी रहते थे, उसकी भाषा को अस्वीकार करते थे, अपनी अलग भाषा मानते

थे। 1903 में लेनिन ने इनके बारे में लिखा : "समूचे यूरोप में मध्यकालीनता के ह्रास और राजनीतिक स्वाधीनता के विकास के साथ यहूदियों का राजनीतिक उद्धार हुआ। वे यिद्दिश (नाम की अपनी अलग भाषा) छोड़कर उस जनता की भाषा को अपनाने लगे जिसके बीच वे रहते थे। आम तौर से वे अपने चारों ओर की आबादी में क्रमश: विलीन होते गए, इस बात को अस्वीकार नहीं किया जा सकता। क्या इस तथ्य को आकस्मिक कहा जा सकता है कि सारे यूरोप के, और खास तौर से रूस के, प्रतिक्रियावादी ही यहूदियों के विलीनीकरण का 'विरोध' करते हैं और उनके अलगाव को स्थायी बना देना चाहते हैं? यहूदी समस्या का 'सारतत्त्व' यही है : विलीनीकरण या अलगाव? यहूदी 'जाति' की धारणा निश्चित रूप से प्रतिक्रियावादी है। उसके सुसंगत समर्थक यहूदवादी (ज़ियॉनिस्ट) जब उसकी व्याख्या करते हैं, तभी वह प्रतिक्रियावादी हो, ऐसा नहीं है। जो लोग (बुंद के लोग) उसे सोशल डेमोक्रेसी के विचारों से मिलाने की कोशिश करते हैं, उनके मुँह से भी इसका प्रतिक्रियावादी रूप ही प्रकट होता है। यहूदी जाति वाली धारणा यहूदी सर्वहारा के प्रतिकूल है। कारण यह है कि वह प्रत्यक्ष या अप्रत्यक्ष रूप से विलीनीकरण के विरुद्ध भावना का पोषण करती है।" (उप, खंड-7, पृ. 100-01)

लेनिन के लिए यहूदी समस्या का समाधान यह नहीं था कि सब यहूदियों को ईसाई बना लिया जाए। ईसाई सम्प्रदायवादी जब विलीनीकरण की बात करते थे तब उनका आशय यही होता था। लेनिन जातीय स्तर पर विलीनीकरण की बात करते थे। रूस के यहदी रूसी जाति के अंग हैं, जर्मनी के यहूदी जर्मन जाति के अंग हैं, लेनिन का यह आशय था। पर यहूदी सताए जाते थे। उन्हें सताने वालों में ईसाई मजदूर भी शामिल हो जाते थे। तब वे अपना अलग संगठन क्यों न बनाएँ? 1903 के एक अन्य लेख में लेनिन ने इस प्रश्न का उत्तर दिया। उन्होंने कहा : यहूदी-विरोध का सम्बन्ध पूँजीपतियों के हितों से है, मजदूर वर्ग के हितों से नहीं। यदि बुंद के नेता थोड़ा और विचार करते तो समझ जाते कि "असंगठित मजदूरों में 90 फीसदी अभी अज्ञान में डूबे हैं। उनमें कुछ दर्जन या कई सैकड़ा भी हत्याकांड में हिस्सा लेते हैं, तो इससे यहूदी-विरोध का सामाजिक स्वरूप नहीं बदल जाता।" (उप., खंड-6, पृ. 334)

यहूदियों के विरुद्ध जो हत्याकांड रचाए जाते थे, उनसे शासकवर्ग को लाभ था। मजदूरों में साम्प्रदायिक भावना उभारकर वह उनकी वर्गचेतना को कुंठित करता था। लेनिन ने जैसे बड़ी रूसी जाति के राष्ट्रवाद के अलावा छोटी गैर-रूसी जातियों के राष्ट्रवाद का विरोध किया, वैसे ही उन्होंने बहुसंख्यक ईसाइयों के सम्प्रदायवाद का विरोध करने के अलावा अल्पसंख्यक यहूदियों के सम्प्रदायवाद का भी विरोध किया। उन्होंने मजदूरों को यह शिक्षा दी कि हत्याकांड तभी बन्द होंगे जब सभी सम्प्रदायों के मजदूर मिलकर पूँजीपतियों के विरुद्ध संघर्ष चलाएँगे।

ज़ारशाही रूस में दो करोड़ मुसलमान थे। साम्राज्यवादियों के कारिन्दे इनमें विश्व-इस्लामवाद का प्रचार करते थे। लेनिन ने विश्व-इस्लामवाद का विरोध किया; इस तरह वह ज़ारशाही रूस के एशियाई प्रदेशों में सामन्त-विरोधी क्रान्ति का प्रसार कर सके। इस सम्बन्ध में उन्होंने अपने अनुभव के निष्कर्ष एशिया के क्रान्तिकारियों के लिए खास तौर से लिपिबद्ध कर दिये थे। कम्यूनिस्ट इंटरनेशनल की दूसरी कांग्रेस के लिए उन्होंने 1920 में जो मसौदा तैयार किया था, उसमें उन्होंने लिखा था : "पिछड़े हुए देशों में पुरोहितों तथा अन्य प्रभावशाली प्रतिक्रियावादी और मध्यकालीन तबकों के खिलाफ संघर्ष करना जरूरी है। विश्व इस्लामवाद तथा ऐसी ही उन प्रवृत्तियों के खिलाफ संघर्ष करना जरूरी है जो यूरोपियन और अमरीकी साम्राज्यवाद के विरुद्ध स्वाधीनता-आन्दोलन को ऐसे प्रयत्न से मिला देने की कोशिश करती हैं जिससे खाँ साहबों, जमींदारों, मुल्लाओं वगैरह की स्थिति मजबूत होती हो।" (उप., खंड-31, पृ. 149) जहाँ साम्प्रदायिक नेता सीधे साम्राज्यवाद की हिमायत करते हैं, वहाँ तो उनका विरोध करना जरूरी है ही, जहाँ वे साम्राज्य-विरोधी आन्दोलन के साथ इस तरह हो लेते हैं कि जमींदारों और मुल्लाओं की स्थिति मजबूत होती है, वहाँ भी उनका विरोध करना जरूरी है। इसके बिना सामन्त-विरोधी क्रान्ति पूरी नहीं हो सकती। सम्प्रदायवाद मूलतः सामन्तवाद की देन है। उससे पूँजीपति लाभ उठाते हैं, पर वह पूँजीवाद की देन नहीं है। उसके विरुद्ध पूँजीवाद से अस्थायी समझौता किया जा सकता है, पूँजीवाद के विरुद्ध सम्प्रदायवाद से समझौता नहीं किया जा सकता। पूँजीपतियों से अस्थायी समझौता करते समय मजदूर वर्ग को उसका पिछलगुआ न बन जाना चाहिए, उसे अपना स्वतंत्र संगठन हमेशा बनाए रखना चाहिए। लेनिन ने उसी मसौदे में लिखा था : "उपनिवेशों और पिछड़े हुए देशों में कम्यूनिस्ट इंटरनेशनल को पूँजीवादी जनतंत्र से अस्थायी सहयोग अवश्य करना चाहिए लेकिन उसमें घुल-मिल न जाना चाहिए। वह कितनी ही प्रारम्भिक अवस्था में हो, उसे हर हालत में सर्वहारा आन्दोलन की स्वाधीनता कायम रखनी चाहिए।" (उप., खंड-31, पृ. 150)

सर्वहारा आन्दोलन की स्वाधीनता इसलिए जरूरी है कि पूँजीवादी नेता किसान-आन्दोलन को क्रान्तिकारी ढंग से चलाने से कतराते हैं। यदि मजदूर वर्ग के नेता उनके पीछे चलेंगे तो वे भी किसान-आन्दोलन को क्रान्तिकारी रूप लेने से रोकेंगे। साम्प्रदायिकता को जड़ से तभी खत्म किया जा सकता है जब उसके सामन्ती आधार को खत्म किया जाए। किसान-आन्दोलन के महत्त्व पर जोर देते हुए लेनिन ने उस मसौदे में लिखा : "पिछड़े हुए देशों में जमींदारों के खिलाफ, भूस्वामित्व के खिलाफ और सामन्तवाद के सभी अवशेषों या उसकी अभिव्यक्तियों के खिलाफ, किसान-आन्दोलन को विशेष समर्थन देना जरूरी है। इस बात के लिए प्रयत्न करना जरूरी है कि किसान-आन्दोलन को खूब क्रान्तिकारी रूप दिया जाए और यह इस तरह

कि पश्चिमी यूरोप के कम्यूनिस्ट सर्वहारा का घनिष्ठतम सहयोग पूर्व के उपनिवेशों के, और सामान्यतः सभी पिछड़े देशों के, क्रान्तिकारी आन्दोलन से कायम किया जाए।" (उप., खंड-31, पृ. 149)

समूचे पूर्व का अर्थात् एशिया के देशों का शोषण प्रथम विश्वयुद्ध से पहले हो रहा था, उसके बाद होता रहा। इस शोषण से एक लाभांश यूरोप के कुछ मजदूरों को युद्ध से पहले मिलता था, युद्ध के बाद मिलता रहा। यही कारण था कि पश्चिमी यूरोप के मजदूरों ने निर्णायक संघर्ष न विश्वयुद्ध से पहले किया, न उसके बाद किया। इस परिस्थिति ने यह तथ्य निश्चित कर दिया कि सोवियत संघ के सच्चे और स्थायी मित्र पूर्व के वे देश हैं जो अपनी स्वाधीनता के लिए संघर्ष कर रहे हैं। पश्चिमी यूरोप के मजदूरों में अवसरवाद की जड़ें गहरी थीं, इस परिस्थिति ने यह तथ्य भी निर्धारित किया कि एशिया के देशों को अपने स्वाधीनता-संग्राम में वास्तविक सहायता पश्चिमी यूरोप के मजदूरों से नहीं, सोवियत संघ से प्राप्त होगी। जैसे-जैसे यह स्वाधीनता-संग्राम एशिया से अफ्रीका और अमरीका तक फैला, वैसे-वैसे इन महाद्वीपों की जनता और सोवियत जनता की मैत्री भी साम्राज्यवाद के विनाश के लिए महत्त्वपूर्ण होती गई। रूसी क्रान्ति और भारत के स्वाधीनता-आन्दोलन के आपसी सम्बन्ध को इस विश्व विकास की प्रक्रिया के अन्तर्गत देखना चाहिए।

लेनिन ने रूसी क्रान्ति के कार्यक्रम से पराधीन देशों के स्वाधीनता-आन्दोलनों को अभिन्न रूप से जोड़ दिया था। मई, 1917 में उन्होंने लिखा था : "वर्तमान युद्ध में यदि क्रान्ति ने सत्ता सर्वहारा वर्ग की पार्टी को सौंप दी तो यह पार्टी क्या करेगी, इस सवाल का जवाब इस प्रकार है : सभी युद्ध करने वालों के सामने हम शान्ति का प्रस्ताव रखेंगे, शर्त यह होगी कि सभी उपनिवेशों को, सभी लोगों को जो पराधीन हैं, पीड़ित और अधिकारहीन हैं, आजाद किया जाए। मौजूदा सरकारों के रहते न तो जर्मनी, और न ब्रिटेन और फ्रांस यह शर्त मानेंगे। उस हालत में हमें क्रान्तिकारी युद्ध चलाना होगा और उसके लिए तैयारी करनी होगी।" (उप., खंड-24, पृ. 394) लेनिन ने शान्ति प्रस्ताव की जो योजना बनाई थी, उसके अनुसार साम्राज्यवादी राष्ट्र या तो पराधीन देशों को आजाद करें या फिर क्रान्तिकारी युद्ध का सामना करें। इस तरह रूसी क्रान्ति से छह महीने पहले ही लेनिन ने घोषणा कर दी थी कि पराधीन देशों को साम्राज्य-विरोधी क्रान्ति रूसी किसानों और मजदूरों की क्रान्ति से अभिन्न रूप में जुड़ी हुई है।

लेनिन ने जिस क्रान्तिकारी युद्ध की बात कही थी, वह एकतरफा युद्ध नहीं था, उसमें पराधीन देशों की जनता भी सक्रिय रूप से भाग लेने वाली थी। युद्ध में भाग लेने का साधन उसके पास मौजूद था। यह साधन देशी फौज थी जिसे खुद साम्राज्यवादियों ने प्रशिक्षित किया था। पलासी की लड़ाई से लेकर अगस्त, 1947 तक अंग्रेजों ने भारत पर जो विजय प्राप्त की और उस पर अधिकार जमाए रहे, वह

गोरी फौज के बल पर नहीं, देशी फौज के बल पर जमोए रहे। जो फौज इस देश पर अधिकार जमाने का साधन बनी, वह उस अधिकार को खत्म करने का साधन भी बन सकती थी। 'भारत में अंग्रेजी राज के भावी परिणाम'—अपने इस प्रसिद्ध लेख में मार्क्स ने 1853 में लिखा था : "देशी फौज को ब्रिटिश ड्रिल सार्जेंट ने संगठित और प्रशिक्षित किया—भारत के उद्धार की, भारत के जिस-तिस विदेशी हमलावर के शिकार न होने की, शर्त है ऐसी फौज का होना।" मार्क्स के अनुसार भारत के उद्धार की शर्त थी आधुनिक, प्रशिक्षित, देशी फौज का होना। भारत के पराधीन होने की जो शर्त थी, वह उसके उद्धार की शर्त भी बन सकती थी।

1857 में भारत के तीन महाप्रान्तों की सेनाओं में से एक महाप्रान्त की सेना ने यह उद्धार वाली भूमिका निबाही। सन् '57 के विद्रोह पर अपने पहले लेख में मार्क्स ने लिखा कि देशी फौज के गठन के साथ अंग्रेजों ने भारतीय जनता के लिए प्रतिरोध का पहला सामान्य केन्द्र (द फर्स्ट जनरल सेंटर ऑफ रेजिस्टेंस) भी स्थापित कर दिया। प्रथम विश्वयुद्ध के दौरान लेनिन ने भारत-सम्बन्धी कई पुस्तकें पढ़ीं। इनमें 1910 में प्रकाशित अंग्रेज लेखक अर्ल ऑफ क्रोमर की पुस्तक 'प्राचीन और आधुनिक साम्राज्यवाद' थी। इसके लेखक ने नौजवान अंग्रेजों को सलाह दी थी : "हिन्दुस्तानी गदर का इतिहास पढ़ो, घोखो, याद करो और उसे पचा जाओ।" लेनिन ने यह बात अपनी कापी में नोट कर ली थी। 1912 में जर्मन लेखक गॅआर्ग वेग्नर की पुस्तक 'आज का भारत' से उन्होंने नोट किया : भारतीय फौज में अंग्रेज 75 हजार हैं, देशी सैनिक डेढ़ लाख हैं। गदर के बारे में नोट किया : "विभिन्न जातीय समुदायों के आपसी भेदभाव और आम जनता की तंद्रा के कारण अंग्रेज बच गए।" (उप., खंड-39, पृ. 498) जातीय समुदायों के भेदभावों के कारण अंग्रेज गदर को बहुत कुछ हिन्दी-भाषी क्षेत्र तक सीमित रखने और उसे दबाने में सफल हुए।

प्रथम विश्वयुद्ध के दौरान गदर पार्टी के क्रान्तिकारियों ने देशी फौज में विद्रोह संगठित करने का प्रयत्न किया। ऐसे प्रयत्नों के बारे में लेनिन ने 1916 में लिखा था : "उपनिवेशों में विद्रोह करने की कई कोशिशें हुई हैं। स्वभावतः उत्पीड़क जातियों ने फौजी सेंसर के जरिये इन्हें छिपाने की भरपूर कोशिश की। इसके बावजूद पता चला कि सिंगापुर में अंग्रेजों ने क्रूरता से अपनी भारतीय पलटनों के विद्रोह का दमन किया।" (उप., खंड-22, पृ. 254)

सन् '57 का विद्रोह केवल फौजी विद्रोह नहीं था। उत्तर भारत के किसानों ने फौज का साथ तो दिया ही, कई जगह उन्होंने फौज से पहले अंग्रेजों के खिलाफ विद्रोह किया। फौज के बाहर किसानों के व्यापक असन्तोष ने फौज के भीतर वाले किसानों को विद्रोह के लिए प्रेरित किया। 1905 की असफल रूसी क्रान्ति के प्रसंग में लेनिन ने लिखा था : "जनता का क्रान्तिकारी उभार फौज में फैले बिना न रह सकता था।" (उप., खंड-23, पृ. 344) यह बात 1857 में देखी गई। प्रथम विश्वयुद्ध

के दौरान जनता का असन्तोष क्रान्तिकारी उभार न बना था। इस दिशा में गदर पार्टी के कार्यकर्ताओं ने वीरतापूर्ण कोशिश की, पर यह कोशिश नाकाफी थी। इसीलिए देशी सेना में विद्रोह संगठित करने के प्रयत्न असफल हुए।

किन्तु दूसरे महायुद्ध के बाद भारत में यह क्रान्तिकारी उभार आया और उसने देशी सेना को प्रभावित किया। नवम्बर, 1945 में उस समय के मध्य प्रदेश के गवर्नर ने वायसराय को लिखा था : "भीड़ पर गोली चलाने को कहा जाए तो हिन्दुस्तानी फौज का रुख क्या होगा, उसके बारे में अपनी चिन्ता प्रकट किये बिना मैं नहीं रह सकता। राजनीतिक वातावरण में तनाव होने पर अचानक रुख बदलने की प्रवृत्ति मेरी समझ में वैसी ही है, जैसी गदर के दिनों में थी।" ('ट्रांसफर ऑफ पावर', खंड-6, पृ. 542-43) गवर्नर को भीड़ पर गोली चलाने की जरूरत इसलिए महसूस हो रही थी कि देश में क्रान्तिकारी उभार आया था। हिन्दुस्तानी फौज के रुख के बारे में उसे चिन्ता इसलिए थी कि राजनीतिक वातावरण में तनाव के कारण फौज अचानक अपना रुख बदल सकती थी। उसने 1857 में ऐसा किया था, तब को देखते अब राजनीतिक वातावरण में तनाव कहीं ज्यादा था। स्पष्ट ही इस अंग्रेज गवर्नर ने अर्ल ऑफ क्रोमर की नसीहत पर अमल किया था। उसने गदर का इतिहास पढ़ा था, याद किया था, उसे घोखा था, और पचा गया था।

नवम्बर, 1945 में भारत के ब्रिटिश सेनाध्यक्ष ने लिखा था : "यदि कुल मिलाकर देशी फौज भरोसा करने लायक न रह जाए, तो यहाँ जितनी ब्रिटिश फौज है, वह शायद आन्तरिक परिस्थिति पर काबू न पा सकेगी और न आवश्यक संचार साधनों की रक्षा कर सकेगी।...यदि भारतीय फौज सरकार का समर्थन करने को तैयार न हुई तो लाजमी तौर से वह सक्रिय होकर उसका विरोध करेगी। इसके अलावा ऐसा सक्रिय विरोध भारत तक सीमित न रहेगा। समुद्र पार के क्षेत्रों में—जैसेकि बर्मा, मलाया, जावा और मध्यपूर्व में—जहाँ बादशाह सलामत की सरकार भारतीय फौजों को इस्तेमाल कर रही है, असन्तोष फैलेगा और इसका गहरा असर उन देशों की जनता के रुख पर पड़ेगा। हो सकता है कि अफगानिस्तान भी सीमांत प्रदेश के कबीलों और उत्तर-पश्चिमी भारत के मुसलमानों का साथ देने की ठान ले!" (उप., पृ. 582-83) अंग्रेजों ने भारतीय सेना के बल पर केवल भारत को गुलाम न बनाया था, उन्होंने इस सेना के बल पर दक्षिण-पूर्वी और पश्चिमी एशिया के एक बहुत बड़े भाग को अपने प्रभाव क्षेत्र में शामिल कर लिया था। भारतीय सेना का विद्रोह केवल भारत में नहीं, एशिया के इस बड़े भाग में साम्राज्यवादी व्यवस्था को तहस-नहस करने जा रहा था।

फरवरी, 1946 में जब नाविक विद्रोह शुरू हुआ, तब अंग्रेजों ने समझ लिया कि भारत से कूच करने का डंका बज गया है। इस समय दो बातें हुईं। बम्बई के गवर्नर के अनुसार एक बात यह हुई कि "कांग्रेसी सोशलिस्ट और कम्यूनिस्ट आग

भड़काने में लगे हुए हैं" (उप., पृ. 1081); दूसरी यह कि मुस्लिम लीग के नेता चुँद्रीगर और कांग्रेस के नेता सादोबा पाटिल ने गवर्नर को आश्वासन दिया कि वे पुलिस की सहायता करने के लिए स्वयंसेवक भेजने को तैयार हैं। (उप., पृ. 1082) कांग्रेसी नेताओं ने धुआँधार और लगातार प्रचार किया कि सत्ता शान्तिपूर्वक मिल जाएगी, विद्रोह करने की जरूरत नहीं है। अंग्रेजों ने साम्प्रदायिक नरसंहार आयोजित करके क्रान्तिकारी उभार पर जवाबी हमला किया और देश के विभाजन तथा ब्रिटिश पूँजी की सुरक्षा की शर्त पर सत्ता सौंपने को तैयार हुए।

लेनिन ने गॅआर्ग वेग्नर की पुस्तक 'आज का भारत' के सिलसिले में लिखा था : "अंग्रेजों ने राष्ट्रीय आन्दोलन को कमजोर करने के लिए 1905 में बंगाल का विभाजन किया।" ('ग्रंथावली', खंड-39, पृ. 497) 1947 में अंग्रेजों ने जब बंगाल ही नहीं, पंजाब के साथ सारे देश का विभाजन किया, तब राष्ट्रीय आन्दोलन कमजोर ही नहीं हुआ, उसकी कमर टूट गई। देश का विभाजन भारत की जनवादी क्रान्ति पर ब्रिटिश साम्राज्यवाद का घातक प्रहार था। उसके दूरगामी परिणाम हमारे सामने बराबर स्पष्ट होते जा रहे हैं। रूसी क्रान्ति से जो बात हमें सीखनी चाहिए थी और अब भी सीखनी चाहिए, वह यह है कि साम्प्रदायिक और जातीय अलगाववाद के विरुद्ध संघर्ष करके लेनिन ने इस क्रान्ति के लिए तैयारी कैसे की। उस तैयारी के बिना न तो रूसी क्रान्ति सफल हो सकती थी, न बहुजातीय सोवियत राष्ट्र का निर्माण हो सकता था।

रूसी क्रान्ति को पैंसठ वर्ष हुए। उस क्रान्ति के परिणाम विश्व इतिहास को बराबर प्रभावित करते रहे हैं। वह संसार की एकमात्र क्रान्ति है जिसमें शासक जाति के श्रमिकों ने शासित जातियों की श्रमिक जनता के साथ मिलकर सम्पत्तिशाली वर्गों से सत्ता छीनी थी। रूसी क्रान्ति से पहले चार्टिस्ट-आन्दोलन और 1857 का विद्रोह मिलकर ऐसी क्रान्ति कर सकते थे। दूसरे महायुद्ध के बाद जब 1945-46 में हमारे यहाँ क्रान्तिकारी उभार आया, तब भी इंग्लैंड के मजदूर क्रान्ति कर सकते थे। दूसरे महायुद्ध के बाद एशिया में व्यापक क्रान्तिकारी उभार के दिनों में जापान के मजदूर दक्षिण-पूर्वी एशिया की जनता के साथ मिलकर क्रान्ति कर सकते थे। जब वियतनाम की जनता अपनी स्वाधीनता के लिए लड़ रही थी तब जापान के, फ्रांस के, अमरीका के मजदूर ऐसी क्रान्ति कर सकते थे। रूसी क्रान्ति का जितना प्रभाव पराधीन देशों के स्वाधीनता-आन्दोलनों पर पड़ा है। उतना साम्राज्यवादी देशों के मजदूर-आन्दोलनों पर नहीं पड़ा। इसका कारण यह है कि ऐसे देशों के मजदूरों में साम्राज्यवाद की बदौलत अवसरवाद की जमीन हमेशा उपजाऊ बनी रही है।

मई, 1922 में 'प्राब्दा' की दसवीं सालगिरह पर लेनिन ने लिखा था : "विश्व विकास में असाधारण तेजी आ गई है। इसका बुनियादी कारण यह है कि उसमें अब करोड़ों नये आदमी खिंच आए हैं।" (उप., खंड-33, पृ. 350)

दूसरे विश्वयुद्ध के बाद और भी नये करोड़ों आदमी उस विकास में खिंच आए जिसका उल्लेख साठ साल पहले लेनिन ने किया था।

इस विकास की शुरुआत में भारत का भी हिस्सा था। सन् '57 के विद्रोह के बारे में मार्क्स ने 15 जुलाई, 1857 के न्यूयॉर्क डेली 'ट्रिब्यून' में लिखा था : "एशिया की बड़ी जातियों ने अंग्रेजी प्रभुत्व के खिलाफ जो व्यापक असन्तोष प्रकट किया है, उससे एंग्लो-इंडियन फौज का यह विद्रोह मेल खा गया है। इसमें सन्देह नहीं है कि बंगाल सेना का विद्रोह ईरान और चीन की लड़ाइयों से घनिष्ठ रूप से सम्बद्ध है।" ईरान और चीन की लड़ाइयों से अपने विद्रोह को सम्बद्ध करने का प्रयास भारतीय सेना के नेताओं ने किया था। 1916 में लेनिन ने इसी तरह के भारत-ईरान-चीन के संयुक्त साम्राज्य-विरोधी संग्राम की कल्पना की थी। साम्राज्यवादी व्यवस्था में पराधीन देशों की जनता राष्ट्रीय युद्ध नहीं कर सकती, इस धारणा का खंडन करते हुए लेनिन ने लिखा था : उदाहरण के लिए ईरान, भारत और चीन आपस में सहयोग करके एक या अधिक साम्राज्यवादी शक्तियों के खिलाफ स्वाधीनता-संग्राम चलाएँ, यह मुमकिन है, और इसकी सम्भावना भी है क्योंकि ऐसा संग्राम इन देशों के राष्ट्रीय स्वाधीनता-आन्दोलनों की परिणति होगा। (उप., खंड-22, पृ. 311)

मार्क्स की तरह लेनिन मानते थे कि अंग्रेजों द्वारा प्रशिक्षित भारतीय सेना उनके खिलाफ संघर्ष का साधन बनेगी। 1920 में उन्होंने इस सेना के बारे में लिखा था : "ब्रिटिश पूँजीपति वर्ग ने भारत के सैनिकों को समझाया कि जर्मनी के विरुद्ध ब्रिटेन की रक्षा करना भारतीय किसानों का कर्तव्य है।...पूँजीपति वर्ग ने उन्हें हथियार इस्तेमाल करना सिखाया, बड़े काम की चीज सिखाई, इसके लिए हमें पूँजीपति वर्ग के प्रति हार्दिक आभार प्रकट करना चाहिए। सभी रूसी किसान और मजदूरों की ओर से, खास तौर से रूसी लाल फौज की ओर से, आभार प्रकट करना चाहिए।" (उप., खंड-33, पृ. 232)

सन् '57 के स्वाधीनता-संग्राम को 125 वर्ष हुए। सवा सौ साल पहले भारत की देशी सेना ने स्वाधीनता-संग्राम में अपनी ऐतिहासिक भूमिका निबाही थी। प्रथम विश्वयुद्ध के दौरान लाला हरदयाल और बाबा सोहनसिंह भखना की गदर पार्टी ने सेना में विद्रोह कराने के प्रयत्न किये। ये प्रयत्न क्रूरतापूर्वक दबा दिये गए। दूसरे विश्वयुद्ध के दौरान भारतीय सेना के बहुत-से जवानों ने अंग्रेजों की ताबेदारी छोड़कर सुभाषचन्द्र बोस के नेतृत्व में आजाद हिन्द फौज संगठित की। यदि अंग्रेजों द्वारा प्रशिक्षित देशी फौज अंग्रेजों से लड़ने का साधन बन सकती थी तो आजाद हिन्द फौज अंग्रेजों के ही नहीं, जापानियों के खिलाफ भी लड़ने का साधन बन सकती थी। सभी लोग जानते हैं कि यह फौज सन् '57 के गदर से प्रभावित थी। वह जापानी फौज से लड़ती कि न लड़ती, यह तो अटकल की बात है। जो बात अटकल की नहीं है, वह यह कि आजाद हिन्द फौज ने 1945 के क्रान्तिकारी उभार में महत्त्वपूर्ण

भूमिका निबाही और उसने अंग्रेजों की उस भारतीय सेना पर गहरा असर डाला जो ऊपर से देखने में अभी अंग्रेजों की वफादार बनी हुई थी।

नवम्बर, 1945 में अंग्रेजों के एक शुभचिन्तक नेता डॉ. बी. शिवराम ने देशी फौज की स्थिति के बारे में उन्हें सचेत करते हुए लिखा था : "भारत में यात्रा करते समय मैंने उन लोगों से बात की है जो फौजी वर्दी में थे। उन्होंने इस बात के महत्त्व की ओर ध्यान दिलाया कि बर्मा और मलाया में इतने सिपाही दूसरे पक्ष से मिल गए थे। अंग्रेज अफसरों और सैनिकों के साथ व्यवहार और भत्ते में जो भेद किया जाता है, उसकी वे जोरों से शिकायत कर रहे थे। यह बात फौज और हवाई बेड़ा, दोनों के लिए सही है। जिन पर मुकदमा चल रहा है या चलनेवाला है, उन्हें अपने भाग्य के बारे में जरा भी चिन्ता नहीं है। इनमें हिन्दू और मुसलमान का भेदभाव जरा भी नहीं है। उन्होंने कल हमें बताया कि उन्होंने अपनी फौज में इस तरह का सारा भेदभाव खत्म कर दिया था। जो लोग मुसलमानों के लिए खाना बनाते थे, वही हिन्दुओं के लिए खाना बनाते थे। जो खाना हिन्दू खाते थे, वही मुसलमान खाते थे। इस बारे में कोई पूछताछ न होती थी। इस बात का खूब प्रचार हुआ। लालकिले में जिन पर मुकदमा चलनेवाला है, उनमें ज्यादा संख्या मुसलमानों की है। उनमें से कुछ को जिन्ना से सख्त शिकायत है कि वह पाकिस्तात का बखेड़ा खड़ा किये हैं।" ('ट्रांसफर ऑफ पावर', खंड-1, पृ. 564-65)

मध्य प्रदेश का गवर्नर, भारत का ब्रिटिश सेनाध्यक्ष, देशी फौज के जवानों और अफसरों से बातें करनेवाले बी. शिवराव नवम्बर, 1945 में, सब एक ही बात कह रहे थे—सेना में असन्तोष है, उसका भरोसा नहीं किया जा सकता। यह गदर की परम्परा का विकास था, सेना के बारे में लेनिन की स्थापनाओं की पुष्टि थी। आजाद हिन्द फौज में हिन्दू-मुसलमान का भेद न था। सबका खाना एक साथ होता था। लाल-किले में जिन पर मुकदमा चलनेवाला था, उनमें ज्यादा संख्या मुसलमानों की थी, यह तथ्य बहुत ही महत्त्वपूर्ण था और मुस्लिम लीग के अलगाववाद के लिए बहुत बड़ी चुनौती था। इस अलगाववाद को खत्म करने और अंग्रेजों के खिलाफ राष्ट्रीय युद्ध चलाने के साधन भारत में नवम्बर, 1945 में मौजूद थे।

जुलाई, 1857 में विद्रोह के नेताओं ने दिल्ली में सैनिक और नागरिक प्रबन्ध के लिए एक समिति बनाई। पहले तय हुआ कि पलटनों से जो आदमी चुने जाएँ, उनमें एक हिन्दू हो और दूसरा मुसलमान हो। फिर यह अनुपात रद्द कर दिया गया। तय हुआ कि फौजी सेवा की अवधि, अनुभव और योग्यता के आधार पर आदमी चुने जाएँगे, हिन्दू-मुसलमान का सवाल न होगा। आजाद हिन्द फौज गदर की इसी परम्परा को लेकर आगे बढ़ी थी। भारत में जो भी क्रान्तिकारी आन्दोलन चलाए गए हैं, जब भी क्रान्तिकारी उभार आया है, उन पर सन् 1857 की राज्यक्रान्ति का प्रभाव रहा है। रूसी क्रान्ति का प्रभाव इस भारतीय क्रान्ति के प्रभाव में घुल-मिल गया है।

दूसरे महायुद्ध में अंग्रेज देशी फौज का उपयोग अपने साम्राज्य की रक्षा के लिए कर सके। उनकी जीत में इस फौज की भूमिका निर्णायक थी। अंग्रेज अधिकारियों के अनुसार : "1939-45 के युद्ध में विजय पाना कठिन होता यदि भारत ने 20 लाख सैनिकों का योगदान न किया होता। इससे ब्रिटिश साम्राज्य वहाँ मजबूत हुआ, जहाँ वह सबसे कमजोर था।" ('ट्रांसफर ऑफ पावर', खंड-8, पृ. 50) ये 20 लाख सैनिक तीसरे महायुद्ध के लिए अब अंग्रेजों को सुलभ नहीं हैं। इस कमी को वे पाकिस्तानी फौज के जरिये पूरा करना चाहते हैं। इसके अलावा उनके अमरीकी भाई-बन्धु चीन का बड़ा भरोसा किये हैं कि वहाँ की जनशक्ति उनके काम आएगी। इसके साथ ही वे महानाशक एटमी हथियारों की होड़ को बराबर बढ़ावा देते जाते हैं। दूसरे महायुद्ध के बाद साम्राज्यवादी व्यवस्था कमजोर हुई, साथ ही उसका एक केन्द्र अमरीका पहले से कहीं ज्यादा मजबूत हुआ।

लेनिन ने बताया था कि आधुनिक साम्राज्यवाद सूदखोर पूँजीवाद है। निर्यात की हुई पूँजी पर सूद उसे भारत से ही नहीं, समाजवादी देशों से भी मिलता है। समाजवादी देशों के आपसी तनाव के कारण कहीं-न-कहीं अमरीकी साम्राज्यवाद से उनके सम्बन्धों से जुड़े हैं। इसी तरह भारत में जो तरह-तरह के तनाव दिखाई देते हैं, वे भी कहीं-न-कहीं अमरीकी साम्राज्यवाद से और सन् 1947 के बन्दोबस्त से जुड़े हुए हैं। यदि भारत, बांग्लादेश और पाकिस्तान की जनता साम्राज्यवाद पर अपनी आर्थिक और सैनिक निर्भरता खत्म करने के लिए एक साथ आगे बढ़े तो इससे इन राज्यों की आत्मनिर्भरता ही नहीं बढ़ेगी, उससे समाजवादी देशों के आपसी तनाव को कम करने में सहायता भी मिलेगी।

दूसरे महायुद्ध के बाद पूँजीवाद का विश्व-बाजार टूट गया। उसके समानान्तर समाजवादी विश्व-बाजार कायम हुआ। इस प्रक्रिया के बारे में 1952 में स्तालिन ने लिखा था : "अमरीका, ब्रिटेन और फ्रांस—इन तीन बड़े पूँजीवादी देशों के प्रतिद्वंद्वी जर्मनी और जापान पंगु बना दिये गए। लेकिन इनके साथ ही चीन तथा यूरोप के अन्य लोकवादी जनतंत्र पूँजीवादी व्यवस्था से फूट लिये और उन्होंने सोवियत संघ के साथ मिलकर एक संयुक्त और शक्तिशाली शिविर बनाया है जो पूँजीवादी खेमे के मुकाबले में डटा है। इन दो विरोधी शिविरों के अस्तित्व का आर्थिक परिणाम यह है कि पहले का व्यापक विश्व-बाजार टूट गया है और अब दो समानांतर विश्व-बाजार आमने-सामने हैं।" ('Economic Problems of Socialism', पृ. 25)

इस समाजवादी विश्व-बाजार को सुदृढ़ बनाना जरूरी है। यदि 1952 में मार्शल प्लान के बिना काम चल सकता था तो 1982 में अवश्य चल सकता है। समाजवादी देश अपने विश्व-बाजार को सुदृढ़ बनाएँ तो नव-स्वाधीन देश बरबस उसकी ओर खिंच आएँगे। तीसरा महायुद्ध रोकने के लिए अमरीकी साम्राज्यवाद की आर्थिक नाकेबन्दी करना जरूरी है। इस नाकेबन्दी की बात सोचते ही आपको जो कठिनाइयाँ

दिखाई देंगी, उनसे आप यह भी समझ जाएँगे कि अमरीकी साम्राज्यवाद दुनिया को कितनी तरह के आर्थिक सम्बन्धों से अपने साथ बाँधे हुए है। ये सम्बन्ध उसकी शक्ति का आधार हैं। इन्हीं के बल पर उसे तीसरे महायुद्ध की तरफ बराबर आगे बढ़ते जाने की जुर्रत होती है। भारत को आत्मनिर्भर बनाने के लिए और विश्वशान्ति की रक्षा के लिए इन सम्बन्धों को तोड़ना जरूरी है। 65 साल पहले की रूसी क्रान्ति से और 125 साल पहले के भारतीय स्वाधीनता-संग्राम से हमें इस कार्य के लिए प्रेरणा लेनी चाहिए।

उपसंहार

मार्क्सवाद के अध्ययन की कुछ समस्याएँ

1. उत्पादन की पद्धतियाँ और सामाजिक विकास की मंजिलें

पुस्तक के 'उपसंहार' में मार्क्सवाद के अध्ययन से सम्बन्धित कुछ समस्याओं का उल्लेख करना उचित होगा। कुछ समस्याएँ मार्क्स और एंगेल्स के चिन्तन की समग्रता को ध्यान में न रखने से पैदा होती हैं, कुछ उनकी स्थापनाओं को तोड़-मरोड़कर पेश करने से पैदा होती हैं।

'अर्थशास्त्र की आलोचना में योगदान' पुस्तक की भूमिका में मार्क्स ने उत्पादन की चार पद्धतियों का उल्लेख किया था : एशियाई, प्राचीन, सामन्ती और पूँजीवादी। एशियाई पद्धति से उनका आशय गण-समाजों की सामूहिक उत्पादन पद्धति से था। सब लोग मिलकर श्रम करते थे, श्रम-फल पर सबका मिला-जुला अधिकार होता था; सम्पत्ति पर, उत्पादन के साधनों पर, गण-समाज के सदस्यों का सामूहिक स्वामित्व था। 'अर्थशास्त्र की आलोचना' तथा 'पूँजी' के प्रथम खंड में मार्क्स ने स्पष्ट कर दिया था कि श्रम की इस प्रथा का चलन जर्मन, रोमन, केल्त, स्लाव, भारतीय आदि एशिया और यूरोप के सभी प्राचीन समाजों में था। एंगेल्स ने 'व्यक्तिगत सम्पत्ति के उद्भव' पर अपनी पुस्तक में दिखाया कि इस प्रथा का चलन अमरीका के आदिवासियों में भी था। इस तरह यह प्रथा विश्वव्यापी थी, उसका सम्बन्ध केवल एशिया से न था।

मार्क्स ने इस प्रथा को एशियाई इसलिए कहा था कि उनके विचार से जर्मन, स्लाव, केल्त आदि कबीले एशिया से यूरोप पहुँचे थे और अपने साथ यह सामूहिक श्रम वाली प्रथा ले आए थे। एंगेल्स ने 'कम्यूनिस्ट घोषणा-पत्र' के अंग्रेजी संस्करण (1888) की एक टिप्पणी में भारत से आयरलैंड तक फैले हुए ग्राम-समाजों को 'आदिम साम्यवादी समाज' की संज्ञा दी थी। इसके बाद उत्पादन की 'एशियाई' पद्धति की बात खत्म हो जानी चाहिए थी। लेकिन अब कुछ विद्वानों ने कमाल यह किया कि उत्पादन की एशियाई पद्धति को आदिम साम्यवाद से अलग कर दिया।

उनकी व्याख्या में न सामूहिक स्वामित्व है, न सामूहिक उत्पादन है, फिर भी भारतीय ग्राम-समाजों में उत्पादन की पद्धति एशियाई है! मार्क्स ने इन ग्राम-समाजों को अपरिवर्तनशील इसलिए कहा था कि उनकी समझ में "इनका आधार सामूहिक भूस्वामित्व है" और जहाँ उनका रूप सादा है, वहाँ "भूमि पर सामूहिक खेती होती है।" ('पूँजी', खंड-1, पृ. 337) एशियाई पद्धति के विशेषज्ञ तरह-तरह के साँचे गढ़ते हैं, उनमें भारतीय समाज को ठोंक-ठोंककर फिट करते हैं, और इस साँचे से सामूहिक स्वामित्व और सामूहिक खेती को गायब कर देते हैं। मार्क्स की ये दोनों बातें दोहराएँ तो यह पता चलते देर न लगे कि उनकी एशियाई पद्धति भारतीय ग्राम-समाजों से कोसों दूर है। एशियाई पद्धति की यह धारणा त्रोत्स्कीवादियों का खास अस्त्र है; उसका उपयोग वे भारत पर साम्राज्यवादी प्रभुत्व को जायज ठहराने के लिए करते हैं। मार्क्सवादी विवेचन में उसका उल्लेख आदिम साम्यवाद के अर्थ में ही हो सकता है, उससे भिन्न अर्थ में नहीं। यह साम्यवाद भारत में अंग्रेजी राज कायम होने से कई हजार साल पहले खत्म हो गया था।

सामाजिक विकास-क्रम में उत्पादन की दूसरी पद्धति, मार्क्स के अनुसार : 'प्राचीन' है। 'एशियाई' शब्द के लिए जैसा आग्रह विद्वानों में है, वैसा 'प्राचीन' के लिए नहीं है। उत्पादन की यह प्राचीन पद्धति यूनान और इटली तक सीमित थी; पश्चिमी यूरोप के तीन स्तम्भ—ब्रिटेन, फ्रांस और जर्मनी—उसकी परिधि से बाहर थे। प्राचीन पद्धति की विशेषता यह है कि उसमें श्रम दास करते हैं, श्रम-फल दासों के मालिक हड़प जाते हैं। प्राचीनकाल में इस प्रथा का चलन यूनान और इटली में था। न तो मार्क्स और एंगेल्स ने, न अन्य किसी विद्वान ने, अब तक यह सिद्ध किया है कि यूनान और इटली की-सी दास-प्रथा ब्रिटेन, फ्रांस और जर्मनी में भी थी। फिर भी दास-प्रथा को व्यापक मानकर उसकी परिधि में पश्चिमी यूरोप को समेट लिया गया है। और बेशक, एशिया को उससे बाहर रखा गया है!

'पूँजी' के प्रथम खंड में मार्क्स ने दो तरह के दासों का उल्लेख किया है। एक तरह के दास मालिकों के सेवक होते हैं, वे उत्पादन में मालिकों का हाथ बँटाते हैं। इस उत्पादन का लक्ष्य ग्राम-समाजों की सीमित और तात्कालिक आवश्यकताओं की पूर्ति करना होता है। बड़े सरदार और पुरोहित युद्ध के बन्दियों को या सूदखोर महाजन अपने कर्जदारों को दास बना लेते हैं। ऐसे दास कभी भी समाज का बहुसंख्यक भाग नहीं होते, वे मुख्य उत्पादक समुदाय नहीं बन पाते। दूसरी तरह के दास मालिकों के लिए बिकाऊ माल तैयार करते हैं। उत्पादन का लक्ष्य विनिमय के लिए माल जुटाना होता है। यह अपेक्षाकृत बड़े पैमाने का उत्पादन होता है। दास बड़े कुटुम्ब के अंश नहीं होते, वे बाजार में बेचे और खरीदे जाते हैं। मालिक उनसे बेहिसाब मेहनत करा के अतिरिक्त मूल्य पैदा कराता है। वास्तव में पहली तरह के दास छोटे पैमाने वाले उत्पादन के समाज में, अर्थात् सामन्ती समाज में, पाए जाते हैं। दूसरी तरह के दास

बड़े पैमाने वाले उत्पादन के समाज में, अर्थात् व्यापारिक पूँजीवाद वाले समाज में पाए जाते हैं। दोनों तरह के दासों को मिलाकर एक कर दीजिए, ऐतिहासिक विकास-क्रम बुरी तरह उलझ जाएगा। मार्क्स ने दो तरह के दासों में भेद किया है। यदि कोई इस भेद की अनदेखी करता है, समस्या को उलझाता है, तो इसके लिए मार्क्स दोषी नहीं हैं। ऐसा उलझाव मार्क्स के चिन्तन को उसकी समग्रता में न देखने का परिणाम है।

आदमी बाजार में तभी बेचा और खरीदा जाएगा जब मनुष्य के उपभोग की और चीजें भी बेची और खरीदी जाती होंगी। प्राचीन यूनान और रोम में बिकाऊ माल का चलन, बिकाऊ माल तैयार करने वाले दासों की प्रथा का चलन, अचानक नहीं हो गया। उसके पहले छोटे पैमाने का उत्पादन चालू हुआ; विभिन्न शाखाओं में उत्पादन का विभाजन हुआ, इन शाखाओं में काम करने वालों के कौशल का विकास हुआ। मार्क्स और एंगेल्स के विवेचन से यह बिलकुल स्पष्ट है कि आदिम साम्यवाद के बाद छोटे पैमाने के उत्पादन वाली सामन्ती व्यवस्था आती है, बड़े पैमाने के उत्पादन वाली दासों के श्रम की व्यवस्था उसके बाद ही आ सकती है। मार्क्स ने यह बात 'पूँजी' के प्रथम खंड की एक पाद-टिप्पणी में एकदम स्पष्ट कर दी थी। उन्होंने लिखा था कि सामूहिक भूस्वामित्व के लुप्त होने के बाद, और उत्पादन पर दास-प्रथा के हावी होने से पहले, छोटे पैमाने की खेती और स्वतंत्र दस्तकारी वाली व्यवस्था कायम होती है, और ये दोनों (खेती और दस्तकारी) उत्पादन की सामन्ती पद्धति का आधार हैं ('पूँजी', खंड-1, पृ. 316) दुर्भाग्य से इतिहास के मार्क्सवादी विवेचन में यह क्रम अक्सर उलट गया है। छोटे पैमाने की खेती और स्वतंत्र दस्तकारी से पहले ही उत्पादन पर दास-प्रथा हावी हो जाती है। इस दास-प्रथा की चर्चा आगे करेंगे, पहले आदिम साम्यवाद और छोटे पैमाने की खेती तथा स्वतंत्र दस्तकारी पर विचार कर लें।

उत्पादन, विनिमय और वितरण के विचार से मानव समाज की प्रारम्भिक व्यवस्था का नाम है आदिम साम्यवाद। मनुष्य मिलकर श्रम करते हैं, मिलकर श्रमफल बाँट लेते हैं। इस अवस्था में मनुष्य गण या कबीले के रूप में संगठित होते हैं। गण के सभी सदस्य एक दूसरे के रक्त-सम्बन्धी होते हैं। गण के अन्तर्गत एक गोत्र दूसरे गोत्र से, एक कुल दूसरे कुल से जहाँ भिन्न है, वहाँ भिन्नता इसी रक्त-सम्बन्ध को लेकर है। उत्पादन के तरीके, उसके उपकरण पिछड़े हुए होते हैं; उत्पादन की अलग-अलग शाखाओं का विकास नहीं होता, श्रम-विभाजन का अभाव होता है। विनिमय गण के भीतर कम, विभिन्न गणों के बीच अधिक होता है।

आदिम साम्यवाद की उक्त विशेषताएँ सामान्य हैं, किन्तु इन सामान्य विशेषताओं वाली व्यवस्था के अन्तर्गत बहुत ही भिन्न कोटि के, अनेक असामान्य विशेषताओं वाले, समाज भी आ जाते हैं। इनमें पशुपालक और कृषिजीवी समाजों का भेद मुख्य है। इनके अलावा कन्दमूल फल बटोरकर, मछलियाँ पकड़कर, बनैले पशुओं का

शिकार करके या इसी तरह जीविका के अन्य साधन जुटाने वाले समाज भी होते हैं। वृत्तियों की इस विविधता के कारण विनिमय का विकास अनेक गणों के बीच होता है। किन्तु यह आवश्यक नहीं है कि किसी गण में एक ही वृत्ति का चलन हो, पशुपालन और खेती, ये दोनों वृत्तियाँ अक्सर एक ही समाज में पाई जाती हैं। वृत्तियों के हिसाब से कुछ गण-समाज किन्हीं खास कामों में विशेष योग्यता प्राप्त कर सकते हैं, एक ही गण-समाज में अनेक वृत्तियों के चलन से श्रम-विभाजन की, उत्पादन की अनेक शाखाओं के विकास की, गुंजाइश पैदा होती है। वृत्तियों की भिन्नता के कारण कुछ समाज घुमंतू जीवन बिताते हैं, अन्य स्थायी रूप से बस्तियों में रहते हैं। ऐसे भी समाज होते हैं जो वर्ष के एक भाग में बस्ती में रहते हैं, दूसरे भाग में पशुओं के साथ अन्यत्र चले जाते हैं।

मनुष्य खाने, पहनने, रहने के लिए आवश्यक वस्तुओं का उत्पादन करते हैं, वे इनका उपभोग करनेवाले मनुष्यों का उत्पादन भी करते हैं। वस्तुओं के उत्पादन के तरीके बदलते रहे हैं, मनुष्यों के उत्पादन का तरीका बुनियादी तौर से वही है। मनुष्यों का उत्पादन भी सामाजिक परिवर्तन और विकास को प्रभावित करता है। एक ही गण-समाज की शाखाएँ-प्रशाखाएँ फूटकर अलग बस जाती हैं या अलग घुमंतू जीवन बिताती हैं, इसका एक कारण जनसंख्या में वृद्धि है।

हवा और पानी के बिना आदमी जिन्दा नहीं रह सकता। भौगोलिक परिवेश से वह अटूट रूप में बँधा हुआ है। भोजन सामग्री जुटाने के तरीके बदलते हैं किन्तु किसी भी अवस्था में वे भौगोलिक परिवेश से पूर्णतः स्वतंत्र नहीं होते। सामाजिक विकास की प्रारम्भिक मंजिलों में इस परिवेश की भूमिका और भी महत्त्वपूर्ण होती है। खेती लायक भूमि सब जगह एक-सी नहीं होती, पशुपालन के लिए चरी लायक भूमि सब जगह एक-सी नहीं होती। इसलिए आदिम मानव समुदाय अनुकूल भौगोलिक परिवेश की खोज करते हैं। जब वे पृथ्वी के गर्भ में छिपी हुई धातुओं का उपयोग करना सीख जाते हैं, तब यह परिवेश अन्य रूप में उनके लिए महत्त्वपूर्ण हो जाता है। शीतप्रधान देशों में खेती के लिए वर्ष में कम ही समय मिलता है, इसलिए वर्ष के बाकी समय में किसान को और दूसरे काम करने का अवसर मिलता है। जो कुटुम्ब खेती करता है, वह बढ़ई, लुहार, कुम्हार आदि के काम भी कर सकता है। किसानी और कारीगरी का गठबन्धन आदिम साम्यवाद के बाद भी उत्तर-पश्चिमी यूरोप के सामन्तवाद की विशेषता बना रहता है।

परिवहन-व्यवस्था का सम्बन्ध उत्पादन से कम, विनिमय से अधिक है। परिवहन के लिए जलमार्गों का महत्त्व आज भी बना हुआ है, पहले वह और भी अधिक था। अनेक प्राचीन तथा अर्वाचीन सभ्यताओं का विकास नदी-सागर-तटवर्ती स्थानों में हुआ, इससे सामाजिक विकास में परिवहन-व्यवस्था का, उसके साथ भौगोलिक परिवेश का महत्त्व सिद्ध होता है।

युद्ध-कौशल और सैन्य संगठन का सीधा सम्बन्ध न उत्पादन से है, न विनिमय से, किन्तु उत्पादन और विनिमय के साथ इनका विकास भी होता है। आदिम साम्यवादी व्यवस्था में गण से अलग कोई सैन्य संगठन नहीं होता, युद्ध-कौशल में विशेष योग्यता प्राप्त करनेवाला अलग कोई वर्ग नहीं होता। ऐसे गण भी होते हैं जो इस कौशल के सहारे ही जीविका के साधन जुटाते हैं। भारत में इन्हें आयुधजीवी गण कहते थे। सामाजिक विकास-क्रम में युद्ध-कौशल कब कैसी भूमिका निबाहता है, यह परिस्थितियों पर निर्भर है। एक ओर तकनीक का विकास उत्पादन के लिए होता है, दूसरी ओर युद्ध के लिए। व्यापारिक पूँजीवाद के युग में यूरोप के सौदागरों ने जो विश्व-बाजार कायम किया, उसकी सफलता के लिए तोप-बन्दूक की भूमिका निर्णायक थी। सन् 1985 ईसवी में युद्ध की टेक्नोलॉजी का महत्त्व कितना बढ़ गया है, यह प्रत्यक्ष है। यद्यपि प्राचीन महाकाव्यों में युद्ध के वर्णन भरे पड़े हैं और आधुनिक समाजशास्त्री के लिए यह कल्पना करना आसान है कि आदिम साम्यवाद के युग में युद्ध कबीलों के सामाजिक जीवन का अंग है, फिर भी सभ्यता का विकास सहयोग के आधार पर हुआ है, युद्ध के आधार पर नहीं। हल से खेती करना, गोल पहियों की गाड़ी से सामान ढोना, आग जलाकर खाना पकाना, एक से सौ तक, सौ से हजार तक गिनती गिनना आदि-आदि सभ्यता की इन विशेषताओं का विश्वव्यापी प्रसार विभिन्न समाजों के आपसी सहयोग से ही सम्भव हुआ है। उत्पादन-कौशल में आदिम समाज भले ही पिछड़ा हुआ हो, उसके भीतर गण-सदस्यों का सहयोग अत्यन्त सुदृढ़ होता है। इस व्यवस्था को आदिम साम्यवाद इसलिए कहते हैं कि उसमें सब मनुष्य समान होते हैं। इस समाज में गरीब-अमीर का भेद नहीं होता, ऊँची जाति और नीची जाति का भेद नहीं होता।

आदिम साम्यवाद से सम्बन्धित मार्क्सवाद की यह अवधारणा भारत के लिए अत्यन्त प्रांसगिक है। जातियाँ, वर्ण, समाज के ऊँचे-नीचे स्तर—इनसे पहले ऐसी व्यवस्था थी जिसमें सभी लोग श्रम करते थे, जिसमें कुलीन और अकुलीन का भेद नहीं था। यह भेद तब पैदा होता है जब समाज में एक अवकाश-भोगी वर्ग बन जाता है, जब श्रम करना नीच काम माना जाता है। जहाँ सब लोग श्रम करते हैं, वहाँ राजा नहीं होता, राजदंड नहीं होता। 'महाभारत' के लेखन अथवा सम्पादन काल में अराजक गण विद्यमान थे। इनकी विशेषता बताते हुए संजय ने धृतराष्ट्र से कहा था :

न तत्र राजा राजेन्द्र न दंडो न च दंडिकः।
स्वधर्मेणैव धर्मज्ञास्ते रक्षन्ति परस्परम्॥

[भीष्म पर्व, 11.39]

न राजा, न दंड, न दंड देने वाला; समाज के लोग अपना (सामान्य) धर्म पहचानते हैं, इस धर्म के बल पर एक दूसरे की रक्षा करते हैं।

इन अराजक गणों के बारे में भीष्म ने युधिष्ठिर से कहा था :

ज्ञानवृद्धाः प्रशंसन्ति शुश्रुषन्तः परस्परम्।

[शान्ति पर्व, 107.16]

गण-सदस्य एक दूसरे की सेवा करते हैं; सेवकों का कोई अलग वर्ग नहीं है। इसलिए उनमें जाति और कुल की समानता है :

जात्या वा सदृशाः सर्वे कुलेन सदृशास्तथा।

[उप., 107.30]

जहाँ जाति और कुल की असमानता है, वहाँ उस भेदभाव की रक्षा के लिए राजा की, राजदंड की आवश्यकता होती है। किन्तु मनुस्मृति के लेखक अथवा सम्पादक को पता है कि यह राजदंड वाली व्यवस्था सनातन नहीं है।

अराजके हि लोकेऽस्मिन् सर्वतो विद्रुते भयात्।
रक्षार्थमस्य सर्वस्य राजानमसृजत्प्रभुः॥

[7.3]

अराजक लोक में सबको भय से इधर-उधर भागते देखकर प्रभु ने लोकरक्षा के विचार से राजा की सृष्टि की।

इससे इतना तो स्पष्ट है कि लोक पहले अराजक ही होता है, उसमें राजा की प्रतिष्ठा बाद में होती है।

आदिम साम्यवाद के अन्तर्गत अनेक प्रकार के समाज होते हैं; स्वभावतः उसके बाद की व्यवस्था के अन्तर्गत समाजों की विविधता बनी रहती है। इस दूसरी सामन्ती-व्यवस्था की सामान्य विशेषताएँ हैं : छोटे पैमाने का उत्पादन, उत्पादन की शाखाओं का विकास, श्रम-विभाजन, सीमित विनिमय। उत्पादन का लक्ष्य समाज की तात्कालिक आवश्यकताओं की पूर्ति होता है; वस्तुओं का उत्पादन विनिमय के लिए नहीं होता। उत्पादन कौशल, उत्पादन के उपकरण पहले की अपेक्षा विकसित होते हैं; उत्पादन कुटुम्बगत होता है। आदिम साम्यवाद के अनेक अवशेष कायम रहते हैं, जैसे जर्मन ग्राम-समाजों में सामूहिक स्वामित्व के अवशेष, भारतीय जाति-प्रथा में रक्त-सम्बन्ध के अवशेष।

सामान्य विशेषताओं वाले समाजों के अतिरिक्त, सामन्ती व्यवस्था के अन्तर्गत, असामान्य विशेषताओं वाले समाज भी होते हैं। पश्चिमी यूरोप के समाजों में कारीगरी और किसानी का गठबन्धन था, दक्षिणी यूरोप और भारत में ऐसा गठबन्धन नहीं था। यूनान, इटली और भारत में व्यक्तिगत भू-सम्पत्ति का विकास हुआ, पश्चिमी यूरोप में इसका प्रायः अभाव था। जिस समाज में जमीन के मालिक बड़े-बड़े सामन्त हों, वह

सामन्ती है; जिस समाज में छोटे मालिक किसानों की बहुलता हो, वह भी सामन्ती है। बड़े सामन्तों की जमीन जहाँ अधिकारहीन बँधुआ किसान (Serfs) जोतते-बोते हों, वहाँ सामन्तवाद है; जहाँ सामन्त या राजा किसानों से सिर्फ टैक्स वसूल करता हो, खेती का काम छोटे मालिक किसान करते हों, वहाँ भी सामन्तवाद है। पश्चिमी यूरोप के ग्राम-समाजों में पशुपालन मुख्य था, खेती का धंधा गौण था; भारत के अधिकांश ग्राम-समाजों में खेती का धंधा मुख्य था, पशुपालन गौण था। सामन्तवाद दोनों जगह था।

सामन्ती व्यवस्था में उत्पादन की इकाई कुटुम्ब होता है। उत्पादन की किसी एक शाखा में विशेष योग्यता प्राप्त करनेवाला कुटुम्ब पीढ़ी-दर-पीढ़ी एक ही पेशा अपनाए रहता है। यही जाति-प्रथा का आर्थिक आधार है। ऐसी जाति-प्रथा मिस्र में थी, भारत में थी। भूमि का केन्द्रीकरण होने पर समाज में एक विशेषाधिकारी भूस्वामी वर्ग बन जाता है। वंश और कुलीनता के आधार पर वह अपने विशेषाधिकारों को जायज ठहराता है। इंग्लैंड और फ्रांस की नोबीलिटी, अरिस्टोक्रेसी, वहाँ का अभिजात वर्ग कबीलाई रक्त-सम्बन्ध की अवधारणा कायम रखता है। उसके साथ पुरोहितों और धर्मशास्त्रियों का एक वर्ग गठित होता है। यह वर्ग कभी स्वयं बड़ी भू-सम्पत्ति का मालिक होता है, कभी ऐसी सम्पत्ति के मालिकों का आश्रित होता है। विनिमय के सीमित होने के कारण एक छोटा-सा वर्ग व्यापारियों का बन जाता है। शेष बहुसंख्यक जनता में किसान, कारीगर, सेवक आदि होते हैं। मोटे तौर से ऐसी वर्ण-व्यवस्था यूरोप में थी, भारत में थी।

आदिम साम्यवाद से सामन्तवाद की ओर संक्रमण बहुत पेचीदा ढंग से होता है। आदिम साम्यवाद के अन्तर्गत समाज दासों और उनके स्वामियों में विभाजित हो जाए और इन दो वर्गों के संघर्ष के फलस्वरूप साम्यवादी व्यवस्था टूट जाए, ऐसा कभी नहीं होता। साम्यवाद की आखिरी अवस्था में, और सामन्तवाद की प्रारम्भिक तथा विकसित अवस्थाओं में भी, दासों से काम लिया जाता था। ये दास कुटुम्ब के अंग बनकर काम करते थे, कुटुम्ब के अन्य सदस्य उनके साथ काम करते थे। बड़े सामन्तों के यहाँ वे सेवाकार्य के लिए रखे जाते थे। इस कोटि के दास, छोटे पैमाने के उत्पादन वाले समाज में, कभी मुख्य उत्पादक नहीं बन पाए। सामन्ती व्यवस्था कायम करने के लिए ऐसे दासों का होना अनिवार्य भी नहीं है। कृषितंत्र को देखते पशुपालन वाले समाजों में ऐसे दासों की खपत ज्यादा होती है।

छोटे पैमाने के उत्पादन के लिए सबसे अच्छी समाज-व्यवस्था वह है जहाँ उत्पादन के साधनों का मालिक स्वयं उत्पादक हो। किसान अपनी जमीन का मालिक हो और स्वयं उसे जोतता-बोता हो तो, बड़े सामन्तों के मातहत बँधुआ किसानों के मुकाबले, वह अधिक उत्पादन करेगा। बँधुआ किसान से वह ज्यादा दमदार होगा, देश और समाज की रक्षा के लिए ज्यादा बहादुरी से लड़ेगा। सामन्तवाद कहते ही

आँखों के सामने बड़े भूस्वामियों और उनसे त्रस्त हजारों निर्धन किसानों का चित्र आ जाता है। किन्तु सामन्तवाद उत्पादन की एक पद्धति है, उसकी विशेषता है छोटे पैमाने का उत्पादन। उसके लिए भूमि का केन्द्रीकरण आवश्यक नहीं है। वास्तव में यह केन्द्रीकरण श्रम की उत्पादकता में बाधक होता है। वह सामाजिक विकास का सूचक नहीं है। मार्क्स और एंगेल्स ने छोटे मालिक किसान की भूमिका को स्वीकार किया है, उसे सराहा है। एंगेल्स ने लिखा था : "नॉर्वे का किसान कभी भी बँधुआ किसान नहीं था। इससे सारे विकास के लिए नितान्त भिन्न पृष्ठभूमि प्रस्तुत कर दी गई है जो एक प्रकार से कास्तील जैसी है।" ('On Literature and Art', पृ. 77) नॉर्वे में बँधुआ किसान नहीं थे, कुछ लोग कहेंगे, वहाँ सामन्तवाद नहीं था। स्पेन के कास्तील प्रदेश में स्थिति बहुत कुछ वैसी ही थी। कहना चाहिए, वहाँ भी सामन्तवाद नहीं था। एंगेल्स ने लिखा था, जर्मनी की तुलना में नॉर्वे का निम्न पूँजीवादी नागरिक आजाद किसान का बेटा है, जर्मन टटपुँजिये को देखते वह मर्द है। सत्रहवीं सदी के इंग्लैंड में आजाद किसानों की संख्या काफी थी। मार्क्स ने नोट किया था कि "क्रामवेल की शक्ति का मेरुदंड यही लोग थे।" ('पूँजी', खंड-1, पृ. 676) क्रामवेल ने सामन्त-विरोधी संग्राम चलाकर इंग्लैंड में पादशाही की जगह गणराज्य स्थापित किया था। उनके सैनिक अपनी वीरता के लिए प्रसिद्ध थे। इस सैन्यशक्ति का निर्माण छोटे मालिक किसानों के सहारे हुआ था।

जहाँ भूमि का केन्द्रीकरण होता है, वहाँ छोटे-बड़े भूस्वामियों का अन्तर्विरोध समाज का मुख्य अन्तर्विरोध बन जाता है। वित्त का चलन होने पर महाजन कर्जदारों की भूमि हथिया लेता है; कभी जमींदार महाजनी का काम भी करता है, कभी जमींदार और महाजन दो अलग व्यक्ति होते हैं। भूमि चाहे छोटे मालिक किसानों से छीनी जाए, चाहे वह सामूहिक स्वामित्व वाले ग्राम-समाजों से छीनी जाए, वह होती किसानों की है। सामन्तों, जमींदारों, महाजनों के चंगुल से उसे छुड़ाना किसानों का जन्मसिद्ध अधिकार है। जहाँ भूमि पर किसान का अधिकार है और राजा उससे केवल टैक्स लेता है, वहाँ सामन्तवाद का परिष्कृत रूप है। जहाँ भूमि पर सामन्त का अधिकार है और किसान उसके लिए खेती करता है, उपज का थोड़ा-सा ही भाग अपने लिए बचा पाता है, वहाँ सामन्तवाद का विकृत रूप है। छोटे मालिक किसान की पैदावार ज्यादा होती है, खाने-खरचने के अलावा अतिरिक्त उपज का परिमाण अधिक होता है। यह अतिरिक्त उपज विनिमय के काम आती है, व्यापार का विकास होता है। राज्यसत्ता उसे टैक्स के रूप में वसूल करके सिंचाई की व्यवस्था कर सकती है, यातायात के साधनों का निर्माण कर सकती है। यूरोप की तुलना में भारतीय व्यापार का विकास बहुत बड़े पैमाने पर हुआ, उसका रहस्य यही था।

तुलसीदास ने लिखा था : 'कृषी निरावहिं चतुर किसाना'।

चतुर किसान अपने खेतों की निराई खुद कर रहे हैं, किसी दूसरे से यह काम नहीं करा रहे हैं। वे अपनी जमीन के मालिक हैं। यह समझना भूल है कि खेती का काम शूद्रों से कराया जाता था। शूद्रों में सेवक और शिल्पी दो तरह के लोग हैं। इनमें किसी का काम खेती करना नहीं है। शूद्र वर्ण में जितनी भी जातियाँ हैं, उनके साथ एक-एक पेशा जुड़ा हुआ है; किसानी का पेशा इनमें किसी भी जाति के साथ जुड़ा हुआ नहीं है। आन्ध्र प्रदेश, बिहार, उत्तर प्रदेश के बहुत-से गाँवों में चमार भाइयों की संख्या काफी है, जमींदार इनसे खेती का काम कराते रहे हैं। हरिजनों के घर जलाने, उन्हें गोली मारने और तरह-तरह से सताने के जो विवरण सुनने को मिलते हैं, उनसे हम कल्पना करने लगते हैं कि अंग्रेजी राज के पहले भी यही हालत रही होगी।

चमार का पेशा जूते तथा चमड़े की दूसरी चीजें बनाना है। गाँव की जरूरत पूरी करने के लिए थोड़े-से चमार काफी होंगे किन्तु बहुत-से गाँवों में इनकी संख्या जरूरत से ज्यादा है। शूद्र वर्ण की अन्य जातियों के लोग बहुत कुछ जरूरत भर को हैं, ये लोग जरूरत से ज्यादा क्यों हैं? शूद्र वर्ण की अन्य जातियों के लोगों से जमींदार इसी तरह काम क्यों नहीं लेते? यदि आप समझते हों कि चमार के पेशे में चमड़े के काम के अलावा जमींदार के खेत जोतना भी शामिल है, तो यह बताएँ कि सामन्तवाद के गढ़ राजस्थान में चमारों का वही अनुपात क्यों नहीं है जो बिहार, उत्तर प्रदेश या आन्ध्र के बहुत-से गाँवों में है?

भारत के जिन गाँवों में चमार बिरादरी के लोग ज्यादा दिखाई दें, आप समझ लें कि उनका रोजगार किसी-न-किसी कारण ठप्प हो गया है। वे चाहे गाँव में रहते रहे हों, चाहे शहर में, वे विनिमय के लिए माल तैयार करते थे। अंग्रेजी राज में, और उद्योगों के साथ, चमड़े के उद्योग का नाश हुआ, इस उद्योग के कारीगर बेकार हो गए। अंग्रेजी राज की छत्रच्छाया में जमींदारों ने इनसे गुलामों की तरह काम कराया। स्वाधीन भारत में वह विरासत कायम है। राजस्थान कभी चमड़े के उद्योग के लिए प्रसिद्ध नहीं हुआ किन्तु आन्ध्र, बिहार, उत्तर प्रदेश में इस उद्योग का काफी विकास हुआ था। इस उद्योग का विनाश बीसवीं सदी में चालू था। इस सदी के पहले दशक में चमड़े और धातुओं के कारीगरों की संख्या 6 फीसदी घटी थी किन्तु इसी अवधि में धातुओं के माल के व्यापारियों की संख्या छह गुना बढ़ी थी। 1911 की जनगणना की रिपोर्ट में इसका कारण यह बताया गया था कि देशी बर्तनों की जगह अब विलायती बर्तन बिकने लगे थे। ('इंडिया टुडे', पृ. 115) जैसे धातुओं के देशी बर्तनों की जगह विलायती बर्तन बिकने लगे, वैसे ही चमड़े की देशी चीजों की जगह विलायती चीजें बिकने लगीं। चमड़े के देशी उद्योग में लगे हुए कारीगरों में बेकारी बढ़ती गई, इससे लाभ उठाया जमींदारों ने। जहाँ बन पड़ा, चमारों ने दूसरा धंधा अपनाया। जहाँ न बन पड़ा, वहाँ जमींदार की बेगार करने को विवश हुए।

जैसे सामन्तवाद कई तरह का होता है, वैसे ही व्यापारिक पूँजीवाद कई तरह का होता है। इसकी सामान्य विशेषता है—विनिमय के लिए अपेक्षाकृत बड़े पैमाने का उत्पादन। उत्पादन की तकनीक लगभग वही होती है जो छोटे पैमाने के उत्पादन की थी। इसका एक परिणाम यह होता है व्यापारिक पूँजीवाद सामन्ती खोल में पनपता है और उसे पूरी तरह नष्ट नहीं कर पाता। बड़े पैमाने के उत्पादन के लिए गुलामों से काम लिया जा सकता है, पगारजीवी श्रमिकों से भी। गुलामों वाली पद्धति का चलन यूनान और रोम में था। पगारजीवी श्रमिकों वाली प्रथा का चलन भारत में था। यह जरूरी नहीं कि पगारजीवी श्रमिक सम्पत्तिहीन हो, उसके पास उत्पादन के अपने साधन न हों। वह पगारजीवी इसलिए है कि व्यापारी से पगार लेकर उसके लिए माल तैयार करता है। इंग्लैंड में जिसे कारखानेदारी का युग कहते हैं, उसमें अधिकांश जुलाहे घर पर ही माल तैयार करते थे। एंगेल्स ने इंग्लैंड में मजदूर वर्ग की दशा में लिखा : "मशीनों के चलन से पहले कच्चे माल को कातने और बुनने का काम कारीगर के घर पर होता था।" ('सम्पूर्ण ग्रंथावली', खंड-4, पृ. 307) ये कारीगर सर्वहारा नहीं थे। उनके पास खेती या बागबानी के लिए जमीन होती थी। इनमें बहुतों ने कभी शहर की शक्ल न देखी थी : "उनका काता और बुना हुआ माल उन्हें पगार देकर घुमन्तू कारिन्दे ले जाते थे।" (उप., पृ. 308) ये कारीगर घर पर काम करते थे, इससे यह साबित नहीं होता कि वे पूँजीवादी तरीके से माल का उत्पादन न कर रहे थे। भारत में इस तरह के पूँजीवाद का चलन था।

कुछ व्यापारी इधर का माल लेकर उधर बेचते हैं, उत्पादन से उनका सीधा सम्बन्ध नहीं होता। यूरोप के सौदागर पहले भारतीय माल खरीदकर यूरोप में बेचते थे, वे इसी श्रेणी के व्यापारी थे। अरब सौदागर एशिया और यूरोप के बिचौलिये थे, इसलिए उनका अपना उत्पादन कम विकसित हुआ। भारत का व्यापारी उत्पादन से जुड़ा हुआ था, पगार देकर माल तैयार कराता था और विदेशी व्यापारियों के हाथ उसे बेच देता था। भारत के शहरों में कारीगरों की संख्या यूरोप को देखते बहुत बड़ी थी। यहाँ के व्यापारी यूरोप के सौदागरों को देखते कहीं ज्यादा समृद्ध थे। व्यापारिक पूँजीवाद के विकास में राज्यसत्ता सहायक हो सकती है, बाधक भी। भारत में राज्यसत्ता अधिकतर उसके विकास में सहायक रही है—सत्रहवीं सदी के इंग्लैंड, अठारहवीं सदी के फ्रांस में वह बाधक बन गई थी।

बड़े सामन्तों वाले समाज में वितरण की व्यवस्था विषम हो जाती है; छोटे मालिक किसानों की आर्थिक स्थिति बहुत कुछ एक-सी होती है। व्यापारिक पूँजीवाद के विकास के लिए वित्त का चलन अनिवार्य है। वित्त के चलन से वितरण में विषमता बढ़ती है, गरीब-अमीर का भेद तीव्र होता है। प्राचीन रोम, सत्रहवीं सदी के इंग्लैंड, अठारहवीं सदी के फ्रांस में जो क्रान्तिकारी विस्फोट हुए, वे व्यापारिक पूँजीवाद के युग की देन हैं।

2. विकास की गति—विच्छिन्न या अविच्छिन्न

मार्क्स और एंगेल्स ने 'प्राचीनता' के बाद सामन्तवाद को रखा। एंगेल्स ने उन इतिहासकारों की आलोचना भी की जो मध्यकाल को बर्बरता का युग मानते थे। फायरबाख़ और जर्मन दर्शन पर अपनी पुस्तक में उन्होंने अठारहवीं सदी के यांत्रिक भौतिकवाद की यह खामी बताई : "वह यह समझ पाने में असमर्थ था कि संसार एक प्रक्रिया है, भूत (matter) है, जो अविच्छिन्न ऐतिहासिक विकास (uninterrupted historical development) से गुजर रहा है। उस समय प्रकृति-विज्ञान का जो स्तर था, यह बात उसके अनुरूप थी, और उसके प्रकृति-विज्ञान के साथ जो दार्शनिक विवेचन की एकान्तवादी (metaphysical) अर्थात् द्वंद्ववाद-विरोधी (anti-dialectical) पद्धति जुड़ी हुई थी, उसके अनुरूप थी। प्रकृति शाश्वत रूप से गतिशील है, इतना ज्ञात था। किन्तु उस समय के विचारों के अनुसार यह गति भी शाश्वत रूप में एक चक्र बन गई थी, और इसलिए जगह से आगे कभी न बढ़ती थी। बार-बार वह एक ही परिणाम उत्पन्न करती थी।" (Marx-Engels-Lenin, 'On Dialectical Materialism', पृ. 168) यहाँ दो बातें ध्यान देने योग्य हैं। पहली यह कि विकास की प्रक्रिया अविच्छिन्न है, दूसरी यह कि अविच्छिन्न विकास की धारणा द्वंद्ववाद के अनुरूप है।

इसके बाद उन्होंने हेगेल के लिए कहा कि उनके मत से प्रकृति कालगत विकास करने में अक्षम है, उसका देशगत प्रसार ही होता है। इसलिए विकास की सभी मंजिलें वह एक ही समय में, एक-दूसरे के समानान्तर, प्रदर्शित करती है। विज्ञान की नई शाखाओं से नई जानकारी मिल रही थी, उसके आधार पर भावी विकास सिद्धान्त के शानदार पूर्वाभास मिल रहे थे। किन्तु पूरा विचारतंत्र (System) ऐसा था कि उसके लिए विचार पद्धति (method) ने बाध्य होकर स्वयं को झुठलाया। मध्यकाल के इतिहास-विवेचकों के बारे में एंगेल्स ने लिखा : "इतिहास के क्षेत्र में भी वही अनैतिहासिक धारणा फैली हुई थी। यहाँ मध्यकाल के अवशेषों के विरुद्ध संघर्ष ने दृष्टि को धूमिल कर दिया। मध्यकाल को केवल हजार साल की व्यापक बर्बरता के व्यवधान (interruption) के रूप में देखा गया। मध्यकाल में जो भारी प्रगति हुई—यूरोपियन संस्कृति के क्षेत्र का विस्तार, एक-दूसरे के समानान्तर रूपायित होती आयुष्मती महान् जातियाँ, और अन्त में चौदहवीं और पन्द्रहवीं शताब्दियों की भारी तकनीकी प्रगति—यह सब नहीं देखा गया। इस तरह महान् ऐतिहासिक अन्तरसम्बन्धों में पैठ सकने वाली विवेकपूर्ण दृष्टि असम्भव बना दी गई। दार्शनिकों के उपयोग के लिए इतिहास बहुत-से-बहुत दृष्टान्तों और उदाहरणों का संग्रह बनकर रह गया।" (उप., पृ. 169)

जो लोग इतिहास में केवल गति देखते थे, विकास नहीं, उनका दृष्टिकोण गलत था। किन्तु विकास की गति अविच्छिन्न हो, यह आवश्यक नहीं। यूरोप

के सामन्तकाल को मध्यकाल इसीलिए कहा गया था कि व्यापारिक पूँजीवाद (प्राचीनकाल) के बाद इतिहास का प्रवाह विच्छिन्न हो गया था। हजार साल की बर्बरता के बाद जब व्यापारिक पूँजीवाद का नया अभ्युदयकाल (आधुनिक काल) आया, तब उसने मध्यकालीन व्यवधान को पार करके फिर प्राचीनकाल (यूनानी रोमन व्यापारिक पूँजीवाद की सभ्यता) से नाता जोड़ा। मध्यकाल में जिस समय जातियों का निर्माण होता है, उस समय सामन्ती व्यवस्था के गर्भ में व्यापारिक पूँजीवाद काफी पुष्ट हो चुका होता है, उसकी मध्यकालीनता क्षीण अवस्था में होती है। रोमन सभ्यता के बाद मध्यकालीन बर्बरता का युग आया, यह बात सही है; रोमन सभ्यता के विनाश में, मध्यकालीन व्यवस्था कायम करने में, अग्रणी भूमिका जर्मन बर्बरों की थी। 'जर्मन विचारधारा' (1846) में मार्क्स और एंगेल्स ने लिखा था : "ह्रासग्रस्त रोमन-साम्राज्य की अन्तिम शताब्दियों ने और उस पर बर्बरों की विजय ने उत्पादक शक्तियों के काफी हिस्से का नाश किया।" ('Pre-Capitalist Socio-Economic Formations', पृ. 39) 1882 में एंगेल्स ने लिखा था : "रोमन-साम्राज्य के ह्रासकाल में उद्योग और व्यापार में पहले ही गिरावट आ चुकी थी, जर्मन आक्रमण से वे लगभग पूरी तरह तबाह हो गए।" (उप., पृ. 364) पुन: 1884 में एंगेल्स ने लिखा : जर्मन लोग प्रतिभावान आर्य कबीला थे किन्तु "यूरोप में नये जीवन का संचार उनके विशेष जातीय गुणों ने नहीं किया, सीधे-सीधे उनकी बर्बरता ने, उनके गण-व्यवस्था वाले संविधान ने किया।" (उप., पृ. 434) रोम और यूनान की तुलना में यूरोप का मध्यकाल बर्बरता का युग था, इस बात से इनकार नहीं किया जा सकता। युग-निर्माता जर्मन बर्बर थे, यह सत्य स्वयं एंगेल्स द्वारा प्रतिपादित है।

इंग्लैंड के प्रसिद्ध वैज्ञानिक जे. डी. बर्नाल ने यूनानी विज्ञान के विकास के प्रथम चरण के लिए लिखा है कि छठी सदी से यह विकास "उस क्षेत्र में हुआ जिसमें पुरानी सभ्यताओं का असर सबसे ज्यादा महसूस किया जाता था।" ('Science in History', पृ. 117) ये पुरानी सभ्यताएँ एशियाई थीं, उनके प्रभाव को आत्मसात् करके यूनानी विज्ञान का विकास हुआ। 480 से 330 ई. पू. तक यूनान ने कला और साहित्य में जैसी उन्नति की, वैसी विज्ञान में नहीं। 330 ई. पू. के बाद यूनानी सभ्यता के अनेक केन्द्र यूनान के बाहर कायम हुए। इनमें सबसे प्रसिद्ध मिस्र का सिकन्दरिया (Alexandria) नगर था। यूक्लिद, आर्खिमेदेस, हिप्पार्खुस इस तीसरे विकास के चरण की देन हैं। इस तीसरे चरण की कड़ी जुड़ती है पुनर्जागरण काल से, बीच में है अन्धकार युग।

बर्नाल कहते हैं : "इसके बाद आनेवाले अन्धकार युग की क्षति के बावजूद उसका [विज्ञान का] काफी हिस्सा बच गया जिससे दो हजार साल बाद विज्ञान की गाड़ी फिर आगे चल सके।" (उप., पृ. 118) प्राचीनकाल के बाद विज्ञान के लिए इतना

बड़ा ह्रासकाल—दो हजार साल का मध्यकाल—आया। बर्नाल इस दो हजार साल के अन्तराल को बार-बार याद करते हैं। अल्कमिअन ने कहा था कि मानव संवेदनाओं का केन्द्र हृदय नहीं, मस्तिष्क है पर यूरोप के "डॉक्टर दो हजार साल बाद इसे दृढ़ता से अस्वीकार करते जा रहे थे।" (उप., पृ. 132) खगोल विद्या में जो उन्नति हुई थी, उस पर प्लेटो और अरस्तू ने पानी फेर दिया। उनके प्रभाव से "खगोल-सम्बन्धी गति का वास्तविक मानव-ज्ञान अवरुद्ध हो गया, उसके साथ ही प्रमाणसिद्ध भौतिकी की सम्भावना दो हजार साल के लिए अवरुद्ध हो गई।" (उप., पृ. 139) इस खगोल विद्या का विकास एशिया में हुआ था। जीवविज्ञान के क्षेत्र में भी अरस्तू का प्रभाव घातक सिद्ध हुआ। धार्मिक अन्धविश्वासों से मिलकर उसने विकास की अवधारणा को पनपने ही न दिया। एक ओर अरस्तू का प्रभाव, दूसरी ओर बाइबल में संसार-रचना की कहानी, दोनों ने मिलकर "दो हजार साल तक विकास की अवधारणा को रोके रखा।" (उपर्युक्त, पृ. 145)

सिकन्दरिया में पहली बार ऐसा वैज्ञानिक संस्थान कायम किया गया जिसे राज्यसत्ता की सहायता प्राप्त थी। इस संस्थान के कारण विज्ञान की शाखाओं में विशेष योग्यता वाला ऐसा काम हुआ, जैसा न तो पहले हुआ था, "न अगले दो हजार साल तक होने वाला था।" (उप., पृ. 153) दूसरी सदी ई. पू. में अपोलोनिउस ने गणित विद्या को इतना भरा-पूरा बना दिया था कि "लगभग दो हजार साल बाद केप्लर और न्यूटन ने उसमें कोई परिवर्तन किये बिना उसे ग्रहण कर लिया था।" (उप., पृ. 156)

अन्धकार युग लम्बा चला और उसका अँधेरा काफी गहरा था। यदि इतिहास में पीछे की ओर छलाँग लगाने की क्रिया किसी समय घटित हुई थी तो वह इस अन्धकार युग के प्रसार के समय घटी थी। द्वंद्ववाद की ऐसी व्याख्या जरूरी है जो आगे बढ़ने के अलावा इन पीछे की ओर छलाँगों की कैफियत दे सके।

व्यापारिक पूँजीवाद के बाद यूरोप में स्वायत्त कृषितंत्र वाला सामन्तवाद विकास का अगला चरण नहीं था, यह मार्क्स और एंगेल्स के ठोस विश्लेषण से प्रमाणित है। इस सन्दर्भ में सामाजिक विकास की रूपरेखा महत्त्वपूर्ण नहीं है, प्राचीन और मध्यकालीन समाजों का ठोस विश्लेषण महत्त्वपूर्ण है। इस विश्लेषण का महत्त्व समझने में हेगेल का त्रैत सिद्धान्त बाधक होता है। इस सिद्धान्त के आधार पर एक मंजिल से दूसरी मंजिल तक निरन्तर प्रगति की रूपरेखा बनती है, हजार साल तक पीछे ठेल दिये जाने की उसमें गुंजाइश नहीं है। किन्तु प्राचीनता के बाद जब मध्यकाल आया, तब यह पीछे ठेल दिये जाने की क्रिया ही सम्पन्न हुई थी। त्रैत सिद्धान्त द्वंद्ववाद का मुख्य तत्त्व नहीं है, यह लेनिन ने स्पष्ट कर दिया था। इसलिए मार्क्स और एंगेल्स के ठोस विश्लेषण के आधार पर मध्यकाल को बर्बरता का युग मानने में कठिनाई न होनी चाहिए।

मार्क्स ने इटली के बारे में लिखा था : वहाँ पूँजीवादी उत्पादन का विकास पहले हुआ, बँधुआ-प्रथा का उन्मूलन भी वहाँ अन्य देशों से पहले हुआ। बँधुआ किसान की मुक्ति ने उसे स्वाधीन सर्वहारा बना दिया, और उसका मालिक शहरों में उसकी राह देख रहा था। ये शहर अधिकतर रोमन-युग की विरासत के तौर पर बने हुए थे। विश्व-बाजार की क्रान्ति ने लगभग सोलहवीं सदी के अन्त में, उत्तर इटली की व्यापारिक प्रधानता को नष्ट कर दिया। तब "विपरीत दिशा में गति शुरू हुई।" झुंड-के-झुंड शहरी मजदूर देहात में खदेड़ दिये गए और उन्होंने बागबानी के छोटे कृषितंत्र को अभूतपूर्व प्रेरणा दी। ('पूँजी', खंड-1, पृ. 670) रोमनकाल के शहर जहाँ-तहाँ विरासत के तौर पर बने हुए थे। अन्धकार युग के बाद वे फिर जागे। इस बार पूँजीवादी उत्पादन का आधार दासों का नहीं, पगारजीवी मजदूरों का श्रम था। लेकिन इसके बाद विपरीत दिशा में गति हुई। विकास की प्रक्रिया टूटी। शहरी सर्वहारा देहाती किसान बन गए। एक बार पीछे हटे, रोमन-साम्राज्य के ध्वस्त होने के बाद; दूसरी बार पीछे हटे, इटली के व्यापारिक प्रभुत्व के नष्ट होने के बाद।

विपरीत दिशा में गति का उल्लेख स्वयं मार्क्स ने किया है। इसके सिवा भारत में अंग्रेजी राज की भूमिका के सिलसिले में मार्क्स ने पीछे ठेल दिये जाने की क्रिया का उल्लेख किया है। 1881 में वीरा जसूलिच को लिखे हुए अपने पत्र के तीसरे मसौदे में उन्होंने लिखा था : "जहाँ बात भारत की है, वहाँ सर हेनरी मेन और उन जैसे लोगों को छोड़कर, सारी दुनिया जानती है कि सामूहिक भू-सम्पत्ति का खात्मा अंग्रेजों की डकैती था और उससे देशी लोग आगे नहीं, पीछे ठेल दिये गए।" ('Werke', खंड-16, पृ. 402) अंग्रेजों ने चाहे जिस तरह की डकैती की हो, यह स्पष्ट है कि मार्क्स पीछे ठेल दिये जाने की धारणा से परिचित थे।

लेनिन ने युद्ध-सम्बन्धी एक जर्मन पुस्तक की आलोचना करते हुए लिखा था : "विश्व इतिहास जब-तब पीछे को भारी छलाँग लगाए बिना (without gigantic leaps back) सीधे समतल मार्ग पर हमेशा आगे की ओर बढ़ता जाएगा, यह धारणा द्वंद्ववाद-विरोधी, अवैज्ञानिक, और सैद्धान्तिक रूप से गलत है।" ('ग्रंथावली', खंड-22, पृ. 310) फिर भी यह धारणा प्रचलित रही है। इसका कारण हेगेल के द्वंद्ववाद की कुछ विशेषताएँ हैं।

किसी भी प्रपंच में दो परस्पर विरोधी अंश क्रियाशील हैं। स्थापना, प्रतिस्थापना; इनकी विरोधजन्य गति के फलस्वरूप एक ऊँचे और नये स्तर पर संस्थापना—इस तरह प्रकृति और मानव-समाज निरन्तर गतिशील हैं और गति होती ही इस तरह है कि आगे बढ़ने अथवा ऊपर उठने की क्रिया सम्पन्न हो। इस व्यापार में पीछे हटने अथवा नीचे गिरने की गुंजाइश नहीं है। इसके सिवा प्रकृति या समाज में जब एक स्तर से दूसरे स्तर तक प्रगति होती है, तब यह प्रगति पुराने स्तर से पूरी तरह नाता तोड़कर होती है। पुराने स्तर के अवशेष नये स्तर पर कायम रहें, इसकी गुंजाइश

हेगेल की विकास-प्रक्रिया में नहीं है। किन्तु मार्क्स और एंगेल्स ने दिखाया है कि जर्मन गण-व्यवस्था के अवशेष, सामन्तवाद की मंजिल पार करते हुए, औद्योगिक पूँजीवाद के युग में भी बने हुए थे। उन्होंने यह भी दिखाया कि औद्योगिक क्रान्ति के बाद भी भूमि पर अंग्रेज जमींदारों का इजारा बना हुआ था। अर्थशास्त्र की आलोचना की भूमिका में सामाजिक विकास का नक्शा दूसरा है। समाज की उत्पादक शक्तियाँ अपने विकास की एक मंजिल तक पहुँचकर उत्पादन-सम्बन्धों से टकराती हैं। ये सम्बन्ध उनके लिए बन्धन बन जाते हैं और तब सामाजिक क्रान्ति का युग शुरू होता है। इसी धारणा के अनुरूप मार्क्स ने पूँजीवादी विकास और उस विकास के फलस्वरूप समाजवादी क्रान्ति की अनिवार्यता सिद्ध की थी। एक ओर उत्पादन के साधनों का केन्द्रीकरण, दूसरी ओर श्रम का समाजीकरण, ये ऐसे बिन्दु पर पहुँचते हैं, जहाँ पूँजीवादी खोल में उनका रहना असम्भव हो जाता है। खोल फट जाता है, पूँजीवादी व्यक्तिगत सम्पत्ति के विनाश की घंटी बजती है, अपहर्ताओं का अपहरण कर लिया जाता है। ('पूँजी', खंड-1, पृ. 715)

मार्क्स ने जब 1869 में कुगेलमन को लिखा कि ब्रिटिश मजदूरों के उद्धार की पहली शर्त है—जमींदारों के गुट को पराजित करना (करेस्पौंडेंस, पृ. 278), तब उन्होंने घोषित कर दिया कि पूँजीवादी क्रान्ति अधूरी हुई है, उसके शेष कार्य मजदूरों को पूरे करने होंगे। सामाजिक विकास की अमूर्त रूपरेखा के अनुसार नवम्बर, 1917 की रूसी क्रान्ति फालतू चीज है पर वह मास के मूर्त विश्लेषण को पुष्ट करती है। उसका उद्देश्य जमींदारों के गुट को पराजित करके मजदूरों की मुक्ति के मार्ग को प्रशस्त करना था।

हेगेल के द्वंद्ववाद में किसी भी प्रपंच के दो अंशों के विरोध से गति सम्भव होती है। इस धारणा के अनुसार समाज में दास और उनके मालिक, जमींदार और बँधुआ किसान, पूँजीपति और सर्वहारा टकराते हैं। किन्तु मार्क्स ने इतिहास के ठोस विश्लेषण से दिखाया कि रोमन समाज में दासों और उनके मालिकों के अलावा बड़े और छोटे भूस्वामियों के बीच संघर्ष था। जब उन्होंने 1885 में लिखा कि रोमन इतिहास छोटी-बड़ी भू-सम्पत्ति का इतिहास है, दास-प्रथा की परिस्थितियाँ उसमें थोड़ी-बहुत निश्चित तब्दीली करती हैं, ('करेस्पौंडेंस', पृ. 127) तब उन्होंने दो वर्गों की सीधी टक्कर के बदले कई वर्गों की पेचीदा टक्कर पर ध्यान केन्द्रित किया।

इंग्लैंड में मजदूरों की मुक्ति के लिए जमींदारों के गुट को पराजित करना जरूरी था। जहाँ जमींदार होंगे, वहाँ किसान भी होंगे। 1856 में मार्क्स ने एंगेल्स को लिखा : "जर्मनी में सब कुछ इस सम्भावना पर निर्भर है कि सर्वहारा क्रान्ति की पिछली पाँति की रक्षा किसान-युद्ध के दूसरे संस्करण से हो पाती है या नहीं।" (करेस्पौंडेंस, पृ. 84) नवम्बर, सन् '17 की क्रान्ति से लेकर अब तक मजदूर वर्ग की अगुवाई में जितनी

भी क्रान्तियाँ हुई हैं, वे मार्क्स की उक्त किसान-युद्धवाली धारणा के अनुरूप हुई हैं। वे सामाजिक विकास की अमूर्त रूपरेखा को पुष्ट नहीं करतीं किन्तु मार्क्स के ठोस सामाजिक विश्लेषण और उनकी रणनीति को खूब पुष्ट करती हैं।

हेगेल के द्वंद्ववाद में किसी प्रपंच के भीतर दो विरोधी तत्त्वों के संघर्ष पर जोर है किन्तु यह प्रपंच अपने से बाहर किसी अन्य प्रपंच से भी टकरा सकता है। रोमन-साम्राज्य केवल अपने अन्तर्विरोधों से नष्ट नहीं हो गया। उसे नष्ट करने में जर्मन कबीलों ने जोरदार भूमिका निबाही। सोलहवीं सदी के अन्त में विश्व-बाजार की क्रान्ति ने इटली की व्यापारिक प्रधानता को नष्ट कर दिया। ('पूँजी', खंड-1, पृ. 670) व्यापारिक प्रधानता का नाश इटालियन समाज के अन्तर्विरोधों से नहीं हुआ, उसका नाश हुआ विश्व-बाजार की क्रान्ति से, बाह्य विरोध के कारण। अंग्रेज, फ्रांसीसी आदि यूरोप की जातियों ने इटली के व्यापार को तबाह किया। मार्क्स के अनुसार भारतीय किसानों की सामूहिक भू-सम्पत्ति लूटकर अंग्रेजों ने उन्हें पीछे ठेल दिया। पीछे ठेले जाने की इस क्रिया का सम्बन्ध अक्सर बाहरी विरोध से होता है।

बाहरी और भीतरी अन्तर्विरोध एक-दूसरे से जुड़े होते हैं। अंग्रेज जमींदारों ने अपनी चौकियाँ आयरलैंड में कायम कर रखी थीं। इस तरह वे इंग्लैंड में सत्ता पर अपनी पकड़ मजबूत किये थे। 1870 में मार्क्स ने मेयर और फ़ोग्ट को लिखा कि आयरलैंड की राष्ट्रीय मुक्ति का सवाल अंग्रेज मजदूरों की मुक्ति की पहली शर्त है। (करेस्पौंडेंस, पृ. 290) इस तरह मार्क्स ने भीतरी और बाहरी अन्तर्विरोधों को जोड़ा, सर्वहारा वर्ग के मुक्ति-संग्राम से पराधीन देशों के मुक्ति-संग्राम को जोड़ा। लेनिन ने इस रणनीति के अनुसार गैर-रूसी जातियों के स्वाधीनता-संग्राम को रूसी मजदूरों के मुक्ति-संग्राम से जोड़ा।

अब कल्पना कीजिए कि औद्योगिक क्रान्ति के दौरान ब्रिटेन में केवल दो वर्ग हैं—पूँजीपति और सर्वहारा। जमींदार नहीं हैं, इसलिए सर्वहारा वर्ग को जनवादी क्रान्ति के कार्य पूरे नहीं करने; किसान नहीं हैं, इसलिए सर्वहारा को क्रान्ति अकेले ही करनी है। बाह्य अन्तर्विरोध नहीं है, ध्यान केवल भीतरी अन्तर्विरोध पर केन्द्रित करना है, इसलिए पिछड़े हुए पराधीन देशों के मुक्ति-संग्राम से सर्वहारा वर्ग के संघर्ष को जोड़ने का सवाल नहीं है। सबसे बड़ी बात यह कि जो पूँजीवाद उभर रहा है, वह सम्पूर्ण और निरपेक्ष रूप में क्रान्तिकारी है। वह न केवल ब्रिटेन में पूँजीवाद से पहले के सामाजिक-सांस्कृतिक अवशेष (जमींदारियाँ, चर्च) खत्म कर रहा है वरन् पड़ोसी आयरलैंड में भी वहाँ के जड़, गतिरुद्ध समाजों में हरकत पैदा कर रहा है। वहाँ पूँजीवाद का विकास कर रहा है, उन्हें गुलाम बनाकर उनकी आजादी के लिए रास्ता साफ कर रहा है। यदि हेगेल के त्रैत सिद्धान्त को इतिहास पर लागू किया जाए तो उससे यही नतीजे निकलेंगे। 'कम्यूनिस्ट घोषणा-पत्र' में, मार्क्स के 1853 वाले भारत-सम्बन्धी लेखों में ये नतीजे निकाले गए हैं। इनका आधार हेगेल

का द्वंद्ववाद है, इतिहास का ठोस विश्लेषण नहीं। ये नतीजे, इस तरह की स्थापनाएँ, मार्क्स और एंगेल्स की रचनाओं में हैं, और इनके आधार पर क्या जर्मनी, क्या रूस, क्या चीन और क्या भारत—वामपंथी अवसरवाद पनपता रहा है। श्रमिक जनता के मन में मार्क्स और एंगेल्स के प्रति जो उचित श्रद्धा है, उससे लाभ उठाकर उसे गुमराह करता रहा है।

अंग्रेज भारत में आकर यदि पूँजीवाद का विकास कर रहे थे, तो मानी बात है कि यहाँ जो क्रान्ति होगी, वह सर्वहारा क्रान्ति होगी, इससे भिन्न किसी जनवादी क्रान्ति या स्वाधीनता-आन्दोलन की बात निरर्थक है। पराधीन देशों में सर्वहारा क्रान्ति का नारा त्रोत्स्की और उनके अनुयायियों का नारा था और आज भी दुनिया भर के अवसरवादी किसी-न-किसी रूप में वही नारा दोहराते हैं।

मार्क्स और एंगेल्स ने 'कम्यूनिस्ट घोषणा-पत्र' में ही लिखा था कि जर्मनी में जब भी पूँजीपति वर्ग निरंकुश पादशाही के विरुद्ध क्रान्तिकारी ढंग से कदम उठाता है, कम्यूनिस्ट उसके साथ मिलकर पादशाही से लड़ते हैं। जनवादी क्रान्ति की यह धारणा मार्क्सवाद के त्रोत्स्कीवादी संस्करण में गायब रहती है।

'कम्यूनिस्ट घोषणा-पत्र' में ही मार्क्स और एंगेल्स ने लिखा था कि पोलैंड में जो पार्टी राष्ट्रीय मुक्ति की पहली शर्त के रूप में कृषि-सम्बन्धी क्रान्ति का समर्थन करती है, कम्यूनिस्ट उसके साथ हैं। त्रोत्स्कीवाद के लिए राष्ट्रीय मुक्ति-संग्राम और जनवादी क्रान्ति की यह धारणा असंगत है।

1853 में ही (11 जुलाई के 'न्यूयॉर्क डेली ट्रिब्यून' में) मार्क्स ने भारत के लिए लिखा था कि अनादिकाल से वह विश्व के लिए वस्त्र-निर्माण का भारी कारखाना (the great workshop of cotton manufacture for the world) रहा है। भारतीय इतिहास के त्रोत्स्कीवादी विवेचन में भारत की इस विश्व भूमिका का उल्लेख न मिलेगा।

1857 में (31 जुलाई के 'न्यूयॉर्क डेली ट्रिब्यून' में) मार्क्स ने लिखा था कि क्रमशः ऐसे और भी तथ्य सामने आते जाएँगे कि जॉन बुल तक को विश्वास हो जाएगा कि जिसे वह सैनिक बगावत (military mutiny) समझता है, वह वास्तव में राष्ट्रीय विदोह (national revolt) है। जो लोग खुद को त्रोत्स्कीवाद का कट्टर शत्रु मानते हैं, वे अपने व्यवहार से सिद्ध कर देते हैं कि मार्क्स की उक्त स्थापना उन्हें अमान्य है। राष्ट्रीय विद्रोह के शुरू होने का दिन (10 मई) उनके लिए राष्ट्रीय पर्व नहीं है।

1869 में मार्क्स ने एंगेल्स को लिखा था : "बहुत दिनों तक मैं यह विश्वास करता रहा कि अंग्रेज मजदूर वर्ग के उत्कर्ष द्वारा आइरिश तंत्र को धराशायी करना सम्भव होगा। 'न्यूयॉर्क ट्रिब्यून' में सदा मैं यही धारणा प्रतिपादित करता था। और गहरे अध्ययन से मुझे विश्वास हो गया है कि इससे उल्टी बात सही है। जब तक

अंग्रेज मजदूर वर्ग आयरलैंड से पिंड न छुड़ाएगा, तब तक वह कुछ भी न कर सकेगा।" (करेस्पौंडेंस, पृ. 280-81) मार्क्स महान् वैज्ञानिक थे, सोचते-विचारते थे, अपनी धारणाएँ बदलते भी थे। अब यदि 1869 का यह स्पष्ट उल्लेख सुलभ न होता तो श्रद्धावश कुछ लोग यही कहते जाते कि आयरलैंड की मुक्ति के लिए अंग्रेज मजदूरों के उत्कर्ष की राह देखनी चाहिए। जो इस धारणा को बदलना चाहता है, वह संशोधनवादी है! यदि 1869 का यह उल्लेख सुलभ है, तो यह कहने वाले भी मिल जाएँगे : 1869 के पहले अंग्रेज मजदूर वर्ग के उत्कर्ष की राह देखना सही था; 1869 में परिस्थिति बदल गई, अब राह देखना जरूरी नहीं था। मार्क्स की दोनों बातें सही थीं!—पूँजीपति, मजदूर, किसान, पराधीन देश—इन सबके बारे में मार्क्स की धारणाएँ परस्पर सम्बद्ध थीं। एक के बारे में धारणा बदली हो, बाकी के बारे में ज्यों-की-त्यों बनी रही हो, यह सम्भव नहीं था। (1) पूँजीपति वर्ग भरपूर क्रान्तिकारी है। पुरानी व्यवस्था को आर्थिक, राजनीतिक, सांस्कृतिक स्तर पर बदल देता है। विरोधी धारणा—वह भरपूर क्रान्तिकारी नहीं है। हर स्तर पर पुरानी व्यवस्था से समझौता करता है। (2) पूँजीवाद ने सर्वहारा क्रान्ति के लिए परिस्थितियाँ तैयार कर दी हैं, मजदूर वर्ग समाज का बहुसंख्यक भाग है, वह अकेले समाजवादी क्रान्ति सम्पन्न करेगा। विरोधी धारणा—अभी तो जमींदार वर्ग का प्रभुत्व खत्म करना है, मजदूर वर्ग समाज का बहुसंख्यक भाग नहीं है, क्रान्ति की सफलता के लिए किसानों का सहयोग जरूरी है। (3) किसान अपनी लघु सम्पत्ति से बँधे हुए हैं, वे प्रतिक्रियावाद के सहायक हैं, इसलिए मजदूरों को अपनी ही ताकत का भरोसा करना चाहिए। विरोधी धारणा—किसानों में अनेक स्तर हैं, पूँजीवाद लघु सम्पत्ति वाले किसानों का भी शोषण करता है, किसान-संग्राम सर्वहारा क्रान्ति का सहायक होगा। (4) पराधीन देशों की समाज-व्यवस्था पुरातनपंथी है। विदेशी पूँजीवाद इस व्यवस्था को छिन्न-भिन्न करके क्रान्तिकारी भूमिका निबाहता है। इन देशों की जनता का उद्धार ब्रिटिश मजदूर वर्ग के उत्कर्ष पर निर्भर है। विरोधी धारणा—पूँजीपति पराधीन देशों की लूट का एक हिस्सा मजदूरों में बाँटते हैं। ब्रिटिश मजदूर वर्ग तब तक मुक्त न होगा जब तक आयरलैंड जैसे देश मुक्त न होंगे। ऐसे देशों का मुक्ति-संग्राम, केवल ब्रिटेन के नहीं, सारी दुनिया के मजदूरों की मुक्ति के लिए निर्णायक होगा। (1870 में मार्क्स ने मेयर और फोग्ट को लिखा था : "अनेक वर्षों तक आयरलैंड के प्रश्न का अध्ययन करने के बाद मैं इस नतीजे पर पहुँचा हूँ कि अंग्रेज शासक वर्गों पर निर्णायक प्रहार इंग्लैंड में नहीं, केवल आयरलैंड में किया जा सकता है, और वह सारी दुनिया के मजदूर-आन्दोलन के लिए निर्णायक होगा।" (करेस्पौंडेंस, पृ. 288)

सामाजिक विकास-सम्बन्धी मार्क्स की धारणामों में व्यापक परिवर्तन हुआ, इस बात से इनकार नहीं किया जा सकता। आयरलैंड में अंग्रेज, उसी तरह अल्जीरिया

में फ्रांसीसी साम्राज्यवादी, अपनी बर्बरता के बावजूद, वहाँ के पिछड़े लोगों के लिए 'विकास' का मार्ग प्रशस्त कर रहे थे। 1848 में एंगेल्स ने लिखा था : "सभ्यता की प्रगति के लिए अल्जीरिया को जीतना महत्त्वपूर्ण है और सौभाग्य की बात है।" ('सम्पूर्ण ग्रंथावली', खंड-6, पृ. 471) 'ग्रंथावली' के सम्पादकों ने इस पर जो टिप्पणी लिखी है, वह मार्क्स और एंगेल्स की विचारधारा के सही अध्ययन के तरीके का बहुत अच्छा नमूना है : "उस समय एंगेल्स सोचते थे कि विकसित देशों में समाजवादी क्रान्ति होने ही वाली है, और वह सभी सामाजिक और जातीय उत्पीड़न हमेशा के लिए खत्म कर देगी। निस्सन्देह उनका निर्णय इस विचार से प्रभावित था। उनकी समझ में पिछड़े हुए देश पूँजीवाद की कक्षा में खिंच आएँ—यह पूँजीवाद, नकारात्मक पहलू के बावजूद, सब चीजों को हमवार कर रहा था, केन्द्रबद्ध कर रहा था—तो इस क्रान्ति के लिए इससे आवश्यक परिस्थितियाँ निर्मित होंगी। किन्तु यह "उनका अन्तिम निर्णय नहीं था।" बाद को उपनिवेशी विजय-अभियान के, और उपनिवेशी प्रभुत्व के खिलाफ उत्पीड़ित जनता के प्रतिरोध के, इतिहास का और 'गहरा अध्ययन कर लेने पर' एंगेल्स ने इस बात पर जोर दिया कि पूँजीवादी उपनिवेश-तंत्र के विरुद्ध उत्पीड़ित जनता के संघर्ष का स्वरूप प्रगतिशील और मुक्तिदायी है। वह मजदूर वर्ग के लिए ऐसी परिस्थितियों के निर्माण में सहायक होता है जिनमें पूँजीवादी तंत्र को ध्वस्त कर दिया जाए। उन्होंने 'न्यू अमरीकन एनसाइक्लोपीडिया' के लिए 1857 में 'अल्जीरिया' शीर्षक जो लेख लिखा, उसमें उन्होंने खास तौर से अल्जीरियाई जनता के स्वाधीनता-आन्दोलन का वर्णन इसी दृष्टिकोण से किया था।" (उप., पृ. 697, शब्दों पर जोर मेरी तरफ से है।)

मार्क्स और एंगेल्स ने 1857-58 में भारत के स्वाधीनता-संग्राम पर जो लेख लिखे थे, उनमें भी यही बदला हुआ दृष्टिकोण विद्यमान है।

संयुक्त राज्य अमरीका ने मेक्सिको को जीता। एंगेल्स ने 1848 में इस जीत के बारे में लिखा : "हमने अमरीका में देखा, मेक्सिको जीता गया है और इससे हमें प्रसन्नता हुई। मेक्सिको के अपने ही विकास के हित में है कि भविष्य में उसे संयुक्त राज्य के संरक्षण में रखा जाएगा।" (उप., पृ. 527) 1846-47 के युद्ध से संयक्त राज्य अमरीका ने मेक्सिको की लगभग आधी भूमि हथिया ली। इस पर 'ग्रंथावली' के सम्पादकों ने टिप्पणी लिखी है : एंगेल्स ने घटनाक्रम का मूल्यांकन इस सामान्य धारणा के अनुसार किया था कि दादापंथी और सामन्ती देशों के लिए पूँजीवादी सम्बन्धों की कक्षा में खिंच आना प्रगतिशील क्रिया है, इससे सर्वहारा क्रान्ति के लिए आवश्यक परिस्थितियाँ जल्दी निर्मित होंगी। "लेकिन बाद के वर्षों में उन्होंने और मार्क्स ने उपनिवेशी विजय-अभियानों के, बड़े राज्यों द्वारा पिछड़े हुए देशों को अपने अधीन करने के, सभी पहलुओं की छानबीन की।" परिणाम यह कि 1861 में जब मार्क्स ने 'उत्तरी अमरीका में गृहयुद्ध' शीर्षक लेख लिखा

तो बताया कि अमरीका दक्खिन में राज्य-विस्तार करके वहाँ दास-प्रथा फैलाना चाहता था। (उप., पृ. 701)

मेक्सिको पर यूरोप की एक भाषा, स्पैनिश, बोलनेवालों का राज था। स्पैनिश बोलनेवालों के राज्य को संकुचित करते हुए अंग्रेजी-भाषियों ने राज्य-विस्तार किया था। इस राज्य-विस्तार के बारे में मार्क्स और एंगेल्स की धारणाएँ बदलीं। अल्जीरिया, आयरलैंड और भारत के बारे में उनकी धारणाएँ बदलीं। इस परिवर्तन को न देखकर, उनकी पुरानी धारणाओं को अटल मानकर, पिछड़े हुए देशों के मार्क्सवादी अपने ही पैर में कुल्हाड़ी मारेंगे। त्रोत्स्कीवादी प्रचारक ऐसी स्थापनाओं का ही डंका पीटते हैं। उन्हें मार्क्सवाद का मूल क्रान्तिकारी स्वरूप कहकर प्रस्तुत करते हैं। और भी कमाल यह करते हैं कि विकसित देशों में सर्वहारा क्रान्ति की धारणा उठाकर उसे पिछड़े हुए देशों पर आरोपित कर देते हैं। और सर्वहारा क्रान्ति होगी तो वहाँ सर्वहारा डिक्टेटरशिप क्यों न कायम होगी?

3. पूँजीवाद की मंजिलें और शासनतंत्र के रूप

पिछड़े हुए देशों में जनवादी क्रान्ति नहीं, सर्वहारा क्रान्ति होगी—इस घोषणा के अनुरूप यह धारणा है कि क्रान्ति के बाद मजदूरों और किसानों की जनवादी राज्यसत्ता कायम न होगी वरन सर्वहारा डिक्टेटरशिप कायम होगी। ऐसे भी अनेक विद्वान हैं जो पिछड़े हुए देशों में सर्वहारा क्रान्ति का समर्थन नहीं करते, वे स्वयं को जनवादी कहते हैं। जनवादी क्रान्ति का नारा देते हैं पर उनका दावा है, क्रान्ति के बाद कायम होगी सर्वहारा डिक्टेटरशिप ही! एक लोकप्रिय धारणा यह है कि शासनतंत्र का रूप कोई हो, वह वास्तव में होता है शासक वर्ग की डिक्टेटरशिप। इस तरह बुर्जुआ जनतंत्र और फासिस्ट तानाशाही में कोई वास्तविक अन्तर नहीं रह जाता।

लेनिन ने साम्राज्यवाद की व्याख्या करते हुए कहा था कि वह पूँजीवाद के विकास की सबसे ऊँची अवस्था है। इस अवस्था में उत्पादन का आकार-प्रकार इतना विराट हो जाता है कि खुली होड़ का स्थान इजारेदारी ले लेती है। ('ग्रंथावली', खंड-23, पृ. 42) इजारेदार पूँजीवाद के पहले किस तरह का पूँजीवाद है? जिस पूँजीवाद में उत्पादन का आकार-प्रकार विराट नहीं है, जिसमें खुली होड़ का चलन है, इस तरह का पूँजीवाद है। कह सकते हैं कि महाजनी पूँजीवाद की विशेषता है इजारा, औद्योगिक पूँजीवाद की विशेषता है खुली होड़। पूँजीवाद की इन दो भिन्न मंजिलों में उनके शासनतंत्र में कोई उल्लेखनीय परिवर्तन होता है या नहीं? लेनिन के अनुसार होता है।

लिखा है : "इस नये अर्थतंत्र की, इजारेदार पूँजीवाद (साम्राज्यवाद इजारेदार पूँजीवाद है) की राजनीतिक अधिरचना (Political Puper-structure) जनतंत्र का राजनीतिक प्रतिक्रियावाद में परिवर्तन (the change from democracy to political reaction) है। खुली होड़ के अनुरूप है जनतंत्र। इजारेदारी के अनुसार है राजनीतिक प्रतिक्रियावाद।" (उप., पृ. 43) स्पष्ट है कि पूँजीवाद में आर्थिक रूप से ही परिवर्तन नहीं होगा, राजनीतिक रूप से उसके शासनतंत्र में भी परिवर्तन होता है। दोनों मंजिलों में बुर्जुआ जनतंत्र एक-सा नहीं बना रहता। खुली होड़ वाले बुर्जुआ जनतंत्र तथा इजारेदारीवाले राजनीतिक प्रतिक्रियावाद में भेद है। यदि दोनों मंजिलों में पूँजीवादी शासन समान रूप से डिक्टेटरशिप है, तो बुर्जुआ जनतंत्र और राजनीतिक प्रतिक्रियावाद में भेद करना व्यर्थ है। वह जनतंत्र भी उतना ही प्रतिक्रियावादी है जितना यह दूसरा प्रतिक्रियावाद!

प्रसिद्ध है कि हिटलर की फासिस्ट तानाशाही इजारेदार पूँजी की डिक्टेटरशिप थी। कठसिद्धान्ती मित्रों के लिए औद्योगिक पूँजीवाद, महाजनी पूँजीवाद और नवस्वाधीन, विकासशील देशों के पूँजीवाद में कोई अन्तर नहीं है। हर जगह, हर अवस्था में, पूँजीवादी शासन डिक्टेटरशिप है! लेनिन ने बताया कि खुली होड़ का स्थान इजारेदारी तब लेती है जब उत्पादन का आकार-प्रकार विराट हो जाता है। यह तो कोई नहीं कहता कि भारत में उत्पादन का आकार-प्रकार विराट हो गया है पर इजारेदार पूँजीवाद की चर्चा अक्सर सुनने को मिलती है। हिटलर के जर्मनी से आर्थिक रूप में नवस्वाधीन भारत चाहे जितना पिछड़ा हो, यहाँ का केन्द्रीय शासन फासिस्ट है; विशेष रूप से उसकी भूतपूर्व सूत्रधार, श्रीमती इंदिरा गांधी, को फासिस्ट अनेक बार कहा गया था।

लेनिन ने 1919 में जर्मनी को लक्ष्य करके लिखा था : सामस्या यह है—या तो चरम प्रतिक्रियावाद, फौजी डिक्टेटरशिप और गोलीबार या समाजवादी क्रान्ति में श्रमिक जनता की पूर्ण विजय। ('ग्रंथावली', खंड-28, पृ. 409) चरम प्रतिक्रियावाद और बुर्जुआ जनतंत्र में भेद करना जरूरी है। दूसरे महायुद्ध के बाद अनेक नवस्वाधीन देशों में फौजी डिक्टेटरशिप कायम हुई है। यह डिक्टेटरशिप उन देशों के पूँजीवाद की प्रतिनिधि नहीं है। वह विदेशी इजारेदारों के दलाल का काम करती है। देशी पूँजीवाद का प्रतिनिधित्व करनेवाले बुर्जुआ जनतंत्र से उस दलाल फौजी डिक्टेटरशिप को अलग कोटि में रखना जरूरी है। बर्जुआ जनतंत्र को उलटकर दलाल डिक्टेटरशिप कायम करने के लिए नवस्वाधीन देशों में विदेशी इजारेदारों से साँठगाँठ रखनेवाले दल सक्रिय रहते हैं। अक्सर ये साम्प्रदायिक भावनाएँ पैदा करके जनता को गोलबन्द करते हैं। हिंसा-प्रतिहिंसा का दौर शुरू करके पूँजीवादी सरकार पर दबाव डालते हैं। हो सके तो उसे उलट देने, वर्ना उसे यथासम्भव झुकाने की कोशिश करते हैं। बुर्जुआ जनतंत्र विदेशी इजारेदारों के सामने, उनसे साँठगाँठ रखनेवाले दलों के सामने, झुकता है। सूदखोर पूँजी के युग में देशी उद्योगपति और उनके लगुए-भगुए कर्ज लिये बिना विकास की कल्पना नहीं कर सकते। इसीलिए स्वदेशी आन्दोलन की सार्थकता आज भी बनी हुई है।

इजारेदार पूँजीपति जातियों के आत्मनिर्णय की, मानव अधिकारों की बात बहुत करते हैं। प्रतिक्रियावादी दल किसी सम्प्रदाय विशेष को बहुत जल्दी जाति, कौम, नेशनैलिटी का नाम दे देते हैं। साम्प्रदायिक हिंसा संगठित करके ये जाति विशेष को भीतर से विघटित करते हैं। अनेक जातियों से बने हुए राष्ट्र को भीतर से तोड़ते हैं। जातीय आत्मनिर्णय अथवा मानव अधिकारों के नाम पर ऐसे दलों को बहुत जल्दी विदेशी इजारेदारों का समर्थन मिल जाता है।

इजारेदार पूँजीपति युद्ध की तैयारी करते हैं और आर्थिक रूप से हमारी 'सहायता' भी करते हैं। दोनों कार्यों में भेद करना गलत है। उनकी आर्थिक सहायता युद्ध की तैयारी के अन्तर्गत है; इस आर्थिक सहायता से वे जो ब्याज कमाते हैं, उसी से युद्ध की तैयारी करते हैं। विश्व-शान्ति की रक्षा के लिए जरूरी है कि ब्याज का जो धन इजारेदार पूँजीपति हथियारों पर खर्च करते हैं, उस पर रोक लगाई जाए। युद्ध की तैयारी के आर्थिक स्रोत को बन्द किये बिना उस तैयारी को रोका नहीं जा सकता। भारत के सन्दर्भ में शान्ति आन्दोलन की सफलता स्वदेशी आन्दोलन की सफलता से अभिन्न रूप में सम्बद्ध है।

घरेलू नीति को विदेश-नीति से अलग करके देखना गलत है, इस बात पर जोर देते हुए लेनिन ने लिखा था : "घरेलू नीति के मुकाबले में विदेश नीति को खड़ा करना तो दूर, सामान्य नीति से 'विदेश नीति' को अलग करके देखना भी बुनियादी तौर से गलत है, गैर-मार्क्सवादी है और अवैज्ञानिक है। घरेलू और विदेश नीति, दोनों में साम्राज्यवाद जनतंत्र के उल्लंघन की ओर, प्रतिक्रियावाद की ओर, बढ़ने को प्रयत्नशील रहता है। इस अर्थ में साम्राज्यवाद जनतंत्र की किसी एक माँग का नहीं, जातीय आत्मनिर्णय की माँग का नहीं, वरन् 'सामान्य जनतंत्र' का, 'समस्त जनतंत्र' का निषेध' है।" ('ग्रंथावली', खंड-23, पृ. 43) साम्राज्यवाद (इजारेदार पूँजीवाद) समस्त जनतंत्र का निषेध है, वह जातीय आत्मनिर्णय का भी निषेध है। वह दूसरे देशों में फौजी अड्डे कायम करता है, वहाँ कठपुतली सरकारें चालू करता है। जो देश अपने पैरों खड़ा होना चाहे, वहाँ हर तरह से दखलअन्दाजी करता है। जैसे साम्राज्यवादी देशों की घरेलू नीति और विदेश नीति परस्पर सम्बद्ध हैं, वैसे ही नवस्वाधीन देशों की घरेलू नीति और विदेश नीति सम्बद्ध हैं। जिस हद तक ऐसे देश विदेशी पूँजी के दबाव से मुक्त रहकर अपना विकास करते हैं, उस हद तक वे प्रगतिशील हैं। जिस हद तक वे विदेशी पूँजी का दबाव स्वीकार करते हैं, उस हद तक वे प्रगति-विरोधी हैं। विदेशी पूँजी का दबाव घरेलू-नीति को प्रभावित करेगा तो विदेश-नीति को भी करेगा; उस दबाव से घरेलू-नीति मुक्त होगी तो विदेश-नीति भी होगी।

जैसे घरेलू नीति और विदेश नीति एक दूसरे से जुड़ी हैं, वैसे ही समाज के अर्थतंत्र में उत्पादन और विनिमय एक दूसरे से जुड़े हैं। 'पूँजी' का पहला अध्याय

पण्यवस्तु, बिकाऊ माल, पर है। इस माल की विशेषता यह है कि वह विनिमय के लिए तैयार किया जाता है। इसीलिए उसे विनिमय मूल्य कहा जाता है। विनिमय के अध्ययन के बिना उत्पादन का अध्ययन एकांगी है। एंगेल्स ने 'एंटीड्यूरिंग' में लिखा था कि उत्पादन और विनिमय निरन्तर एक-दूसरे को प्रभावित करते हैं; वे आर्थिक प्रक्रिया की वक्र रेखा की कोटि और भुजा हैं। एशिया का बाजार तबाह करके, विनिमय का क्षेत्र नष्ट करके अंग्रेज यहाँ औद्योगिक उत्पादन को बढ़ावा न दे सकते थे।

उत्पादन और विनिमय के साथ एक तीसरी चीज जुड़ी है—वितरण। एंगेल्स ने लिखा है : उत्पादन और विनिमय की पद्धति तथा समाज के निर्माण की ऐतिहासिक परिस्थितियाँ यह निश्चित करती हैं कि उपज के वितरण की पद्धति किस तरह की हो। उत्पादन और विनिमय का निष्क्रिय परिणाम न होकर वितरण इन दोनों को प्रभावित करता है। ('एंटीड्यूरिंग', पृ. 170-71) साम्राज्यवादी व्यवस्था में दौलत संसार की बहुसंख्यक जनता पैदा करती है पर उसका वितरण इस तरह होता है कि वह थोड़े-से सूदखोर देशों के यहाँ संचित होती गई है। एशिया, अफ्रीका, लातीनी अमरीका की बहुसंख्यक जनता गरीबी की सीमारेखा से नीचे है। चाहे जितनी प्रौद्योगिकी उधार ले आइए, जब तक संसार की मौजूदा वितरण-व्यवस्था में मौलिक परिवर्तन न होगा, तब तक यह गरीबी की समस्या हल होने वाली नहीं है।

अंग्रेजों ने भारत में आकर यहाँ की वितरण-व्यवस्था में भारी परिवर्तन किये। उनका राज कायम होने के पहले यहाँ अकाल और भुखमरी का चक्र ऐसी नियमित गति से नहीं चला। वर्षा न होने से अन्न पैदा न हुआ, लोग भूखों मरे, अपवाद रूप में। वर्षा हो, अन्न उपजे, तो आदमी किसी तरह जीवित रहने के साधन जुटा लेता था। अंग्रेजी राज कायम होने के बाद पूँजीवादी आर्थिक संकटों के चक्र से भी अधिक नियमित गति से, आज की अपेक्षा कम जनसंख्यावाले भारत में, लाखों आदमियों ने भूख से तड़प-तड़पकर जान दी। यह खुली होड़ का युग था, पूँजीवाद के विकास की मंजिल थी। अंग्रेजों ने भारत में किस तरह का जनतंत्र कायम किया था? उत्पादन, विनिमय और वितरण की सारी व्यवस्था अपने हित में संचालित करके, भयंकर आर्थिक शोषण के अनुरूप, उन्होंने समस्त भारतीय जनता को, राजनीतिक स्तर पर, अधिकारहीन कर दिया था। जो वर्ग और समुदाय अंग्रेजों का प्रभुत्व बनाए रखने में सहयोग करते थे, केवल वे—किसानों को दबाए रखने के लिए—कुछ अधिकार पा सके थे। अधिकारों का स्रोत अंग्रेजी शासन था, भारतीय जनता नहीं।

खुली होड़! यूरोप के पूँजीपतियों ने आपस में खुली होड़ चाहे जिस सीमा तक अपनाई हो, भारतीय उद्योग-धन्धों से खुली होड़ की नीति उन्होंने कभी नहीं अपनाई।

कानून बनाकर उन्होंने इंग्लैंड में भारतीय वस्त्रों का आयात रोका। और अपने देश में उन्होंने जनतंत्र कैसे कायम किया? चार्टिस्ट-आन्दोलन का दमन किसने किया था? इंग्लैंड के शासक जमींदार वर्ग ने। राज्यसत्ता पर दबाव डालकर मजदूरों के इस आन्दोलन से अपने लिए रियायतें किसने हासिल की थीं? इग्लैंड के पूँजीपतियों ने। जमींदारों के विशेषाधिकारों और चर्च के पादरीवाद की रक्षा अब तक किसने की है? उन्हीं पूँजीपतियों ने। 'बुर्जुआ जनतंत्र' कहने से यह आभास होता है कि इस जनतंत्र के लिए बुर्जुआ वर्ग ने संघर्ष किया है, इस जनतंत्र को उसने कायम किया है। वास्तव में इंग्लैंड, जर्मनी, फ्रांस और रूस, कहीं भी इस वर्ग ने जनतंत्र कायम नहीं किया। लड़ी है श्रमिक जनता, लाभ उठाया है पूँजीपतियों ने। जमींदारों से मिलकर उन्होंने मजदूर-आन्दोलन को दबाने में कोताही नहीं की। फ्रांसीसी राज्यक्रान्ति के बाद कितनी बार वहाँ पादशाही कायम हुई और ध्वस्त हुई? पादशाही ऐसी संस्था थी जिसके द्वारा मजदूरों के विरुद्ध पूँजीपति जमींदारों से सहयोग कर सकते थे। जर्मनी में प्रथम विश्वयुद्ध के समय कैसर यूरोप का बहुत शक्तिशाली सम्राट था। यह पादशाही व्यापारिक पूँजीवाद के युग से, औद्योगिक पूँजीवाद की मंजिल पार करके हजारेदार पूँजी के युग में भी कायम थी। रूस में ज़ार को गद्दी से उतारा वहाँ के किसानों और मजदूरों ने। बुर्जुआ जनतंत्र के समानान्तर अपनी पंचायतों के जरिये उन्होंने जनसत्ता के नये केन्द्र कायम किये। रूस के पूँजीपतियों ने जब जमींदारों की भूमि उसे जोतने-बोनेवाले किसानों में नहीं बाँटी, तब किसानों ने उसे खुद आपस में बाँट लिया। बुर्जुआ जनतंत्र के बदले उन्होंने सोवियत जनतंत्र—किसान-मजदूर-पंचायत राज—कायम किया।

बुर्जुआ जनतंत्र जिस हद तक जनतंत्र है, उस हद तक वह पूँजीपतियों के संघर्ष का नहीं—किसानों, मजदूरों और क्रान्तिकारी बुद्धिजीवियों के संघर्ष का परिणाम है। उसकी उपलब्धियों की रक्षा करना मजदूरों और किसानों का कर्तव्य है। इजारेदार पूँजी के युग में, महाजनी पूँजी की फौजी डिक्टेटरशिप के युग में इन्हीं उपलब्धियों पर चोट की जाती है। बुर्जुआ जनतंत्र पूँजीपति वर्ग की डिक्टेटरशिप है, यह कहकर हम स्वयं उन उपलब्धियों को नकारते हैं। आवश्यकता डिक्टेटरशिप से इन उपलब्धियों को बचाने की है, पूँजीपति वर्ग का आर्थिक और राजनीतिक प्रभुत्व समाप्त करके श्रमिक जनों का नया लोकतंत्र कायम करने की है।

संसार की बहुसंख्यक जनता अब भी किसान है। एशिया, अफ्रीका, लातीनी अमरीका और प्रशान्त महासागर के द्वीप समूहों में सामाजिक परिवर्तन की जो प्रक्रिया बहुत समय से चालू है और निरन्तर तेज होती जा रही है, वह साम्राज्य-विरोधी विश्वक्रान्ति की प्रक्रिया है, सर्वहारा क्रान्ति की नहीं। इस सामाजिक यथार्थ के अनुरूप जो राज्यसत्ता कायम होगी, वह किसानों और मजदूरों का जनतंत्र होगी, सर्वहारा डिक्टेटरशिप नहीं। साम्राज्य-विरोधी विश्वक्रान्ति को सफलता के लिए

कम्यूनिस्ट पार्टियों का मजबूत संगठन जरूरी है। किसानों, मजदूरों और अन्य देशभक्त समुदायों की एकता जरूरी है। क्रान्ति के दौरान और उसके बाद राज्य-संचालन में मजदूर वर्ग की भूमिका अग्रदल की होगी। अग्रदल की इस भूमिका का मतलब सर्वहारा डिक्टेटरशिप नहीं है; सर्वहारा डिक्टेटरशिप का मतलब कम्यूनिस्ट पार्टी की डिक्टेटरशिप नहीं है।

मार्क्सवाद के अध्ययन की समस्याएँ इस तरह आज की विश्व राजनीति की मुख्य समस्याओं से जुड़ी हुई हैं।

4. आर्थिक बुनियाद और विचारधारा

(क) विचारधारा और मिथ्या प्रतीति : राजनीति के अलावा साहित्य और कला के सन्दर्भ में मार्क्सवाद का अध्ययन करते हुए मार्क्स और एंगेल्स के चिन्तन की समग्रता पर ध्यान देना और भी जरूरी है। राजनीति की तुलना में साहित्य और कला की समस्याएँ कम नहीं, कुछ ज्यादा ही उलझी हुई होती हैं।

सामान्य धारणा यह है कि साहित्य और कला विचारधारा हैं। आर्थिक बुनियाद बदलने पर विचारधारा वाली ऊपर की इमारत भी बदल जाती है। सामन्ती समाज में सामन्ती साहित्य लिखा जाता है। पूँजीवादी समाज में पूँजीवादी साहित्य रचा जाता है। जरूरत है, इस सबको खारिज करके सर्वहारा साहित्य रचने की।

'अर्थशास्त्र की आलोचना' की भूमिका में जहाँ मार्क्स ने सामाजिक विकास की रूपरेखा बनाई है, वहीं उन्होंने आर्थिक बुनियाद के बदलने के साथ विचारधारा वाली अधिरचना के बदलने की बात कही है।

सबसे पहले विचारधारा शब्द को लें। अंग्रेजी के आइडियोलॉजी शब्द के लिए हम इसका व्यवहार करते हैं। कोश के अनुसार इसके दो अर्थ हैं : (1) विचारविज्ञान, (2) हवाई अटकलबाजी (Visionary speculation) अंग्रेजी शब्द की तरह जर्मन में आइडियोलॉजी, रूसी में ईदॅओलोगिया का स्रोत है ग्रीक इदॅआ (रूप, आभास)। आइडियोलॉजी के पहले अर्थ में लॉजी का विज्ञानवाला भाव बना हुआ है, दूसरे अर्थ में वह भाव क्षीण है, आभास या रूपवाला भाव प्रधान है। मार्क्स और एंगेल्स ने विचारधारा का प्रयोग इस दूसरे अर्थ में किया है।

1946 में मार्क्स और एंगेल्स ने 'जर्मन विचारधारा' नाम की पुस्तक लिखी। इसमें उन्होंने जर्मनी के भाववादी दर्शन की आलोचना की थी। यह दर्शन मिथ्या प्रतीति का दर्शन था, इसलिए उन्होंने उसे विचारधारा कहा। पुस्तक के आरम्भ में उन्होंने विचारधारा की विशेषता यह बताई कि उसमें "मनुष्य और उसकी परिस्थितियाँ सिर नीचे, पैर ऊपर किये, दिखाई देती हैं।" ('Collected Workrs', खंड-5, पृ. 36) जिस दिमाग में परिस्थितियाँ उल्टी दिखाई देती हों, उसकी तुलना मार्क्स और एंगेल्स ने अन्धकारपूर्ण फोटोयंत्र (camera obscura) से की है।

औद्योगिक क्रान्ति से पहले के समाज पिछड़े हुए हैं। परिस्थितियों की उल्टी तसवीरें देखना इन समाजों के आदमियों की विशेषता है। इन आदमियों की उल्टी समझ का नाम है विचारधारा। यह निश्चित बात है कि औद्योगिक क्रान्ति के बाद विचारधारा अथवा मिथ्या प्रतीति का अन्त हो जाएगा। मार्क्स और एंगेल्स ने उस पुस्तक में आगे लिखा : आधुनिक उद्योग ने होड़ को व्यापक बनाया, संचार-साधनों का निर्माण किया, पूँजी का द्रुत संचरण और केन्द्रीकरण किया। "जहाँ तक सम्भव था, उसने विचारधारा, धर्म, नैतिकता आदि का नाश किया, जहाँ वह यह न कर सका, वहाँ उसने उन्हें प्रत्यक्ष झूठ बना दिया।" (उप., पृ.73) विचारधारा का नाश किया, उसे प्रत्यक्ष झूठ बना दिया। मिथ्या विचारों के समवाय का नाम है विचारधारा।

सोलहवीं सदी में जर्मन किसान अपने भौतिक हितों के लिए लड़े। ऊपर से देखने में लगता था, ये सब झगड़े धार्मिक मामलों को लेकर हुए हैं। एंगेल्स ने 1850 में लिखा : "जर्मन विचारधारा मध्ययुग के अवसानकाल के संघर्षों में हिंसक धार्मिक फसाद के अलावा और कुछ नहीं देखती।" ('The Peasant War in Germany', पृ. 41)

1883 में एंगेल्स ने लिखा : राजनीति, विज्ञान, कला, धर्म आदि का अनुशीलन करने से पहले मनुष्य को भोजन, पानी, आवास और वस्त्र चाहिए। "यह सीधी-सी बात अब तक विचारधारा की अतिवृद्धि के कारण प्रच्छन्न थी।" ('Slected Works', खंड-3, पृ. 162) जो सत्य को छिपाए, वह है विचारधारा।

1886 में एंगेल्स ने फायरबाख़ और जर्मन दर्शन के प्रसंग में लिखा : पहले से जो धारणा सामग्री (conceptual material) विद्यमान रहती है, उसकी संगति में विचारधारा विकसित होती है और उस सामग्री को आगे विकसित करती है। "ऐसा न हो तो वह विचारधारा न रहे अर्थात् वह विचारों से यों सरोकार रखती है मानो वे स्वतंत्र इकाइयाँ हों, स्वतंत्र रूप से विकसित होते हों, अपने ही नियमों से अनुशासित होते हों। जिन व्यक्तियों की खोपड़ियों में यह सोचने की प्रक्रिया जारी रहती है, अन्ततोगत्वा उनकी भौतिक जीवन-परिस्थितियाँ उसका क्रम निर्धारित करती हैं—यह बात लाजमी तौर से उन्हें मालूम नहीं होती। ऐसा न हो तो सारी विचारधारा का अन्त हो जाए।" (उप., पृ. 372) विचारधारा वहाँ है जहाँ विचार स्वतंत्र इकाइयाँ हैं। यदि मनुष्य यह समझ ले कि उसकी भौतिक परिस्थितियाँ उसका चिन्तन-क्रम निर्धारित करती हैं तो विचारधारा का अन्त हो जाए।

1890 में एंगेल्स ने कोनराड श्मिट को लिखा, कानूनी सम्बन्ध आर्थिक सम्बन्धों के उल्टे प्रतिबिम्ब हैं। विधिवेत्ता सोचता है, वह पूर्व निश्चित सिद्धान्तों के अनुसार काम कर रहा है पर वे सिद्धान्त आर्थिक प्रतिक्रिया (economic reflexes)मात्र होते हैं। "इस तरह सब कुछ उलट-पलट जाता है। जिसे हम 'वैचारिक धारणा' (ideological conception) कहते हैं, उसका निर्माण यह उलटने की क्रिया (inversion) तब तक करती है जब तक वह पहचानी नहीं जाती।" (करेस्पौंडेंस, पृष्ठ 482)

इसमें कोई सन्देह नहीं कि 'विचारधारा' शब्द का प्रयोग मार्क्स और एंगेल्स ने उल्टी समझ, मिथ्या प्रतीति के लिए किया था। इस अर्थ में विचारधारा औद्योगिक क्रान्ति से पहले की चीज है, इस क्रान्ति के बाद वह समाप्त हो जाती है। 'कम्यूनिस्ट घोषणा-पत्र' में मार्क्स और एंगेल्स ने पूँजीपति वर्ग के जिस सम्पूर्ण और निरपेक्ष क्रान्तिकारीत्व की कल्पना की थी, विचारधारा के बारे में उनकी यह धारणा उसीके अनुरूप है। औद्योगिक क्रान्ति से पहले मनुष्य का सारा चिन्तन प्रवंचना मात्र है। औद्योगिक क्रान्ति से पहले की ज्ञानराशि का यह निषेध हेगेल के त्रैत सिद्धान्त के अनुरूप है। निषेध सम्पूर्ण और निरपेक्ष है; ज्ञान कहलाने वाली पुरानी प्रवंचना के जारी रहने की गुंजाइश नहीं है।

औद्योगिक क्रान्ति के बाद समाज पूँजीपति और सर्वहारा, दो विरोधी वर्गों में बँट जाता है। इन दो वर्गों के संघर्ष की परिणति होती है सर्वहारा क्रान्ति में। यदि यह मानें कि इन दो वर्गों के परस्पर विरोधी हितों के अनुरूप इनकी दो परस्पर विरोधी संस्कृतियाँ हैं, तो निष्कर्ष यह निकलेगा कि सर्वहारा संस्कृति मानव जाति की समस्त ज्ञानराशि का निषेध करके ही विकसित होगी। इस तरह का निषेध त्रोत्स्कीवाद की विशेषता है। रूस में प्रोलेतकुल्त (सर्वहारा संस्कृति) का आन्दोलन चला, चीन में सर्वहारा सांस्कृतिक क्रान्ति का आयोजन हुआ; भारत में प्रगतिशील साहित्यिक आन्दोलन के जन्म से लेकर अब तक ऐसी प्रवृत्तियाँ बराबर विद्यगान रही हैं। इस तरह के प्रपंच मार्क्सवादी आन्दोलन के भीतर रूपायित होते हैं, इसका कारण 'विचारधारा' सम्बन्धी भ्रान्तियाँ हैं।

मार्क्स और एंगेल्स ने मानव-संस्कृति का जो ठोस विश्लेषण किया है, वह सम्पूर्ण निषेध की उक्त धारणा से ठीक विपरीत दिशा में चला है। 1840-41 में मार्क्स ने एपिकुरुस के दर्शन का सकारात्मक मूल्यांकन किया; 1885 में 'एंटीड्यूरिंग' के दूसरे संस्करण की भूमिका में एंगेल्स ने वैज्ञानिकों से दर्शनशास्त्र के ढाई हजार साल के विकास के निष्कर्षों को आत्मसात करने को कहा। क्रान्तिकारी जीवन के आदि से अन्त तक मार्क्स और एंगेल्स निरन्तर प्राचीन ज्ञानराशि का मूल्यांकन करते रहे, उसके निष्कर्षों को आत्मसात् करते रहे। इसी कारण मार्क्सवाद पूर्व मानव-संस्कृति का सम्पूर्ण निषेध नहीं है, उसका विकास है। मार्क्सवाद की संरचना में तीन घटक मुख्य थे : जर्मनी का दर्शन, इंग्लैंड का अर्थशास्त्र और फ्रांस का समाजवाद। लेनिन ने इस सन्दर्भ में लिखा था : मानव-जाति ने 19वीं सदी में जो कुछ सबसे अच्छा रचा था, मार्क्स उसके सही उत्तराधिकारी थे।

जर्मन विचारधारा में मार्क्स और एंगेल्स ने लिखा था कि आधुनिक उद्योग ने विचारधारा का नाश किया। जहाँ वह यह न कर सका, उसने उसे प्रत्यक्ष झूठ बना

दिया। इससे यह निष्कर्ष निकाला जा सकता है कि उद्योगपति स्वयं मिथ्या प्रतीति और आत्मप्रवंचना से मुक्त हैं। 'कम्यूनिस्ट घोषणा-पत्र' में मार्क्स और एंगेल्स ने लिखा था : "ऐतिहासिक रूप से पूँजीपति वर्ग ने अत्यन्त क्रान्तिकारी भूमिका निबाही है। ('Selected Works', खंड-1, पृ. 111) इस क्रान्तिकारी भूमिका में 'विचारधारा' से मुक्ति शामिल नहीं है। पूँजीपति वर्ग मिथ्या प्रतीति का शिकार वैसे ही है, जैसे उसके पहले के शासक वर्ग थे। अधिक से अधिक यह कहा जा सकता है कि उसने पुरानी प्रवंचना खारिज करके नई प्रवंचना स्थापित कर दी है। 'घोषणा-पत्र' में ही मार्क्स और एंगेल्स पूँजीपतियों से कहते हैं : "उत्पादन की तुम्हारी वर्तमान पद्धति से और सम्पत्ति के रूप से जो सामाजिक रूप उत्पन्न होते हैं, वे ऐतिहासिक सम्बन्ध हैं। उत्पादन के प्रगतिक्रम में उनका अभ्युदय और लोप होता है। स्वार्थी मिथ्या धारणा से प्रेरित होकर तुम उन्हें प्रकृति और विवेक के शाश्वत नियम बना देते हो। तुमसे पहले जो भी शासक वर्ग हुए हैं, उनमें प्रत्येक की इस मिथ्या धारणा के तुम सहभागी हो।" (उप., पृ. 123)

औद्योगिक क्रान्ति से 'विचारधारा' का अन्त नहीं हुआ। पूँजीवाद में उत्पादकों का शोषण पहले से कहीं ज्यादा बड़े पैमाने पर और सुसंगठित रूप से होता है। इस शोषण को अनिवार्य सिद्ध करने के लिए या उसके अस्तित्व को नकारने के लिए पूँजीपति वर्ग पहले से कहीं ज्यादा बड़े पैमाने पर और सुसंगठित रूप में झूठ का प्रचार करता है। मार्क्स ने मैकाले के लिए लिखा था कि "ह्विगदल और पूँजीपति वर्ग के हित में उसने अंग्रेजों के इतिहास को मिथ्या रूप में पेश किया है।" ('पूँजी', खंड-1, पृ. 260) मार्क्स और एंगेल्स ने अपनी कृतियों में इस तरह के मिथ्या प्रचार का निरन्तर खंडन किया है।

नतीजा यह निकला कि विचारधारा, मिथ्या प्रतीति के निश्चित अर्थ में, औद्योगिक क्रान्ति से पहले थी, बाद को भी रही। इसके साथ ही औद्योगिक क्रान्ति के युग में, और उससे पहले भी, मानव-संस्कृति की कुछ महत्त्वपूर्ण उपलब्धियाँ थीं। सामाजिक विकास-क्रम में मनुष्य उन्हें मिथ्या धारणाओं से अलगाते हैं, उनका विकास करते हैं।

(ख) विचारधारा के अज्ञात प्रेरक भाव : विचारधारा का भ्रान्तिवाला अर्थ आगे चलकर छोड़ दिया गया, यह अच्छा हुआ। यद्यपि यह मार्क्स और एंगेल्स के चिन्तन में संशोधन था किन्तु वह आवश्यक था। कारण यह कि औद्योगिक क्रान्ति से पहले की समस्त ज्ञानराशि भ्रान्ति नहीं थी और इस क्रान्ति से बाद की समस्त ज्ञानराशि भ्रान्तिमुक्त नहीं थी। मार्क्स और एंगेल्स के अनुसार मनुष्य अपने विचारों के प्रति सचेत रहता है किन्तु उनके प्रेरणास्त्रोतों के बारे में अक्सर अचेत रहता है। वह अपने को बड़ा विवेकशील प्राणी समझता है किन्तु उसकी विवेचना को जो भाव प्रेरित करते हैं, वे उसकी आँखों से ओझल रहते हैं। जो आँखों से ओझल है, वह विचार

नहीं है; उसकी प्रेरकशक्ति अज्ञात भाव हैं। ये भाव आइडियोलॉजी नहीं हैं, उनसे प्रेरित विचार आइडियोलॉजी हैं। यह भेद साहित्य और कला के लिए ही नहीं, मनुष्य की आर्थिक और राजनीतिक कार्यवाही के विवेचन के लिए भी अत्यन्त महत्त्वपूर्ण है। इस दृष्टि से मार्क्स और एंगेल्स ने विचारधारा का जो भ्रान्तिवाला अर्थ किया, वह निस्सार नहीं है।

मार्क्सवादी विवेचन में मनुष्य के विचारों के प्रेरक भावों की चर्चा जरा कम रहती है। अज्ञात प्रेरक भावों पर फ्रायड और अन्य उपचेतनवादी मनोविज्ञानियों का इजारा कायम हो गया। इस उपचेतनवाद को दमित वासनाओं की गुफा में अथवा अनादि और अपरिवर्तनशील अन्त:प्रेरणाओं के अन्धकूप में ढकेल दिया गया है। पूँजीवादी समाज में सम्पत्तिशाली लोगों की मानसिक बीमारियों का सम्बन्ध दमित वासनाओं से है और असभ्य, असंस्कृत मानव समुदायों की आदिम प्रवृत्तियों से भी है, किन्तु उनका उपचेतन दमित वासनाओं और आदिम प्रवृत्तियों तक सीमित नहीं है। उसके भीतर उनके सामाजिक जीवन से उत्पन्न होनेवाले विचारों के प्रेरक भाव भी हैं।

1893 में एंगेल्स ने मेरिंग को एक पत्र में लिखा था : "विचारधारा ऐसी प्रक्रिया है जिसे नि:सन्देह तथाकथित विचारक सचेत रूप में सम्पन्न करता है। किन्तु वह गलत किस्म की चेतना है। जो वास्तविक प्रेरकशक्तियाँ उसे आगे ठेलती हैं, वे विचारक के लिए अज्ञात बनी रहती हैं, वर्ना वह विचारधारात्मक प्रक्रिया न हो। इसलिए वह मिथ्या अथवा भ्रामक प्रेरकशक्तियों की कल्पना कर लेता है। यह सोचने-विचारने की प्रक्रिया है, इसलिए वह उसके रूप और विषयवस्तु का स्रोत विशुद्ध विवेकशीलता को, अपनी और अपने पूर्ववर्तियों की विवेकशीलता को, मानता है। वह केवल चिन्तन-सामग्री से काम लेता है, परीक्षा किये बिना उसे विवेकशीलता की उपज मानकर स्वीकार कर लेता है। किसी दूरस्थ, विवेक से स्वतंत्र, स्रोत की खोज वह और आगे नहीं करता। दरअसल वह सोचता है, ऐसा तो होता ही है। कारण यह कि समस्त कर्म विचार की मध्यस्थता से सम्पन्न होता है, इसलिए उसे प्रतीत होता है कि अन्तत: वह विचार पर आधारित है।" (Marx-Engels, 'On Literature and Art', पृ. 65) विचार के साथ उसके स्रोत को लेकर जो भ्रान्ति जुड़ी हुई है, उसे अपने विवेचन में हम छोड़ दें, विचारों की छानबीन करें, उनके प्रेरक भावों को छोड़ दें, तो हमारे हाथ बहुत ही उथले किस्म का विवेकवाद लगेगा। ऐसे विवेकवाद से बचने के लिए सबसे पहले विचारधारा से उसके प्रेरक भावों को अलग करके उन्हें देखना जरूरी है। हिन्दी में कुछ मार्क्सवादी लेखकों के लिए विचारधारा से अलग उसके प्रेरक भावों की सत्ता है ही नहीं। वे उथले विवेकवाद को मार्क्सवाद का पर्याय मान बैठे हैं।

मनुष्य के प्रेरक भावों को, उसके सहजबोध और स्वत:स्फूर्त क्रिया को, विचारों से मिलाकर एक न कर देना चाहिए, सबको विचारधारा की संज्ञा न दे

देनी चाहिए। योहान फिलिप बेकर जर्मन मजदूर थे, क्रान्तिकारी कार्यकर्ता थे। इनके लिए अर्थशास्त्र और राजनीति के सिद्धान्त और विचार बहुत ही महत्त्वपूर्ण रहे होंगे। मार्क्स ने इनके बारे में लिखा था : "वे उन थोड़े-से आदमियों में थे जो अपने सहजबोध (natural instincts) के भरोसे आगे बढ़ें तो सही रास्ते पर ही चलेंगे।" (उप., पृ. 406) हर आदमी के साथ ऐसा नहीं होता, नहीं तो अर्थशास्त्र और राजनीति की जरूरत ही न रहे। किन्तु ऐसे भी आदमी होते हैं जो सचेत विचार-प्रक्रिया के बिना सही रास्ता पकड़ लेते हैं। यहाँ स्पष्ट यह करना है कि मानव-चेतना के अन्तर्गत नेचुरल इंस्टिक्ट—सहजबोध—है, पर वह सचेत विचार-प्रक्रिया से अलग है।

यदि राजनीति के क्षेत्र में सहजबोध का भरोसा किया जा सकता है तो निःस्सन्देह उसका भरोसा कला के क्षेत्र में भी किया जा सकता है। एंगेल्स ने जर्मन कवि गेटे के लिए लिखा था : हम उनकी आलोचना इसलिए नहीं करते कि "जर्मन स्वाधीनता के प्रति उत्साह से वह अछूते रहे हैं वरन् इसलिए करते हैं कि उनका जो सहज सौन्दर्यबोध (aesthetic instinct) ज्यादा सजग था और जब-तब उभरता रहता था, उसका उन्होंने बलिदान कर दिया—सभी बड़े समकालीन ऐतिहासिक आन्दोलनों के प्रति निम्न पूँजीवादी भय की वेदी पर।" (उप., पृ. 356) भय एक भाव है। गेटे में इस भाव का सम्बन्ध उनकी वर्गस्थिति से था। इस वर्गस्थिति से जुड़े हुए भाव के विरोध में उनका सहज सौन्दर्यबोध रह-रहकर जोर मारता था पर गेटे ने उसे भरपूर ताकत से उभरने न दिया। एंगेल्स उनकी आलोचना करते हुए मानो कहते हैं : इतने बड़े कवि होकर तुमने अपने सहज सौन्दर्यबोध को दब क्यों जाने दिया? बेकर की तरह उसके भरोसे आगे बढ़ते तो सही रास्ते पर दूर तक चले जाते।

यह सहज सौन्दर्यबोध विचारधारा नहीं है। मार्क्स और एंगेल्स ने जिसे विचारधारा कहा है, उसका सम्बन्ध समझ से है। एक ओर उत्पादन की परिस्थितियों का भौतिक रूपान्तर है, दूसरी ओर विचारधारात्मक रूप हैं, जिनके अन्तर्गत मनुष्य इस संघर्ष के प्रति सचेत होते और निपटते हैं। जैसे किसी व्यक्ति के बारे में हमारी धारणा इस बात पर निर्भर नहीं होती कि वह स्वयं को क्या समझता है, वैसे ही इस रूपान्तरण के दौर की अपने बारे में जो चेतना थी, उसके आधार पर हम उसका मूल्यांकन नहीं कर सकते।" (उप., पृ. 41-42)

(ग) विचारधारा और सामाजिक यथार्थ का चित्रण : कोई व्यक्ति अपने को क्या समझता है, कोई युग अपने को क्या समझता है, यह समझना विचारधारा है। मानव-चेतना की कार्यवाही में इस समझने के अलावा और बहुत-सी चीजें हैं। एंगेल्स की निगाह में फ्रांस के महान उपन्यासकार बाल्जाक अपने समय के फ्रांसीसी समाज का ऐसा इतिहास चित्रित कर सके कि जो उससे सीखा जा सकता है, वह

पेशेवर इतिहासकारों से नहीं, "उस दौर के पेशेवर इतिहासकारों, अर्थशास्त्रियों और आँकड़ेबाजों की पूरी जमात की तुलना में उससे मैंने ज्यादा जानकारी प्राप्त की है।" (उप., पृ. 91) एक ओर फ्रांसीसी समाज के बारे में इतिहासकारों और अर्थशास्त्रियों की समझ है, दूसरी ओर उपन्यासकार का चित्रण है। इस चित्रण से एंगेल्स को ज्यादा जानकारी प्राप्त हुई थी। इसी तरह उन्नीसवीं सदी के अंग्रेज उपन्यासकारों के बारे में मार्क्स ने लिखा था कि उनके "विशद और प्रभावशाली चित्रण (graphic and eloquent pages) से जितना राजनीतिक और सामाजिक सत्य संसार को प्राप्त हुआ है, उतना सभी पेशेवर राजनीतिज्ञों, प्रचारकों और नीतिशास्त्रियों से कुल मिलाकर प्राप्त नहीं हुआ।" (उप., पृ. 339) फ्रांस और इंग्लैंड के उपन्यासकार समकालीन समाज का ऐसा इतिहास लिख गए, वैसा इतिहासकार और अर्थशास्त्री न लिख पाए। पेशेवर इतिहासकार और अर्थशास्त्री समाज का विवेचन करते थे; उपन्यासकार उसका चित्रण करते थे। सम्भव है, उपन्यासकार विवेचना में लगते तो वैसी ही बातें करते, जैसी पेशेवर इतिहासकार करते थे। बर्नार्ड शॉ कलाकार थे, अर्थशास्त्र और राजनीति के विवेचक भी। इनके बारे में एंगेल्स की राय थी कि वह "लेखक रूप में बहुत प्रतिभाशाली और वाक्पटु (witty) हैं पर अर्थशास्त्री और राजनीतिज्ञ के रूप में एकदम बेकार हैं।" (उप., पृ. 340) बर्नार्ड शॉ नाटक लिखने में जिस प्रतिभा का परिचय देते हैं, वह एक कोटि की है; आर्थिक-राजनीतिक समस्याओं के विवेचन में जिस प्रतिभा से काम लेते हैं, वह दूसरी कोटि की है। यह दूसरी कोटि की प्रतिभा नीचे दर्जे की है। समस्याओं के बारे में उनकी समझ पेशेवर राजनीतिज्ञों और अर्थशास्त्रियों की समझ से मिलती-जुलती है। शॉ की समझ विचारधारा है, उनकी कला नहीं।

तोल्स्तोय विचारक थे, समाज का चित्रण करनेवाले कलाकार भी। लेनिन ने उनकी समझ में और उनके कलात्मक चित्रण में अनेक बार बहुत स्पष्ट भेद किया था। 1908 के लेख में उन्होंने तोल्स्तोय को रूसी क्रान्ति का दर्पण कहा और यह भी बताया कि वह इस क्रान्ति को समझ नहीं पाए। दोनों बातें परस्पर-विरोधी जान पड़ती हैं, इसलिए कैफियत देते हुए लेनिन ने लिखा : "जिस क्रान्ति को वह महान कलाकार समझने में स्पष्ट ही असफल रहा और जिससे वह स्पष्ट ही अलग हटकर खड़ा रहा, उससे उसके तादात्म्य की बात कहना पहले अजीब और अस्वाभाविक-सा लगेगा।...यदि हमारे सामने कोई वास्तव में महान कलाकार हो, तो उसने अपनी रचना में क्रान्ति के कम-से-कम कुछ बुनियादी पहलू जरूर प्रतिबिम्बित किये होंगे।" ('ग्रंथावली', खंड-15, पृ. 202) कलाकार के रूप में तोल्स्तोय समकालीन यथार्थ को प्रतिबिम्बित किये बिना न रह सकते थे, इसमें उन्हें सफलता मिली; किन्तु उस यथार्थ को समझने में वह असफल रहे। एक ओर वह महान कलाकार थे जिन्होंने "रूसी जीवन के अनुपम चित्र खींचे हैं; यही नहीं, उन्होंने विश्व-साहित्य को प्रथम श्रेणी

की चीजें दी हैं।" दूसरी ओर समाज के अन्तर्विरोधों के कारण वह "न तो मजदूर वर्ग के आन्दोलन को और समाजवाद के लिए संघर्ष में उसकी भूमिका को समझ सके थे, न रूसी क्रान्ति को।" (उप., पृ. 205-06)

जैसे बाल्ज़ाक और अंग्रेज उपन्यासकार समकालीन इतिहास विवेचकों और अर्थशास्त्रियों से श्रेष्ठ थे, वैसे ही कलाकार तोल्स्तोय विचारक तोल्स्तोय से श्रेष्ठ हैं। समाजिक यथार्थ की विवेचना और चित्रण एक ही चीज नहीं हैं। मानव जाति की प्रगति में तोल्स्तोय का कलात्मक साहित्य आगे बढ़ा हुआ कदम है, तोल्स्तोय पंथ नहीं। तोल्स्तोय के कथा-साहित्य और उनके विवेचनात्मक साहित्य का स्रोत एक ही है—रूसी किसानों का जीवन। इस जीवन से तोल्स्तोय मानव-जीवन (और उसके प्राकृतिक परिवेश) के अनुपम चित्र प्राप्त करते हैं, साथ ही सारा आवेश, अन्याय की जबर्दस्त भावात्मक प्रतिक्रिया भी वहीं से उन्हें मिलती है। विचारक के रूप में समस्या का निदान और समाधान, धर्म-सम्बन्धी सारा ऊहापोह, निष्क्रिय प्रतिरोध की धारणा, आदि भी वहीं से प्राप्त करते हैं। किन्तु तोल्स्तोय का विवेचनात्मक गद्य भी एक सहृदय कलाकार का गद्य है। वैज्ञानिक विवेचना की तटस्थता उनके कथा-साहित्य में नहीं है किन्तु कथा-साहित्य का भावावेश उनके विवेचनात्मक गद्य में है।

यदि आप विचारक का सम्बन्ध विचारधारा से मानें तो नोट करें कि लेनिन के लिए विचारक और कलाकार; अत: विचारधारा और कला दो इकाइयाँ हैं, दोनों एक ही चीज नहीं हैं। "कलाकार के रूप में उनकी विश्वव्यापी महत्ता और विचारक के रूप में उनकी विश्वव्यापी प्रसिद्धि, अपने-अपने ढंग से, रूसी क्रन्ति का विश्वव्यापी महत्त्व प्रतिबिम्बित करती हैं।" (उप., खंड-16, पृ. 323) तोल्स्तोय कलाकार के रूप में प्रसिद्ध हैं और विचारक के रूप में भी। दोनों रूपों में उनकी ख्याति अलग-अलग ढंग से रूसी क्रान्ति का महत्त्व प्रतिबिम्बित करती है।

तोल्स्तोय 1861 से 1904 तक के युग का प्रतिनिधित्व करते हैं। "कलाकार के रूप में तथा विचारक और प्रचारक के रूप में दोनों ही तरह तोल्स्तोय ने समूची प्रथम रूसी क्रान्ति की निश्चित ऐतिहासिक विशेषताओं का, उसकी ताकत और कमजोरी का, आश्चर्यजनक रूप से उभरे चित्रों में समावेश किया है।" (उप., पृ. 324) लेनिन के विवेचन से यह निष्कर्ष निकाला जा सकता है कि क्रान्ति की कमजोरी तोल्स्तोय के विचारक रूप में ज्यादा प्रकट हुई है। चर्च और राज्यसत्ता के विरुद्ध उनका आक्रोश किसानों के भाव प्रकट करता है। सरकारी लूट, ठग-विद्या, अत्याचार के विरुद्ध इन किसानों के हृदय में "घृणा और क्रोध के अंबार खड़े हो गए थे।" (उप.) यह कला का भावपक्ष है जो यथार्थ के चित्रण में है, उसके विवेचन में भी। किन्तु विचारक के रूप में तोल्स्तोय ने अपनी कृतियों में "रूस पर मँडराते संकट के कारणों और उससे बचने के उपायों को समझने में विफलता प्रकट की।" (उप., पृ. 325) यहाँ

चित्रण और भावात्मक प्रतिक्रिया की बात नहीं है, बात है उस यथार्थ को समझने की जिसका चित्रण वह कर रहे हैं, जिसे लेकर अपना तीव्र आक्रोश व्यक्त कर रहे हैं। लेनिन के अनुसार : यथार्थ को समझने की यह विफलता आदिम रूसी किसान की विफलता है, यूरोपियन शिक्षा-प्राप्त लेखक की नहीं; अर्थात् विचारक तोल्स्तोय इस शिक्षा से लाभ न उठा सके।

यूरोपियन शिक्षा-प्राप्त विद्वानों में जर्मनी और फ्रांस के मार्क्सवादी सबसे आगे थे। रूसी किसान क्रान्ति कर सकते हैं, यह उनके किसी सिद्धान्त-ग्रंथ में न लिखा था। रूसी किसान 1917 में ही नहीं, 1905 की रूसी क्रान्ति में भी लड़े थे। नवम्बर, 1905 में लेनिन ने लिखा था : "अब वह समय आ गया है जब किसान रूस में, नई जीवन-पद्धति के सचेत निर्माता के रूप में, आगे आ रहे हैं।" ('ग्रंथावली', खंड-10, पृ. 40) यह बात पश्चिमी यूरोप ही नहीं, रूस के भी बहुत-से मार्क्सवादियों की समझ में न आ रही थी; बहुतों की समझ में वह 1917 के बाद भी न आई। तोल्स्तोय के किसान भी लड़ते हैं, 'युद्ध और शान्ति' में वे नेपोलियन के विरुद्ध छापामार लड़ाई चलाते हैं। वे इतिहास के सचेत निर्माता नहीं हैं—बेशक, पर 'युद्ध और शान्ति' में यदि कोई समुदाय इतिहास का निर्माता है तो वह रूसी किसान समुदाय है। नेपोलियन, जार, फौज के बड़े-बड़े पदाधिकारी—ये इतिहास के निर्माता नहीं हैं, यह तोल्स्तोय ने अपनी पुस्तक में स्पष्ट कर दिया था। पर वह रूसी मजदूरों की क्रान्तिकारी भूमिका से अपरिचित थे, यह बात सही है। यह उनकी विचारधारा की कमजोरी है।

तोल्स्तोय का विवेचन कमजोर है पर रूसी जीवन की जानकारी अद्वितीय है। इस जानकारी के बल पर वह उस जीवन के अनुपम चित्र दे सके हैं। लेनिन कहते हैं : "तोल्स्तोय को देहाती रूस की अनुपम जानकारी थी। अपनी कलात्मक रचनाओं में उन्होंने इस जीवन का ऐसा वर्णन किया है कि वह विश्व साहित्य की श्रेष्ठ कृतियों में गिना जाता है।" (उप., पृ. 331) उन्होंने आलोचना के रूप में जो कुछ कहा, उसमें नया कुछ न था। "उन्होंने ऐसा कुछ नहीं कहा जो उनसे बहुत पहले यूरोपियन तथा रूसी साहित्य में श्रमिक जनता के मित्र न कह चुके हों।" (उप.) आलोचक रूप में वह मौलिक नहीं हैं किन्तु उनका चित्रण अनुपम है और यह चित्रण आवेशपूर्ण है। कलाकार का यह आवेश तोल्स्तोय के आलोचनात्मक गद्य में है। "तोल्स्तोय की आलोचना का अनोखापन और उसका ऐतिहासिक महत्त्व इस बात में है कि इस दौर के रूस में, अर्थात् देहाती, किसानों के रूस में आम जनता की धारणाओं के मौलिक परिवर्तन को उन्होंने ऐसी शक्ति से व्यंजित किया, जैसी शक्ति पर केवल अत्यन्त प्रतिभाशाली कलाकारों का अधिकार होता है।" (उप., पृ. 332)

क्या ही अच्छा होता कि जिस शक्ति पर केवल अत्यन्त प्रतिभाशाली कलाकारों का अधिकार होता है, वह विचारधारा का एक हिस्सा होती, आर्थिक बुनियाद के बदलने

पर वह भी बदल जाती, अर्थशास्त्र और राजनीति की वैज्ञानिक पुस्तकें पढ़नेवालों के हाथ आसानी से आ जाती और तोल्स्तोय की-सी कृतियाँ ही नहीं, उनसे भी ऊँचे दर्जे की कृतियाँ—विचारधारा में आगे बढ़े होने के कारण—वे दे पाते! पर लेनिन ने ऐसे कलाकारों की आकांक्षाओं पर बहुत पहले पानी फेर दिया था। लिख गए थे : "एक बार आम जनता जमींदारों और पूँजीपतियों का जुआँ उतारकर फेंकने के बाद जरा अपने लिए जीवन की इनसानी परिस्थितियाँ निर्मित कर ले, वह तोल्स्तोय की कलात्मक रचनाओं को तो सदा ही पढ़ेगी और पसन्द करेगी।" (उप., पृ. 322) यानी समाजवादी रूस में भी पढ़ेगी! क्या मुसीबत है! आर्थिक बुनियाद बदल गई पर उसकी यह अधिरचना अब भी बनी हुई है!

इससे कुछ मिलती-जुलती बात एंगेल्स कह गए थे। पुनर्जागरण काल का इटली कभी का बदल गया था पर एंगेल्स अब भी उसकी कला पर मुग्ध थे। मुग्ध ही नहीं थे, उनका विचार था कि वैसी कला का निर्माण दोबारा हुआ ही नहीं। और इटली की इस कला को देखकर उन्हें याद आई थी प्राचीन रोम-यूनान की कला। दो हजार साल बीत गए थे, पर यूनान और रोम की कला अभी मोहक बनी हुई थी और इटली की कला की प्रशंसा में यह कहा गया था कि वह उस प्राचीन कला का प्रतिबिम्ब है! "स्वप्न में भी जिसकी कल्पना न की जा सकती थी, कला का ऐसा विकास देखने को इटली उठ खड़ा हुआ—ऐसा विकास, जो क्लासिकल प्राचीनता का प्रतिबिम्ब जैसा था और जो दुबारा फिर कभी सुलभ नहीं हुआ।" ('On Literature and Art', पृ. 252) आर्थिक बुनियाद के बाद कला का यह सौन्दर्य क्यों नहीं बदल जाता? औद्योगिक क्रान्ति के बाद उसके जोड़ की और उससे ऊँचे दर्जे की कला का सृजन क्यों नहीं हुआ? यह भी क्या विडम्बना है कि एंगेल्स ने इटली की जिस कला की ऐसी जोरदार प्रशंसा की है, वह औद्योगिक क्रान्ति के इटली की नहीं है और लेनिन ने तोल्स्तोय की जिन कृतियों को मानव-जाति के कलात्मक विकास का आगे बढ़ा हुआ कदम बताया है, उनका सम्बन्ध औद्योगिक रूस के सर्वहारा से नहीं, देहाती रूस के किसानों से है।

(घ) आर्थिक बुनियाद और अधिरचना—बीच का फासला : भाववाद के लिए शुद्ध चेतना भौतिक प्रपंच से मुक्त है, मुक्त नहीं है तो उसे मुक्ति के लिए प्रयास करना चाहिए। इस मुक्ति की प्राप्ति में संसार की भौतिकता बाधक है। आत्मा शरीर में है किन्तु उससे पृथक् है, इसी तरह विशुद्ध ज्ञान संसार में है किन्तु उससे पृथक् है। दर्शन, विज्ञान, साहित्य, कलाएँ—ये सब पूर्ण ज्ञान से नीचे हैं, कहीं-कहीं उसकी झलकभर दिखा देती हैं। इनकी रचना मानव-चेतना आन्तरिक प्रेरणा से करती है, उनका मानव-जीवन की भौतिक परिस्थितियों से कोई सम्बन्ध नहीं है; है भी तो गौण है। आर्थिक बुनियाद पर संस्कृति की इमारत खड़ी होती है—इस तरह की बातों से दर्शन और साहित्य को कोई सरोकार नहीं है।

अब ये विशुद्ध ज्ञान और आत्मावाले जितने लोग हैं, जितने दिन शरीर धारण करते हैं और संसार में रहते हैं—खाते-पीते हैं, साँस लेते हैं, धरती के गुरुत्वाकर्षण से बँधे रहते हैं। वे बोलते हैं, भाषा का व्यवहार करते हैं। उनका ज्ञान चाहे जितना विशुद्ध हो, उसे वे व्यक्त भाषा के माध्यम से ही करते हैं। भौतिक जगत के बिना मनुष्य का अस्तित्व नहीं, उसके दर्शन और साहित्य का अस्तित्व नहीं। इस भौतिक जगत् में जीने के लिए मनुष्य खाने-पीने, पहनने-ओढ़ने, आदि के लिए आवश्यक वस्तुओं का उत्पादन करते हैं। उत्पादन के इस क्रम में आपस में वे विशेष प्रकार के सम्बन्ध कायम करते हैं। जहाँ सब लोग मिलकर श्रम करते हैं और आपस में श्रम-फल बाँट लेते हैं, वह आदिम साम्यवाद की व्यवस्था है। जहाँ श्रम करनेवालों का समुदाय अलग और श्रम-फल हड़पनेवालों का समुदाय अलग होता है, वह वर्गयुक्त समाज है और उसके अनेक रूप हैं। मार्क्स ने लिखा था कि उत्पादन सम्बन्धों का पूर्ण योग समाज की आर्थिक संरचना होता है। "यह वास्तविक बुनियाद है जिस पर कानूनी और राजनीतिक अधिरचना खड़ी होती है" ('On Literature and Art', पृ. 41) ध्यान देने की बात यह है कि अधिरचना के सिलसिले में मार्क्स ने पहले कानून और राजनीति को याद किया है। याद इसलिए किया है कि कानून और राजनीति का सीधा सम्बन्ध उत्पादित वस्तुओं से, उनके विनिमय और वितरण से, सम्पत्ति के विभिन्न रूपों से है। इससे निष्कर्ष यह निकलेगा कि आर्थिक बुनियाद से अधिरचना के सभी घटकों का फासला एक-सा नहीं है।

'अर्थशास्त्र की प्रालोचना' की भूमिका में मार्क्स ने लिखा था : "समाज की भौतिक उत्पादक शक्तियाँ अपने विकास की एक मंजिल पर उत्पादन के तत्कालीन सम्बन्धों से टकराती हैं अथवा—यही बात कानूनी भाषा में कहें तो—जिन सम्पत्ति-सम्बन्धों के भीतर वे अब तक क्रियाशील रही हैं, उनसे टकराती हैं।" (उप.) उत्पादन के सम्बन्धों का मतलब है सम्पत्ति के सम्बन्ध। अर्थशास्त्र की भाषा में जो उत्पादन के सम्बन्ध हैं, वही कानून की भाषा में सम्पत्ति के सम्बन्ध है। कानून अधिरचना का एक घटक है। यह घटक आर्थिक बुनियाद के सबसे ज्यादा पास है।

आर्थिक बुनियाद से अधिरचना के सभी घटकों का फासला एक-सा नहीं है, यह तथ्य एंगेल्स ने श्मिट के नाम 1890 के पत्र में इस तरह स्पष्ट किया था : "जहाँ तक विचारधारा के उन विभागों का सम्बन्ध है जो हवा में और भी ऊँचे उड़ते हैं—धर्म, दर्शन इत्यादि..." (उप., पृ. 58) कानून की तुलना में धर्म, दर्शन, इत्यादि हवा में और भी ऊँचे उड़ते हैं। अधिरचना के कुछ घटक ज्यादा ऊँचाई पर हैं, कुछ कम ऊँचाई पर, उससे एकदम चिपका हुआ एक भी घटक नहीं है। भाववाद के लिए आर्थिक बुनियाद से विचारधारा का कोई सम्बन्ध नहीं है। यांत्रिक भौतिकवाद के लिए आर्थिक बुनियाद से विचारधारा के सभी घटक एकदम चिपके हुए हैं। द्वंद्वात्मक भौतिकवाद के लिए आर्थिक बुनियाद से इन घटकों का फासला अलग-अलग है।

यदि आर्थिक बुनियाद से इन घटकों का फासला अलग-अलग है, तो यह स्वाभाविक है कि बुनियाद के बदलने पर सारी अधिरचना एक साथ न बदल जाएगी, कुछ घटक जल्दी बदलेंगे, कुछ देर में। मार्क्स ने ठीक यही बात 'अर्थशास्त्र की आलोचना' की भूमिका में कही है। "आर्थिक बुनियाद के बदलने पर समूची विशाल अधिरचना न्यूनाधिक तीव्रता से बदल जाती है (more or less rapidly transformed)।" ('On Literature and Art', पृ. 41) अधिरचना जिस गति से बदलती है, वह गति किसी घटक के लिए अधिक तीव्र होती है, किसी के लिए कम। समूची अधिरचना एक साथ नहीं बदल जाती। यांत्रिक भौतिकवाद के लिए आर्थिक बुनियाद के बदलते ही सारी अधिरचना एक साथ बदल जाती है।

यांत्रिक भौतिकवाद के लिए अधिरचना (मानव-संस्कृति) आर्थिक बुनियाद का प्रतिबिम्ब मात्र है। प्रतिबिम्ब की कोई स्वतंत्र सत्ता नहीं होती। जब बुनियाद न होगी, तब प्रतिबिम्ब कहाँ होगा? और भी। यांत्रिक भौतिकवाद के लिए आर्थिक बुनियाद के सभी प्रतिबिम्ब एक जैसे हैं, सभी समान रूप से विचारधारा हैं। इसलिए बुनियाद के बदलने पर सारी अधिरचना एक साथ बदल जाएगी, घटकों के बदलने का सिलसिला आगे-पीछे पूरा न होगा। द्वंद्वात्मक भौतिकवाद के लिए अधिरचना के घटक आर्थिक बुनियाद से कम-ज्यादा दूरी पर तो हैं ही, वे बुनियाद के एक जैसे प्रतिबिम्ब नहीं हैं, सापेक्ष रूप में उनका स्वतंत्र अस्तित्व भी है। इस कारण वे आर्थिक बुनियाद को प्रभावित करते हैं, और एक-दूसरे को भी प्रभावित करते हैं।

मार्क्स ने लिखा था कि उत्पादन के सम्बन्ध कानून की भाषा में सम्पत्ति के सम्बन्ध हैं। इससे लगता है कि सम्पत्ति के सम्बन्ध कानून में ज्यों-के-त्यों प्रतिबिम्बित होते हैं। एंगेल्स ने उसी 1890 वाले पत्र में स्पष्ट किया था कि ऐसा होता नहीं है। नये श्रम-विभाजन के फलस्वरूप पेशेवर वकीलों का समुदाय तैयार हो जाता है। इसके साथ ही "एक दूसरा नया और स्वतंत्र क्षेत्र खुल जाता है। उत्पादन और व्यापार पर अपनी समस्त निर्भरता के बावजूद इन क्षेत्रों पर भी अपना असर डालने (reacting) की उसकी क्षमता बनी ही रहती है।" कानून का क्षेत्र उत्पादन और व्यापार पर निर्भर है, फिर भी वह स्वतंत्र है, अर्थात् वह सापेक्ष रूप में आर्थिक बुनियाद से स्वतंत्र है। इसके सिवा वह आर्थिक बुनियाद का सीधा प्रतिबिम्ब नहीं होता। "आधुनिक राज्य में कानून को सामान्य आर्थिक स्थिति के अनुरूप होना चाहिए, उसकी अभिव्यक्ति होनी चाहिए। पर इतना ही नहीं। उसे ऐसी अभिव्यक्ति भी होनी चाहिए जो अपने में सुसंगत हो; जो भीतरी अन्तर्विरोधों के कारण खुले खजाने असंगत न दिखाई दे। इस लक्ष्य की सिद्धि के लिए आर्थिक परिस्थितियों के सीधे सच्चे प्रतिबिम्ब में अधिकाधिक दखलअन्दाजी की जाती है। जितना ही यह दखलअन्दाजी ज्यादा होती है, उतना ही ऐसी विधिसंहिता विरल हो

जाती है जो किसी वर्ग के प्रभुत्व की खालिस, बेलौस और ठेठ अभिव्यक्ति हो। ऐसी अभिव्यक्ति स्वयं 'न्याय की अवधारणा' का उल्लंघन करती जान पड़ेगी।" (करेस्पौंडेंस, पृ. 481)

अधिरचना का जो घटक आर्थिक बुनियाद के सबसे ज्यादा नजदीक है, वह भी उससे चिपका हुआ नहीं है। उसका यांत्रिक प्रतिबिम्ब नहीं है, उसकी भी सापेक्ष रूप में स्वतंत्र सत्ता है। वह आर्थिक बुनियाद को प्रभावित भी करता है। तब अन्य घटकों की सापेक्ष स्वतंत्रता, बुनियाद को प्रभावित करने की उनकी क्षमता की सहज ही कल्पना की जा सकती है। एकान्तवादियों से द्वंद्ववादियों को अलग करते हुए एंगेल्स ने उसी पत्र में लिखा था : "इन सज्जनों के पास जो चीज नहीं है, वह है द्वंद्ववाद। यह है कारण, यह है कार्य; इसके अलावा वे और कुछ देखते ही नहीं हैं। वे यह नहीं देखते कि यह खोखली अमूर्त धारणा है, कि वास्तविक संसार में ऐसे एकान्त विरोधी ध्रुव केवल संकट काल में उपस्थित होते हैं, जबकि समूची विशद प्रक्रिया पारस्परिक घात-प्रतिघात (interaction) के रूप में घटित होती चलती है (यद्यपि यह पारस्परिक घात-प्रतिघात बहुत ही असमान शक्तियों का होता है। इनमें अर्थवाली गति सबसे शक्तिशाली, अप्रतिहत और सबसे ज्यादा निर्णायक होती है), और यह कि यहाँ हर चीज सापेक्ष है, कोई चीज निरपेक्ष नहीं है। इनके लिए हेगेल कभी था ही नहीं।" (उप., पृ. 484)

अधिरचना आर्थिक बुनियाद को प्रभावित नहीं करती, यह खोखली अमूर्त धारणा है। एकान्तवादियों के लिए अधिरचना सापेक्ष रूप में स्वतंत्र नहीं है, प्रतिबिम्ब मात्र है, इसलिए बुनियाद को प्रभावित नहीं कर सकती। उनके लिए बुनियाद है कारण, अधिरचना है कार्य; दोनों एक दूसरे से निरपेक्ष रूप में पृथक् हैं। द्वंद्ववादियों के लिए अर्थवाली गति सबसे शक्तिशाली होती है किन्तु अधिरचना के घटक इसे भी प्रभावित करते हैं।

कानून की तरह राजनीति भी आर्थिक बुनियाद के बहुत नजदीक है। वह भी सापेक्ष रूप में स्वतंत्र होकर आर्थिक बुनियाद को प्रभावित करती है। उसी पत्र में एंगेल्स ने लिखा कि समाज में श्रम-विभाजन के फलस्वरूप राज्यसत्ता का अभ्युदय हुआ। "यह नई स्वतंत्र सत्ता कुल मिलाकर उत्पादन की गति का अनुसरण करने को बाध्य है किन्तु अपनी अन्तरंग स्वतंत्रता के कारण (यह सापेक्ष स्वतंत्रता है जो मूलत: उसे हस्तांतरित की गई थी और जो क्रमश: और विकसित की गई थी), अपनी बारी में, वह उत्पादन की गति और उसकी परिस्थितियों पर असर डालती है। यह दो असमान शक्तियों का पारस्परिक घात-प्रतिघात है। एक ओर आर्थिक गति है, दूसरी ओर नई राजनीतिक शक्ति है जो यथासम्भव अधिक से अधिक स्वतंत्रता पाने का प्रयास करती है, और जिसे एक बार स्थापित हो जाने के बाद स्वयं अपनी गति भी प्राप्त हो जाती है।" (उप., पृ. 480) यदि राजनीति सापेक्ष रूप में स्वतंत्र हो सकती है,

यदि उसे अपनी गति प्राप्त हो सकती है, तो दर्शन, साहित्य और विज्ञान की सापेक्ष स्वतंत्रता और उनकी अपनी गति की कल्पना की जा सकती है।

1894 के एक पत्र में एंगेल्स ने लिखा था : "राजनीतिक, न्यायिक, दार्शनिक, धार्मिक, साहित्यिक, कलात्मक आदि विकास आर्थिक विकास पर आधारित हैं। किन्तु ये सब एक दूसरे पर असर डालते हैं और आर्थिक आधार पर भी असर डालते हैं। ऐसा नहीं है कि आर्थिक परिस्थिति 'कारण' है, 'अकेले सक्रिय' है और शेष सारी चीजें निष्क्रिय परिणाम हैं। इसके बदले आर्थिक आवश्यकता के आधार पर पारस्परिक घात-प्रतिघात होता है और अन्तत: यह आवश्यकता ही अपनी चला ले जाती है।" ('On Literature and Art', पृ. 58)

अधिरचना के घटक सापेक्ष रूप से स्वतंत्र हैं। उनकी अपनी गति भी होती है। आर्थिक बुनियाद से सबका फासला एक-सा नहीं होता, परिणाम यह कि आर्थिक बुनियाद के बदलने पर सारी अधिरचना एक साथ नहीं बदल जाती। सारी अधिरचना नहीं बदलती, इसका एक कारण यह भी है कि पुरानी अधिरचना के कुछ तत्त्व लिये बिना, उन्हें अपना आधार बनाए बिना, नई अधिरचना का निर्माण नहीं हो सकता। उसकी सापेक्ष स्वतंत्रता का यह भी एक प्रमाण है कि आर्थिक बुनियाद से अलग उसे अपना एक आधार चाहिए, और यह आधार उसे पहले से विद्यमान विचारधारा से ही मिलता है।

(ङ) अधिरचना के विभाग—उनकी अपनी बुनियादें : कानून की तुलना में धर्म, दर्शन आदि विचारधारा के जो विभाग हवा में और भी ऊँचे उड़ते हैं, उनकी एक विशेषता यह है कि "उनका एक प्रागैतिहासिक भंडार होता है। वह पहले से विद्यमान पाया जाता है। ऐतिहासिक काल में वह ग्रहण कर लिया जाता है। यह भंडार ऐसी सामग्री का होता है जिसे आज हम निरर्थक कल्पना (nonsense) कहेंगे।" (उप., पृ. 58-59) यदि प्रागैतिहासिक काल की निरर्थक कल्पनाएँ धर्म, दर्शन आदि का आधार बन सकती हैं तो ऐतिहासिक काल की सार्थक कल्पनाएँ दर्शन, साहित्य का आधार अवश्य बन सकती हैं। वैसे नानसेंस—निरर्थक कल्पनाओं—पर प्रागैतिहासिक काल का इजारा नहीं है। दर्शन ही क्या, विज्ञान के साथ भी कुछ न कुछ नानसेंस जुड़ा रहता है। प्रागैतिहासिक भंडार के उसी प्रसंग में एंगेल्स ने लिखा है : "विज्ञान का इतिहास इस नानसेंस को क्रमश: हटाने का इतिहास है अथवा उसकी जगह ताजे, तो भी कम बेहूदा, नानसेंस को स्थापित करने का इतिहास है।" (करेस्पौंडेंस, पृ. 482- 483) यदि नानसेंस की बेहूदगी क्रमश: कम होती जाती है तो उसके साथ ज्ञान की वास्तविकता क्रमश: बढ़ती भी जाती है। नये युग का अज्ञान पुराने युग के अज्ञान से कहीं जुड़ा रहता है, तो नये युग का ज्ञान भी पुराने युग के ज्ञान से जुड़ा रहता है। आर्थिक बुनियाद के बदलने पर नया युग शुरू होता है किन्तु पुराने युग से सम्पूर्ण और निरपेक्ष रूप में नाता नहीं टूटता।

नाता टूटता है, इसीलिए नये युग का आविर्भाव होता है; नाता नहीं टूटता क्योंकि पुराने ज्ञान के आधार पर ही नये ज्ञान का विकास होता है। परिवर्तन और विकास की यह द्वंद्वात्मक प्रक्रिया है।

विचारधारा के घटक सापेक्ष रूप में स्वतंत्र होते हैं, आर्थिक बुनियाद से उनका सम्बन्ध एक-सा नहीं होता। यूरोप में दर्शनशास्त्र के विकास की चर्चा करते हुए उसी पत्र में एंगेल्स ने लिखा था : "प्रत्येक युग का दर्शन श्रम-विभाजन का एक निश्चित क्षेत्र है। इसलिए यह तो पूर्वानुमानित है कि कोई सुनिश्चित बौद्धिक सामग्री अपने पूर्ववर्तियों से उसे प्राप्त होगी ही। वहीं से वह शुरुआत करता है। और यही कारण है कि आर्थिक रूप से पिछड़े हुए देश, पिछड़े होने पर भी दर्शनशास्त्र में आगे-आगे चल सकते हैं।" (उप., पृ. 483) इसका यह अर्थ नहीं है कि आर्थिक परिस्थितियों से दर्शनशास्त्र के विकास का कोई सम्बन्ध नहीं है। केवल सापेक्ष रूप में पिछड़े होने की बात है। आदिम साम्यवादी समाज भी पिछड़े हुए हैं। इनकी विशेषता है तंत्र-मंत्र, जाद-टोना। इस साम्यवादी समाज के विघटनकाल में और उसके बाद ही दर्शन का विकास होता है। यह दर्शन पहले धर्म से उलझा रहता है और धर्म तंत्र-मंत्र से। सामन्ती व्यवस्था के भीतर, व्यापारिक पूँजीवाद के विकास के समय, कला और दर्शन की अभतपूर्व उन्नति होती है। प्राचीन यूनान और रोम की, पुनर्जागरण काल के इटली की, अनुपम कलाकृतियाँ व्यापारिक पूँजीवाद के युग की देन हैं। एंगेल्स ने इनकी भूरि-भूरि प्रशंसा की है। औद्योगिक पूँजीवाद का युग आर्थिक विकास में आगे है, विज्ञान और प्रौद्योगिकी में बहुत आगे बढ़ा है किन्तु कला और दर्शन में वह पीछे रहा।

एंगेल्स ने उक्त प्रसंग में फ्रांस को याद किया। अठारहवीं सदी का फ्रांस, इंग्लैंड की तुलना में, पिछड़ा हुआ था, लेकिन इंग्लैंड दर्शन के आधार पर आगे बढ़ गया। दर्शन में, जर्मनी और फ्रांस, दोनों की तुलना में, इंग्लैंड आगे बढ़ा। इंग्लैंड ने भौतिकवादी दर्शन का विकास किया। एंगेल्स के अनुसार हॉब्स प्रथम आधुनिक भौतिकवादी थे और वह उस समय हुए जबकि सारे यूरोप में सम्पूर्ण सत्तावादी पादशाही का बोलबाला था। इंग्लैंड के दूसरे भौतिकवादी विचारक लौक, "1688 के वर्ग-समझौते की सन्तान थे।" (उप.) हेगेल का जर्मनी भी औद्योगिक रूप से पिछड़ा हुआ था। लौक 1688 के वर्ग-समझौते की सन्तान थे। किन वर्गों में यह समझौता हुआ था? समझौता हुआ था भूस्वामी अभिजात वर्ग में और व्यापारिक पूँजीवाद के सूत्रधारों में। आर्थिक और राजनीतिक क्षेत्रों में चाहे जिस वर्ग का पलड़ा भारी रहा हो, दर्शन के क्षेत्र में असन्दिग्ध रूप से पलड़ा अभिजात वर्ग का भारी था।

भौतिकवाद का विकास करना दूर, इस विकास से त्रस्त होकर इंग्लैंड के पूँजीपति वर्ग ने धर्म का सहारा लिया। हॉब्स और उनके अनुवर्तियों, बोलिंगब्रोक, शाफ्ट्सबरी आदि के यहाँ भौतिकवाद के जिस रूप का विकास हुआ; अंग्रेज पूँजीपति

उससे घृणा करते थे। इंग्लैंड से यह भौतिकवाद फ्रांस पहुँचा और पहले वह नितान्त अभिजात वर्गीय सिद्धान्त रहा। इंग्लैंड में दर्शन की जो पताका पादशाही के समर्थकों के हाथ में थी, वह फ्रांस में गणतंत्रवादियों के हाथ में पहुँच गई। विचारधारा की सापेक्ष स्वतंत्रता का यह बहुत अच्छा प्रमाण है। व्यापारिक पूँजीवाद के युग में इंग्लैंड ने भौतिकवाद का विकास किया, औद्योगिक क्रान्ति से पहले के फ्रांस ने उसे ग्रहण किया। व्यापारिक पूँजीवाद के युग में भौतिकवाद का विकास हुआ किन्तु उसका विकास व्यापारियों ने न किया था। व्यापारियों के बिना व्यापारिक पूँजीवाद की कल्पना नहीं की जा सकती किन्तु उस पूँजीवाद के युग में जिस दर्शन का विकास हुआ, उसकी कल्पना व्यापारियों के बिना अवश्य की जा सकती है। उस दर्शन का सम्बन्ध पूँजीपति वर्ग की अपेक्षा अभिजात वर्ग से अधिक था। दिलचस्प बात यह है कि साहित्य के क्षेत्र में भी अभिजात वर्ग से सहानुभूति रखनेवाले कुछ लोग कमाल कर गए हैं।

एंगेल्स के प्रिय लेखक बाल्जाक उस राजवंश के समर्थक थे जिसने फ्रांसीसी राज्यक्रान्ति के दौरान अपना सिंहासन खो दिया था। "उनका महान् कृतित्व ऐसा अटूट शोकगीत है जो एक अच्छे समाज के अपरिहार्य पतन पर रचा गया है; उनकी सारी सहानुभूति उस वर्ग के साथ है जिसका अवसान सुनिश्चित है।" ('On Literature and Art', पृ. 91-92) पतनशील वर्ग के साथ गहरी सहानुभूति होने पर भी बाल्जाक क्यों एक महान कलाकार बन सके, यह सवाल उठा रखें, यहाँ केवल इस बात पर ध्यान देना है कि भौतिकवादी दर्शन की तरह बाल्जाक के कथा-साहित्य का सम्बन्ध भी पूँजीपति वर्ग से नहीं है। व्यापारिक पूँजीवाद के बाद औद्योगिक पूँजीवाद का युग आया। इस युग में विज्ञान ने बड़ी उन्नति की। इस उन्नति में पूँजीपतियों का हाथ कितना था?

मशीनरी और आधुनिक उद्योग का विवेचन करते हुए मार्क्स ने लिखा था : "मोटे तौर से पूँजीपति को विज्ञान के लिए कुछ खर्च करना नहीं पड़ता, किन्तु इस कारण वह उसके इस्तेमाल से बाज नहीं आता। दूसरों के विज्ञान को पूँजीपति वैसे ही हथिया लेता है, जैसे दूसरों के श्रम को (The scientce of others is as much annexed by Capital as the labour of others.)।" ('पूँजी', खंड-1, पृ. 365) इस सारगर्भित वाक्य में मार्क्स ने अपने ही द्वंद्वात्मक भौतिकवाद का विकास किया है। 'अर्थशास्त्र की आलोचना' की भूमिका में मार्क्स ने आर्थिक बुनियाद और विचारधारा को लेकर जो रूपरेखा बनाई है, वह द्वंद्वात्मक भौतिकवाद के अनुसार ही बनाई है। 'कम्यूनिस्ट घोषणा-पत्र' में उन्होंने विचारधारा के क्षेत्र को लेकर पूँजीपति वर्ग की क्रान्तिकारी भूमिका का जो उल्लेख किया है, वह भी उसी भौतिकवाद के अनुरूप है। किन्तु यहाँ पूँजीपति वर्ग का रूप दूसरा है। यह भौतिकवाद का विकास है। पूँजीपति दूसरों के श्रम को हथियाता है, उसी तरह वह दूसरों के रचे हुए विज्ञान को हथियाता

है। भौतिक सम्पदा को हथियाने और विज्ञान को हथियाने में महत्त्वपूर्ण अन्तर यह है कि पूँजीपति को भौतिक सम्पदा की जानकारी खूब होती है, विज्ञान की जानकारी उसे नहीं के बराबर होती है।

मार्क्स ने उस टिप्पणी में आगे लिखा था : "किन्तु विज्ञान हो या भौतिक सम्पदा, इनका पूँजीवादी अपहरण (appropriation) और व्यक्तिगत अपहरण दो एकदम भिन्न चीजें हैं। डॉक्टर उरे को मशीनरी इस्तेमाल करनेवाले कारखानेदार प्रिय हैं। इनमें यंत्रविज्ञान (mechanical science) का जो घोर अज्ञान फैला हुआ है, उस पर स्वयं डॉक्टर उरे ने क्षोभ प्रकट किया है और रसायनशास्त्र का जो आश्चर्यजनक अज्ञान इंग्लैंड के रासायनिक कारखानेदारों में है, लीबिग उसकी लम्बी दास्तान सुना सकते हैं।" (उप.) विज्ञान के पूँजीवादी आधार की चर्चा करते समय पूँजीपतियों के विज्ञान-सम्बन्धी अज्ञान को याद कर लेना उचित है।

पूँजीवादी परिस्थितियों में विज्ञान की उन्नति सम्भव है, इससे यह सिद्ध नहीं होता कि उसी परिमाण में कला और साहित्य की उन्नति सम्भव है। मार्क्स ने तो यहाँ तक कहा है : "पूँजीवादी उत्पादन की, बौद्धिक उत्पादन की कुछ शाखाओं से, यथा कला और साहित्य से, शत्रुता है।" ('On Literature and Art', पृ. 141) विचारधारा के घटकों की भिन्नता, आर्थिक संरचना से इनके सम्बन्धों की भिन्नता, जो आदमी नहीं पहचानता, वह सोचता है : "यंत्रविज्ञान आदि में हम प्राचीनों से आगे हैं, तब हम महाकाव्य की भी रचना क्यों नहीं कर सकते?" (उप.) इसी के समानान्तर यह प्रश्न है : "हम प्रेमचन्द और निराला से मार्क्सवाद ज्यादा समझते हैं, हमें उनसे ज्यादा अच्छे कवि और कथाकार क्यों नहीं माना जाता?"

(च) वर्ग, जातीय चरित्र, व्यक्तित्व : अधिरचना के घटक अलग-अलग तरह के हैं। आर्थिक बुनियाद से उनके सम्बन्ध अलग-अलग तरह के हैं। एक ही वर्ग के लोग विभिन्न देशों में—अथवा एक ही देश में—तरह-तरह के हैं। मार्क्स और एंगेल्स अपने संक्षिप्त उल्लेखों में भी इन सारी चीजों का ध्यान रखते थे। एंगेल्स ने हेगेल के दर्शन की क्रान्तिकारिता और उसकी राजनीति के दब्बूपन में भेद करते हुए लिखा था : "उनके तंत्र की भीतरी आवश्यकताएँ यह बताने को काफी हैं कि सोचने की एक पूर्णतः क्रान्तिकारी पद्धति ने एक नितान्त दब्बू राजनीतिक निष्कर्ष को क्यों जन्म दिया। वास्तव में इस निष्कर्ष के विशिष्ट रूप का स्रोत यह है कि हेगेल जर्मन थे। अपने समकालीन गेटे की तरह टटपुँजिये (फिलिस्टिन) की पूँछ थोड़ी-सी उनके पीछे भी लटक रही थी।" (उप., पृ. 349) जर्मन बुद्धिजीवियों को मुँह लटकाए नित गम्भीरता का बाना धारण किए देखकर एंगेल्स ने 1890 में लिखा था : "मुझे आश्चर्य है कि जर्मनी में लोग एक-दूसरे से इतनी भयानक संजीदगी से पेश आते हैं। हास्य-विनोद (Wit and humour) पर, लगता है, और भी तगड़ी पाबन्दी लगा दी गई है। मालूम होता है कि बोरियत नागरिक-कर्तव्य में शामिल है।" (उप., पृ. 78) वृद्ध

एंगेल्स की जिन्दादिली बनी हुई है। नौजवानों की मुहर्रमी सूरतें देखकर वह दुखी होते हैं। इससे बहुत पहले 1859 में उन्होंने लासाल को लिखा था कि विचारों की और भी ज्यादा गहराई का, सचेत ऐतिहासिक विषयवस्तु का 'शेक्सपियर की सजीवता से और भरे-पूरे चित्रण से' पूर्ण समन्वय शायद भविष्य में ही होगा। (उप., पृ. 103) बर्नार्ड शॉ अर्थशास्त्री और राजनीतिज्ञ के रूप में बेकार थे पर एंगेल्स को उनकी वाक्पटुता पसन्द थी। (उप., पृ. 340) बाल्जाक को अभिजात वर्ग से सहानुभूति थी पर 'उनका व्यंग्य सबसे ज्यादा तीखा तभी होता है' जब वे इस वर्ग की स्त्रियों और पुरुषों को अपनी कथा में संचालित करते हैं। (उप., पृ. 92)

बात केवल हास्य-विनोद और व्यंग्य की नहीं है, जातीय (अथवा राष्ट्रीय) चरित्र की भी है, कलाकार के व्यक्तित्व की भी है। इन दोनों का ही विश्लेषण कठिन होता है। मध्यवर्ग जर्मनी में था, नॉर्वे में था; दोनों में फर्क था। "नॉर्वे का निम्न पूँजीवादी आदमी आजाद किसान का बेटा है और इस परिस्थिति में वह मर्द है—गिरे हुए जर्मन टटपुँजिये के मुकाबले। इसी तरह नॉर्वे की निम्न मध्यवर्गीय नारी जर्मन टटपुँजिये की जोरू के मुकाबले आकाश तक ऊँची है। और उदाहरण के लिए इब्सन के नाटकों में चाहे जो खामियाँ हों, और यह सच है कि वे छोटे और मझोले पूँजीपतियों के संसार का प्रतिबिम्ब हैं, लेकिन उसमें और जर्मनी की स्थिति में भारी अन्तर है; वे जिस संसार का प्रतिबिम्ब हैं, उसमें लोगों का चरित्रबल, उनकी पहल-कदमी बनी हुई है। वे स्वतंत्र रूप से काम करते हैं यद्यपि दूसरे देशों में प्रचलित धारणाओं के अनुसार उनके काम अक्सर बेतुके मालूम हो सकते हैं।" (पृ. 77-78)

जब हम अधिरचना की बात करें, तब चरित्रबल, पहल-कदमी, स्वतंत्र रूप से काम करने की क्षमता का भी ध्यान रखें। साहित्य इन गुणों से महान् बनता है। नॉर्वे और जर्मनी दो भिन्न देश हैं, वहाँ के मध्यवर्ग अलग-अलग तरह के हैं तो आश्चर्य नहीं। पर रूस के भीतर, एक ही देश के एक ही वर्ग के लोगों में, एंगेल्स को काफी अन्तर दिखाई दिया था। रूस ने दोब्रोल्यूबोव और चर्निशेव्स्की जैसे दो बड़े लेखक पैदा किये हैं। ऐसा देश धराशायी न होगा, केवल इसलिए कि उसने बाकुनिन जैसे छलावे को जन्म दिया है और थोड़े-से कच्ची अक्ल के छात्रों को जन्म दिया है जो बड़े बोल बोलते हुए मेढक की तरह फूल जाते हैं और अन्त में एक दूसरे को खा जाते हैं। "दरअसल नई पीढ़ी के रूसियों में भी हम ऐसे लोगों को जानते हैं जिनमें श्रेष्ठ सैद्धान्तिक और व्यावहारिक क्षमता है और उनमें बड़ी ऊर्जा है। वे भाषाएँ सीखने में, विभिन्न देशों के आन्दोलन की अन्तरंग जानकारी में, अंग्रेजों और फ्रांसीसियों से आगे हैं, सांसारिक चतुराई में जर्मनी से आगे हैं।" (उप., पृ. 414) एंगेल्स, विभिन्न देशों के आन्दोलनों को, वहाँ के लोगों के जातीय चरित्र को कितनी सावधानी से परखते थे, यह उसकी मिसाल है। रूसी नौजवानों में बड़ी ऊर्जा है। इस ऊर्जा के बिना विचारधारा व्यर्थ है।

मजदूर क्रान्तिकारी बेकर का व्यक्तित्व किस तरह का है? एंगेल्स कहते हैं : "शरीर बूढ़ा हो चला है लेकिन जुझारूपन ठीक-ठाक बना हुआ है, प्रसन्नचित्त हैं। 'नीबेलुंगेनलीड' में हमारी जो र्हाइन-फ्रैंकजनों की गाथा साकार हुई है, उसी से मानो एक पात्र बाहर निकलकर आ गया हो—वादक फोल्केर, ठीक उसीका प्रतिरूप!" (उप., पृ. 406) पुरानी जर्मन गाथा एंगेल्स ने इस तरह पढ़ी थी कि उसके पात्र उन्हें प्रत्यक्ष से दिखाई देते थे। जब न पूँजीवाद था, न सर्वहारा वर्ग था, तब यह गाथा रची गई थी। अपने समकालीन गायक और क्रान्तिकारी बेकर को देखकर उन्हें उस गाथा का पात्र याद आता है। बेकार उसका ठीक प्रतिरूप हैं!

मार्क्स स्वयं कैसे लेखक थे? एंगेल्स के अनुसार मार्क्स "युग के सर्वाधिक ओजस्वी और कसे हुए गद्य लेखकों में हैं।" (उप., पृ. 120) उनके गद्य का एक गुण है कि वह ओजपूर्ण है। दूसरा यह कि वह खूब कसा हुआ है। उसमें कम-से-कम शब्दों का व्यवहार हुआ है। उसी अनुपात में अर्थ की गहराई है। मार्क्स के विचार निर्जीव इकाइयाँ नहीं हैं। उनके जर्मन गद्य का अनुवाद अंग्रेजी में करना सरल नहीं है। कारण यह कि "शक्तिशाली जर्मन के अनुवाद के लिए शक्तिशाली अंग्रेजी चाहिए।" (उप.) जर्मन भाषा में संरचना और शब्द-भंडार के विचार से अनेक स्तर थे। मार्क्स रोजमर्रा के ऐसे मुहावरों से भी काम लेते थे जो साहित्यिक जर्मन से बाहर रखे जाते थे। मानक भाषा से अलग हटकर वह जनपदीय, गैरमानक, मुहावरे भी इस्तेमाल कर लेते थे। वह नये शब्द भी गढ़ते थे, उदाहरण अनेक विज्ञानों से देते थे और सांकेतिक सन्दर्भ एक दर्जन भाषाओं के साहित्य से लेकर गद्य में सागोते थे। (उप., पृ. 119-20)

यह जरूरी नहीं है कि हर मार्क्सवादी लेखक इसी तरह की शैली का व्यवहार करे। यदि कोई यह मानता हो कि शैली विचारधारा का अंश है, तो उसे कहना चाहिए : एंगेल्स की शैली मार्क्स की शैली से भिन्न है, इसलिए उनकी विचारधारा भी मार्क्स की विचारधारा से भिन्न है! यदि मार्क्स की विचारधारा वैज्ञानिक है तो एंगेल्स की नहीं है; एंगेल्स की है तो मार्क्स की नहीं है। फैसला जिसके पक्ष में भी हो, यह निश्चित है कि ये दोनों महानुभाव विषयवस्तु और रूप का आपसी सम्बन्ध जानते हुए भी दोनों को एक ही चीज न मानते थे। फ्रांसीसी लेखक शातोब्रिथां की आलोचना करते हुए मार्क्स ने लिखा था : "झूठ का ऐसा मुरब्बा अब तक किसी ने तैयार न किया था—न रूप में, न विषयवस्तु में।" (उप., पृ. 292) इसी तरह एंगेल्स ने लासाल के एक नाटक के बारे में लिखा था कि पहले तीन अंकों में लम्बी, उबाऊ वक्तृताएँ हैं। एक ही पात्र बहुत देर तक बोलता चला जाता है। किन्तु अन्तिम दो अंकों में संवाद द्रुत और सजीव हैं। ऐसे ही संवाद पहले के तीन अंकों में भी लिखे जा सकते हैं। "बेशक इससे विचारवस्तु (idea content) घाटे में रहेगी पर ऐसा होना अनिवार्य है।" (उप., पृ. 103) आप कह सकते हैं, एंगेल्स रूपवादी थे, विचारवस्तु

को घाटे में रखकर सजीव संवाद लिखने की सलाह दे रहे थे। जो भी आपकी राय हो, यह तो निश्चित है कि विचारवस्तु की रक्षा के लिए एंगेल्स लम्बे उबाऊ भाषण सहने को तैयार नहीं थे।

शायद ऐसा कहनेवाले भी मिल जाएँ कि रूप विचारवस्तु से अलग जरूर है पर विचारधारा व्यापक संज्ञा है, उससे रूप अलग नहीं है।

(छ) विचारधारा और कलात्मक सौन्दर्य : कला और साहित्य के प्रसंग में यहाँ विचारधारा शब्द के व्यवहार के कुछ उदाहरण देख लें। सोवियत संघ की कम्यूनिस्ट पार्टी की केन्द्रीय समिति के साहित्य कला-सम्बन्धी फैसलों से उदाहरण लिये गए हैं। अगस्त, 1946 में 'ज़्वेज़्दा' पत्रिका के बारे में : "सम्पादकों ने पत्रिका में इतर (alien) विचारधारा की कृतियाँ छपने दीं। इसके अलावा उन्होंने लिखनेवालों के लिए साहित्यिक मानदंड भी नीचे कर दिये। नतीजा यह कि 'ज़्वेज़्दा' के पृष्ठ निम्न साहित्यिक मूल्य के नाटकों और कहानियों से भर गए।" ('Decisions of the Central Committee, C.P.S.U.(B) on Literature and Art', पृ. 6) अगस्त, 1946 में रंगमंच पर खेले जानेवाले नाटकों के बारे में : "हमारे नाट्यगृह समकालीन विषयों पर जो थोड़े-से ही नाटक मंचित करते हैं, उनमें कुछ का कलात्मक और विचारधारात्मक मानदंड नीचा है।" (उप., पृ. 13) सोवियत लेखक संघ की समिति नाटककारों का मार्गदर्शन नहीं करती कि "वे अपनी कृतियों का विचारधारात्मक और कलात्मक स्तर ऊँचा करें।" (उप., पृ. 16) सितम्बर, 1946 में 'प्रकाशमान जीवन' नाम की फिल्म के बारे में : "इसके विचारधारात्मक और राजनीतिक पक्ष दोषपूर्ण हैं और वह बहुत ही नीचे कलात्मक स्तर की है।" (उप., पृ. 23) जो फिल्में बनती हैं, उनकी 'विचारधारात्मक और राजनीतिक विषयवस्तु के प्रति तथा उनके कलात्मक गुणों के प्रति' फिल्म मंत्रालय के अधिकारी उदासीन हैं। फरवरी, 1948 में संगीत नाटिका 'महान् मैत्री' के बारे में : "संगीत और कथानक, दोनों के विचार से यह दोषपूर्ण, कलाविहीन कृति है।" (उप., पृ. 31) आवश्यकता इस बात की है कि "ऊँचे दर्जे की विचारवस्तु से संगीतात्मक रूप की कलात्मक सुधराई का मिश्रण किया जाए।" (उप., पृ. 36)

कलात्मक और विचारधारात्मक मानदंड, विचारधारात्मक और कलात्मक स्तर, विचारवस्तु और कलात्मक सुघराई—विचारधारा के साथ अलग से कला का उल्लेख यह सूचित करता है कि दोनों एक ही चीज नहीं हैं। पर सवाल यह नहीं है कि आप विचारधारा शब्द का व्यवहार कितने व्यापक अर्थ में करते हैं। सवाल यह है कि साहित्य और कला में विचारवस्तु से अलग कोई तत्त्व है या नहीं और है तो आप उसकी व्याख्या कैसे करते हैं। भौतिकवादी धारणा यह है कि विचारों के लिए भाषा का व्यवहार आवश्यक है। मार्क्स की उक्ति है : "भाषा से अलग विचारों का अस्तित्व नहीं है, (Ideas do not exist separately from language)।" (उप.,

पृ. 108) भाववादी लेखक ड्यूरिंग का कहना था : "जो आदमी केवल भाषा के माध्यम से विचार करता है, वह अभी जानता ही नहीं है कि अमूर्त और विशुद्ध विचार होता क्या है।" इस पर एंगेल्स की टिप्पणी थी : "इस आधार पर पशु सबसे अमूर्त और विशुद्ध विचारक ठहरेंगे क्योंकि उनकी विचारणा पर भाषा का अनचाहा अवगुंठन नहीं पड़ा होता।" ('एंटीड्यूरिंग', पृ. 100) चित्र, शिल्प, संगीत, स्थापत्य कलाएँ विचार व्यक्त नहीं करतीं क्योंकि उनमें अभिव्यक्ति का माध्यम भाषा नहीं है। जो लोग मानते हैं कि ये कलाएँ भाषा के बिना भी विचार व्यक्त करती हैं, वे भाववादी हैं, भौतिकवादी नहीं।

यदि आप मानते हों कि स्थापत्यकला का निर्माण-सौन्दर्य, भिन्न रूपों में, साहित्य तथा चित्र, संगीत आदि कलाओं में भी होता है, तो आपको बताना चाहिए, विचारवस्तु से अलग हटकर यह सौन्दर्य मानव चेतना की किस तरह की कार्रवाई से जुड़ा हुआ है। इसी तरह आप मानते हों कि नाद-सौन्दर्य केवल संगीत में नहीं, काव्य में भी है; चित्रमयता केवल चित्रकला में नहीं, संगीत और साहित्य में भी है, तो आपको बताना चाहिए कि काव्य का यह नाद-सौन्दर्य, साहित्य की यह चित्रमयता विचारवस्तु से किस तरह अलग है, साहित्य में विचार के अलावा अन्य घटक और कौन-से हैं। भाववादी विचारकों के लिए जैसे भाषा के बिना विचार की अमूर्त सत्ता होती है, वैसे ही उनके लिए गोचर अनुभव के बिना, इंद्रियबोध के बिना, सौन्दर्य की अमूर्त सत्ता होती है।

मनुष्य का सौन्दर्यबोध, उसकी 'वासना', कलाओं के प्रति उसकी अभिरुचि शताब्दियों के ऐतिहासिक विकास का परिणाम है। मार्क्स ने 1844 में ही लिखा था कि मनुष्य में संगीत का बोध संगीत से ही जाग्रत होता है [जैसे धर्म, दर्शन आदि का विकास पहले से प्राप्त सामग्री के आधार पर होता है, वैसे ही शास्त्रीय संगीत का विकास पहले से प्रापा अशास्त्रीय संगीत के आधार पर होता है], संगीत के लिए ठस कानों को अच्छे से अच्छा संगीत प्रभावित नहीं करता; वस्तु हमारे लिए वहीं तक सार्थक है, जहाँ तक हमारा बोध पहुँचता है। "इस कारण सामाजिक मनुष्य का इन्द्रियबोध (senses) गैर-सामाजिक मनुष्य के इन्द्रियबोध से भिन्न होता है। मनुष्य की मूल सत्ता (essential being) की समृद्धि के वस्तुगत रूप में प्रस्फुटित होते रहने पर ही आत्मगत 'मानवीय' संवेदनशीलता (sensibility) (संगीतप्रेमी कान, रूप का सौन्दर्य पहचानने वाली आँख—संक्षेप में ऐसा 'इन्द्रियबोध' जिसमें मानवीय तुष्टि की क्षमता हो, ऐसा इन्द्रियबोध जो 'मनुष्य' की मूल शक्ति के रूप में अपनी पुष्टि करता हो) विकसित की जाती है अथवा अस्तित्व में आती है। कारण यह कि मनुष्य की पाँच इन्द्रियाँ (कर्मेन्द्रियाँ) ही नहीं वरन् तथाकथित ज्ञानेन्द्रियाँ (mental senses) भी, व्यावहारिक इन्द्रियाँ (इच्छा, प्रेम, इत्यादि), संक्षेप में 'मानवीय' इन्द्रियबोध (human sense), इन्द्रियों की मानवीय प्रकृति, अपनी वस्तु

के कारण, अपने मानवीकृत स्वभाव (humanise nature) के कारण, अस्तित्व में आती है। पाँच इन्द्रियों की 'निर्माण-प्रक्रिया' आज तक के समूचे विश्व इतिहास के परिश्रम का फल है। जो इन्द्रिय मोटी व्यावहारिक आवश्यकता से बँध जाती है, वह 'सीमित बोध' (restricted sense) वाली होती है। जो आदमी भूखों मर रहा है, वह भोजन का मानवीय रूप नहीं देखता, वह मात्र भोजन के रूप में उसका अमूर्त अस्तित्व देखता है। वह भोजन भोंडे-से-भोंडे रूप में हो तो भी क्या, यह कहना कठिन होगा कि यह भक्षण-कर्म 'पशुओं' के भक्षण-कर्म से किस तरह अलग होगा। परेशानियों से बेचैन, गरीबी से बेहाल आदमी में अच्छे-से-अच्छे नाटक के लिए 'बोध' नहीं होता। धातुओं का व्यापारी उनका व्यापारिक मूल्य ही देखता है : उनका सौन्दर्य, उनका विशिष्ट स्वरूप नहीं देखता। उसमें धातुशास्त्रीय बोध नहीं है।" (उप., पृ. 127-28)

मार्क्स के उदाहरण में एक छोर पर भूखों मरता आदमी है, दूसरे छोर पर धातुओं का व्यापारी है। भूखा आदमी भोजन का उपयोग मूल्य ही पहचानता है, उसे किसी तरह अपना पेट भरना है। भोजन के पाकशास्त्रीय मूल्यों से उसे मतलब नहीं। दूसरी तरफ धातुओं का व्यापारी उनका व्यापारिक मूल्य (विनिमय मूल्य) ही पहचानता है, उनका सौन्दर्य, उनका धातुशास्त्रीय मूल्य नहीं। अर्थशास्त्र में वस्तु के उपयोग मूल्य और विनियम मूल्य, इन दो मूल्यों से काम चल जाता है, किन्तु सौन्दर्यशास्त्र में एक तीसरा मूल्य चाहिए। वह है कलात्मक मूल्य। यह मूल्य अर्थशास्त्र वाले दो मूल्यों से नितान्त पृथक् नहीं है। स्वस्थ आदमी के लिए भोजन क्षुधा शान्त करने का साधन है, एक उपयोग मूल्य है; वह स्वाद की वस्तु भी है, एक कलात्मक मूल्य भी है। यह कलात्मक मूल्य, इस मूल्य का बोध, मनुष्य के समूचे इतिहास का परिणाम है। उसके इन्द्रियबोध के विकास से यह सौन्दर्यबोध जुड़ा हुआ है।

यूनान की प्राचीन कला, उसके महाकाव्यों के मूल्यांकन को लेकर समस्या क्यों पैदा होती है? इसलिए कि, मार्क्स के शब्दों में : "उनसे हमें आज भी सौन्दर्यजनित आनन्द (aesthetic pleasure) प्राप्त होता है और कुछ बातों में उन्हें मानक कृतियाँ और अप्राप्य आदर्श माना जाता है।" (उप., पृ. 84) सुन्दर वस्तु से मनुष्य को आनन्द प्राप्त होता है, इस आनन्द प्राप्ति के लिए सौन्दर्यबोध का विकास जरूरी है। मार्क्स ने 1858 में लिखा था : "कलाकृति ऐसे मानव समुदाय का निर्माण करती है जिसमें कलात्मक बोध हो, जो सौन्दर्य से आनन्द प्राप्त कर सके।" (उप., पृ. 129) कलाकृति देखकर मनुष्य का सौन्दर्यबोध तुष्ट होता है, विकसित होता है। स्वभावतः कलाकृति, सुन्दर वस्तु, का निर्माण तभी सम्भव है जब सौन्दर्य के नियमों का ध्यान रखा जाए। मार्क्स ने 1844 में बिलकुल ठीक लिखा था : "विभिन्न पशु अपनी-अपनी जाति और औकात के अनुसार ही रचना

करते हैं।...मनुष्य सौन्दर्य के नियमों के अनुसार भी रचना करता है।" ('Collected Works', खंड-3, पृ. 277)

समाज की नींव में—आर्थिक बुनियाद में—उपयोग मूल्य और विनिमय मूल्य भरे पड़े हैं। कलात्मक मूल्य ऊपर की इमारत में हैं। जब हम समझते हैं कि ये कलात्मक मूल्य उपयोग मूल्यों का प्रतिबिम्ब मात्र हैं, तब हमारे लिए यह सोचना स्वाभाविक है कि बुनियाद के बदलने पर इन प्रतिबिम्बों का बदलना जरूरी है। किन्तु ये तीसरी तरह के मूल्य हैं, प्रतिबिम्ब मात्र नहीं हैं, सापेक्ष रूप में स्वतंत्र हैं, इसलिए कई बार आर्थिक बुनियाद के बदलने पर, कई युगों के आने और चले जाने के बाद भी, हमें आनन्द देते हैं। आर्थिक बुनियाद से अधिरचना के सम्बन्ध को समझाने का एक तरीका द्वंद्वात्मक भौतिकवाद का है, दूसरा यांत्रिक भौतिकवाद का। यांत्रिक भौतिकवाद की धारणाएँ साहित्य और कलाओं के क्षेत्र में ही नहीं, आर्थिक और राजनीतिक क्षेत्रों में भी हानिकारक हैं।

प्राचीन यूनान के महाकाव्य, वहाँ की कलाकृतियाँ मूल्यवान हैं। कुछ अनुपम कलाकृतियाँ, अमर महाकाव्य भारत के पास भी हैं। हम इनसे अधिक सुन्दर, अधिक प्रभावशाली कृतियाँ न दे सकें, तो प्रयत्न यह होना चाहिए कि कम-से-कम इनकी रक्षा अवश्य करते रहें। इस कार्य का राजनीतिक महत्त्व भी है। इस कार्य की सिद्धि के लिए मार्क्स और एंगेल्स के चिन्तन का—उसकी समग्रता और विकासमानता को ध्यान में रखते हुए—अध्ययन करना आवश्यक है। खास तौर से आर्थिक बुनियाद और अधिरचना के सम्बन्ध की व्याख्या के लिए कला और साहित्य के अतिरिक्त दर्शन (प्राचीन, पुनर्जागरण काल से 18वीं सदी तक के दर्शन), प्रकृति-विज्ञान (मुख्यत: औद्योगिक क्रान्ति से लेकर अपने समय तक के विज्ञान), समाजविज्ञान (इतिहास, राजनीति, अर्थशास्त्र—नये और पुराने) के बारे में उन्होंने जो कुछ लिखा था, उसे भी ध्यान में रखना चाहिए।

बुनियाद और अधिरचना के द्वंद्वात्मक सम्बन्ध की तरह राष्ट्रीय संस्कृति और अन्तरराष्ट्रीय संस्कृति का सम्बन्ध है। मार्क्स और एंगेल्स का कृतित्व जर्मन राष्ट्रीय संस्कृति का विकास है, इसके साथ ही वह अन्तरराष्ट्रीय (मुख्यतः यूरोपियन, पर अंशतः गैर-यूरोपियन) संस्कृति का विकास भी है। मानव संस्कृति का यह विकास रुक नहीं गया। इसका प्रमाण लेनिन हैं—रूसी संस्कृति की अनिवार्य उपज और दुनिया भर के मजदूरों-किसानों के भाई-चारे के शक्तिशाली निर्माता। आज हमारे सामने अपने ही देश की नहीं, अनेक देशों की आर्थिक बुनियादें हैं और ये सब अलग-थलग नहीं, एक दूसरे से—कहीं कम, कहीं ज्यादा—उलझी हुई हैं। इनकी जानकारी महत्त्वपूर्ण है। परन्तु इनसे पहले की आर्थिक बुनियादें? उनका महत्त्व समाजविज्ञान के लिए है, वे हमारी आज की सामाजिक कार्यवाही को प्रभावित नहीं कर सकतीं। किन्तु उनके साथ वाली अधिरचनाएँ? उनका महत्त्व हमारी आज की

सांस्कृतिक कार्यवाही के लिए भी है—सकारात्मक और नकारात्मक, दोनों रूपों में। कितनी नई सभ्यताओं का पता चला है मार्क्स के निधन के बाद! इनकी जानकारी से मानव संस्कृति कितना समृद्ध हुई है!

मार्क्स ने ठीक कहा था : किसी युग को हम उसकी अपनी चेतना से नहीं परखते। जिस युग की चेतना का जैसा भी विकास हुआ हो, उसी से वह पुराने युग की चेतना को परखता और पहचानता है। यह परख और पहचान जरूरी है उस युग की अपनी चेतना के विकास के लिए। कितने युग, चेतना की कितनी परतें! इनकी जानकारी वर्तमान अधिरचना को ही प्रभावित नहीं करती, वह आज की आर्थिक बुनियाद को, हर तरह की सामाजिक कार्यवाही को भी प्रभावित करती है। ऐसी निरन्तर गतिशील भूमिका है पुरानी अधिरचनाओं की। देखना है, नया भारत पुराने भारत को नये सिरे से पहचान पाता है या नहीं; राष्ट्र के रूप में अपना अस्तित्व कायम रखकर संसार में नई प्रतिष्ठा अर्जित कर पाता है या नहीं।

5. भाषा, अधिरचना और टेक्नोलॉजी

इतिहास की भौतिकवादी धारणा की व्याख्या करते हुए लेनिन ने 'कार्ल मार्क्स' शीर्षक निबन्ध में 'पूँजी' (प्रथम खंड) से मार्क्स का यह वाक्य उद्धृत किया था : "टेक्नोलॉजी यह बताती है कि आदमी प्रकृति से किस तरीके से निपट रहा है, उत्पादन की वह प्रत्यक्ष प्रक्रिया कौन-सी है जिससे वह जीवन-यापन करता है, और इस तरह यह भी दिखा देती है कि उसके सामाजिक सम्बन्धों के निर्माण की पद्धति कौन-सी है और उनसे पैदा होनेवाली मानसिक अवधारणाओं के निर्माण की पद्धति, कौन-सी है (Technology discloses man's mode of dealing with nature, the immediate process of production by which he sustains his life, and thereby also lays bare the mode of formation of his social relations, and of the mental conceptions that flow from then.)।" ('ग्रंथावली', खंड, 21, पृ. 55) मानसिक अवधारणाएँ कहाँ से कैसे पैदा हो रही हैं, यह जानने के लिए आदमी के सामाजिक-सम्बन्धों को देखो। सामाजिक सम्बन्धों का निर्माण किस पद्धति से हो रहा है, यह जानने के लिए उत्पादन की प्रक्रिया देखो। उत्पादन की प्रक्रिया को समझने के लिए टेक्नोलॉजी को पहचानो। इस तरह अधिरचना से टेक्नोलॉजी जुड़ी हुई है। वह आर्थिक बुनियाद का अंग है, उसके बदलने पर सामाजिक सम्बन्ध बदलेंगे, सारी बुनियाद बदलेगी।

द्वंद्वात्मक और ऐतिहासिक भौतिकवाद पर अपने लेख में स्तालिन ने 'पूँजी' (खंड-1) से मार्क्स के ये वाक्य उद्धृत किए थे : "श्रम के उपकरणों (instruments of labour) का निर्माण और उपयोग बीज रूप में पशुओं की कुछ जातियों में भी पाया जाता है, किन्तु वह सुनिश्चित रूप में मानवीय, श्रम-प्रक्रिया की विशेषता है। इसलिए फ्रेंकलिन ने आदमी की व्याख्या की थी कि वह औजार बनाने वाला जानवर

है। समाज के जो आर्थिक रूप समाप्त हो चुके हैं, उनकी खोजबीन के लिए श्रम के पुरातन उपकरणों का वही महत्त्व है जो पशुओं की समाप्त हो चुकी जातियाँ निर्धारित करने के लिए भूगर्भस्थ हड्डियों का है। विभिन्न आर्थिक युगों को हम एक दूसरे से यह देखकर नहीं बिलगाते कि उनमें कौन-सी चीजें बनाई गई थीं वरन् इससे बिलगाते हैं कि ये चीजें कैसे बनाई गई थीं और किन औजारों से बनाई गई थीं। श्रम के उपकरणों से यह मानदंड मिल जाता है जिससे पता चलता है कि मानव श्रम का विकास किस हद तक हुआ है। यही नहीं, वे उन सामाजिक परिस्थितियों के सूचक भी हैं जिनके अन्तर्गत वह श्रम किया जाता है।" ('History of the Communist Party', पृ. 199-200) उत्पादन के पुराने उपकरण मिल जाएँ तो मालूम हो जाएगा, वे किस तरह की समाज-व्यवस्था में इस्तेमाल किये जाते थे। मनुष्य किन सामाजिक परिस्थितियों में श्रम करता था, इसका पता श्रम के उपकरणों से लग जाता है। आदमी औजार बनानेवाला जानवर है। वह आदमियत की किस मंजिल में है, इसका पता उत्पादन के औजारों से लग जाना चाहिए।

स्तालिन ने आगे मार्क्स की पुस्तक 'दर्शनशास्त्र की निर्धनता' से यह उद्धरण दिया है। "सामाजिक सम्बन्ध बहुत नजदीकी तौर पर उत्पादक शक्तियों से जुड़े हुए हैं। नई उत्पादक शक्तियाँ प्राप्त करने में मनुष्य अपनी उत्पादन की पद्धति बदल देते हैं। उत्पादन की पद्धति बदलने में, जीविका उपार्जित करने की पद्धति बदलने में, वे अपने समस्त सामाजिक सम्बन्ध बदल देते हैं। हाथ की चक्की से सामन्ती स्वामी वाला समाज प्राप्त होता है, भाप की चक्की से औद्योगिक पूँजीपति वाला समाज प्राप्त होता है।" (उप., पृ. 20)

उत्पादन के औजार बदले, युग बदल गया। मार्क्स की धारणा के अनुरूप स्तालिन ने प्रत्येक युग के लिए उत्पादन के औजार निर्धारित कर दिये। आदिम साम्यवाद का युग—पत्थर के औजार, बाद को तीर-कमान; दास-प्रथा का युग—पत्थर के औजारों के बदले धातुओं के औजार; सामन्ती युग—लोहे के काम का और परिष्कार, लोहे के फाल वाले हल और करघे का प्रसार; पूँजीवादी युग—बड़ी मिलें और कारखाने, बड़े फार्म जहाँ मशीनों से खेती होती हो। इन औजारों के साथ हर युग के सामाजिक सम्बन्ध इस प्रकार हैं : आदिम साम्यवाद—उत्पादन के साधनों पर सामूहिक स्वामित्व, सामूहिक श्रम; दास-प्रथा—दासों पर, उत्पादन के साधनों पर, दासों के मालिक का स्वामित्व, पशुवत् दासों का श्रम; सामन्तवाद—उत्पादन के साधनों पर सामन्ती मालिक का स्वामित्व, उत्पादक हैं बँधुआ किसान, सामन्ती मालिक उनकी जान नहीं ले सकता पर उनका क्रय-विक्रय कर सकता है। पूँजीवाद—उत्पादन के साधनों पर पूँजीपति का स्वामित्व, पगारजीवी मजदूरों को वह न बेच सकता है, न उनकी जान ले सकता है किन्तु भुखमरी से बचने के लिए वे पूँजीपति के हाथ अपनी श्रम-शक्ति बेचने को बाध्य होते हैं; समाजवाद—उत्पादनों के साधनों पर सामाजिक

स्वामित्व, सहकारितावाला श्रम, श्रम के अनुसार उत्पादित वस्तुओं का विवरण। (उप., पृ. 194-199)

स्तालिन ने निष्कर्ष यह निकाला है : उत्पादन के सम्बन्धों (अर्थात् सामाजिक सम्बन्धों) का विकास सर्वप्रथम उत्पादन के उपकरणों (अर्थात् श्रम के उपकरणों) के विकास पर निर्भर है। (उप., पृ. 199) ये सारी बातें केवल आंशिक रूप में, बहुत ही सापेक्ष रूप में, सही हैं। ज्यों की त्यों ग्रहण करने पर उनसे भारी उलझनें पैदा हो सकती हैं। स्तालिन ने औजारों के बदलने के साथ युगों के बदलने का जो नक्शा बनाया है, उसमें औजार केवल पूँजीवादी युग तक बदलते हैं, समाजवादी युग के प्रसंग में औजारों का उल्लेख नहीं है। समाजवादी क्रान्ति—मानव इतिहास का सबसे बड़ा परिवर्तन, और इस परिवर्तन में औजारों की कोई भूमिका नहीं!

समाजवादी क्रान्ति होती क्यों है? पूँजीवाद उत्पादन का प्रसार करता है, लाखों मजदूरों को भारी कारखानों में बटोर लेता है, उत्पादन की प्रक्रिया को सामाजिक स्वरूप प्रदान करता है। यह सामाजिक स्वरूप उत्पादन के साधनों पर पूँजीपतियों के निजी स्वामित्व से टकराता है। समाजवादी क्रान्ति इसलिए नहीं होती कि उत्पादन का तरीका पिछड़ा हुआ है वरन् इसलिए होती है कि उत्पादक शक्तियों के स्वरूप से (मजदूरों के सामूहिक श्रम से) उत्पादन के सम्बन्ध (कल-कारखानों पर निजी स्वामित्व) मेल नहीं खाते। समाजवादी क्रान्ति मजदूरों के सामूहिक श्रम के अनुरूप कल-कारखानों पर समाज का अधिकार कायम करती है। पहले श्रम के उपकरण बदल जाएँ, फिर समाजवादी व्यवस्था कायम हो, ऐसा नहीं होता।

मार्क्स ने औद्योगिक पूँजीवाद की परिस्थितियों को ध्यान में रखकर समाजवादी क्रान्ति की अनिवार्यता सिद्ध की थी। उसके बाद महाजनी पूँजीवाद का युग आया। संसार थोड़े-से साहूकार देशों और बहुसंख्यक कर्जदार देशों में विभाजित हो गया। विश्वक्रान्ति का स्वरूप बदल गया, श्रमिक वर्ग की रणनीति बदल गई। यह सब लेनिन की रचनाओं में है लेकिन 'कार्ल मार्क्स' शीर्षक निबन्ध में नहीं है। स्तालिन की रचनाओं में भी है लेकिन 'द्वंद्वात्मक और ऐतिहासिक भौतिकवाद' शीर्षक निबन्ध में नहीं है। लेनिन की तरह स्तालिन की स्थापनाओं का अध्ययन भी उनके चिन्तन की समग्रता को ध्यान में रखते हुए करना चाहिए।

यह बात सम्भव है कि टेक्नोलॉजी के कुछ क्षेत्रों में सोवियत संघ अमरीका से पिछड़ा हुआ है। इससे यह सिद्ध नहीं होता कि सामाजिक सम्बन्धों के विचार से अमरीका आगे बढ़ा हुआ है, सोवियत संघ पिछड़ा हुआ है। सोवियत संघ दरकिनार, सामाजिक सम्बन्धों के विचार से वियतनाम और निकारागुआ भी अमरीका से आगे बढ़े हुए हैं। इससे निष्कर्ष यह निकलेगा कि टेक्नोलॉजी और समाज-व्यवस्था में यांत्रिक सम्बन्ध नहीं है। श्रम के उपकरण और सामाजिक सम्बन्ध, दोनों आर्थिक बुनियाद के घटक हैं और दोनों सापेक्ष रूप में एक दूसरे से स्वतंत्र हैं।

औद्योगिक पूँजीवाद की शुरुआत मशीनों के चलन से होती है किन्तु पूँजीवादी उत्पादन की शुरुआत इससे पहले हो चुकी होती है। पूँजीवादी उत्पादन की शुरुआत दस्तकारी के आधार पर होती है, मशीनों का चलन बाद में होता है। पूँजीवादी उत्पादन की विशेषता यह है कि वह श्रम के उपकरणों को बदलता रहता है। इस सिलसिले में भाप से चलनेवाली मशीनों का उपयोग बहुत महत्त्वपूर्ण मंजिल है, फिर बिजली से चलनेवाली मशीनों का उपयोग दूसरी महत्त्वपूर्ण मंजिल है। पूँजीवाद की शुरुआत बिजली की मशीनों से नहीं होती, भाप की मशीनों से नहीं होती, शुरुआत होती है उन्हीं औजारों के इस्तेमाल से जिनसे सामन्ती समाज के कारीगर काम करते थे। इस शुरुआती मंजिल में कारीगर कारखानों में जमा होकर काम करते थे, घर पर रहते हुए—कारखाने की शक्ल देखे बिना भी—काम करते थे। वास्तव में मशीन का चलन घरेलू उद्योग के दायरे में हुआ, वहाँ से वह कारखानों में पहुँची। 1765 के आसपास जेम्स हारग्रीव्ज नाम के जुलाहे और ब्लैकबर्न नाम के बढ़ई ने कताई की मशीन (spinning jenny) बनाई। "यह सादी मशीन थी, हाथ से चलाई जा सकती थी, अपेक्षाकृत सस्ती थी और इस तरह वह घरेलू तंत्र (domestic system) में फिट हो जाती थी।" ('A Survey of English Economic History', edited by H. W. Thomas, पृ. 250) उत्पादन में कब किस तरह के औजार इस्तेमाल किये जाते हैं, यह आर्थिक परिस्थितियों पर निर्भर है। 1730 के दशक में जॉन वाइट और लीबिस पॉल ने कताई की मशीन बनाई जो उस मशीन का पूर्वाभास देती थी जिसे बाद को रिचार्ड आर्कराइट ने बनाया था किन्तु उससे काम नहीं लिया गया। (उप.) कारण यह था कि अभी आर्थिक परिस्थितियाँ अनुकूल न थीं।

इंग्लैंड में कारखानेदारी की शुरुआत से डेढ़ हजार साल पहले रोमन साम्राज्य में एक तरह की कारखानेदारी का चलन हो चुका था। बर्नाल ने लिखा है : तब तक के अर्जित ज्ञान के आधार पर सड़कों, बन्दरगाहों आदि का निर्माण हुआ; यही नहीं : "किसी रोक-टोक के बिना व्यापार फल-फूल सकता था और साम्राज्य के सभी भागों से स्वच्छंदतापूर्वक उत्पादों का विनिमय हो सकता था। इससे मिट्टी के बर्तनों जैसे बिकाऊ माल के लिए मानक वस्तुओं का ऐसा उत्पादन शुरू हुआ जो व्यवहारत: कारखाने का उत्पादन (practically factory production) था। किन्तु दासों के श्रम की इफरात थी और बाजार अभी खाते-पीते वर्गों तक सीमित था, अत: मालिक दस्तकारों के लिए कोई प्रेरणा नहीं थी कि मशीनें चालू करने का अगला कदम उठाते। औद्योगिक क्रान्ति के विकास के लिए परिस्थितियाँ कभी पैदा नहीं हुईं।" ('Science in History', पृ. 164) इंग्लैंड अठारहवीं सदी में जहाँ था, वहाँ रोमन साम्राज्य डेढ़ हजार साल पहले पहुँच गया था। बाजार के लिए मानक वस्तुओं का उत्पादन, साम्राज्य के हर भाग की वस्तुओं का स्वच्छंद विनिमय, यह परिस्थिति अठारहवीं सदी के यूरोप में नहीं थी, किन्तु अकबर के समय के भारत में थी। रोमन

बाजार को ध्वस्त किया जर्मन आक्रमणकारियों ने, भारतीय बाजार को ध्वस्त किया अंग्रेज आक्रमणकारियों ने। मशीनों के चलन की प्रेरणा कब किसे होती?

रोमन समाज में खेतों पर दास काम करते थे। आजाद मालिक किसानों के अपने खेत भी थे, इसीलिए मार्क्स ने लिखा था कि रोमन समाज का मुख्य अन्तर्विरोध छोटे-बड़े भूस्वामियों में था, दास-प्रथा से उसमें थोड़ी-बहुत तब्दीली हुई थी। दासों और आजाद किसानों के सामाजिक सम्बन्ध दो तरह के थे, उनके श्रम के उपकरण एक तरह के थे। रोम और यूनान में बिकाऊ माल दास तैयार करते थे, पगारजीवी श्रमिक भी तैयार करते थे। दास-प्रथा के समानान्तर छिटपुट रूप में, एंगेल्स के अनुसार, पगारजीवी श्रम का चलन शताब्दियों तक रहा, "किन्तु यह भ्रूण, पूँजीवादी उत्पादन पद्धति के रूप में, तभी विकसित हो सका जब आवश्यक ऐतिहासिक परिस्थितियाँ प्रस्तुत कर दी गईं।" ('एंटीड्यूरिंग', पृ. 310) पगारजीवी श्रम की प्रथा का व्यापक चलन ऐतिहासिक परिस्थितियों पर निर्भर है; किन्तु रोम और यूनान में उत्पादन के जो औजार दासों के थे, वही पगारजीवी श्रमिकों के थे। नॉर्वे में बँधुआ किसान नहीं थे, जर्मनी में थे। श्रम के उपकरण दोनों देशों में मिलते-जुलते थे। स्वयं जर्मनी में सामूहिक स्वामित्व वाले गाँवों के अलावा ऐसे गाँव थे जहाँ एंगेल्स के अनुसार : "खेत ग्राम-सम्पत्ति नहीं थे। वे किसानों में व्यक्तिगत स्तर पर उनकी मौरूसी जायदाद के रूप में विभाजित थे।" ('Precapitalist Socio-Economic Formations', पृ., 278) छोटे मालिक किसान, सामूहिक स्वामित्व वाले ग्राम-समाजों के किसान, बँधुआ किसान—एक ही देश में तीन तरह के सामाजिक सम्बन्ध, किन्तु तीनों स्थितियों में किसानी के उपकरण एक-से ही।

आर्थिक बुनियाद का एक हिस्सा है सामाजिक सम्बन्ध, दूसरा हिस्सा हैं श्रम के उपकरण। ऊपर के उदाहरणों से सामाजिक सम्बन्धों की सापेक्ष स्वतंत्रता सिद्ध होती है। टेक्नोलॉजी का उद्‌भव, विकास, सदुपयोग और दुरुपयोग आर्थिक परिस्थितियों पर निर्भर है किन्तु टेक्नोलॉजी सापेक्ष रूप में स्वतंत्र होने से अपनी चाल दिखाती है और आर्थिक परिस्थितियों को प्रभावित करती है। उत्पादन के दायरे से बाहर निकलकर, युद्ध-कौशल से जुड़कर, वह उत्पादकों और उपभोक्ताओं का जीवित रहना असम्भव बना सकती है। मार्क्स ने श्रम के उपकरणों से समाज-व्यवस्था का सम्बन्ध जोड़ा था; मार्क्स ने ही 'पूँजी' के प्रथम खंड में दस्तकारी के पुराने उपकरणों के आधार पर पूँजीवादी उत्पादन की नई पद्धति को विकसित होते दिखाया था। यदि सामाजिक सम्बन्ध टेक्नोलॉजी से यंत्रवत् जुड़े हुए नहीं हैं, तो स्पष्ट है कि टेक्नोलॉजी और मानसिक अवधारणाओं के बीच का फासला और भी ज्यादा होगा।

मानसिक अवधारणाएँ भाषा द्वारा ही व्यक्त होती हैं। प्रश्न यह है : भाषा को अधिरचना मानें या उससे अलग कोई और प्रपंच मानें? स्तालिन से सोवियत संघ

के कुछ नौजवानों ने पूछा था : "क्या यह सच है कि भाषा, आधार के ऊपर की, अधिरचना है?" स्तालिन ने कहा : "नहीं, यह सच नहीं है।" तर्क यह था, बुनियाद के बदलने पर अधिरचना बदल जाती है। पूँजीवादी व्यवस्था के बदलने पर रूसी भाषा नहीं बदली। ('Concerning Marxism in Linguistics', पृ. 3) बुनियाद में टेक्नोलॉजी को शामिल करें तो कहना होगा कि बुनियाद भी पूरी तरह नहीं बदली। समाजवादी रूस में रेलें चालू रहीं, रूसी भाषा भी चालू रही। इस तथ्य से यह निष्कर्ष निकालना कठिन न होगा कि भाषा भी एक तरह की टेक्नोलॉजी है जिसका उपयोग पूँजीवादी और समाजवादी व्यवस्थाओं में, किसी मौलिक परिवर्तन के बिना, हो सकता है—स्तालिन ने यह निष्कर्ष निकाला था। भाषा किसी एक वर्ग के नहीं, समाज के सभी वर्गों के काम आती है, इस बात पर जोर देते हुए स्तालिन ने कहा था : "सिद्धान्त की दृष्टि से भाषा अधिरचना से भिन्न है लेकिन वह उत्पादन के औजारों से, मशीनों से भिन्न नहीं हैं जो हम कह सकते हैं, वर्गों के प्रति वैसे ही उदासीन हैं जैसे भाषा, और जो उसकी तरह समान रूप से, पूँजीवादी व्यवस्था तथा समाजवादी व्यवस्था के काम आ सकते हैं।" (उप., पृ. 6)

पूँजीवादी व्यवस्था में जो मशीनें काम आती हैं, वे समाजवादी व्यवस्था में भी काम आती हैं। सामाजिक सम्बन्ध बदलते हैं, टेक्नोलॉजी बनी रहती है। मार्क्स ने 'अर्थशास्त्र की आलोचना' में लिखा था कि जीवन-यापन के लिए आवश्यक वस्तुएँ पैदा करते हुए मनुष्य जो उत्पादन-सम्बन्ध कायम करते हैं, वे समाज का आर्थिक ढाँचा हैं, अधिरचना की वास्तविक बुनियाद हैं। इस बुनियाद की भी कोई बुनियाद हो सकती हो तो वह टेक्नोलॉजी है। मार्क्स ने 'पूँजी' (प्रथम खंड) में कहा था कि मनुष्य के सामाजिक सम्बन्धों के निर्माण की पद्धति की जानकारी टेक्नोलॉजी से होती है। सबसे नीचे है टेक्नोलॉजी, उस पर है उत्पादन के सम्बन्ध, इन सम्बन्धों के ऊपर है अधिरचना।

भाषा अधिरचना नहीं है, इस बारे में स्तालिन का एक तर्क यह है : "उत्पादन से, मनुष्य की उत्पादक कार्यवाही से, अधिरचना का सीधा सम्बन्ध नहीं होता...। इसके विपरीत मनुष्य की उत्पादक कार्यवाही से भाषा का सीधा सम्बन्ध है और केवल उत्पादक कार्यवाही से नहीं, उत्पादन से आधार तक और आधार से अधिरचना तक, मनुष्य के सभी कार्यक्षेत्रों में उसकी सभी अन्य कार्यवाही से भाषा का सम्बन्ध होता है।" (उप., पृ. 8) भाषा का सीधा सम्बन्ध आर्थिक बुनियाद से है। उसका सीधा सम्बन्ध बुनियाद पर खड़ी हुई अधिरचना से है। बुनियाद और अधिरचना, दोनों को भाषा जोड़ती है। तब क्या उसे बुनियाद और अधिरचना से भिन्न प्रपंच मानें? यदि बुनियाद के बदलने पर अधिरचना बदल जाती है तो भाषा अधिरचना नहीं है। यदि उत्पादन से अधिरचना का सीधा सम्बन्ध नहीं है, तो भाषा अधिरचना नहीं है।

भाषा को बुनियाद और अधिरचना से भिन्न प्रपंच मानना जरूरी नहीं है। बुनियाद के बिना न समाज-व्यवस्था होगी, न भाषा होगी। भाषा ऐसी अधिरचना है जो कई बुनियादों के सहारे निर्मित होती है। वह एक युग के बदलने पर दूसरे युग में भी कायम रहती है। स्तालिन का यह वाक्य देखें : "भाषा किसी समाज-विशेष में इस-उस आधार की, पुराने या नये आधार की, उपज नहीं है, वरन् वह समाज के सारे इतिहास-क्रम की, अनेक शताब्दियों के आधारों के इतिहास की उपज है।" (उप., पृ. 5) भाषा किसी एक आधार की उपज नहीं है, अनेक आधारों के इतिहास की उपज है। वह साधारण अधिरचना नहीं है, एक आधार से उसका काम नहीं चलता, उसके निर्माण के लिए अनेक आधार चाहिए। यही उसकी असाधारणता है लेकिन है वह आधारों की उपज। इसलिए उसे अधिरचना मानने में कठिनाई न होनी चाहिए।

सामाजिक सम्बन्ध आर्थिक बुनियाद का एक हिस्सा है, बुनियाद का दूसरा हिस्सा है श्रम के उपकरण। कारखानेदारी की शुरुआत दस्तकारी के पुराने उपकरणों से हुई किन्तु सामाजिक सम्बन्ध बदल गए। समाजवादी रूस ने पूँजीवादी रूस की मशीनों से काम लिया किन्तु सामाजिक सम्बन्ध बदल गए। जब पूरी बुनियाद नहीं बदलती तब समूची अधिरचना ही क्यों बदल जाए? टेक्नोलॉजी आर्थिक बुनियाद का एक हिस्सा है, वैसे ही भाषा अधिरचना का एक हिस्सा है। उत्पादन, विनिमय, यातायात, आत्मरक्षा आदि के लिए मनुष्य औजार बनाता है। ये औजार हड्डियों, पत्थरों, धातुओं आदि के काफी स्थूल होते हैं। ध्वनि-संकेत इनकी तुलना में सूक्ष्म होते हैं। मनुष्य के संगठित होकर जीवित रहने के लिए वे आवश्यक होते हैं। ध्वनि-संकेतों और उनके व्यवहार की पद्धति का नाम भाषा है। औजारों की टेक्नोलॉजी स्थूल है, भाषा की टेक्नोलॉजी सूक्ष्म है। उत्पादन से सीधा सम्बन्ध औजारों का है, भाषा का है; इसलिए दोनों टेक्नोलॉजी है।

भाषा का सम्बन्ध अधिरचना से है। इससे उसका टेक्नोलॉजी होना खंडित नहीं होता। टेक्नोलॉजी अधिरचना से जुड़ी रह सकती है। विज्ञान अधिरचना का एक हिस्सा है। उसका सीधा सम्बन्ध औजारों वाली स्थूल टेक्नोलॉजी से है। कहाँ टेक्नोलॉजी खत्म होती है और विज्ञान शुरू होता है, यह बताना कठिन है। इसी तरह भाषा की टेक्नोलॉजी, उत्पादन से सीधा सम्बन्ध कायम रखते हुए, अधिरचना से भी जुड़ी हो, तो इसमें आश्चर्य की कोई बात नहीं है।

भाषा अनेक आधारों की उपज है, इसी तरह अधिरचना के कुछ अन्य अंग भी कई आधारों की उपज होते हैं। एंगेल्स ने धर्म और दर्शन के लिए कहा था कि युग-विशेष में इनकी रचना पुराने तत्त्वों के आधार पर होती है। यदि धर्म और दर्शन की रचना पुराने तत्त्वों के आधार पर होती है तो पुराने तत्त्वों के आधार पर भाषा की रचना भी अत्यन्त स्वाभाविक क्रिया है।

प्रत्येक भाषा किसी न किसी सामाजिक गठन—कबीला, लघुजाति या महाजाति—से जुड़ी होती है। यह गठन आर्थिक बुनियाद पर निर्मित होता है; बुनियाद के बदलने पर गठन बदलता है और उनके साथ भाषा भी बदलती है। स्तालिन ने सोवियत नौजवानों को जो उत्तर दिये थे, उनका सबसे महत्त्वपूर्ण अंश वह है जहाँ उन्होंने सामाजिक गठनों के साथ भाषाओं के परिवर्तित होने की बात कही है : "उत्पादन का और अधिक विकास, वर्गों का अभ्युदय, लेखन का चलन, राज्यसत्ता का उत्थान, जिसे प्रशासन के लिए बहुत कुछ सुव्यवस्थित पत्राचार चाहिए था, व्यापार का विकास जिसे सुव्यवस्थित पत्राचार की जरूरत और भी ज्यादा थी, छापेखाने का चलन, साहित्य का विकास—इन सबसे भाषा के विकास में भारी परिवर्तन हुए। इस अवधि में कबीले और लघुजातियाँ (tribes and nationalities) विघटित हुईं और बिखर गईं, एक दूसरे में मिश्रित हुईं; और सम्बद्ध हुईं; आगे चलकर जातीय भाषाओं (national languages) और राज्यों का उत्थान हुआ, क्रान्तियाँ हुईं और नई व्यवस्थाओं ने पुरानी व्यवस्थाओं की जगह ली। इससे भाषा और उसके विकास में और भी बड़े परिवर्तन हुए।" (उप., पृ., 23)

आदिम साम्यवाद का सामाजिक गठन है कबीला। जब ये कबीले विघटित होते हैं, तब उनकी भाषाओं के तत्त्व भी पुनर्गठित होते हैं। सामन्तवाद का सामाजिक गठन है लघुजाति! जब ये लघुजातियाँ विघटित होती हैं तब इनकी भाषाओं के तत्त्व पुनर्गठित होते हैं। पूँजीवाद का सामाजिक गठन है महाजाति और समाजवाद का सामाजिक गठन भी महाजाति है। महाजातियों का विघटन हो, कोई नया सामाजिक गठन बने, ऐसा नहीं हुआ। दो व्यवस्थाओं में एक ही सामाजिक गठन बना रहे, ऐसा महाजाति के निर्माण से पहले कभी नहीं हुआ। पूँजीवादी रूस में रूसी जाति थी, उसकी रूसी भाषा थी; समाजवादी रूस में रूसी जाति है, उसकी रूसी भाषा भी है।

भाषा एक से अधिक वर्गों के काम आती है। अधिरचना के भी कुछ अंग अनेक वर्गों के काम आते हैं। जैसे क्रेमलिन के भवन; पहले सामन्तों और पूँजीपतियों के काम आते थे, अब कम्यूनिस्टों के काम आते हैं। उनका केवल उपयोग मूल्य नहीं है, सौन्दर्य मूल्य भी हैं। वे स्थापत्य कला के ऐसे नमूने हैं जो एक से अधिक वर्गों के लोगों को पसन्द आए हैं।

आर्थिक बुनियाद के सभी घटक एक ही स्तर पर नहीं हैं, कुछ गहराई में हैं—जैसे श्रम के उपकरण। कुछ उनके ऊपर हैं—जैसे उत्पादन के सम्बन्ध। ये घटक सापेक्ष रूप में स्वतंत्र हैं। उनकी गति भिन्न-भिन्न है। सबमें एक साथ, एक ही ढंग से परिवर्तन नहीं होता। ऐसे ही अधिरचना के घटक सापेक्ष रूप में स्वतंत्र हैं, उनकी अपनी गति है, बुनियाद से कम या ज्यादा दूरी है। टेक्नोलॉजी से विज्ञान का सीधा सम्बन्ध है; यहाँ बुनियादें (टेक्नोलॉजी) और अधिरचना (विज्ञान) नितान्त

पृथक् इकाइयाँ नहीं हैं। भाषा ऐसी अधिरचना है जिसका सीधा सम्बन्ध उत्पादन से है, अधिरचना के अन्य घटकों से है। वह असाधारण किस्म की अधिरचना है क्योंकि वह अनेक बुनियादों की उपज है। वह सामाजिक गठन के साथ बदलती है। अन्य युगों में सामाजिक गठन बदलता है किन्तु पूँजीवाद के बाद समाजवाद के युग में वही गठन कायम रहता है। इसलिए भाषा में पहले की तरह परिवर्तन नहीं होता। भाषा ऐसी टेक्नोलॉजी है जो एक से अधिक वर्गों के काम आती है। वह स्थापत्य कला जैसी अधिरचना भी है जो एक से अधिक वर्गों के लिए मूल्यवान होती है। आर्थिक बुनियाद और अधिरचना एक दूसरे से एकान्तवादी ढंग से पृथक् नहीं हैं। उनके अनेकान्तवादी सम्बन्धों का प्रमाण है भाषा।

6. द्वंद्ववाद, प्रकृति और मानव-समाज

मार्क्सवाद अर्थात् द्वंद्वात्मक भौतिकवाद। द्वंद्वात्मक इसलिए कि प्रकृति के अध्ययन का तरीका द्वंद्वात्मक है, भौतिकवाद इसलिए कि प्रकृति की व्याख्या भौतिकवादी है।

अध्ययन का तरीका और अध्ययन की हुई सामग्री की व्याख्या—इन दो चीजों का भेद उपयोगी है किन्तु सीमित और सापेक्ष है। प्रकृति के बारे में जो हमारी समझ होती है, उसी से अध्ययन का तरीका निर्धारित होता है। इस कारण द्वंद्ववाद को भाववादी अथवा भौतिकवादी दर्शन से अलग नहीं किया जा सकता। प्रसिद्ध है कि जर्मनी में दार्शनिक क्रान्ति हुई। इस कान्ति की सबसे बड़ी हस्ती हेगेल थे। उनकी सबसे बड़ी देन है द्वंद्ववाद। मार्क्स और एंगेल्स को दार्शनिक क्रान्ति की यही उपलब्धि मान्य थी। इस तरह व्यवहार में द्वंद्ववाद दर्शनशास्त्र का अंग माना गया है।

मार्क्सवाद अर्थात् ऐतिहासिक भौतिकवाद। द्वंद्वात्मक भौतिकवाद का सम्बन्ध प्रकृति से है, ऐतिहासिक भौतिकवाद का सम्बन्ध मानव-समाज से है। यह भेद भी उपयोगी है किन्तु सीमित और सापेक्ष है। प्रकृति का अपना इतिहास है, इसलिए उससे सम्बन्धित दर्शन—भौतिकवाद—ऐतिहासिक होगा; समाज का अध्ययन द्वंद्वात्मक ढंग से होगा, इसलिए उससे सम्बन्धित शास्त्र द्वंद्वात्मक होगा। इस तरह द्वंद्वात्मक भौतिकवाद ऐतिहासिक भौतिकवाद है और ऐतिहासिक भौतिकवाद द्वंद्वात्मक भौतिकवाद है।

वास्तविक जगत् में प्रकृति और मनुष्य एक दूसरे से अलग नहीं हैं, इनका अध्ययन भी एक को दूसरे से अलग करके नहीं किया जा सकता। किसी भी तरह का दर्शनशास्त्र हो, वह मानव और प्रकृति, दोनों की व्याख्या करने का दावा करता है अथवा ऐसी व्याख्या के लिए प्रयास करता है। पहले मनुष्य प्रकृति का अध्ययन कर ले, फिर अपने अध्ययन के तरीके, और उस अध्ययन से प्राप्त समझ को समाज पर लागू करे, ऐसा कम ही होता है। अधिकतर होता यह है कि समाज

के बारे में अपनी समझ को मनुष्य प्रकृति पर लागू करता है। आदमी सोचता है, पुत्र के जन्म के लिए पिता आवश्यक है, वैसे ही इस संसार की सृष्टि के लिए विधाता आवश्यक है। (विधाता की यह कल्पना पितृसत्ताक समाज की देन है।) दर्शनशास्त्र का काफी हिस्सा सृष्टि और विधाता के इस प्रश्न से उलझा रहता है।

समाज के बारे में अपनी समझ को एक तरफ करके मनुष्य जब प्रकृति का अध्ययन करता है, तब उसकी निगाह समाज और प्रकृति के भेद पर. अधिक रहती है। सबसे पहले उसकी समस्या चेतन-अचेतन के भेद की होती है। चेतन में वह प्राणिजगत (पशु और वनस्पति) से मनुष्य का सम्बन्ध पहचानता है; अचेतन से प्राणिजगत् को अलग रखता है। केवल कुछ कवि (द्रष्टा, रहस्यवादी आदि) सम्पूर्ण जगत् में एक ही शक्ति को व्याप्त देखते हैं और यह शक्ति बहुधा चेतन और आनन्दमय होती है। वास्तव में ये लोग अनुकूल प्राकृतिक परिवेश को और उससे अपने सम्बन्ध को सारी प्रकृति पर लागू करते हैं, प्रकृति के ज्ञान को मानव-समाज पर लागू नहीं करते।

मुख्य प्रश्न यह है : क्या प्रकृति के, उसकी गति, परिवर्तन और विकास के, सारे नियम समाज पर लागू किये जा सकते हैं? स्पष्ट ही उत्तर होगा—नहीं।

आदिम साम्यवादी समाज में वर्ग नहीं हैं, बाद के समाजों में वर्ग हैं। 'कम्यूनिस्ट घोषणा-पत्र' में मार्क्स और एंगेल्स ने लिखा था : अब तक के समाजों का इतिहास वर्ग-संघर्षों का इतिहास है। मान लीजिए, समाजों में ये वर्ग-संघर्ष किसी प्राकृतिक नियम के अनुरूप हुए हैं, तो वह नियम आदिम साम्यवादी समाज पर क्यों लागू नहीं होता? जो प्रकृति आदिम साम्यवाद के दौर में थी, वही (अथवा लगभग वही) सामन्तवाद के दौर में थी। फिर एक जगह वर्ग-संघर्ष, दूसरी जगह उसका अभाव, ऐसा क्यों?

समाज में वर्ग-संघर्ष किसी प्राकृतिक नियम का प्रतिरूप नहीं है। अधिक-से अधिक इतना कह सकते हैं, प्रकृति में अन्तर्विरोध हैं, इस कारण उसमें गति है। उसमें परिवर्तन होते हैं, यही स्थिति समाज की है। लेकिन अन्तर्विरोध, गति और परिवर्तन, के बहुत-से रूप हैं, और समाज में उसी ढंग के अन्तर्विरोध नहीं होते जिस ढंग के प्रकृति में होते हैं। फिर प्रकृति सर्वत्र एक-सी नहीं है, न उसके अन्तर्विरोध एक-से हैं। धरती पर ऑक्सीजन है, वातावरण है; चन्द्रमा पर ऑक्सीजन नहीं है, वातावरण नहीं है। दोनों जगह एक-से अन्तर्विरोध नहीं हैं, एक-सी गति नहीं है, परिवर्तन के एक-से नियम नहीं हैं।

समाज के बारे में अपनी समझ को मनुष्य प्रकृति पर कैसे आरोपित करता है, इसका बहुत ही शिक्षाप्रद उदाहरण है विकास-सिद्धान्त। व्यापारिक पूँजीवाद के दौर में इस सिद्धान्त का जन्म हो चुका था, औद्योगिक पूँजीवाद के दौरान उसका प्रसार हुआ और उसकी लोकप्रियता महाजनी पूँजी के युग में काफी दिन तक बनी

रही। हिरोशिमा और नागासाकी पर बम गिरने के बाद इस लोकप्रियता में काफी कमी आई है।

डार्विन के जन्म से पन्द्रह वर्ष पहले उनके पितामह ने विकास-सिद्धान्त का प्रतिपादन करते हुए एक लम्बी कविता लिखी थी। प्राणियों की जातियों के उद्भव पर डार्विन के ग्रंथ के प्रकाशन से अट्ठाईस वर्ष पहले कीट्स की 'हाइपीरियन' कविता प्रकाशित हुई थी। इसमें विकास की निरन्तरता को, सौन्दर्य और शक्ति से जोड़कर, एक अटल नियम कहा गया था। हेगेल के दर्शन में निम्नस्तर से उच्चस्तर की ओर संक्रमण, विकास की निरन्तरता और अनिवार्यता, दैवी नियम के समान हैं।

प्रकृति गतिशील है, परिवर्तनशील है, पर यह गति निम्न स्तर से ऊपर के स्तर की ओर है, इसका क्या प्रमाण है? प्रकृति में ऊँचा क्या है, नीचा क्या है? भौतिकी में हर परिवर्तन इस तरह होता है कि परिमाण गुण के रूप में बदल जाता है; पानी का तापमान गिरता जाए तो वह बरफ बन जाएगा, चढ़ता जाए तो वह भार बन जाएगा। इस उदाहरण से साबित हुआ कि किन्हीं परिस्थितियों में परिमाण (यहाँ तापमान) के घटने-बढ़ने से वस्तु में गुणात्मक परिवर्तन होता है, पानी बरफ बनेगा या भाप बनेगा। किन्तु इससे यह साबित नहीं होता कि परिवर्तन नीचे से ऊपर की ओर होता है। यदि मानें कि भाप वाला परिवर्तन नीचे से ऊपर की ओर है तो कहना पड़ेगा कि बरफ वाला परिवर्तन ऊपर से नीचे की ओर है। प्रकृति में दोनों तरह के परिवर्तन होते हैं। यदि एक विकास है तो दूसरा ह्रास है। जहाँ तक मनुष्य का सम्बन्ध है, उसके लिए भाप और बरफ, दोनों लाभकारी हो सकती हैं, दोनों हानिकारक हो सकती हैं। सब कुछ परिस्थितियों पर निर्भर है। अपने में भाप और बरफ न तो विकास हैं, न ह्रास हैं।

विकास-सिद्धान्त डार्विन के नाम से जुड़ा हुआ है। इस सिद्धान्त का मूल सूत्र यह है कि संसार के जीव पीढ़ी-दर-पीढ़ी ज्यों-के-त्यों अपरिवर्तनशील नहीं रहते, क्रमशः उनका स्वरूप बदलता जाता है, यहाँ तक कि एक समय अपने पुरखों से वे भिन्न हो जाते हैं। इस तरह पशुओं और पक्षियों की जातियों का विकास हुआ है, मनुष्य का विकास हुआ है। ये सब अनादिकाल से इसी रूप में नहीं हैं। यह संसार किसी उद्देश्य को लेकर रचा गया है, इस धारणा पर डार्विन के विकासवाद ने जबर्दस्त आघात किया। यह उसका क्रान्तिकारी पक्ष था। किन्तु डार्विन ने समकालीन समाज के बारे में अपनी समझ प्रकृति पर आरोपित की। पूँजीवादी समाज में जीवित रहने और आगे बढ़ जाने के लिए सतत संघर्ष चालू रहता है। जो समर्थ होता है, वह बच जाता है, जो असमर्थ है, वह नष्ट हो जाता है। मार्क्स ने 18 जून, 1962 के एक पत्र में लिखा : "डार्विन ने भी खूब किया जो पशु-वनस्पति-जगत् में अपने अंग्रेजी समाज का पता फिर लगा लिया—उसका श्रम-विभाजन, होड़, नये बाजारों

का चालू होना, आविष्कार, और अस्तित्व के लिए माल्थसपंथी संघर्ष।" (Vernon Venable, 'Human Nature : The Marxian View', पृ. 64 पर उद्धृत) पादरी माल्थस ने युद्धमहामारी आदि द्वारा जनसंख्या के नियंत्रित होने को प्राकृतिक नियम माना था। प्रकृति में जीवन-यापन के साधन सीमित हैं। आबादी बढ़ती जाए तो इन साधनों से काम न चलेगा। इसलिए प्रकृति किसी-न-किसी तरकीब से जनसंख्या को नियंत्रित कर लेती है। पूँजीवादी होड़ के फलस्वरूप जो युद्ध हुए, वे माल्थस के चिन्तन में प्राकृतिक आवश्यकता बन गए थे। डार्विन ने पूँजीवादी समाज के आन्तरिक संघर्ष को प्रकृति पर आरोपित किया।

एंगेल्स ने लिखा कि डार्विन ने पूँजीवादी समाज को पशुजगत के समतुल्य बना दिया है : "डार्विन को पता न था कि जिस स्वच्छन्द होड़, अस्तित्व के लिए संघर्ष, को अर्थशास्त्री सर्वोच्च ऐतिहासिक सफलता मानकर सराहते हैं, उसे पशुजगत की सामान्य स्थिति कहकर उन्होंने मनुष्य जाति पर, और खास तौर से अपने देशवासियों पर, कितना कठोर व्यंग्य किया है।" ('Dialectics of Nature', पृ. 35) अब यदि यह मानें कि पशुजगत् में अस्तित्व के लिए हिंसक संघर्ष होता है तो कहना पड़ेगा कि यह संघर्ष केवल पूँजीवादी व्यवस्था के लिए प्राकृतिक नियम है, हर समाज-व्यवस्था के लिए नहीं। इसके विपरीत यदि यह मानें कि डार्विन ने पूँजीवादी व्यवस्था का आन्तरिक संघर्ष पशुजगत् पर आरोपित किया था, तो कहना पड़ेगा कि पशुजगत के नियम और हैं, मानव समाज के नियम और। एंगेल्स ने प्रकृति और मानवसमाज के नियमों में भेद करते हुए मार्च, 1865 के एक पत्र में लांगे को लिखा था : "हमारे लिए तथाकथित 'आर्थिक नियम' प्रकृति के शाश्वत नियम नहीं हैं वरन् ऐतिहासिक नियम हैं जिनका उद्भव और अवसान होता है।" ('करेस्पौंडेंस', पृ. 198) प्रकृति मानव समाज से पहले से है, उसके नियम अधिक स्थायी हैं। मानव समाज के विशेष ऐतिहासिक नियमों का पता लगाने से ही उसके परिवर्तन और विकास का ज्ञान हो सकता है।

पशुजगत् मानव समाज से भिन्न है। उसके नियम सर्वत्र मानव समाज पर लागू नहीं किये जा सकते। सबसे बड़ा भेद है उत्पादन को लेकर। उत्पादन के साधन, उत्पादन की पद्धति, उत्पादन के सम्बन्ध—समाज का सारा विकास, विकास की मंजिलें; पशुजगत में अधिक से अधिक भोज्य-सामग्री का संग्रह है, उत्पादन नहीं। एंगेल्स ने इस भेद के बारे में लिखा था : "बहस के लिए थोड़ी देर को अस्तित्व के लिए संघर्ष, यह शब्दावली हम स्वीकार कर लें। पशु अधिक से अधिक जो कर सकता है, वह संग्रह करना है। मनुष्य उत्पादन करता है, वह जीवन-यापन के साधन, व्यापक अर्थ में, तैयार करता है। उसके बिना प्रकृति उनका उत्पादन न करती।" (उप., पृ. 308) इसलिए समाजशास्त्र स्वतंत्र विज्ञान है। समाज पर दर्शनशास्त्र को लागू करने से वह प्राप्त न होगा। द्वंद्वात्मक भौतिकवाद को समाज पर लागू

करने से ऐतिहासिक भौतिकवाद—अपने पूर्णरूप में—प्राप्त न होगा, उसका अपना अस्तित्व है।

यदि पशुजगत् और मानव-समाज में इतना अन्तर है तो मानना होगा, इनमें तथा शेष जीवेतर प्रकृति में और भी अधिक अन्तर है। जहाँ ऑक्सीजन नहीं है, वायु नहीं है, जल नहीं है, वहाँ प्रकृति की गति और परिवर्तन के नियम और भी अधिक भिन्न होंगे। इस प्रकृति के लिए परिवर्तन की बात कही जा सकती है, विकास की नहीं। विकास की बात जीव के उद्भव के बाद शुरू होती है। प्रश्न यह है : जिन परिस्थितियों में जीव का उद्भव हुआ, उन्हें विकास का परिणाम क्यों न कहा जाए? इंग्लैंड में टेनीसन जैसे कवि अपने धार्मिक विश्वासों से विकासवाद का तालमेल इसी तरह बिठाते थे। सारी जीवेतर प्रकृति में परिवर्तन चक्र इस ढंग से चल रहा था कि जीव की उत्पत्ति हो, फिर मानव-समाज गठित हो, तत्पश्चात् संसार को सभ्यता का पाठ पढ़ाने के लिए ब्रिटिश साम्राज्य की स्थापना हो। जीवेतर प्रकृति में विकास की बात करना उस पर मनुष्य की इच्छा लादना है, परिवर्तन को सोद्देश्य, पूर्वनियोजित बना देना है। एक तो विकास का यह नियम अभी केवल पृथ्वी पर चरितार्थ हुआ है, अन्य किसी लोक में जीव के अस्तित्व का पता नहीं चला; दूसरे, प्रकृति में अनेक स्तरों पर जो कार्यवाही होती है, उससे एक स्तर के नियम दूसरे स्तर के नियमों को काट भी देते हैं। प्रकृति की गतिशीलता ही शाश्वत है, बाकी सारे नियम सापेक्ष हैं।

धरती की परिस्थितियों से जीव का उद्भव हुआ। उधर महाकाश का एक नक्षत्र खंड अन्य नियम से परिचालित होकर धरती के पास से निकल गया। धरती नष्ट होने से बच गई। कह सकते हैं, वह गति का नियम ही ऐसा था कि धरती बच जाए! एक नियम से धरती की ऊपरी सतह ठंडी हुई; मनुष्य गाँव, नगर बसाकर रहने लगे; दूसरे नियम से भीतर की आग भड़क उठी, ज्वालामुखी फूट पड़ा, भूचाल आया, गाँव और नगर नष्ट हो गए। मान लीजिए, ये दोनों क्रियाएँ एक ही नियम के अन्तर्गत सम्पन्न होती हैं। तब पृथ्वी का ठंडा होना विकास है या ज्वालामुखी का फूटना?

औद्योगिक पूँजीवाद के दौर में, विज्ञान और टेक्नोलॉजी में अभूतपूर्व उन्नति करके, मनुष्य प्रकृति के मामलों में दखल देता चला जा रहा था। विकास की गति अबाध और अनिवार्य जान पड़ती थी। पहले के सब समाज हेय और पिछड़े हुए जान पड़ते थे। पश्चिमी यूरोप के बाहर की सारी दुनिया जड़ और अपरिवर्तनशील जान पड़ती थी। डार्विन तथा अन्य पूँजीवादी विचारकों के लिए यह विकास प्रतिगामिता और ह्रास से मुक्त था। मार्क्स और एंगेल्स ने प्रतिगामिता और ह्रास के पक्ष की ओर बार-बार ध्यान दिलाया था। 'जर्मन विचारधारा' में उन्होंने औद्योगिक पूँजीवाद के अन्तर्गत श्रमिकों की स्थिति के बारे में लिखा था

: "हवा, रोशनी आदि—'जानवर' के लिए आवश्यक सादे ढंग की सफाई—मनुष्य के लिए आवश्यक नहीं रह गई। 'गन्दगी', मनुष्य का जड़ होना, उसका सड़ना—(शब्दश:) सभ्यता का 'नाबदान'—उसके लिए जीवनतत्त्व बन जाता है।" ('सम्पूर्ण ग्रंथावली', खंड-3, पृ. 308) यह है पूँजीवादी नगर सभ्यत का रूप। अब खेती की ओर ध्यान दें। मार्क्स ने 'पूँजी' में लिखा कि पूँजीवादी कृषितंत्र में प्रगति उस कला में प्रगति है जो केवल श्रमिक को नहीं लूटती, वरन धरती को भी लूटती है; धरती को उर्वर बनाने में जो भी उन्नति होती है, वह उर्वरता के स्थायी स्रोतों के विनाश में उन्नति है। ('पूँजी', खंड-1, पृ. 474-75) पूँजीवादी कृषितंत्र से जो विकास होता है, वह तो सीमित है; जो विनाश होता है, वह व्यापक और दरगामी है। कम-से-कम खेती के मामले में पूँजीवादी उत्पादन-पद्धति दूरगामी परिणाम के विचार से विकास नहीं, ह्रास है।

एंगेल्स ने राज्यसत्ता के उद्‌भव वाली पुस्तक में लिखा : एक पति एक पत्नी वाली विवाह-प्रथा बहुत बड़ी प्रगति थी लेकिन उसने दास-प्रथा और निजी सम्पत्ति के उस युग का सूत्रपात किया जो आज भी चला आ रहा है जिसमें हर प्रगति सापेक्ष रूप में प्रतिगामिता भी है। ('The Origin', पृ. 63) 'प्रकृति का द्वंद्ववाद' में एंगेल्स ने बताया कि प्राणिजगत में हर प्रगति प्रतिगामिता भी होती है, एक दिशा में विकास होता है, अन्य अनेक दिशाओं में विकास की सम्भावना समाप्त हो जाती है। ('Dialectics of Nature', पृ. 307) विकास की यह अवधारणा न हेगेल के यहाँ है, न डार्विन के।

पशुओं और वनस्पतियों की जातियाँ क्यों बदलती हैं? डार्विन ने एक चीज पकड़ी, अस्तित्व के लिए संघर्ष। एंगेल्स ने कहा, अस्तित्व के लिए संघर्ष तो होता है पर इससे जातियाँ नहीं बदलतीं, संघर्ष के फलस्वरूप जीवों में गुणात्मक परिवर्तन नहीं होता। "'अस्तित्व के लिए संघर्ष'—इसे उन संघर्षों तक ही सीमित रखना चाहिए जो पशुओं और वनस्पतियों की आबादी के बहुत बढ़ने के परिणाम होते हैं। वनस्पतियों और निम्न पशुओं के जीवन की किन्हीं अवस्थाओं में वे बेशक घटित होते हैं। लेकिन इससे उन परिस्थितियों को एकदम अलग रखना चाहिए जिनमें जातियाँ बदलती हैं, पुरानी नष्ट होती हैं, आबादी के बहुत बढ़े बिना नवविकसित उनका स्थान लेती हैं। उदाहरण के लिए पशुओं और वनस्पतियों का नये प्रदेशों में आव्रजन, जहाँ भूमि जलवायु आदि की नई परिस्थितियों से यह तब्दीली होती है।" (उप., पृ. 306)

प्राणिजगत् में अस्तित्व के लिए संघर्ष के फलस्वरूप विकास होता है, डार्विन की यह धारणा एंगेल्स ने स्वीकार नहीं की। डार्विन के पहले जो लोग प्रकृति में सामंजस्यपूर्ण सहकारिता देखते थे, वे डार्विन की प्रसिद्धि के बाद केवल संघर्ष की बात करने लगे। एंगेल्स ने लिखा : "संकुचित सीमाओं के भीतर दोनों बातें सही हैं

लेकिन दोनों ही समानरूप से एकांगी और पूर्वग्रही हैं।" जीवेतर प्रकृति में, पिंडों के घात-प्रतिघात में, सामंजस्य और टक्कर, दोनों चीजें होती हैं। जीवन्त पिंडों के घात-प्रतिघात में सचेत और अचेत सहयोग होता है, सचेत और अचेत संघर्ष भी।" (उप., पृ. 306) सामंजस्य और संघर्ष, दोनों प्रकृति में हैं, किसी एक को प्रकृति का नियम मान लेना एकांगिता है, पूर्वग्रह है।

गण-समाज में जैसा आन्तरिक सामंजस्य होता है, वैसा वर्गयुक्त समाज में नहीं होता। सामंजस्य नियम है गण-समाज का, संघर्ष नियम है वर्गयुक्त समाज का। दोनों प्राकृतिक नियम हैं, दोनों सापेक्ष हैं। गण-समाज में सामंजस्य ही हो, संघर्ष न हो, तो वह कभी टूटे ही नहीं; वर्गयुक्त समाज में संघर्ष ही हो, सामंजस्य न हो, तो सभ्यता का विकास ही न हो। एक चिरन्तन अन्तर्विरोध मानव-समाज तथा प्रकृति में है। एंगेल्स ने लिखा है कि प्रजननकाल में पशु किसी एक मादा से अथवा कई मादाओं से सम्बन्ध स्थापित करता है, इस दौरान वह पशुयूथ के अन्य सदस्यों से टकराता है। अस्त्रहीन मानव के लिए जरूरी था कि किसी एक सदस्य की आत्मरक्षा की अपर्याप्त शक्ति का स्थान "यूथ की संयुक्त शक्ति और सम्मिलित प्रयत्न ले।" ('The Origin', पृ. 35) इसके लिए आवश्यक हुआ कि जितने वयस्क नर हैं, वे सहनशील हों, ईर्ष्या से मुक्त हों; इसी तरह वे बड़े और स्थायी समूह बना सकते थे और इन समूहों में रहकर ही वे पशुजगत् से निकलकर मनुष्य बन सकते थे। (उप.) पशुजगत् का नियम था ईर्ष्या, संघर्ष; आदिम मानव पशुजगत् से बाहर आया सहनशीलता और सामंजस्य के बल पर। अमरीकी आदिवासी गण-समाजों के लिए एंगेल्स ने लिखा था, उनका उत्पादन अत्यन्त अविकसित अवस्था में था, थोड़ी-सी आबादी बहुत बड़े क्षेत्र में फैली हुई थी : "और इसलिए मनुष्य पर बाह्य प्रकृति का लगभग पूर्ण प्रभुत्व था—ऐसी प्रकृति जो, मनुष्य के लिए गैर थी, उसके विरोध में थी, दुर्बोध थी। यह प्रभुत्व उसकी बचकानी धर्मगत अवधारणाओं में प्रतिबिम्बित होता था।" (उप., पृ. 98) इस गैर और दुर्बोध प्रकृति का मुकाबला करके जीवित रहने के लिए मनुष्य के लिए आवश्यक था कि वह उत्पादन बढ़ाए।

एंगेल्स ने कुटुम्ब के जो विभिन्न रूप दिखाए हैं, उनका सम्बन्ध उत्पादन से है। स्लाव ज़ाद्रुगा नामक कुटुम्ब में एक ही वंश के लोग संगठित होकर सम्मिलित रूप में खेती करते हैं, सामान्य भंडार से खाने-पहनने की चीजें प्राप्त करते हैं। (उप., पृ. 59) कुटुम्ब के विकास के सिलसिले में एंगेल्स ने लिखा है कि प्रागैतिहासिक काल में मूल वृत्त निरन्तर संकुचित होता जाता है और उस मूल वृत्त में समूचा गण समाहित होता है। (उप., पृ. 47) पहले गण, फिर गोत्र, उसके बाद कुल, कुटुम्ब आदि—ये सारे परिवर्तन उत्पादन की आवश्यकताओं से जुड़े होते हैं, विभिन्न अवस्थाओं में वे स्वयं उत्पादन के घटक होते हैं। सामूहिक श्रम पूरा गण करता है, फिर गण नहीं करता, गोत्र करते हैं; फिर पूरा गोत्र नहीं, विभिन्न कुटुम्ब करते हैं।

अब गोत्र और गण में, गोत्र और कुटुम्ब में संघर्ष के लिए जमीन तैयार होने लगती है। कुटुम्ब को इकाई बनाए बिना मनुष्य उत्पादन बढ़ा नहीं सकता और उत्पादन बढ़ाने पर विभिन्न कुटुम्बों के बीच सम्पत्तिगत भेद को बढ़ने से रोक नहीं सकता।

मातृसत्ताक व्यवस्था की जगह पितृसत्ताक व्यवस्था का चलन एंगेल्स के अनुसार मानव-इतिहास की निर्णायक क्रान्ति थी। (उप., पृ. 56) इसका कारण भी श्रम-विभाजन और उत्पादन था। पुरुष युद्ध, आखेट, अस्त्र-निर्माण आदि के कार्य करते थे, स्त्रियाँ घर की देखभाल, बुनाई, सिलाई आदि के काम करती थीं। (उप., पृ. 155) जनसंख्या के बढ़ने पर एक गण कई गोत्रों में विभाजित हुआ, गोत्रों से और गोत्र बने; एक गण कई गणों में विभाजित हुआ। (उप., पृ. 154) गण-समाज के विकास में यह भूमिका हुई जनसंख्या की। पशुपालक समाज अन्य मानव-समुदायों से अलग हुए। एंगेल्स ने इसे पहला बड़ा सामाजिक श्रम-विभाजन कहा। पशुपालक समाज दूध, ऊन आदि अधिक परिमाण में पैदा करने लगे; यही नहीं, उनके उत्पादों में विविधता भी थी। "इससे पहली बार नियमित रूप में विनिमय सम्भव हुआ।" (उप., पृ. 156) यह विनिमय गण के भीतर नहीं, विभिन्न गण-समाजों के बीच था। इससे उत्पादन को बढ़ाने की प्रेरणा मिली। उपयुक्त चरी की भूमिका के लिए या अन्य कारणों से गणों के बीच जो झगड़े होते थे, उन्हें हल करने का एक तरीका युद्ध का था। युद्ध में सफलता पाने के लिए अस्त्र-शस्त्रों के निर्माण-कौशल का विकास जरूरी था। इस तरह आदिम समाजों के विकास में, चाहे विनिमय हो या युद्ध, बाहरी अन्तर्विरोधों की भूमिका महत्त्वपूर्ण थी।

बाहरी अन्तर्विरोध, गण के भीतर गोत्र, कुटुम्ब आदि के अन्तर्विरोध, प्रकृति से अन्तर्विरोध—इस तरह आदिम समाजों के विकास में अनेक प्रकार के अन्तर्विरोध काम करते हैं। विकास की यह अनेकान्तवादी प्रक्रिया बहुत ही दीर्घकालीन और बहुत ही धीमी गतिवाली होती है। विकास द्रुत गति से, छलाँग लगाकर हो, ऐसा कोई प्राकृतिक नियम आदिम समाजों पर लागू नहीं होता। वास्तव में परिमाणगत परिवर्तन से गुणात्मक परिवर्तन होने की सबसे अच्छी मिसालें—सामाजिक इतिहास में—ये आदिम समाज हैं। इनके लम्बे युग के बाद सामन्ती व्यवस्था में अपेक्षाकृत जल्दी परिवर्तन होता है, पूँजीवादी व्यवस्था में और जल्दी होता है। औद्योगिक क्रान्ति को छलाँग का उदाहरण मानें तो इस छलाँग के पूरे होने में भी कई दशक लग गए थे और समाजवाद की ओर संक्रमण? यह पूँजीवादी दुनिया कितने धीरे-धीरे बदल रही है! और बदलने के क्रम में ऐसी सम्भावना पैदा कर रही है कि छलाँग आगे को नहीं, पीछे को लगाए; और जहाँ से चले थे, वहीं पहुँचेंगे, इसकी कोई गारंटी नहीं है। एंगेल्स ने प्रगति के साथ प्रतिगामिता के जुड़े होने की जो बात कही थी, वह ज्वलंत सामाजिक यथार्थ के रूप में आज प्रत्यक्ष है। इतिहास के सचेत निर्माण में मनुष्य के आत्मगत प्रयत्न का महत्त्व भी आज अभूतपूर्व ढंग से बढ़ गया है।

प्रकृति, समाज, मनुष्य के विचार—ये सब गतिशील हैं। द्वंद्ववाद के अनेक नियम सामान्य हैं; प्रकृति, समाज, विचार—सब पर लागू होते हैं, पर कब लागू होते है, यह परिस्थितियों पर निर्भर है। प्रकृति में सर्वत्र एक-से नियम लागू नहीं होते, सभी समाजों पर एक-से नियम लागू नहीं होते। जीवजगत् और जीवेतर जगत्, इनकी परिवर्तनशीलता में बड़ा फर्क है; पशुजगत् और मानव-समाज, इनकी परिवर्तनशीलता में बड़ा फर्क है। विकास की अवधारणा जीवजगत् से जुड़ी हुई है। मानव उत्पादक है, मानवेतर जीव उत्पादक नहीं हैं। इसलिए मानव-समाज का विकास-क्रम मानवेतर जीवों के विकास से भिन्न है। अधिरचना, सचेत आत्मगत प्रयत्न, की भूमिका मानव इतिहास में निरन्तर बढ़ती गई है। प्रकृति सम्बन्धी दर्शन तथा मानव-सम्बन्धी समाज शास्त्र में कुछ नियम सामान्य होंगे, कुछ विशेष। सामान्य और विशेष का यह सम्बन्ध मानव-ज्ञान के इतिहास में उतना पुराना है जितना भारत का वैशेषिक दर्शन। द्वंद्वात्मक भौतिकवाद को सामाजिक इतिहास पर लागू करें तो ऐतिहासिक भौतिकवाद प्राप्त होगा—सामान्य के दायरे में। समाज जहाँ प्रकृति से, और मानवेतर प्राणिजगत् से, भिन्न है, वहाँ उसके अध्ययन से ऐतिहासिक भौतिकवाद प्राप्त होगा—विशेष के दायरे में।

पूँजीवाद के अभ्युदयकाल में विकास—विशुद्ध, निरपेक्ष, ह्रासमुक्त—अबाध, अनिवार्य और सर्वव्यापी जान पड़ता है। वह मानव-समाज में, पशु-वनस्पति-जगत् में था, जीवेतर प्रकृति में था। वह सदा नीचे से ऊपर को होता था; नीचे की स्थिति दोहराई जाती थी तो ऊँचे स्तर पर। विकास की धारणा को जीवेतर प्रकृति से अलग रखना उचित है। पानी का भाप बनना यदि विकास है तो हर गुणात्मक परिवर्तन को विकास मानना होगा। पानी का बरफ बनना विकास है। भाप का, बरफ का, फिर से पानी बनना भी विकास है। तब मनुष्य पशुजगत् से उभरा तो यह विकास हुआ; वह फिर उसी पशुजगत् में समा जाए तो यह भी विकास होगा। विकास को गुणात्मक परिवर्तन का समानार्थी बना देने से उसका विशेष अर्थ खत्म हो जाएगा।

सामाजिक विकास-क्रम में यह गुणात्मक परिवर्तन सम्पूर्ण और निरपेक्ष नहीं होता, पुरानी स्थिति के अवशेष कायम रहते हैं। आदिम साम्यवाद के बाद गोत्रों वाला संगठन खत्म हो जाना चाहिए लेकिन बहुत जगह नहीं हुआ। एंगेल्स ने लिखा है : "गोत्र ऐसी संस्था है जो सभी बर्बर जनों में, सभ्यता में उनके प्रवेश करते समय, और उसके बाद भी, मिलते हैं।" ('The Origin', पृ.84) अर्थात् गुणात्मक परिवर्तन आंशिक रूप में घटित होते हैं।

विकास के अनेक कारण होते हैं, अन्तर्विरोध—समाज के भीतर और बाहर—अनेक प्रकार के होते हैं। ये सभी कारण एक साथ हर समाज में केन्द्रीभूत नहीं होते। इसलिए कुछ सामान्य बातों के अलावा विकास के रूप अलग-अलग होते हैं। कई जगह कुछ कबीलों ने दूसरों को जीतकर उनके सदस्यों को अपना गुलाम बना

लिया; अन्यत्र कुछ कबीलों ने दूसरों को जीता, पर उन्हें गुलाम न बनाया, उन्हें एक गणसंघ में समानता के आधार पर शामिल होने को कहा। एंगेल्स ने अमरीका के आदिवासी गण इरोकुआ के लिए लिखा कि उसने एरीस गण तथा तटस्थ कबीलों को जीता और "समानता के स्तर पर उन्हें संघ में शामिल होने को आमंत्रित किया।" (उप., पृ. ९६) दास-प्रथा का विकास (बिकाऊमाल पैदा करनेवाले दासों से भिन्न) किन्हीं पिछड़े हुए समाजों में हो सकता था, नहीं भी हो सकता था। जर्मनी में बँधुआ किसान-प्रथा का चलन हुआ, नॉर्वे में नहीं हुआ। परिवर्तन और विकास की यह विविधता अनेकान्तवादी है।

द्वंद्ववाद की एक विशेषता है कार्यकारण परम्परा का विच्छिन्न होना। विकास की अनिवार्यता तब तक है जब तक कार्यकारण परम्परा टूटती नहीं है। प्रकृति में कार्यकारण परम्परा की अनिवार्यता है, आकस्मिकता भी। कार्यकारण की परम्परा को अविच्छिन्न मानने से हम नियतिवादी बनेंगे। कार्यकारण वाले नियतिवाद के अनुसार गैस के जिस महापिंड से सौरमंडल का उद्भव हुआ, वह इस प्रकार निर्मित हुआ था कि पृथ्वी पर जीव की उत्पत्ति हो, फिर सामाजिक विकास-क्रम में खेती का चलन हो, पुन: किसी एक खेत में मटर बोई जाए और मटर की किसी फली में पाँच ही दाने हों, चार या छह न हों। एंगेल्स ने बताया था कि यह एक प्रकार का नियतिवाद है जिसने फ्रांसीसी भौतिकवाद से आकर प्रकृति-विज्ञान में जगह बना ली थी। ('Dialectics of Nature', पृ. 218) मटर की फली विशेष में चार दाने हो सकते थे, छह भी; पृथ्वी पर जीव की उत्पत्ति हो सकती थी, नहीं भी हो सकती थी। उत्पत्ति हो जाने के बाद, वर्तमान परिस्थितियों में, पृथ्वी पर जीव का विनाश हो सकता है, नहीं भी हो सकता। यह स्याद् वाद है, अनेकान्तवाद है। विनाश की सम्भावना है, अनिवार्यता नहीं, यह धारणा मनुष्य के सचेत, आत्मगत प्रयत्न को सौगुना महत्त्व प्रदान करती है। नियतिवाद की तुलना में यह अनेकान्तवाद अधिक सारगर्भित है, अधिक मानवतावादी है, आज की परिस्थितियों में हमारे लिए अधिक प्रासंगिक है।

7. सर्वहारा संस्कृतिवाद और लेनिन

पिछड़े हुए देशों में जनता के सांस्कृतिक जागरण का काम कठिन और जटिल है। जनता का अधिकांश भाग निरक्षर होता है। सबसे पहले उसकी निरक्षरता को दूर करना जरूरी होता है। उसके बाद उसे देश-विदेश की प्रगतिशील मानव संस्कृति से परिचित कराना होता है। इस काम में एक सैद्धान्तिक बाधा है : सर्वहारा संस्कृतिवाद। सर्वहारा वर्ग ही समाज का एकमात्र प्रगतिशील वर्ग है, वास्तविक प्रगतिशील संस्कृति का निर्माण केवल यह वर्ग कर सकता है, उससे पहले की संस्कृति व्यर्थ और प्रतिक्रियावादी है। क्रान्ति के बाद मानवता की सांस्कृतिक उपलब्धियों से श्रमिक

जनता को परिचित कराना सच्चे क्रान्तिकारियों का काम नहीं है, उनका काम है नये सिरे से सर्वहारा संस्कृति का निर्माण करना। रूस में कुछ दिन तक इस सर्वहारा संस्कृतिवाद का बोलबाला रहा, फिर उसका अवसान हुआ। लेनिन ने इसके विरुद्ध निरन्तर संघर्ष किया था। वह संघर्ष हमारे लिए शिक्षाप्रद है।

दिलचस्प बात है कि सर्वहारा संस्कृतिवाद की शुरुआत किसी मार्क्सवादी ने नहीं, वरन मार्क्सवाद के विरोधी बोग्दानोव ने की थी। बोग्दानोव के भाववादी विचारों की तीखी आलोचना लेनिन ने की थी। 'लेनिन ग्रंथावली' में बोग्दानोव सम्बन्धी यह टिप्पणी पठनीय है :

"ए. बोग्दानोव ने काफी पहले, 1909 में ही 'सर्वहारा संस्कृति' की धारणा प्रस्तुत की थी। इससे उनका आशय यह था कि अतीत के मुकाबले में सर्वहारा वर्ग को 'अपनी' संस्कृति को विस्तार देना चाहिए।

"अक्टूबर समाजवादी क्रान्ति के बाद बोग्दानोव और उनके साथी विचारकों ने तथाकथित सर्वहारा सांस्कृतिक शैक्षणिक संगठनों (प्रोलेतकूल्त) को अपना कार्यक्षेत्र बनाया। इस सुविधाजनक मंच की सहायता से, वे सक्रिय होकर, मार्क्सवाद-विरोधी विचारों का प्रचार करने लगे; अतीत की सांस्कृतिक विरासत को उन्होंने वस्तुतः अस्वीकार किया। जीवन से अलग-थलग रहकर 'प्रयोगशाला के तरीकों' से उन्होंने सर्वहारा वर्ग के लिए संस्कृति रचने का प्रयास किया। सर्वहारा वर्ग को उन्होंने शेष श्रमिक जनता के मुकाबले, सर्वाधिक किसानों के मुकाबले, खड़ा किया।

"लेनिन ने प्रोलेतकूल्त के अलगाववाद और संकीर्णतावाद के खिलाफ, उसके सिद्धान्तकारों के मार्क्सवाद-विरोधी विचारों के खिलाफ, सुसंगत संघर्ष चलाया। 1920 में प्रोतकूल्त की कार्यवाही को शिक्षा मंत्रालय के अधीन करने के बारे में पार्टी की केन्द्रीय समिति ने एक प्रस्ताव पास किया। सन् '20 वाले दशक में प्रोलेतकुल्त संगठनों का ह्रास होने लगा, 1932 में उनका अवसान हो गया।" ('ग्रंथावली', खंड-14, पृ. 367-68)

1919 में प्रथम अखिल रूसी वयस्क शिक्षा सम्मेलन में लेनिन ने सर्वहारा डिक्टेटरशिप के लिए कहा कि उसका अर्थ केवल बल-प्रयोग नहीं है, यद्यपि इसके बिना उसका अस्तित्व न होगा; वह "श्रम के संगठन का ऐसा रूप है जो उससे पहले के श्रम-संगठन-रूप से श्रेष्ठ है।" संगठन के महत्त्व पर जोर देते हुए लेनिन ने आगे कहा : "यही कारण है कि मैं इन सब बौद्धिक फैशनों और 'सर्वहारा संस्कृतियों' के सख्त खिलाफ हूँ।" (उप., खंड-19, पृ. 373) डिक्टेटरशिप केवल बल-प्रयोग है, विशेष कर बहुसंख्यक किसान जनता के विरुद्ध बल-प्रयोग है, त्रोत्स्कीवादियों की यह धारणा सर्वहारा संस्कृतिवाद से घनिष्ठ रूप में जुड़ी हुई थी। समाजवाद का निर्माण होगा किसानों का दमन करके, सर्वहारा संस्कृति का निर्माण होगा गैर-सर्वहारा मानव संस्कृति का दमन करके!

1920 में लेनिन ने बोग्दानोव के लिए लिखा कि वह "'सर्वहारा संस्कृति' के नाम पर पूँजीवादी और प्रतिक्रियावादी विचार फैला रहे हैं।" (उप., खंड-14, पृ. 21) इसी वर्ष तीसरे वयस्क शिक्षा सम्मेलन में लेनिन ने प्रचार के पुराने तरीकों की आलोचना करते हुए कहा कि हम किसानों के वर्ग-संघर्ष के बारे में मोटी-मोटी बातें करते हैं : "सर्वहारा संस्कृति आदि के बारे में हर तरह की बातें गढ़ने के लिए इनसे जमीन तैयार हुई। यह बेहूदगी बहुत हद तक बच्चों की बीमारी जैसी लगती है लेकिन हम बहुत जल्दी इससे अपना पिंड छुड़ा लेंगे।" (उप., खंड-30, पृ. 378) 1920 में ही लेनिन सर्वहारा संस्कृति पर प्रस्ताव का मसौदा तैयार कर रहे थे। उसका एक सारगर्भित वाक्य इस प्रकार है : "नई सर्वहारा संस्कृति का 'आविष्कार' नहीं, वरन् सर्वहारा डिक्टेटरशिप के दौर में सर्वहारा वर्ग के जीवन और संघर्ष की परिस्थितियों के अनुरूप तथा विश्व के प्रति मार्क्सवादी 'दृष्टिकोण के अनुरूप' उस संस्कृति के सर्वश्रेष्ठ नमूनों, परम्पराओं और परिणामों का विकास करना जो इस समय अस्तित्व में है।" (उप., खंड-42, पृ. 217) मानव संस्कृति की उपलब्धियों का निषेध था त्रोत्स्कीवाद। उस निषेध का निषेध था लेनिनवाद! सारा जोर अब तक की संस्कृति से सीखने पर है, उसे आगे विकसित करने पर है, नई संस्कृति गढ़ने पर नहीं।

1920 में सोवियत संघ के नौजवानों के सामने लेनिन ने मार्क्स का आदर्श रखा। पूँजीवाद के बाद साम्यवाद आएगा ही, मार्क्स ने अब तक के समाजविज्ञान को आत्मसात् करके सिद्ध किया। उन्होंने लाखों मजदूरों के दिल और दिमाग को इसलिए जीता कि पूँजीवाद के अन्तर्गत जो मानव-ज्ञान अर्जित किया गया, उसकी पुख्ता बुनियाद पर उन्होंने अपनी इमारत खड़ी की। "यह बात हमें ध्यान में रखनी चाहिए, जब हम, उदाहरण के लिए, सर्वहारा संस्कृति की बात करते हैं। यह समस्या हम तब तक न हल कर सकेंगे जब तक साफ-साफ यह न समझ लेंगे कि मानव जाति के समूचे विकास के दौरान जो संस्कृति रची गई है, उसके ज्ञान और रूपान्तरण से ही सर्वहारा संस्कृति का निर्माण होगा। यह संस्कृति हवा में हाथ मारने से पकड़ में न आएगी। जो स्वयं को सर्वहारा संस्कृति का विशेषज्ञ कहते हैं, वह उनका आविष्कार नहीं है। वह सब बेसिर-पैर की बातें हैं। पूँजीवादी, सामन्ती, नौकरशाही समाज के जुए के नीचे मानव जाति ने जो ज्ञानकोश बटोरा है, उसका तर्कसंगत विकास सर्वहारा संस्कृति होगी।" (उप., खंड-31, पृ. 207)

यही बात उस वर्ष एक प्रस्ताव के मसौदे में लेनिन ने इस प्रकार कही : "क्रान्तिकारी सर्वहारा की विचारधारा के रूप में मार्क्सवाद ने अपना ऐतिहासिक महत्त्व इसलिए प्राप्त किया है कि पूँजीवादी युग की सर्वाधिक मूल्यवान उपलब्धियों को ठुकराना तो दूर रहा, इसके विपरीत दो हजार साल से अधिक के मानव-चिन्तन और संस्कृति के विकास में जो चीज भी मूल्यवान थी, उसने उसे आत्मसात् किया है और उसका रूपान्तरण किया है। जो काम इस आधार पर और इस दिशा में किया

जाए, हर तरह के शोषण के विरुद्ध संघर्ष की आखिरी मंजिल के रूप में सर्वहारा डिक्टेटरशिप के व्यावहारिक अनुभव से प्रेरित होकर किया जाए, वही वास्तविक सर्वहारा संस्कृति का विकास माना जा सकता है।" (उप., पृ. 317) पुरानी संस्कृति का ज्ञान और रूपान्तरण, उसके मूल्यवान तत्त्वों का अलगाना, फिर उनका विकास करना, यह सब कार्य श्रमसाध्य था, समयसाध्य था। नये आधार पर सर्वहारा संस्कृति का निर्माण आसान दिखाई देता था।

1923 में लेनिन ने लिखा : "इस समय जब हम सर्वहारा संस्कृति पर, पूँजीवादी संस्कृति से उसके सम्बन्ध पर विचार-मंथन कर रहे हैं, तब तथ्यों और आँकड़ों से पता चलता है कि पूँजीवादी संस्कृति के सिलसिले में भी हमारी हालत खराब है। जैसी की सम्भावना थी, लगता है, सार्वजनिक साक्षरता की मंजिल से वह बहुत दूर हैं और ज़ारशाही के समय (1897) की तुलना में भी हमारी प्रगति बहुत धीमी है। यह स्थिति उन सब लोगों के लिए कठोर चेतावनी है और लज्जा की बात है जो 'सर्वहारा संस्कृति' के महाकाश में उड़ान भरते रहे हैं। इससे पता चलता है कि पश्चिमी यूरोप के किसी मामूली सभ्य देश के स्तर तक भी पहुँचने के लिए हमें कितना अधिक और अति आवश्यक प्रारम्भिक कार्य करना है।" (उप., खंड-33, पृ. 462)

पार्टी के भीतर बहुत-सी महत्त्वपूर्ण जगहों पर त्रोत्स्कीवादी जमे हुए थे। लफ्फाजी ज्यादा होती थी, काम कम होता था। मार्च, 1923 के अपने अन्तिम लेख में लेनिन ने लिखा कि पाँच साल के अनुभव से हमारे मन में सन्देह और अविश्वास भर गया है। "ये भाव स्वतः उभर आते हैं जब हम, उदाहरण के लिए, लोगों को 'सर्वहारा' संस्कृति के बारे में बहुत जीभ चलाते और लम्बी-चौड़ी बातें बघारते देखते हैं। शुरुआत के लिए हमें वास्तविक पूँजीवादी संस्कृति से सन्तोष करना चाहिए; शुरुआत के लिए पूँजीवाद से पहले की संस्कृति, यथा—नौकरशाही संस्कृति अथवा बँधुआ किसान संस्कृति आदि के ज्यादा भोंडे रूपों से नजात मिले तो हमें खुश होना चाहिए।" (उप., पृ. 487)

सर्वहारा संस्कृतिवाद का अवसान सोवियत संघ में त्रोत्स्कीवाद के अवसान के साथ हुआ। उस तरह की विचारधारा अनेक देशों में अब भी फैली हुई है। उससे संघर्ष करके, उसे निर्मल करके ही हम अपनी जनता का सांस्कृतिक विकास कर सकते हैं।

उद्धृत पुस्तकों की सूची

मार्क्स, एंगेल्स और लेनिन

Engels, F : Anti-Duhring, Moscow, 1975
Dialectics of Nature, Moscow, 1976
The Origin of the Family, Private Property and the State, Moscow, 1977
The Peasant War in Germany, Moscow, 1977

Marx, K: A Contribution to the Critique of Political Economy, Moscow, 1977
Capital Vol. I, Moscow
Grundriss, Pelican

Marx Engels : Collected Works, Moscow.
Ireland and the Irish Question, Moscow, 1978
On Britain, Moscow, 1953
On Colonialism, Moscow, 1978
On Literature and Art, Moscow, 1978
On Religion, Moscow, 1957
Pre-Capitalist Socio-Economic Formations, Moscow, 1979
Selected Correspondence, London, 1943
Selected Works; Moscow, 1977
The First Indian War of Independence, 1857
1859, Moscow
Werke, Berlin, 1969

Marx-Engels Lenin : On Dialectical Materialism, Moscow, 1977
On Historical Materialism, 1976

Lenin : Collected works, Moscow

A Survey of English Economic History (Ed., M.W. Thomas), London, 1957

Ain-i-Akbari, Translated by H. Blochman, Delhi, 1965

Bernier, Travels in the Mogul Empire, Delhi

Boner, Alice; Sharma, Sadashiva Rath; Das, Rajendra Prasad : 'New Light On the Sun Temple of Konarka', Varanasi, 1972

Bury, J.B., A History of Greece, New York

Curwen, E.C., Plough and Pasture, London, 1946

Bernal, J.D., Science in History, London, 1954

Decisions of the Central Committee C.P.S.U. (B.) On Literature and Art (1946-48), Moscow, 1951
Dimitrov, G., Selected Articles and Speeches, London, 1951
Dutt, R.P., India Today, Bombay, 1949
Eighth National Congress of the Communist Party of China, Peking, 1956.
Gibbon, E., The Decline and Fall of the Roman Empire, Chicago, 1952
Harris, N., India China : Underdevelopment and Revolution, Delhi, 1974
Hegel, The Philosophy of History, Dover Publications
History of the Communist Party of the Soviet Union (Bolsheviks), Moscow, 1952
Jain, Purushottam Chandra, Labour in Ancient India, Varanasi, 1971
Kangle, R.P., The Kautilya Arthashastra, Bombay, 1969
Kant, I., Moral and Political Writings New York
Lach, D.F., Asia : in the Making of Europe, Chicago, 1965
Lindsay, J., Civil War in England, London, 1954
Mao Tse-Tung, Selected Works, Peking, 1977
Mehring, F., Karl Marx, London, 1951
Moreland, W.H., India at the Death of Akbar, Delhi, 1962
Newman, F.W., Lectures on Political Economy, London, 1957
Oman, C.W.C., A History of Greece, London, 1910
Questions of Ideology in the International Communist Movement, No. 3, New Delhi
Rogers, Adams and Brown, Story of Nations, New York, 1964
Snow, E., Red Star Over China, Penguin
Speech by late Otto Kunsinen, New Delhi, 1964
Stalin. J., Economic Problems of Socialism in the U.S.S.R., Moscow, 1952
Marxism and the National and Colonial Question, London, 1942
Problems of Leninism, Moscow, 1947
Works, Moscow
Concerning Marxism in Linguistics, New Delhi, 1953.
The Comintern and the East Moscow, 1979.
The Revolutionary Movement in the Colonies and Semi Colonies, Bombay, 1948
The Transfer of Power (1942-47), Delhi.
The Vedic Age, London, 1951
Tolstoy, War and Peace, New York.
Venable, V., Human Nature : The Marxian View, London, 1946.